S.F.

V.

Philippe Ariès und Georges Duby (Hg.)

Geschichte des privaten Lebens

S. Fischer

Geschichte des privaten Lebens

3. Band: Von der Renaissance zur Aufklärung

Herausgegeben von
Philippe Ariès und Roger Chartier

Deutsch von
Holger Fliessbach und Gabriele Krüger-Wirrer

S. Fischer

Dieses Buch hat Philippe Ariès schreiben wollen.
Der Tod hat ihn daran gehindert.
Wir haben es auf unsere Weise, aber in seinem Sinne
und im Gedenken an seine Freundschaft zu Ende geschrieben.

Die französische Originalausgabe des 3. Bandes der ›Histoire de la vie privée‹
mit dem Titel ›De la Renaissance aux Lumières‹
erschien 1986 bei Editions du Seuil, Paris.

Umschlaggestaltung: Buchholz/Hinsch/Walch
Satz und Druck: Wagner GmbH, Nördlingen
Bindung: G. Lachenmaier, Reutlingen
Printed in Germany 1991
ISBN 3-10-033612-7

Inhalt

Philippe Ariès
Einleitung: Zu einer Geschichte des privaten Lebens 7

Yves Castan, François Lebrun, Roger Chartier
I. Figuren der Modernität 21

Vorbemerkung von Roger Chartier 23
Yves Castan: Politik und privates Leben 29
Private Bindungen und öffentliche Gewalt 29
Private Ambitionen und die Eroberung des Staates 32
Familienleben und Gemeinschaft 63
François Lebrun: Reformation und Gegenreformation. Gemeinschaftsandacht und private Frömmigkeit 75
Die katholische Sicht: kollektive Andachtsübungen und Individuum 77
Die Gemeindepraxis der protestantischen Reformation 105
Roger Chartier: Die Praktiken des Schreibens 115
Vermessung der Alphabetisierung 115
Praktiken des Lesens 128

Jacques Revel, Orest Ranum, Jeans-Louis Flandrin, Jacques Gélis, Madeleine Foisil, Jean Marie Goulemot
II. Formen der Privatisierung 167

Vorbemerkung von Roger Chartier 168
Jacques Revel: Vom Nutzen der Höflichkeit 173
Orest Ranum: Refugien der Intimität 213
Schauplätze der Intimität 216
Die Dinge des Herzens 235
Jean-Louis Flandrin: Der gute Geschmack und die soziale Hierarchie 269
Die Verfeinerung der Tischsitten 269
Wandlungen des kulinarischen Geschmacks 276
Läuterung und Verfeinerung des Geschmacks 282
Jacques Gélis: Die Individualisierung der Kindheit 313
Madeleine Foisil: Die Sprache der Dokumente und die Wahrnehmung des privaten Lebens 333
Definition eines Genres 333
Der private Raum 341
Der Körper 356
Schlußbemerkung 367

Jean Marie Goulemot: Neue literarische Formen. Die Veröffentlichung des Privaten 371
Spannungen und Widersprüche in der Renaissance 374
Das Zeitalter der Klassik: Verborgenheit und Wahrheit des Privaten 379
Die neue Legitimität des Schreibens 392

Nicole Castan, Maurice Aymard, Alain Collomp, Daniel Fabre, Arlette Farge

III. Gesellschaft, Staat, Familie: Bewegung und Spannung 405

Vorbemerkung von Roger Chartier 406
Nicole Castan: Öffentlich und privat 411
Die gezähmte Familie 412
Eine Neubestimmung der Rollen 425
Revolutionäre Umgestaltung 440
Maurice Aymard: Freundschaft und Geselligkeit 451
Alain Collomp: Wohnverhältnisse und Zusammenleben 497
Bildliche Repräsentationen. Vom Haus zur häuslichen Einrichtung 497
Wohnformen 502
Hausgemeinschaften und Familienstrukturen 512
Daniel Fabre: Die Familie. Privates Leben und Brauchtum im Widerstreit 535
Riten zur Enthüllung der Wahrheit 536
Die Akteure des Spottes 546
Öffentliche Ordnung und Privatsphäre 558
Arlette Farge: Familienehre und Familiengeheimnisse 573
Die Ehre: ein privates und öffentliches Gebot 580
Das gewahrte Geheimnis 592
Spannungen und Konflikte 598

Roger Chartier

Kleiner Epilog 610

Anhang

Bibliographie 615
Bildnachweise 621
Register 622

Philippe Ariès

Einleitung: Zu einer Geschichte des privaten Lebens

Ist eine Geschichte des privaten Lebens möglich? Oder bezeichnet der Begriff des »Privaten« zu verschiedenen Zeiten so unterschiedliche Befindlichkeiten und Werte, daß sich zwischen ihnen keine Kontinuität in der Differenz feststellen läßt? Das ist die Frage, die mich beschäftigt und auf die unser Colloquium hoffentlich eine Antwort finden wird.[1]

Ich möchte zunächst zwei Referenzepochen miteinander vergleichen, zwei historische Konstellationen skizzieren, um sodann das Problem des Übergangs zwischen ihnen genauer formulieren zu können.

Die Ausgangskonstellation ist das Spätmittelalter. Dort sehen wir den Einzelnen eingebettet in die Solidarität der Feudalherrschaft und der Gemeinschaft. Diese Solidarität bildet die Binnenstruktur eines recht und schlecht funktionierenden Sozialsystems. Der Zusammenhalt der Seigneurie oder der Verwandtschaft und die Vasallenbindung verankerten das Individuum und die Familie in einer Welt, die nicht »privat« und nicht »öffentlich« war – weder in dem Sinne, in dem wir heute diese Begriffe gebrauchen, noch in dem anderen Sinne, den ihnen die Neuzeit eingeprägt hat. Kurz, es gab keine klare Unterscheidung zwischen Privatem und Öffentlichem, zwischen »Kammer« und »Schatzkammer«. Aber was bedeutete das genau? Es bedeutete zunächst und vor allem, daß, wie der verstorbene Norbert Elias gezeigt hat, viele Alltagshandlungen sich in der Öffentlichkeit abspielten und noch lange dort abspielen sollten.

An dieser einigermaßen apodiktischen Feststellung sind sogleich zwei Korrekturen anzubringen. Erstens: Der Lebenszusammenhang, der den Einzelnen einfaßte und umgrenzte – das Dorf, die Kleinstadt, das Stadtviertel –, schuf ein vertrautes Milieu, in dem jeder jeden kannte und kontrollierte; jenseits dieses Milieus erstreckte sich eine *terra incognita*, bevölkert von einigen halbwegs legendären Gestalten. Der Raum der Gemeinschaft war der einzige, der bewohnt und nach gewissen Rechtsnormen geordnet war. Dennoch und zweitens war dieser Raum der Gemeinschaft nicht gleichmäßig dicht erfüllt, auch nicht in Zeiten angestiegener Bevölkerungszahlen. Es gab immer noch Leerzonen und Freiräume – im Saal die Fensternische, draußen den Garten und endlich den Wald mit seinen heimlichen Plätzen –, die der Intimität einen zwar unsicheren, aber bekannten und mehr oder weniger respektierten Schlupfwinkel boten.

Am Ende der Entwicklung steht die Lage im 19. Jahrhundert. Aus der Gemeinschaft ist eine riesige, anonyme Menschenmenge geworden, in der keiner keinen mehr kennt. Arbeit, Freizeit und Familie sind nun unterschiedliche, gegeneinander abgegrenzte Lebens- und Tätigkeitssphären. Man will sich vor den Blicken der anderen schützen, und zwar auf zweierlei Weise:

– durch das Recht (oder zumindest das Bewußtsein), sein Dasein frei gestalten zu können, und

– durch den Rückzug in die zum Refugium und Angelpunkt des Privaten gewordene Familie.

Allerdings dauerten noch zu Beginn des 20. Jahrhunderts zumal bei der großstädtischen Arbeiterschaft und den Bauern alte Formen einer kollektiven Sozialität fort: Die Männer trafen einander in der Kneipe, die Frauen am Waschtrog und alle auf der Straße.

Wie ist nun der Übergang von der ersten zur zweiten der hier knapp skizzierten historischen Konstellationen zu denken? Man kann sich verschiedene Erklärungsweisen vorstellen, zwischen denen wir zu wählen haben.

Das erste Modell ist evolutionär. Ihm zufolge war die Bewegungstendenz der abendländischen Gesellschaft seit dem Mittelalter vorgezeichnet und hat kraft eines stetigen, linearen Fortschritts – freilich nicht ohne Pausen, Sprünge und Rückfälle – zur Moderne geführt. Ein solches Modell paßt jedoch nicht zu dem verwirrenden Gemenge signifikanter historischer Tatsachen jener Zeit, zu der Vielschichtigkeit und Vielfalt, welche die abendländische Gesellschaft zwischen dem 16. und 18. Jahrhundert auszeichnete – in ihr standen Innovation und Tradition, Neues und Überholtes unvermittelt nebeneinander.

Reizvoller und realistischer ist das zweite Modell. Es besteht in einer Modifikation der klassischen Epocheneinteilung und nimmt an, daß es vom Spätmittelalter bis zum Ende des 17. Jahrhunderts keinen wirklichen Wandel der fundamentalen Mentalitäten gegeben hat – zu diesem Schluß bin ich bei meinen Forschungen über den Tod gelangt. Dieses Modell zeigt, daß die Periodisierung der politischen, Sozial-, Wirtschafts- und sogar Kulturgeschichte sich nicht mit den Geschichtsschritten der Mentalitäten deckt. Die Neuzeit ist durch so viele Veränderungen im materiellen und geistigen Gefüge, im Verhältnis des Individuums zum Staat und zur Familie gekennzeichnet, daß wir ihre Besonderheit und Eigenständigkeit ernst nehmen müssen, freilich ohne dabei ihre Abhängigkeit vom (neu verstandenen) Mittelalter oder die in ihr angelegte Gegenwart, in der sie indes nicht völlig aufgeht, zu verkennen.

Etappen der Neuzeit

Welche Sachverhalte veränderten nun die Mentalitäten, insbesondere das Bild vom Ich und seiner Rolle in Alltag und Gesellschaft? Drei äußere Ereignisse der großen politisch-kulturellen Geschichte waren hier von Bedeutung. Das wichtigste war wohl die Erstarkung des Staates, der seit dem 15. Jahrhundert mit unterschiedlichen Mitteln und durch verschiedene Institutionen seine Machtansprüche anmeldete. Der Staat und seine Justiz griffen – vorerst theoretisch, im 18. Jahrhundert jedoch auch praktisch – zunehmend häufiger in jenen Sozialzusammenhang ein, der einst die Domäne der Gemeinschaft gewesen war. Eine der Hauptaufgaben des Individuums bestand nach wie vor darin, soziale Rollen zu erwerben, zu behaupten oder zu verfeinern, die allgemeine Anerkennung genossen. Denn vor allem seit dem 15./16. Jahrhundert gab es mehr Spielraum in einer Gemeinschaft, die durch wachsenden Reichtum und Vielfalt der Berufe ersichtlich Ungleichheit erzeugte. Es galt, den *Schein*, d. h. die Ehre, also das Gesicht zu wahren. Man wollte gebilligt oder beneidet, jedenfalls toleriert werden. Das Individuum war nicht, was es war, sondern was es zu sein schien, oder vielmehr: was es zu scheinen wußte. Diesem einen Zweck war der Verhaltenskodex zugeordnet: der exzessive Aufwand, die Großzügigkeit (zumindest im richtigen, sorgfältig gewählten Augenblick), der Stolz, die Prachtentfaltung. Um die Ehre zu verteidigen, focht man Duelle aus oder bekämpfte einander öffentlich mit Beleidigungen und Schlägen, die eine Spirale der privaten Vergeltung in Gang setzten, da die Inanspruchnahme staatlicher Einrichtungen wie zum Beispiel der Gerichte verpönt war. Deshalb versuchte der Staat spätestens seit Ludwig XIII., eine gewisse Ordnung in dieser Welt des Scheins zu stiften. Unter Richelieu wurde das Duell verboten, Gesetze gegen Luxus sollten die in der Kleidung bekundete widerrechtliche Anmaßung sozialen Prestiges unterbinden. Der Staat überprüfte die Adelslisten und strich Usurpatoren von ihnen. Er griff sogar mit dem Instrument der »lettres de cachet«* in die Familie ein, genauer gesagt, er stellte sich in den Dienst des einen Familienmitgliedes gegen das andere und setzte so den normalen Instanzenzug, der der Ehre des Individuums mehr Abbruch tat, außer Kraft.

Diese Strategie hatte bedeutsame Folgen. Der Gesetzesstaat teilte die Gesellschaft in drei Sektoren:

1. Die höfische Gesellschaft. Sie war ein veritables Forum, auf dem jenes uralte Amalgam aus politisch-staatlichem Handeln, Festen, persönlichem Engagement, Diensten und Hierarchien fortwirkte, dessen konstituierende Elemente sich bereits im Mittelalter herausgebildet hatten.

2. Die städtischen Unterschichten und die Bauern, bei denen sich die traditionelle Mischung von Arbeit und Feier, Ostentationsbedürfnis und Selbstbehauptung lange lebendig erhielt und deren Sozialität ausgreifend und erfinderisch war. Es ist die Welt der Straßen und Buden, der Promenaden und Plätze im Schatten der Kirche.

3. Der Hof und die kleinen Leute – das waren die beiden Hindernisse, die der Entfaltung der neuen Privatheit entgegenstanden. Diese entwickelte sich nun in einem Zwischenbereich, insbesondere bei den gebildeten Schichten: im kleinen Amts- und Klerikaladel und bei den mittleren Amtsträgern, die das ganz ungewohnte Vergnügen genossen, unter sich zu bleiben und nur mit einer kleinen (wie man damals sagte) *société* auserlesener Freunde zu verkehren.

* Königliche Haftbefehle. *A.d.Ü.*

Das zweite der oben erwähnten äußeren Ereignisse war die Alphabetisierung und die Verbreitung des Lesens, vor allem dank dem Buchdruck. Gewiß vermochte das nun häufiger geübte stille Lesen das laute Vorlesen, das lange Zeit die einzige Lektürepraxis gewesen war, nicht gänzlich zu verdrängen. Charles de Sévigné war ein ausgezeichneter Vorleser. Am Feierabend auf dem Lande las man sich aus den »blauen« Büchern vor, d. h. aus Kolportageromanen. Das stille Lesen hatte zur Folge, daß mancher sich sein eigenes Bild von der Welt machen und empirische Kenntnisse erwerben konnte, so wie Montaigne oder Henri de Campion, aber auch wie der gelehrte Müller bei Carlo Ginzburg oder wie Jamerey-Duval. Es erlaubte die einsame Reflexion, die sonst nur dem frommen Mann im Kloster oder in der Einsiedelei möglich war, an Orten also, die zum Alleinsein bestimmt waren.

Mit der gewandelten Rolle des Staates und der Ausdehnung der Alphabetisierung hängt das dritte Ereignis zusammen, das auf die Mentalitäten Einfluß nahm, nämlich das Aufkommen neuer Praktiken der Religiosität im 16. und 17. Jahrhundert. Sie führten zu einer Verinnerlichung der Frömmigkeit (ohne andere, kollektive Formen des Gemeindelebens zu verdrängen), nämlich zur Erforschung des Gewissens: bei den Katholiken im Medium der Beichte, bei den Puritanern in Gestalt des intimen Tagebuchs. Das Gebet der Laien ähnelte nun oft der einsamen Meditation in der privaten Betkapelle oder in einem Winkel des Zimmers, wo zu diesem Zweck ein besonderes Möbel, der Betstuhl, stand.

Indizien der Privatisierung

Wir fragen uns, wie diese Ereignisse auf die Mentalitäten eingewirkt haben. Ich unterscheide sechs Gruppen von wichtigen Gegebenheiten, die sich konkreten Gegenständen zuordnen lassen und eine elementare Klassifizierung erlauben.

1. Das Genre der Anstandsbücher bezeugt, wie sich Gepflogenheiten des mittelalterlichen Ritters zu Regeln der Höflichkeit und Etikette umbildeten. Norbert Elias, der diese Literatur analysiert hat, fand in ihr entscheidende Argumente für seine These, daß die Entstehung der Moderne ein langwieriger Prozeß war. Neuerdings hat Roger Chartier dieses Genre erkundet, und Jacques Revel wird es in seinem Beitrag zu diesem Band kritisch interpretieren.

Zwischen dem 16. und 18. Jahrhundert gibt es verschiedene minimale Veränderungen, die langfristig *eine neue Einstellung zum Körper* – zum eigenen wie zum fremden – anzeigen. Der Jüngling sollte nun nicht mehr lernen, bei Tisch aufzuwarten oder seinen Herrn zu bedienen, sondern er sollte lernen, die Schutzzone zu respektieren, die den Körper umgab, den eigenen Körper von anderen Körpern fernzuhalten, ihn der Berührung und dem Blick der Mitmenschen zu entziehen. Man kam davon ab, einander zu umarmen, die Hand oder den Fuß zu küssen oder sich vor einer Dame ehrerbietig auf den Boden zu werfen. An die Stelle derartiger leidenschaftlicher Bekundungen traten nun diskrete, verstohlene Gesten; es ging nicht mehr darum, in den Augen der anderen etwas zu scheinen oder zur Geltung zu bringen, sondern im Gegenteil darum, sich bei den anderen nur gerade so weit in Erinnerung zu bringen, daß man nicht vergessen wurde, wobei man sich hütete, sich durch exaltiertes Gebaren aufzudrängen. Die Anstandsbücher und die Art, mit dem eigenen und dem fremden Körper umzugehen, signalisieren eine neuartige Scham, eine bislang unbekannte Neigung, bestimmte Körperteile und bestimmte Körperfunktionen zu verbergen. »Bedecke Sie den Busen, den ich nicht darf sehn!« mahnt Tartuffe. Vorbei waren die Zeiten, da die Männer, wie im 16. Jahrhundert, ihr Geschlechtsteil mit einem Futteral umhüllten, das eine Erektion simulierte. Auch unterließ man es künftig, das Brautpaar am Abend des Hochzeitstages ins Brautgemach zu geleiten und am nächsten Morgen dort wieder abzuholen. Diese neue Schamhaftigkeit, gepaart mit uralten Tabus, erschwerte sogar dem Arzt den Zutritt zum Bett der Wöchnerin, einem Ort, der »von Natur aus« den Frauen vorbehalten war.

2. Das Tagebuch, der Brief, das Bekenntnis, also generell die *autobiographische Literatur* war ein weiteres Indiz für den mehr oder minder bewußten, bisweilen verbissenen Willen des Individuums, sich von den anderen zu distanzieren und sich selbst kennenzulernen. Dabei wollte der Schreibende seine Erfahrungen oft nur den eigenen Kindern mitteilen, damit sie ihn im Gedächtnis behielten; häufig hielt er sein schriftliches Bekenntnis geheim und ermahnte die Erben, es zu vernichten. Diese autobiographische Literatur zeugt von der Verbreitung der Alphabetisierung und dem Zusammenhang zwischen Lesen, Schreiben und Selbsterkenntnis. Es handelte sich um Aufzeichnungen *über* das Ich, oft freilich auch *für* das Ich und allein für das Ich. Es war nicht immer daran gedacht, sie zu veröffentlichen; und selbst wenn sie nicht vernichtet wurden, blieben sie nur durch Zufall erhalten – versteckt in einem alten Koffer oder auf dem Dachboden. Ein Glasbläser notierte Ende des 18. Jahrhunderts als Motto seiner Memoiren: »Mir zum Vergnügen hab' ich dies geschrieben, / Was im Gedächtnis mir von einst geblieben.« Die Autobiographie entsprach dem Zeitgeist so gut, daß sie (wie im Mittelalter das Testament) zu einer literarischen Gattung avancierte, zu einem eigentümlichen Vehikel schriftstellerischer und philosophischer Selbstverständigung – von Maine de Biran bis zu Amiel.

Es ist kein Zufall, daß das Tagebuch seit dem Ende des 16. Jahrhunderts gerade in England, der Wiege der »privacy«, geläufig war. In Frankreich gab es, von wenigen Ausnahmen abgesehen, nichts Vergleichbares; statt dessen kamen die »livres de raison« in Schwang und wurden wohl auch gehaltvoller.

3. *Geschmack an der Einsamkeit*. Vormals ziemte es sich für eine Standesperson, niemals allein zu sein, es sei denn beim Gebet, und lange Zeit änderte sich daran nichts. Die einfachen Leute bedurften der Geselligkeit ebenso wie die vornehmen, das größte Elend war die Isolierung, und der Einsiedler suchte sie gerade deshalb auf, weil sie Entbehrung und Askese bedeutete. Einsamkeit gebar Langeweile; sie war ein Zustand, der dem Menschen fremd war. Gegen Ende des 17. Jahrhunderts war sie das nicht mehr, wie wir unschwer erkennen können. Ma-

dame de Sévigné, die in Paris niemals allein war, sprach in den Briefen aus ihren letzten Lebensjahren davon, wie sehr es ihr behagte, in der Bretagne täglich drei bis vier Stunden für sich zu sein, unter den Alleebäumen des Parks spazierenzugehen und ein Buch zu lesen. Das waren noch nicht die großen Exkursionen in die Landschaft, aber der Park mit seinen Bäumen wob bereits an der Aura der Natur. Und bald danach gab es die *Bekenntnisse* und *Träumereien des einsamen Spaziergängers*.

4. *Freundschaft*. Die Lust an der Einsamkeit lud dazu ein, sie mit einem Freund aus der gewohnten Umgebung zu teilen – mit dem Lehrer, dem Vater oder der Mutter, mit einem Diener oder Nachbarn, jedenfalls mit einer auserwählten und den anderen vorgezogenen Person: einem anderen Ich. Freundschaft war nun nicht mehr die mittelalterliche Waffen- und Ritterbruderschaft, die allerdings noch in der Kameraderie des Militärs fortlebte in einer Zeit, in der der Krieg das angestammte Geschäft des Adels war. Doch handelte es sich wohl nur in seltenen Fällen um jene innige Verbundenheit, die wir bei Shakespeare oder Michelangelo apostrophiert finden. Es war eine domestizierte, gesittete Empfindung: sanfter Austausch, friedvolle Treue, wovon es vielfache Variationen und Tönungen gab.

5. Alle diese und viele andere Veränderungen mündeten in eine neuartige Konzeption des Alltagslebens und seiner Gestaltung. Den Alltag prägte nicht länger der zufällige Schauplatz, die platte Nützlichkeitserwägung oder, bestenfalls, der Zusammenklang von Architektur und Kunst; er wurde zum Ausdrucksfeld des Selbst und der von ihm kultivierten inneren Haltungen. Das führte dazu, daß man dem Tageslauf, dem Interieur des Hauses und der angemessenen Haushaltsführung viel Aufmerksamkeit schenkte und daß man sich auf Verfeinerungen verständigte, die Zeit kosteten und das Interesse, d. h. den *Geschmack* beschäftigten, der nun zu einem Wert an sich wurde.

Lange Zeit hatte man sich damit begnügt, die Räume des Hauses mit abnehmbaren Wandbehängen auszukleiden und gegebenenfalls kostbare Dinge als Blickfang aufzustellen. Die übrigen Möbel – Betten, Tische, Bänke – waren schlicht und konnten zerlegt werden, machten jeden Wohnungswechsel des Besitzers mit und bewahrten den Charakter von Gebrauchsgegenständen. Jetzt änderte sich das. Das Ehebett bekam einen festen Platz im Schlafzimmer, die Truhe repräsentierte ästhetische Vorlieben oder, noch bezeichnender, wurde durch Schrank und Kommode ersetzt. Der Sessel war nicht mehr bloß ein Stuhl mit Armlehnen, der die herausgehobene soziale Stellung seines Benutzers dokumentieren und unterstreichen sollte. Die auf der Grenze zweier Epochen lebende Madame de Sévigné gibt in ihren Briefen Beispiele für beide Einstellungen zum häuslichen Mobiliar. Auf ihre erste Reise nach Rochers nahm sie noch ihr Bett mit, und obschon kunstvoll gestaltete Kleinmöbel ihr persönlich wenig bedeuteten, bewunderte sie sie doch bei ihrer Tochter. Schon Samuel Pepys unterhielt Kontakt mit Kunsthändlern, von denen er, der höchst fachkundig war, Stiche, Möbel und ein Bett erwarb. Die kleine Kunst der Inneneinrichtung wurde zur Inspirationsquelle für die große Kunst des Malens. Die holländischen Maler im 17. Jahrhundert schätzten die Darstellung einer in sich ruhenden

Häuslichkeit als Inbegriff eines neuen Lebensstils. Es entwickelte sich eine Tisch- und Weinkultur, die Initiation, Kunstverstand und kritischen Geist verlangte – das, was man fortan »Geschmack« nannte. Es blühte die *grande cuisine* der Meisterköche auf, während gleichzeitig die normale Küche anspruchsvoller und raffinierter wurde und die derbe Hausmannskost Einzug in die traditionellen, aber sorgfältig bedachten und oft reizvollen Rezeptsammlungen der »potagers« hielt. Ähnliche Wandlungen lassen sich an der Kleidung, vor allem der häuslichen Kleidung, beobachten.

6. Alle diese Entwicklungen und psychologischen Konstellationen konkretisieren sich vielleicht am anschaulichsten in der *Geschichte des Hauses*. Es ist dies eine sehr komplexe Geschichte, auf deren eminente Bedeutung wir hier nur hinweisen können. Sie ist bis heute in Fluß, nachdem sie vom 12. bis zum 15. Jahrhundert fast stagniert hatte. Ihre Hauptaspekte sind meines Erachtens folgende:

– die Abmessungen der Möbel wurden kleiner; dagegen stieg die Anzahl der kleinen freien Räume, die zunächst noch als Nebengelasse der Hauptzimmer fungierten, in denen sich jedoch allmählich das Familienleben konzentrierte und die bald eigene Funktionen gewannen (Alkoven, Arbeitszimmer usw.);

– es entstanden Verbindungsräume, durch die man ein Zimmer betreten oder verlassen konnte, ohne ein anderes passieren zu müssen (Privattreppe, Gang oder Korridor, Treppenhaus usw.);

– jedes Zimmer diente fortan einem speziellen Zweck. Samuel Pepys verfügte über eine »nursery«, ein Zimmer für sich selbst, ein weiteres für seine Frau sowie einen »living room«, während Madame de Sévigné dergleichen weder im Hôtel de Carnavalet in Paris noch in Les Rochers kannte; man muß allerdings bedenken, daß vielerorts und vielleicht auch in England die Sicherung des Hauses und die Einrichtung der Zimmer das Ergebnis einer offensichtlichen Funktionalisierung waren – die einzelnen Zimmer waren jeweils einer bestimmten Tätigkeit gewidmet und standen nicht mehr ausschließlich im Bann der Intimität;

– Heizung und Beleuchtung kamen zunehmend in Gebrauch. Von besonderer Bedeutung scheint in diesem Zusammenhang die Geschichte des Kamins zu sein, und zwar im Hinblick auf die Heizung wie auf die Küche; wir erinnern nur an den Übergang vom monumentalen Kamin als architektonischem Element zum kleinen Kamin mit seinen Abzügen, dem »tablier«, der vielleicht eine westeuropäische Adaptation des mitteleuropäischen Ofens war.

Individuum, Gruppe, Familie

Man muß sich nun fragen, wie alle diese Entwicklungen, die ich angedeutet habe, sich in der Realität des Alltags zu *kohärenten Strukturen* verbanden und wie sich diese Strukturen entfalten konnten. Ich unterscheide drei wesentliche Phasen:

1. Die Eroberung einer eigentümlichen Privatsphäre. Das 16. und das 17. Jahrhundert scheinen den Triumph eines gewissen Individualis-

mus der Sitten anzuzeigen, wohlgemerkt im Alltag, nicht in der Ideologie: zwischen beiden gab es eine zeitliche Verschiebung. Die sozialen Freiräume, die der Aufstieg des Staates und der Niedergang der auf Gemeinschaft gestellten Sozialität geschaffen hatten, wurden vom Individuum besetzt, das sich gleichsam hinter dem Rücken des Staates etablierte. Die materiellen Räume, die diesen sozialen Räumen entsprachen, waren höchst unterschiedlich und oft wenig funktional. Da gab es zum Beispiel, Erbstück des Mittelalters, das Fenster:

»Belle Doette aux fenêtres s'assied,
Lit en un livre et son coeur ne l'y tient.
De son ami Daon il lui ressouvient
Qui au Laurion au loin s'en est allé.«

[»Die schöne Doette sitzt am Fenster und liest in einem Buch, aber ihr Herz ist nicht bei der Sache. Das Buch erinnert sie an ihren Geliebten, der in die Ferne nach Laurion gezogen ist.«] Offenbar hatte der Wunsch nach Privatheit häufig mit einem Liebeshandel zu tun, freilich nicht immer. Eine andere Neuheit, die sich einem besonderen Arrangement des Schlafzimmers verdankte, war die »ruelle«*, ein Ort der vertraulichen Geständnisse (intimer, politischer und geschäftlicher) und der Heimlichkeit in einem Zimmer, das durchaus von Menschen wimmeln konnte.

Ende des 17. Jahrhunderts lief der kleine Jamerey-Duval seiner Stiefmutter davon und fand eine Weile Zuflucht bei Schäfern im Wald, die ihm das Lesen beibrachten; danach verdingte er sich als Knecht bei einer Bruderschaft von Einsiedlern, in einer Hütte hatte er seine eigene Ecke, wo er seinen autodidaktischen Studien obliegen konnte. Auch der Glasermeister Ménétra hatte ein eigenes Zimmer – freilich nur, um dort seine Mätressen zu empfangen wie ein Bürger des 19. Jahrhunderts; doch diese Liebesintermezzi störten nicht sein eigentliches Leben mit den Saufgelagen und der harten Arbeit, den Ausflügen mit seinen Angestellten und der Teilnahme an der Straßengeselligkeit. (Übrigens hat Arlette Farge nachgewiesen, daß die öffentliche Sozialität der Straße sich in den Vorräumen der Häuser fortsetzte.)

Meine These lautet, daß dieser *Individualismus der Sitten* sich seit dem Ende des 18. Jahrhunderts abgeschwächt hat, und zwar zugunsten des Familienlebens. Es wird dabei nicht ohne Widerstände und Kompromisse abgegangen sein, da ja die Spezialisierung der Zimmer die Absonderung des Einzelnen begünstigte; doch die Familie zog nun alle Sorgen des Individuums auf sich, selbst dort, wo sie ihm einen materiellen Spielraum beließ.

2. Die zweite Phase reichte vom 16. bis zum 18. Jahrhundert; sie ist gekennzeichnet durch die Etablierung mittlerer Schichten, die weder dem Hof noch dem einfachen Volk zugehörten. Hier bildeten sich *Gruppen der Geselligkeit* mit der veritablen Kultur einer Mikrogesellschaft. Es ging um Konversation, Korrespondenz, Vorlesen. Die Memoiren und Briefwechsel dieser Zeit bieten hierfür reichhaltiges Anschauungsmaterial. Ich zitiere nur die folgende Bemerkung von Fortin

* Der Raum zwischen Bett und Wand. *A.d.Ü.*

de La Hoguette: »Das gewöhnlichste und redlichste Vergnügen im Leben ist das Gespräch. Der Rückzug eines Menschen ganz auf sich selbst wäre allzu furchterregend, die laute Menge aber wäre allzu aufgeregt, wenn es nicht ein Mittleres zwischen jenem und dieser gäbe [womit wohlgemerkt nicht die Familie gemeint ist, die dieser ersten Privatisierung noch ganz fremd ist], bestehend aus ausgewählten Privatleuten, mit denen man verkehrt, um sowohl der Langeweile der Einsamkeit wie der Zerrissenheit der Menge zu entgehen.« Dieser Austausch konnte sich in den entlegensten, intimsten Räumlichkeiten abspielen, aber auch am Bett einer Dame, denn die Dame spielte in diesen Zirkeln – zumindest in Frankreich und Italien – eine wichtige Rolle. Es wurde nicht immer nur geredet und gelesen oder das Gelesene kommentiert und diskutiert. Man veranstaltete auch »Gesellschaftsspiele«, man sang, musizierte und amüsierte sich (so bei den englischen »country parties«, den »Landpartien«).

Im 18. Jahrhundert zeigte sich bei manchen dieser Gruppen eine Tendenz zur Institutionalisierung und Reglementierung. Man verzichtete auf Ungezwungenheit und Spontaneität und gründete einen Club, eine gelehrte Gesellschaft, eine Akademie. Diejenigen Zirkel, welche die Institutionalisierung und damit die Öffentlichkeit mieden, gerieten ins Abseits und wurden zum Tummelplatz des bürgerlichen Egotismus – das waren die literarischen Salons und »Jours« der gebildeten Damen des 19. Jahrhunderts. Ich wage die Hypothese, daß die Geselligkeit des 17. Jahrhunderts hundert Jahre später kein gesellschaftlich belangvoller Faktor mehr war.

3. Dritte Phase: Nun wurde eine andere Gestalt des Alltagslebens zum organisatorischen Zentrum des sozialen Raumes und prägte alle Ausdrucksformen der Privatheit. Die Bedeutung der Familie wandelte sich. Sie war nicht mehr – oder nicht mehr ausschließlich – eine Wirtschaftseinheit, für deren Reproduktion man alles andere opferte. Sie war nicht länger ein Ort des Zwangs und der Unterjochung des Individuums, das nur außerhalb der Familie frei sein konnte; sie war nicht mehr die Stätte weiblicher Machtausübung. Vielmehr wurde sie zum Refugium, wo man sich vor den Blicken der anderen verbarg; zur Szenerie des Gefühlsaustausches, in der sich emotionale Bindungen zwischen den Ehepartnern und zwischen Eltern und Kindern entfalteten; zum Schauplatz einer traurigen oder glücklichen Kindheit.

Einerseits absorbierte die Familie mit der Herausbildung dieser neuartigen Funktionen das in ihr geborgene Individuum; andererseits spaltete sie sich deutlicher denn je zuvor vom öffentlichen Raum ab, dem sie früher angehört hatte. Sie erweiterte ihren Einflußbereich auf Kosten der anonymen Sozialität der Straße. Das Familienoberhaupt à la Greuze, à la Marmontel wurde zu einer allgemein respektierten moralischen Instanz.

Immerhin handelte es sich dabei erst um die Anfänge einer Entwicklung, die sich dann im 19. und 20. Jahrhundert wirklich durchsetzen sollte, und es fehlte nicht an Hemmnissen und Verwerfungen. Nur in bestimmten sozialen Schichten und in gewissen Gegenden und Städten schien sich etwas zu bewegen. Anonyme Formen der Sozialität blieben bestehen, entweder im alten Stil des Straßentreibens oder unter Vorzeichen, die an die Geselligkeitsrituale der vorangegangenen Epoche mit ihren Landpartien, Clubs, Akademien und Cafés gemahnten.

Die Veränderungen, die sich nach und nach in der Familie vollzogen, geschahen im Rahmen einer relativ stabilen Gemeinschaft und im Wettstreit mit neuen Tendenzen der Geselligkeit. Das Resultat war eine gemischte Kultur, die sich im Laufe des 19. Jahrhunderts befestigen sollte.

Zwei Definitionen des Öffentlichen

Die Beobachtungen, die ich hier mitgeteilt habe, sind nicht alle »auf meinem eigenen Mist gewachsen«. Manche, vor allem solche über die Stadt, verdanke ich Gesprächen mit Maurice Aymard, Nicole und Yves Castan und Jean-Louis Flandrin. Doch sind sie Ausdruck oder Reflex einer mich stark beschäftigenden Thematik, die ich in älteren Aufzeichnungen radikaler markiert habe. Nach meinem Dafürhalten ist die ganze Geschichte des privaten Lebens nichts anderes als eine Transformationsgeschichte der Formen der Sozialität. Kurz gesagt, an die Stelle einer anonymen Sozialität der Straße, des Burghofes, des Platzes, der Dorfgemeinschaft trat die zurückgenommene Sozialität, die an der Familie, ja, am Individuum selbst haftet. Die Frage ist also: Wie gelangt man von einer Form der Sozialität, bei der Privates und Öffentliches verschmelzen, zu einer Sozialität, die das Öffentliche vom Privaten strikt scheidet, ja, es sich subsumiert oder in seiner Geltung beschränkt? In diesem Sinne hat das Wort »öffentlich« dieselbe Bedeutung wie in »öffentlicher Park« oder »öffentlicher Platz«; die »Öffentlichkeit« ist ein Ort der Begegnung von Menschen, die einander nicht kennen, sich aber gern zueinander gesellen.

Mir schien nun, als wollten die heutigen Menschen diese eigentümliche Nähe eher fliehen, während die Menschen des Mittelalters und der Neuzeit (in manchen Teilen der Welt bis heute) sie im Gegenteil suchten. Allerdings war die Sozialität nicht wirklich anonym, da in den alten Gemeinschaften jeder jeden kannte. Das Hauptproblem für den Historiker indes steckt in dem Übergang von einer anonymen Gruppensozialität, in der man einander wiedererkannte, zu einer anonymen Gesellschaft ohne öffentliche Sozialität, in der (Stätten der organisierten Vergnügung abgerechnet) das berufliche oder private Verhalten dominiert, wobei das »Private« sich in den anonymen Gesellschaften durchsetzt, aus denen öffentliche Sozialität praktisch verschwunden ist. Ich hielt das für ein wichtiges und aufschlußreiches Phänomen, das der Erforschung bedurfte.

Nun kam es mir in meinen Gesprächen mit Freunden und Kollegen seltsamerweise plötzlich so vor, als ob sie meine These zwar nicht rundheraus ablehnten, sie aber auch nicht vorbehaltlos akzeptierten und das Problem »öffentlich/privat« ganz anders bewerteten. Ich habe lange darüber nachgedacht, woran das liegen könnte. Jetzt sehe ich, daß das

Problem nicht so monolithisch ist, wie ich vermutete, sondern daß es mindestens *zwei* wesentliche Aspekte hat.

Es gibt in der Tat eine weitere Facette des Gegensatzes zwischen Öffentlichem und Privatem, die mir entgangen war, weil mir die politische Formensprache der Geschichte ferngerückt ist. Das Wort »öffentlich« meint auch den Staat und den Staatsdienst, während »privat« (oder »particulier«, wie man früher auf französisch sagte) das bezeichnet, was sich jenseits der staatlichen Herrschaft abspielt. Für mich war das eine neue und sehr anregende Perspektive. So gesehen, kann man den Sachverhalt vielleicht folgendermaßen charakterisieren.

In der mittelalterlichen Gesellschaft – wie in vielen anderen, in denen der Staat schwach ist oder nur eine symbolische Aufgabe wahrnimmt – hing das Leben des Individuums von der Solidarität des Kollektivs oder vom schützenden Patron ab. Man besaß nichts – nicht einmal den eigenen Körper –, was nicht unter bestimmten Umständen gefährdet war und durch die Bereitschaft zu Unterwerfung und Abhängigkeit gesichert werden mußte. Unter solchen Bedingungen waren Öffentliches und Privates nicht klar zu trennen. Niemand hatte ein privates Leben, aber jeder konnte eine öffentliche Rolle spielen, und sei es die des Opfers. Dieses um den Staat zentrierte Verständnis des Gegensatzes zwischen Öffentlichem und Privatem weist gewisse Parallelen zu dem um die Sozialität zentrierten auf, da es dieselben Verhältnisse waren, die eine Vermengung öffentlicher mit privaten Formen der Sozialität bewirkten.

Ein erster wichtiger Moment war der Auftritt des »höfischen Regimes«. Es übernahm die Verantwortung für eine Reihe von gouvernementalen Funktionen, die bis dahin dezentralisiert geblieben waren, beispielsweise die Aufrechterhaltung von Recht und Ordnung, die Jurisdiktion, den militärischen Schutz usw. So wurden Raum und Zeit für private Aktivitäten frei.

Freilich erfolgte diese Ablösung nicht umstandslos. Zunächst, im 16. Jahrhundert und in der ersten Hälfte des 17. Jahrhunderts, vermochte der Staat noch nicht alle Funktionen zu erfüllen, die er für sich reklamierte. Es blieb ein Leerraum, der von Klientelnetzen durchzogen war; diese besorgten mit ein und denselben Mitteln öffentliche (militärische) Aufgaben und private Leistungen (persönliche Dienste). So war es zum Beispiel bei Henri de Campion, mit dem sich Yves Castan befassen wird: Campion vertauschte ohne Skrupel den Dienst beim König mit dem Dienst bei den rebellierenden Fürsten, behauptete aber stets, dem König die Treue zu halten. Und wer wirklich im Namen des Königs militärische, gerichtliche oder politische Machtbefugnisse ausübte, tat es auf eigene Rechnung und schätzte sich glücklich, wenn der König von Zeit zu Zeit mit großzügigen Geschenken sein Wohlwollen bewies. Da es keine Gehälter gab, lebte man von Notbehelfen, die nichts Ehrenrühriges hatten, etwa vom Glücksspiel, das eine Erwerbsquelle war wie jede andere. Unter diesen Umständen zeichnete sich das Haus eines Provinzgouverneurs oder »premier président«* durch funktionelle

* Oberrichter eines »parlement«. *A.d.Ü.*

Vielfalt aus. So beklagte sich Madame de Sévigné über den enormen Aufwand, den Monsieur de Grignan, Statthalter in der Provence, trieb; doch er war ja an seinem Hof der Repräsentant des Königs. Auch war es ausgeschlossen, einen Prozeß zu führen, ohne zuvor mit den Richtern zu verhandeln, was in heutigem Begriffe unmoralisch gewesen sein mag, zur Information der Richter aber unerläßlich war. Man hatte es immer mit dem Staat zu tun und wußte genau zwischen dem Diener des Staates und dem Privatmann zu unterscheiden; gleichwohl wurde der Staat nach wie vor wie ein Familienbesitz verwaltet.

Zumindest chronologisch, aber vielleicht auch aus gewichtigen Gründen entsprach diese Einstellung zur Öffentlichkeit und zum öffentlichen Dienst jenen diversen Formen der Gruppensozialität, die ich oben angedeutet habe. Menschliche Beziehungen spielten eine wesentliche Rolle beim Informationsaustausch und bei der Entscheidungsfindung, und Gruppen definierten sich damals vorwiegend über Verwandtschaftsverhältnisse, die wiederum den Charakter der Geselligkeit definierten. Solche Beziehungen begünstigten überdies private Freundschaften, ohne die man auf niemanden zählen konnte.

Ein Beispiel für dieses Doppelverhältnis zwischen Öffentlichem und Privatem gab Henri de Campion, der während seines Militärdienstes »conférences«* über Machiavelli organisierte. Die Situation änderte sich, als es dem Staat in einer zweiten und entscheidenden Phase gelang, tatsächlich alle Rechte zu erobern, die er für sich beanspruchte. In Frankreich war es der Staat Ludwigs XIV. mit seinen Intendanten und dem Minister Louvois, der die Klientelbeziehungen durch Schreiber und Amtsstuben ersetzte und Privatauslagen der Staatsdiener durch eine offizielle Gehaltsliste überflüssig machte. In anderen Ländern, etwa in England, verlief die Entwicklung anders: Der örtliche Adel (wir würden sagen: die Dienstklientel) übernahm die Funktion der Intendanten, unterwarf sich jedoch den Gesetzen und Anordnungen des Staates.

Damit sind wir bei der Wende vom 17. zum 18. Jahrhundert. Seither wurde der öffentliche Sektor gründlich entprivatisiert. Öffentliche Belange konnten nicht mehr mit privaten Interessen verwechselt werden. Das Private bildete nun einen nahezu geschlossenen Raum und war jedenfalls vollständig abgespalten von dem autonom gewordenen öffentlichen Dienst. Diesen neuen Freiraum besetzte fortan die Familie. Doch die Menschen, die in diesem privaten Raum lebten, ohne (wie die Adligen und Amtsträger des 16. und 17. Jahrhunderts) am öffentlichen Leben teilzunehmen, fühlten sich enttäuscht, und aus dieser Enttäuschung begannen sie, über Politik nachzudenken und politische Forderungen zu stellen. Hier schließt sich der Kreis.

Aus diesen Überlegungen ziehe ich den Schluß, daß das Problem des privaten Lebens in der Neuzeit zwei verschiedene Aspekte hat. Der eine Aspekt ist der Gegensatz zwischen Staatsdiener und Privatmann, das Verhältnis zwischen Staat und Häuslichkeit. Der andere Aspekt ist der der Sozialität, genauer gesagt: des Übergangs von einer anonymen So-

* »Gesprächskreise«. *A.d.Ü.*

zialität mit ihrer unscharfen Grenzziehung zwischen Öffentlichem und Privatem zu einer sektoral gegliederten Sozialität, in der neben einem Restbestand der alten, anonymen Sozialität die berufsbedingten Kontakte und die auf die Häuslichkeit beschränkten, rein privaten Beziehungen stehen.

Anmerkung

1 Dieser Text ist das Einleitungsreferat zu dem vom Wissenschaftskolleg Berlin im Mai 1983 veranstalteten Colloquium über die Geschichte des Privaten. Wir haben ihn um Argumente ergänzt, die Philippe Ariès im Verlauf der Tagung formulierte.

Pieter de Hooch, *Junges Paar vor dem Landhaus*. (Amsterdam, Galerie P. de Zoer)

Yves Castan, François Lebrun, Roger Chartier

I. Figuren der Modernität

Vorbemerkung von Roger Chartier

Zum Verständnis der Grenzverläufe, die im 16., 17. und 18. Jahrhundert das Private vom Öffentlichen und Kommunalen schieden, bedarf es, wie Philippe Ariès dargelegt hat, der Analyse dreier grundlegender Entwicklungen in den abendländischen Gesellschaften. Es sind dies: 1. die neue Rolle des Staates, der zunehmend in Belange und Bereiche eingriff, die sich ihm früher entzogen hatten; 2. die protestantischen Reformationen sowie die katholische Gegenreformation, die den Gläubigen eine verinnerlichte Frömmigkeit und intimere Praktiken der Andacht abverlangten; 3. die Verbreitung des aktiven Lesens und Schreibens, die das Individuum aus seiner Abhängigkeit von einer Kultur der Rede und der Geste befreite. Im ersten Teil dieses Buches versuchen wir zu rekonstruieren, wie der moderne Staat, die nachreformatorische Religiosität sowie eine wirksame Alphabetisierung im Laufe von drei Jahrhunderten die Schranke zwischen Öffentlichem und Privatem verschoben haben. Dabei werden auch einige andere, aber thematisch verwandte Themen berührt, die schon Ariès beschäftigt hatten und die wir mit unseren Fragen beleuchten wollen. Diese Themen seien kurz skizziert.

Es gilt als ausgemacht, daß die Grenzen der Privatsphäre – gleichgültig, ob diese nun quasi die Gesamtheit des sozialen Verhaltens umfaßt oder auf das Intime, Häusliche, Familiäre eingeschränkt ist – in erster Linie von der Doktrin und der praktischen Beschaffenheit der öffentlichen, vor allem der staatlichen Gewalt gezogen werden. So gesehen erscheint die Errichtung des modernen, nicht immer absolutistischen, jedoch stets bürokratischen und verwaltenden Staates als notwendige Vorbedingung der (bewußten oder unbewußten) begrifflichen Trennung des eindeutig Privaten von dem erkennbar Öffentlichen.

Den inneren Zusammenhang zwischen der Konsolidierung des Staates und dem Prozeß der Privatisierung kann man unterschiedlich interpretieren. Norbert Elias verschränkt in einem mittlerweile zum Klassiker gewordenen Buch die vom Sonnenkönigtum Ludwigs XIV. vorgeprägte Konfiguration des absolutistischen Staates mit jenen Veränderungen der Gefühls- und Seelenlage, die der Übersetzung einstmals öffentlicher Aktivitäten in die Innerlichkeit des Individuums Vorschub leisteten. Der zwischen dem ausgehenden Mittelalter und dem 17. Jahrhundert in Europa entstandene Staat neuen Typs, der die Befriedung des sozialen Raums durch die Verpönung jeder nicht sanktionierten Gewalt betrieb, der die existentielle Abhängigkeit der Individuen voneinander intensivierte und zugleich regulierte und mit dem königlichen Hof eine neue soziale Formation erzeugte, deren Verhaltenskodex um so zwingender wurde, als sich ihm die anderen Bevölkerungsschichten allmählich beugten – dieser Staat setzte einen neuen Verhaltensstil in der Gesellschaft durch, der strengere Kontrolle der Triebsphäre, zuverlässige Bemeisterung der Gefühle und die Erhöhung der Schamschwelle gebot. Ein neuartiger Habitus bildete sich heraus, der vor allem dem Höfling ziemte, sich jedoch bald durch Nachahmung oder als Leitbild in der gesamten Gesellschaft verbreitete. Das Ergebnis war eine reinliche Scheidung zweier Kategorien von Verhaltensweisen: solchen, die man der Öffentlichkeit preisgeben konnte, ohne Peinlichkeit oder Anstoß zu erregen, und solchen, die man vor den Blicken der Fremden verbergen mußte. Das galt – allerdings mit schichtspezifischen Unterschieden oder Nuancen – für das Zurschaustellen des nackten oder schlafenden Körpers, die Befriedigung der natürlichen Bedürfnisse und den Geschlechtsakt. Das Tabu betraf auch das Reden über »unaussprechliche« Körperfunktionen oder für schimpflich erachtete Körperteile. Diese Dichotomie, äußerlich ablesbar an der Entflechtung der Verhaltensformen und der gesellschaftlichen Räume, grub sich in die Individuen selbst ein. Die psychischen Dispositionen, welche die Beherrschung der Triebe gewährleisteten und das Handeln automatisch den jeweiligen Außenverhältnissen anpaßten, errichteten im Innern jedes Einzelnen die Disziplinierungsinstanzen der sozialen Norm und verdichteten so die von der Staatsgewalt oder der Gemeinschaft auferlegten Zwänge zu einem System der Selbstbezwingung und der Selbstzwänge.

Die hier in groben Zügen wiedergegebene Deutung von Norbert Elias scheint für unser Vorhaben von doppeltem Nutzen zu sein. Einerseits identifiziert sie in den Wandlungen des Staates und deren Auswirkungen auf den sozialen Raum den für das Verständnis dieser neuen Zweiteilung des Verhaltens entscheidenden Faktor. Ein altes französisches Synonym für »privé« war ja das Wort »particulier«, welches das Gegenteil von »public« im Sinne eines öffentlichen Amtes oder einer öffentlichen Machtbefugnis bezeichnete (vgl. das Wörterbuch von Richelet, 1679); und gerade in jener Sphäre, in welcher der Staat mehr oder weniger normierend in die Gesellschaft hineinwirkt, wurzelt die Aufspaltung der menschlichen Handlungen in erlaubte und verbotene, sichtbare und heimliche, öffentliche und intime. Andererseits betont eine solche Deutung die Historizität psychischer Strukturen; die Bekräftigung des Privaten, die im Laufe der Jahrhunderte immer mehr Verhaltensweisen und zusehends breitere soziale Schichten erfaßte, hing mit Umbrüchen eines Persönlichkeitsbildes zusammen, das sich in der Neuzeit unter dem Eindruck der gewachsenen Spannung zwischen Trieben und sozialen Kontrollmechanismen, Affekten und ihrer Unterdrückung wandelte.

Diese Interpretation des Entwicklungsgangs der westlichen Gesellschaften und des Prozesses der Zivilisation postuliert die säuberliche

Trennung von Privatem und Öffentlichem. In diesem Sinne veranschaulicht das französische Beispiel den Übergang von einer Zeit, in der die privaten Zugehörigkeiten und Bindungen kaum Platz für den vom Staat verkörperten oder doch reklamierten öffentlichen Machtanspruch ließen, zu einer Epoche der administrativen Monarchie, in welcher der Staat sich der bis dahin der Gruppe und der Familie überlassenen Kontrollmechanismen bemächtigte und damit die der Privatexistenz vorbehaltene Sphäre markierte. Das bedeutete natürlich nicht, daß die öffentliche Gewalt kein Interesse mehr an den sozialen Praktiken genommen hätte, die sie an das Private abgetreten hatte; sie wußte sie im Gegenteil zu reglementieren und notfalls sogar zu verteidigen, weil ihre Autonomie für den Staat nützlich war. Denn unter diesen intermediären Vereinigungen (regionalen Gemeinschaften, Berufsgruppen, Familien) herrschte eine so starke Rivalität, daß ein Bündnis dieser Gruppen gegen den Souverän ausgeschlossen war; gleichzeitig waren sie so sehr aufeinander angewiesen, daß sie das gesellschaftliche Gleichgewicht trotz ihrer konkurrierenden Ansprüche nicht ernsthaft gefährden konnten.

Doch obschon die Privatsphäre sich der Errichtung des modernen Staates verdankt, eröffnete sie ihrerseits einen öffentlichen Raum, der keineswegs identisch war mit dem vom Staat besetzten und monopolisierten. Es entstand – in England seit dem ausgehenden 17. Jahrhundert, in Frankreich im Laufe des 18. Jahrhunderts – neben dem vom Staat kontrollierten Bereich eine öffentliche Sphäre, die unmittelbar auf der privaten gründete, genauer gesagt: auf dem öffentlichen Gebrauch der Vernunft durch Privatpersonen (Jürgen Habermas). Die verschiedenen Formen aufgeklärter Geselligkeit, ob stark oder schwach institutionalisiert, repräsentierten jene neuartige Öffentlichkeit, die mehr und mehr durch Diskussion und Kritik in das Gehege der staatlichen Autorität eingriff. Literarische Gesellschaften, Freimaurer-Logen, Clubs und Cafés entfachten einen geistigen Austausch, in dem alle Teilnehmer unabhängig von ihrem bürgerlichen Stand als gleichberechtigt anerkannt waren, der die Notwendigkeit rationaler Kritik gegenüber Problemen geltend machte, die der öffentlichen Debatte bisher entzogen waren, und den Anspruch erhob, die Politik des Fürsten im Namen der öffentlichen Meinung dem Zweifel auszusetzen.

So kam es bei den Begriffen »öffentlich« und »privat« zu einem Bedeutungswechsel, von dem beispielsweise Kants 1783 in der *Berlinischen Monatsschrift* erschienene »Beantwortung der Frage: Was ist Aufklärung?« zeugt: »Der *öffentliche* Gebrauch seiner Vernunft muß jederzeit frei sein, und der allein kann Aufklärung unter Menschen zu Stande bringen; der *Privatgebrauch* derselben aber darf öfters sehr enge eingeschränkt sein, ohne doch darum den Fortschritt der Aufklärung sonderlich zu hindern. Ich verstehe aber unter dem öffentlichen Gebrauche seiner eigenen Vernunft denjenigen, den jemand als *Gelehrter* von ihr vor dem ganzen Publikum der *Leserwelt* macht. Den Privatgebrauch nenne ich denjenigen, den er in einem gewissen ihm anvertrauten *bürgerlichen Posten*, oder Amte, von seiner Vernunft machen darf.« Während der Privatgebrauch, den der Inhaber eines Postens oder Amtes bei der Wahrnehmung seiner Funktion von seiner Vernunft macht (Kant nennt als Beispiele den Offizier und den Geistlichen), durch die Pflicht zu Disziplin und Gehorsam eingeschränkt werden kann und sogar muß, ist das Recht auf öffentlichen Gebrauch der Vernunft unveräußerlich. Der öffentliche Bereich wird also als derjenige gedacht, in dem die Individuen als Privatpersonen miteinander verkehren, und zwar in völliger Freiheit und im eigenen Namen, während der Privatbereich an die Ausübung eines bürgerlichen oder geistlichen Amtes gebunden ist. Hinter dieser semantischen Umkehrung zeichnet sich eine neue Abgrenzung des Öffentlichen vom Privaten ab: Die beiden Sphären stehen nicht mehr im Gegensatz zueinander wie noch im 17. Jahrhundert; vielmehr definiert die bisher als privat eingestufte Praxis den Raum der öffentlichen Reflexion und der politischen Stellungnahme.

Vielleicht war die neuartige Affirmation der persönlichen Frömmigkeit im Zeitalter der Reformation das Ergebnis eines ähnlichen Definitionsprozesses, nämlich einer Inpflichtnahme des privaten Verhaltens durch öffentliche – in diesem Falle: kirchliche – Instanzen. Diese persönliche Frömmigkeit war nicht das Vorrecht des Protestantismus oder der Privatheit. Für die katholische Kirche entfaltete sich gerade in der vom Priester zelebrierten kollektiven Andacht die individuelle Religiosität. Das während der Messe schweigend und in der Muttersprache verrichtete Gebet, das österliche Gebot der Einzelbeichte, das private Gelübde des Pilgers schufen Gelegenheiten zur Einkehr und innigen Hinwendung zum Heiligen. Mehr noch als die häusliche Frömmigkeit, deren Ort stets ein nicht-sakraler war und die sich der Kirchenzucht entzog und zur Häresie neigte, brachte eine wahrhaft »katholische«, d. h. universelle und gemeinsame Religion die private Andacht zur Geltung, nämlich die Innerlichkeit des einzelnen Gläubigen oder die Frömmigkeit einer kleinen Gruppe. Die protestantischen Kirchen indes, die allein auf den Glauben und die Versenkung in die Heilige Schrift gegründet waren, umgaben den Einzelnen schon bald mit einem Netz von Belehrungen und Handlungsanweisungen, die die »richtige« Lektüre der Bibel, spirituelle Konformität und Gemeinschaftsbewußtsein garantieren sollten. Bei allen Unterschieden und gegenseitigen Anfeindungen verfolgten die beiden christlichen Bekenntnisse doch dasselbe Ziel: Sie wollten im Zeichen eines erneuerten Christentums die glaubensnotwendigen Pflichten und zugleich das in der ersten Person Singular gelebte Credo formulieren.

Die Entwicklung des modernen Staates und die einer »individuellen« Religion hatten eine gemeinsame Voraussetzung: die Vertrautheit der Menschen mit dem geschriebenen und gedruckten Wort. Gegen alle Widerstände ermöglichte und beförderte diese Vertrautheit sowohl die Willensbekundung der öffentlichen Autorität wie die Einübung in eine an das Bibelstudium geknüpfte verinnerlichte Frömmigkeit. All denen, die der Gnadengabe des stillen Gebets und des direkten Umgangs mit Gott nicht oder noch nicht teilhaftig waren, bot das Buch eine unentbehrliche Zuflucht. Die hl. Theresa von Avila schreibt in ihrem *Weg zur Vollkommenheit*: »Mehr als vierzehn Jahre lang vermochte ich nicht anders zu meditieren als mit Hilfe eines Buches. Viele Menschen sind gewiß noch in diesem Stadium.« Und sie fügt hinzu: »Andere wissen nicht einmal über das Gelesene zu meditieren; sie beten nur laut.« Es gab also eine Hierarchie des geistlichen Exerzitiums, in welcher die fromme Lektüre eine notwendige Station auf dem Weg zur Gemeinschaft mit Gott war. In den protestantischen Religionen wurde (obwohl vielleicht später, als man gemeinhin annimmt) die vollständige und im Laufe des Lebens mehrmals wiederholte Bibellektüre zum Eckstein des neuen Glaubens, wodurch Religion und Alphabetisierung unmittelbar aneinanderrückten.

Auch der Gesetzes- und Finanzstaat, der im ausgehenden Mittelalter entstand und sich in den ersten beiden Jahrhunderten der Neuzeit stabilisierte, bedurfte zunehmend lese- und schreibkundiger Untertanen. Das Schreiben mit seinen zahlreichen Varianten (juristisch, behördlich, polemisch usw.) untergrub nachhaltig die alte Wertschätzung des Wortes, das so lange vornehmstes Medium der Gesetzgebung und der Rechtsprechung, des Befehls und der Macht gewesen war. Mochte diese Entwicklung auch Widerspruch und Vorbehalte wecken, sie veränderte jedenfalls gründlich das Verhältnis des Einzelnen zum Staat, und zwar in dem Moment, da auch das Verhältnis des Einzelnen zu Gott neu bestimmt wurde. Die Ausbreitung der Lese- und Schreibtechnik war also nicht nur deshalb bedeutsam, weil sie einer immer größeren Zahl von Menschen eine neuartige Gestaltung ihres Zeitbudgets, ihres Familienlebens und ihrer Geselligkeit erlaubte, sondern auch und vor allem deshalb, weil sie die großen religiösen und politischen Entwicklungen beflügelte, die im Abendland zwischen dem 16. und dem 18. Jahrhundert neben dem oder sogar im öffentlichen Raum eine bislang unbekannte Lebenswelt errichteten, die als privat galt.

Schule Charles Le Bruns, *Die Gründung der Académie des sciences*. Diese Darstellung des Globus hatte eine doppelte Tendenz: Die Vermessung des Erdballes gehörte zu den großen Aufgaben der Akademie. Daß aber der Blick gerade auf Europa und den Atlantik fällt, hatte mit den Machtambitionen Frankreichs zu tun. (Schloß Versailles)

Yves Castan

Politik und privates Leben

Als Étienne de la Boétie[1] die unbegreiflichste Perversion sozialer Bindung zu verstehen suchte: die »freiwillige Knechtschaft«, die Diktatur eines Einzelnen über alle anderen, wollte er nicht das Prinzip der Delegation von Macht angreifen. Für ihn erwuchs das Übel aus dem übergroßen Vertrauen, ja, aus der begründeten Dankbarkeit, die man dem Souverän nach dem Vorbild privater Hingebung entgegenbrachte. »Unsere Natur ist so beschaffen, daß die üblichen Pflichten der Freundschaft einen guten Teil unseres Lebens ausmachen; es ist vernünftig, die Tugend zu lieben, gute Taten zu schätzen, jedes Gute anzuerkennen, von wo wir es auch empfangen haben, und oft unsere eigene Bequemlichkeit dranzugeben, um Ehre und Vorteil desjenigen zu mehren, den wir lieben und der es verdient.«

Private Bindungen und öffentliche Gewalt

Die Juristen der Renaissance priesen die Republik über alles, weil die Berufung auf das Gemeinwohl die uneingeschränkte Rechtfertigung für Machtpositionen und Tributforderungen lieferte; dennoch gab es Personen, die an der Gewohnheit und dem Bedürfnis festhielten, ihren Eifer und ihre Arbeitskraft dem Dienst an Höherrangigen zu widmen, denen sie in persönlicher Bekanntschaft verbunden waren. Sogar in einem gebildeten Milieu, wo man Wert und Notwendigkeit freiwilliger Unterordnung sorgfältig erwog, stellte Henri de Campion[2], ein Edelmann aus der Normandie, der zu Beginn des klassischen Zeitalters seine Memoiren verfaßte, ohne Entrüstung, aber mit einigem Groll fest, wie schwierig es war, die Verpflichtungen des vornehmen Klienten mit den Aufgaben des loyalen Untertanen in Einklang zu bringen. Gewiß muß man im Paktieren Campions mit der Fürstenpartei – der Partei seiner Gönner: des Grafen von Soissons und dann der Herzöge von Vendôme – das Einverständnis mit dem gerechten Kampf gegen die Tyrannei erkennen, den dieser aufrechte und klarsichtige Mann politisch mit gutem Gewissen unterstützte. Aber auch Campion kannte Zeiten der Anfechtung, in denen er scharf nachdenken und alle seine kasuistischen Künste aufbieten mußte, um eine Sache, der er diente, nicht ehrenrührig zu finden.

Politisches Abenteuer und Klientel im 17. Jahrhundert

Campion, ein verarmter Edelmann, der aus Taktgefühl seine Dienste nur einem Fürsten anzubieten wagte, der sie nicht verschmähen würde, beschreibt die Wahlverwandtschaft, die er zum Herzog von Beaufort empfand: »Er bezeigte sich damals und seither immer in höchst schmeichelhafter Weise gegen mich und war höflicher, als es die meisten Fürsten gegen jene sind, welche sich ihnen anheimgegeben haben; so daß ich alsobald einen Eifer und eine Zuneigung für ihn empfand, die keine üble Behandlung mir seither hat rauben können.« Allerdings war er zu Beginn seiner Karriere – 1634, mit zwanzig Jahren – weniger vorsichtig gewesen. Als Fähnrich eines königlichen Grenzregiments bekam er das Angebot, seine Stellung zu verbessern und sich den Truppen anzuschließen, die der Herzog von Orléans aufgrund eines privaten Paktes mit Spanien zu sammeln begonnen hatte, um seine gewaltsame Rückkehr aus der Verbannung vorzubereiten. Damals stellte sich das Problem für ihn noch nicht in einem politischen Sinne: »Ich war in Wirklichkeit nur ein mittelloser jüngerer Sohn, der sein Glück machen wollte; doch wollte ich dieses Ziel mit keinen anderen als redlichen Mitteln erreichen, und da ich nun einmal in der Truppe des Königs diente und mich an einem Ort befand, der ihm untertan war, schien es mir ungehörig, mich anwerben zu lassen, ohne daß ich zuvor meinen Posten an meinen Adjutanten abgetreten hatte.« Mit anderen Worten: Es ging ihm darum, korrekt seinen Abschied einzureichen, damit man ihn später nicht der Fahnenflucht bezichtigte. Was den Umstand betraf, daß er den Dienst beim König quittierte, um in den eines Fürsten zu treten, der mit dem Feind des Königs verbündet war und auf einen Umsturz im Königreich sann, »so hätte ich einen triftigen Entlastungsgrund darin gehabt, daß ich nicht als Deserteur handelte und daß man mir, da Monsieur* ein Bruder des Königs und präsumtiver Thronerbe war, auch nicht Verrat vorwerfen konnte, zumal [...] dieser Prinz keine Miene machte, von dem Gehorsam abzulassen, den er S. M. schuldete, und nur in dem Kardinal** seinen Feind erkannte.« Es geht also um private Anständigkeit bei einer Unternehmung, die ein Verwandter Campions eingeleitet hatte, »um auch mir den Weg zum Glück zu bahnen«. Wer könnte es einem einfachen Soldaten in geringer Position und ohne Zukunftsaussichten verdenken, daß er, wie er freimütig gesteht, von sich aus den Dienst quittiert, um sich beim Thronerben beliebt zu machen? Noch dreißig Jahre später war Campion spürbar stolz auf seinen reiflich erwogenen Entschluß, den er allerdings nicht wie vorgesehen in die Tat umsetzen konnte, da er sich mit zwei Kameraden aus lebensgefährlicher Lage schleunigst in Sicherheit bringen mußte, »so daß wir auf die feierliche Rückgabe unseres Patents an den Adjutanten verzichteten«. Wenn man bedenkt, daß Campion zu Beginn seiner Memoiren die pädagogische Absicht bekundet, zu Nutz

* Der Herzog von Orléans. *A.d.Ü.*

** Richelieu. *A.d.Ü.*

Der Herzog von Beaufort, dessen Ungestüm Campion irritierte, zollt hier dem König die »schuldige Reverenz«. Mit heiterer oder selbstzufriedener Miene und in eleganter Haltung huldigen die Anwesenden der legitimen Macht. Der Entzug dieser Anerkennung erfolgte niemals direkt, sondern häufig in Form einer nonchalanten Abwendung. (Paris, Bibliothèque Nationale)

und Frommen seiner Kinder zu schreiben, um ihnen ein Licht aufzustecken, dann muß man wohl annehmen, er wolle aus diesem unbedeutenden und ziemlich unersprießlichen Vorkommnis die Lehre gezogen sehen, daß man auch vor der einschneidendsten Verlagerung der Loyalität seine Anstandspflichten zu beachten hat. Es handelte sich auch nur um eine individuelle Entscheidung, von der lediglich die Verfügbarkeit eines Offiziers für das eine oder das andere Lager abhing.

In ein schlimmeres Dilemma geriet Campion 1643, als der Herzog von Beaufort die Ermordung Mazarins plante. Campion billigte diesen Plan nicht, er, ein sanftmütiger Mensch, mochte sich eine solche Gewalttat, die nach seinem Dafürhalten der Minister nicht verdient hatte, nicht vorwerfen lassen; außerdem vermutete er, daß der Anschlag, selbst wenn er gelänge, den Attentätern keinen Vorteil bringen würde. Trotzdem war er bereit, Stillschweigen über den Plan zu bewahren und zu tun, was Beaufort von ihm verlangte, sofern er nicht selber die Hand gegen den Kardinal erheben mußte. Die private Bindung an Beaufort wurde dadurch gefestigt: »Ich hatte beschlossen, ihm zu folgen, komme was wolle, und ihn niemals im Stich zu lassen, auf welche Seite er sich auch schlagen mochte.« Und wenn der Herzog beschließen sollte, persönlich am Schauplatz des Geschehens anwesend zu sein, würde er, Campion, sich überwinden und sich »ohne Skrupel zu ihm halten [. . .], da dies mein Dienst bei ihm und meine Zuneigung zu ihm gleichermaßen geboten«. Diesmal verwarf er das politische Alibi; er wußte, daß er sich an einem empörenden Akt der Willkür und Ungerechtigkeit beteiligte, und hielt mit seiner Meinung nicht hinter dem Berg. Dennoch war er bereit, dem Herzog »treu und als Ehrenmann zu dienen«, d. h. nach den Spielregeln jener privaten Bindung, die er eingegangen war und die Vorrang vor seinen staatsbürgerlichen Bedenken und seiner Friedfertigkeit hatte. Im begrifflichen Erfassen des menschlichen Handelns hatte er es weit gebracht, dieser lernbegierige Mann, der nie ohne seine Bücher »als Teil des Marschgepäcks« ins Feld zog. Doch die unmittelbaren Motive des Handelns – Redlichkeit und Treue als Garanten der Ehre – geben zwar die Richtung an, können aber selber nicht variieren. Sie sind Teil jenes Vorrats an Zuneigung, der bei Campion so mächtig war, seit er sich für jenen Zufall entschieden hatte, dem er seine Freundschaft, seine Liebe und das väterliche Erstaunen verdankte.

Private Ambitionen und die Eroberung des Staates

Die Generation von Franzosen, die während der Krisen des monarchischen Staates zur Welt kam und aufwuchs, erlebte eine paradoxe Situation: Der Staat war gezwungen, seine Klienten mit großzügigen Gunstbeweisen zu belohnen, so wie die charismatischen Anführer der Auflehnung gegen den Staat ihre Klienten belohnten. Wieder einmal erkannte Campion genau, wie die Dinge standen, und zwar an seinem älteren und angesehenen Bruder Alexandre, der ihm auf dem Pfad der Ambition vorangegangen war: »Sein langer Umgang mit den Unzufriedenen [. . .] hatte in ihm gegen seine Neigung den Wunsch erweckt, den Hof des Staates dauernd in Aufruhr zu sehen; er hat seither noch andere Anzeichen dieser mehr erworbenen als angeborenen Tendenz gezeigt.« Logischerweise hegte Campion auch die Hoffnung, daß die Vorhaben, für die er sich nach und nach engagierte, ihm helfen würden, berühmt zu werden. Diese Versuche, den Raum des Politischen auf dem Umweg über die private Intrige zu erobern, verraten denn auch nicht bloß Neid und Gier.

Die Legende zu diesem Bild spricht nicht von der militärischen Pflichterfüllung des Pikenträgers, sondern von seinem Stolz auf eine gemeisterte Kunst. (Paris, Bibliothèque Nationale)

Diejenigen, die den abtrünnigen Fürsten dienten, lebten normalerweise von den Einkünften aus den ihren Gönnern anvertrauten Regimentern. Sie legten ihre Ehre darein, ihre Pflicht mit Auszeichnung, in der Schlacht sogar mit Bravour zu erfüllen und vernünftige Ratschläge zu geben. Sie lebten oder starben auf Kosten des Königs bzw., wenn sie siegreich blieben, auf Kosten seiner Feinde. Man mußte lernen, wann es geboten war, seinen Leutnantsposten oder seine Kompanie zu verlassen: beispielsweise in öden Zeiten der Untätigkeit oder wenn nach einer blutigen Schlacht keine Beförderung erfolgte, was ein verläßliches Zeichen der Ungnade oder der Gleichgültigkeit war. Durfte man aber in einer solchen Lage die Hilfeleistungen annehmen, die einem von großzügigen Fürsten unweigerlich angeboten wurden? An der Haltung Campions wird sichtbar, daß es besser war, solche Offerten auszuschlagen. Henri de Campion verließ sich lieber auf das Spiel, worin er Meister war, seit er das Glücksspiel (Würfeln) mit dem Tricktrack und diversen Kartenspielen vertauscht hatte. Das Spiel mit dem Zufall war zwar vornehmer, aber auch riskanter, und konsequente Geschicklichkeit im Glück wie im Pech wurde schließlich belohnt. Doch alle Gunstbeweise und Dienstverhältnisse waren nichts mehr wert, wenn man aus dem Lande fliehen mußte, und das Spielen taugte auch nur für begrenzte Zeit. Im Exil, und nur im Exil, war es daher erlaubt, auf Kosten seines Gönners zu leben, sofern der Diensteifer für diesen Herrn die

Abweisend und streng, bleibt der König auch als Schirmherr der Künste der furchteinflößende Krieger. Umgeben von Medaillons mit den königlichen Werken und in Ehrfurcht erstarrten Höflingen, posiert er als Held, der sich seiner olympischen Mitstreiter bewußt ist. (Paris, Bibliothèque Nationale)

Ursache der Verbannung war oder der volle Erfolg der eigenen Faktion Freigebigkeit gestattete: »Ich sagte ihm [dem Herzog von Vendôme], daß er mich nach Verdienst behandeln möge, sobald die Lage seiner Seite sich geändert haben werde.« Obwohl Campion später Grund hatte, sich über die Undankbarkeit dieser Familie zu beklagen, erkannte er die pünktliche Zahlung der ihm ausgesetzten Pension an und beschränkte seinen Groll auf den Vorwurf, daß man ihm kühler und weniger offen begegne als früher. Eher höhnisch als amüsiert karikiert Tallemant des Réaux[3] diese Abhängigkeit: »Ein Edelmann des Grafen von Lude sagte, auf dem Sterbebett liegend, als man ihn zur Beichte mahnte: ›Ich wollte niemals etwas ohne die Einwilligung von Monsieur tun. Fragt ihn, ob es ihm recht ist.‹« Sogar wenn er die letzten Bindungen an diese Welt kappt, ist der »fidèle« ebenso blind wie der Geizige, der sich weigert, angesichts des Todes seinen übel errafften Besitz fahren zu lassen; es reicht *eine* Anekdote, um die Naivität beider Typen zu erweisen.

Was hatte es mit dieser Abhängigkeit auf sich, die einem Menschen und der um ihn versammelten Gruppe alle Neigungen und Bindungen zukehrte, die man normalerweise den eigenen Angehörigen und dem »Vaterland« schuldet? Es lag wohl mehr Anziehungskraft in ihr als in den allgemeinen Geboten der Pflichterfüllung. Und so freimütig, wie Henri de Campion seine Liebe zum Spiel und zum Gewinnen im Spiel bekennt, so freimütig gesteht er auch, daß er, obwohl von Natur aus friedliebend, doch immer versucht war, die Streitigkeiten seiner Freunde zu seinen eigenen zu machen: »Es gefiel mir, wenn meine Freunde in Auseinandersetzungen verwickelt waren, so daß ich ihnen zu Diensten sein konnte; denn ich dachte, daß ich mich, dem Brauch jener Zeit entsprechend, im Duell und den damit verbundenen Vorgängen auszeichnen könne.« Er hat, wie immer, keine Hemmungen, das Interesse an seinem »Glück« zu betonen. Wie der Krieg bot auch das Duell die Chance, Tapferkeit zu beweisen, jedoch unter stärkerer Anteilnahme der Standesgenossen, die Spontaneität und mutige Initiative zu schätzen wußten. Die private Klientschaft schuf hier die beste Gelegenheit, sich in einer Gruppe hervorzutun, deren Maxime eine von Familien- und Korpsgeist inspirierte Aufopferungsbereitschaft war.

Man kann sich nun fragen – und insofern dürfte der Fall Campion beispielhaft sein –, ob es eine Randzone gibt, in der solches private Denken und Handeln auch einen für den Einzelnen bedeutsamen öffentlichen Aspekt hat. Henri de Campion bezeugt über seine christliche Einstellung hinaus eine Menschlichkeit, die für alle und sogar für die Truppen des Feindes (diese Bestien, die der Sieger nach der Schlacht niedermetzeln läßt) das ihnen gebührende Mitleid zu empfinden vermag. Er weiß eine politische Unternehmung, an der er beteiligt ist, nach dem Kriterium des Gemeinwohls zu beurteilen – dem in seinen Augen einzig angemessenen Kriterium. Doch in seiner Schilderung ereignet sich alles so, als ob diese großen Gesichtspunkte ganz eitel wären und seine realen Aktionen sich nur in den konzentrischen Kreisen der verschiedenen Momente des Privaten entfalten konnten: im inneren Af-

Der Generosität des Monarchen widerspräche eine egoistische Ausnutzung seiner Verbündeten; denn Inbegriff königlicher Tugend ist die Großzügigkeit.
(Paris, Bibliothèque Nationale)

Nicolas de Largillière, *Die Schöffen der Stadt Paris* (Ausschnitt). Symbole der Künste leihen der Würde des Handels ihr Prestige. Auch die Untergeordneten partizipierten an der öffentlichen Ehre ihres Berufes. Lukrative Ziele, redlich verfolgt, dienten dem Ruhm des Staates. (Amiens, Musée de Picardie)

fekt, wobei er unter schweren Opfern die Selbstbeherrschung wahrte; in der Pflicht, nach dem Glück zu jagen und dabei auch einmal sein Leben in die Schanze zu schlagen; im Fasziniertsein von den großen Plänen und Entwürfen, mit denen man aufstieg oder unterging – in der herzlichen Kameradschaft mit anderen, die sich ähnlich vorbehaltlos einer Sache verschrieben hatten.

Diese subjektiven Einstellungen waren geprägt von dem Gefühl für Würde, Ehre, den Wert der großen Tat und von der Hingabe an den Fürsten als der Verkörperung des Staates; insofern kamen sie – zumindest abstrakt – den politischen Tugenden zugute. Die schmeichelhafte, freilich noch nicht von den ethnischen Träumereien eines ganzen Jahrhunderts beflügelte Beschreibung dieser Tugenden, die viel später der Vicomte de Bonald in seinem *Tombeau de la noblesse* geben sollte, greift viele dieser Züge wieder auf, schreibt ihnen jedoch einen durchaus öffentlichen Zweck zu. Privilegien, Gunstbeweise, Qualitäten des Adels sind für Bonald lediglich Korollarien der besonderen Auszeichnung, der Öffentlichkeit dienen zu dürfen, ohne sich um die Ansammlung von Reichtümern, die Wiederherstellung des Vermögens und den Lebensunterhalt kümmern zu müssen. Es ist schon ein verblüffendes Paradoxon: Eine ganze Klasse, die sich durch Handel, die Leidenschaft des Erraffens und profitable Versorgung und Verheiratung reproduziert, wird einem politischen Zweck unterworfen und dargestellt, als ob es ihr nur um heilige Frühlinge zu tun sei und sie in jeder neuen Generation von der Großzügigkeit der vorangegangenen zehre.

Die politische Ordnung setzte sich in der Ordnung der Naturgesetze fort, deren Kenntnis im öffentlichen Interesse lag und der Macht des Souveräns förderlich war. (Paris, Bibliothèque Nationale)

Dienst beim König und militärische Kameradschaft

Vielleicht sollte man jedoch zunächst eine andere Perspektive der Betrachtung wählen, die der von Bonald[4] beschriebenen gewiß näher ist. Zwei Generationen nach Campion, in der Zeit zwischen den letzten Kriegen Ludwigs XIV. und dem Beginn des Siebenjährigen Krieges, finden wir in denselben niederen Rängen Edelleute, die keinerlei Glücksillusionen mehr hegten – Männer ohne namhafte Protektion und aus sehr fernen Regionen, die ihren Kriegsdienst in größeren Armeen ableisteten. Alles, was sie vor der Anonymität bewahrte, war die Waffenbrüderschaft und, vielleicht, die vage Hoffnung auf einen Oberst, der genügend Prestige in Versailles genoß, um die Karriere seiner Untergebenen fördern oder wenigstens ihre Verdienste rühmen zu können. Die Korrespondenz von Offizieren[5] verrät, zurückhaltend-höflich im Ton, das Interesse an nützlichen Kontakten; man wendet sich an Verwandte, denen man Einfluß unterstellt, oder an frühere Kameraden, die mittlerweile avanciert sind. Man scheut sich, die eigenen Heldentaten zu erzählen, es sei denn, um diskret an bestimmte, gut be-

Die Entscheidung des Königs wurde als die folgenschwere Offenbarung seines eigenen Willens entgegengenommen. Der Rat anderer wurde zwar angehört, aber ausschlaggebend war die Intuition des Monarchen selbst.
(Paris, Bibliothèque Nationale)

zeugte Verdienste zu erinnern. Die Briefe enthalten Neuigkeiten vom Hofe und aus dem Krieg, die allerdings aus praktischen Rücksichten leise formuliert werden; es geht um die notwendige Verproviantierung, um Truppenbewegungen, um Vorsichtsmaßnahmen des Einzelnen und seiner Familie, um berufliche Angelegenheiten; denn man braucht immer einen guten Rat oder freundschaftliche Hilfe bei den hunderterlei Problemen mit der Fourage, der Remonte, der Disziplin, dem Sold und der Ausrüstung. So vermischt sich für diese Offiziere die Disziplin eines reglementierten öffentlichen Dienstes mit dem freien und vertrauten Ton von Menschen, die gewohnt sind, auf engem Raum zusammenzuleben und gemessene Toleranz zu üben, von der man auch im Falle der fieberhaften Vorbereitung auf eine unerwartete Inspektion nicht abläßt. Die bürokratische Organisation taugt ohne weiteres, ja, vorzüglich zu dieser Fähigkeit, ein privates Leben inmitten einer öffentlichen Anstrengung zu führen, aber es ist klar, daß es kaum andere private Pläne und Ambitionen gibt als jene, die sich auf Beförderung und Auszeichnung dieser subalternen Offiziere richten, denen nach dreißig Dienstjahren das Ludwigskreuz und eine Pension von 500 Livres winkten, sofern sie das Glück hatten, so lange zu leben. Als Berufssoldaten hatten sie nur wenig jenen Kontakten und Patronen zu verdanken, die ihnen vielleicht in den Sattel geholfen hatten in einer Zeit, als der König seinen Militäradel benötigte. Arme Familien trugen ihr Scherflein bei, damit ihr Sprößling nie mehr nach Hause zurückkehren mußte: 300 Livres für die Ausrüstung und das Doppelte für die Zeit, bis er den ersten Sold bekam. Danach halfen sich die Soldaten gegenseitig und gaben Informationen weiter, sei's im Biwak, sei's in den höheren Rängen des Generalstabs – aber das waren zwei getrennte Welten. Feldoffiziere und Stabsoffiziere kamen selten miteinander in Berührung, sie hegten eine kontrollierte Zuneigung füreinander, die durch die Distanz erweicht wurde und durch keinerlei Interessenkonflikte kompromittiert oder bedroht war.

Diese Männer waren, anders als Campion, keine Glücksritter, die sich, um voranzukommen, in die Abhängigkeit von einem Beschützer

Treue und Unterwerfung waren die Schlüsselworte für die Klienten des Königs ebenso wie für die des Adels. Das Gebaren des Ministers bewahrte noch den subalternen Gehalt seiner Etymologie, sogar bei hohen Amtsträgern, deren Größe im Dienen bestand. (Paris, Bibliothèque Nationale)

Aufgabe der Truppe war nicht nur der Kriegsdienst. Die Palastwache und die imposante Militärpräsenz im Hause des Monarchen unterstrichen die Nähe des Fürsten zu seiner Armee. (Paris, Bibliothèque Nationale)

begaben, dem sie treulich dienten, ohne an ihren Ambitionen, Dienstleistungen und Ehren das rein Private noch unterscheiden zu können von dem schon usurpierten Bereich öffentlichen Wirkens. Für die niederen Offiziere der administrativen Monarchie war der Militärdienst eine der wenigen Chancen, in Würde leben und sterben zu können. Ihr Leben ging in ihrer Arbeit auf, sie zogen von Garnison zu Garnison, von Schlachtfeld zu Schlachtfeld; gelegentlich bekamen sie Urlaub, doch niemals standen sie vor der Wahl oder auch nur dem Wunsch, ein anderes Leben zu führen. Mit den Einzelheiten von Unternehmungen befaßt, die sie nicht selbst geplant haben und denen sie ausgeliefert sind, sprechen sie in ihren Briefen niemals davon, daß sie sich willig einem großen öffentlichen Zweck unterordnen; vielmehr ergeben sie sich resigniert in die Pläne »derer da oben«, von denen sie sich mißbraucht fühlen. Diese subalternen Offiziere erfüllen ihre Aufgabe ernst, wiewohl nicht gewissenhaft; die täglichen Pflichten werden dem Alltagsleben assimiliert, dessen Zerstreuungen wiederum fast wie Pflichten anmuten. Das Spiel, noch für Campion ein faszinierender Zeitvertreib, ist jetzt nur noch der unvermeidliche Anlaß, seine spärlichen Finanzmittel zu riskieren. Die Ehrenhändel aber wecken nichts als Verachtung bei diesen Kriegern: Sie sehen darin eine Beschäftigung für junge Leute und einfältige Dragoner, denen es Spaß macht, mit dem Säbel oder dem Schwert die königlichen Steuereinnehmer zu attackieren.

Eher Knechtschaft als Dienst – so möchte man die Entwicklung dieses Berufsstandes kennzeichnen, der dem Offizier nicht einmal mehr die Freiheit ließ, den Dienst zu quittieren, wenn seine mediokre Stellung keine Aussicht mehr auf Ruhm bot. In seiner ruhmbegierigen Jugend hätte Campion diese langen Perioden der Langeweile nicht ertragen, in die der Militärapparat verfiel, wenn er einmal stillstehen mußte. Während nun aber Disziplin und Hierarchie den Militärs die letzten Impulse persönlicher Ambition austrieben, lebten die Offiziere jetzt nicht mehr in einer Atmosphäre der Rivalität, sondern der vertrauten, ja, familiären Zuneigung. Und wenn zwei Freunde an die hinter ihnen liegenden Jahre im Feld zurückdachten, dann zitierten sie die Namen der Gefallenen nicht im Hinblick auf frei gewordene Positionen und mögliche Beförderungen, sondern im Ton frommen, brüderlichen Gedenkens an die in regelrechter Verbannung verbrachte Zeit einer herzlichen Kameraderie.

Ein naher, absoluter Vorgesetzter

Für Campion, der im öffentlichen Leben niemals zwischen politischen und privaten Zielen unterschied, kam eine beispielhafte, von Gefühlen der Dankbarkeit und Glückshoffnung durchpulste Loyalität jedem anderen Zweck zugute; sie besänftigte das Gewissen, kündete von seinem löblichen Eifer und zeugte von seiner solidarischen Parteilichkeit. Nachdem er sich ausgiebig als Mann der Sympathie und Affektivität deklariert hat, benötigt er einen intimeren Bereich, in dem er seine Gefühle auf ihr wahres Maß reduzieren kann. Allein im häuslichen Rahmen kann er das Glück der Privatheit genießen und sich sogar dem Schmerz überlassen; und auch hier gibt es so ausschließliche Bindungen, daß er sich nach dem Tode seiner Lieblingstochter lediglich aus Pflichtgefühl und ohne Begeisterung um seine anderen Kinder kümmert. Abgesehen von Gefühlen der Liebe ist er offenbar nur für jenen bitteren Geschmack des Verrats am getreuen Diener empfänglich, der

Jean-Baptiste Pater, *Marsch der Soldaten.* Das Soldatenleben war noch nicht völlig isoliert, zumal nicht nur Militärpersonen daran teilhatten, und auch im Feld wurden die Regeln der »civilité« beachtet. (Caen, Musée des Beaux-Arts)

»Der Kanzler Séguier«, Ausschnitt aus *Einzug Maria Theresias in Paris*. Schaugepränge und Ehrerbietung umgaben diesen hochgestellten Trabanten des königlichen Sterns. In der Tat ist der Kanzler noch mehr als andere von den Symbolen der königlichen Majestät umgeben, deren Akte er in die Tat umsetzte. (Stockholm, Museum)

seit dem Mittelalter das unveräußerliche Erbteil der Vasallität zu sein scheint. Eine Mischung aus Respekt, Anerkennung und Liebe, freilich nicht ohne die gerechte Furcht, muß die »Obrigkeit« umgeben, den »supérieur«, wie ihn die Moraltheologie des 17. Jahrhunderts nennt.[6]

Der Begriff der »Obrigkeit« mit seinen unveränderlichen formellen Implikationen unabhängig von der gemeinten Person – Ehegatte, Meister, Pfarrer, Offizier, Magistrat, Gutsherr – verdeutlicht sehr gut, warum es schwierig ist, die Vorstellung einer wohltätigen und lebenspendenden Macht einerseits von der einer angsterfüllten Zuneigung andererseits zu trennen, wobei die schlimmste Furcht die ist, von der Quelle des Wohlwollens und des Lebens verbannt zu werden. Da es auf keiner Stufe der Gesellschaft notwendig war, daß sämtliche Individuen eine direkte Beziehung zu sämtlichen denkbaren Obrigkeiten unterhielten, war es von lobenswerter Gefühlsökonomie, seine Ehrerbietung auf die unmittelbar nächsten Obrigkeiten zu beschränken. Eine Frau aus den weltlichen Ständen konnte behaupten, einzig ihren Gatten als Obrigkeit anzuerkennen, und ein Diener überschritt seine legitimen Grenzen, wenn er über die Autorität seines Herrn hinaus an eine politische Legalität appellierte, die seinem Stand nicht entsprach. Unter diesen Umständen war bereits das Gefühl bedenklich, daß es Schwellen gab, die man nicht ungestraft überschreiten konnte. Ein Knecht berief sich zu seiner Entschuldigung genauso zuversichtlich auf einen empfangenen Befehl, wie Campion zuversichtlich war, daß es die Pflicht des Herzogs von Orléans war, in seinem Vertrag mit dem König alle jene Menschen zu berücksichtigen, die nichts anderes getan hatten, als seinen Befehlen zu gehorchen. Noch in der Aufklärung sollte der gegen Menschen einfachen Standes erhobene Vorwurf, sie seien »republikanisch«, keineswegs bedeuten, daß man an ihrer Loyalität gegenüber dem Monarchen zweifelte. Wenn man in ihnen schlechte Untertanen sah, dann nicht als Untertanen des Königs, über den sie überhaupt nicht zu sprechen hatten; vielmehr meinte man ihre Unbelehrbarkeit gegenüber den Herren und den Amtsträgern, dem Rektor oder dem Grundherrn, oder ihre mangelnde Eilfertigkeit und Beflissenheit, ihren Anspruch, die Handlungen des Pfarrers oder der Konsuln am öffentlichen Nutzen zu messen.

Diese gewöhnliche Reduktion der anerkannten Macht auf die unmittelbar nächsten Personen hinderte die Menschen nicht daran, jenen Autoritäten einen symbolischen und oft höchst prestigeträchtigen Wert zuzuschreiben, deren Wirken zwar gewiß Konsequenzen für sie hatte, etwa in der Gestalt von Steuern, zu denen es aber weder einen wirklichen Kontakt noch eine denkbare Opposition gab. Bereitwillig sagte man »Nos seigneurs« zu fernen Autoritäten, etwa im »parlement« oder bei Hofe; im Languedoc gab man diesen Titel 1789 den Abgeordneten der Generalstände, so wie man ihn früher den Abgeordneten der Provinzstände gegeben hatte. Es war fast immer eine Bezeichnung, die Respekt in die Ferne signalisierte, den Respekt vor einer Gewalt, die Geltungs- und Herrschaftsmaßstäbe setzte, jedoch nicht unmittelbar erfahren wurde.

In diesen Sprach- und Verhaltensgewohnheiten wurde öffentliche Legitimität zwar regelmäßig anerkannt, aber nur in seltenen Fällen praktisch wirksam; dagegen wurde die Frage nach der Legalität des Gehorsams fast niemals gestellt, so sehr beeinflußte die Realität der Obrigkeit die Phantasie und das Verhalten der Untertanen. Die abnormen Situationen, die von Zeit zu Zeit eine präzise Reaktion verlangten, können so besondere Tatsachen der Herrschaft sichtbar machen.

Aufruhr in Pierrefiche

Ein Beispiel aus den ersten Jahren des 18. Jahrhunderts betrifft einen Fall von Tollwut[7] in einer kleinen Gemeinde der »bailliage« Gévaudan. Der Pfarrer von Pierrefiche mußte Notmaßnahmen ergreifen, weil der Tollwütige selbst sowie seine Angehörigen und die Pfarrkinder – Bau-

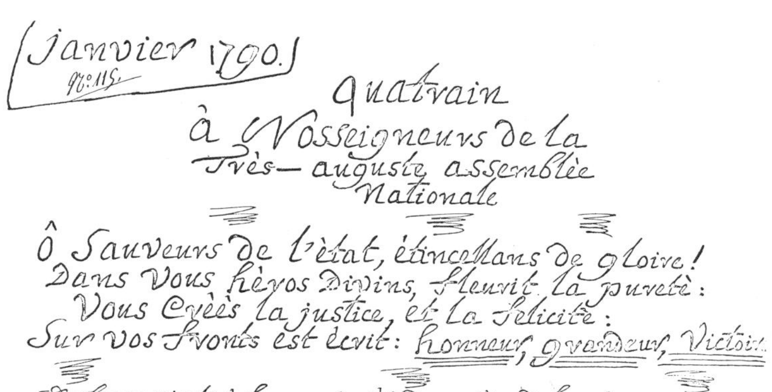
(Janvier 1790.)

quatrain
à Nosseigneurs de la
Très-auguste assemblée
Nationale

Ô Sauveurs de l'état, étincellans de gloire!
Dans vous héros divins, fleurit la pureté:
Vous créés la justice, et la félicité:
Sur vos fronts est écrit: honneur, grandeur, Victoi[re]

Dufresnes avocat, à Langogne en gévaudan province de Languedoc.

Das heroische Insignium der Macht ist vom Fürsten auf die Nationalversammlung übergegangen: Souveräne Macht kennzeichnet nun die tugendhafte, wohltätige, siegreiche Versammlung. (Privatsammlung) ern aus der Umgebung – wie selbstverständlich Hilfe von ihrem »curé« erwarteten. Der Kranke, Pierre Marcou, hatte sich nicht aus medizinischen Gründen an den Pfarrer gewandt; alles Notwendige hatte er bereits unternommen und auch die wundertätigen heiligen Schlüssel berührt. Aber er fühlte den Tod herannahen und wollte in seinen letzten Tagen beschützt werden, da er wußte, welche Gefahr seine Krankheit für die Öffentlichkeit darstellte. Während die Doktoren und die durch Marcous Tobsuchtsanfälle verängstigten Nachbarn berieten, ob sie den Kranken töten oder aussetzen sollten, wurden sie vom Priester beruhigt, der auch die physischen und spirituellen Interessen des Kranken bedachte. Den vorsätzlichen Mord an Pierre Marcou durch Öffnung von vier Adern verwarf er ebenso wie die Aussetzung, die den Sterbenden in Verzweiflung gestürzt hätte.

Pierre Marcou hatte kein besonders gutes Verhältnis zu dem Pfarrer, der bei ihm mehrfach die Zahlung gewisser Schulden angemahnt hatte. Unter den gegebenen Umständen rechnete er aber damit, daß der Pfarrer ihm den Schutz nicht versagen werde, den Marcou im Namen der priesterlichen »Treue« von ihm erwartete. Diese »Treue« verlangte er auch von dem Apotheker, der ihn zur Ader ließ: Er akzeptierte den Aderlaß als Heilbehandlung, beargwöhnte ihn aber zugleich als diskretes Tötungsmittel. Als er bemerkte, daß die Ader offengelassen wurde, fragte er sich, ob es nicht norwendig sei, sie wieder zu schließen, und meinte, der Pfarrer schulde ihm hierüber Auskunft. »Er vertraute sich ihm an, [um zu erfahren,] ob es falsch sei, die Ader offenzulassen, damit er schneller stürbe; was er, wenn es falsch sei, nicht haben wolle.« Auf den Rat des Pfarrers hin schloß er die Ader wieder, doch war er sich darüber klar, daß diese legitime Autorität, deren »Treue« durch die geistlichen Pflichten des Priesters gewährleistet war, nicht die einzige Instanz war, die über sein Schicksal zu befinden hatte. Die Nachbarn, die man herbeigerufen hatte, um auf ihn aufzupassen, wagten nicht, ihn zu fesseln; statt dessen umgaben sie das Bett, in dem er lag, mit einem Gitter. Doch in einem neuen Tobsuchtsanfall stieß Marcou das Gitter um und machte Miene, seine Bewacher zu beißen und das Haus in Brand zu stecken. Die Nachbarn mußten fliehen und das Feuer löschen, indem sie über eine Holzrinne, die sie in ein Fenster legten, Wasser in die Wohnung leiteten. Dann mußten sie das Haus eine Dezembernacht lang belagern, in 1000 Meter Höhe und stets in der Furcht, einzuschlafen und den tödlichen Biß des Rasenden zu empfangen. Schon vorher war sich Marcou darüber klar geworden, daß die Leute ihn würden umbringen wollen, schließlich wußte er, was man früher in solchen Gefahrensituationen getan hatte. So legte er eine Beichte ab, ordnete die Begleichung seiner Schulden an und bat, man möge für ihn beten, verweigerte sich jedoch der Letzten Ölung, weil er sich so am besten vor der Ungeduld und Panik seiner Bewacher geschützt glaubte. Seltsamerweise scheint ihn die weltliche Macht, repräsentiert von dem herrschaftlichen Gerichtsdiener, nicht bekümmert zu haben. Wohl aber fiel dieser Ausweg seinen Bewachern ein. Der Pfarrer, der die Bewachung organisiert hatte, war von seinem Pflichtgefühl gelähmt; so brauchte man einen Menschen, der es im Namen der öffentlichen Sicherheit wagte, Marcous Tod zu beschleunigen. Der Gerichtsdiener übernahm die ihm zugedachte Rolle und schickte seinen Sohn mit einem Gewehr in die Scheune, um den Tobenden hinterrücks zu erschießen.

Für diese Bauern – die fast alle Analphabeten waren, denn nur ein einziger Zeuge unterschrieb das Protokoll mit seinem Namen – war das Gebot der Stunde die Solidarität angesichts einer gefährlichen und schwierigen, wenn auch mitleiderregenden Situation. Vor allem waren sie sich darin einig, daß allein die Familie, die nächsten Angehörigen des Kranken, zu entscheiden befugt waren, ob man den Kranken weiterhin ärztlich versorgen sollte oder ob man die Hoffnung aufgab und ihn verbluten ließ. Der Pfarrer einer benachbarten Gemeinde empfahl dem Pfarrer von Pierrefiche, lediglich die Sakramente zu spenden und sich im übrigen aus der Sache herauszuhalten. Das Versagen des privaten Kreises, der eigentlichen Familie, zwang in gewisser Weise diejenigen zum Handeln, die sich von Amts wegen in der Verantwortung wußten. An der Seite des sterbenden Pierre Marcou war nur seine junge Frau, die über die plötzliche Erkrankung ihres Mannes entsetzt war und sich – aus Angst und weil Marcou es so wollte – nur dadurch zu helfen wußte, daß sie zum Pfarrer floh, um sich auszuweinen und auf unmögliche Hilfsmittel zu sinnen. Besorgt wegen seiner Wutanfälle und ratlos über den Schrecken, den alle Gegenstände in seiner Umgebung in ihm auslösten, hatte Marcou selbst die übrige Familie fortgeschickt. Enge Freunde hatte er nicht, denn bei großzügiger Auslegung meint der Begriff des guten Freundes den guten Nachbarn, zu dem man ein herzliches Verhältnis hat, und weder Marcou noch die Menschen, die ihn umgaben und zum größten Teil auch mochten, dachten bei Freundschaft an etwas anderes als an ein auf Gewohnheit gründendes, vertrautes und loyales Verhältnis, das bald einem kollektiven Gefühl für das Allgemeinwohl wich: Wenn Marcou die Qualen eines Verdammten litt und ihn sein Wahnsinn zwang, furchtbare Dinge zu tun, warum dann nicht allem ein Ende machen? Was bedeutete es dagegen, daß er sich manchmal wünschte, mit Zangen gepeinigt zu werden, um mit seiner Qual in der Passion Christi aufzugehen, oder daß er tot sein wollte, um seine eigene Totenlitanei gesungen zu hören, oder daß er sich auf dem Holzstoß vor dem warmen Ofen verbarg, um nicht mehr vor Kälte zittern und nicht mehr das Feuer sehen zu müssen? Hätte er im Kreis einer Familie gelebt, so hätten seine Angehörigen ihn gewiß derselben Prozedur überantwortet, die er selber halblaut aussprach: Man hätte ihn nach Verabreichung der Sterbesakramente unter einer Decke erstickt oder verbluten lassen.

Aber der Nachweis, daß diese gewaltsame Tötung eines Menschen durch fremde Hand im Interesse des öffentlichen Wohls liegen solle, fiel nicht zwingend aus. Die Mörder äußerten laut ihr Entsetzen über eine Tat, die nicht ihrem persönlichen Entschluß entsprungen war. Als die Zeugen des Vorfalls bei der kirchlichen Vorladung zur Aussage gezwungen wurden, bekundeten sie die Bitterkeit von Leuten, die, des ganzen Spektakels und der fruchtlosen Bewachung überdrüssig geworden, bloß ihre Ruhe haben wollten und so den Amtspersonen Platz gemacht hatten, damit diese sich unter Vermeidung von Aufsehen um den

Auch am Ende des Jahrhunderts der Aufklärung gab es noch den inbrünstigen Wunderglauben. Private Wunscherfüllung traf mit öffentlichem Staunen zusammen. (Paris, Musée Carnavalet)

Unglücksfall kümmerten. In den Augen aller, die es ungeniert aussprechen konnten, weil sie in dem Prozeß nicht Partei waren, war es einzig darauf angekommen, die zerstörerische Wut des Tobenden zu bändigen, indem man ihn fesselte oder in seinem Schlafgemach einschloß, versehen mit den Sterbesakramenten und mit Lebensmittelvorräten, die bis zu seinem Tode reichten. Natürlich wäre es vorzuziehen gewesen, wenn man einer Familie und ihrem privaten Ehrgefühl die Freiheit und das Risiko weitreichender Entscheidungen hätte überlassen können. Da dies jedoch nicht der Fall war, hatte die Gemeinschaft tun müssen, was Klugheit und Anstand geboten. Leider hatte keine Amtsperson genügend Ansehen genossen, um dafür sorgen zu können, daß man dem Martyrium des Kranken zwar mit Festigkeit, aber ohne Gewalt begegnete. Und wenn die meisten Nachbarn sich damit abgefunden hatten, den Kranken aufzugeben, dann deshalb, weil sie die zuständigen Amtspersonen bemerkt hatten und weil sie nichts tun konnten, um das Unvermeidliche aufzuhalten. Weder der Gerichtsdiener noch der Apotheker hatten ein anderes Rezept, als den Tobsüchtigen rasch und gewaltsam vom Leben zum Tod zu befördern. Der Apotheker, der als einziger das Grauen der Tollwuterkrankung kannte, war auch der einzige, der sich zu der Tötung des Kranken zu bekennen wagte.

Was die Analyse der in diesem Prozeß zutage getretenen Einstellungen und Verhaltensweisen der Beteiligten ermöglicht, ist die sorgfältige Befragung der Zeugen und die Geduld des kirchlichen Offizials, der fast immer gründlicher vorging als der normale Richter, mit dem er stets bei Strafverfahren zusammenarbeitete, in die auch ein Priester verwickelt war. Eine oberflächliche Untersuchung hätte leicht zu dem Schluß gelangen können, daß die Gemeinde Pierrefiche auf eigene Faust und nach bewährter Tradition ein Problem hatte lösen wollen, bei dem der Pfarrer nur eine begrenzte und vorläufige Rolle gespielt hatte. In Wirklichkeit agierte die Gemeinde gar nicht als autonomes Kollektiv: Anfangs war es der Pfarrer, der die Zuflucht suchende kleine Familie bei sich aufnahm, die Bewachung des Tobsüchtigen organisierte und die erforderlichen Hilfen gab oder veranlaßte. Dessen Verhalten mag insofern anfechtbar gewesen sein, als es die durch die tödliche Zwangsläufigkeit der Krankheit vorgezeichnete grausamere und endgültige nächste Phase voraussetzte. Dennoch wandten sich die Nachbarn an diesen Vertreter der öffentlichen Autorität, als sie feststellten, daß ihre Belagerung von Marcous Haus nutzlos war und auch eine »private« Reaktion auf die Situation ausblieb. In diesem Sinne scheint das Zögern der Menschen nicht auf eine Erweiterung der privaten Solidarität zu deuten, sondern auf die ängstliche Suche nach einer öffentlichen Autorität, die fähig wäre, zuverlässig, wenn auch kraft anderer Normen einen Fall zu lösen, für den die Tradition überhaupt keine Verhaltensnormen anbot.

Für den heutigen Betrachter ist frappierend, daß sich dieses Drama einer einsamen Krankheit nicht in einer Atmosphäre der Anonymität und Gleichgültigkeit abgespielt hat. Die erste Reaktion darauf war eine private: Die Nachbarn kamen zu Hilfe. Dann griff die weltliche Autorität ein. Ihre Direktive war klar und zweifellos vernünftig: Es galt, eine Übertragung der Tollwut zu verhindern. Die einzige emotional betroffene private Partei, Marcous Frau, hatte ihrer Schwäche wegen keinen Einfluß auf die Ereignisse. Es fehlte ihr die Unterstützung durch eine zwingende öffentliche Instanz, die ihre Interessen hätte wahrnehmen können, wie es auf ihrem Gebiet die religiöse Autorität tat, und die einen Kompromiß entwickelt hätte, der für die heimgesuchte Familie akzeptabel war. Der bedauernswerte Kranke hatte mit seinem einsamen Widerstand nur den zweifelhaften Erfolg gehabt, alle jene gegen sich aufzubringen, die aus Mitleid oder Treue sich ihm zugewandt hatten; mit seinem Toben und den leidenschaftlichen Drohungen hatte er sie in eine fatale Lage gebracht. So war die Partie von vornherein verloren, da keine Familie bereit war, die Verantwortung zu übernehmen, und die Privatpersonen, die mit der Wahrnehmung des öffentlichen Interesses betraut wurden, keine Verhaltensmaßregeln für eine derartige Notsituation besaßen.

Gerechtigkeit auf lange Sicht

Die Tatsache, daß vier Jahre nach dem Tode Marcous eine solch gründliche Untersuchung angestellt wurde, beweist zwar, daß die Justiz eine nicht zu unterschätzende Rolle spielte; sie war imstande, Tatsachen aufzuklären und Delikte zu ahnden. Mahlten jedoch die Mühlen der Gerechtigkeit nicht so langsam, daß sie nur noch den Epilog zum Drama liefern konnten? Das wohl, aber dieses Manko ist nicht entscheidend. Daß sich das Gericht irgendwann eben doch einschaltete, war der erste Schritt auf dem Wege zu Regelungen, die sicherstellten, daß ähnlichen

Das Los entschied darüber, wer zu den Soldaten mußte. Der Kriegsdienst war nicht wegen seiner Gefährlichkeit gefürchtet, sondern wegen seiner Dauer. (Paris, Bibliothèque Nationale)

Vorfällen in Zukunft ordentlich begegnet wurde. Der wirklich gravierende Mangel bei dem Strafverfahren war, daß die Untat samt ihrem Opfer im hartgefrorenen Boden begraben geblieben wäre, wenn nicht der Prior der Komturei aus Groll gegen den Pfarrer von Pierrefiche den Stein ins Rollen gebracht hätte. Der Fall Marcou wurde, wie das Schicksal des Mannes selbst, von außen entschieden.

Die Welt der Politik mochte diesen armen Bauern noch so ferne stehen, ihr Dilemma hatte ähnliche Ursachen wie die Skrupel Henri de Campions über seinen Dienst. Ist die öffentliche Gewalt nicht organisiert oder zumindest in den Mantel rechtlicher Verpflichtung gehüllt, fällt es einfachen Leuten schwer, ihren Privatraum zu verteidigen oder auch nur dessen Grenzen zu bestimmen. Die konzentrischen Hüllen, die das Individuum schützend zu umgeben scheinen – die Großfamilie, die Pfarrei, die Gemeinde, die Klientel –, werden zu Vollstreckern sozialer Imperative, die infolge der begrenzten Mittel um so krasser und gewaltsamer wirken. Die Zeugen der Ermordung Marcous erinnerten sich an das Ereignis mit derselben desillusionierten Bitterkeit, die Campion über seine Enttäuschungen empfand. Sie hatten einen Menschen gesehen, der eines »natürlichen« Todes hatte sterben wollen und der die offensichtlichen Vorbereitungen zu einem vorsätzlichen Verbrechen nicht hatte verhindern können. Der einst so ehrgeizige Campion hatte sich als hoffnungsloser und mittelloser Verbannter wiedergefunden, der nicht daran denken durfte, auch nur die geringste Stelle zu bekommen.

Es wäre falsch, aus solchen Feststellungen die These von einer souveränen Macht abzuleiten, die auf mehr Freiheit für ihre Untertanen hinwirkte. Richtiger wäre es, zu sagen, daß der Souverän zu Beginn der Neuzeit dazu neigte, die Autorität seiner Untergebenen zu stärken, da sie zwar zu schwach waren, um mit ihm konkurrieren oder ihm Widerstand leisten zu können, wohl aber stark genug, um seine Befehle weiterzugeben und als Instrumente seines Handelns zu fungieren. Staaten, Städte, Körperschaften, Gemeinden und Familien wurden ermahnt, sich nützlich zu machen; dafür wurden ihnen gewisse Privilegien garantiert. So kamen zwei gegensätzliche und zugleich komplementäre Bedeutungen des Begriffs »Privatheit« auf. Der eine stützte sich auf die verbürgte Verteidigung der zivilen Freiheit jedes Einzelnen, insoweit dessen Verhalten nicht den Gesetzen oder gewissen Amtspflichten unterworfen war. Die andere, aktivere Definition bezog sich auf das legitime Ausmaß der privaten Gewalt, welche die »Obrigkeit« einer Gruppe über die ihr anvertrauten Menschen üben durfte, d. h. die Verfügungsgewalt der Obrigkeit über Arbeit und Freizeit der Untertanen, über den Gebrauch ihres Eigentums, ja, im Falle der Familie sogar den ihres Körpers. Diese Gewalt der Obrigkeit begründete man mit schlichten Argumenten: In der Ehe war es die exakte Reziprozität; in einer Gruppe die Aufrechterhaltung der Ordnung, ohne welche die Gruppe zerfallen würde; bei Schwachen und Hilfsbedürftigen die Notwendigkeit, sie durch die Starken schützen zu lassen. Das Vorbild aller Obrigkeit, die Verfügungsgewalt Gottes über seine Geschöpfe, schloß implizit jede voreilige Verteidigung der individuellen Freiheitsrechte gegen die rechtmäßige Versorgung und Beaufsichtigung durch die Obrigkeit aus.

Eine politische Ordnung macht ihren Einfluß freilich auch durch die Verteilung von Machtpositionen, Stellungen, Kompetenzen, Verantwortlichkeiten und Ehren geltend. Jeder Amtsinhaber wacht darüber, daß er freie Hand bei der Ausübung der Macht hat, über die er einer höheren Instanz Rechenschaft schuldig ist. Viele Menschen taten sich

Die Soldateska war verhaßt, doch eine Parade ließ das Herz der Städter höher schlagen. Wie immer bei solchen Gelegenheiten, war leicht zu sehen, wer der Reichste war. (Bourges, Hôtel Jacques-Coeur)

etwas darauf zugute, den Steuereinnehmer, der oft ein guter Bekannter und Nachbar war, um seine kategorischen Forderungen zu betrügen oder einen Gläubiger hereinzulegen, der kaum nachsichtiger war als der Beauftragte des Königs. Die Vorräte einer Familie wie Speck und Getreide wurden vor neugierigen Blicken in sicheren Verstecken verborgen, und obwohl der tägliche Speisezettel in den verschiedenen Häusern kaum variierte, wurde er mit einer schamhaften Diskretion umgeben, die ausschloß, während der Zeit der Essenszubereitung Besuche zu machen. Protokolle von Haussuchungen und Zeugenvernehmungen belegen allerdings die Nutzlosigkeit dieser Vorkehrungen, da die Wahrheit dem wachsamen Blick der Nachbarn selten entging. Wenn man versuchte, die Belange des Alltagslebens geheimzuhalten, so hatte das einen tieferen Grund: Über das, was man nicht mit dem Zeugnis seiner Sinne wahrgenommen hatte, brauchte man auch nicht zu sprechen, und die Nachbarn konnten, selbst wenn sie Bescheid wußten, Unkenntnis vorschützen und mußten nicht dem öffentlichen Geschrei anheimgeben, was die Beobachtung ihnen erschlossen hatte. Das private Leben der minderbegüterten Schichten bestand nicht so sehr in der Möglichkeit, sich zu isolieren und abzukapseln, als in der – bloß halb ernst gemeinten – Konvention, nur das zu sehen und zu hören, was einem bewußt offenbart, nur das zu registrieren, was bewußt kundgetan wurde. Das erklärt übrigens, warum die Neugierigen auf der Straße zusammenliefen, wenn irgendwo eine Fehde zwischen Nachbarn oder ein Familienstreit im Gange war: Im Eifer des Gefechts sagten die Leute Dinge, die sie normalerweise vor Dritten nicht geäußert hätten. Selbst

Joseph Horemans, *Die Wirtsstube*. Während die Kartenspieler überlegen, stehen die Zuschauer rauchend und trinkend dabei. Spielen war ein beliebter Zeitvertreib, weil es Disziplin verlangte; das Wort galt wenig, die Tat alles. (Cambrai, Musée Municipal)

Gabriel Metsu, *Der Besuch des Soldaten*. Die respektvolle Rücksichtnahme eines Campion hatte nichts gemein mit militärischem Imponiergehabe.
(Paris, Louvre)

wenn es sich um übel beleumdete Personen handelte, die eines schweren Delikts beschuldigt wurden und wahrscheinlich Helfershelfer in der Familie hatten, wurde in der Regel die von der Familie vorgetragene Meinung über die Rolle jedes Familienangehörigen in dem Konflikt zur Kenntnis genommen. Solange sich nur irgend jemand schuldig bekannte, stand es den anderen frei, das Komplott zu leugnen, bei dem sie ohne Zweifel alle unter einer Decke steckten. Im Interesse einer Ökonomie der Strafmaßnahmen taten die Behörden so, als wüßten sie nichts von dem Verhältnis zwischen Mann und Frau, zwischen Eltern und Kindern. Immerhin hefteten sich Verachtung und Mißkredit an die ganze Familie, und besonders argwöhnisch verfolgte man die potentiellen Machenschaften der schlimmen Brut. Gewohnheitsgemäß respektierte man das Recht auf Geheimhaltung der familiären Beziehungen, wenn niemand in der Familie kriminell war. Geschah jedoch das Verbrechen innerhalb der Familie, war es mit der Rücksichtnahme bald wieder vorbei.

Eingeschränkte Emanzipation

Gewisse Grenzen wurden bereitwillig akzeptiert, sobald ihr rechtlicher Status erwiesen war.[8] Als Beispiel diene der Fall eines Bauern, der sein »Land« gegen eine angebliche Grunddienstbarkeit verteidigte, die den öffentlichen Durchgang gestattet hätte. Solange der Fall in der Schwebe war, verstand der Bauer ihn als Probe auf die Diskretion seiner Nachbarn: Spionierten sie ihm nach, während sie über sein Grundstück gingen? Doch kaum hielt er das für ihn günstige Urteil in Händen, vertrieb er die Eindringlinge mit wahrhaft kriegerischer Entschlossenheit. Man konnte sich auf die Neutralität des öffentlichen Raumes berufen, um ihn für Freizeitaktivitäten oder Spiele zu nutzen, die niemandem schadeten, keinen Anstoß erregten und nicht verboten waren. Der Jäger, der sich »auf dem Weg des Königs« an einem Baum niederläßt, um zu rasten, läßt es sich nicht gefallen, wenn der Besitzer des angrenzenden Grundstücks von ihm wissen will, »auf wessen Land er angeblich jagt«. Ein paar junge Leute, die auf den Stufen eines überdachten Marktes sitzen, um die Ausrichtung einer Feier zu besprechen, dulden nicht, daß sich ein Fremder zu ihnen setzt: »Wir reden über unsere eigenen Angelegenheiten, misch dich da nicht ein, du kannst dich auch da unten hinsetzen!« Das insbesondere auf dem Lande beliebte Necken und Hänseln geschah nicht mehr schamlos-derb, sondern eher boshaft. Es gab nicht mehr so viele Schlägereien in den Kneipen, es wurden weniger Krüge und Becher mit großer Geste vom Schanktisch gefegt, es gab weniger Schimpfkanonaden, aber dafür mehr hinterhältige und listige Manöver, um den Gegner aufs Glatteis zu locken und zu jenem aggressiven, unpassenden »Erstschlag« zu verleiten, der ihn in der Öffentlichkeit bloßstellte. Der Fremde, der ein hitziges Kartenspiel beobachtete, durfte wohl zum allgemeinen Gaudium ein paar ironische Sticheleien gegen einen der Spieler äußern; er ging aber zu weit, wenn er dem Mann seinen Geldbeutel wegnahm und die darin enthaltene spärliche Barschaft vor aller Augen auf den Tisch kippte; er rührte damit an die Grenzen der Privatheit, die für jedermann unverletzlich waren. Man durfte einen Spieler zwingen, von sich aus zu beweisen, daß er bei einem Spiel mit hohem Einsatz in der Tat mithalten konnte; aber es war überaus anstößig, wenn ein Fremder ihm in die Tasche griff, noch dazu, um ihn zu blamieren. Der Edelmann, dem man die Geldbörse gestohlen hat und der sich, die Reitgerte in der Hand, anschickt, den Übeltäter zum Schauplatz der Tat zu bringen, um ihn zum Geständnis zu zwingen, wird von den Umstehenden beschworen, den Mann den Behörden

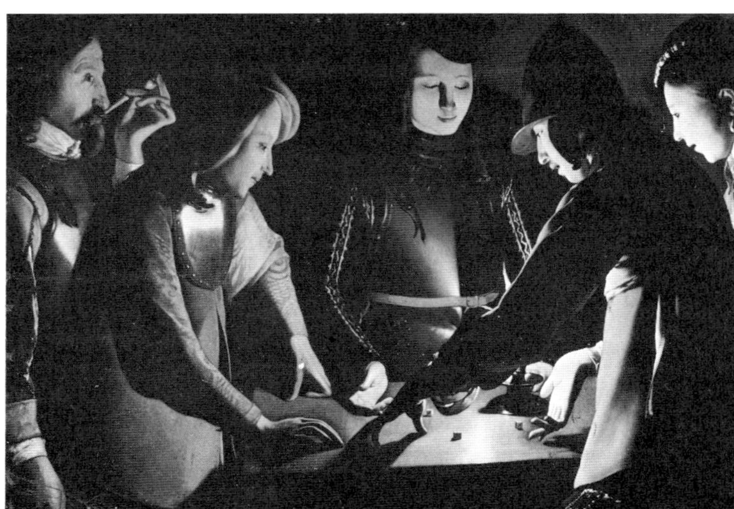

Georges de La Tour, *Die Würfelnden*. Beim Würfelspiel zählte allein das Glück, dem man gern durch Schwindeln nachhalf. (Middlesborough, Tesside Museum)

Dirck Hals, *Die Tricktrack-Spieler*. Freude und Trubel beim Spiel. (Lille, Musée des Beaux-Arts)

zu übergeben, wenn er ihn schon nicht laufen lassen will, und ihn jedenfalls nicht von seiner Arbeit abzuhalten, da ja keine Fluchtgefahr besteht.

Die Einstellungen hatten sich beträchtlich gewandelt, wie aus Prozeßakten aus der zweiten Hälfte des 17. Jahrhunderts hervorgeht. Dabei ging es nicht nur um Eigentumszwiste (die allerdings häufig bloß ein Vorwand waren), sondern vor allem auch um kränkende oder brutale Verhaltensweisen, die von der öffentlichen Meinung immer weniger geduldet wurden, jedenfalls nicht außerhalb der häuslichen vier Wände. Vorbei waren die Zeiten, da ein Edelmann den ersten besten Bauern, der ihm über den Weg lief, für irgendwelche Arbeiten einspannen konnte, die jener dann freudig und in der Hoffnung auf eine großzügige Belohnung durch den gnädigen Herrn zu erledigen hatte. Vorbei waren die Zeiten, da ein Edelmann, der Schutz vor der Sonne suchte, es sich in der Behausung eines Bauern bequem machen, dessen Knechte herumkommandieren und sich an seinem Wein gütlich tun konnte. Selbst Teilpächter, die den Besuch des für die Bodenbewirtschaftung zuständigen Rentiers nicht verhindern konnten, versuchten, im Verkehr mit ihm einen geschäftlichen Ton zu wahren, der müßige Neugier ausschloß. Dabei handelte es sich nicht um einen Wandel der Sozialität überhaupt: Knechte und Mägde – Gefangene in einem fremden Hause –

waren vor Willkür und Zudringlichkeit nicht sicher. Es ist nicht auszuschließen, daß dies von dem Zusammenleben auf engem Raum herrührte. Doch kam es bisweilen auch vor, daß sogar eine kurzfristige Verschuldung wie eine freiwillige Knechtschaft wirkte, die den Schuldner zins- und frondienstpflichtig machte und ihn den Launen des Gläubigers auslieferte. Der Schuldner wußte sehr wohl, daß er das Schlimmste, nämlich die Einziehung seines Besitzes durch den Gläubiger, am besten dadurch vermied, daß er seine Schuldnerschaft möglichst angenehm, ja vorteilhaft für den Gläubiger gestaltete. Darum bot er bereitwillig seine Dienste an, gestattete dem Gläubiger die Nutzung seines Obst- oder Gemüsegartens oder seines Weinbergs und ließ es sich gefallen, daß seine sämtlichen Ausgaben kontrolliert wurden. Viele geduldige Geldverleiher, die es gar nicht darauf abgesehen hatten, ihren Opfern das letzte Hemd zu nehmen, genossen es, die private Macht, die ihnen ihr Kredit verschafft hatte, skrupellos und diktatorisch zu gebrauchen.

Überall dort, wo die rechtlich garantierte Selbständigkeit des Individuums zunichte wurde, beispielsweise in der häuslichen Dienstbarkeit oder der Selbstpreisgabe des Schuldners, entstand deshalb ungezügelter Appetit auf Einverleibung der fremden Privatsphäre. Der Einstellungswandel zumindest bei den Mittelschichten, die für den Zugriff der Justiz anfällig waren, hing zweifellos mit dem Schutz von Personen und Sachen zusammen, den das Recht nachweislich bot. Verbalinjurien waren außerhalb der vornehmen Gesellschaftsschichten nach wie vor keine

Soldaten in der Wachstube; anonym, 17. Jh. Campion hatte noch andere, edlere Interessen als das Spiel, aber er war einem ehrlichen Gewinn ebensowenig abgeneigt wie dem Reiz des Risikos. (Béziers, Musée des Beaux-Arts)

Seltenheit, doch die geringste Tätlichkeit, der geringste Übergriff auf das Eigentum eines anderen wurde geahndet, sofern nur der Kläger gewisse Vorkehrungen traf, um die Umstände des Vergehens festzuhalten. Selbst wenn man es nicht mit einem mächtigen Widersacher zu tun hatte: Konnte man denn sicher sein, daß nicht irgendein böswilliger Gegner freudig die Gelegenheit ergreifen würde, einen mittellosen Burschen ohne große Kosten zu plagen und auszunehmen?

Überwachung und Sicherheit

Die Justiz, die just in dem Moment mit Nachdruck auf den Plan trat, als es dem königlichen Fiskus auf die Solvenz auch des kleinsten Untertanen ankam, hatte gewiß nicht die Aufgabe, jedermann die Ruhe und den Frieden einer ungestörten Häuslichkeit zu gewährleisten. Vielmehr galt es, Besitz und Talente angemessen und profitabel zu nutzen, und darum mußte potentiellen Aggressoren klargemacht werden, daß schon der Übergriff auf den bescheidensten Hausstand, Besitz oder Menschen, verderblich sein konnte. Es genügte, daß ein persönlicher Feind des Klägers jenem armen Wicht beisprang, an dem man sich ungestraft vergreifen zu können glaubte, und ihm die notwendige moralische und finanzielle Unterstützung angedeihen ließ, um den Fall vor die höheren Instanzen zu bringen. Genoß er nicht die Protektion der örtlichen Justiz, sah sich der überhebliche »Herr« des Dorfes möglicherweise bald mit einem Urteilsspruch konfrontiert, der seinen Geldbeutel ebenso empfindlich traf wie sein Prestige.

Diese »stillen Parteien« (»parties secrètes«) schalteten sich immer häufiger in die Prozesse ein, und die Menschen fanden bald heraus, daß es klüger war, sich jeder Einmischung und Provokation zu enthalten. Um 1660 kam es in Toulouse noch vor, daß jugendliche Randalierer in die Häuser der Armen einbrachen, zumal der armen Witwen, die die Tugend ihrer Töchter nicht schützen konnten; hundert Jahre später mußten die jungen Galane in derselben Stadt die heimliche Gunst von Frauen, die zwar »von niederem Stand« waren, aber offenkundig einen untadeligen Ruf hatten, mit Aufmerksamkeiten und Geschenken erkaufen. Ja, die Respektabilität war so verletzlich geworden, daß man ehrbare Vorwände für Besuche erfinden mußte, die andernfalls die Nachbarn alarmiert und zu Beschwerden Anlaß gegeben hätten. Die Armen wußten, daß sie auf Empfehlungen angewiesen waren, die allein ihnen Arbeit und Mildtätigkeit eintrugen. Dabei war es ungeschriebenes Gesetz, daß solche Gunstbeweise nur »interessanten« Personen zukamen, die für ihre Unschuld, ihren Arbeitseifer, ihre Sittenreinheit und ihre glühende Dankbarkeit bekannt waren. Dies führte unleugbar zur Ausbildung gewisser häuslicher Tugenden wie etwa der Reinlichkeit der Kleidung und der Wohnung oder einer gewissen ostentativen Prüderie, mit der man sich die unliebsame Zudringlichkeit neugieriger Nachbarn vom Leibe hielt. Denn der Zwang dieser Konventionen, der sich besonders bei den am meisten Benachteiligten – armen und gefallenen Familien ohne erkennbare regelmäßige Unterstützung – geltend machte, definierte ein privates Leben, das anständig und zugleich zurückgezogen war. Die »ordentlichen« Armen richteten ihr Verhalten entsprechend ein und vermieden es, gesehen, gehört oder sonstwie bemerkt zu werden. Bei offiziösen Besuchen wohlwollender Nachbarn suchten sie einen günstigen Eindruck zu machen, der die Neugier dieser Leute und ihren Sinn für Ehrbarkeit und Schicklichkeit befriedigte. Wie immer in solchen Fällen ist schwer zu entscheiden, ob der Zwang zur Anständigkeit das private Leben bereicherte oder unterminierte. Während der Arbeitsstunden mußte man jedenfalls stets ein aufgeräumtes und sauberes Zimmer für Besuche bereithalten und die tägliche Mühsal und Plakkerei vor dem fremden Blick verbergen. Frauen mußten ihre knechtische Arbeit daheim verrichten und durften selten einmal das Haus verlassen, und so beschränkte sich für sie der Raum freier Entfaltung auf die abgelegenen, dunkelsten Winkel des Hauses. Die Zeiten des Schlafens, des Arbeitens und des – seltenen – Müßiggangs waren streng reglementiert für die Menschen, die solcherart »würdig« lebten, ohne daß dies ihrer individuellen oder familiären Privatheit zugute gekommen wäre. In den baufälligen Häusern und billigen Mietwohnungen war man vor den schlimmsten Überraschungen nicht sicher: Blut tropfte von der Decke, weil ein Metzger in der Wohnung darüber sein Handwerk betrieb; Gips und Asche staubten durch die Zimmer, wenn eine Wohnung als Speicher genutzt wurde; ekelerregender Gestank zog durch das Haus, weil irgendwo Tierhäute zum Trocknen aufgehängt waren.

In den Arbeiterquartieren, wo die Haustür meist offenstand und so zu Besuch, Gespräch und Begegnung einlud, dürfte die Aufrechterhaltung der Respektabilität wohl minder anstrengend gewesen sein als in den Mittelschicht-Vierteln, wo die Leute bis auf die feierliche »Visite« lieber für sich blieben. Eine Frau, die die Haustür meist geschlossen hielt, die Vorhänge zuzog und keine Klatschgeschichten weitererzählte, machte sich verdächtig. Freilich erwartete man nicht, daß man ständig Zutritt zu anderen Wohnungen hatte. Schon die Kinder wurden daran gewöhnt, fremde Schwellen zu respektieren und ihren Spielkameraden von der Treppe oder der Straße aus zuzurufen. Während der Essenszeiten und bei Einbruch der Dunkelheit verriegelte man die Türen. Hinter den geschlossenen Türen redeten die Menschen frei und ungeniert miteinander, lachten und weinten. Ihr Verhältnis zueinander war innig, ihre Gefühlsbindung lebendig und wach.

Die Verschiedenartigkeit des privaten Lebens war jedoch nicht so groß, daß sie auf eine funktionale Unterschiedlichkeit der Verhältnisse im öffentlichen Sektor schließen ließe. Daß man es in den unteren Schichten Dieben und Eindringlingen leicht machte und gern Streitigkeiten austrug, verrät vielmehr ein gefestigtes Vertrauen in den »öffentlichen Kodex«. Man hatte in der Regel keine Gefahr zu gewärtigen, weil gute Menschen sich so verhielten, wie sie sich immer verhielten, und ihr aufmerksamer Blick von Nutzen sein konnte, wenn sich unversehens ein Tunichtgut in die Nachbarschaft einschlich. Gute Bekannte kommunizierten frei und häufig miteinander und waren gemeinsam auf der Hut; die Privatsphäre blieb unangetastet, denn die Uhr diktierte, wann

Besuche willkommen waren und wann nicht, und eine gelegentliche geräuschvolle Feier wurde toleriert. Schon gab es viele Menschen, die es darauf anlegten, ungezwungen den Schein der Ehrbarkeit zu wahren, wobei Reichtum nicht das ausschlaggebende Kriterium war. Die Ambitionen reichten oft weiter als die finanziellen Mittel, und darum bedurfte es einer Mauer der Diskretion. Nicht die Handlungen der Nachbarn waren zu fürchten, sondern ihre Neugier, die, wenn sie unbefriedigt blieb, den Fremden oder den Neuankömmling oft bedrohlichen Verdächtigungen aussetzte. Dabei argwöhnte man weniger Ehrlosigkeit im strengen Sinne als vielmehr niedrige Herkunft, schlechten Charakter, schlimme Gewohnheiten. Man wollte sich des störenden Nachbarn entledigen, indem man gegenüber dem »dizenier« oder dem Gemeindepfarrer dunkle Andeutungen machte, wenn schon die weltliche Justiz sich wenig beeindruckt zeigte. Auch hierin spiegelte sich ein elementares Vertrauen in die öffentliche Ordnung, das den Rückzug einer Familie in ihre vier Wände nicht mit moralischen Bedenken oder mit hämischen Gerüchten überzog. Gab es die aus Bosheit oder Mutwillen geborene Versuchung, die unter Aufbietung aller Kräfte errichtete soziale Fassade niederzureißen? Gab es die aufrichtige oder geheuchelte Empörung über jene, die ihre Lasterhaftigkeit hinter einer untadeligen Diskretion zu verstecken wußten? Gewiß war privates Leben nicht möglich, wenn es nicht öffentlich sanktioniert war. Die Privatheit zu sichern verlangte einzig feste Entschlossenheit. Da jedermann praktisch auf der Stelle alles erfuhr, was jeder andere tat, rief jeder wahrnehmbare und verifizierbare Übergriff eine rasche Reaktion hervor, die keinen Schuldigen gleichgültig lassen konnte, da die Ängstigung der kleinen Leute ein Gegengewicht in der Verlockung des Schadensersatzes und in der Unterstützung der Geschädigten durch interessierte Rivalen fand.

Die ersten, die ihren Vorteil aus diesen Garantien für ihre Privatsphäre zogen, waren jene, die von einem guten Ruf, einer geordneten Häuslichkeit und einer reputierlichen Moral am meisten zu profitieren hatten. Die Kosten für die Bewahrung solcher Ordnung waren enorm, besonders für jene, die keinen unmittelbaren Nutzen daraus ziehen konnten. Die Hauptsache war, den Schein zu wahren, und dafür brachte man ohne zu zögern jedes Opfer; sogar das Leben opferte man dafür. Das private Leben manifestierte sich in erster Linie durch die Disziplin, die es einem auferlegte, aber man wußte sehr wohl, daß es auch lebenspendend und lebenerhaltend sein konnte. Ohne diese Privatsphäre hätten Menschen, deren Mittel äußerst beschränkt waren, die Herausforderung durch den Alltag nicht in Würde bestehen können. Ob freilich der entnervende Kampf um das Überleben genügend Enthusiasmus, Stolz und emotionale Solidarität entband, um trotz allem den Geschmack am privaten Leben und an der Zärtlichkeit des Familienkreises zu wecken, ist schwer zu sagen.

Lob der Contenance

Obgleich es der Politik nur auf Verantwortungsträger ankam, die noch den letzten Untertanen und Steuerzahler zu erfassen trachteten, stattete sie sie mit Vollmachten und Garantien aus, die den moralischen Wert der in den Anstandsbüchern gepriesenen »Contenance« unterstrichen. Die Fähigkeit, Haltung zu bewahren, war eine hohe Tugend, mit der man die bösen Geister irritieren konnte; diese waren zwar von engelhafter Natur und vermochten daher nicht, in das Bewußtsein der Menschen einzudringen, aber sie wußten die hinter seiner Gestik und Mimik verborgenen Gefühle geschickt zu deuten. Der verschwiegene Mensch – Baltasar Graciáns *Discreto* – war nicht nur das Vorbild für Amtspersonen oder Kurtisanen, die ihren Geschäften unter einer freundlichen Maske nachgingen; er war für alle beispielhaft durch seine Distanz, seine Unnahbarkeit und seinen freien Bewegungsspielraum, der ihm erlaubte, aufrichtig zu sein, ohne sich durch zu kühle oder zu bewegte Mimik preiszugeben. Seit Gewalt als Mittel zur Vereitelung von Plänen, asketischen Berufungen oder Ambitionen ausschied, bedurften die natürliche oder erworbene Klugheit und das Erfordernis, den Gang der Ereignisse kurz- oder langfristig vorherzusehen, jener Diskretion in Betragen und Sprache, an der jeder Zugriff scheiterte.

So ist es kaum verwunderlich, daß der Rückzug ins private Leben ein immer wiederkehrendes Thema der pikaresken Novelle ist. Nach den Früchten der Privatheit greifen gesellschaftliche Außenseiter, denen auf den ersten Blick kaum Erfolg beschieden ist. Was immer das leitende Motiv in der Erzählung von *Jean l'an prés*[9] sein mag, deren dramatische Momente Emmanuel Le Roy Ladurie unter der stilistischen Brillanz des Abbé Fabre zu entdecken gesucht hat – die Geschichte dreht sich darum, daß einer, dessen Start ins Leben von erheblichen Schwierigkeiten begleitet war, eine »gute« oder jedenfalls »vernünftige« Heirat braucht, um zu Besitz zu kommen. Der Held der Novelle ist ein Sohn des Diebes Truquette, der am Galgen endete. Seine Kindheit verbringt er in bitterer Armut, die freilich travestierend verklärt wird durch die mythische Sprache der Großmutter, die dem Traum von künftiger Größe noch nicht entsagt hat. Sie möchte ihrem Enkel Bildung und Manieren beibringen, doch er durchschaut dieses groteske Erziehungsmodell und verläßt sich lieber auf seine Fäuste und seine List. So führt er das gefahrvolle Leben eines kleinen Diebes, der Felder und Gärten heimsucht – eine ländliche Odyssee, die ihm mit jeder neuen, kritischen Situation eine neue, nützliche Lehre für sein Betragen und sein Weiterkommen erteilt. Am Schluß wird ihm der Lohn des legitimen Erben zuteil: Er findet den geheimen Schatz seiner Großmutter, der aus den Überresten der Beutezüge seines Vaters besteht. Die Komplizen Truquettes erinnern sich gerne an diesen edelmütigen Narren, dessen trauriges Schicksal ihnen erspart geblieben ist, und so nimmt Sestier, der reichste und angesehenste von ihnen, den Sohn als Faktotum in seine Dienste. Der junge Mann weiß seine Pläne gut zu tarnen, schwängert Sestiers Tochter und verrät in dem kurzen, zynisch-spöttischen Schluß-

Dem allgemeinen Bedürfnis nach privater Buchführung kamen in einer Zeit, die keine praktischen Rechengeräte kannte, die beliebten Zahlentafeln entgegen. Das Kopfrechnen hätte das Verfahren beschleunigt, doch einfacher war das Nachschlagen in den Rechentabellen. (Paris, Bibliothèque Nationale)

Grevenbrock, *Beim Geldleiher*; *Bei der Wahrsagerin*. Doppelter Vorgriff auf Künftiges: das vorgestreckte Geld und der Blick in das eigene Schicksal. Beides waren tendenziell Methoden, die Zukunft zu meistern. Doch das Beklemmende, Dürftige und Naive dieser Hilfsmittel erzeugt vor allem ein resigniertes Gefühl der Bedrängnis und Abhängigkeit.
(Venedig, Museo Correr)

wort, das er im Stil eines Monologs an den Herrn richtet, seinen bescheidenen Stolz, als reicher Schwiegersohn in ein reiches Haus zu kommen. In dieser Geschichte von eher derbem Realismus gibt es nichts Wunderbares, doch der Enkel einer Streichholzverkäuferin und Sohn eines Gehenkten bringt es zum vornehmen Herrn, der 40 000 Écus sein eigen nennt – ein stolzes agrarisches Vermögen, das zudem größtenteils aus Getreide besteht, dessen Preis keine Obergrenze kennt.

Ein optimistischer Schluß – oder ein amoralischer, wenn man, wie der reiche Herr in der Geschichte, lieber auf das Schickliche pocht –, jedenfalls ein Schluß, der im spanischen Schelmenroman des 17. Jahrhunderts fast undenkbar gewesen wäre, weil damals die Perfektionierung der Gesellschaftsordnung noch nicht so weit gediehen war. Daß eine neue Ordnung etabliert ist, bezeugt der Umstand, daß es zur Rechtfertigung von Besitz nicht der Rekonstruktion seiner Entstehung bedarf; der Anschein von Legalität genügt. Niemand macht sich die Mühe, das Vermögen des Helden auf seine legitimen Wurzeln hin zu erforschen oder sich zu entrüsten, wenn diese Wurzeln nicht zu finden sind: Truquettes Schatz ist zusammengeraubt, aber um welchen Preis! Jean l'an prés [Dialekt für »Jean hat es genommen«] ist auf jeden Fall der rechtmäßige Erbe. Sestier wird in seinem Vertrauen enttäuscht, er ist freilich bloß der betrogene Betrüger. Seine Tochter Babeau hat es genauso eilig wie ihr Verführer, der immerhin redliche Absichten und ein gutes Motiv hat. Diejenigen, die die Hintergründe kennen, sind am meisten daran interessiert, ihr Wissen für sich zu behalten, und aller Wahrscheinlichkeit nach wird der Erbe, der unterwegs ist, niemals etwas von ihnen erfahren. Der alte Sestier mit seiner Perücke hat es bereits zu Prestige und Patronage gebracht. Babeau ist ein bezauberndes Kind von reizender Naivität. Jean wird das sein, was er immer sein wollte: ein braver Grundbesitzer, der das Leben kennt. Nach drei Gründergenerationen mit gefallenen Frauen, Galgenvögeln, Dieben und Halunken wartet die Wiege auf einen Ehrenmann, dem es nicht an elterlicher Liebe und sorgfältiger Erziehung mangeln und der einmal in der guten Gesellschaft verkehren wird. Es hat dieser Familie, trotz ihren fragwürdigen Neigungen, niemals an der Contenance, dem Urgrund des privaten Lebens, gefehlt. Männliche Ehre und weibliche Zähigkeit haben in ihrem Wesen überdauert – in der absurden Prätention ebenso wie im strengen Geheimnis, in der hartnäckigen List wie im heroischen Erdulden. Prätention bis zur Lächerlichkeit, das Verhehlen des Ziels, bis es erreicht ist, das bedeutet: sich seine Privatheit bewahren. Eine solche Einstellung ist nur so lange überzeugend, wie ihre Erfolge plausibel sind. Die Laster von Jean l'an prés und seiner Großmutter sind in diesem Roman der trivialen Sitten ohne jeden Vorbehalt dargestellt – von Truquettes lächerlichem Hochzeitsmahl bis zur Beisetzung der hugenottischen Großmutter am Abhang einer Schlucht wird jedes erbärmliche Detail geschildert, sogar der private Zank in seiner ganzen Würdelosigkeit. Letzten Endes aber gelingt das eigentümliche Projekt der Privatheit, weil es im Alleinsein Stärke gewinnen kann und weder Verschleiß noch Repression zu fürchten hat, und weil gegen die behäbige Sicherheit der Besitzenden die agile Entschlossenheit der Bedürftigen ihre Initiativen und Riposten anbringen kann. In dieser Welt einer zumindest zeitweiligen Armut, in der es fast unmöglich ist, dem spähenden Blick des Nachbarn zu entgehen, weil man niemandem die Tür vor der Nase zuschlagen darf und die Tür vermutlich ohnehin kein Schloß hat, muß man seine Privatheit auf geheime Weise zu schützen verstehen. Man muß seine Pläne im stillen entwerfen, sie verstohlen ausführen und dabei an Hilfen und Kredit in Anspruch nehmen, was man ergattern kann. Bevor man Zugang zu einem komfortablen privaten Leben bekommt – einem Leben, in dem Respekt, Protektion und die geschlossenen Räume Sicherheit verbürgen –, kann man in freiwilliger Isolierung und Reserviertheit die Geheimnisse der anderen erkunden und ihnen die eigenen Pläne aufzwingen.

Jean l'an prés erprobte seine Frechheit an einer Welt, in der es noch erlaubt war, jemandem Unverschämtheiten durch einen Lakaien oder Knecht ausprügeln zu lassen; doch das war bedeutungslos für einen Menschen, der gelernt hatte, sich zu verhärten. Für jemanden, der mit seinem Ehrgeiz in der rechten Weise umzugehen wußte, bot das Gesetz mittlerweile hinreichend Handhaben, böse Ängste zu zerstreuen und Erfolgsaussichten zu eröffnen.

Den Einbruch der Gewalt galt es ruhig hinzunehmen, da die Gesetzeshüter auf sich warten ließen. Der maliziöse Text unterstreicht die Ironie der Szene: »Geschäftsmann beim Quittieren der ihm ausgehändigten Ware.«
(Paris, Bibliothèque Nationale)

Das Recht als Schikane

Der Druck der Gesetze trieb zwar nicht jene Zellen hervor, in denen sich verwandtschaftliche und Arbeits-Bindungen ausbilden konnten, aber im zivilen Sektor schuf er Garantien des Zusammenhalts, die einer gleichsam mechanischen Solidarität und mitunter sogar affektiver Zuwendung günstig waren. Das private Betragen gewann so an Festigkeit, auch wenn diese sich repressivem Zwang verdankte. Die Bestätigung hierfür liefern Gerichtsakten, und zwar bei Fällen, in denen sich unterschiedliche Arten von häuslichen oder geschäftlichen Beziehungen miteinander vermengten. So beschuldigte die Witwe eines Handwerksmeisters aus Toulouse in den letzten Jahren der Regierungszeit Ludwigs XV. einen Gesellen ihrer Werkstatt, Werkzeug gestohlen zu haben. Die Anschuldigung war plausibel; der Werkzeugkasten eines Schlossers war in der Anschaffung teuer (von der Einrichtung der Werkstatt ganz zu schweigen), und ein Arbeiter, der sich nach dem Tode seines Meisters in einer prekären Lage befand, trachtete wohl danach, sich selbständig zu machen. In diesem Fall gab es zahlreiche Belastungszeugen: In einer Zunft war es leicht, Genugtuung zu bekommen, ohne daß man zu dem fatalen Mittel der Klage greifen mußte, die, wenn sie Erfolg hatte und zur Verurteilung des Angeschuldigten führte, die Todesstrafe nach sich ziehen konnte.

Man kann aus diesem Sachverhalt schließen, daß der Vorwurf als Drohung gemeint war und daß das ausschlaggebende Motiv der Witwe Haß oder Erpressung war. Eine Erklärung dafür findet sich in ihrer Notlage: Sie wußte sich in ihrer Situation nicht anders zu helfen, als sich nach einem Nachfolger für ihren verstorbenen Mann umzutun, und hatte ihr Auge auf diesen Gesellen geworfen, der zwar anstellig und fleißig, aber erheblich jünger war als sie; sie hatte gehofft, die Aussicht auf beruflichen Aufstieg in einer Zunft, in der man es nur durch Erbschaft zum Meister bringen konnte, werde den Mann über den Altersunterschied hinwegtrösten. Und da der Geselle sich sträubte, kam die Witwe auf die Idee, ihn mit dieser Bezichtigung unter Druck zu setzen, die leicht zu erhärten war, da der Mann täglich das Werkzeug des verstorbenen Meisters benutzte, als sei es sein eigenes. Die Meisterin schuf sich so eine vorteilhafte Verhandlungsposition; denn sie konnte später unschwer zugeben, sich über den vermeintlich entstandenen Schaden geirrt zu haben. Zyniker verstiegen sich gern zu der Behauptung, das beste Mittel, sich der Treue eines Untergebenen zu versichern, bestehe darin, ihm jederzeit ein Delikt nachweisen zu können; hier sehen wir den Versuch, sich auf diese Weise nicht nur einen perfekten Angestellten, sondern zugleich einen Ehemann zu sichern, den die Gemeinsamkeit der Interessen und des Geschäfts auch in Zukunft zur Loyalität zwingen würde.

In einem anderen Fall ging es um den Diebstahl von Wolle. In einem Versteck verborgene Zeugen hörten das Geständnis des Diebes, der daraufhin, um die Sache aus der Welt zu schaffen, gezwungen wurde, enorme Schulden anzuerkennen, die nur durch lebenslange Zwangsarbeit abgetragen werden konnten. Zeugen und Dieb wurden so zu Komplizen, die man später im Falle irgendwelcher Verfehlungen in der Hand hatte und denen man mit einiger Vorsicht die Geheimnisse des Hauses und seine Ruchlosigkeiten anvertrauen konnte, da auf ihre Diskretion und Gefügigkeit wohl Verlaß war.

Diese punktuelle Solidarität, Vertraulichkeit und letztlich auch Privatheit entsprang also nicht einem gemeinsamen Wollen oder einer natürlichen Zusammengehörigkeit. Man benutzte die Garantien und Drohungen des Gesetzes dazu, Bindungen zwischen Menschen zu stiften und zu stärken, die weder durch Freundschaft noch durch Affinität miteinander verbunden waren; solche Bindungen waren ein perverses Nebenprodukt der Legalität, ein zweifellos unvorhergesehener Sonderfall dieser Logik der Delegation von Macht, deren Impuls die beherrschende Sorge um die Etablierung von Verantwortlichkeiten gewesen war. Da jede Familie, jede Geschäftsunternehmung, jede Gemeinschaft die Pflicht hatte, im eigenen Kreis die Ordnung aufrechtzuerhalten und dazu ihren Beitrag zu leisten, entstand ein Korpsgeist – geboren aus dem Wunsch, das Risiko von Fehlentscheidungen zu verteilen, und gespeist von dem mit der Pflicht verschwisterten Gefühl der Ehre –, der auch jene Menschen in engem Kontakt hielt, die keine Sympathien füreinander empfanden und sich eher abgekapselt hätten, als in Wettstreit miteinander zu treten. Wenn nach einem Kaminbrand das Haus des Steuereinnehmers in Flammen steht, eilen die Dorfbewohner mit Eimern und Leitern herbei, um löschen zu helfen; diesen Beistand schuldet man dem Nachbarn aus purem Eigeninteresse; er ist nicht etwa Ausdruck von Nächstenliebe. Alle wissen, daß nach dem Brand die Güter des Steuereinnehmers – vorsichtshalber und um dem König seinen Zehnten zu sichern – unter Zwangsverwaltung gestellt werden. Der

Steuereinnehmer wird von einem Feuer in seinem Haus schlimmer betroffen als andere, weil ihm nichts von dem, was aus den Flammen gerettet wird, zur eigenen Nutzung bleibt. »Wenn ihm nur genug bleibt!« denken die braven Leute, denn andernfalls wird die Gemeinde erneut zur Kasse gebeten, nachdem sie die Steuern schon einmal, aber vergeblich, entrichtet hat. Der einzige Vorteil an diesem System solidarischer Verantwortung, das die Menschen in einen vorgegebenen, nicht frei gewählten Rahmen preßte, war die prophylaktische Benennung eines Hauptverantwortlichen, d. h. das Bestreben, in einem Prozeß niemand anderen als den Familienvater, den Werkstattinhaber, den Konsul oder Syndikus zu belangen.

Sicherung des Beweisstückes, Verhör vor dem Richter, Tortur grausamster Art. Die Wahrheit ermittelte man durch strenge Befragung unter Eid oder im Schrecken des peinlichen Verhörs. Die Folter, schlimmste Verletzung der individuellen Privatheit, war bereits das effektivste Opfer, das man dem Schutz des zivilen Friedens brachte. (Paris, Bibliothèque Nationale)

Der getrübte Blick der Justiz

Man konnte das soziale Geflecht einigermaßen strapazieren, ohne daß es Schaden nahm oder zerriß, doch die Stöße wurden von jedermann mit Bangigkeit registriert. »Private« Organismen verdienten diese Bezeichnung nicht nur zum Zwecke ihrer Abgrenzung gegen das Öffentliche, sondern weil ihre Ressourcen und Affekte, auch wenn sie im Dienst einer öffentlichen Funktion standen, sich von privaten Antrieben und Empfindungen herleiteten. Die Kunst der Politik bestand darin, möglichst viele solcher privaten Engagements und Allianzen, die mit geringem Aufwand zu kontrollieren waren, herzustellen.

Die Integration von Energien und Dispositionen, die nur selten konvergierten, war mühsam und führte nicht immer zu Beruhigung und leichtem Spiel. Der Begriff »affidé« [»Vertrauter«], in dem etymologisch das Vertrauen steckt, blieb mit negativen Konnotationen behaftet.

Der Strafprozeß auf unterster Instanz, d. h. vor dem ersten Richter, der oft in seinem eigenen, engen Milieu befangen scheint, bietet genügend Hinweise auf die prekäre Toleranz der Behörden gegen die Konkurrenz des Privaten. Bei der Vorbereitung von Zeugenaussagen trieben das Zusammengehörigkeitsgefühl der Familie und des Familienverbandes, der Korpsgeist der häuslichen Klientel und der Lokalpatriotismus die schönsten Blüten. Eine privat, unter vier Augen konstruierte Version des Falles lieferte, wenn sie den Bezug zur Realität klug im Auge behielt, eine Darstellung, die plausibel und für diejenige Partei von Vorteil war, die sich auf zuverlässige und vor allem erzwungene Loyalitäten stützen konnte. Freilich gehörte dazu immer irgendein Kuhhandel, und es kam auch immer wieder vor, daß Zeugen umfielen, weil sie sich im entscheidenden Augenblick nicht die Unwahrheit zu sagen trauten, sondern sich für die Minute, in der das Protokoll noch einmal verlesen wurde, ein Schlupfloch lassen wollten, falls man sie der Lüge zeihen sollte. Aus diesem Grund war die Berufung zur nächsten Instanz meist erfolgreich: Der höhere Richter konnte aus den Prozeßakten der ersten Instanz jedes Zögern und jeden Zweifel herauslesen und den bezeugten Tatbestand entsprechend relativieren. Selbst eine Hausgemeinschaft, die völlig im Banne ihres Herrn stand, war nicht leicht zur vorbehaltlosen Täuschung zu bewegen, und noch der ärmste Schuldner versuchte, die Folgen seiner Gefälligkeitsaussagen einzuschränken. Diese privaten Komplotte, die dank der familiären und hierarchischen Verhältnisse stets den Sieg hätten davontragen sollen, endeten nicht selten mit einem halben Erfolg oder gar mit einer eklatanten Niederlage. Daraus resultierten wiederum Verbitterung und Argwohn, die das Elend solcher Komplizenschaft unterstrichen. Dies um so mehr, als schamlose Heuchelei die Regel war: Der Zeuge sollte nicht etwas sagen, das unwahr war, sondern Dinge bestätigen, die sich in Wirklichkeit außerhalb seines Gesichtsfeldes zugetragen hatten. Das war ungefährlich, und er brauchte dabei nicht zu fürchten, sich zu schaden, da er als einer der Eidleistenden eine legitime Partei in dem Verfahren verkörperte. Doch allein die Anspannung war schon zuviel; zwar mochte der Zeuge bereit sein, irgend etwas zu bestätigen, das er nur vom Hörensagen wußte, aber er konnte seine eigene Wahrheit nicht mehr mit der seines Herrn oder Wohltäters in Übereinstimmung bringen. In Tausenden von Fällen war die exakte Wiedergabe der sogleich assimilierten und mit gutem Gewissen reproduzierten Worte eines anderen überaus selten und eigentlich eher ein Zeichen von Geistesschwäche. Allerdings nur außerhalb des engsten Familienbereichs: Die Kommunikation zwischen Mann und Frau, zwischen Eltern und Kindern war, insbesondere in isoliert lebenden bäuerlichen Familien, derart prägnant, daß möglicherweise alle dieselbe Darstellung der Fakten gaben, ohne daß man von bewußter Falschaussage hätte sprechen können. War das Ausdruck eines Objektivitäts- und Verantwortungsgefühls? Immerhin enthalten auch jene Fälle, die der Fiktion am meisten Vorschub leisten, nämlich jene, in denen es um die Angst vor Räubern und um den Hexenwahn geht (die übrigens beide im 18. Jahrhundert seltener wurden), keine Geschichten, die auf einer zwingenden allgemeinen Überzeugung zu beruhen scheinen. Wo identische Versionen auftauchen – papageienhafte Wiederholungen einer auswendig gelernten Lektion –, deuten sie im Gegenteil auf ein verabredetes Lügengespinst, das mit der Überzeugung der einzelnen Zeugen nichts zu tun hat.

Wird in diesen Entwicklungen ein signifikanter Schwund privater Affekte sichtbar? Lernten die Menschen, private Solidarität zu relativieren, verweigerten sie ihr die spontane Gefolgschaft, während die zwingenden Formen der Solidarität keineswegs verkümmerten, sondern zusätzliche Kraft aus der Delegation öffentlicher Macht zogen? Blieb von ihnen nur die wenig überzeugende Erinnerung, abgesehen von ihrer Fähigkeit, die Menschen an Gemeinschaften und Vaterländer zu binden, als die religiöse Begeisterung der Reformation und Gegenreformation neue Kraft schöpfte? Die unmittelbar praktische Intelligenz, womit die südfranzösischen Hugenotten ihren kleinen Verband ebenso wirksam organisierten wie die Jesuiten ihr weltweites System, läßt vermuten, daß beide Male ein Notfall vorlag: Die siegreiche Staatsmacht konnte auch die intermediären gesellschaftlichen Gruppen für ihre Zwecke gebrauchen. Doch erwiesen sich diese Gruppen – mit Ausnahme der Familie – als seelenlos, als von außen bewegte, an sich träge Räder in einem Getriebe. Das bedeutet nicht, daß für den Beobachter der Gesellschaft im Jahrhundert der Aufklärung allein die brutalen und zufälligen Taten der Masse Vitalität ausstrahlten. Gemeinsame Einstellungen traten in friedlichen und legalen Bekundungen der Gemeinschaft hervor, allerdings nur in Gruppierungen mit einem ausgeprägten Bewußtsein ihrer privilegierten Stellung oder in Versammlungen ländlicher Pfarrgemeinden. Mehr und mehr schossen die virtuellen Möglichkeiten der Gesellschaft in Vereinigungen zusammen, die sich zumindest symbolisch über eine gemeinsame Zielsetzung definierten: Debattierclubs, Freimaurer-Logen, d. h. Formen des freiwilligen Zusammenschlusses mit Menschen, die man nicht immer schon im voraus kannte, sondern welche die Gleichheit ihres Geschmacks und ihrer Ideen bewog, gemeinsame Neigungen oder Aktivitäten zu unterstützen. Es handelte sich, wie Maurice Agulhon nachgewiesen hat, um die Nachfolge und in gewisser Hinsicht um die Fortsetzung der Sozialität der Bruderschaften, nur daß diese sich meist aus einer Pfarrei rekrutierten, der alle ihre Mitglieder angehörten, und daher eine Abwandlung der privaten Bindungen waren, sofern sie nicht überhaupt von Berufsgruppen abhingen. Diese traditionsverhaftete Sphäre, d. h. die auf Gewohnheit gründende Vertrautheit des Umgangs und die durch nachbarschaftliche Nähe gebotene Gelegenheit, einander kennen- und schätzenzulernen, konnte durchaus zwiespältig sein und ebenso leicht Wut und Aggression entbinden wie freundliche Harmonie. Befriedet wurde sie durch das von allen beachtete Verbot ernsthafter Gewaltanwendung, auch wenn sich hieraus der Geist der Schikane entwickelte. Aber die Schikane war zu kostspielig, um für jedermann erschwinglich zu sein.

Familienleben und Gemeinschaft

Führte die Entwaffnung der Streithähne nun zu vertrauensvollen und affektiven Beziehungen, die geeignet waren, den Raum der Ungefährdetheit, der Ungezwungenheit im Betragen und Sprechen, der Neigung zum Helfen und Sichaufopfern zu erweitern? Eine Untersuchung von Gerichtsakten des 18. Jahrhunderts aus dem Languedoc zeigt, daß in den unteren Schichten ebenso wie in den »besseren Kreisen« im Alltag eine beträchtliche Toleranz gegenüber heftigen Worten und im Umgang durchaus Herzlichkeit walteten. Die Unbeschwertheit der Beziehungen stand hoch im Kurs, und es gehörte sich, daß man seine Verstimmung und seinen Ärger erklärte, bevor man mit jemandem brach. Gefälligkeit und Hilfsbereitschaft konnten auf die Probe gestellt werden, da es keine falsche Scham beim Neinsagen gab und jeder mehr oder weniger genau wußte, was er vom anderen erwarten durfte. Es herrschte also ein klares und vor allem großzügiges Wohlwollen gegen andere, und doch ließ man in den Beziehungen Vorsicht walten. »Fremden« gegenüber war es unangebracht, alles zu sagen, und frühzeitig weihte man die Kinder in die Gefahren der Indiskretion ein. Es war auch ratsam, weder anderen ernstlich zur Last zu fallen noch den Eindruck von Mittellosigkeit oder Schwäche, Hunger oder Durst zu erwekken, sofern man nicht wirklich hilflos war. Schließlich galt es, sich gegen alles zu wappnen, was unerwartet eintreten, störend oder beängstigend sein konnte, und daher möglichst wenig von sich zu offenbaren, um nicht Gefahr zu laufen, »bloßgestellt« zu werden. Eine heitere Laune, freundlicher Scherz und ein gefälliger Ton kennzeichneten die äußeren Verhältnisse, die man in ihrer ritualisierten Gestalt unkritisch hinnahm, obschon sie aufgrund der Parität der Hilfeleistung etwas Offiziöses hatten. Mit großer Scheu umgab man alles, was nur die Familie etwas anging: Geld- und Eigentumsangelegenheiten, Ambitionen, Eheschließungen, Berufstätigkeit. Allerdings darf man sich nicht vorstellen, daß diese Dinge völlig frei in einer Art Familienrat erörtert worden wären. Die zu treffende Entscheidung stand nicht im Belieben der Familie, sondern war in ein – einfaches oder kompliziertes – Netz von Abhängigkeiten eingebunden. Der Vater oder, wenn es um die Verheiratung der Tochter ging, die Mutter unterrichtete über ihre Absichten die betreffende Person, die Objekt oder Vollzugsorgan dieser Absichten war. Ein drohender Unterton war dabei nicht vonnöten, da die Zustimmung als selbstverständlich vorausgesetzt wurde. Ging es um ein einzelnes Familienmitglied, so wurde es gebeten, die Angelegenheit bis zum Zeitpunkt ihrer offiziellen Bekanntmachung geheimzuhalten. Es kam auch vor, daß eine Familie für einen jüngeren Sohn ein Stück Land kaufte oder pachtete, auf dem er unter Aufsicht arbeiten konnte, ohne daß er über die Kaufbedingungen oder die Zweckbestimmung des Gutes informiert worden wäre. Besser war es, über diese Dinge mit der Ehefrau oder dem ältesten Sohn zu reden, am besten freilich, über sie

Emanuel de Witte, *Bürgerliches Interieur.* Musik als Zerstreuung in Mußestunden, als virtuose oder laienhafte Kunstübung und diskrete Sprache des Gefühls erfüllte die Intimität des privaten Lebens ebenso wie den Betrieb der ›großen Welt‹.
(Rotterdam, Boymans-van-Beuningen-Museum)

Die jungen Damen haben sich in kleinen Gruppen um ihre Lehrerinnen geschart, doch jedes Mädchen lernt für sich, getreu der Maxime der italienischen Pädagogik: »Die Regel eines jeden gilt nur für ihn selbst.«
(Saint-Omer, Musée Henri-Dupuis)

gar nicht zu sprechen: Absolutismus weckt Opposition, sobald er Rechenschaft ablegt. Auch ohne es zu wissen, konnte man wie ein »pater familias« römischen Rechts agieren. Madame de Maintenon erklärte »ihren Mädchen« in Saint-Cyr, daß der Besitzer eines Erbgutes, ungeachtet seiner rein rechtlichen Verfügungswalt, nicht nach Gutdünken damit schalten und walten konnte, sondern verpflichtet war, für Bewirtschaftung, Erhaltung und Weitergabe zu sorgen. Der Absolutismus ersparte dem Gutsbesitzer immerhin, nach Rechtfertigungsgründen suchen zu müssen.

Das private Leben als geregeltes Leben

Was der Ausbildung einer Vertrauensatmosphäre in der Familie (auf die man später so viele Hoffnungen setzen sollte) entgegenwirkte, war weder die Lockerung der familiären Bande noch die Verachtung von Kindern und Frauen, noch mangelnde Sensibilität, sondern die Einseitigkeit der Familienstruktur, die Bindung der Autorität an Kompetenzrollen und die Konzentration der Verantwortung im Familienoberhaupt. Für ihre »Mädchen«, die sich von der Heirat eine idyllische Freiheit erhoffen, hat Madame de Maintenon[10] nur folgenden bitteren Rat: »Mademoiselle, Sie werden einen Gatten zu umsorgen haben, und danach werden Sie einen Herrn und Meister haben. [...] Sie werden ihm vielleicht mißfallen; oder er mißfällt Ihnen; daß Sie beide den gleichen Geschmack haben, ist fast nicht möglich; es mag Ihrem Gatten in den Sinn kommen, Sie zu verderben, oder er mag in seinem Geiz Ihnen nichts vergönnen; ich würde Sie langweilen, wollte ich Ihnen erzählen, was die Ehe ist.« (*Conversations: sur la contrainte inévitable de tous les états*)

Die Briefe, Meinungen und Gespräche dieser bedeutenden Erzieherin bezeugen ihre beständige Mühe, die jungen Damen auf das häusliche Leben vorzubereiten; dazu gehörten auch Hauswirtschafts- und Repräsentationspflichten in einem ungünstigen sozialen Milieu, wo die Armut zur Bescheidenheit riet, ohne den Stolz zu kränken. Das Leben unter solchen Bedingungen war wenig weltläufig und müßte daher aufgrund seiner geringen Außenkontakte und seiner kundigen Leitung der Herausbildung einer Privatsphäre günstig gewesen sein. Doch gerade die Illusion von der Tröstlichkeit einer ungezwungenen, herzlichen Intimität war es, vor der am häufigsten gewarnt wurde. Die jungen Mädchen sollten sich darauf gefaßt machen, daß sie, nach dem geregelten Tagesablauf und den Anforderungen der Gemeinschaft im Pensionat, im Familienleben ein Übermaß an Aufgaben erwartete, welche von ihnen erst recht Pünktlichkeit und Selbstzucht verlangten. Vorbei war es jetzt mit der freudigen Sorglosigkeit einer behüteten Jugend, vorbei mit den Zärtlichkeiten und Vergnügungen im Kreise der Lehrerinnen und Gespielinnen. Nun galt es, zu leiden und zu kämpfen, sich den Notwendigkeiten zu stellen, für den Lebensunterhalt zu wirken, zu sparen und seine Zeit zu opfern – sogar die Zeit, die man gern der Andacht und der Wohltätigkeit gewidmet hätte. Die Arbeit für die Familie war von stillen Gebeten begleitet; oft blieb gar keine Muße für die Andacht. Der Impuls, den Bedürftigen beizustehen, mußte unterdrückt werden; denn zuerst waren die Verwandten und die Bediensteten ordentlich zu versorgen.

Während den jungen Mädchen die Disziplin des Zusammenlebens im Pensionat als härteste Prüfung und schlimmster Zwang erschien, bescheinigte Madame de Maintenon ihnen, daß das strengste Regime in den Familien herrschte. Hier gab es kein Ausruhen, kein Geheimnis und keine Abgeschiedenheit; vielmehr mußte die Frau für die banalsten Eventualitäten ständig verfügbar sein; die spontane Dringlichkeit und Legitimität der Ansprüche des Gatten, der Kinder, der Bediensteten und Domestiken duldeten weder Gleichgültigkeit noch Aufschub. Die Frau im Hause hatte weniger privates Leben als »der Soldat in der Schlacht, der jedes Gefecht mitmachte«.

Diese Aussichten konnten im übrigen, wie Madame de Maintenon nicht müde wurde zu betonen, nur den eigensinnigen oder trägen Geist anfechten. Resignation, Unterordnung, ja, Unterwerfung waren dagegen höchst nützliche Tugenden, die sich aufs beste zu der freudigen oder schleunigen Bewältigung aller Aufgaben gesellten. In diesen schlichten Instruktionen finden wir das private Leben so organisiert, wie es dem Staat am besten taugt. Es gab keine Heimlichtuerei; jeder Einzelne tat das, was jeder andere an seiner Stelle ebenfalls getan hätte; Transparenz wäre müßig, vielleicht sogar unanständig gewesen. Die wohlverstandene Ehre bildete die Schnittstelle zwischen Privatem und Öffentlichem: Die Haltung, die man gegenüber den eigenen Angehörigen zu bezeigen hatte, förderte die Fähigkeit zu ehrenhaftem Betragen gegen andere; denn niemals durfte sie die Achtung enttäuschen. Diskrete Motive, die publik zu machen nicht zweckmäßig war, konnte man einander im Geist gegenseitigen Vertrauens offenbaren, was keineswegs plumpe Anbiederung bedeutete. Was erlaubt und was verboten war, blieb klar definiert und wurde durch die christliche Moral präzisiert und verbürgt. Der Vorrang der Familienrücksichten blieb guten Gewissens gewahrt, solange nicht eine übergeordnete Instanz ausdrücklich etwas anderes vorschrieb. Das Gedeihen der Familien war die Stütze des Staates, und die pädagogischen Bemühungen, die man den Elevinnen von Saint-Cyr zuteil werden ließ, belegen zur Genüge, welche Bedeutung der König dieser Unterweisung der Schülerinnen im privaten Leben beimaß. In eher dramatischer Weise zeigt der Schluß des *Tartuffe*, wie die Justiz ihr Schwert gegen alle – auch die frömmsten – Verkehrtheiten erhebt, die das Haus eines wahren Gläubigen bedrohen.

Der öffentliche Geist: Madame Roland

Im folgenden Jahrhundert fiel die Teilung der Affekte, die den Privatmann von seinen republikanischen Leidenschaften schied, ihm jedoch in seinem privaten Leben eine Art Staatsraison über seine Angehörigen zuerkannte, nicht mehr so überzeugend aus wie im Jahrhundert davor. Die Geister und die Herzen litten gleichermaßen unter diesem Zustand; es war, als würde dem Bürger die ruhmreiche Karriere im frei gewählten Dienst für das Vaterland ungerechterweise vorenthalten, als reiche die Förderung der Familienangelegenheiten, selbst wenn sie mit politischer Planmäßigkeit betrieben wurde, zur Verwirklichung weiträumiger Projekte nicht aus und würde im Gegenteil den Schwung einer intimen Affektivität lähmen. Als Turgot gegen Ende des Ancien Régime beklagte, daß Frankreich zu einer »société générale« verkomme, teilte er die Empörung der jungen Peruanerin[11] über den Verfall des Familiengefühls. Es gab kein Mitgefühl und keine Nachsicht mehr für Kinder und für Frauen, die sich nicht in die hohen Gefilde weltläufig-aufgeklärter Konversation emporzuschwingen vermochten, und so verbannte man sie aus den Zirkeln, in denen die allgemeinen Belange der Nation diskutiert wurden. Den Kindern wurde kaum noch jene schonende Fürsorge zuteil, die sie verdienten. Familiensinn war altmodisch geworden, ja, er zeugte von schlechtem Geschmack; die kleinen Kinder übergab man Domestiken, an deren Pflichteifer man nur zu bereitwillig glaubte; die Heranwachsenden kamen in Collèges oder Klosterschulen, an deren pädagogischer Kompetenz man später füglich zweifelte. Die jungen Leute, die mit diesem Marschgepäck versehen ins Leben traten, richteten sich darin, je nach Talent, mit mehr oder weniger Glück ein; denn an dem gesellschaftlichen Erfordernis eines gewissen weltmännischen Tons und einer gewissen Ungezwungenheit konnten Menschen scheitern, aus denen eine streng milieubezogene väterliche Erziehung »particuliers« gemacht hatte, die sich leichtfüßig nur unter ihresgleichen und im Horizont unabdingbarer Kontakte bewegten.

Wie war es zu dieser Fehlentwicklung gekommen, der schließlich die neuen pädagogischen Bestrebungen ebenso zuwiderliefen wie im Theater der Aufstieg der »comédie larmoyante« mit ihren »einfachen und

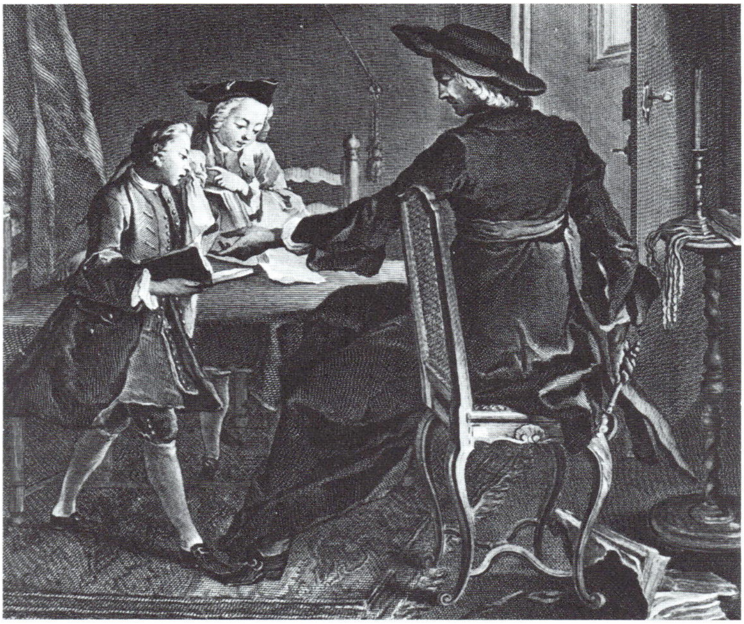

Privatunterricht war billig und effizient, und die jungen Leute kamen gut vorbereitet auf das Collège. Der Privatlehrer überließ die Schüler ihren Aufgaben, hatte sie jedoch unter strenger Kontrolle. (Paris, Bibliothèque Nationale)

natürlichen« Charakteren und in der Malerei die Vorliebe für sentimentale Deklamation und erbauliche Sujets? Ohne das Außerordentliche an Manon Phlipon, der nachmaligen Madame Roland, leugnen zu wollen, ist es doch aufschlußreich, an einer Frau, welche die Gabe hatte, ihre Empfindungen ausdrücken zu können, und die standhaft behauptete und wohl auch selber glaubte, stets nur die Rolle der Ehegattin gespielt zu haben, das faszinierte Interesse für die große Welt und die große Politik zu beobachten.*

Obwohl sie in ihren Schriften aus dem Gefängnis ihren couragierten Mann und ihre rührende, nun bald verwaiste kleine Tochter nicht vergißt, zwei Menschen, die diese zur Selbstaufopferung entschlossene Mutter in den Stürmen der Zeit zurücklassen wird, so ist doch klar, daß es ihr vor allem um die leidenschaftliche Rechtfertigung der girondistischen Politik und darum zu tun ist, die tödliche Brandfackel gegen die Ungeheuer von der Bergpartei zu schleudern. Sie unternahm keinen ernsthaften Versuch, durch Taktieren und Lavieren ihr Leben um ihrer Familie willen zu retten. Die republikanische Heroine brauchte sich nicht über die Perversion der Volksherrschaft zu beklagen; dies gehörte für sie zu dem großen politischen Abenteuer der Revolution, zum Aufruhr der Elemente, der natürlich die bürgerliche Seele in dieser Periode des Neuanfangs erschüttern mußte. Die nostalgische Rückkehr zu einem individuellen Glück konnte für sie nur eine Rückkehr zu abgelebten Zeiten sein, vor ihrem Eintritt in die Welt, als die Wärme der Familie und die Freundschaften in der Klosterschule ihr Herz mit dem gan-

* Sie war die Frau des Revolutionspolitikers Jean-Marie Roland de La Platrière und unterhielt einen Salon in Paris, in dem sich Republikaner und Girondisten trafen. Während der Zeit des Terrors wurde sie hingerichtet. *A.d.Ü.*

zen Zauber des privaten Lebens erfüllt hatten. Das alles gehörte zu ihrer Kindheit, zu der Zeit, in der man noch in das Gefüge und die Konfiguration der Personen und Dinge um einen herum eingebettet ist, in der man aber auch zu lernen beginnt, diese für seine Bedürfnisse zu manipulieren, und lustvoll die eigenen Reaktionen und die Gegenreaktionen der anderen erfährt. Welcher Abstand also zwischen diesem ganz nach innen horchenden Leben und dem Leben an der Seite des Innenministers! Denn dessen Diners und Soiréen waren in Madame Rolands Augen öffentlich, weil die Gäste Mitarbeiter ihres Mannes waren und im Hause Roland die Diskussionen über ihre Angelegenheiten fortsetzten. »Seine verschiedensten Kollegen, aber auch einige Freunde und Bekannte kamen einmal in der Woche zu uns, um mit ihm zu speisen, und debattierten freimütig und in öffentlicher Konversation Dinge, die alle interessierten.« Die Ambiguität dieses Textes ist gewollt: Es galt, alles zu vermeiden, was wie Geheimniskrämerei einer kleinen Clique aussah, die hier ihre Ränke schmiedete. Zwar trennt Madame Roland säuberlich den Bereich der Politik, dessen Tendenz zur Regelmäßigkeit des Verkehrs sie anerkennt, von dem ihrer persönlichen Beziehungen zu Menschen, »denen ich in Freundschaft verbunden war, unabhängig von allen politischen Erwägungen«. Aber sie fügt sogleich hinzu, daß diese Freundschaft den Austausch von Meinungen und Gefühlen einschloß: »Ich bekenne es frei und rühme mich dieser Gleichgestimmtheit.« Und sei sie selber nicht, so fragt sie, der beste Beweis für eine vollkommene Hingabe an die öffentliche Sache, da ihre Freunde sich auf dem gemeinsamen Weg zum Gemeinwohl unter der Menge der Gleichgesinnten erkannt und erwählt hätten? Nicht alle, die am revolutionären Geschehen teilnahmen, waren Freunde; aber alle ihre Freunde hatten dieselbe Vorstellung von republikanischer Rechtschaffenheit. Verwandtschaften und Freundschaften standen im Dienste ein und desselben Vorhabens, während Privatheit nichts weiter war als ein Reflex der Geburt und des Standes. Die »volonté générale« mit ihren Zielen zu verinnerlichen, wie es alle guten Menschen taten, mit denen man zusammen war, bedeutete, auf die Autonomie des privaten Lebens weitgehend zu verzichten. Die »Privatheit« schrumpft zu einem Punkt auf dem Diagramm, das die Verteilung der Menschen und ihrer Arbeit zeigt: Ich befinde mich hier und beschäftige mich mit dem, und zwar in einer konkreten Umgebung, und so richte ich mich vergnügt in dieser Position ein.

Privates Leben – der wirkliche Einsatz im Spiel

Während die alte Ordnung mit Spannungen und Gefahren für ihr Gleichgewicht lebte, deren Beseitigung kein Problem für einen Souverän war, der es nur mit minimalen Differenzen zu tun hatte, bündelte das neue politische Ideal die parallelen Willensbewegungen der einzelnen Bürger zu einer unwiderstehlichen, massiven Kraft. Wenn Saint-Just die Ausdauer der Freundschaft zur republikanischen Tugend stilisierte, dann zu dem Zweck, der Phalanx der Bürger ihre drangvolle

Enge schmackhaft zu machen. Wenn Roger Chartier die Reproduktionsstrategie des Königshauses analysiert, beruft er sich auf Gedankengänge von Norbert Elias: Das Gleichgewicht der ungefähr gleich starken sozialen Gruppen und die daraus resultierende ambivalente Einstellung jeder Gruppe zum Zentralherrn waren sicherlich nicht das Werk eines einzelnen Königs; aber wenn Interdependenzen und soziale Spannungen eine solche Situation herbeiführten, tat der Zentralherr gut daran, den Zustand der Instabilität zu befestigen.[12] Ohne in systematischen Finalismus zu verfallen, könnte man die Ermutigung des Privaten durch die königlichen Instanzen in diesem Lichte sehen: Indem sie internen Übergewichten mäßigend entgegenwirkten, erlaubten sie jeder sozialen Zelle die Entfaltung einer relativen Autonomie; daneben wirkte der Wettstreit mit anderen kräftigend und anregend. Es war gut, wenn sich jede dieser Zellen ohne allzu große Zwietracht ihrer Elemente in ihrem Wesen zu erhalten trachtete – daher die von der Sittenlehre wie von der Politik gepflegte Vorliebe für Konformität, die Ablehnung des Individualismus, das Pochen auf gruppeninterne Disziplin. Neben den verschiedenen Gemeinschaften und vor allem den Familien gab das Ancien Régime, als sein Werk der administrativen Befriedung vollendet war, jenen sozialen Organismen Auftrieb, die ihre kleinen Sorgen hüteten, auf ihre Reproduktion setzten und zumindest symbolisch die Pflicht zur Liebe mit der zur Furcht und zur Solidarität verbanden. Daß dies den Despotismus im Sinne der unumschränkten häuslichen Gewalt begünstigte und enttäuschte Empfindlichkeiten entzündete, braucht nicht zu verwundern; denn die Affektivität gedieh natürlich in jenen Familien, die nicht den Zwängen der Notwendigkeit unterworfen waren. Wohlhabende bürgerliche und adlige Familien begannen, die Köstlichkeiten des Komforts und der Muße zu genießen. Die väterliche Autorität milderte sich, wiewohl sie sich mitunter unverändert brutal geltend machte und die Kinder zur Ehelosigkeit bzw. zu einer verhaßten Heirat zwang. Enttäuschungen und Ressentiments unterminierten die Familienordnung und entlarvten die Absurdität der Opfer, die man einer so schäbigen Sache dargebracht hatte. Allein die großen bürgerlichen Enthusiasmen, die das Kriegsgeschrei der Alten bis zur Obsession feierte, waren für den Einzelnen Gegenstände, welche Aufopferung lohnten. Und die Jugend hatte kaum ein anderes pädagogisch-affektives Vorbild, denn die spirituelle Attraktivität der Gegenreformation hatte sich für die Mehrzahl der Menschen verbraucht.

So wurde Raum geschaffen für jene Illusion, die Benjamin Constant beim Namen nannte, sobald es möglich wurde, darüber nachzudenken, ob die Revolution in den letzten Tagen der Monarchie die wahren Bestrebungen der Menschen vertreten hatte oder nicht. In seinem Vorwort zu *De la liberté chez les Modernes*[13] unterstreicht Marcel Gauchet das Entsetzen Constants über die »fast unumschränkte Gewalt über die menschliche Existenz«, welche, von Mably bis zu Rousseau und Filangieri, die politische Philosophie am Ausgang des 18. Jahrhunderts für eine neue, nicht in Sünden empfangene Gestalt der politischen Herrschaft in Anspruch nahm – eine Herrschaft, die nicht in Korrup-

Das Hochzeitsmahl. In symbolträchtigem Rahmen, üppig, prunkvoll und öffentlich feierte man Hochzeit. Die feinen Leute schätzten ebenso wie das einfache Volk weltlich-familiäres Schaugepränge. (Paris, Louvre)

tion münden, sondern die schmerzhaften Eiterbeulen aufstechen würde, welche die verblendeten, eigensüchtigen Privatverhältnisse am Körper der Gesellschaft hervorgerufen hatten.

Das Gesetz, so lehrte Mably, »muß vom ersten Augenblick unseres Lebens an Besitz von uns ergreifen, um uns Muster und Vorwände, Belohnungen und Strafen vor Augen zu stellen. Es muß die zahlreiche Schicht jener Unwissenden leiten und heben, die nicht die Zeit haben, selbst die Dinge zu prüfen, und daher dazu verdammt sind, die Wahrheit auf Treu und Glauben und gleichsam als Vorurteil zu empfangen. Jeder Augenblick, den das Gesetz uns freigibt, ist ein Augenblick, wo es den Leidenschaften gestattet ist, uns zu versuchen, zu verführen und zu unterwerfen.« Da das Individuum emanzipiert ist, erscheint die Freiheit als gesichert; doch was jetzt die Gesellschaft zusammenhält, ist die Zwangsgewalt eines Staates, der allein den allgemeinen sozialen Kitt herstellen kann. Er bedarf der intermediären sozialen Zellen nicht mehr; vielmehr fungieren diese – mit Ausnahme der Familie, die zur Erhaltung der Art für notwendig erachtet wird – als Sichtblenden gegen das helle Licht der organisierenden Vernunft. Alle Strukturen des privaten Lebens, die die Familie umgeben und sich in die lokalen oder beruflichen Gemeinschaften hinein verlängert haben, können jetzt verschwinden. Das private Leben erschöpft sich in der Pflege der aufgrund ihres Alters, ihres Geschlechts oder ihres körperlichen oder geistigen Zustands Schwachen durch ihre Blutsverwandten.

Benjamin Constant stellt die Frage völlig anders. Die Revolutionäre, so sagt er, mögen eine Veränderung der politischen Herrschaft gewollt und sich davon einen Abbau jenes Zwanges und jener Willkür versprochen haben, welche die regulären Freiheiten gefährdeten oder unsicher machten; aber sie erwarteten sich von den Reformen nicht die rüde Preisgabe der Menschen an die Geltung eines allgewaltigen, bis in die letzte Konsequenz unangreifbaren Gesetzes. Gewiß, »die Willkür ist der Feind der häuslichen Bande«, und es ist richtig, sie mit der ganzen Strenge der Justiz zu bekämpfen, so wie andererseits die Härte des Gesetzes nicht dem Zweck dient, die Bürger an Gesetzestreue zu gewöhnen, sondern um die Möglichkeit zu notwendigen Sanktionen zu haben und in den Menschen »jene Großmut zu ehren, die dem Schwachen ohne Prüfung beispringt und gegen den Starken zu Hilfe kommt«. Die Menschen hatten zweifellos den sehnsüchtigen Wunsch – den die beiden aus der Revolution hervorgegangenen Regimes entweder verkannten oder nicht ernst nahmen –, das private Leben vor den willkürlichen Drohungen, Übergriffen und Exzessen der Macht zu schützen; doch sie dachten nicht daran, einer geläuterten Macht und der verfaßten »volonté générale« die alleinige Verfügungsgewalt über die Gemeinschaften und Familien zu übertragen. Benjamin Constant analysierte die Revolution gründlicher, als es in diesen Jahren des Übergangs gewöhnlich der Fall war, und zweifelte weder am Aufstieg privater Bedürfnisse in einer aufblühenden materiellen Zivilisation noch am berechtigten Wunsch der Bürger nach Hilfe bei der Bewältigung der mit dieser Zivilisation verbundenen Aufgaben, wie Unterricht und Bildung, Gesundheitswesen und Fürsorge. Das Unbehagen, das der liberale Anspruch auf den Begriff brachte, betraf nicht nur die Übergriffe der Staatsmacht, sondern nahm auch die erst vage wahrnehmbare Sehnsucht nach der freien und ungehinderten Entfaltung eines privaten Lebens für alle vorweg.

Anmerkungen

1 E. de La Boétie, *Discours de la servitude volontaire*, Paris 1983.
2 H. de Campion, *Mémoires*, Paris 1967.
3 Tallement des Réaux, *Historiettes*, Paris 1932.
4 A. de Bonald, *Théorie du pouvoir politique et religieux*, Paris 1965.
5 Es handelt sich um die nur als Manuskript vorliegende Privatkorrespondenz von Edelleuten aus der Gascogne.
6 R. Bonald, *Le Cours de théologie morale*, Toulouse 1651.
7 Strafverfahren in Toulouse; nicht katalogisiert.
8 Ebd.
9 Abbé Fabre, *Histoîre de Jean l'an prés*, okzitanische Novelle aus dem 18. Jahrhundert, nacherzählt von Emmanuel Le Roy Ladurie, in: *L'Argent, l'Amour, la Mort en pays d'Oc*, Paris 1980.

10 Madame de Maintenon, *Sur l'éducation*, Paris 1885.
11 *Lettres à la Péruvienne*, Paris 1983.
12 R. Chartier, »Norbert Elias, interprète de l'histoire occidentale«, in: *Le Débat* 5 (1980), S. 138–143.
13 B. Constant, *De la liberté chez les Modernes*, Paris 1984.

Das Bild von Pietro Longhi aus der Serie *Die Sakramente* zeigt einen Priester, der in einer venezianischen Kirche einer Frau die Beichte abnimmt. Der hier nur angedeutete Beichtstuhl trennt den Beichtvater vom Beichtkind. (Venedig, Pinacoteca Querini-Stampalia)

François Lebrun

Reformation und Gegenreformation. Gemeinschaftsandacht und private Frömmigkeit

»Der Vizekönig: Was wollten diese trübseligen Reformatoren anderes, als Gott dadurch bedienen, daß sie die Alchimie des Heils zwischen ihm und dem Menschen einschränkten auf diese Glaubensregung, [...] auf einen persönlichen geheimen Verkehr im engen Kämmerlein. [...] Denn der Protestant betet allein, aber der Katholik betet in der Gemeinschaft der Kirche.« (Paul Claudel, *Der Seidene Schuh*, Übs. Hans Urs von Balthasar, Salzburg 1966; Zweiter Tag, fünfte Szene.)

Seit seinen Anfängen ist das Christentum zwischen zwei scheinbar unversöhnlichen Tendenzen hin und her gerissen. Es ist eine eminent persönliche Religion, die jeden Einzelnen zur Umkehr, zum Glauben und zur Erlösung aufruft (»Meine Tochter! Dein Glaube hat dich gesund gemacht«, Markus 5, 34).* Gleichzeitig ist es die Religion einer Gemeinschaft, die sich auf eine Kirche stützt (»Du bist Petrus, und auf diesen Fels will ich meine Kirche bauen«, Matthäus 16, 18; »damit sie Eins seien, wie wir Eins sind«, Johannes 17, 22). Was das Gebet als den fundamentalen religiösen Akt betrifft, so schreibt Christus einmal das individuelle Gebet vor (»Wenn du betest, so geh in deine Kammer, schließe die Thüre zu und bete zu deinem Vater im Verborgenen«, Matthäus 6, 6) und fordert vom Gläubigen, daß er sich mit dem Vaterunser an Gott wende; dann wieder scheint er das gemeinschaftliche Gebet zu empfehlen (»Denn wo irgend zwei oder drei in meinem Namen versammelt sind, da bin ich mitten unter ihnen«, Matthäus 18, 20). Dieser scheinbare Widerspruch wurzelt im innersten Wesen des Christentums, genauso wie der Widerspruch zwischen *vita contemplativa* und *vita activa* oder zwischen der Kirche als Institution und der Kirche als *corpus mysticum*. Aber ist nicht Christus selbst verstanden worden als »Zeichen, dem man widersprechen wird« (Lukas 2, 34)?

Die Geschichte des Christentums beginnt mit der kleinen Gemeinschaft der zwölf Apostel, die sich nach der Auffahrt Christi »in den Obersaal des Hauses [begaben], wo sie wohnten. [...] Alle diese waren da, in anhaltendem Gebete vereint bei einander« (Geschichte der Apostel 1, 13.14). Die ersten Gemeinschaften oder Kirchen, die vom Verfasser der Apostelgeschichte vielleicht idealisiert worden sind, gaben den Ton an und dienten später jenen, die mit der lastenden Macht der

* Zitate aus dem Neuen Testament nach der Übersetzung von Carl und Leander van Eß, 1807. *A.d.Ü.*

Gottesdienst in der Pfarrkirche Saint-André in Lille. (Aquarell aus dem Buch *Description des réjouissances qui se sont faites en la ville de Lille, le 29 septembre 1729, pour la naissance de Monsieur le Dauphin* von F.-C. Pourchez. (Lille, Bibliothèque Municipale)

institutionalisierten Kirche unzufrieden waren, als nostalgisch verklärtes Vorbild – ein fragwürdiges Vorbild, da die Urkirche bei aller egalitären Praxis entschieden kollektiv bestimmt und keineswegs individualistisch war. Allmählich verfestigte sich die hierarchische Struktur der Kirche; die Bischöfe waren Oberhäupter der lokalen Kirchen, wobei dem Bischof von Rom als dem Nachfolger Petri der Primat zukam. Aber schon seit dem 3. Jahrhundert gab es Menschen, die auf der Suche nach Vollkommenheit der Welt entsagten und in die Wüste flohen, um dort in der Einsamkeit des Gebetes und der Kasteiung Gott zu entdekken. Neben dieses Urmönchtum der Anachoreten trat bald das der Zönobiten, die in mönchischer Gemeinschaft die Askese übten. Freilich darf man nicht vorschnell einen Gegensatz zwischen Einsiedler- und Zönobitentum konstruieren – das mönchische Dasein in einer durchstrukturierten religiösen Gemeinschaft schmälerte nicht notwendig die intensive persönliche Frömmigkeit, die Zustände mystischer Entrücktheit keineswegs ausschloß.

In einem weiteren Verstande ist die gesamte Geschichte des Christentums gezeichnet von der Dialektik zwischen individueller Religiosität und gemeinschaftlicher, in der Welt vergegenständlichter Religiosität, von der ständigen Spannung zwischen diesen beiden widersprüchlichen Berufungen. Als hierarchisch gegliederte Institution war die Kirche stets mißtrauisch gegen jede in ihren Augen exzessive individuelle Frömmigkeit und die damit verbundene Gefahr spirituellen Abenteurertums und Illuminatentums. Nur zu oft begnügte die Kirche sich mit einer Gemeinschaftsreligion, deren Einmütigkeit im Grunde vielleicht eher konformistischen Herdentrieb bewies als aufrichtiges, bewußtes Engagement des einzelnen Gläubigen. Unter diesem Gesichtspunkt hat man, beginnend mit der Reformation im 16. Jahrhundert, die Rolle der christlichen Kirchen bei der Genese von Innerlichkeit und Privatheit zu betrachten. Die Frage lautet, in welchem Grade die protestantischen Kirchen und die römische Kirche diese Genese gefördert bzw. behindert haben. Unbestreitbar waren sich alle Kirchen über den Vorrang der persönlichen Frömmigkeit einig, da für jeden Christen das Seelenheil entscheidend war. Aber die Katholiken bekräftigten den Wert der sieben Sakramente und verstärkten die Funktion des Klerus als obligatorischem Mittler zwischen dem Gläubigen und seinem Gott und als Hüter der Rechtgläubigkeit, während die Protestanten auf der unmittelbaren Beziehung des Gläubigen zu Gott beharrten, ohne deswegen die Bedeutung der Familie und der kirchlichen Gemeinschaft anzutasten.

Die katholische Sicht: kollektive Andachtsübungen und Individuum

Als Reaktion auf protestantische Angriffe und im Sinne der konziliaren Lehrentscheidungen war die nachtridentinische Kirche bestrebt, gewisse Formen kollektiver Frömmigkeit aufzuwerten. Vom Klerus in streng geregelte Bahnen gelenkt, bezeugten sie die Wirklichkeit der Einen katholischen Kirche. Gleichzeitig jedoch machte sich der Einfluß der großen spanischen Mystiker des 16. und dann der Mystiker der französischen Schule des 17. Jahrhunderts bemerkbar, der die persönliche Andacht, die sich ganz auf die Vereinigung mit Gott konzentrierte, in den Vordergrund rückte. Von dieser scheinbar widersprüchlichen, in Wahrheit jedoch komplementären doppelten Tendenz waren im 17. und 18. Jahrhundert die meisten verbindlichen ebenso wie die freiwilligen Andachtspraktiken geprägt.

Teilnahme an der Messe

Der obligatorische Besuch der Messe an Sonn- und Feiertagen kennzeichnete die Zugehörigkeit zur römischen Kirche. Wer sich in den Grenzgebieten der katholischen Christenheit dieser Pflicht entzog, geriet leicht in den Verdacht, Anhänger des reformierten Glaubens zu sein. Indessen war die Messe als kollektive Zeremonie noch lange Zeit weniger der Ausdruck einer gemeinschaftlichen Andacht als vielmehr die Summe einzelner Gebete. Im 16. und noch weithin im 17. Jahrhundert waren die Gläubigen bei der Messe nur passive Mitwirkende, die oft nicht einmal wahrnahmen, was am Altar vor sich ging, entweder weil sie in Seitenkapellen saßen oder weil ein Lettner den Blick auf den Altar verstellte. Die religiösen Schriftsteller scheinen sich hieran nicht gestoßen zu haben. Jean Huchot, Pfarrer an der Kirche Saint-Sauveur zu Lille, schreibt 1635 in seinem *Flambeau des chrétiens*: »Wer im Fleische und mit wachen Sinnen zugegen ist, wenn die Messe gefeiert wird, der tut, sei er auch dem Altar fern, an dem sie gefeiert wird, wenn er nur der ganzen Messe beiwohnt, dem Gebot Genüge; es ist auch nicht notwendig, den zelebrierenden Priester zu sehen oder die Stimme des Priesters zu hören.«

Die Gläubigen waren gehalten, die Zeit so andächtig wie möglich zu verbringen, indem sie den Rosenkranz beteten. Der hl. Franz von Sales schreibt 1610 an eines seiner weiblichen Beichtkinder: »Bei der Messe rate ich Euch, mehr als jedes andere laute Gebet den Rosenkranz zu beten.« Pater Suffren empfahl für das rechte Hören der Messe »laute Orationen, Rosenkranz, Litaneien, die sieben Psalmen, die Stundengebete des Kreuzes, des Hl. Geistes oder der Muttergottes«. 1642 riet der hl. Jean Eudes, »die Stundengebete oder den Rosenkranz zu sprechen«.

Abwechslung in die zumeist passive Mitwirkung an der Messe brachte einzig die Predigt. Die Gebete, mit denen sie begann, wurden von den Anwesenden gemeinsam dem Priester nachgesprochen: Gebete für die Verstorbenen, den Papst, den König und den örtlichen Seigneur; danach Pater noster, Ave Maria, Credo und die Gebote Gottes und der Kirche. Es folgten die eigentliche Predigt (»leicht faßliche Auslegung des Tagesevangeliums oder eines Punktes der christlichen Sittenlehre, zur Unterweisung und Erbauung der Menschen«) und sodann Verlautbarungen über die Festtage, Fasttage und Gottesdienste der laufenden Woche, gegebenenfalls die Bekanntgabe eines Aufgebots oder die Verlesung eines bischöflichen Sendschreibens. Wie man sieht, zählten die Augenblicke der kollektiven Mitwirkung und anhaltenden Aufmerksamkeit nicht zum Kernbestand der Messe.

In der zweiten Hälfte des 17. Jahrhunderts setzten neue Entwicklungen ein, insbesondere auf Betreiben verschiedener religiöser Schriftsteller, namentlich Priester aus dem Oratorianerorden, die darin übereinstimmten, die Messe fortan nicht mehr als individuelle Andachtsübung zu feiern – von der sich noch zu Beginn des Jahrhunderts Franz von Sales gefragt hatte, ob sie wirklich dem »Gebet zu Hause« vorzuziehen sei –, sondern als wesentlichen Akt des Kultes, der die Beteiligung der gesamten versammelten Gemeinde gebot. Bereits 1651 veröffentlichte der Erzbischof von Rouen, François de Harlay de Champvallon, seine *Manière de bien entendre la messe de paroisse*, die in den folgenden Jahren großen Erfolg hatte. Darin heißt es ausdrücklich: »Alle Arten von Gebet sollen aufhören, wenn der Priester betet; auch soll der Priester das Opfer für alle darbringen. Aufmerksam sollt ihr das Gebet anhören, das er für euch und die ganze Gemeinde spricht; auch sollt ihr über das dort gegenwärtige Opfer nachdenken, indem ihr solches Opfer und euch selbst durch den Priester im Geist und in der Einheit der Kirche darbringt.« Zahlreiche Werke über dasselbe Thema argumentierten in ähnlichem Sinne. 1676 schreibt der aus Lille stammende Autor einer Schrift mit dem programmatischen Titel *Méthode pour tous les fidèles afin de célébrer utilement la messe avec le prêtre*: »Es ist ein Irrtum, zu glauben, daß es besser getan sei, während der Messe seine Stundengebete zu sprechen oder den Rosenkranz herzusagen oder andere Andachten zu verrichten, als seinen Geist und seinen Sinn mit denen des Priesters zu vereinigen. Die Kirche macht auch uns zu Opferpriestern neben dem Zelebranten.« Das ist eine völlig andere Sprache als die, die gut vierzig

Jahre zuvor Jean Huchon gesprochen hatte. Der Vorwortschreiber des 1701 publizierten *Missel de Paris, latin et français* läßt sich folgendermaßen vernehmen: »Wenn wir auch diejenigen nicht verurteilen, welche während des heiligen Opfers dem stillen oder dem lauten Gebete obliegen – wie immer ihre Andacht es ihnen eingeben mag –, so werden wir doch stets der Überzeugung bleiben, daß die beste Art und Weise, die Messe zu hören, darin besteht, sich mit dem Priester zu vereinigen, dergestalt, daß man den Geist der Worte in sich aufnimmt, die er spricht.«

Diese einhelligen Empfehlungen liefen auf eine Reihe von Maßnahmen hinaus, die die Gemeinde kollektiv und real an dem vom Priester zelebrierten Meßopfer beteiligen sollten. So ging man gegen Ende des Jahrhunderts in vielen, vor allem städtischen Kirchen daran, die letzten Lettner zu beseitigen und die Chöre umzugestalten. Gewiß folgten diese Maßnahmen auch einem Geschmack an Ordnung, Übersichtlichkeit und Klarheit, den man »klassisch« nennen mag; in erster Linie aber entsprangen sie dem Wunsch, den Gottesdienst lebendiger und gemeindenah zu gestalten, den Altar als Schauplatz des Meßopfers enger an die Schar der Gläubigen heranzurücken und die nun als unerträglich empfundene Schranke des Lettners abzuschaffen. Man orientierte sich an der Peterskirche in Rom und baute nun Kirchen »im römischen Stil«. Beispielgebend wirkten 1698–1700 die Kanoniker der Kathedrale Saint-Maurice in Angers: Der mittelalterliche Lettner verschwand, und der Hauptaltar, der bis dahin in der Apsis gestanden hatte, wurde abgebaut und in der Vierung aufgestellt. Genauso verfuhr man zwischen 1706 und 1722 in fünf anderen Kirchen der Stadt. Hierbei spielten zwar auch künstlerische Überlegungen eine Rolle, aber im wesentlichen spiegelten diese Arbeiten den seelsorgerlichen Wunsch ihrer Auftraggeber (Stiftsherren, Pfarrer, Ordensleute), die Gläubigen physisch dem Zelebranten anzunähern.

Modell eines Altars im römischen Stil; spätes 17. Jh. Der Altar, der bis dahin in der Apsis gestanden hatte, wurde nun in der Vierung errichtet, wo er für die im Kirchenschiff versammelten Gläubigen besser zu sehen war.
(Stich von Jean Le Pautre; Paris, Bibliothèque Nationale)

Ein anderer Umstand, der die Mitwirkung der Gläubigen am Gottesdienst erleichterte, war das Erscheinen von Meßbüchern, die neben dem liturgischen Text in Latein auch den französischen Text enthielten; jeder Gläubige sollte ein solches Buch besitzen und in der Kirche benutzen. Indem es somit jedem Gemeindemitglied möglich war, gleichzeitig mit dem Zelebranten am Altar dieselben Gebete wie er zu sprechen, wurde das Meßbuch – ein persönliches Andachtsbuch – paradoxerweise zum privilegierten Mittel der Kommunion aller Gläubigen mit dem Meßopfer – wohlgemerkt einer durchaus mystischen Kommunion, die sich deutlich von einer normalen Andachtsübung der Gemeinde unterschied; denn es handelte sich dabei nicht um kollektives, lautes Beten, sondern um die Summe leise gesprochener Einzelgebete. Zur Verbreitung dieser *Ordinaires de la messe en français* trug Ende des 17. Jahrhunderts die Gepflogenheit bei, die Meßbücher zur Bekehrung von Protestanten einzusetzen. Zu diesem Zweck ließ Pellisson 1679 in Frankreich ein *Missel latin-français* in fünf Bänden drucken und verbreiten. 1685, im Jahr der Aufhebung des Edikts von Nantes, ließ der Erzbischof von Paris auf Weisung Ludwigs XIV. hunderttausend Exemplare der *Heures catholiques* drucken; vorangestellt waren dem Text die üblichen Meßgebete auf französisch. Allerdings regte sich gleichzeitig heftiger Widerstand gegen diese Übersetzungen, die als »jansenistisch« beargwöhnt wurden. Die Kritiker fürchteten (oder taten so, als ob sie fürchteten), die Gläubigen könnten sich einbilden, »in demselben Sinne Priester zu sein wie der Priester«. Noch erbitterter wurde der Kampf im Gefolge der Bulle *Unigenitus* (1713), was jedoch nicht hinderte, daß man neue Meßbücher publizierte, die neben dem lateinischen Text der geläufigen Meßgebete eine – wörtliche oder paraphrasierende – französische Übersetzung boten. Es erschienen auch diverse *Exercices pour la sainte messe*, bestehend aus einer Reihe von Gebeten oder Meditationen für verschiedene Augenblicke des Gottesdienstes. Sie sollten, wie es der Verfasser eines solchen Werkes formulierte, dazu dienen, »alles zu erfassen, was der Priester sagt, ohne sklavisch seinen Worten zu folgen«.

Wie weit waren nun die Meßbücher verbreitet, und welche Rolle spielten sie tatsächlich? Dazu ist zunächst zu sagen, daß das Analphabetentum für sie die Schranke bildete. Man muß sich vergegenwärtigen, daß zwischen 1686 und 1690 nicht weniger als 71 Prozent der Ehemänner und 86 Prozent der Ehefrauen den Ehekontrakt nicht unterschreiben konnten; freilich gab es regionale Unterschiede, aufgrund derer man ein relativ unteralphabetisiertes West- und Südfrankreich von einem insgesamt besser unterrichteten Nord- und Nordostfrankreich differenzieren kann; die Grenze verläuft ungefähr entlang der Linie Saint Malo – Genf. Allerdings dürfte der Anteil der Männer und insbesondere der Frauen, die lesen konnten, höher gewesen sein, als diese Zahlen vermuten lassen. Wie auch immer, die meisten Gläubigen, vornehmlich auf dem Land, waren nicht für ein Meß- oder Andachtsbuch zu interessieren, das sie nicht lesen konnten. Und selbst bei der Minderheit der Lesenden, vor allem in der Stadt, waren es zweifellos nur wenige, die ein solches Buch besaßen und benutzten. Aus diesem Grunde plädierten etliche jansenistische Pfarrer dafür, der Zelebrant solle sämtliche Gebete der Messe einschließlich des Kanons laut vorlesen. Doch das wirkliche Problem lag anderswo, denn, wie Henri Bremond bemerkt: »Welchen Vorteil sollte es für die Gläubigen haben, sämtliche Gebete des Kanons in einer Sprache vorgelesen zu bekommen, die sie nicht verstanden?« Was die Forderung nach einer rein französischen Messe betraf, so wagte davon noch niemand zu träumen, nicht einmal die erklärten Jansenisten – das Äußerste war, daß einige von ihnen verlangten, nach der Rezitation des Evangeliums in Latein dessen französische Übersetzung zu verlesen.

Bis auf den Gebrauch des privaten Meßbuchs, das eine Ausnahme blieb (abgesehen von bestimmten großen städtischen Pfarreien oder in den Kapellen von Ordensgemeinschaften, die allen Gläubigen offenstanden), schlugen am Ende alle Versuche fehl, die Gemeinde direkt an den liturgischen Gebeten des Zelebranten am Altar zu beteiligen. Selbst die aufgeschlossenen Pfarrer, zumal auf dem Lande, kannten keinen anderen Standpunkt als den des Priors von Roissy-en-France, der 1687 schrieb: »Es ist nicht notwendig, daß jeder einzelne, der dem Gottesdienst beiwohnt, Wort für Wort alles versteht, was dort gesagt wird. Und die Andacht, mit welcher die Gläubigen im Geiste der Nächstenliebe und der Kommunion eins werden mit den Gelübden und Pflichten

Dieses Büchlein, 1651 in Paris erschienen, war typisch für Bestrebungen, den Gläubigen, die kein Latein verstanden, Gebetbücher in französischer Sprache an die Hand zu geben. *L'Office de la Vierge* enthält einschlägige Gebete und Zeremonien für Marienfeste.

der Kirche, wird genug sein, um sie der Gnadengaben teilhaftig werden zu lassen, die Gott dort spendet.«

Auch im folgenden Jahrhundert änderte sich die Lage kaum. Die Priester begnügten sich noch lange damit, aufzupassen, daß ihre Schäfchen zur Sonntagsmesse erschienen. (In den Pfarreien der Diözese Straßburg machte zur Zeit der Messe ein Küster die Runde, um sicherzustellen, daß sich in allen Häusern nicht mehr als eine Person befand, die zum Schutz des Gebäudes konzediert wurde.) Aber die Pflichten der Gemeindemitglieder beim Ablauf des Gottesdienstes beschränkten sich in der Regel auf eine anständige Haltung, ein Minimum an innerer Sammlung und die gelegentliche Mitwirkung beim Singen der Choräle – bald französisch oder deutsch, bald bretonisch oder okzitanisch. Während am Altar der Priester für sich das heilige Meßopfer zelebrierte, sprachen die frömmsten Gläubigen, wie in der Vergangenheit, ihre eigenen Gebete, vornehmlich den Rosenkranz. Handelte es sich aber wirklich, wie Henri-Jean Martin in bezug auf die Entwicklung in der zweiten Hälfte des 17. Jahrhunderts annimmt, um eine »veritable Revolution auf dem Gebiet der religiösen Praxis, durch welche der Besuch der Messe aufhörte, nur eine von vielen anderen Formen der Andacht zu sein, und die Mitwirkung der Gemeinde am Meßopfer fortan zum Mittelpunkt des spirituellen Lebens wurde«? Gewiß, das war das Ziel, das die religiösen Schriftsteller im Gefolge der französischen Schule der Spiritualität anstrebten. Viel weniger sicher ist jedoch, daß dieses Ziel nennenswert erreicht worden ist und daß die Kommunion der Gläubigen mit dem Zelebranten über die Praxis des individuellen Gebets oder gar der passiven Teilnahme am Gottesdienst obsiegt hat.

Was den Vespergottesdienst am Sonntagnachmittag anlangt, so war zwar sein Besuch nicht obligatorisch, aber die meisten Pfarrkinder scheinen sich im 18. Jahrhundert auf Druck des Klerus zu ihm bequemt zu haben. Doch war es noch stärker als bei der Frühmette eine passive Teilnahme – bloß die ganz Frommen sprachen ein paar Gebete, während der Klerus im Chor lateinische Psalmen sang. Die Morgenmesse und die minder bedeutende Vesper betrafen aber nicht nur die 52 Sonntage des Kirchenjahres, sondern auch die obligatorischen Feste der Kirche. Die Anzahl dieser Feste war von Diözese zu Diözese verschieden und ging zwischen 1650 und 1780 stetig zurück, da die meisten Bischöfe einerseits an die ärmsten Arbeiter dachten, für welche die Feiertage Tage ohne Arbeit und daher ohne Verdienst waren, und sie andererseits und hauptsächlich die »Profanierung« dieser Tage fürchteten, die nicht der Ruhe und dem Gebet gewidmet wurden, sondern oft dem Vergnügen und der Zerstreuung. Waren es um 1650 je nach Diözese vierzig bis sechzig obligatorische Feiertage, so am Vorabend der Französischen Revolution nur noch dreißig, was freilich immer noch über achtzig Sonn- und Feiertage ergab.

LIVRE
D'EGLISE
A L'USAGE
DE PARIS,
POUR LA COMMODITE'
DES LAIQUES.
Mis en cet ordre par le commandement de Monseigneur l'Illustrissime & Reverendiss. Archevesque de Paris.
Ex libris Recollectorum
Conventus Parisiensis
A PARIS,
Chez François Muguet, Imprimeur ord. de Monseigneur l'Archevesque, ruë de la Harpe.
MDC. LXXXI.
Avec Approbation & Privilege de sa Majesté.

Dieses Buch, das 1681 auf Veranlassung des Pariser Erzbischofs François de Harlay de Champvallon erschien, enthält die wichtigsten Gebete der Sonntagsmesse. 1651, als er noch Erzbischof von Rouen war, hatte Harlay de Champvallon die *Manière de bien entendre la messe* publiziert.

Individuelle Beichte und häufige Kommunion

Eine weitere zentrale Pflicht des Katholiken war es, mindestens einmal im Jahr, und zwar in der Osterzeit, zur Beichte und zur Kommunion zu gehen. Zu Beginn des 17. Jahrhunderts war hie und da noch die Praxis der Gemeinschaftsbeichte und Generalabsolution im Schwange, die im 15. und 16. Jahrhundert in zahlreichen Diözesen Nordfrankreichs verbreitet gewesen war (dagegen in den Diözesen des Languedoc, die sich an römischen Gebräuchen orientierten, offenbar unbekannt blieb). Diese Gemeinschaftsbeichte beschloß die Fastenzeit und kehrte im Zusammenhang mit den Osterfeierlichkeiten wieder. Sie fand je nach Diözese entweder am Gründonnerstag oder – häufiger – am Ostersonntag statt. Die Zeremonie schloß sich an das Offertorium an und begann, nach der Aufforderung des Zelebranten »Sprecht mir nach«, mit dem lauten Rezitieren des ersten Teils des *Confiteor* in der Muttersprache. Es folgte eine detaillierte Aufzählung der Sünden nach Registern, die von Diözese zu Diözese wechselten und fraglos von jedem Pfarrer seiner Kenntnis der Pfarrkinder und ihrer Lieblingssünden angepaßt wurden. Nach der Beichte kam die Rezitation des zweiten Teils des *Confiteor*: Bekenntnis der Schuld, fester Vorsatz, nicht rückfällig zu werden, Bitte um Fürsprache und Absolution. Schließlich spendete der Zelebrant die allgemeine Absolution, wobei er unterschiedliche Formeln verwendete. Nun konnte die mit Gott versöhnte Gemeinde an den Tisch des Herrn treten: Generalbeichte und österliche Kommunion waren eng miteinander verknüpft.

Philippe de Champaigne, *Der hl. Karl Borromäus*. Carlo Borromeo (1533–1584), der Neffe Papst Pius' IV., wurde 1564 zum Erzbischof von Mailand ernannt. Er verhalf der Gegenreformation zum Sieg, indem er auf christliche Unterweisung und moralische Zucht der Gläubigen pochte. Für das gesamte katholische Europa blieb er der Inbegriff des nachtridentinischen Bischofs. (Orléans, Musée des Beaux-Arts)

Gleichwohl hatte diese kollektive Praxis ihre Grenzen. Zwar nahm sie von den Gläubigen die läßlichen und vergessenen Sünden, aber sie hatte keinen sakramentalen Wert, da das Wesen des Bußsakraments das individuelle Bekenntnis ist. Zur Tilgung von Todsünden bedurfte es der Ohrenbeichte vor einem Priester, der von diesem ausgesprochenen Absolution (»Ego te absolvo«) sowie der privaten Buße. In einer Diözesan-Unterweisung aus dem 15. Jahrhundert heißt es unmißverständlich: »Doch darf niemand darauf vertrauen und hoffen, daß sie [die Gemeinschaftsbeichte] als Absolution einer ihm bewußten Todsünde gilt, solange er nicht im stillen und mit wahrer Reue gebeichtet hat.« Trotz derartiger, ein ums andere Mal wiederholter Mahnungen blieb die Gefahr von Fehldeutungen bestehen, und man kam von der Gemeinschaftsbeichte mehr und mehr ab, bis sie zu Beginn des 17. Jahrhunderts verschwand. Dazu trugen verschiedene Faktoren bei: die Einwände der Protestanten, das Vordringen der römischen Liturgie auf Kosten der nordfranzösischen Gebräuche, schließlich der Siegeszug der Gewissenserforschung und Gewissensleitung.

In sämtlichen Katechismen des 17. Jahrhunderts wird betont, daß die Gewissensprüfung, das heißt »die sorgfältige Erforschung der begangenen Sünden«, die »erste notwendige Voraussetzung« bildet, um »das Sakrament der Buße recht zu empfangen«. Der *Catéchisme d'Angen* von 1677 insistiert darauf, daß die Gewissensprüfung eine Besinnung auf das eigene Innere sein muß: »FRAGE: Was muß ich tun, um mein Ge-

Der Bologneser Maler Giuseppe Maria Crespi (1665–1747) schuf dieses Bild – »Hl. Johann Nepomuk als Beichtvater der Königin von Böhmen« – im Rahmen seiner Serie der *Sieben Sakramente*. Man nimmt an, daß es das entscheidende Ereignis im Leben des Heiligen (1330–1393) darstellt. Bei diesem Typus des Beichtstuhls, der einige Jahrhunderte in Mode war, saß der Priester in der Mitte und konnte sich durch zwei kleine Klappfenster links und rechts den knienden Beichtkindern zuwenden.
(Turin, Galleria Sabauda)

wissen recht zu erforschen? – ANTWORT: Zuerst mußt du dich in deine Kammer zurückziehen; sodann mußt du niederknien und Gott bitten, daß Er dir die nötige Erleuchtung schenke, auf daß du alle deine Sünden erkennest.« Danach heißt es: »FRAGE: Wie sorgfältig muß ich diese Erforschung betreiben? – ANTWORT: So sorgfältig, wie du in einer Sache von großer Wichtigkeit handeln würdest; denn unsere Erlösung ist die wichtigste Sache von allen.«

Für eine Minderheit der Frommen mündete die regelmäßige Praxis der Gewissenserforschung und der Beichte in die Lenkung des Gewissens: in »Seel-Sorge«. Seit Beginn des Jahrhunderts nahmen Männer und insbesondere Frauen die Gewohnheit an, nicht nur jeden Monat, ja, jede Woche zur Beichte zu gehen, sondern auch einen festen Beichtvater zu wählen, mit dem sie die Bilanz ihrer Fortschritte und Rückfälle auf dem Weg zur Vollkommenheit zogen und der ihnen Ratschläge, Warnungen und Ermutigungen zuteil werden ließ. Die meisten dieser Seelenführer waren Ordensleute: Jesuiten, Oratorianer, Dominikaner usw. Der Jesuit Antoine de Balinghem meint in *Devis familiers entre un pénitent et son père spirituel* von 1627 überschwenglich: »Die Ordensleute werden für diese fromme Art des Beichtehörens viel gesucht und sind sehr berühmt für ihre Geschicklichkeit, ein angefochtenes und besorg-

Dieser Stich von B. Picart aus dem Jahre 1733 stellt ebenfalls, freilich theatralischer, eine Beichtszene in der Kirche dar. (Paris, Bibliothèque Nationale)

tes Gewissen zu beruhigen.« Daß der reguläre Klerus bei der Seelenführung eine solch gewichtige Rolle spielte, hatte mehrere Gründe. Während die österliche Beichte, sofern keine zwingenden Gründe dagegen sprachen, vor dem zuständigen Pfarrer der Gemeinde abgelegt werden mußte, konnten die anderen Beichten von einem beliebigen, frei gewählten Priester gehört werden, wenn dieser hierzu vom örtlichen Bischof ermächtigt war. Außerdem hatten die Ordensleute mehr Zeit als der Pfarrklerus. Schließlich war das Ganze auch eine Modesache, und der Ruf, der bestimmten Orden wie den Jesuiten sowie gewissen Patres vorauseilte, sicherte ihnen den Erfolg. Das Trachten und Sinnen gewisser frommer Leute schildert La Bruyère in seinen *Charakteren* (Ausgabe von 1694) so: »[. . .] einen Beichtvater haben, dessen Autorität größer als die des Evangeliums ist; seine ganze Frömmigkeit und sein ganzes Ansehen dem Rufe dieses Beichtvaters verdanken, die aber, deren Gewissensrat weniger in Mode ist, mißachten und kaum ihren Gruß erwidern; vom Worte Gottes nur lieben, was zu Hause oder durch den Beichtvater gepredigt wird; dessen Messe den anderen Messen vorziehen, wie man die Sakramente aus seiner Hand denen vorzieht, die an diesem Ereignis weniger teilhaben.«* Ungeachtet der Mißbräuche, zu denen die Seelenführung Anlaß gab – Laxheit, Scheinheiligkeit –, markierten deren Praxis und Weiterentwicklung im 17. Jahrhundert einen entscheidenden Schritt auf dem Weg zu einer persönlichen und verinnerlichten Frömmigkeit, die nun nicht mehr das Werk einzelner gottgeweihter Personen ist, sondern auch auf ihre Vollkommenheit bedachter Laien.

Für die Masse der Gläubigen indes, zumal in den ländlichen Gemeinden, war die mindestens einmal jährliche obligatorische Einzelbeichte

* *Charaktere.* Zweiter Band, § 21. Übersetzt von Otto Flake. *A.d.Ü.*

von allen religiösen Pflichtpraktiken die ungeliebteste. Viele Gläubige scheuten sich, einem Priester ihre Verfehlungen zu bekennen, und wenn sie sie bekannten, kam zu der Schande noch die Furcht hinzu, der Priester könnte das Beichtgeheimnis nicht wahren. Die mißbilligende Beschreibung, die der Prior von Sennely in der Sologne, Christophe Sauvageon, um 1700 von der dortigen Beichtpraxis gibt, traf gewiß nicht nur auf die Sologne zu: »Es ist in dieser Pfarrei der beklagenswerte Brauch eingerissen, völlig unvorbereitet zur Beichte zu erscheinen. Die Leute kommen, ohne die geringste Gewissenserforschung betrieben zu haben; sie eilen zur Kirche, drängeln sich vor dem Beichtstuhl und schlagen sich fast darum, als erste gehört zu werden. Wenn sie dem Priester zu Füßen sitzen, bekreuzigen sie sich erst, wenn sie dazu ermahnt werden. Sie erinnern sich fast nie daran, wann sie das letzte Mal gebeichtet haben. Meist haben sie auch die letzte Bußübung nicht verrichtet. Sie haben nichts getan, sie haben sich nichts vorzuwerfen, sie lachen, sie erzählen, wie schlecht es ihnen geht und wie arm sie sind, sie bringen Entschuldigungen vor, sie kommen mit Ausflüchten, wenn der Priester eine begangene Sünde tadelt, sie kritisieren den Nachbarn und beschuldigen die ganze Welt, während sie sich selber rechtfertigen, mit einem Wort, sie tun bei der Beichte alles, nur nicht das, was sie tun sollten, nämlich aufrichtig und betrübten Herzens alle ihre Sünden zu bekennen; sie loben das Schlechte wie das Gute, sie verkleinern ihre Fehler und murmeln ihre schlimmsten Sünden halblaut vor sich hin, aus Furcht, der Priester könnte sie hören; so versuchen sie, sich selbst zu belügen, indem sie den Priester belügen; und es steht fest, daß es wenige gute Beichten gibt, zumal bei jenen, die keinen christlichen und geregelten Lebenswandel haben.«

Das Gebaren mancher Priester hat gewiß die Beichtunwilligkeit geschürt. In der Tat wurde die Beichte dank der *Unterweisung für Beichtiger* von Karl Borromäus, die in Frankreich die Aura des »offiziellen Handbuchs des französichen Klerus« umgab, zu einem bevorzugten Instrument der religiösen Akkulturation. In der Verborgenheit des Beichtstuhls (der im 16. Jahrhundert zur Regel wurde) zwang der Priester das Beichtkind, das mit ihm allein war, durch präzise Fragen, sein Gewis-

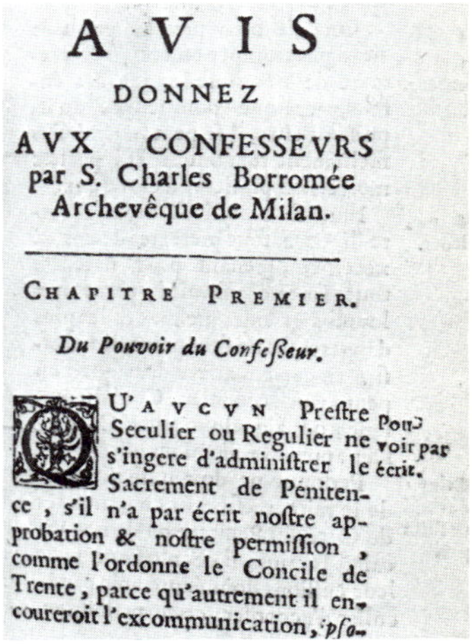
A V I S
DONNEZ
AVX CONFESSEVRS
par S. Charles Borromée
Archevêque de Milan.

CHAPITRE PREMIER.

Du Pouvoir du Confesseur.

QU'AVCUN Prestre Seculier ou Regulier ne s'ingere d'administrer le Sacrement de Penitence, s'il n'a par écrit nostre approbation & nostre permission, comme l'ordonne le Concile de Trente, parce qu'autrement il encoureroit l'excommunication, *ipso-*

Pouvoir par écrit.

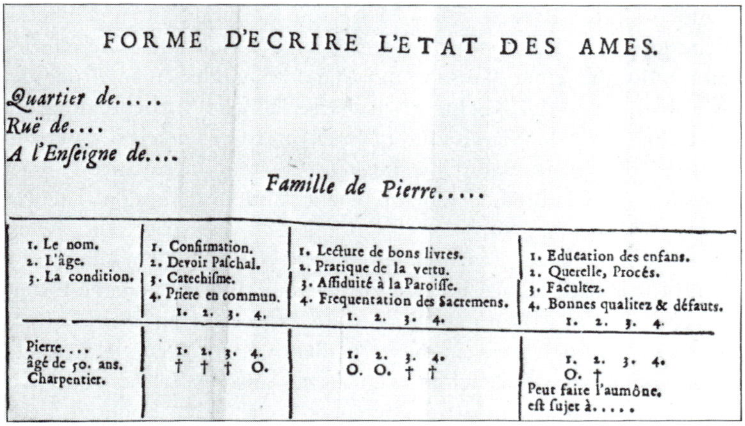
FORME D'ECRIRE L'ETAT DES AMES.

Quartier de.....
Ruë de....
A l'Enseigne de....

Famille de Pierre.....

1. Le nom. 2. L'âge. 3. La condition.	1. Confirmation. 2. Devoir Paschal. 3. Catechisme. 4. Priere en commun. 1. 2. 3. 4.	1. Lecture de bons livres. 2. Pratique de la vertu. 3. Affiduité à la Paroisse. 4. Frequentation des Sacremens. 1. 2. 3. 4.	1. Education des enfans. 2. Querelle, Procés. 3. Facultez. 4. Bonnes qualitez & défauts. 1. 2. 3. 4.
Pierre.... âgé de 50. ans. Charpentier.	1. 2. 3. 4. † † † O.	1. 2. 3. 4. O. O. † †	1. 2. 3. 4. O. † Peut faire l'aumône. est sujet à.....

Die *Ratschläge für Beichtkinder* von Karl Borromäus wurden schon bald ins Französische übersetzt. Karl Borromäus empfiehlt darin u. a. dem Pfarrer oder seinem Stellvertreter, über den Zustand der Seelen in seiner Pfarrei (»status animarum«) Buch zu führen. Das Kreuz bedeutet eine positive Antwort, die Null eine negative.

sen zu erforschen, sofern das nicht schon vorher geschehen war, führte ihm das Gewicht seiner Verfehlungen und die Strafen, die es verdient hatte, vor Augen und gab ihm eine angemessene Buße auf, bevor er die Absolutionsformel sprach. Unter solchen Bedingungen empfand man die jährliche Beichte zumeist als lästige Bürde, deren man sich möglichst schmerzlos zu entledigen suchte.

Nur unter besonderen Umständen ging es bei der Beichte ohne Mogelei ab und leitete sie tatsächlich eine Umkehr ein. So insbesondere im Sog der großen Missionierungen – nach drei, vier oder fünf Wochen intensiven Predigens sollte jeder, der vom Strahl der Gnade getroffen worden war, »eine Generalbeichte über sein bisheriges Leben« ablegen. Und so auch bei der Beichte auf dem Totenbett; auch hier war, soweit die Situation es zuließ, eine Generalbeichte intendiert, wie etwa ein 1706 erschienenes und für den Klerus bestimmtes *Directoire pour les malades et les mourants* empfahl: »Es ist angebracht, nach dem Rate des hl. Franz von Sales beim Sterben eine Generalbeichte abzunehmen, indem man zumindest summarisch die einzelnen Lebensstadien des Kranken durchgeht.« Zu diesem Zweck mußten alle Hausbewohner das Sterbezimmer räumen und den Beichtvater ein letztes Mal mit seinem Beichtkind allein lassen.

Die Osterkommunion blieb einer der großen Augenblicke des Kirchenjahres, obwohl ihr nicht mehr die öffentliche Zeremonie der Generalbeichte voranging. In der Kommunion mit dem auferstandenen Christus drückte sich die Einheit der ganzen Pfarrgemeinde vorzüglich aus. Nicht ohne lyrischen Überschwang schreibt Christophe Sauvageon: »Ostern ist das große Fest der Priester, bei welchem sie das Lamm essen mit ihren Jüngern.« Nur wenige entzogen sich diesem vornehmsten Glaubensgebot. Wer sich hartnäckig der Kommunion verweigerte, mußte gewärtigen, öffentlich als Sünder gebrandmarkt zu werden; blieb man bis zum letzten Atemzug unbußfertig, wurde man nach dem Tode ohne Zeremonie außerhalb der geweihten Friedhofserde begraben. Doch für immer mehr Gläubige beschränkte sich der Gang zum »Tisch des Herrn« nicht lediglich auf die Osterkommunion. Dank häufiger Beichte waren sie in der Seelenverfassung, öfter am Sakrament der Eucharistie teilzunehmen. Seit dem Konzil von Trient wurde es bei frommen Leuten Brauch, jeden Monat zur Kommunion zu gehen, ja, etliche gingen jeden Sonntag, manche sogar jeden Tag. Die häufige Kommunion bei einer Messe in der Pfarrkirche oder einer Ordensgemeinschaft sowie die Beichte als fast unerläßliche Vorbedingung der Kommunion wurden damit zum überzeugendsten Beweis der persönlichen Frömmigkeit. Selbst die Jansenisten, was immer ihre Gegner über sie sagen mochten, rieten zur Beichte und Kommunion. Der *Catéchisme de Nantes* von 1689, der als jansenistisch verschrien war, äußert sich zu diesem Thema ganz eindeutig: »FRAGE: Muß ein Christ sich damit bescheiden, einmal im Jahr zu beichten und am heiligen Osterfest zur Kommunion zu gehen? – ANTWORT: Nein. Seine Frömmigkeit soll ihn bewegen, an diesen beiden Sakramenten viel häufiger teilzunehmen, zum Beispiel an allen Festen unseres Erlösers oder der hl. Jungfrau Maria, einmal im Monat oder gar jeden Sonntag; denn sein Lebenswandel wird um so heiliger und christlicher sein, je öfter er sich den hl. Mysterien nähert.«

Die Sakramente: Ritus und Innerlichkeit

Am Rande des Kirchenjahres hatten die religiösen Handlungen, welche die wichtigen Lebensstationen des Menschen begleiteten, eine doppelte Bedeutung, die es rechtfertigt, von ihnen als von Übergangsriten zu sprechen: Jedes der Sakramente, das ihnen zugeordnet war – Taufe, Eucharistie, Ehe, Sterbesakramente –, betraf das Individuum selbst in seinem individuellen Verhältnis zu Gott. Die Zeremonien jedoch, die das Sakrament bekräftigten, zeugten von der Zugehörigkeit des Gläubigen zu seiner Pfarrgemeinde und zur unsichtbaren Gemeinschaft der Einen Kirche. So wurde ins Gedächtnis gerufen, worauf es für jeden Christen ankam: sein Seelenheil (»Denn was hülfe es dem Menschen, wenn er die ganze Welt gewönne, aber an seiner Seele Schaden litte?« Markus 8, 36), und daß es nicht außerhalb der Gemeinschaft der Heiligen erlangt werden kann.

Die Taufe – noch am Tag der Geburt oder spätestens am Tag danach gefeiert – markierte den Eintritt des Neugeborenen in das christliche Dasein. Sie war dasjenige Sakrament, das es von der Erbsünde befreite und einen Christen aus ihm machte. Wenn der Säugling in den folgenden Tagen oder Wochen starb, was häufig der Fall war, war so gewähr-

Der Stich von B. Picart (1733) zeigt eine Nottaufe. Die Nottaufe wurde insbesondere dann vorgenommen, wenn das Neugeborene todkrank war und ungetauft zu sterben drohte. Dann reduzierte man das Sakrament der Taufe auf das Allernotwendigste: Die Hebamme oder der Vater besprengte das Kind mit ein wenig Wasser und sprach dazu die Taufformel »Ich taufe dich ...« usw.
(Paris, Bibliothèque Nationale)

Die Kirche erlaubte nach vorherigem Dispens auch die häusliche Taufe, wenn die Eltern die feierliche Taufe noch hinausschieben wollten. Die Szene zeigt die Taufe des Herzogs der Bretagne am Tag seiner Geburt, dem 25. Juni 1704. (Paris, Bibliothèque Nationale)

leistet, daß er in die ewige Seligkeit einging. Indem der Taufpate und die Taufpatin dem Kind einen Vornamen gaben, befahlen sie es dem Schutz eines Heiligen im Himmel, der als Vorbild wie als Fürsprecher fungierte, und reihten es gleichzeitig in den Familienverband ein. Sie verpflichteten sich aber auch, die Verantwortung für ihr Patenkind zu übernehmen: »Ihr seid vor der Kirche seine Hüter geworden; es ist Eure Pflicht, mit ganzer Kraft dafür zu sorgen, daß es getreulich erfüllt, was es durch Euren Mund versprochen hat; es ist Eure Pflicht, es an seine großen Verpflichtungen zu erinnern und es zu drängen, sie einzuhalten, sobald es alt genug ist, Euch zu verstehen und sein Herz zu Gott zu erheben.« Obwohl die Feier der Taufe meist nur wenige Familienangehörige – Vater, Paten, Brüder und Schwestern – vereinte, wurden die Glocken geläutet – die ganze Gemeinde war eingeladen, an dem Ereignis teilzunehmen.

Mit zwölf, dreizehn oder vierzehn Jahren (das Alter variierte je nach Diözese) war das Kind, nachdem es den Katechismus gelernt hatte, für die erste Kommunion gerüstet. Im 16. und 17. Jahrhundert existierte dafür noch keine eigentümliche Zeremonie; die Kinder gingen einfach am Ostersonntag an der Seite ihrer Eltern zur Kommunion. Um die Wende vom 17. zum 18. Jahrhundert bildete sich dann eine feierliche Kollektivzeremonie heraus, die im allgemeinen am Ostermontag oder -dienstag oder an einem der darauffolgenden Sonntage stattfand: Die Kinder – auf der einen Seite die Knaben, auf der anderen die Mädchen – waren herausgeputzt und trugen eine brennende Kerze in der Hand; in Gegenwart der gesamten Gemeinde empfingen sie gemeinsam die Kommunion. An manchen Orten folgten die Erstkommunikanten danach dem »frommen Brauch, ihr Taufgelübde zu erneuern«. Gegen Ende des Ancien Régime war die feierliche Erstkommunion bereits

Im allgemeinen wurde das Kind »so rasch als möglich« zur Taufe in die Kirche gebracht, wie auf diesem Bild von Pietro Longhi aus der Serie *Die Sakramente.* Der Taufpate und die Taufpatin, die dem Kind den Namen geben, halten es dem Priester entgegen, der die Taufe vollzieht.
(Venedig, Pinacoteca Querini-Stampalia)

Dieses Bild von Crespi gehört ebenfalls in die Serie der *Sieben Sakramente;* es zeigt die Kommunion. Der Priester, in Chorhemd und Stola, hält in der Hand das Ziborium und teilt den vor ihm knienden Gläubigen die Hostie aus. (Dresden, Gemäldegalerie)

Sitte und zu einem wahrhaften Übergangsritus geworden; dennoch hatte sie damals noch nicht die Bedeutung, die sie im 19. Jahrhundert bekommen sollte.

Die Ehe war das Sakrament, das die Brautleute einander spendeten, und zwar in Gegenwart eines Priesters, der sie segnete; doch sie war zugleich die Verpflichtung der Neuvermählten, nichts zu tun, was sie von dem vornehmsten Ziel ihres Bundes abhalten konnte, nämlich sich fortzupflanzen, um Täuflinge und Kinder Gottes in die Welt zu setzen. Sosehr sie auch die Zweisamkeit wünschen mochten, ihre Ehe war mehr als die Verbindung von zwei Individuen. Der *Catéchisme de Nantes* ließ hieran keinen Zweifel: »Man muß in der Ehe, in Gestalt der Verbindung von Mann und Frau das Größte in unserer Religion sehen: die Vereinigung Jesu Christi mit seiner Kirche. [...] Die Gnade des Sakraments der Ehe ist die Fruchtbarkeit, aber jene Fruchtbarkeit, die Gott Kinder schenkt; der Segen der Ehe ist es, keine Kinder zu haben, die nur der Welt geboren werden.« Die ganze Pfarrgemeinde wurde von diesem Ereignis berührt, und viele Gläubige nahmen an der Zeremonie teil.

Auch die Sterbesakramente hatten die doppelte Bedeutung einer individuellen Geste, die man in einem kollektiven Kontext vollzog. Die

Gewährung des Bußsakramentes, der Eucharistie und der Letzten Ölung sollte das Sterben erleichtern. Mögen viele Christen sich an der Pflicht zur jährlichen Beichte gerieben haben, die Anwesenheit eines Priesters am Sterbelager galt als Gnade und Notwendigkeit und dessen Abwesenheit als schlimmstes Unglück. Die Priester waren sich ihrer Verantwortung in dieser Hinsicht wohl bewußt. Der Bischof von Angers, Henri Arnauld, wandte sich 1653 mit folgenden Worten an seinen Klerus: »Was wird ein Priester am Tage des Gerichts Gottes antworten, was wird er einer Seele antworten, welche – in Ewigkeit verloren, weil man ihr an ihrem Lebensende den Beistand versagt hat – aus den ewigen Flammen von Gott Gerechtigkeit fordert gegen jeden, der sie in diese jammervolle Verlassenheit gestürzt hat?« Von allen Glaubenspflichten des Katholiken waren die Sterbesakramente und die Taufe des Neugeborenen die einzigen, an die der Klerus im 17. und 18. Jahrhundert die Gläubigen nicht ständig aufs neue gemahnen mußte. Sie wurden als unabdingbar erkannt, da in beiden Fällen das Seelenheil auf dem Spiele stand. Ebenso wie der Schritt ins Leben war auch der Tod mit einer Zeremonie verknüpft, die anzeigte, daß niemand hoffen durfte, sein Seelenheil allein zu erringen. Im Krankenzimmer waren stets, außer bei der letzten Beichte, neben dem Priester auch die Familienmitglieder sowie die »Mitbrüder« des Sterbenden zugegen, sofern er einer Bruderschaft angehörte. Sie beteten inbrünstig, daß er siegreich den letzten Anfechtungen des Teufels widerstehen, seine Verfehlungen bereuen, sein Leben zum Opfer bringen und einen gnädigen Richter finden möge. Davon handelten auch die Gebete, die im Todeskampf gesprochen wurden.

Die Beerdigung fiel je nach dem sozialen Rang des Verstorbenen mehr oder weniger pompös aus. Sie bestand aus der Überführung des Toten von seiner Wohnung in die Kirche, dem Gottesdienst und der Beisetzung in der Kirche oder auf dem Friedhof. Die unteren Volksschichten begingen Begräbnisse sehr schlicht: Nur die Angehörigen

Hier handelt es sich um die klassische Version der Kommunion. Die Gläubigen empfangen die Eucharistie aus der Hand des Priesters, der die Hostie dem Ziborium entnimmt. Vorne am Altar ist die Tür zum Tabernakel geöffnet; der Priester schließt sie wieder, sobald er nach der Austeilung der Hostie das Ziborium dorthin zurückgestellt hat. Im Hintergrund legen die Gläubigen ihre Opfergaben auf Teller; auf dem Tisch stehen ein Kruzifix und Reliquiare. (Stich von B. Picart, 1733; Paris, Bibliothèque Nationale)

und einige Freunde gingen hinter dem Sarg her, den ein paar Männer auf den Schultern trugen. In den Kreisen der Wohlhabenden aber und erst recht bei den durch Geburt oder vom Glück Begünstigten spiegelte der Leichenzug Glanz und Status wider: Vorneweg schritten zahlreiche Geistliche – Gemeindepfarrer und Ordensleute –, hinter ihnen zogen Pferde in Schabracken den Wagen mit dem aufgebahrten Leichnam, den Schluß bildeten die Armenhäusler, gleichmäßig in Schwarz gekleidet und mit einer Kerze in der Hand, die Angehörigen und Freunde, die Mitglieder der Bruderschaft, der Zunft oder der Vereinigung, der der Verstorbene angehört hatte. In der schwarz verhängten Kirche fand an dem mit flackernden Kerzen gerahmten Katafalk das Seelenamt statt. Gewiß gab es auch minder aufwendige Leichenbegängnisse, nicht jedesmal herrschte barocker Prunk, aber immer, selbst bei den bescheidensten Begräbnissen, war das Geleit des Verstorbenen zur letzten Ruhe ein Schauspiel, an dem aktiv oder zuschauend mitzuwirken alle Gemeindeglieder eingeladen waren.

Nachdem er dem Sterbenden die Letzte Ölung verabreicht hat, spricht der Priester, in Chorhemd und Stola, die Totengebete. Die Angehörigen sprechen sie mit. (Aus Pietro Longhis Serie *Die Sakramente;* Venedig, Pinacoteca Querini-Stampalia)

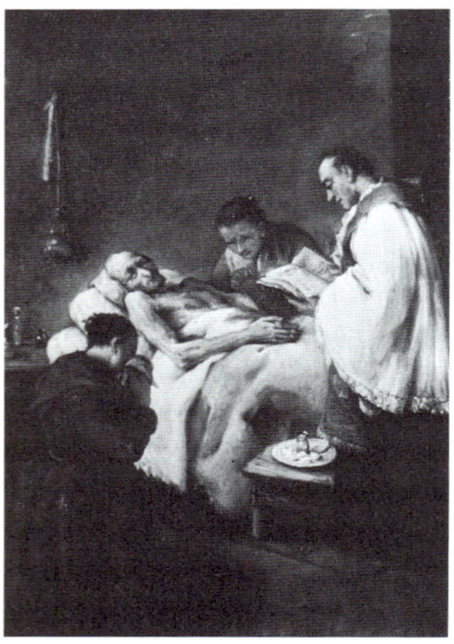

Öffentliche Andacht: die Bruderschaften

Neben den obligatorischen religiösen Übungen gab es eine Reihe von Andachtsgepflogenheiten, die prinzipiell fakultativ und freiwillig waren. Einige davon, beispielsweise Bruderschaften und Wallfahrten, gründeten in Kollektivpraktiken. Die Bruderschaften, die – stets unter der Kontrolle und zumeist sogar auf Initiative des Klerus – im 17. Jahrhundert entstanden oder wiedererstanden, dienten der Stärkung des religiösen Gemeinschaftsgeistes. So heißt es 1653 in den Statuten der Bruderschaft vom Hl. Sakrament in der Pfarrei Coësmes (Diözese Rennes): »Unglücklich ist, wer allein ist; denn wenn er fällt, wird niemand

Leichenzug im 18. Jh. Zwei mit Schabracken behängte Pferde ziehen den Leichenwagen, der von Honoratioren begleitet wird und den mit einem schwarzen Tuch bedeckten Sarg birgt; dahinter die Trauergemeinde.
(Zeichnung von B. Picart)

dasein, ihm aufzuhelfen; es ist besser, zu zweit zu sein als allein, denn Gesellschaft und Begleitung sind dem Menschen von Nutzen.« Dann folgt in denselben Statuten eine regelrechte Apologie der Bruderschaft: »Die Bruderschaft vereinigt uns zu einer Einheit, also daß unsere Gefühle, welche ohne sie zerstreut wären, durch sie versammelt und mit den Banden der brüderlichen Liebe gebunden sind, die um so größer als die Liebe von natürlichen Brüdern zueinander sein muß, als sie einen vornehmeren und festeren Beweggrund hat als die Natur, nämlich Jesus Christus in dem anbetungswürdigen Sakrament der Eucharistie.«

Die Bruderschaften trugen die verschiedensten Namen. Fast überall gab es solche der »Agonisants«, die, wie ihr Name andeutet, den Zweck hatten, den Mitbrüdern in der Stunde ihres Todes beizustehen. Ein ähnliches Ziel verfolgten die »Caritas«-Bruderschaften, die in der Normandie in fast jeder Gemeinde vertreten waren und deren Mitglieder – die »charitons« – sich um Kranke und Verstorbene kümmerten und Bestattungen besorgten. Es gab Bruderschaften von den »Seelen im Fegefeuer«, vorwiegend in der Provence; solche vom hl. Joseph, dem Schutzheiligen des guten Todes; Bruderschaften vom »Heiligsten Herzen Jesu«, die zwischen 1720 und 1760 besonders verbreitet waren; und Bruderschaften dieses oder jenes Heiligen, je nach Diözese. In Südfrankreich kannte man Bruderschaften von Büßern, die von den Städten aus das Land eroberten – eine markante, auf alten Überlieferungen fußende Organisation, die typisch für den Katholizismus in der Provence und dem Languedoc war und immer wieder das Mißtrauen des Episkopats erregte. Die Beerdigung eines Mitbruders und die Passionsprozession waren die beiden zentralen Anlässe für die Büßer, sich, angetan mit Kutte und Kapuze, in der Öffentlichkeit zu zeigen. Am weitesten verbreitet waren jedoch die Bruderschaften vom Hl. Sakrament und vom Rosenkranz. Die Zahl der Bruderschaften vom Hl. Sakrament nahm im

In der Bruderschaft von Saint-Cloud fanden sich die Nagel-, Zinn- und Eisenschmiede der Stadt Paris zusammen. (Volkskunst, Paris, 17. Jh.; Paris, Bibliothèque Nationale)

Laufe des 17. und zu Beginn des 18. Jahrhunderts stetig zu; 1720 gab es in der Diözese Aix in jeder dritten Pfarrei eine derartige Bruderschaft. Ihr Vorhaben war die Verehrung der Eucharistie, insbesondere durch Teilnahme am hl. Sakrament. Die Bruderschaften vom Rosenkranz, auf Betreiben der Dominikaner gegründet, pflegten vor allem die Marienverehrung und das Rosenkranzgebet.

Bei aller Verschiedenheit der religiösen Orientierung und Zielsetzung hatten die Bruderschaften eines gemeinsam: Sie waren Hilfsvereine, die ihren Mitgliedern geistlichen, nötigenfalls freilich auch materiellen Beistand gewährten. Läßt man einmal die Rhetorik in den Präambeln der Statuten auf sich beruhen und untersucht die Rechte und Pflichten der Mitglieder sowie die praktische Wirksamkeit der einzelnen Gruppierungen, so stellt sich heraus, daß alle Bruderschaften – nicht nur die der »Agonisants« – darauf aus waren, jedem Mitbruder zur Gnade eines guten Todes zu verhelfen. Zu diesem Zweck erlegten sie ihren Mitgliedern bestimmte Andachtsübungen auf. Manche davon waren, wie zu erwarten, kollektiver Art; die Mitbürder mußten beispielsweise an festgelegten Tagen des Jahres an Messen, Prozessionen oder dem Besuch des Sakraments teilnehmen. Die meisten Übungen indes waren merkwürdigerweise höchst individuell und mit genau nuancierten Ablässen verbunden. Die päpstliche Bulle über die Bruderschaft zum Rosenkranz im Dominikanerkloster Bonne-Nouvelle in Rennes sah 1723 im einzelnen vor: »Für ein viertelstündiges stilles Gebet: hundert Tage Ablaß; für zwei viertelstündige stille Gebete nacheinander: sieben Jahre Ablaß; für zwei viertelstündige Gebete nacheinander oder mindestens einen Monat lang täglich ein viertelstündiges Gebet: einmal im Monat vollständiger Ablaß und Vergebung aller Sünden.« Auch Ablaßbullen in Form von Mitgliedsbescheinigungen für die Brüder kehrten die Hauptsorge jedes Christen hervor: »Eingedenk der Gebrechlichkeit unserer sterblichen Natur und der Strenge des Jüngsten Gerichts ist es Unser sehnlichster Wunsch, daß die Gläubigen diesem letzten Gericht durch gute Werke und andächtige Gebete zuvorkommen, auf daß hierdurch der Makel ihrer Sünden von ihnen genommen werde und sie leicht in die ewige Seligkeit eingehen können.« Wohl standen die Brüder einander im Tode bei, besorgten die Totenfeier und das Begräbnis und beteten regelmäßig und vorrangig für die Seele der verstorbenen Mitbrüder und ihren Frieden. In der Regel scheint allerdings der Entschluß eines Mannes oder einer Frau, unter finanziellen Opfern in eine mit Ablässen wohlversehene Bruderschaft einzutreten, weniger in uneigennütziger Liebe zu Gott und dem Nächsten gefaßt worden zu sein als aus Sorge um das eigene Seelenheil.

Wallfahrten

Dieselbe Beobachtung gilt auch für die Wallfahrten. Bei weitem nicht alle Christen gehörten einer Bruderschaft an, obwohl es in fast allen Pfarrgemeinden Bruderschaften gab, doch nahezu jeder unternahm einmal oder mehrmals in seinem Leben eine Wallfahrt. Diese uralte Praxis

Aufmarsch mit Waffen und Banner der Bruderschaft oder Gilde der hl. Barbara, der Schutzpatronin der Kanoniere und Arkebusiere, am 10. Mai 1633 in Dünkirchen. (Flämische Schule, 17. Jh.; Dünkirchen, Museum)

der Andacht blieb lebendig. Zwar waren weite Wallfahrten nicht mehr so häufig wie im Mittelalter und im 16. Jahrhundert; die Pilgerreise nach Jerusalem oder Rom wurde allmählich zum Privileg der Reichen, wenngleich Compostella nach wie vor Büßer aus allen Schichten anzog. Aber die in Frankreich selbst geläufigen Wallfahrten erlebten einen ungeahnten Aufschwung, in erster Linie die großen nationalen Wallfahrten Mont-Saint-Michel, Saint-Martin in Tours und Sainte-Baume sowie die Marienwallfahrten Chartres, Le Puy und Rocamadour, aber erst recht die zahllosen regionalen oder lokalen Wallfahrten zur Jungfrau Maria oder zu einem Heiligen. Die Kultorte waren zum Teil sehr alt, zum Teil neueren Datums. So gab es beispielsweise in der Diözese Saint-Malo zwei Wallfahrtsorte, die dicht beieinander lagen. Der eine, Saint-Méen, ging auf das 7. Jahrhundert zurück; der hl. Méen*, ein Gefährte des hl. Samson, war der Gründer der Abtei, die später seinen Namen trug. Der andere war Notre-Dame de Plancoët und entstand, nachdem zwei Dorfbewohner im Oktober 1644 in einem Brunnen ein »Marienbild« erblickt hatten. Sogleich setzten die Wallfahrten ein, und es geschahen die ersten Wunder, so daß der Bischof von Saint-Malo bereits im Dezember 1644 durch seinen Generalvikar und seinen Promotor Informationen und Zeugenaussagen sammeln ließ. Aufgrund dieser Untersuchung autorisierte der Bischof die Wallfahrt, für die zunächst die Oratorianer und ab 1647 die Dominikaner zuständig waren. Hier liegt das klassische Schema einer »Invention« im lateinischen Sinne des Wortes vor, wie sie in der ersten Hälfte des 17. Jahrhunderts in Frankreich häufig anzutreffen war: Ein Schäfer oder Bauer entdeckt in einem Baum oder an einer Quelle ein Bildnis; die ersten Pilger kommen, und es geschehen die ersten Zeichen und Wunder; die Kirchenbehörden verhalten sich zunächst abwartend, beugen sich jedoch nach kurzer Prüfung der Volkstümlichkeit der neuen Wallfahrt.

* Mewan. *A.d.Ü.*

Ein Gnadenbild aus dem 17. Jh. Es handelt sich um die berühmte Marienwallfahrt zu der Kirche Notre-Dame in Montagu (Brabant), nordöstlich von Löwen. Im Vordergrund sagt ein Krüppel vor dem in einem Baum aufgestellten wundertätigen Bild der Muttergottes Dank für seine Heilung. Dahinter der Exorzismus eines vom Teufel Besessenen. Im Hintergrund eine Prozession von Wallfahrern, an der Spitze die Geistlichkeit. Der Zug bewegt sich auf die Kirche zu, nachdem er den Baum mit dem Gnadenbild und zwei Kapellen passiert hat. (Paris, Bibliothèque Nationale)

Das Gnadenbild der Muttergottes von Valcourt. (Paris, Bibliothèque Nationale)

Den meisten Heiligen, die auf diese Weise verehrt wurden, schrieb man Heilkräfte zu. Man erflehte von ihnen nicht nur die Errettung von Menschen, sondern auch den Schutz der Tiere und das Gedeihen der Ernte. Jeder Heilige hatte seine genau definierte Spezialität. Namentlich schrieb man einzelnen von ihnen die Fähigkeit zu, eine bestimmte Krankheit hervorzurufen, die häufig ihren Namen trug oder durch ihren Namen nahegelegt wurde und die infolgedessen nur sie beheben konnten. So nannte man die Krätze, die vornehmlich die Hände befällt, das »Méensche Übel«, »und zwar«, wie der gelehrte Dom Lobineau 1725 schrieb, »wegen des Zusammenhangs zwischen Méen und den Händen [›mains‹], so wie es einen Zusammenhang zwischen Eutrope und der Wassersucht [›hydrope‹] und zwischen Louis und dem Gehör [›l'ouie‹] gibt«. Die Jungfrau Maria stand im Ruf der mächtigsten Heilerin und konnte gegen vielerlei Krankheiten und in jeder Lebenslage angerufen werden. So besaß jede Provinz und jede Lokalität ihre eigene Kultstätte zur Verehrung der Gottesmutter oder eines Schutzheiligen.

Die Wallfahrt lief nach genauen Regeln ab, die man sorgfältig befolgen mußte, wenn man die erwünschte Gnade erwirken wollte. Der Kranke oder, wenn er nicht transportfähig war, sein Stellvertreter mußte zunächst die heilige Stätte, d. h. den Altar einer Pfarrkirche oder eine freistehende Kapelle neben einem Brunnen, aufsuchen. Dort angelangt, unterzog er sich den rituellen Gebeten, um danach die wundertätige Statue oder Reliquie des Heiligen zu küssen oder in dem Brunnen zu baden. Kam der Pilger stellvertretend für einen Kranken, benetzte er mit dem Wasser ein Wäschestück, das zu Hause dem Kranken aufgelegt wurde.

War nun die Wallfahrt ein Ausdruck persönlicher Frömmigkeit oder eine Form der Gemeinschaftsandacht? Sie konnte beides sein. Der Pilger konnte die Wallfahrt zu jedem beliebigen Zeitpunkt des Jahres auf eigene Faust unternehmen, entweder um sofortige Gnade zu erflehen oder um ein Gelübde einzulösen und für die Erhörung eines Gebets zu danken. In beiden Fällen handelte es sich um eine persönliche Entscheidung, die von Vertrauen des Pilgers in die Fürsprache des Heiligen zeugte, den er anrief oder dem er dankte. In den großen Wallfahrtsorten trafen daher immer wieder Pilger ein, die oft tage- und wochenlang allein unterwegs waren, bevor sie die rettende Zuflucht erreichten. Vor der Abreise hatte ihnen ihr Pfarrer eine Bestätigung ausgestellt; dieses unentbehrliche Dokument benötigten sie, wenn sie unterwegs in Hospizen beherbergt werden wollten. Gingen eine Frau oder ein Kind auf Wallfahrt, so wurden sie von einem oder mehreren Familienangehörigen begleitet. Es kam aber auch vor, daß einzelne Pilger, die einander unterwegs oder im Hospiz begegneten, beschlossen, die letzten Etappen gemeinsam zurückzulegen; doch diese Gruppen von zwei, drei oder vier Personen waren nichts anderes als eine Addition von Einzelpilgern. Von den rund 2500 französischen Wallfahrern nach Saint-Méen, die 1650 im Hospiz Saint-Yves in Rennes Station machten, bevor der letzte Tag ihrer Reise sie zum Grab des Heiligen brachte, reisten 40 Prozent allein – fast ausschließlich junge Männer zwischen zwanzig und drei-

Ein weiteres Gnadenbild aus dem 17. Jh. Es handelt sich um die Marienwallfahrt zur Kirche Notre-Dame von Banelle, nahe Gannat in der Auvergne. Auch hier fand man in einem Baum zwei wundertätige Bilder – das eine stellt eine Pietà dar, das andere die Kreuzigung. Die an den Ästen hängenden Krücken und künstlichen Gliedmaßen künden von den hier gewirkten Wundern. (Paris, Bibliothèque Nationale)

ßig –, 50 Prozent der Wallfahrer wurden von einem Familienmitglied begleitet, 10 Prozent gehörten zu einer Gruppe.

Die Wallfahrt konnte ein eindrucksvolles Zeugnis kollektiver Frömmigkeit sein, wenn sie von einer ganzen Gemeinde unter Leitung ihres Pfarrers am Kalendertag des Heiligen unternommen wurde. Diese Massenwallfahrten hatten durchaus den Charakter eines Volksfestes, in dessen Verlauf man am Abend beisammensaß, spielte, tanzte und trank. Man ersieht daraus, daß die Menschen Andachtsformen schätzten, die neben der frommen Praxis im institutionellen Rahmen des Gemeindelebens dem Außergewöhnlichen und Irrationalen Raum ließen und Städter wie Bauern, Reiche wie Arme, Männer wie Frauen in geselliger Verbundenheit zusammenführten. Zugleich versteht man das Mißtrauen der Kirchenmänner, die bemüht waren, das Wallfahrtswesen zu disziplinieren und vor »Auswüchsen« zu schützen: vor dem magischen Wunderglauben an die heilenden Kräfte des Heiligen und vor der Profanierung des religiösen Anlasses durch weltliche Zerstreuungen, die an sich schon verwerflich, an einem solchen Tage jedoch skandalös waren.

Missionierung und die Werke der Nächstenliebe

Auch die Missionierung war ein erheblicher Beleg kollektiver Frömmigkeit. Mit ihr suchte man, den Worten Louis-Marie Grignion de Monforts (um 1700) zufolge, »den Geist des Christentums in den Christen zu erneuern«. Zu diesem Zweck inszenierten die Missionare – Kapuziner, Lazaristen, Jesuiten, Monfortianer – ihr Vorhaben wie ein Drama, bei dem die Mirglieder der betreffenden Gemeinde sowie der benachbarten Gemeinden Darsteller und gleichzeitig Zuschauer waren. Das galt nicht nur für die Massenversammlungen und Prozessionen, die bestimmte herausgehobene Momente, namentlich den Beginn und den Abschluß der Mission akzentuierten, sondern auch von den Predigten, die das Herzstück jeder Missionierung bildeten. Die Predigten waren sorgfältig an verschiedene Bevölkerungsgruppen (Kinder, Frauen und junge Mädchen, Männer und junge Burschen, Dienstboten) gerichtet und folgten einander nach einem exakt ausgeklügelten Plan. Die Prediger waren in der Wahl ihrer rhetorischen Mittel nicht zimperlich, um die Zuhörer nicht so sehr zu überzeugen als vielmehr zu überwältigen und zu erschüttern, um jene »Umkehr« zu bewirken, die sich außer in der Generalbeichte und der Kommunion konkret auch in der Aussöhnung mit einem Feind, der Wiedergutmachung einer Schuld, in Stiftungen, Opfergaben und sonstigen frommen Werken bekundete.

Solche Werke erschienen dem Klerus als eindeutiges Zeichen der Frömmigkeit und bester Beweis der Nächstenliebe. Die Werke der Nächstenliebe oder des Erbarmens – entweder kollektiv im Rahmen einer Bruderschaft oder, häufiger, individuell getan – waren traditionell sieben an der Zahl: den Hungrigen speisen, den Dürstenden tränken, den Pilger beherbergen, die Gefangenen besuchen, die Kranken besuchen, die Nackten kleiden und die Toten begraben. Es handelte sich hierbei nicht bloß um ein Thema der Kunst des 17. Jahrhunderts, das insbesondere Abraham Bosse häufig aufgriff, sondern um eine Realität, die von vielen Christen – Männern wie Frauen – in Stadt und Land täglich gelebt wurde. Wohl versuchte der Staat seit etwa 1660/1680, in den Allgemeinkrankenhäusern die Armen und Bettler zu kasernieren, in denen man nun nicht mehr das Abbild Jesu Christi sah, sondern bedrohliche Asoziale, die man verhaften und zur Zwangsarbeit ver-

Volkskunst (Ausschnitt), Orléans, Ende 18. Jh. Dieser Fries, der vielleicht die Front eines Kamins geziert hat, zeigt auf der linken Seite die vier Evangelisten: Johannes mit dem Adler, Matthäus mit dem Ochsen, Lukas mit dem Engel und Markus mit dem Löwen; auf der rechten Seite die vier großen Kirchenväter: den hl. Augustinus, den hl. Ambrosius, den hl. Gregor den Großen und den hl. Hieronymus. (Paris, Musée des Arts et Traditions Populaires)

Abraham Bosse stellt hier eines der sieben Werke der Barmherzigkeit dar: »den Dürstenden tränken«. Das Thema dient ihm als Vorwand für eine realistische Gegenüberstellung von Saturierten und Bedürftigen. (Paris, Bibliothèque Nationale)

pflichten mußte; gleichzeitig wurde das Almosengeben verboten. Doch trotz offizieller Deklarationen erwies sich die Politik des »großen Verhafts« als Fehlschlag. Die Vorstellung von der »vorzüglichen Würde des Armen« blieb fest im christlichen Gewissen verankert, während die individuelle »Caritas« der Laien in Gestalt häuslicher Hilfe oder Almosen nicht nur wirtschaftlich notwendig, sondern die gebräuchliche Version der Nächstenliebe blieb.

Ein eher seltener Beweis der persönlichen Frömmigkeit und religiösen Inbrunst waren Stiftungen. Der Christ, der eine Messe stiftete, eine Predigt, eine Mission oder eine Schule, wollte an den Gebeten der Kirche teilhaben oder die Kirche bei ihrem apostolischen Werk unterstützen. Er brachte zu diesem Zweck ein empfindliches finanzielles Opfer, allerdings in den häufigsten Fällen erst nach seinem Tode – die meisten Stiftungen erfolgten testamentarisch. Die Abfassung des Testaments galt als Andachtshandlung, die von allen religiösen Schriftstellern angeraten wurde; freilich sollte man damit nicht »bis zum Krankheitsfall warten, wo der Geist dafür zu sehr abgelenkt ist«. Sie war unmittelbar mit dem christlichen Blick auf den guten Tod assoziiert, insofern der Erblasser nicht so sehr darauf bedacht war, seine irdischen Angelegenheiten zu regeln, als vielmehr die Umstände seiner Beisetzung zu verfügen, den Mißbrauch seiner weltlichen Güter zu Lebzeiten wiedergutzumachen und sich durch entsprechende Legate und die Stiftung von Messen für möglichst lange Zeit nach seinem Tode der Fürbitte der Lebenden zu versichern. Das Testament begann mit der Anrufung der

Dreifaltigkeit: »Im Namen des Vaters, des Sohnes und des Heiligen Geistes.« Hieran schloß sich eine fromme Betrachtung: »In Erwägung dessen, daß nichts so sicher ist wie der Tod und nichts so unsicher wie die Stunde desselben ...« Dann folgte ein »Zum ersten«; darin befahl der Erblasser »seine Seele Gott dem allmächtigen Vater, seinem eingeborenen Sohne Jesu Christo, der heiligen Gottesmutter, dem heiligen Erzengel Michael, dem heiligen Johannes dem Täufer, den heiligen Peter und Paul und allen Heiligen des Paradieses« an. Sodann bestimmte der Erblasser, wie er begraben zu werden wünschte: den genauen Ort der Beisetzung, die Anzahl der bei der Zeremonie anwesenden Priester oder Ordensleute und die Art der Feierlichkeit. Als nächstes kamen die frommen Vermächtnisse, namentlich die Stiftung von Messen. Diese sollten entweder »still« sein oder »laut gesungen« werden, sie sollten entweder ewig oder zeitlich sein, und ihre Gesamtzahl sowie ihre Verteilung über das Jahr waren von Fall zu Fall sehr verschieden. Als expliziter Zweck solcher Messen wurde vorwiegend und oft ausschließlich die Seelenruhe des Stifters genannt. Manchmal sollte auch seiner »verstorbenen Eltern und Freunde« gedacht werden. Wir begegnen hier abermals der egoistischen Befangenheit im eigenen Seelenheil, die allerdings der gängigen klerikalen Unterweisung entsprach.

Das individuelle Gebet

Die persönliche Frömmigkeit fand ihren klarsten Ausdruck im individuellen Gebet, vor allem im Morgen- und Abendgebet. Die meisten Katechismen aus dem 17. Jahrhundert drücken sich hierüber in der nämlichen Weise aus: »Sobald du des Morgens erwachst, sollst du dein Herz zu Gott erheben, das Zeichen des Kreuzes schlagen, dich ungesäumt und in Züchten bekleiden, mit Weihwasser besprengen, vor einem Andachtsbilde niederknien und also beten.« Im *Catéchisme de Nantes* besteht dieses Gebet aus einem kurzen Vorspruch, gefolgt von »*Pater*, *Ave*, *Credo* auf lateinisch oder französisch und den Geboten Gottes und der Kirche«. Abends spricht man dieselben Gebete, gefolgt von einer Gewissenserforschung und dem *Confiteor*. »Dann sollst du dich schweigend entkleiden, dich in Züchten zu Bett legen, nachdem du dich zuvor mit Weihwasser besprengt hast, das Zeichen des Kreuzes schlagen und dich dem Schlaf überlassen, während du an den Tod, die ewige Ruhe, das Grab unseres Herrn Jesus Christus oder ähnliche Dinge denkst.«

Der Bequemlichkeit des individuellen Betens und Meditierens diente der private Betstuhl. Furetière definiert ihn 1690 als »pultartigen Ständer für das Gebetbuch« und setzt hinzu: »Als *prie-Dieu* bezeichnet man mitunter auch den kleinen Betraum im Schlaf- oder Arbeitszimmer.« Die Kirche billigte zwar diese Übungen, privilegierte aber den Wert des Gebets im Familienkreise, vor allem beim Abendgebet, und unter Berufung auf die Verheißung Christi (»Denn wo irgend zwei oder drei in meinem Namen versammelt sind, da bin ich mitten unter ihnen«). Der *Catéchisme de Nantes* läßt sich dazu folgendermaßen vernehmen:

»FRAGE: Wie soll man das Abendgebet sprechen? – ANTWORT: Die ganze Familie soll niederknien, aber ohne sich zu verbeugen oder auf den Fersen zu sitzen, und sich bei entblößtem Haupt bei den Händen fassen.« Für den Klerus fügt er hinzu: »Du mußt darauf hinwirken, daß jede Familie sich am Morgen und am Abend versammelt, um gemeinsam zu beten, wobei einer von ihnen die Gebete laut vorspricht.«

Ein Gebet am Morgen und am Abend, individuell oder im Familienkreis gesprochen, war die Elementarforderung. Ein guter Christ freilich mußte sich zudem in besonderen Lebenslagen betend an Gott wenden. Als Handreichung dafür fungierten ab Ende des 16. Jahrhunderts die Gebetanthologien; das erste Beispiel dieser Art war der *Thésor des prières, oraisons et instructions chrétiennes pour invoquer Dieu en tout temps*, den 1585 der Pariser Pfarrer Jean de Ferrières von der Kirche Saint-Nicolas-des-Champs herausbrachte. Einige Kapitelüberschriften in dieser Gebetssammlung lauten: »Gebet eines Kindes vor dem Lernen«, »Bittgebet in Pestzeiten«, »Gebet um Erhaltung des guten Leumunds«, »Gebet für die Jungfrau, die sich vermählen will«. Manche Gebetsanthologien wollten den eigentümlichen Bedürfnissen jedes »Standes« gerecht werden, so die *Instructions et Prières chrétiennes pour toutes sortes de personnes*, die Antoine Godeau 1646 veröffentlichte. Dort finden sich Gebete des verheirateten Mannes, des Ehemannes beim Tod seiner Frau, der Eltern beim Tod ihres einzigen Kindes, des Jugendlichen vor der Berufswahl, des Finanzbeamten, des Staatsministers, des Kaufmanns usw.

Kruzifix aus schwarzem Holz und Elfenbein, datiert 1764. Es gehört zum sogenannten »jansenistischen« Typus, bei welchem die dicht zusammengeführten Arme des Gekreuzigten die kleine Zahl der Auserwählten versinnbildlichen. (Paris, Musée des Arts et Traditions Populaires)

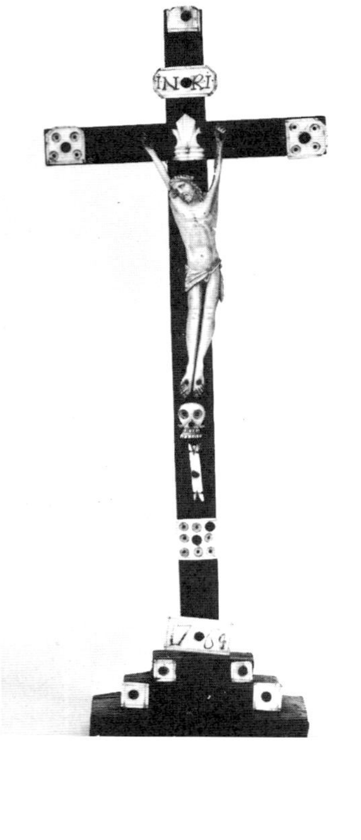

Abgesehen von diesen speziellen Gebeten drückte sich die persönliche Frömmigkeit in einer Reihe von individuellen oder kollektiven Andachtsübungen aus. Im 17. und 18. Jahrhundert nahm die Verehrung der Eucharistie einen bedeutenden Aufschwung, was sich insbesondere in der Teilnahme am heiligen Sakrament manifestierte. Pater Le Maistre schreibt in seinen *Pratiques de piété*: »Ich will, daß ihr zwei- oder dreimal täglich der Anbetung des heiligen Sakraments beiwohnt oder daß ihr euch, wenn ihr nicht zur Kirche gehen könnt, in euren Betraum zurückzieht, um ein kurzes Gebet und eine kurze Andacht zu verrichten.« Auch jene Frommen, die nicht einer Bruderschaft vom Hl. Sakrament angehörten, vor allem solche bei Hofe, wohnten häufig dem Salve bei. Über sie mokiert sich La Bruyère an der bereits zitierten Stelle: »Die Vesper als etwas Veraltetes und aus der Mode Geratenes vernachlässigen; seinen Platz beim Salve selbst hüten [. . .]: das ist Trachten und Sinnen unserer frommen Leute.« Aus der Anbetung vor dem heiligen Sakrament wurde allmählich die Praxis der ewigen Anbetung um der Sünden der Menschen willen, die in vielen Pfarreien zur Institution wurde. Fromme taten sich zusammen und verbrachten nacheinander Tag und Nacht eine Stunde vor dem heiligen Sakrament, damit die Anbetung keine Unterbrechung erfuhr. Zur Verehrung des Sakraments gesellte sich dann im 17. Jahrhundert die des Jesuskindes und, ein wenig später, die des Heiligsten Herzens Jesu. Unter dem Einfluß Pierre de Bérulles wurde Marguerite de Saint-Sacrement, eine Karmeliterin aus Beaune, zur eifrigen Propagandistin der Verehrung des Jesus-

Diese alte Frau, die den Rosenkranz betet, ist ein schönes Beispiel für die Verbreitung dieser Form der Andacht in den Volksschichten der katholischen Länder.
(Italienische Schule, 17. Jh.; Nantes, Musée des Beaux-Arts)

kindes; Karmel und Oratorium sorgten um 1640 für die Verbreitung dieser Bewegung. Marguerite-Marie Alacoque, eine Salesianerin aus Paray-le-Monial, begründete die neuartige Verehrung des Heiligsten Herzens Jesu, nachdem sie 1673 Erscheinungen gehabt hatte.

Der Marienkult hatte im 17. Jahrhundert beträchtlichen Zulauf, wenngleich gewisse Kleriker ihn offen beargwöhnten. Zum Herold der Marienverehrung machte sich Ende des Jahrhunderts Louis-Marie Grignion de Montfort, vornehmlich mit seiner *Vraie Dévotion à la Sainte Vierge*. Der überaus volkstümliche Kult artikulierte sich im Rosenkranzgebet, das die Dominikaner schon seit dem 13. Jahrhundert propagiert hatten und das in der Epoche der Klassik sehr geläufig war, vor allem bei den Rosenkranzbruderschaften. Wenn man glauben darf, was der Pfarrer von Sennely um 1700 schreibt, beschränkte sich »die ganze Frömmigkeit der einfachen Leute, die nicht lesen können, auf das Beten des Rosenkranzes«. Zum Zeichen der Marienverehrung trug man mitunter das Skapulier, auch »Marienhabit« genannt.

Schließlich blieb auch der Heiligenkult lebendig. Davon zeugte neben der Praxis der Wallfahrten die Mode der Heiligenbilder, welche, von Hausierern verhökert, an der Schlafzimmerwand oder auf der Innenseite einer Schranktür angeheftet oder angeleimt wurden.

Volkskunst, 18. Jh. Dieser Edelmann, der vor dem Altar sein Gebet verrichtet, hat Degen und Dreispitz abgelegt und stützt, in Ermangelung eines richtigen Betschemels mit niedrigen Beinen, sein Knie auf einen Stuhl.
(Paris, Musée Carnavalet)

Das Bild des Heiligen, in leuchtenden Farben gehalten, war eingerahmt von einer knappen Darstellung seines Lebens und einem Gebetstext.

Mystische Erfahrungen

Wer mystische Erfahrungen machte, hatte die höchsten Grade der individuellen Frömmigkeit erreicht. Im engeren Wortsinn ist Mystik das Erlebnis, Gott schauend zu erkennen und in direkte Kommunikation mit ihm zu treten, wobei die Ekstase diese Vereinigung gleichsam besiegelt. Während obligatorische Andachtspraktiken veräußerlichte und häufig kollektive Ausdrucksweisen der Religion sind, erleuchtet die Mystik als erhabenste Form der Spiritualität die Beziehungen des Menschen zu Gott in ihrem innersten und persönlichsten Sinn. Franz von Sales und Pierre de Bérulle waren in der ersten Hälfte des 17. Jahrhunderts die beiden wichtigsten Repräsentanten dessen, was Henri Bremond die französische Schule der Spiritualität genannt hat. Diese Bezeichnung ist insofern nicht ganz stichhaltig, als die französischen Autoren, unbeschadet ihrer Originalität, dem Hauptstrom der kirchlichen Tradition folgten, namentlich der Tradition der rheinisch-flämischen Mystiker des 14. und 15. und der spanischen Mystiker des 16. Jahrhunderts. Franz von Sales verschaffte 1608 mit seiner *Anleitung zum religiösen Leben* der Mönchsmystik Eingang in die Welt. Er schreibt: »Es ist eine Häresie, das gottergebene Leben aus dem Lager des Soldaten, der Werkstatt des Handwerkers, vom Hof des Fürsten oder aus dem Haushalt von Eheleuten verbannen zu wollen. Dort, wo wir sind, können und sollen wir nach dem vollkommenen Leben trachten.« Er zeigt, wie man durch Erfüllung seiner Pflichten gegen den Staat ebenso wirksam wie durch Gebet und Kontemplation dieses vollkommene Leben und die höchste Spiritualität anstreben kann. Im übrigen beharrt er darauf, daß Gottergebenheit und sogar Mystik keineswegs etwas Besonderes seien, sondern daß sie den Alltag, auch den beruflichen Alltag, befruchten sollen. Er entsprach damit der Erwartung vieler Christen, die trotz ihrer Tätigkeit in der Welt an spiritueller Vervollkommnung, die bis dahin den Klerikern vorbehalten schien, interessiert waren.

Pierre de Bérulle selber wandte sich vorwiegend, wenn auch nicht ausschließlich, an Personen, die sich dem religiösen Leben geweiht hatten: Priester, Nonnen, Mönche. In seinem *Discours sur l'état et les grandeurs de Jésus* von 1623 entwickelt er den Gedanken, persönliche Vollkommenheit bedeute, Christus »anzuhangen«. Dieses »Anhangen« erreiche man durch Nachahmung der »Stationen« Jesu, d. h. der markantesten Episoden seines irdischen Daseins. Es geht dabei freilich nicht lediglich um moralische Nachfolge, sondern um spirituelle Selbst-Vernichtung in Christus. Nach dem »Siegeszug der Mystik« in der ersten Hälfte des 17. Jahrhunderts mündete der Streit um den Quietismus gegen Ende jenes Jahrhunderts nicht nur in eine Verurteilung der Exzesse, zu denen die Mystik verleiten mochte, sondern auch in ein nachhaltiges Mißtrauen gegen die Mystik selbst. Immerhin blieben die Lehren eines Franz von Sales, eines Bérulle und anderer geistlicher Schriftsteller unangefochten; sie bestätigten im Gehäuse des römischen Katholizismus eine Tendenz, schon auf Erden die Vereinigung der Seele mit Gott zu suchen, und explizierten die hierfür erforderlichen Methoden.

INTRODVCTION
A LA VIE
DEVOTE,
Par FRANÇOIS de SALES,
Euesque de Geneue.
SECONDE EDITION,
En laquelle le tout a esté reueu, corrigé & augmenté par l'Auteur.

A LYON,
Chez PIERRE RIGAVD, ruë Merciere, au coing de ruë Ferrandiere, à l'Horloge.
M. DCIX.
Auec approbation des Docteurs, & Priuilege du Roy.

1604 geschrieben und 1609 veröffentlicht, erlebte die *Introduction à la vie dévote* von Franz von Sales noch zu Lebzeiten des Autors vierzig Auflagen und wurde in siebzehn Sprachen übersetzt, u. a. 1699 ins Deutsche. Der Erfolg dieses Buches hielt bis ins 20. Jahrhundert unvermindert an.

Die Gemeindepraxis der protestantischen Reformation

Gegründet auf die Rechtfertigung durch den Glauben, die universelle Priesterschaft und die alleinige Autorität der Bibel, stellt die protestantische Reformation den Gläubigen in ein direktes Verhältnis zu Gott. Das Wort Gottes erscheint in der Bibel, die man deshalb täglich lesen und befragen muß. Wie Luther sagt: Alles ist durch das Evangelium, die Taufe und das Sonntagsgebet geregelt und geordnet. In ihnen findet man Jesus Christus. Alphonse Dupront bemerkt dazu: »Dieses leichte, aber wichtige Gepäck reicht für den Menschen hin, um dem Werk seiner Erlösung zu leben und es ganz allein zu bewerkstelligen. Die lutherische Erlösungslehre sprengte die mentalen und Trieb-Strukturen jener gemeinschaftsbezogenen Heilslehre, die zur historischen Verkörperung des Christentums geworden war. Nun rang der Mensch allein um sein Schicksal im Jenseits.« Alles Vermittelnde außer der Bibel wurde entweder beseitigt oder in seiner Bedeutung herabgesetzt: Liturgie, Klerus, Sakramente, Heiligenverehrung, Gebete für die Verstorbenen. Das meiste davon hatte seinen Sinn verloren, da der Christ nicht durch gute Werke oder irgendeine Art der Fürbitte erlöst wurde, sondern einzig durch den Glauben, das heißt durch die persönliche Nachfolge Christi, der die Menschen durch seine Verdienste und seine Passion erlöst hatte. Unter diesen Gesichtspunkten waren nicht nur alle Christen Priester, da sie in der Taufe gleich geworden waren; es hatten auch die meisten Formen kollektiver Frömmigkeit, wie die römische

Dieses Bild von Pieter Bruegel (1525–1569) mit dem Titel *Die Predigt Johannes des Täufers* gibt eine gute Vorstellung vom calvinistischen Predigen in der »Wüste«, wie es überall dort geübt wurde, wo die Reformierten in der Minderzahl waren und sich verstecken mußten. (Privatsammlung)

Kirche sie konservierte und pflegte, keine Daseinsberechtigung mehr. Émile G. Léonard, der große Historiker des Protestantismus, hat den Gegensatz zwischen Protestantismus und Katholizismus klar bezeichnet: »Die Erlösung durch den Glauben: das ist das Grundprinzip des Protestantismus. Aber nicht durch Glauben an sich, ohne präzisen Gegenstand. Sondern durch den Glauben an Jesus Christus, der als einziger den Kontakt zum Vater wiederherstellen kann. Das ist die Grundlage jedes Christentums. Wenn man sie protestantisch formulieren will, muß man sagen ›durch den individuellen Glauben an Jesus Christus‹, mit der Betonung auf ›individuell‹. Der Katholizismus stellt in der Praxis weniger den einzelnen vor Gott als vielmehr die ganze Menschheit in ihrer christlichen Gestalt als Kirche. Die Kirche ist durch ihren Glauben an Jesus Christus erlöst, und jeder einzelne Christ ist erlöst, weil und insofern er der Kirche angehört. Aus dieser Opposition gegen den Gedanken einer Erlösung durch die Kirche schöpft die protestantische Vorstellung von der Erlösung durch den direkten und persönlichen Glauben an Jesus Christus ihren Wert und ihre Originalität.«

Allerdings darf man den Gegensatz nicht überspitzen und sich den Protestanten als einen Gläubigen vorstellen, der ständig vor Gott allein ist, während der Katholik in den vom Klerus gerahmten Kokon einer Gemeinschaftsreligion eingesponnen ist. Zwar hat streng theologisch gesehen das Dogma von der Gemeinschaft der Heiligen Konsequenzen, die für einen Protestanten ebenso inakzeptabel waren wie der Glaube an das Fegefeuer und an die Wirksamkeit von Gebeten für die Verstorbenen. Konkret jedoch und in Anbetracht der Einrichtung des irdischen

Lebens waren Luther und Calvin sich der Realitäten ihrer Zeit und der zu allen Zeiten existierenden Verpflichtungen des in der Gesellschaft lebenden Menschen bewußt und duldeten daher – mit Nuancen – die Etablierung eines Netzwerks von Institutionen und Gemeinschaftspraktiken, mit dem einzigen Ziel, den Gerechten in seinem Glauben zu erhalten, ohne dabei seine persönliche Beziehung zu Gott zu beeinträchtigen. Die Untersuchung dieser Praktiken erweist, daß der Graben zwischen Protestanten und Katholiken weniger tief ist, als man meinen könnte.

Die Hausandacht

Das tägliche individuelle Gebet in Verbindung mit der Lektüre der Bibel war bei Lutheranern wie bei Calvinisten die wichtigste Andachtsübung. Es nahm denn auch häufig die Gestalt einer Hausandacht an, und zwar aus naheliegenden Gründen. Bis zum Ende des 18. Jahrhunderts gab es trotz der Ausbreitung der Volksschulbildung und des Schulbesuchs in den reformierten Ländern viele Gläubige in den unteren Volksschichten, die nicht lesen konnten. Außerdem waren Bibeln teuer, und oft gab es in der Familie nur ein einziges Exemplar, das in Ehren gehalten und von Generation zu Generation fortgeerbt wurde. 1620 schrieb Anne de Mornay, die Tochter des berühmten Hugenottenführers Philippe du Plessis-Mornay, in ihre Bibel: »Diese Bibel ist ein Geschenk des Herrn du Plessis, meines hochgeehrten Vaters. Nach meinem Tode soll sie Philippe des Nouhes, meinem ältesten Sohn, zufallen. Er soll sie sorgfältig lesen, um aus ihr zu lernen, Gott in der Heiligen Dreifaltigkeit zu erkennen und Ihm zu dienen. Um seinen Mut zu stärken, soll er an das Beispiel seines Großvaters denken, von welchem er Nahrung empfangen hat. Auch soll er sich ständig der Gelübde erinnern, die ich, seine Mutter, für ihn abgelegt habe.« Schließlich hatten die Reformatoren selber den Wert der häuslichen Andacht hervorgehoben.

Die Aufgabe, diese Andacht zu leiten, fiel dem Familienvater zu. Morgens und abends pflegte er seine Frau, die Kinder und die Dienstboten um sich zu versammeln. Zuerst las er einige Verse aus der Bibel vor, dann sang die Familie Psalmen und sprach laut das Vaterunser sowie – im lutherischen Elsaß – Gebete aus dem *Kleinen Katechismus*. Die Bibeln, welche die französischen Calvinisten in Poitou im Languedoc und die Lutheraner aus der Gegend von Mömpelgard (Montbéliard) benutzten, waren französischsprachige Ausgaben, die in Genf, Lausanne oder Neuchâtel gedruckt worden waren. Die elsässischen Lutheraner gebrauchten deutschsprachige Texte, deren Druckort Straßburg, Basel oder Köln war. Der Psalter war ein eigenes Buch: Es waren die 150 Psalmen Davids in der Bearbeitung von Clément Marot und Théodore de Bèze. Eine gewichtige Rolle spielte das Singen; Luther wie Calvin priesen »die Tugenden des Gesangs«. Neben dem Morgen- und dem Abendgebet sprach das Familienoberhaupt auch vor und nach jedem Essen einen Segen und ein Dankgebet – es gibt einen Kupferstich

Jean Calvin (1509–1564), der Mann der Bibel, in seinem Arbeitszimmer. Dieses Bild aus dem 17. Jahrhundert gehört zu den vielen Darstellungen des Reformators, die ihn in Dreiviertel-Ansicht zeigen; er trägt eine Haube mit Ohrenklappen und einen langen Bart.
(Paris, Société d'histoire du protestantisme)

CATECHISME
C'EST A DIRE LE FORMVLAIRE d'instruire les enfans en la Chrestiente, faict en maniere de dialogue, ou le Ministre interrogue, & l'enfant respond.
PAR IEHAN CALVIN.

L'Oliue de Robert Estienne.
M. D. LIII.
EPHES. II.
Le fondement de l'Eglise est la doctrine des Prophetes, & des Apostres.

des Hugenotten Abraham Bosse aus Tours, der diese Szene veranschaulicht. Die Aufgabe des Familienvaters ging jedoch weit über die häusliche Andacht hinaus. Er mußte darüber wachen, daß niemand in der Familie, einschließlich der Dienstboten, vom rechten Wege abwich. »Gemäß ihrem geistigen Vermögen«, schreibt Olivier de Serres, »soll der Familienvater die Dienstboten ermahnen, der Tugend zu folgen und das Laster zu fliehen, auf daß sie, wohlbelehrt, so leben, wie es sich ziemt, ohne jemandem Böses zu tun. Er soll sie daran hindern, Gott zu lästern, Zoten zu erzählen, zu stehlen und anderen Lastern zu obliegen, und nicht dulden, daß sie sich in seinem Hause vermehren, auf daß es immer ein ehrbares Haus bleibe.«

Aber der Calvinist oder Lutheraner gehörte nicht nur zu einer Familie, in deren Schoß sich seine persönliche Frömmigkeit entfalten konnte; er gehörte auch einer Pfarrgemeinde an, die den Rahmen für kollektive Andachtsübungen der Gläubigen und für die Kontrolle ihres Wohlverhaltens durch den Kirchenvorstand absteckte. Calvin, noch penibler als Luther, war überzeugt, daß der Gläubige nicht mit der Gewißheit seines individuellen Glaubens allein gelassen werden durfte, sondern eines festen Halts bedurfte. Gewiß war jeder Christ Priester, und es ging nicht darum, wieder die Priesterschaft einiger weniger einzuführen. Doch eine »gemilderte Klerisei« war mit der allgemeinen Priesterschaft verträglich. An der Spitze der Gemeinde stand der Pastor oder Pfarrer; ihm zur Seite standen ein oder mehrere Schulmeister und vor allem der aus den Ältesten bestehende Kirchenvorstand. Im lutherischen Fürstentum Mömpelgard kamen 1725 auf 28 Gemeinden 34 Pfarrer, 97 Schulmeister und 192 Älteste, dazu 87 »maires« als Vertreter des Fürsten, insgesamt also 410 Personen für insgesamt 15 000 Gläubige; das Verhältnis war also etwa 1 zu 40, was die strenge Kontrolle jedes einzelnen Gläubigen erlaubte.

Die Kirche der Reformierten von Rouen entstand 1599 in Quevilly, vor den Toren der Stadt. Die Zahl der Gläubigen, die hier ihre Andacht verrichteten, betrug 1602 schätzungsweise fünftausend; das entsprach sieben Prozent der Bevölkerung von Rouen. Der Bau war zweigeschossig und hatte eine Innentreppe. (Aus *Histoire de la persécution faite à l'Église de Rouen*, 1704)

Predigt und Abendmahl

Die Kontrolle galt hauptsächlich der Einhaltung der kollektiven Andachtsübungen. Vornehmste Pflicht war die Teilnahme am Sonntagsgottesdienst, der ein dreifaches Ziel hatte: Anbetung, Aufruf zur Buße und zur Sorge um das Seelenheil, insbesondere jedoch die Unterweisung der Gläubigen. Den ersten beiden Zielen entsprachen die Gebete, die Bibellesungen und der Gemeindegesang. Die dritte Aufgabe des Gottesdienstes war die wichtigste – häufig bezeichnete man den ganzen Gottesdienst mit dem Namen »Predigt« –, ihr wurde mit der Ansprache des Pastors genügt. Der Artikel 12 der *Discipline des Églises réformées de France* von 1675 erklärt hierzu: »[Die Pastoren] sollen nicht predigen, ohne ihren Ausführungen einen Schrifttext zugrunde zu legen, an den sie sich für gewöhnlich halten sollen.« Nach dem Sonntagsgottesdienst fand in der Regel die Glaubensunterrichtung der Erwachsenen statt. In Mömpelgard gab es überdies mittwochs oder freitags noch Nachmittagsgottesdienste mit Predigt, außerdem ein tägliches Morgengebet in der Kirche.

Dieser berühmte Stich von Abraham Bosse stellt das *Tischgebet* einer protestantischen Familie vor dem Essen dar. Den Ehrenplatz an der Wand nimmt ein Gemälde über das 20. Kapitel des 2. Buches Mose ein (»Du sollst keine anderen Götter haben neben mir«).

Das Abendmahl wurde bei Lutheranern wie bei Calvinisten viermal im Jahr gefeiert: an Ostern, an Pfingsten, bei Herbstanfang und zu Weihnachten. Bei dieser Gelegenheit empfingen die Gläubigen das Sakrament in der doppelten Gestalt von Brot und Wein. Beim Austeilen des Brotes sagte der Pfarrer: »Das Brot, das wir brechen, ist die Gemeinschaft mit dem Leib unseres Herrn Jesus Christus, der sich in den Tod gegeben hat zur Vergebung unserer Sünden«; beim Austeilen des Weins im Kelch setzte er hinzu: »Gedenket, daß Christus am Kreuz sein Blut vergossen hat zur Vergebung eurer Sünden.« Vor dem Empfang des Abendmahls überreichte jeder Gläubige einem Ältesten sein »méreau«, ein kunstlos graviertes Plättchen; so konnte der Kirchenvorstand kontrollieren, ob jeder Gläubige seiner Pflicht nachgekommen war. Um zu verhindern, daß ein ausgemachter Sünder an den Tisch des Herrn trat, hatten die protestantischen Konfessionen, bei denen es ja keine Ohrenbeichte mehr gab, eine Reihe von Vorsichtsmaßregeln getroffen. In den lutherischen Kirchen praktizierte man eine kollektive »evangelische Absolution«, nachdem der Pastor laut ein öffentliches Sündenbekenntnis gesprochen hatte. In den calvinistischen Kirchen übernahm diese Rolle die »Kirchenzucht«. Von Calvin eingeführt, der darüber beunruhigt war, daß »viele unbedacht zum Abendmahl eilen«, bestand sie in einer Examinierung durch den Kirchenvorstand, der die Sünder ermahnen und sie sogar exkommunizieren, das heißt vom Abendmahl ausschließen konnte. So trat die Ermahnung an die Stelle des Gelöbnisses und die öffentliche Beichte an die Stelle der privaten. Paradoxerweise waren es in diesem Punkt die Katholiken und nicht die Protestanten, welche die Intimität des Glaubens respektierten. Bei den Protestanten war die Sorge um die »Evangelisierung der Kirche« stärker gewesen als der Respekt vor der »Freiheit eines Christenmenschen«.

Kollektive Zeremonien

Die großen Einschnitte im Leben des Einzelnen gaben ebenfalls Anlaß zu kollektiven Zeremonien. Da die Protestanten der Taufe nicht eine so entscheidende Rolle in der Ökonomie des Seelenheils zumaßen wie die Katholiken, hatten sie es mit ihr auch nicht so eilig wie diese. Alle während einer Woche geborenen Kinder wurden am darauffolgenden Sonntag gemeinsam vor der Predigt getauft. Moïse Amyraut beschreibt in seiner 1647 erschienenen *Apologie pour ceux de la Réligion* die Taufzeremonie so, wie sie sich zu seiner Zeit abspielte: »Nach einem feierlichen Gebet bringt man das Kind Gott dar und bittet im Namen Unseres Herren Jesus Christus, daß Er es seines Heils teilhaftig werden lasse und daß die Taufe in ihm die Tugend befördere durch Tilgung der Erbsünde und Heiligung, sobald es erwachsen ist. Dann nimmt man denjenigen, die das Kind dargebracht haben, das Gelöbnis ab, daß sie es im Glauben des Evangeliums und in der Liebe zur Frömmigkeit unterweisen. Danach besprengt man den Kopf des Kindes mit Wasser und tauft es im Namen des Vaters, des Sohnes und des Heiligen Geistes.« Der Vater konnte sein Kind selbst zur Taufe darbringen und ihm seinen Vornamen geben, da der Brauch, Taufpaten zu wählen, in der Heiligen Schrift nicht erwähnt ist; in der Praxis jedoch blieb diese Übung erhalten. Verlobung und Heirat wurden ebenfalls feierlich in der Kirche begangen. Die Verlobung – das Heiratsversprechen, die »paroles de futur« – war eine feierliche Verpflichtung, die nur der Kirchenvorstand »aus gewichtigem und rechtmäßigem Grunde« lösen konnte. Die Ehe, die nicht als Sakrament verstanden wurde, sollte sechs Wochen später geschlossen werden, und zwar vor dem Gemeindepfarrer der Braut oder des Bräutigams.

Dafür blieben Tod und Begräbnis im Protestantismus Privatsache, was nicht verwunderlich ist, da Luther und Calvin weder an das Fegefeuer noch an die Fürbitte der Lebenden glaubten. Deshalb beschränkte sich die Beisetzung auf eine würdige Feier ohne jenen Pomp, der in katholischen Regionen meist mit den Trauerfeierlichkeiten verbunden war. Bei den Lutheranern von Mömpelgard nahm man zunächst im engsten Familienkreise die private Beisetzung des Verstorbenen vor, wobei nur ein kurzes Gebet gesprochen wurde; danach fanden sich Freunde und Verwandte in der Kirche ein, wo der Pastor eine Predigt hielt. Bei den Calvinisten ging es noch karger zu. Calvin selbst hatte das Beispiel gegeben und bestimmt, daß man seinen Leichnam in ein grobes Tuch gehüllt, stumm, ohne Gesänge oder Ansprachen zum Friedhof tragen und daß kein Stein seine Grabstätte bezeichnen solle. Ein solches Verfahren schockierte nicht nur die Katholiken, sondern sogar die Lutheraner. So schreibt der Straßburger Elie Brackenhoffer 1643 aus Genf: »Kein Totengebet, keine Kirchenlieder, keine Gedenkfeier, erst recht kein Glockenläuten bei dieser Gelegenheit. Wenn einer stirbt, stirbt er. Nicht einmal ein Vaterunser hat man für ihn übrig. Auch die Hinterbliebenen und die anderen Leute gehen ungetröstet und unermahnt von dannen.« Die *Discipline des Églises réformées de France* unter-

Dieser Stich aus dem 1733 in Amsterdam erschienenen Buch *Cérémonies et Coutumes religieuses de tous les peuples* von B. Picart zeigt die lutherische Praxis der evangelischen Gesamtabsolution, die der Pastor vor der nach Geschlechtern getrennten Gemeinde spricht.

Dieses auf Holz gemalte Bild stellt eine Versammlung amerikanischer Quäker um die Wende des 18. zum 19. Jahrhundert dar. (Boston, Museum of Fine Arts, Sammlung Karolik)

sagte den Pastoren die Mitwirkung bei Bestattungen und erläuterte: »Bei Beerdigungen sollen keine Gebete gesprochen oder Predigten gehalten werden, um nicht dem Aberglauben Vorschub zu leisten.« Der Verstorbene bedurfte der Gebete seiner Angehörigen nicht, und diese, im sicheren Bewußtsein seiner Erwählung, bedurften des Trostes nicht. Das Seelenheil war eine Privatsache, die Hoffnung der Überlebenden eine Gewißheit.

Solidarität und Erwählung

Es scheinen also die protestantischen Religionspraktiken – vom Familiengebet bis zur Kirchenordnung, von der Taufe bis zum Sonntagsgottesdienst und zur Abendmahlsfeier – mindestens genauso gemeinschaftsbezogen zu sein wie die katholischen. Gleichwohl gibt es einen gravierenden Unterschied. Bei den Katholiken fanden das Meßopfer, die Gebete für die Verstorbenen und die Marienwallfahrten ihren Sinn und ihre Begründung in dem Dogma von der Gemeinschaft der Heiligen: Der Christ war mit seinem Trachten nach dem Seelenheil nicht allein, sosehr gewisse kirchliche Diskurse auch etwas anderes vermuten ließen; im Gegenteil, er konnte auf die Verdienste Christi, freilich auch auf die Fürsprache der Heiligen und die Gebete der Lebenden zählen. Für die lutherischen und calvinistischen Protestanten konnten die kollektiven Religionspraktiken nur das Ziel haben, jeden Einzelnen, der sich an ihnen beteiligte, in seiner individuellen Glaubenstreue zu bewahren und schließlich diese Glaubenstreue zu kontrollieren; mehr nicht.

Protestantische Eheschließung; Glasmalerei, Straßburg 1768. Der Pastor, schwarz gekleidet mit weißem Plisseekragen, segnet die Brautleute, die einander die Hand reichen. Die Braut trägt ein schwarzes Kleid mit weißem Kragen und besticktem Mieder und auf dem Kopf die Brautkrone. Die Unterschrift lautet: »Geseegnet seyd Ihr, Geseegnetes Ehe Paar, Reicht her die Hand, ich bin bereit.« (Paris, Musée des Arts et Traditions Populaires)

Dieser Stich aus demselben Buch, wie auf Seite 110 abgebildet, stellt das Abendmahl dar. Die Gläubigen sitzen an einem langen Tisch und nehmen das Brot von den Tellern, die einer der Pastoren herumgehen läßt, während der Kelch mit dem Wein von Hand zu Hand weitergereicht wird.

Der Protestant wußte sich von Gott erwählt; nach Calvin resultierte die persönliche Erwählung »aus dem Ratschlusse Gottes, durch welchen er von Ewigkeit bestimmt hat, was er mit jedem einzelnen Menschen tun will«. Aus dieser Erwähltheit erwuchsen zugleich Gewißheit und Verantwortung: die Gewißheit, zu der Schar der Auserwählten zu gehören, und die Verantwortung vor dem erlösenden Gott. Der Katholik mußte sich mit Hilfe der Gnade sein Seelenheil durch gute Werke verdienen. Der Protestant hingegen mußte nach dem Gesetz leben, freiwillig und ohne Gegenleistung. Darin bestand die Verantwortung des Gläubigen: Er war im Gegensatz zum Katholiken befreit von der Angst vor dem Tod und dem Gericht Gottes; aber er mußte bezeugen, daß Gott ihn erwählt hatte, indem er Sein Wort in sich aufnahm und seinen Pflichten genügte. So standen Individualismus und Innerlichkeit im Zentrum der reformierten Theologie. In diesem Sinne – allerdings nur in diesem Sinne – hat Claudel recht, wenn er schreibt: »[. . .] der Protestant betet allein, aber der Katholik betet in der Gemeinschaft der Kirche.« Paradox ist nur der Umstand, daß zwar sowohl die protestantische Reformation wie auch die katholische Gegenreformation eine wichtige Rolle bei der Herausbildung einer zunehmend verinnerlichten Frömmigkeit spielten, daß aber die protestantischen Kirchen den kollektiven Formen der Frömmigkeit eine ebenso große, wenn nicht größere Bedeutung beimaßen als die römische Kirche. Doch wie dem auch sei: Die »neuen Formen der Religiosität im 16. und 17. Jahrhundert« gehörten zweifellos, jede auf ihre Weise, zu jenen Sachverhalten, die nach Philippe Ariès »die Mentalitäten und speziell die Vorstellung vom Ich und seiner Rolle in Alltag und Gesellschaft veränderten«.

Von der Hand Georges de La Tours oder aus seiner Werkstatt stammend, stellt dieses Bild den von der Malerei des 17. Jahrhunderts bevorzugten Lesenden dar: den hl. Hieronymus. Außer dem großen, aufgeschlagenen Buch und dem Brief sieht man Schreibwerkzeug und einen Totenkopf als Sinnbild der Eitelkeit alles Irdischen. (Paris, Louvre)

Roger Chartier

Die Praktiken des Schreibens

Philippe Ariès erblickt im Einzug der Schrift in die abendländischen Gesellschaften einen der wichtigsten Entwicklungsimpulse der Neuzeit. Die Fortschritte in der Alphabetisierung – die Aneignung von Schreib- und Lesepraktiken durch eine wachsende Zahl von Menschen –, der dichtere Fluß von entzifferter oder produzierter, gedruckter oder geschriebener Schrift sowie die Verbreitung des stillen Lesens, das eine intime, heimliche Beziehung zwischen Buch und Leser stiftet – entfesselten Transformationskräfte, welche die Grenze zwischen den kulturellen Gebärden der Innerlichkeit und denen des Gemeinschaftslebens nachdrücklich bestimmten. Am Leitfaden dieser Hypothese möchte ich im folgenden nachzeichnen, wie vom 16. zum 18. Jahrhundert die neuen Formen des Umgangs mit dem Geschriebenen eine Sphäre der Intimität erzeugten, die dem Einzelnen, der den Kontrollen der Gemeinschaft unterworfen war, sowohl Zuflucht wie Schutz bot. Ich will aber auch zeigen, daß die Entwicklung zur Schriftkultur weder die überlieferten Praktiken völlig auslöschte noch von allen, die mit Gedrucktem zu tun hatten, mitvollzogen wurde. Das laute Lesen vor anderen oder für sich, das Lesen zu mehreren bei der Arbeit oder in Mußestunden gingen in dieser Umwälzung nicht unter. Es ist also auch hier geboten, die Vielschichtigkeit der Praktiken zu registrieren, ohne zu übersehen, daß neue Modelle des Austauschs entstanden, neue kulturelle Verhaltensweisen sich herausbildeten, die für den Prozeß der Privatisierung in der Frühmoderne charakteristisch waren.

Vermessung der Alphabetisierung

Kann man den Eintritt der Schrift in die abendländischen Gesellschaften quantifizieren? Die Historiker haben dies geglaubt und daher die Signaturen gezählt, die unter kirchlichen, notariellen, fiskalischen und juristischen Texten zu finden sind, was es erlaubt, die Menschen, die ein Schriftstück mit ihrem Namen zu unterzeichnen vermochten, von denen zu unterscheiden, die dazu nicht imstande waren. Nach mancherlei Bedenken und Diskussionen scheint heute ausgemacht, daß der Prozentsatz derer, die ihren Namen schreiben konnten, zwar allgemeine Rückschlüsse auf den Grad der Schreibfertigkeit in einer Gesellschaft gestattet, aber nicht als unmittelbares Kriterium einer bestimmten kulturellen Kompetenz fungieren kann. Es ist nämlich so, daß in den

Gesellschaften des Ancien Régime, in denen nur ein kleiner Teil der Kinder nach dem Lesen auch das Schreiben erlernte, zwar jeder, der seinen Namen schrieb, auch lesen konnte, aber nicht jeder, der lesen konnte, zwangsläufig auch seinen Namen zu schreiben fähig war. Ferner ist klar, daß selbst von denen, die mit ihrem Namen zu signieren vermochten, nicht alle wirklich schreiben konnten, sei es, daß die eigenhändige Unterschrift den Endpunkt ihres Kulturerwerbs markierte, sei es, daß sie aus Mangel an Übung die früher einmal beherrschte Fertigkeit des Schreibens wieder verlernt hatten, von der ihre Unterschrift lediglich ein Relikt war. So ist denn in den vorrevolutionären Gesellschaften das Signieren paradoxerweise ein Hinweis auf eine Bevölkerung, die zwar mit Sicherheit lesen konnte, von der aber nur ein (nicht näher einzugrenzender) Teil schreiben konnte und die auch nicht die Gesamtheit der Lesenden ausmachte, da ein (ebenfalls nicht näher einzugrenzender) Teil der Lesenden nicht schreiben konnte. Mit dieser Feststellung soll der Wert des in geduldiger Kleinarbeit quer durch die Jahrhunderte und Archive ermittelten Prozentsatzes an Unterschriften nicht geleugnet werden. Man muß ihn allerdings als das nehmen, was er ist: als einen kulturellen Makro-Indikator, der weder die Verteilung der Schreibfertigkeit genau mißt, die restringierter war, als der Indikator anzuzeigen scheint, noch die Verteilung der Lesefähigkeit angibt, weil diese weiter verbreitet war.[1]

Die Zahl der Lesenden

Trotz dieses Vorbehalts ist nicht zu verkennen, daß alle verwertbaren Serienuntersuchungen für Europa zwischen dem 16. und 18. Jahrhundert einen starken Zuwachs der Unterschriftenrate ausweisen (die man auch als »Alphabetisierungsrate« deuten kann, sofern man darunter nicht unmittelbar denjenigen Prozentsatz der Bevölkerung versteht, der schreiben und lesen konnte). Zunächst drei nationale Beispiele, wobei Umfang und Struktur des analysierten Materials die Extrapolation von Gesamtraten in bezug auf die städtische und ländliche Bevölkerung insgesamt erlauben. In Schottland lassen die Unterschriften, die 1638 für den National Covenant (Bestätigung der Einheit der presbyterianischen Kirchen) und 1643 für den Solemn League and Covenant (Votum Schottlands für das englische Parlament bei Gewährung der presbyterianischen Religion) gesammelt wurden, auf eine Alphabetisierungsrate bei den Männern von 25 Prozent schließen. Hundert Jahre später, in den zehn Jahren zwischen 1750 und 1760, betrug der Anteil an Zeugenunterschriften beim High Court of Judiciary (dem höchsten schottischen Kriminalgericht) bei den Männern 78 Prozent, bei den Frauen 23 Prozent. Bereinigt um den Unterschied zwischen sozialer Zusammensetzung der Zeugengruppe und der Bevölkerung des Landes insgesamt, ergibt das eine nationale Alphabetisierungsrate von 65 Prozent bzw. 15 Prozent.[2] Die Unterschriften, die in England 1641 für den Protestation Oath (Treueeid für die »wahre, reformierte und protestantische Religion«), 1643 für den Vow and Covenant (Ergebenheitseid für das Parlament) und 1644 für den Solemn League and Covenant (Einführung des Presbyterianismus) gesammelt wurden, deuten auf eine Rate von 30 Prozent alphabetisierter Männer. Die Heiratsregister der Church of England, die seit 1754 die Unterschrift beider Gatten verlangten, beweisen die Fortschritte der Schreibfertigkeit in der zweiten Hälfte des 18. Jahrhunderts: 1755 unterzeichneten 60 Prozent der Männer, ebenso viele wie 1790; der Prozentsatz bei den Frauen lag 1755 bei 35 Prozent, 1790 bei 40 Prozent.[3] In Frankreich schließlich lassen die Unterschriften der Ehegatten in den Kirchenbüchern (die 1877 in fast allen Départements auf Veranlassung Rektor Maggiolos von eigens hierzu abgeordneten Lehrern ausgewertet wurden) eine deutliche Zunahme der Alphabetisierung erkennen: Zwischen 1686 und 1690 unterschrieben nur 29 Prozent der Männer und 14 Prozent der Frauen; zwischen 1786 und 1790 waren es bereits 48 Prozent der Männer und 27 Prozent der Frauen.[4] In diesen drei Fällen und unter alleiniger Berücksichtigung der Alphabetisierung der Männer ist die Verbreitung der Schreibfähigkeit eklatant – im Verlauf von hundert bis hundertfünfzig Jahren erhöhte sich die Anzahl derer, die ihren Namen schreiben (also mit Sicherheit lesen und möglicherweise auch schreiben) konnten, in Schottland um 40 Prozent, in England um 30 Prozent und in Frankreich um 19 Prozent.

Für andere Länder ist die nationale Alphabetisierungsrate zwar noch nicht nachgewiesen, aber es gab vergleichbare Progressionen, wie Studien zu lokalen und regionalen Entwicklungen belegt haben. In Amsterdam wurden die vor dem Notar abgegebenen Heiratsversprechen 1780 von 85 Prozent der Männer und 64 Prozent der Frauen signiert; 1630 waren es 57 Prozent bzw. 32 Prozent gewesen.[5] In der Stadt Turin unterschrieben 1790 83 Prozent der Männer und 63 Prozent der Frauen den Ehevertrag; 1710 waren es 71 bzw. 43 Prozent gewesen. Noch spektakulärer war die Progression in der Provinz Turin[6] – hier stieg der Prozentsatz der unterzeichnenden Männer von 21 auf 65 Prozent, der der unterzeichnenden Frauen von 6 auf 30 Prozent. Von den Zeugen und Angeklagten im Amtsbezirk des Inquisitionsgerichts Toledo in Neu-Kastilien (die zu 80 Prozent Männer und zu 50 Prozent Honoratioren waren) unterzeichneten zwischen 1515 und 1600 recht und schlecht 49 Prozent, zwischen 1651 und 1700 54 Prozent, zwischen 1751 und 1817 76 Prozent. Diese Prozentsätze sowie die besondere Zusammensetzung der Stichprobe erlauben zwar keine Rückschlüsse auf die Alphabetisierungsrate der kastilischen Bevölkerung insgesamt, aber die Quote bezeugt zweifellos den stetigen Fortgang der Alphabetisierung.[7]

Außerhalb Europas, in den amerikanischen Kolonien, war die Tendenz ähnlich. In Neu-England[8] signierten zwischen 1650 und 1670 61 Prozent der Männer ihr Testament, zwischen 1705 und 1715 69 Prozent, zwischen 1758 und 1762 84 Prozent und zwischen 1787 und 1795 88 Prozent; die entsprechenden Werte bei den Frauen lauten für die ersten drei Zeitangaben 31, 41 bzw. 46 Prozent. In Virginia[9] war der Prozentsatz männlicher Unterschriften unter den Testamenten ein wenig geringer; er stieg von 50 Prozent zwischen 1640 und 1680 auf

Schreiben zu lernen bedeutete im 17. Jahrhundert in ganz Europa das Erlernen eines komplizierten Repertoires von Bewegungsabläufen und Haltungen. Um gut schreiben zu können, mußte man in der richtigen Entfernung vom Papier sitzen, den Arm korrekt auf den Tisch legen und mit den Fingern richtig die zugespitzte Feder fassen. Bewahrt und weitergegeben wurde diese Technik von den Schreibmeistern, die versierte Schreiber, virtuose Kalligraphen und Lehrer in einem waren.
(Paris, Musée Carnavalet)

65 Prozent zwischen 1705 und 1715 und dann auf 70 Prozent zwischen 1787 und 1797.

Unverkennbar gab es in der Neuzeit allenthalben einen – oft deutlichen – Zuwachs des prozentualen Anteils der Männer und Frauen, die ihren Namen schreiben konnten, unabhängig von der Alphabetisierungsrate in absoluten Zahlen. In reformierten ebenso wie in katholischen Gebieten, in Stadt und Land, in der Alten wie in der Neuen Welt wuchs die Vertrautheit mit der Schrift und verlieh den Menschen eine kulturelle Kompetenz, die zuvor einer kleinen Minderheit vorbehalten gewesen war. Das heißt nicht, daß es keine Stockungen und Rückschläge gegeben hätte. Auch die Alphabetisierung hatte ihre Konjunkturen, und trotz langfristig steigender Tendenz kam es immer wieder zu Einbrüchen und Rezessionen. In England läßt der nach Schülergenerationen aufgeschlüsselte Prozentsatz derjenigen, die als Zeugen vor dem Kirchengericht der Diözese Norwich ihren Namen schreiben konnten, zeitweilige, jedoch merkliche Rückschritte erkennen – das gilt für die Zehnjährigen in den Jahren zwischen 1580 und 1610, d. h. vor allem für Kaufleute, »husbandmen« (Kleinbauern) und »yeomen« (Pflüger), ferner in den Jahren nach 1640, im Bürgerkrieg – damals betrug der Rückgang der Alphabetisierung bei den »yeomen« über 20 Prozent – und in den beiden Jahrzehnten nach 1690, als die Regression der Alphabetisierung auf dem Lande, besonders bei den »husbandmen«, beträchtlich war.[10] Auch in Madrid sank die Alphabetisierung in der zweiten Hälfte des 18. Jahrhunderts[11]: 1650 unterzeichneten 45 Prozent der Testatoren ihr Testament oder ihre Armutserklärung, zwischen 1651 und 1700 nur 37 Prozent. Der Rückgang ist bei den Männern – von 68 auf 54 Prozent – noch ausgeprägter als bei den Frauen – von 26 auf 22 Prozent. In der Provence[12] schließlich war bei den Schülergenerationen in dem halben Jahrhundert von 1690 bis 1740 eine Stagnation, ja, ein deutlicher Schwund der Alphabetisierungsrate, gemessen an den Unterschriften unter Testamenten und Heiratsurkunden, zu verzeichnen. Obwohl die kulturelle Konjunktur in der Provence – wie übrigens auch anderswo – eine wachsende Alphabetisierungsrate aufwies (zwischen Ende des 17. und Anfang des 19. Jahrhunderts konnten aus einer Stichprobe von 20 Gemeinden in 13 Gemeinden doppelt so viele Leute ihren Namen schreiben wie nicht schreiben), schließt das Perioden des Stillstands und der Rückschläge nicht aus; hier waren das die Jahre der Eroberungskriege zwischen 1650 und 1680 und die fünfzig oder sechzig Jahre nach 1740. Freilich hatte der Rückgang von Ort zu Ort unterschiedliche Ursachen: eine Verschlechterung des Schulwesens, den Zustrom minder gut alphabetisierter Einwanderer oder die flaue Wirtschaftstätigkeit. Auf jeden Fall wird deutlich, daß die Aneignung der Schrift in den abendländischen Gesellschaften zwischen dem 16. und 18. Jahrhundert kein kontinuierlicher Prozeß war. Dies ist es wohl, was sie von der irreversiblen Alphabetisierung im 19. Jahrhundert unterscheidet, die auf die allgemeine Schulpflicht gegründet war.

Unterschiedliche Beherrschung der Schrift

Die Vertrautheit mit der Schrift mochte zugenommen haben, gleichmäßig verteilt war sie nicht. In Europa zeigt sich in der Gruppe derjenigen, die ihren Namen schreiben konnten, eine Reihe von Unterschieden. Zunächst einmal gab es den Unterschied zwischen Männern und Frauen. Immer und überall unterzeichneten die Männer häufiger als die Frauen; ihr Übergewicht betrug oft 25 oder 30 Prozent. Das beweist zwar, daß die Frauen minder nachdrücklich an der Welt der Schrift partizipierten als die Männer; es muß aber keineswegs bedeuten, daß die Lesefertigkeit der Frauen geringer gewesen wäre. In den vorrevolutionären Gesellschaften gehörte zur Erziehung der jungen Mädchen lange Zeit die Unterrichtung im Lesen, nicht jedoch die im Schreiben, das als eine für das weibliche Geschlecht unnütze und gefährliche Tätigkeit verpönt war. In der *Schule der Frauen* will Arnolphe, daß Agnès liest und sich so die »Maximen der Ehe« einprägt, doch er ist verzweifelt, als er erfährt, daß sie auch schreiben kann – vor allem an ihren Geliebten Horace. Noch weniger als bei den Männern läßt daher bei den Frauen der prozentuale Anteil derjenigen, die ihren Namen schreiben konnten, stichhaltige Rückschlüsse auf den Prozentsatz der »Leserinnen« im Ancien Régime zu, da viele von ihnen – und nicht lediglich in den unteren Schichten – niemals schreiben gelernt haben.

Ferner gab es den Unterschied zwischen den Berufen und den Ständen. So bestand im 17. Jahrhundert in der englischen Provinz und auf dem Lande eine direkte Korrelation zwischen der Fähigkeit zum Signieren (gemessen anhand der vor die Kirchengerichte zitierten Zeugen) und der Wirtschaftstätigkeit sowie dem sozialen Status der einzelnen Gruppen. Die Zäsuren waren eindeutig: Kleriker, Adlige und Großkaufleute konnten alle (oder fast alle) unterschreiben; bei den qualifizierten Handwerkern (bei Goldschmieden, Sattlern, Tuchwirkern) und den Pflügern (»yeomen«) waren es 70 bis 80 Prozent; in den meisten

Der 1640 erschienene *Secrétaire à la mode* von Jean Puget de La Serre war ein Bestseller in einer besonders hochgeschätzten Gattung: des Briefstellers. Zunächst für den adligen oder bürgerlichen Briefeschreiber gedacht, geriet der Briefsteller bald in die Kataloge der Herausgeber von Massentiteln. In Troyes wurde er zusammen mit der »Bibliothèque bleue« und den *Fleurs de bien dire* vertrieben, einem Buch über die Kunst des Gesprächs. Ob solche gelehrten Muster dem Leser aus dem Volk wirklich geholfen haben, ist zu bezweifeln, doch fungierte der Besitz eines solchen Buches als kulturelles Alibi.

In verschiedenen Gattungen der Malerei – Stilleben, Trompe-l'oeil, Vanitas-Bilder – werden allein die Gegenstände der Schriftkultur, ohne die Gegenwart eines Menschen, gegeben. Hier führt der Maler Jean-François de Le Motte aus Tournai, ein Spezialist des Trompe-l'oeil-Effekts, ein ganzes Ensemble von Schreibgeräten und -formen vor: neben dem Manuskript Feder, Federmesser, Brieföffner, Tintenfaß, Wachsstange, Notizbuch und Brieftasche, Brief, versiegelter Umschlag und versiegeltes Memorandum; neben den Druckschriften ein Kupferstich (*AD fecit*) und ein Almanach (*Almanach pour l'an de N. S. J. C. MDCLXIX calculé par M. André de La Porte*). Auf allen Trompe-l'oeil von de Le Motte, wie diesem aus dem Museum von Saint-Omer oder jenen in Arras und Dijon, sind die Objekte auf einer Holztafel angeordnet, über die imaginäre Bänder gespannt sind.

Gewerben indes waren es nur 50 Prozent, zumal im Textil- und Bekleidungsgewerbe. Danach folgten die kleinen dörflichen Händler und Handwerker (Schmiede, Zimmerleute, Müller, Metzger usw.), von denen nur 30 oder 40 Prozent ihren Namen schreiben konnten. Am unteren Ende der Skala rangierten diejenigen Gruppen, in denen allenfalls 25 Prozent der Männer unterschreiben konnten: Bauarbeiter, Fischer, Hirten, Kleinbauern (»husbandmen«) und Tagelöhner (»labourers«).[13] Das Beispiel der englischen Provinz steht (bis auf geringfügige Nuancen) stellvertretend für die Landbevölkerung Europas, bei der die Fähigkeit zum Signieren direkt vom Grad der beruflichen Qualifikation und der mehr oder weniger starken Einbindung des Gewerbes in einen überlokalen Markt abhing.

Auch in der Stadt spiegelte die Hierarchie der Unterschreibenden diejenige der Berufe und der Lebensverhältnisse wider; allerdings waren die städtischen Prozentzahlen, verglichen mit denen auf dem Lande, deutlich besser. Dies war beispielsweise im mediterranen Europa der Fall; so geht etwa aus den Personenstandsverzeichnissen in der Emilia[14] hervor, daß zu Beginn des 19. Jahrhunderts in den fünf Städten Piacenza, Parma, Reggio, Modena und Bologna 42 Prozent der Ehemänner und 21 Prozent der Ehefrauen ihren Namen schreiben konnten, während es im Umland bloß 17 bzw. 5 Prozent waren. Das gleiche gilt für Nordeuropa: Die Alphabetisierungsrate der englischen Handwerker und Kaufleute war in London doppelt bis dreimal so hoch wie auf dem Lande, die der Dienstboten zweieinhalb mal so hoch (in London konnten 69 Prozent ihren Namen schreiben, in den ländlichen Regionen Englands nur 24 Prozent).[15] Hier stoßen wir auf einen weiteren Unterschied, der die neuzeitliche Stadtkultur auszeichnet – es gab mehr Menschen, die des Schreibens kundig waren, und die Fertigkeit des Lesens und Schreibens war minder ungleich verteilt als auf dem Lande.

Diese vielfachen Differenzierungen im Zugang zur Schrift hatten ohne Zweifel erhebliche Auswirkungen auf den Prozeß der Privatisierung im 16., 17. und 18. Jahrhundert. Die (ungleiche) Entwicklung der Alphabetisierung förderte diesen Prozeß in unterschiedlicher Weise. Lesen zu können war die unerläßliche Voraussetzung neuartiger Verhaltensmuster, auf denen die Intimität des Einzelnen ruhte. Der persönliche Umgang mit dem gelesenen oder geschriebenen Text befreite die Menschen von den alten Vermittlungsinstanzen und damit von der Kontrolle durch die Gruppe; er begründete die Wendung zum Selbst. Die Praxis des einsamen Lesens entband neue Varianten der Frömmigkeit, die das Verhältnis des Individuums zur Gottheit radikal veränderten. Zugleich begünstigten die Lese- und Schreibfertigkeiten bislang ungekannte menschliche Interaktionsbeziehungen und eine selbstbewußte Einstellung zur Staatsgewalt. Die erweiterte Alphabetisierung ließ neue Sozialitäten entstehen und beflügelte die Entfaltung des modernen Staates, der Rechtsprechung und gesellschaftliche Reglementierung unmißverständlich auf die Schrift stützte. Von der mehr oder minder innigen Vertrautheit mit der Schrift hing also die mehr oder minder entschiedene Emanzipation des Einzelnen von traditionellen Lebensformen ab, die ihn an seine Gemeinschaft gefesselt, in ein Kollektiv gepreßt und von beauftragten Mittlern, Interpreten und Verkündern des göttlichen Wortes und der Gebote der Obrigkeit abhängig gemacht hatten.

Die Geographie der Alphabetisierung

Die neue gesellschaftliche Existenzweise, die zur Privatisierung des Verhaltens und Denkens führte, setzte sich in Europa mit unterschiedlicher Geschwindigkeit durch. Eine Analyse der Unterschiede und ungleichmäßigen Entwicklungen offenbart den Riß, den die Verteilung der Schreibfertigkeit durch den Kontinent zog: Dem Norden und Nordosten mit hohen Alphabetisierungsraten standen der »periphere« Süden und Südwesten gegenüber. Ende des 18. Jahrhunderts konnten im schreibkundigen Europa 60 bis 70 Prozent der Männer ihren Namen schreiben: 71 Prozent in Frankreich nördlich einer Linie Saint-Malo–Genf, 61 Prozent in den österreichischen Niederlanden[16], 60 Prozent in England, 65 Prozent in Schottland. Bei den Frauen lagen die Werte (ausgenommen Schottland) bei 40 Prozent: 44 Prozent waren es im

Stich aus B. Picart, *Cérémonies et Coutumes religieuses de tous les peuples du monde*, Amsterdam 1733 (Ausschnitt). Im 17. und 18. Jahrhundert gehörte zur Katechese in reformierten Gebieten das Buch: vom Pastor vorgelesen und erläutert, von den lernenden Kindern schweigend gelesen. Es ist, als habe sich auf die Kirche eine alte Übung der mittelalterlichen Universität fortgeerbt, wo die Studenten ebenfalls in ihrem eigenen Buch verfolgten, was der Magister aus seinem Manuskript vorlas. In beiden Fällen verlangte das belehrende Wort die Vertrautheit mit einem geschriebenen Text, den man mitbrachte und durcharbeitete – Vertrautheit, die sich in der katholischen Seelsorge weniger rasch verbreitete.

Norden und Nordosten Frankreichs, 37 Prozent in den österreichischen Niederlanden, 40 Prozent in England. Die Alphabetisierungsrate in der europäischen Peripherie einzuschätzen ist schwieriger, da hier die Forschungen weniger weit gediehen sind; an bestimmten Anzeichen läßt sich jedoch die Verzögerung ablesen. So am Beispiel Italien: In der Emilia ging Anfang des 19. Jahrhunderts – also recht spät – der Anteil der *Städter*, die ihren Namen schreiben konnten, nicht über 45 Prozent bei den Männern und 26 Prozent bei den Frauen hinaus. Man darf daher vermuten, daß die Alphabetisierungsrate, bezogen auf die Gesamtbevölkerung (Stadtbewohner *und* Landbewohner) und auf ganz Italien einschließlich Mezzogiorno, noch niedriger gewesen sein muß – deutlich niedriger. So auch am Beispiel Ungarn: Hier konnten 1786 nur 11 Prozent der Gemeindebeamten in Dörfern und Märkten ihren Namen schreiben, was für die Mehrheit der Landbevölkerung einen noch geringeren Prozentsatz vermuten läßt.[17] Im Norden, nämlich in Schweden, war die Schreibfertigkeit noch Ende des 18. Jahrhunderts wenig verbreitet; im Jahrzehnt zwischen 1870 und 1880 verfügten lediglich 35 Prozent der Wehrpflichtigen über sie.

Ein kulturell avanciertes Europa im Norden und Nordosten, ein kulturell rückständiges Europa an den Peripherien – in seiner brutalen Banalität drückt dieser Kontrast sehr wohl eine Wahrheit aus. Allerdings sind Nuancierungen geboten. Insbesondere sind die Übergangszonen zu beachten; sie verbanden Gegenden, in denen Ende des 18. Jahrhunderts zwei von drei Männern ihren Namen schreiben konnten, mit Gegenden, in denen dies nicht mehr als zwei oder gar einer von zehn Männern vermochten. Das französische Midi, südlich der Linie Saint-Malo–Genf, war eine dieser Zwischenzonen; hier signierten gegen Ende des Ancien Régime 44 Prozent der Männer und 17 Prozent der Frauen ihre Heiratsurkunde. Im übrigen herrschte auch innerhalb der peripheren Zonen selber ein ausgeprägter Gegensatz zwischen Gebieten, wo die Lesefähigkeit kaum besser entwickelt war als die Schreibfertigkeit (so war es in Italien und Ungarn), und jenen, in denen ein enormer Abstand die beiden Kompetenzen trennte. So gab es in Schweden um die Mitte des 18. Jahrhunderts nur wenige Menschen, die schreiben konnten, aber 80 Prozent der Männer und Frauen konnten lesen. Ende des 17. Jahrhunderts, vor allem seit dem Kirchengesetz von 1686, hatte die lutherische Kirche, gestützt auf den Staat, eine Kampagne zur Verbreitung des Lesens eingeleitet, damit alle Gläubigen lernten, »zu lesen und mit eigenen Augen zu sehen, was Gott durch Sein heiliges Wort gebietet und befiehlt«. Deshalb nahmen die Gemeindepfarrer das Werk der Alphabetisierung (zum Zwecke des Lesens) selbst in die Hand; deshalb fanden bei offiziellen Visitationen in der Gemeinde regelmäßig Examina statt, um das Lesevermögen und die katechetischen Kenntnisse der Gläubigen zu ermitteln; deshalb blieben diejenigen von der Kommunion und vom Sakrament der Ehe ausgeschlossen, die nicht lesen konnten und den Katechismus nicht beherrschten. Die Kampagne, die von 1690 bis 1720 intensiv betrieben wurde, hatte eine krasse Spaltung in der Alphabetisierung der schwedischen und finnischen Bevölkerung zur Folge – die Lesefertigkeit (allerdings aus religiösen Beweggründen und zu religiösen Zwecken) war weit verbreitet; die Schreibfertigkeit dagegen blieb das Privileg einer kleinen Elite.[18]

Ein solches Verhältnis zur Schrift war gewiß keine Eigentümlichkeit Schwedens. Ähnlich mag es in Dänemark gewesen sein, wo Ende des 18. Jahrhunderts der Abstand zwischen Lesen- und Schreibenkönnen anscheinend beträchtlich war. Und ähnlich war es unstreitig in Schottland, wo – auf einer anderen Stufe der Alphabetisierung, da das Land, jedenfalls was die Fähigkeit zumindest der Männer anging, den eigenen Namen zu schreiben, zur europäischen Spitzengruppe gehörte – das Lesevermögen offenbar sehr verbreitet war. Nach Aussagen, die 1742 der evangelische Pastor von Cambuslang sammelte, einer Pfarrei im Zentrum der die Kirche von Schottland erschütternden religiösen Erneuerungsbewegung, erklärten sämtliche Gläubigen, Männer wie Frauen, auf die Frage nach ihrer religiösen Erbauung, daß sie lesen gelernt hätten. Dagegen gaben nur 60 Prozent der Männer und 10 Prozent der Frauen an, daß sie schreiben konnten.[19] Der Druck der Kirche im schwedischen Luthertum und der Druck der Gemeinde im schottischen Presbyterianertum (viele Gläubige in Cambuslang bekannten, sie hätten nur deshalb lesen gelernt, um sich nicht der »Schande« auszusetzen, an den religiösen Versammlungen nicht vollberechtigt teilnehmen zu können) bewirkten, daß in diesen Ländern die Lesefähigkeit praktisch Allgemeingut war, und zwar unabhängig von der durch Zählung von Unterschriften gemessenen Alphabetisierungsrate.

Die Reformation und die Schrift

Daraus darf man freilich nicht schließen, daß dieser Sachverhalt überall und immer ein zwangsläufiges Ergebnis des Protestantismus war. In Deutschland entband Luther die Gläubigen schon in den Jahren nach 1520 von der Pflicht zur individuellen und umfassenden Bibellektüre und verfocht einen anderen Plan, der auf die Predigt und den Katechismus und damit auf die belehrende und interpretierende Rolle der Pastoren setzte, die über das rechte Verständnis des heiligen Textes zu wachen hatten. Daraus ergab sich eine klare Scheidung zwischen der Schulpolitik der lutherischen Staaten, die vor allem der Ausbildung seelsorgerlicher und administrativer Eliten diente, und dem Werk der religiösen Unterweisung des Volkes, das, gegründet auf mündlichen Unterricht und Auswendiglernen, sich sehr wohl mit Analphabetentum vertrug.[20] Visitanten, die in der zweiten Hälfte des 16. Jahrhunderts im Rheinland die religiösen Kenntnisse der Gläubigen (und nicht, wie später in Schweden, ihre Lesefertigkeit) prüften, beobachteten häufig unverständige Wiederholung von Texten und auswendig gelernte, zumeist falsche Anworten, was beweist, daß die Katechese nicht das persönliche Bibelstudium zum Ziel hatte, sondern das Einprägen mündlich gepaukter Formeln.[21] Erst mit der »Zweiten Reformation«, die Ende des 17. Jahrhunderts mit dem Pietismus einsetzte, wurde die individuelle Beschäftigung mit der Bibel – die den Leser voraussetzte – zur Pflicht für alle Gläubigen. Dieser Pflicht genügte man anfangs durch gegenseitige Unterweisung in den religiösen Konventikeln; später verlieh der Staat ihr Nachdruck, indem er sie in den Lehrplänen der Volksschulen verankerte. Dadurch veränderte sich der Status der Bibel selber: Während sie im 16. Jahrhundert in Deutschland ein Buch der Pastoren, Priesteramtskandidaten und Pfarrbüchereien war, wurde sie zu Beginn des 18. Jahrhunderts zu einem Buch für alle, das billig und in großer Stückzahl hergestellt wurde. Das mag auch die Zunahme der Alphabetisierung im pietistischen Deutschland erklären: In Ostpreußen stieg der Prozentsatz der Bauern, die ihren Namen schreiben konnten, von 10 Prozent im Jahre 1750 auf 25 Prozent im Jahre 1765 und dann gegen Ende des Jahrhunderts auf 40 Prozent.[22] Erst mit dem Pietismus also, nicht schon während der lutherischen Reformation, hat sich die Praxis des Lesens in Deutschland massiv eingebürgert, etwa in denselben Jahrzehnten des 18. Jahrhunderts, in denen die Alphabetisierungskampagne der schwedischen Kirche im Gange war.

Fortschritte im Mittelalter

Die Entwicklung der Alphabetisierung und die Verbreitung des Lesens, wiewohl ungleichmäßig und in Schüben erfolgend, zählen also, wie Philippe Ariès dargelegt hat, zu den Faktoren, welche die Vorstellung des abendländischen Menschen von sich selbst und von seiner Beziehung zum anderen umgestaltet haben. Allerdings ist dieser Vorgang erst im 17. und 18. Jahrhundert meßbar, weil es, von seltenen Ausnahmen abgesehen, erst seit dem Ende des 16. Jahrhunderts, ja, häufig erst viel später aussagekräftige Dokumente oder kontinuierliche Serien von Schriftstücken gibt, die quantifizierbares Unterschriftenmaterial enthalten. Die kulturelle Lage der europäischen Länder im Ausgang des Mittelalters oder im 16. Jahrhundert ist noch weithin unaufgehellt, und es wäre fahrlässig zu behaupten, daß sie durch eine sehr geringe Alphabetisierung und ein klerikales Monopol auf die Schriftkultur geprägt gewesen sei. Beispielsweise lassen in Flandern mancherlei Indizien auf eine weitverbreitete Fähigkeit der Bevölkerung zum Lesen, Schreiben und Rechnen schließen – man denke an die Vielzahl städtischer Schulen »sine latino«, die Elementarkenntnisse vermitteln sollten (in Saint-Omer gab es 1468 gut zwanzig solcher Schulen, in Valenciennes, einer Stadt von 10 000 Einwohnern, 1497 vierundzwanzig), an die Inschriften auf Fresken und Kirchenbildern und an die hohen Prozentsätze an Unterschriften – etwa 70 Prozent – auf unterschiedlichen Quittungen (für empfangene Renten, für Warenlieferungen und Arbeitsleistungen), die im 15. Jahrhundert im Stadtschöffenamt und in den Hospizen von Saint-Omer gesammelt wurden. Im allgemeinen erscheinen dabei Kaufleute und Handwerker als alphabetisiert, Tagelöhner und Lastenträger mehrheitlich als des Schreibens unkundig. Auf dem Lande war die Situation zweifellos anders, aber daß Armen-

Eine alte Frau liest einem alten Mann vor. Die Lektüre, bei hellem Tageslicht im Haus betrieben, unterbricht auf dem Land für einige Zeit den Arbeitsalltag. Gelesen wird aus einem großen Buch, das man mit beiden Händen halten muß. Die Lektüre verlangt Anstrengung und die versammelte Aufmerksamkeit des Lesenden wie des Hörenden. In calvinistischen und daher alphabetisierten Ländern war die tägliche häusliche Bibellektüre Pflicht. Gérard Dou gibt davon eine idealisierte Darstellung: eingefangene Wirklichkeit und zugleich empfohlenes Vorbild.
(Paris, Louvre)

verzeichnisse, Gemeinde- und Wohltätigkeitsregister und Steuerrollen geführt wurden, ist ein klarer Hinweis auf geläufige Schreibfertigkeit, und öffentliche Aushänge mit den Steuersätzen setzten Leute voraus, die sie lesen konnten.[23] Das lese- und schreibkundige mittelalterliche Flandern war indes kein Einzelfall in Europa. Auch in den italienischen Städten waren seit dem 14. Jahrhundert breite Schichten des Schreibens mächtig. In Florenz besuchten um 1340 45 bzw. 60 Prozent der Kinder zwischen sechs und dreizehn Jahren die städtischen Volksschulen, was, wenn man die ungleiche Verteilung des Schulbesuchs auf die Geschlechter berücksichtigt, mit Gründen einen erheblich höheren Anteil der Knaben vermuten läßt.[24] Zumindest in bestimmten Gebieten war die Durchsetzung der Schrift also bereits gegen Ende des Mittelalters verwirklicht, und aus den spektakulären und flächendeckenden Fortschritten der Alphabetisierung zwischen 1600 und 1800 darf man nicht voreilig folgern, daß zwischen 1400 und 1500 Lesen und Schreiben allenthalben die Ausnahmen gewesen wären.

Vorbehalte gegen die Schrift

Ebensowenig darf man verkennen, daß es eine kräftige und fortwährende kollektive Feindseligkeit gegen die Schrift, ihre Beherrschung und Verbreitung gab. Eine solche Ablehnung stellt Shakespeare in *König Heinrich der Sechste** vor, um die Revolte von Hans Cade dem Tuchmacher zu charakterisieren. In der zweiten Szene des vierten Aufzugs dieses Stückes, das die Quarto-Ausgabe auf 1594 datiert, nennen Cade und seine Leute es ihre oberste Pflicht, »daß wir alle Rechtsgelahrte umbringen«; ihr erstes Opfer ist der Schreiber von Chatham. Ihr Klassenhaß speist sich aus drei Quellen ihres Einspruchs gegen die Schrift. Erstens werden die Entscheidungen der Justiz in Schriftform bekanntgegeben, und wenn Cade von dem »bekritzelt Pergament« spricht, das mit Bienenwachs besiegelt wird, dann spielt er ohne Zweifel auf die »royal writs« an, die seit dem 12. Jahrhundert die vor dem König niedergelegten Klagen kodifizierten und die Entscheidungen der königlichen Justiz an die örtlichen »sheriffs« weitergaben (so hat man Cade »für seine Schafdieberei ein Zeichen in die Hand gebrannt«). Zweitens werden die ökonomischen Abhängigkeiten der Armen schriftlich festgehalten; so erklärt sich der Vorwurf an den Schreiber von Chatham: »Er kann auch Verschreibungen machen und Kanzleischrift schreiben«, womit auf die Schuldanerkenntnisse und die Kursivschrift der notariell beglaubigten Akten hingewiesen wird. Und drittens ist das Schreiben eine magische, böse Kunst: Der Schreiber von Chatham »hat ein Buch in der Tasche, da sind rote Buchstaben drin«, also ein Hexenbuch mit Rubrikentiteln in roter Tintenschrift, die vielleicht die jüdische Herkunft des Schreibers beschwören, der ja Emanuel heißt. Märten, einer der Rebellen, kennt die amtliche Bedeutung dieses Namens: »Das pflegen sie an die Spitze der offenen Sendschreiben zu setzen.« Die Beherrschung der Schrift ist damit als legale oder magische Gewaltausübung gefaßt, durch welche sich der Starke den Schwachen gefügig macht, sowie als Zeichen der Überhebung über die Gleichheit der Gemeinschaft. Daher fragt Cade den Schreiber: »Pflegst du deinen Namen auszuschreiben, oder hast du ein Zeichen dafür, wie ein ehrlicher schlichter Mann?« Dieses »Zeichen«, das alle machen können, zeugt vom Respekt vor der ursprünglichen Gleichheit; die Unterschrift macht die, die schreiben können, zu etwas Besonderem und verrät Verachtung der Regel.

In der siebten Szene desselben Aufzugs haben sich die Rebellen zu Herren Londons aufgeworfen und lassen ihrem Haß auf die Schriftkultur freien Lauf. Sie wollen deren Transmissionsstätten vernichten (»andere zu den Gerichtshöfen, nieder mit allen zusammen«), deren alte Denkmäler (»verbrennt alle Urkunden des Reichs«), deren Reproduktionstechniken (Lord Say wird angeklagt, »das Drucken aufgebracht« und »eine Papiermühle gebaut« zu haben), die Lexik der Beschreibung (ein anderer Vorwurf gegen Lord Say lautet, daß er Leute um sich habe,

* Im folgenden nach der Übersetzung von Schlegel zitiert. *A.d.Ü.*

»die zu reden pflegen von Nomen und Verbum, und dergleichen scheußliche Worte mehr«). Gegen diese oppressiven und korrumpierenden Modernismen fordert Cade die Rechte einer traditionellen Kultur ein, die auf dem gesprochenen Wort und dem Zeichen beruht. »Mein Mund soll das Parlament von England sein«: ein Rekurs auf die antike Konzeption, welche die Macht des Gesetzes mit dessen mündlicher Proklamation gleichsetzt, weil diese Ausdrucksform von Herrschaft besonders suggestiv ist. Gegen Buch und Buchdruck wird der alte Brauch gepriesen, private Transaktionen mit »Kreide und Kerbholz« vorzunehmen, um sich Schulden auf diese Weise zu merken. – Mit der Darstellung einer 150 Jahre alten Revolte (die Erhebung Jack Cades fiel in das Jahr 1449, fand also 27 Jahre vor der Einführung des Buchdrucks in England statt) entzündet Shakespeare eine fundamentale kulturelle Spannung in seinem Text, nämlich den Gegensatz zwischen der wachsenden Schriftlichkeit der Gesellschaft – sowohl in der Erteilung von Weisungen und in der Recht»sprechung« wie in den zwischenmenschlichen Beziehungen – einerseits und dem nostalgisch-utopischen Wunsch nach einer Gesellschaft ohne Schrift, die geregelt wäre durch Worte, die alle verstehen, und Zeichen, die alle begreifen könnten, andererseits. Wir wissen nicht, welche Absichten Shakespeare verfolgt haben mag, indem er einen Volksaufstand für närrisch und blutig und seine Exponenten für manipulierte Marionetten erklärte; jedenfalls läßt er keinen Zweifel daran, daß das zentrale Motiv des Stückes die Feindschaft gegen die Schrift ist, in der das Volk die Umwälzung der Gesellschaft verkörpert wähnt.

Der Schriftfeindlichkeit des einfachen Volkes entsprach die Ablehnung des Buchdrucks durch die Gebildeten. Um die Wende des 15. zum 16. Jahrhundert war das ein vieldiskutiertes Thema. In Venedig brachte der Dominikanermönch Filippo di Strata gegen Gutenbergs Erfindung Argumente vor, welche die Mehrheit des Senats der Stadt übernahm. Für Strata ist der Buchdruck aus mehreren Gründen verwerflich: Er korrumpiert die Texte, die in schlampigen Editionen und allein aus Profitgründen auf den Markt geworfen werden; er korrumpiert den Geist durch Verbreitung unmoralischer und heterodoxer Texte, die sich der Kontrolle durch die Kirchenbehörden entziehen; und er korrumpiert die Bildung selbst, befleckt sie, weil er sie den Ungebildeten öffnet. So gelangt Strata zu dem hexametrischen Verdikt: »Est virgo hec penna, meretrix est stampificata« – die Feder ist eine Jungfrau, die Druckerei ist eine Hure.[25] Ein gutes Jahrhundert nach den Versen des venezianischen Dominikaners aus dem letzten Viertel des 15. Jahrhunderts klingt ihr thematisches Echo in Lope de Vegas »comedia« *Fuenteovejuna* nach, die 1619 in Madrid herauskam. Im zweiten Akt (v. 892–930) erwägen der Bauer Barrildo und der Lizentiat Leonelo von der Universität Salamanca die Vorzüge des Buchdrucks. Der gelehrte Leonolo gesteht seine Zweifel an dem Nutzen von Gutenbergs Erfindung. Gewiß werden durch sie wertvolle Texte konserviert und verbreitet; aber der Buchdruck bringt auch Irrtümer und Absurditäten unter die Leute, er ermöglicht einem Übelwollenden, in eine fremde Identität zu schlüpfen und unter falschem Namen die eigenen Dumm-

Ganz in sich gekehrt, ohne jeden Zuhörer, liest die alte Frau auf diesem Bild von Gérard Dou die Bibel; sie bewegt die Lippen und spricht sich das Gelesene vor, um es besser in sich aufnehmen zu können. Geistig minder rege Menschen fanden es noch lange notwendig, sich das Gelesene laut oder halblaut vorzusprechen.
(Leningrad, Ermitage)

heiten in die Welt zu setzen, und er verwirrt die Gedanken durch Überfluß an Texten. Der Buchdruck hat nicht die Bildung befördert, sondern, im Gegenteil, die Unbildung vermehrt. Barrildo erklärt, die Vielzahl gedruckter Bücher habe zur Folge, daß jedermann sich gebildet wähne, worauf Leonelo knapp erwidert: »Antes que ignoran más«, d. h. um noch mehr nicht zu wissen.

Die Schriftkultur in den abendländischen Gesellschaften mußte gegen die zählebige Vorstellung antreten, daß öffentlich ausgebreitetes Wissen profaniertes Wissen sei. Die Verbreitung der Lese- und Schreibpraxis und die Fülle der gedruckten Texte bereiteten schriftkundigen Klerikern und Laien Verdruß, die bis dahin die Erzeugung und Verwaltung von Wissen zu monopolisieren verstanden hatten. Zuerst trat das Christentum mit diesem Anspruch auf, indem es die Geistlichen zu berufenen Deutern der Geheimnisse Gottes, der Natur oder des Staates erhob. Im Verlauf der wissenschaftlichen Revolution im frühen 17. Jahrhundert fielen zwar die Verbote und Schranken, mit denen die Erkenntnisarbeit seit alters umgeben worden war, nicht aber deren Begrenzung auf die kleine Minderheit der »respublica litteratorum«, die angeblich allein imstande war, diese Arbeit ohne Gefahr für Religion, Recht und Ordnung zu leisten. In dem Moment, als Ikarus und Prometheus zu Symbolfiguren forschender Neugier wurden, reklamierte eine exklusive Kaste diese Neugier für sich: die Intellektuellen.[26] So verschränkten sich zwei Motive miteinander – das eine war der Widerwille des einfachen Volkes gegen die Schriftkultur, die als Herrschaftsinstrument und als Bedrohung der Gemeinschaft wahrgenommen wurde; das andere war das Mißtrauen der Gebildeten gegen die Popularisierung ihrer Einsichten und damit des Schlüssels, der den Zugang zu ihnen öffnete. Gegen diese beiden Vorurteile mußte sich die Einführung der Schrift in die abendländischen Gesellschaften vollziehen.

Praktiken des Lesens

Die stille Lektüre

Mit der Verbreitung der Lesefertigkeit zwischen dem 16. und 18. Jahrhundert kamen neue Lesegewohnheiten auf, als deren bedeutendste Philippe Ariès die stille Lektüre bezeichnet hat: Lesen in der Intimität eines abgeschirmten Raumes, die zur einsamen Reflexion einlädt. Diese »Privatisierung« des Lesens gehört unbestreitbar zu den kulturellen Haupterrungenschaften der Neuzeit. Es gilt nun, die Bedingungen ihrer Möglichkeit zu klären. Die erste Bedingung war die Vergesellschaftung einer neuen kulturellen Kompetenz, die den Einzelnen in den Stand setzte zu lesen, ohne den Text laut oder leise mitzusprechen. Sie allein vermochte den Leser der Kontrolle der Gemeinschaft zu entziehen, wenn er in der Öffentlichkeit las, beispielsweise in einer Bibliothek oder sonst einem Raum, in dem andere Menschen zugegen waren. Und nur diese Art zu lesen begründete die Verinnerlichung des Gelesenen durch den, der las. Das langsame, umständliche und veräußerlichte Vorlesen wurde ersetzt durch eine Lektürepraxis, die den Lesenden

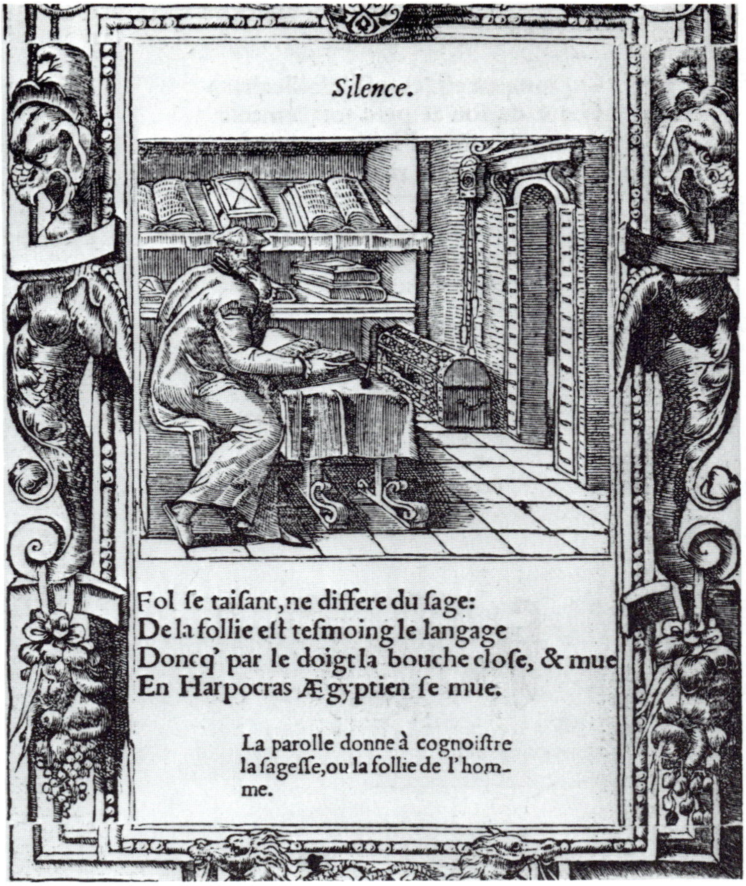

Die Gebildeten lasen schweigend, mit geschlossenem Mund. Und so zeigen die *Emblèmes d'Alciat de nouveau translatés en français* (Lyon 1549), um das Schweigen als Tugend des Weisen zu illustrieren, einen lesenden Gelehrten in seinem Arbeitszimmer – als sei das Lesen der Akt des Schweigens par excellence, die stillste aller Betätigungen.

unmittelbar in seinem Wesen ergriff. Man las allein mit den Augen. Dieser Habitus scheint im Laufe des Mittelalters allmählich in allen Leserschichten Fuß gefaßt zu haben: War er zunächst lediglich bei den Kopisten der klösterlichen »scriptoria« gebräuchlich, so veränderte er seit der Mitte des 12. Jahrhunderts auch die Gepflogenheiten an den Universitäten, bevor er zweihundert Jahre später den Laienadel erfaßte. Im 15. Jahrhundert war das stille Lesen bereits die Regel – jedenfalls bei jenen Lesern, die auch schreiben konnten und zu den seit jeher alphabetisierten Schichten der Gesellschaft zählten. Für die anderen Schichten, die nur langsam Zugang zur Lektüre fanden und für die ein Buch etwas Seltsames, Exotisches und Bestaunenswertes blieb, war die alte Methode des lauten Lesens unantastbar. Bis ins 19. Jahrhundert verrieten sich frischgebackene und ungeübte Leser durch ihre Unfähigkeit zum stillen Lesen. »Wenn ich laut lese, was ich lese, dann nicht für Euch, sondern für mich [...]. Immer, wenn ich nicht alles ganz laut lese, was ich lese [...], verstehe ich nicht, was ich lese«, erwidert in *La Cagnotte*, einem Theaterstück von Labiche aus dem Jahre 1864, der Bauer Colladan, als jemand ungehalten reagiert, weil er einen vertraulichen Brief vorliest.

Ein Almanach auf das Jahr 1681 in Form eines Wandplakats trägt den Titel *Almanach de que dit on quelle nouvelle ou les nouvelistes du Quay des Augustins*. Vor den Läden und Ständen der Buchhändler liest ein Mann, umringt von einer wißbegierigen Menge, laut aus einer Zeitung vor. Der gereimte Kommentar mokiert sich über diese Ungeduld, die nur durch sofortiges, öffentliches Vorlesen besänftigt werden kann: »Die Staatsaffären, meine Herrn, / woll'n Sie ergötzen und erbauen, / und die Affären Ihrer Frauen, / darüber lachen Sie doch gern! / Schon manch' Affäre ist passiert, / Dieweil man noch das Blatt studiert!« (Paris, Bibliothèque Nationale)

Für diejenigen, die es beherrschten, eröffnete das stille Lesen ungeahnte Erfahrungen. Es verwandelte, erstens, radikal die geistige Arbeit, die nun zu einer individuellen innerlichen Tätigkeit wurde, zur persönlichen Konfrontation mit immer mehr Texten, die man im Gedächtnis zu behalten suchte und in denen man wichtige Stellen optisch markierte. Zweitens beförderte es eine individuellere Frömmigkeit, eine entschieden private Andacht, ein anderes Verhältnis zum Heiligen als das, welches kirchlicher Disziplin und Vermittlung gehorchte. Die Spiritualität der Mendikantenorden, die »devotio moderna«, ja, der Protestantismus selbst, die allesamt eine unmittelbare Beziehung des Einzelnen zur Gottheit voraussetzten, haben sich unverkennbar auf diese neue Praxis berufen; sie erlaubte es zumindest einigen Gläubigen, ihren Glauben durch die private Lektüre von Erbauungsbüchern oder der Bibel zu kräftigen. Und drittens ermächtigte das einsame, heimliche Lesen zu bisher verbotenen Kühnheiten – seit dem ausgehenden Mittelalter, noch zur Zeit der Handschriften, kursierten zunehmend häretische Texte, kritische Ideen und erotische Werke, die entsprechend illuminiert waren.[27] Wohl stellte die Erfindung des Buchdrucks eine »Revolution« insofern dar, als sie die Reproduktion identischer Texte für alle Leser in hoher Stückzahl (auch in Zeiten niedriger Auflagen) und zu deutlich günstigeren Preisen als denen für eine handgeschriebene Kopie (auch in Zeiten hoher Druckkosten) ermöglichte; aber man darf ihr nicht einen geistigen oder affektiven Einstellungswandel zuschreiben, der in Wahrheit auf einer neuartigen Lesepraxis beruhte, mochte der gelesene Text nun handgeschrieben oder gedruckt sein. Im 16. Jahrhundert war diese andere Revolution, die des Lesens, bereits vollzogen, doch die Laienschichten hatte sie nur zu Teilen erreicht; sie ließ jene zahlreichen Leser unberührt, die des Schreibens nicht hinreichend mächtig waren. So gab es eine klare Trennung zwischen denen, die das Lesen mehr und mehr als einen Ausdruck der Intimität und der Privatheit verstanden, und jenen, die es noch im Kontext einer kollektiven, ja, klassensolidarischen Sozialität betrieben. Immerhin sind, wie wir sehen werden, auch an dieser zweifellos klaren und allgemeingültigen Trennung gewisse Differenzierungen anzubringen.

Mehr Bücher für mehr Leser

Gab es nun neben diesem neuartigen Verhältnis zum geschriebenen (handschriftlichen oder gedruckten) Text, das im stillen Lesen gründete, eine erhöhte Vertrautheit mit dem Buch, eine stärkere Präsenz des Buches in der Intimität der Familie? Anders gefragt: Bedeutete die Privatisierung der Praxis des Lesens zugleich eine Zunahme der Zahl der Buchbesitzer und eine Vergrößerung ihres Buchbestandes? Die Beantwortung dieser Frage erfordert die Auswertung von Dokumenten, die freilich unvollständig und lückenhaft sind und viel Kritik auf sich gezogen haben. Es handelt sich um die Nachlaßverzeichnisse, die meist nach dem Tod des Erblassers angelegt worden sind und in denen, jedenfalls zum Teil, auch seine Bücher katalogisiert sind. Diese Quellen sind indes ziemlich unzuverlässig – sie beweisen mitnichten, daß der Verstorbene die registrierten Bücher tatsächlich gelesen, ja, auch nur gekauft hat; sie ignorieren belanglose Druckschriften, die ihn vielleicht gerade besonders interessiert haben; und sie erfassen nicht jene kostbaren oder anrüchigen Bücher, die der Erbmasse vor der Inventarisierung entnommen wurden. Man darf von derartigen Verzeichnissen daher nur sehr allgemeine Aufschlüsse über den Gebrauch von Büchern in einer Gesellschaft erwarten und muß hier noch vorsichtiger zu Werke gehen als bei der Bewertung der Unterschriftenhäufigkeit, wenn man die an verschiedenen Orten beobachteten Daten miteinander vergleichen will. Auf die Inventare hat nämlich außer den unterschiedlichen notariellen Gepflogenheiten auch die Zusammensetzung der jeweiligen Bevölkerungsgruppe Einfluß, für die sie in einem bestimmten historischen Augenblick angefertigt wurden.

Für das 16. Jahrhundert ist belegt, daß die Menschen mehr Bücher besaßen und in ihrer Wohnung aufbewahrten als früher, allerdings unter höchst ungleichen Bedingungen. In einem Fall blieb der Prozentsatz der Buchbesitzer (generell und nach sozialer Schicht aufgeschlüsselt) identisch, während die Anzahl der Bücher in ihrem Besitz zunahm. So verhielt es sich im spanischen Valencia, wo zwischen 1474 und 1550 in jedem dritten Nachlaßverzeichnis Bücher erwähnt sind. Die Hierarchie der Buchbesitzer blieb stabil: Neun von zehn Klerikern besaßen Bücher,

Im 18. Jahrhundert war für Carmontelle und andere das Lesen vor allem eine einsame Tätigkeit, ein Akt des Schweigens, wie es der an die Lippen gelegte Finger andeutet. Doch bedurfte es zu solcher Lektüre nicht mehr der Abgeschlossenheit des Arbeitszimmers. Hier hat sich Graf Schomberg nicht hinter einem Schreibtisch, sondern am weit geöffneten Fenster, mit Blick auf den nahe gelegenen Park, zum Lesen niedergelassen. Er sitzt entspannt und hat den Kopf auf die Hand gestützt. Wenn der Leser das Buch sinken läßt (hier sind es die Werke Voltaires), ist er selbst in Gedanken versunken. (Chantilly, Musée Condée)

drei von vier Angehörigen der freien Berufe, jeder zweite Adlige, jeder dritte Geschäftsmann, aber nur jeder zehnte Handarbeiter. Doch im selben Zeitraum füllten sich bei allen diesen Gruppen die Buchregale: Zwischen dem Ende des 15. und dem zweiten Viertel des 16. Jahrhunderts wuchsen die Büchersammlungen der Ärzte von durchschnittlich 26 auf 62 Titel, die der Juristen von 25 auf 55, die der Kaufleute von 4 auf 10 Titel, und die Textilhandwerker hatten jetzt nicht bloß ein einziges Buch, sondern »Bibliotheken« von durchschnittlich vier Bänden.[28]

Ein anderes Bild bot sich in Florenz. Im 16. Jahrhundert blieb der Prozentsatz von Nachlaßverzeichnissen, die, im Auftrag des *Magistrato de' pupilli* angefertigt, auch Bücher registrierten, einigermaßen stabil und war sehr niedrig: Er belief sich auf 4,6 Prozent zwischen 1531 und 1569 und 5,2 Prozent zwischen 1570 und 1608 (während er bereits zwischen 1413 und 1453 nicht weniger als 3,3 Prozent betragen hatte), um dann in der zweiten Hälfte des 15. Jahrhunderts jäh auf 1,4 Prozent abzusinken. Dieser Prozentsatz liegt weit unter dem, der in Valencia oder in Amiens[29] erreicht wurde, wo zwischen 1503 und 1576 20 Prozent der Verzeichnisse Bücher aufführten. Signalisiert dies eine Rückständigkeit Italiens oder lediglich eine andere notarielle Praxis, nämlich die Registrierung auch der ärmlichsten Hinterlassenschaften? Das ist nicht leicht zu sagen. Eins steht immerhin fest: Während die Population der Buchbesitzer sich kaum erweiterte, stieg der Anteil der besonders gut ausgestatteten Bibliotheken: Solche mit weniger als 6 Bänden stellten vor 1570 noch 55 Prozent der Gesamtanzahl, während es danach nur 31 Prozent waren; umgekehrt wuchs die Zahl der Bibliotheken mit einem Bestand zwischen 51 und 100 Bänden von 4,5 auf 9 Prozent und mit einem Bestand zwischen 101 und 200 Bänden von 1 auf 8 Prozent. Gleichzeitig legten die mittleren Bibliotheken mit 6 bis 50 Bänden um fast 10 Prozent zu; vor 1570 machten sie 38 Prozent der Gesamtanzahl aus, danach 47 Prozent.[30]

Dafür, daß privater Buchbesitz die Aura des Außergewöhnlichen verlor, gab es noch ein letztes Indiz, nämlich die prozentuale Zunahme derer, die eine Bibliothek ihr eigen nannten. So war es in Canterbury, der wichtigsten Stadt der Grafschaft Kent, um die Wende des 16. zum 17. Jahrhundert. Die den Besitz von Büchern anzeigende Progression bei den Nachlaßverzeichnissen männlicher Erblasser ist deutlich und steigend: 1560 kamen Bücher nur in jedem zehnten Verzeichnis vor, 1580 in jedem vierten, 1590 in jedem dritten und 1620 fast in jedem zweiten. In zwei anderen, kleineren Städten der Grafschaft, Faversham und Maidstone, gab es eine ähnliche Steigerungsrate. Auch hier hing der Besitz von Büchern ganz eindeutig von der finanziellen Lage und dem sozialen Stand der Personen ab. Während in Canterbury zwischen 1620 und 1640 90 Prozent der Angehörigen der freien Berufe und 73 Prozent der Adligen Bücher besaßen, waren es bloß 45 Prozent der Textilhandwerker, 36 Prozent der Bauleute und 31 Prozent der in der Stadt lebenden »yeomen«. Mit diesen hohen Prozentsätzen waren die genannten drei Städte Kents freilich nicht typisch für England. In den ländlichen Pfarrgemeinden blieb das Buch noch im 17. Jahrhundert eine Rarität! Um 1620 registrierten nur 13 Prozent der Inventare aus

Jacob de Gheyn d. J., *Vanitas*, 1621(?). Auf diesem und vielen anderen Vanitas-Darstellungen aus dem frühen 17. Jahrhundert machen Zeit und Tod das Geschriebene in allen seinen Formen, vom schweren Folianten bis zum kleinen Taschenbuch, ebenso zunichte, wie sie Kriegsruhm und Kunstschöpfung zunichte machen. Gegen den Glauben an die Unsterblichkeit der Werke – verstärkt durch die Buchdruckerkunst, die ihnen unzerstörbare Dauer zu verleihen scheint – erinnern die Maler von Vanitas-Motiven an die Vergänglichkeit aller Dinge, auch des im Druck gebannten Wortes.
(New Haven, Yale University Art Gallery)

Bedfordshire, zwischen 1630 und 1690 nur 14 Prozent der Verzeichnisse aus Middlesex Bücher.[31]

Hat – nach den Nachlaßverzeichnissen zu urteilen – zwischen dem 16. und 18. Jahrhundert der private Buchbesitz zugenommen? Und konnte sich der Prozeß der Privatisierung, der diese drei Jahrhunderte geprägt hat, auf die intime Beschäftigung von immer mehr Lesern mit immer mehr Büchern stützen? Bei der Beantwortung dieser Fragen ist zu beachten, daß es in der zweiten Hälfte des 18. Jahrhunderts in unterschiedlichen Situationen starke Gegensätze gegeben hat. Was den privaten Buchbesitz betrifft, so standen in Europa zweifellos die Städte in den protestantischen Ländern an der Spitze. Genannt seien stellvertretend drei deutsche Städte: Tübingen, Speyer und Frankfurt. Mitte des 18. Jahrhunderts wurden hier in 89 Prozent, 88 Prozent bzw. 77 Prozent aller Nachlaßverzeichnisse Bücher registriert.[32] Der Abstand zu den Städten des katholischen Frankreich war erheblich, ob es sich nun um die Hauptstadt handelte (zwischen 1750 und 1760 führten nur 22 Prozent der Pariser Nachlaßverzeichnisse Bücher auf) oder um die Städte in der Provinz (in neun westfranzösischen Kleinstädten waren 1757/58 nur in 36 Prozent der Inventare Bücher registriert, in Lyon in der zweiten Hälfte des 18. Jahrhunderts 35 Prozent).[33] Gering war der Abstand hingegen zu anderen protestantischen Gebieten – selbst wenn sie überwiegend ländlich waren –, beispielsweise in Amerika. Ende des

18. Jahrhunderts registrierten 75 Prozent der Inventare in Worcester County, Massachusetts, 63 Prozent in Maryland und 63 Prozent in Virginia Bücher im Nachlaß.[34] Das verrät eine beachtliche Steigerung, verglichen mit dem 17. Jahrhundert, als in denselben Gegenden der Anteil 40 Prozent betrug.

Protestantische Lektüre

Die Grenzlinie zwischen den Religionen scheint entscheidend für eine Differenzierung des Verhältnisses zum privaten Buchbesitz zu sein. Nichts zeigt das deutlicher als der Vergleich der privaten Bibliotheken in zwei Gemeinden ein und derselben Stadt, nämlich Metz. Hier sind zwischen 1645 und 1672 in 70 Prozent der protestantischen, aber nur in 25 Prozent der katholischen Nachlaßverzeichnisse Bücher aufgeführt. Der Unterschied war auch nach Stand und Beruf sehr klar: 75 Prozent der reformierten Adligen, aber nur 22 Prozent der katholischen besaßen Bücher; bei den Rechtsberufen lauten die Zahlen 86 bzw. 29 Prozent, bei den medizinischen Berufen 88 bzw. 50 Prozent, bei den kleinen Beamten 100 bzw. 18 Prozent, bei den Kaufleuten 85 bzw. 33 Prozent, bei den Handwerkern 52 bzw. 17 Prozent, bei den »Bürgern« 73 bzw. 5 Prozent, bei den Tagelöhnern und Landarbeitern 25 bzw. 9 Prozent. Unter den Protestanten gab es aber nicht nur mehr Buchbesitzer, sondern auch mehr Bücher – die reformierten Angehörigen der freien Berufe besaßen im Durchschnitt dreimal mehr Bücher als ihre katholischen Kollegen; genauso war es bei den Kaufleuten, Handwerkern und kleinen Beamten; bei den Bürgern war der Unterschied noch gewichtiger – die Bibliotheken der Calvinisten waren zehnmal reichhaltiger als die der Katholiken.[35]

Zu diesem Unterschied im Besitz von Büchern kamen starke Gegensätze im Aufbau der Bibliotheken und in den Lektüregewohnheiten hinzu. In den lutherischen Gebieten waren die Bibliotheken, unabhängig vom sozialen Status ihres Besitzers, um denselben Grundbestand an religiösen Büchern organisiert. In den Städten des Rheinlandes handelte es sich dabei neben der Bibel um Andachts- und Erbauungsschriften, Handreichungen für die Vorbereitung auf das Abendmahl oder die Beichte sowie Gesangbücher. Dieser Grundstock variierte in den einzelnen Bibliotheken lediglich in der Menge der Titel und der Zahl der Auflagen. Die ungleichen Vermögens- und Bildungsverhältnisse bekundeten sich freilich eklatant im Besitz profaner Bücher (die es übrigens in der zweiten Hälfte des 18. Jahrhunderts nur in jeder vierten Bibliothek gab). So bildeten die Protestanten ihre religiöse und zugleich kulturelle Identität an ein und demselben Buchbestand für verschiedene religiöse Übungen aus: Lektüre der Hl. Schrift, Gebet, Gemeindegesang, Hören der Predigt und Abendmahl. Diese Homogenität der Bibliotheken galt sicherlich nicht für alle Varianten des Protestantismus (beispielsweise nicht für Metz im 17. Jahrhundert, wo es – neben der Bibel und dem Psalter – Titel der unterschiedlichsten Art und Gattung gab), doch sie war charakteristisch für das in den deutschen Ländern

Samuel King, *Bildnis des Reverend Dr. Ezra Stiles*, 1771. Stiles (1727–1795) war kongregationalistischer Geistlicher, Professor für Kirchengeschichte und Präsident des Yale College – der Inbegriff des »gentle puritan«. Auf dem Bücherregal stehen, einheitlich gebunden, Platon, Titus Livius, die *Kirchengeschichte* des Eusebios von Caesarea, Newtons *Principia*, eine *History of China*, ein Buch auf hebräisch sowie die puritanischen Predigten Isaac Watts' und Cotton Mathers. Alles Wissen ist hier versammelt – ein Hinweis darauf, daß enzyklopädische Bildung die notwendige Dienerin des Glaubens an Gott ist, der allmächtig und in den Herzen des Gläubigen allgegenwärtig ist. (New Haven, Yale University Art Gallery)

Flämische Schule, 17. Jh.; Porträt eines jungen Mannes am Kamin. Vielleicht ist es ein Student? In der Porträtmalerei läßt die Darstellung eines Buches fast immer auf einen sozialen Stand oder einen Beruf schließen. (Paris, Louvre)

verwurzelte Luthertum sowie – in einer minder buchorientierten Welt – für den Calvinismus puritanischer Prägung.

So gingen zum Beispiel die amerikanischen Protestanten im 17. und 18. Jahrhundert mit dem Buch sparsam um.[36] Der Glaube war unauflöslich mit der Bibellektüre verknüpft, so daß eine ganze Kultur auf der innigen Vertrautheit mit dem Bibeltext gründete. Die Gläubigen hörten die biblischen Geschichten, bevor sie sie selbst lasen; denn es kam häufig vor, daß der Vater oder ein Dienstbote der Familie aus der Bibel vorlas. Joseph T. Buckingham, Herausgeber der ersten Bostoner Tageszeitung, schreibt in seinen 1852 erschienenen Erinnerungen: »Einige Jahre lang [...] las ich [dem Meister und seiner Frau] jeden Tag ein Kapitel oder auch zwei oder drei aus der Bibel vor. [...] Ich bin überzeugt, daß ich die Bibel mindestens ein dutzendmal *von vorn bis hinten* durchgelesen habe, bevor ich noch sechzehn Jahre alt war, wobei ich lediglich die zungenbrecherischen Kapitel aus den Büchern der Chronik ausließ. Die geschichtlichen Teile hatte ich viel öfter gelesen, und die Begebenheiten und die Sprache [der Bibel] wurden mir fast so vertraut wie die Tischgebete vor und nach dem Essen – an beidem änderte sich in neun Jahren nicht ein einziges Wort.« In dieser Kultur war das Lesen eine Selbstverständlichkeit; denn sobald die Kinder schreiben lernten, erkannten sie die Texte wieder, die sie vormals gehört und sich gemerkt hatten, ja vielleicht sogar auswendig wußten. Buckingham schreibt: »Ich kann mich an keine Zeit erinnern, wo ich nicht hätte lesen können. [...] Im Dezember 1784, dem Monat, in dem ich fünf Jahre alt wurde, kam ich zu einem Lehrer in die Schule, und als er mich fragte, ob ich schon lesen könne, antwortete ich, daß ich in der Bibel lesen könne. Der Lehrer setzte mich auf seinen Stuhl und legte eine Bibel vor mich hin, die beim fünften Kapitel der Apostelgeschichte aufgeschlagen war. Ich las die Geschichte von Ananias und Sapphira, die beide tot niederstürzten, weil sie eine Lüge gesagt hatten. Er strich mir über den Kopf und lobte mein Lesen.«

Lesen bedeutete also, immer wieder zu denselben Büchern zurückzukehren – den wenigen, die es neben der Bibel gab und die von Generation zu Generation vererbt wurden. Diese Lektürepraxis, die mitunter als »intensiv« bezeichnet wurde, hatte ihre radikalen Verfechter, wie zum Beispiel den Quäker William Penn: »Halte dir wenige Bücher, aber wähle sie gut und lies fleißig darin, mögen sie von religiösen oder von weltlichen Dingen handeln. Viele Bücher lesen hält den Geist von der Meditation ab. Vieles Lesen belastet den Geist.« Und sie hatte ihre besondere Methodik. In einer Predigt, die 1767 in Boston veröffentlicht wurde, wird empfohlen: »Seid eifrig im Studium der Hl. Schrift. Jeden Morgen und jeden Abend sollt ihr ein Kapitel in eurer Bibel oder einen Abschnitt aus einer frommen Predigt lesen, und wenn ihr lest, dürft ihr den Text nicht nur überfliegen und dann beiseite legen. Ihr sollt lieber gar nicht lesen als so lesen! Wenn ihr lest, sollt ihr ganz auf das merken, was ihr lest, und wenn ihr fertig seid mit Lesen, sollt ihr euch das Gelesene noch einmal durch den Kopf gehen lassen.«

So war denn die wiederholte Beschäftigung mit ein und demselben Text charakteristisch für das Leseverhalten der amerikanischen Protestanten. Der Schriftsteller und Zeitschriftenherausgeber Samuel Goodrich bemerkt in seinen 1857 erschienenen Memoiren: »In unserer Familienbibel ist vermerkt, daß er [Goodrichs Vater] das heilige Buch im Laufe von fünfundzwanzig Jahren dreizehnmal von vorn bis hinten durchgelesen hat.« Und der Bostoner Bürger Robert Keayne erklärt in seinem Testament: »Als besonderes Vermächtnis hinterlasse ich ihm [meinem Sohn] das kleine handgeschriebene Büchlein in meinem Schrank über I. Kor. 11, 27.28, eine Abhandlung über das Sakrament des Abendmahls. [... Es ist] ein schmales Buch, in Leder gebunden, das ich von vorn bis hinten mit eigener Hand geschrieben habe. Es dünkt mich kostbarer als Gold, und ich habe es wohl viel hundert Male gelesen. [...] Ich wünsche und hoffe, daß er sich zeit seines Lebens nicht davon trennen wird.« Gelesen und wiedergelesen, drangen die religiösen Texte in den Geist der Gläubigen ein, waren ihnen Zitatenschatz, Quelle des Trostes und stilistisches Vorbild in Wort und Schrift und lehrten sie, ihre individuelle oder gemeinschaftliche Existenz um das Wort Gottes zu organisieren. Ein Beispiel dafür sind die Erfahrungen Joseph Crosswells, eines 1712 geborenen Wanderpredigers, der während des »Great Awakening« bekehrt wurde: »Ich weiß nicht, wann ich größere Tröstung beim Lesen des Wortes Gottes erfuhr. Gebenedeit sei sein ruhmreicher und erbarmungsvoller Schöpfer! Am Nachmittag labte mich der himmlische Südwind des göttlichen Geistes, als ich Stellen aus der Schrift rezitierte.« Oder: »Sagte mir heute das ganze Hohelied auswendig vor.« Und wiederum: »Starke Gemütsbewegung um Mittag, als ich durch den Wald ging und die letzten drei Kapitel des Hohenliedes rezitierte.« Die puritanische Kultur der amerikanischen Kolonien repräsentierte also das radikalste Modell einer Privatisierung des Buches – das Buch stand im Mittelpunkt des Familienlebens, es wurde allein und vor anderen gelesen, man kannte es auswendig, und dem Einzelnen ging es durch die private und ständig wiederholte Lektüre buchstäblich »in Fleisch und Blut« über. Der Fall ist gewiß nicht verallgemeinerbar, doch seine wesentlichen Merkmale sind in anderen protestantischen Regionen wiederzufinden, die weder calvinistisch noch puritanisch waren, so zum Beispiel in den deutschen Städten vor der Mitte des 18. Jahrhunderts.[37]

Die Bibliothek oder Der Rückzug aus der Welt

Schweigend gelesen (jedenfalls von den Eliten), Besitz von immer mehr Menschen und in immer größerem Umfang. Angelpunkt der Sozialität und Erfahrungswelt des Einzelnen (jedenfalls in protestantischen Ländern), wurde das Buch zum privilegierten Gefährten in einer beispiellosen Intimität. Und wer sich eine Bibliothek leisten konnte, besaß in ihr einen Rückzugs-, Studien- und Meditationsort par excellence. Zum Beispiel Montaigne. 1579 verkaufte er sein Amt als »conseiller« des Parlaments von Bordeaux und ging nach Paris, um die Schriften seines Freundes La Boétie zum Druck zu befördern; im folgenden Jahr ließ er vor der Rückkehr auf sein Schloß die Wände seiner Bibliothek, die »eine

Dieser Kupferstich von Pierre-Jean Mariette aus *Décoration du grand cabinet de livres de l'hôtel de Soubise* zeigt Harpins Entwurf einer prachtvollen Bibliothek. In klassischer Manier stehen die Bücher nach Größe geordnet in den Regalen: die Folianten unten, darüber die kleineren (Duodez- und Sedez-)Formate. In einer Wandvertiefung befinden sich die Briefablage, eine Pendule und ein eleganter Schreibtisch. Unter Ludwig XV. wurde der Prunk zum Luxus; eine Bibliothek war Prestigeobjekt und behaglicher Aufenthaltsort zugleich.

der Schönheiten unter den Büchereien der Stadt« war, mit folgender (lateinischer) Inschrift versehen: »Im Jahre des Herrn 1571, im Alter von achtunddreißig Jahren, am Vortag der Kalenden des März, des Jahrestages seiner Geburt, zog sich Michel de Montaigne, der Sklaverei des Parlaments und seiner öffentlichen Ämter seit langem überdrüssig, doch im Vollbesitz seiner Kräfte, hierher zurück, um am Busen der klugen Jungfrauen friedlich und sicher zu ruhen; hier wird er die Tage verbringen, die ihm noch vergönnt sind. In der Hoffnung, daß ihm die Vollendung dieser Stätte, dieses süßen Ortes der väterlichen Rast, vergönnt sein wird, weiht er ihn seiner Freiheit, seinem Seelenfrieden und seiner Muße.«

Die »Bücherei« war also vor allem ein Refugium vor der Welt, ein der Öffentlichkeit abgetrotzter Freiraum. Die Beschreibung, die Montaigne hiervon in seinen *Essais* in dem Kapitel »Von dreierlei Umgang« [Drittes Buch, Kapitel III; Übs. H. Lüthy] gibt, hebt diese Rolle der Bibliothek hervor: »Zu Hause kehre ich ein wenig häufiger in meiner Bibliothek ein.« Nachdem er darauf hingewiesen hat, daß dieser »Ort der Zurückgezogenheit« der luftigste im ganzen Hause sei, bemerkt er: »doch gefällt es mir, daß es ein wenig beschwerlich und abgelegen ist, sowohl der Zuträglichkeit des Erkletterns wegen, wie um mir die Menge der Besucher vom Leibe zu halten«. Die Bibliothek, vom Hauptgebäude durch einen Hof geschieden, den man überqueren mußte, war die Stätte des besten Austauschs, den ein Mensch pflegen konnte: des Umgangs mit Büchern, das heißt mit sich selbst. Rückzug von der Welt hieß jedoch nicht Abkapselung oder Weltverachtung. Die »Bücherei« Montaignes war ein Ort, von wo aus man sehen konnte, ohne selbst gesehen zu werden, und der demjenigen, der sich hierher zurückzog, Macht verlieh, zunächst einmal Macht über das Hauswesen und dessen

Mitglieder: »Zu Hause kehre ich ein wenig häufiger in meiner Bibliothek ein, von der aus ich mit einem Blick mein ganzes Hauswesen überschaue. Ich stehe auf der Schwelle und sehe unter mir meinen Garten, meine Stallungen, meinen Hof und die meisten Gebäude meines Anwesens.« Macht auch über die Natur, die sich dem Blick darbietet: »Es hat drei Fenster mit schöner und freier Aussicht.« Und Macht über das Wissen, das in den mit einem Blick zu erfassenden Büchern versammelt ist: »Das Zimmer ist rund, außer einem geraden Stück Wand, gerade lang genug für meinen Tisch und meinen Stuhl, und bietet mir, wenn ich mich umdrehe, mit einem Blick alle meine Bücher dar, die rundum in fünf Reihen übereinander aufgestellt sind.« Ebenso rasch konnte Montaigne die griechischen und lateinischen Sentenzen überblicken, mit denen er seine Bibliothek hatte ausmalen lassen. Zunächst hatte er Stellen aus Stobäus gewählt; diese hatte er 1575 oder 1576 durch andere, aus dem Sextus Empiricus und aus der Bibel, ersetzt.

Die Spannung zwischen dem Wunsch, von der »Menge« Abstand zu nehmen, und dem Wunsch, die Kontrolle über die Welt zu behalten, ist kennzeichnend für die absolute Freiheit, welche der Umgang mit Büchern ermöglicht, und damit für die Selbstbemeisterung des Individuums. »Hier ist meine Stätte. Hier suche ich ganz mein unumschränkter

Französische Schule, 18. Jh. Der »große Büchersaal« des Sieur Harpin scheint Wirklichkeit geworden – zumindest in der Realität des Bildes. Der Umgang mit dem Buch ist hier gesellschaftlicher Umgang und bietet jungen Leserinnen und Lesern Gelegenheit zur galanten Begegnung – unter dem nachsichtigen Blick steinerner Zeugen. (Privatsammlung)

Aus François Boucher, *Ameublement et Décoration intérieure*, 1760–1780. Beim Lesen bevorzugte man im 18. Jahrhundert in Frankreich die Bergère (unten), einen Sessel mit gerader Rückenlehne und geschlossenen Armlehnen, den man mit Kissen auspolstern konnte, und die Duchesse, eine Bergère nebst Fußteil, auf der sich der Lesende ausstrecken und den Wonnen der Lektüre anheimgeben konnte.

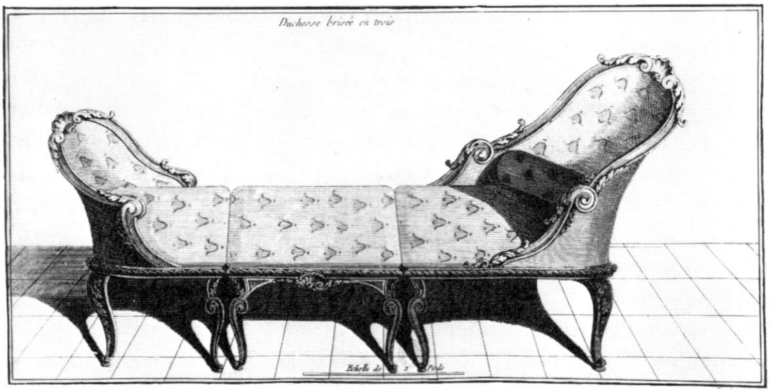

Herr zu sein und diesen einzigen Winkel so der ehelichen und töchterlichen Gemeinschaft wie der gesellschaftlichen zu entziehen.« Die in der Bibliothek verbrachten Stunden verbürgen jene doppelte Distanz, die für die neuzeitliche Vorstellung von Privatheit konstitutiv ist: die Distanz zum Bereich des Öffentlichen, des Zivilen, zu den Angelegenheiten der Stadt und des Staates; und die Distanz zur Familie, zur Hausgemeinschaft, zur Sozialität der häuslichen Intimität. Hier kann der Einzelne nach Gutdünken über seine Zeit verfügen, der Muße obliegen oder seinen Studien nachgehen. »Da blättere ich einmal in diesem Buche, ein andermal in einem andern, ohne Ordnung, ohne Plan und ohne Zusammenhang; bald hänge ich meinen Gedanken nach, bald merke ich an und diktiere im Auf- und Abgehen diese meine Träumereien hier.« »Und diktiere«: Wie man sieht, vertrug sich die alte Methode, Texte im Gehen und Sprechen, mit Hilfe eines Sekretärs, zu verfassen, durchaus mit dem Gefühl der Intimität, das die Nähe der greifbaren Bücher vermittelte.

Von der Macht, die aus dem Rückzug in die eigene Bibliothek erwachsen kann, ist auch in anderen Texten die Rede, so in Shakespeares *Sturm*, der vermutlich zwischen 1610 und 1613 entstanden ist. Wie Montaigne zieht auch Prospero die Abgeschiedenheit seines Arbeitszimmers dem öffentlichen Betrieb vor: »[Ich armer] Mann – mein Büchersaal / War Herzogtums genug« [I,2; Übs. A. W. Schlegel]. Und in der Verbannung dankt er dem Mann, der ihm erlaubt hat, wenigstens einige seiner kostbaren Bücher mitzunehmen: »so, aus Leutseligkeit, / Da ihm bekannt, ich liebe meine Bücher, / Gab er mir Bänd' aus meinem Büchersaal, / Mehr wert mir als mein Herzogtum« [I,2]. Doch die geliebten Bücher, Gefährten des Elends und der Einsamkeit, sind auch Werkzeuge einer geheimen Macht: gefürchtet und furchtbar. Caliban weiß das; um die Macht Prosperos zu brechen – so glaubt er –, muß man ihm seine Bücher wegnehmen und verbrennen. »Denk dran, dich erst der Bücher zu bemeistern, / Denn ohne sie ist er nur so ein Dummkopf, / Wie ich bin« [III,2]. Und: »Verbrenn ihm nur / Die Bücher!« [ebd.] Prospero selbst beruft sich auf das Buch, um seine Macht zu proklamieren – »Ich will zu meinem Buch, / Denn vor der Abendmahlzeit hab' ich noch / Viel Nöt'ges zu verrichten« [III,1] – oder ihr zu entsagen: »Und tiefer, als ein Senkblei je geforscht, / Will ich mein Buch ertränken«

[V,1]. Damit entsteht ein eigentümlicher Konnex zwischen der privatesten, verborgensten Praxis (dem Lesen eines Buches) und der ursprünglichsten, wirkungsvollsten Macht – einer Macht, die stärker ist als jede Amtsgewalt. So wurde die Lektüre des »Zauberbuches« – mochten es die englischen »Books of Experiments« des 16. Jahrhunderts sein oder »das« namenlose Buch, das im 19. Jahrhundert in den ländlichen Gegenden Aragons und des Languedoc zirkulierte – zum Paradigma der Lektüre schlechthin, die stets das Geheimnis beschwört und dem, der sich auf sie versteht, gefährliche Macht verleiht.[38]

Die Aneignung des Buches

»*Cabinet*, abgelegener Raum in gewöhnlichen Häusern, wo man seinen Studien obliegt, sich vor der übrigen Welt verschließt und jene Dinge verwahrt, die einem am kostbarsten sind. Der Raum, in dem sich eine Bibliothek befindet, heißt ebenfalls *cabinet*.« Diese Definition aus dem *Dictionnaire* von Furetière verrät den neuen Status der Bibliothek: Sie war nicht mehr – oder nur noch im Ausnahmefall – Schauplatz der gesellschaftlichen Selbstdarstellung, bestimmt für die Begegnung mit der vornehmen Welt; nun wurde sie zu einem Ort, wo man die Dinge bewahrte, »die einem am kostbarsten waren«, also gewiß seltene und nützliche Bücher, vor allem jedoch das eigene Ich. Das zum Eigentum erklärte Buch und der Ort, an dem es aufgestellt und konsultiert wurde, waren Gegenstand ganz besonderer Aufmerksamkeit und mannig-

»Das ist der größte Narr in Gottes weiter Welt, / den an den Büchern nur der goldne Rücken freut, / der schöne Einband und die schmucke Zierlichkeit, / und der bei allem sich ans Äußere nur hält.« Dieser Spottvers aus dem 17. Jahrhundert gilt Doktoren und Advokaten, die sich lediglich am äußeren Erscheinungsbild ihrer Bücher delektierten. Hinter der Karikatur wird als neue Gestalt der Bibliophile sichtbar, der zum Buch ein sinnliches, leidenschaftliches, nicht allein auf den Text konzentriertes Verhältnis entwickelt.
(Paris, Bibliothèque Nationale)

Eines von mehreren Bildnissen des Büchersammlers John Locke von Godfrey Kneller, gestochen 1738. Die dreibändige Ausgabe der *Works of John Locke* (1. Auflage 1714, 4. Auflage 1740) ist ebenfalls dargestellt.
(Paris, Bibliothèque Nationale)

facher Gebärden. Betrachten wir zwei Männer, die fast aufs Jahr genau Zeitgenossen waren: Samuel Pepys (1633–1703) und John Locke (1632–1704). Pepys führte in den Jahren 1660 bis 1669 Tagebuch, als er Sekretär des Flottenamtes war und eine Dienstwohnung neben den Amtsräumen der Royal Navy hatte. In dem Tagebuch* berichtet er genau, mit welcher Sorgfalt er seine Bücher erwarb, binden ließ und einordnete.[39] Er besuchte regelmäßig Buchhandlungen – und nicht nur deshalb, um mit der Frau des Ladenbesitzers zu schäkern –, war ein unersättlicher Leser (»Meine Augen sind sehr schlecht, aber ich weiß nicht, wie ich das Lesen lassen soll«, schreibt er am 18. März 1668, als seine Sehkraft bereits ernsthaft beeinträchtigt war), er kümmerte sich persönlich um die Aufstellung seiner Bücher (13. Oktober 1660: »Den ganzen Nachmittag damit verbracht, in meinem Studierzimmer – Regale aufgestellt. Abends zu Bett«), legte einen Katalog an (4. Februar 1667: »Eine Weile im Amt, dann in meinem Zimmer und dort eigenhändig das Verzeichnis meiner Bücher beendet; danach zum Abendessen und ins Bett. Gut geschlafen«) und bat, nachdem er fast erblindet war, seinen Bruder, diese Arbeit für ihn fortzusetzen (24. Mai 1669: »Nach Whitehall und dort den ganzen Morgen verbracht, dann nach Hause, einige Anordnungen erteilt und meinen Bruder mit einem Verzeichnis meiner Bücher beauftragt«). Er legte großen Wert auf ein schmuckes Erscheinungsbild seiner Bücher, weswegen er häufig Kunde beim Buchbinder war (3. Februar 1665: »Zu Fuß von der Börse nach Hause; unterwegs die Bücher abgeholt, die ich meinem Buchhändler zum Binden gegeben hatte. Die Rechnung für das Aufbinden einiger alter Bücher, die zu meiner Bibliothek passen sollten, betrug, zusammen mit ein paar neuen Büchern, £ 3; aber sie werden sich sehr gut machen«). Daß die Bibliothek zu den privatesten Räumen zählte, geht daraus hervor, daß Pepys hier sein Geld aufbewahrte und seine Geschäfte abwickelte. Am 11. Dezember 1660, nachdem er im Wirtshaus über die günstigsten Methoden der Geldanlage debattiert hatte, notiert er: »In die Bibliothek hinauf und dort 100 Pfund zusammengesucht und versiegelt, um sie beiseite zu legen. Danach ins Bett.« Und am 18. Juli 1664 hatte er in seinem Haus ein Gespräch mit einem seiner Schuldner: »mit Mr. Creed zu mir nach Hause, wo er mir zwanzig Goldstücke hinlegte, die ich nicht zurückwies.«

Bei Locke, dem Sammler und Gelehrten, bekundete sich die Bücherleidenschaft in einer Reihe peinlich genauer Gebärden: Alle Werke, die ihm gehörten, markierte er als seinen Besitz; seine Bibliothek organisierte er unter dem Gesichtspunkt des methodischen Zugriffs. Nach Jahren der Verbannung in die Vereinigten Provinzen heimgekehrt, brachte Locke seine Bibliothek in zwei Räumen unter, die er ab 1691 in Otes Castle in Essex, einem Sir Francis Masham gehörenden Schloß, mietete, das dreißig Kilometer von London entfernt war. Sobald die Bücher aufgestellt waren, machte Locke sich mit einem Gehilfen ans Werk. Zunächst gab er jedem Buch eine Signatur, die er als Etikett auf

* Die Zitate folgen den Auswahlausgaben von Winter und Schlösser. Vgl. die Bibliographie am Schluß des Bandes. *A.d.Ü.*

den Buchrücken klebte und auch auf die Innenseite des Buchdeckels schrieb. Dann katalogisierte er sie, indem er jede Signatur auf eingelegten Blättern in den von Hyde herausgegebenen *Catalogus impressorum* der Bodleian Library* übertrug; dieses Verzeichnis diente ihm als kommentierte Bibliographie und gleichzeitig als Katalog seiner eigenen Bibliothek. Später übertrug Locke die Signaturen in zwei handliche Kataloge. Seine Büchersammlung war also bequem zu benutzen, da die Signaturen in den Katalogen das Auffinden der Bücher in den Regalen erleichterten, wo sie, thematisch ungeordnet, nach Größe und in zwei Reihen übereinander aufgestellt waren.

Jedes Buch, das Locke erwarb, verleibte er seiner Bibliothek in einer umständlichen Prozedur ein. Zuerst schrieb er seinen Namen auf die Außenseite des Einbandes, neben die Signatur; sodann unterstrich er die letzten Ziffern der Jahreszahl auf der Titelseite, zog über die letzte Seitenzahl im Buch ebenfalls einen Strich und trug – meist auf Seite 11 – den Preis ein, den er für das Buch bezahlt hatte; zuletzt trug er Signatur, Jahreszahl und Umfang des Buches in seine Kataloge ein. Während der Lektüre kamen, wenigstens bei einigen Büchern, neue Auszeichnungen hinzu: Auf der Innenseite des Einbandes wurden Seitenzahlen festgehalten, auf eingelegten Blättern Bemerkungen notiert. Locke benutzte auch oft symbolische Zeichen (kursive Buchstaben, Punkte, Striche, Plus- und Minuszeichen, Initialen), deren Bedeutung unbekannt ist, außer wo sie sich offenbar auf Vorzüge der Edition oder des Textes oder auf die Existenz eines zweiten Exemplars des betreffenden Buches beziehen. Für Locke war der Umgang mit einem Buch also Arbeit, die Zeit erforderte, allerlei Anstalten verlangte und es mit den Spuren seines Erwerbs und Gebrauchs versah. Als Gegenstand des Respekts – Locke vermied Notizen und Unterstreichungen auf den Textseiten – und als Bestandteil der privatesten Intimität verdiente das Buch, jemandem vererbt zu werden, der es zu nutzen verstand. In seinem Testament bestimmte Locke, was aus seiner Bibliothek werden sollte: Einige Bücher sollte Dame Damaris Masham bekommen, die zweite Frau seines Gastgebers (»vier Foliobände, acht Quartbände und zwanzig kleine Bücher, die sie sich aus meiner Bibliothek aussuchen soll«), einige weitere Mr. Anthony Collins aus Middle Temple, ein Freidenker, mit dem Locke sich angefreundet hatte. Die Hauptmasse von 3641 Titeln sollte aufgeteilt werden zwischen Lockes Vetter Peter King und Francis C. Masham, der einzigen Tochter von Damaris Masham, »sobald sie das 21. Lebensjahr erreicht hat«[40].

Der Zusammenhang zwischen der Präsenz von Büchern, der Gewohnheit zu lesen und persönlicher Intimität festigte sich in England im 17. Jahrhundert. Wie Nachlaßverzeichnisse aus Städten der Grafschaft Kent belegen, waren zu Beginn des Jahrhunderts Bücher weniger im Empfangsraum des Hauses (der »hall«) untergebracht als vielmehr in den privaten oder ehelichen Gemächern, d. h. im Arbeitszimmer (»cabinet«) oder im Schlafzimmer. In der Zeit zwischen 1560/1600 und 1601/1640 ging der Anteil der in der »hall« registrierten Bücher von 48

Das Exlibris war die beliebteste Art, ein Buch als Eigentum auszuweisen und das betreffende Exemplar zu einem Unikat zu machen. Diese Vignette hatte sich der Schatzmeister der Stände des Languedoc für seine Büchersammlung stechen lassen: Sie zeigt neben seinem Wappen auch eine Bibliothek, so daß jedes einzelne Buch das Bild des Ganzen enthielt, zu dem es gehörte. (Paris, Bibliothèque Nationale)

* Bibliothek der Universität Oxford. *A.d.Ü.*

auf 39 Prozent zurück, während der Prozentsatz der im häuslichen Privatbereich aufbewahrten Bücher von 9 auf 23 Prozent stieg, wobei das Schlafzimmer als »Bibliothek« noch vor dem Arbeitszimmer und dem Salon (»parlor«) rangierte. Dieser neuen Örtlichkeit kam der Brauch entgegen, vor dem Schlafengehen zu lesen. Ihn beherzigten auch die Leser in Kent, zum Beispiel jene Frau eines »yeoman« aus Otham, von der ihre Dienerin laut Gerichtsakten sagte, sie habe »ihr Buch, wie sie es häufig zu tun pflegte, vor dem Schlafengehen gelesen«. Auch Pepys hatte diese Angewohnheit, und in seinem Tagebuch liest man häufig Einträge wie: »Nach dem Abendessen gelesen und ins Bett« (1. Mai 1667) oder: »Nach dem Abendessen ein wenig gelesen, dann ins Bett« (20. Mai 1667). Bei dieser abendlichen Lektüre war man nicht unbedingt allein. Oft oblag man ihr in ehelicher Zweisamkeit – sei es, daß beide Gatten sich verschiedene Bücher vornahmen (»Bis Mitternacht in Thomas Fullers Kirchengeschichte gelesen, meine Frau in M. de Scudéris ›Le grand Cyrus‹«, 7. Dezember 1660), sei es, daß beide gemeinsam denselben Text lasen (am 2. November 1662 Verse von Du Bartas, am 24. Mai 1663 Fabeln von Äsop), sei es, daß einer von beiden dem andern vorlas. 2. November 1660: »Beim Friedhof von St Paul's bei Kirton vorgesprochen, wo sie ein Meßbuch für mich hatten, das ich für 12 Shilling kaufte; zu Hause lange wach gesessen und mit großer Freude meiner Frau daraus vorgelesen, die es von früher her so gut kannte. [Pepys' Frau, Elisabeth Marchand, war die Tochter eines im Exil lebenden französischen Hugenotten und hatte die Klosterschule der Ursulinerinnen in Paris besucht.] Danach zu Bett.« Oder Pepys ließ sich von seinem Kammerdiener vorlesen – auch schon zu einer Zeit, als seine Augen noch in Ordnung waren. 22. September 1660: »Ich ließ den Boy heute abend nach oben kommen, um sich von seiner Schwester zeigen zu lassen, wie er mir beim Zubettgehen helfen soll, und ich ließ ihn vorlesen, was er recht gut machte.« 9. September 1666: »Wieder bei Sir W. Penn zu Bett [nach dem großen Brand von London hatte Pepys seine beschädigte Wohnung räumen müssen] und ließ mich von meinem Boy Tom in Schlaf lesen.« 25. Dezember 1668: »Meine Frau schneiderte heute den ganzen Tag an einem schwarzen Unterrock herum. Ich leistete ihr Gesellschaft und ließ mir von dem Jungen aus dem ›Leben Cäsars‹ und aus Descartes' Buch über die Musik vorlesen. Das letztere verstehe ich nicht [...].« Und weiter am selben Tag: »Nach dem Abendessen spielte mir der Junge auf der Laute vor, und ich war vergnügten Herzens, als wir zu Bett gingen.« Sowenig wie die Gegenwart des Sekretärs in Montaignes Bibliothek störte die des vorlesenden Dieners im Schlafzimmer Pepys' den vertrauten Umgang mit dem Buch, sie fügte sich vielmehr in eine Privatheit ein, die keineswegs zwangsläufig einsam war.

Szenenwechsel: Eine rein persönliche Beziehung zwischen dem Leser und seinem Buch, ohne Vermittler oder Mit-Leser, gab es außerhalb des Hauses, in einem freien, offenen Raum. Pepys las, wenn es Abend geworden war, bei sich zu Hause, aber er las ebenso häufig auf seinen Spaziergängen. Seine Wanderungen waren von Lektüre begleitet. 18. November 1663: »Bin so bis Deptford gegangen, wo ich sehr lange

Hubert Robert, *Madame Geoffrin beim Frühstück.* Zur Frühstückszeit stellt der Diener den Besen beiseite und liest seiner Herrin vor. Das Vorlesen gehörte zu den Pflichten des Hausgesindes; so erklärt sich die Bevorzugung schreib- und lesekundiger Diener und das hohe Maß an Alphabetisierung der männlicher Dienstboten im ausgehenden 18. Jahrhundert. (Paris, Privatsammlung)

nicht gewesen bin, und bezahlte die *Milford* sehr anständig. [...] Nach dem Mittagessen kam Sir W. Batten; verließ ihn, damit er noch ein Schiff auszahlen konnte, und ging wieder nach Hause, wobei ich ein kleines Buch mit neuen Gedichten von Cowley las, das mir mein Bruder geschenkt hat.« Am 9. Mai 1666 unternahm er abermals einen Ausflug nach Deptford: »Auf dem Rückweg wieder in meinem Buch über das Civil Law gelesen.« Am 17. August 1666 fuhr er mit dem Boot nach Woolwich und ging dann zu Fuß nach Greenwich: »Las die ›Abenteuer von fünf Stunden‹ zu Ende – das beste Stück, das ich je in meinem Leben gelesen habe.« Auch bei Schiffsreisen auf der Themse vertrieb Pepys sich die Zeit mit Lesen. Am 1. Mai 1666 fuhr er nach Redriffe: »Las unterwegs ein neues französisches Buch, das mir Lord Brouncker heute gegeben hat: ›L'histoire amoureuse des Gaules‹, ein Pamphlet gegen die Liebesaffären am französischen Hof.« Oder am 10. Juni 1667, nach der Rückkehr von Gravesend: »Dann heimwärts; solange es hell war, in Mr. Boyles Buch über *Hydrostatickes* gelesen. [...] Als es zu dunkel zum Lesen wurde, hingelegt und ein wenig eingenickt; der Abend war gar zu schön.«

Das stille Lesen für sich allein genügte, um eine Aura der Intimität zu erzeugen, die den Lesenden von der Außenwelt trennte; mitten in der Stadt und in Anwesenheit anderer konnte er mit seinem Buch – und seinen Gedanken – allein sein. Eine gewisse Lektüre gebot allerdings Geheimhaltung. Am 13. Januar 1668 besuchte Pepys seinen Buchhändler Martin, »wo ich das französische Buch sah, das ich eigentlich meiner Frau zum Übersetzen geben wollte; es heißt ›L'escholle des Filles‹ [der Text wird Michel Millot und Jean l'Ange zugeschrieben], aber als ich einen Blick hineinwarf, war es das zotigste, unzüchtigste Buch, das mir je untergekommen ist, viel schlimmer als die ›putana errante‹ [von Aretino], so daß ich mich der Lektüre geschämt habe.« Die Scham scheint nicht lange vorgehalten zu haben – am 8. Februar war Pepys wieder bei seinem Buchhändler: »Von da an fort zum Strand zu meinem Buchhändler und blieb dort eine Stunde und kaufte das unnütze, frivole Buch ›L'escholle des Filles‹, das ich broschiert gekauft habe; ich vermied den Kauf einer besseren Ausgabe, weil ich entschlossen bin, es zu verbrennen, sobald ich es gelesen habe, damit es nicht im Verzeichnis der Bücher oder zwischen ihnen steht und ihnen Schande macht, falls es jemand findet.« Am nächsten Tag konnte Pepys es kaum erwarten, mit der verheißungsvollen Lektüre zu beginnen: »Auf, und den ganzen Vormittag in meinem Zimmer und im Amt gearbeitet und auch ein bißchen ›L'escholle des Filles‹ gelesen, ein mächtig unzüchtiges Buch, aber nicht übel zum einmaligen Durchlesen für einen soliden Mann, um sich über die Verderbtheit der Welt zu informieren.« Am Abend, nach einem im Freundeskreis genossenen feuchtfröhlichen Mittagsmahl und Nachmittag, notierte er: »[...] und ich in mein Zimmer, wo ich ›L'escholle des Filles‹ auslas, ein unzüchtiges Buch, aber es schadet nichts, wenn man es einmal der Information halber liest [und in der Geheimsprache, die er in solchen Fällen benutzte, unterschlug er auch nicht die Wirkung der Lektüre: ›It did hazer my prick para stand all the while, and una vez to décharger‹], und nachdem ich fertig war, verbrannte ich es, damit es nicht zu meiner Schande zwischen meinen Büchern stünde, und dann zum Abendessen und zu Bett.« Schlüpfrige Lektüre durfte man nicht den Blicken anderer preisgeben; man oblag ihr in einem Raum, der die Umwelt täuschte (im Amt) oder die Intimität schützte (im Schlafzimmer). Auch mußte man die verräterischen Spuren solcher Lektüre sorgsam tilgen.

Die »liseuse«

So zeugen die englischen Leser des 17. Jahrhunderts von jener Privatisierung der Lektüre, die für die Neuzeit kennzeichnend ist; sie geben aber auch ein Beispiel für die vielfältigen Praktiken, die mit dieser Privatisierung verbunden sind. Im 18. Jahrhundert waren dann »Lektüre« und »Privatheit« gleichsam Synonyma geworden, wie wenn die Praxis des Lesens allein schon genügt hätte, die ganze intime Existenz zu definieren. Betrachten wir ein Bild von Chardin, *Die Freuden der Häuslichkeit*, das sich heute im Stockholmer Nationalmuseum befindet. 1745 hatte Chardin von Luise Ulrike von Schweden den Auftrag bekommen, zwei Bilder zum Thema »Die strenge Erziehung« und »Die gütige Erziehung« zu malen. Chardin wählte jedoch zwei andere Sujets: Das eine Bild zeigt eine Frau, die beim Lesen überrascht worden ist und das auf dem Schoß ruhende Buch mit einem farbigen Stück Papier bedeckt; das andere stellt eine Frau dar, die nach Erledigung der Einkäufe eine Aufstellung ihrer Ausgaben macht. Das Diptychon setzt die Zeit der privaten Muße gegen die Zeit der Hausbesorgung, das Lesen eines Buches gegen das Schreiben von Zahlen, die intime Zerstreuung gegen die häusliche Tugend. Das zweite Bild erhielt den Titel *Die Wirtschafterin*, das erste hieß *Die Freuden der Häuslichkeit*, und zwar von Anfang an; denn so benennt es der schwedische Botschafter in Paris in einem Brief vom Oktober 1746, nachdem es im Salon ausgestellt worden war, und so bezeichnet es auch der Stich, der 1747 davon angefertigt wurde.[41] Wir haben gleichsam eine bildliche Synekdoche vor uns, in der der Teil (das Lesen) für das Ganze (das private Leben) steht und die Evokation einer einzigen Praktik – des Lesens – ausreicht, um die Vergnügungen des Daseins in der Häuslichkeit zu bezeichnen, sobald es sich von den Pflichten und Räumen der Familiengemeinschaft abgekoppelt hat.

In dieser Darstellung einer lesenden Frau erkannten die Zeitgenossen ein klassisches Thema: die Romanlektüre. In seinen 1747 erschienenen *Réflexions sur quelques causes de l'état présent de la peinture en France* schreibt Lafont de Saint-Yenne: »Er [Chardin] hat dieses Jahr ein Stück gegeben, das eine liebenswürdige Müßiggängerin in Gestalt einer nachlässig, doch modisch gekleideten Dame mit einer reizvollen Physiognomie zeigt, die von einer unter dem Kinn zusammengebundenen weißen Haube umrahmt wird, welche die Seiten des Gesichts verdeckt. Ein Arm liegt auf den Knien, in der Hand hält sie nachlässig eine Broschur. Neben ihr, fast im Hintergrund, steht auf einem schmalen Tisch ein Spinnrad.« Ein Jahr später wurde in den *Observations sur des arts et quel-*

Jean-Baptiste Chardin, *Die Freuden der Häuslichkeit* (Stockholm, Nationalmuseum) (rechts) und *Die Haushälterin* (hier als Kupferstich von Jean-Philippe Le Bas, 1754; Paris, Bibliothèque Nationale) (links). Der Maler stellt, kurz nachdem er in zweiter Ehe Françoise-Marguerite Pouget geheiratet hat, zwei Rollen der Frau, zwei Momente des häuslichen Lebens, zwei Nutzanwendungen des Schreibens gegeneinander.

ques morceaux de peinture exposés au Louvre en 1748 das Bild erneut beschrieben, diesmal unter dem Titel *Die Freuden des friedlichen Lebens*: »Es stellt eine Frau dar, die schlaff in einem Sessel sitzt und in einer Hand, die auf den Knien ruht, eine Broschur hält. Aus einer gewissen Sehnsucht, die aus ihren Augen spricht, welche auf eine Ecke des Bildes gerichtet sind, ist zu entnehmen, daß sie einen Roman gelesen hat und daß die zärtlichen Gefühle, welche er in ihr erweckte, sie von jemandem träumen lassen, den sie gar zu gerne eintreten sähe.« Die von Chardin gemalte Lektüre wird also auf doppelte Weise beurteilt: nach den Gegenständen und nach den Gebärden. Die Gegenstände rücken die Praxis des Lesens in die Behaglichkeit eines komfortablen Interieurs. Der Sessel der Lesenden ist eine Bergère mit hoher Rückenlehne, einem dicken Kissen und geschlossenen Armlehnen, die dem Körper Halt geben, wobei die Füße auf einem kleinen Tabouret ruhen. Auf anderen Sitzmöbeln wie etwa der Chaiselongue oder der Duchesse kam der ruhende Körper noch stärker zur Geltung – die Leserin nahm dort eine fast liegende Haltung ein. Die »nachlässige, aber modische« Bekleidung der von Chardin gemalten Dame ist eines jener warmen, aber leichten Kleidungsstücke für das Haus, die man auch »liseuses« [»Bettjäckchen«] nannte und die weder große Toilette noch verführerisches Gewand wa-

Pierre-Antoine Baudoin zeigt ein anheimelndes, schmelzendes Interieur, das durch die geschlossene Tür und den aufgestellten Paravant gegen die Außenwelt abgeschirmt wird. Links im Bild die Gelehrsamkeit, versinnbildlicht durch große Folianten, die verlassen auf dem Tisch liegen oder an der Wand lehnen; rechts die Gegenstände weiblichen Vergnügens: die Gitarre, das Hündchen und der Roman, der seine Leserin so entzückt hat, daß sie sich nun ihren sinnlichen Phantasien überläßt. Der Maler agiert auf zwei Ebenen: auf der einen, der moralischen, warnt er vor den verderblichen Folgen galanter Lektüre; auf der anderen, der lasziven, verletzt er die Intimität der verstörten jungen Frau.
(Paris, Musée des Arts Décoratifs)

ren. Das Buch, das sie in der Hand hält, ist eine »Broschur« – also ein nicht fest, sondern nur in Papier gebundenes Buch; auf einem niedrigen Schrank in einer Ecke des Zimmers lehnen einige gebundene Bücher von größerem Format an der Wand.

Für die Kommentatoren zeugt die Körperhaltung der Frau von Kraftlosigkeit: Der Arm liegt »nachlässig« auf dem Schoß; der Körper ruht »schlaff« im Sessel; der Blick ist »sehnsüchtig«. Alle Indizien sind beisammen, um die typischen Folgen der Romanlektüre anzudeuten: Sie erzeugt verwirrende Träume, nährt empfindsame Hoffnungen und reizt die Sinne. Der heutige Betrachter hat Mühe, in solchen Beschreibungen Chardins Bild wiederzuerkennen: Der Maler hat ja im Gegenteil einen Körper gemalt, der *nicht* schlaff daliegt, einen Blick, der *nicht* entrückt ist, ein Interieur, das zwar behaglich, aber nicht üppig ist. Derartige Kommentare, die klingen, als ob ganz andere Gemälde gemeint seien – beispielsweise *Die Lektüre* von Baudoin, eine verzückte junge Frau in stark erotisierter Pose –, bekunden die Macht der Assoziation, wonach jede lesende Frau der Inbegriff von trägem Müßiggang, sinnlichem Vergnügen und heimlicher Intimität war. Mehr noch als das Bild selbst, das unaufgefordert seine Distanz zum Topos wahrt, sprechen die Kommentatoren aus, wie »der

Mann« sich im 18. Jahrhundert die lesende Frau vorstellte, in einer Zeit, in der das Lesen bei Frauen zum privaten Akt schlechthin geworden war, den nur die Zudringlichkeit des Malers der stummen Einsamkeit entriß.

Das Vorlesen

Doch diese beherrschende Darstellung des Lesens, die im 18. Jahrhundert einen intimen Akt verweltlichte und verweiblichte, der zuvor religiös und männlich geprägt gewesen war (denken wir nur an die lesenden Männer bei Rembrandt: Einsiedler oder Philosophen, die sich von der Welt zurückgezogen haben, um über dem Buch zu meditieren), umfaßte keineswegs alle überkommenen Lesepraktiken. Vielmehr war es zwischen dem 16. und 18. Jahrhundert das laute Vorlesen im Kreis ausgewählter Freunde oder Reisegefährten, das auch bei den Eliten zu den zentralen sozialitätsstiftenden Tätigkeiten rechnete. Manche Werke an der Schwelle zur Neuzeit spielen darauf an. Der »corrector de la impresión« (Redakteur der Neuauflage) von *La Celestina*, einem Stück, das 1500 unter dem Titel *Comedia de Calisto y Melibea* erschien, erklärt in einem Oktett, das er als Anhang beifügte, wie der Text vorzulesen sei: »Dice el modo que se ha de tener leyendo esta tragicomedia« – »Erläutert die Art und Weise, wie diese Tragikomödie zu lesen sei«. Der »lector«, an den diese Verse sich wenden, ist der Vortragskünstler, der wissen muß, wie man den Ton moduliert, wie man stimmlich die Personen verkörpert, wie man halblaut – »zwischen den Zähnen« – die beiseite gesprochenen Bemerkungen liest (»cumple que sepas hablar entre dientes«), ja, wie man »mil artes y modos«, »tausenderlei Arten und Weisen« des Vortrags aufbietet, um die Aufmerksamkeit der Zuhörer – »los oyentes« – zu fesseln. Wie die lateinischen Komödien der Humanisten ist auch *La Celestina* für den »Theater«-Vortrag geschrieben, freilich für den Vortrag durch eine einzige Stimme und vor einem begrenzten und ausgewählten Publikum. Der Autor des Stückes ging in einem Vorwort, das er der in Zaragoza erschienenen Ausgabe von 1507 voranstellte, auch auf die widersprüchlichen Urteile über das Werk ein und erklärte die unterschiedlichen Meinungen darüber mit den jeweils verschiedenen Bedingungen seines Vortrags: »Und wenn zehn Personen zusammenkommen, um diese Komödie zu hören [›cuando diez personas se juntaren a oír esta comedia‹], zehn Menschen von ganz verschiedener Gemütsart, wie es immer so ist: wer wollte leugnen, daß sie genügend Grund für die Diskussion über Dinge haben, die jeder auf so vielfältige Weise hören kann?« Zehn Zuhörer versammelten sich aus freien Stükken um einen Text, um ihn sich vorlesen zu lassen – so festigte das Buch die kultivierte Sozialität von geselligen Leuten oder Freunden. Neben der *Celestina* gab es noch andere Texte wie Schäfergedichte oder Romane, die zum bevorzugten Gegenstand des Vorlesens wurden, das für eine kleine Zahl von Menschen das geschriebene Wort durch das gesprochene vermittelte. Cervantes spielt im *Don Quixote* auf diese Übung an: Im ersten und zweiten Kapitel des Vierten Buches von Band 1 liest

Jean-François de Troy, *Die Molière-Lesung*, 1728. Eine Lesung im Salon, in geschützter Intimität. Das Vorlesen vereint eine auserwählte Gesellschaft, nimmt jedoch nicht deren ganze Aufmerksamkeit in Anspruch, wie man am Spiel der getauschten oder abgewendeten Blicke erkennt – Zeichen geheimen Einverständnisses oder Begehrens. Zwei Frauen schauen den Betrachter an, der so in die kleine Gesellschaft hineingezogen wird, die sich seinem Blick preisgibt. (Sammlung Marchioness of Cholmondeley)

der Pfarrer der kleinen Gesellschaft, die in der Schänke versammelt ist und aufmerksam lauscht, die *Novelle von der unziemlichen Neugier* vor; und das erste Kapitel des elften Buches von Band 2 »handelt von dem, welches der sehen wird, der es liest, oder der hören, der es sich vorlesen läßt«.*

Sich vorlesen zu lassen war im 17. Jahrhundert eine häufige Übung. Bei der Armee und im Feld füllte sie Ruhestunden aus, festigte Freundschaften und gab geistige Anregung. Henri de Campion, der von 1635 bis 1642 Fähnrich und danach Leutnant beim Regiment Normandie war, beschreibt in seinen *Mémoires* die Sozialität des Lesens beim Militär: »Ich hatte meine Bücher bei mir, die einen Teil der Wagenladung ausmachten. Mit ihnen befaßte ich mich oft, manchmal allein, meistens aber mit drei Regimentskameraden – drei geistreichen und sehr strebsamen Leuten. Das eine war der Chevalier de Sévigné, ein Bretone und Hauptmann des Korps, ein Mann von strebsamem Geist, der viel gelesen hatte und seit seiner Kindheit immer bei Hofe oder im Krieg gewesen war. Der dritte in unserem Kreis war Le Breuil-Marcillac aus der Gascogne, der Bruder des Oberstleutnants und mein Hauptmann. Er hatte bis zu seinem 28. Jahr studiert, da seine Eltern ihn zum Geistlichen bestimmt hatten, aber er hatte es aufgegeben, um Soldat zu werden, nachdem er die Zeit sehr nutzbringend im Collège und an der Sor-

* Übersetzung von Ludwig Tieck. *A.d.Ü.*

Eine Lesung im Frauenkreis, gezeichnet und gestochen von Chodowiecki. Die eine Dame hört zu, die andere nicht. (Paris, Bibliothèque Nationale)

bonne verbracht hatte. Er war von sanfter, gefälliger Gemütsart und hatte nichts Grobschlächtiges an sich wie sonst die Kriegsleute. Der vierte in unserem strebsamen Bunde war d'Almivar aus Paris, ein Leutnant und mein guter Freund; er besaß einen geschliffenen Verstand, war liebenswürdig im Gespräch und ungemein gesellig.« Zwischen diesen vier Freunden schmiedete das Buch – gelesen, gehört und debattiert – eine dauerhafte Verbindung: »Das waren die drei Männer, mit denen ich meine Mußestunden verbrachte. Wenn wir zusammen über Gegenstände räsoniert hatten, die sich anboten – ohne hitziges Sichereifern oder Großtunwollen auf Kosten anderer –, las einer von uns ein gutes Buch vor, von dem wir die schönsten Stellen durchsprachen, um zu lernen, wie man gemäß der Moral, welche unser oberstes Studium war, richtig lebt und gut stirbt. Viele andere lauschten mit Freude unseren Unterredungen, die ihnen, wie ich glaube, von Nutzen waren; denn es ward dort nichts gesprochen, was nicht die Tugend beförderte. Ich habe nie wieder eine so zwanglose wie verständige Gesellschaft gefunden; sie bestand durch die sieben Jahre fort, die ich im Regiment Normandie gedient habe.« Unterschiedliche Weisen des Lesens und des Verhaltens zum Buch definierten also Praktiken und Sozialitäten, die miteinander verschränkt waren – die einsame Lektüre förderte das Studium und den geistigen Austausch, während der Freundschaftsbund sich auf das Vorlesen, den Einwurf, das Gespräch gründete, was bisweilen eine größere Zuhörerschaft anlockte, die aus dem Anhören der vorgelesenen Texte und der ausgetauschten Argumente Gewinn zog.[42]

Solche »zwanglosen« und »verständigen« Gesellschaften gab es auch in der Stadt. Vor dem Entstehen regelrechter Akademien war es das Buch – ausgeliehen, durchgeblättert, vorgelesen –, das eine geistige Sozialität unter Freunden stiftete. Die Stadt Lyon gibt hierfür in zweierlei Hinsicht ein Beispiel. Die Zusammenkunft konnte regelmäßig sein und stets dieselben Teilnehmer vereinigen; so war es mit der »kleinen Akademie«, die 1700 entstand und jede Woche in der Privatwohnung eines ihrer sieben gelehrten Mitglieder tagte: »Der Ort, wo wir die Akademie abhalten, ist das Arbeitszimmer eines unserer Mitglieder; wir haben dort fünf- bis sechstausend Bände um uns, die eine ebenso auserlesene wie umfangreiche Bibliothek bilden. Schon das ist eine prompte und willkommene Hilfe bei unseren gelehrten Zusammenkünften.« (Brief von Brossette, einem der Gründer der »kleinen Akademie« und Anwalt am Présidial*, an Boileau, 16. Juli 1700). Doch versammelte man sich mitunter auch ganz spontan, bei einem Freundschaftsbesuch, um das Buch. Hierfür gibt Laurent Dugas, Präsident des Cour des monnaies und eines der sieben »Akademiemitglieder«, in seinem Briefwechsel viele Beispiele. 2. Januar 1719: »Gestern verbrachte ich einen guten Teil des Nachmittags mit Pater de Vitry und Pater Follard, dem Ordinarius für Rhetorik. Ich setzte ihnen Schokolade vor, und wir sprachen von Herrn de Cambrai und debattierten über Literatur. Pater de Vitry sah in der neuen Ausgabe des hl. Clemens von Alexandria, die der Bischof von Oxford veranstaltet hat und die ich besitze, nach, ob der

* Oberlandesgericht. *A.d.Ü.*

Herausgeber etwas über die Stellen bemerkt, die er sich notiert hatte.« 27. März 1731: »Cheinet verbrachte den Nachmittag bei mir und aß mit mir zu Abend. Wir lasen einige Briefe Ciceros und beklagten die Unwissenheit des Volkes, will sagen den Mangel an Geschmack bei den jungen Leuten, die sich bei der Lektüre neuer Bücher zerstreuen, von denen die meisten schlüpfrig und oberflächlich sind, und darüber die großen Vorbilder vernachlässigen, von denen sie denken lernen könnten.« 23. März 1733: »Herr de La Font, ein Edelmann im Dienst der Königin, suchte mich auf und sagte, er habe gedacht, daß ich vielleicht Lust hätte, ein neues Werk des Herrn de Voltaire mit dem Titel ›Le Temple du goût‹ vorgelesen zu hören; daß wir aber, wenn es mir recht sei, auf meinen Sohn warten sollten, der am Morgen nach Brignais gefahren war und am Abend zurücksein wollte. Er traf denn auch eine halbe Stunde später ein und machte den Vorleser; die Lesung dauerte gut anderthalb Stunden; meine Frau, die um sieben Uhr dazukam, hörte noch drei Viertel davon.« So ließ man sich vorlesen, man las zu zweit, sprach über Bücher und räsonierte inmitten von Büchern – normale Gewohnheiten, welche Leser voraussetzten, die häufig allein lasen, es jedoch verstanden, einen geselligen Gebrauch vom Buch zu machen.[43]

Auch Reisen waren eine gute Gelegenheit, sich vorlesen zu lassen. Am 26. Mai 1668 kehrte Samuel Pepys aus Cambridge nach London zurück: »Um vier Uhr aufgestanden. Als wir fertig waren und gefrühstückt hatten, rief man uns [Pepys und seinen Burschen Tom] zur Kutsche, die gegen sechs Uhr abging. Die Gesellschaft bestand aus einem Mann und zwei Frauen, die zusammengehörten – einfache Leute – und einer mäßig hübschen, aber sehr redelustigen Dame, mit der mir die Unterhaltung viel Spaß machte und die ich bewegen konnte, aus dem Buch vorzulesen, das sie in der Kutsche las, nämlich den King's Meditations; danach mit meinem Burschen gesungen.« Die gemeinsam angehörte Lesung – in diesem Fall aus den Meditationen und Gebeten Karls I. vor seiner Hinrichtung – schuf eine freundschaftliche Atmosphäre zwischen Reisegefährten, die einander vorher nicht gekannt hatten. Ihr Aufmerken auf den vorgelesenen Text, samt Konversation oder Gesang, ließ eine anonyme, lockere Gemeinschaft entstehen und machte das Reisen gesellig. »Alle zusammen gegessen; sehr fidel gewesen«, schreibt Pepys über die positiven Folgen seiner Initiativen.

Das Lesen zog also alle jene verschiedenen Register der Privatisierung, die Philippe Ariès unterschieden hat. Es war eine der Praktiken, welche Intimität des Einzelnen herstellten, den Lesenden in seiner Einsamkeit und Heimlichkeit zu sich selbst, seinen Gedanken und Gefühlen führten. Es stand aber ebenso im Mittelpunkt von »Geselligkeitsgruppen«, die – gezielt oder zufällig zusammengekommen, dauerhaft oder befristet – die Möglichkeit boten, »der Langeweile, der Einsamkeit und der Zerrissenheit der Menge zu entgehen«, wie es Fortin de La Hoguette in seiner Abhandlung *De la conversation* ausdrückt. Von solchen Gesellschaften, die das vorgelesene Buch einte, gibt es im 18. Jahrhundert unzählige Darstellungen. Einerseits bildliche Darstellungen: 1728 malte Jean-François de Troy die *Lesung aus Molière*; in

Joshua Reynolds, *Das Gespräch*. Diesmal sind es Männer, die sich freundschaftlich um ein Buch versammelt haben. Die Bibliothek bildet den natürlichen Rahmen für eine gemeinsam verbrachte Zeit. Reynolds malte das Bild für Horace Walpole, und zwar zur Erinnerung an drei Freunde, die sich in den 1750er Jahren regelmäßig Weihnachten und Ostern in seiner Villa in Strawberry Hill trafen, drei Liebhaber der Künste und Wissenschaften. Es sind George Selwyn, mit einem Buch in der Hand; Richard, 2nd Earl of Edgcumbe, beim Zeichnen; und George James Williams, der die Zeichnung begutachtet. (Bristol, Museum and Art Gallery)

einem Rokokosalon – nachmittags um halb vier Uhr, wie die Pendule anzeigt – lauschen fünf Frauen und zwei Männer, bequem auf niedrigen Sesseln lagernd, dem Vorleser, der ein broschiertes Buch in der Hand hält; die Gesellschaft ist durch die geschlossene Tür und den aufgestellten Paravant gegen die Außenwelt abgeschirmt und bildet einen Kreis um das vorgelesene Wort. Andererseits Darstellungen auf dem Theater: Ein Jahr zuvor hatte Marivaux *Die zweite Überraschung durch die Liebe* auf die Bühne gebracht; eine der Personen, der als »Pedant« geschilderte Hortensius, ist von der Marquise als Lektüremeister und Vorleser engagiert worden: »Ich habe mir vor vierzehn Tagen einen Mann genommen, der sich um meine Bibliothek kümmern soll; ich bin nicht so eitel, gebildet werden zu wollen, aber es liegt mir daran, mir die Zeit zu vertreiben: Er liest mir jeden Abend etwas vor, unsere Lesungen sind seriös und räsonabel; er schafft eine Ordnung, die mich instruiert, indem sie mich amüsiert« (I. Akt, Szene 7); Hortensius liest aber nicht lediglich seiner Herrin vor, die Marquise lädt auch ihre Besucher zu den Lesungen ein, so in der 8. Szene des II. Aktes den Chevalier: »Chevalier, es steht Ihnen frei, zu bleiben, wenn meine Lesung Ihnen konveniert.« In beiden Fällen, auf dem Bild wie im Text, hindert das gemeinsame Hören nicht die privaten Empfindungen. De Troy deutet sie durch das Spiel der sich kreuzenden, abwendenden oder meidenden Blicke an, Marivaux durch den Protest des Chevalier gegen das, was er hört – so signalisiert er ironisch-spielerisch seine aufkeimende Liebe für die Marquise.

Familienlektüre

Schließlich gehörte das Vorlesen zu den Praktiken, die einer anderen Privatheit Zusammenhalt verliehen, nämlich der Familie. In einem Akt ehelichen Austauschs lasen die Ehegatten einander vor, wie etwa bei Pepys. Am 22. Dezember 1667 litt seine Frau an einem Abszeß an der Wange und mußte das Zimmer hüten: »Nach dem Essen wieder hinauf zu meiner Frau, die noch große Schmerzen hat wegen ihres Zahns und ihrer Backe; und dort leistete ich ihr, als sie weg waren, Gesellschaft und las ihr vor und sprach mit ihr, und dann zum Abendessen und zu Bett.« Drei Tage später, am Weihnachtstag, war es seine Frau, die vorlas: »Den ganzen Nachmittag zu Hause; meine Frau las mir die Geschichte des Trommlers von Mr. Monpesson vor, eine seltsame Gespenstergeschichte, die das Lesen lohnt.« Oder Vater und Sohn lasen einander vor; dafür gibt es bei Dugas aus Lyon manches Beispiel: »Ich verbrachte viel Zeit bei meinem Sohn, um Griechisch und einige Horaz-Oden zu lesen« (22. Juli 1718); »Mit meinem ältesten Sohn lese ich Ciceros Abhandlung ›Über die Gesetze‹ und mit dem zweitältesten Sallust« (14. September 1719); »Abends spiele ich mit meinem Sohn Schach. Zuerst lesen wir eine halbe Stunde lang ein gutes Buch, will

Ludolf de Jongh, *Die Botschaft*, 1657: das Vorlesen in einer Schenke durch einen »Fachmann«, den Herold oder Ausrufer, der amtliche Bekanntmachungen »mit Ruf und Trompetenstoß« verliest. Hier liest er drei Personen einen Brief vor; sie können wohl schlecht oder gar nicht lesen und hören aufmerksam zu. Der holländische Maler gibt den Akt des Vorlesens und die Gespanntheit der Hörenden wieder. Das Bild ist in sich geschlossen und unterstellt nicht die Existenz eines äußeren Betrachters. (Mainz, Mittelrheinisches Landesmuseum)

»Es gibt keinen Menschen von Geschmack, der diesen Druck nicht besitzt«, schreibt Diderot über dieses Bild von Jean-Baptiste Greuze, das auf dem Salon 1755 ausgestellt wurde und als Stich weit verbreitet war. Es versammelt Punkt für Punkt dieselben Elemente wie Jean-François de Troy in seiner Darstellung der Molière-Lesung (S. 151): Der bäuerlich-patriarchalischen Familie entspricht die mondäne Gesellschaft, der Folio-Bibel das kleine broschierte Buch, der Aufmerksamkeit der Zuhörer – die nur von dem kleinen Kind nicht geteilt wird – das Schweifen der Gedanken, der Abschließung der Szene in sich selbst das Sich-Öffnen des Bildes für den Betrachter. (Privatsammlung)

(Zur Abbildung auf Seite 157) Kurz nach der Französischen Revolution griffen die Herausgeber der neuen, für das ländliche Publikum bestimmten Zeitschrift *La Feuille villageoise* eine Anregung Marilliers aus dem Jahre 1777 auf, um ihren pädagogischen und volksbildnerischen Anspruch deutlich zu machen: »Uns scheint, daß die reichen Grundbesitzer, die wohlhabenden Bauern, die patriotischen Pfarrer, die Ärzte und Chirurgen [...] hiermit ein Mittel an der Hand haben werden, sich ihren Mitbürgern, den Landleuten, nützlicher zu machen, indem sie ihnen diese Zeitschrift zukommen lassen und vorlesen. [...] Solche öffentlichen Lesungen werden eine neuartige Gemeinschaft entstehen lassen und kleine ländliche Clubs bilden, welche die gesellschaftlichen Wahrheiten und Tugenden verbreiten werden.« Auf dem Bild belehrt eine prominente Persönlichkeit die Menschen nach der Sonntagsmesse über eine lebenswichtige Kunst: das Brotbacken. (Paris, Bibliothèque Nationale)

sagen ein Erbauungsbuch« (9. Dezember 1732). Man las, und die Familie versammelte sich um das Buch – vor allem, wenn die Familie protestantisch und das Buch die Bibel war. Die reformatorischen Bücher zur häuslichen Unterweisung enthielten häufig Ratschläge zur Gestaltung dieser Pflichtlektüre, so beispielsweise die *Oeconomia christiana* von Justus Menius, deren Regensburger Ausgabe von 1554 auf der Titelseite einen Familienvater zeigt, der dabei ist, dem ganzen Hausverband vorzulesen; seine Frau und die Kinder sitzen rechts von ihm, die Dienstboten in einer anderen Ecke des Zimmers. Auf dem Tisch liegen eine mächtige Bibel, ein anderes, kleineres Buch (vielleicht die *Oeconomia* selbst?), Augengläser und eine Sanduhr.[44] Gewiß war der Vortrag des Familienvaters aus der Bibel nicht in allen protestantischen Ländern die Regel, aber er ist an zahlreichen Orten gut belegt, angefangen bei der Schweiz im 16. Jahrhundert (wo sich Felix Platter daran erinnert, wie in seiner Jugend der Vater vor dem Kirchgang aus der Bibel zu lesen und zu predigen pflegte) bis nach Neu-England im 18. Jahrhundert.

Volksbräuche

Sozialität der Geselligkeit, häuslich-familiäre Intimität und Rückzug des Einzelnen auf sich selbst: das waren die drei Daseinsbereiche, in denen das Buch und die Lektüre einen zentralen Platz behaupteten. Diese Feststellung gilt nicht nur für die Schreibkundigen, aus denen die gesellschaftlichen Eliten der Neuzeit bestehen. Auch in den unteren Schichten begegnet man dieser Vielfalt in der Nutzung von Druckwerken – vielleicht mit der Einschränkung, daß es sich bei diesen Druckwerken meist nicht um Bücher handelte. Es war gängige Praxis in der Stadt und auf dem Land, bei der Arbeit und in Mußestunden, bei Zufallsbegegnungen auf der Straße oder unter Arbeitskollegen, daß je-

FOUR

mand, der lesen konnte, denen vorlas, die es nicht oder nur unzulänglich vermochten. Gegenstand solcher Lektüre waren beispielsweise die »livres de pourtraicture« (»Musterbücher«), d. h. Sammlungen von Vorlagen, Rissen und Schablonen, die in den Werkstätten des 18. Jahrhunderts benutzt wurden; Anschläge an den Häuserwänden der Städte; religiöse Texte (in Schwaben trafen sich Ende des 18. Jahrhunderts die Bäuerinnen zur gemeinsamen Bibellektüre[45]); Bücher mit Massenverbreitung wie etwa in Frankreich die Titel aus der »Bibliothèque bleue«, die gewiß nicht abends gelesen wurden, weil man da nicht las, sondern einzig bei Zusammenkünften von Menschen mit gleicher Existenzgrundlage – man denke an die lothringischen Schäfer zu Beginn des 18. Jahrhunderts, von denen Jamerey-Duval berichtet.[46]

In Spanien gab es im 16. und 17. Jahrhundert bestimmte Stoffe, die sich die unteren Volksschichten vorlesen ließen, vor allem Ritterromane. Das einfache Stadtvolk lauschte ihnen gern, wie 1560 Juan Arce de Otalora schreibt: »In Sevilla, so heißt es, soll es Handwerker geben, die sich abends und an Feiertagen mit einem [Ritter-]Roman auf die *Gradas* [d. h. vor den Dom] setzen und lesen.«[47] Aber auch die Bauern lauschten ihnen, jedenfalls im *Don Quixote*, und zwar im 1. Band in dem schon erwähnten ersten Kapitel des vierten Buches: Als die Rede auf Ritterromane kommt, erklärt der Wirt: »[. . .] ich weiß mir nach meinem Geschmack kein schöneres Lesen auf der Welt, und ich selbst habe zwei oder drei solcher Bücher, die mir immer das Herz erfrischen, und nicht nur mir, sondern auch vielen andern Leuten. Zur Erntezeit kommen viele Schnitter in den Festtagen hierher, da ist denn immer einer darunter, der lesen kann, und der dies oder jenes von diesen Büchern zur Hand nimmt. Über dreißig setzen wir uns um ihn her und hören mit solchem Vergnügen zu, daß wir Essen und Trinken vergessen.« Einträchtig sitzen die Bauern und die Familie des Wirtes (samt Maritorne) um *Don Cirongilio von Thracia* oder *Felix Marte von Hircania* versammelt, der Wirt möchte »Tag und Nacht den Dingen zuhören«. Doch auch andere Stoffe eigneten sich gut zum Vorlesen, etwa die Texte auf den »pliegos sueltos« [»fliegenden Blättern«] oder den »pliegos de cordel« [»aufgefädelten Blättern«]; sie hatten alle das gleiche typographische Format (zwei bis sechzehn Quartblätter) und dieselbe poetische Form (»romances« in achtsilbigen Zeilen mit Assonanzen) und waren für den mündlichen Vortrag gedacht: Ihre Titel, einem festen Schema folgend, konnten vom Verkäufer ausgerufen werden – oft wurden sie von blinden Kolporteuren verhökert, die sich zu Bruderschaften zusammengeschlossen hatten –; die Texte waren leicht zu deklamieren oder zu singen. So bekamen die Zuhörer über das Wort Zugang zur Schrift.

Das Verhältnis der unteren Schichten zu Geschriebenem war indes nicht zwangsläufig auf das beschränkt, was man vorlesen hören konnte. Zwischen dem 16. und 18. Jahrhundert drang Geschriebenes auch in den Privatbereich breiter Bevölkerungsteile ein, und zwar in Gestalt von Drucken, die ihres besonderen Bezugs zu wichtigen Stationen im Leben der Familie oder des Einzelnen wegen emotional stark besetzt waren. So gab es in bestimmten Diözesen die Heiratsurkunde, die der Bräutigam bei der Trauung der Braut überreichte und die in Text und

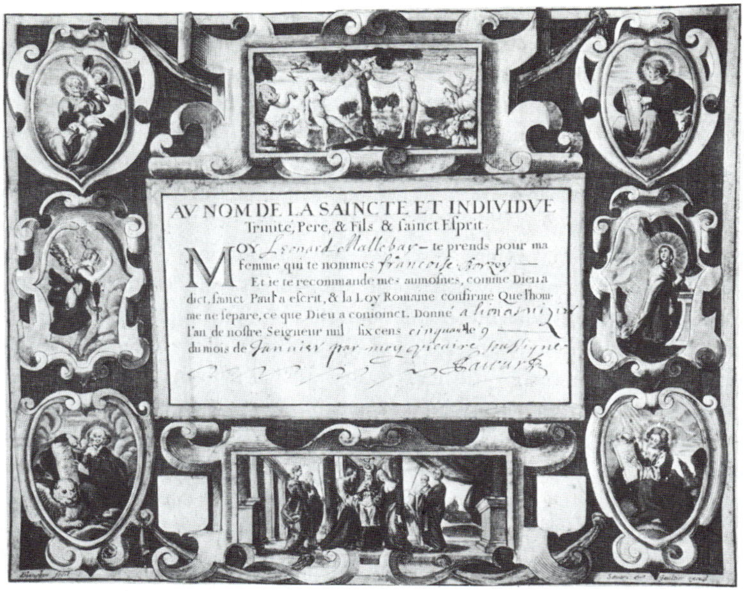

In manchen Diözesen Südfrankreichs, namentlich in Lyon, war es Brauch, daß bei der Trauung der Bräutigam seiner Braut zusammen mit dem Trauring eine Heiratsurkunde übergab. Sie enthielt – in Schönschrift oder gedruckt – den Text der Trauformel, die Namen der Ehegatten und die Unterschrift des Pfarrers. Zur Ikonographie gehörten fast immer die vier Evangelisten, die Verkündigungsszene, die Hochzeit der Maria, bisweilen die Versuchung Evas. Mit einem wichtigen Einschnitt im Leben verbunden und als Ausdruck des Lyonaiser Bürgerrechts verankerten diese Urkunden den Respekt vor dem Geschriebenen, aber auch die christliche Bildersprache im Herzen des Volkes. (Privatsammlung)

Bild an den Gründungsakt der ehelichen Gemeinschaft erinnerte. Es gab Bilder von Wallfahrtsorten, die dem Pilger und anderen Leuten bescheinigten, daß er die Reise getan und seine Andacht verrichtet hatte. Auch Bilder von Bruderschaften gab es, die sichtbar bezeugten, daß man einer Gemeinschaft angehörte, von der man Hilfe erhoffte, und sich einem himmlischen Beschützer ergeben hatte, den man anbetete und verehrte. Auf solchen Drucken war das Bild stets von Text begleitet, so daß sie auf verschiedene Weise entzifferbar waren. Sie wurden entweder an die Wand geheftet oder an einem sicheren Ort aufbewahrt und spielten eine wesentliche Rolle als Anhaltspunkte der Erinnerung und der Selbstvergewisserung und damit der Konstituierung einer intimen und zugleich vorgezeigten Privatheit.

Vom Lesen zum Schreiben

Bei manchen Leuten aus dem Volk hatte der Erwerb der Schreibfertigkeit zur Folge, daß sie selber schrieben. Die sehr geringe Zahl solcher Schriften – Autobiographien –, die heute noch erhalten sind, läßt vermutlich die praktische Bedeutung dieser Übung nicht erkennen, für die wir Jacques-Louis Ménétra, den Pariser Glasermeister[48], und Louis Simon, den Uhrmacher aus Maine[49], als Kronzeugen anführen. Ménétra arbeitete an dem *Journal de ma vie* seit 1802 oder 1803, wobei er fragmentarische Aufzeichnungen zugrunde legte und ergänzte, die er seit 1764 gesammelt hatte. Louis Simon beschrieb um 1809 »die wichtigsten Ereignisse, welche im Laufe meines Lebens vorgefallen«; er schrieb in ein »Buch« – d. h. ein Heft –, das er zwanzig Jahre zuvor von einem angeheirateten Onkel geerbt hatte und das mit hundert Jahre alten Abrechnungen von dessen Onkel beginnt, der Weinhändler in La Flèche gewesen war. Zu schreiben war für Ménétra ebenso wie für Simon zur Gewohnheit geworden, lange bevor sie mit der Niederschrift ihrer Erinnerungen begannen. Während Ménétra als Geselle durch Frankreich zog, schrieb er viel und zog daraus manchen Nutzen, etwa bei der Aufnahme in eine Bruderschaft von Glasergesellen, die sich »Devoir« nannte: »Ich wurde als Bruder aufgenommen, und die Mitbrüder baten mich, die Rolle abzuschreiben, die sie Maître Jacques oder auch le Devoir nennen; mich tauften sie Parisien le Bienvenu.«* Er schrieb an die Seinen in Paris, besonders an seine »gute Großmama«, die er um finanzielle Unterstützung bat; er besorgte die Korrespondenz und die Rechnungsbücher von Witwen, bei denen er Arbeit fand; und er machte für seine Kameraden den Sekretär, als es zu einem Streit mit dem Intendanten von Bordeaux über die Auslosung zur Miliz kam: »Sie sahen sich nach einem um, der schreiben konnte, und der Guyennois suchte mich auf, und ich wurde der einunddreißigste Mitbruder. [D. h. er wurde zu einer dreißigköpfigen Delegation hinzugewählt, die mit den Behörden verhandeln sollte.] Danach schrieb ich die Regeln auf und nahm die Zählung meiner Mitbrüder vor.« Er nährte durch häufige Briefe die Hoffnungen einer Witwe in Nîmes, die auf das Ende seiner Walz durch Frankreich wartete, um ihn heiraten zu können, und sich in der Zwischenzeit großzügig gegen ihn zeigte. – Auch Louis Simon in seinem Dorf in der Fontaine war ein Schreibkundiger, den man um Hilfe bat, wenn es galt, die Verzeichnisse der Fabrik zu führen oder eine Beschwerdeschrift der Pfarrei zu verfassen. Für ihn war die Revolution eine Zeit, die er mit Schreiben verbringen – und vertun – mußte: »Denn ich war drei Jahre ohne Arbeit infolge der Unruhen, und es gab hier niemanden, der helfen konnte, als mich, weil ich der einzige war, der schreiben konnte und ein wenig von der Sache verstand.«

Bei der Niederschrift ihrer Lebensgeschichte erinnerten sich beide Männer – vielleicht ohne sich dessen bewußt zu sein – an frühere Lektüreeindrücke und griffen Formen und Motive auf, die ihnen dabei begegnet waren. Louis Simon konnte schon in seiner Jugend, dank der Bibliothek des Pfarrers und eines in die Gegend zurückgekehrten Buchkolporteurs, mit Gedrucktem Bekanntschaft schließen. »Ich verbrachte meine Zeit damit, mich am Musizieren zu ergötzen und alles zu lesen, was mir

Grabstein. In den puritanischen und alphabetisierten amerikanischen Kolonien war Geschriebenes auf vielerlei Gegenständen zu finden, von »possy rings«, die man einem geliebten Menschen schenkte, über Trauerringe, die man zur Erinnerung an einen Verstorbenen trug, bis hin zu Grabsteinen wie diesem für Thomas Nichols mit der Inschrift »who exchang'd worlds in the month of April 1765 / Aged almost 83 years« [»eingegangen aus dieser Welt in die andere im April 1765, in seinem 82. Jahre«] – eine Inschrift, aus der die ungebrochene Hoffnung auf das Jüngste Gericht spricht. (Wakefield, Massachusetts)

* Die Brüder trugen Geheimnamen. *A.d.Ü.*

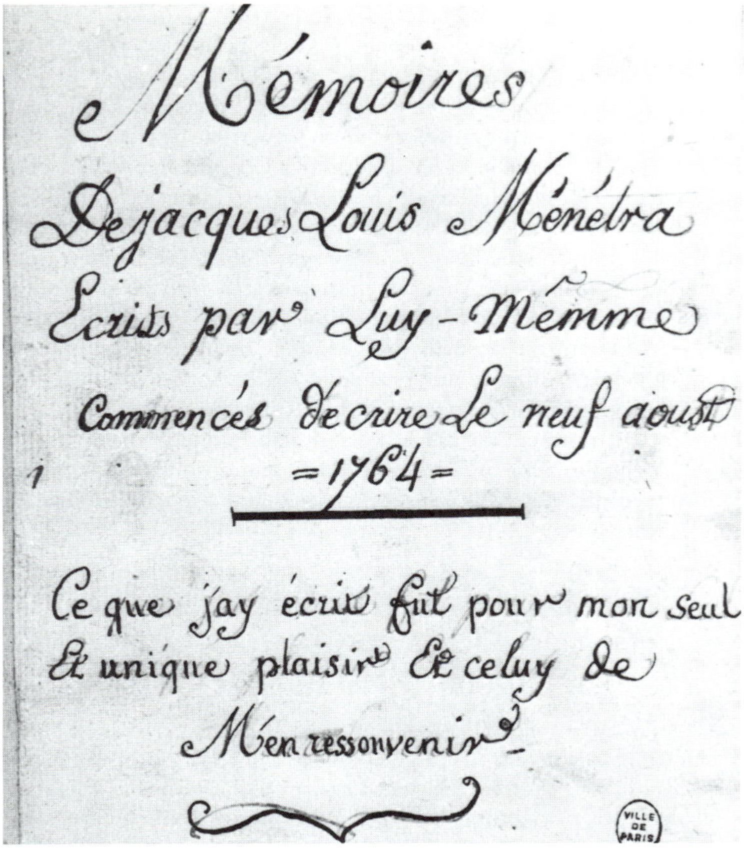
Mémoires
De jacques Louis Ménetra
Ecrits par Luy-Mémme
Commencés decrire Le neuf aoust
=1764=
Ce que jay écrits fut pour mon seul
Et unique plaisir Et celuy de
Men ressouvenir

Die Titelseite von Ménétras *Mémoires:* die Selbstvergewisserung des einfachen Mannes durch die von ihm gemeisterte und in der Stille geübte Kunst des Schreibens. (Bibliothèque Historique de la Ville de Paris)

an Büchern in die Hände fiel, über die Geschichte der Alten, Kriege, Geographie, das Leben der Heiligen, das alte und neue Testament und andere religiöse und weltliche Bücher; besonders liebte ich Lieder und Psalmen.« Dieses halb gelehrte, halb folkloristische Wissen hat in Simons Schreibweise seine Spuren hinterlassen: in dem Vierzeiler an den »Ami lecteur« auf der ersten Seite, in den unter dem Titel *Conseils* [*Ratschläge*] zusammengefaßten und für Simons Kinder bestimmten moralischen Nutzanwendungen sowie in der Zusammenstellung von unerhörten Ereignissen unter der Rubrik *Evenemens Extraordinaires visionnaire* [*Außerordentliche und phantastische Begebenheiten*]. Bei Ménétra, der nur wenige Titel erwähnt (lediglich die Bibel, den *Petit Albert** und die Werke Rousseaus), diente die Lektüre dazu, ein halb wirkliches, halb imaginiertes Leben in die literarischen Formen des Jahrhunderts zu kleiden. Die erotischen Romane lieferten ihm ein Repertoire listiger Intrigen und amouröser Typen (die verführte und ihren Gelübden untreue Nonne, die liebestolle Dame von Stand, die zur Liebe gezwungene und dennoch willige Frau aus dem Volk usw.); das Theater, das er sehr schätzte, lehrte ihn, die Rollen in seinen kleinen Dramen zu vertei-

* Ein Buch über schwarze Magie. *A.d.Ü.*

len und sich selbst stets die Hauptrolle zu reservieren – beispielsweise in der Begegnung mit Rousseau; weitverbreitete Berichte und Erzählungen, etwa aus Zeitungen oder den »blauen Büchern«, zeigten ihm die Methoden, alltäglichen Vorkommnissen Relief zu geben. Diese Texte werden im *Journal* nicht zitiert; sie wirken eher wie Spiegel oder vielmehr Prismen, die Ménétra das Bild seines Lebens zeigen, aber eines nach seinem Wunsch geordneten, verschönerten, idealisierten Lebens.

Diese beiden Männer wollten ein persönliches Werk schaffen – Simon, um schreibend die Erinnerung an seine fünf Jahre zuvor verstorbene Frau wachzuhalten, Ménétra, um seiner selbst innezuwerden und die Existenz einer anderen Kultur zu betonen, die sich in seinem freiwilligen Verzicht auf die normalen Regeln der Orthographie und Interpunktion verrät. Auf ganz unterschiedliche Weise bezeugen sie jedoch zugleich die allgemeine Vertrautheit mit dem Schreiben und mit Texten – eine Vertrautheit, die es Ende des 18. Jahrhunderts auch Angehörigen der unteren Schichten erlaubte, nach dem Vorbild ihrer Lektüreerfahrungen die Geschichte ihres eigenen, tätigen oder imaginierten Lebens zu erzählen.

Anmerkungen

1 Diese Einschätzung der Unterschriftenrate weicht von derjenigen F. Furets und J. Ozoufs ab, die für das Jahr 1866 eine Korrelation zwischen Unterschriften unter Eheverträgen, Bildungsstand von Rekruten und kulturellen Daten aus dem Zensus herstellen und zu dem Schluß kommen, daß erstens »die Fähigkeit zum Unterschreiben [...] weitgehend dem [entsprach], was wir heute Alphabetisierung nennen und was Lesen und Schreiben umfaßt«, und daß es zweitens die »starke Vermutung« gibt, daß die Korrelation zwischen Unterschrift unter dem Ehevertrag und vollständiger Alphabetisierung »auch für zurückliegende Perioden« gültig sei. Vgl. *Lire et Écrire. L'alphabétisation de Français de Calvin à Jules Ferry*, Paris 1977, Bd. I, S. 27.

2 R. Houston, »The literacy myth? Illiteracy in Scotland 1630–1670«, in: *Past and Present* 96, 1982, S. 81–102.

3 D. Cressy, *Literacy and the Social Order. Reading and Writing in Tudor and Stuart England*, Cambridge University Press 1980 (über die Eide von 1641 bis 1644 vgl. Kap. IV, S. 62–103), und R. S. Schofield, »Dimensions of illiteracy, 1750–1850«, in: *Explorations in Economic History* 10, 1973, S. 437–454.

4 M. Fleury und P. Valmary, »Les progrès de l'instruction élémentaire de Louis XIV à Napoléon III d'après l'enquête de Louis Maggiolo (1877–1879)«, in: *Population* 12, 1957, S. 71–93; sowie F. Furet und J. Ozouf, a. a. O.

5 S. Hart, »Onderzoek naar de samenstelling van de bevolking van Amsterdam in de 17e en 18e eeuw, op grond van gegevens over migratie, huwelijk, beroep en alfabetisme«, in: *Geschrift ien Getal. Een keuze uit de demografisch-economisch-, en sociaal-historische studien op grond van Amsterdamse en Zaanse archivalia, 1600–1800*, Dordrecht 1976, S. 130ff.

6 M. R. Duglio, »Alfabetismo e società a Torino nel secolo XVIII«, in: *Quaderni Storici* 17, Mai–August 1971, S. 485–509.

7 M.-C. Rodriguez und B. Bennassar, »Signatures et niveau culturel des témoins et accusés dans les procès d'Inquisition du ressort du tribunal de Tolède

(1525–1817) et du ressort du tribunal de Cordoue (1595–1632)«, in: *Caravelle* No 31, 1978, S. 19–46.

8 K. Lockridge, Literacy in Colonial England. *An Inquiry into the Social Context of Literacy in Early Modern West*, New York 1974.

9 Ders., »L'alphabétisation en Amérique, 1650–1800«, in: *Annales ESC*, 1977, S. 503–518.

10 D. Cressy, a. a. O., S. 157–174.

11 A. Larquié, »L'alphabétisation à Madrid en 1680«, in: *Revue d'histoire moderne et contemporaine* 1981, S. 132–157, und »L'alphabétisation des Madrilènes dans la seconde moitié du XVIIe siècle: stagnation ou évolution?« in: *Colloque »Instruction, lecture, écriture en Espagne (XVIe–XIXe siècle)«*, Toulouse 1982, maschinenschriftliches Manuskript.

12 M. Vovelle, »Y-a-t-il eu une révolution culturelle au XVIIIe siècle? A propos de l'éducation populaire en Provence« in: *Revue d'histoire moderne et contemporaine* 1975, S. 89–141.

13 D. Cressy, a. a. O., S. 130–137, vor allem Tabelle 6.8 auf S. 136.

14 D. Marchesini, *La fatica di scrivere. Alfabetismo e sottoscrizioni matrimoniali in Emilia tra Sette e Ottocento*, erscheint demnächst.

15 D. Cressy, a. a. O., S. 124 f. und 128.

16 J. Ruwet und Y. Wellemans, *L'Analphabétisme en Belgique (XVIIIe–XIXe siècle)*, Löwen 1978, S. 22.

17 K. Benda, »Les Lumières et la culture paysanne dans la Hongrie du XVIIIe siècle«, in: *Les Lumières en Hongrie, en Europe centrale et en Europe orientale.* Verhandlungen des 3. Colloquiums von Mátrafüred (1975), Budapest 1977, S. 97–109.

18 E. Johansson, »The history of literacy in Sweden« (1977), in: *Literacy and Social Development in the West: A Reader*, Hrsg. H. J. Graff, Cambridge University Press 1981, S. 151–182.

19 T. C. Smout, »Born Again at Cambuslang: New Evidence on Popular Religion and Literacy in Eighteenth-Century Scotland«, in: *Past and Present* 97, 1982, S. 114–127 (mit Hinweis auf die Studie von I. Markussen und V. Skovgaard-Petersen über Dänemark).

20 R. Gawthrop und G. Strauss, »Protestantism and Literacy in Early Modern Germany«, in: *Past and Present* 104, 1984, S. 31–55.

21 B. Vogler, *Vie religieuse en pays rhénan dans la seconde moitié du XVIe siècle (1556–1619)*, Lille 1974, Bd. II, S. 796–799.

22 R. Engelsing, *Analphabetentum und Lektüre. Zur Sozialgeschichte des Lesens in Deutschland zwischen feudaler und industrieller Gesellschaft*, Stuttgart 1973, S. 62.

23 A. Derville, »L'alphabétisation du peuple à la fin du Moyen Age«, in: *Revue du Nord*, Sondernummer *Liber amicorum. Mélanges offerts à Louis Trénard*, Nr. 261–262, April–September 1984, S. 761–776.

24 C. Klapisch-Zuber, »Le chiavi fiorentine di Barbalù: l'apprendimento della lectura a Firenze nel XV secolo«, in: *Quaderni Storici*, 57, Dezember 1984, S. 765–792. Daß der Prozentsatz der eingeschulten Kinder zwischen 45 und 60 schwankt, liegt daran, daß die Bevölkerungszahl von Florenz zwischen 1330 und 1340 unterschiedlich hoch angesetzt wird.

25 M. Lowry, *The World of Aldus Manutius. Business and Scholarship in Renaissance Venice*, Oxford 1979, S. 26–41.

26 C. Ginzburg, »High and Low: The Theme of Forbidden Knowledge in the Sixteenth and Seventeenth Centuries«, in: *Past and Present* 73, 1976, S. 28–41.

27 P. Saenger, »Silent Reading: Its Impact on Late Medieval Script and Society«, in: *Viator. Medieval and Renaissance Studies* Bd. XIII, 1982, S. 367–414.

28 P. Berger, »La lecture à Valence de 1474 à 1560. Évolution des comportements en fonction des milieux sociaux«, in: *Livre et Lecture en Espagne et en France sous l'Ancien Régime*, Colloquium in der Casa de Velázquez, ADPF, 1981, S. 97–107.

29 A. Labarre, *Le Livre dans la vie amiénoise du XVIe siècle. L'Enseignement des inventaires après décès*, 1503–1576, Paris–Löwen 1971.

30 C. Bec, *Les Livres des Florentins (1413–1608)*, Florenz 1984, vor allem S. 91–96.

31 P. Clark, »The Ownership of Books in England, 1560–1640: The Example of Some Kentish Townsfolk«, in: *Schooling and Society. Studies in the History of Education*, Hrsg. L. Stone, The Johns Hopkins University Press 1976, S. 95–111.

32 E. François, »Livre, confession et société urbaine en Allemagne au XVIIIe siècle: l'exemple de Spire«, in: *Revue d'histoire moderne et contemporaine*, Juli–September 1982, S. 353–375.

33 Die französischen Daten stützen sich auf unsere Synthese – R. Chartier und D. Roche, »Les pratiques urbaines de l'imprimé«, in: *Histoire de l'édition française*, unter Leitung von H.-J. Martin und R. Chartier, Paris, Band II, *Le livre triomphant. 1660–1830*, S. 402–429 –, die u. a. die Arbeiten J. Quéniarts über die westfranzösischen Städte und M. Marions über Paris heranzieht.

34 R. A. Gross, *The Authority of the Word: Print and Social Change in America, 1607–1880*, Referat auf dem Colloquium »Needs and Opportunities in the History of the Book in American Culture«, Worcester 1984, maschinenschriftliches Ms.

35 P. Benedict, »Bibliothèques protestantes et catholiques à Metz au XVIIe siècle«, in: *Annales ESC*, 1985, S. 343–370.

36 Die zitierten Texte stammen aus D. Hall, »Introduction: The Uses of Literacy in New England, 1600–1850«, in: *Printing and Society in Early America*, Hrsg. W. Joyce, D. Hall, R. Brown, J. Hench, Worcester 1983, S. 1–47.

37 R. Engelsing, »Die Perioden der Leseforschung in der Neuzeit. Das statistische Ausmaß und die soziokulturelle Bedeutung der Lektüre«, in: *Archiv für Geschichte des Buchwesens*, Bd. X, 1969, S. 945–1002, und ders., *Der Bürger als Leser. Lesergeschichte in Deutschland, 1500–1800*, Stuttgart 1974.

38 D. Fabre, »Le livre et sa magie«, in: *Pratiques de la lecture*, unter Leitung von Roger Chartier, Marseille 1985, S. 182–206.

39 [Die deutschen Zitate folgen der von H. Winter übersetzten Auswahl *Samuel Pepys, Tagebuch aus dem London des 17. Jahrhunderts*, Stuttgart 1980. In dieser Ausgabe nicht enthaltene Stellen wurden von uns übersetzt. *A.d.Ü.*] Die zitierten Texte wurden mit der von R. C. Latham und W. Matthews herausgegebenen elfbändigen Gesamtausgabe – *The Diary of Samuel Pepys*, University of California Press 1970 – verglichen.

40 H. Harrison und P. Laslett, *The Library of John Locke*, Oxford 1971, 2. Aufl.; vgl. vor allem den Beitrag von P. Laslett, »John Locke and his books«, S. 1–65.

41 Zu diesen beiden Bildern vgl. die Notizen in dem Katalog *Chardin, 1699–1779*, Paris 1979, S. 278–283.

42 *Mémoires d'Henri de Campion*, Paris 1967, S. 95 f.

43 Vgl. *Correspondance littéraire et anecdotique entre M. de Saint-Fonds et le président Dugas*, ed. W. Poidebard, Lyon 1900, und R. Chartier, »Une académie avant les lettres patentes. Une approche de la sociabilité des notables lyonnais à la fin du règne de Louis XIV«, in: *Marseille*, Nr. 101, *Les Provinciaux sous Louis XIV*, 1975, S. 115–120.

44 G. Strauss, *Luther's House of Learning. Indoctrination of the Young in German*

Reformation, The Johns Hopkins University Press 1978, S. 108–131; Stich auf S. 114.

45 D. Sabean, »Small Peasant Agriculture in Germany at the Beginning of the Nineteenth Century: Changing Work Patterns«, in: *Peasant Studies* VII, 1978, S. 222 f.

46 V. Jamerey-Duval, *Mémoires. Enfance et Éducation d'un paysan au XVIII*[e] *siècle*, Einführung v. J. M. Goulemot, Paris 1981, S. 191 ff. Zur Lektüre der »blauen Bücher« vgl. R. Chartier, »Livres bleus et lectures populaires«, in: *Histoire de l'édition française*, Bd. II, a. a. O., S. 498–511.

47 Zitiert bei M. Chevalier, *Lectura y Lectores en la España de los siglos XVI y XVII*, Madrid 1976, S. 91.

48 *Journal de ma vie. Lacques-Louis Ménétra, compagnon vitrier au XVIII siècle*, ed. D. Roche, Paris 1982.

49 A. Fillon, *Louis Simon, étaminier 1741–1820 dans son village du haut Maine au siècle des Lumières*, Université du Maine 1982.

J.-A. Larue, genannt Mansion, *Bürgerliches Interieur*. (Nancy, Musée historique lorrain)

Jacques Revel, Orest Ranum, Jean-Louis Flandrin,
Jacques Gélis, Madeleine Foisil, Jean Marie Goulemot

II. Formen der Privatisierung

Vorbemerkung von Roger Chartier

Zwischen dem 16. und dem 18. Jahrhundert treibt der Prozeß der Privatisierung, der für die westlichen Gesellschaften kennzeichnend ist, neue Hoffnungen und Verhaltensweisen hervor, er erschließt bislang unbekannte Tätigkeitsfelder, Objekte und Texte und erzeugt ein noch nie dagewesenes Wissen des Menschen von sich selbst und anderen. Im zweiten Teil unseres Buches wollen wir die wichtigsten Beispiele dieser mannigfachen Neuerungen in Baukunst und Literatur, Emotionalität und Körpergefühl betrachten und dabei auf die Standortbestimmung durch Philippe Ariès zurückgreifen. Er gliedert die im Denken und Handeln der Menschen eingetretenen Veränderungen in sechs Hauptkategorien: die »civilité« [»Zivilität«] als Vermittlerin einer neuen Einstellung zum Körper; die Selbsterforschung durch intime Aufzeichnungen; die Einsamkeit, die nun nicht mehr nur aus asketischen Beweggründen, sondern zum Vergnügen aufgesucht wird; die im privaten Kreis gepflegte Freundschaft; der »gute Geschmack«, der zum Zwecke der Selbstdarstellung kultiviert wird; und der Komfort als Ergebnis einer »Verzweckmäßigung« des Alltags. Die folgenden Beiträge halten sich – wiewohl nicht sklavisch – an diesen Rahmen und nähern sich von verschiedenen Seiten der Erfindung des modernen privaten Lebens.

Der erste Beitrag geht von dem Gegensatz zwischen Zivilität und Intimität aus. Die Vorschriften in den vielen Anstandsbüchern, die das Verhalten in der Gesellschaft zu regeln suchten, widersprachen nämlich Punkt für Punkt den Regungen der Herzen und Körper in ihrer leidenschaftlichen Intimität. Der Raum, in dem die »civilité« herrschte, war der Raum der kollektiven Existenz, der eigentümlichen Sozialität des Hofes und der Salons, aber auch eines gesellschaftlichen Gesamtrituals, dessen Normen für jedermann, gleichgültig, welchem Stand er angehörte, verpflichtend waren. Die Intimität hingegen verlangte nach entlegenen Orten und abgetrennten Räumen, wo sie Einsamkeit, Heimlichkeit, Stille fand. Der Garten, das Schlafzimmer – vornehmlich der Alkoven und die »ruelle«, die Zone zwischen Bett und Wand –, das Arbeitszimmer und die Bibliothek waren solche Rückzugsorte, die verbargen, was man nicht zeigen durfte oder mochte (Körperpflege, natürliche Körperfunktionen, den Liebesakt), und wo man jenen Praktiken oblag, bei denen man mehr als früher auf das Alleinsein bedacht war, etwa dem Gebet oder der Lektüre.

Die »civilité«, die das Verhalten des Menschen in der Gesellschaft bestimmte, lehrte vor allem die Distanzierung der Körper voneinander. Je mehr die neuen sozialen Interaktionsformen (in erster Linie bei Hofe) gegenseitige Abhängigkeit und erzwungene Vertrautheit vergrößern und, mit Norbert Elias zu sprechen, »die Darstellung des Ranges durch die Form« erheischen – das heißt eine stets sichtbare und stets öffentliche Übersetzung dessen, was das Individuum ist –, um so strikter müssen die Verbote sein, die physischen Kontakt und Körperberührung untersagen. Die Individualisierung des Schlafs – jeder in seinem eigenen Bett –, die Mißbilligung des Raufens – ob zum Spaß oder im Ernst –, der Wandel der Tischmanieren, die nun das Essen aus einem gemeinsamen Teller verpönten und den schicklichen Gebrauch des Eßbestecks verlangten – dies alles war eine Folge jener Distanzierung der Körper voneinander, die durch die häufigere Begegnung der Menschen und ihr dichteres Zusammenleben notwendig geworden war. Gegen diese erzwungene Trennung beharrten die intimen Gefühle – fleischliche oder geistige, Liebe oder Freundschaft – auf der körperlichen Nähe des anderen oder zumindest der Nähe eines Gegenstandes, der diesen anderen zu repräsentieren und in seiner Abwesenheit gegenwärtig zu machen vermochte. So bildeten sich neuartige Gewohnheiten heraus, die diese heißersehnte Gemeinschaft begründen konnten: Man trug einen Gegenstand bei sich, den die geliebte, teure Person berührt hatte, bewahrte eine Spur ihrer entschwundenen Gegenwart, die den Lebenden durch den Tod geraubt worden war, oder suchte sich in seinem eigenen Körper der Unmittelbarkeit Gottes zu vergewissern. Die Intimität der Privatheit mit ihren Ausdrucksweisen, die in der Öffentlichkeit beargwöhnt wurden, aber durch die Nähe der Liebenden gefordert waren, gebot die Aufhebung der Ferne und die Gegenwart des der Berührung entzogenen Körpers. Dieses Verlangen – Sprache der Liebesraserei, der spirituellen Erfahrung oder des Totengedenkens – charakterisierte die genannten drei Jahrhunderte, verstärkte sich jedoch mit der zunehmenden Konzentration der Affekte auf das einträchtige Paar oder die kleiner gewordene Familie.

Zivilität und Intimität waren auch in anderer Hinsicht Gegensätze. Zur Schicklichkeit zählte es, seine Gefühle zu unterdrücken, seine Affekte zu bändigen und die Regungen des Herzens und der Seele zu verhehlen. Die Rationalität bemaß jedes Verhalten mit Rücksicht auf das Gegenüber und paßte das Betragen dem Effekt an, den es hervorbringen sollte. »Civilité« war daher vor allem die stets kontrollierte Kunst der Selbstdarstellung, ein streng geregelter Habitus, jene Identität zu bekunden, als die man wahrgenommen werden wollte. In der Einsamkeit oder in der Intimität mit dem anderen war diese Selbstzucht nicht mehr angebracht, hier durfte man sich den schamlosen Ergießungen und extremsten Empfindungen überlassen. Der mystische Diskurs und gelegentlich die erotische Beichte legten von diesen Leidenschaften Zeugnis ab, gegen welche die Zivilität nichts ausrichtete und an denen die im Habitus des modernen Individuums fest verankerten Selbstzensuren und Zwänge zuschanden wurden.

In der höfischen Gesellschaft waren alle Verhaltensweisen öffentlich und symbolisch. Dem opponierte die Privatisierung, die, wie uns Jean Starobinski gezeigt hat, als Übergang vom Prunk zum Luxus zu verstehen ist. Der Prunk des Monarchen hatte gleichsam eine rhetorische Funktion, er wollte beweisen und überreden; indem er durch Aufwand und Zeremoniell die Größe des Fürsten hervorhob, sollte er von dieser Größe jeden überzeugen, der ihre Zeichen sah, insbesondere die Untertanen. Der Pomp der absoluten Könige hob die Grenze zwischen Öffentlichem und Privatem auf und machte aus Denkmälern und Ritualen Inbegriffe der öffentlichen Gewalt. Doch gerade als dieses symbolische System seine avanciertesten und rigorosesten Formen ausbildete (in Frankreich in der zweiten Hälfte des 17. Jahrhunderts), begann es bereits zu zerbrechen. Die Zivilgesellschaft, welche die Tyrannei des Staates abgestreift hatte, verfolgte neue Vorstellungen; privater Aufwand, d. h. der Luxus des Adels und des Bürgertums, sowie die Kultivierung des Geschmacks fungierten nun als Prestigemerkmal.

Der »gute Geschmack« wird im folgenden am Beispiel der Kochkunst abgehandelt, weil sie die moderne Hauptbedeutung des Begriffs geprägt hat. Die Geschichte der Geschmacksbildung bewirkte eine doppelte Verschiebung. An die Stelle der zentralisierten, theatralischen Manifestation der souveränen Gewalt trat eine facettenreiche Repräsentation, die aufgrund der sozialen Unterschiede viele Gesichter hatte. Der Luxus, der die Lebenskunst der »happy few« ausstellte, markierte zugleich die Kluft, die diese von der rohen, vulgären Masse schied. Das Vorzeigen von Opulenz – auch der des Fürsten – ersetzte die Demonstration absoluter Souveränität. Der gute Geschmack, den man sich und anderen durch verfeinerte Manieren, die Ästhetisierung des Lebensstils und die Jagd nach raffinierten Genüssen bewies, erlaubte andererseits, auf eine gesellschaftliche Distinktion zu pochen, die nicht mehr der pflichtgemäßen Unterwerfung unter die Förmlichkeiten und Zwänge der höfischen Etikette entsprang, sondern der zwanglosen, privaten Freiheit einer behaglichen Existenzweise. Die zweckmäßige Ausstattung kleiner Wohnungen, die Innendekoration, die der häuslichen Intimität angemessenen Möbel und Kleidungsstücke sowie die kulinarischen Rücksichten, die zwischen dem rohen Produkt und der gekochten Speise unterschieden, waren Anzeichen einer Lebensführung, die nicht mehr des öffentlichen Forums bedurfte, sondern die befriedigende Gewißheit ihrer privaten, selbstverdienten Überlegenheit hegte.

Hier konstituierte sich einer der zahlreichen Zusammenhänge zwischen den Formen der Privatisierung und dem neuen Selbstbewußtsein des Einzelnen. Dieses Selbstbewußtsein kam in dreierlei Weise zum Ausdruck: 1. Es entstand ein Bild vom Kind, das dieses aus dem kollektiven Körper der Ahnenreihe herauslöste und es zum eigenständigen Einzelwesen erklärte; 2. Man machte sich private Aufzeichnungen, die man dem »livre de raison« oder dem Tagebuch anvertraute und in denen man Glück und Unglück sowie des Tages Mühe und Last festhielt; 3. Es entwickelte sich eine Auffassung von Literatur, die deren Wahrheit auf die Erforschung, Entblößung und Erhöhung des Ichs gründete. Gewiß darf man die Geschichte des privaten Lebens nicht mit der Geschichte der philosophischen, psychologischen und politischen Konstitutierung des Subjekts der abendländischen Gesellschaften verwechseln; dazu bedürfte es anderer Untersuchungen und anderer Kompetenzen. Doch die neuartige Deutung und Selbstdeutung des Individuums lassen besser verstehen, wie sich der moderne Raum des Privaten bestimmt.

Aus der Einmaligkeit heraus, die man am anderen und an sich selbst entdeckte, entstanden bislang nicht gekannte Gewohnheiten, die dem Blick der Öffentlichkeit verborgen und der normalen Zeitrechnung entzogen waren. Die einen hatten mit der Intimität der Familie zu tun, so das Spielen mit dem Kind – das Hätscheln und Liebkosen, das dem Kind hilft, seine Individualität zu entdecken; die anderen gingen aus dem Rückzug in die Einsamkeit hervor, so alle Praktiken des Schreibens, mochten sie der täglichen Buchführung dienen oder der Selbsterkenntnis durch Autobiographie, intime Konfession oder romanhafte Erfindung. Die neuen Schreibpraktiken zogen die Grenze zwischen Öffentlichem und Privatem neu. Die Literatur, die von der Zurschaustellung des Ichs lebte, entblößte vor der neugierigen Öffentlichkeit – will sagen: einer hoffentlich zahlreichen Leserschaft – das geheimste Private: Zuneigungen, Gefühle, sogar Perversionen. Lange Zeit herrschte eine strikte Trennung zwischen dem, was man schreiben durfte – für *andere* schreiben durfte –, und dem, was man nicht schreiben durfte; sie beruhte auf der Unterscheidung zwischen dem Universellen, dessen öffentliche Verbreitung zu rechtfertigen war, und den Besonderheiten des Einzelnen, die nur in der Heimlichkeit der privaten Niederschrift durch einen Autor akzeptabel waren, der zugleich sein einziger Leser blieb. Demgegenüber führte das Postulat vom Ich als dem Garanten der Wahrheit zu einer anderen, subtileren Abgrenzung, die in der Literatur die Publizität von realen oder fiktiven Akten und Worten erlaubte, welche in der sozialen Wirklichkeit verhüllt werden mußten. In einer Zeit also, in der die Privatsphäre vom Triumph der Intimität über die Zivilität, des Luxus über den Prunk profitiert, macht die Literatur in ihren neuesten Praktiken aus dieser nun konstituierten und geschützten Privatheit den bevorzugten Gegenstand des alleröffentlichsten Diskurses – als ob die Definition eines Existenzbereichs, der der Gewalt des Fürsten ebenso entzogen ist wie den Blicken anderer, eben darum das Eindringen in ihn, seine mögliche Preisgabe in der Konfession gestattete.

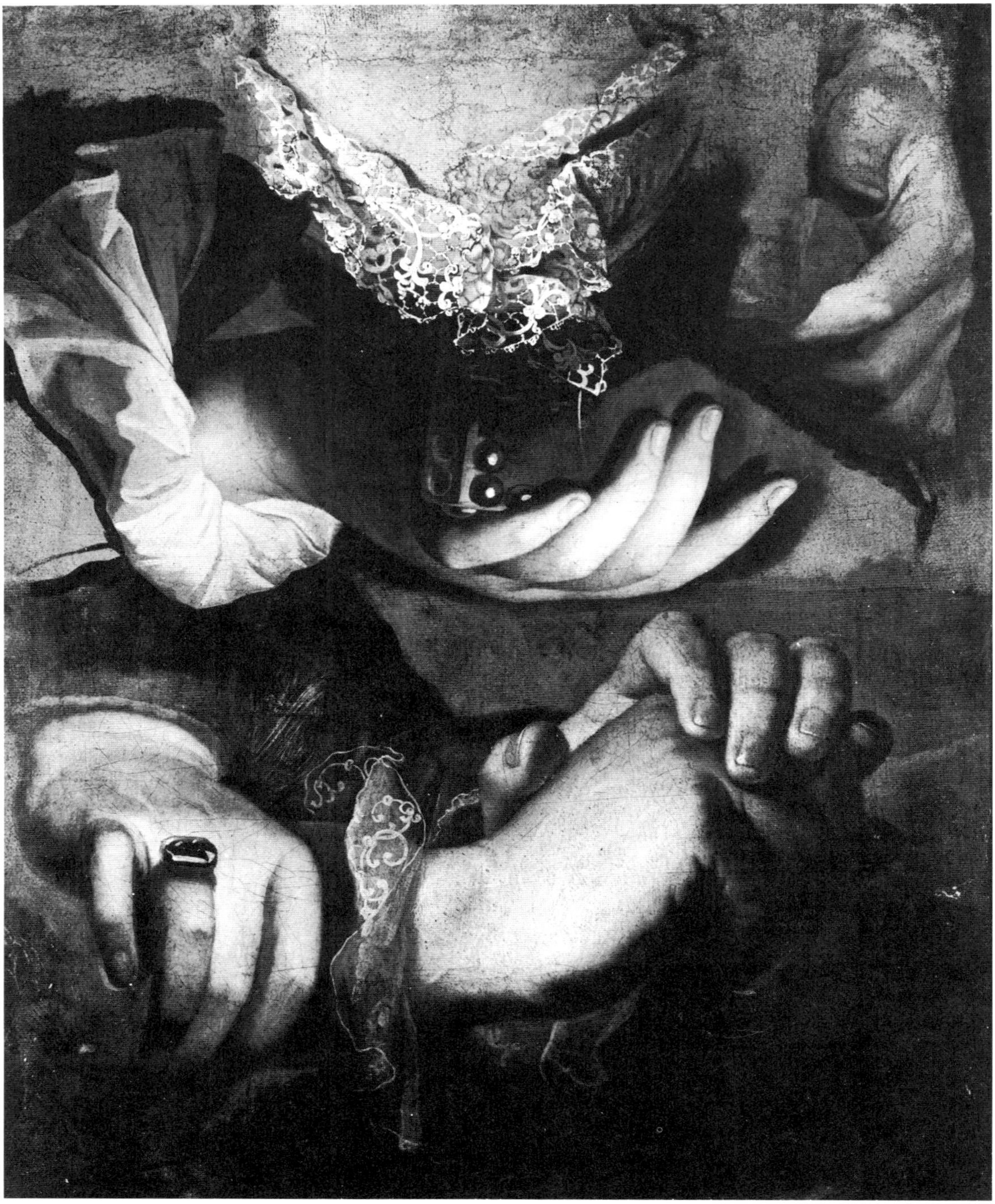

Hände; Studie aus dem 18. Jh. »Fingeralphabet und Gebärdengrammatik«. Die Ikonographie der Hand führt in der Neuzeit eine komplizierte Charakterologie mit doppeltem Code vor – die Hand drückt die Dispositionen der Seele aus, täuscht aber auch über sie hinweg. (Montpellier, Musée Fabre)

Jacques Revel

Vom Nutzen der Höflichkeit

»Und mit den Händen? wir fordern, wir versprechen, rufen, verabschieden, drohen, bitten, flehen, verneinen, verweigern, fragen, bewundern, zählen, bekennen, bereuen, fürchten, schämen uns, bezweifeln, belehren, befehlen, hetzen, ermuntern, beteuern, bezeugen, klagen an, verurteilen, verzeihen, beschimpfen, verschmähen, trotzen, grollen, schmeicheln, spenden Beifall, segnen, demütigen, verspotten, versöhnen, empfehlen, lobpreisen, jubeln, frohlocken, bemitleiden [...], schweigen; und was nicht?«* Montaigne war gewiß nicht der erste, der bemerkte, es gäbe »keine Bewegung, die nicht eine Sprache spräche, die ohne Lernen verständlich und öffentlich ist«. Aber er machte diese Bemerkung gegen Ende eines Jahrhunderts, das sich leidenschaftlich für die Natur und Bedeutung nicht-verbaler Sprachen, insbesondere der Körpersprache, interessierte, freilich auch für deren Funktion: In den Bewegungen des Körpers und im Mienenspiel, in der Haltung und der Kleidung erblickte man die Elemente einer psychologischen Charakterisierung und einer sozialen Taxonomie. Auf diese sprechenden Zeichen baute eine ganze Lexik des Wiedererkennens auf.

Indessen dachte Montaigne anders als seine Zeitgenossen, wenn er die Vorzüge einer »ohne Lernen« verständlichen Gebärde rühmte. Im Gegenteil bemühte sich gerade das 16. Jahrhundert intensiv um eine Kodifizierung und Kontrolle der Haltung und des Betragens, indem es diese den Normen der »civilité«, das heißt den Erfordernissen des gesellschaftlichen Umgangs unterwarf. Es gab zwar eine Sprache des Körpers, aber sie war für die anderen bestimmt und mußte von ihnen verstanden werden: Sie projizierte das Individuum nach außen und setzte es dem Lob oder der Kritik der Gruppe aus. Die Regeln guten Benehmens, die sich dem Einzelnen aufdrängten, können daher als Eindämmung, ja, als Negation des privaten Lebens verstanden werden. Man könnte durch drei Jahrhunderte hin verfolgen, wie diese Tendenz sich immer mehr verkürzte: vom Privaten auf das Intime, vom Intimen auf das Heimliche, d. h. Uneingestandene.

Doch diese Transformation der Sensibilitäten und Praktiken ist in Wirklichkeit sehr viel komplexer. Während der gesamten Neuzeit entsprachen ihr zwei andere, gegenläufige Entwicklungen. Einerseits wurden die Methoden der sozialen Kontrolle immer strenger; alle pädagogi-

* Montaigne, *Essais*, Zweites Buch, XII, hrsg. und übers. von H. Lüthy. *A.d.Ü.*

schen Maßnahmen zur Erziehung der Seele und des Körpers überzogen das Individuum mit einem engmaschigen Netz der Überwachung. Andererseits gab es den Rückzug aus dem kollektiven Leben in geschützte Räume, die sich einer neuen Wertschätzung erfreuten und deren vornehmster die Familie war. Man kann diese beiden widersprüchlichen Entwicklungen offenbar als die beiden Seiten ein und derselben Münze, ein und desselben Prozesses betrachten, der langfristig auf einen tiefgreifenden Wandel der Formen sozialer Erfahrung hinauslief.[1] Dieses Interpretationsschema besticht zwar durch Einfachheit; aber leider hat es den Nachteil, daß es just jene Dichotomie zwischen Öffentlichem und Privatem voraussetzt, die erst das Ergebnis der erklärungsbedürftigen Veränderungen war. Das analytische Interesse, das Norbert Elias vor einem halben Jahrhundert formuliert hat, zielt gerade darauf, die Veränderungen der Gesellschaft und die des Verhaltens als einheitlichen »Prozeß der Zivilisation« zu begreifen.[2] Indem es das Augenmerk auf die Mechanismen der Indoktrinierung und Reproduktion der sozialen Normen richtet, erweitert es die Grenzen einer Geschichte, der sie ihre organische Einheit wiedergibt; denn was die sozialen Regeln so wirksam werden ließ, war ihre individuelle Verinnerlichung. Der kollektive Zwang wurde zum Gegenstand einer persönlich-privaten Verarbeitung.

Um diese Entwicklung zu verfolgen, bietet sich die Untersuchung der Anstandsbücher an, denen Elias klassische Analysen gewidmet hat. Sie sind ein naheliegendes, wiewohl zweideutiges Zeugnis. Wo findet man leichter Darstellungen einer Gesellschaft von ihrer eigenen Funktionsweise als in diesen Büchern, die zwischen dem 16. und 19. Jahrhundert den körperlichen Ausdruck minutiös kodifizierten und das System der gesellschaftsfähigen Verhaltensweisen bis ins kleinste regelten? Doch wie alle normativen Quellen setzen sich auch diese einem prinzipiellen Einwand aus: Sie beschreiben die verordneten Formen des Betragens, nicht die in der Wirklichkeit vorgefundenen. Freilich muß diese generelle Kritik nicht das letzte Wort sein. Es ist ja gelegentlich möglich, das Vorbild mit seiner praktischen Umsetzung zu konfrontieren. Und außerdem haben wir es hier mit einem Bereich zu tun, in dem die soziale Darstellung der Norm nicht weniger »wirklich« ist als das, was von ihr in das beobachtbare Betragen eingeht. Die Traktate über das angemessene Auftreten verfolgten schließlich ein pädagogisches Ziel: Allen war die Absicht gemeinsam, gute Manieren zu beschreiben und zu lehren. Aber sie genügten diesem Plan auf ganz unterschiedliche Weise, je nachdem, welchen Wert sie den Verhaltensregeln beimaßen, welches Publikum sie ins Auge faßten und welche Lernmethoden sie empfahlen. So kann man, zwischen den Zeilen lesend, diesen Texten ihren Adressaten und eine ganz bestimmte Nutzanwendung weltläufigen Betragens entnehmen. Im folgenden wollen wir der Geschichte und der Logik dieser Nutzanwendungen nachgehen.

Erasmus von Rotterdam: Soziale Transparenz

Veränderungen des sozialen Verhaltens und seiner Darstellungsformen vollziehen sich langsam, diffus und oft widersprüchlich. Nur in seltenen Fällen läßt sich eine Entwicklung oder eine Neuerung genau datieren oder mit einem bestimmten Ereignis verknüpfen. Ein solcher Ausnahmefall ist die Geschichte der Zivilität. Sie wurde mit einem Text begründet, der seither immer wieder zitiert, geplündert und entstellt worden ist. Es handelt sich um die Schrift *De civilitate morum puerilium* des Erasmus von Rotterdam, die zuerst 1530 in Basel erschien und alsbald enormen Erfolg hatte.[3] Diese kurze didaktische Abhandlung in lateinischer Sprache formulierte zum erstenmal den Begriff der »civilitas« und sicherte für die nächsten dreihundert Jahre dem Genre der »Anstandsbücher« die gesellschaftliche Resonanz.

Auf den ersten Blick wirkt der Text nicht sonderlich beeindruckend. Man hat ihn stets für beiläufig gehalten, und schon der französische Humanist Budaeus (Guillaume Budé) warf dem alten Erasmus vor, seine letzten Kräfte verzettelt und seinen Ruf mit einem »trivialen Werk« aufs Spiel gesetzt zu haben. In der Tat versammelt das Büchlein auf wenigen Dutzend Seiten und in lockerer Folge Beobachtungen und Ratschläge für Kinder, wobei es sich an den wichtigsten Konstellationen sozialen Verhaltens orientiert. Erörtert werden die Körperhaltung, das Benehmen in der Gesellschaft (in der Kirche, bei Tisch, beim Zusammentreffen mit anderen Menschen, beim Spiel) und das Zubettgehen. Im wesentlichen dieselbe Themenliste, vielleicht um den einen oder anderen Punkt ergänzt, findet sich in den zahllosen Abhandlungen, die Erasmus' Schrift inspiriert hat. Diese Liste war freilich ebensowenig originell wie das Sujet von *De civilitate morum puerilium*. Erasmus setzte im Grunde eine sehr alte und reiche Tradition fort, deren Kenntnis weit verbreitet war. Er stützte sich insbesondere auf die umfangreiche antike Literatur über Kindererziehung und Physiognomik, die von Aristoteles bis zu Cicero, von Plutarch bis zu Quintilian reicht. Er kannte auch, zumindest in Auszügen, das bedeutende mittelalterliche Schrifttum, das seit dem 12. Jahrhundert Verhaltensmaßregeln zu begründen versucht hatte, ein in ihrer Genese und ihrer Argumentation höchst vielfältiges Ensemble von Texten – neben Unterweisungen für Mönche standen Fürstenspiegel, neben Abhandlungen über das Betragen bei Hofe Ratgeber für junge Leute, und sie richteten sich an ein mehr oder weniger klar bezeichnetes Publikum mit divergierenden Interessen. Da ihre Verfasser fleißig voneinander borgten, kam schließlich so etwas wie ein Verhaltenskonsensus zustande. Im übrigen scheute sich Erasmus nicht, außer der gelehrten oder halbgelehrten Literatur auch Volksweisheiten, Sprichwörter, Sentenzen oder Fabeln aufzugreifen, in denen er die Reste eines verschütteten, ungekünstelten und keiner Mode unterworfenen Wissens zu erkennen wähnte. Er benutzte und verarbeitete disparate Gegenstände aus vielen Jahrhunderten, um an einer Reihe von Beispielen zu erläutern, was auch alle anderen Autoren hervorhoben: daß Körpersignale – Gesten, Mienen und Gebärden –

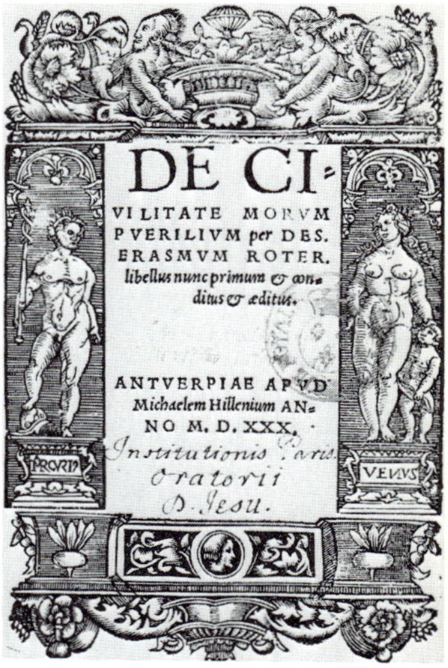
DE CI-
VILITATE MORVM
PVERILIVM per DES.
ERASMVM ROTER.
libellus nunc primum & con-
ditus & æditus.

ANTVERPIAE APVD
Michaelem Hillenium AN-
NO M. D. XXX.
Institutionis Paris.
Oratorii
D. Jesu.

Eine der ersten lateinischen Ausgaben von Erasmus' *De civilitate morum puerilium*, erschienen 1530, dem Jahr der Basler Erstausgabe, in Antwerpen. Das abgebildete Exemplar hat eine weite Reise hinter sich – der handschriftliche Vermerk besagt, daß es viel später im Besitz der Pariser Oratorianer gewesen ist. (Paris, Bibliothèque Nationale)

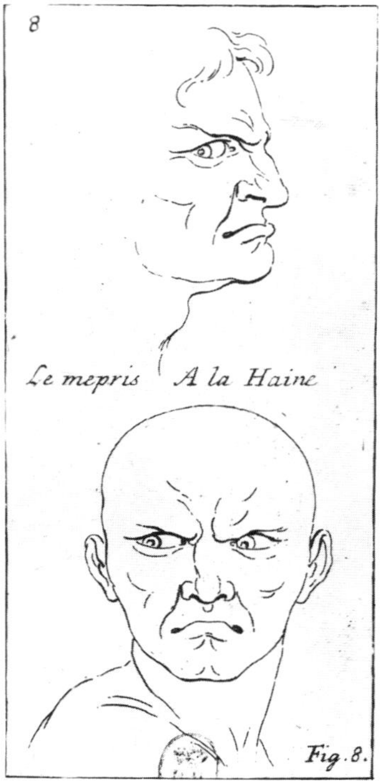

entzifferbarer Ausdruck der inneren Verfassung der Menschen sind und ihre Seelenstimmung offenbaren. Erasmus beginnt sein »libellus« mit den Worten: »Wenn die natürliche Gutartigkeit des Kindes sich überall zeigen soll (sie strahlt vor allem aus seinem Gesicht), sei sein Blick sanft, respektvoll und ehrerbietig. Ein wilder Blick zeugt von Gewalttätigkeit, der zudringliche Blick ist der des Frechen, der flackernde, unstete Blick der des Irren. Der Blick sei nicht scheel, denn das ist ein Zeichen von Tücke, wie bei einem, der Böses sinnt. Das Auge sei nicht zu weit aufgerissen, denn das ist ein Zeichen von Stupidität. Den Blick niederzuschlagen und mit den Augenlidern zu klappern ist ein Zeichen von Frivolität. Starren zeugt von Trägheit, was man an Sokrates getadelt hat. Ein allzu scharfer Blick bedeutet Neigung zum Zorn. Allzu lebhaft und beredt ist der Blick von Schamlosen. Aus den Augen sollen ein ruhiger Geist und respektvolle Freundlichkeit sprechen. Nicht zufällig sagen die Alten: Das Auge ist der Sitz der Seele.« Die psychologische Deutung des Blickes ist für uns ein Gemeinplatz. Doch alle Bewegungen und Haltungen des Körpers, ja sogar die Art der Kleidung fordern zu einer ähnlichen Interpretation heraus. Gesten sind Zeichen und können sich zu einer regelrechten Sprache organisieren; sie bieten sich zur Lektüre an und erlauben die moralische, psychologische und soziale Entschlüsselung der Antriebe und Absichten des Subjekts. In derlei Zeichen verrät sich sogar dessen Innenstruktur: das Verschwiegene und Verrätselte. Aber auch die gegenteilige Folgerung ist plausibel. Wenn die Sprache des Körpers den wahren Charakter der Person mitteilt, dann muß es möglich sein, die inneren Dispositionen zu verändern und zu bessern, indem man ihre körperlichen Manifestationen entsprechend korrigiert. So entstand eine Literatur, die genehme Sitten vorschrieb, die als regelwidrig oder schlecht geltenden verpönte. Die innerlichen Strebungen des Menschen wurden zum Objekt der Manipulation. Es galt, sie mit dem Ideal des Justemilieu in Einklang zu bringen, jedem Exzeß und jeder Abweichung zu wehren. »Normalisierung« war das Programm.

Erasmus erneuerte diese soziale Grundverabredung in drei wesentlichen Punkten.

Erstens wandte er sich ausdrücklich an Kinder, während die älteren Texte in der Regel an Jugendliche und an Erwachsene adressiert waren. Das gesellschaftliche Betragen wurde zusammen mit der Religion, der Sittenlehre und den humanistischen Fächern Bestandteil des Elementarunterrichts, der um so erfolgreicher zu sein schien, je früher er begann, und in den der Humanist unbegrenztes Vertrauen setzte. Das Kind als Inbegriff biblischer Einfachheit und Unschuld, noch nicht beschädigt von den Verlockungen und Friktionen der Umwelt, taugte vorzüglich für solchen Unterricht. Es verkörperte gleichzeitig eine ursprüngliche Transparenz: Es war außerstande, sich zu verstellen.

Zweitens wandte sich Erasmus unterschiedslos an alle Kinder. Die Texte aus dem Spätmittelalter wie John Russels *Book of Nurture*, das *Babies Book*, die deutschen *Hof-* und *Tischzuchten* oder die französischen Bücher über höfisches Benehmen und Tischmanieren dagegen verfolgten das Ziel, den jungen (und gegebenenfalls auch älteren) Angehörigen der Elite die Grundbegriffe des aristokratischen Lebens beizubringen. Gewiß hatte schon im 12. Jahrhundert Hugo von Sankt Viktor in *De institutione novitiarum* eine »Zucht« vorgeschlagen, ein frühes Beispiel für die Erziehung einer ganzen Gruppe von Menschen gegeben, nämlich künftiger Mönche. Doch als präsumtive Vorhut der Gesellschaft standen die Mönche ihrerseits für ein Lebensmodell ein, das für die meisten unerreichbar war.[4] Gewiß ist die Abhandlung von Erasmus einem jungen Fürstensohn gewidmet, »einem Knaben, welcher zu großen Hoffnungen berechtigt«, und jüngstem Sproß einer Familie, die den Humanisten seit langem förderte. Aber in Wirklichkeit meint sie alle Kinder: »Es ist eine Schande für hochgeborene Menschen, nicht die Umgangsformen zu haben, die ihrer vornehmen Herkunft entsprechen. Jene aber, die Fortuna zu Plebejern, zu Menschen geringen Standes oder gar zu Bauern gemacht hat, müssen um so mehr danach trachten, durch Umgangsformen die Vorteile wettzumachen, die ihnen das Glück versagt hat. Niemand kann sich sein Vaterland oder seinen Vater aussuchen, aber jeder kann edle Eigenschaften und gute Umgangsformen erwerben.«

Drittens wollte Erasmus einen Verhaltenskodex vermitteln, der für jedermann Geltung besaß. Zwar verarbeitet er überliefertes Material (von dem er sich gelegentlich ironisch distanziert), aber er benutzt es völlig anders als seine Vorgänger. Bis zu Erasmus hatte man die besonderen Gepflogenheiten einer Gruppe oder einer bestimmten Schicht zur Norm erklärt. Er dagegen sucht durch eine für alle verbindliche Lehre von den Umgangsformen jene soziale Transparenz herzustellen, in der er die notwendige Vorbedingung für die Verwirklichung einer verallgemeinerten Sozialität erblickt. Er legt keinen großen Wert auf bestimmte Formen des »richtigen« Betragens. Doch er verwirft alle physischen (und sprachlichen) Ausdrucksweisen, welche die Gesellschaft opak machen und die freie Zirkulation der Zeichen zwischen den Menschen behindern könnten, zum Beispiel Gesten und Haltungen, die das Individuum tendenziell seiner Humanität berauben (wieherndes

Le Brun wie überhaupt die physiognomische Tradition, in der er steht, zeigen die Gesichtszüge des Menschen als minutiöses Alphabet der Leidenschaften, das man entziffern können mußte. Auch Le Brun war von der frappierenden Ähnlichkeit des menschlichen mit dem tierischen Gesichtsausdruck fasziniert. (Paris, Bibliothèque Nationale)

G. B. della Porta, *Menschliche Physiognomie*, *»Valde magni oculi«*, 1586. Sein Mienenspiel zu beherrschen, seine Gebärden und Haltungen zu kontrollieren hieß, seine Humanität gegen alles zu behaupten, was sie bedrohte, vor allem gegen das Tier in der eigenen Brust, das es mit allen Mitteln niederzuhalten galt. (Paris, Bibliothèque Nationale)

Lachen wie ein Pferd, näselndes Sprechen, das an den Elefanten erinnert, gestelztes Gehen wie ein Storch), aber auch Verhaltensformen, die der Harmonie abträglich sind und die Geschlechter verwirren (gar auf die Aufhebung der Geschlechterdifferenz hinauslaufen) oder individuelle Leidenschaften ungebührlich indiskret enthüllen. Besonders nachdrücklich kritisiert er allzu spezifische Gewohnheiten und Sitten – eines Gewerbes, eines Volkes, einer sozialen Gruppe. In dieser Hinsicht kommt der Adel bei ihm nicht besser weg als die einfachen Leute, wenngleich er einräumt, daß sich der Adel größere Freiheiten herausnehmen darf. »Für Fürsten schickt sich alles; wir aber wollen ein Kind formen.« Wahre Zivilität hat zum Ziel, die Menschen einander näher zu bringen. Sie verlangt, sich aller Sonderlichkeiten zu begeben und sich allein solcher körperlicher Signale zu bedienen, die für die größtmögliche Zahl erkennbar und akzeptabel sind.

Das Neuartige an der Abhandlung von 1530 besteht daher nicht, wie man immer wieder behauptet hat, in der Feinheit der psychologischen und soziologischen Beobachtungen; denn Erasmus begnügt sich im wesentlichen damit, Gemeinplätze zu wiederholen, und macht die »natürliche Gutartigkeit« des Kindes zu seiner einzigen Voraussetzung in dieser Sache. Das Neuartige gründet vielmehr in den anthropologischen und moralischen Perspektiven, insofern Erasmus die soziale Interaktion der Menschen durch einen von allen erlernten, gemeinsamen Verhaltenskodex ordnen will. Er möchte Zivilität nicht durch Introspektion herstellen, sondern durch die Arbeit des Einzelnen an sich selbst im Umgang mit anderen. Nicht zufällig ist sein letztes Wort ein Plädoyer für die Toleranz: »Die wichtigste Anstandsregel lautet, bereitwillig die Verstöße der anderen zu entschuldigen, mag man selbst auch noch so untadelhaft sein [...], und keine der Regeln, die wir aufgestellt haben, ist von so strenger Observanz, daß man nicht auch ohne sie ein anständiger Mensch sein kann.« Es geht Erasmus nicht darum, die Geheimnisse der Seele aufzudecken oder die Seele in Fesseln zu legen, sondern darum, die Kinder anzuleiten, besser zu leben.

Kaum veröffentlicht, wurde Erasmus' Schrift für damalige Verhältnisse zum Bestseller. Es erschienen Nachdrucke in Basel, Paris und Antwerpen, wenig später auch in Frankfurt am Main, Leipzig und Krakau. Sie wurde gelegentlich bearbeitet, und der Kölner Humanist Gisbertus Longolius veranstaltete 1531 eine kommentierte Ausgabe. Hadamarius brachte sie 1537 in Katechismusform; man publizierte Kompilationen und Auswahlen. Dabei wurde sie jedesmal auf ein bestimmtes Publikum zugeschnitten. Übersetzungen ließen nicht auf sich warten: 1531 erschien das Buch auf deutsch, im folgenden Jahr in einer zweisprachigen Ausgabe auf englisch, 1537 auf französisch und auf tschechisch, 1546 auf niederländisch. Alles in allem gab es mindestens achtzig Ausgaben des Textes und vierzehn Übersetzungen; um 1600 waren einige zehntausend Exemplare gedruckt und in Umlauf, vorwiegend im nördlichen Europa, hauptsächlich in Nordfrankreich, den Niederlanden und dem Rheinland.[5]

Daß ein schmales, anspruchsloses Werk am Rande der großen kulturellen Projekte des europäischen Humanismus einen derartigen Erfolg haben konnte, gibt zu denken. Norbert Elias hat zur Lösung dieses Rätsels einen überzeugenden Vorschlag gemacht: Seiner Ansicht nach handelt es sich bei dem Text um eine »kollektive« Arbeit, die einem Bedürfnis genügte, dessen Dringlichkeit sie selbst erst offenkundig machte. Der Anfang der Neuzeit war, wie Elias vermutet, ein Augenblick der Labilität und Ungewißheit zwischen zwei Phasen gesellschaftlicher Vereisung. Die Einheit des Katholizismus war zerbrochen, die rigiden Hierarchien des Mittelalters hatten, zumal durch die Erschütterung der höfisch-ritterlichen Gesellschaft, schweren Schaden gelitten, und der Absolutismus hatte noch nicht Fuß gefaßt. Kurz, es war eine Periode neuer sozialer und kultureller Tendenzen; die sozialen Gruppen waren stärker differenziert als früher, die Beziehungen zwischen ihnen komplexer. Die im Umbruch befindlichen Gesellschaften bedurften einer gemeinsamen Sprache und neuer gemeinsamer Orientierungen, um so mehr, als die sozialen Verhaltensmuster freizügiger und intensiver wurden. Mehr noch durch seine Tendenz als durch seine einzelnen Lehren kam die Schrift des Erasmus diesen Erwartungen entgegen und gab ihnen Gestalt.

Aber das Schicksal der Zivilität war mit dieser Periode des Übergangs natürlich nicht besiegelt. Hinter der scheinbaren Starrheit einer Formel gab es Veränderungen, notwendige Anpassungen und, damit verbunden, erneuerte gesellschaftliche Umgangsformen.

Zivilität für alle

Kaum veröffentlicht, wurde der Traktat des Erasmus also Gemeinbesitz. Aber er war nicht nur ein beträchtlicher Erfolg für die Verleger und, wie man vermuten darf, bei den Lesern. Der Text wurde auch sehr bald zielbewußt umgestaltet und in seinen Nutzanwendungen umgedeutet. Diese Eingriffe setzten sehr früh ein und waren im wesentlichen um 1550 abgeschlossen. Sie wirkten jedoch lange nach – bis in die Mitte des 19. Jahrhunderts.

Obwohl das Buch in humanistischem Geist geschrieben worden war, wurde sein Konzept der Zivilität alsbald von den lutherischen und calvinistischen Reformatoren für ihre Zwecke übernommen. Das läßt sich gut an der Geographie seines Erfolges ablesen: Das Buch feierte Triumphe dort, wo die Reformation entweder gesiegt oder tiefen Unfrieden gestiftet hatte. Das ist im Grunde nicht überraschend, obwohl Erasmus selbst stets darauf bedacht gewesen war, zwischen den einander bekriegenden christlichen Lagern eine unangreifbare mittlere Position einzunehmen; denn die Frage der Kindererziehung war für die Reformatoren zentral.[6] Einer dieser Reformatoren, Pastor Veit Dietrich aus Nürnberg, sprach es unmißverständlich aus: »Ist etwas auf Erden köstlicher, teurer und holder denn ein gottesfürchtig, sittsam, gehorsam und lernbegierig Kind?« Diese Sorge um die Erziehung resultierte aus zwei Überzeugungen. Die eine stand derjenigen des Erasmus diametral entgegen und besagte, daß das Kind von Natur aus böse und dem Übel zugeneigt sei. Nur die göttliche Gnade könne das Kind retten; eine

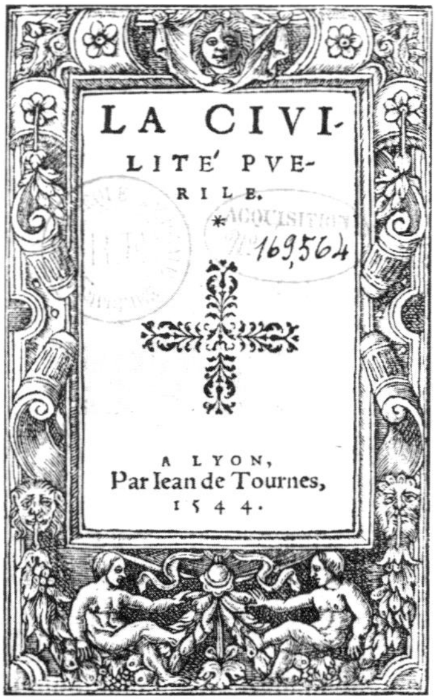
LA CIVI-
LITE' PVE-
RILE.

A LYON,
Par Iean de Tournes,
1544.

La Civilité puerile. Diese Ausgabe erschien 1544 in Lyon. Es handelt sich um die 1537 entstandene Übersetzung Pierre Saliats. Das Buch präsentiert sich als elegante »Taschen«-Ausgabe, die sich offensichtlich nicht nur an Kinder wendet.
(Paris, Bibliothèque Nationale)

strenge Erziehung indes könne zumindest der Erlösung den Boden bereiten und die bösen Triebe sowie die bedrohliche Spontaneität des Kindes bändigen. Die andere Überzeugung war prosaischer: Aus den Kindern, mochten sie noch so sehr mit Sünde behaftet sein, würden Erwachsene werden, die miteinander auskommen müssen. Die religiöse Sorge nahm damit eine Wendung ins Politische. In den meisten Ländern, in denen die Reformation obsiegt hatte, wurden deshalb die Lehr- und Stundenpläne der Schule einer strengen Kontrolle durch die kirchlichen und weltlichen Autoritäten unterworfen.

In diesem autoritären Erziehungs- und Disziplinierungsprogramm spielte die Unterweisung in guten Manieren eine Hauptrolle. Durch Kontrolle des Körpers wurde die Seele in Zucht genommen. Auch prägte man allen Kindern dieselben Regeln sozialen Verhaltens ein. Man brachte ihnen bei, ihre Zeit einzuteilen und ihre Beschäftigungen und Haltungen zu überprüfen. Fünf Jahre vor Erasmus hatte Otto Brunfels, ein katholischer Mönch, der zum Protestantismus übergetreten und zum Schulinspektor von Straßburg ernannt worden war, eine Abhandlung über Kindererziehung veröffentlicht, die bezeichnenderweise in vielen protestantischen Ausgaben mit dem Traktat des Erasmus zusammengebunden erschien. Dieser Text erörtert außerordentlich detailliert die Regeln, die den Tagesablauf des Kindes vom Aufstehen bis zum Zubettgehen ordnen sollen und die Kontrolle seiner Zeiteinteilung ermöglichen, nicht nur bei den religiösen Übungen und den Schularbeiten, sondern bei sämtlichen täglichen Verrichtungen des Kindes.

Die Einübung in das gute Benehmen wurde mehr und mehr zur Domäne der Schulen. Das war ursprünglich gar nicht beabsichtigt gewesen. Erasmus bevorzugte die Erziehung des Kindes im Gehäuse der Familie, notfalls auch durch einen Privatlehrer. Denn zu Hause fand das Kind die Vorbilder für angemessenes Verhalten: »Wenn es sich bei Tisch ungehörig benommen hat, wird es gestraft und hat fortan ein Vorbild, woran es sich halten kann. Wenn es in die Kirche mitgenommen wird, lernt es, niederzuknien, die Händchen zu falten, den Kopf zu entblößen und eine andächtige Haltung einzunehmen.« Wie die antiken Autoren war Erasmus davon überzeugt, daß gute Manieren sich durch *Nachahmung* bilden – ein soziales Talent, in dem sich gerade Kinder hervortun. Protestantische Pädagogen waren da viel pessimistischer. Zwar sprach sich keiner von ihnen dagegen aus, daß die der väterlichen Gewalt unterstehende Familie eine gewisse Art von Erziehung besorgte. Aber im Grunde schien die Familie der Aufgabe der Erziehung nicht mehr hinreichend gewachsen zu sein. Es bedurfte der *Zucht*, und die konnte einzig von der Schule erwirkt werden. Und die Unterweisung in der Zivilität diente in der Schule nicht lediglich zivilen, sondern ebensosehr religiösen Zwecken.

Diese Unterweisung ließ man vornehmlich Kindern zwischen sieben und zwölf Jahren angedeihen; unterrichtet wurden ferner Lesen, Schreiben und mitunter auch Rechnen. Im ganzen 16. Jahrhundert sah das Reglement zahlloser Schulen mit einer fast schon manischen Akribie die Erziehung der Kinder zu Anstand und Wohlverhalten vor; das

Cornelis de Vos, *Familie*. Erasmus setzte sein ganzes Vertrauen in die häusliche Erziehung: Im Schoß der Familie, vor allem durch Nachahmung der Eltern, erwirbt das Kind Sitte und Anstand. Trotzdem lag die Zukunft der Unterrichtung in gutem Benehmen in der Schule. (Antwerpen, Museum)

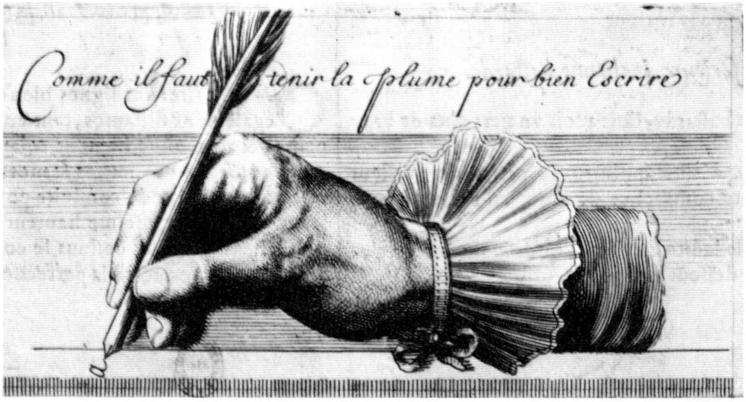

Die Hand richtig halten, die Feder führen und nach Diktat schreiben: Das Erlernen der Anstandsregeln war mit dem der elementaren schulischen Fertigkeiten verbunden. (Paris, Bibliothèque Nationale)

galt für Deutschland vom Rhein bis zur Ostsee ebenso wie für England. Die Niederlande übernahmen diese Regelung 1625 und behielten sie für den Rest des Jahrhunderts bei.[7] Abgesehen von diesen Entscheidungen der Schulbehörden gibt es mancherlei Anzeichen dafür, daß Anstandsbücher, Zuchten usw. in Nordeuropa zum gewichtigen Bestandteil des Elementarunterrichts wurden. (Was nicht heißen soll, daß sie nicht auch anderswo benutzt wurden. Die Jesuiten verwendeten solche Traktate 1574 in ihrem Kolleg in Köln, und François Hemme, Professor an der Stiftsschule zu Courtrai, gab 1578 das Büchlein von Erasmus in Versform heraus; es wurde 1657 von Nicolas Mercier, einem Lehrer am Collège von Navarre, zusammen mit dessen eigener Schrift *De officiis scholasticorum* neu ediert. Es inspirierte überdies die Regularien von Priesterseminaren.) In kleineren Schulen standen Anstandsbücher im Mittelpunkt des Lehrplans. Nach dem Erlernen des Alphabets und der Zahlen übten die Schüler das Lesen zunächst an lateinischen Texten; später kamen muttersprachliche Texte hinzu. Nachdem die Schüler in den Umgang mit Gedrucktem eingeführt waren, lernten sie das Entziffern handschriftlicher Texte. Nach 1560 erschienen Anstandsbücher immer häufiger in einer neuen Art von Lettern, die von Buchdruckern zuerst in Lyon und dann in Paris entwickelt worden waren und auf der damaligen Kursivschrift beruhten.[8] Abgesehen von ihrem Inhalt waren diese Texte daher gut geeignet, die Schüler an die Lektüre handgeschriebener Texte zu gewöhnen.

Die Anstandsbücher hatten sich in der Schule so gut bewährt, daß ihr Einfluß im letzten Drittel des 16. Jahrhunderts weit über die Grenzen der protestantischen Welt hinausreichte. Schon 1550 empfahl die Universität Löwen die Lektüre dieser Bücher, und das Mißtrauen, womit man Erasmus' Abhandlung begegnet war (der freilich auch oft von seinen protestantischen Adaptoren »korrigiert« worden war), verlor sich bald. Die Unterrichtung in guten Manieren wurde zum Bestandteil der Unternehmung der Gegenreformation. Charakteristisch dafür ist die Einführung eines Zuchtbüchleins mit dem neuartigen Titel *Instructions à la civilité et à la modestie chrétiennes* in den Mädchenschulen, die Pierre Fournier zu Beginn des 17. Jahrhunderts in Lothringen einrichtete.[9] Die Abwandlung des Titels kam nicht von ungefähr. Der reformfreu-

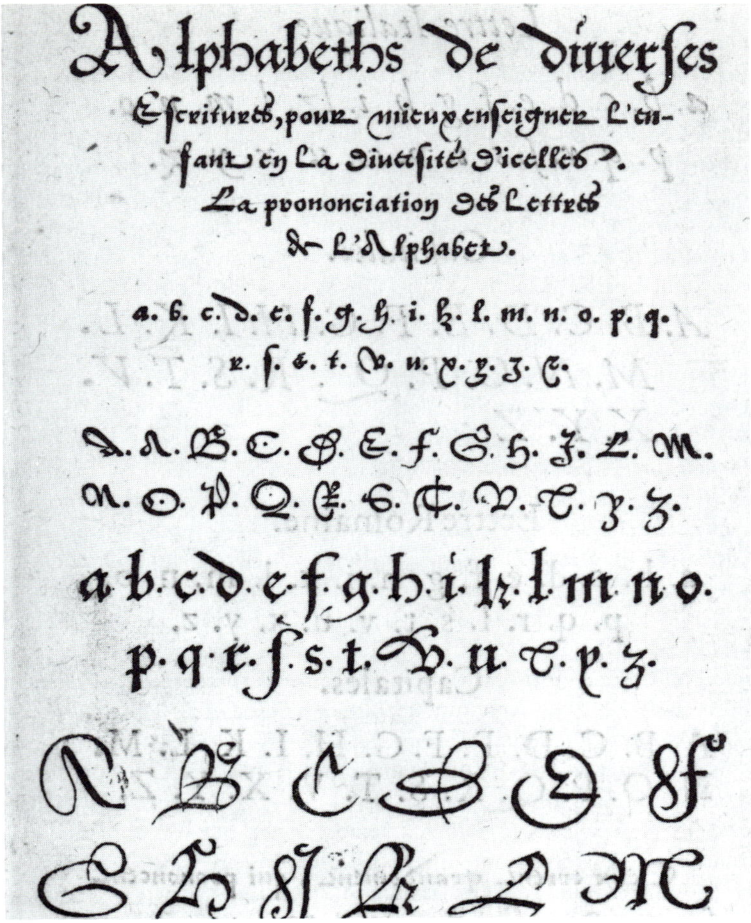

Das Anstandsbuch wurde sehr bald zu einem Handbuch des allgemeinen Wissens. Hier sieht man ein gotisches Alphabet, das französischen Handschriften des 16. Jahrhunderts ähnelt. In dieser schwer zu lesenden Schrift wurde das Büchlein des Erasmus bis in die Mitte des 19. Jahrhunderts häufig nachgedruckt.
(Paris, Bibliothèque Nationale)

dige Heilige war sorgsam darauf bedacht, die Ziele des Unterrichts zu begrenzen. Die Lehrerinnen »werden die vernünftigen Wünsche und Bestrebungen von Vater und Mutter respektieren und keinen Gegenstand behandeln, der ureigenste Sache des religiösen Lebens ist«. Solche Vorsicht währte nicht lange. Im letzten Drittel des Jahrhunderts richteten Charles Démia und später die 1679 von Jean-Baptiste de La Salle gegründeten Christlichen Brüder in Lyon für mittellose Stadtkinder Armenschulen ein, die nach dem erasmischen Vorbild organisiert, in ihrer Struktur jedoch autoritär waren. Die Kinder lernten hier nicht nur ordentliches Benehmen, sondern wurden auch streng beaufsichtigt. 1703 publizierte La Salle einen dicken Wälzer *Règles de la bienséance et de la civilité chrétienne* – die letzte und massivste traditionelle Formulierung der rigiden, autoritären Version von »Zucht«, die ebenfalls einen beachtlichen Erfolg erzielte; bis 1875 zählte man mindestens 126 Auflagen.[10] Man kann hierin die Kulmination eines Vorhabens sehen, das im Verlauf von anderthalb Jahrhunderten die Vermittlung von Wohlverhalten zu einem Hauptprogrammpunkt der Schule erhoben hatte.

Mit dem 18. Jahrhundert und der Gegenreformation entstand ein Lehrplan, der auch für Mädchen die Unterrichtung in gutem Benehmen vorsah. (Paris, Bibliothèque Nationale)

Diese Entwicklung hatte bedeutsame Folgen. Erasmus hatte mit seinem Traktat vor allem die Absicht verfolgt, die Sensibilität des Kindes für die Notwendigkeit eines verbindlichen Codes der Sozialität zu schärfen. Im übrigen machte er wenig Vorschriften und verließ sich auf die Belehrung im Familienverband und auf den Nachahmungstrieb. Aber die ersten Bearbeitungen des Textes lassen erkennen, daß schon bald das Bedürfnis nach stärkerer Reglementierung des Anstandsunterrichts entstand. So wurde das Buch zu Lehr- und Lernzwecken von Hadamarius in Katechismusform gebracht, von anderen in Verse gefaßt oder von Evaldus Gallus 1536 in ein System autoritärer Gebote, die *Leges Morales*, umgegossen. Bereits in den 1530er Jahren zählte es in reformatorischen Kreisen zum schulischen Schriftenkanon, der keinen Unterschied zwischen der Unterweisung in gutem Betragen und dem Unterricht in Religion, Sittenlehre und Schreiben machte.[11] Ein Beispiel hierfür ist die freie Übersetzung des Erasmus-Textes durch den Protestanten Claude Hours de Calviac aus dem Jahre 1559; sie trägt den bezeichnenden Titel *La Civile Honesteté pour les enfants, avec la manière d'apprendre à bien lire, prononcer et escrire*. Der Text enthielt nun auch Alphabete und Anweisungen zur Rechtschreibung und Zeichensetzung – er war zu einem regelrechten Schulbuch geworden.

Daraus ergaben sich zwei Konsequenzen. Es veränderte sich die Art und Weise, wie gutes Benehmen gelernt wurde. Das Büchlein des Erasmus wollte dem Kind klarmachen, was seine Körpersprache von seinem Inneren verriet. Die Anleitung erfolgte im gesellschaftlichen Kontext, vor allem in der Familie. In dem Maße jedoch, wie der Text des Erasmus bearbeitet und modifiziert wurde, änderten sich auch die pädagogischen Praktiken, die er sanktionierte. Der Text wurde zum Selbstzweck. Viele weitverbreitete Anstandsbücher des 17. und 18. Jahrhunderts reden den Leser direkt an und fingieren eine persönliche Beziehung zu ihm. Der Text mußte in Frage-und-Antwort-Form auswendig gelernt werden wie ein Katechismus, oder das Kind mußte sich Maximen einprägen, die mit seiner aktuellen Erfahrung nichts gemein hatten. Es dauerte nicht lange, und die Meisterung der eigenen Körpersprache war ebenso ein Bestandteil des Schulunterrichts wie das Rechnen, Schreiben und Beten: Element eines hierarchisch geordneten Erziehungsprogramms. Zuerst wurde der Text vom Lehrer vorgelesen, dann sprachen ihn die Schüler, über das Buch gebeugt, nach, und schließlich schrieben sie auf, was sie gehört hatten. Zivilität wurde in einem langwierigen Erziehungsprozeß erworben, der sich auf Wiederholung und Gehorsam gründete. Da der Unterricht in der Gruppe erfolgte, verstanden die Lehrer die Vorteile der gegenseitigen Überwachung im Klassenzimmer zu nutzen. Von Erasmus' Entwurf der Sozialität führte der Weg zum Zwangskonformismus.

Aber das war nicht alles. In dem Maße, wie das gute Benehmen ein Geschäftszweck der Schulbildung wurde, verlor es den Bezug zu dem historischen Augenblick seiner Entstehung und ging in die »longue durée« pädagogischer Modelle ein. Das geschah zu einer Zeit, als die Lehrpläne der Schulen – insbesondere der kleineren Schulen – sich aus sehr disparaten Elementen zusammensetzten. Aber die Unterweisung in gu-

G. F. Cipper, genannt Todeschini, *Der Dorfschulmeister*. In der Schule wurde der Lernstoff durch ständige Wiederholung eingeübt. Das Kind hörte dem Lehrer zu, sprach ihm nach, las, schrieb die Lektion nieder und las sie vor.

tem Benehmen blieb bis weit ins 19. Jahrhundert eine zentrale Aufgabe des Schulunterrichts.[12] Gewiß machten auch die Schulbücher gewisse Metamorphosen durch. Um so eindrucksvoller ist die Widerstandsfähigkeit der ursprünglichen Formel angesichts der enormen gesellschaftlichen Transformationen, die sich in der Zwischenzeit ereigneten. 1863 druckte die Missions-Kongregation auf lateinisch den Text der *Règles de la bienséance civile et chrétienne* nach, die eines ihrer Mitglieder erstmals 1667 veröffentlicht hatte.[13] Pädagogischer Konservativismus zeichnete freilich nicht nur katholische Schulen aus. 1833 stellte die Guizot-Kommission fest, daß der Text von Erasmus nach wie vor ein Grundtext in den französischen Schulen war. Zwanzig Jahre später registrierten die Schulinspektoren, daß er auch jetzt noch in Gebrauch war, und noch 1882 bemerkte das *Dictionnaire de pédagogue* von Ferdinand Buisson – ein Loblied auf das neue französische Schulsystem – verschämt, daß gewisse Regeln des Erasmus »populär geblieben sind«.

Diese Überlebensgeschichte eines Textes über drei Jahrhunderte gibt zu denken. Einer ihrer Gründe war just die Rigidität eines pädagogischen und kulturellen Musters, das sich schnell als allgemeinverbindlich durchsetzte. Pierre Saliat, der erste französische Übersetzer der Erasmusschen Abhandlung, konnte 1537 noch mit Stolz vermelden: »Die französische Nation steht keiner anderen nach, ja, sie übertrifft sie alle an Anstand, Haltung, Feinheit der Gebärden und der Sitten, kurzum in allen Weisen des artigen, menschlichen und zivilisierten Sprechens und Handelns: ja, sie scheint dergleichen von Natur aus zu besitzen.« Auch Texte aus dem 17. und 18. Jahrhundert sprachen von der »Zivilität, die in Frankreich gang und gäbe ist«. In Wirklichkeit blieben die Regeln in allen Ländern die gleichen: Es waren Variationen über das erasmische Thema. – Jene Überlebensgeschichte erklärte sich aber ohne Zweifel auch aus der Erfindung einer neuen Art Buch, nämlich des kleinformatigen, billigen Buches, das sämtlichen Lesern den Zugang zu denselben elementaren, jedermann offenstehenden Kenntnissen bot. Der Erfolg des Erasmusschen Textes wurde durch die außerordentliche Blüte des Verlagswesens im Zeitalter des Humanismus ermöglicht. Die Nachfolger des Erasmus profitierten davon ebenfalls; als 1571 der Buchhändler Richard Breton starb, fand man in seinem Nachlaß 1600 Exemplare der Erasmus-Adaption durch Calviac. Doch alle Erwartungen explodierten, als der Traktat in die »Bibliothèque bleue« aufgenommen wurde.

Der ersten Ausgabe, die Girardon in Troyes 1600 veranstaltete, folgten einige weitere in der zweiten Hälfte des 17. Jahrhunderts. Im 18. und 19. Jahrhundert fügte man den Erasmus-Adaptionen neue, gekürzte oder ungekürzte Ausgaben der *Règles* des Jean-Baptiste de La Salle hinzu. In Nordfrankreich, der Normandie, dem Loiretal und Flandern[14] folgten die Verleger dem Beispiel Girardons und produzierten nicht Zehn-, sondern Hunderttausende von Exemplaren. Verbreitet waren diese Bücher möglicherweise millionenfach. Man schrieb dabei fleißig voneinander ab und übernahm sogar Druckfehler, eine kanonische Version wurde nie erstellt. Die meisten dieser Bücher enthielten Abschnitte über gutes Benehmen, moralische Maximen (seit der Ausgabe von Oudot 1649 wurden dem Teil über gutes Benehmen häufig die *Quatrains* von Pibrac beigegeben), Lese- und Rechtschreibübungen, manchmal sogar »pythagoreische Tafeln« für die Grundlagen des Rechnens, ja sogar eine Liste von Homonymen, um dem Schüler die Unterscheidung gleichklingender Wörter zu erleichtern. Die Titel dieser Bücher verwiesen ausdrücklich auf die mannigfachen Benutzungsmöglichkeiten des Textes. Ein Buch, das die Witwe Garnier in Troyes 1714 herausbrachte, hieß folgendermaßen: *Das wohlanständige Benehmen, zur Unterweisung der Kinder; worinnen sich erstlich das Erlernen guten Lesens, Schreibens und Aussprechens findet; neuerlich verbessert und am Ende vermehrt um eine sehr nützliche Abhandlung, die Rechtschreibung gut zu erlernen. Von einem Missionar bearbeitet. Nebst guten Ratschlägen und Winken für die Jugend, sich in jeder Art von Gesellschaft richtig zu verhalten.* Dies alles auf achtzig Seiten und im Kleinformat. Man bemerkt, wie in diesen Produkten einer Massenzirkulation das Wesen der Zivilität sich verändert hat; denn sie zielen auf ein größeres Publikum jenseits der Schule. Das sehr förmliche Lexikon der Akademie notierte Ende des 17. Jahrhunderts: »Von einem Menschen, der die einfachsten Pflichten gegen den Anstand versäumt, sagt man sprichwörtlich, er habe ›seinen Erasmus nicht gelesen‹.« An die vielfältigen Massen adressiert, wurde das Anstandsbuch zu einem Kompendium des Wissens, eines Wissens, das elementar und gleichzeitig individualisiert war. Madame de Maintenon erinnerte sich, in ihrer Jugend die *Quatrains* von Pibrac auswendig gelernt zu haben. Die jungen Bürger, die auf der ersten Seite ihres Textes stolz schrieben »Dieses Buch gehört NN«, stammten aus einem ande-

Abbé Morvan de Bellegarde, *L'Éducation parfaite*, 1713. (Paris, Bibliothèque Nationale)

ren Milieu als die Kinder, die mit ungeschickter Hand auf den Umschlag ihren Namen kritzelten. Für viele, wenn nicht die meisten Käufer diente das Anstandsbuch – für billiges Geld erworben, aber der alten, abgenutzten Lettern wegen schwer zu lesen – als jederzeit verfügbare Mini-Enzyklopädie über alles, was man wissen mußte, um in und mit der Gesellschaft zurande zu kommen. In kulturellen Belangen ist Besitz oft schon so viel wie Eigentum. Die Menschen eigneten sich ihr Wissen von guten Manieren in späterem Alter und außerhalb der Schule durch »wilde« Lektüre an, über die wir bloß Mutmaßungen anstellen können.

Vom Privaten zum Öffentlichen, vom Intimen zum Geheimen

Montaigne: »Ein französischer Edelmann schneuzte sich beständig mit der Hand, was sich mit unseren Sitten gar nicht verträgt. Indem er hierin seine Gewohnheit verteidigte (und er war berühmt für seine Schlagfertigkeit), fragte er mich, welchen Vorrang denn dieser schmutzige Auswurf habe, daß wir ihm ein schönes, feines Tuch zubereiteten, ihn zu empfangen, und ihn danach, was noch weiter geht, einwickelten und sorgsam in unserm Busen verwahrten; [...] Ich fand, daß er keineswegs unvernünftig sprach; und daß mir die Gewohnheit den Blick für diese Ungereimtheiten getrübt hatte, die wir doch so garstig fänden, wenn sie von einem fremden Lande erzählt würden.« (*Essais*, Erstes Buch, XXIII) Montaignes amüsierte Ironie kam entweder zu früh oder zu spät. Zwischen dem 16. und 18. Jahrhundert tendierte der Wandel der Sitten im Gegenteil zur Anpassung an Normen und zu einer verordneten Vereinheitlichung. Norbert Elias war der erste, der – vor einem halben Jahrhundert – zeigte, wie der von oben nach unten wirkende Druck der Gruppe auf den Einzelnen diesen in eine bestimmte Richtung drängte, wie aber zugleich der Einzelne mehr und mehr die sozialen Regeln verinnerlichte. Die Sozialisation von Verhaltensweisen war nicht allein das Ergebnis einer erzwungenen Unterwerfung unter äußeren Zwang. Der Prozeß war erst dann abgeschlossen, wenn jeder Einzelne – wie es viele alte Texte empfahlen – versuchte, seiner selbst Herr zu werden, und die sozialen Normen schließlich als zweite Natur, ja, als seine wahre, endlich gefundene Natur empfand.

Diese Arbeit der Gesellschaft an sich selbst wirkte in zwei Richtungen, die scheinbar gegenläufig, deren Ziele aber ähnlich waren. Die Anstandsbücher hatten den Zweck, Bedingungen zu schaffen, die den gesellschaftlichen Verkehr erleichtern und ihn in Einklang mit den erhöhten Anforderungen der Religion bringen sollten. Sie erlegten ihren Lesern Verhaltensweisen auf, die den Regeln einer zunehmend verpflichtenden und geschmeidigen Sozialität Genüge taten. Sie trieben die erasmische Logik auf die Spitze und betrachteten jede individuelle Handlung so, als vollziehe sie sich vor den Augen aller. Gleichzeitig ermahnten dieselben Bücher jedermann, zu unterscheiden zwischen dem, was man öffentlich zeigen durfte (was »zivil« und daher gut war), und dem, was nicht einmal der Betroffene selbst sehen durfte. Der indi-

Bronzino, *Eleonora von Toledo mit ihrem Sohn Giovanni*, um 1545. Eine »grande dame« mit ihrem Sohn. Das Porträt zeugt von der Wichtigkeit der Haltung und Selbstdarstellung, bis in die Wiedergabe eines familiären Verhältnisses hinein, das seither den Blick der Öffentlichkeit nicht scheute: »Etwas Gesetztes und Majestätisches ...« (Florenz, Galleria degli Uffizi)

viduelle Raum unterlag also der kollektiven Kontrolle, war jedoch zugleich Bestandteil jenes Raumes, der hinter dem schamvollen Schweigen des Verbotenen verborgen lag. Trotzdem wäre es falsch, die beiden Aspekte dieser Entwicklung allzu scharf voneinander zu trennen; sie sind vielmehr wie Vorder- und Rückseite ein und derselben Sozialgeschichte der Sensibilitäten.

In einem gewissen Sinne triumphierte der Schein. Das wurzelte in den ältesten Traditionen der Anstandsliteratur und entsprang einer doppelten Überzeugung: Die Selbstpräsentation war Ausdruck der Selbstkontrolle, und sie schuf die notwendigen Voraussetzungen für den sozialen Verkehr. Aber während die Anleitungen zur Courtoisie lediglich gewisse Ordnungsmomente des Gruppenzusammenhalts wie etwa die Tischzucht oder den Umgang mit Waffen geregelt hatten und während das Büchlein des Erasmus als Grundprinzip festhielt, daß man vermeiden solle, andere zu beleidigen oder zu hintergehen, formulierten spätere Texte sehr bald Anforderungen, die für alle Aspekte des täglichen Lebens galten. Erasmus hatte den Kindern wenig mehr zu empfehlen als die »goldene Mitte«, *aurea mediocritas*, die jedes Übermaß scheute und von der größtmöglichen Zahl von Menschen akzeptiert werden konnte. Er schrieb nichts anderes vor als »die heitere, gesammelte Stirn – Zeichen eines reinen Gewissens und eines offenen Sinnes«, einen »ruhigen, freimütigen« Blick, eine »sanfte, bedächtige Stimme« und vor allem Diskretion. Knapp zwei Jahrhunderte später widmete La Salle den gesamten ersten Teil seines Buches der »Bescheidenheit, die man in Haltung und Gebaren der verschiedenen Körperteile an den Tag legen soll«. Schon die ersten Seiten schlagen den Ton an: »Was am meisten dazu beiträgt, einem Menschen Würde zu verleihen und ihn durch seine Bescheidenheit auszuzeichnen wie einen weisen und gesammelten Mann, ist, wenn er alle Teile seines Körpers so hält, wie Natur oder Brauch es vorschreiben.« Auf diese Weise wurde aus Bescheidenheit Ostentation.[15] La Salles *Règles* geben minutiöse Anweisungen dazu: »Die äußere Erscheinung soll nichts Einstudiertes haben, doch muß man sein ganzes Gebaren zu bemessen wissen und auf die Haltung aller Körperteile achten.« Von Kindern erwartete man nun, daß sie nicht erasmische Verspieltheit bezeigten, sondern »etwas Gesetztes und Majestätisches«, eine »gewisse Erhabenheit und Größe«, eine »Aura des Würdevollen und Klugen«.

La Salles Empfehlungen blieben jedoch nicht auf Allgemeinheiten beschränkt. Nehmen wir zum Beispiel das Verhalten bei Tisch, seit alters ein Lieblingsthema der Pädagogen, die ab der Mitte des 16. Jahrhunderts zu Mäßigung, Anstand und Rücksicht auf die Tischgenossen rieten. In den späteren Anstandsbüchern finden sich diese Empfehlungen wieder, doch kompliziert sich die Sache nun durch überaus detaillierte Vorschriften für Bewegung und Haltung. Die Tafel wurde zum Vorwand für ein komplexes Ritual und zum Anlaß einer gesellschaftlichen Demonstration.[16] Die Tischmanieren wurden genau festgelegt. Während Calviac sich noch 1559 über die Vielfalt der Tischsitten in Frankreich informiert zeigen konnte, hatten seine Nachfolger für solchen ethnographischen Relativismus nichts mehr übrig, es sei denn, um ihn zu verdammen. In Gesellschaft zu speisen erheischte Selbstkontrolle. Man mußte dabei seinen Körper mit seinen unanständigen Gelüsten, seinen Funktionen, Geräuschen und Säften vergessen. Aber das allein genügte nicht mehr: Zu den Tischmanieren rechnete nun die doppelte Technik der Haltung bei Tisch *und* der Nahrungsaufnahme. Das Essen wurde zu einer Art Ballett, wobei jede Geste jedes Tischgenossen geregelt war. Der Gebrauch individueller Gedecke und einer Vielfalt neuer Tischutensilien – Teller, Gläser, Servietten, Messer, Gabeln – verlangte Übung. Heute kommt uns dies so selbstverständlich vor, daß wir es fast für natürlich halten. Aber erst nachdem alle diese Regeln gelernt waren, konnte die Tafel zum Ausdruck jener sichtbaren Sozialität werden, die ihr Sinn ist.

Die Beispiele ließen sich leicht vermehren. Alle belegen die Wertschätzung dessen, was in der Öffentlichkeit den Regeln gemäß bekundet werden konnte oder mußte. In einer Gesellschaft, die eine Umstrukturierung und Neuorganisation ihrer Hierarchien und Statuten erlebte, mußte alles öffentlich gezeigt werden können, um entsprechend geschätzt zu werden. Gute Manieren waren daher an jenen Orten am wichtigsten, an denen sich das soziale Ritual am augenfälligsten abspielte. Einige dieser Orte waren anspruchslos, etwa das Klassenzimmer, wo die Spielregeln angeeignet wurden, oder die Kirche oder die Straße. Einen Ort allerdings gab es, der hohes Prestige genoß und in der zweiten Hälfte des 17. Jahrhunderts als allgemeiner Orientierungspunkt diente: den Hof. Zu diesen weltlichen Modellen trat nun ein religiöser Anspruch hinzu. Früher waren die Anstandsbücher für Kinder und ehrsame Menschen gedacht; nun wandten sie sich an alle Christen. Nicht daß die Pflichten der Religion und die Bedeutung ihrer Praktiken bis dahin verkannt worden wären; aber auch sie mußten fortan den Regeln des äußeren Scheins gehorchen. Der fromme Courtin, in dieser Angelegenheit ein unverdächtiger Zeuge, erläutert 1671 an einer frappierenden Stelle: »Wenn man schon das Unglück hätte, das Niederknien vor Gott aus Unandächtigkeit, Bequemlichkeit oder Trägheit zu vergessen oder zu versäumen, so muß man es doch zumindest um der Schicklichkeit und der Menschen von Stand willen tun, denen man an einem solchen Ort begegnen kann.«[17] Was zählt, ist das, was andere sehen können.

Nach derselben Logik neigte man dazu, alles, was sich vor dem Blick der Öffentlichkeit bewußt oder unbewußt verschloß, für unanständig zu halten. Erasmus riet seinem Zögling, in Gesellschaft nicht ohne ersichtlichen Grund zu lachen. »Trotzdem kann dies geschehen. Dann gebietet die Höflichkeit, daß man sich über den Grund seiner Heiterkeit erkläre; sofern man das nicht kann, muß man eine Ausrede ersinnen, damit keiner der Anwesenden meine, man habe über ihn gelacht.« Das entfernt sich kaum von dem, was das normierte Wohlwollen gegen andere erheischt. Anfang des 18. Jahrhunderts aber zögert La Salle nicht, jedes Verhalten, selbst das harmloseste, zu verurteilen, wenn es von nachlassender Rücksicht auf das gesellschaftliche Schauspiel zeugt: »Wenn man sitzt, gehört es sich nicht, mit einem Stecken oder Stock auf dem Boden zu schreiben oder Figuren zu zeichnen; denn das verrät den

Das gemeinschaftliche Tafeln war einer der Höhepunkte des gesellschaftlichen Rituals. Strengen Regeln gehorchend wie ein Ballett, erheischte das Mahl, den Körper zu vergessen und zugleich die Beherrschung der Tischsitten. (Paris, Bibliothèque Nationale)

Träumer oder den Unerzogenen.« Vielleicht meinte La Salle »unerzogen, *weil* Träumer«? Jedenfalls war ihm jeder Ausdruck innerer Empfindungen suspekt. Auch hier ist der Zusammenhang mit dem Christentum ausschlaggebend. Kinder und Erwachsene sollen ihr wahres Ich nicht im Namen irgendeiner Aufrichtigkeit offenbaren – von der sozialen Transparenz des Erasmus sind wir mittlerweile weit entfernt –, sondern in ihrem Gebaren einer Schicklichkeit genügen, die gesittet und christlich zugleich ist. Verboten ist deshalb alles, »was zeigt, daß jemand keine Tugend besitzt und nicht danach trachtet, seine Leidenschaften zu zügeln, und daß seine Art, sich zu geben, rein menschlich ist und nicht dem Geist des Christentums entspringt«.

Die Zwänge der Zivilität trafen den Körper hart.[18] War nicht der Körper die Quelle der schändlichsten Leidenschaften wie »der Tempel des heiligen Geistes«? Unablässig predigten die Moralisten, den Leib zu vergessen und gleichzeitig die Gegenwart Gottes in ihm zu ehren. Zwischen diesen widersprüchlichen Imperativen steuerten die Anstandsregeln einen schwierigen Kurs: »Um der Sünde willen müssen wir Kleider tragen und unseren Leib bedecken.« Daher mußte die Kleidung moralischen und religiösen Normen entsprechen, während Nacktheit mit der Erbsünde assoziiert wurde. Doch konnte die Kleidung auch zum Objekt besinnungslosen Eifers, unbescheidener Leidenschaft werden. Um nicht von einer Sünde in die andere zu fallen, mußte man »das nach außen Scheinende verachten«, aber zugleich Rücksicht auf die Gebote des Lebens in der Gesellschaft nehmen. La Salles *Règles* insistieren auf einem kompromißlosen mittleren Kurs. Doch sobald es nicht mehr um das in der Öffentlichkeit geeignete Verhalten geht, schweigen sie vom Körper (den übrigens die »volkstümlichen« Versionen dieses Textes im ganzen 18. Jahrhundert mit viel stärkeren Ausdrücken belegen).

Allerdings hatte diese Entwicklung schon früher begonnen. Erasmus unterstrich die besondere Rücksichtnahme auf jene Körperteile, »welche die natürliche Scham uns verbergen heißt«. Eine Ausnahme machte er bei den Ausscheidungsfunktionen: »Den Urin zu verhalten ist der Gesundheit abträglich; es ist schicklich, sich unbeobachtet zu erleichtern.« Und er empfiehlt, die Intimsphäre jener zu achten, die ihrem natürlichen Bedürfnis nachgeben. Dreißig Jahre später ist Calviac schon strenger: »Es ist höchst schicklich für ein kleines Kind, wenn es seine Schamteile nur mit dem Gefühl der Schande und des Widerwillens berührt, selbst wenn die Not es dazu treibt und es allein ist; denn das zeugt von großer Schamhaftigkeit und Sittsamkeit.« Fünfzig Jahre vergingen, und Claude Hardy – nach eigenem Bekunden »ein neunjähriger Knabe aus Paris« – gab in seiner 1613 erschienenen Erasmus-Adaptation eine weitere Lehre zur Sache: »Sich des Urinierens zu enthalten ist schädlich für die Gesundheit; aber sich zurückzuziehen, um sein Wasser zu lassen, entspricht dem Schamgefühl, das von einem Kind zu erwarten ist.« Am Ende des Prozesses ist hier das moralische Urteil gänzlich in die Körpererfahrung eingegangen. Die Körperfunktion wird noch immer als niedrig und abstoßend empfunden. Doch für die alltäglichsten Bedürfnisse wird nun eine Distanz obligatorisch, die zwischen die einzelnen Körper die Neutralität einer Technik legt, welche die bedrohliche

Arthur Devis, *Ruhetag in Dr. Clytons Schule in Salford.* Die steifen Gestalten, starren Blicke und verhaltenen Gesten entsprechen nicht unserer Vorstellung von Rast und Muße, sondern künden von einer Selbstkontrolle, die niemals nachläßt. (London, Christie's)

Spontaneität und Sinnlichkeit der Bedürfnisbefriedigung bändigt. Wir haben dies bereits im Falle der Tischmanieren beobachtet; und wir finden es, wenig überraschend, im Zusammenhang mit Anordnungen, wie das Kind sich im Bett zu verhalten habe, wieder. Wenn das Kind schläft, darf die Bettdecke nicht seine Körperformen erkennen lassen; »und wenn du aufstehst, darfst du den Körper nicht entblößt lassen und die Nachthaube nicht auf einen Stuhl oder irgendwohin legen, wo sie gesehen werden könnte«. Wie Norbert Elias gezeigt hat, konnte die Logik der Zivilität durchaus zur Verbannung bestimmter Verhaltensweisen führen. So wurden in den einschlägigen Texten lange Zeit verschiedene Methoden erwogen, sich die Nase zu schneuzen, ohne die Mitmenschen zu belästigen; La Salle formulierte dafür später Regeln, die der Hygiene ebenso wie der Moral verpflichtet waren; und schließlich verschwand das Thema – in einer späten Version der *Règles* vom Ende des 18. Jahrhunderts – aus dem Blick.

Den Zeitgenossen wurde gelegentlich bewußt, daß diese vielfältigen Zwänge zu Selbstzwängen des Einzelnen werden sollten. Courtin schreibt: »Früher war es zulässig, in Gegenwart einer Person von Stand auf den Boden zu spucken, und es genügte, den Fuß darauf zu stellen; heute wäre das eine Ungehörigkeit. Früher durfte man gähnen, solange man wollte, vorausgesetzt, daß man beim Gähnen nicht sprach; heute wäre eine Person von Stand darüber schockiert.« Er begründete also die Veränderungen des Verhaltens mit der erhöhten Selbstkontrolle einer sozialen Elite, und damit hatte er nicht unrecht. Aber an der Ausbreitung dieses elitären Modells hatte die Religion – die Reformation wie die Gegenreformation – einen entscheidenden Anteil, denn sie wurde nicht müde zu betonen, daß vor dem Auge Gottes kein Gedanke, auch nicht der allerheimlichste, verborgen bleiben könne. Schon Erasmus hatte seinen Zögling an die freundliche, aber ständige Gegenwart seiner Schutzengel erinnert. Bei La Salle jedoch war diese Überwachung so streng, daß sie schließlich die Unmittelbarkeit des Selbstbezugs untersagte: »Die Schicklichkeit verlangt, daß du dir beim Zubettgehen den eigenen Körper verbirgst und auch den leisesten Blick auf ihn vermeidest.« Intimität wurde radikal negiert. Am Vorabend der Aufklärung verfiel so eine ganze Reihe von Körperpraktiken der verstohlenen, verschämten Heimlichkeit. Rund um den Körper baute sich eine Sphäre des Schweigens und des Geheimnisses auf.

Vom Privaten zum Öffentlichen, vom Intimen zum Geheimen – diese außerordentlich komplexe Entwicklung bedarf zumindest dreier zusätzlicher Erläuterungen. Die Gesamttendenz des Verhaltenswandels zwischen dem 16. und dem Beginn des 19. Jahrhunderts ist klar, aber Rhythmus und Chronologie dieses Wandels waren sehr unterschiedlich. Die Körperfunktionen gingen sehr bald der Aura der Zivilität verlustig. Die meisten Ausdrücke emotionaler Spontaneität wurden geächtet, manche freilich hat die kollektive Norm noch lange toleriert; das war beispielsweise bei Tränen der Fall.[19] Während des ganzen 18. Jahrhunderts war es zulässig, in der Öffentlichkeit zu weinen, etwa im Theater oder bei der gemeinsamen Lektüre der *Neuen Heloïse*. Es dauerte bis zum Beginn des 19. Jahrhunderts, bevor dieses Signal der Empfindsamkeit einer schmerzlichen Melancholie wich, deren Vorläufer Senancour war. Doch diese Tränen waren andere. Tränen waren geduldet worden, weil sie ein öffentliches Zeichen waren, an dem die Angehörigen der Elite die sie einigende, privilegierte Sensibilität genossen und sichtbar machten.

Während andere Ausdrucksformen der Emotionalität verpönt waren, wurden Tränen bemerkenswert lange toleriert – man durfte sie sehen und sehen lassen, bevor sie um die Wende zum 19. Jahrhundert Zeichen privater Emotion wurden. (Paris, Bibliothèque Nationale)

Eine weitere Erläuterung: Die Wandlungen der Sitten in der Neuzeit stehen nicht alle im Banne des guten Benehmens, wie Vigarellos Studie über die Körperhygiene darlegt.[20] Vom Ende des Mittelalters bis zur Mitte des 18. Jahrhunderts zeigen die Anstandsbücher, daß Reinlichkeit wenig mit dem Gebrauch von Wasser zu tun hatte und daß die Körperpflege sich nur auf das Gesicht und die Hände erstreckte, das heißt die einzigen nicht bedeckten Teile des Körpers. Die Hauptsorge konzentrierte sich auf das Sichtbare, also auf die Kleidung und das Leinen, das an Kragen und Handgelenken der ausschlaggebende Indikator der Sauberkeit war. Das paßt zu dem, was bisher über gute Manieren gesagt worden ist. Es ist aber auch mit einer Körpervorstellung verbunden, der zufolge Wasser ein gefährlicher Stoff ist, weil es überall einzudringen vermag. Toilette machte man deshalb »trocken«; man verließ sich lieber auf das Abreiben und Parfümieren als auf das Waschen. Daher die Bedeutung des Körperleinens, das nicht bloß ein Zeichen sozia-

Frans Hals, *Willem Coymans*. Die Kleidung, streng, aber gepflegt, hatte eine doppelte Funktion. Sie verbarg das Elend des Körpers; allein der weiße Kragen und die weißen Manschetten symbolisieren die nötige Reinlichkeit. Gleichzeitig mußte sie den Geboten des gesellschaftlichen Verkehrs Rechnung tragen und bekundete den sozialen Rang.
(Washington, National Gallery of Arts, Mellon Collection)

ler Konformität war. Zwischen 1740 und 1750 erlebte der Gebrauch von Wasser – erst warmes, dann auch kaltes – eine triumphale Aufwertung, und seine Anwendung wurde zu einem Indiz neuer sozialer Abgrenzungen. Doch auch in diesem Falle war ein neues Körperbild im Spiel, das über das Schickliche hinauswies: Die Hygiene rehabilitierte den Körper und legitimierte die bessere Nutzung der organischen Ressourcen. Sie wurde zum Thema medizinischer und dann auch pädagogischer Bemühungen und geriet schließlich zu einem eigentümlichen Instrument der sozialen Kontrolle. Die Sozialisation der Körpertechniken war zwar streng reglementiert, bedurfte aber genau markierter Darstellungsformen und Praktiken. Sie trat damit aus dem Schatten der Anstandsbücher heraus.

Die Geschichte der Reinlichkeit legt eine letzte Erläuterung nahe. Hinter dem Schweigen und dem Geheimnis, das im Zeitalter der Klassik so viele alltägliche Verrichtungen umgab, konnten unerwartete und unerhörte Erlebnisse auftauchen. Das Leinen berührte den nackten Körper und bezeugte allen dessen Sauberkeit. Seine Funktion war, die Körperoberfläche zu bedecken; gleichzeitig enthüllte es, was es verbarg. Es trennte das Draußen vom Drinnen, das Darüber vom Darunter. Damit wurde die Intimität des Körpers selbst zum Gegenstand autonomer Investitionen gemacht. Man sprach nicht über sie, sie war aus dem Bereich der Etikette ausgeschlossen, doch die Notwendigkeit, sich ihr tagtäglich zu widmen, erforderte Aufmerksamkeit, spezielle Techniken

Selbst im Bade blieb der Körper bedeckt. Diese Badende wendet scheu den Blick von ihrer entblößten Fessel. (Paris, Bibliothèque Nationale)

und letzten Endes eine neue Sensibilität, die um die Mitte des 18. Jahrhunderts neue Vorstellungen von Waschen und Hygiene entfesselte. »Die Norm schuf diesen Raum«, in dem in einem langen Prozeß schließlich die Norm selbst angetastet wurde. Die Geschichte der Körperhygiene ist kein Einzelfall; sie regt dazu an, unterdrückte Aktivitäten daraufhin zu befragen, ob sich in ihnen nicht stillschweigend eine andere Intimität anbahnt.

Privilegien des Adels: das Angeborene und das Erworbene

Die erasmische Tradition der Anstandsbücher beruhte – jedenfalls implizit – auf zwei Postulaten: daß gutes Benehmen gelehrt und gelernt werden könne und daß es für alle gleich sei. Seit dem späten 16. Jahrhundert nun erlebten beide Postulate bestimmte Modifikationen, vor allem das zweite. In dem Maße, wie soziale Hierarchien revidiert und präziser kodifiziert wurden, begannen die Anstandsbücher, mehr Nachdruck auf Statusfragen und auf die angemessene Distanz zwischen Menschen unterschiedlicher Herkunft zu legen. Das galt besonders für La Salles *Règles de la bienséance et de la civilité chrétienne*, die ausführlich bei dem Thema verweilen, wie man soziale Unterschiede an gewissen Zeichen und Gebärden erkennt. Indes war auch La Salle der Ansicht, daß im Prinzip für alle dieselben Regeln gelten.

Ungefähr zur selben Zeit nahm eine Reihe anderer Texte das Problem in einem ganz anderen Licht auf. Ihr Ursprung waren nicht so sehr die Anstandsbücher des 13. bis 15. Jahrhunderts als vielmehr eine neue, höfische Literatur, die in den ersten sechs Jahrzehnten des 16. Jahrhunderts in Italien entstand und deren Hauptvertreter Baldassare Castiglione mit seinem *Cortegiano* war.[21] 1528 erschienen, also zwei Jahre vor dem Traktat des Erasmus, verzeichnete auch dieses Werk einen erstaunlichen Erfolg. Es wurde in sämtliche europäischen Sprachen übersetzt und wie das des Erasmus bearbeitet, plagiiert und ausgeschlachtet. Vergleichbare Werke hatten ebenfalls Erfolg, so Giovanni della Casas *Galateo* (1558) und Stefano Guazzos *Civil Conversazione* (1574). Doch explizierte der *Cortegiano*, der zwei Jahrhunderte lang die »Elementargrammatik der höfischen Gesellschaft« (A. Quondam) blieb, ein völlig anderes Muster guten Benehmens als Erasmus.

Das Buch besteht aus Gesprächen zwischen Edelleuten am Hofe des Herzogs von Urbino, die sich in leichtem Plauderton über Werte und Regeln des gesellschaftlichen Daseins unterhalten. Das ist der erste Unterschied zu Erasmus: Der Text präsentiert sich nicht als Lehrbuch, sondern als freie Improvisation einer Elite, die als solche kenntlich ist und es nicht nötig hat, sich um »irgendeine Weisung, Regel oder Distinktion der Vorschriften« zu kümmern. Aber dabei hat es nicht sein Bewenden. Dort, wo sie ein Porträt ihrer Gesellschaft zeichnen, versuchen die Personen des Buches nicht, eine meßbare und formulierbare Konformität zu beschreiben. Der vollkommene Hofmann ist allein mit zwei Kategorien von Kriterien zu identifizieren. Die eine ist äußerlich und gründet in einem einfachen sozialen Kalkül: Es geht in der Hauptsache um die Gunst des Fürsten, um den damit verbundenen Erfolg und um die Achtung der Standesgenossen, die die höfische Tugend sichtbar bestätigen. Die andere Kategorie von Kriterien ist eine innere und nur in schlichter Affirmation benennbar: Sie gehört zur Ordnung der »Grazie«, jener inneren Gabe, die sich im doppelten Vorzug der Geburt und des Talents erweist. Daraus folgt logischerweise: Die Überlegenheit des Hofmannes ist nicht etwas, das man erlernen kann, sie ist vielmehr in allen seinen Handlungen unmittelbar evident. Und der wahre Edelmann beweist sein Verdienst, indem er alles unterläßt, was den Anschein erwecken könnte, er sei das Geschöpf harter Selbstzucht oder ihm bereite irgend etwas Mühe. Die »Grazie« besteht eben darin, »sich in allen Dingen einer gewissen Herablassung und Verächtlichkeit [*sprezzatura*] zu befleißigen, welche das Künstliche verbirgt und das, was man tut, erscheinen läßt, als sei es mühelos und gleichsam ohne nachzudenken geschehen. [...] Die wahre Kunst ist jene, die keine zu sein scheint, und man muß alle Sorgen daran wenden, sie zu verbergen, weil sie, einmal entdeckt, allen Kredit kostet und bewirkt, daß der Mensch geringer geschätzt wird«.

Man sieht, wie das höfische Modell Punkt für Punkt der erasmischen »Zivilität« mit ihrem Traum von der sozialen Transparenz widerspricht. Für Castiglione und seine Nachfolger waren die Regeln Ausdruck einer sozialen Distinktion; das höfische Betragen entsprang dem Einvernehmen einer geschlossenen Gruppe, die sich zum alleinigen Richter über die Kriterien der Vollkommenheit erklärte. Der Hofmann identifizierte sich mit dem Modell einer sozialen Person, die durch Vielfalt und Trefflichkeit ihrer Fähigkeiten (in der Konversation, mit der Waffe, beim Tanz, beim Spiel, aber auch in den alltäglichen Verrichtungen) zu gefallen wußte. Dieses Bild allein zählte, und alles, was an innere Spannungen und Anstrengungen gemahnte, mußte unterdrückt werden. Es war die Aufgabe dieser »aufrichtigen Verstellung«, das Individuum dem Zwang zu unterwerfen und durch Gesten, Gebaren und Haltung den absoluten Primat der Form im gesellschaftlichen Austausch zu dokumentieren. Der Schein mußte zu einer Fasson des Seins werden.

Die höfische Literatur übte lange Zeit und in vielen sozialen und kulturellen Kontexten beträchtlichen Einfluß aus. In Italien selbst las man den von Castiglione beeinflußten *Galateo* zuletzt und entgegen seiner ursprünglichen Logik als Handbuch der Etikette. In Frankreich reihte man ihn bald in die Anstandsbücher ein und publizierte ihn als solches.[22] Das Dogma vom aristokratischen Privileg und vom Primat des äußeren Scheins wurde je nach nationaler Tradition und sozialer Bestimmung des Buches unterschiedlich rezipiert und interpretiert. Das wollen wir, ausgehend vom französischen Beispiel, kurz zeigen. Denn das Spektrum der Interpretationen war in Frankreich vermutlich größer als in irgendeinem anderen Land und wirft daher mehr Licht auf die sozialen Fragen, die die Etablierung eines Verhaltenskodex hervorruft.[23]

Das höfische Modell wurde anfangs in Kreisen der Aristokratie und der guten Gesellschaft übernommen, wo man zwischen 1620 und 1630 Theorie und Praxis der »hônneteté« – des kultivierten Umgangs – entwarf. Das Ideal der »hônneteté« galt als Gegenbild zum Hof des Königs, dem man seine Ungehobeltheit, Verschwendungssucht und Prahlerei ankreidete, und orientierte sich an der zurückgenommenen, geschliffenen Sozialität der geschlossenen Eliten in den großen Pariser Adelshäusern, deren berühmtestes das Hôtel de Rambouillet war. Der Hof war ein öffentlicher Raum, stark hierarchisch gegliedert und stand zunehmend im Banne des Herrn, d. h. des Königs; die Höflinge gingen sozusagen einem Beruf nach. Im Hôtel de Rambouillet hingegen versammelte sich eine Elite, deren Mitglieder das Recht des anderen, dazuzugehören, anerkannten. Als M. de Saint-Chartres 1637 in diesen Kreis aufgenommen zu werden wünschte, riet Chapelain ihm, sich an die Spielregeln zu halten und geduldig zu warten: »Es wird mir eine Freude sein, die Dinge so einzurichten, daß man Ihren Wert zu schätzen weiß und nicht weniger das Verlangen hat, Sie aufzunehmen, als Sie das Verlangen haben, aufgenommen zu werden.« Das Hôtel war ein privater, intimer Raum, in dem eine Frau regierte und der Umgang mit Frauen einen zivilisierenden Einfluß auf die Sitten nahm. Ostentation spielte keine Rolle, und die gewöhnlichen Verkehrsformen waren beim täglichen Zusammentreffen außer Kraft gesetzt. Man schrieb einander Briefe, vor allem sprach man miteinander, und die kollektive Ge-

Das Brevier der höfischen Literatur, Castigliones *Cortegiano* von 1528, in französischer Übersetzung zuerst 1537 erschienen, hier in einer zweisprachigen Ausgabe von 1585, die darauf schließen läßt, daß Ende des 16. Jahrhunderts das höfische Modell noch als einigermaßen fremd empfunden wurde. (Paris, Bibliothèque d'Arsenal)

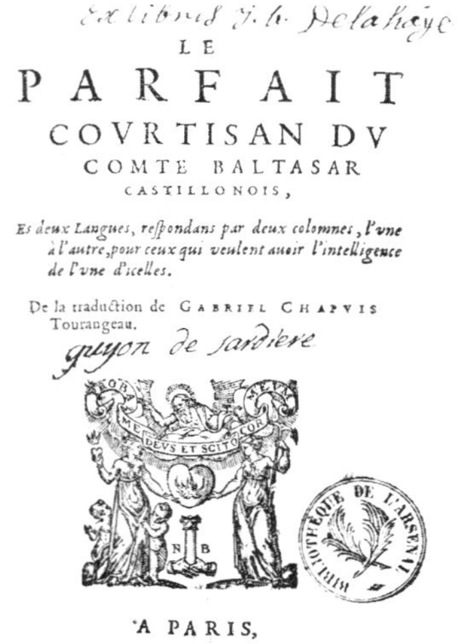
LE
PARFAIT
COVRTISAN DV
COMTE BALTASAR
CASTILLONOIS,
Es deux Langues, respondans par deux colomnes, l'vne à l'autre, pour ceux qui veulent auoir l'intelligence de l'vne d'icelles.
De la traduction de Gabriel Chapvis Tourangeau.
A PARIS,
Par Nicolas Bonfons, demeurant rue neuue nostre Dame à l'Enseigne S. Nicolas.
1585.

Zum wahren Hofmann paßte nicht ein gezwungenes Wesen, sondern die scheinbar mühelose, in Wahrheit aber aus Selbstkontrolle geborene Nonchalance, die den Eindruck angeborener Natürlichkeit erweckte.
(Paris, Bibliothèque Nationale)

schmacksbildung erfolgte durch die quasi sakrale Einrichtung der Konversation. Man spielte und las *L'Astrée*, insbesondere die großen historischen Romane La Calprenèdes oder des Fräuleins von Scudéry, die dieser Mikrogesellschaft den Spiegel vorhielten und durch den gemeinsamen Kommentar zu einem veritablen lebenden Theater wurden.

Die Zivilität (oder wie man immer häufiger sagte: die »honnêteté«) war also Umsetzung dessen, was individuelle Tugend und zugleich Wille der Gesellschaft war. Es war deshalb klar, daß sie nicht außerhalb jener geschlossenen Zirkel gelehrt und gelernt werden konnte, wo sie von eben jenen Menschen praktiziert wurde, die sich bereits durch sie auszeichneten. Sie konnte daher auch nicht in einem Handbuch zusammengefaßt werden. Was die Regeln des Zusammenlebens festlegte, waren allein die amorphen Kommentare der Gruppe über sich selbst in Form von Konversationen, Korrespondenzen oder Randbemerkungen zu *Cléopâtre* oder dem *Grand Cyrus*. Welche anderen Regeln gab es denn als die Betätigung der eigenen Urteilskraft, die Einsicht in soziale Situationen verlieh? Ganz so wie die Helden der Romane, die sie lasen, debattierten die auserlesenen Mitglieder der großen Pariser Salons unablässig die Gesetze des weltläufigen Benehmens und das Vergnügen der Geselligkeit. Endlose Gespräche mündeten in das Erstaunen über das

Antoine Watteau, *Studie zu dem Gemälde »Die Unterhaltung«* (Paris, École des Beaux-Arts).

Unsagbare, das gewisse »ich weiß nicht was«: »Die Geburt muß diese Begabung verleihen, da sie mit Gewißheit nicht aus Kunstfertigkeit entsteht [...] und die Urteilskraft sie leitet [...]. Es muß auch ein gewisses Etwas im Ausdruck geben, das ihn liebenswürdig macht.« So war der Kreis der Komplizität geschlossen. Die »honnêteté« gedieh einzig im Privaten.

Dieses Modell hatte allerdings keine Zukunft. In der zweiten Hälfte des 17. Jahrhunderts wurde es von der streng reglementierten Sozialität am Hofe Ludwigs XIV. überlagert. Die Fundamente für diesen Triumph waren lange zuvor gelegt worden. Nach 1630 hatte man Maßnahmen ergriffen, um den Adel und sein öffentliches Auftreten durch Bevollmächtigte des absoluten Monarchen zu überwachen.[24] Der König erblickte im Einschreiten gegen Exzesse und in der Etablierung ziviler Normen eine Möglichkeit, dem Anspruch des Adels auf eine moralische und politische Sonderstellung entgegenzuwirken und die Gefahr privater Bündnisse abzuwenden. Der Hof wurde zum Kulminationspunkt dieser Bemühungen, die in ihm eine stabile Gestalt annahmen.[25] Die Adligen genossen das sichtbare Privileg sozialer Überlegenheit, jedoch um den Preis der bedingungslosen Unterwerfung unter die Autorität des Königs. So regierte bei Hofe in zweifacher Hinsicht das Sehen und Gesehenwerden. Von oben nach unten paßte die höfische Ordnung das Verhalten jedes Einzelnen seinem Rang und Platz in der strengen Hierarchie an, während die Etikette die Aufgabe hatte, die auf allen lastende, aber ungleiche Disziplin im Detail zu regeln. Von unten nach oben betrachtete die übrige Gesellschaft den Hof als Spektakel und als Muster, das jedermann zur Bewunderung und Nachahmung anempfohlen war.

Die Manieren der höfischen Gesellschaft waren nicht mehr auf die Intimität eines geschlossenen Zirkels beschränkt. Sie wurden für alle zu sprechenden Zeichen der Vollkommenheit und mußten von allen gesehen und verstanden werden. »Einem Könige mangelt nichts«, schreibt La Bruyère, »als die Freuden eines privaten Lebens.« Das galt erst recht für die Höflinge, die der König bis in die geheimsten Winkel ihrer Lebensführung überwachen ließ und die unablässig einander und sich selbst kontrollierten. Die Herrschaft des Scheins war bei Hofe soziale Norm. Etikette, Kleidung, Sprache und Haltung gehorchten den Erfordernissen dieses kollektiven Zwanges. Parfüm, Puder und Perücke veränderten die äußere Erscheinung gemäß den gesellschaftlichen Erwartungen. Die vollkommene Externalisierung der Verhaltensregeln bot wahrscheinlich der Tanz. Durch die Kodifizierung einer Rhetorik der Gesten wollte diese gesellschaftliche Kunst *par excellence* des 17. Jahrhunderts die Existenz des Körpers vergessen lassen und ein Ich präsentieren, das den Normen der Gruppe genügte. Diese vollständige Externalisierung bedurfte keiner Begründung. Die Höflinge fragten nicht mehr – wie es in den Pariser Salons eine Generation zuvor geschehen war – nach den Gründen für ihre Wahl. Sie waren vollkommen, weil sie bei Hofe waren und weil der Hof es so verlangte.

Zwischen der Ethik des Salons und der des Hofes, zwischen (angeborener) Anlage und (erworbenem) Verdienst lag eine schwer einzuschät-

Fragonard, *Die Lektüre*. Anmut gegen Anstrengung: Die Eleganz des Körpers wird zum untrüglichen Zeichen der Auserwähltheit. (Privatsammlung)

Szenische Darstellung des Hofes: Alle sind dem Blick aller ausgesetzt, der ganze Hof wiederum dem Blick des Volkes. Das Erscheinungsbild war reglementiert. (Paris, Bibliothèque Nationale)

zende mittlere Zone. In der absolutistischen Gesellschaft gab es Gruppen außerhalb des Hofes, die verschiedene Modelle der Perfektion nachzuahmen suchten: die kleineren Adligen, Provinzler sowie Eliten, die ihr Schicksal an das des Monarchen gebunden hatten. Seit Ende des 16. Jahrhunderts mehrten sich in Frankreich Werke über »das Glück bei Hofe und die wahre Glückseligkeit des Menschen« (Dampmartin, 1592), über »die Kunst, den Adel zu Tugend, Wissenschaft und allen seinem Stande zukömmlichen Kenntnissen emporzuheben« (Grenaille, 1642), oder über »den höfischen Geist« (Bary, 1662). Sie wandten sich nicht an Leute, die bereits in der Nähe des Souveräns lebten, sondern an solche, die davon träumten, Zutritt zum Hof zu erlangen. Der *Guide des courtisans* (Nervèze, 1606) oder der *Traité de la cour* (Refuge, 1616) sollten dabei Hilfe leisten. Die meisten dieser Schriften beriefen sich auf italienische Quellen des vorangegangenen Jahrhunderts. Das System der sozialen Beziehungen, für das sie geschrieben waren, war indes ein ganz anderes. Wenn der Hofmann bei Castiglione den Eindruck hatte, daß seine Talente nicht gebührend gewürdigt würden, stand es ihm frei, an einen anderen Hof zu wechseln. In Frankreich hingegen war die Macht an einem Ort konzentriert, und der Hof besaß eine symbolische Monopolstellung. Daher war die Lehre, die der angehende Höfling durchlaufen mußte, strenger, weil die gesellschaftliche Karriere mehr und mehr gleichbedeutend war mit dem Zugang zur königlichen Gnade. Aber diese Höflinge in spe hatten mit den »happy few« des Hôtel de Rambouillet ebensowenig zu tun wie mit denen, die durch die Gunst des Königs bereits erwählt waren und den Hof bevölkerten. Im Gegensatz zu den »happy few« mußten sie glauben können, daß »die Geburt nicht das meiste machte« und daß man vieles lernen konnte, wenn anders sie ihre Ambitionen nicht preisgeben wollten. Und im Gegensatz zu den etablierten Höflingen mußten sie Qualitäten erfinden, die die Mängel ihrer Geburt wettmachten; zwar mußten sie die Bedeutung des sozialen

Scheins respektieren, aber zugleich mußten sie der Vorstellung vom individuellen Verdienst zur Geltung verhelfen.

Betrachten wir zwei einschlägige Fälle. 1630 veröffentlichte Nicolas Faret seinen *Honnête Homme ou l'Art à plaire à la cour*. Der Autor war selbst ein lebendiges Beispiel für das, was er predigte: Als Sohn eines Handwerkers aus der Provinz brachte er es zu einem verantwortungsvollen Posten in der Umgebung des Königs und gleichzeitig zu einer geachteten Stellung in der literarischen Gesellschaft. Er war ein professioneller Höfling, wie Sorel ihm bitter vorwarf. Demgemäß war seine Abhandlung »Monsieur, des Königs einzigem Bruder« gewidmet und erging sich in langen Elogen auf das höfische Ideal (dessen absolute Geltung damals noch keineswegs gesichert war, was man nicht vergessen darf). Elias vorwegnehmend, sah Faret im Hof das Paradigma einer Sozialität, die gesellschaftliche Normen mit individuellen Regeln verwob. Der Hof war überdies ein Spiegel der Tugend und dementsprechend der Schauplatz des individuellen Erfolgs. Faret übernahm Castigliones Maxime, gab ihr aber eine kompromißlose Form: Der Erfolg bei Hofe belohnt nur diejenigen Verdienste, die zählen. Wo aber erwarb man diese Verdienste? »Ich will zuerst sagen, daß es mir höchst notwendig scheint, daß derjenige, welcher in diesen großen Weltverkehr einzutreten wünscht, von vornehmer Geburt sei.« Er berichtigt sich jedoch sogleich: »Womit ich jene nicht ausschließen will, denen die Natur dieses Glück versagt hat. Tugend kennt keine vorgeschriebene Bedingung, und es gibt genügend Beispiele von Menschen, die sich, wiewohl von niedriger Herkunft, zu heldenhaften Taten und zur Größe emporgeschwungen haben.« Die Tugend also ist die letzte Rettung, die die vom Glück der Geburt so ungleich verteilten Chancen ausgleichen muß. Gegen die angeborenen Privilegien stellt sie die Kraft des Erworbenen und verleiht auch dem Privatmann seine Rolle: »Wer immer sich mit diesem Schatz und diesen Eigenschaften begabt weiß, die wir dargestellt haben, mag sich füglich bei Hofe zeigen und kann Anspruch darauf machen, mit Achtung und Beifall aufgenommen zu werden.«

Eine ähnliche Anschauung vertrat noch vierzig Jahre später Antoine de Courtin in seinem *Nouveau Traité de la civilité qui se pratique en France parmi les honnêtes gens* (1671). Doch inzwischen hatte sich die Lage geändert. Der Hof Ludwigs XIV. war zum einzigen legitimen Muster geworden und wurde als solches von einem breiten Publikum akzeptiert. Der *Traité* registriert diese Veränderungen: erstens durch den Titel, der nun unter »Zivilität« eine Gepflogenheit versteht, die zuvor das Privileg einer Elite gewesen war; zweitens durch das Format, das dem der weitverbreiteten Anstandsbücher entsprach; und endlich durch seinen Erfolg – von dem kleinen Duodezband zählte man um die Mitte des 18. Jahrhunderts mehr als zwanzig französische und ausländische Ausgaben. Die Vermischung der beiden bisher getrennten literarischen Genres macht deutlich, daß Courtins Lehren sich nicht unbedingt an Leser richteten, die bei Hofe zu reüssieren gedachten, sondern an Menschen, die höfische Manieren erwerben wollten: natürlich junge Leute, aber auch solche, die keine »Möglichkeiten und Mittel hatten, nach Paris und an den Hof zu gehen, um geschliffene Lebensart kennenzuler-

Die äußere Erscheinung, vor dem Spiegel hergerichtet. Die höfische Kleiderordnung gehorchte bestimmten Gesetzen und einer strengen Hierarchie, gleichzeitig jedoch einem System gegenseitiger Wahrnehmung, dem man sich in jeder Lage gewachsen zeigen mußte. (Paris, Bibliothèque Nationale)

nen«. Mit diesem doppelten Antrieb bezeichnet der Text einen entscheidenden Augenblick in der Popularisierung des höfischen Beispiels.

Courtin zwang seine Leser, sich dem Ritual einer hierarchischen Gesellschaft zu beugen. Die Regeln der Etikette variieren je nach den Beziehungen der Menschen zueinander, je nach Rang, Prestige und Autorität: »Jede Konversation zwischen Menschen spielt sich von gleich zu gleich, vom Höheren zum Niederen oder vom Niederen zum Höheren ab.« Es gibt keine feste Regel; die erste Lektion besteht darin, seinen eigenen Platz in der Gesellschaft und den genauen Abstand zu den Menschen aller anderen Ränge zu erkennen. Courtin akzeptiert vorbehaltlos die Formen, die der Hof der Gesellschaft als ganzer vorgibt. Dennoch mußten er und seine Leser überzeugt sein können, daß die Privilegien der Geburt allein keine ausreichende Begründung für soziale Überlegenheit sein konnten. Wie Faret schrieb auch der Moralist Courtin der Tugend und der Religion eine besondere Rolle zu.[26] Feinfühligkeit und gute Manieren waren sichtbarer Ausdruck von Nächstenliebe. Mehr noch, Courtin war Pädagoge: Sein Grundsatz war, daß man alles lernen kann – und damit befand er sich in der Tradition des Erasmus. So ist sein Text von einer schwer erträglichen Spannung erfüllt. Als optimistischer Erzieher setzt er sein Vertrauen in die inneren Kräfte des Individuums; gleichzeitig nimmt er die existierende starre Hierarchie als gegeben hin und lehrt die Unterwerfung unter ihre Regeln. Kurz, er bewegt sich auf dem schmalen Pfad zwischen widersprüchlichen Überzeugungen; er empfiehlt seinen Lesern, das Erworbene zum Angeborenen, die gelernte Lehre zur Mitgift der Natur zu machen. Wenn die Merkmale des Lernens verblassen, kann sich schließlich die Natur enthüllen: »Der Anstand muß vollkommen frei, vollkommen natürlich sein, er darf nichts Gemachtes oder Abergläubisches haben.« So endet Courtins *Traité* damit, seine eigenen Spuren zu verwischen.

Von diesem Widerspruch zwischen den Regeln und dem Individuum hatte Molière drei Jahre zuvor ein deutlich düstereres Bild gemalt, in *Georges Dandin*, der 1668 zuerst bei Hofe und dann in Paris aufgeführt wurde. Es ist – in Form einer Farce – die Geschichte einer verunglückten Erziehung zu höfischen Sitten.[27] Der Held des Stückes ist ein wohlhabender Bauer, der ein Mädchen aus verarmtem Provinzadel heiratet. Doch dieser vermeintliche soziale Aufstieg ist in zweifacher Hinsicht trügerisch. Zu Hause setzt die untreue Angélique dem Helden Hörner auf, während seine Hoffnungen, als wahrer Aristokrat anerkannt zu werden und »dazuzugehören«, ebenfalls enttäuscht werden. Seine angeheirateten Verwandten (die selber einem ziemlich altmodischen Verhaltenskodex huldigen) verweigern sich hartnäckig seinen unbeholfenen Anbiederungsversuchen (Erster Akt, Szene 3). Soziale Distanz ist durch nichts aufzuheben: »Lernen Sie gefälligst, daß es Ihnen nicht zukommt, sich dieses Wortes gegen eine Person meines Standes zu bedienen; denn wenn Sie auch unser Schwiegersohn sind, so besteht doch zwischen Ihnen und uns ein gewaltiger Unterschied, und das dürfen Sie nie vergessen.« Dandin verstößt beständig gegen eine Regel, die einzig dazu gemacht scheint, seine Anstrengungen zu vereiteln. Dieses Verwirrspiel um die Regeln des guten Benehmens macht das Publikum

1671 erschienen, immer wieder nachgedruckt und durch Übersetzungen in ganz Europa verbreitet, entwirft der *Traité* von Antoine de Courtin vor dem Leser einen unmöglichen Traum: Er soll die natürlich scheinende Anmut erlernen und anschließend vergessen, daß seine Kenntnisse erworben und nicht angeboren sind. (Paris, Bibliothèque Nationale)

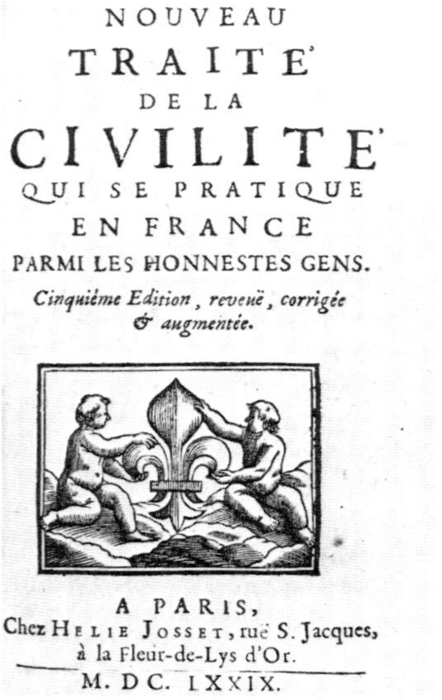
NOUVEAU
TRAITE'
DE LA
CIVILITE'
QUI SE PRATIQUE
EN FRANCE
PARMI LES HONNESTES GENS.
Cinquième Edition, reveuë, corrigée & augmentée.

A PARIS,
Chez HELIE JOSSET, ruë S. Jacques,
à la Fleur-de-Lys d'Or.
M. DC. LXXIX.

Bei Hofe war der Tanz wohl die gepflegteste und komplizierteste Form der Selbstdarstellung. Diese gesellschaftliche Kunst zeigte den Körper nur vor, um desto besser seine Beherrschung demonstrieren zu können.
(Paris, Bibliothèque Nationale)

lachen, Dandin jedoch geht daran innerlich zugrunde. Von allen Protagonisten des Stückes zurückgestoßen, glaubt er zuletzt nicht mehr, was er sieht, und weiß nicht mehr, was er sagt und wer er ist. Das Stück endet mit einer Vernichtungsphantasie, die dem allgemeinen Ton des Stückes widerspricht. In diesem Falle behalten die Spielregeln das letzte Wort gegen die Person – das Wort »Person« in seinem fleischlichsten Sinne verstanden.

Die Revanche der Intimität

Im letzten Drittel des 17. Jahrhunderts breiteten sich die Werte der Zivilität in ungekanntem Umfang in der französischen Bevölkerung aus und erfaßten höchst unterschiedliche Gruppen. Zuvor mußten die Werte sich freilich erheblich wandeln, und der Stil der Sozialität wandelte sich mit ihnen. Das Resultat war ein ganzes Bündel von Anstandsregeln: für kleine Schulen und für bürgerliche »collèges«, für den Hof und für die Stadt, für die Hocharistokratie, für den niederen Provinzadel und für die »bourgeois gentilshommes«. Doch trotz dieser Vielfalt der Praktiken blieb das Wort »civilité« für alle ein gemeinsamer Referenzpunkt. Der eindrucksvolle Erfolg von La Salles *Règles* mag als Sinnbild dieses zweideutigen Triumphes gelten. Dieses Buch, das zu Beginn des 18. Jahrhunderts die kanonische Version der Anstandsregeln festlegte, verkörperte wie kein zweites den Widerspruch zwischen erasmischer Universalität und sozialer Differenzierung des Verhaltens. Sein Erfolg beweist jedenfalls, daß es gelungen war, ein höchst verschiedenartiges Publikum um eine mittlere Formel zu scharen.

Doch gerade als dieser Kompromiß gesichert schien, wurde er auf eine Weise in Frage gestellt, die nach einigen Jahrzehnten zu einer völligen Neubewertung der ganzen Thematik führte.[28] Es begann nun ein langer Prozeß der Desintegration. Der Begriff der »civilité« zerfiel; an den Bruchstellen wurden Veränderungen der vorrevolutionären Gesellschaft und ihres Selbstverständnisses sichtbar. Ein scharfsinniger

Die Beherrschung des Körpers war eine gesellschaftsbezogene Kunst, die auf das Leben bei Hofe vorbereitete. Der Reitkunst kam besondere Bedeutung bei der Heranbildung der jungen Eliten zu, weil sie zu kollektiven Unternehmungen – Jagd, Krieg, Ausritt – hinführte; sie begann mit der Einübung in die angemessene Haltung zu Pferde. (Paris, Bibliothèque Nationale)

Beobachter, Louis Sébastien Mercier, hat nichts als Verachtung übrig für »diese närrischen und lächerlichen Gepflogenheiten, die unseren Vorfahren, diesen unglücklichen Proselyten eines peinlichen, hinderlichen Brauchs, so vertraut waren«. In seinem *Tableau de Paris* (II, LXII) bemerkt er: »Nur die Kleinbürger pflegen noch jene lästigen Zeremonien und sinnlosen, ewigen Gebräuche, die sie für ›vornehm‹ halten und die jedem, der die Welt kennt, so überaus verdrießlich sind.« Ende des 18. Jahrhunderts galt die alte Zivilität als obsolet und formalistisch. Verweilen wir einen Augenblick bei diesem Umschwung.

Auf den ersten Blick mag er überraschend wirken. Gerade im 18. und vielleicht noch in der ersten Hälfte des 19. Jahrhunderts erfreuten sich die Anstandsregeln hoher sozialer Zustimmung. Bücher über gutes Benehmen erreichten die entferntesten Winkel des Landes, es gab Verlage, die sich auf die Massenfertigung dieser Titel spezialisiert hatten, und die Anstandsregeln blieben mehr als anderthalb Jahrhunderte lang dieselben. Was wurde aus allen diesen Büchern? Sie wurden zweifellos weiterhin in der Schule benutzt, aber ihre Verwendung mußte zunehmend fragwürdig werden. Im 17. Jahrhundert hatten die »Civilité-Lettern« noch dazu gedient, den Schülern das Schreiben beizubringen; doch in dem Maße, wie die geschriebene Schrift einfachere Formen entwickelte, die den heute bekannten ähnlicher waren, wurde die »alte französische Schreibschrift« schwerer zu lesen, und es gab auch weniger Anlaß, sie lesen zu lernen. Im günstigsten Falle stützten sich die Lehrer weiterhin auf die Anstandsbücher, um Grundlagentexte für den Unterricht im guten Benehmen zu haben. Höchstwahrscheinlich wurden manche Seiten, die den meisten Schülern verschlossen bleiben mußten, gar nicht mehr gelesen. Das junge Mädchen, das Grimoux mit einem Anstandsbuch in der Hand malte, liest es wirklich, oder schmückt es sich nur mit einem Symbol sozialer Konformität?[29] Es ist uns nicht möglich, das zu entscheiden. Alles deutet jedoch darauf hin, daß der Anstandsunterricht praxisfern und altmodisch wurde. Er setzte bestenfalls bewußte Mühe voraus, schlimmstenfalls den Kotau vor der Konvention. In beiden Fällen galten die alten Manieren nicht mehr als

Die äußere Erscheinung behauptete überall ihren Wert, während sie gleichzeitig überall angezweifelt wurde. Was, wenn sie nur Lüge, Täuschung, Eitelkeit oder gar Narretei war und nicht das, was sie zu sein vorgab: Fundament jedes menschlichen Verkehrs? Zuviel Höflichkeit straft Höflichkeit Lügen. (Paris, Bibliothèque d'Arsenal)

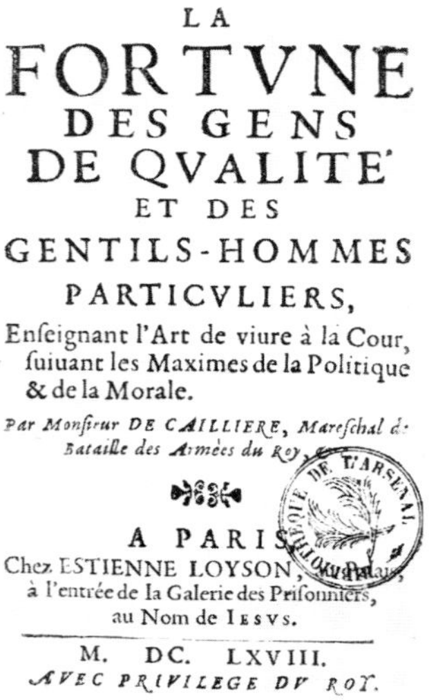

LA
FORTVNE
DES GENS
DE QVALITE'
ET DES
GENTILS-HOMMES
PARTICVLIERS,
Enseignant l'Art de viure à la Cour, suiuant les Maximes de la Politique & de la Morale.

Par Monsieur DE CAILLIERE, Mareschal de Bataille des Armées du Roy.

A PARIS,
Chez ESTIENNE LOYSON, au Palais, à l'entrée de la Galerie des Prisonniers, au Nom de IESVS.

M. DC. LXVIII.
AVEC PRIVILEGE DV ROY.

»natürlich« – zumindest nicht bei denen, die darüber befanden, was »natürlich« sei.

Aber es kam noch etwas anderes hinzu. Gerade ihr Erfolg war es, der die Geltung der Zivilität radikal gefährdete. Wie wir sahen, entstand ein Konflikt, ob gutes Benehmen im Hinblick auf allgemeingültige Regeln zu definieren sei oder aber im Hinblick auf das von einer kleinen Elite gegebene Beispiel. Ende des 17. Jahrhunderts kamen einige Angehörige der Elite zu dem Schluß, daß die Regeln der feinen Gesittung für zu viele Leute galten, und begannen, sich von einem Verhaltenskodex zu distanzieren, der geeignet schien, ihre Privilegien zu untergraben. 1693 verfaßte F. de Callières, darauf bedacht, die Bedeutung der sozialen Differenzierungen hervorzukehren, die Abhandlung *Du bon et du mauvais usage dans les manières de s'exprimer. Des façons de parler bourgeoises; en quoy elles sont differentes de celles de la cour.* »›Vous rendre ses civilités‹ ist eine bürgerliche Ausdrucksweise, deren man sich unter gar keinen Umständen bedienen darf.« Noch bedurfte es bloß des Hinweises auf eine Redewendung, die zur Phrase zu verkommen drohte. Etwa zu derselben Zeit traf der Abbé de Bellegarde, Verfasser der *Réflexions sur le ridicule et sur le moyen de l'éviter* (1696), folgende Feststellung: »Bürger, Provinzler und Pedanten sind große Schmeichler; sie überschütten die Menschen mit ihren ewigen Komplimenten und ihren Artigkeiten; um jede Türe wird unendlich viel Wesens gemacht; stundenlang muß darüber debattiert werden, wer als letzter hindurchgeht; die Franzosen haben sich allgemach von allem befreit, was nach Zwang aussieht.« Die Kritik erkannte eine Reihe sich ausschließender Kreise: hier Franzosen, dort Ausländer; hier die Kleinbürger und Provinzler, dort die Aristokratie, die den unverlierbaren Vorteil der vornehmen Geburt wieder zu schätzen wußte. Zu den Auserwählten bestanden keine wirklichen Beziehungen, und artiges Benehmen war ein Zeichen von Vulgarität. Angesichts der Gefahr einer Nivellierung der Verhaltensweisen durch Angleichung an eine allgemeinverbindliche Norm wurde wieder der Stil – die Freiheit der äußeren Erscheinung, die sich von jeder Autorität unabhängig gemacht hat – zum Schiedsrichter über das wahrhaft Schickliche. In der Tat hat Mercier, der fast ein Jahrhundert später schrieb, dem wenig hinzuzufügen. Selber ein Bürger, kommt es ihm nur darauf an, den »Kleinbürger« aus dem Kreis der »Weltläufigen« auszuschließen. Ein paar Jahrzehnte später waren es nur noch die Bauern, denen der unverzeihliche Makel anhaftete, zu glauben, daß das Äußere dem Inneren entspreche, daß man Manieren aus Büchern lernen könne und daß korrektes Verhalten die Frucht zähen Bemühens sei. Über dergleichen konnten die Eingeweihten nur verächtlich lachen. Freilich hatten sich bei diesen inzwischen andere Differenzierungssysteme durchgesetzt.

Doch die fundamentale Krise des Vertrauens in die Zivilität kann nicht allein mit dem Hinweis auf die soziale Abwertung eines überlebten Verhaltenskodex erklärt werden. Die Werte selber, auf denen die Unternehmung einer Zivilisierung der Sitten aufgebaut hatte, wurden nun in Zweifel gezogen. Die Kritik setzte an mehreren Punkten an. Einer von ihnen waren die anthropologischen Prämissen der Erziehung

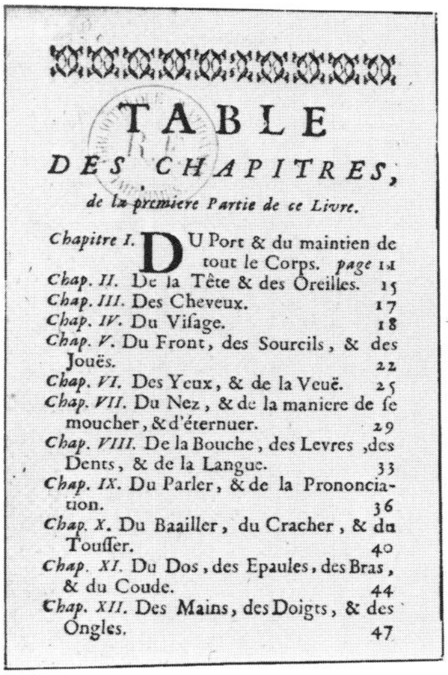

TABLE

DES CHAPITRES,

de la premiere Partie de ce Livre.

Chapitre I. DU Port & du maintien de tout le Corps. page 11
Chap. II. De la Tête & des Oreilles. 15
Chap. III. Des Cheveux. 17
Chap. IV. Du Viſage. 18
Chap. V. Du Front, des Sourcils, & des Jouës. 22
Chap. VI. Des Yeux, & de la Veuë. 25
Chap. VII. Du Nez, & de la maniere de ſe moucher, & d'éternuer. 29
Chap. VIII. De la Bouche, des Levres, des Dents, & de la Langue. 33
Chap. IX. Du Parler, & de la Prononciation. 36
Chap. X. Du Baailler, du Cracher, & du Touſſer. 40
Chap. XI. Du Dos, des Epaules, des Bras, & du Coude. 44
Chap. XII. Des Mains, des Doigts, & des Ongles. 47

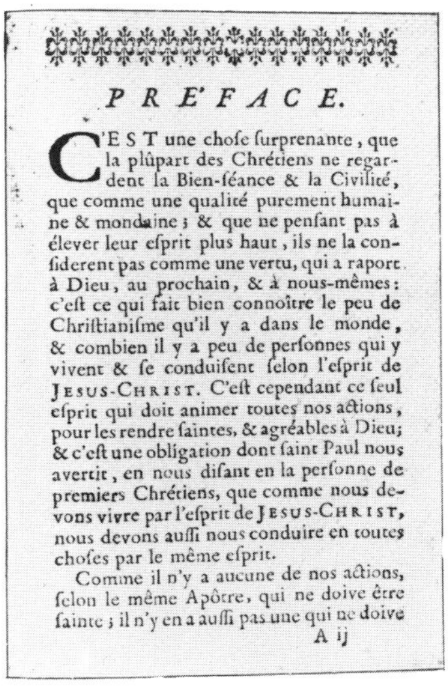

PRE'FACE.

C'EST une choſe ſurprenante, que la plûpart des Chrétiens ne regardent la Bien-ſéance & la Civilité, que comme une qualité purement humaine & mondaine; & que ne penſant pas à élever leur eſprit plus haut, ils ne la conſiderent pas comme une vertu, qui a raport à Dieu, au prochain, & à nous-mêmes: c'eſt ce qui fait bien connoître le peu de Chriſtianiſme qu'il y a dans le monde, & combien il y a peu de perſonnes qui y vivent & ſe conduiſent ſelon l'eſprit de JESUS-CHRIST. C'eſt cependant ce ſeul eſprit qui doit animer toutes nos actions, pour les rendre ſaintes, & agréables à Dieu; & c'eſt une obligation dont ſaint Paul nous avertit, en nous diſant en la perſonne de premiers Chrétiens, que comme nous devons vivre par l'eſprit de JESUS-CHRIST, nous devons auſſi nous conduire en toutes choſes par le même eſprit.

Comme il n'y a aucune de nos actions, ſelon le même Apôtre, qui ne doive être ſainte; il n'y en a auſſi pas une qui ne doive

A ij

Die Schrift La Salles, ursprünglich für den Gebrauch durch die Schüler der Christlichen Brüder gedacht, war im 18. und 19. Jahrhundert weit verbreitet. Wie aus dem Inhaltsverzeichnis hervorgeht, betonte sie die extreme Disziplinierung des Körpers, die nach La Salle ein Gebot der christlichen Moral ebenso wie der Höflichkeit war.
(Paris, Bibliothèque Nationale)

»Geistvolle Lüge«: Der äußere Schein verfiel der Kritik, weil er künstlich erzeugt wurde. Man konnte ihn demontieren, man mußte ihn demaskieren. (Paris, Bibliothèque des Arts Décoratifs)

zu sozialem Verhalten. Was war ein Anstandskodex anderes als eine Konvention unter vielen? Und worauf gründete sich der Glaube an die korrekte Gebärde, das Vertrauen in eine allgemeine Semiologie der Verhaltensweisen, die eindeutig und für alle gültig wäre? Die stärkste Formulierung dieses Zweifels findet sich wieder einmal bei Montaigne: »Nicht nur jedes Land, sondern jedes Städtchen und jeder Stand hat seine besondere Höflichkeit. Ich bin in meiner Kindheit sorgfältig genug dazu angehalten worden und habe in hinlänglich guter Gesellschaft gelebt, daß mir die Gesetze unserer französischen Lebensart nicht unbekannt sind, und könnte Unterricht darin geben. Ich liebe auch, sie zu befolgen; nur nicht so kriecherisch, daß mein Leben davon eingeengt wird.« (*Essais*, Erstes Buch, XIII) Der erasmische Begriff von Zivilität wird also aus relativistischen Motiven kritisiert; er reduzierte sich schließlich auf ein System der Höflichkeit unter anderen. Diese Entwicklung war um so radikaler, als sie von der immer deutlicher empfundenen Notwendigkeit beflügelt wurde, die äußeren Zeichen der sozialen Unterschiede stärker hervorzuheben. Courtin und nach ihm La Salle versuchten noch, den Gedanken einer allgemeinverbindlichen Regel festzuhalten, indem sie die Zivilität von ihren »rein menschlichen und weltlichen« Aspekten schieden und sie als »Tugend« interpretierten, die sich »auf Gott, unseren Nächsten und uns selbst bezieht«. Trotz ihres immensen Erfolges führten die beiden jedoch ein Nachhutgefecht; denn sie verbreiteten ihre Lehren über gutes und zugleich christliches Benehmen zwar bei den Massen, erreichten aber nicht die Eliten, deren Privileg es war, zu entscheiden, was gute Formen waren. Schon in der Sprache der französischen Klassik wurde »civilité« mehr und mehr zum Synonym für Höflichkeit. Bestenfalls wurde sie als rein soziale Praktik verstanden, deren einzige Rechtfertigung war, daß sie den Verkehr der Menschen miteinander erleichterte. Noch bei Mercier lesen wir: »Ohne diese geistvolle Lüge würde ein Kreis [von Menschen] zur Arena, in welcher die kleinen und gemeinen Leidenschaften in ihrer ganzen Fratzenhaftigkeit zum Vorschein kommen würden.« Doch die Kritiker gingen häufig noch weiter. Um die Mitte des 18. Jahrhunderts sah man in der »civilité« nicht mehr als eine Schrumpfform der Höflichkeit. Voltaire endlich stellt in seiner Widmung der *Zaïre* (1736) einen Gegensatz zwischen beiden Begriffen her: »Diese Höflichkeit ist keineswegs etwas Willkürliches, wie das, was man ›civilité‹ nennt, sondern ein Naturgesetz.« Die *Encyclopédie* ging zwar nicht ganz so weit, beschränkte aber die Anstandsregeln auf die äußerlichsten Verhaltensweisen und räumte ihnen bloß für »Personen niederen Standes« Interesse ein.[30] Genauer gesagt: Gerade weil sich die Regeln der Zivilität an alle wandten, sprach man ihnen die Tiefe ab.

Die neue Einfachheit – die natürliche und moralische Erziehung setzte beim Individuum an. Vom Vater beaufsichtigt, erlernt das Kind die wahren Werte der Arbeit und der gegenseitigen Achtung. (Paris, Bibliothèque Nationale)

Daneben gab es eine andere, noch radikalere Kritik, die die Zurichtung der Gebärden und Manieren als trügerische Parodie auf die Gesellschaft verhöhnte. Ausgerechnet in dem Augenblick, als in den französischen Eliten der äußere Schein die Oberhand gewann und sie ihre reale Macht gegen den Schein von Macht eintauschen mußten, fand diese Kritik ihren schärfsten Ausdruck. Auf dem Höhepunkt der Fronde, nach einem Attentatsversuch gegen Condé, formulierte Retz folgende zynische Einschätzung: »Wir oblagen der Konversation miteinander, wir erwiesen einander Artigkeiten, und wir waren acht- bis zehnmal drauf und dran, einander an die Gurgel zu fahren.« Sein Zeitgenosse Pascal verdammte in noch schwärzeren Ausdrücken die weltlichen Eitelkeiten, die aus sozialen Umgangsformen ein trügerisches System böser Illusionen gefügt hätten. Der »civilité«, so meinte er, »muß man Folge leisten, weil sie Brauch ist, nicht weil sie vernünftig oder gerecht wäre«. Pascal hat die Kritik an den Lügen der Welt weiter vorangetrieben als irgendein anderer, aber er stand keineswegs allein; alle großen Moralisten des 17. Jahrhunderts, von La Rochefoucauld bis zu Saint-Évremond, griffen, jeder auf seine Weise, dieses Thema auf. Sogar Courtin, dieser eifrige Propagandist einer neuen »civilité«, verwendete lange Abschnitte seines *Traité* auf die Unterscheidung zwischen wahrer Höflichkeit, in der sich auf natürliche Weise die Nächstenliebe des wahren Christen spiegelt, und falscher Höflichkeit, die nur erheuchelt und berechnet ist und darauf ausgeht, die Welt zu täuschen.[31]

Was Wunder, daß dieser weltfeindliche Radikalismus sich hundert Jahre später bei Rousseau wiederfindet. Doch bewegt die Kritik sich bei ihm in einem ganz anderen geistigen und emotionalen Kontext. Das zentrale Thema bleibt zwar die Verurteilung verfehlter Konventionen, die die Beziehungen der Menschen zueinander einengen und zum Gespött machen. Aber die Reihenfolge der Werte ist nun eine andere. Wo

Pascal im menschlichen Herzen nichts als Wankelmut und Lüge sah, plädiert Rousseau in seinem *Émile* für die im Grunde gute und moralische Natur des Menschen. Gegen die Tyrannei der Umgangsformen appelliert er an das Herz und an die Vernunft, die vergessenen Hilfsquellen der Intimität. Damit stand er nicht allein, obwohl er viele Menschen durch die bewußte Unhöflichkeit verärgerte, die er nicht nur predigte, sondern selbst vehement praktizierte. Émile sollte am Rande der Welt aufwachsen, um desto besser für die Welt gerüstet zu sein. Gleichzeitig wandelte sich das Erziehungsideal der französischen Eliten. Im Vordergrund standen nun nicht mehr die kollektive Erziehung und der Unterricht im »collège«. Was jetzt zählte, war das innere Leben, die Ausbildung der Sensibilität, das Erlernen von Werten und moralischen Verhaltensweisen. In der Familie oder im Privatunterricht wuchsen die Kinder nach einem neuen Erziehungsmodell heran. Dessen Grundprinzip war, daß das Kind am besten im Rahmen privater und natürlicher – das heißt: auf Blutsbanden beruhender – Beziehungen lernt und daß Wesen und Persönlichkeit des Kindes so ihren besten Ausdruck und ihre besten Entfaltungsmöglichkeiten finden.

So bekam die Intimität ihre Revanche, und das markierte in gewisser Weise das Ende der Zivilität, auch wenn diese nicht völlig verschwand. Abhandlungen zu diesem Thema blieben populär, und während der Französischen Revolution unternahmen »republikanische« Anstandsbücher den aussichtslosen Versuch, den Erziehungsgedanken Rousseaus mit einer verbesserten und korrigierten Version des Erasmus zu verknüpfen. Die Ausgeburten dieser unheiligen Allianz waren befremdliche Monster, nämlich Bücher, die versuchten, die alten Gesten zusammen mit den neuen Werten zu vermitteln, und zwar in einer Aufmachung, die sich von der der traditionellen Anstandsbücher fast nicht unterschied. Die Maximen Voltaires traten an die Stelle von Pibracs *Quatrains*, doch die »einfachen Gedanken über Gott und die Religion« und die »Gebote der Vernunft« wurden immer noch in den alten, aus dem 16. Jahrhundert überkommenen Lettern gedruckt. Die Lehren beriefen sich freilich auf Rousseau und trugen dem veränderten politischen Klima Rechnung: »In jenen Tagen, da die Menschen nur nach ihrer Geburt, ihrem Rang und ihrem Reichtum einander achteten und geachtet wurden, bedurfte es großen Fleißes, um alle Nuancen der Rücksicht und Höflichkeit zu lernen, die in der Gesellschaft zu beobachten waren. Heute gibt es nur eine einzige Regel, die man im Verkehr mit anderen zu befolgen hat, nämlich gegen jedermann frei, bescheiden, offen und ehrlich zu sein.«[32] Das ist in neuer Version der alte Traum von einer vollständigen Durchsichtigkeit der Gesellschaftsordnung. Doch abgesehen von diesen tönenden Erklärungen blieb die pädagogische Disposition des Textes weitgehend die alte, wenngleich an die Stelle der frommen Exerzitien La Salles die Verehrung des Höchsten Wesens rückte. Die Formel selbst war zum Fossil, zum Opfer ihres eigenen Erfolges geworden und keiner Anpassung oder Reform mehr zugänglich. Kaum war die Revolution vorbei, als man auch wieder zu den kanonisch gewordenen Anstandsbüchern zurückkehrte.

Doch in dem Moment, da die alte »civilité« sich wieder überall ver-

Die Rückkehr in den Schoß der Familie. In einer Naturszenerie à la Rousseau findet der erste Unterricht des Kindes an der Seite der Eltern statt: Liebe und Vorbild sind die wahre Vorschule des Lebens. (Paris, Bibliothèque Nationale)

Jean-Baptist Chardin, *Knabe mit Kreisel*. Das Spiel als Ablenkung von der Arbeit. Der Maler hat das abgebildete Kind aus den kollektiven Zwängen des Klassenzimmers sowie aus der Strenge des Gruppenporträts herausgelöst und beim selbstvergessenen Erleben seiner eigenen, inneren Zeit dargestellt. (Paris, Louvre)

breitete, hatte sie viel von ihrer ursprünglichen Bedeutung eingebüßt. Ein Relikt aus der Vergangenheit, ausgeblutet, überholt, von inneren Widersprüchen zerrissen, war das Projekt einer Konstruktion von Regeln für das gesellschaftliche Zusammenleben eingeschrumpft auf ein paar autoritäre Normen und zu einer Farce geworden, an die nur noch die kleinen Leute glaubten. Neue Codes des sozialen Verhaltens ließen auf sich warten, und inzwischen machte die »civilité« eine schlechte Figur, verglichen mit Individualismus und Spontaneität, die nun zeitweilig in Blüte standen. Das gute Benehmen, auf reine Äußerlichkeit reduziert, war lächerlich geworden. Der heruntergekommene Privatlehrer, den Stanislas David um die Mitte des 19. Jahrhunderts beschreibt, ist ein Ignorant, der nichts studiert hat und nicht zu leben versteht. Für diesen Plebejer, den es in die Häuser der Reichen verschlagen hat, ist das einzige Kompendium des Wissens sein Anstandsbüchlein. »*La Civilité*! [...] Oh ja, sie ist sein tägliches Studium; sie ist sein Kodex, seine Verhaltensregel, sein Magazin der schönen Dinge. Er brütet über die Art, sich zu präsentieren; er übt sich, probiert tausend Stellungen, tausend gedrechselte Sätze. So lange wie möglich schiebt er den Augenblick seines Auftretens hinaus, denn er hat unbeschreibliche Angst vor den neuen Figuren.«[33] Ein Text, der drei Jahrhunderte lang Kinder in die Gesellschaft eingeführt hatte, war zum Inbegriff der Unangepaßtheit geworden: Der Traum von der »Lenkung der Seelen« war umgeschlagen in groteske Gestikulationen. Die gute Kinderstube ist das, was übrigbleibt, wenn man nichts gelernt hat.

Anmerkungen

1 Ph. Ariès, *L'Enfant et la Vie familiale sous l'Ancien Régime*, Paris 1961.

2 N. Elias, *Über den Prozeß der Zivilisation. Soziogenetische und psychogenetische Untersuchungen*, Basel 1939, 2., erw. Aufl. Bern–München 1969. Über die verschiedenen Bedeutungen des Begriffs »civilité« und seine Schattierungen unterrichtet R. Chartier in seinem Beitrag »Civilité« in dem von R. Reichardt und E. Schmitt herausgegebenen *Handbuch politisch-sozialer Grundbegriffe in Frankreich, 1680–1820*, 4, München 1985.

3 *De civilitate morum puerilium libellus*, Basel 1530. [Schon wenige Jahre später erschien die erste deutsche Übersetzung. *A.d.Ü.*] Die letzte französische Übersetzung ist aus dem Jahre 1877 und stammt von A. Bonneau; sie ist mit einer Einführung von Ph. Ariès 1977 in Paris wiederaufgelegt worden. Diese Übersetzung wird im folgenden zugrunde gelegt.

4 Vgl. J.-Cl. Schmitt, Erläuterung zu den »Gestures«, in: *History and Anthropology* 1, I, 1984, S. 1–18.

5 H. de La Fontaine Verwey, »The first ›book of etiquette‹ for children«, in: *Quaerando* 1, 1971, S. 19–30; über die im 16. Jahrhundert erschienenen Ausgaben s. R. Chartier, D. Julia, M.-M. Compère, *L'Éducation en France du XVIe au XVIIIe siècle*, Paris 1976, S. 139 f.

6 G. Strauss, *Luther's House of Learning*, Baltimore 1979; St. Ozment, *When Fathers Ruled: Family Life in Reformation Europe*, Cambridge (Mass.) 1983.

7 F. Bierlaire, »Erasmus at school: The *De civilitate morum puerilium libellus*«, in: *Essays on the Works of Erasmus*, hrsg. von R. L. De Malen, Yale 1978, S. 239–251.

8 H. Carter und H. Vervliet, *Civility Types*, Oxford 1966; H. de La Fontaine Verwey, »Les caractères de civilité et la propagande religieuse«, in: *Bibliothèque d'Humanisme et Renaissance*, Studien und Dokumente, Bd. XVI, 1, 1964, S. 7–27.

9 A. de Rohan-Chabot, *Les Écoles de campagne en Lorraine au XVIIIe siècle*, Paris 1967, S. 167.

10 Eine Darstellung der *Règles de la bienséance et de la civilité chrétienne* gibt Frater Maurice-Auguste in den *Cahiers lassalliens* Nr. 19, Rom o. J. [1964]. Seit 1722 gab es auch eine Ausgabe dieses Textes, die für den Gebrauch an christlichen Mädchenschulen bestimmt war.

11 R. Peter, »L'abécédaire genevois ou catéchisme élémentaire de Calvin«, in: *Revue d'histoire et philosophie religieuses*, 1965, 1, S. 11–45.

12 D. Julia, »Livres de classe et usages pédagogiques«, in: *Histoire de l'édition française*, Bd. II, a. a. O., S. 468–497.

13 *Praeceptiones ad vitam inter homines ex decoro eoque christiano instituendam*, Paris 1863. Der Text stammt von Jacques Carborand de La Fosse; das Dokument hat mir freundlicherweise D. Julia zugänglich gemacht.

14 Vgl. Cl. Lanette-Claverie, »La librairie française en 1700«, in: *Revue française d'histoire du livre*, 1972, S. 3–44.

15 G. Vigarello, *Le Corps redressé*, Paris 1978.

16 Norbert Elias, *Über den Prozeß der Zivilisation*, Zweites Kapitel, Abschn. 4; J.-Cl. Bonnet, »La table dans les civilités«, in: *La Qualité de la vie au XVIIe siècle*, Sondernummer der Zeitschrift *Marseille*, 1977, S. 99–104.

17 A. de Courtin, *Nouveau Traité de la civilité qui se pratique en France et ailleurs, parmy les honnestes gens*, Paris 1671 (zitiert nach der Brüsseler Ausgabe von 1675, S. 87).

18 M. Foucault, *Überwachen und Strafen. Die Geburt des Gefängnisses*, Übs. W. Seitter, Frankfurt/M. 1976.

19 A. Vincent, *Histoire des larmes. Étude sur les transformations des signes de l'émotion (XVIIIe–XIXe siècle)*, unveröffentlichte Dissertation, vorgelegt der Universität Paris-VII, Paris 1985 (2 Bde.).

20 G. Vigarello, *Wasser und Seife, Puder und Parfüm: Geschichte der Körperhygiene seit dem Mittelalter*, Frankfurt/M. 1988.

21 *Il libro del Cortegiano*, Venedig 1528. Zu diesem zentralen Text vgl. die von A. Prosperi herausgegebene Aufsatzsammlung *La Corte ed il Cortegiano*, Rom 1980.

22 Die von Jean de Tourney stammende französische Übersetzung aus dem Jahre 1598 wurde in den typischen Civilité-Lettern gedruckt.

23 Das einschlägige Referenzwerk bleibt nach wie vor M. Magendie, *La Politesse mondaine. Les Théories de l'Hônneteté en France au XVIIe siècle, de 1600 à 1650*, 2 Bde., Paris 1925.

24 O. Ranum, »Courtesy, absolutism and the rise of the French state, 1630–1660«, in: *Journal of Modern History* 52, 1980, S. 426–451. Frankreich war zwar ein Extrem-, aber kein Einzelfall, vgl. J. A. Vann, *The Making of a State. Württemberg, 1593–1793*, Cornell 1984, S. 128–132.

25 Norbert Elias, *Die höfische Gesellschaft. Untersuchungen zur Soziologie des Königtums und der höfischen Aristokratie*, Neuwied–Berlin 1969.

26 Es gab eine ganze Reihe von Abhandlungen vor allem jansenistischer Prägung, die gleichfalls das gute Benehmen »verchristlichten«; zu nennen ist besonders Pierre Nicole, auf dessen *Civilité chrétienne* (1668) Courtin ausdrücklich verweist. Diese Texte bereiteten die bei La Salle vollzogene Synthese aus »Umgangsformen« und »christlicher Zivilität« vor.

27 Vgl. R. Chartier, *Le Social en Représentation. Lectures de Georges Dandin* [erscheint demnächst].

28 Vgl. hierzu Norbert Elias, *Der Prozeß der Zivilisation*, a. a. O.; *Die höfische Gesellschaft*, a. a. O., Kap. 4, und R. Chartier, »Civilité«, a. a. O.

29 Das Bild befindet sich heute im Musée des Grands-Augustins in Toulouse. Auch Philippe Ariès macht in seiner *Geschichte der Kindheit* darauf aufmerksam.

30 *Encyclopédie ou Dictionnaire raisonné des sciences, des arts et des métiers*, Bd. III, Paris 1753; der Artikel »Civilité, politesse, affabilité« stammt vom Chevalier de Jaucourt.

31 A. de Courtin, *Nouveau Traité [...]*, a. a. O., Kap. XXI.

32 Chemin, *Civilité républicaine contenant les principes de la morale, de la bienséance et autres instructions utiles à la jeunesse. Imprimé en differentes sortes de caractères, propre à accoutumer les enfants à lire tous les genres d'écritures*, Paris, Jahr III [1794], S. 14f.

33 Zitiert in *Les Enseignants vus au XIXe siècle*, Paris 1984.

François de Clouet (zugeschr.), *Dame bei der Toilette (Diane de Poitiers)* (?). Zum intimen Porträt der Frau gehörte die Darstellung von Gegenständen, die sie schmücken, ihren Körper berühren oder ihren Geist beflügeln: Kleidungsstücke, ein Kamm, Blumen, Geschmeide, ein Spiegel, Bücher, Briefe. (Worcester, Art Museum)

Orest Ranum

Refugien der Intimität

Wie können wir über die heroischen Historien des Individuums und des Individualismus hinausgelangen, die der klassischen Geschichtsschreibung so sehr am Herzen liegen?[1] In jüngerer Zeit haben die Historiker das soziale Geäder der Geschichte bis in die Einzelheiten hinein analysiert. Doch bei der Erforschung privater Räume – mit ihrem imaginierten Ich, mit den Beziehungen zweier Innenwesen zueinander – sind sie über das Stadium der erbaulichen Biographie nicht sonderlich weit hinausgekommen. In der Historiographie des Ichs und der Intimität bleibt praktisch noch alles zu tun.

Die europäischen Gesellschaften des 16., 17. und 18. Jahrhunderts unterscheiden sich zwar erheblich voneinander, scheinen sich aber, verglichen mit der heutigen Gesellschaft, in zumindest einem Punkte gleich gewesen zu sein: Die Entfaltung des Individuums wurde von familiären, gemeindlichen, städtischen und dörflichen Schranken gehemmt. In den alten Gesellschaften ist das Intime niemals eine beobachtbare Tatsache. Es muß hinter codierten Verhaltensweisen und Worten aufgespürt, aus Orten und Objekten, in denen sich Gefühle und Empfindungen verkörperten, rekonstruiert werden. Um jene Stätten zu erkunden, an denen die Intimität gedieh, und die Bedeutung der dort gefundenen Relikte zu verstehen, bedarf es des archäologischen Blicks.

Zu einer Archäologie des Intimen

Meine Hypothese ist folgende: In der Vergangenheit identifizierte der Einzelne sich selbst und sein Innerstes durch seine Emotionen, Gesten, Gebete und Träume mit ganz bestimmten Räumen und Gegenständen. Der Raum des Erinnerns (der umfriedete Garten, das Schlafzimmer, die »ruelle«, das Arbeitszimmer, die Betkapelle) und der Gegenstand des Erinnerns (Buch, Blume, Kleidungsstück, Ring, Band, Bild oder Brief) waren ganz und gar einzigartig, weil sie zu einer in Zeit und Raum einmaligen Person gehört hatten. Gleichwohl war die Bedeutung solcher Räume und Objekte codiert und daher für alle verständlich: Sie hatten ihre Bedeutungskraft von der Gesellschaft empfangen. Im Metropolitan Museum of Arts gibt es einen mit Herzen und Pfeilen verzierten Buchsbaumkamm aus dem 15. Jahrhundert mit der Inschrift »Prenez plaisir« [»Gefalle dir«] – ein gegenständliches Andenken, das vielleicht eine Frau dem Geliebten als Gunstbeweis geschenkt hat.

Rembrandt, *Selbstbildnis*. Das Verhältnis zwischen narzißtischem Spiel und Verinnerlichung ist ein Problem für die Historiker. (Florenz, Galleria Pitti)

Ähnliche Gegenstände muß es im Laufe der Jahrhunderte zu Tausenden gegeben haben. Zwar kann der Historiker nicht hoffen, die privaten Gedanken von Menschen zu ermitteln, die vor langer Zeit gelebt haben; aber er kann die Orte und die Dinge identifizieren, an welche sich diese Gedanken hefteten. Daß man Kleidung, ein Bett und einen Rosenkranz sein eigen nannte, bedeutete mehr als den simplen Besitz von Gegenständen. Und der gemeinsame Besitz eines Gegenstandes schloß nicht aus, daß er das Tor zu einer besonderen Intimität öffnete.

Das Intime verriet sich auch im – gemalten oder mit Worten gezeichneten – Porträt. Solche gegenständlichen Andenken üben eine eigentümliche Macht aus. Sie sprechen zu uns nicht nur durch ihr Lächeln, ihre Mimik, ihren Blick, sondern auch durch ihre Worte, die uns zu einem unaufhörlichen Zwiegespräch einladen. Wenn Jan van Eyck unter seinen *Timotheus* die Worte »leal souvenir« setzt, drückt er damit für den modernen Betrachter die Bedeutung aus, die das Bild für ihn selbst hatte. Auf den ersten Blick scheinen diese allzu redseligen Objekte ihr Geheimnis eher preiszugeben als zu wahren; bei genauem Hinsehen bemerken wir jedoch, daß das, was sie über das Intime mitteilen, oft nicht aufschlußreicher ist, als es die Initialen auf einem Schwert oder die eingravierten Herzen in einem billigen Ring sind. Das Fehlen privater Bekenntnisse bei großen Memoirenschreibern wie Turenne, d'Argenson oder den Richelieus ist ein Hinweis darauf, daß man selbst in einem Porträt Nanteuils oder in den Briefen der Madame de Sévigné nicht unbedingt intime Enthüllungen erwarten darf.

Das Ich konnte sich in einer Paraphe, einer schwungvollen Unterschrift, einem Wahlspruch oder in dem vom Notar beglaubigten Kreuz ausdrücken. So wie die Menschen sich seit jeher Spitznamen gegeben oder mit einem bestimmten Tier identifiziert haben, so haben sie sich durch geheime Zeichen verewigt, die sie, in Ringe graviert, auf Schreibpulte geritzt, an Dachbalken gemalt, in Grabsteine oder Portale gemeißelt oder auf Bucheinbände geprägt, hinterlassen haben. All dies sind machtvolle gegenständliche Andenken, obwohl wir sie nicht immer zu entziffern verstehen. Bestimmte politisch-religiöse Sekten, die einen Kult mit dem Geheimnis und dem Mysterium trieben, scheinen geheime Zeichen benutzt zu haben. Petrarca empfand tiefe Zuneigung zum hl. Augustinus. In Augenblicken freundschaftlicher Inspiration pflegte er, ein wenig wie ein Schuljunge, das Zwiegespräch mit seinem ehrwürdigen heiligen Freund in einem besonderen Heft, seinem *Secret*, festzuhalten. Er hütete dieses Heft wie seinen Augapfel. Die Freundschaft war eine göttliche Kraft, die Geist und Körper erfüllte; sie ermöglichte einen Diskurs mit einem Mann, der seit fast tausend Jahren tot war. Im privaten Leben Petrarcas war dieses Heft ein gegenständliches Andenken. Andere frühmoderne Tagebücher sind zwar minder religiös gestimmt als Petrarcas *Secret*, bezeugen aber ebenfalls den Willen zum intimen Selbstausdruck.

Irgendwann um 1660 erholte sich Samuel Pepys, der an Gallensteinen litt, von einer Kolik; es war ein kritischer Moment in seinem privaten wie im politischen Leben. In den folgenden neun Jahren notierte er in einer Art Geheimschrift 1 250 000 chiffrierte Wörter in einem intimen Tagebuch.[2] Manche seiner Landsleute schrieben lateinisch, um der Ehefrau oder den Verwandten die Lektüre zu versperren. Pepys hatte das starke Bedürfnis, die Erinnerung an seinen Körper und dessen Funktionen, aber auch an seine Vergnügungen festzuhalten. Wie um sich jederzeit die Einzelheiten seines Innenlebens vergegenwärtigen zu können, registrierte er die Erinnerung an eine bewegende Melodie, einen angenehmen Spaziergang, den Frühlingsduft der Landschaft, das Schwelgen in Austern und Wein, den Anblick einer schönen Frau in der Kirche. Er genoß das Schreiben; doch seine Liebesleidenschaft überstieg die evokative Kraft des Wortes, und so behalf er sich mit Leerstellen und Auslassungen, wenn italienische Wendungen – erst recht englische – nicht mehr genügten.

In intimen Memoiren ist nicht selten vom Unausdrückbaren die Rede. Die Schilderung mystischer Erlebnisse, der freudigen Erregung beim Anblick antiker Ruinen oder der Waldeinsamkeit, der beseligenden Verschmelzung von Körper und Geist in der Liebe oder der Freundschaft enthüllt die Sehnsucht, vor sich selbst oder gegenüber dem anderen das Gefühl der Transzendenz zu artikulieren.

Bei Malern entsprach das Selbstbildnis dem intimen Tagebuch, mit dem es viele Merkmale teilte. Es war ein gegenständliches Andenken, das ihr Urheber aufbewahrte oder einem Freund schenkte. Mit dreizehn Jahren (1484) malte Dürer sich mit Hilfe eines Spiegels selbst[3] – eine frühreife Leistung für einen so jungen Knaben. Selbst in Deutschland, wo das Selbstporträt im 16. Jahrhundert in hoher Blüte stand, war es damals noch kein eigenes Genre. Panofsky zufolge hatte Dürer die Idee von seinem Vater, einem Gold- und Silberschmied, der ebenfalls ein Bild von sich selbst gemalt hatte.[4]

Rembrandt verschärfte die Expressionskraft und Symbolik des Selbstporträts. Dürer hatte nach seiner Identität gefahndet, als er sich in ziemlich exotischen Kostümen und mit kunstvoller Frisur malte. Rembrandt übersprang dieses exotisch-exhibitionistische Stadium und konzentrierte sich ganz auf das Gesicht und die Augen. In zahllosen Selbstbildnissen spürte er seinen Denkbewegungen nach und malte den Blick, der sich selbst anblickt. Eine solche Konzentration auf Regungen des Geistes ist bei frühneuzeitlichen Malern und Kunsthandwerkern noch recht selten; ihr wesentliches Ausdrucksmittel waren ihre manuellen Fertigkeiten. Rembrandt wurde so zum Vorläufer der narzißtischen Maler des 20. Jahrhunderts, doch in der visuellen Erkundung des Selbst hatte er keinen direkten Schüler.

Bei der Betrachtung der Geschichte der Intimität können wir also drei Rubriken unterscheiden: die bevorzugten Orte des intimen Austauschs mit dem anderen; die gegenständlichen Andenken zur Erinnerung an eine Liebe oder eine Freundschaft; die in Bild und Wort festgehaltenen Spuren intimer Existenz. Es liegt auf der Hand, daß Selbstbildnisse, Porträts, aber auch Briefe, Autobiographien, Tagebücher und Erinnerungen ebensolche gegenständlichen Andenken sind wie Kämme oder Ringe. Jeder Gegenstand spricht auf seine eigene Weise, und bei einem derart knappen Überblick wie dem hier versuchten soll keiner ausführlicher zu Worte kommen als der andere. Das interessante

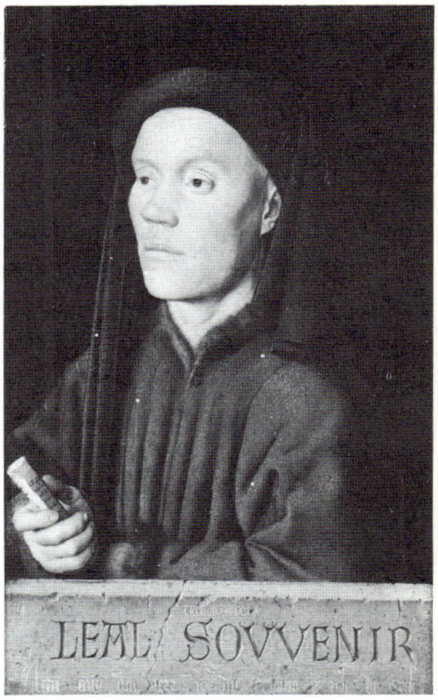

Van Eyck, *Timotheos*. Die Worte auf dem Rahmen bekräftigen den Ausdruck und die Botschaft des Bildes. (London, National Gallery)

Schloß und Garten Idstein; 16. Jh. In diesem der Kontemplation und dem Liebesgeflüster vorbehaltenen Bezirk gehen die Menschen nur allein oder zu zweit umher. (Paris, Bibliothèque Nationale)

Phänomen ist die weite Verbreitung der intimen *imagines*. Daß sie uns in Werken von hohem ästhetischen Rang begegnen, beweist nichts gegen ihren Ursprung; gegenständliche Andenken »ohne künstlerischen Wert« haben sich in unseren Museen eben kaum erhalten. Die Rosenkränze aus Rosenknospen, die man im 16. Jahrhundert in Teilen Frankreichs den Königinnen der »bachelleries« zu überreichen pflegte, hielten sich weniger lange als die Rosen um das Haupt einer gemalten Muttergottes.[5]

Schauplätze der Intimität

Gegen Ende des Mittelalters hielten die Europäer bestimmte Örtlichkeiten und Räume für besonders geeignet zum vertraulichen Austausch mit sich selbst oder mit den anderen. Von diesen Plätzen sind heute nur noch wenige intakt, doch sind wir durch reichhaltige ikonographische Dokumente gut über sie informiert. So gibt es noch ein paar Privatgärten, die zu Privatwohnungen in englischen Schlössern des 16. Jahrhunderts gehörten (Hampton Court). Die »closes«, die kleinen umfriedeten College-Gärten in Oxford und Cambridge, bestehen noch, ebenso die Gärten der englischen Domschulen und der eine oder andere Kartäusergarten; sie alle dienen heute der Besinnung, dem Gespräch und dem trauten Stelldichein. Ihre Anlage wurde zwischen 1500 und 1800 verändert, jedoch ohne daß sie dadurch ihre Intimität eingebüßt hätten. Der klassische Garten scheint den kleinen Privatgarten früherer Zeiten verdrängt zu haben, doch der Hain, mit dem in die Buchshecke geschnittenen Pförtchen und der im Schatten versteckten einsamen Bank, erfüllte die nämliche Funktion wie der umfriedete Garten.

In der frühen Neuzeit gewannen die Architekten neuen Raum in den Häusern der Reichen, genauer: sie wandelten in Wohnraum um, was vorher bloß Möbelstück gewesen war. In den verschiedenen europäischen Sprachen gibt es Wörter wie »Kabinett« oder »Bibliothek«, die noch immer Möbelstücke bezeichnen, aber auch auf Räume gemünzt sein können, die eine bestimmte, häufig private Funktion haben. Auch das Wort »Küche« ist zweideutig, wenn nicht das Eßzimmer mitgedacht wird – man weiß nicht, ob der Ort gemeint ist, wo die Speisen zubereitet werden, oder die Gesamtheit dieser Speisen. Diese Ausdifferenzierung der Räume im Hause ist daher noch kein absoluter Beweis für Privatisierung, außer in dem Sinne, daß jemand, der früher ein auf Füßen stehendes und mit einem Schloß gesichertes »Kabinett« besaß, nun in dieses »Kabinett« eintreten und die Tür hinter sich schließen konnte. Von hier war es nicht mehr weit zum bürgerlichen Heim des 19. Jahrhunderts mit seiner Anhäufung von Kunstgegenständen, Papieren, Büchern und Kuriositäten, die stets ordentlich in verschließbaren Vitrinen aufgestellt waren.[6] Die Zahl der Gegenstände nahm zu; sie waren über einen größeren Raum verteilt und wurden von einer größeren Zahl von Menschen genutzt. Aber die Verbreitung bedeutete nicht zwangsläufig Privatisierung; denn das Private gehörte im Grunde noch immer zum Bereich des Gedachten und Geheimen. Wer nur eine verschließbare Kassette besaß, konnte denselben Grad an Privatheit genießen wie ein anderer, der ein großes Haus mit zahlreichen zweckbestimmten Räumen sein eigen nannte.

Der umfriedete Garten

Vor Gemälden, Holzstichen und Tapisserien aus dem 15. Jahrhundert können wir uns den umfriedeten Garten nicht nur vorstellen, sondern geradezu den Duft seiner Blumen und seine würzige Luft atmen. Niedrige Holzeinfassungen, Hecken aus Spalierobst oder Zäune aus Korbgeflecht umschlossen Blumenbeete oder ein mit Blumen übersätes Rasenstück mit Erdhügeln, die zum Sitzen einluden. Brunnen und Teiche, Pfade und rosen- oder weinüberrankte Gitter vervollständigten den umfriedeten Garten, den idealen Ort für eine amouröse, höfische oder religiöse Erfahrung. Selten wird der Garten ohne junge Paare dargestellt, die irgendwo am Rande sitzen und miteinander sprechen oder musizieren. Oft sieht man einen einsamen Menschen abgebildet, der in die Lektüre vertieft ist, oder auf einem hölzernen oder steinernen Sockel thront eine Muttergottes, umrahmt von blühenden Sträuchern und Rosengirlanden. Die Sozialität im umfriedeten Garten ist stets eine intime; einzig auf den Zeichnungen Bruegels erkennt man Gärtner am Werk. Die Gegenwart der Jungfrau Maria – allein oder mit einem Schutzheiligen – forderte den Betrachter des Bildes auf, niederzuknien, so als ob er selbst in dem Garten anwesend wäre.

Die Luft im Garten war nicht dieselbe wie in den Straßen der Stadt oder auf dem Lande. Sie war erfüllt mit dem Geruch von Rosen, klarem Wasser und Heiligkeit; sie vermochte den Körper zu heilen und gab der Seele Frieden. Die Humanisten und später die Barockdichter nahmen dem Garten das Rustikale, Gotische und statteten ihn zur Erbauung seiner Besucher mit antiken Säulen und Bänken sowie mit den Büsten großer Philosophen aus. Die Intimität aber blieb gewahrt. Blumen und Gras enthielten noch immer unverhoffte Botschaften, so in der *Parthenia sacra* (1633) von Henry Hawkins. Trotz der von den Dichtern angezettelten babylonischen Symbolverwirrung wahrte die Blume die Fähigkeit, den Menschen zum Nachdenken über sich selbst zu veranlassen:

»[...] die Lilie der makellosen und unbefleckten Keuschheit,
die Rose der Schamhaftigkeit und stillen Schüchternheit,
das Veilchen der Bescheidenheit, der Goldlack der Geduld,
die Ringelblume der Nächstenliebe, die Hyazinthe der Hoffnung,
die Sonnenblume der Kontemplation, die Tulpe der Schönheit und Zierlichkeit.«[7]

Erst recht bewog die Blume zum Nachdenken über Liebe und Tod. Die Umgebung des Gartens inspirierte die Dichter; die Geliebte schien näher zu sein, und der Dichter selbst hatte das grausame Spiel von Kommen und Gehen, Ankunft und Abschied in der Hand.

Im *Tasso* findet die letzte Begegnung Armidas mit Rinaldo in einem Blumengarten statt. Die französische Oper machte später aus dem Gar-

Charles-Dominique-Joseph Eisen, *Liebesszene in einem Wald.* Der Kopf der schlafenden Frau ruht auf einem Erdhügel; ein kokettes Lächeln umspielt ihre Lippen. (Paris, Bibliothèque Nationale)

Stich von Fernand de Launay, nach Jean-Honoré de Fragonard, *Das Liebeszeichen oder Die Erinnerung*. Wie die Initialen, die man mit einem Diamant in eine Fensterscheibe ritzte, waren auch die Buchstaben, die man in einen Baum schnitt, konkreter Ausdruck der Vereinigung der Seelen. (Paris, Bibliothèque Nationale)

ten einen Ort, der die Herzen rührte und selbst den Standhaftesten verwirrte. Bei Watteau, Boucher und Fragonard wurde der Garten zum Park, ohne seine zauberische Macht zu verlieren. Die maskierten Begegnungen, die die Bediensteten des Grafen Almaviva – immer paarweise – aufführen, spielen sich in einem Garten ab, den die Dunkelheit nur um so sinnlicher macht.

Die Einsamkeit des Gartens, das Fließen der Zeit, der Zyklus der Jahreszeiten und der Blumen lenkten die Aufmerksamkeit nicht nur auf die Hinfälligkeit des Daseins, sondern auch auf den Tod Christi, wie bei Henry Vaughan:

»Den welken Garten seh' ich malen
das Abbild seiner Todesqualen [. . .]«[8]

Auf der Druckgraphik Martin Schongauers (um 1480), die die Erscheinung des auferstandenen Christus vor Maria Magdalena beschwört, befremdet der Garten durch seine Ähnlichkeit mit einer Wüste. Man sieht nichts als ein Bäumchen ohne Blätter und einige aufgeworfene Erdhügel. Der einsame Baum, mit Blättern oder entlaubt, evoziert den Tod.

Ab 1640 tauchten in Holland die ersten Porträts von älteren Paaren auf. Der bevorzugte Rahmen dafür war der Garten. Die Bilder Hoogstratens halfen der Witwe oder dem Witwer, sich den Verstorbenen an

Robert Peake (zugeschr.), *Henry, Prince of Wales* (Ausschnitt), 1610. Der umfriedete Garten mit der leeren Bank lädt zur Erholung der Seele ein.
(London, National Portrait Gallery)

einem Ort des Glücks vorzustellen; denn auf ihnen erscheint das Ehepaar in einem Garten. Die Gattung der Porträtmalerei verlieh einem Augenblick der Reflexion, vielleicht sogar des Gebets und der Liebesbezeugung, konkrete Gestalt. Auf Steens Gemälde eines alten Ehepaares beim Schachspiel gemahnt das Spalier nicht nur an die stillen Nachmittage, die die beiden in seinem Schatten verbracht haben, sondern auch an die Hochzeiten und Taufen, die hier gefeiert wurden.

Als im Laufe des 17. und 18. Jahrhunderts die Heirat aus Liebe und Freundschaft an die Stelle der Eheschließung aus Standes- und Finanzrücksichten trat, war der Garten der Platz, an dem man sich die Liebe zum erstenmal gestand und wo sie deshalb ihren Ausdruck in den Porträts junger Eheleute – mit Kindern oder ohne sie – fand. Stifter und Stifterinnen wurden, zusammen mit ihren Kindern und ihren Eltern, ursprünglich neben die Muttergottes oder einen Schutzheiligen gemalt; die Szenerie war häufig ein Garten oder eine Betkapelle, aus deren Fenster man in einen Garten schaute. Und in diesem Garten blieben sie noch lange, nachdem der fürbittende Schutzheilige aus den Bildern verschwunden war. Das Doppelporträt auf einer einzigen Leinwand verbreitete sich in protestantischen Gegenden im 17. und 18. Jahrhundert. In England und den englischen Kolonien suchte das Paar Zuflucht in

Martin Schongauer, *Christus erscheint der Magdalena;* um 1480. Golgatha erscheint als der umzäunte Garten des Todes. (Paris, Bibliothèque Nationale)

der Intimität des Gartens oder Parks. Menschen mit bescheidenen Mitteln hielten schriftlich dieselben Aktivitäten fest, die die Reicheren auf Gemälden verewigen ließen. Samuel Pepys, der im Londoner Flottenamt untergeschlüpft war, hatte keinen Garten zur Verfügung; doch die »leads« boten ihm dasselbe Vergnügen. Hierher zog er sich an heißen Tagen mit seiner Frau zu einem kühlen Trunk zurück oder spielte beim Mondschein auf der Theorbe. Erst der drohende Einmarsch der Holländer trieb ihn in sein Landhaus zurück, wo er sein Geld im Garten vergrub.

Die holländischen Maler verwandelten den umfriedeten Garten in den Hof eines Bauernhauses, ohne jedoch auf die Konnotationen des Intimen zu verzichten. Die Muttergottes und die Heiligen verschwanden zwar aus diesen Bildern; aber was blieb, war das Gespräch zu zweit und die – fromme oder erotische – Lektüre. Als Reaktion auf konventionelle Darstellungen der Liebe und des Glaubens wurden einfachere und krudere, freilich nicht minder intime Gefühle evoziert. Man sieht junge Paare, die Schach spielen oder aus einem Glas trinken (immer zu zweit aus einem Glas), oder (auf einem Bild Terborchs in Berlin) eine Mutter, die die Haare ihrer kleinen Tochter nach Läusen absucht – eine Tätigkeit, die seit Jahrhunderten mit Liebesgedanken verbunden war.[9] Eine alte Frau, allein in einem kleinen Hof oder in dem dunklen Winkel eines Hauses sitzend, signalisierte buchstäblich die Verinnerlichung dieser Intimität und lud den Betrachter ein, sich seiner eigenen Vergänglichkeit zu stellen.

Der umfriedete Garten war weder Wüste noch Zelle. In der Zelle war der Einsiedler allein, wie Christus oder Hieronymus. Und der Hochwald blieb das asketische Zeichen der Begegnung mit dem Teufel oder der stoischen Kontemplation.

Auf melancholische Gemüter wirkte der Garten mit seinen Blumenbeeten und dem farbigen Sand verwirrend, ja, erschreckend. Wahre Ruhe fand man in der von Menschenhand noch unberührten Natur. Die Puritaner verurteilten den »französischen«, geometrischen Garten mit seinen zurechtgestutzten Bäumen und Sträuchern als ein Erzeugnis der kalten Vernunft, das nur dazu taugte, den Menschen von seinem Weg nach innen abzulenken. Gartenlabyrinthe schafften sie systematisch ab.[10] Künstliche Ruinen wurden hingegen toleriert, weil sie die Seele an das Jenseits gemahnten. Der englische Garten des 18. Jahrhunderts mit seinen Geheimnissen – den Baumgruppen, Seen und »antiken« Ruinen – fand sich vorgebildet in einer nach innen gekehrten Sensibilität, der alle Kunst als gekünstelt galt.

Meister des Hausbuches, *Liebespaar*. Die Gegenwart des treuen Hündchens und die Vase mit Nelken versichern uns, daß die Liebe die Grenzen der Freundschaft nicht überschreitet.
(Paris, Bibliothèque Nationale)

Das Schlafzimmer

Der Hauptwohnraum des Hauses – die französische »salle«, die englische »hall«, die deutsche Stube – war Schauplatz einer Vielzahl von Tätigkeiten. Hier befanden sich der Herd oder der Ofen, ferner die Küchengeräte, ein Tisch, Gestelle, Bänke, leere Fässer, Säcke mit Lebensmitteln und außerdem Bettzeug, etwas, worauf man schlafen konnte, aber ohne eine hölzerne Bettstatt und ohne Vorhänge. Wenn die Menschen, die zusammenwohnten, nur einen einzigen Raum zur Verfügung hatten, erledigten sie in ihm alles – mit Ausnahme jener Verrichtungen, für die man besser ins Freie oder zum Misthaufen ging. Gab es neben diesem Raum auf derselben Etage einen weiteren, der mit ihm durch eine Tür verbunden war, so sprach man von Schlafzimmer, »chambre«, »camera«, »inner room« oder »borning room«. Das deutsche Wort »Zimmer« ist etymologisch mit der Holzvertäfelung der Wände verknüpft; im übrigen war die Struktur überall dieselbe. Das Schlafzimmer war ein Raum, in dem ein großes Bett mit Vorhängen stand; es war mit dem Wohnraum durch eine verschließ- oder verriegelbare Türe verbunden. In Florenz bezeichnete das Wort »camera« im 14. und 15. Jahrhundert etwas Würdevolles; dasselbe galt wohl für die französische »chambre«. Auf Drucken aus dem 15. Jahrhundert trägt die Hausfrau stets einen Schlüsselbund am Gürtel. In großen städtischen Haushalten war das Schlafzimmer in der Regel verschlossen. Auf holländischen Gemälden aus dem 17. Jahrhundert erkennt man, wie das Wohnzimmer mit dem Schlafzimmer zusammenhing; beide waren durch eine Wand voneinander geschieden, im Hintergrund verlief die Straße.

Als der wohlhabende florentinische Kaufmann Leon Battista Alberti etwa dreißig Jahre alt war, verfaßte er eine Abhandlung *Über die Familie* (1430). Dort beschreibt er unter anderem den Augenblick, in dem ein frischgebackener Ehemann seine Braut durch das neue gemeinsame

Rembrandt, *Der Prediger Anslo und seine Frau;* 1641. Das Wort Gottes vereinigt die beiden Ehegatten. Versucht der Mennonitenprediger, seine Frau in ihrem Glauben zu festigen? Der verborgene Sinn des Bildes entzieht sich uns, weil Rembrandt sich der ikonographischen Elemente (Taschentuch, Kerzenleuchter) nicht in ihrer gängigen Bedeutung bedient. (Berlin, Staatliche Museen Preußischer Kulturbesitz, Gemäldegalerie)

Heim führt. Der Rundgang endet im Schlafzimmer, wo der Mann sorgfältig die Tür verschließt und der Frau seine Schätze zeigt: Silberwaren, Tapisserien, Tuche, Geschmeide – Dinge, die er mit Bedacht in diesem Allerheiligsten versammelt hat, wo er sich von Zeit zu Zeit das Vergnügen gönnt, sie in Ruhe zu betrachten. Seine Bücher, die »ricordi«, das heißt Erinnerungen samt Abrechnungen, sowie die Papiere seiner Vorfahren bewahrt er gesondert und wohlverschlossen in seinem »studiolo« auf, damit seine Frau sie nicht zu Gesicht bekommt; mit »studiolo« war entweder ein kleines separates Arbeitszimmer oder ein verschließbares Möbelstück im Schlafzimmer gemeint. Die »ricordi« wurden »fast wie ein Heiligtum« gehütet, berichtet Alberti.

Die Scheidung zwischen den Dingen, die Freude bereiten und geheimgehalten werden, und den Aktivitäten im Wohnzimmer war vor allem bei den Großkaufleuten des ausgehenden Mittelalters beliebt. Sie gibt auch Aufschluß über gewisse private Aufgabenverteilungen von Räumen und Gegenständen. Diese Ordnungsprinzipien wurden dann in der Neuzeit von anderen gesellschaftlichen Schichten nachgeahmt oder übernommen.

Nachdem Alberti seine Schätze vorgeführt hatte, ermahnte er seine Braut, das Bett niemals mit einem anderen Mann zu teilen und keine Fremden in das Schlafzimmer einzulassen. Sie solle sich züchtig verhalten und die Schminke ebenso meiden wie jede Koketterie. Nach derlei Reden knieten die Ehegatten nieder und erflehten von Gott Beistand und reichen Kindersegen. Beim Beten heftete sich ihr Blick auf die silberne Figur eines Heiligen, »mit Kopf und Händen aus Elfenbein«. Den Namen des Heiligen verrät Alberti nicht; ihn interessiert nur sein

Wert als Kunstgegenstand. Für die moderne Mentalität, der die Theologie des Wortes, wie sie von der Sorbonne verfochten wurde, wenig sagte, verkörperten edle und kostbare Materialien das Göttliche, ohne besondere Assoziation über die Form hinaus. Vielleicht war die Figur das Erbstück eines Verwandten, der den Namen dieses Heiligen mit ins Grab genommen hatte. Wenn Alberti Gemälde besessen hätte (bei der Aufzählung seiner Kunstgegenstände erwähnt er keine), wären es wahrscheinlich solche mit religiöser Thematik gewesen und hätten im Schlafzimmer, nicht im Wohnzimmer, gehangen.[11]

Konnten Menschen, die zusammenwohnten, sich den Luxus eines zweiten Zimmers leisten, so konzentrierte sich dort das intime und Gefühls-Leben des Ehepaares. Van Eycks Gemälde der *Arnolfini* (1439) scheint die feierliche Intimität der Jungvermählten in ihrem Schlafzimmer zu bezeugen. Und auf Israhel van Meckenems Kupferstich, der ein auf dem Bett sitzendes Liebespaar zeigt, steht im Schlafzimmer nicht nur ein großes Bett aus Holz, mit Säulen und Seitenwänden, sondern auch ein kleiner, mit einem Tischtuch bedeckter Tisch, auf dem ein zweiarmiger Kerzenleuchter mit Kerzen, eine Puderdose und eine Bürste zu sehen sind. Der Mechanismus des Türriegels ist mit einem Messer blockiert, so daß niemand stören kann. Der Mann hat bereits den Degen abgenommen und auf der Bettumrandung deponiert. Mit dem linken Arm hat er die Frau umfaßt – ein sicheres Zeichen, daß er sie küssen will. Die Frau hält die Arme verschränkt, scheint jedoch sogleich Gürtel und Schlüssel ablegen zu wollen. Die Bettvorhänge sind geteilt. Fromme Motive fehlen auf diesem Druck; die Intimität ist deshalb nicht dieselbe wie auf den Bildern van Eycks.

Frans van Mieris d. Ä., *Die beiden Alten.* Das Paar wird mit Nelken, d. h. im Zeichen der Freundschaft dargestellt, ohne daß ersichtlich wird, ob es sich um ein Ehepaar handelt oder nicht. (Florenz, Uffizien)

Israhel van Meckenem, *Liebespaar;* um 1480. Der Mann hat das Schwert abgelegt, der Türriegel ist mit einem Messer blockiert, die Frau scheint sich den Gürtel mit den Schlüsseln zu lösen. Die Schminkdöschen verweisen auf eine Kurtisane. (Paris, Bibliothèque Nationale)

Meckenems Kupferstich ist die Verkörperung eines Alptraums, den Alberti dadurch verhindern wollte, daß er seiner jungen Frau seine Schätze offenbarte, mit ihr betete und sie gleichsam mitsamt seinen Wertgegenständen einsperrte. Der kleine Tisch mit den Puderdosen, Bürsten, Kämmen und Parfümfläschchen versinnbildlicht die außereheliche Intimität. Boucher und Fragonard versuchten später, als bei den Eliten die Liebesheirat an Boden gewann, die weibliche Toilette zu einem würdigen und moralisch neutralen Sujet zu machen. Auf Fragonards Bild *Der Riegel* ist das Schlafzimmer der Schauplatz leidenschaftlicher Gefühlsausbrüche. Der Mann verriegelt die Türe, ohne dabei von der Frau, die er zu verführen wünscht, abzulassen. Hast und Brutalität des Geschlechtsaktes verflüssigen das Bild des Bettes, dessen Laken zwischen den Möbelstücken und den Körpern eingeklemmt sind. Andererseits versucht *Der Wandschrank* desselben Künstlers eine moralische Synthese, wovon der unverkennbar akademische Stil des Gemäldes zeugt. Das Bild schwankt zwischen dem Intimen und dem Theatralischen und verfehlt damit die soziale Wirklichkeit. Es verrät nichts über die Natur der Intimität.

Die holländische Malerei des 17. Jahrhunderts betont den intimen Charakter des Schlafzimmers, indem sie noch penibler das physische Geschehen wiedergibt, das sich dort abspielt. Hier ziehen sich die Frauen an oder aus, geben ihrem Kind die Brust und empfangen nach der Niederkunft den Besuch von Verwandten und Freundinnen. Die Bilder de Hoochs und Steens, die ein zerwühltes Bett und eine einsame Frau beim Anziehen zeigen, belegen, daß in der frühen Neuzeit das Schlafzimmer für wohlhabende Männer die Arena ihrer erotischen Träume war. Rembrandts Graphik mit dem Titel *Het Ledekaut* (Britisches Museum, 1646) entbehrt jeder Zweideutigkeit; man sieht ein großes Bett mit Vorhängen, in dem ein Mann auf einer Frau liegt. Das Ambiente bleibt unklar, wie es bei diesem Maler oft der Fall ist, aber ein solches Bett mit gedrechselten Säulen kannte man nur in vermögenden Schichten, die sich den Luxus eines Schlafzimmers leisten konnten.

Ruelle und Alkoven

Im 16. und 17. Jahrhundert galt bei den Franzosen der Raum zwischen Bett und Wand, die »ruelle«, als eindeutig intimer Ort. Man denke nur an die *Ruelle mal assortie* der Margarete von Valois. Es ist die »ruelle«, wo der Liebende in *Page disgracié* von Tristan L'Hermite am ganzen Leibe zittert und Körperreaktionen zeigt, die die Gebote der Schicklichkeit zu verletzen drohen. Dumont de Bostaquet berichtet in seinen Erinnerungen vom Ausbruch eines Feuers in seinem Hause: »Meine ganze Sorge war, meine Papiere zu retten; ich hatte mir einen sehr festen Alkoven in meinem Schlafzimmer errichten lassen und hatte große Schränke in der ›ruelle‹ meines Bettes, in denen meine Wäsche aufbewahrt wurde sowie das, was ich für das Wichtigste hielt, die Übertragungsurkunde meines Hauses.«[12]

Der Alkoven war wie die »ruelle« ein Raum außerhalb des Bettes,

Gabriel de Saint-Aubin, *L'Académie particulière.* Hinter dem Sujet des Malers, der sein Modell zeichnet, verbirgt sich die Darstellung eines schönen, erotischen Schlafzimmers im Louis-XV.-Stil. Eine an die Wand gelehnte Leinwand und eine Palette machen noch kein Atelier . . .
(Paris, Bibliothèque Nationale)

und zwar auf der Seite gegenüber der Tür zum Wohnzimmer (in vornehmen Häusern zum Vorzimmer). Thomas Jefferson ließ sich um sein Bett Wände errichten, so daß ein kleines Gemach entstand, das er nur durch eine Tür an der »ruelle«-Seite seines Bettes verlassen konnte.

Im 17. und 18. Jahrhundert empfanden die Menschen zunehmend das Bedürfnis nach einer strikteren Privatheit, als das Gehäuse des Schlafzimmers sie bot. Nachdem der jansenistische Gelehrte Le Nain de Tillemont gestorben war, entdeckte man in der »ruelle« seines Bettes »einen mit metallenen Spitzen besetzten Gürtel«. Der uralten Gewohnheit der Selbstkasteiung oblag man in der Intimität.

Doch auch im 18. Jahrhundert verlor das Schlafzimmer nichts von seiner Bedeutung als Stätte der Intimität. Im Gegenteil, die Maler verstärkten das Register intimer Zeichen und Tätigkeiten, die einzig im Schlafzimmer denkbar waren. Noch im 17. Jahrhundert hatte sich Adam Bosse damit begnügt, eine auf ihrem Bett lagernde bekleidete junge Frau darzustellen, die auf den schönen jungen Arzt mit dem Klistier und die Dienerin mit dem Nachtstuhl wartet. Im 18. Jahrhundert zeigt dasselbe Sujet die Frau nackt auf dem Bett ihres Alkovens, bereit, das Klistier zu empfangen, das allerdings diesmal von der Dienerin verabreicht wird. Watteau, Boucher und Greuze übernahmen zwar die intimen und erotischen Themen der holländischen Malerei des 17. Jahrhunderts, gaben sie aber unverblümter wieder.[13] In *Dame bei der Toilette* bricht Watteau mit den Konventionen des Zeitalters. Eine junge Frau sitzt mit offenem Nachthemd auf dem Bett und bereitet sich auf das Bad

Jean-Baptiste Pater, *Badende.* Die Fortentwicklung einer Genreszene, die seit dem frühen 16. Jahrhundert bekannt ist. Der hinter dem Vorhang oder den Fensterläden versteckte Mann ist für die Badende immer eine prickelnde Überraschung.
(London, Wallace Collection)

Tintoretto, *Susanna im Bade*. Der Bildraum hat nichts Intimes. Der weibliche Körper wird für einen Liebenden verherrlicht, der vielleicht in Gestalt eines der Alten im Hintergrund steht.
(Paris, Louvre)

vor. Eine Dienerin mit einem Becken in der Hand reicht ihr einen Schwamm. Das Sujet ist harmlos, doch das Bild ist so explizit, daß der Betrachter sich – sogar im 20. Jahrhundert – wie ein Eindringling vorkommt. Das Format des Bildes ist klein, man muß nahe herantreten; die Nähe verwandelt den Betrachter in einen Voyeur. Die Badende tut nichts Unschickliches, aber der, der sie anschaut, mischt sich in ein Geheimnis.[14] Kleine Skulpturen und Bilder von hübschen nackten Frauen, die mit einem Hündchen spielen, das sich zwischen ihren Beinen versteckt, zwingen das Auge, die Grenze der Sittsamkeit zu überschreiten; wer diese Werke ansieht, rührt an die Schamlosigkeit des Privaten.

Schon im 15. Jahrhundert war die weibliche Toilette zu einem beliebten Thema der erotischen Kunst geworden. Zu einem großen Teil fand die Körperpflege der Frau in der »Öffentlichkeit« statt. Dürer lenkt den Blick durch einen halb geöffneten Fensterladen auf sechs nackte Frauen in einem öffentlichen Bad. Frauen, die öffentlich badeten, und die einsame Kurtisane, die sich ankleidet, waren Sujets, die im Laufe der Jahrhunderte immer wieder aufgegriffen wurden; doch evozierten sie – außer in der Phantasie des Betrachters – selten Intimität. Der Zwang, mit einem anderen eng zusammenwohnen und seine Toilette beobachten zu müssen, war der Erfahrung von Intimität abträg-

Diego Velázquez, *Venus mit Spiegel;* 1651. Zeugt nicht das Band, das der geflügelte Amor hält, von der Gegenwart des Mannes, der das Bild in Auftrag gegeben hat? Der Spiegel symbolisiert hier nicht einfach die Eitelkeit, sondern gibt den verliebten Blick verstärkt zurück. (London, National Gallery)

lich. Im 18. Jahrhundert beklagt sich das junge Mädchen aus Rodez, von der Prion d'Aubais in seiner Autobiographie berichtet, über die Ansprüche einer Verwandten, für die es arbeiten muß: »Ach, sagte sie zu mir, ich glaube, es gibt keine Frau, der man es so schwer recht machen kann! Sie liebt ihren eigenen werten Körper ebensosehr, wie sie sich mit dessen Wohlergehen und Bequemlichkeit beschäftigt. Die geringste Störung ihrer Gesundheit versetzt sie dermaßen in Unruhe, daß sie wie von Sinnen ist, wenn ihr eine begegnet; der leiseste Luftzug, der ihr Ohr streift, wirft ihr den Kopf herum; sie ängstigt sich so sehr vor den Folgen, daß sie den Tränen nahe ist. Aber sie kann es nicht lassen, Moralpredigten über die verzärtelten Menschen zu halten, die nicht leiden wollen. [...] Ich bin immer ganz aufgeregt, bevor ich ihr einen Einlauf mache, weil sie fürchtet, er könnte zu kalt sein; aber sobald ich ihn mache, heißt es, er sei zu heiß. [...] Und weil sie will, daß ich alle Arzneien und sonstigen Drogen versuche, die sie einnimmt, ist mir ständig übel; sie wollte sogar, daß ich von ihren Einläufen koste!«

Die Venusfiguren Tizians sind Verherrlichungen des weiblichen Körpers, zugleich aber gehobene Pornographie für die Elite. Die Damen im Bade aus der Schule von Fontainebleau repräsentieren eine ganz besondere Sensibilität. Weder entsteigen sie auf wunderbare Weise dem Wasser, noch lagern sie lässig in den Wäldern wie die Göttinnen. Vielmehr befinden sie sich in einem Schlafzimmer und sind umgeben von Dienstboten, Kaminen und Möbelstücken. Diese Bilder kamen, wie echte Porträts, der weiblichen Autoerotik ebenso entgegen wie der männlichen, denn die Damen scheint es zu beglücken, in ihrer Nacktheit gemalt zu werden, bekleidet nur mit ihrem Geschmeide.

Mit derselben weiblichen Sensibilität begabt, aber bei aller Koketterie doch züchtig blickt Madame Boucher auf ihren Mann, den Maler (New York, Frick Museum). Sie liegt bekleidet auf ihrer Chaiselongue, umringt von Gegenständen des täglichen Lebens, die auf den im 18. Jahrhundert in Mode gekommenen Kleinmöbeln ordentlich aufgereiht sind; sie befindet sich nicht im Schlafzimmer. Boucher vermeidet bei diesem Bild die Ikonographie der Kurtisane: Seine Frau trägt Schuhe an den Füßen und eine Haube auf dem Kopf. Der Maler betont den Gleichklang der Seelen und der Körper. Auf dem Tisch liegen ein Brief und ein Buch; an dem Schubladenschlüssel hängt eine kleine Geldbörse. Es gibt keine religiösen Zeichen auf diesem Bild, was freilich nicht bedeutet, daß zur Zeit Bouchers eine Laisierung des privaten Raums stattgefunden hätte. Es gab in der frühen Neuzeit längst einen Diskurs der Liebe, der ohne die sublimen Embleme der Religion auskam. Angepaßt an die Bedürfnisse der Konsumgesellschaft, hat dieser weltliche Diskurs dazu beigetragen, die Frau als den kostbaren Besitz ihres Geliebten zu definieren. Wir wissen nicht, welche Bilder an den Wänden von Bouchers Schlafzimmer hingen, aber man kann sich vorstellen, daß auf dem Kaminsims seines Arbeitszimmers eine Büste Voltaires oder eines Chinesen stand, wie es für Pariser Häuser im 18. Jahrhundert typisch war, während über den Bettvorhängen im Schlafzimmer ein Kruzifix angebracht war.

Daniel Roche hat darauf hingewiesen, daß die Position des Bettes im Schlafzimmer sich im Laufe des 18. Jahrhunderts veränderte.[15] Es rückte in die Ecke oder wurde hinter einem Alkoven versteckt. Man möblierte das Schlafzimmer nun mit kleinen Bücherregalen, Tischchen, Kredenzen und Wandschirmen. Ab 1760 waren die Schlafzimmer in den Städten mit Möbeln vollgestopft. Es ist deshalb durchaus denkbar, daß trotz der Installierung unzähliger kleiner Gänge, Türen, Vorzimmer und Zwischenwände in alten Häusern die Privatheit in der Zeit vor 1860 kein Terrain gewonnen hat. In den begüterten Schichten nahm natürlich der für Privatzwecke verfügbare Raum zu, aber für die übrige Bevölkerung, das heißt für die Mehrheit, blieb der Traum von der Intimität auf das Schlafzimmer, womöglich gar auf das mit Vorhängen geschützte Bett beschränkt.

Rembrandt, *Das Liebespaar*. Der Mann hat, zum Zeichen der Eroberung, seinen Hut auf den Bettpfosten gehängt. Die beiden haben Wein getrunken (und zwar, wie üblich, aus demselben Glas), bevor sie ins Bett gegangen sind. Der Maler war sich unschlüssig, ob er die Frau entspannt und »schlafend« zeigen oder sie aktiv am Geschlechtsakt teilnehmen lassen sollte, und hat ihr versehentlich drei Arme gegeben.
(London, British Museum)

François Boucher, *Frau Boucher*. Mit Geldbörse, Buch, Brief und der von ihrem Mann geschätzten Chinoiserie demonstriert die Gattin des Malers eine für ihr Jahrhundert geradezu dezente Koketterie, die freilich fehl am Platze war, falls Madame Boucher für die *Schwarze Odaliske* Modell gestanden haben sollte.
(New York, Frick Collection)

Das Arbeitszimmer

Ein winziges Zimmer, fast eine Zelle, ohne Kamin oder großes Fenster, tauchte unter dem Namen »studiolo« in den italienischen Renaissancepalästen auf. Es ging zweifellos auf klösterliche Vorbilder zurück. Die beiden Bedeutungen des Wortes – es konnte ein Möbel meinen, an dem man las, aber auch das dazugehörige Zimmer – verraten uns etwas darüber, wie neue Privaträume erfunden wurden.[16]

Das »Studio« war ein Refugium, das dem Hausherrn vorbehalten war; manchmal hatte es eine stabile, durch Schloß und Riegel gesicherte Türe. Lektüre, Buchführung und Gebet erforderten keine anderen Möbelstücke als einen kleinen Tisch und einen Stuhl. In den Häusern der minder Begüterten gab es kein derartiges Arbeitszimmer, sondern statt seiner Schreibgarnituren und kleine Kästen oder Schatullen, in denen man Papiere, Briefe und Kontobücher deponierte. Das Schreibzeug wurde durch Initialen, Wappen oder Wahlsprüche individualisiert. Die Bücher hat man, wie in der Mönchszelle oder der Einsiedelei, in den Mauernischen des »Studios« aufbewahrt; hier waren sie vor den Ratten sicher.

Sofern die Darstellungen des hl. Hieronymus aus dem 14. bis 16. Jahrhundert etwas über die Metamorphosen des Arbeitszimmers mitteilen, ist unverkennbar, daß es gleichsam zu einem bewohnbaren Möbel wurde. Die Wände waren mit Holz getäfelt und enthielten kleine Türen, hinter denen sich Borde befanden. Der Zimmerschmuck war erbaulich, jedenfalls in den »studioli«, die sich – namentlich im norditalienischen Urbino – erhalten haben. Die Ikonographie der Holztafeln und der Marketerien beschwört die göttliche und die menschliche Weisheit. Zwischen ihnen finden sich Wappen, Wahlspruch und Initialen des Besitzers. Das Arbeitszimmer war der Raum, in dem der Advokat außer den Geschäftsdokumenten auch die Belegstücke seiner jugendlichen Schöngeisterei verwahrte – eigene Gedichte oder Übersetzungen der Klassiker. Die Zahl der Junggesellen lag bei den freien Berufen deutlich höher als bei anderen Gruppen der sozialen Elite, und so standen im Arbeitszimmer eines Mediziners oder eines Advokaten häufig sowohl sein Bett als auch die Geräte für seine naturwissenschaftlichen Experimente und seine Bücher.[17] Die kleine Zeichnung Lorenzo Lottos, die einen Schreiber in seinem »studiolo« darstellt, ist daher als Zeugnis zweifellos aufschlußreicher als die Bildnisse des hl. Hieronymus in seiner Klause.

Der Hausherr suchte das Arbeitszimmer allein oder in Begleitung eines engen Freundes, manchmal auch seines Sohnes oder Neffen, auf, um »vertraulich« Familienangelegenheiten wie beispielsweise Heiratspläne zu besprechen. Die humanistische Symbiose tätiger Anteilnahme an Wirtschaft und Politik mit Liebe zur Literatur und andächtiger Einsamkeit vollzog sich im »studiolo«. In manchen Arbeitszimmern wurden auch Münz-, Medaillen-, Gesteins- und Emailsammlungen aufbewahrt. Ein Sammler wie Pepys lebte in seinem Arbeitszimmer inmitten von Porträts berühmter Männer, Medaillen und Drucken.

In Frankreich enthielten im 16. Jahrhundert die Châteaux und großen Stadthäuser ebenfalls ein Arbeitszimmer; es befand sich oft in einem kleinen Turm oder an einer anderen Stelle fern der Geschäftigkeit des Alltags, grenzte aber fast immer an das Schlafzimmer des Hausherrn. In Tanlay zeigt das Arbeitszimmer des Fürsten ein sehr originelles ikonographisches Programm, das die Verknüpfung des politischen Wirkens im Königreich mit der heroischen Mythologie anstrebt.

Lorenzo Lotto, *Arbeitszimmer*. Der junge Prälat in seinem Studierzimmer ist von Gegenständen des Alltags umgeben, zu denen auch das überdachte Bett gehört. Er ist bei seiner Lektüre allein; mit der Glocke kann er seinen Kammerdiener rufen.
(London, British Museum)

Baccio Pontelli, Paneele und Marketerie am »studiolo« des Federico Montefeltro in Urbino; 1476. Die Bilder auf den geschlossenen Türen sind eine Semiotik der offenen Türen und bekräftigen die Bedeutung des Kabinetts für die Privatsphäre.

Das Kabinett

Das Wort »Kabinett« bezeichnet sowohl ein kleines Möbelstück mit Schüben und verschließbaren Türen als auch einen kleinen holzgetäfelten Raum. Beide waren mit kleinen Bildern geschmückt, die teils fromme, überwiegend jedoch erotisch-religiöse Sujets hatten. Das Kabinett im Château Beauregard entspricht in seiner Nüchternheit exakt der Mentalität eines treuen Staatsdieners. In Vaux-le-Vicomte haben der Baumeister Le Vau und der Maler und Dekorateur Le Brun für Nicolas Fouquet (1615–1680), den Verwalter der königlichen Finanzen, ein wahres Juwel geschaffen: ein mit Spiegeln ausgekleidetes Kabinett, in denen der Hausherr sich selbst anschauen konnte. Das nicht mehr vorhandene große Spiegelkabinett Ludwigs XIV. in Versailles erlaubte dem erlauchten Betrachter einen Blick auf sich selbst, der nicht ohne religiöse und narzißtische Konnotationen war. Im Verlauf des 17. und 18. Jahrhunderts setzte eine gewisse Laisierung, ja, Erotisierung dieser Räume ein: Das Individuum befreite sich allmählich von den Bindungen, die es bislang zu moralischen und religiösen Wertsystemen unterhalten hatte.

In England hatten die »studies« und »cabinets« dieselbe Funktion wie in Italien oder in Frankreich – Robert Burton schrieb seine *Anatomy of Melancholy* (1621) in seinem Arbeitszimmer in Christ Church, Oxford.

Im 17. Jahrhundert setzte sich jedoch mehr und mehr das Wort »closet« durch (von »clausum«, »verschlossen«). Die eigentliche Zweckbestimmung des »closet« formuliert Shakespeare mit den Worten Glosters im *König Lear*: »Ich verschloß den Brief in meinem Kabinett.« [Dritter Aufzug, 3. Szene; Übs. Ludwig Tieck] Pepys und seine Frau ahmten die aus Italien stammende neue Mode der reichen Leute nach und hatten beide ein Schlafzimmer und ein »closet«. Von jemandem, dem er einen Gefallen erwiesen hatte, bekam Pepys einmal ein Kabinett geschenkt. Nachdem er sorgfältig den Mechanismus der Geheimfächer untersucht hatte, stellte er das Möbelstück im »closet« seiner Frau auf. Dieses Beispiel stimmt nachdenklich: Bedeutete der Besitz eines verschließbaren Möbels wirklich, daß die Privatheit des Individuums auf dem Vormarsch war? Pepys jedenfalls hatte jederzeit die Möglichkeit, die Geheimfächer seiner Frau auszuspähen.

Im 18. Jahrhundert assoziierten die Romanschriftsteller das Kabinett der Frau zunehmend mit erotischer Macht. Rousseau, unfähig zur Ironie, bedient sich bei der Beschreibung von Julies Privatgemach sämtlicher Gemeinplätze des aus dem 16. Jahrhundert überkommenen Liebesdiskurses. Die Beschreibung ist ein ansehnliches Inventar von Liebesandenken: »Wie bezaubernd ist dieser geheimnisvolle Ort! Alles begünstigt und nährt hier das Feuer in meinem Herzen. O Julie! Er ist von Dir erfüllt, und mein brennendes Verlangen erfaßt alles, was an Dich erinnert. Ja, alle meine Sinne werden hier zur gleichen Zeit trunken. Ich weiß nicht, welcher fast unmerkliche Wohlgeruch, anmutiger als die Rose, flüchtiger als die Schwertlilie, sich hier überall verbreitet. Hier glaube ich Deiner Stimme einnehmenden Ton zu hören. Jeder Teil Deines Putzes, den ich hier und da erblicke, stellt meiner feurigen Einbildungskraft den vor, den er an Dir selbst bedeckt. Dieser leichte Kopfputz, den lange blonde Haare schmücken, die er zu bedecken vorgibt; das glückliche Halstuch, über das ich doch ein Mal wenigstens mich nicht werde beschweren müssen; das geschmackvolle und doch schlichte Negligé, das den Geschmack derer, die es trägt, so gut bekundet; die niedlichen Pantoffeln, die ein geschmeidiger Fuß ohne Mühe ausfüllt; dieses aufgeschnürte Leibchen, das den Leib berührt und umfängt – welch bezaubernde Taille – am Vorderteile zwei leichte Wölbungen – o wollüstiger Anblick! – Das Fischbein hat der Gewalt des Drucks nachgegeben – köstliche Spuren; laßt euch tausendmal küssen! – Ihr Götter! Wie wird es werden, wenn – Ach, schon glaube ich, dieses zarte Herz zu fühlen, wie es unter einer glücklichen Hand schlägt! Meine reizende Julie! Ich sehe, ich fühle Dich überall, ich atme Dich mit der Luft, die Du eingeatmet hast; Du durchdringst mein ganzes Wesen. Wie brennend und schmerzhaft ist Deine Behausung für mich!« [*Julie oder Die neue Heloïse*, Erster Teil, Vierundfünfzigster Brief; Übs. J. G. Gellius]

Von der schwarzen Robe zum Morgenrock

Obschon die weibliche Bekleidung insgesamt im Laufe der Zeit immer expliziter erotisiert wurde, fällt auf, daß bestimmte Kleidungsstücke dabei niemals eine Rolle spielten. Die Bedeutung der männlichen Bekleidung blieb an die Funktionen des Arbeitszimmers gebunden. Das Schreibergewand – ein wahres Symbollabyrinth für Mönchsorden, Universitätsleute sowie die Rechts- und die medizinischen Berufe – war dasjenige Kleidungsstück, das der Mann im 16. und 17. Jahrhundert in seinem Arbeitszimmer am häufigsten trug. Viele junge Studenten auf italienischen Renaissancebildern tragen eine schwarze Robe. Doch auf intimen Bildnissen von Männern, die keine Gelehrten sind, wird die Robe nach und nach von der Hoftracht verdrängt. Beim gegenwärtigen Stand der Forschung ist es nicht möglich, ein Inventar von »Originalkostümen« anzulegen, das heißt von solchen, die ihre Träger mehr oder weniger selbst entworfen haben. Nehmen wir beispielsweise Machiavelli, der sich, beflügelt vom »Vorbild« der römischen Republik, in eine Toga hüllte, wenn er seine Bücher über Politik und Geschichte schrieb. Montaigne hatte so gründlich über die Bedeutung der Kleidung als Ausdruck des Ichs nachgedacht, daß er sich damit begnügte, in seinem eigenen Aufzug »sittsam« zu bleiben, sogar in seiner Bibliothek, das heißt in dem Turm, der ihm als intimer Ort des Nachdenkens diente.

Nach 1650 wurde der Morgenrock auch bei Männern modern. Aus braunem Satin und in Nordeuropa mit Blumen bestickt, bezeugte er eine neue Lebensfreude, die keine religiöse Fundierung mehr besaß. Pepys ließ sich in seinem Morgenrock malen. Die holländischen Maler stellten häufig zwei Freunde dar, die im Morgenmantel Schach spielen. Im 18. Jahrhundert sang Diderot nach dem Vorbild antiker Philosophen das Loblied seines Morgenrocks, von dem er rühmte, daß er sich im Laufe der Jahre seinen Körperformen angepaßt habe; er fügte sich zu all den Gegenständen, die sich im Laufe der Zeit in seinem Schlafzimmer angesammelt hatten. Die Anschaffung eines schönen neuen Morgenrocks machte die Neueinrichtung des Zimmers erforderlich. Das alte Mobiliar wurde durch neues ersetzt, die Papiere und Broschuren hinter den »Glastüren eines kostbaren Schreibtisches verwahrt«. An die Stelle der Bilder und Skulpturen, die zuvor herumgestanden hatten oder ungerahmt an der Wand befestigt worden waren, traten neue, um die Inneneinrichtung des Kabinetts dem Geschmack der Zeit anzupassen. Gleichwohl schwor Diderot, daß er stets er selber bleiben und stets bereit sein werde, Besucher zu empfangen. Die Umstellung seiner Kleidungs- und Einrichtungsgewohnheiten werde nicht seine Identität ergreifen. Der Philosoph erkannte, daß er mit den Dingen verbunden war, die ihn umgaben, insbesondere mit den Werken, die er von befreundeten Malern geschenkt bekommen hatte; er erkannte aber auch, daß man weder sich selber noch den Nächsten lieben konnte, ohne die dazugehörige Umgebung zu lieben. In seinem Epitaph gab Diderot diese Weisheit an seine Nachfahren weiter: »Er ist schon lange tot, aber noch immer sehen seine Kinder nach, ob er nicht in seinem Sessel sitzt.«

Charles Nicolas Cochin d. J., *Der Damenschneider*. Die Arbeit eines Schneiders muß als Vorwand für eine pornographische Darstellung herhalten, die zwar nicht intim ist, aber dennoch erotische Träume auslösen kann. (Paris, Bibliothèque Nationale)

Abraham Bosse, *Das Spiegelbild.* Eine vornehme Dame macht Toilette vor ihrem verhängten Bett. Ihr Haar ist gelockt, und sie trägt eine Haube.
(Tours, Musée des Beaux-Arts)

Mehr und mehr bekundeten Arbeitszimmer und Kabinette das Individuum als kreativen und intellektuellen Geist, doch verleugneten sie niemals ganz ihren Ursprung in einem Kontext des Studiums, des Gebets und der Zuneigung.

Die Dinge des Herzens

Der menschliche Körper ist warm. Für den Menschen der frühmodernen Zeit war sein Verhalten durch Quantität und Qualität der Körperhitze bestimmt. Diese Hitze kam weder aus der Leber noch aus der Milz, noch aus dem Gehirn, sondern aus dem Herzen. Der Dreh- und Angelpunkt der Ichvorstellung war das Herz. Dessen Leidenschaften prägten die Identität jedes Einzelnen. Sie waren es, die ihn zu den schlimmsten Verbrechen, den heldenhaftesten Taten, den heftigsten Liebesrasereien, den sanftesten oder gewalttätigsten Geschlechtshandlungen hinrissen. Trotz guter Erziehung, frommen Glaubens und der Furcht vor Strafe oder Ächtung gelang es der Vernunft nicht immer, dieser aus dem Herzen aufsteigenden Hitze Herr zu werden; die alten Gesellschaften hatten große Schwierigkeiten, sie in den Grenzen der

Lorenzo Lotto, *Junger Mann in seinem Studierzimmer*. Seit etwa 1420 war es bei jungen Menschen aus den begüterten Kreisen Norditaliens Brauch, sich porträtieren zu lassen. Der Salamander widersteht zwar dem Feuer; aber warum ist er hier abgebildet? (Venedig, Accademia)

Normen zu halten. Es galt, um jeden Preis das Übermaß zu meiden; zwar war das Individuum nichts ohne seine Leidenschaften, aber es war verloren, wenn es sie nicht durch Vernunft zu kontrollieren wußte.

Um sein eigenes Verhalten leichter enträtseln zu können, schuf sich jedermann ein inneres Vokabular, indem er gleichsam über die Manifestationen seiner Leidenschaftlichkeit Buch führte. Anzeichen einer solchen Buchführung finden sich seit dem 14. Jahrhundert in den »ricordi«. Wenn man mit jemandem Freundschaft schloß, fühlte man sich um dieser Freundschaft willen verpflichtet, dem Freund in das kleine Verzeichnis seiner aus der Hitze des Herzens geborenen leidenschaftlichen Taten oder Gedanken Einblick zu gewähren. Schließlich war ja die Freundschaft selbst eine Angelegenheit des Herzens.

In Gesellschaften, die noch vom Geist der Ritterlichkeit erfüllt waren, blieb es nicht lange verborgen, wenn jemand einen Feind bezwungen hatte, der für seine Tapferkeit berühmt war. Wem es durch inbrünstiges Gebet gelang, die Jungfrau Maria zu sehen oder sich mit dem Leidensleib Christi eins zu fühlen, wurde ebenfalls früher oder später bekannt; denn die großen religiösen Leidenschaften konnten nicht geheim bleiben. Und wenn einem Mann das Herz vom machtvollen Blick einer Frau bewegt wurde, so daß sich sein Verhalten beunruhigend veränderte oder er krank wurde, fragten ihn seine Angehörigen, was geschehen sei. In allen diesen und vielen ähnlichen Fällen waren die physischen Auswirkungen der Leidenschaft mit Händen zu greifen. Da die Intensität der Körperhitze stark variierte, konnten auch die dieser Hitze entspringenden Handlungen ganz unterschiedlich sein.[18]

Souvenirs

Leidenschaften hinterließen einen starken Eindruck in der Erinnerung. Im intimen Vokabular war das Wort »souvenir« gewiß nicht für die Erinnerung an solche Leidenschaften reserviert, aber im Laufe des 17. Jahrhunderts wurde dies doch die bevorzugte Bezeichnung. Das Wort »souvenir« hat eine doppelte Bedeutung: Es meint die Erinnerung selbst, aber auch ein schlichtes Andenken – ein Band oder einen Kamm der Geliebten – oder ein Geschenk, das zum Geber oder Empfänger besonders gut paßt. Durch den Austausch von Souvenirs wurde das Ich zu einem anderen Ich. Souvenirs waren einmalige Intimitäten, aber als solche waren sie fast immer für die Gesellschaft kenntlich. Das Geheimnis war, was es war, das heißt ein Souvenir, das ein anderer enträtseln konnte und das dieser oder man selbst aus diesem Grunde hütete.

In der »longue durée« der Geschichte der Intimität spielte das Emblem des Herzens eine herausragende Rolle. Es wurde als Zeichen der Innerlichkeit eingraviert, eingemeißelt oder aufgemalt. Es verriet die fundamentale Vieldeutigkeit der Intimität. War es ein Souvenir des religiösen Glaubens? Des Mutes? Der Liebe? Auf Gegenständen aus aristokratischem Besitz erscheint es häufig als Signal einer heiligen oder profanen Liebe; doch stets blieb es das Zeichen einer »Innerlichkeit«, die in einer Leidenschaft zum Ausdruck kam oder sich dem anderen in inniger Zuneigung verbündete. Nicht jeder, der das Zeichen des Herzens auf seinem Degen, seinem Ring, seiner Kleidung oder seinen Büchern führte oder der unter einem ungeschickt in den Türsturz

Rogier van der Weyden, *Heiliger Ivo* (Ausschnitt). Aus diesem Bildnis spricht das Streben nach Verinnerlichung – ein bedeutender Schritt auf dem Weg zur Darstellung der Intimität.
(London, National Gallery)

Auf diesem volkstümlichen Holzschnitt aus dem 16. Jahrhundert sieht man Franz I., wie er der Jungfrau Maria mit dem Jesuskind sein Herz darbringt, während Eleonore von Österreich Blumen überreicht. Die beiden erflehen den göttlichen Segen für eine Ehe, die aus diplomatischen Gründen niemals geschlossen wurde.
(Château de Panat, Amiens)

gemeißelten Herzen wohnte – dem Abwehrzauber des Hauses –, kannte dessen symbolische Bedeutung. Für ihn kam es nur darauf an, ein Souvenir zu besitzen, in dem sich Vergangenheit und Gegenwart verbanden und das ihn an eine intime Handlung oder Leidenschaft erinnerte.

Reliquien

Die allgemeine Verbreitung der intimen Zeichen und das Sammeln von Souvenirs fielen in eine Zeit, in der es möglich wurde, die Person, mit der man intim gewesen war, mit Hilfe einer ausgefeilten »Technologie« authentisch festzuhalten. Die private religiöse Andacht zehrte seit jeher von jener besonderen Intimität, die mit physischen Souvenirs – den Reliquien – verknüpft war. Die Gotteshäuser waren angefüllt mit Reliquien, die den Gläubigen den innerlichen Dialog mit dem Heiligen verhießen. In Fürstenhäusern und mächtigen Familien erhielt sich bis etwa 1700 die Gepflogenheit, das Herz des Verstorbenen von seinem Leichnam zu trennen, um es in der Familiengruft oder an einem vom Toten geliebten Ort beizusetzen. Diese Beisetzung erfolgte streng hierarchisch, je nach der Heiligkeit des Körpers. Bei den Bourbonen gab ein Todesfall Anlaß zu besonderen Skrupeln: Beim Tode des Grafen de La Marche (1677), der im Alter von drei Jahren, drei Monaten und zwölf Tagen gestorben war, wurde das Herz des Kindes »in einem kleinen herzförmigen Behältnis aus Blei« beerdigt, das man in den Sarg legte. Das Herz des Fräuleins von Clermont jedoch, die 1680 im Alter von 14 Monaten nach einer privaten Nottaufe gestorben war, wurde nicht, »wie es Brauch gewesen wäre, in einem kleinen Herzen aus Blei beigesetzt«.[19]

Die Verehrung für den Körper des Verstorbenen war häufiger, als es die Verbote der Kirche vermuten lassen, die immer dagegen angekämpft hatte – es sei denn, es handelte sich um Tote, die im Schoße der Kirche gestorben waren. Madame de La Guette berichtet über den Tod ihrer Mutter: »Ich war untröstlich, und in der Raserei meines Schmerzes hauchte ich ihr eine Viertelstunde lang meinen Atem in den Mund, weil ich glaubte, ich könne sie wieder zum Leben erwecken. Ich vergoß so viele Tränen über ihr Gesicht und berührte es so viele Male, daß es glatt wie ein Spiegel wurde. [. . .] Ich hatte Lust, ihren Kopf vom Rumpf zu trennen und mit in mein Kabinett zu nehmen, um ihn dort nach Lust und Laune ansehen zu können; aber ich fand keine Gelegenheit dazu, denn die Geistlichen, die meine Mutter bewachten, sagten zu mir, sie würden dergleichen niemals erlauben.«[20]

Herz-Jesu-Darstellung aus Joseph de Gallifet, *L'Excellence de la dévotion au coeur adorable* [. . .], Lyon 1743. Anatomische Vorstellungen verschränken sich mit der religiösen Bilderwelt.

Häufiger war wohl der Brauch, eine Haarlocke als Souvenir aufzubewahren. Madame de Sévigné beispielsweise bedauerte es zeitlebens, daß sie von ihrem verstorbenen Manne weder eine Haarlocke noch ein Bild besaß (obschon ihre Ehe keine reine Liebesehe gewesen war). Doch war die Schranke zwischen dem buchstäblich konservierten Körper und seinem Zeichen oder Souvenir damals erstaunlich durchlässig. Norbert Elias hat gewiß recht, wenn er die zunehmende Distanz des Menschen zu seinem Körper hervorhebt; aber im intimen Souvenir bleibt der Körper präsent und nahe.

Ein summarisches Inventar der »Herzensdinge« wird nicht nur die Mehrdeutigkeit, sondern auch die Elaborierung und Veräußerlichung der zwischen der Innerlichkeit und dem Körper wirkenden Leidenschaft offenbaren. Im 14. und 15. Jahrhundert gab es in den Häusern kaum Möbel, außer vielleicht bei einigen großen Familien. Es gab nur wenige Gegenstände, die von den Vorfahren ererbt waren, und diese seltenen Souvenirs hatten Marktwert. Einzig in den Kirchen fand man, übereinandergestapelt, intime Souvenirs. Im 19. Jahrhundert stand das Haus voller Möbel und enthielt viele, häufig wertlose Souvenirs, die nur deshalb aufbewahrt wurden, weil sie die Familie an einen Vorfahren oder an irgendein bewegendes Ereignis der Familiengeschichte erinnerten. Zwischen den Jahrhunderten der Kahlheit des häuslichen Raumes und denen der Überfülle von Souvenirs wuchs den Gegenständen die Kraft zu, als Souvenir eines anderen Menschen und als Erinnerungsmal eigener Leidenschaften zu fungieren. Diejenigen Beweise von Leidenschaft – namentlich von Kampfesmut oder Tapferkeit –, die vor allem an die Öffentlichkeit drangen, sollen hier nicht aufgezählt werden. Das Hauptsouvenir in diesen Fällen war natürlich das Schwert oder der Degen. Es ist daher nicht verwunderlich, daß diese Waffen mit vielerlei Zeichen verziert wurden, die sie für eine leidenschaftliche Tat noch tauglicher machen sollten: mit Farben, Wappen, Zahlen, Bilderrätseln, Initialen, Wahlsprüchen, Gelübden, Bildern von Schutzheiligen oder der Jungfrau Maria sowie anderen Zeichen, die wir nie entziffern werden, weil ihre Urheber ihr Geheimnis mit ins Grab genommen haben. Daneben finden sich immer wieder antikisierende Motive: die Namen von Kriegskameraden, Name und Nummer des Regiments, die Daten von Schlachten. Das Herz war unter diesen Zeichen sehr häufig, doch war von allen leidenschaftlichen Regungen der Kampfesmut vielleicht die am wenigsten mehrdeutige, weil er öffentlich war. Was nicht heißen soll, daß nicht auch der Mut Anlaß zur Selbstreflexion geboten hätte.

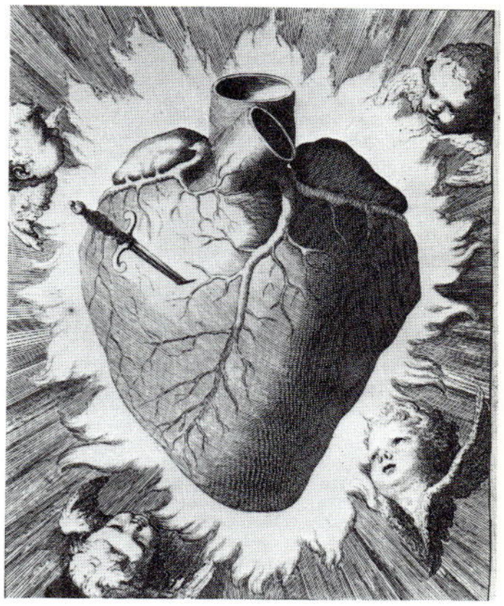

Anonymer Druck, 1685. Die Sünden des Menschen hinterlassen Spuren auf seinem Herzen, zumal dann, wenn er bewußt sündigt, das heißt »aus ganzem Herzen«. (Paris, Bibliothèque Nationale)

Die heiligen Körper

Die religiöse Innerlichkeit hat sich stets auf heilige Körper berufen. Die Frage war, wie man deren Zustand der Ruhe angesichts des allmächtigen und ewigen Gottes erreichte. Im 14. und 15. Jahrhundert beobachten wir eine »Humanisierung«, die nicht nur an Abbildungen der Jungfrau Maria und der Heiligen sichtbar wird, sondern, worauf E. Mâle hingewiesen hat, auch an Darstellungen des Heilands selbst. Sie nahm zwei Formen an. Die niederländischen Maler bereiteten ihren italienischen und spanischen Kollegen den Weg durch immer präzisere Darstellung der physischen Einzelheiten des göttlichen Körpers. Auf den kleinen, vor allem von Bruderschaften bestellten Bildern und in den Stundenbüchern wurden die Wunden und der Tod Christi realistisch wiedergegeben. Die Vorstellung vom Leiden und Sterben des Herrn wurde minutiös anschaulich gemacht, um dem Gläubigen die bereichernde Erfahrung der Gottesnähe zu erschließen. Über den Körper, durch die Einheit und die Verschiedenheit göttlicher und menschlicher »Passion«, wurde Christus im Gläubigen gegenwärtig. Man fühlte Seine Wunden wie eigene, man empfand Seine Demütigung, Schande und Pein, also das Allerintimste, ohne daß es eines gelehrten theologischen Diskurses bedurft hätte. In einigen seltenen, aber bezeugten Fällen floß wirklich Blut aus den Händen, den Füßen und der Lende des Menschen, der die Verschmelzung mit Gott erfleht hatte. Bisweilen sprengte dieser Realismus des Leidenden die Fesseln der Konvention, so auf van Eycks *Kreuzigung* in Berlin, wo unter dem Lendentuch die »Schamteile« Christi zu sehen sind. Das ist allerdings wenig erstaunlich, wenn man bedenkt, welche Reliquien damals in den Kirchen standen. Die fünf Wunden Christi wurden sehr oft ohne den Körper, auf einem einzigen Blatt Pergament, wiedergegeben, um die Schmerzen seiner Passion besser zu evozieren (Stundenbuch, Walters Art Gallery, Baltimore). Die sieben Schwerter, die das Herz der Gottesmutter durchbohren (Saint-Amant-d'Escoudournac, Aveyron), zeugten im 17. Jahrhundert von dem Wunsch nach »Berechenbarkeit« der Wunden und der Schmerzen, ähnlich den Kreuzwegstationen und den Perlen am Rosenkranz. Dergleichen sollte dem Gläubigen helfen, die Intensität seiner Gottsuche zu erleben. Dies war zwischen dem 15. und 18. Jahrhundert ohne Zweifel das beherrschende Thema der Volksreligion, vielleicht der Religion überhaupt.

Die andere Form, welche die Humanisierung des Heiligenbildes annahm, war eher eine soziale. Man hielt an der ehrwürdigen Tradition fest, der Reliquie eines Heiligen den eigenen Ring anzustecken (so etwa in Conques), um sie würdig zu kleiden, aber man brachte zugleich noch andere, bedeutungsschwangere Opfergaben dar. Die wichtigste war eine Stiftung an die Bruderschaft für den Erwerb von Kerzen. Die Andacht der Bruderschaften verlief intimer als die wöchentliche Messe. Im Schein einer Kerze vor einem Marienbild den Rosenkranz zu beten[21], erinnerte an das biblische Gebot, sein Gebet »im stillen Kämmerlein« zu verrichten, anstatt mit einem feierlichen Gottesdienst die Aufmerksamkeit auf sich zu lenken. Die Stundenbücher, die vorwiegend für die Frauen reicher Kaufleute gedacht waren, beförderten durch Lektüre und fromme Meditation eine individuelle, private Version der Andacht. Die holländische Genremalerei thematisiert diese weibliche Frömmigkeit, beispielsweise in dem überaus beliebten Sujet der lesenden einsamen Alten.

Auf den religiösen Bildern wurden Gegenstände dargestellt, die der Andacht dienten, und zwar nicht nur Gebetbücher, sondern auch Kruzifixe und immer wieder Totenschädel. Diese Gegenstände verbanden sich mit den »Signaturen« der Heiligen, zum Beispiel mit dem Löwen des hl. Hieronymus. El Grecos *Hl. Franziskus* in Ottawa zeigt den Heiligen mit einem Totenkopf in der Hand, den er mit liebevoller Aufmerksamkeit betrachtet. Der Leichnam setzt Emotionen frei. Hamlet nimmt den Schädel Yoricks und sagt zum Totengräber: »[...] ach armer Yorick! – Ich kannte ihn [...] Er hat mich tausendmal auf dem Rücken

Mortifiement de Vaine Plaisance [*Ertötung der eitlen Lust*]; 15. Jh. Man erstrebte die Vereinigung mit Christus durch gemeinsame Betrachtung seiner Leiden.
(Metz, Bibliothèque Municipale, Ms. 1486)

getragen, und jetzt, wie schaudert meiner Einbildungskraft davor! mir wird ganz übel. Hier hingen diese Lippen, die ich geküßt habe, ich weiß nicht wie oft.« [Fünfter Aufzug, 1. Szene; Übs. A. W. Schlegel]

Zur religiösen Ikonographie gesellten sich Einzelheiten aus dem Alltagsleben. Gott verläßt sein Reich, um Wohnung unter den Menschen zu nehmen. Auf einem Bild von der Geburt Johannes des Täufers scheinen die Engel Anna das Bett zu bereiten. Bouts malt die Jungfrau Maria, wie sie das Jesuskind mit Brei füttert. Die dogmatischeren Bilder übersetzten lediglich ins Visuelle, was zunächst allein Bibelwort war, aber im Grunde sprach aus ihnen derselbe Geist wie aus den »leidenschaftlichen« Bildern. Der Meister von Erfurt (Mitte des 15. Jahrhunderts) benutzte Gold, um die Gegenwart des göttlichen Fötus im Leib der Gottesmutter anzuzeigen (Berlin). Ein dem Maler Witz zugeschriebenes Bild entwirft eine ganze Theologie, indem es den kleinen Johannes den Täufer und das Jesuskind an die Stelle des Herzens ihrer jeweiligen Mutter setzt. Es bedurfte nur noch eines weiteren Schrittes (wir haben das schon bei den Schmerzen Christi gesehen), und der Maler »entfernte« das Herz der Jungfrau Maria oder des Heilands aus ihrem Körper und stellte es für sich dar, umgeben von einer Dornenkrone, gekrönt, in einem Flammenkranz und das Blut der Erlösung vergießend.

Alain de La Roche (um 1465) predigte, der Rosenkranz sei von der Jungfrau Maria gestiftet worden. Den Angehörigen der Bruderschaften wurde Schutz vor »Feuer, Unwetter, Dieben, Mördern, Pestilenz, plötzlichem Tod und den bösen Anschlägen des höllischen Feindes« gewährt, wenn sie eine gewisse Anzahl von Ave Maria und Vaterunser sprachen. Daneben gab es die Möglichkeit, Gott leibhaftig neben sich zu spüren: »Durch diesen Psalter, mit dem er der Jungfrau Maria diente, ehelicht sie ihn mit einem goldenen Ring; ja sie läßt ihn leibhaftig ihren gesegneten Sohn Jesus Christus fühlen, Haupt an Haupt, Arm an Arm, Fuß an Fuß.«[22]

Die Jungfrau Maria und Christus erscheinen gelegentlich in einem umfriedeten Garten, wo sie ihr Herz entblößen. Die *Quinze Joies de Notre-Dame* verliehen Blumen, Büchern, Rosenkränzen, Kruzifixen und religiösen Bildern eine volkstümliche, persönliche Bedeutung: »Liebe Maria, bitte ihn [Christus], daß er mein Herz und alle meine Gedanken lenken möge.« Im *Roman de la Rose moralisé* von Jean Mollinet (1483) gibt es einen mit Paternostern geschmückten Rosenkranz. Ein »kleines Amt« für den privaten Gebrauch zu Ehren des Allerheiligsten Herzens brachte 1545 Jean-Baptiste Anyès heraus. Die erste Kirche, die dem Allerheiligsten Herzen Jesu gewidmet war – in der brasilianischen Diözese Saint-Esprit –, entstand 1585. Die Verehrung des Herzens Jesu breitete sich sogar bei den Protestanten aus, insbesondere im deutschen Pietismus des 17. und 18. Jahrhunderts, der jenseits der kirchlichen Konventionen die Verinnerlichung des Glaubens anstrebte und den die große Tradition der Mystik befeuerte.

Spirituelle Passionen

Unsere Kenntnisse von der Begegnung eines Individuums mit seinem Gott stammen aus Schilderungen des innerlichen Lebens. Manche dieser Berichte waren von anderen Texten oder von Erlebnissen anderer inspiriert – bei Nonnen war Imitation die Regel. Die Lebensgeschichten der Katharina von Siena oder der Theresa von Avila haben Tausende von Nonnen bewogen, ihrem Vorbild nachzueifern. Auffallend ist, daß in diesen Berichten äußere Andachtsobjekte fast völlig fehlen. Umgekehrt standen bei Nonnen, die sich dem Kult dieser Heiligen verschrieben hatten, fromme Gegenstände, die mit Katharina oder Theresa zu tun hatten, im Schwange.

Die Intimität zwischen Gott und denen, die ihn suchten, ereignete sich nicht nur im Körper des Gläubigen oder in den frommen Bildern. Es gab in der Barockzeit unzählige Seelenhirten und Beichtväter, denen die Kirche die Vollmacht verliehen hatte, dem Gläubigen bei seinem Streben zu helfen, ihn aber zugleich innerhalb der etablierten Normen zu halten. Da heilige Liebe und profane Liebe sich physisch auf dieselbe Weise äußerten, bedurfte es der Unterstützung durch eine religiöse Autorität, um den Weg der Spiritualität von dem der Fleischlichkeit zu unterscheiden. Die große vergilsche Tradition, die Vereinigung mit Gott über eine idealisierte Frau zu suchen – eine Tradition, die ihre Fortsetzung in Dante und Petrarca gefunden hat –, war nicht dazu angetan, den Unterschied zwischen diesen beiden Lieben klarzumachen. Eine römische »Kurtisane« sprang um Mitternacht, als sie die Glocken läuten hörte – das Ave Maria also –, aus dem Bett ihres Galans und verrichtete ihre Gebete; die »Hausmutter« des Etablissements betrat »wutschnaubend« ein Zimmer und riß einer anderen Kurtisane ein Medaillon mit dem Bild

Frans Hals, *Junger Mann mit Totenkopf*. Theatralische Gebärden und Blicke standen nicht im Widerspruch zur Verinnerlichung und zum »Naturalismus« des 17. Jahrhunderts.
(London, National Gallery)

der Madonna vom Hals, damit der Talisman nicht durch die Sünde entweiht würde. Montaigne war es, der anläßlich eines Romaufenthalts als guter Ethnograph beide Vorkommnisse aus der Kapitale der katholischen Kirche berichtete. Er war es auch, der, weil er inbrünstig an die Zeichen der göttlichen Liebe glaubte, in dem kleinen Bauernhaus der Heiligen Mutter Gottes von Loretto ein in Silber getriebenes Votivbild aufhängte, das ihn, seine Frau und seine Tochter kniend zu Füßen der Gottesmutter zeigt. Er sehnte sich nach der reinsten Liebe in der persönlichen, intimen Bindung an die Jungfrau Maria.

Religiöse Andenken waren nicht nur Besitz; sie wirkten auch Wunder. So berichtet Madame de Beauveau im Jahre 1659, daß Prinz Karl, der einzige Sohn des Herzogs Franz von Lothringen, sich bei einem Sturz vom Pferd lebensgefährliche Verletzungen zugezogen hatte: »Nach sechs Stunden beschloß Mandra, sein erster Kammerdiener, Unsere Liebe Frau von Foix zu holen, die sein Bruder, der verstorbene Prinz Ferdinand, für gewöhnlich mit seiner Toilette bei sich führte; der Jesuitenpater de Véroncourt hatte sie ihm geschenkt, weil sie sich durch diverse Wunder ausgezeichnet hatte. Kaum hatte man sie dem verletzten Prinzen auf das Herz gelegt, als er wieder Atem schöpfte und Hoffnung für sein Leben bestand.«[23] Die Herkunft dieser Reliquie wird genau angegeben, um ihre Wirksamkeit plausibel zu machen.[24]

Die Beziehung zwischen Madame de Mondonville und ihrem Beichtvater Ciron beweist, daß die Gottessuche des Herzens bisweilen in sehr fleischliche Leidenschaften mündete. Die Abwesenheit ihres Seelenhir-

Flämische Schule, *Junge Frau auf dem Totenbett*; 17. Jh. Der Vater oder Gatte, der dieses Bild in Auftrag gab, wollte den Augenblick des Todes der geliebten Frau festhalten. (Rouen, Musée des Beaux-Arts)

ten, der Abschied genommen hatte, um Gott zu dienen, verursachte bei Madame de Mondonville Fieberanfälle. Sie hatte ständig das Bedürfnis, über ihre Seelenregungen Rechenschaft zu geben und das himmlische Manna durch den Briefwechsel mit Ciron zu empfangen: »Ihre Briefe sind mir eine Fackel, die mich Dinge in meinem Herzen sehen läßt, von denen ich nichts ahnte.«[25] Die Abwesenheit ihres Beichtvaters gab ihr Gelegenheit, ihre intimsten Gedanken mit leidenschaftlicher Inbrunst auszudrücken: »Ja, Monsieur, Sie können zu meinem Herzen sprechen, weil es dessen bedarf, und ich weiß nicht, wie es kommt, aber es versteht keine andere Sprache. [. . .] Nachdem ich beim Gebet eine große Leere empfunden hatte, schien es mir plötzlich, als besäße ich ein geheimes, gottgewolltes Wissen über Sie und mich. [. . .] Danach verfiel ich in einen Zustand der Sehnsucht, der das Leben öde macht. Man schaut, ohne zu sehen, man ißt, ohne zu schmecken, man lebt wie im Traum, und man liebt – man weiß nicht was; man wünschte sich einen Menschen, dem man sein Herz ausschütten könnte; man möchte die erstickte Flamme hoch auflodern lassen, die einen schier verzehrt.« Madame de Mondonville wußte sehr wohl, daß am Tag des Jüngsten Gerichts nichts verborgen bleiben würde. Sie hatte ihre Geheimnisse, ihre geheimen Wünsche und ihre Sorgen um Cirons Gesundheit; sie hegte »schreckliche Gedanken«. Das Verlangen, von Gott zu erfahren, was von ihrem Herzen »beschnitten« werden müsse, veranlaßte sie zu Fasten, Gebeten und den Demütigungen einer kasteienden Nächstenliebe. Ihre guten Werke bestanden darin, im Saint-Jacques-Hospital die Betten der kranken Frauen zu machen; doch wenn es an Personal fehlte, machte sie auch die Betten der Männer. Ein verwundeter junger Soldat mußte »viel leiden, weil sein ganzer Kopf von Würmern befallen war«. Sie schnitt ihm die Haare, »wobei mir zuerst herzlich übel wurde; aber der Gedanke, daß es Jesus Christus sei, dem ich diesen Dienst erwies, [. . .] machte, daß ich die am schlimmsten befallenen Haare in den Mund nahm«. Ciron fuhr fort, sie brieflich zu beraten, und schickte ihr ein

Bild der hl. Theresa. Madame de Mondonville scheint darin nicht nur das Gesicht, sondern auch die Seele der Heiligen erkannt zu haben. Und sie schrieb an Ciron, sie habe eifrig gebetet: »Und da ich Gott in Ihm selbst betrachtete, um Seinen Willen zu ergründen, schien es mir, als wolle Er mir sagen, es sei Sein Wille, daß Sie das verborgene Feuer aufscheinen lassen, das ich damals in Ihnen sah, wie mir schien, und an das ich seither nicht anders habe denken können.« Sie trug »äußerlich« ein Kreuz, »das aber tief in mein Inneres dringt«. Wenn nächtliche Träume sie schreckten, ging sie in ihr Kabinett, um den Frieden zu genießen, den das dort aufbewahrte Kruzifix ihr einflößte. Und wenn sie in Augenblicken des Alleinseins Atembeschwerden hatte und zu sterben fürchtete, verspürte sie, daß sie im Herzen Jesu war, oder glaubte, in ihrer Einsamkeit Gott zu sehen. Was in ihrem eigenen Herzen war, konnte sie nicht mehr ausdrücken.

Sie schickte Ciron ein kleines Reliquiar, das er zu einem Skapulier tragen konnte. Merkwürdigerweise scheint sie, wie Alberti, den Namen des Heiligen vergessen zu haben; die entsprechende Stelle in dem Brief ist leer. Zeugnisse, in der Form theologisch-notarieller Akten gehalten, folgten rasch aufeinander und bestätigten ihr, daß sie auf dem Weg zum Frieden Gottes Fortschritte erzielte. In ihren Gebeten vergaß sie sich und besudelte sich (1660); aber ihr Beichtvater ermutigte und stützte sie: »Da die Liebe selbst sich befleckt hat, indem sie Fleisch ward, müssen Sie sich nicht härmen.«

Die Andachtsobjekte waren es – das Kreuz, das sie um den Hals trug, das Kruzifix in ihrem Kabinett, das Bild der hl. Theresa, das ihr Beichtvater ihr geschenkt hatte, vor allem aber dessen Briefe an sie –, die ihr halfen, ihre Leidenschaft für die Liebe Gottes zu begreifen und zu be-

Jan Steen, *Der Arztbesuch*. Die Stellung des Armes und der Beine unterstreicht die Symptome der Krankheit auf dem Gesicht. Der Arzt braucht nur noch diese intimen Körpersignale zu entziffern. (Prag, Národní Galerie)

Scalion de Virbluneau, *Les Loyalles et Pudicques Amours* [*Die treue und die züchtige Liebe*], 1599. Die Macht Gottes beweist sich dadurch, daß er dem Menschen sowohl die Liebe (= das Herz) als auch den Tod (= die Totenköpfe) sendet. (Paris, Bibliothèque Nationale)

herrschen. Diese Gegenstände behielten zeit ihres Lebens die Kraft des Souvenirs.

War dies ein untypischer Fall? Madame de Mondonville war gewiß keine gewöhnliche Frau. Das Interessante an ihr ist ihre nie erlahmende Bewußtheit. Sie war eine Dame von Welt, die aus einer frommen und begüterten Familie stammte; aber sie verinnerlichte ihre Sensibilität kraft ihres Glaubens und durch Verzicht auf ein Leben in der feinen Gesellschaft. Man versteht diese durch den Beichtvater vermittelte Sehnsucht nach der Nähe Gottes nur dann richtig, wenn man darin ein intensives und gut dokumentiertes Beispiel einer damals weitverbreiteten sozio-religiösen Bewegung sieht. In ihren später entstandenen Memoiren erzählt Madame de Mondonville von der ersten Begegnung mit ihrem künftigen Beichtvater: »Ich sah im Vorübergehen, daß Herr de Ciron die Kommunion austeilte. [. . .] Ich ließ ihm sagen, daß ich beichten wolle. [. . .] Ich hatte mich nach der Mode der Zeit gekleidet und hatte immer die schönsten Gewänder [. . .], aber nachdem ich bei Pater Lejeune gebeichtet hatte, [. . .] hatte ich nie mehr den Busen entblößt und stand im Rufe großer Sittsamkeit.« Ciron hatte die Leitung ihres Gewissens damit begonnen, daß er sie aufgefordert hatte, »jene Manschetten zu tragen, die man jansenistische nannte, und die den ganzen Arm verhüllten«. Den Weg zur Vernunft und zur Gottesliebe begleiteten also Ermahnungen und Gegenstände, die halfen, die Leidenschaften des Herzens zu zügeln.

In Joseph de Gallifets gelehrter Abhandlung über das Leben der französischen Mystikerin Marguerite Alacoque (1649–1690) findet sich nicht nur eine Ethnologie der Verehrung des Allerheiligsten Herzens Jesu, sondern auch eine wissenschaftliche Darstellung von deren Praxis. Der geschichtliche Teil beschränkt sich auf die Ursprünge des Herz-Jesu-Kultes und auf verschiedene Meditationen großer Kirchenmänner über das Thema »Ein neues Herz, Herr, schaff' in mir«. Das inwendige Leiden Christi, das heißt das Leiden seines Herzens, war viel grausamer als seine äußere Schmach und Pein. Marguerite berichtet: »Ich sah ihn, und ich spürte ihn dicht bei mir; ich hörte seine Stimme; aber dies alles viel deutlicher, als ich es durch die Sinne meines Körpers aufgenommen hätte; denn von deren Eindruck hätte ich mich ablenken und abwenden können, aber gegen jene anderen Empfindungen war ich machtlos. [. . .] Nach diesen Worten forderte er [Christus] mein Herz: Ich flehte ihn an, er möge es nehmen, und er nahm es und legte es in sein eigenes, anbetungswürdiges Herz, und er ließ es mich sehen als ein winziges Atom, das sich in diesem glühenden Feuerofen verzehrte. Und dann gab er es mir zurück als brennende Flamme in Gestalt eines Herzens, und er tat es dorthin zurück, von wo er es genommen. [. . .] Niemals erlosch die Feuerglut [des brennenden Herzens], und du kannst Dir nur durch einen Aderlaß ein wenig Kühlung verschaffen.«[26] Wir befinden uns noch in der physischen Welt des Lukrez; zwischen dem vollkommenen göttlichen Licht und der ursprünglichen Hitze des Kosmos und des menschlichen Körpers besteht ein unmittelbarer Zusammenhang. Gleichzeitig prägte das auf dem Buch eingravierte Herz die Anatomie des Jahrhunderts.

Die Macht der Liebe

Physische Schönheit vermag den alten wie den jungen Körper leidenschaftlich zu erregen. Es genügt ein Blick, und die Wangen röten sich, der Blick verschleiert sich, man schlägt die Augen nieder, das Herz schlägt schneller, die Beine versagen den Dienst. Die Liebe ist eine Macht, wie es schon im Sprichwort heißt: »Die Liebe hat so große G'walt / Und über alles herrscht gar sehr, / Daß alles ihr erliegen muß.« (*Roman des deduis*, 1375) Die Liebe kann das Herz so verwirren und verstören, daß heftige Gemütsbewegungen, Krankheit, ja sogar der Tod die Folge sein können. Wen der Blick der Liebe getroffen hat, der neigt dazu, Sprünge zu vollführen, zu weinen, wirr zu reden oder Gedichte zu schreiben. Die Macht der Liebe trifft den Menschen von außen, vom Himmel oder aus unteren Sphären, und sie stört das Gleichgewicht der Körpersäfte. Alle Menschen sind der Liebe unterworfen, aber Männer und Frauen reagieren in unterschiedlicher Weise auf sie, weil ihre Körperorgane verschieden sind. Der Mann ist von Natur aus kälter als die Frau und daher den großen Liebesleidenschaften minder unterworfen als sie. Rabelais hat über die Frau geschrieben: »Die Natur hat ihr an einem versteckten Ort inwendig ein Tier in den Körper gesetzt, ein Glied, dergleichen der Mann nicht hat.« Die Funktionen des Uterus, die ja vom Mond gesteuert werden, können furchtbare Exzesse im Verhalten der Frau hervorrufen; aus diesem Grund werden die Männer durch den Liebesblick der Frau verstört. Gewiß gibt es Nuancen und sogar Widersprüche zwischen dem theologischen und dem medizinisch-rechtlichen Diskurs über die Auswirkungen der Liebe; aber sie halten sich im Rahmen eines übergreifenden Konsensus.

Nach französischem Recht war der Mann den Wirkungen der Liebesleidenschaft stärker ausgesetzt als die Frau, die doch als deren Inkarnation galt. Der Jurist Jean Chenu bemerkt dazu: »Die Erfahrung als Lehrmeisterin aller Dinge zeigt, daß es mehr Ehegatten gibt, die in leidenschaftlicher Liebe ihrer Frau zugetan sind, [...] und in einer zweiten Ehe für gewöhnlich die zweite Frau von ihrem Mann besser gestellt wird als der zweite Mann von seiner Frau [...], was daher kommt, daß der Mann, wie der Komödiendichter sagt, *cum ratione amare non potest* [›nicht mit Verstand lieben kann‹], dergestalt, daß er keine Rücksichten kennt, um sein Ziel zu erreichen.«[27]

Der Liebesblick und die Überlegungen, die er auslöste, veränderten die Einstellung zum Körper und zur Kleidung. Der Verliebte, der ohnehin achtsam Toilette machte, wurde nun noch sorgfältiger. Bevor sich der alternde König Heinrich IV. in die junge Charlotte verliebte, waren seine Haare und sein Bart ungepflegt, und er trug abgeschabte, schmutzige Kleidung. Plötzlich begann er, sich zu frisieren, umständlich Toilette zu machen und neue, prächtige Gewänder anzuziehen.[28] Bevor das Gerücht sich noch herumgesprochen hatte, wußte der ganze Hof, daß der König verliebt war. Die Sorge, die er seinem Körper und seiner Kleidung angedeihen ließ, war die Folge davon, daß er mit neuer Bewußtheit auf seine äußere Erscheinung achtete.

Fayenceteller; 16. Jh. Der verliebte Blick impliziert Überwachung, die auf die Schulter gelegte Hand Besitzergreifung. (Paris, Louvre, Sammlung Taillemas)

Die inneren Auswirkungen der Liebesleidenschaft schärften die Introspektion. Die Gegenwart der Geliebten, ihr Blick, ihre Bewegungen, ihr Lächeln, ihre Worte und vor allem die Kleidungsstücke, die ihren Leib berührten – dies alles wurde für den Liebenden zu etwas Heiligem. Eine geheimnisvolle, göttliche Kraft zwang die Herzen zusammen – in der weltlichen Liebe nicht anders als in der sakralen. All die Diskurse über die Liebe, die man aus Ovid und aus Dante, aus Petrarca und von den Troubadouren kannte, wurden zu Gemeinplätzen und verflachten – eine Entwicklung, die zuerst im 16. Jahrhundert im Adel auftrat, in den folgenden Jahrhunderten aber nicht auf diesen beschränkt blieb.

Die poetischen Diskurse drehten sich, bei allen Nuancen und Widersprüchen, stets um den Ort, an dem die Liebenden einander trafen, und um die Schönheit des weiblichen Körpers. Das Echo der Ritterliteratur hallte in den intimen Liebesbriefen ebenso nach wie das der Schäferdichtung. Wörter wie »die Sache« oder bestimmte Symbole wie etwa Sternchen bezeichneten in ganz »normalen« Liebesbriefen, die sich im Lobpreis auf Cupido und die Natur ergingen, einen Körperteil der Geliebten oder den Geschlechtsakt. Selbst die geheimsten und intimsten Aufzeichnungen der Neuzeit, nämlich die Tagebücher, die die Engländer verschlüsselt führten (damit ihre Frauen sie nicht lesen konnten), entbehren nicht der poetischen Diskurse.[29] Pepys in London benutzte italienische Wörter, um seine Liebesabenteuer mit jungen Londonerinnen festzuhalten. Heinrich IV., ein König, der nach Sprache und Auftreten weder zur Elite noch zum Volk gehörte, beschrieb der Gräfin de Gramont – seiner Corisande – einige Inseln bei Marans und sagte, sie hätten Ähnlichkeit mit Liebesnestern. Seine erotischen Phantasien kreisten um wäldliche Szenerien, vor allem um die »wonnevolle Einsamkeit« von Fontainebleau. Die Bilder junger Frauen, die als Venus oder Diana posierten, hatten fast immer einen Wald zum Hintergrund; daneben floß ein zum Bade ladendes Wasser, oder es gab einen Erdhügel wie auf den Darstellungen des umfriedeten Gartens.

Der Tausch der Dinge

Der Diskurs der Liebe konkretisierte sich in der Intimsphäre durch Andenken: das Billet doux, den Brief, ja, ein einziges von der Geliebten geschriebenes Wort. Liest in der holländischen Genremalerei eine alte Frau ein Buch, so ist das stets ein Symbol der Frömmigkeit und des Todes; liest dagegen eine junge Frau oder ein junger Mann einen Brief, so ist es ein Sinnbild der Liebe. Die Dame, die einen Brief ihres Geliebten empfangen hatte, verbarg ihn in ihrem Mieder, an ihrem Busen, und so war der Geliebte der Liebenden nahe und gegenwärtig. Liebesbriefe trug man wie Talismane bei sich, vorzugsweise in einem kleinen Lederbeutel, den man sich um den Hals hängte. In den Briefen wimmelte es von Abkürzungen und sonstigen Zeichen, die allerdings jedermann verständlich waren. Eines dieser verschlüsselten Zeichen für Liebe und Treue war die »fermesse«, das durchgestrichene S ($); es war seit dem

Jean Baptiste Joseph Pater, *Das Duett*. Der Mann, gekleidet im Henri-III.-Stil, sucht den Blick des »Bauernmädchens« – die Musik klingt aus.
(Paris, Sammlung Cailleux)

14. Jahrhundert bekannt, verbreitete sich jedoch so recht erst seit 1550 und wurde von Heinrich IV. in seinen Liebesbriefen viel verwendet.[30]

Kämme, Bänder, Ringe, Armreifen, Taschentücher, »gorgeoires« (Miederhüllen), Spiegel, Perlenhalsbänder, Gürtel und Strumpfbänder waren Gunstbeweise der Frau. Der Mann schenkte seiner Geliebten einen Ring oder ein Band und empfing dafür von ihr ein Band oder ein Tuch. Im 16. Jahrhundert kam die Gewohnheit auf, kleine Porträts von sich anfertigen zu lassen, und große Maler wie Holbein oder Hilliard haben diesen Markt bedient, den man einen »Markt für Intimitätsbedarf« nennen könnte.[31]

Den Tausch von Liebespfändern haben die Romane der Zeit oft inbrünstig beschrieben, in einem Stil, der an die religiöse Rhetorik gemahnte. In manchen Texten, die der privaten wie der öffentlichen Sphäre zuzurechnen sind, wie Autobiographien oder Romane, finden sich Beispiele für den intimen Diskurs der Liebe und die dazugehörigen Andenken. *Le Page disgracié* von Tristan L'Hermite ist bei aller Affektiertheit und Nachbarschaft zum Schelmenroman ein schönes Zeugnis für den Diskurs der Liebe, ihre intimen Schauplätze und den Tausch der Liebespfänder.

Tristans Engländerin ist sensibel, reich und generös. Für den Franzosen verkörpert sie das uralte Traumbild der schönen Angelsächsin. Tristan bemerkt dazu: »Ich empfand große Unruhe bei ihrer Ankunft, und wenn man mir zu der Stunde die Hand an die Seite gelegt hätte, so hätte man am Klopfen meines Herzens gemerkt, wie sehr mich dieses Ding bewegte.« Wenn die Geliebte fort ist, bedeckt er ihr Kleid mit Küssen und sucht ihre Privatgemächer auf, zumal ihr Kabinett. Die Engländerin legt ihm die Hand auf den Arm und bittet ihn, als Zeichen ihrer Liebe »einen kleinen Diamanten zu tragen [...] und ihr dafür sein gol-

Schild einer Hebamme; Deutschland, 16. Jh. Die Symbole der »Vanitas« – Spiegel und Geschmeide – treten für den Augenblick in den Hintergrund, während die Frau den drei Ratschlägen der Hebamme für eine gute Niederkunft lauscht. (Château du Gué-Péan, Loir-et-Cher)

denes Ringlein zu geben. Die Geliebte schenkte ihm Bilder, in Marmor eingelegt und in Lapislazuli und vergoldetes Silber gefaßt, [. . .] Kerzenleuchter für sein Arbeitszimmer und kleine silberne Tafeln für die ›ruelle‹ seines Bettes.«

Die Begegnungen der Liebenden finden im Kabinett der Frau statt. »Zuerst nahm sie meinen Arm, da sie im Stuhl gesessen hatte, [. . .] und fragte mich, wie ich die Nacht verbracht hätte.« Sie sprechen über Liebesromane, Musik, Eifersucht, das Verlassenwerden und den Tod. Dann folgen Treueschwüre: »das Herz bebte von meinen Seufzern, die Augen schwammen in Tränen [. . .].« Sie schenkt ihm ein Armband, das sie aus ihren Haaren geflochten hat; die Schließe ist »ein sehr schön geschliffener Smaragd«. (Die Begegnung der Liebenden bei Tristan L'Hermite gibt buchstäblich das in Worten wieder, was Vermeer auf seinen Bildern von Liebespaaren gemalt hat.) Dann empfängt Tristan das letzte Geschenk: »Ein mit Diamanten besetztes Medaillon [. . .]; auf dem Bild lag ein feines Papier, das viermal gefaltet war und auf dem diese Worte standen [. . .] ›Tragt diese Dinge aus Liebe zu mir, die ich ewig Euer Bild in meiner Seele tragen will.‹ Es gab keine Unterschrift, aber ein bestimmtes Zeichen [. . .], das sie wohl hundertmal vor meinen Augen mit der Spitze eines Diamanten in eine Fensterscheibe geritzt hatte.«[32] Bis gegen Ende des 19. Jahrhunderts war das in Glas geritzte intime Wort der vollkommene Ausdruck der Ambiguität der Liebe und des Todes.

Tristan trägt das Medaillon auf seinem Herzen. Die Geliebte kommt im Morgenrock zu ihm, was ihn tief bewegt. Um der Hitze des englischen Klimas zu entgehen, tritt sie in eine Grotte ein, einen jener Orte, an denen die Grenzen zwischen dem Göttlichen, dem Menschlichen und dem Tierischen verschwimmen.

Die beiden sind einander in treuer Leidenschaft ergeben, doch die Familie der Heldin greift ein, um das Paar zu trennen. Tristan wird fortan den Namen der schönen Engländerin wie ein Geheimnis hüten, aber er wird sie niemals vergessen. Seine Erinnerungen sind die Reste einer wirklichen oder imaginierten Intimität. In einem durch die Pest erzeugten Fiebertraum sieht er, »daß man mir zur Kräftigung ein Epithem auf das Herz legte, und da mein Blick ebenso verwirrt war wie mein Verstand, glaubte ich, das große schwarze Pflaster sei eine Öffnung in meinem Körper, durch welche die schöne Engländerin, die ich geliebt hatte, mir das Herz herausgerissen hatte«.[33]

Eiserne Schatulle; 16. Jh. Die Bemalung zeigt zwei Personen in einem Garten. Das Schloß soll nicht einen Diebstahl verhindern, sondern private Geheimsachen in der Schatulle – Geld, Schmuck, Liebesbriefe – schützen. (Avignon, Musée Calvet)

Miniaturen und Juwelen

In England war es unter Elisabeth I. Mode geworden, sich »einsam und schmachtend« im Waldesgrün malen zu lassen. Herbert of Cherbury, den Tristan vermutlich gekannt hat, ließ sich von Isaac Oliver in liegender Pose vor einem Wald darstellen. Verschmähte Liebe oder die Ferne der Geliebten waren der Grund für solche Bilder der Verlassenheit. Eine schöne Hofdame bat den Maler, der Herberts Bild gemalt hatte, für sie dasselbe Bild noch einmal als Miniatur anzufertigen. Später sah

Isaac Oliver, *Lord Herbert of Cherbury*. Der Duellant erzählt, wie er vor einem seiner Zweikämpfe, deren Bravour und Ritterlichkeit die Frauenherzen höher schlagen ließen, die Nacht einsam in einem Wald verbrachte. (Druck nach einem Porträt aus der Sammlung Powis)

Herbert, als er durch die Räume des Palastes ging, mit eigenen Augen, wie diese Hofdame hinter halb geöffneten Vorhängen allein auf ihrem Bett lag und beim Schein einer Kerze sein Bild betrachtete ...

Tausende solcher Miniaturporträts, wie sie die schöne Engländerin ihrem Tristan schenkte, haben die Wechselfälle der Zeiten überstanden. Es gibt zu diesem Thema noch keine Spezialuntersuchung, doch ist klar, daß seit 1500 immer mehr Kaufleute, Mitglieder freier Berufe und Adlige in Europa den Wunsch hatten, sich auf diese Weise malen zu lassen. Rund 60 Prozent der überlieferten Miniaturen tragen keinen Namen und werden daher für immer anonym bleiben – ein Beweis dafür, daß die Auftraggeber dieser Bilder ihre intimen Gefühle gewahrt wissen wollten.

Die Kunst der Miniaturenmalerei blühte vor allem in Deutschland und in England. Im 16. Jahrhundert von Porträts »in effigie« auf blauem Grund ihren Ausgang nehmend, erfuhr diese Kunstgattung eine beträchtliche Verfeinerung durch Nicolas Hilliard und gipfelte um 1660 in den Miniaturen Samuel Coopers, auf denen die abgebildeten Personen in die Ferne blicken. Hilliards unbekannter junger Höfling zwischen wilden Rosen, der die rechte Hand auf das Herz gelegt hat, drückt durch seinen Blick und die Körperhaltung die ganze Empfindsamkeit der Liebe und der Melancholie aus; für ihn gibt es weder Zeit noch Raum. Nicht selten sind auch Miniaturen junger Männer in einem Flammenkreis, der der Geliebten beim Anblick des Bildes die Herzensleidenschaft des Mannes und sein Liebesleid während ihrer Abwesenheit gegenwärtig halten soll.

Die Miniaturen waren in Edelsteine gefaßt und wurden an einem

Kettchen um den Hals getragen. Verschließbare Medaillons, in denen man etwas verstecken konnte, erfreuten sich im 18. Jahrhundert fast ebenso großer Beliebtheit wie die verschließbaren Tagebücher im Jahrhundert darauf. Um das Porträt wand sich häufig eine Haarlocke, die eine Verbindung zwischen dem lebendigen Körper der geliebten Person und ihrem Bild herstellte. Besonders bemerkenswert ist ein 2 mal 2,5 Zentimeter großes Medaillon, das die Miniaturen einer Mutter und ihrer Tochter (oder zweier Schwestern) zeigt: Haarsträhnen beider Frauen sind miteinander verflochten und werden durch goldene Sterne festgehalten. Im 18. Jahrhundert waren Miniaturen beliebt, die den Blick der Geliebten zeigten. In einem Medaillon oder der Schließe des Armbands verborgen, hielten diese Augen die Leidenschaft wach, wenn die Liebenden getrennt waren. Derlei Dinge verraten eine Sehnsucht nach Intimität, nach körperlichem Kontakt, die nicht weniger bedeutungsvoll ist als der Wunsch, neben dem geliebten, teuren Menschen begraben zu sein.

Nicholas Hilliard, *Jüngling unter Rosen;* um 1588. Das Bild soll angeblich Robert Devereux, 2nd Earl of Essex, darstellen. Die Hand des Mannes ruht auf seinem Herzen; der Blick schmachtet nach der fernen Geliebten. Die Blumen sind wilde Rosen, deren Gegenwart den Liebenden zusätzlich peinigt. (London, Victoria and Albert Museum)

Eine große Kamee in der Pariser Nationalbibliothek, die eine Dame als »Jägerin Diana« darstellt, läßt die Gegenwart der Geliebten nicht nur sehen, sondern auch fühlen; das Dekolleté der Figur erlaubte dem Liebenden die Beschwörung seiner sinnlichen Freuden. Gewöhnlicher und sicherlich bekannter waren kleine Ringe in Gestalt verschränkter Hände oder – noch verbreiteter – Herzen, aus denen Knoten oder Blumengirlanden sprossen. Das Musterbuch des Gilles Legaré von 1663 verzeichnet die geläufigsten Modelle: verknotete Schnüre, die, wie die Zeichnungen von verknoteten blühenden Pflanzen im umfriedeten Garten, Sinnbild der Zusammengehörigkeit, der Treue und der Erinnerung zweier Liebender oder zweier Ehegatten waren. Der Totenschädel, der auf diesen volkstümlichen Ringen ebenfalls häufig abgebildet wurde, gemahnte ihre Träger gewiß an den Tod, bezeugte jedoch vor allem die Treue eines Liebenden, eines Gatten oder eines Freundes bis in den Tod.

Die oft engen Beziehungen zwischen dem Maler oder Kunsthandwerker und seinem reichen Auftraggeber ermutigten dazu, bei der Gestaltung von Kleidern, Geschenken und Möbeln für den privaten Gebrauch der eigenen Individualität Ausdruck zu verleihen. Das Bild, das Petrus Christus vom hl. Eligius als Goldschmied gemalt hat, zeigt wahrscheinlich ein junges Paar bei der Wahl seines Eheringes. In einer kleinen Schatulle liegen Ringe zum Verkauf aus. Der Heilige wiegt einen der Ringe in der Hand, und das Fräulein macht eine zustimmende Geste, während der Bräutigam sie ermutigend umarmt.

Erotische Motive waren wahrscheinlich häufiger, als es die wenigen Überbleibsel dieses Genres vermuten lassen, die den in regelmäßigen Abständen wiederkehrenden Ausbrüchen von Prüderie zu trotzen vermochten. Von der »Verkleidung« einer Frau als Göttin ließ sich natürlich niemand hinters Licht führen. Künstler, die bereit waren, Totenmasken anzufertigen, waren ohne Zweifel auch geneigt, ihre Kunstfertigkeit spielen zu lassen, um die erotischen Phantasien ihrer Auftraggeber zu befriedigen. Die bedeutenden Abmessungen von Gemälden wie der *Frau mit roter Lilie* aus der Schule von Fontainebleau,

Isaac Oliver, *Bildnis eines Kindes*. Dieses Kind ist nicht nur ein Gast im Hause seiner Eltern, sondern wird immer in ihren Herzen wohnen. (Ham House, Surrey)

Samuel Cooper, *Bildnis einer Dame*. Die schmückende Perlenkette war für die Frauen Nordeuropas ein Prestigeobjekt. Handelt es sich um ein Bild der Liebe oder des Todes? Für die Miniaturmalerei stellte sich diese Frage nicht; denn das Intime ließ sich nicht differenzieren. (London, Victoria and Albert Museum)

Frau mit Schmuck und einem Gürtel in Gestalt einer Kette. Das Buch signalisiert, ebenso wie die Ringe und das Wappen, einen gewissen sozialen Status. Ob die Frau lesen kann, ist fraglich; denn das Buch ist zugeklappt und verschlossen.

der *Venus* Tizians (im Prado) und der sogenannten *Badenden Dame* Clouets (in Washington) werfen die Frage auf, wo sie in der häuslichen Umgebung ihren Platz haben sollten. Sie sind viel zu groß, als daß man sie hätte in der »ruelle« verstecken oder hinter einer kleinen Geheimtür des Kabinetts aufhängen können. Heinrich IV. bewahrte ein ungerahmtes und zusammengerolltes Bild seiner schönen Charlotte in seinen Privatgemächern auf. Alles läßt darauf schließen, daß diese großen Frauenporträts, die die Schönheit des weiblichen Körpers feiern, in kleinen Geheimzimmern zur Schau gestellt wurden, das heißt, an einem Ort, zu dem weder der Beichtvater noch ein frommer Verwandter Zutritt hatte. Diese Hypothese wird durch den Umstand bekräftigt, daß es einige Kabinette mit kleinen Türen und Schubladen gibt, die mit erotischen Szenen verziert sind. Waren auch jene Bilder »mit Schloß und Riegel« oder mit »Baldachinen« versehen, das heißt, mit Türen und Vorhängen, die ihr Geheimnis wahrten?

Kettenanhänger nach einem Entwurf Hans Holbeins. In der frühen Neuzeit kam der Wunsch auf, sich durch Tragen der eigenen Initialen von anderen zu unterscheiden. (London, British Library, Sammlung Sloane)

Liebe und Freundschaft in der Ehe

Die Liebe in der Ehe fand ihren Ausdruck im Diskurs der »vollkommenen Freundschaft«, das heißt der göttlichen Liebe, die zwei Seelen auf Erden verband. Die Sexualität wird zwar immer wieder thematisiert, aber in der Freundschaft dominiert die Vernunft über den Körper, und diese Vernunft ist göttlichen Ursprungs. Im 17. Jahrhundert gab es eine Familie de Vacherolles, die in noblen Verhältnissen vierzig Kilometer von Puy entfernt lebte. Die Briefe, die die junge Ehefrau ihrem Mann schrieb, sind veritable Liebes-, aber auch Freundschaftsbriefe: »Mein teures Herz, ich bin glücklich darüber, daß ich die Gelegenheit habe, dir an diesem ersten Tage des neuen Jahres das Gelöbnis zu erneuern, das ich dir gegeben habe: daß ich dich mein Leben lang lieben werde und an niemanden auf der ganzen Welt mein Herz hängen will als an dich. Ich bitte dich, mein teurer Freund, gedenke meiner, denn jedesmal, wenn du an mich denkst, wirst du meine Gedanken in dir finden, und wenn unsere Körper auch getrennt sind, so sind doch unsere Seelen immer beisammen.«[34] In dieser Seelengemeinschaft vollzog sich das Wachstum des Einzelnen und des Paares. Der Charakter des Gatten und Freundes paßte sich dem der Gattin an und umgekehrt. Man entdeckte sich selbst im anderen, und der Widerspruch zwischen den Leidenschaften und der Vernunft war aufgehoben. In einem anderen Brief der Madame de Vacherolles wird der romanhafte Hintergrund ihres Diskurses deutlicher, doch tut das der Echtheit ihres Gefühls keinen Abbruch: »Mein teures Herz, ich fordere von dir keine stärkeren Beweise deiner Liebe als jene, welche du mir früher schon gegeben hast. Und du mußt auch nicht mit deinem Blut unterschreiben, weil ich dir auch so glaube und weil ich daran zweifeln würde, daß du mich liebst, wenn ich so etwas von dir verlangen wollte!«

Madame de La Guette, eine Art Amazone, die in eine vornehme Juristenfamilie hineingeboren worden war, erzählt prosaisch, wie sie sich verliebte: »Im Schlafzimmer dieser Prinzessin sah ich einen gut gebau-

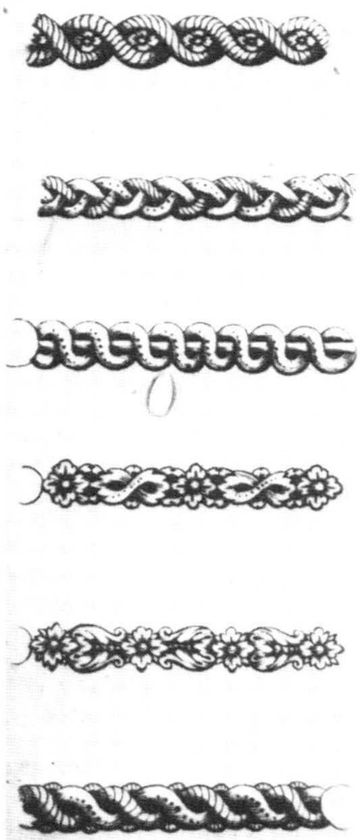

Gilles Légaré und Collet, *Entwürfe für Ringe.* Verknotete Ringe hielten die Herzen zusammen. Die Blumenmuster erinnerten an die Buchsbaum- und Thymianrabatten in den umfriedeten Gärten. (Paris, Bibliothèque Nationale)

ten Mann, der mich oft ansah. Ich kehrte in das Haus meines Vaters zurück, aber nicht so unbeschwert, wie ich es verlassen hatte, weil dieser gut gebaute Mann meinem Sinn schmeichelte und mich unruhig machte, ohne daß ich wußte, warum. Seither weiß ich es; denn ich liebte ihn genug, um ihn zu meinem Mann zu machen.«[35] Der Mann, der sie immer wieder angesehen hatte, hatte sich ebenfalls verliebt. Nach einigen Besuchen »sagte er mir die liebenswürdigsten Worte von der Welt und versicherte mich seiner Zuversicht und seiner Treue, die unerschütterlich seien«. Der Krieg trennte die beiden, aber: »Es war ein großer Trost für mich, seine Briefe zu empfangen, und selbst in diesen Zeiten begann der große Kummer, der mich verzehrte, von mir zu weichen.« Der Vater scheint gegen diese Heirat gewesen zu sein – aus dem einfachen Grund, weil er sich seinen Schwiegersohn nicht hatte aussuchen können. Doch einige aristokratische Freunde legten sich ins Mittel, und so konnten die Liebenden trotz des Widerstands des Vaters heiraten. Doch eine Erbschaftsangelegenheit komplizierte die Lage. In Anwesenheit einiger vornehmer Persönlichkeiten ereiferten sich der Vater und der Gatte dermaßen, »daß zu meiner Verblüffung Teller an die Tapeten flogen [...]. Die vornehmen Herren suchten das Weite, denn diese Personen gehen Problemen aus dem Weg und verstehen nur, mit der Feder zu kämpfen. [...] Ich sah meinen Vater und meinen Mann schon an der Schwelle des Todes. [...] Ich stellte mich als Schutzschild vor meinen Vater und entblößte meinen Busen. Dann sagte ich zu meinem Mann, der mit gezücktem Degen dastand: ›Stich nur zu; aber bevor du meinem Vater nur ein Haar krümmst, mußt du schon mich umbringen!‹« Madame de La Guette glaubte zwar, diese Geste sei ihr von der Natur eingegeben worden; aber sie enthielt zweifellos auch Reminiszenzen an die Literatur und das Theater. Die Art, wie der Körper zwischen den Liebenden »sprach«, wies über die Vernunft hinaus.[36]

Die Besuche ihres Mannes bei einer Dame von Stand machten Madame de La Guette eifersüchtig: »Ich hatte keine Ruhe mehr; ich konnte nicht still an meinem Platz bleiben; alles wurde mir unerträglich, sogar mein Bett. Eines Nachts, als mein Mann zugegen war, ging ich tausendmal auf und ab, und er fragte mich: ›Was hast du denn? Du rennst dauernd hin und her. Laß uns schlafen, ich bitte dich!‹ – ›Ich kann nicht schlafen. Ich habe solches Kopfweh ... und du allein kannst es heilen.‹ Und er sagte: ›Erklär' dich deutlicher!‹ – ›Also gut, erklären wir uns ... Was ich dir zu sagen habe, ist folgendes: Wenn du weiter eine gewisse Dame besuchst, werde ich euch beide vernichten, da kannst du sicher sein. Und jetzt mach, was du willst.‹« Ein solcher typischer Streit unter Liebenden fand in der Regel außerhalb der Ehe statt.

Mr. und Mrs. Pepys

Der Londoner Samuel Pepys war ohne Zweifel in die junge Französin verliebt, die er geheiratet hatte und die ihn glauben machte, sie sei eine geflohene Hugenottin. Er wachte streng über ihre Kleidung und ihre

Schule von Fontainebleau, *Dame mit roter Lilie;* 16. Jh. Das intime Bild dieser Frau entstand zum Vergnügen des Liebenden – in Auftrag gegeben bei einem Maler, dessen Können dürftig war, der sich jedoch auf die Wiedergabe erotischer Zeichen (gesenkter Kopf, Blick von unten) verstand.
(Atlanta, High Museum of Art)

Frisur, hatte jedoch gleichzeitig große Freude daran, mit ihr in die Stadt, in die Kirche oder ins Theater zu gehen. Die fast religiöse Intensität seiner Liebe wird daran ersichtlich, daß er alles daransetzte, sich bei der englischen Königin tunlichst nur in Begleitung seiner Frau zu zeigen. Der *Anblick* der Königin war für die beiden ein intimer Akt voller amouröser, sexueller, religiöser und politischer Bedeutung.

Eines Tages hört Pepys, als er nach Hause kommt, daß seine Frau und der Tanzmeister in *ihrem* Schlafzimmer Tanzschritte üben. Als das Geräusch der Schritte verstummt, tritt Pepys vor Eifersucht der kalte Schweiß auf die Stirn. Er hat keinen Grund, an der Treue seiner Frau zu zweifeln; doch da er selber ein Schürzenjäger ist, kann er nicht anders als glauben, daß seine Frau ihn betrüge.

In der Stadt begegnen Pepys Frauen jeden Standes, und immer versucht er, sie zu berühren, indem er ihnen ins Mieder oder unter den Rock faßt. Die Zahl der Frauen, die sich dergleichen gefallen lassen, ist bemerkenswert groß, was darauf hindeutet, daß dieses Gewährenlassen zur Rolle von Barmädchen und Kammerzofen gehörte. In der Kirche setzt er sich immer so, daß sein Blick während der Predigt auf eine schöne Frau fällt, und während der Woche erregt ihn der Gedanke, daß er am Sonntag diese oder jene Schöne in der Kirche wiedersehen wird. Mit gewissen Frauen pflegt er auch zu schlafen, doch solche Affären sind nicht sehr häufig – vielleicht, weil ihm die Frauen nicht »frisch« oder schön genug waren. Dafür wecken die Dienstboten in seinem eigenen Hause fatale Leidenschaften in ihm. Die schöne Deb kämmt ihrem Herrn die Haare, während Pepys die Hände unter ihren Rock gleiten läßt. Mrs. Pepys bekommt von der Sache Wind und zwingt ihn, Deb zu entlassen. Er läuft durch die Straßen, in der Hoffnung, ihr zufällig zu begegnen. Mrs. Pepys weiß sich vor Eifersucht und Wut über die Leidenschaft ihres Gatten für Deb nicht zu fassen und geht, als er im Bett liegt, mit einem glühenden Schürhaken auf ihn los, um ihm Angst einzujagen, doch Pepys bleibt unerschrocken, obwohl er aufgrund seiner schuldhaften Leidenschaft wie von Sinnen ist. Er räsoniert und er tobt. Zu allem Überfluß gesteht ihm seine Frau, daß sie in Wirklichkeit gar keine Hugenottin, sondern Katholikin ist. Diese Enthüllung bringt Pepys in Verlegenheit – nicht wegen seines Seelenfriedens, sondern in Hinsicht auf seine politischen Ambitionen, denn um 1660 war die Intoleranz gegen Katholiken eklatant. Als guter Beobachter hielt Pepys in seinem Tagebuch freilich auch fest, daß seine Frau den Geschlechtsakt mehr zu genießen schien, wenn sie wütend, als wenn sie ruhig war.

In Pepys' Haus scheint es nicht viele Erinnerungsstücke an Verwandte oder von ihnen ererbte Möbel gegeben zu haben. Vielmehr entschied sich das Paar für sorgfältig ausgewählte neue Möbel. Bei den großen Anschaffungen hatte Mrs. Pepys nichts mitzureden; dafür hatte sie freie Hand bei der Wahl des Leinenzeugs und der Vorhänge. Ein Kinderzimmer war vorgesehen, aus dem jedoch nach einigen Jahren Mrs. Pepys' Schlafzimmer wurde. Einmal war Pepys versucht, ein Kind zu kaufen, ließ den Plan aber wieder fahren.

Er läßt Bildnisse von seinem politischen Gönner, seiner Frau, seinem Vater und sich selbst anfertigen. Bei seinem eigenen Porträt verlangt er vom Maler, auf die konventionelle Landschaft zu verzichten und den Hintergrund dunkel zu lassen. Er läßt sich im Morgenrock abbilden, ein Notenblatt mit einer eigenen Komposition in der Hand. Dieses Porträt sollte mit minutiöser Genauigkeit die Physiognomie eines »virtuoso« wiedergeben. Bei dem Musikstück handelt es sich um ein Liebeslied; verglichen mit den großen Schöpfungen dieser Gattung ist es belanglos, aber für Pepys war es schön, weil es sein eigenes Werk war. Pepys liebte seine Frau aufrichtig und blieb zeit seines Lebens ihr wahrer Freund. Das Porträt seiner Frau und sein Tagebuch waren ihm die wertvollsten Zeugnisse seiner irdischen Existenz.

Die vollkommene Synthese von Liebe und Freundschaft, und zwar in einem umfassenderen religiösen Verstande, wurde von radikalen Protestanten gepredigt. Lutheraner und manche britischen Protestanten sahen in der Ehe die heilige Verschmelzung der göttlichen Liebe mit der Freundschaft, das »natürliche« Band zwischen Mann und Frau. Für sie war die Ehe die einzig wahre Verkörperung der göttlichen Liebe auf Erden.

Die katholischen Vacherolles konnten sich, zumindest im Geiste, immer einander verbunden fühlen, auch nach dem Tod; bei den Protestanten hingegen war die Gefahr sehr viel größer, daß das Band der Ehe unter solchen Belastungen zerriß, weil sie weder an die Wirksamkeit des Gebets für einen verstorbenen Gatten noch an die Macht der Fürbitte der Toten für die Lebenden glaubten. Dieser revolutionäre Individualismus hat auch die Ambiguität zwischen Liebe und Freundschaft nicht unberührt gelassen. Daniel Defoes *Conjugal Lewdness or Matrimonial Whoredom* (1727) ist die Philosophie einer Ehe, in der die von Freundschaft beflügelte Liebe der Eheleute in Gott gründet; dabei zählt Defoe eine Reihe egoistischer Verhaltensweisen auf, die die liebenden Gatten vermeiden müssen. Als Beispiel für diese Rhetorik der Liebe und Freundschaft in der Ehe diene ein Text der Amerikanerin Sarah Goodhue: »O teurer Gatte, mein liebster Busenfreund von allen, wenn ich durch einen jähen Tod von dir scheiden muß, laß nicht zu, daß die Sorgen und Mühen, die auf dir lasten, dich vom rechten Wege abbringen. O teures Herz, wenn ich dich und das Deine hier zurücklassen muß, so hast du hier Herz und Hand auf meine naturgegebene Neigung.«[37] Sarah Goodhue schrieb nieder, was sie ihrem Gatten nicht sagen konnte, der in Sorge um sie war, weil bereits die Wehen eingesetzt hatten. Was im Falle ihres Todes aus ihrer eigenen Seele werden würde, scheint sie nicht im mindesten beschäftigt zu haben; was sie aber wohl zu dieser intimen Notiz veranlaßte, war die Möglichkeit, daß ihr Gatte die seine verlieren könne. Das Wort »Busen« gebrauchte sie im biblischen Sinne, ähnlich dem »Schoß« Abrahams, als Inbegriff des vor allen Gefahren sicheren Ortes. Die Darbietung ihres Herzens, das heißt ihres Allerinnersten, und ihrer Hand, das heißt die Geste der freundschaftlichen Treue, korrespondierte ihrem Ehegelübde. Auch das Duzen (»thee«, »thy«, »thine«) entsprach in der englischen Sprache jener Zeit der Suche nach Intimität mit dem Gatten und mit Gott.

Intime Freundschaften

In der frühen Neuzeit beruhten berufliche und soziale Bindungen in erster Linie auf Freundschaften. Überall in Europa unterhielten die politischen Kreise in den Städten, die religiösen Gemeinschaften, die Bruderschaften, die vornehmen Familien und sogar die gelehrten Vereinigungen untereinander freundschaftliche Beziehungen, in denen sie ihre emotionale Basis sahen. Solche gruppeninternen Freundschaften gehorchten außerordentlich streng kodifizierten Regeln. Im 16. Jahrhundert bezeichnete man mit dem Wort »Freund« nicht selten einen Angehörigen derselben sozialen Gruppe.

Daß es einen Menschen immer enger zu einem anderen Menschen hinzog, war für die Zeitgenossen das Ergebnis des Wirkens von Affekten, die ihren Sitz im Herzen und im Gleichgewicht der Körpersäfte mit dem Geist hatten. Die intime Freundschaft war eine Form der Liebe, einer Liebe, deren Affekte und Leidenschaften durch den Geist, das heißt die Vernunft, in Schach gehalten wurden. In der frühen Neuzeit gab es keine wahre Freundschaft ohne diese affektive Annäherung eines Körpers an einen anderen Körper. Die Ikonographie der Freundschaft verherrlichte denn auch die Einheit der Körper und der Seelen.

Freunde hüteten die Erinnerung an ihre erste Begegnung; sie machten einander Geschenke, und zwar nicht, um einander sozial zu übertrumpfen, sondern um den anderen zu ehren und zu erfreuen. Schmuck, Kleidungsstücke, Bücher, Kämme, Spiegel und Andachtsutensilien wurden ausgetauscht – nicht weil der Kalender es gebot, sondern zum Zeichen, daß die Freundschaft inniger wurde. Die Krankheit eines Freundes gab zu Besorgnis, ja, zu Befürchtungen Anlaß. In den großen philosophischen oder religiösen Freundschaften starb mit dem Freund ein Teil des eigenen Ichs. Freunde tauschten ihre Bildnisse aus. Alberti liebte es, die Gesichter seiner Freunde zu zeichnen. Sein in Bronze gearbeitetes Selbstporträt zeigt ein geflügeltes Auge (seine »impresa«) – ein Zeichen dafür, daß Freundschaft aus der gegenseitigen Wahrnehmung, dem Einander-Sehen lebt.

Zwischen Freunden desselben Geschlechts fiel der stärkste Ausdruck affektiver körperlicher Zuneigung, die Sexualität, der Vernunft zum Opfer; doch erotische Gespräche und Blicke blieben auch in einer solchen Freundschaft möglich. Seine finstersten Geheimnisse teilte man ebenso wie seine schlimmsten Ängste mit seinen Freunden.

Die in den Ring eingravierte Widmung lautet: »Gift of R. Sanders, 1744«. Es ist ein Talisman für einen Sohn, Neffen oder Freund, der eine innere Gefühlsbindung sichtbar machen soll. (Worcester Art Museum)

Die Ehe verlangte das körperliche Zusammenleben – wenn schon nicht aus leidenschaftlichem Begehren, so immerhin aus Pflicht; doch mußten die sexuellen Beziehungen nicht unbedingt von innerer Nähe oder Freundschaft zeugen. Der Geschlechtsakt bedurfte nicht der Intimität, sondern nur der Privatheit. Der Beischlaf in Vernunftehen blieb daher oft gegenseitige Masturbation. In Ehen, in denen zwischen den Gatten kein Vertrauensverhältnis bestand, oder der Wunsch, sein Innerstes zu offenbaren, erloschen oder nie vorhanden gewesen war, fehlten in den Briefen die Zeichen der Freundschaft. Die Gattin wurde

John Hayls, *Samuel Pepys*; 1666. Pepys ließ sich zu seinem Vergnügen als Privatmann malen; er trägt einen Morgenrock und hält in der Hand eine eigene Komposition. (London, National Portrait Gallery)

dennoch als »Freundin« apostrophiert, weil es ein Affront gewesen wäre, das nicht zu tun; aber auch die Anrede »Madame« für die eigene Ehefrau war keineswegs ungewöhnlich. Waren die Beziehungen schon nicht intim, so waren sie doch höflich.

Vater und Sohn

Wenn sich in der englischen Adelsfamilie überhaupt intime Beziehungen bildeten, dann waren es – Lawrence Stone hat darauf aufmerksam gemacht – die Beziehungen zwischen dem Vater und seinem ältesten Sohn. Vielleicht gilt das für die aristokratischen Familien in ganz Europa. Aus der Lektüre der alten Autoren wissen wir, daß es den freundschaftlichen Diskurs nur zwischen Männern gab. In Frankreich war die Vater-Sohn-Beziehung in den Familien Pasquier, Talon, Arnauld d'Andilly und Lefebvre d'Ormesson – um nur einige Beispiele zu nennen – so intim, daß die männliche Tabuisierung affektiver Gesten und »übertriebener« Gefühlsausbrüche zur Entstehung einer eigenen literarischen Gattung führte: In Briefen und Testamenten bekundeten die Väter die Liebe zu ihren Söhnen und umgekehrt. Sie schrieben einander, selbst wenn sie unter einem Dach wohnten. Als Olivier Lefebvre d'Ormessons Sohn André gestorben war, schrieb der Vater – gewiß voller Wehmut, aber auch mit dem Wissen des Juristen von den Abgründen des Herzens –: »Sehr zärtlich liebte er mich und ich ihn, und wenn wir einander Vater und Sohn sagten, so diente das nur dazu, unsere Freundschaft füreinander zu vertiefen und sie noch legitimer und noch stärker zu machen. Diese Freundschaft, die zu seinen Lebzeiten meine Freude war, ist seit seinem Tod mein Kummer geworden [...]. Ich habe einen Sohn verloren: das ist nicht genug gesagt, um meinen Schmerz auszudrücken; denn der Verlust eines Sohnes ist nicht immer ein großer Kummer für einen Vater; aber ich habe einen liebenden Sohn verloren [...].«[38]

Das unvermeidliche Aufbegehren des Sohnes gegen den Vater machte mitunter die Chance einer engen Freundschaft zwischen beiden zunichte. Arnauld d'Andilly errichtete eine ganze Philosophie der Freundschaft um die warmherzigen Beziehungen zu seinem Vater und seinem Schwiegervater – möglicherweise als Kompensation für den abrupten Bruch zwischen ihm und seinem ältesten Sohn.

Im Kreis gebildeter Frauen ist ein vergleichbares Konzept der Freundschaft zwischen Mutter und Tochter nur selten anzutreffen. Einschlägige Dokumente sind seltener, was daran liegen mag, daß es weniger gebildete Frauen als Männer gab. Es kann durchaus sein, daß viele Mütter ihre emotionalen Hemmungen überwanden und mit ihren Lieblingstöchtern über alles sprachen. Die enge Freundschaft zwischen Madame de Sévigné und ihrer Tochter ist hierfür sicherlich ein Musterbeispiel. Durch große Entfernung und für lange Jahre von ihrer Tochter getrennt, lebte die Marquise ganz für ihre Tochter. Doch was sie zu dieser Intimität antrieb, war nicht vor allen ihr Herz, sondern der Geist, der auch Freunde für immer zusammenhält.

Noch mehr Aufschluß über väterliche Freundschaften gewähren die Autobiographien von Männern aus dem Künstler- und Handwerkermilieu. Die Autobiographien Cellinis, Dupont de Nemours' und Ménétras[39], so verschieden sie nach Ort und Zeit ihrer Entstehung auch sein mögen, treffen sich doch in der gemeinsamen Absicht, anderen Jugendlichen die Jugenderinnerungen eines alten Mannes zu überliefern. Ménétra behauptet zwar, einzig zu seinem eigenen Vergnügen zu schreiben, aber das ganze Buch spiegelt die Beziehung zwischen dem Meister und seinem Lehrling, die in einer dunklen Kneipe sitzen und ein Glas und eine Flasche vor sich stehen haben.

Bei den Malern und Kunsthandwerkern wurde kein Unterschied zwischen der Freundschaft mit einem Lehrling und der Freundschaft mit dem eigenen Sohn gemacht. Ménétra wurde von seiner Frau gezwungen, die Werkstatt zu verkaufen, bevor er sicher war, daß sein Sohn wirklich nicht Glaser werden wollte. Sein eigener Vater hatte kein gutes Verhältnis zu ihm gehabt, aber er hatte ihn in die Anfangsgründe seines Handwerks eingeführt und ihm seine Werkstatt verschafft. Ménétra selbst war es am Ende seines Lebens nicht vergönnt, dasselbe für seinen Sohn zu tun.

Selbst wenn die Söhne mit ihren Vätern über ihre Berufswahl zer-

Anthonis van Dyck, *Guillaume Richardot mit einem seiner Söhne*. Dieser Mann hat sich zusammen mit seinem kleinen Sohn malen lassen. Die Natur im Hintergrund wirkt weder einladend noch bedrohlich. (Paris, Louvre)

Illustration zu einer französischen *Decamerone*-Übersetzung; Paris 1757–1761. Eine italienische Tradition des 14. Jahrhunderts fortsetzend, schilderte die holländische Genremalerei des 17. Jahrhunderts gerne die Freuden der körperlichen Liebe.

stritten waren, zweifelten sie nicht daran, die Talente des Vaters geerbt zu haben. Autobiographien aus den unteren Volksschichten brüsteten sich damit; sie zeichnen das Bild eines Vaters, der die Anstelligkeit des Sohnes zu würdigen wußte. Nachdem er jahrelang mit seinem Vater im Streit gelebt hatte, bewies Dupont de Nemours, daß er fähig war, sich der väterlichen Disziplin zu unterwerfen; er stellte eine prächtige Taschenuhr her, in die er den Namen seines Vaters eingravierte. Dieses Geschenk war ein »rite de passage«, und Duponts Vater hörte nun endlich auf, seinem Sohn unablässig und ganz wortwörtlich auf die Finger zu schauen.

Cellini faßte eine leidenschaftliche Zuneigung zu einem jungen Lehrling, eine Zuneigung, die nach seinen Worten der zu einem Sohn ganz ähnlich war. Er musizierte gemeinsam mit dem jungen Mann und setzte während der Pest sein Leben aufs Spiel, weil er einen sterbenden Freund und Kollegen nicht allein lassen konnte. Das Verhältnis zwischen Erwachsenen und Jugendlichen wurde durch die allseits anerkannte Hierarchie des Talents und der Berufserfahrung bestimmt – um die Abmessung eines Gegenstandes anzugeben, spricht Cellini von der »Handspanne eines zwölfjährigen Knaben«. Diese jungen Männer wollten sich ihre »Freiheit« bewahren, was in der Praxis bedeutete, daß sie ganz oder teilweise auf das regelmäßige und eheliche Zusammenleben mit einer Frau verzichteten. Ménétra hatte eine Vorliebe für die muntere Sozialität der Werkstatt, für Liebesabenteuer und Reisen, für Spaziergänge und gemeinsame Mahlzeiten – ohne sich sonderlich um Geldangelegenheiten oder regelmäßige Aufträge zu kümmern, auch nachdem er sich entschlossen hatte, »ein Ende zu machen«, das heißt zu heiraten.

Die Freunde und die Gattin

Das Mädchen, das sich Cellini »zu seinem Vergnügen« hielt, scheint keinen Anteil an seinem privaten Leben genommen zu haben: Die Beziehungen zu ihr waren offensichtlich rein fleischliche. Weder Cellini noch Ménétra kannten die Liebe in der Ehe, doch beide waren sich bewußt, daß es dergleichen geben konnte. Während seiner Wanderschaft im Languedoc verliebte sich Ménétra in eine hugenottische Witwe, die er zärtlich liebte. Sie war sensibel und entsprach genau seiner Vorstellung von einer liebenden Frau. Aber ihre Eltern suchten für sie einen Mann, der nicht nur eine Werkstatt leiten konnte, sondern auch den Platz des Verstorbenen im gesellschaftlichen und bürgerlichen Leben ausfüllte. Ménétra kam endlich zu dem Schluß, daß er das ungebundene, abenteuerliche Dasein im Kreis seiner Gefährten nicht aufgeben mochte. Doch für den Rest seiner Tage trauerte er der verlorenen Intimität mit der hugenottischen Witwe nach. Als er heiratete, übernahm seine Frau die verhaßte Rolle seiner Stiefmutter; sie nahm sein Geld – angeblich für Ausgaben im Haushalt – und steckte es ihren Neffen zu. In der Ehe Ménétras gab es weder Liebe noch Freundschaft. Am meisten lagen ihm seine Freunde am Herzen. Alle steuerten ihr

Gerard Terborch, *Leseunterricht*. Ein sogenanntes »Genrebild«. Das Buch ist sehr groß, also keine Fibel. Die Intimität gedieh durch fromme oder philosophische Lektüre. (Paris, Louvre)

Scherflein bei, um sich gemeinsam eine Prostituierte leisten zu können. Zusammen mit einem anderen Freund beging Ménétra das, was man nur als Vergewaltigung eines armen Mädchens bezeichnen kann. Wieder ein anderer organisierte ein Stelldichein mit einer Frau, die, wie sich am nächsten Morgen herausstellte, die Mätresse seines Vaters war. Er behauptet, die Frau habe ihm versichert, sie habe bei ihm mehr Vergnügen empfunden als jemals mit seinem Vater. Hingegen respektierte er die Freundin eines Freundes und versagte sich eine Nacht mit ihr.

Die große Rhetorik der Liebe und der Freundschaft lernte Ménétra, der Glasergeselle am Ende des 18. Jahrhunderts, aus der Lektüre von Romanen und aus dem Besuch der Oper und des Schauspiels. Eine Frau, die heiraten wollte, sagte zu ihm: »Aus dem, was du da gesagt hast, sehe ich, daß du mich nie geliebt hast.« Und er gesteht: »Sie hatte recht; denn niemals hatte eine Frau mein Herz angerührt, wenn nicht um des Vergnügens der Sinne willen und wegen nichts anderem.«

Er mietete billige Räume für seine Rendezvous, und in einem von ihnen, im siebenten Stock des Klosters Saint-Germain, installierte er kleine Spiegel an den Wänden, »so daß ich mich im Bett von allen Seiten sehen konnte«. Dieser geheime Ort scheint nicht nur fleischlichen Freuden vorbehalten gewesen zu sein, aber es ist klar, daß Ménétra für »neue Eroberungen« einen solchen Raum benötigte. Doch auch für ihn scheint die Intimität in Gestalt von Männerfreundschaften – mit jungen Leuten oder zwischen Vätern und Söhnen – unabdingbar gewesen zu sein.

Die zeitgenössische Geschichtsschreibung ist, trotz erstaunlicher einzelner Leistungen, in der Erkundung der Zeichen der Intimität vergangener Gesellschaften noch nicht so weit fortgeschritten, daß sie sich auf ihren Erkenntnissen ausruhen dürfte. Hinter den Einsichten warten noch immer ungelöste Rätsel. Und es genügt in diesem Falle auch nicht, die auf uns gekommenen Dokumente sorgfältig zu studieren. Denn in der Geschichte der Intimität sind weniger die »Tatsachen« als vielmehr die »Bedeutungen« die entscheidenden Auskunftsquellen. Die Bedeutungen sind die Geheimschrift gelebter Leben. Die Arbeit, sich mit dem Alphabet der Bedeutungen vertraut zu machen, beginnt für den Historiker mit jedem Gegenstand, jedem Text, jedem Symbol, jeder Geste immer wieder aufs neue.

Anmerkungen

1 Sehr herzlich danke ich Roger Chartier, Georges Dethan, Gérard Defaux, Robert und Elborg Forster, Josué Harari, Pierre Lançon, Graf de Panat, Patricia M. Ranum und Mack Walker für ihre Hilfe bei der Niederschrift dieses Kapitels, die ich zu Lebzeiten Philippe Ariès' leider immer wieder hinausgeschoben habe.

2 *The Diary of Samuel Pepys*, hrsg. von R. Latham und W. Matthews, Berkeley 1970–1976, 9 Bde.

3 Die Sache selbst ist nicht sonderlich originell. Zu den Selbstbildnissen Marcias (um 1400) vgl. M. Meiss, *French Painting in the Time of Jean de Berry*, London 1967, Abbildungen S. 287 ff.

4 Erwin Panofsky, *Albrecht Dürer*, Princeton 1948, 3. Aufl.

5 N. Pellegrin, *Les Bachelleries. Organisation et Fêtes de la jeunesse dans le Centre-Ouest*, Poitiers 1982, S. 94.

6 Das Standardwerk zu diesem Thema ist Peter Thornton, *Seventeenth Century Interior Decoration in England, France and Holland*, New Haven 1978.

7 R. Strong, *The Renaissance Garden in England*, London 1979, S. 210.

8 Ebd., S. 206.

9 Emmanuel Le Roy Ladurie, *Montaillou. Ein Dorf vor dem Inquisitor 1294 bis 1324*, Übs. Peter Hahlbrock, Frankfurt/Main–Berlin 1989, S. 276.

10 Janet Bord, *Mazes and Labyrinths of the World*, New York 1975, S. 46.

11 K. Lydecker, *Domestic Setting of the Arts in Renaissance Florence*, Dissertation, Johns Hopkins University 1987. Siehe auch Robert Wheaton, »Iconography of the Family Portrait«, in: *Journal of Family History*.

12 *Mémoires*, ed. M. Richard, Paris 1968, S. 77.

13 Elise Goodman-Soellner, »Poetic Interpretations of the ›Lady at her toilette‹«, in: *Sexteenth Century Journal* 14, 1983, S. 426.

14 Watteau selbst bestätigt diese Hypothese. Es handelt sich um den »Voyeur« auf *Gersaints Ladenschild* (Berlin-Charlottenburg), der niedergekniet ist, um die nackten Frauen auf dem Schild besser betrachten zu können. Zur Problematik des Intimen in der Malerei des 18. Jahrhunderts siehe M. Fried, *Absorption and Theatricality. Painting and the Beholder in the Age of Diderot*, Berkeley 1980.

15 D. Roche, *Le Peuple de Paris*, Paris 1981, S. 135.

16 W. Liebenwein, *Studiolo: Die Entstehung eines Raumtyps und seine Entwicklung bis 1600*, Berlin 1977.

17 F. Lehoux, *Le Cadre de vie des médecins parisiens au XVIe et au XVIIe siècle*, Paris 1978, S. 135.

18 Janet Todd, *Women's Friendship in Literature*, New York 1980, S. 109. Ich teile nicht die Meinung Janet Todds, das Nasenbluten in *Clarissa* sei »ein Gleichnis für die Vergewaltigung«. Auch Männer kennen das Nasenbluten (sogar das Standbild im *Castle of Otranto*, IV), und daher ist es eher eine »Folge der Leidenschaften«.

19 Sainctot, Chantilly, Ms. 113 B 27, fo. 26.

20 *Mémoires*, Paris 1982, S. 67.

21 P. Lançon, *L'Ordre des Dominicains dans la ville de Rodez depuis leur fondation à la Révolution*, Magisterarbeit (maschinenschr.), Universität Toulouse.

22 A. Wilmart, »Comment Alain de La Roche prêchait le Rosaire«, *La Vie et les Arts liturgiques* 11, 1924, S. 112.

23 *Mémoires*, Köln 1688.

24 K. Pomian, »Entre le visible et l'invisible: la collection«, in: *Libre* 3, 1978, S. 3–56.

25 *Lettres inédites* . . . ed. Léon Dutil, Paris 1911, passim. Siehe auch A. Auguste, »Gabriel de Ciron et Madame de Mondonville«, in: *Revue historique de Toulouse* (1914).

26 *L'Excellence de la dévotion au coeur adorable de Jésus-Christ*, Lyon 1743, S. 43.

27 *Cent Notables et Singulières Questions de droit*, Paris 1611, 4. Aufl., S. 268.

28 André Lamandé (Hrsg.), *Les Lettres d'amour d'Henri IV*, Paris 1932.

29 Élisabeth Bourcier, *Les Journaux privés en Angleterre de 1600 à 1660*, Paris 1976.

30 Claude Dulong, »Les signes cryptiques dans la correspondance d'Anne d'Autriche avec Mazarin«, in: *Bibliothèque de l'École des Chartes* 140, 1982, S. 61–83.

31 J. Murdoch u. a., *The English Miniature*, New Haven 1981; Anne Ward u. a., *Rings through the Ages*, New York 1981.

32 *Le Page disgracié*, ed. M. Arland, Paris 1946, S. 147.

33 A. a. O., S. 38.

34 Jean Torrilhon (Hrsg.), *Le Maître de Craponne*, Nonette (Puy-de-Dôme) 1980, S. 75.

35 *Mémoires*, ed. M. Cuénin, Paris 1982, S. 44.

36 Erinnert sei auch an das Verhalten Madame de La Guettes in der Nacht nach dem Tod ihres Mannes: »Als alle sich zurückgezogen hatten und die Geistlichen nach unten gegangen waren, um etwas zu essen, [. . .] stand ich leise auf, um den Leichnam meines geliebten Mannes zu holen; ich hatte vor, ihn in meinem Bett zu verstecken. Als ich dabei war, ihn mir auf die Schultern zu laden, was mir große Mühe bereitete, da er bereits kalt war, machte ich ein Geräusch, und die guten Kirchenmänner, die unter seinem Schlafzimmer soupierten, hörten mich [. . .]«; a. a. O., S. 159. Nachdem die Geistlichen Madame de La Guette schon früher daran gehindert hatten, mit der Leiche ihrer Mutter zu tun, was sie wollte, griffen sie nun auch nach dem Tod ihres Gatten ein.

37 G. Geddes, *Welcome Joy: Death in Puritan New England*, Ann Arbor 1981, S. 51.

38 *Réflexions d'un père sur la mort de son fils*, ed. A. Chéruel, Paris 1860/61, Bd. I, S. LVII.

39 *Journal de ma vie*, hrsg. von Daniel Roche, Paris 1982, S. 197.

Nicolas Lancret, *Das Schinkenfrühstück*, 1735 (Ausschnitt). (Chantilly, Musée Condé)

Jean-Louis Flandrin

Der gute Geschmack und die soziale Hierarchie

»Wohlan, laßt euch zur Erbauung eines Tages die Grübeleien und Eingebungen darlegen, die jener im Kopf herumtreibt, um derentwillen er seine Gedanken von einer guten Mahlzeit fernhält und sich die Stunde reuen läßt, die er auf seine Nahrung verwendet; ihr werdet finden, daß unter allen Gerichten eurer Tafel keines so schal ist wie diese schöne Unterhaltung seiner Seele.«

Montaigne, *Essais*, Drittes Buch, XIII

Die erste *Histoire de la vie privée des Français*, 1782 von Le Grand d'Aussy vorgelegt, konzentrierte sich auf die Ernährungsgewohnheiten und Tischsitten der Franzosen. Das vorliegende Werk ist offener und kann daher diesem Thema nicht dieselbe Aufmerksamkeit schenken, zumal viele seiner Aspekte immer wieder erörtert worden sind, so zuletzt von Barbara Wheaton.[1] In diesem Kapitel wollen wir vor allem untersuchen, wie sich der kulinarische Geschmack im 17. und 18. Jahrhundert veränderte und welche soziale Rolle der Geschmack in dieser Zeit spielte. Die Freude am gemeinsamen Essen und Trinken war dem Mittelalter nicht unbekannt; sie scheint sich jedoch in der frühen Neuzeit insofern gewandelt zu haben, als man zunehmend größeren Wert auf die Übereinstimmung der Tischgäste in den Manieren und im Geschmack legte.

Die Verfeinerung der Tischsitten

Im Zusammenhang mit den Tischsitten kämpften die mittelalterlichen Anstandsbücher – man könnte auch von »Curtesien« sprechen – gegen Völlerei, Gestikulieren, Unsauberkeit und mangelnde Rücksichtnahme auf die anderen Gäste. Dies alles galt natürlich auch im 17. und 18. Jahrhundert, doch traten nun neue Vorschriften neben die alten. Sie drehten sich vornehmlich um das – auch dem Mittelalter nicht unbekannte – Gebot der Reinlichkeit beim Essen, indem sie zum Gebrauch der neuartigen Tischutensilien anhielten: Jeder Esser sollte nun seinen eigenen Teller, sein eigenes Glas, sein eigenes Besteck benutzen. Das Essen mit den Fingern wurde ebenso verpönt wie das gemeinsame Essen von *einem* Teller.

Reinlichkeit und Individualität: die Tischutensilien

Hierin kam nicht nur ein zwanghafter Drang zur Reinlichkeit zum Vorschein, sondern auch ein fortschreitender Individualismus: Mit dem eigenen Teller, dem eigenen Glas und dem eigenen Besteck entstand um jeden Esser eine unsichtbare Mauer. Im Mittelalter aßen alle von demselben Teller oder schnitten das Fleisch auf demselben Brett, alle tranken aus demselben Pokal, der um den Tisch kreiste, man reichte Messer und Löffel weiter, die noch nicht »Privatbesitz« waren, und tunkte Brot oder Fleischstücke in dasselbe Salzfaß oder dieselbe Saucenschüssel. Im 17. und 18. Jahrhundert hingegen war jeder sein eigener Herr, was den Teller, das Glas, das Besteck, die Serviette und das Brot betraf. Alles, was auf Platten und Schüsseln oder in Salzfäßchen für alle serviert wurde, mußte man mit dem dafür geeigneten Servierbesteck aufnehmen und auf seinen Teller legen, bevor man es mit dem Eßbesteck zum Mund führte. So war jeder Tischgenosse wie in einem unsichtbaren Käfig gefangen. Wie kam es zu diesen Vorsichtsmaßregeln – zweihundert Jahre, bevor Pasteur die Mikroben entdeckte? Welche Art von Unreinlichkeit fürchtete man so sehr? War es nicht vor allem die Angst vor dem Körperkontakt mit den Mitmenschen?

Die zahllosen Hinweise auf die Reinlichkeit im 17. Jahrhundert sind zweifellos frappierend, insbesondere in Texten über die Küche und den gedeckten Tisch; Georges Vigarello[2] hat gezeigt, daß unsere heutige Vorstellung von Körperhygiene auf dieses 17. Jahrhundert zurückgeht, das fraglos das reinlichkeitsbewußteste der französischen Geschichte gewesen ist. Allerdings muß man nachdrücklich darauf beharren, daß der Reinlichkeitsbegriff in jener Zeit mehrdeutig war. Der heute geläufigste Sinn des Wortes »sauber, reinlich« (»propre«), der ihn zum Antonym von »unsauber, schmutzig« (»sale«) macht, datiert nach Auskunft des *Petit Robert* erst von 1640. Noch 1704 jedoch betrachtete das *Dictionnaire de Trévoux* das Wort »propre« als gleichbedeutend mit den lateinischen Wörtern »ornatus«, »compositus« oder »comptus« und »propreté« als gleichbedeutend mit »elegantia« oder »concinnitas«. Und in der Tat dachte man eher an Eleganz als an Sauberkeit, wenn man beispielsweise sagte: »Die Frauen tragen oft eine affektierte, lächerliche ›propreté‹ zur Schau.«

Halten wir also fest, daß die Franzosen im 17. Jahrhundert der »propreté« in der Küche, beim Servieren und bei den Tischmanieren hohe Bedeutung beimaßen und daß sie die »saleté«, den »Unflat« und die »widerlichen Unarten beim Zubereiten und Servieren« verurteilten, die in früheren Zeiten in Frankreich im Schwange gewesen und auch jetzt noch in anderen Ländern, zumal außerhalb Europas, anzutreffen seien; bedenken wir aber auch, daß damals die Wörter »propreté« und »saleté« nicht dieselbe Bedeutung hatten wie heute.

Für manche neuen Tischsitten gab es keinen ersichtlichen Grund. Speisen durfte man nicht mit der Messerspitze in den Mund stecken; wohl aber durfte man dem Nachbarn auf dem Messer aufgespießte saubere Käsestückchen anbieten. Für die meisten Speisen wurde die Gabel

Seit Ende des 17. Jahrhunderts gehörten Gabel und Löffel definitiv zum Tischbesteck der Elite. Beide Gegenstände sahen allerdings damals anders aus als heute und wurden auch anders gebraucht. (Nicolas Arnoult, *Festessen anläßlich des Friedens zu Ryswick*, 1697; Paris, Bibliothèque Nationale)
Gegenüberliegende Seite: *Mittag;* anonymer Kupferstich, 1697. (Paris, Bibliothèque Nationale)

empfohlen, nicht jedoch für Oliven, die man mit dem Löffel, und für Nußkerne, die man mit der Hand aß. Die Serviette band man sich nicht um den Hals, sondern entfaltete sie über der Brust usw. Für die meisten dieser Vorschriften hat man geistreiche Erklärungen gefunden.[3] So wertvoll diese Erklärungen sein mögen, noch wichtiger war zweifellos die Bedeutung der Tischsitten für die Markierung sozialer Unterschiede. Das wird besonders bei solchen Regeln deutlich, die im Laufe der Jahrhunderte durch ihr Gegenteil ersetzt wurden. So empfahlen die Anstandsbücher zwischen dem 15. und 17. Jahrhundert, das Brot nicht mit der Hand zu brechen, sondern es mit dem Messer zu schneiden; seit dem 18. Jahrhundert und bis heute gilt das Gegenteil: Man schneidet das Brot nicht mehr, sondern bricht es. Es ist, als seien die Tischmanieren von der Mode abhängig – als komme es nicht darauf an, rational und moralisch begründbare Sitten zu hegen, sondern darauf, sich den Gepflogenheiten der großen Welt anzupassen.

Diese Moden wurden offensichtlich von der Umgebung des Königs und den führenden Adligen lanciert. Allerdings wurden nicht alle widerstandslos akzeptiert, einige gar nicht. Das galt zum Beispiel für die zwanglose Haltung bei Tisch. 1545 schrieb Guillaume Durand in seiner französischen Bearbeitung des von 1483 stammenden Anstandsbuches von Jean Sulpice: »Die reichen Leute haben die Gewohnheit, alles zu tun, was ihnen gefällt, und ungebührlicher aufzutreten, als vernünftig ist. Daher kommt es, daß sie sich auch bei Tisch voller Ungebühr benehmen. So pflegen sie die Ellenbogen auf den Tisch zu stützen; das sollst du ihnen nicht nachmachen.«[4] 1613 äußert sich Claude Hardy ähnlich zurückhaltend über die Art, wie gewisse Höflinge ihr Brot brechen: »Das Brot mit der Hand flachzudrücken und dann mit den Fingerspitzen kleine Stücke abzubrechen, das ist ein Vergnügen, das du gewissen Leuten bei Hofe überlassen mußt. Für dich schickt es sich, das Brot anständig mit dem Messer zu schneiden.«[5] Ebenfalls zu Beginn des 17. Jahrhunderts karikierte Arthus Thomas, Sieur d'Embry, in seiner *Description de l'Isle des Hermaphrodites* die gezierten Manieren der Höflinge Heinrichs III. So mokierte er sich über deren Widerwillen, mit den Fingern zu essen, und über ihren »vornehmen« Gebrauch der Gabel: »Das Fleisch berührten sie niemals mit den Händen, sondern mit Gabeln, nach denen sie ihre Hälse reckten [. . .]. [Den Salat] nahmen sie mit ihrer Gabel auf, denn es ist in diesem Lande verboten, Speisen mit der Hand zu berühren, so schwierig das auch sein mag, und sie ziehen es vor, lieber dieses zinkenartige Gerät in den Mund zu stecken als ihre Finger [. . .]. Nun wurden Artischocken, Spargel und geschälte Saubohnen aufgetragen, und da war es vergnüglich, ihnen zuzusehen, wie sie diese Dinge mit der Gabel aßen; denn diejenigen, die darin weniger geschickt waren als die anderen, ließen mehr auf die Servierplatte, den Teller oder den Boden fallen, als sie in den Mund beförderten.«[6]

Im Laufe des 17. Jahrhunderts jedoch schwanden diese Widerstände, und die Gepflogenheiten der Vornehmsten erlangten für alle gesellschaftlichen Schichten gleichsam Gesetzeskraft.

Am anderen, unteren Ende der sozialen Stufenleiter stand der Bauer mit seinen ungeschliffenen Manieren – ein Topos, der vor allem in der italienischen Literatur des Mittelalters nicht unbekannt war.[7] In den von Alfred Franklin gesammelten französischen Anstandsbüchern findet sich dieser Topos hingegen erst gegen Ende des 15. Jahrhunderts. Mit Beginn des 16. Jahrhunderts wurde er dann zum Gemeinplatz. Seither hat man eine bestimmte Sitte oder Praxis hauptsächlich damit begründet, daß sie bei den Vornehmen der Brauch sei, während es andererseits genügte, daß sie für Bauern und sonstige einfache Leute typisch war, um sie zu diskreditieren.

Es ist kein Zufall, daß solche soziologischen Beobachtungen in dem Moment vermehrt zu verzeichnen waren, als die Tischutensilien komplizierter wurden. Nicht nur wurde die soziale Differenzierung durch die Tischmanieren systematischer als im Mittelalter betrieben; sie war auch durch die Einführung von Utensilien, die für arme Leute unerschwinglich waren, leichter herzustellen. Verbreiterten die neuen Tischsitten die Kluft zwischen den sozialen Eliten und der Masse des

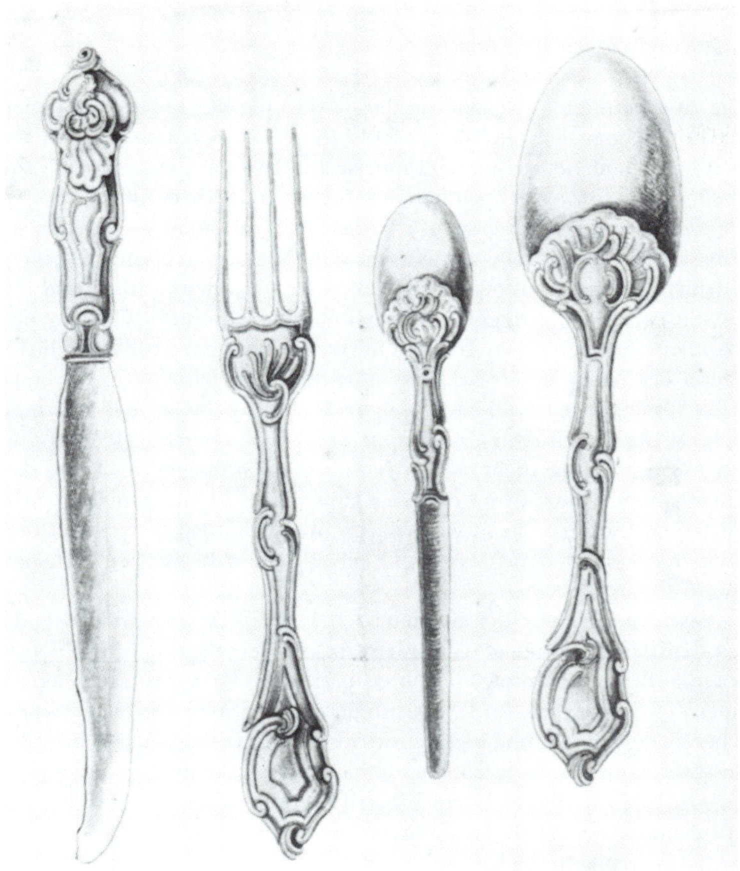

Weil Gegenstände der Goldschmiedekunst die Begehrlichkeit der Dienstboten und unehrlicher Gäste weckten, wurden kleine Löffel und anderes Besteck mit den Initialen ihres Besitzers versehen. (*Modèles de chiffres*, 18. Jh.; Paris, Musée des Arts Décoratifs)

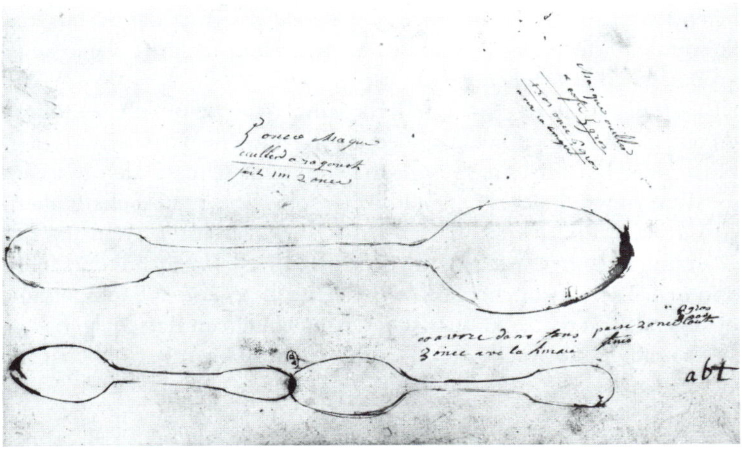

Im 18. Jahrhundert bekam die Gabel die Form, die wir heute kennen. Von Löffeln gab es die verschiedensten Sorten: Suppenlöffel, Kaffeelöffel, Dessertlöffel ... (Paris, Musée des Arts Décoratifs)

Volkes, so hatten die puristischen Tendenzen in der Sprachpflege oder die Fortschritte der Schriftkultur in derselben Zeit ganz ähnliche Auswirkungen.

Klassenschranken am Eßtisch

Die zu vermutende Abspaltung der Tischsitten des Volkes von denen der Elite scheint sich am Eßtisch selbst forgesetzt zu haben. Es mehrten sich bezeichnenderweise die Hinweise auf das, was die anderen Gäste am Tisch abstoßen oder peinlich berühren könnte. So empfahl die *Civilité nouvelle* (1667) denjenigen, die den Tisch abräumten, Speisereste von verschiedenen Tellern nicht vor den Augen der Gäste auf einem einzigen Teller zusammenzuschütten; »denn das wirkt abstoßend auf die, die es sehen«.[8] Einige Jahre später mahnte Antoine de Courtin, daß man beim Servieren von Trüffeln in Asche diese nicht anblasen dürfe, »denn der Atem aus dem Mund stört manche Menschen«.[9] Er empfiehlt ferner, den Löffel nach Gebrauch stets abzuwischen, falls man sich mit ihm noch einmal bedienen will, »weil manche Menschen so heikel sind, daß sie nicht von einer Suppe essen mögen, in die du den Löffel tauchst, den du im Mund gehabt hast«.[10] Und er betont, man dürfe seine Serviette nicht so stark verunreinigen, daß sie wie ein Putzlumpen »aussieht, denn das erregt Ekel bei denen, die dich damit deinen Mund abwischen sehen«.[11]

Aus neueren Untersuchungen wissen wir, daß die vornehmen Römer seit dem 16. Jahrhundert nicht mehr für die Verpflegung ihrer Dienstboten aufkamen.[12] Infolgedessen erübrigte es sich auch, mit ihnen an einem Tisch zu essen. Im 17. Jahrhundert kamen auch die reichen englischen Adligen mehr und mehr von der Gewohnheit ab, anläßlich großer Festlichkeiten ihre ärmeren Nachbarn zum Essen in ihre »country houses« zu laden.[13] Was Frankreich betrifft, so ist es schwieriger, für das Mittelalter eine soziale Differenzierung bei Tisch nachzuweisen. Bei festlichen Banketten aßen die Dienstboten bereits an anderen Tischen als die vornehmen Herrschaften, und Beschreibungen von gewöhnlichen Essen sind kaum überliefert. Doch alles deutet darauf hin, daß die soziale Differenzierung bei Tisch ebenso um sich griff wie in anderen Bereichen des täglichen Lebens.

Jean Michel Moreau d. J., *Das feine Souper*. Freizügiger Lebenswandel und die Betonung der sozialen Unterschiede führten im 18. Jahrhundert zur Erfindung des Weinkühlers und anderer Bequemlichkeiten bei Tisch, die für eine Weile die Gäste von der Bedienung – und Überwachung – durch das Personal des Hauses befreiten. (Paris, Bibliothèque Nationale)

Bis zu Beginn des 17. Jahrhunderts nahmen die Leute, die zusammen um einen Tisch saßen, nicht unbedingt alle dieselben Speisen und Getränke zu sich. Olivier de Serre gab dem Landedelmann den Rat, sich mit Wein von geringerer Qualität für Gäste »minderer Beschaffenheit« einzudecken, die er zu bewirten hatte, und den guten Wein für sich selbst und bessere Gäste aufzuheben. Im ganzen 17. Jahrhundert fehlte es in den Anstandsbüchern, Kochbüchern, Tranchieranleitungen und sonstigen Werken über kulinarische Themen nicht an Ratschlägen, welche Gerichte und Stücke dem Hausherrn und hohen Persönlichkeiten vorzulegen seien, die die Tafel mit ihrer Anwesenheit beehrten. Diese hierarchische Struktur der Gastfreundschaft ermöglichte es viel eher, Angehörige der unteren Schichten zu Tisch zu laden, als die egalitäre Struktur, die allmählich an ihre Stelle trat.

Die soziale Differenzierung setzte sich im 18. Jahrhundert fort, gleichzeitig mit einer erhöhten Ungezwungenheit des Verhaltens bei Tisch und einer stärkeren sozialen Gleichheit der Tischgenossen. Die

Michel Barthélemy Ollivier, *Souper beim Fürsten Conti.* Diejenigen Gäste, die sich nicht mit ihrem Tischnachbarn unterhalten, hängen ihren Träumen nach, lesen Zeitung oder lauschen den Klängen der Harfe. Größe und Luxus des Speisesaals, die Anzahl der Gäste und die Gegenwart einiger Diener taten der Intimität des aristokratischen Mahles im 18. Jahrhundert keinen Abbruch. Sogar die Hunde stören nicht die allgemeine Ruhe, seit Jahrhunderten gehörten sie zu den Eßtischen des Adels dazu, sie wirken geradezu als Symbole der Biederkeit.
(Versailles)

kleinen »zwanglosen« Nachtessen, die sich ohne die Mithilfe von Domestiken abspielten, sind gewiß kein allzu aussagekräftiges Beispiel – weil es noch um andere Freuden als die der Tafel und der Konversation ging –, aber dennoch bezeichnend. Denn um sich frei fühlen und Vergnügen am Umgang miteinander empfinden zu können, mußten die Gäste damals eine homogene Gesellschaft bilden.

Die Homogenität, um die es sich dabei handelte, war übrigens nicht unbedingt und grundsätzlich eine finanzielle oder soziale: Gewiß nahm diese Art der Homogenität im Laufe der Zeit zu, aber noch im 17. und 18. Jahrhundert saßen der Adlige und der gemeine Mann, der Krösus und der Habenichts einträchtig an ein und derselben Tafel. Das, was man vor allem suchte, war schon damals – wie heute – die Gemeinsamkeit der Kultur, der Sitten und des Geschmacks, und zwar des Geschmacks auf allen Gebieten, nicht nur des Essens. Das galt freilich nur für die gemeinsamen Essen aus geselligem Anlaß; denn bei den zeremoniellen Festessen, die es natürlich auch noch gab, genügten die guten Manieren.

Wie die Tischsitten, so hatte sich auch der kulinarische Geschmack im Laufe des 17. und 18. Jahrhunderts gewandelt. Und mehr noch als die guten Manieren wurde der gute Geschmack zum Gegenstand von Moden, erzeugte soziale Distanzen und neue Sozialitäten. Der Begriff »Geschmack« selbst nahm schließlich seit dem 17. Jahrhundert eine neue Bedeutung an – nicht nur kulinarisch, sondern auch kulturell.

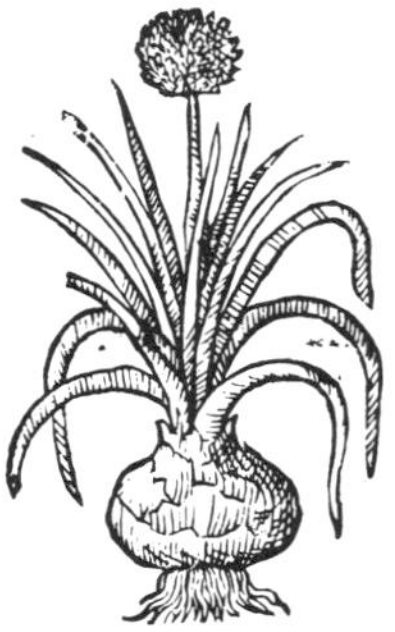

Zwiebel, Kerbel und Melone; aus der *Histoire des plantes de l'Europe*, Lyon 1671.

Wandlungen des kulinarischen Geschmacks

Daß der kulinarische Geschmack sich wandelte, bezeugen Reiseberichte ebenso wie Kochbücher. Aber diese Veränderungen waren auf den ersten Blick paradox, wenn wir an das denken, was soeben über den Wandel der Tischsitten gesagt worden ist; denn sie scheinen die Kluft zwischen den sozialen Eliten und den unteren Schichten des Volkes nicht erweitert, sondern im Gegenteil erheblich verringert zu haben.

In Frankreich wie in den anderen europäischen Ländern gehörte im 14., 15. und 16. Jahrhundert der Gebrauch orientalischer Gewürze zu den Kennzeichen der aristokratischen Küche. Doch seit dem 17. Jahrhundert begannen französische Reisende, systematisch die gewürzten Gerichte zu kritisieren, die ihnen im übrigen Europa noch vorgesetzt wurden. Die französischen Köche benutzten im 17. und 18. Jahrhundert Pfeffer, Gewürznelken und Muskatnuß zwar häufiger als früher, aber in geringeren Mengen, und kamen von anderen Gewürzen wie Safran, Ingwer, Zimt, Paradieskörnern (Meleguetapfeffer), Langem Pfeffer, Galgant oder Muskatblüten mehr und mehr ab.[14]

Die Abkehr vom Gewürz

Einheimische Aroma- und Würzstoffe, die in der aristokratischen Küche des Mittelalters relativ selten verwendet wurden, erfreuten sich im 17. und 18. Jahrhundert großer Beliebtheit. Kräuter wie Minze und Ysop traten nun hinter Kerbel, Estragon, Basilikum und vor allem Thymian, Lorbeer und Schnittlauch zurück. Die schon im Mittelalter häufig erwähnte Petersilie gewann an Ansehen. Neben die mittelalterliche Zwiebel traten andere Zwiebelarten wie die Schalotte, der Eschlauch und die Perlzwiebel. Knoblauch, der schon immer als vulgär galt, wurde von manchen Köchen wie etwa L. S. R. (dem Verfasser des *Art de bien traiter*) abgelehnt, von anderen jedoch geschätzt, so von Menon (der ihn sogar in seinen *Soupers de la cour* berücksichtigt). Provenzalische Würzstoffe wie Kapern, Anchovis, Oliven, Zitronen und Bitterorangen (Pomeranzen) begannen sich durchzusetzen. Am charakteristischsten für die französische Küche jener Zeit waren indes Trüffeln und Pilze aller Art. Für die einfachen Leute waren alle diese Küchenzutaten – zumindest in ihrer natürlichen Heimat – leichter zugänglich als die exotischen Gewürze. Auch hier schienen die Klassenunterschiede also zu schwinden.

Die Auswahl an Fleisch

Dasselbe galt für die Auswahl an Fleisch. Im Mittelalter bestanden vornehme Fleischgerichte vorwiegend aus Geflügel und Wild; Schlachtteile (vor allem vom Rind) verwendete man fast nur für Brühen, Hackfleischgerichte und auf kleiner Flamme köchelnde Suppen. Deshalb

Étienne Jeaurat, *Der Kupferkessel.* Im 18. Jahrhundert waren die Kräuter und Wurzeln, aus denen die einfachen Leute ihre Suppe kochten, nicht nur eine Inspirationsquelle für die Maler des Alltags; man begegnete ihnen auch ständig in den Rezepten der »haute cuisine«. (Auxerre, Musée d'Art et d'Histoire)

schenkten die Küchenchefs der Aristokratie den verschiedenen Schlachtteilen wenig Beachtung und erwähnten sie nur in Ausnahmefällen. Zwischen 1400 und 1700 begannen sie jedoch, diese Stücke genauer zu unterscheiden und immer häufiger zu Braten, Brühen, Suppen und zum Schmoren zu gebrauchen.

Erstaunlicherweise waren die meisten dieser Schlachtteile den Metzgern schon im 14. Jahrhundert bekannt, und viele von ihnen sind in einem Buch erwähnt, das für den bürgerlichen Haushalt gedacht war, dem *Ménagier de Paris*. Bürgerliche Häuser waren ja weniger gut mit Wild und Geflügel versehen als die Fürstenhöfe und mußten sich daher notgedrungen an das vom Metzger gelieferte Fleisch halten. In dieser Hinsicht scheinen die von der Aristokratie beschäftigten Küchenchefs sogar von der bürgerlichen Küche gelernt zu haben – ein Umstand, den man nicht mit der qualitativen Verbesserung der »groben« Fleischarten erklären kann.[15]

So gesehen verlief hier die wesentliche soziale Trennlinie nicht mehr zwischen dem Adel, der Wild und Geflügel verzehrte, und dem Bürgertum, das die groben Fleischsorten aß, sondern zwischen den adligen und bürgerlichen Eliten, die die »guten« Schlachtteile konsumierten, und dem einfachen Volk, für das die »minderwertigen« Stücke übrigblieben. Über diese Einteilung wäre viel zu sagen; sie war beträchtlichen zeitlichen und lokalen Schwankungen unterworfen. Von Bedeutung ist, daß es einerseits eine Anpassung der Küche an die jeweiligen Qualitäten der einzelnen Stücke gab – daß man also die Stücke nicht mehr danach aussuchte, was man kochen wollte – und daß andererseits Stücke ohne besondere Qualitäten vom Verbraucher abgelehnt wurden. Diese zweite Art der Auswahl hatte den Charakter einer sozialen

Selektion, die den Vulgären vom Vornehmen schied; man könnte sie mit den Bemühungen der Preziösen um die Verfeinerung der französischen Sprache vergleichen. Denken wir vor allem an das Beispiel des Schweins – »grobes Fleisch« von einem unreinen Tier. Man kann anhand der Lieferverträge zwischen den Verwaltern von Fürsten- und Adelshäusern und ihren Fleischlieferanten verfolgen, welche Teile des Schweins im Laufe der Zeit abgelehnt wurden. Mit Ausnahme des Haushalts des Herzogs von Orléans – der hier wie in anderen Belangen seinen eigenen Geschmack kultiviert zu haben scheint – verschwinden aus den Lieferverträgen seit 1659 die Schweinsohren, seit 1660 die Schweinskoteletts, seit 1667 Geschlinge und Schmer und seit 1670 Füße, Schnauze, Bauch, Rücken, Kamm und sogar das »chair de porc« als Nebenprodukt der Metzgerei. Andere Standespersonen, allen voran der König, kauften an Schweinernem nur noch Speck, der trotz des zunehmenden Verbrauchs von Butter für jede fette Küche unentbehrlich blieb, sowie Spanferkel und Schinken. Die neue Zurückhaltung gegenüber dem Schweinefleisch wurde im großen und ganzen von den Kochbüchern geteilt; sie ließen eigentlich nur noch den Schinken gelten, zum Nachteil aller anderen Stücke vom Schwein, die in der zweiten Jahrhunderthälfte aus den Büchern fast verschwanden. Inzwischen wissen wir, daß es sich dabei nicht um eine vorübergehende Mode handelte; noch im 20. Jahrhundert bekämpfen die Stargastronomen das bürgerliche Vorurteil gegen die anderen Teile des Schweins.

Das Qualitätsbewußtsein in bezug auf die Schlachtteile wurde also mehr und mehr zum Bestandteil des Eliteverhaltens, und so blieb es den einfachen Leuten vorbehalten, die minderen Stücke, die man ihnen ließ, durch pikante Zutaten schmackhaft zu machen. Ein Beispiel hierfür bietet Menon, der 1746 zu Beginn des Kapitels über das Rind in seiner *Cuisinière bourgeoise* schreibt: »Bei der Erläuterung der wichtigsten Teile des Ochsen werde ich mich nicht bei den minderwertigen Stücken aufhalten, die nur von einfachen Leuten verzehrt werden. Sie verwenden dabei Unmengen von Salz, Pfeffer, Essig, Knoblauch und Schalotten, um den faden Geschmack dieser Teile zu verbessern.«

Die guten Köche des 17. und 18. Jahrhunderts hingegen liefen Sturm gegen eine Reihe überkommener Gewohnheiten, die den natürlichen Eigengeschmack der Lebensmittel verfälschten, namentlich gegen das zu lange Kochen und gegen die Beigabe überflüssiger Zutaten. Nicolas de Bonnefons schreibt in seinen *Délices de la campagne* (1654): »Dieses dritte Buch [. . .] behandelt den wahren und eigentlichen Geschmack, den man jeder Speise geben muß [. . .]. Versuche, so gut du es vermagst, daß alles, was du zubereitest, durch seinen Geschmack und seine Art unterschieden sei: daß eine kräftigende Suppe eine gutbürgerliche Suppe ist, wohl bereitet aus auserlesenen Zutaten und mit wenig Brühe, ohne gehacktes Fleisch, Pilze, Gewürze und allerlei sonstige Zutat; sie soll einfach sein, eben weil sie kräftigend sein soll; daß eine Kohlsuppe ganz nach Kohl schmeckt, die Lauchsuppe nach Lauch, die Weiße-Rüben-Suppe nach weißen Rüben, und so mit allem, [. . .] und du wirst sehen, daß dein Herr sich von Mal zu Mal besser befindet, daß er immer guten Appetit hat und daß ihr – du und die anderen Köche –

Gerrit Dou, *Die Gemüsehändlerin*. Im 17. Jahrhundert bereicherten Kohl, Zwiebeln und die verschiedensten Wurzeln die Speise des Adels wie die des Bürgertums und der einfachen Leute. Der Spargel, ursprünglich in Südfrankreich heimisch, wurde später in allen Landesteilen gezüchtet und galt als Bestandteil einer besonders feinen Küche. (Nîmes, Musée des Beaux-Arts)

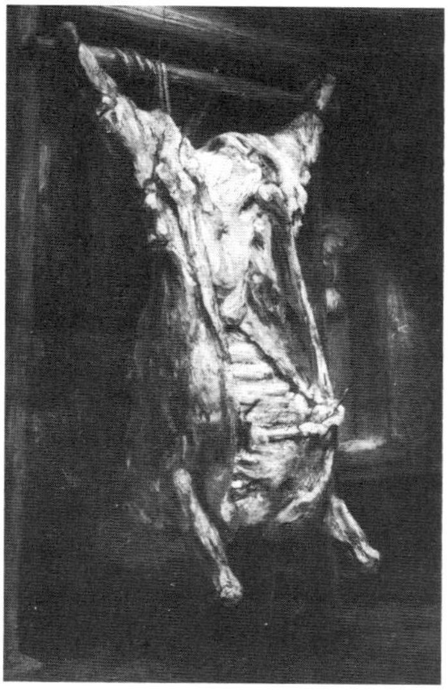

Rembrandt, *Geschlachteter Ochse*, 1655. Rindfleisch wurde im Mittelalter von den unteren Volksschichten und dem Bürgertum gegessen; besonders beliebt war es in Flandern. Im 17. und 18. Jahrhundert begann man, die besseren Teile – gekocht, geschmort und auch gebraten – an den Tischen der französischen Aristokratie zu servieren. (Paris, Louvre)

Lob ernten werdet. Was ich von den Suppen gesagt habe, will ich ganz allgemein verstanden wissen, und es diene als Richtschnur für alles, was man ißt.«

Um den Eigengeschmack der Lebensmittel zu bewahren, hatte man sich in den Küchen der Aristokratie angewöhnt, die Grundzutaten komplizierter Gerichte einzeln zu kochen. So nennt Menon für ein »haricot de mouton« [Hammelragout mit Kohlrüben] zwei verschiedene Rezepte: ein bürgerliches, wobei die Rüben zusammen mit dem Hammelfleisch gekocht werden, und ein anderes, bei dem sie gesondert gekocht und erst zuletzt zum Lammfleisch dazugegeben werden.[16]

Eine andere Technik guter Küchenchefs im 17. und 18. Jahrhundert bestand darin, das Fleisch ziemlich roh zu kochen und Braten noch blutig und ohne überflüssige Saucen zu servieren. Pierre de Lune schreibt 1660 in seinem *Nouveau Cuisinier* (S. 83): »Enten und Wasservögel nehme man aus und tue sie auf den Bratspieß, aber ohne sie zu spicken, und flambiere sie, wenn sie halb durch sind, mit dem Speck und esse sie blutig, mit Salz, weißem Pfeffer und Orangensaft oder einer einfachen Tunke.« L. S. R., der unbekannte Verfasser des *Art de bien traiter*, geht 1674 auf diesem Weg noch einen Schritt weiter. Über Lamm am Spieß schreibt er (S. 54): »Wenn es fast durch ist, gebe man oben nur ein wenig Salz hinzu; man halte sich nicht an die jämmerlichen Rezepturen der Kleinbürger mit ihrem Weißbrot, das nur den Saft und die Substanz des Bratens aufsaugt, und ihrer ewigen gehackten Petersilie, mit der sie Lammbraten ebenso zu überschütten pflegen wie Kalbs- oder Hammelbraten.« Über Jungtauben heißt es (S. 55 f.): »[. . .] dieses Fleisch braucht eine Vinaigrette oder eine einfache Sauce, ganz nach Geschmack; doch um die Wahrheit zu sagen, die beste und gesündeste Art, den Braten zu essen, ist, ihn in seinem natürlichen Saft und nicht zu sehr durchgebraten vom Spieß zu nehmen und keine unnützen Anstalten zu treffen, die nur den wahren Geschmack der Dinge verderben.« Dann gibt er noch ein verabscheuenswertes Beispiel alter Gepflogenheiten, die sich im Bürgertum bis in seine Zeit hinein gehalten hatten (S. 56): »Wie jene, die, um ein gutes Lendenstück zuzubereiten, es vom Spieß nehmen und in Stücke schneiden und in ein Gemisch aus Wasser, Essig, Brühe, Pfeffer und Salz legen, wozu sie noch Knoblauch, Schalotten, Zitronen- und Orangenschalen, Muskat, Kapern und zahllose weitere Dinge tun, die dieses natürliche Fleisch nach einer Viertelstunde Kochen derart verändern, daß es fad, geschmacklos und hart wie Holz wird. Ich betone, daß das Lendenstück je nach Dicke zunächst auf kleiner Flamme gekocht werden muß und daß man es dann sofort und herzhaft in seinem eigenen Saft verzehrt, nur mit etwas Salz und weißem Pfeffer gewürzt.«

Das kurze Garen wurde nicht nur für gebratenes Fleisch empfohlen, sondern ebenso für Gemüse, beispielsweise für Spargel. L. S. R. schreibt darüber (S. 141): »Denke daran, daß der Spargel knacken muß, wenn man darauf beißt, und seine grüne Farbe behalten soll, weil er sonst nur faserig ist [. . .], was man leicht merkt, wenn man den Spargel unten anfaßt. Wenn er sich leicht biegen läßt, ist er zerkocht, was sich nicht schickt und den Geschmack beleidigt.« Noch kürzer faßt sich der

Cuisinier français von 1651 (S. 192): »Man lasse ihn nicht zu lange kochen«, und S. 272: »Je kürzer gekocht, desto besser.« Menon bemerkt in seiner *Cuisinière bourgeoise* (S. 236): »Die Hälfte einer Viertelstunde reicht aus, um sie zu kochen; sie müssen noch knackig sein.«

Man darf sich nicht einbilden, daß das 17. und 18. Jahrhundert auf dem Weg zu einem natürlichen und schonenden Kochen bereits bis zum Endpunkt gelangt wären. Berühmte Köche wie Massialot scherten sich um derlei Dinge überhaupt nicht, die denn auch nur im Vergleich zur mittelalterlichen Küche auffallen und keineswegs dem Vergleich mit der »nouvelle cuisine« des 20. Jahrhunderts standhalten.

Es wären noch andere Tendenzen hervorzuheben, wenn man die Geschichte der Kochkunst und des kulinarischen Geschmacks im klassischen Zeitalter schreiben wollte, so das Aufkommen fetter Saucen und die erhebliche Verbreitung des Kochens mit Butter (die freilich schon im 16. Jahrhundert eine wichtige Rolle spielte), auch wenn die »haute cuisine« noch viel mit Speck arbeitete; die vorsichtige, wiewohl erkennbare Trennung gesüßter und gesalzener Speisen; die nachlassende Vorliebe für saure Speisen, was an die Mäßigung im Gebrauch der Gewürze erinnert, usw. Doch geht es mir hier nur darum, auf diejenigen Veränderungen aufmerksam zu machen, die bei der Umgestaltung der gesellschaftlichen Beziehungen von Belang waren.

François Alexandre Desportes, *Fleischgericht*. Fleischtage und fleischlose Tage beherrschten noch im 18. Jahrhundert den Speiseplan der Franzosen, allerdings nicht mehr so sehr wie im Mittelalter: Auf diesem Bild werden mit dem Schinken und der Pastete auch frische Radieschen und Weichselkirschen serviert.
(Paris, Privatsammlung)

Abraham Bosse, *Sitzordnung für das Festessen Seiner Majestät für die Ritter zu Fontainebleau, 14. Mai 1633.* Erst im 17. Jahrhundert, nicht schon im Mittelalter, verschwanden die Tische unter einem wahren Teppich von Tellern. (Paris, Bibliothèque Nationale)

Läuterung und Verfeinerung des Geschmacks

Die Geschichtsschreibung der französischen Gastronomie wird von zwei Themen beherrscht: Einerseits betonen alle Historiker, daß unsere Vorfahren im Mittelalter starke Esser, aber keine Feinschmecker waren: »Die demonstrative Quantität des Verzehrten war wichtiger als dessen Qualität.«[17] Das andere Thema heißt: »Für den mittelalterlichen Tischgenossen war der visuelle Effekt der Speisen ebenso wichtig wie ihr Geschmack, vielleicht sogar noch wichtiger.«[18] Beide Thesen implizieren, daß man sich über den Geschmack dessen, was man aß, im 17. und 18. Jahrhundert mehr Gedanken gemacht habe als im Mittelalter. Doch keine dieser beiden Thesen ist bislang hinreichend belegt worden.

Qualität und Quantität

Die Vorstellung einer Fortentwicklung von den reichhaltigen, jedoch schwer bekömmlichen Festessen des Mittelalters zu den quantitativ bescheideneren, aber qualitativ besseren Essen der Neuzeit wurde bereits im 17. Jahrhundert formuliert. So schreibt L. S. R. im Vorwort zu seinem *Art de bien traiter* (S. 2): »Was heutzutage die gute Küche ausmacht, ist nicht die üppige Fülle der Gerichte, der Überfluß an Ragouts und Haschees, der Reichtum an verschiedensten Fleischarten, nicht die verwirrende Anhäufung diverser Gewürze oder die Berge von Braten [...]. Was die Feinheit unseres Geschmacks am sinnreichsten befriedigt, ist die erlesene Auswahl der Fleischsorten, die Zartheit der Beilagen, die höfliche und zuvorkommende Art des Servierens, die Menge im Verhältnis zur Anzahl der Gäste und endlich die allgemeine Anordnung der Dinge, die wesentlich zur Güte und Gefälligkeit einer Mahlzeit beiträgt, an welcher der Gaumen wie die Augen gleichermaßen Vergnügen finden.«

Es gibt jedoch einen Umstand, der sich mit dieser Ansicht schlecht verträgt: Keine mittelalterliche Darstellung eines Essens zeigt einen Tisch, der sich unter der Last der aufgetragenen Speisen böge. Gewiß, die Tafel des Herzogs von Berry, in seinen *Trés Riches Heures*, ist mit Platten aller Art reich bestückt. Aber daß die Tische unter einem wahren Teppich von Gerichten verschwanden oder in den Bratpfannen alle nur erdenklichen Fleischsorten lagen, das gab es erst im 17. und 18. Jahrhundert. Man betrachte beispielsweise Abraham Bosses Kupferstich von dem Festessen, das Ludwig XIII. am 14. Mai 1633 für die Ritter vom Heiligen Geist veranstaltete, oder das Diner, das König Ludwig XIV. am 30. Januar 1687 im »hôtel de ville« von Paris gab. Man beachte auch die Berge aus Obst und Gebäck, die bei allen Desserts, Büfetts und kalten Platten aufgebaut wurden. Im Vergleich mit diesen Darstellungen aus dem 17. und 18. Jahrhundert wirken die meisten mittelalterlichen Tafeln beklagenswert leer. Und sowenig realistisch die Kunst dieser Epoche auch gewesen sein mag, so ist doch klar, daß das aristokratische Bankett im 14. und 15. Jahrhundert nicht gerade ein »großes Fressen« war.

Die wenigen französischen Speisefolgen aus dem Mittelalter, die wir kennen, darunter die 25 Menüs im *Ménagier de Paris*, sind gewiß üppig. Doch die Menüs, die Massialot 1691 an den Anfang seines *Cuisinier royal et bourgeois* stellt, sind nicht weniger üppig, im Gegenteil. Das Festessen für den Herzog von Aumont am 27. Dezember 1690 bestand aus 16 Suppen, 13 Vorspeisen und 28 Hors d'œuvres beim ersten Gang und 16 Braten, 13 Zwischengerichten und noch einmal 28 Hors d'œuvres beim zweiten Gang. Zählt man dazu billigerweise noch 57 Gerichte als Dessert, so kommt man auf insgesamt 171 zum Teil sehr gehaltvolle Gerichte für 42 Personen, während die umfangreichsten Menüs im *Ménagier de Paris* nicht mehr als 36 Gerichte zählen.

Wohl geht aus gewissen Abrechnungen hervor, daß es auch im Mittelalter Festgelage von wahrhaft pantagruelischem Ausmaß gegeben hat, beispielsweise jenes bei der Inthronisation des Erzbischofs von York, George Neuvile, des Kanzlers von England, im sechsten Jahr der Regierungszeit König Edwards IV. (1466/67). Die Gäste verzehrten bei diesem Anlaß 4000 Kilogramm Weizen, 300 Faß Bier, 100 Faß Wein, ein Faß gewürzten Weins, 104 Ochsen, 6 wilde Stiere, 1000 Hammel, 304 Kälber, 304 Schweine, 400 Schwäne, 2000 Gänse, 1000 Kapaune, 2000 Spanferkel, 400 Regenpfeifer, 1200 Wachteln, 2400 Vögel namens »rees«, 104 Pfauen, 400 Wildenten und Krickenten, 204 Kraniche, 204 Zicklein, 2000 Hühner, 4000 Tauben, 4000 Wildkaninchen, 204 Rohrdommeln, 400 Reiher, 200 Fasanen, 500 Rebhühner, 400 Auerhähne,

Diner des Königs im Hôtel de Ville, Paris, am 30. Januar 1687. Man beachte die zahlreichen Platten mit Braten und Fleischgerichten aller Art. Jeder Gast hat eine Gabel, wohl um sich das Fleisch von der Platte nehmen zu können: Vier Gäste essen noch immer mit den Fingern. (Paris, Bibliothèque Nationale)

100 Brachvögel, 1000 Silberreiher, 500 Hirsche und Rehe; hinzu kamen 4000 Wildbretpasteten, 1000 Platten mit mehrfarbiger Sülze und 3000 mit einfarbiger Sülze, 4000 Kuchen, 3000 Platten mit Pudding, 600 Hechte und 800 Brassen, 12 Tümmler und Seehunde sowie große Mengen von Gewürzkuchen, Süßigkeiten und Waffeln.

Und aus anderen Abrechnungen wissen wir, daß manche Festessen ähnlich grandios waren wie dieses oder sogar noch grandioser. Doch handelte es sich um öffentliche Festlichkeiten, vergleichbar den Bürgerfesten bei der Revolution, wo nicht minder große Quantitäten verzehrt wurden. Bei dem Festbankett für den Erzbischof von York waren die meisten großen Herren und großen Damen Englands anwesend, der hohe Klerus, die wichtigsten Beamten und Juristen, die weltlichen und kirchlichen Würdenträger der Stadt – einschließlich der Mönche –, die 412 Landedelleute, Junker und Freibauern der Gegend, 69 königliche Pagen, mehr als 400 Diener, die den vornehmsten Gästen aufwarteten, über 1000 Bedienstete und Kellner an den Tischen sowie ein Küchenpersonal von mindestens 177 Menschen. Alles in allem waren es wohl 2500 Esser an zahllosen Tischen im Eingangssaal, in den Kammern, in der unteren Halle, auf den Galerien und in den Küchen des Schlosses; hinzu kamen wahrscheinlich noch die einfachen Leute der Stadt York und aus der Umgebung, die im Inneren des Gebäudes keinen Platz mehr fanden, aber zweifellos von dem schmausten, was die 2500 geladenen Gäste und die Dienstboten übriggelassen hatten.

Solche Bankette sagen uns weniger über den feinen oder schlichten Geschmack der mittelalterlichen Elite als darüber, wie im Mittelalter soziales Prestige zustande kam. Eine bedeutende Persönlichkeit wie der Erzbischof von York mußte eine Vielzahl von Gästen beköstigen, die, soweit es die verfügbaren Räumlichkeiten und Tische erlaubten, in hierarchischer Rangordnung saßen. Im 17. und 18. Jahrhundert kam es dagegen nicht so sehr darauf an, der Menge zu gefallen, als den Geschmack der sozialen Elite zu befriedigen, die nun beim Essen mehr und mehr vom einfachen Volk isoliert war, wie das Studium der Tischmanieren lehrt. Der Gegensatz von Quantität und Qualität hängt wesentlich mit dieser Veränderung der gesellschaftlichen Beziehungen zusammen.

Im Mittelalter verführten gastronomische Orgien manche Gäste gewiß zur Völlerei. Aber es deutet nichts darauf hin, daß solche Verhaltensweisen auch an den Ehrenplätzen oder in den Sälen vorkamen, wo die vornehmen Leute beisammensaßen; diese Tische und Säle zeigt uns die mittelalterliche Malerei in einer geradezu trostlosen Steifheit. Bei einem Vergleich mit Festlichkeiten des 17. und 18. Jahrhunderts ist es das Verhalten dieser Honoratioren, das uns interessieren muß.

Abhandlungen zur Kochkunst

Um in diesem Punkt klarer zu sehen, wenden wir uns einer anderen Art von Dokumenten zu, vornehmlich den kulinarischen Abhandlungen, die uns verraten, was die Veranstalter mittelalterlicher und frühmoderner Festgelage im Sinne hatten.

Martin Engelbrecht, *Die Köchin*. Eine Pastete mit dem Kopf des Vogels zu dekorieren, aus dessen Fleisch sie zubereitet wurde, erschien dem Kochbuchautor L. S. R. in seinem *Art de bien traiter* (1674) als »Künstelei des Pastetenbäckers«. »Diese Art der Verzierung dünkt mich dermaßen bürgerlich, daß ich für meinen Teil diese Sitte nicht dulden kann.« Einst als elegant angesehen, scheint sich dieser Brauch – wie so viele andere – in Deutschland länger gehalten zu haben als in Frankreich, wenn man diesem Kupferstich glauben darf: Die Pastete ist nicht nur mit dem Kopf des Vogels, sondern auch mit seinen Flügeln und der Schwanzfeder geschmückt.

Es ist dabei nicht aufschlußreich, auf die spektakulären Zwischengerichte zu verweisen, die von den Historikern des mittelalterlichen Gelages bereits weidlich erörtert worden sind: Geflügelpasteten, aus denen beim Anschneiden lebendige Vögel herausflogen; »gemalte« Zwischengerichte, die etwa den »Schwanenritter« in seinem Kahn darstellten, wie man ihn aus dem zweiten Teil des *Viandier de Taillevent* aus der Biblioteca Vaticana kannte; oder einen Sarazenenturm samt anstürmendem Wilden; oder den hl. Georg, wie er eine Jungfrau aus den Klauen eines Drachen befreit; oder die hl. Martha, wie sie einen anderen Drachen am Gängelband führt, usw. Derartige gastronomische Spektakel waren für das 14. und 15. Jahrhundert typisch, doch findet man sie auch noch bei Festbanketten des 17., ja, des 18. und 19. Jahrhunderts. Niemand war gezwungen, diese Figuren aus Haschee oder Pastete zu essen, erst recht nicht die auf Leinwand gemalten und in Holz gerahmten Szenerien, und da die Tischgenossen sich bereits ausgiebig gesättigt hatten, verlangte ihre Freude an derartigen Spektakeln keine Abstriche am gastronomischen Vergnügen.

Bezeichnender in den kulinarischen Abhandlungen ist die Fülle großer Vögel, die man im allgemeinen mitsamt den Federn auf den Tisch brachte. Man machte sich viel Mühe damit, sie vorsichtig aus ihrem Federkleid zu schälen, dann auf kleinem Feuer zu braten und anschließend wieder in das Federkleid zu hüllen, bevor sie aufgetragen wurden – eine Prozedur, die den ohnehin fragwürdigen gastronomischen Wert dieser Schwäne, Störche, Kormorane, Kraniche, Reiher, Pfauen usw. nicht gesteigert haben dürfte. Denn im Gegensatz zu den »gemalten« Zwischengerichten waren diese Vögel zum Verzehr bestimmt.

Die Sitte, Vögel mitsamt ihren Federn auf den Tisch zu bringen, kam allmählich aus der Mode; es blieb davon nur der Brauch übrig, Pasteten vom Fasan und anderen »schönen« Vögeln mit dem gefiederten Kopf und der Schwanzfeder des Tieres zu schmücken. Doch die großen Vögel ohne gastronomischen Wert verschwanden aus den Kochbüchern: der Kormoran zu Beginn des 16. Jahrhunderts, zwischen 1555 und 1650 dann der Schwan, der Storch, der Kranich und der Pfau und zuletzt der Reiher. Der *Cuisinier français* gibt 1651 noch ein Rezept für Reiherbraten an, doch ist dies in den folgenden Auflagen nicht mehr enthalten. An die Stelle der großen traten die kleinen Vögel, die auch heute noch hohes gastronomisches Prestige besitzen: die Bekassine, die Ammer der Provence, die »bénaris« oder »vénaris« der Gascogne, der Ortolan, der Weißschwanz oder Steinschmätzer, die Drossel, die Lerche usw. Zweifellos wurden diese Vögel in manchen Gegenden Frankreichs schon im Mittelalter gegessen, und sie waren wohl auch am Hofe des Königs und bei den großen Herren nicht unbekannt. Aber die Kochbücher sprachen früher nur selten und beiläufig unter dem vagen Stichwort »Vogelgerichte« von ihnen. Die Ablösung großer, dekorativer Vögel durch kleine, leckere spricht, wie man zugeben muß, für die These, daß das Mittelalter lieber dem Spektakel Opfer gebracht habe, während wir seit dem 17. Jahrhundert vorzüglich der Schmackhaftigkeit Opfer bringen. Zu demselben Schluß könnte man gelangen, wenn man bedenkt, daß seit dem 17. Jahrhundert Wale, Delphine und Seehunde aus den Rezeptbüchern verschwinden.

Solche Überlegungen entgehen jedoch nicht ganz der Gefahr des Ethnozentrismus – oder sollte man lieber sagen: Chronozentrismus? –; denn objektiv läßt es sich nicht beweisen, daß der Kormoran, der Schwan, der Storch, der Kranich, der Pfau, der Reiher oder die großen Meeressäugetiere gastronomisch hinter der Bekassine, dem Ortolan, der Ammer, der Drossel usw. zurückstehen.

Das Vokabular des Geschmacks

Suchen wir also nach anderen Argumenten und Zugängen, die weniger von unseren Vorurteilen abhängig sind. Beginnen wir mit einer vergleichenden lexikographischen Analyse kulinarischer Abhandlungen aus dem Mittelalter und solchen aus der Neuzeit.

Die erste Feststellung treffen wir anhand dreier Manuskripte des *Viandier de Taillevent* und des *Ménagier de Paris*: Die mittelalterlichen Traktate berücksichtigen auch den gastronomischen Wert der Gerichte, zu deren Zubereitung sie anleiten. Sie gebrauchen dafür die Wörter »gut« oder »Güte« (29 Belege), »besser« (19 Belege), »lecker« (3 Belege) und »schmackhaft« (1 Beleg).

Die vier Abhandlungen aus dem 17. und 18. Jahrhundert, die wir zu Vergleichszwecken herangezogen haben, sind *Le Cuisinier français*, *Les Délices de la campagne*, *L'Art de bien traiter* und *La Cuisinière bourgeoise*. Diese Bücher sprechen über den gastronomischen Wert der Speisen häufiger und mit einem vielfältigen Vokabular: »gut« und »Güte« (über 56 Belege), »schlecht« (4 Belege), »besser« (über 22 Belege), »delikat«

und »Delikatesse« (14 Belege), »köstlich« (2 Belege), »ausgezeichnet« (10 Belege), »exquisit« (2 Belege), »fein«, »verfeinert« (7 Belege), »fad« (1 Beleg), »unschmackhaft« (3 Belege), »lecker« (3 Belege). Insgesamt 16 verschiedene Wörter gegenüber sechs und über 124 Belege gegenüber 52.

Diesem reichen und qualifizierenden Wortschatz für die gastronomische Praxis steht allerdings ein minder präziser Wortschatz für die verschiedenen Geschmacksrichtungen gegenüber. Das Wort »Geschmack« [»goût«] im Sinne von »Schmackhaftigkeit« [»saveur«] kommt in den modernen Abhandlungen natürlich häufiger vor. Aber wenn es nicht näher bestimmt wird, bleibt es einigermaßen vage, und so begegnet es am häufigsten als Ausdruck einer allgemeinen gastronomischen Wertschätzung (»von gutem Geschmack« usw.).

Der eher technische Begriff »saveur« wurde im Mittelalter häufiger verwendet. Auch wurde die Skala seiner Bedeutungen genauer erfaßt. Für die damals besonders beliebte saure Geschmacksrichtung kennen die mittelalterlichen Abhandlungen Begriffe wie »sauer«, »scharf«, »verschärfen«, »herb«, »Herbheit« usw. Unsere vier modernen Abhandlungen geben nur »säuern« (1 Beleg), »spitz« (1 Beleg) und »pikant« (mindestes 5 Belege in der *Cuisinière bourgeoise*). Ebenso bezogen sich die mittelalterlichen Abhandlungen häufig auf den salzigen Geschmack, und zwar mit Wörtern oder Ausdrücken wie »entsalzen«, »versalzen«, »zu salzig schmecken«, »richtig gesalzen«, während die modernen Abhandlungen hierzu überhaupt nichts sagen. Der scharfe Geschmack, der im Mittelalter durch Wörter und Wendungen wie »würzig«, »sehr würzig« und »mit vielen Gewürzen« bezeichnet wurde, kommt in den modernen Abhandlungen ebenfalls nicht vor. Nur der bittere Geschmack zog im 17. Jahrhundert die Aufmerksamkeit auf sich – in den *Délices de la campagne* kommt er einmal vor –, wogegen er in den mittelalterlichen Abhandlungen nicht direkt erwähnt wird. Indirekt wurde er doch erwähnt, und zwar als »herber« Geschmack (bei dem sich das Saure und Zusammenziehende mit etwas Bitterem verbindet) oder als »angebrannter« Geschmack [»arsure«]. Die süße Geschmacksrichtung wird in beiden Epochen mit dem Wort »doux« charakterisiert; in den mittelalterlichen Abhandlungen finden sich dafür 10 Belege, in den modernen mindestens ebenso viele. Allerdings benutzte man dieses Wort im Mittelalter nicht nur für den süßen Geschmack, sondern auch zur Bezeichnung des nicht-salzigen Geschmacks.

Insgesamt scheinen Schmackhaftigkeit und Geschmacksrichtungen im 17. und 18. Jahrhundert höher geschätzt, im 14. und 15. Jahrhundert jedoch genauer analysiert worden zu sein. Die Parteigänger der mittelalterlichen Küche könnten behaupten, in den modernen Kochbüchern gäbe es mehr Rhetorik als gastronomische Sensibilität, wogegen die Verfechter der klassischen französischen Küche einwenden könnten, diese sei zu komplex und raffiniert gewesen, als daß man sie auf so schlichte Begriffe wie sauer, salzig, scharf, bitter oder süß hätte reduzieren können.

Fortschritte entdeckt man in den Kochbüchern auch, was die Beachtung von Konsistenz und Kochtechniken, von Sauberkeit der Lebensmittel und Küchengeräte sowie die Heilkraft bestimmter Speisen betrifft; das bedeutet jedoch nicht, daß die Küche zwischen dem 14./15. Jahrhundert und dem 17./18. Jahrhundert raffinierter geworden wäre. Auch in ästhetischer Hinsicht vollzog sich kaum ein grundlegender Wandel: Die Kochbücher des 17. und 18. Jahrhunderts legen darauf genausoviel Wert wie die des 14. und 15. Jahrhunderts.

Vom Wert der Farben

Wirklich signifikante Unterschiede bemerkt man hingegen in den Details, besonders in der Farbgebung der Speisen. Das Wesentliche ist dabei nicht, daß die mittelalterlichen Bücher etwa mehr verschiedene Farben erwähnten als die modernen, oder mit größerer Häufigkeit, sondern daß sie an den Farben um ihrer selbst willen – oder der Schaulust wegen – interessiert waren, während die Kochbücher des 17. und 18. Jahrhunderts sich vor allem dafür interessierten, was die Farben über Natur und Geschmack der Lebensmittel verrieten.

Im Mittelalter unterschied man die Gerichte mehr nach ihrer Farbe und weniger nach den Zutaten, aus denen sie bestanden. Das galt beispielsweise für den »blancmanger«[19] [eine Art Mandelpudding], die »grüne Sauce«, den »weißen Knoblauch«, den »grünen Knoblauch«, die »gelbe Sauce«, den »gelben Pfeffer«, den »schwarzen Pfeffer«, die »rote Suppe«, die »grüne Suppe«, die »grüne Aalsuppe«, die »deutsche weiße Suppe« usw. Diese Farben – mit Ausnahme der Farbe Weiß – wurden im allgemeinen auch den Zutaten beigelegt, die in unseren Augen für das jeweilige Rezept unentbehrlich waren. Man begegnet sogar Anweisungen wie den folgenden: »zum Färben Safran beigeben«, »mit Safran mischen, um eine rötliche Färbung zu bekommen«, »etwas Grünzeug wegen der Farbe dazugeben«, »etwas Safran und Grünzeug beimengen«, »das Brot leicht anbrennen, um ihm Farbe zu geben« usw. Manche Rezepte wie das für »gefülltes Huhn« – das man in den meisten unserer Traktate findet – befassen sich vorwiegend mit der Präsentation der Gerichte, wobei die Farbe eine wichtige Rolle spielt: »Um es mit Grün oder Gelb zu überziehen: Für das Gelbe nimm eine große Menge weicher Eier und verrühre sie gut mit etwas Safran, und tue den Überzug auf einen Teller oder in ein anderes Gefäß. Willst du einen grünen Überzug, schneidest du etwas Grünzeug in die Eier. Und wenn dein Huhn fertig gekocht ist [. . .], gießt du den Überzug darüber aus und gibst es noch zwei- oder dreimal auf das Feuer, damit der Überzug fest wird; und achte darauf, daß dein Überzug nicht zu viel Hitze bekommt [. . .].« (*Taillevent*, Handschrift im Vatikan, S. 92 f.)

Zum Färben der Gerichte stand also ein ganzes Arsenal von Methoden und Produkten zur Verfügung, vor allem gab es die verschiedensten Kräuter zum Grünfärben. Der *Viandier* im Vatikan zählt am Ende des ersten Teils, nach der Liste mit den Gewürzen, zahlreiche solcher Kräuter auf: »Petersilie. Sauerampfer. Weinblätter oder -knospen. Johannisbeeren. Grüner Winterweizen.« Andere mehr oder minder genießbare Färbstoffe waren Safran zum Gelb- oder Rotfärben; Sonnenblumen für Blau-, Violett- oder Rottöne; Schminkwurz für ein dunkles Rot; die rote Zeder für andere Rot- und Rosatöne usw. Man griff jedoch auch zu Farbstoffen oder Verfahren, deren Auswirkungen auf die Genießbarkeit der Gerichte heikel waren. Sie werden im zweiten Teil des im Vatikan aufbewahrten *Viandier* genannt: Lapislazulipulver, Gold- oder Silberplättchen oder – für nicht so gut betuchte Gastgeber – »weiße, rote oder grüne Zinnplättchen«. Wohlgemerkt handelte es sich dabei nicht um »gemalte« Zwischengerichte, sondern um solche, die zum Verzehr bestimmt waren.

Die mittelalterliche Gewohnheit, die Zutaten nach der Farbe auszuwählen, die man dem Gericht verleihen wollte, verschwand nicht auf einen Schlag; bestimmte Gerichte wie der »blancmanger« oder die »grüne Sauce« haben sich sogar bis in unsere Zeit erhalten. In den Abhandlungen des 17. und 18. Jahrhunderts findet man eine »weiße Wurst« sowie künstlich gefärbte Zwischengerichte wie etwa eine »grüne Tunke« und eine »rote Tunke«, ferner eine »grüne Sülze«, eine »rote Sülze«, eine »gelbe Sülze« und eine »violette Sülze«, gefärbt mit Zutaten vom »Gewürzkrämer«, sowie eine »grüne Süßspeise«, die Pierre de Lune mit Kräutersaft färbt.

Im wesentlichen waren allerdings die in den Abhandlungen erwähnten Farben keine künstliche Zutat. Es waren die »natürlichen« Farben der Lebensmittel bzw. die Farben, die nach sachgerechtem Kochen entstanden. Wenn man von »gelben Karotten« und »roten Karotten« sprach, von »weißem Chicorée« und »grünem Chicorée«, »grünen Erbsen« und »gelben Erbsen«, »grünen Bohnen« und »weißen Bohnen«, »roten Johannisbeeren« und »weißen Johannisbeeren«, »grünen Mandeln« und »grünen Aprikosen« usw., so unterschied man damit Varietäten dieser Lebensmittel, die klare geschmackliche und kulinarische Eigenarten hatten. In diesem Sinne war der »weiße Porree« in kulinarischer Hinsicht dem grünen nicht gleichwertig; das helle Hühnerfleisch schmeckte anders als das dunkle, das Eiweiß anders als das Eigelb usw. Dies alles war einleuchtend und selbstverständlich.

Aufschlußreich – jedenfalls vom Standpunkt einer Geschichte des kulinarischen Geschmacks und der Kochkunst – sind die Farben, die sich durch das Kochen bilden. So gab es eine »helle Brühe« und eine »braune Brühe« – die eine wurde durch das Kochen von rohem Fleisch gewonnen, die andere durch das Kochen von angebratenem Fleisch. Jene diente als Grundlage für »helle Suppen« und zum Kochen von »weißem Fleisch«, diese zur Zubereitung von »dunklen Suppen«, »dunklen Vorspeisen« und »dunklem Fleisch«. All diese Kategorien sind überwiegend kulturell vermittelt. Doch sie prägten die klassische französische Küche in einem solchen Grade, daß sie den Schein des Natürlichen hatten.

Es gibt noch andere Beispiele für Gerichte, deren Farbe auf »natürliche« Weise, das heißt durch die Verarbeitung in der Küche und nicht durch künstliche Färbung, zustande kam. So gab es »weiße Butter«, die gerade bis zum Schmelzpunkt, und »braune Butter«, die länger oder über stärkerem Feuer erhitzt worden war. Auf der Grundlage dieser beiden Butterarten, die mit Hilfe diverser Zutaten gewürzt wurden, entstanden die beiden großen Saucen des 17. Jahrhunderts: die »weiße Sauce« und die »braune Sauce«.

Auch in der heutigen kulinarischen Sprache gebraucht man, wie schon im 17. Jahrhundert, Wörter, die mit Farben zu tun haben, wenn man vom Kochen spricht. »Blanchieren« bedeutet nicht »weiß machen«, sondern etwas im Wasser aufkochen lassen, und zwar aus gastronomischen und nicht aus ästhetischen Motiven. »Abbräunen« bedeutet, etwas in Butter oder Öl kurz anbraten. Das Braten oder Grillen soll dem Stück Fleisch »Farbe« geben. Und wenn Nicolas de Bonnefons von einem Lendenstück sagt, es müsse »blutig und rot« verzehrt werden, dann meint er nicht, daß man es mit Schminkwurz oder roter Zeder färben müsse, sondern daß man es nicht zu lange braten dürfe.

Die Farben, um die es in den Abhandlungen des 17. und 18. Jahrhunderts ging, ließen so genaue Rückschlüsse auf die Dauer des Kochens und die Qualität des Produkts zu, daß sowohl der Koch als auch der Esser sie gründlich in Augenschein nahmen. Über »Hecht blau« bemerkt Bonnefons, man müsse ihn »ausgiebig mit Salz bestreuen und vorsichtig in gutem Essig wenden«, um »ein schönes Azurblau zu bekommen, das sich vortrefflich ausnimmt«. Vielleicht ist hier noch die alte Vorliebe für das Blau am Werk, die im Mittelalter dazu geführt hatte, daß man bestimmten Gerichten Lapislazulipulver beimengte. Freilich stellt Bonnefons auch fest: »Der lebende Fisch zeigt ein viel schöneres Blau als der tote.« Das dürfte ein gewichtiger Grund für das beliebte Blau des gekochten Fisches gewesen sein und erklärt den Erfolg der »blauen« Zubereitungsart besser als allein die Neigung zu der Farbe Blau.

Zusammenfassend kann man feststellen, daß die modernen Köche nicht die ersten waren, die sich Gedanken über die gastronomische Qualität ihrer Gerichte machten: Auch die mittelalterlichen Köche kannten unbestreitbar solche Rücksichten. Jene wie diese kümmerten sich auch um die Präsentation der Gerichte und Festessen, wie sie in Wort und Tat bewiesen haben. Was sich jedoch veränderte, war das Verhältnis zwischen Ästhetik und Gastronomie. Selbst wenn es für uns schwierig ist, zu beurteilen, inwieweit die Köche im 14. und 15. Jahrhundert bereit waren, das gastronomische Vergnügen dem ästhetischen zu opfern – weil wir den Geschmack der damaligen Eliten zu wenig kennen –, hat es doch den Anschein, als sei eine solche Wahl möglich gewesen, weil die ästhetischen Werte eines Gerichts unabhängig von seinen gastronomischen Werten gesehen wurden. Demgegenüber war seit dem 17. und erst recht seit dem 18. Jahrhundert die kulinarische Ästhetik aufs innigste mit der Gastronomie verknüpft: Die Farbe eines Gerichts wurde nur dann schön gefunden, wenn sie dessen gastronomische Qualität ausdrückte, und Zeichen wirklicher Frische wurden höher geschätzt als eine vorgetäuschte Lebendigkeit.

Wir wollen nun die Köche verlassen und uns den Essern zuwenden. Da uns deren eigenes Zeugnis über ihre Gaumenfreuden nicht zur Verfügung steht, halten wir uns an das, was ihre Zeitgenossen geschrieben haben.

Französische Schule, *Bankett* (Ausschnitt). Geflügel, das zum Braten bestimmt war, wurde in der Regel in Schinkenstreifen gewickelt, damit das Fleisch weiß blieb, und mit einer Sauce gereicht. Trocken servierte Braten sollten dagegen eine gute Farbe annehmen; sie wurden daher mit Speckstreifen gespickt, die durch ihr Fett das Austrocknen und das Anbrennen verhindern sollten. (Straßburg, Musée des Beaux-Arts)

In der Abhandlung *De institutione novitiarum*, von Hugo von Sankt Viktor im 12. Jahrhundert auf lateinisch geschrieben und im 14. Jahrhundert ins Französische übersetzt, werden die Gourmands mehr für ihren übertrieben wählerischen Geschmack als für ihre Gefräßigkeit getadelt. Man solle weder nach Speisen trachten, die »zu kostbar und deliziös«, noch nach solchen, die »zu selten und ausgefallen« seien. Hugo geht mit denjenigen ins Gericht, deren Gaumen »nichts anderes herunterbringt, als was reichhaltig und wohlschmeckend ist«, und die sich, wenn man ihnen schlichte Speise anbietet, entschuldigen, nichts anderes essen zu können, weil sie angeblich Magen- oder Brustbeschwerden haben. Nicht minder rügenswert sind die, die den »Verzehr der normalen Gerichte« verweigern und lieber ganze Heerscharen von Dienstboten an »alle Kreuzwege« und in »öde, unwegsame Gebirgsgegenden« schicken, um sich irgendwelche Wurzeln, Sträucher oder Fische besorgen zu lassen. Er verurteilt auch jene eingebildeten Menschen, die sich durch die erlesene Qualität ihrer Speisen hervorzutun suchen, in der Meinung, sie seien »ebenso unverwechselbar an Verdienst« wie »unverwechselbar im Essen«. Er wettert gegen Feinschmecker, die »nutzlose Mühe auf die Zubereitung ihrer Mahlzeiten« verschwenden und »unzählige Arten von Dekokten, Fritüren und Aromen« erfinden, und gegen jene, die wie die schwangeren Frauen Lust auf ganz bestimmte Speisen haben, »bald weiche, bald harte, bald kalte, bald warme, bald gekochte, bald gebratene, bald mit Pfeffer, bald mit Knoblauch, bald mit Kümmel, bald mit Salz«. Am Ende des Kapitels über die allzu feinen Feinschmecker mokiert sich Hugo noch über die Weinliebhaber, die »wie die Schankwirte bei jedem Schluck Wein den Gaumen bewegen, um seinen Geschmack zu verkosten«.

Gierschlund und Feinschmecker

Angesichts eines solchen Textes fällt es schwer zu glauben, die Menschen hätten sich erst im 17. und 18. Jahrhundert mehr um die Qualität als um die Quantität ihrer Speisen und Getränke gekümmert. Was bei der Lektüre gewisser frühmoderner Texte über »gourmandise« [»Schlemmerei«] frappiert, ist vielmehr, daß die raffinierten Gaumenfreuden selbst keinen Anstoß erregen; über sie wird sogar mit einer gewissen Nachsicht gesprochen. Streng verurteilt wird hingegen die Gefräßigkeit.

In den großen französischen Wörterbüchern ist »gourmand« ein Synonym für »Vielfraß«, »Freßsack«, »einer, der sein Essen herunterschlingt«. Das *Dictionnaire de Richelet* definiert den Gourmand mit einem einzigen Wort: »Gierschlund« [»goulu«]. Das Wörterbuch von Furetière ist kaum auskunftsfreudiger: »Gierschlund; einer, der hastig und unmäßig schlingt.« Die Französische Akademie ging zwischen 1694 und 1798 nicht über diese Definition hinaus: »Vielfraß, Gierschlund; einer, der hastig und unmäßig schlingt.« Schon 1611 gab das französisch-englische Wörterbuch von Cotgrave als erste Übersetzung des

Jean-Baptiste Lallemand, *Die bürgerliche Küche.* Die alte bürgerliche Küche war das Reich der Köchin, aber auch der Herrin des Hauses. Vor allem für die Kinder war sie eine unerschöpfliche Fundgrube; unzählige Gerätschaften lagen und hingen ohne erkennbare Ordnung oder Symmetrie herum. Obwohl im Herd den ganzen Tag ein Feuer brannte, wirkte der Raum kalt. (Dijon, Musée des Beaux-Arts)

Wortes »gourmand« »a glutton« [»Vielfraß«] an, während das englische Wort »gormand« erst an zweiter Stelle kam.

Die französischen Wörterbücher gebrauchten häufig dieselben Definitionen, dieselben Synonyma und dieselben Beispiele und zeichneten damit ein minder komplexes Bild vom »gourmand« und der »gourmandise« als die mittelalterlichen Texte. Von den großen Wörterbüchern war es allein die *Encyclopédie*, die mit einem ungewöhnlich langen und gänzlich andersartigen Artikel zum Stichwort »gourmandise« für Verwirrung sorgte. Er beginnt mit dem Satz: »Raffinierte und maßlose Liebe zu gutem Essen.« Es folgen zur Veranschaulichung der Definition zwei Spalten mit Beispielen aus der Antike, vor allem im kaiserlichen Rom und bei den Sybariten, deren übertriebenes Raffinement in Gegensatz gebracht wird zu den schlichten gastronomischen Freuden der homerischen Helden, der ersten Römer, der Spartaner und der alten Perser. Die »gourmandise« wird als Folge des Luxus charakterisiert, die ihrerseits den Verfall der Weltreiche nach sich zieht, und so erscheint die Kritik an den raffinierten Feinschmeckern der Antike als ein Warnsignal an die Gesellschaft des 18. Jahrhunderts.

Für uns erstaunlich ist die scharfe Reaktion auf diesen Artikel in dem von den Jesuiten herausgegebenen *Dictionnaire de Trévoux* in der Ausgabe von 1771. Es heißt dort: »GOURMANDISE. s. f. ›Gula‹. Ist mitnichten, wie in der *Encyclopédie* zu lesen, die ›raffinierte und maßlose Liebe zum guten Essen‹. Das Wort bekräftigt und vergegenwärtigt in Wirklichkeit die Vorstellung des Unmäßigen, nicht die des Raffinements beim Essen. ›Gourmandise‹ ist das Laster dessen, der hastig und unmäßig schlingt. Als Völlerei ist sie eine der sieben Todsünden.« Was diese Reaktion wahrscheinlich erklärt – abgesehen von der definitorischen Einmütigkeit aller Lexika seit ungefähr zweihundert Jahren –, ist der Umstand, daß es im Französischen noch ein anderes Wort gab, um die raffinierte Liebe zum guten Essen zu bezeichnen, nämlich »friandise« [»Feinschmeckerei«].

Richelet definiert den »friand« als einen, »der gerne etwas Leckeres ißt«, die Académie zwischen 1694 und 1798 als jemanden, »der delikate und gut abgeschmeckte Bissen liebt«. »Friandise« bedeutet bei Furetière und im *Dictionnaire de Trévoux* »die Leidenschaft oder Vorliebe für delikate oder wohlschmeckende Gerichte«, bei der Académie die »Vorliebe für gute Bissen«.

Diese sinnliche Leidenschaft hatte für die Moralisten offenbar etwas Beunruhigendes. Richelet merkt an, es handele sich um den »ein wenig ungezügelten Appetit auf delikate und wohlschmeckende Dinge«. Immerhin war es um den Feinschmecker weit weniger schlimm bestellt als um den Schlemmer oder den Gefräßigen. Die Jesuiten sprachen es in ihrem *Dictionnaire de Trévoux* deutlich aus: »Feinschmeckerei ist eine Untugend, doch ist sie nicht so schändlich wie die Schlemmerei.« Ähnlich äußerten sich die Académie und Furetière.

Wie kam es zu dieser Nachsicht? Wenn ein »wählerischer Gaumen«

Kupferstich von einer Eheschließung im Stile Karls. Das Bild vom raffinierten Gourmand, wie es die *Encyclopédie* um die Mitte des 18. Jahrhunderts lancierte, feierte erst zu Beginn des 19. Jahrhunderts Triumphe, und zwar mit dem *Almanach des gourmands* von Grimod de La Reynière. (Paris, Bibliothèque Nationale)

traditionellerweise der Sünde der »gourmandise« verdächtig war, warum galt er dann als weniger schändlich als die Völlerei? Furetière und das *Dictionnaire de Trévoux* weisen darauf hin, daß man in einem übertragenen Sinne von Feinschmeckerei auch bei Dingen sprach, »die man nur zum Vergnügen ißt und nicht, um sich zu ernähren«. Das läßt darauf schließen, daß der Feinschmecker eher zum Vergnügen als zur Befriedigung eines natürlichen Bedürfnisses ißt und daß er insofern demjenigen ähnelt, der seine ehelichen Rechte »zum Vergnügen« ausübt und nicht, um Kinder zu zeugen. Nun wurde aber nach einer gut tausendjährigen Tradition ein Ehepaar, das dem Beischlaf allein »zum Vergnügen« und nicht aus dem Wunsch nach einem Kind oblag, strenger verurteilt als ein Paar, das ihn, sozusagen aus sexueller Gier, zu häufig praktizierte. Warum galt diese Einstellung nicht – oder nicht mehr – in Angelegenheiten des Essens? Eine mögliche Antwort wäre, daß zu diesem Zeitpunkt Kirchenmänner wie Laien die Kultiviertheit des Geschmacks – auf allen Gebieten – bereits hoch genug schätzten, um den Feinschmecker nicht so hart zu verdammen wie den Vielfraß.

War die Feinschmeckerei einerseits eine Untugend, so war sie andererseits auch ein Vorzug. Die Verfasser des *Dictionnaire de Trévoux* meinen sogar: »Ein guter Gourmet muß einen Sinn für Feinschmeckerei [›le goût friand‹] haben.« Unter »gourmet« verstand man zu Beginn des 17. Jahrhunderts eine Art Weineinkäufer oder Weinverkoster, wie ihn die Weinhändler beschäftigten (Cotgrave 1611). 1679 definiert Richelet den »gourmet« so: »derjenige, der im Pariser Hafen den Wein kostet, um zu prüfen, ob er den Vorschriften entspricht und verkäuflich ist.« Doch war die Bedeutung des Wortes bereits im Wandel begriffen: Einige Jahre später verstand man, wenn wir Furetière und dem *Dictionnaire de Trévoux* glauben dürfen, unter »gourmet« nicht mehr jemanden, der einen zulassungspflichtigen Beruf ausübte, sondern einen, der guten Wein von schlechtem zu unterscheiden verstand. Diese Bedeutungsverschiebung läßt darauf schließen, daß vor dem Ende des 17. Jahrhunderts das Bedürfnis nach einem neuen Wort entstand, um derlei Kennerschaft zu bezeichnen – zweifellos deshalb, weil es sie außerhalb der professionellen »gourmets« gab und weil diese Liebhaber stolz darauf waren, sich ebenso gut mit Wein auszukennen wie die Feinschmecker mit »guten Häppchen«. Hier half nun der Ausdruck »friand«. Die Académie sagt (1694 und 1717): »Man sagt von jemandem, er sei ein Wein-›friand‹, um zu sagen, daß er einen guten Geschmack hat und mit gutem Wein Bescheid weiß.« Gewiß gab es Bedeutungsnuancen zwischen »gourmet« und »friand en vin«. Aber daß man zwei eng benachbarte Sachverhalte mit zwei Wörtern belegte, ist ein weiterer Hinweis auf das gestiegene Interesse der Zeit an der Verfeinerung des Geschmacks.

Aus G. F. Goez, *Exercices d'imagination des différents caractères et formes humaines* (Augsburg 1784). Im 17. und 18. Jahrhundert war »Gourmand« gleichbedeutend mit »Vielfraß, Schlemmer, Gierschlund«. Heute würden wir von »Bulimie« sprechen.

Von den Geschmäckern und den Körpersäften

Duldsamkeit gegen die Verschiedenheit der Geschmäcker war seit jeher die Regel, wie das lateinische Sprichwort »de gustibus non est disputandum« [»über Geschmack läßt sich nicht streiten«] besagt. An diesen Satz erinnert der *Art de bien traiter* 1674, und die Académie gab ihm 1694 seine französische Version: »Il ne faut point disputer des goûts.« Diese Duldsamkeit bewies sich übrigens täglich beim Servieren der Gerichte »à la française«, das im 19. Jahrhundert üblich war, bevor es von dem noch heute gebräuchlichen Servieren »à la russe« abgelöst wurde. Beim »russischen« Servieren werden die Hauptgerichte nacheinander jedem Tischgast serviert, und normalerweise muß jeder sich von ihnen nehmen. Beim alten Servieren »à la française« wurden dagegen mehrere verschiedene Gerichte gleichzeitig aufgetragen, wie noch heute bei unseren Büfetts. Für ein Mahl mit sechs bis acht Gedecken schlägt der *Nouveau Cuisinier royal et bourgeois* von 1742 ein Menü von sieben Gerichten pro Gang vor, was bei einem Essen mit drei Gängen einundzwanzig Gerichte ergab – und drei Gänge waren das absolute Minimum in vornehmen Häusern; für eine Tafel mit 20 bis 25 Gedecken empfiehlt das Buch das Servieren von 27 Gerichten, das heißt von insgesamt 81 Gerichten bei drei Gängen.

Das soll nicht heißen, daß die Franzosen einst wie die Scheunendrescher gefressen hätten; die meisten Tischgäste begnügten sich mit einem der Gerichte. Aber sie hatten eine viel größere Auswahl, als wir sie heute haben, und konnten sich, ohne unhöflich zu sein, Platten reichen lassen, die am anderen Ende des Tisches standen. Ähnlich hat man heute im Restaurant eine größere Auswahl, wenn man à la carte ißt, als wenn man das Tagesmenü bestellt.

Die alten Kochbücher und Handreichungen für Küchenchefs betonten ausdrücklich, daß die Vielfalt der Gerichte den Zweck habe, der Verschiedenheit der Geschmäcker gerecht zu werden. Der *Nouveau Cuisinier royal et bourgeois* ermahnte dazu, die Gerichte so auf der Tafel aufzustellen, »daß jedermann nehmen kann, worauf er Appetit hat«. Erläuternd heißt es: »Man vermeide es, zwei Gerichte derselben Art nebeneinanderzustellen, ohne daß dazwischen ein anderes steht; andernfalls wäre die Sache wenig gefällig und könnte manchem am Tische einen bestimmten *Geschmack aufzwingen; denn nicht alle lieben dasselbe.*«

Solche Rücksichtnahme auf die Ungleichheit der Geschmäcker – die in Privathaushalten heute nicht mehr geübt wird – hing mit der antiken Diätetik zusammen, welche die Verschiedenheit der Temperamente und die Bedürfnisse eines jeden Einzelnen beachtete. So gibt der *Art de bien traiter* von 1674 zu bedenken: »Man begegnet häufig Menschen, die viele gute Dinge ablehnen und verurteilen, deren Geschmack sie niemals haben erproben können; und da es sich selten trifft, daß in einer Gesellschaft nicht jemand etwas ablehnt, was *dem milden Wesen seiner Natur zuwider* sei, so tut man gut daran, immer mehr als eine Art von Gericht zu servieren, damit *der herrschende humor* [›Körpersaft‹] das findet, was mit seinen Wünschen am besten in Einklang steht und ihnen

M. Desmaretz, *Festessen des Herzogs von Alba zu Paris anläßlich der Geburt des Prinzen von Asturien*; 1707. Bei jedem Gang wurden verschiedene Gerichte aufgetragen, unter denen die Gäste ganz nach ihrem Geschmack wählen konnten. Hier ist man bereits beim letzten Gang angelangt: Dessert oder Obst. (Paris, Bibliothèque Nationale)

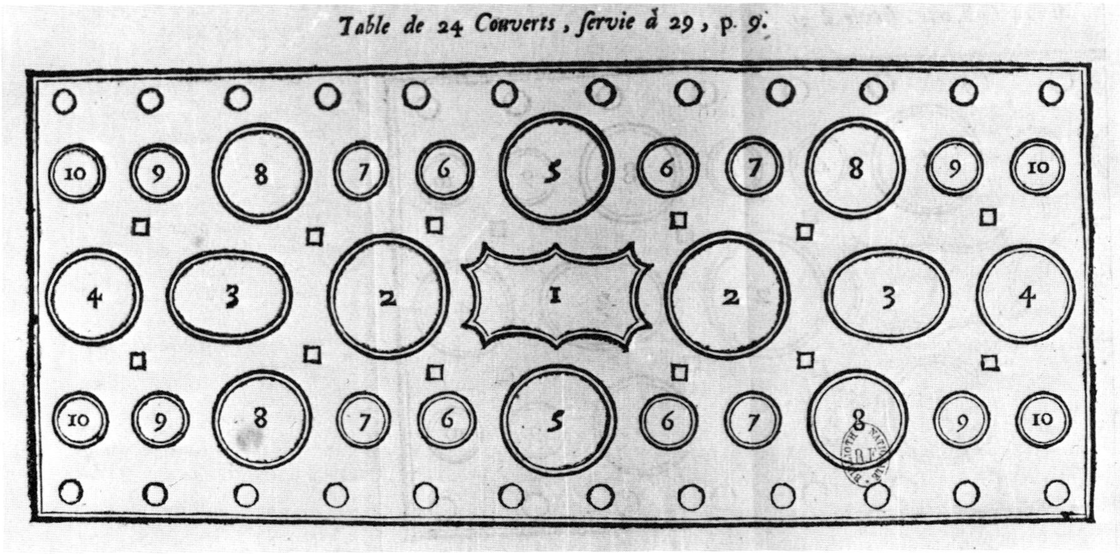

Abbildung aus Ménon, *Nouveau Traité de la cuisine* (Paris 1739). »Nichts ist unerfreulicher anzusehen als ein unüberlegt und unordentlich gedeckter Tisch«, schrieb Massialot in seinem *Nouveau Cuisinier royal* (1742). Man erwartete von den Küchenchefs wahre Wunder an Übersichtlichkeit, Ordnung und Wohlgefälligkeit der Komposition. Handbücher schlugen »Mustergedecke« vor, die auf die Form des Tisches ebenso Rücksicht nahmen wie auf die Anzahl der zu bewirtenden Gäste.

entspricht.« Die Unterschiede des Appetits schienen also natürliche Ursachen zu haben. Den Geschmack faßte man als »Sympathie« auf, die sich zwischen der Natur jedes einzelnen Menschen und diesen oder jenen Nahrungsmitteln bildete, während man sich die geschmackliche Abneigung aus einer physiologischen Antipathie erklärte. Sympathien oder Antipathien mochten das Werk der Gewohnheit und damit »zweite Natur« sein, doch sie waren auf jeden Fall charakteristisch für das Temperament jedes Menschen, das heißt für die mehr oder weniger ausgeprägte Vorherrschaft eines der vier Körpersäfte: Blut, Schleim, gelbe Galle und schwarze Galle. Und ebensowenig wie man sein Temperament ändern konnte, konnte man gegen seinen Geschmack handeln.

Im Laufe der Zeit wirkten dieser Liberalität jedoch Veränderungen in der Ernährungslehre sowie der Aufstieg der Gastronomie entgegen. Im Mittelalter unterschieden die Ärzte sehr genau zwischen der Kost für Kranke und der Kost für Gesunde. Der Kranke war auf Speisen angewiesen, die das Übermaß an Hitze, Kälte, Trockenheit bzw. Feuchtigkeit ausglichen, das die Quelle seines Leidens war; auch mußte man ihm »Medizin« verabreichen, die für den Gesunden Gift gewesen wäre. Bei der Kost für den Gesunden kam es im Gegenteil darauf an, die eigentümliche Körperbeschaffenheit des Einzelnen zu wahren und zu kräftigen. Wer ein »hitziges« Wesen hatte, mußte »warme« Speisen zu sich nehmen, zu denen er »von Natur aus« eine Affinität empfand; wer ein »kaltes« Naturell hatte, brauchte »kalte« Speisen usw. Derlei Ratschläge kann man beispielsweise in dem Werk *Ernährung des Körpers* von Aldebrandino von Siena aus dem 13. Jahrhundert oder noch zu Beginn des 16. Jahrhunderts im *Platine en françoys* nachlesen.

Auf gänzlich konträre Grundsätze für die Ernährung des Gesunden stößt man dann in den Abhandlungen zur Diätetik an der Wende vom 16. zum 17. Jahrhundert. So heißt es etwa im *Trésor de santé* von 1607, daß Speisen und Getränke, die »von feuchter und warmer Beschaffenheit« seien, vornehmlich für Menschen »von melancholischem [das heißt trocken-kaltem] Humor« taugten, Getränke, die »kalt und feucht sind, für Choleriker« (von warm-trockenem Naturell), »die warmen und trockenen für Phlegmatiker« (von kalt-feuchtem Naturell) usw. Die medizinisch orientierten Diätetiker begriffen also seit der zweiten Hälfte des 16. Jahrhunderts die Differenzen der Temperamente als Symptome von Krankheiten. Sie dachten, daß die wahre Gesundheit auf dem harmonischen Gleichgewicht aller Körpersäfte beruhe und daß es zur Erlangung und Aufrechterhaltung dieses Gleichgewichts für jedermann geboten sei, das zu essen, was seinem beherrschenden Körpersaft entgegenwirke. Der Esser sollte den speziellen Neigungen seiner Konstitution widerstehen, anstatt ihnen nachzugeben.

Allerdings scheinen die Köche seit dem 17. Jahrhundert mehr als in früheren Zeiten dem gefolgt zu sein, was man »gastronomische Grundsätze« nennen könnte. Wir haben bereits zitiert, was Nicolas de Bonnefons über den »wahren Geschmack« sagte, »den jede Speise haben muß«; er verlangt von den Köchen, den Eigengeschmack der Lebensmittel zu bewahren, ihn nicht unter einem Berg aus »gehacktem Fleisch, Pilzen, Gewürzen« und überflüssigen Zutaten zu begraben; und er schließt mit der Bemerkung: »Was ich von den Suppen gesagt habe, will ich ganz allgemein verstanden wissen, und es diene als Richtschnur für alles, was man ißt.« Das heißt, daß er über die einzelnen Rezepte hinaus kulinarische und gastronomische Maßstäbe zu formulieren sucht. In minder allgemeiner, aber ebenfalls bezeichnender Absicht stellt L. S. R. in *Art de bien traiter* derartige Maßstäbe auf, etwa, wenn er über gebratene Jungtauben schreibt: »Die beste und gesündeste Art, den Braten zu essen, ist, ihn in seinem natürlichen Saft und nicht zu sehr durchgebraten vom Spieß zu nehmen und keine [. . .] Anstalten zu treffen, die [. . .] den wahren Geschmack der Dinge verderben.«

Nicht anders als die Künstler ihrer Zeit waren auch die Köche außerstande, den Menschen, für die sie arbeiteten, ihren Geschmack aufzunötigen. Freilich fanden sie sich im 17. Jahrhundert nicht mehr damit ab, sich dem Geschmack ihres Herrn und seiner Gäste zu beugen, wie es noch die Köche im Mittelalter getan hatten. Der vortreffliche Martino beschloß im 15. Jahrhundert seine Rezepte häufig mit dem Ratschlag: »Mach es süß oder sauer, nach dem allgemeinen Geschmack oder wie es dein Herr von dir verlangt.« Und niemals erlaubte er sich, den Geschmack anderer Leute zu kritisieren. Bei L. S. R. ist das 1674 schon nicht mehr der Fall. Zwar läßt er dem Leser häufig die Wahl, einem Gericht eine bestimmte Zutat beizumischen oder nicht beizumischen oder es mit dieser oder jener Sauce zu servieren. Aber es gibt auch gewisse Gewohnheiten – beispielsweise zu Fleisch eine süße Sauce zu reichen –, die er zu Anzeichen eines zerrütteten Geschmacks erklärt. So schreibt er zum Thema Hasenbraten (S. 58): »Mit einer Poivrade servieren. Wird eine süße Sauce dazu erwartet und verlangt, *was mich höchst ungehörig und lächerlich dünkt*, so kann man eine solche bereiten, indem man Rotwein, vermischt mit Zucker, Nelken und Zimt, in einer Pfanne einkocht, bis er die Konsistenz von Sirup hat.«

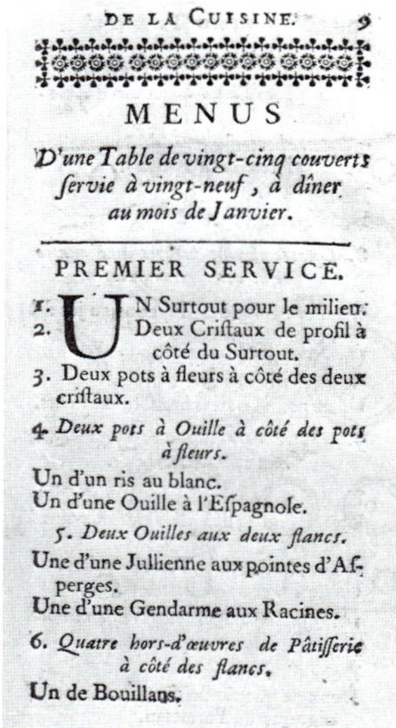
DE LA CUISINE. 9

MENUS

D'une Table de vingt-cinq couverts servie à vingt-neuf, à dîner au mois de Janvier.

PREMIER SERVICE.

1. UN Surtout pour le milieu.
2. Deux Criſtaux de profil à côté du Surtout.
3. Deux pots à fleurs à côté des deux criſtaux.
4. *Deux pots à Ouille à côté des pots à fleurs.*

Un d'un ris au blanc.
Un d'une Ouille à l'Eſpagnole.

5. *Deux Ouilles aux deux flancs.*

Une d'une Jullienne aux pointes d'Aſperges.
Une d'une Gendarme aux Racines.

6. *Quatre hors-d'œuvres de Pâtiſſerie à côté des flancs.*

Un de Bouillans.

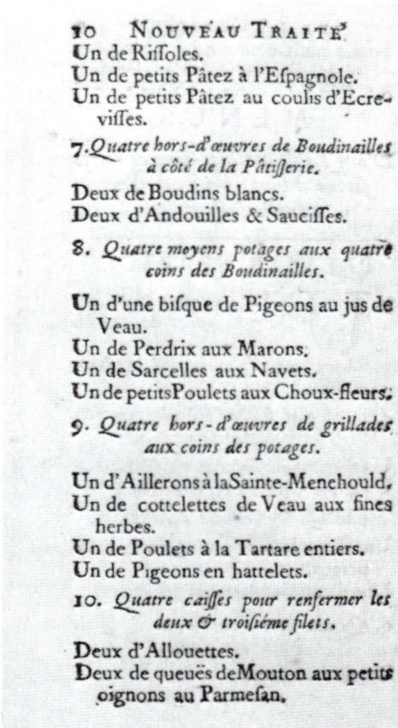
10 NOUVEAU TRAITÉ

Un de Riſſoles.
Un de petits Pâtez à l'Eſpagnole.
Un de petits Pâtez au coulis d'Ecreviſſes.

7. *Quatre hors-d'œuvres de Boudinailles à côté de la Pâtiſſerie.*

Deux de Boudins blancs.
Deux d'Andouilles & Sauciſſes.

8. *Quatre moyens potages aux quatre coins des Boudinailles.*

Un d'une biſque de Pigeons au jus de Veau.
Un de Perdrix aux Marons.
Un de Sarcelles aux Navets.
Un de petits Poulets aux Choux-fleurs.

9. *Quatre hors-d'œuvres de grillades aux coins des potages.*

Un d'Aillerons à la Sainte-Menehould.
Un de cottelettes de Veau aux fines herbes.
Un de Poulets à la Tartare entiers.
Un de Pigeons en hattelets.

10. *Quatre caiſſes pour renfermer les deux & troiſiéme filets.*

Deux d'Allouettes.
Deux de queuës de Mouton aux petits oignons au Parmeſan.

Eine einmal gewählte Gedeckanordnung mußte während des ganzen Menüs und bei jedem Gang eingehalten werden. Die Abbildung zeigt den ersten von vier Gängen eines Menüs, für das die Gedeckanordnung der vorigen Abbildung gedacht war.

Der gute Geschmack

Um die Mitte des 17. Jahrhunderts hatten die Kochbuch-Autoren also über ihre Kunst eine Diskussion begonnen, die sich um den »guten Geschmack« drehte, eine scheinbar von Raum und Zeit unabhängige Kategorie. Diesen guten Geschmack stellten sie gerne in einen Gegensatz zu den gastronomischen Verirrungen ganzer Völker oder einzelner Personen. Ein Beispiel dafür liefert L. S. R. 1674 im Vorwort zu seinem *Art de bien traiter*, wo er auf seinen erfolgreichen Vorgänger La Varenne zu sprechen kommt. Er hält dessen Rezepte für »Armseligkeiten, die man sich lieber bei den Arabern und den Levantinern gefallen ließe als in einem reinen Klima wie dem unseren, wo Reinlichkeit, Feinheit und *der gute Geschmack* Gegenstand und Stoff unserer ernstesten Bemühungen sind«. (S. 7) Ähnlich sieht die Apologie der kulinarischen Kunst bei Massialot aus, der im Vorwort zu seinem *Cuisinier royal et bourgeois* (1691) schreibt: »Der Mensch ist nicht überall zu dieser Unterscheidung fähig, die nichtsdestoweniger ein Strahl seiner Vernunft und seines Geistes ist. [. . .] Nur in Europa regieren Reinlichkeit, *der gute Geschmack* und Geschick beim Würzen des Fleisches [. . .], und nur hier wird man gleichzeitig den besten Gaben gerecht, die wir der glücklichen Lage anderer Klimazonen zu danken haben; und man darf vor allem in Frankreich stolz darauf sein, in diesem Punkte alle anderen Nationen ebenso zu überflügeln, wie es in betreff der Höflichkeit und tausend anderer, sattsam bekannter Vorzüge der Fall ist.«

Allerdings war guter Geschmack nicht vom Beginn der Zeiten an ein Privileg der französischen Nation; die Franzosen des 17. und 18. Jahrhunderts waren sich bewußt, daß er erst wenige Generationen alt war. Lesen wir, was hierzu die Jesuitenpatres Guillaume-Hyacinthe Bougeant und Pierre Brumoy im Vorwort ihrer *Dons de Comus* (1739) meinen: »Die Italiener haben ganz Europa die Höflichkeit gebracht, und sie sind es auch unbestritten, die uns essen gelehrt haben [. . .]. Unterdessen kennt man *die gute Küche* in Frankreich seit zweihundert Jahren, doch darf man ohne Vorurteile sagen, daß sie noch nie so delikat gewesen ist wie heute und daß man dabei noch nie so geschickt und mit einem so sicheren Geschmack zu Werke gegangen ist.« (S. XII f.) Sie wissen auch, daß die Entfaltung einer kultivierten Küche des erlesenen Geschmacks der Esser bedarf und daß hierin eine der großen Chancen der kulinarischen Kunst Frankreichs im 18. Jahrhundert liegt: »Wir haben in Frankreich verschiedene hohe Herrschaften, die es zu ihrer Unterhaltung nicht verschmähen, mitunter über das Kochen zu sprechen, und deren exquisiter Geschmack sehr dazu beiträgt, ausgezeichnete Bedienstete heranzuziehen.« (S. XVII) Zweifellos aus diesem Grunde hat die Kochkunst mit den anderen großen Künsten, ja, der Zivilisation selbst Schritt gehalten: »Die Kochkunst hat sich, wie alle anderen Künste, die aus der Not oder zum Vergnügen erfunden worden sind, mit dem Geist des Volkes vervollkommnet und ist in dem Maße raffinierter geworden, wie der Geist des Volkes sich verfeinert hat [. . .]. Die Fortschritte der Kochkunst [. . .] sind bei den zivilisierten Nationen den

Fortschritten aller anderen Künste auf dem Fuße gefolgt.« (S. 1) Und obschon die beiden Autoren sich verpflichtet fühlen, den kulinarischen Geschmack als »goût corporel« zu bezeichnen, im Gegensatz zu einem »goût spirituel«, der den bildenden Künsten, der Musik und der Literatur gilt, halten sie es doch für möglich, »sich vom leibverbundenen Geschmack aus zu einem sehr verfeinerten Gesichtspunkt emporzuschwingen, der in gewisser Weise mit dem rein geistgebundenen Geschmack verwandt ist«. Ihr leicht peinlich anmutender Diskurs zu diesem Thema knüpfte an Überlegungen zum kulinarischen Geschmack an, die seit mehr als hundert Jahren die besten Geister beschäftigten.

Die Wörterbücher zeugen davon, mit welcher Intensität diese Überlegungen angestellt wurden. Zu Beginn des 17. Jahrhunderts widmeten die Wörterbücher von Nicot (1607) und Cotgrave (1611) dem Stichwort »Geschmack« nur knappe Artikel, und nur ein einziges Beispiel stammt aus dem kulinarischen Bereich. Dagegen findet man seit 1679 bei Richelet, Furetière, der Académie und im *Dictionnaire de Trévoux* sehr umfangreiche Artikel, von denen sich mehr als die Hälfte mit »Geschmack« im übertragenen Sinne befassen.

Man war sich im klaren darüber, daß der Gebrauch des Wortes »Geschmack« in einem nicht-kulinarischen Kontext lediglich metaphorisch sein konnte. Auch Voltaire war sich dessen 1764 bewußt, als er sein *Dictionnaire philosophique* erscheinen ließ: »Der Geschmack, als der Sinn oder die Gabe, unsere Speisen zu unterscheiden, hat in allen bekannten Sprachen die Metapher hervorgebracht, die durch das Wort ›Geschmack‹ die Empfindung der Schönheiten und der Mängel in allen Künsten bezeichnet; es ist eine spontane Unterscheidung, wie die durch Zunge und Gaumen, und eilt wie diese der Reflexion voraus; sie ist wie diese empfindlich und wollüstig im Hinblick auf das Gute; sie verwirft wie diese das Schlechte mit Abscheu.« Zugleich billigte man jedoch diesem intellektuellen »Geschmack« die nämliche Authentizität wie dem physischen Geschmack zu. Man war sich darin einig, daß der intellektuelle Geschmack ebenso spontan urteilte wie dieser; gerade um diese Art des intuitiven und unmittelbaren Urteils zu erfassen, hatte man sich ja der Geschmacksmetapher bedient.

So moralisch-philosophisch diese Reflexionen auch gewesen sein mögen, sie bezeugen jedenfalls die Bedeutung, die der kulinarische Geschmack in der Kultur des 17. und 18. Jahrhunderts genossen hat. Es ist nicht anzunehmen, daß eine Gesellschaft ohne Verstand und Verständnis für die Feinheiten der Kochkunst und die Delikatesse der kulinarischen Wahrnehmung die Geschmacksmetaphorik in dieser Weise hätte kultivieren können. Freilich könnte der metaphorische Gebrauch dieses Begriffs sehr wohl dazu beigetragen haben, daß auch in die Sphäre des Kulinarischen die Idee des guten Geschmacks einzog. Denn diese Idee beherrschte die Reflexion über den literarischen und künstlerischen Geschmack bereits seit der zweiten Hälfte des 17. Jahrhunderts. Pater Bouhours schreibt dazu: »Der gute Geschmack ist eine natürliche Empfindung, die aus der Seele kommt; sie ist eine Art Instinkt der rechten Vernunft.« Und Voltaire zieht mehrmals eine Parallele zwischen dem guten Geschmack in der Kochkunst und dem guten Geschmack in Lite-

G. F. Goez, *Exercices d'imagination des différents caractères et formes humaines*; Augsburg 1784.

Jan Bruegel d. Ä. (zugeschr.), *Der Geschmack*; 1618. Die Figuren in der Mitte soll Rubens gemalt haben. Alle Sorten Fleisch, Fisch und Obst sind auf dieser flämischen Allegorie aus dem frühen 17. Jahrhundert versammelt. Dasselbe Sujet behandelte Abraham Bosse zur selben Zeit in Frankreich völlig anders: Auf dem Tisch liegt eine Artischocke, die die Italiener in Mode gebracht hatten; an Stelle einer üppigen Esserin ein kultiviertes Paar, der Mann mit einem Glas in der erhobenen Hand, die Frau vorsichtig ein Artischokkenblatt zum Munde führend. Der flämischen Lust am Schlemmen stand die Feinheit des französischen Geschmacks gegenüber. (Madrid, Prado)

ratur und Kunst: »Wie der schlechte Geschmack im Physischen darin besteht, den Gaumen durch zu pikante und zu gesuchte Gewürze reizen zu lassen, so besteht der schlechte Geschmack in den Künsten darin, nur an erkünstelten Ornamenten Gefallen zu finden, anstatt die schöne Natur zu empfinden.« (*Dictionnaire philosophique*, Ausgabe von 1826, Bd. V, S. 398)

Es bleibt zu klären, ob der Begriff des guten Geschmacks – oder der Gegenbegriff des schlechten Geschmacks – zuerst im kulinarischen Bereich oder zuerst im Feld von Kunst und Literatur aufgetreten ist. Sicher ist, daß er noch zu Beginn des 17. Jahrhunderts weder hier noch dort bekannt war, und sicher ist auch, daß er im letzten Viertel des 17. Jahrhunderts von jenen Autoren gebraucht wurde, die sich über Kochkunst und Gastronomie äußerten. Pater Bouhours und Saint-Évremond, die zu eben diesem Zeitpunkt über den guten Geschmack in Literatur und Kunst schrieben, hatten in Madeleine de Scudéry und dem Chevalier de Méré ihre Vorläufer.

Was jedoch die Rede vom klassischen Geschmack betrifft, der für Voltaire mit dem guten Geschmack identisch ist, so ist abermals zu fragen, ob sie sich zuerst in der Literatur und den Künsten oder zuerst im kulinarischen Bereich entwickelt hat. Man möchte vermuten, die Verfasser von Kochbüchern hätten sich im Kielwasser jener Schriftsteller und Künstler bewegt, die den klassischen Geschmack verfochten haben. Indes begegnet uns, wie wir gesehen haben, dieser geläuterte Geschmack, der Geschmack am Natürlichen, den Voltaire einfordert, bereits 1654 in *Délices de la campagne* von Nicolas de Bonnefons, zu einer

Zeit also, da das klassische Ideal in Angelegenheiten der Kunst und Literatur noch keineswegs Geltung besaß. Reicht dieser Tatbestand aus, die materialistische These zu fundieren, die französische Klassik in Literatur und Kunst verdanke sich Tendenzen, die sich zuerst in der Kochkunst manifestiert hatten?

Mit dem Begriff des guten Geschmacks hängt ein anderer unmittelbar zusammen: der des »homme de goût« [»Mann von Geschmack«]. Wohl ist dieser Begriff erst viel später gebildet worden, aber nicht zu spät, um hier berücksichtigt zu werden. Das *Dictionnaire de l'Académie* verzeichnet ihn zwar erstmals in seiner Ausgabe von 1932, aber Voltaire verwendet ihn bereits 1764 in seinem *Dictionnaire philosophique* (S. 398): »Der Gourmet schmeckt und erkennt sofort die Mischung zweier Liköre; der ›homme de goût‹, der Kenner, sieht auf den ersten Blick die Mischung zweier Stile; er sieht das Mangelhafte neben dem Angenehmen.« Mehr noch als der Begriff des »guten Geschmacks« zwingt uns der Begriff des »Mannes von Geschmack«, die soziale Funktion des Geschmacks zu untersuchen.

Prunk und Geschmack

Bekanntlich sahen sich im 17. Jahrhundert die alten Adelsfamilien von sozialen Aufsteigern bedroht, übrigens mit Gründen. Wir wissen, wie sie im politischen Sektor darum kämpften, sich die Reste ihrer Macht zu erhalten; ihr Programm einer aristokratischen Reaktion, bereits um die Mitte des 17. Jahrhunderts formuliert, wurde im 18. Jahrhundert weitgehend verwirklicht. Doch spielte sich die Rivalität mit dem reich gewordenen Bürgertum nicht zuletzt im Symboldiskurs der Prachtentfaltung ab. Ein Beispiel hierfür finden wir im fünften Buch der *Histoire comique de Francion* (1623): Der Held versammelt eine Schar »verwegener und hochherziger« Edelleute, um die Kaufmannssöhne, die sich so viel auf ihre luxuriöse Kleidung zugute tun, Mores zu lehren. Um den Anmaßungen des reich gewordenen Bürgertums zu steuern, hatten die Könige schon seit langem Gesetze gegen Luxus und Aufwand erlassen – vergeblich: Sie hatten den Bürger nicht gehindert, sich wie ein großer Herr zu kleiden, Ämter und Adelstitel, Ländereien und Schlösser zu kaufen, sich luxuriöse Stadthäuser zu bauen und von Zeit zu Zeit opulente Festbankette auszurichten. War unter solchen Verhältnissen der gute Geschmack nicht die ideale Waffe für den Adel, wie dazu geschaffen, dessen symbolische Überlegenheit zu verteidigen?

So wie man sich in den Salons, den Zentren der neuen Adelskultur, über die Bildungsbeflissenheit des Pfahlbürgers amüsierte, so urteilten die großen Herren nun nach Maßgabe der neuen Sitten und des neuen Geschmacks über die ostentative Prachtentfaltung der Neureichen. Die Angriffe gegen das Bürgertum waren in der Literatur des 18. Jahrhunderts ein ständig wiederkehrendes Thema: Man mokierte sich – so Furetière in seinem *Romant comique* – über die Art, wie sie sich »individuell« und »natürlich« zu geben suchten, oder – so Molière im *Bürger als Edelmann* oder in den *Lächerlichen Preziösen* – über ihre Anstrengungen, es dem Adel gleichzutun. Über den Bürger sprach man nur, um über ihn zu lachen.

Dieselbe Einstellung prägte die Kochbücher des Adels. Vor allem der *Art de bien traiter* unterstellt dem Bürgertum oder den niederen Gesellschaftsschichten sämtliche Gewohnheiten und Geschmäcker, die der Autor zu diskreditieren wünscht. Bereits auf der ersten Seite kritisiert er das »bäurische« alte Verfahren des Kochens und Servierens, an dem er nicht nur die Dürftigkeit und Ärmlichkeit auszusetzen hat, sondern dem er auch vorwirft, es habe nichts anderes erzeugt als »unnütze, unüberlegte Kosten, eine übertriebene Fülle ohne Maß und Ordnung und einen nutzlosen Aufwand, der weder Gewinn noch Ehre abwarf«. Sodann unterstreicht er die »Gemeinheiten« und »Armseligkeiten« des *Cuisinier français* und ereifert sich darüber, daß dieses Werk mit seinen »degoutanten Lehren« nicht nur »das törichte und unwissende Volk« – die »Plebs«, wie er später sagen wird –, sondern sogar »recht aufgeklärte Menschen« »verlockt und eingelullt« habe. In dem Kapitel über Braten lästert er über die »jämmerlichen Rezepturen des Kleinbürgers«, der das Lamm am Spieß am liebsten mit Brotkrumen und gehackter Petersilie bestreut (S. 54). Beim Thema Suppen (S. 86 f.) empört er sich in traditioneller Manier über den unangebrachten Geiz des Bürgers: »Denn eine Suppe völlig nackt auf den Tisch zu bringen, ohne sie im geringsten zu garnieren oder zu verschönern – bei Gott, was für ein Verbrechen für eine so geringe Ersparnis! Aber fort mit den bürgerlichen Gewürzen! Eigelb mit Weinsauce, um eine gehaltvolle Suppe zu ›verbessern‹, und andere Zutaten dieser Art: gibt es etwas Mechanischeres und Einfallsloseres als diese Methode?« Während er später (S. 105) für einen »Taubeneintopf« gutheißt, was er bei einer Suppe so vehement verdammt, fehlt auch hier nicht der Seitenhieb gegen das Bürgertum: »Wenn Obiges nicht zur Verfügung steht [. . .], nehme man die verbreitetste und bürgerlichste Mischung, nämlich Eigelb mit Weinsauce.«

Hatte sich die »grande cuisine« im 17. Jahrhundert erneuert, indem sie eine Entwicklung fortsetzte, die das Mittelalter mit seiner Vulgarität befleckt hatte, so bedeutete das keineswegs, daß sie sich nicht von der Küche des Bürgertums und des Volkes unterscheiden wollte. Brot mit der Hand zu brechen, anstatt es mit dem Messer zu schneiden, war eine Geste aristokratischer Eleganz, die Schlichtheit simulieren sollte. Das gleiche galt für die Wahl der Speisen, für den Verzicht auf orientalische Gewürze zugunsten einheimischer Kräuter und Aromastoffe, für den Gebrauch der Butter – eines ursprünglich bäuerlichen Fettes also –, für die Abkehr von den spektakulären großen Vögeln in ihrem Federkleid und insgesamt für die Feinheit des Geschmacks als Maß aller Dinge. So demonstrierte man den Parvenüs, wie falsch sie sich verhielten – just in dem Augenblick, da sie geglaubt hatten, durch Prunk und Aufwand mit den Edelleuten alten Schlages gleichzuziehen. Es war ein wenig so, wie es schon Bussy d'Amboise in puncto Kleidung gehalten hatte, als er »ganz schlicht und bescheiden gekleidet« den Louvre betrat, »aber sechs Pagen in goldbestickter Livrée hinter sich herlaufen ließ und mit lauter Stimme erklärte, die Zeit sei gekommen, in der die Kleinsten die Verwegensten sind«, nämlich die am prächtigsten Gekleideten.[20]

Die neuen kulinarischen Moden trugen minder paradoxe und provokante Züge, da viele der neu zu Ehren gelangten Produkte wie etwa Trüffeln oder alles Frühgemüse selten und teuer blieben. Das Wesentliche war jedoch, daß die Kochkunst sich ständig erneuerte, wobei es auf diesem wie auf anderen Gebieten weiterhin den großen Herren bzw. ihren Köchen vorbehalten blieb, Moden zu lancieren.

Diese systematische Erneuerung der Kochkunst bezeugt Vincent de La Chapelle, Küchenchef bei Lord Chesterfield und dann beim Prinzen von Oranien, im Vorwort zu seinem *Cuisinier moderne*: »Alle Künste kennen allgemeingültige Regeln; wer jene ausüben will, muß diese beherrschen. Diese Regeln reichen jedoch nicht aus, und die Perfektion verlangt, daß man unablässig an der Verbesserung einer Praxis arbeitet, die gebräuchlich geworden, aber, wie jedes Ding, den Wechselfällen der Zeit unterworfen ist; daher ist es unbedingt notwendig, die Regeln von heute zu befolgen. Wenn man den Tisch eines großen Herrn heute noch so decken wollte wie vor zwanzig Jahren, wären die Gäste unzufrieden.« Diese Fortschrittsideologie mußte freilich bald dazu herhalten, die Eitelkeit der Moden und die Brutalität dieses sozial-elitären Mechanismus zu kaschieren. So schreibt der Verfasser der *London Art of Cookery* 1785: »Die Kochkunst nähert sich, wie jede andere Kunst, der Vollkommenheit in kleinen Schritten an; und wenn die Köche des vergangenen Jahrhunderts geprahlt haben, diese Kunst habe den höchsten ihr möglichen Gipfel erreicht, so stellen wir dagegen fest, daß noch täglich Verbesserungen in ihr geschehen, wie dies bei jeder Kunst der Fall sein muß, die sich auf Phantasie und Geschmack gründet.« Und wir

André Bouys, *Die Scheuermagd.* (Paris, Musée des Arts Décoratifs)

François Alexandre Desportes, *Stilleben mit Goldschmiedearbeiten des Hofes.* Prunk und Geschmack verbinden sich auf diesem Stilleben aus der Zeit Ludwigs XIV. Die Stücke sind reich verziert, aber nach den Kriterien der Zeit von vollendetem Geschmack. Der Maler hat sich bemüht, das Fleisch und die Früchte so prall und üppig wie möglich wiederzugeben: Man beachte vor allem die fette Saftigkeit des Schinkens und die überreifen Feigen, die in ihrer faltigen Weichheit an das Fleisch Rubensscher Frauengestalten oder die Hinterbacken zeitgenössischer Putti erinnern. (Sammlung J. Helft)

Terrine und Tafelaufsatz aus dem *Livre d'ornements* von Juste-Aurèle Meissonier.

haben gesehen, daß schon 1739 die Vorwortschreiber der *Dons de Comus* die Veränderungen in der Kochkunst ebenfalls mit den Fortschritten der Zivilisation erklärten, wobei sie sich bewußt waren, wieviel die Fertigkeiten der Köche dem Geschmack der großen Herren verdankten, bei denen sie beschäftigt waren.

Es scheinen die Mechanik der sozialen Differenzierung und die Klassenrivalitäten innerhalb der Eliten dazu beigetragen zu haben, dem Konzept des guten Geschmacks und der Ideologie des Fortschritts der Künste zur Geltung zu verhelfen. Aber das erklärt nicht alles.

Der »Mann von Geschmack« hat sich niemals ausschließlich aus den alten Adelsfamilien rekrutiert, und umgekehrt waren keineswegs alle Aristokraten alten Schlages für ihren erlesenen Geschmack bekannt. Und wenn der Geldmensch hassenswert und der Bürger eine Figur aus der Komödie war, so erging es dem »Krautjunker« und dem Landedelmann kaum besser; man denke nur an *Monsieur de Pourceaugnac* und manche anderen literarischen Gestalten des 17. und 18. Jahrhunderts.

Wir können noch einen Schritt weitergehen: Es ist keineswegs ausgemacht, daß der Begriff des Geschmacks aus der Kritik an der Prachtentfaltung der Neureichen hervorgegangen ist. Erst im Jahre 1932 brachte das *Dictionnaire de l'Académie* den »Geschmack« in Gegensatz zum »Reichtum« und immerhin erst 1832 in Gegensatz zum »Luxus« und zur »Großartigkeit«. Derartige Kontraste oder Assoziationen finden sich in keinem der großen Wörterbücher des 17. und 18. Jahrhunderts.

Gewiß war Geschmack eine Sache der Minderheit. Nach La Bruyère gibt es »nur wenige Menschen, deren Geist mit einem sicheren Geschmack einhergeht«. Und die *Encyclopédie* bemerkt, daß es Formen der Schönheit gibt, »die nur empfindsame Seelen rühren«, und kommt zu dem Schluß: »Diese Gattung des Schönen, das nur für die kleine Zahl gemacht ist, ist der eigentliche Gegenstand des Geschmacks.« Doch hielten etliche Autoren Geschmack für angeboren. Für Saint-Évremond ist der Geschmack »eine Empfindung, die man nicht lernen und nicht lehren kann: Sie muß uns angeboren sein«. Auch Richelet sagt vom Geschmack: »Er ist ein Teil von uns, der mit uns geboren wird.« Und das *Dictionnaire de Trévoux* von 1752 entfaltet denselben Gedanken ausführlicher: »Der Geschmack kommt nicht mit dem Wissen; man kann viele Kenntnisse und große Einsichten und dennoch einen sehr schlechten Geschmack haben. Der Geschmack ist eine natürliche Empfindung, die aus der Seele kommt und unabhängig von allem Wissen ist, das man erwerben kann. Zwar kann man den Geschmack manchmal durch Kenntnisse vervollkommnen, man kann ihn durch sie aber auch manchmal verderben [...]. Insofern kann man sagen, daß der Geschmack das Urteil der Natur ist.«

Immerhin kommt in allen diesen Reflexionen nicht die Meinung vor, guter Geschmack sei erblich und auf Personen von Stand beschränkt. In der Gesellschaft des Ancien Régime, in der die Adligen nichts dabei fanden, das Attribut des Mutes und das Monopol der Waffen ausschließlich für sich zu reklamieren, will dieses Schweigen etwas heißen: Auch andere Menschen als sie konnten guten Geschmack beweisen.

Nicht nur in den literarischen Salons gab es schon im 17. Jahrhundert Schöngeister einfacher Herkunft; auch die Dilettanten und Mäzene, die die berühmtesten Literaten und Künstler ermutigten, sie über Wasser hielten oder ihnen Aufträge erteilten, stammten keineswegs alle aus altem Adel. Fouquet, der sein unermeßliches Vermögen durch Finanzgeschäfte in königlichen Diensten angehäuft hatte, entdeckte in den Jahren nach der Fronde die meisten jener Literaten, Maler, Baumeister, Landschaftsgärtner usw., die dem Jahrhundert Ludwigs XIV. seinen Glanz verliehen. Wenig später ließ sich der Bankier Lambert auf der Ile Saint-Louis ein Stadthaus errichten, das den Vergleich mit dem des Herzogs von Lauzun nicht zu scheuen brauchte. Und viele Gastgeber, die für die Erlesenheit ihrer Tafel berühmt waren, stammten aus dem neureichen Bürgertum oder waren frisch geadelt: Die bekanntesten waren Grimod de La Reynière, der Begründer der gastronomischen Literatur, und vor ihm sein Vater, der Generalsteuerpächter; doch schon im 17. Jahrhundert gab es den Finanzier Béchameil, dem wir unsere Béchamelsauce verdanken, oder Jacques Amelot, dem Pierre de Lune in Dankbarkeit seinen *Nouveau Cuisinier* (1660) widmete, weil er ihn gelehrt hatte, »einen anspruchsvollen Geschmack zufriedenzustellen«. Dieser Jacques Amelot, der erste Präsident am Cour des Aides*, war noch nicht lange Marquis de Mauregard: Seine Familie war erst 1580 geadelt worden. Und es bedarf wohl keiner Erwähnung, daß die Marquise de Pompadour, Tochter eines Waffenlieferanten namens Poisson, sich bei der Wahl der von ihr geförderten Schriftsteller und Künstler ganz besonders aufgeklärt zeigte und daß eine ganze Reihe bedeutender Rezepte der französischen Küche ihren Namen dem Besitz der Marquise, dem Schloß Bellevue, verdanken.

Aber verweilen wir nicht beim 18. Jahrhundert, sondern gehen wir noch einmal zum Beginn des 17. Jahrhunderts und zur *Histoire comique de Francion* (1623) zurück. Der Held der Geschichte gehört dem niederen bretonischen Adel an und haßt nichts so sehr wie die Inhaber königlicher Ämter und die Händler. Er läßt sie das rücksichtslos spüren, seit er die Bekanntschaft eines großen Herrn gemacht hat, der ihn prote-

* Eine Art Obersteueramt. *A.d.Ü.*

giert: »Die Herren der Justiz, der Finanz und des Handels sind mir täglich zwischen die Finger geraten, und Sie können sich nicht vorstellen, welches Vergnügen es mir bereitet hat, ihnen ein paar Schläge mit meinem Stock auf ihre schwarzen Satinroben zu versetzen; und wer sich adlig nannte, ohne es zu sein, war ebensowenig davon ausgenommen, die gerechten Folgen meines Zorns an seinem Leibe zu verspüren.« Noch bevor Francion die Bekanntschaft des besagten großen Herrn machte, hatte er eine Schar junger Leute um sich versammelt, die dafür sorgen mußten, daß die Söhne der neureichen Bürger nicht das Straßenbild beherrschten. Wer gehörte zu dieser Schar? »Jedermann, der willens war, diesen Ordonnanzen hier Folge zu leisten [...], wurde aufgenommen [...], ohne Ansehen der Person, mochte er der Sohn eines Kaufmanns oder eines Finanziers sein, vorausgesetzt, daß er den Handel und die Finanz verabscheute. Bei uns zählte nicht die Geburt; bei uns zählte nur das Verdienst.«

Das waren also die jungen Leute unterschiedlicher sozialer Herkunft, die sich in den Dienst von Francions aristokratischem Ideal gestellt hatten. Diese »Verwegenen und Hochherzigen« verteidigten nicht nur ihr Klasseninteresse oder ein religiöses Bekenntnis, sondern einen »mondänen« Lebensstil, für den sie sich freiwillig entschieden hatten – und das bereits zu Beginn des 17. Jahrhunderts. Und so war es im Laufe der folgenden Jahrzehnte die Gemeinsamkeit der Sitten und der Geschmäkker, die Menschen von unterschiedlichem sozialen, finanziellen und beruflichen Status an den Tafeln der Festbankette und in den Salons zusammenführte. Der gemeinsame Geschmack betraf Sprache, Literatur, Musik, Malerei, Architektur, Gartenbau, Möbel, Kleidung, Kochkunst usw. In allen diesen Bereichen hatten die Hervorbringungen der Künste nicht nur (und vielleicht nicht einmal hauptsächlich) die Aufgabe, das Leben der sozialen Elite bequemer und angenehmer zu gestalten, sondern auch den Sinn, dieser Elite zu erlauben, ihren guten Geschmack, als neues Kriterium sozialer Differenzierung, unter Beweis zu stellen.

Die Kriterien blieben ebenso vielfältig wie die sozialen Lebensformen: Eine führende Stellung in der Politik, beim Militär oder in der Wirtschaft bedeutete nicht zwangsläufig eine herausgehobene Position in der »guten Gesellschaft«. In dieser Gesellschaft wiederum waren Geburt, Reichtum, Brillanz usw. differenzierende Kriterien, die voneinander unabhängig waren. Allerdings muß man zugeben, daß gerade im Rahmen dieser »guten Gesellschaft« die Zahl der differenzierenden Kriterien sich im Laufe der Jahrhunderte beträchtlich erweitert hat. Das Mittelalter hatte das Ideal höfischen Verhaltens, die »Courtoisie« in den Vordergrund gerückt, die in den folgenden Epochen als »Zivilität«, »Urbanität«, »Höflichkeit« fortlebte; die Renaissance schätzte die Wohlredenheit, die auch später noch hoch im Kurs stand; und das 17. Jahrhundert erfand den guten Geschmack.

Dieser Begriff hatte mit dem zu tun, was einer war und was einer besaß; er ist das erste aller von uns erwähnten Kriterien, die sich auf den Einzelnen als Konsumenten stützen. Das hängt zweifellos damit zusammen, daß die großen Herren, die seit dem 17. Jahrhundert definitiv einen wesentlichen Teil ihrer alten politischen und militärischen Macht eingebüßt hatten, seither zu großen Konsumenten geworden waren; es hat aber auch damit zu tun, daß die Gesellschaftsschichten, aus denen sich die sozialen Eliten des 17. und 18. Jahrhunderts zusammensetzten, besonders leicht über Konsum und Luxus miteinander kommunizieren konnten.

Der gute Geschmack war zudem die erste soziale Tugend, die, im Rahmen der »guten Gesellschaft«, sowohl auf etwas im Inneren des Einzelnen wie auf seine äußere Erscheinung verwies. In der Höflichkeit oder der Wohlredenheit repräsentierte sich das Verhalten des Menschen gegenüber seinen Mitmenschen. Im Geschmack hingegen bekundete sich auch das, was der Einzelne war, was er und wie er in bezug auf die Dinge fühlte. Das 17. Jahrhundert legte großen Wert auf das äußere Erscheinungsbild, aber es war vielleicht weniger kalt und steif, als wir zu glauben geneigt sind; denn es war auch das Jahrhundert, in dem man sich zum erstenmal darüber Gedanken machte, was der Einzelne im Grunde seines Herzens war und empfand.

Anmerkungen

1 Barbara K. Wheaton, *Savoring the Past: The French Kitchen and Table from 1300 to 1789*, Philadelphia 1983. [Der Autor zitiert die französische Übersetzung: *L'Office et la Bouche*, Paris 1984. *A.d.Ü.*]

2 Georges Vigarello, *Wasser und Seife, Puder und Parfüm: Geschichte der Körperhygiene seit dem Mittelalter*, Frankfurt/Main 1988.

3 Norbert Elias, *Über den Prozeß der Zivilisation* [...], Erster Band: *Wandlungen des Verhaltens in den weltlichen Oberschichten des Abendlandes*, Bern 1969, Zweites Kapitel, Abschnitt 4: »Über das Verhalten beim Essen«.

4 A. Franklin, *La Vie privée d'autrefois. Arts et métiers, modes, mœurs, usages des Parisiens du XIIe au XVIIIe siècle*, Bd. VI, *Les Repas*, Paris 1889, S. 181.

5 Ebd., S. 206.

6 Ebd., S. 104 f., 107.

7 J. Dauphiné, »Bonsevin de la Riva: De quinquaginta curialitatibus ad mensam«, *Manger et Boire au Moyen Age*, Akten des Colloquiums in Nizza, 15.–17. Oktober 1982, Paris 1984, Bd. II, S. 7–20.

8 A. Franklin, a. a. O., S. 218.

9 Ebd., S. 231.

10 Ebd., S. 232 f.

11 Ebd., S. 234.

12 Vgl. F. Priscianese, *Il Governo delle corte di un signore in Roma*, 1543, und Cesare Evitascandolo, *Il Dialogo del maestro di casa*, Rom 1598; beides zitiert von Lucinda Byatt in einem Seminar des »Institut universitaire européen«.

13 Felicity Heal, »The idea of hospitality in Early Modern England«, in: *Past and Present* 102, 1984, S. 66–93.

14 P. Gillet, *Par mets et par vins. Voyage et gastronomie en Europe, XVIe–XVIIIe siècle*, Paris 1985, S. 157–167; J.-L. Flandrin, »La diversité des goûts et des pratiques alimentaires en Europe du XVIe au XVIIe siècle«, in: *Revue d'histoire moderne et contemporaine*, Bd. XXX, Januar–März 1983, S. 66–83; J.-L. Flandrin, M. und Ph. Hyman, *Le Cuisinier françois*, Paris 1983, S. 14–17.

15 Das einfache Volk verzehrte im allgemeinen ältere Ochsen und Kühe. Die Mönche von La Charité-sur-Loire hingegen verzehrten seit dem Mittelalter junge Ochsen. Vgl. F. Audouin, »Les ossements animaux dans les fouilles médiévales de La Charité-sur-Loire«, in: *Comptes rendues de l'Académie des inscriptions et belles-lettres*, Januar–März 1984, S. 213.

16 Menon, *La Cuisinière bourgeoise*, Ausgabe Brüssel 1777, S. 62.

17 F. Braudel, *Civilisation matérielle et Capitalisme*, Paris 1966, S. 139.

18 B. K. Wheaton, *Savoring the Past*, Philadelphia 1983, S. 15.

19 Die Zutaten zu diesem Gericht sind in keinem der 37 von uns untersuchten Rezepte angegeben. Vgl. J.-L. Flandrin, »Internationalisme, nationalisme et régionalisme dans la cuisine des XIVe et XVe siècles«, in: *Manger et Boire au Moyen Age*, Bd. II, S. 75–91.

20 *Journal de l'Estoile pour le règne d'Henri III*, 6. Januar 1578.

Nicolas Poussin, *Die heilige Familie*. Eine aufmerksame Mutter spielt mit ihrem entzückten Kind. Zwischen beiden herrscht rührendes Einverständnis. Der Vater betrachtet die beiden aus dem Hintergrund. Eine zeitlose Szene. (Detroit Institute of Art)

Jacques Gélis

Die Individualisierung der Kindheit

Ein Körper »für sich«, ein Körper »für die anderen«

Jahrhundertelang behauptete sich in Westeuropa gegen den heftigen Widerstand der Kirche eine Vorstellung vom Leben und vom Ablauf der Zeit, die man »naturalistisch« nennen kann. In einer Gesellschaft, die bis ins letzte Jahrhundert im wesentlichen bäuerlich geblieben war, galt »Mutter Erde« als Ursprung allen Daseins: ein unerschöpfliches Reservoir, das die Erneuerung aller Lebewesen und vor allem des Menschengeschlechts gewährleistete. Jedes Jahr bot die Natur das gleiche Schauspiel; ohne Unterlaß folgten die Jahreszeiten aufeinander, und das gesamte Leben war in diese Bewegung ohne Ende eingebunden. In dieser Welt beständiger Erneuerung gab es nichts Schlimmeres als die Unfruchtbarkeit eines Paares, da sie den Kreislauf unterbrach und den Zusammenhang mit der Ahnenreihe zerstörte. Jedes Mitglied der Familie war abhängig von den anderen; ohne sie war es nichts. Die Erwachsenen im fortpflanzungsfähigen Alter verkörperten das Band zwischen Vergangenheit und Zukunft, zwischen vergangenen und zukünftigen Generationen. Dieses Band zu durchschneiden hieß, eine schwerwiegende Verantwortung auf sich zu laden. Der Frau kam eine wesentliche Rolle zu, weil sie das Kind unter dem Herzen trug, es gebar und anschließend ernährte; sie war die Bewahrerin der Familie und der Gattung. Daher die Fruchtbarkeitsriten, die sie an »Naturheiligtümern« wie Steinen, Quellen oder Bäumen vollzog, denen man fruchtbarkeitsfördernde Wirkungen zuschrieb, als finde sich das Samenkorn des Kindes in der Natur, im Umkreis auserwählter Orte.

Jedes Individuum beschrieb einen Bogen des Lebens, mehr oder weniger lang, je nach der Dauer seiner Existenz; durch die Empfängnis ging man aus der Erde hervor, durch den Tod kehrte man in sie zurück. Denn unter der Erde befand sich das Reich der Toten, wo die Seelen der Vorfahren, die eines Tages in einem ihrer Enkel wiedergeboren werden würden, auf ihre Reinkarnation warteten. Hat nicht auch der Brauch, dem Enkel oder der Enkelin den Vornamen des Großvaters oder der Großmutter zu geben, als wolle man so die Kontinuität der Familie sicherer machen, lange fortbestanden?[1] Hinter diesem Glauben und diesem Verhalten scheint die kreisförmige Struktur eines ursprünglichen Lebenszyklus auf, wird die Idee einer stets vollständigen Welt sichtbar, einer großen Familie von Lebenden und Toten, deren Zahl stets gleich bleibt und die hier verliert, was sie dort zurückgewinnt.

Marguerite Gérard, *Die ersten Schritte des Kindes.* Die ersten Schritte, unter den Augen der Mutter, der Amme und der Großmutter. Ein noch ungeschickter Körper erprobt die erste Selbständigkeit. (Cambridge, Massachusetts, Fogg Art Museum)

Diese Vorstellung vom Leben und von der Abfolge der Generationen verweist auf ein ambivalentes Bewußtsein vom eigenen Körper, das sich von dem unseren deutlich unterscheidet. Jedes Lebewesen hatte seinen eigenen Körper, der ihm gehörte, doch die Abhängigkeit von der Ahnenreihe, die »Stimme des Blutes« waren so stark, daß das Individuum seinen Körper nicht als gänzlich autonom empfinden konnte: Er gehörte zwar ihm, aber auch ein wenig »den anderen«, er gehörte zu der großen Familie der Lebenden ebenso wie der verstorbenen Vorfahren.

Zwischen dem kollektiven Schicksal, mit dem man eng verbunden war, und dem individuellen Genuß der Freuden des Daseins – dem Verlangen, sein »eigenes Leben leben« zu wollen, das wir heute als legitim betrachten –, klaffte ein Widerspruch, wobei der Gesamtkörper der Ahnenreihe, dessen Fortdauer man um jeden Preis gewährleisten mußte, den Vorrang hatte. Das Individuum verfügte über seinen Körper nur in dem Maße, wie dieses Nutzungsrecht den Interessen der Familie nicht zuwiderlief. In gewissem Sinne gab der Mensch Leben weiter, ohne wirklich sein eigenes Leben führen zu können. Seine oberste Pflicht im Leben war es, Leben zu schenken.

Im Rahmen dieser Auffassung vom Leben und vom Körper wurde das Kind als Sproß des gemeinsamen Ursprungs begriffen, als Teil des kollektiven Gesamtkörpers, der durch das Ineinandergreifen der Generationen die Zeit transzendierte. Deshalb war es der Ahnenreihe ähnlich innig verbunden wie den Eltern. In diesem Verstande war es ein

»öffentliches« Kind. Das enge Verhältnis, das es bis zum Abstillen mit seiner Mutter verknüpfte, scheint einer solchen Interpretation zwar zu widersprechen, aber in Wirklichkeit war dieses besondere Verhältnis die Antwort auf ein biologisches Gesetz: Das Kind ist unfähig, seine elementaren Bedürfnisse selbst zu befriedigen, da es »unfertig« geboren wird. Nachdem die Mutter es während der Schwangerschaft mit ihrem Blut genährt hatte, nährte sie es nun mit ihrer Milch, die man für »gebleichtes Blut« hielt.[2] Nach der Entwöhnung im Alter von zwanzig, vierundzwanzig oder dreißig Monaten wuchs das Kind allmählich in das Kleinkind-Alter hinein, in dem der Öffentlichkeit ein wachsender Anteil an seiner Erziehung zukam, obwohl die Unterweisung durch die Eltern lange Zeit bestimmend blieb. Denn von der Geburt an durchdrangen sich »öffentlicher« und »privater« Bereich, da der Status des Kindes ja auf beidem beruhte. Das Kind kam an einem privaten Ort zur Welt, in dem Zimmer, in dem seine Eltern wohnten, jedoch inmitten von Verwandten und Nachbarinnen, die bei der Geburt halfen und sie so zu einem öffentlichen Vorgang machten. Seine ersten Schritte tat es bezeichnenderweise dort, wo die Vorfahren ruhten, auf dem Friedhof, oder während der Messe, und zwar nach der Wandlung, wenn der Pfarrer Hostie und Kelch emporhielt. Auch dies war also ein öffentliches Ritual, das den Beginn der relativen Autonomie des Kindes anzeigte. Die ersten selbständigen Schritte des Kindes beruhigten die Eltern und bezeugten in den Augen aller die Fortsetzung der Ahnenreihe.[3]

Die Taufe war nicht nur das Sakrament, das die Erbsünde tilgte, sondern zugleich ein Ritus zur Integration des Kindes in die Gemeinschaft; im übrigen bot sie Gelegenheit, durch magische Handlungen sicherzustellen, daß die Sinne des Säuglings intakt waren. Nach der Zeremonie, in Abwesenheit des Priesters, sollte das »Rollen« des Kin-

Im gemeinsamen Zimmer auf dem Land. Auf die immerwährende Bedrohung durch den Tod gibt es nur eine Antwort: eine Stube voller Kinder.
(Paris, Bibliothèque Nationale)

Jan Steen, *Der Maler und seine Familie*. Im fortgeschrittenen Holland des 17. Jahrhunderts entdeckte man das Kind und bestaunte seine Anmut und seine Begabung. (Den Haag, Rijksmuseum)

des auf dem Altar den Körper kräftigen und verhindern, daß es eines Tages der Rachitis zum Opfer fiel oder hinkte. Damit es nicht »geifernd« wurde, d. h. nicht stotterte oder stumm war, mußten Pate und Patin einander beim Verlassen der Kirche unter der Glocke umarmen. Manchmal spielten »die Jugendlichen« eine bedeutende Rolle bei diesem Ritual. In Massiac in der Auvergne schlugen zu Anfang des letzten Jahrhunderts die kleinen Jungen, die zur Taufgesellschaft gehörten, fürchterlichen Lärm mit Klappern und Hämmern, sobald der Säugling das Sakrament empfangen hatte; man versprach sich davon, daß der Knabe eine kräftige Stimme bekäme, das Mädchen anmutig singen und sich gefällig ausdrücken werde.[4]

Französische Schule des 18. Jahrhunderts, *Kleines Mädchen mit Puppe*. Im Jahrhundert des *Émile* zeigt das Porträt des Kindes mit Spielsachen, welches Interesse man ihm nun entgegenbrachte.

Das Kleinkind-Alter war die Zeit des Lernens: Kennenlernen des Hauses, des Dorfes, der Umgebung; spielen lernen, den Umgang mit anderen Kindern lernen: mit Kindern im selben Alter oder älteren, die mehr wußten und mehr wagten; Aneignung von Körpertechniken und der Regeln der Dorfgemeinschaft, kurz: Einübung in die Dinge des Lebens. In dieser frühen Phase der Erziehung hatten Vater und Mutter einen wichtigen Platz. Während die Jungen von sieben, acht Jahren an mit dem Vater aufs Feld gingen, bevor sie bei einem Nachbarn oder Verwandten »in Dienst« kamen, blieben die Mädchen im allgemeinen bei der Mutter, um sich auf ihre zukünftige Aufgabe vorzubereiten. Was man in Kindheit und Jugend lernte, sollte den Körper kräftigen, die Sinne schärfen und das Individuum in die Lage versetzen, Schicksalsschläge zu bestehen und – in erster Linie – Leben weiterzugeben, um den Fortbestand der Familie zu garantieren. Eine gemeinschaftliche

Erziehung und eine Vielzahl von Einflüssen bereitete jeden Menschen auf die Rolle vor, die er später wahrnehmen sollte. Unter solchen Bedingungen war wenig Raum für Intimität; dafür empfand man Tag für Tag stärker, daß man einer großen Familie angehörte, mit der man auf Gedeih und Verderb verbunden war.

»Ich will nicht, daß sie stirbt!«

Zu Beginn der achtziger Jahre des 16. Jahrhunderts wurde einer der Söhne des Contrôleur des finances und Bürgermeisters von Loudun, Scevole de Sainte-Marthe, im Säuglingsalter schwer krank. Die tüchtigsten Ärzte wurden an das Krankenbett gerufen, »aber ihre Bemühungen waren nutzlos; sie gaben die Hoffnung auf seine Heilung auf«. Scevole zählte zu den Menschen, die sich bereits damals nicht mehr mit dem Tod eines kranken Kindes abfinden wollten. »Da er ein sehr guter Vater und sehr gelehrt war«, nahm er die Herausforderung an, trat an die Stelle der Quacksalber, die versagt hatten, und »machte sich selbst daran, ihn zu heilen. Deshalb forschte er mit großem Eifer nach den ausgefallensten und gelehrtesten Dingen, die Natur und Konstitution von Kindern betrafen. Mit seinem lebhaften, klugen Geist gelang es ihm sogar, in die verborgensten Geheimnisse der Natur einzudringen, und er bediente sich seiner Kenntnisse so vortrefflich, daß er sein Kind dem Tod aus den Armen riß.« Zweifellos ist dieser Fall beispielhaft. Er ist uns überliefert, weil der glückliche Vater, den man gebeten hatte, »seine erstaunlichen Forschungen für die Nachwelt zu erhalten«, ein lateinisches Gedicht darüber verfaßte, die »Paedotrophia«, um auf die richtige Ernährung von Kleinkindern aufmerksam zu machen.[5]

Vom Ende des 14. Jahrhunderts an lassen sich in wohlhabenden städtischen Schichten Anzeichen für eine neuartige Beziehung zum Kind beobachten: nicht so sehr eine neue Emotionalität als vielmehr der kräftige Wunsch, die Kinder am Leben zu erhalten. Zwei Jahrhunderte später ist Scevole de Sainte-Marthes Verhalten typisch für die Einstellung der sozialen Eliten der Renaissance. Der Wille, ein kleines Kind zu retten, verstärkte sich im Laufe des 17. Jahrhunderts noch. Madame de Sévigné steht beispielhaft für die Weigerung, das Schlimmste zu akzeptieren: »Ich will nicht, daß sie stirbt!« rief sie aus, als ihre Enkelin erkrankt war.

Ein Kind vor Krankheit und vorzeitigem Tod zu bewahren, das Unglück nicht hinzunehmen, sondern das Kind heilen zu wollen – das ist von nun an das Ziel geängstigter Eltern. Wohlgemerkt, auch früher wehrten sich die Eltern gegen den Tod eines geliebten Kindes; doch die Vorstellung vom Kreislauf des Lebens war eine andere, und den Eltern bot sich damals keine andere Lösung, als ein neues Kind zu zeugen. Denn das Leben war hart, und die Ahnenkette mußte fortgesetzt werden ... Die Krankheit eines Kindes nicht mehr hinzunehmen, ist nur ein – wiewohl bedeutsames – Element eines neuen Bildes vom Leben und von der Zeit. Selbst die Forderung, das eigene Leben zu verlängern und körperliche Leiden durch einen Spezialisten, den Arzt, zu lindern,

Gabriel Metsu, *Das kranke Kind.* Der Wunsch, das kranke Kind zu retten, zeugt von einer neuen Empfindsamkeit, die vom 16. Jahrhundert an zu beobachten ist. (Den Haag, Privatsammlung)

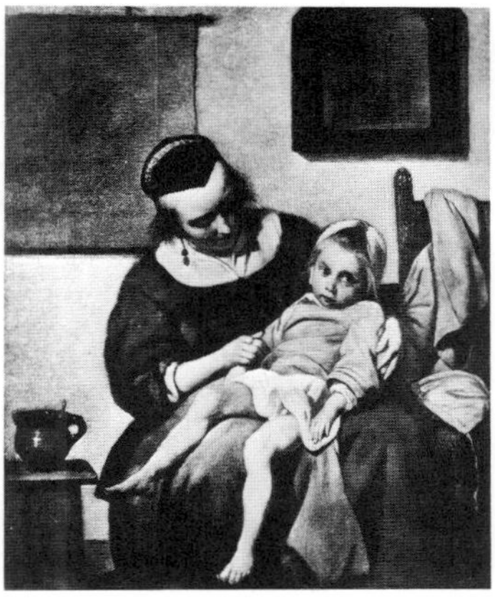

war nicht neu; aber der Wille, sich behandeln zu lassen und gesund zu werden, äußerte sich ab dem 16. Jahrhundert mit solcher Vehemenz, daß er offensichtlich ein neuartiges Verhältnis des Menschen zu sich selbst anzeigt. Doch noch Ende des 17. Jahrhunderts erwies sich die schlecht auf ihre Aufgabe vorbereitete Ärzteschaft als unfähig, dem allenthalben laut werdenden Wunsch nach qualifizierter Therapie nachzukommen. Molière setzte sich für diese Forderung ein, ebenso John Locke, dessen *Gedanken über Erziehung*, 1693 in London veröffentlicht und von Pierre Coste 1695 ins Französische übersetzt, im 18. Jahrhundert zu einem der klassischen Werke der europäischen Pädagogik wurde. Locke lenkt in dieser Schrift die Aufmerksamkeit der Eltern auf die Vorbeugung als sicherstes Mittel, die Gesundheit ihrer Kinder zu bewahren: »Die Betrachtung, die ich hier über die Gesundheit anstellen will«, so schreibt er, »soll nicht sein, was ein Arzt mit einem kranken und schwächlichen Kind tun sollte, sondern was Eltern ohne Zuhilfenahme der Medizin zur Erhaltung und Kräftigung einer gesunden oder wenigstens nicht kränklichen Anlage in ihren Kindern tun sollten.«[6]

Ein Körper »für sich«, ein Kind »für sich«

Es war nicht leicht, die Anforderungen der Familie, das immer noch lebhaft empfundene Gebot ihres Fortbestandes, mit der wachsenden Sehnsucht des Individuums, sein eigenes Leben zu leben und frei darüber zu bestimmen, in Einklang zu bringen. Als Bewahrer der Ahnenreihe, der das Verbindungsglied zwischen Vergangenheit und Zukunft bildete, hatte sich der Einzelne bislang keine – oder doch nur sehr wenige – Gedanken über sich selbst machen müssen. Nun aber begann er, an seine eigenen Interessen zu denken, an die unmittelbaren und die zukünftigen; er lernte rechnen und wurde sich bewußt, daß seine Tage – seine Lebenszeit – gezählt waren.

Weil man den Widerspruch zwischen der Sehnsucht, zu leben, und dem Wunsch, die Familie fortzupflanzen, nach Kräften zu beheben suchte, kam es zu einer Transformation der Verhaltensweisen innerhalb der Familien. Der Geschäftsgeist beschränkte sich nicht länger auf den Bereich der Waren; er drang langsam und in einer bisher unbekannten Form in Familienstrategien ein und begründete neue Regeln des Zusammenlebens. Die Debatte über Geldverleih gegen Zinsen und über Wucher hatte sich schließlich in einem Arrangement mit dem Himmel und in neuen wirtschaftlichen Strukturen beruhigt; in ähnlicher Weise wurden die Spannungen zwischen den Interessen der Ahnenreihe und denen des Individuums in dem Maße, wie der Sinn für die Familienkontinuität schwächer wurde und die Macht des Individuums wuchs, zunehmend häufiger durch Kompromisse ausgeglichen.

Der neuen Beziehung zwischen Individuum und Gruppe entsprach eine neue Vorstellung vom Körper. Hatte man die Bande der familiären Abhängigkeit zuvor geradezu körperlich empfunden, so lockerten sie sich jetzt; der Körper gewann an Unabhängigkeit und Individualität: »Mein Körper gehört mir, und ich versuche, ihm Krankheit und Leiden

Bis zum 18. Jahrhundert stand man der Krankheit hilflos gegenüber. Der Tod hielt reiche Ernte unter den Säuglingen. Oft konnten die betrübten Eltern nicht mehr tun, als diese unschuldigen Seelen Gott anzuempfehlen.
(Votivbild aus dem 18. Jahrhundert, Notre-Dame de Kientzheim, Haut-Rhin)

zu ersparen; aber ich weiß, daß er vergänglich ist, und versuche daher weiterhin, ihn in einem anderen Körper weiterleben zu lassen, im Körper meines Kindes.« Diese symbolische Abtrennung des eigenen Körpers vom Gesamtkörper der Ahnenreihe ist zweifellos der Schlüssel zu vielen Verhaltensweisen in der Zeit der Klassik. Und dieses Modell läßt uns besser verstehen, warum das Kind fortan in der Sorge der Eltern einen zentralen Platz einnahm: ein Kind, das sie um seiner selbst willen liebten und das jeden Tag ihre Freude war. Die Vorstellung von einem ganzheitlichen Lebenszyklus wich einem linearen Existenzbewußtsein; das eigene Lebensprojekt trat in den Vordergrund. Diese Entwicklung vollzog sich zuerst im städtischen Großbürgertum, später auch bei Kleinbürgern und auf dem Lande. Dabei gewann das Individuum an Gewicht, der Schatten des Familienverbandes und der Abstammung löschte die eigene Persönlichkeit nicht länger aus.

Eine neue Einstellung zur Kindheit

Dieser – im wesentlichen kulturelle – Wandel in der Einstellung zum Kind geschah in langen Zeiträumen. Es ist unmöglich, hier eine exakte Chronologie aufzustellen. Weil es an eindeutigen Gewißheiten mangelt,

Cornelis de Vos, *Der Künstler und seine Familie* (Brüssel, Institut royal du patrimoine artistique).

Joseph Vernet, *Toulon* (Ausschnitt). Im Vordergrund wird eine Haubitze in Stellung gebracht. In der Mitte erkennt man aufgeschichtete Kanonenkugeln und aufgereihte Kanonen. Die fachmännischen Gesten der Soldaten sind von Haltung und Contenance bestimmt und zeugen davon, daß diese Menschen mehr als nur das Kriegshandwerk beherrschen. (Paris, Musée de la Marine)

Eine Eheschließung in der Bretagne zu Beginn des 18. Jahrhunderts; Wandmalerei auf Holz, 1705. Der Priester in der Mitte trägt Chorhemd und Stola; vor ihm stehen die Brautleute, die sich das Jawort geben: links der Bräutigam, der ebenso wie sein Trauzeuge nach der damaligen Mode vornehm gekleidet ist; rechts die Braut und ihre Trauzeuginnen, die schlicht gekleidet sind und Hauben tragen. Die Inschrift dürfte folgendermaßen zu lesen sein: »F[ait] en 1705 D[u] T[emps] D[e] / Yves Poulhasan F[abri]que« (Kirchenvorstand oder Küster).
(Chapelle de Saint-Tugen-en-Primelin, Finistère)

Alexis Grimoux, *Lesendes Mädchen*. Aber liest es wirklich? Oder spielt es nur die liebenswürdige Konformistin, die mit dem deutlich sichtbaren Anstandsbuch in der Hand Gesittetheit signalisiert?
(Toulouse, Musée des Augustins)

Olof Fridsberg, *Ulla Tessin in ihrem Arbeitszimmer*. Zu der Zeit, als dieses Bild entstand, war in Nordeuropa der französische Geschmack in Mode. Der Raum ist intim, aber überfüllt mit Gegenständen (Nippes aller Art und Größe, Bilder von geliebten Menschen, Truhen und Kästen für Geheimsachen, Bücher, Manuskripte), die als »Orte des Erinnerns« im Raum des einsamen Schreibens fungieren. Hier wird das Schreiben für einen Augenblick von einem Einfall oder einer Erinnerung unterbrochen.
(Stockholm, Nationalmuseum)

Domenico Feti, *Schlafendes Mädchen*. Mit einem Lächeln auf den Lippen ist die junge Frau eingenickt, ausstaffiert mit Blumen, Schmuck, einem Ring und einem Taschentuch – Dingen, die der Zierat ihres Lebens sind. (Budapest, Ungarisches Kunstmuseum)

Der Elfenbeinhändler. Zwei junge »signori« sind unschlüssig, was sie der Dame ihres Herzens schenken sollen; zur Auswahl stehen Kämme, kugelförmige Dosen, Musikinstrumente, Armreifen und Bürsten.
(Venedig, Museo Correr)

Isack Koedijk, *Weberwerkstatt*. Der Alltag einer flämischen Familie in einem großen, sonnendurchfluteten Raum. Geschäftigkeit und Ruhe halten einander die Waage. Die Mutter geht ganz im Glück ihres Kindes auf, die Katze verkörpert stille Behaglichkeit: ein Bild häuslichen Friedens.
(Lille, Musée des Beaux-Arts)

Jean-Baptiste Siméon Chardin, *Das Büfett*. Auf dem Büfett wurde vor dem Essen alles abgestellt, was nicht warm aus der Küche aufgetragen werden mußte. Der zum Braten gehörende Salat befindet sich ohne Zweifel in der Fayenceschüssel neben dem Öl- und dem Essiggefäß mit dem silbernen Verschluß. Die große kalte Pastete wird nach den Zwischengerichten serviert. Zum Nachtisch gibt es rohes Obst, Eingemachtes aus den drei Gefäßen aus Glas bzw. Steingut sowie Käse aus einem Holzbehälter. Ein Zuckerhut ist in blaues Papier gewickelt. Tassen und Zuckerdose stehen bereit für den in der hellen Dose aufbewahrten Kaffee, der auf einem Spiritusrechaud warmgehalten wird. (Paris, Louvre)

Hubert Robert, *Der Zenotaph Jean-Jacques Rousseaus 1794 in den Tuilerien*. Die Thematisierung des Todes konzentrierte sich nicht länger auf den sterbenden Körper. In der Mythologie fand man die Mittel des distanzierten Blicks. (Paris, Musée Carnavalet)

Jan Bruegel, der »Samt-Bruegel«, *Schloß Mariemont* (Ausschnitt). Ein weiter ländlicher Raum in schöner, edler Geordnetheit. Hier sind privates und öffentliches Leben nicht klar voneinander geschieden: Raum der Sozialität, der Geselligkeit, der Nachbarschaft, der gemeinsamen Feldarbeit, der zufälligen Begegnung, der gegenseitigen Hilfe von Vornehmen und einfachem Volk. Dieses Bild vermittelt uns die lebendige Lektüre von privaten Tagebüchern und »livres de raison«, die uns überliefert sind. (Dijon, Musée des Beaux-Arts)

William Hogarth, *Eine Familienfeier*. Dieses Bild, Darstellung eines Interieurs und Familienporträt, zeigt die neue Lebensform der Aristokratie und des wohlhabenden Bürgertums. Das Familienleben als Refugium und Ort ungezwungener Konversation, unbeobachtet von den Dienern, bildete sich immer stärker heraus. In diesen komfortablen Räumen mit leichten Möbeln (zum Beispiel der kleine Tisch) und bequemen Stühlen wird mehr Wert auf Annehmlichkeit als auf Prunk gelegt.
(London, Christies)

Anonymes Gemälde aus dem 17. Jahrhundert, *Ludwig XIV. reitet an der Thetis-Grotte vorbei.* Der Hof unter Ludwig XIV. war eine äußerst vieldeutige und verfeinerte Version der verkehrten Welt. Männer und Frauen aus den höchsten Kreisen drängten sich hier zusammen, scheinbar um den König zu sehen, in Wirklichkeit, um von ihm gesehen zu werden. Die Höflinge sind nutzlose, müßige und prachtvoll gekleidete Schauspieler in einem Stück, das der König bis ins geringste Detail bestimmt und überwacht. Gezeigt werden nur die Gefühle und Gesten, die mit der Rolle übereinstimmen. (Schloß Versailles)

Etienne Jeaurat, *Karneval in den Straßen von Paris*; 1757 (Ausschnitt). Im Zentrum dieser Karnevalsszene steht ein junger Mann, der mit Küchengegenständen jongliert. Die Frau, die die Trommel schlägt, wäre beim Karneval in südlicheren Regionen fehl am Platze, da dieses Instrument mit Männern und der Macht in Verbindung gebracht wurde.
Der Maler zeigt hier, wie beim Karneval ein Augenblick freier Kommunikation zwischen den Geschlechtern entsteht, die in getrennten Gruppen erscheinen.
(Paris, Musée Carnavalet)

Pieter de Hooch, *Hausfrau und Dienstmagd*. Sommer in den Niederlanden. Die Haustür ist geöffnet, ebenso wie das Fenster, das den Blick auf eine Landschaft freigibt (eine kleine, stark gewölbte Brücke über einem Kanal, wie man sie noch heute sieht). Die Bürgerin putzt den Kohl; die Dienerin ist dabei, das Haus zu verlassen. Eine Genreszene, die uns im ungewissen läßt, welche – vielleicht galante – Botschaft die Dienerin überbringen soll.
(Lille, Musée des Beaux-Arts)

Joseph Vernet, *Toulon* (Ausschnitt). Die Reihe der Galeeren kommt im Hafen an; hier sieht man die erzwungene Abreise in die Kolonien. Von dort flehten viele junge Leute um ihre Freiheit.
(Paris, Musée de la Marine)

N. Raguenet, *Der Grève-Platz an der Straßenmündung der Rue de la Mortellerie 1751*. An den Tagen der Anstellung von Arbeitern oder wenn öffentliche Hinrichtungen stattfanden, waren die Häuserfenster dicht belagert – auf dem Grève-Platz drängte sich die Menge der Arbeitsuchenden oder Passanten.
(Paris, Musée Carnavalet)

Joshua Reynolds, *George Clive [?] und seine Familie*. Auf diesen Familienporträts aus wohlhabendem Milieu nehmen die nun weniger zahlreichen Kinder – manchmal sogar ein einziges Kind – ihren neuen Platz ein: im Mittelpunkt der kleinen familiären Welt.
(Berlin, Staatliche Museen, Preußischer Kulturbesitz)

seien wenigstens einige Anhaltspunkte bezeichnet, da die Entwicklung nicht überall im selben Tempo vor sich ging. Politische und soziale Faktoren haben sie einerseits abrupt gebremst, andererseits plötzlich beschleunigt. Fraglos gab die Stadt, Ort der Erneuerung par excellence, den Ton an. Es war die Stadt, wo vom 15. Jahrhundert an allmählich die »moderne Familie« entstand: das Ehepaar mit seinen Kindern. Und in der Stadt der Renaissance zerfiel auch die innige Beziehung zu »Mutter Erde«, die Abfolge der Jahreszeiten wurde minder deutlich wahrgenommen. Die Einbindung in die Ahnenreihe, die gestern noch ausschlaggebend gewesen war, lockerte sich: In der Stadt konnte man den Ahnen immer weniger Raum und Zeit widmen, und war ein Paar unfruchtbar, so suchte es nicht länger Hilfe bei »natürlichen« Mitteln oder magischen Praktiken. In diesem vom Menschen geschaffenen Milieu, in der Stadt der Renaissance, die immer häufiger »als Organismus gedacht«[7] wurde, ging der Rückzug auf die Kernfamilie mit der Herausbildung eines intimeren häuslichen Sektors einher. Die italienischen Städte, besonders Florenz[8], hatten seit dem 14. Jahrhundert diesen Prozeß eingeleitet; im 15. und vor allem im 16. Jahrhundert folgten England, Flandern und Frankreich nach.

Die Kindheit als eigentümlichen Lebensabschnitt begreifen zu lernen, war keine geradlinige, bruchlose Entwicklung. In Frankreich zum Beispiel wurde sie im 17. Jahrhundert eher gebremst, wenn auch nicht vollständig zurückgedrängt. Die politischen und religiösen Erschütterungen im 16. Jahrhundert waren Symptome einer tiefen Wertkrise, ebenso wie der »Hexenwahn« und seine Unterdrückung in weiten Teilen Europas. Eine neue Einstellung zur Kindheit zeichnete sich in der ersten Hälfte des 16. Jahrhunderts ab; Themen, die man oft erst dem 18. Jahrhundert zuordnet, wurden bereits zwei Jahrhunderte früher in literarischen und medizinischen Schriften erörtert, etwa der Gebrauch

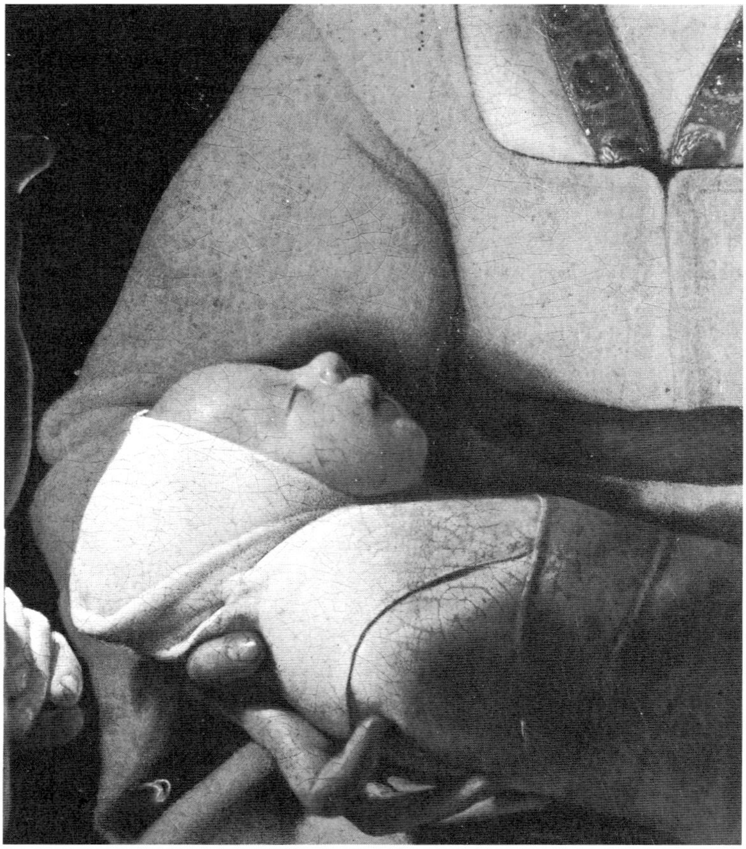

Das Kind, das gerade trinkt oder nach dem Stillen an der Brust ruht, ist das Bild des Glücks schlechthin. Daß man ihm nun die mütterliche Brust entzog, um es mit »käuflicher Milch« nähren zu lassen, ist ein Beleg für die neuen Werte, die in der städtischen Gesellschaft entstanden. (*Unten*: Atelier d'Avon, 17. Jahrhundert, Fayencefigur. Georges de La Tour) (*Das Neugeborene [Geburt Christi?]*, Rennes, Musée des Beaux-Arts)

des Wickeltuchs. Sobald das Kind geboren war, geriet es in eine Welt von Zwängen, deren Symbol das Wickeltuch wurde, da es dem Säugling keinerlei Bewegungsfreiheit beließ. Seiner gesunden Entfaltung könne das nur abträglich sein, erklärten manche Ärzte, beispielsweise Simon de Vallambert, bereits im 16. Jahrhundert.[9] Nicht minder kritisiert wurde die absichtliche Deformierung des Schädels im Säuglingsalter mit Hilfe einer fest gebundenen Haube[10]: Man traktierte das Kind wie eine Wachspuppe, deren Physiognomie man nach einem ästhetischen Idealbild zu gestalten trachtete. Diskutiert wurde auch, ob man das Kind außer Haus zu einer Amme geben solle. Die Moralisten rieten von dieser Praktik ab, ja, verdammten sie sogar: Es sei gefährlich, ein kleines Kind, das noch »unfertig« sei, durch »käufliche Milch« zu ernähren; und da anerkanntermaßen »die Natur durch die Nahrung geht«, könne womöglich die Identität des Kindes durch eine solche »Übertragung«, die gleichermaßen Körper und Geist berühre, Schaden nehmen. So ordnete sich das Problem des Stillens in eine allgemeinere Debatte über Natur und Kultur, über Anlagen und Erziehung ein.[11]

Kinder zu einer Amme zu geben, war übrigens keine Erfindung des 16. Jahrhunderts – in Florenz war diese Praxis seit dem Ende des 14. Jahrhunderts bekannt und verbreitete sich im Laufe des folgenden

Jahrhunderts. Doch diese Trennung von der leiblichen Mutter, die zwar zeitlich begrenzt sein sollte, aber häufig mit dem Tode des Säuglings endete, wurde von moralisierenden Medizinern und Gelehrten vehement verurteilt, um Schuldgefühle bei den Eltern zu wecken: Selbst Tiere ernähren ihre Jungen ...[12] Wenn die Eltern sich über derlei Meinungen hinwegsetzten, so deshalb, weil die Wertsysteme, die sich in der Stadt gebildet hatten, von denen auf dem Lande, wohin man die Kinder zu einer Amme brachte, zunehmend abwichen.[13] Die Ehefrau eines Mannes von Stand wurde so in der Tat von einer ihrer schwersten Aufgaben entlastet, und selbst wenn ihre Schwangerschaften schneller aufeinanderfolgten, weil sie ihre Kinder zu einer Amme gab, blieb ihr doch mehr freie Zeit, die sie der Konversation, der Lektüre oder Spaziergängen widmen konnte. Darin bezeugt sich eine neue Lebenshaltung, für welche die Frau allerdings teuer bezahlte: mit der Trennung von einem geliebten Wesen und einer erhöhten Abhängigkeit vom Ehemann. Und unverkennbar wirkte sich der Einschnitt zwischen Gebären und Aufziehen von Kindern auf das Bild der Frau und ihre Stellung im Lebenszyklus aus. Die Entkoppelung zweier einander ergänzender und bisher eng aneinandergeknüpfter Funktionen trug dazu bei, die Frau auf die Aufgabe der Reproduktion zu verweisen: Man erwartete von ihr, daß sie fruchtbar war, das Kind austrug und ihm das Leben schenkte. Denn für die Städter hatte das Kind seinen Ursprung vor allem im Vater und in der väterlichen Abstammungslinie.

Zur selben Zeit, als manche Eltern ihre Kinder einer Amme anvertrauten, fanden andere in der Gemeinschaft mit ihnen »Vergnügen und Freude«.[14] Die beiden Haltungen schlossen sich nicht gegenseitig aus; sie dokumentieren lediglich, daß nun eine Wahl möglich war. Zwar galt es weiterhin als »natürlich«, daß die Mutter ihr Kind selbst aufzog; aber sie hatte jetzt nicht mehr bloß Pflichten; sie beanspruchte für sich das Recht auf ein eigenes Leben und konnte auf die Zustimmung des Vaters zählen, wenn sie ihren Körper jung und attraktiv zu erhalten wünschte. Die Entscheidung war jedoch nicht immer klar. Es war nicht leicht, die Interessen des Kindes und der Mutter miteinander in Übereinstimmung zu bringen. Daher überrascht es nicht, daß man in den Quellen unterschiedliche Antworten auf diese Fragen findet.

Zuneigung und Erziehung

Die neuen Beziehungen, die diese »neuen Eltern« zu ihren Kindern knüpften, beeinflußten selbstverständlich auch deren Verhaltensweisen. Texte aus dem 16. und 17. Jahrhundert zeigen uns dieses »neue Kind«. Es war aufgeweckter, reifer; man bemerkte dies und staunte darüber. So notierte Louise Bourgeois, Hebamme der Königin Maria von Medici, zu Beginn des 17. Jahrhunderts in den *Instructions* an ihre Tochter, daß »die kleinen Kinder von heute wahrlich sehr gescheit« seien.[15] Zu dieser Zeit nun fingen die Moralisten an, übertriebene Nachgiebigkeit der Eltern gegenüber ihren Kindern anzuprangern. Diese Vorwürfe wiederholten sich bis ins 18. Jahrhundert. »Eltern sind

Sind sie frei, diese Kinder, die in einer einzigen Klasse versammelt sind? In Wirklichkeit war die Erziehung vom 17. Jahrhundert an keine fröhliche Unterhaltung mehr. Das Kind zur Schule zu schicken bedeutete, seine Natur zu unterdrücken und seine Wünsche der Vernunft unterzuordnen. Jan Steen, *Gemischte Klasse*. (Edinburgh, National Gallery of Scotland).

von der Natur in weiser Voraussicht dazu ausersehen worden, ihre Kinder zu lieben«, schreibt John Locke 1693, »sie neigen jedoch dazu, wenn die Vernunft diese natürliche Zuneigung nicht sehr sorgsam überwacht, sie zur Affenliebe anwachsen zu lassen. Sie lieben ihre Kleinen, und das ist ihre Pflicht; aber oft hätscheln sie mit ihnen auch ihre Fehler.« Eltern, die ihre Kinder zu sehr liebten, wüßten gar nicht, welchen Schaden sie anrichteten: »Denn wenn ihre Kinder erwachsen sind, und diese üblen Gewohnheiten mit ihnen, wenn sie nun zu groß sind, um auf den Knien geschaukelt zu werden, und die Eltern sie nicht mehr als Spielzeug behandeln können, dann klagen sie, daß die Rangen störrisch und widerspenstig sind; dann sind sie aufgebracht über ihren Eigensinn und bekümmert über jene üblen Neigungen. [...] Denn wer daran gewöhnt worden ist, in allem seinen Willen zu haben, solange er in Kinderkleidern steckt, warum sollte es uns wundern, daß er danach strebt und sogar darum kämpft, wenn er Hosen trägt?«[16]

Die Privatisierung der Erziehung wurde zwar nicht verdammt; aber man befürchtete verhängnisvolle Folgen für das Kind, wenn Elternliebe falsch verstanden wurde. Verhätschelung sei die Ursache zahlreicher Schwächen. Ließen manche Mütter sich nicht zu ganz und gar verabscheuungswürdigen Verhaltensweisen hinreißen? So etwa jene, die gleich nach der Geburt, also unrein, ihre »aufdringliche Begeisterung, ihr Kind zu umarmen und zu küssen, nicht zurückhalten können. Man erkennt an der Zudringlichkeit dieser Mütter, daß sie ihren Kindern eine wahre Affenliebe entgegenbringen, denn den Affenmüttern sagt man nach, sie drückten ihre Jungen in dem glühenden Wunsch nach Liebe so fest an sich, daß sie ersticken«, betont der Arzt Jacques Duval.[17]

Um diesen »Überschwang« zu zügeln, versuchte man im 17. Jahrhundert, die Verhaltensregeln an die restriktiven Normen vornehmer Schicklichkeit zu binden. Vielleicht steckt in diesem Einspruch gegen die Erziehung in der Familie, wobei Zuneigung und Gefühl Vorrang hatten, einer der Gründe dafür, daß Kirche und Staat sich wieder stärker in die Erziehung einmischten. Es kam zu einer Verschiebung vom Privaten hin zum Öffentlichen, die dem Willen der politischen und religiösen Macht zur Kontrolle über die gesamte Gesellschaft korrespondierte. Und die neuen Strukturen der Erziehung, insbesondere die Collèges, fanden rasch die Zustimmung der Eltern, die allmählich tatsächlich davon überzeugt waren, ihr Kind sei elementaren Instinkten ausgeliefert, die es zurückzudrängen gelte, und es sei unerläßlich, »seine Wünsche der Steuerung durch die Vernunft zu unterwerfen«. Ein Kind in die Schule zu schicken, hieß also, es vor seiner Natur zu schützen.[18] Aber der entscheidende Grund für die Zustimmung lag zweifellos nicht darin allein. Die neue Erziehung verdankte ihren Erfolg vielmehr dem Umstand, daß sie den Geist formte, während sie gleichzeitig den Ansprüchen eines stetig wachsenden Individualismus genügte. Zwischen der »Privatisierung« des Kindes im Rahmen der Kernfamilie und seiner öffentlichen Erziehung bestand kein Antagonismus. Eine Einstellung zum Leben, die nicht länger die Achtung vor dem alten Gemeinschaftsgefühl privilegierte, sondern das Individuum aufwertete, brachte es mit sich, daß Eltern sich an Dritte wenden mußten, an Privatlehrer und Erzieher, die dem Kind Kenntnisse vermitteln sollten, die es von den

Quentin Metsys, *Annenaltar*, Triptychon für die »Bruderschaft der heiligen Anna« in Louvain (Ausschnitt). (Brüssel, Musée d'Art ancien)

Jean-Baptiste Greuze, *Ein Schüler ist über seiner Arbeit eingeschlafen* (Montpellier, Musée Fabre).

Handarbeiten und fromme Lektüre sollen aus den Mädchen vorbildliche Mütter machen. Eine gute Erziehung lehrt das Kind, seinen künftigen Rang und Platz auszufüllen. (Paris, Bibliothèque Nationale)

Eltern nicht erlangen konnte. Die Eltern begriffen, daß die Beschränkung auf den privaten Bereich das Kind zu benachteiligen drohte, da sie selbst ihm keine Bildung zu bieten vermochten, die ein Ersatz für die einstige Erziehung durch die Gemeinschaft gewesen wäre.[19] So vollzog sich ein doppelter Übergang: von der Großfamilie zur Kernfamilie; von einer gemeinschaftlichen und allen zugänglichen öffentlichen Erziehung, die das Kind in das Kollektiv integrieren sollte, damit die Interessen und die Vorstellungswelt der Ahnenreihe seine eigenen würden, zu einer öffentlichen Erziehung in der Schule, die das Kind ebenfalls zu integrieren und die Entfaltung seiner Fähigkeiten zu erleichtern versprach.[20]

Der neue Status des Kindes war nicht nur Ausdruck der veränderten Familienstruktur in der Zeit der Klassik. Auch Kirche und Staat spielten dabei unbestreitbar eine wichtige Rolle. So hatte die neue Einstellung zu Kindern ab Mitte des 16. Jahrhunderts beispielsweise eine ganze Reihe gesetzlicher Verfügungen zur Folge, die gleichzeitig eine Antwort auf religiöse und politische Erwartungen waren.[21] Diese Gesetze, die zunächst freilich selten angewandt wurden, zeugten auch von ersten zaghaften Versuchen einer Politik zum Schutze des Kleinkindes und von dem Beginn einer nachdrücklichen Intervention des Staates in demographische Tendenzen.

Die Verbreitung ideologischer Muster der Kindererziehung war gewiß der bedeutendste Beitrag von Kirche und Staat. Diese Muster waren außergewöhnlich; gleichwohl beförderten sie die allgemeine »Privatisierung« des Bildes vom Kind. Als unerreichbare Ideale festigten sie eine neue Individualität des Kindes in der westeuropäischen Gesellschaft.

Die Kirche, die es verstand, den Buchdruck als Träger von Texten und Symbolen zu nutzen, verfocht vor allem zwei Idealbilder: das Bild vom mystischen Kind und das Bild vom Jesuskind. Mit der Verherrlichung der Heiligen, deren Glauben stark genug war, um die schlimmsten körperlichen Foltern und einen gewaltsamen Tod zu ertragen, unterstützte die mystische Strömung die Aufwertung des Individuums. Sie formte das Ideal kindlicher Heiligkeit: Das Bild des außergewöhnlichen heiligen Menschen war auch das Bild des außergewöhnlichen heiligen Kindes, so etwa Petrus von Luxemburg oder Katharina von Siena. Diese Kinder hatten von klein auf kein anderes Bestreben, als sich Gott zu weihen; durch ihre Liebe zu Gott lösten sie sich von allen irdischen Dingen und vernachlässigten die elementaren Pflichten zu Hygiene und Ernährung, die man dem Körper für seine Entwicklung schuldet. Die Verherrlichung des mystischen Kindes stand in krassem Gegensatz zu der »naturalistischen« Idee der Familie als einem solidarischen Gesamtkörper. Diese Idee duldete keinen Bruch des Lebenszyklus; der mystische Körper dagegen postulierte das Zölibat und den Verzicht auf Nachkommenschaft, genauer formuliert: Er verlangte eine Nachfolge auf höherer, spiritueller Stufe. Im Laufe des 17. Jahrhunderts geriet die Verehrung des Jesuskindes in Frankreich zu einer wahren Massenbewegung: Kardinal de Bérulle und nach ihm die Orden der Karmeliter und Oratorianer sorgten für die Verbreitung der Bewegung im Volk. Andachtsbücher hoben die menschlichen Züge des »Gotteskindes« hervor, das mit seiner Unschuld und Sanftmut die Gläubigen an der Weihnachtskrippe rührte. Ein Pfarrer aus Orléans, Pierre Thureau, schreibt in *Le Saint Enfant-Jésus* 1665, daß man in der Schule des trostlosen Marktfleckens Châteauvieux »den Kupferstich eines großen Jesuskindes« sehen könne: »Eingehüllt in sein Wickeltuch streckt es allen, die einfach im Geiste und klein sein wollen wie es selbst, vor allem den Kindern, die Hände entgegen.«[22] In einer Gesellschaft, die drei Jahrhunderte lang zur Angst vor den Gefahren des Fleisches und vor dem Körper als Sitz der Sünde erzogen worden war, entfesselte das Bild dieser vorbildlichen Kinder neue Formen innerlicher Frömmigkeit.[23]

All diese »Sinnbilder göttlicher Liebe« verhinderten indes nicht die gleichzeitige Durchsetzung eines weltlichen Bildes vom außergewöhnlichen Kind, das dem mystischen Kind und dem Jesuskind insofern entgegengesetzt wurde, als es bereits in dieser Welt zur Vollkommenheit gelangte: das Wunderkind. Man findet es in manchen Büchern und Porträts des 17. Jahrhunderts. So erschien 1613 die *Civilité morale des enfans* von Erasmus, die der neunjährige Pariser Knabe Claude Hardy aus dem Lateinischen ins Französische übersetzt hatte. Und der »kleine de Beauchasteau«, um 1630 geboren, sprach im Alter von sieben Jahren mehrere Sprachen und veröffentlichte als Zwölfjähriger einen Gedichtband.[24] Aber das 18. Jahrhundert mit Wolfgang Amadeus Mozart braucht den Vergleich nicht zu scheuen ...

Vom königlichen Kind hingegen verlangte man nicht, daß es sich bewährte; es war von Anbeginn ein öffentliches Kind. Insbesondere der Dauphin. Seine Geburt war ein öffentliches Ereignis, als Kleinkind lebte er nicht in einem intimen privaten Bezirk, sondern wurde ständig überwacht; die geringsten seiner Gesten wurden beobachtet und sogar schriftlich vermerkt, wie der Bericht Héroards, des Kinderarztes von

Die Formung des Geistes wird, wenn nötig, durch die Züchtigung des Körpers unterstützt. (Paris, Bibliothèque Nationale)

Ludwig XIII., belegt. Das Kind lebte unter den Augen des Hofes. Als zukünftiger Vater seiner Untertanen hatte es zu ihnen dennoch kaum Kontakt. Bekannt wurde es durch Holz- oder Kupferstiche, vor allem aber durch das Geld, zumindest durch einen Teil der Münzen. In der zweiten Hälfte des 17. und stärker noch im 18. Jahrhundert spielte die Geburt von Prinzen eine wesentliche Rolle bei der Münzprägung, die ein königliches Privileg geworden war. In diesen Zeiten, in denen man den Kinderreichtum der Bevölkerung förderte, war dies ein sicheres Mittel, dem Bewußtsein der Untertanen das Bild des königlichen Paares inmitten seiner Kinder einzuprägen und jedes Ehepaar aufzufordern, dem erhabenen Beispiel nachzueifern.

Interesse und Gleichgültigkeit gegenüber Kindern

Um alle wesentlichen Dinge zu erlernen und zu erfahren, war das Kind stets sowohl von der Außenwelt abhängig als auch von der Privatsphäre seiner Eltern. Diese Einflüsse ergänzten einander häufig; im Laufe der Klassik veränderte sich jedoch die Gewichtung.

Eine Untersuchung über den Status des Kindes hat es mit verschiedenen Vorstellungsebenen und Gepflogenheiten zu tun. Dennoch ist die Richtung der Entwicklung klar: Nach und nach wurde dem Kind der Platz eingeräumt, den es heute inmitten der Familie einnimmt. Aber um welches Kind, um welche Familie handelt es sich?

Von seiner Geburt an ist das Königskind ein öffentliches Kind, das als Vorbild für seine künftigen Untertanen dient. (Französische Schule des 17. Jahrhunderts, *Ludwig XIV. als Kind.* Karmeliterkloster von Beaune)

Es ist schwer zu glauben, daß es jemals eine Epoche der Gleichgültigkeit gegenüber der Kindheit gegeben haben sollte, gegen die sich später mit Hilfe des »Fortschritts« und der »Zivilisation« allmählich größeres Interesse durchgesetzt hätte. Aufmerksamkeit oder Gleichgültigkeit dem Kind gegenüber sind in Wirklichkeit nicht charakteristisch für diese oder jene Epoche der Geschichte. Beide Haltungen existierten nebeneinander in ein und derselben Gesellschaft, wobei die eine aus kulturellen und sozialen Gründen, die nicht immer leicht aufzudecken sind, zu einem bestimmten Zeitpunkt die Oberhand gewann.[25] Die Gleichgültigkeit des Mittelalters der Kindheit gegenüber ist ein Mythos. Und wie hier deutlich wurde, waren die Eltern im 16. Jahrhundert um die Gesundheit und die Heilung ihres Kindes äußerst besorgt. Daher muß man die Herausbildung einer neuen Einstellung zum Kind im 18. Jahrhundert, die der unseren weitgehend ähnelt, als Symptom einer tiefen Erschütterung von Überzeugungen und Denkstrukturen deuten, als Zeichen einer noch nicht dagewesenen Wandlung des europäischen Bewußtseins vom Leben und vom Körper. Die Vorstellung vom Leben in der Großfamilie und der Gemeinschaft wurde ersetzt durch die Vorstellung von der Kernfamilie. Auf eine Zeit, in der sowohl das »Öffentliche« wie das »Private« eine Rolle bei der Entwicklung des Kindes spielten, folgte eine, in der die Rechte der Mutter und vor allem des Vaters gegen das Kind sich verstärkten. Aber in einem Klima des gesteigerten Individualismus, in dem es um die Förderung der kindlichen Entfaltung ging, übertrug das Paar, ermutigt von Kirche und Staat, einen Teil seiner Vollmachten und Verantwortlichkeiten auf den

Die Anbetung des fleischgewordenen Wortes, nach Simon François de Tours. Das »Gotteskind«, ein Bild der Unschuld und Sanftmut, wurde im 17. Jahrhundert äußerst populär. (Karmelitersammlung)

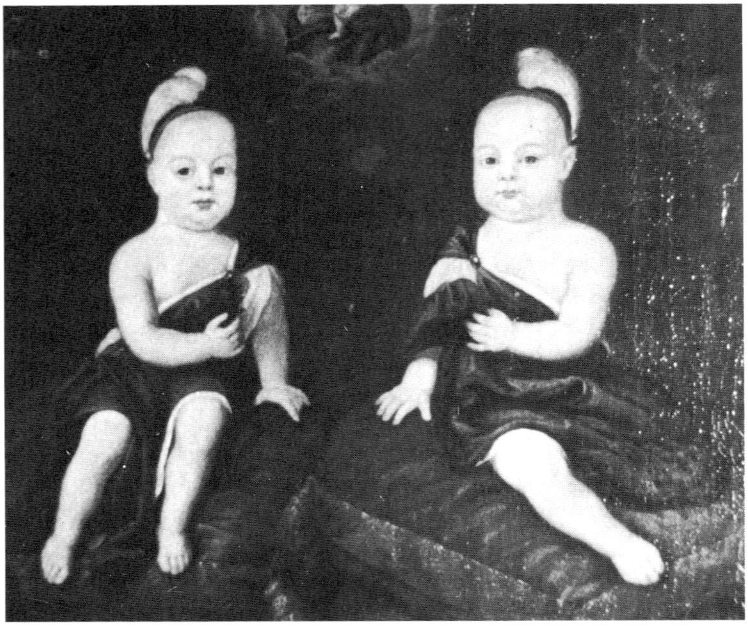

Zwillinge am Leben zu erhalten war außergewöhnlich schwierig. Nur die wundertätige Gottesmutter Maria konnte eine solche Gnade erweisen.
(Votivbild aus dem 18. Jahrhundert, Notre-Dame de Hal, Brabant)

Erzieher. Dem ländlichen Modell folgte ein städtisches und der Wunsch, Kinder nicht nur um der Bewahrung des Lebenskreislaufes willen zu bekommen, sondern um sie zu lieben und von ihnen geliebt zu werden.

Anmerkungen

1 Um die Fortdauer des symbolbeladenen Vornamens zu sichern, auf den die Familie großen Wert legte, gab man in England manchmal den zwei oder drei erstgeborenen Söhnen eines Paares denselben Namen: Wenn der Ältere starb, löste ihn der gleichnamige Jüngere gewissermaßen ab. Vgl. Lawrence Stone, *The Family, Sex and Marriage in England, 1550–1800*, London 1973, S. 409.

2 Diese Theorie geht bis auf Hippokrates zurück. Vgl. M. F. Morel, »Théories et pratiques de l'allaitement en France au XVIIIe siècle«, in: *Annales de démographie historique*, 1976, S. 395.

3 Volkskundler zitieren Augenzeugenberichte vom Ende des letzten Jahrhunderts über dieses Ritual »der ersten Schritte«; vgl. J. Gélis, *L'Arbre et le Fruit*, Paris 1984, S. 472 f.

4 A. Van Gennep, *Le Folklore de l'Auvergne et du Velay*, Paris 1942, S. 22.

5 S. de Sainte-Marthe, *Paedotrophia ou la Manière de nourrir les enfans à la mamelle*, übersetzt aus dem Lateinischen, Paris 1698.

6 J. Locke, *Gedanken über Erziehung*, hrsg. von H. Wohlers, Bad Heilbrunn 1962, S. 9.

7 F. Choay, »La ville et le domaine bâti comme corps dans les textes des architectes-théoriciens de la première Renaissance italienne«, in: *Nouvelle Revue de Psychanalyse*, Nr. 9, 1974, S. 239–251.

8 C. Klapisch-Zuber, »Parents de sang, parents de lait: la mise en nourrice à Florence, 1300–1530«, in: *Annales de démographie historique*, 1983, S. 33–64.

9 S. de Vallambert, *De la manière de nourrir et gouverner les enfans*, Paris 1565, Kap. X. Ebenso S. de Sainte-Marthe, a. a. O.

10 J. Gélis, a. a. O., S. 434 ff.

11 Vgl. S. de Sainte-Marthe, dessen Auswahlkriterien für eine gute Amme die Kriterien des 18. Jahrhunderts vorwegnehmen: weder zu jung noch zu alt, nicht zu dick, nicht zu mager; fröhlich und mit frischem Teint, mit breiter Brust und rundem, üppigem Busen. Diese Frau darf keine Fehlgeburten gehabt haben.

12 C. Klapisch-Zuber, a. a. O., S. 60.

13 Wir wissen nicht, wie die ländlichen Ammen das Vorgehen der Eltern beurteilten, die sich so ihrer Verantwortung entzogen. Ihre Weltsicht, die Art und Weise, wie sie die Aufeinanderfolge der Generationen begriffen, führte wohl eher dazu, daß sie diese städtischen Eltern als unnatürliche Wesen betrachteten, die dem Los ihrer Nachkommenschaft gegenüber gleichgültig waren. Warum sollten die Ammen sich daher Sorgen um das Schicksal von Säuglingen machen, die von ihren Eltern verleugnet wurden?

14 Wir stützen uns hier auf den informativen Text von P. Ariès, »Die beiden Einstellungen zur Kindheit«, in: *Geschichte der Kindheit*, übs. v. C. Neubaur und K. Kersten, München 1978, S. 209–218.

15 L. Bourgeois, *Instructions à ma fille*, Paris 1626, S. 218 f.

16 J. Locke, a. a. O., S. 25.

17 J. Duval, *Des hermaphrodits, accouchemens des femmes* [...], Rouen 1612, S. 260 ff.

18 Vgl. zu dieser Debatte das Gespräch von J.-B. Pontalis mit P. Ariès, in: *Nouvelle Revue de psychanalyse*, Nr. 19, 1979, S. 13–25. Vgl. auch die ausgezeichnete Richtigstellung bezüglich der Erziehungslehren des 16. und 17. Jahrhunderts von Jean Molino, »L'Education vue à travers l'Examen des esprits du Dr. Huarte«, in: *Marseille*, »Le XVIIe siècle et l'Education«, 1971, S. 105–115.

19 Zu verschiedenen Formen dieser Bewußtwerdung in der Renaissance vgl. Eugenio Garin, *L'Education de l'homme moderne, 1400–1600*, Paris 1968.

20 P. Ariès stellt einen Zusammenhang zwischen der gestiegenen Beachtung, die dem Kind zuteil wird, und der Schaffung von Schulen her (vgl. seine Klarstellung in *L'Histoire* Nr. 19, Januar 1980, »L'enfant à travers les siècles«), während L. Stone der Ansicht ist, daß die Schule aus der Zerstörung der alten Familie entstanden sei, wobei einige ihrer Funktionen auf öffentliche Institutionen übergegangen sind.

21 Beispiele werden zitiert bei F. Lebrun, *La Vie conjugale sous l'Ancien Régime*, Paris 1975, S. 153 f.

22 Ebd., S. 66 f.

23 Vgl. J. Delumeau, *Le Péché et la Peur*, Paris 1983.

24 F.-M. Chastelet, dit de Beauchasteu, *La Lyre du jeune Apollon ou la Muse naissante du petit de Beauchasteau*, Paris 1657.

25 D. Teysseyre, *Pédiatrie des Lumières*, Paris 1982, S. 7 f.

Charles Emmanuel Bizet d'Annonay, *Stilleben mit Büchern* (Ausschnitt). Handgeschriebene Bücher, die Seiten vom Alter vergilbt, gebunden in Pergament oder Leder, geführt vom Hausherrn. Manche zählen nur einige Seiten, andere sind dick und umfangreich. Erinnerung an ein Leben, an eine Familie; bei manchen Autoren, etwa Gilles de Gouberville, zeugen sie aber auch von dem Bedürfnis zu schreiben. (Bourg-en-Bresse, Musée de l'Ain)

Madeleine Foisil

Die Sprache der Dokumente und die Wahrnehmung des privaten Lebens

Die privaten und intimen Sphären des Alltagsgeschehens sind nicht leicht zu erfassen, da sie häufig mit der öffentlichen Sphäre verschränkt waren oder aus Zurückhaltung vor dem fremden Blick verborgen wurden. Im folgenden sollen Quellen wie Memoiren, Tagebücher und Haushaltsbücher nicht dazu herhalten, aus Anekdoten oder merkwürdigen Begebenheiten privates Leben zu konstruieren, so wie man zahlreiche, oft brillante Geschichten des Alltags geschrieben hat; es soll vielmehr geklärt werden, wie privates Leben von den Menschen wahrgenommen wurde. Der Gegenstand unserer Aufmerksamkeit ist also weniger das private Leben selbst als vielmehr die Einstellung dazu: nicht nur das, was erzählt, sondern auch, was bloß angedeutet oder was verschwiegen wurde. Die hier dargelegten Ergebnisse sind provisorisch; sie sind weder homogen noch erschöpfend. Sie stützen sich auf eine Auswahl von Texten und formulieren eher offene Fragen als eindeutige Antworten.

Definition eines Genres

Memoiren, Tagebücher und »livres de raison« waren auf ganz unterschiedliche Art wesentliche Ausdrucksformen privaten Schreibens am Ende des 17. Jahrhunderts und im 18. Jahrhundert. Es empfiehlt sich, dabei auf zeitgenössische Definitionen zurückzugreifen, etwa auf den Artikel in Furetières unersetzlichem *Dictionnaire* von 1690[1]: »Memoiren, im Plural, nennt man Bücher von Historikern, verfaßt von jemandem, der an Staatsgeschäften teilgenommen hat oder Augenzeuge bestimmter Ereignisse war; oder sie handeln vom Leben und von den wichtigsten Taten solcher Menschen. Sie entsprechen dem Kommentar der Römer.« Darauf folgen Beispiele: Sully, Villeroy, Kardinal Richelieu, Marschall de Thémines, Marschall de Bassompierre, Brantôme, Montrésor, La Rochefoucauld, Pontis.

Ein »livre de raison« dagegen sei »ein Geschäftsbuch, in das ein guter Familienvater oder ein Kaufmann Einnahmen und Ausgaben einträgt, um sich selbst Rechenschaft über alle seine Geschäfte abzulegen«.

Die Definitionen unterscheiden sich deutlich: Memoiren wurden von Historikern oder Augenzeugen von Staatsgeschäften verfaßt, um die herausragenden Taten einer bedeutenden Persönlichkeit festzuhalten; »livres de raison« wurden von guten Familienvätern oder Kaufleuten geführt, um Einnahmen und Ausgaben zu registrieren.

Historische Memoiren

Memoiren sind in der Lesart des 17. Jahrhunderts individuelle Aufzeichnungen bekannter Persönlichkeiten über die Wirkung ihres Handelns und den Glanz ihres Ruhmes oder aber über Menschen und Ereignisse, deren Augenzeugen sie gewesen waren. Memoiren sind dazu bestimmt, gelesen zu werden. Ohne Ludwig XIV. hätte es nicht die Memoiren von Saint-Simon und kein Tagebuch von Dangeau gegeben, ohne Heinrich IV., Ludwig XIII. und ein Leben voller militärischer Heldentaten nicht die Memoiren von Bassompierre; weil es Anna von Österreich gegeben hat, gibt es die Erinnerungen von Madame de Motteville, und die Erinnerungen Villars verdanken wir seinen Ruhmestaten auf dem Schlachtfeld.

Halten wir hier die Beobachtungen von drei der besten Kommentatoren dieser Gattung fest. Die Memoiren vom Ende des 16. Jahrhunderts und aus dem 17. Jahrhundert, Werke von Augenzeugen der Ereignisse im Königreich und von Männern der Tat, sind bewußt dem historischen Bericht angeglichen, wie Marc Fumaroli nachgewiesen hat.[2] Die Memoirenschreiber, »die viel Zeit aufgewendet hatten, um eine öffentliche ›Gestalt‹ zu formen und zu spielen«, verliehen dieser Gestalt in der wenigen Zeit, die noch verblieb, den endgültigen »Schliff«. Memoiren dokumentierten das öffentliche Wirken von Menschen, die kaum ein oder gar kein privates Leben führten.

Margaret Mac Gowan, die ihre Forschungen vor allem auf Bassompierre konzentriert, hat das Wesen der historischen Memoiren folgendermaßen charakterisiert: Der Autor schreibe als Beobachter und Zuschauer seines eigenen Lebens oder als Beobachter eines anderen Menschen, dessen naher Angehöriger, Diener oder Vertrauter er gewesen sei.[3] Er sei nicht Zeuge, Vertrauter, Bekenner oder Analytiker seiner selbst, sondern berichte, was für jedermann sichtbar sei – das handelnde Ich, dem wenig Muße zur Reflexion bleibe. »Ein Mensch, der mitten in seinen bedeutendsten Handlungen überrascht wird«, schreibt Margaret Mac Gowan über Bassompierre, und sie fügt hinzu: »Er zeigt sich seinen Bewunderern in Technicolor, eifrig mit den Erfordernissen des Krieges beschäftigt.«

Nach unserem heutigen Verständnis fehlte diesen Autoren des 17. Jahrhunderts das Bewußtsein vom privaten Ich. Sie waren eher Urheber halboffizieller zeitgeschichtlicher Porträts als Autobiographen. »Wir haben uns an intimere Memoiren gewöhnt, an gewagte und indiskrete Bekenntnisse [...], an ungeschminkte Autobiographien und Selbstporträts«, meint Yves Coirault im Vorwort zur Ausgabe der Memoiren von Saint-Simon. Und in seinen Bemerkungen über den Privatmann Saint-Simon unterscheidet Coirault Egozentrik von Egotismus: »Die extreme Selbstgefälligkeit Saint-Simons gegenüber dem Herzog von Saint-Simon, seine überspannte Egozentrik verleihen seinen Memoiren jedoch nicht diesen Hauch von Egotismus, der [...] uns in den Memoiren unserer Zeitgenossen so reizvoll erscheint [...]. Mancher Leser mag bedauern, daß Saint-Simon niemals im Morgenmantel vor uns erscheint [...], daß intime Szenen fast immer in der Privatsphäre anderer spielen.«[4]

Eine systematische Untersuchung der von Louis André zusammengestellten Memoirenreihen[5] und – neueren Datums – der Sammlung von Cioranescu[6] würde diese Einsichten zweifellos bestätigen und nuancieren. Die Titel dieser Werke sind suggestiv, häufig kurz und bündig, beschränkt auf den Begriff »Memoiren« und eine Präposition, die den Gegenstand präzisiert; gelegentlich finden sich auch längere Titel, zumeist mit politischer, diplomatischer oder militärischer Konnotation, die das Unterfangen rechtfertigen und es von Anbeginn als ein öffentliches kenntlich machen: Memoiren von, über, für usw. Manchmal bestehen die Titel aus zwanzig oder dreißig Wörtern, die das Werk mit der Geschichte des Königreichs verknüpfen und ihm auf diese Weise Gewicht zumessen. Heißt das nun, daß in historischen Memoiren die Kategorie des Privaten überhaupt nicht zum Zuge kommt? Es ist Vorsicht geboten bei der Systematisierung von Dokumenten dieser Art, die nachdrücklich von der Individualität des Autors geprägt sind; sie ist jedenfalls riskant.

Henri de Campion läßt sich zu Herzensergüssen hinreißen, wenn es um die kleine Louise-Anne, seine Tochter, geht[7] – »livre de raison« und zugleich Buch des Rückzugs nennt Bernard Beugnot dieses Dokument eines Lebensabends; der Abbé de Marolles schildert die Jahre seiner Kindheit[8]; Fontenay Mareuil widmet den Bericht von seiner öffentlichen Tätigkeit seinen Kindern und steckt ihm so ein privates Licht auf.[9]

Historische Memoiren, Autobiographie – die beiden Genres sind nicht zu verwechseln. Die Autobiographie ist sehr viel später entstanden und gehorcht einem strengen Gesetz, das sie von den Memoiren unterscheidet, ja sogar in Gegensatz zu ihnen stellt: »Eine Autobiographie«, erläutert Philippe Lejeune die Gattung[10], »ist der retrospektive Bericht des Autors von seinem eigenen Leben, das Hauptaugenmerk richtet sich auf seine individuelle Existenz, ganz besonders auf die Geschichte seiner Persönlichkeit.« Bericht vom eigenen Leben, Betonung der individuellen Existenz, Geschichte der Persönlichkeit des Autors – dies sind die wesentlichen Merkmale der Autobiographie im Vergleich mit den historischen Memoiren, die das historische Ereignis bevorzugen und ihm die Person unterordnen.

Tagebücher und »livres de raison«

Für das 17. und 18. Jahrhundert verfügen wir über zahlreiche historische Memoiren, doch damals wurden auch häufig Tagebücher und »livres de raison« geführt. Ungezählt, verkannt und bis vor kurzem nur vereinzelt und verstreut wahrgenommen, sind Struktur und Optik dieser Texte einigermaßen schlicht und wenig ambitioniert. Die meisten von ihnen geben sich dem ersten Blick als einfache Geschäfts- oder Haushaltsbücher zu erkennen, und selbst wenn sie ausführlicher, vielschichtiger und relativ reich an Informationen sind, stehen stets ökonomische Sachverhalte in ihrem Mittelpunkt.

»Wenn wir diese alten, authentischen Dokumente genau studiert haben, wollten wir auch lesen, was hinter den vergilbten Seiten steckt, unter den flüchtig hingeschriebenen Sätzen wollten wir die Gemütsverfassung erkennen, in der das eine oder andere Tagebuch geführt wurde, denn hinter dem Dokument steht der Mensch.« (Elisabeth Bourcier) Aix, Meister des Verkündigungsaltars, *Jeremias* (Ausschnitt). (Brüssel, Institut royal du patrimoine artistique).

Das Schema des alltäglichen Lebensrhythmus gliedert die Eintragungen, die Tag für Tag nüchtern und mit oft wiederholten Formeln prosaische und gewöhnliche Ereignisse und Verrichtungen beschreiben. Tagebuch und »livre de raison« (diese Feststellung gilt nicht nur für das Tagebuch von Gouberville[11], sondern für sämtliche Texte dieser Art) zerlegen Zeitdauer und Aktivität in eine Folge von Momenten, deren größte Einheit der vergangene Tag ist. Wir haben es hier mit einer eigentümlichen Zeit zu tun, die alle Handlungen zerstückelt: lauter Momentaufnahmen, deren innerer oder äußerer Zusammenhang von keinem Kunstmittel gewährleistet wird; eine elementare Form des Schreibens, weder Erzählung noch Darstellung und ohne sprachlichen Ehrgeiz. Daher sind solche Tagebücher und »livres de raison« in der Literatur nicht anerkannt: »Das Problem literarischer Schöpfung stellte sich zu keinem Zeitpunkt für die Tagebuchschreiber des 17. Jahrhunderts«, argumentiert Elisabeth Bourcier, »und niemand hat die Autoren gebeten, ihre ungefälligen und monotonen Notizen der Neugier eines größeren Publikums zugänglich zu machen. Historische Memoiren dagegen, später auch Bekenntnisse und autobiographische Tagebücher, die geschrieben wurden, um veröffentlicht zu werden, erschienen in manchen Fällen unmittelbar nach ihrer Fertigstellung, in anderen Fällen mit Verzögerung, sie blieben auf jeden Fall nicht anonym; die anderen Tagebücher und die ›livres de raison‹ stießen auf Desinteresse, bis sie eines Tages zur Quelle für den Historiker und sogar für den Ethnologen wurden.«

Welchen Beitrag leistet das »livre de raison« zur Geschichtsforschung? Eine verschwenderische Detailfülle erweckt die Vergangenheit zum Leben. Die Glut des Küchenherds knistert, Gilles de Gouberville sitzt davor; das Zimmer ist kein intimer und privater Raum, sondern von Tagesanbruch an, noch bevor der Hausherr aufsteht, ein Ort der Geselligkeit; das Buch steht nicht in der Bibliothek, sondern liegt auf dem Schoß des Hausherrn, der an einem Februarabend laut daraus vorliest. Das »livre de raison« zeigt uns die Verhältnisse im Haus, freilich mitsamt ihren Verzweigungen nach draußen. Es ist ein Dokument des privaten Raums und der privaten Zeit, die nach Stunden und Viertelstunden gegliedert ist, aber auch nach liturgischen Daten: Heiligenkalender, die Kirchenfeste des Jahres, die Zeit des Sonnenumlaufs. Ein Buch der sinnlichen Erfahrung, das, wenn auch nur sporadisch und skizzenhaft, mitteilt, was man gehört oder berührt hatte. Und es berichtet von Krankheit und Gesundheit, in der Sprache der Unmittelbarkeit und des Erlebens.

So reichhaltige Informationen manche »livres de raison« enthalten, so dürftig sind andere. Dichte und Umfang der außergewöhnlichsten unter ihnen dürfen uns nicht zu Illusionen verleiten: Viele zählen nur einige Seiten, wurden abrupt abgebrochen; andere sind eher Dorfchroniken, die Taufen, Hochzeiten, Sterbefälle und kleine Geschehnisse lokalen Charakters verzeichnen, wobei die Tiefendimension der Privatsphäre im dunkeln bleibt. Wie komprimiert die Schreibweise auch sein mag, aufgrund seiner Struktur handelt es sich stets um ein trockenes Dokument: knapp und kurz, ohne Gefühlsausdruck, Erzählungen oder vertrauliche Mitteilungen. Im Vergleich mit englischen Tagebüchern aus derselben Zeit treten diese Charakteristika der französischen Tagebücher noch klarer hervor. Es ist schwer, Zugang zu diesen Dokumenten zu finden, die sehr sorgfältig gelesen und rekonstruiert werden müssen. Text für Text muß genau analysiert werden. Was Christian Jouhaud über eine Textreihe anderer Art festgestellt hat, gilt auch hier[12]: Jedes »livre de raison« ist ein eigenständiges Werk, auch wenn es einem bestimmten Genre zuzuordnen ist.

Im folgenden möchte ich das Problem des privaten Lebens anhand einiger typischen Zeitzeugen beleuchten: Gilles de Gouberville; der Adlige Paul de Vendée, dessen Lebensweise und »livre de raison« an Gouberville erinnern; Charles Demaillasson, ehrenwerter Bürger von Montmorillon im Poitou; Pierre Bourut, Sieur des Pascauds, Anwalt im Parlament und einer der Honoratioren von Angoumois; zwei Gutsherren und Bürger von Nîmes bzw. Avignon, Trophime de Mandon und François de Merles. Das seltene Beispiel eines »livre de raison« aus weiblicher Feder ist das von Marguerite Mercier. Das private Leben eines Notabeln von Reims, Zeitgenosse und Verwandter Colberts, wird im Tagebuch Jean Maillefers, Kaufmann aus Reims, enthüllt; dieser Text ist bekannt und kommentiert, aber bislang nicht unter diesem Blickwinkel analysiert worden.[13] In derselben Zeit wurden in England häufig private Tagebücher geführt, zu denen Elisabeth Bourcier eine ausgezeichnete Untersuchung vorgelegt hat.

Auch Memoiren, die auf der Privatsphäre gründen, sind unersetzliche Zeugnisse. Jean Migault, der Schulmeister aus Mauzé, der tief von den Dragonaden im Poitou betroffen war, zeichnete im Exil für jedes seiner Kinder die schmerzliche Geschichte der Prüfungen, die seine Familie erdulden mußte, auf. Dumont de Bostaquet[14], ebenfalls lange im Exil, verklärte die Vergangenheit, die er in der Erinnerung noch einmal heraufbeschwor. Henri de Campion, der streitbare Edelmann, zog

Joseph Horemans, *Galantes Konzert* (Ausschnitt).
(Dijon, Musée des Beaux-Arts)

sich nach dem Tod seiner kleinen Tochter Louise-Anne zurück und verfaßte Memoiren, ebenso wie Madame de la Guette, eine der raren Autorinnen in jenem Jahrhundert, in dem das Schreiben den Männern vorbehalten war.

Private Schriften befassen sich nicht immer nur mit dem eigenen Selbst, sie können auch in außergewöhnlichem Maße Aufschluß über die Lebensweise und Intimität eines anderen geben. Beispiele dafür sind von Ärzten geführte Tagebücher oder Aufzeichnungen von ergebenen Dienern. Medizinische Tagebücher aus der Neuzeit sind nur ganz wenige bekannt (doch die systematische Suche steht noch aus). Diese wenigen überlieferten Texte spielen auf höchster Ebene: das *Tagebuch der Gesundheit*, das der Arzt Jean Héroard 27 Jahre lang über den physischen Zustand Ludwigs XIII. führte[15], und das *Medizinische Tagebuch* der Leibärzte Vallot, Daquin und Fagon über Ludwig XIV.[16], das minder kontinuierlich geführt worden und mehr eine Bilanz als tägliche Analyse ist, das jedoch Auskünfte über das private Verhalten des Herrschers in der Krankheit gibt, die in den Memoiren der Zeit kein Äquivalent finden. Tagebücher von Vertrauten oder Dienern sind noch seltener, hier können nur zwei Exemplare zitiert werden: das Tagebuch von Dubois, Kammerdiener von Ludwig XIII. und Ludwig XIV.[17], das von den Brüdern Antoine, ebenfalls Kammerdiener, nachgeahmt wurde, und das Tagebuch von Madame de Motteville, Kammerfrau und Vertraute der Anna von Österreich.[18]

Das Tagebuch Jean Héroards

Ich beginne mit dem außergewöhnlichsten und faszinierendsten, aber auch am wenigsten bekannten Text: dem *Tagebuch* Jean Héroards.[19] Typologisch gehört es zu den »livres de raison«, da es ebenfalls Tag für Tag monoton Notizen aneinanderreiht, Beobachtungen über Gesundheit und Krankheit, so wie das Haushaltsbuch Einnahmen und Ausgaben vermerkt. Es mag paradox erscheinen, doch das Tagebuch des Provinzadeligen Gouberville und das des königlichen Leibarztes Jean Héroard haben die nämliche Struktur; beide lassen sich mit derselben Methode erschließen.

Von der Geburt bis zum siebenundzwanzigsten Lebensjahr des Prinzen führte Héroard, der zum ersten Leibarzt ernannt worden war, die Feder. Trotz dem Einerlei und der alltäglichen Banalität der Aufzeichnungen sind sie einzigartig und unersetzlich: Wir werden informiert über die Körperhygiene des kleinen Prinzen in Perioden der Gesundheit wie der Krankheit, über die Übungen, die ihn kräftigen sollten, über die vier Essen, die ihm täglich serviert wurden: morgens, mittags, nachmittags und abends, aber auch über seine Gestik und Ausdrucksweise. Héroard notierte streng nach Tagesablauf, gegliedert in Stunden, halbe Stunden, Viertelstunden. Bei einem täglichen Minimum von vier Notizen entstand so eine Chronologie von annähernd hunderttausend Einträgen und fast zehntausend dokumentierten Tagen. Öffentliche Ereignisse und Belange kommen so gut wie nicht vor, ge-

Héroard stammte aus Montpellier, wo er Medizin studiert hatte, und war Leibarzt der Könige Karl IX., Heinrich III. und Heinrich IV., bevor er mit fünfzig Jahren für die Gesundheit Ludwigs XIII. verantwortlich wurde. Bis Héroard 78jährig starb, blieb er Leibarzt dieses Königs. In seinem sanften Gesicht liest man die Zärtlichkeit eines Vaters oder Großvaters. (Paris, Bibliothèque Nationale)

legentlich gibt es Anspielungen darauf, jedoch an keiner Stelle einen zusammenhängenden Bericht wie in den zeitgenössischen Memoiren. Sämtliche Einträge handeln im wesentlichen vom privaten Leben des Prinzen.

Bei aller wissenschaftlichen und professionellen Bündigkeit, mit der Héroard seine medizinischen Notizen niederschrieb, beobachtete er das Kind mit väterlichem Blick. Auf jeder Seite sind Wärme und Zärtlichkeit zu spüren, die Zuwendung des Arztes verleiht dem Prinzen lebendige Kontur. Die genauen Beschreibungen machen das laufende, spielende, tanzende, plappernde Kind für uns sichtbar und vernehmlich.

Die wertvollsten Informationen enthält Héroards Tagebuch über die ersten zehn Lebensjahre des Prinzen. Während dieser Phase stand der Knabe gänzlich unter der Aufsicht des Arztes – bereits frühmorgens war Héroard am Bett des Kindes, um beim Aufstehen behilflich zu sein; er war während der Essen bei ihm, wie es seine Aufgabe als erster Leibarzt erforderte; er sah ihm beim Spielen zu; es war um ihn, wenn er sein Tagebuch führte, wie Kritzeleien und Zeichnungen des Kindes am Rand der Seiten beweisen; er begleitete das Kind bei Spaziergängen im Park, möglicherweise nahm er an seinen Spielen teil; er folgte ihm auf die Jagd.

Das *Journal* schildert lebendig, was der Dauphin lernte: Musik, Tanz, Zeichnen. Fréminet, erster Hofmaler Heinrichs IV., führte Ludwigs Hand, als er vier Jahre alt war. (*Journal* d'Héroard. Paris, Bibliothèque Nationale, ms. fr. 4022, fol. 398)

Dieser monotone, umfängliche Text, der immens vielfältige Informationen über die Privatsphäre versammelt, ist weit mehr als ein medizinisches Protokoll. Er schildert detailliert den Lebensrhythmus und Tagesablauf des kleinen Dauphins, das Innere des alten Schlosses von Saint-Germain, den Park und das neue Schloß, in dem das Kind die Hauptrolle spielte und das dank den Aufzeichnungen Héroards rekonstruiert werden konnte. Er zeigt uns den Hof, die tägliche Umgebung des Prinzen, in angeregter Konversation, beim Spiel, beim Streit, in den Konflikten, kurz – und anders als in Manuskripten und Papieren des königlichen Hofstaates – in atmender Lebendigkeit. Wir können uns die Familie vorstellen – es läßt sich exakt nachrechnen, wieviel Zeit der König und die Königin ihrem Sohn widmeten (von 1602 bis 1606 war der König 366 Tage anwesend, die Königin 346 Tage; also insgesamt etwa ein Jahr), und ihr Verhalten als Eltern bis in die Einzelheiten beobachten. Im Hintergrund der Notizen erscheinen die anderen königlichen Kinder, auch die unehelich geborenen, obwohl der Dauphin stets das beherrschende Thema blieb. Wir erleben die Menschen, die für das Kind verantwortlich und ihm unablässig nahe waren, seine ersten Erzieher: die Gouvernante, den Arzt, die Amme, oder die Dienerschaft und das Militär in seiner Umgebung, Kammerdiener und Zimmerfrauen, Offiziere und Soldaten, nicht zuletzt Dorfbewohner, Arbeiter und Handwerker, etwa fünfzig Personen, ein wahres soziales Kaleidoskop und ein kleines Königreich, in dem das Kind zwar mit dem Respekt behandelt wurde, der einem künftigen König zukommt, gleichzeitig jedoch wie alle anderen Kinder lernen mußte, sich in die Gemeinschaft einzufügen. Und schließlich stellt der Text die tägliche Erziehung des königlichen Kindes dar: wie es zu leben und seine Lei-

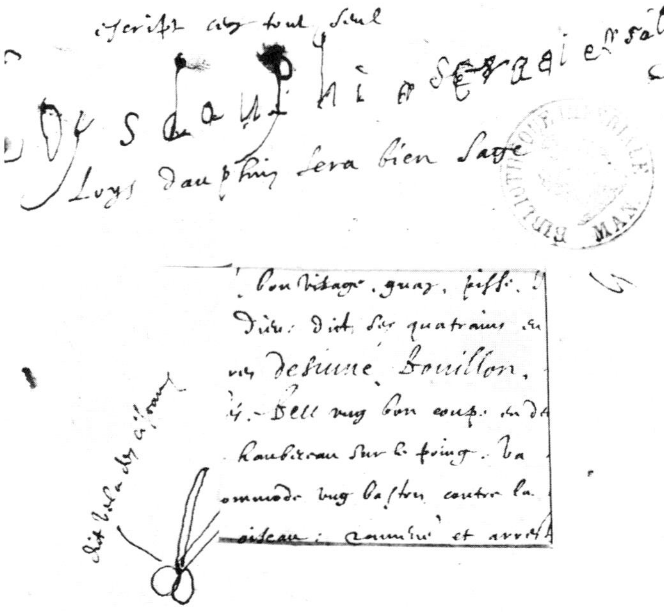

Der kleine Prinz, der neben Héroard saß, kritzelte auf Blätter, malte Buchstaben und zeichnete. Der Arzt datierte sie und bewahrte sie sorgsam zwischen den Tagebuchseiten auf. (*Journal* d'Héroard. Paris, Bibliothèque Nationale, ms. fr. 4022, fol. 481)

denschaften zu beherrschen lernte. Bestand die Methode Madame de Montglats in tadelnder Strenge und mehr Drohungen mit der Peitsche als tatsächlichen Schlägen, so enthüllen uns diese Aufzeichnungen, ohne es jemals offen zu formulieren, Héroards pädagogische Strategie der Milde.

Der private Raum

Am Ende des Mittelalters lebte man in einer Welt, die weder privat noch öffentlich war, bemerkte Philippe Ariès, als er die Frage aufwarf, ob eine »Geschichte des privaten Lebens« möglich sei. Die ländliche und dörfliche Gemeinschaft in den »livres de raison« scheint dies zu bestätigen: Sie kennt keine strikten Unterscheidungen zwischen dem privaten und dem öffentlichen Bereich, keine Grenze zwischen dem einen und dem anderen. Besonders deutlich wird dies bei unserem wertvollsten Zeitzeugen: Gilles de Gouberville.

Das »livre de raison« verhilft uns zwar zu wertvollen Informationen, doch muß man auch klarstellen, daß es keinesfalls das ergiebigste Dokument für solche Forschungen ist, die ja vorwiegend mit anderen überaus reichhaltigen Quellen arbeiten. Kein Vergleich zwischen den knappen und isolierten Notizen eines privaten Tagebuchs und den Hinweisen, die man aus Bildern, Stichen, Graphiken oder Gemälden ziehen kann, wie zahlreiche Untersuchungen gezeigt haben. Und kein Vergleich mit dem üppigen und unerschöpflichen Reichtum von Nachlaßverzeichnissen, die Räumlichkeiten, Möbel, Gebrauchsgegenstände, Wandbespannungen und Stoffe beschreiben und uns das Interieur des Hauses öffnen, wie es wirklich war: überfüllt oder ärmlich, hell oder dunkel, ohne jeglichen Komfort oder mit allen Annehmlichkeiten ausgestattet.[20] Elisabeth Bourciers Bemerkung über Autobiographen paßt auch auf die Verfasser von »livres de raison«: »Sie scheinen keine Wohnung zu haben, kein Zimmer, kein Bett, sie sehen nichts von dem, was auf der Straße vorgeht.« Diese Beobachtung an französischen Tagebüchern drängt sich auch vor den englischen Tagebüchern derselben Zeit auf. »Der Rahmen, in dem die Familie lebt«, fährt Elisabeth Bourcier fort, »wird kaum beschrieben; die Häuser werden größer und moderner, und nur die neuen Einrichtungsgegenstände werden erwähnt.«[21] Auch die Landschaft, in der die Häuser stehen, wird nicht geschildert.

Der private Raum erscheint einzig in seiner unmittelbaren Beziehung zum Erlebten. Nach Vincent Boyenvals trefflicher Formulierung bildet er die Folie des Textes, lediglich in Andeutungen wird eine Vorstellung von ihm geweckt. Es bleibt dem Leser überlassen, seine Zeichen zu erfassen und ihn wieder lebendig zu machen. Eine derartige Andeutung ist beispielsweise ein Alltagsereignis, das zugeordnet wird und so ein wenig Licht auf die Szenerie im Hause von Charles Demaillasson wirft: die Geburt seiner Tochter im »unteren Zimmer« und die Geburt einer weiteren Tochter im »rostbraunen Zimmer«. Weitere Andeutungen sind Reparaturen und Umbauten, die Anlaß zur genaueren Bezeichnung der Räumlichkeiten gaben, so etwa im Wohnsitz Paul de Vendées

21. September 1606: »Kritzelt lustig auf Papier herum; er zeichnet einen Raben, den er auch so nennt.« Am 27. September 1606 wurde das Kind fünf Jahre alt.
(*Journal* d'Héroard. Paris, Bibliothèque Nationale, ms. fr. 4022, fol. 320)

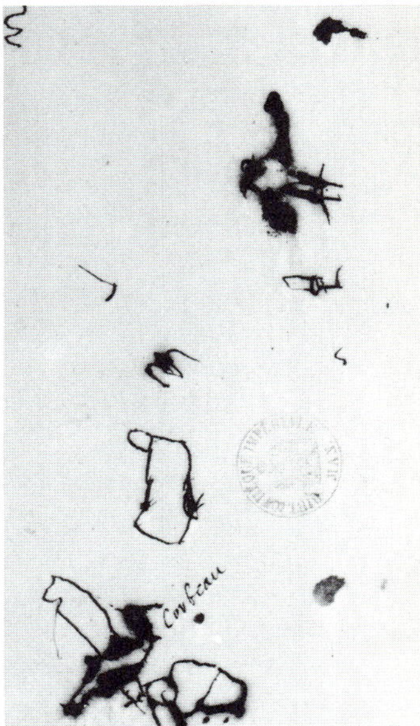

der Halle, der Küche, der Speisekammer, der Zimmer im oberen Stock und der Treppen, über die man zu ihnen gelangt. Kurze Einträge verweisen auf erhöhten Komfort: Die Mauern wurden durch einen Kalkanstrich isoliert, der Boden mit Fliesen ausgelegt, der Kamin verbessert – dies lesen wir ebenfalls bei Paul de Vendée. Ähnliche Auskünfte finden wir bei Gouberville: Man reparierte die eingestürzte Kellerdecke, setzte die Küche instand (Kamin und Fußboden); von Holz- und Steintransporten, Maurer-, Dachdecker- und Steinmetzarbeiten ist die Rede, als Goubervilles Mühle erneuert wurde – keinerlei Beschreibung, doch drei Monate hindurch eine Kette von Notizen, die es dem Leser ermöglichen, sich die Silhouette der Holz- und Steinkonstruktion vor Augen zu führen. Die Eintragungen zum Umbau von Goubervilles Mühle sind repräsentativ für Ausdruck und Form des »livre de raison«.[22]

Ebenfalls den Charakter der Andeutung haben Notizen über unerwartete Ereignisse, die den Raum, in dem sie stattfinden, vor uns erstehen lassen. Bei Dumont de Bostaquet, dem Protestanten im Exil, der seine Erinnerungen festhielt[23], werden die privaten Räume kaum beschrieben; doch bei dem Brand vom 31. August 1673 sehen wir sie vor uns: das Zimmer, das durch einen Wandbehang abgetrennt war und in dem die Dienerin und die kleinen Kinder des Hausherrn schliefen, das Zimmer »meiner älteren Töchter, vollgestellt mit Betten und Möbeln, unter dem spitzen Dach«, das Zimmer des Hausherrn mit dem ordentlichen Alkoven und den großen Schränken am Kopfende des Bettes, geschmückt mit den Porträts seiner Gattinnen und seinem eigenen, die prächtige getischlerte Treppe und das schöne Schutzdach aus Schiefer und Blei. Wir erleben die Räume während eines Brandes: Panik, Hilfeschreie, verzweifelt rannte man in die oberen Zimmer hinauf, warf Möbel aus den Fenstern, die Kinder wurden nackt ins Dorf gebracht. Diese Schilderung einer Extremsituation offenbart, wie eng die Beziehung zwischen dem Privatraum und der unmittelbaren Erfahrung war.

In diesem Punkt lassen zwei längere außergewöhnliche Texte die Mittelmäßigkeit der anderen weit hinter sich: das *Tagebuch* von Héroard und das *Tagebuch* von Gouberville. Héroard beschwört die Lebenswelt von Saint-Germain mit dem neuen und dem alten Schloß, seinen Terrassen, Grotten und Brunnen (worüber wir ausgezeichnete deskriptive Quellen haben[24]) herauf, wiewohl fragmentarisch und auf die Orte beschränkt, an denen sich der Prinz aufhielt. Die Innenräume werden erwähnt, freilich nicht beschrieben: das Zimmer des Dauphins, das Zimmer der Amme, die Zimmer der Gouvernante Madame de Montglat und Jean Héroards. Erwähnt werden die Räume, in denen sich der Prinz zu bestimmten Tageszeiten befand: Kapelle, Oratorium, Ballsaal, der Platz, wo »Mail« gespielt wurde, die Gemächer des Königs und der Königin, in die der Prinz kam, wenn seine Eltern in Saint-Germain residierten. Das gleiche gilt für die Terrassen, die Gärten, in denen das Kind spielte oder gemeinsam mit dem Arzt spazierenging. Man kann die Wege unschwer nachzeichnen: zwischen Blumenbeeten, Gemüsegärten, auf Alleen, durch Grotten – die Orpheus-, Neptun- und Merkurgrotten –, eingehüllt in Brunnengeplätscher.

Bei Gouberville findet sich keine Schilderung der Räume, die man

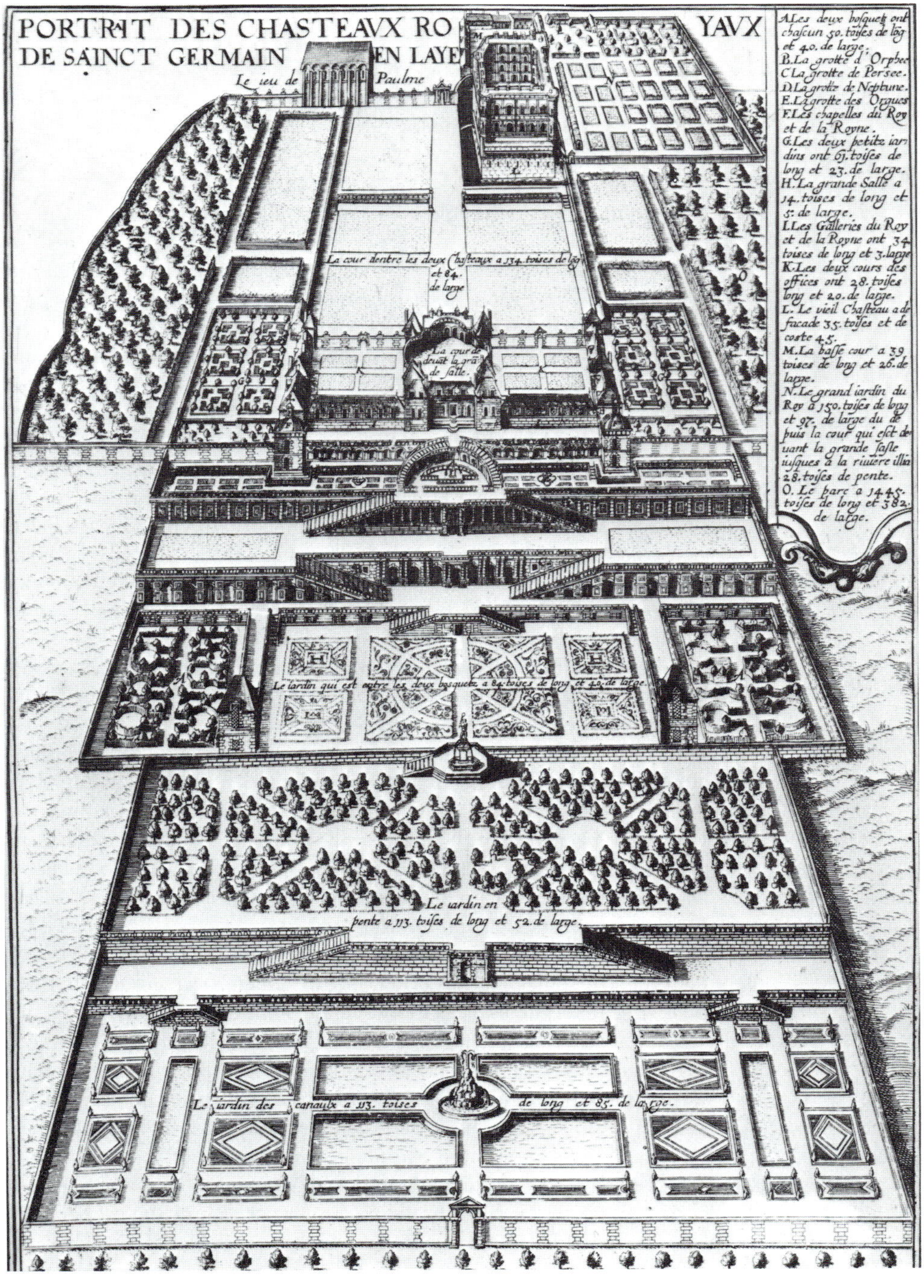

Betrachtet der Leser Héroards den perspektivischen Plan des Schloßparks von Saint-Germain, wird er sich hinter der wunderbaren Geometrie die lebhafte Gestalt des kleinen Dauphin vorstellen, der hier laufen lernte, seinen Körper erprobte und an der frischen Luft spielte. (Paris, Bibliothèque Nationale)

heute noch besichtigen kann: Herrenhaus, Kirche, landwirtschaftliche Gebäude, eingezäunte Weiden, Anbauflächen. Die äußere Umgebung fungiert lediglich als Kulisse, vor der Goubervilles gesellschaftliche Tätigkeit sich abspielte. Privater Raum und privates Verhalten sind im »livre de raison« nicht voneinander zu trennen.

Privatsphäre und Gastlichkeit

Zu diesem Thema bietet Goubervilles umfangreicher Text eine Fülle von Einzelheiten. Kein Tag, an dem er nicht die elementaren sozialen Gesten vermerkt, Ereignisse ebenso wie Verhaltensweisen.

Zunächst fällt die Vertraulichkeit zwischen Herr und Dienern auf, die in der Hausgemeinschaft und bei den Arbeiten auf dem Feld in einer dauerhaften Beziehung eng beieinander lebten: Anordnungen wurden erteilt, welche Aufgaben jeweils zu erledigen waren, der Lohn wurde direkt auf die Hand ausbezahlt, man arbeitete gemeinsam auf Wiesen, Feldern und in Wäldern. Hinzu kommen Gespräche, Formulierungen wie »ich habe gesagt« und »ich habe mit jemandem geplaudert« wiederholen sich unablässig. Der Inhalt der Gespräche wird nur selten wiedergegeben, aber man kann ihn erraten: Besorgnis über das Wetter, Feldarbeiten, Dorfneuigkeiten. Zur Geselligkeit zählten auch gegenseitige Besuche, zufällige Begegnungen auf den Wegen und Feldern, von denen Gilles de Gouberville unzählige Skizzen hinterlassen hat. Unter den Gelegenheiten zu Zusammenkünften hatte auf dem Lande die Sonntagsmesse einen besonders hohen Stellenwert. In dem Dorf Mesnil-au-Val, das noch erhalten ist, trafen sich die Menschen auf dem Kirchplatz, auf dem Friedhof, am Kirchenportal und auf den Wegen dorthin; während der Woche lebten sie isoliert in ihren Weilern, ganz und gar von der Feldarbeit beansprucht. Nach der Messe lud der Landadlige den Pfarrer regelmäßig zum Essen ins Herrenhaus ein. So war der Gottesdienst an Sonntagen und hohen Kirchenfesten einer der bevorzugten Anlässe für sozialen Austausch, ein Ort der Sozialität.

Bilder des privaten und alltäglichen Lebens stellt dieser Gobelin über die Liebe von Gombault und Macée dar, der in Saint-Lô, in der Nähe von Goubervilles Lebenswelt in der unteren Normandie, aufbewahrt wird.
(*Die Liebe von Gombault und Macée*, Musée de Saint-Lô)

Sozialität bedeutete auch Gastlichkeit. Jeder umgängliche Mensch hielt die Tür seines Hauses offen, lud an seinen Tisch ein und bot den Schutz seines Daches an. Goubervilles Dokument ist deshalb so aufschlußreich, weil er nicht nur über die Gastlichkeit an hohen Festtagen berichtet, sondern auch über die Gastlichkeit im Alltag. Im Herrenhaus waren die dafür vorgesehenen Räume die Küche und, mit Einschränkungen, der Saal. Doch wurden Gäste, wie der Text mehrfach betont, im Zimmer des Hausherrn empfangen: »bevor ich aufgestanden bin«, »sobald die Sonne aufgeht«, »am hellen Morgen«, »bevor ich das Bett verlassen habe«, »bevor ich mein Zimmer verlassen habe«. Hier wird ein wesentliches Kennzeichen der Sitten auf dem Lande deutlich: Es gab weder Ort noch Zeit, die für das private Leben reserviert waren. Niemand störte, der zu einer – wie wir heute sagen würden – ungehörigen Zeit und noch dazu in einem ausdrücklich privaten Raum erschien. Oft wurde dem Gast, der überraschend in die Küche des Herrenhauses kam, Speise angeboten – Frühstück, Mittagessen oder Abendessen;

Mähen, heuen, ernten – Tätigkeiten im Freien, die zum privaten Leben gehörten; im Sommer wurde das Bauernland vor allem von der engen Gemeinschaft bei der Arbeit belebt. Goubervilles *Journal* vermittelt uns bemerkenswerte Skizzen dieser alltäglichen Gesten. (Paris, Bibliothèque Nationale)

Charles Le Brun, *Der Schlaf des Jesuskindes* (Ausschnitt). Feuer und eine warme Stube waren wesentliche Elemente des bescheidenen Komforts der Menschen zu dieser Zeit. (Paris, Louvre)

man wurde eingeladen, sich an den gedeckten Tisch zu setzen. Vor allem jedoch bedeutete Gastfreundschaft eine Unterkunft für die Nacht, nachdem man verpflegt worden war. Wenn der Tag in Mesnil-au-Val zu Ende ging – »die Sonne war untergegangen«, »bei sinkender Sonne«, »beim letzten Hahnenschrei« –, beherbergte Gilles de Gouberville den Besucher unter seinem Dach und bewahrte ihn vor den Gefahren der dunklen Wege und vor der instinktiven Furcht vor der Nacht. Die Gäste, die in dieser Weise aufgenommen wurden, waren erstaunlich unterschiedlicher Herkunft: Bauern, Dorfbewohner, Handwerker, Justizbeamte, Adlige.

Höchster Ausdruck der Sozialität war gewiß das Verhalten angesichts von Krankheit und Tod, wenn Privatheit und Öffentlichkeit miteinander verschmolzen. Krankheit und Tod werden nicht mit Vokabeln wie Schmerz, Betroffenheit oder exzessive Trauer bezeichnet; diese Gefühle kommen nicht zu Wort. Gleichwohl zeigt Gouberville bemerkenswert klar, wie Krankheit und Tod als Ereignisse des Gemeinschaftslebens wahrgenommen wurden – sie berührten den Sozialzusammenhang der Dorfbewohner. Der Gesunde eilte ans Krankenbett, der Nachbar ans Sterbelager. Die über Jahre hin sorgsam geführten Aufzeichnungen belegen den innigen Zusammenhalt der ländlichen Gesellschaft. Man überhäufte den Kranken mit Aufmerksamkeiten und Geschenken, die ihn trösten sollten; man pflegte und umsorgte ihn. Weder der Kranke noch der Sterbende waren allein. Öffentliches Leben inmitten des Privaten, vertrauter Tod: Die Lebenden drängten sich um das Sterbebett, machten einen letzten Besuch und hörten die letzten Worte des Sterbenden im Beisein des Priesters. Gilles de Goubervilles Notizen machen die Grenzsituationen von Tod und Krankheit im fernen 16. Jahrhundert, in der kleinen Pfarrgemeinde Mesnil-au-Val für uns lesbar. Sie erschließen die Innenstruktur eines Sozialverbandes.

Die Familie

Die Familie stand im Mittelpunkt dieses Verbandes. Gilles de Gouberville war nicht verheiratet, »die Familie dieses Hauses« in seinem »livre de raison« bildeten seine Brüder, seine Schwestern, seine Diener. Man muß also, wenn man etwas über die Familiensphäre erfahren will, andere Dokumente zu Rate ziehen. Dabei ist Sorgfalt geboten. Man muß die diskontinuierlichen Aufzeichnungen miteinander vergleichen, auf ihre Stimmen achten und die Botschaften ernst nehmen, die zwischen den Zeilen erscheinen. Denn Zurückhaltung liegt in der Natur dieser Dokumente, sie ist aber auch ein Merkmal der Sensibilität einer Epoche, die Herzensergüsse und Vertraulichkeiten mied und sparsam mit Worten umging. Zu dieser Zurückhaltung kommt als weiteres Erschwernis hinzu, daß weibliche Zeugnisse nahezu gänzlich fehlen. Die männliche Perspektive aber enthält uns einen bedeutsamen Weltausschnitt vor: das Dasein der Ehegattin und Mutter, wie sie es selbst sah. Sparsam an Worten wie an Details über das Familienleben, stößt das »livre de raison« hier an seine Schranken.

Wolfgang Heimbach, *Küche*. Auf dem Landsitz in Mesnil-au-Val war die Küche der zentrale Raum häuslichen Lebens, Ort der Gastlichkeit und Geselligkeit des Sire de Gouberville und anderer Landadliger.
(Nürnberg, Germanisches Nationalmuseum)

Die Gattin

Was erfährt man beispielsweise im Tagebuch von Pierre Bourut, Sieur des Pascauds, über Elisabeth Delavau, zehn Jahre lang Lebensgefährtin, Verwalterin des Haushalts und Mutter seiner zahlreichen Kinder? Verstanden sich die Eheleute miteinander, gab es zwischen ihnen Konflikte? »Ach, gütiger Gott, wie süß war unsere Gemeinschaft«, schreibt er in der Todesstunde seiner zweiten Frau, Jeanne Preverault, die er vier Jahre nach Elisabeths Tod geheiratet hatte und die dieselbe Rolle als Hausherrin und fruchtbare Ehefrau ausfüllte. Wurde die eine zärtlicher geliebt als die andere? War die eine in ihren häuslichen Pflichten eifriger und sachkundiger als die andere? Nicht ein einziges Wort fällt hierzu. Schemen ohne Gesichter; die Frauen verschwinden hinter den Funktionen, die ihnen die Männer zugewiesen haben.

Auch Charles Demaillasson, einer der Honoratioren von Montmorillon, schreibt sehr wenig von seiner Frau. Nur etwa zwanzig Bemerkungen in dem Tagebuch, das über neununddreißig Jahre geführt wurde, handeln von ihr. Ebensowenig wie mit sich selbst beschäftigt er sich mit ihr. In den Räumen des Familiensitzes taucht sie nicht auf, nicht einmal in ihrer Rolle als Hausherrin; es gibt lediglich einige Andeutungen auf ihre Stellung zur weiblichen Dienerschaft. Erst in der Stunde einer dramatischen Geburt beweist der Ehemann Anteilnahme: »Am selben Tage um zehn Uhr des Nachts ist meine Schwester aus Lairat angekommen, die wegen der Krankheit meiner Frau, die eine sehr schwere Geburt hatte, zu uns gereist ist.« Demaillassons Besorgnis bekundet sich auch darin, daß er, der ein reiselustiger Mensch war, seine Frau im folgenden Monat nicht allein ließ. Den Schleier über ihr Verhalten zueinander lüftet freilich erst der Augenblick des Todes, der endgültigen Trennung: »Am Freitag ist Damoiselle Anne Clavetier, meine teure Gattin, um zwei Uhr morgens verschieden. Sie war eine äußerst würdevolle und tugendhafte Frau, mit der ich während unserer Ehe sehr zärtlich zusammengelebt habe.«

In einem anderen Teil Frankreichs, in Arles, berichtet Trophime de Mandon ähnlich kursorisch von seiner Ehefrau, die seine tägliche Welt mit ihm teilte. »Seine Frau Marguerite erwähnt er nur bei seltenen Gelegenheiten«, schreibt Sylvie Fabarez, »etwa bei der Geburt eines Kindes, oder wenn er ihre Dienste benötigt und sie ihn in seinen häuslichen Angelegenheiten unterstützt.« Als Vorsteherin des Hauses verwaltete sie sein Vermögen, regelte seine Angelegenheiten und erzog seine Kinder. Doch auch in diesem Falle enthüllt der Schmerz über den Tod die tiefe Zuneigung und den Respekt, die er der Gattin entgegengebracht hatte. Worte wurden darüber kaum verloren. Die niemals ausgesprochene Zärtlichkeit, die der aufmerksame Leser im Text spürt, tritt in der Todesstunde zutage: »Am 5. Januar 1666, Mittwoch morgen, hat meine sehr liebe, tugendhafte, verehrte und schmerzlich betrauerte Frau ihre schöne Seele in Gottes Hände gelegt.«

An diesen Texten, unterschiedlich in ihrer sozialen wie ihrer geographischen Herkunft, läßt sich ein Kompositions- und Wahrnehmungsmuster ausmachen, das für eine große Anzahl von »livres de raison« gültig ist. Eintragungen, die sich mit der Individualität und dem Leben der Ehefrau befassen, sind zwar vorhanden, aber stets kurz und knapp;

Gabriel Metsu, *Bildnis einer Familie.* Das schamhafte, reservierte »livre de raison« gibt wenige Details des Familienlebens preis. Das starke Familiengefühl muß man zwischen den Zeilen suchen. (Berlin, Staatliche Museen, Preußischer Kulturbesitz)

Die französischen »livres de raison« schweigen über die familiäre Intimität. Fast alle wurden von Männern geführt. Bilder und Stiche zeigen uns Gesten bei Geburten, das Gesicht des neugeborenen Kindes, die Pflege, die man ihm angedeihen ließ.
(Paris, Bibliothèque Nationale)

ihr Bild wird kaum sichtbar. Man erfährt nichts über ihre äußere Erscheinung, über das Einvernehmen mit ihr, nichts über Zwistigkeiten, nichts über ihr Verhalten als Mutter. Erwähnt werden die Geburten, die in jeder Familie fast jährlich zu verzeichnen sind und manchmal zu einem Drama geraten, in dessen Verlauf sich Zuneigung und Liebe offenbaren, aber niemals werden die Entbindung oder die Tage kurz nach einer glücklichen Geburt geschildert. Erst in der Stunde des Todes lassen sich die Segnungen einer langen Verbindung, die unersetzliche Gegenwart, die Teil des täglichen Glücks war, und die Empfindungen des Ehemannes für die gute Ehefrau ermessen, die ihm in den Tod vorangegangen war. Nach dem Tode wird die Erinnerung an sie verklärt und verherrlicht. Einer der schönsten Texte in dieser Hinsicht ist der von Jean Migault, dem hugenottischen Schulmeister, der seine erste Gattin in den schmerzlichen Zeiten der Hugenottenverfolgungen und der Dragonaden im Poitou sterben sah und der für seine Kinder seine Erinnerungen niederschrieb, in denen die gute Mutter und Ehefrau einen herausragenden Platz einnimmt: »Sechzehn oder achtzehn Jahre des Wohlstands habe ich zu ihren Lebzeiten und in glücklicher Gemeinschaft mit Elisabeth Fourestier, meiner innig geliebten Frau, eurer guten Mutter, genossen. Deshalb bereitet es mir selbst kurze Zeit, nachdem Gott ihr die ewige Ruhe gegeben hat, außerordentliche Freude, den Kummer, den sie zu Beginn der Verfolgung mit mir gemeinsam erlitten hat, zu beschreiben.« Und er fügt hinzu: »Ich tat es deshalb, damit die Kleinsten unter euch in diesem Buch die Mutter kennenlernen, die sie zur

Welt gebracht hat.« Rührende Worte eines Mannes, den die Leiden der Verfolgung immer noch peinigten, obwohl er seine Erinnerungen lange nach den Ereignissen niederschrieb.

Das Kind

In den ersten Lebensjahren, dem Alter, in dem es am anfälligsten war, stand das Kind im Mittelpunkt des familiären Lebens. Welche Stelle nimmt es im »livre de raison« ein?

Kinder werden nur beiläufig erwähnt, Schilderungen und Porträts gibt es nur in Ausnahmefällen, Gefühle werden selten geäußert – diese Feststellungen sind charakteristisch für das »livre de raison«, das dennoch ebenso Familienchronik wie Haushaltsbuch war, ein grundlegendes Dokument, wiewohl häufig unvollständig und ungenau. Wenn Kinder im Text auftreten, dann nur in sporadischen Notizen, die man besonders sorgfältig studieren muß, um ihre Botschaft zu entschlüsseln. Geburten wurden zwar verzeichnet, aber so wie in einem offiziellen Register, ohne merklichen Ausdruck der Freude. Das zur Welt gekommene Kind war ein Geschöpf Gottes, man betrachtete es als zukünftigen Christenmenschen: »Gott möge diesem Kind die Gnade erweisen, den Heiligen Geist zu empfangen, die Unschuld seiner Taufe zu bewahren, gemäß den Geboten Gottes zu leben und in heiliger Gottesfurcht und Gottesliebe zu sterben«, wiederholt Pierre Bourut, Sieur des Pascauds, mehr oder weniger wörtlich bei jeder Geburt eines seiner Kinder. »Gott möge es in seiner heiligen Gnade segnen«, »Gott segne die Kleine«, schreibt zur gleichen Zeit Trophime de Mandon in einer anderen Region des Königreiches.

Die materielle Sorge für das Kind konzentrierte sich in den ersten

Aubry, *Familienszene.* Das Kind innerhalb der Familie. Die Zärtlichkeit des Vaters wird auf diesem Bild bewundernswert deutlich, während das »livre de raison« in diesem Punkt schamhaft und verschwiegen bleibt. Im 17. Jahrhundert wurden Kinder geliebt, jedoch noch nicht mit dem Gefühl, das sich im 18. Jahrhundert Kindern gegenüber entwickelte. (Paris, Bibliothèque des Arts décoratifs)

Jahren auf die Ausgaben für die Amme, später, wenn die Zeit der Schulerziehung gekommen war, auf das Budget für den Unterricht. Hinweise auf den Liebreiz oder die Lebhaftigkeit eines Kindes, seine körperlichen Fortschritte oder seine Charakterzüge und Gefühlsäußerungen unterbleiben. Liegt darin etwa ein Beweis für Gleichgültigkeit? Manche Texte werden durch einige Lichter aufgehellt, etwa durch Koseworte: »Fanchon, unsere kleine Togne«, schreibt Trophime de Mandon, während François, sein ältester Sohn, bereits den Familiennamen des Vaters trägt und streng »Mandon« genannt wird, um ihm das Bewußtsein für die familiäre Verantwortung zu vermitteln. Die gefühlsbetonte Sprache der Kosenamen ist charakteristisch für Eusèbe Renaudot, den Pariser Arzt, Sohn des berühmten Théophraste, der von »Manon«, »Cathaut« und vom »kleinen François«, genannt »Pépé«, spricht; aber der älteste Sohn der Familie wird ebenso stolz wie streng »mein lieber Bruder« genannt.

Kinder wurden wohl geliebt, doch es gab kein Bewußtsein für die Kindheit; und wenn der Tod zuschlug, herrscht wiederum Wortkargheit. Darin liegt keine Gefühllosigkeit, sondern eine andere Empfindungsweise, als wir sie kennen. Der Historiker muß beachten, wie sie zum Ausdruck kam, etwa durch die Angst Jean Migaults bei der tödlichen Krankheit des »kleinen René« oder den Schmerz Charles Demaillassons, als zwei seiner Enkel, fünf und sieben Jahre alt, starben. Die Klagen sind allerdings gezügelt und diskret: »Er war fünf Jahre, vier Monate und zweiundzwanzig Tage alt und geistig und körperlich so gut entwickelt, wie man es nur wünschen kann«, heißt es über den ersten. »Er war unvergleichlich klug«, notiert er über den zweiten. Und Eusèbe Renaudot erwähnt den Tod von François, dem »kleinen François«, genannt »Pépé«, des Kindes, das von Geburt an auserkoren war. Nachdem er auf die Welt gekommen war, »behielt er die Hände gefaltet«; sein Tod machte einen Heiligen aus ihm. Die zärtliche Zuwendung zu dem Kind und den Schmerz über seinen Tod signalisieren meist knappe Sätze: »Wir werden ihn wegen seiner Schönheit und seiner Sanftmut, aufgrund derer wir ihn als einen zweiten lieben Pépé ansahen, sehr betrauern.«

Die »livres de raison« wurden fast immer vom Familienoberhaupt geführt; weibliche Zeugnisse sind daher äußerst selten. Gleichwohl verfügen wir dank Marguerite Mercier, in deren Haushalt die kleine Nanette geboren wurde, über das Tagebuch einer Angehörigen des Pariser Bürgerstandes. Einen Monat vor der Geburt wurde ein Korbbettchen für das Kind gekauft, eine Decke und eine kleine Matratze; kurz nach der Geburt, vielleicht rascher als erwartet, kaufte man »eine Elle Serge für die Wiege der Kleinen«. Dann wurde das Kind zu einer Amme gegeben, doch in den Rechnungseinträgen bleibt es gegenwärtig: mit acht Monaten ein Paar Schuhe und zwei Paar Strümpfe; als das Kind ein Jahr ist, wiederum Schuhe und »ein Paar Handschuhe aus Waschleder«; mit neun Monaten ein »Stuhl für die Kleine«; mit einem Jahr »Kinderspielzeug«; mit achtzehn Monaten »ein Spielzeug«. Im Alter von knapp zwei Jahren kam das Kind wieder zu seinen Eltern. Das kleine Mädchen, das Marguerite Mercier zuerst als »unser Kind«, während des Aufenthalts

Slingeland, *Seifenblasen*. Kurz ist die Zeit der Kinderspiele und -streiche, die in den Tagebüchern so wenig Beachtung finden, ausgenommen das *Journal* Héroards. (Lille, Musée des Beaux-Arts)

bei der Amme als »die Kleine« bezeichnet hatte, wird nun »Nanette«. Sobald es wieder zu Hause war, entwickelte sich eine neue, liebevolle Beziehung der Mutter zum Kind. Doch dann wurde Nanette krank. Man ließ sie zur Ader, rief nach dem Arzt. Ihr Zustand scheint sich gebessert zu haben, da man erneut Schuhe und Strümpfe für sie kaufte. Dann herrscht plötzlich Schweigen. Unter den Eintragungen findet sich nur noch ein einziger Satz, der Nanette gilt: »Sechs Livres, um mein armes Kind begraben zu lassen.« »Arm« ist das einzige Wort, das Kummer verrät; doch wenn man den handgeschriebenen Text genau betrachtet, wird deutlich, daß er sich auch in der Form bezeugt; er wird sichtbar in der nervösen Unregelmäßigkeit der Schrift, freilich auch in der Notiz »vergessen zu schreiben«, die während der Krankheit des Kindes dreimal wiederkehrt und niemals zuvor aufgetaucht war.

Ein undurchsichtiges Dokument, das schwierig zu interpretieren ist. Läßt es auf eine gewisse Gefühlskälte Marguerite Merciers schließen, auf einen Mangel an »tendreté«, wie man damals wohl gesagt hätte? Die wörtliche Lektüre des Textes ließe das vermuten – der Tod ihrer Tochter berührt sie, ohne sie wirklich zu erschüttern. Aber das »livre de raison«, ein Buch der Einnahmen und Ausgaben, eignet sich nicht sonderlich für Bekenntnisse von Kummer und Schmerz, die dennoch, gleichsam gegen ihren Willen, zwischen den Zeilen erscheinen.

Die ausführlichere Sprache der Memoiren offenbart heftigere Gemütsbewegungen. So etwa die Zuneigung, die Henri de Campion für seine kleine Tochter Louise-Anne empfand: »Ich liebte sie mit einer Zärtlichkeit, die ich nicht in Worte fassen kann«, notiert er nach ihrem Tode. Er beschreibt, wie er mit ihr spielte: »Ich verbrachte zu Hause eine angenehme und friedliche Zeit [...] beim Spielen mit meiner Tochter, die für alle, die sie sahen, trotz ihrer wenigen Jahre überaus unterhaltend war« – ein kostbares Geständnis in einer Epoche, in der man sich kaum dazu bereit fand, von »Dingen, die viele als unwürdig ansehen«, zu berichten. Das Mädchen starb am 10. Mai 1653, im Alter von vier Jahren. Der Vater mag trotz der restriktiven Verhaltensnormen der Zeit seinen herzzerreißenden Schmerz nicht verschweigen: »Man sagt, eine solch tiefe Zuneigung sei entschuldbar zu Erwachsenen, nicht aber zu Kindern.« Und er setzt sich darüber hinweg: »Ich liebte sie mit einer Zärtlichkeit, die ich nicht in Worte fassen kann.« Mit seinem Tod hat das Kind Eingang in die Memoiren gefunden und erfüllt sie mit »seiner leuchtenden und schmerzlichen Gegenwart«.

Die englischen Tagebücher

In den englischen Tagebüchern derselben Zeit, die Elisabeth Bourcier analysiert hat, erscheint die Vorstellung familiärer Vertrautheit, ebenso wie in Frankreich, höchst verschieden von der heutigen, ja sogar verschieden von den Aussagen zu diesem Thema, die einige Jahrzehnte später in privaten Schriften zu finden sind. Das Familienleben wird nicht um seiner selbst willen dargestellt. Doch die englische Diskretion scheint minder rigide gewesen zu sein: Wo das französische »livre de raison« Probleme und Spannungen in der Ehe vertuscht, werden im englischen Tagebuch Charakterdifferenzen und eheliche Konflikte durchaus erwähnt. Adam Eyre hielt die Zornesausbrüche seiner Gefährtin, ihre Wutanfälle und Verwünschungen akribisch fest; Reverend Newcome, der die gegenseitige Zuwendung und das gute eheliche Einvernehmen rühmte, mochte die Verstimmungen seiner Gattin nicht verhehlen; Sir Humphrey Midmay vertraute dem Tagebuch die exzentrischen Launen seiner Frau an.[25]

Ein weiterer Unterschied zwischen französischem und englischem Tagebuch besteht darin, daß im letzteren weibliche Tätigkeiten beschrieben werden. Aber auch von Frauen geführte Tagebücher sind häufiger. Die Frauen erzählen von sich selbst. »Im 16. Jahrhundert führten Schloßherrin wie Bauersfrau ein aktives und ausgefülltes Leben.« Lady Clifford stand um drei oder vier Uhr morgens auf und ritt durch ihre Ländereien: »Ich habe die meiste Zeit mit Arbeit verbracht«, schreibt sie. Die Verwaltung des Landguts, die sie seit ihrer Witwenschaft übernommen hatte, die Überwachung der Dienerschaft, Stickereien, das Einmachen von Obst und die Ausstattung der Zimmer waren ihre Aufgaben. Kein bekanntes französisches Tagebuch bietet uns eine ähnlich detaillierte Beschreibung der Tätigkeiten einer Hausherrin wie die Aufzeichnungen von Lady Hoby: Nähen und Instandhaltung von Kleidung, die Arbeit in der Küche, das Einlegen von Fleisch und Früchten und die Herstellung von Kerzen versetzen uns mitten in die häusliche Szenerie. Die unverheiratete Elisabeth Isham beschreibt in ihrem Tagebuch die Handarbeiten, denen sie einen Teil ihrer Zeit widmete. Ein weiterer Aufgabenbereich von Frauen auf dem Lande war die gemeinnützige Wohltätigkeit; sie hatten großen Anteil an der Krankenfürsorge, die Gilles de Gouberville mit solchem Eifer praktizierte; ihre

Sache war vor allem Beistand der Wöchnerinnen, die der Angst, den Schmerzen und der Gefahr hilflos ausgeliefert waren. Manche Texte von Frauen ebenso wie von Männern überliefern uns ein peinvolles Protokoll beängstigender Niederkünfte.

Da englische Tagebücher weniger schamhaft und zurückhaltend sind als die französischen, wurden die Marotten und Mängel der Gattin nicht unterschlagen, doch wie im »livre de raison« zeigt sich in der Stunde von Krankheit oder Tod, wie unersetzlich sie war. Sir Thomas Mainwaring notierte täglich die Krankheitsgeschichte seiner Ehefrau, und als sie schließlich geheilt war, ließ er einen Danksagungsgottesdienst feiern. Adam Eyre brachte seine Frau trotz ihres zänkischen Charakters nach London, um sie dort ärztlich behandeln zu lassen. Wie Demaillasson, wie des Pascauds, wie Jean Migault und viele andere Franzosen schüttete Anthony Ashley in der Stunde des Todes sein Herz aus: schön, keusch, liebevoll, erfahren in allen Dingen des Haushalts nennt er die Gefährtin, die soeben gestorben war. Als seine Frau nach elf Jahren gemeinsamen Lebens starb, zeichnete Sir Henry Slingsby in seinem Tagebuch das Porträt der Beweinten, ihrer Frömmigkeit, ihren ungewöhnlichen Sanftmut, ihrer großen Güte. Dieses Merkmal haben französische und englische Tagebücher gemeinsam.

Minder verschämt und verschlossen waren englische Tagebuchschreiber auch, wenn es darum ging, von Kindern zu berichten und zu erzählen, welche Freuden und welche Sorgen sie bereiteten. So kommentiert Reverend Josselin entzückt die Fortschritte des kleinen Thomas – im Alter von einem Jahr krabbelte er allein die Treppen hinauf; einen Monat später versuchte er, selber die Türen zu schließen. John Green sorgte sich um seinen Sohn Alexander: Eine Schulter war kräftiger als die andere, und noch mit zwei Jahren bewegte er sich am Gängelband fort. Lady Clifford beschreibt die häufigen Stürze der kleinen Margaret, die gerade das Laufen lernte. Aber die Zeit der Kindheit war kurz; Schulen und Pensionen erwarteten die Kinder, rissen sie aus der Familiengeborgenheit und bereiteten sie unerbittlich auf die Welt der Erwachsenen vor.

Das Tagebuch von Samuel Pepys

Die englischen Tagebücher sind also reicher an vertraulichen Mitteilungen über das private Leben und die Ehegemeinschaft, wie die letzten Beispiele gezeigt haben. Erst recht gilt dies für einen besonders aufschlußreichen Text: das Tagebuch von Samuel Pepys. Führte in Frankreich Gouberville von 1553 bis 1563 sein informatives Tagebuch, so gibt es ein Jahrhundert später in England, von 1660 bis 1669, das unersetzliche Tagebuch von Samuel Pepys, Sekretär der Admiralität in London.[26] Aus der unübersehbaren Fülle der Einträge, verfaßt in einem ausführlicheren und stärker narrativen Stil als bei Gilles de Gouberville, entsteht ein einprägsames Bild vom Alltag der englischen »Middle Class«. Aber vor allem eröffnet uns dieses Dokument Einblick in das private Leben. Es ist bereits – mit einem beträchtlichen Vorsprung vor

Anonymes Gemälde aus dem 17. Jahrhundert: *Bücherstilleben*. Das *Journal* Goubervilles, das in einer Privatsammlung aufbewahrt wurde, und das *Diary Manuscript* von Samuel Pepys, das im Magdalene College in Cambridge liegt, sind uns überliefert. Die täglichen Einträge waren nicht für die Öffentlichkeit bestimmt. Ihre Entdeckung nach zwei oder drei Jahrhunderten hat sie berühmt und unentbehrlich gemacht.
(Berlin, Staatliche Museen, Preußischer Kulturbesitz)

dem französischen Tagebuch derselben Zeit – ein intimes und autobiographisches Tagebuch. Samuel Pepys beschreibt sein Leben in der Intimität der Ehe, seine Seitensprünge und gelegentlichen Affären, sein Blick richtet sich auf den eigenen Körper. Was Gilles de Gouberville verschwiegen hatte, das deckt Samuel Pepys mit Behagen auf. Der temperamentvolle Pepys, etwa dreißig Jahre alt, gewährt uns Einsicht in seine Ehe mit Elisabeth Marchand, einer Frau mit ausgeprägter Haltung, die vorgab, die Tochter eines hugenottischen Emigranten aus Frankreich zu sein. »Zu Bett«, »bevor ich zu Bett ging«, »wir gingen frühzeitig zu Bett«, »Abendessen und dann zu Bett« lauten häufige Einträge, oder: »wir blieben lange im Bett«, »lag lange mit meiner Frau im Bett und vergnügte mich mit ihr«, oder »blieb im Bett mit meiner Frau, war zärtlich und sprach lange mit ihr«. An anderer Stelle schreibt er, sie hätten sich versöhnt und seien zum ersten Mal nach vier oder fünf Tagen gemeinsam zu Bett gegangen. Aber der Friede war nicht von Dauer. Trotz der gegenseitigen Zuneigung häuften sich Eifersuchtsszenen und Konflikte. Bitterer Streit und Versöhnung wechselten sich ab: »Heute früh beim Aufstehen mächtig freundliche Worte zwischen meiner Frau und mir« (20. 11. 1668). Doch noch am selben Tag brach Elisabeth Marchand, von Pepys betrogen und eifersüchtig, in heftige Wut aus: »Aber als ich nach Hause komme und auf mehr Ruhe und Frieden hoffe, finde ich meine Frau auf ihrem Bett erneut in schrecklicher Rage, sie warf mir alle erdenklichen Schimpfwörter an den Kopf und stand auf und verunglimpfte mich auf die schmählichste Weise von der Welt und konnte sich nicht enthalten, mich zu schlagen und an den Haaren zu ziehen« (20. 11. 1668). Noch stürmischer verlief die Szene am 12. Januar 1669:

»[...] aber ich zu Bett und dachte nicht anders, als daß sie nachkommen würde«, doch Elisabeth kam nicht: »[...] während sie schwieg und ich sie von Zeit zu Zeit bat, zu Bett zu kommen, geriet sie in Wut, ich sei ein Schuft und treulos. [...] Schließlich kam sie gegen ein Uhr an meine Seite des Bettes und zog meinen Vorhang auf und tat so, als wolle sie mich mit der rotglühenden Feuerzange kneifen, worauf ich erschrocken aufsprang; und mit ein paar Worten legte sie sie weg« (12. 1. 1669). Wie sah wohl die Zukunft dieser Ehe aus, die sich zwar in einer Krise befand, aber noch nicht zerbrochen war? Das Tagebuch, das am 31. Mai 1669 endet, schweigt sich darüber aus.

Der Körper

Der Körper kann in schriftlichen Zeugnissen in vielerlei Ansichten erscheinen: als gesunder Körper, in Aktion, in der Öffentlichkeit, als Körper, der eitel präsentiert wird. In diesem Sinne stimmt Lucien Clares Formulierung vom »Triumph des Körpers«[27] in seiner Untersuchung über die *Idée des spectacles* von Abbé de Pure. Aber da ist auch noch der intime Körper, der unkeusche Körper, der kranke Körper, der manchmal, bewußt oder unbewußt, in privaten Schriften, im »livre de raison« oder einem medizinischen Tagebuch, beschrieben wird.

Der Körper im »livre de raison« ist der Körper des Gesunden, für den die Krankheit nur eine Episode ist, die ohne Einzelheiten vermerkt wird. Zudem ist es ein Körper, der keine sexuellen Geheimnisse hat. Und wenn Krankheit und Sexualität doch in Erscheinung treten, dann so verschleiert, daß der Text entschlüsselt werden muß. Bei manchen Verfassern indes entwickelte sich die Haushaltschronik durch Elemente des intimen Tagebuchs unbewußt einen Schritt weiter. Eine schwächliche Konstitution oder eine chronische Erkrankung konnte den Anlaß dazu bieten. Von Gouberville bis zu Jean Maillefer ist das Darstellungsverfahren freilich höchst unterschiedlich.

Guybert, *Le Médecin charitable:* »Ich habe in diesem Büchlein beschrieben, wie Sie zu Hause Arzneien bereiten können, die täglich von guten und getreuen Ärzten gegen alle Arten von Krankheiten hergestellt werden, und die Sie leicht selbst machen können.« (Paris, Ordre national des pharmaciens, Sammlung Bouvet)

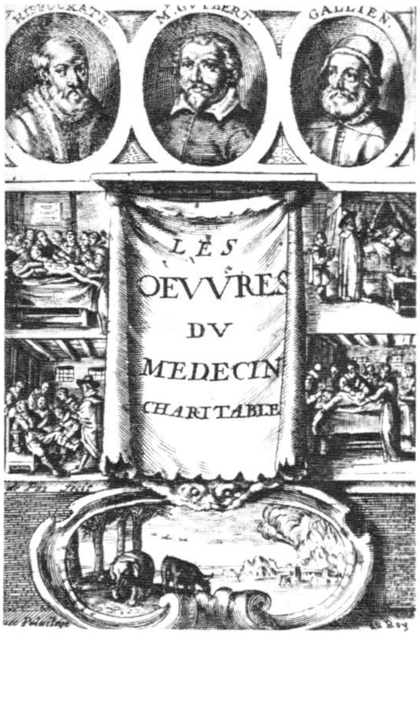

Schweigen und Geheimnisse im Tagebuch Gilles de Goubervilles

Gilles de Gouberville[28] begnügte sich oft mit der vagen Formulierung »krank sein«; doch manchmal wird die Krankheit beim Namen genannt: harmloses Unwohlsein, häufige Erkältungen, Kopfschmerzen, Magendrücken, das Erbrechen, Darmbeschwerden oder Koliken zur Folge hatte. Wiederholt wurde er von Krankheiten heimgesucht: »Ich war sehr krank, ich habe mich nicht aus dem Bett gerührt«, »heftigste Zahnschmerzen«, »mir wurde kalt, ich mußte mich erbrechen, den restlichen Tag über sehr krank, Schmerzen im Bauch, im Kopf und im Magen«. Aber er gibt weder eine Analyse der Krankheit noch deren ausführliche Beschreibung. Als er an Syphilis litt, sprach er das Wort niemals aus; einzig die Behandlung, die Bäder, Dampfbäder und die Käufe von quecksilberhaltigen Arzneien ermöglichen es dem Leser, die Krankheit zu erraten. Jedoch wird in seinem Tagebuch deutlich, daß

»Wenige Heilmittel sind so gebräuchlich wie der Aderlaß« (*Enzyklopädie*).
(Paris, Bibliothèque des Arts décoratifs)

Gouberville sich selbst mehr Aufmerksamkeit widmete als anderen. Zieht man eine Bilanz der Einträge über Krankheiten und Kranke, so werden am häufigsten er selbst und die Menschen, die ihm besonders nahestehen, erwähnt: so etwa seine Schwester, deren Krankheiten ihn in große Sorge versetzen und ihn mitten im Winter veranlassen, alles stehen und liegen zu lassen, um ihr zu Hilfe zu eilen. Die Häufigkeit von Krankheiten ist auch ein Indikator der sozialen Stellung: Am häufigsten waren diejenigen krank, die auch Zeit und Muße hatten, sich ins Bett zu legen. Von Dienstboten oder Bauern erwartete man eine kräftige Konstitution; daher treten sie im Tagebuch kaum in Erscheinung. Doch war einer von ihnen tatsächlich »bettlägerig«, ließ Gouberville ihm Pflege angedeihen.

Vertrauliche Äußerungen über das Sexualleben findet man in diesen Tagebüchern ebensowenig wie verläßliche Krankheitsbeschreibungen. Das Geheimnis der ehelichen Intimität oder gelegentlicher flüchtiger Liebschaften bleibt gewahrt. Aus den »livres de raison« ersteht das Bild eines einträchtigen und verschwiegenen Ehelebens, ohne Versuchungen, ohne Seitensprünge. Nur der Junggeselle Gilles de Gouberville brach dieses Schweigen bei etwa zehn Eintragungen in griechischer Schrift, die ein zeitgenössischer indiskreter Leser freilich erst entschlüsseln mußte.

Ebensowenig mitteilsam waren Honoratioren und Bürger oder Adlige in der Provinz, die zu dieser Zeit Tagebuch führten, oder auch die

Pariser Bürgersfrau Marguerite Mercier, trotz der Unruhe, in die sie durch die schwere und tödliche Krankheit ihrer kleinen Tochter versetzt wurde. Jean Maillefer, der Bürger aus Reims[29], beweist uns jedoch, daß ein »livre de raison« manchmal zu einer Vorstufe des intimen Tagebuchs werden konnte.

Die Krankheit Jean Maillefers

Die Distanz zwischen der ländlichen Welt Gilles de Goubervilles und dem städtischen Milieu Jean Maillefers, des angesehenen Tuchhändlers und entfernten Cousins Colberts, ist beträchtlich. Ethik und Kultur haben bei beiden völlig unterschiedliche Konnotationen. Gilles de Gouberville las zwar Bücher, identifizierte sich aber nicht mit den Autoren; Jean Maillefer orientierte sein Denken und Leben an Montaigne, dessen Werke er ernsthaft und mit Eifer studierte: »Ich teile die Vorliebe Montaignes für die Gleichmäßigkeit eines friedlichen und alltäglichen Lebens«, notiert er, als er sich an einer Stelle seines Tagebuchs mit dem Schriftsteller vergleicht. Dem »livre de raison«, das ihn noch mit seinen diskreten und wortkargen Vorgängern verbindet, fügte Jean Maillefer zwei neue Elemente hinzu: den autobiographischen Entwurf und Reflexionen in der Manier Montaignes. Der Einfluß eines großen Vorbilds und eine geübte und wendige Feder haben einen Text entstehen lassen, der zwar die Form des »livre de raison« wahrt, aber bereits die Modernität des intimen Tagebuchs besitzt.

Unter dem Titel *Parallelen zu Montaigne* versuchte sich Jean Maillefer an einem Selbstporträt und konstruierte einen Zusammenhang mit seinem anspruchsvollen Vorbild, mit dem er die Abneigung gegen zuviel Schlaf und allzu ausgedehnte Mahlzeiten, den Willen, »in der Krankheit die Natur walten zu lassen« und die Tapferkeit im Unglück teilte.

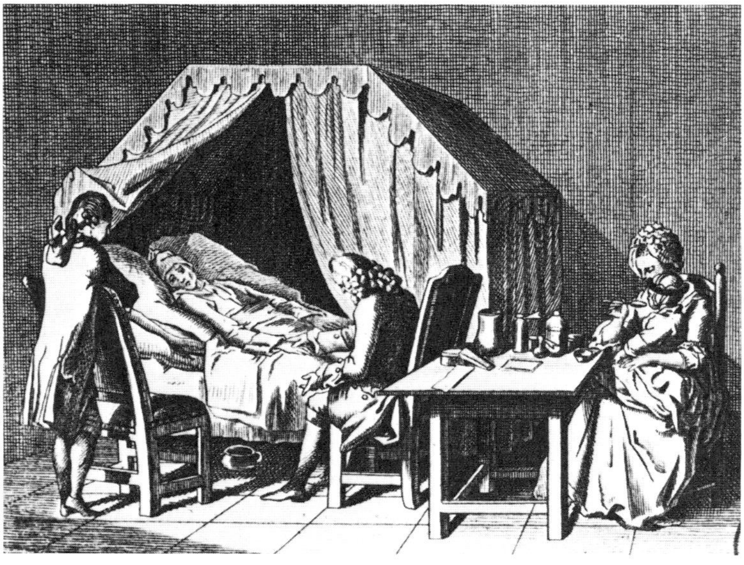

Einem Kranken oder einem Sterbenden Beistand zu leisten, war ein wichtiger Moment des privaten Lebens, wie das *Journal* Goubervilles eindringlich vermittelt. (Paris, Bibliothèque Nationale)

Körperliche Beschwerden werden zum Thema des Schreibens, dann manifestiert sich der Übergang vom »livre de raison« zum intimen Bericht, mit allem, was dabei Selbstmitleid oder Unkeuschheit ins Spiel bringen kann. Wir lesen von Ohrenschmerzen, Zahnschmerzen oder häufigen Stürzen, doch die Information bleibt anekdotenhaft. Nach einem Leistenbruch mußte Maillefer mit diesem Leiden leben, die Krankheit enthüllt die Intimität des Körpers. Das Vokabular spiegelt das Interesse am eigenen Körper: »Mein Bruch, mein Leistenbruch, meine Harnverhaltungen, meine Gedärme, meine Hautabschürfungen, meine Bruchbänder [die detailliert beschrieben werden], meine Ärzte.« Die Gebresten ziehen mehr und mehr die Aufmerksamkeit auf sich, so daß ihnen schließlich ganze Kapitel gewidmet werden; 1673, zehn Jahre nach dem Beginn der Krankheit, heißt es: »Ich schreibe dieses Kapitel nieder, um meinen Kindern nützlich zu sein, falls sie dasselbe Leiden bekommen.« Und einige Jahre später zieht er die Bilanz seiner Gebrechen: »Bis zu diesem Tage, dem 21. Oktober 1678, werde ich von meinen Leiden sprechen. Ich werde siebenundsechzig Jahre alt [...] und seit sechzehn Jahren leide ich an einem Bruch, der sich seit siebenundzwanzig Monaten senkt.« Einzigartig zu seiner Zeit, in der solche Mitteilungen überaus selten sind, repräsentiert der Text von Jean Maillefer die Entwicklung zum intimen Tagebuch.

Ein weiteres, sehr viel späteres Beispiel dafür ist die unveröffentlichte Korrespondenz von Monseigneur de Saint-Simon, Bischof von Agde[30], die in sehr persönlicher Weise von ihm selbst und seinem körperlichen Zustand handelt, da er seit seiner Kindheit an Asthma, später wegen der Sümpfe im Languedoc auch an Malaria litt. In einem Teil seiner Briefe schildert der Prälat das Elend seines Körpers. Ausführlich und voll Selbstmitleid beschreibt er, wie mangelhaft er seine Funktionen erfüllte, welche intimen Beschwerden ihn quälten, die Furcht vor dem Sommer, der ihm den Atem nahm und ihn zwang, mitten in der Nacht sein Zimmer zu verlassen. Er äußert sich über die Verfassung seiner Nerven: »Meinem Schreiben nach werden Sie zu dem Urteil kommen, daß es um meine Nerven nicht gut steht.« Er klagt über Schmerzen in den Beinen, über Schlaflosigkeit und erläutert seine sorgfältig nach den besten Rezepten der Arzneibücher komponierte Diät.

Die Korrespondenz Monseigneur de Saint-Simons und das Tagebuch Jean Maillefers verdanken ihr hohes Maß an Intimität langwierigen Krankheiten, die beide veranlaßte, sich in diesen keineswegs literarischen Texten frei und offen zu äußern. In den folgenden Jahrhunderten sollten diese Genres dann auch literarisch geadelt werden.

In englischen Tagebüchern stößt man häufiger als in französischen auf Stellen, die etwas über die Wahrnehmung des kranken Körpers verraten.[31] Man schenkte dem kranken Körper große Aufmerksamkeit, bei der geringsten Unpäßlichkeit beobachtete man peinlich genau seine Regungen. So notierte Geoffroy Starkey monatelang Einzelheiten über seinen Husten, seinen Auswurf und sein Fieber, Thomas Mainwaring schilderte seine quälenden Zahnschmerzen mit pedantischer Akribie. Adam Smith benannte die Dauer der Koliken, die ihn quälten. Für John Green war die geringste Erkältung Anlaß, den Verlauf der Krankheit mit erstaunlicher Gründlichkeit zu kommentieren und ihre Auswirkungen auf Nase, Mund, Rachen, Ohren, Kopf und Magen Revue passieren zu lassen. Justinien Pagitt zog jedes Frühjahr eine Bilanz seiner Beschwerden: Schnupfen, Halsschmerzen, Nasenbluten. Diese Beobachtung des kranken Körpers folgt noch nicht dem selbstgefälligen und narzißtischen Blick der intimen Tagebücher, sondern entspringt der Ungewißheit und Sorge angesichts von Krankheit und lauerndem Tod.[32] Bei Samuel Pepys stehen der eigene Körper und die Gesundheit nicht im Mittelpunkt, obwohl er seit der Blasensteinoperation, der er sich 1658, im Alter von 25 Jahren, unterziehen mußte, recht anfällig war; gleichwohl erwähnt er seine Unpäßlichkeiten: Leibschmerzen, Schwierigkeiten mit dem Stuhlgang, extreme Kälteempfindlichkeit, unerträgliche Koliken. Am 14. Mai 1664 litt er »gottserbärmlich«; die Eintragung ist kurz, realistisch, ohne Selbstmitleid; kaum ist das Übel vorüber, preist er die Rückgewinnung der Gesundheit.

Ludwig XIII.: der Körper des Prinzen im Säuglingsalter

Doch wo sollte man Schilderungen des Körpers – nicht nur Krankheitsdiagnosen, sondern das gesamte Verhalten, das Leben und das Bild des intimen Körpers – eher finden als in den Tagebüchern von Ärzten? Die Ärzte Ludwigs XIII., zuerst Héroard, dann Fagon, überliefern uns einzigartige Zeugnisse vom Körper des Herrschers.

Im Zentrum des Textes von Héroard steht natürlich, als sein einziges Thema, der Körper des Kindes und des Heranwachsenden. Das Augenmerk gilt den Körperfunktionen. Seinem Wesen nach ist dieses Tagebuch ein Dokument des Intimlebens.

Über die Körperfunktionen, deren Beobachtung und Pflege zur Hygiene gehören – Puls, Temperatur, Urin, Stuhlgang –, führte Héroard mit der Exaktheit des praktischen Arztes täglich Protokoll, ebenso über die Speisen, deren Zusammensetzung er keinen einzigen Tag zu beschreiben versäumte: Notizen, die, sobald sie gesichtet und sortiert sind, für die Kenntnis der Ernährung des Prinzen und der Ernährung in dieser Zeit generell eine Informationsquelle ohnegleichen darstellen werden.[33]

Die einzige zusammenhängende Beschreibung des Kindes findet sich anläßlich der fachmännischen Untersuchung des Neugeborenen, das Maria von Medici zur Welt gebracht hatte: »Kräftiger Körper, kräftiger Knochenbau, sehr muskulös, wohlgenährt, blank und glänzend, von rötlicher Farbe, robust.« Der Säugling schläft in seiner Wiege, schreit und nuckelt an seinen Fäustchen oder den Brüsten seiner Amme. Doch mit einer Offenheit, die sich nur ein Arzt herausnehmen durfte, bringt der Text zum Ausdruck, daß dieser Säugling ein körperliches Wesen war, von dem vor allem Kopf und Gesicht zu sehen sind, die durch die mangelnde Hygiene der Ernährung, die minderwertige Milch der Amme, die verfrühte Fütterung mit Brei (zum erstenmal am 14. Oktober, als er erst siebzehn Tage zählte) und die äußerst unzulängliche Beachtung der Reinlichkeitsgebote entstellt waren. Ein Säugling, der

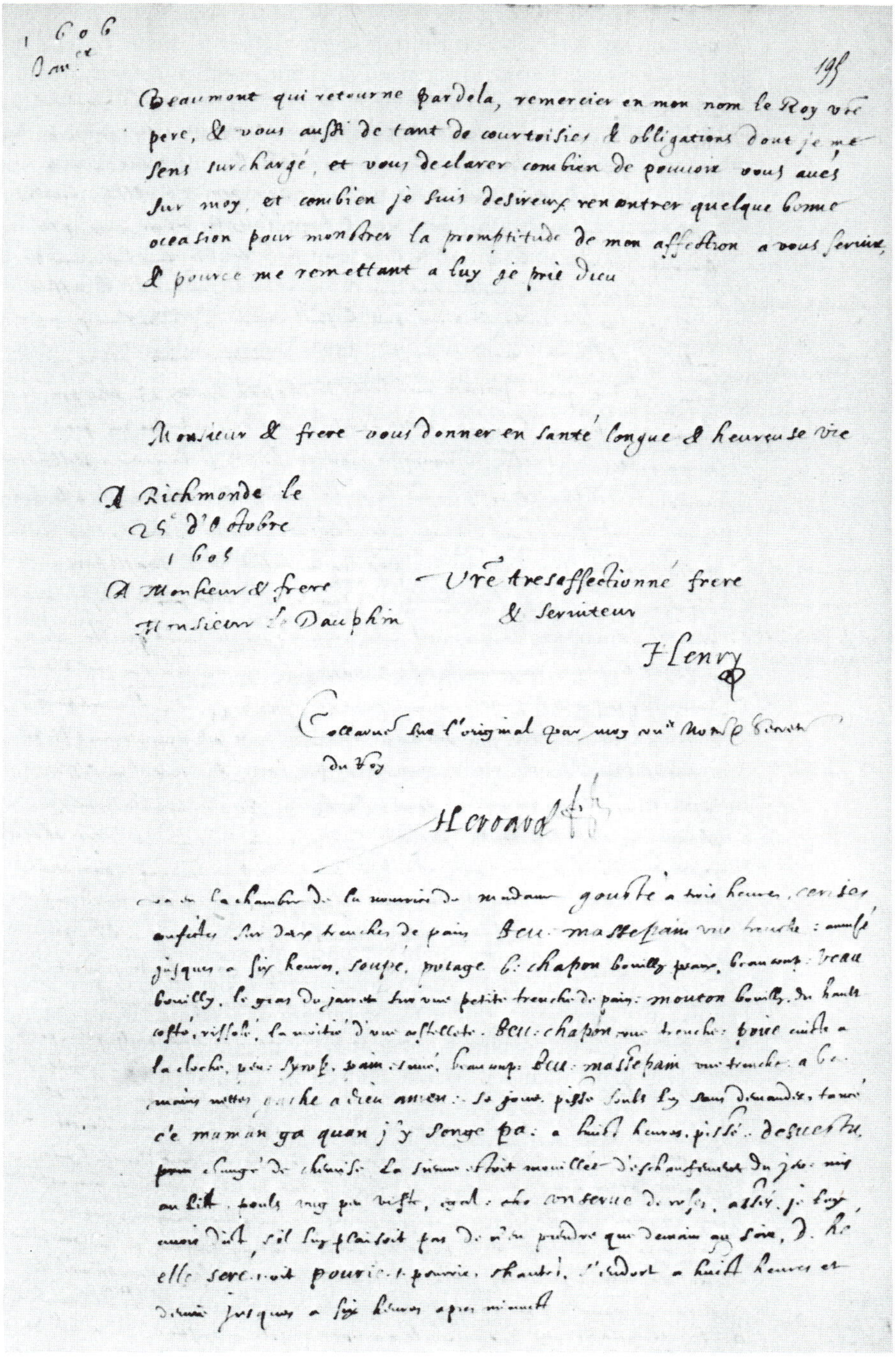
1606

195

Beaumont qui retourne pardela, remercier en mon nom le Roy vre pere, & vous aussi de tant de courtoisies & obligations dont je me sens surchargé, et vous declarer combien de pouvoir vous aves sur moy, et combien je suis desireux rencontrer quelque bonne occasion pour monstrer la promptitude de mon affection a vous servir, & pource me remettant a luy je prie dieu

Monsieur & frere vous donner en santé longue & heureuse vie

A Richmonde le 25e d'octobre 1605

A Monsieur & frere Monsieur le Dauphin

Vre tresaffectionné frere & Serviteur

Henry

Collationné sur l'original par moy

du Roy

Heroard

Korrespondenz eines Königskindes. Brieffragment des sechsjährigen Prince of Wales, künftiger Charles I., an den Dauphin, abgeschrieben und signiert von Héroard. (*Journal* d'Héroard. Paris, Bibliothèque Nationale, ms. fr. 4022, fol. 195.)

wenig appetitlich zu betrachten und zu berühren war, so erscheint der kleine Ludwig XIII. in den Eintragungen Héroards. Seine Lider sind geschwollen, er hat »rote Flecken auf der Haut« und »Flechten« überall auf dem Gesicht, »nässende Stellen« hinter dem Ohr, »Pickel« und »Milchschorf«, der im Januar seinen ganzen Kopf befällt: »Der Milchschorf umschließt seinen Kopf wie eine Krone.« Dieselben Worte, die den schlechten Zustand und das unschöne Äußere deutlich machen, wiederholen sich sieben Monate lang fast ununterbrochen, werden allmählich seltener, und im August schreibt Héroard schließlich: »Der Kopf wird rein.« Das Kind wächst, wird kräftiger und gesünder und fängt an, die ersten Schritte zu machen: Am 19. September 1602 »beginnt es entschlossen zu laufen, unter den Armen vom Gängelband gehalten«.[34] Nun zeigt sich die wirkliche Anmut der Kindheit. Aber die Körperhygiene bleibt nach wie vor unzureichend. Das Kind wird abgewischt, aber wann wird es gewaschen? Wann wird es gebadet? In seinem ersten Lebensjahr taucht ein einziges Mal das Wort »gewaschen« auf, ein einziges Mal das Wort »gebadet«; am 4. Juli »wird er gekämmt, zum ersten Mal findet er Vergnügen daran und hält bereitwillig den Kopf«. In den folgenden Jahren ist, abgesehen von der Bemerkung »gekämmt und angekleidet«, die jeden Morgen wiederkehrt, niemals von einer vollständigen Toilette die Rede. Der Prinz wäscht sich nach jeder Mahlzeit die Hände, wie die regelmäßigen Eintragungen »saubere Hände« belegen. »Bei Hofe herrschte hochmütige Unsauberkeit«, schrieb Philippe Erlanger.

Dies ist das erste, wenig schmeichelhafte Bild des Prinzen, dem Héroard als Arzt pflichtbewußt seine Aufmerksamkeit widmete. Je weiter man blättert, desto mehr verwischt es sich, während der kindliche Charme des Prinzen zum Vorschein kommt, seine Lebhaftigkeit und robuste Gesundheit. Es geht ihm körperlich gut, wie kurze Einträge bestätigen: »Lachendes Gesicht, sehr lieb, gutherziges Gesicht, fröhlich.« Man kann im *Journal* die Fortschritte des Prinzen verfolgen, die seine Umgebung entzückten: am 15. April, mit sechseinhalb Monaten, der erste Zahn; der lebhafte Blick, der den einen oder anderen wiedererkennt; das kaum verständliche Gebrabbel und Geschnatter, das Héroard hingerissen protokolliert und mit verblüffender Naivität interpretiert. Das Kind ist einen Monat und zwölf Tage alt: »Wer ist dieser Mann?« wird es gefragt; »Antwortet mühelos in Kinderkauderwelsch: ›Eoua‹«, schreibt der Arzt. Die Haare des Kindes wachsen und werden schöner: »Sein Haar hellt sich ins Blonde auf« (27. März, sechs Monate alt); »das braune Haar wird zu einem hellen Kastanienbraun« (4. Mai, siebeneinhalb Monate alt); »sein Haar wird noch blonder« (13. Juli, fast zehn Monate alt).

Héroard ist von der Anmut des Kindes bezaubert, und er hält nun über die tägliche Hygiene hinaus die Gesten des Kindes und sein Verhalten fest, was dem Tagebuch seine Lebendigkeit verleiht. Der folgende Text vom 11. Dezember 1602, ausgewählt aus zahlreichen ähnlichen Stellen, gibt die Robustheit, die kräftige Gesundheit und das überschäumende Temperament des kleinen, vierzehn Monate alten Prinzen ebenso wie den Stil Héroards ausgezeichnet wieder: »Mittwoch den elften, um dreiviertelneun; Zornausbrüche, Wutanfälle, ungeduldig und verärgert. Schlägt Madame de Montglat mit einem Stöckchen mit Eisenspitze auf die Finger, sie will ihm den Stock fortnehmen, er schreit und schlägt und windet sich geschmeidig wie eine Schlange los, amüsiert sich im Kampf, geht zum Angriff über, schlägt fest zu und trifft seinen Pagen de La Berge an der Stirn, auf der sich eine große Beule bildet. Resolut, fröhlich, übt sich in seinem Kauderwelsch, geht spazieren.«

Über die sexuelle Initiation und das sexuelle Verhalten des Kindes liefert uns Héroard Informationen hohen Grades. Sein Tagebuch, obwohl es kein intimes Tagebuch ist, führt uns geradewegs in das Zentrum des privaten und intimen Lebens des Prinzen in seinen ersten Jahren. Gebärden und Äußerungen von Erwachsenen, Bemerkungen, die ihn provozieren, sich seinerseits zu äußern, Fragen, bei denen man schon vorher weiß, wie er antworten wird, sexuelle Gesten, anzügliche Neckereien – das Thema ist bekannt, seit es Philippe Ariès in einem der bahnbrechenden Kapitel seiner *Geschichte der Kindheit* erörtert hat.[35] Hélène Himmelfarb, eine hervorragende Kennerin aristokratischer Verhaltensweisen im 17. Jahrhundert, hat sie kommentiert[36]; Pierre Debray-Ritzen[37] hat sie in einen medizinischen und kinderheilkundlichen Zusammenhang eingeordnet.

Indes darf man den Raum, den Einträge dieser Art im Tagebuch Héroards einnehmen, nicht überschätzen und nicht glauben, sie füllten ganze Seiten. Sie verschmelzen mit den übrigen Informationen, verschwimmen zwischen anderen Notizen, die ebenso alltäglich, ebenso diskontinuierlich sind. In der Zeit von 1601 bis 1610, den Kindheitsjahren des Prinzen, also 3285 Tagen seines Lebens, umfassen sie insgesamt 101 Einträge, wobei viele außerordentlich knapp sind.[38] Héroard hat daher die Einzelheiten dieser Verhaltensweisen, die zweifellos in Wirklichkeit viel häufiger vorkamen, nicht sonderlich hervorgehoben. Vom 24. Juli 1602 datiert seine erste Beobachtung zu diesem Thema. Das Kind ist zehn Monate alt, es lacht »aus vollem Halse«, als die Amme es kitzelt. Die Notizen zu diesem Thema, die bis 1606 zahlreich sind (im Alter von zwei bis fünf Jahren des Kindes), verschwinden ab 1607 fast völlig, 1609 und 1610 sind es nur noch zwei. Dem Sexualverhalten des jungen Herrschers wurde also vor allem im Kleinkindalter Beachtung geschenkt.

Das Kind wurde nicht versehentlich Zeuge sexueller Tätigkeiten oder Äußerungen, sondern spielte im Gegenteil die Hauptrolle, ermutigt von einer Umwelt, die die männlichen Geschlechtsorgane hoch bewertete. Die Spiele werden daher nicht schamhaft verschwiegen. »Läßt seinen kleinen Penis küssen«, »spielt mit seinem Penis«, schreibt Héroard. Keinerlei Tabu oder Verdrängung ist hier festzustellen.

Die Umgebung setzte sich keineswegs nur aus niederer Dienerschaft, aus Lakaien oder Mägden zusammen, zu ihr gehörten auch die Erziehungsberechtigten des Prinzen. Der König, die Königin und vor allem Héroard, der Autor, fordern, »daß unser kleiner Prinz, den Gott uns geschenkt hat, damit er später herrsche, [. . .] bei sich selbst beginnen möge, in dem Wissen, daß es Pflicht eines Königs ist, nicht Sklave seiner

Begierden und seiner Lust zu sein, sondern seine eitlen und ausschweifenden Tollheiten der Macht der Vernunft zu unterwerfen [...], und daß er nicht der Ansicht sei, die höchste Befriedigung liege im Müßiggang und seinen Freuden«: Héroard, der gegenüber der Person des ihm anvertrauten Knaben eine außergewöhnliche Einstellung zur Kindheit und außergewöhnliche Achtung vor ihr bekundete, befand sich in Einverständnis mit seinem Schützling. Er lenkte die Aufmerksamkeit des Kindes auf sein Geschlecht und forderte entsprechende Reaktionen (zum Beispiel am 12. Dezember 1602, 12. August 1604, 27. August 1604, 2. April 1605, 1. Juli 1605, 19. August 1605, 17. Oktober 1605) und Antworten (17. September 1605, 21. Juli 1606, 30. November 1606) heraus. Er beobachtete alles, notierte gewissenhaft das Verhalten des Kindes. In einer Randbemerkung vom 15. Mai 1606, nachdem sich der Prinz wieder einmal zur Schau gestellt hatte, schreibt er: »Seinem Naturell nach der Lust zugeneigt.«

Der leidende Körper des Königs: Ludwig XIV.

Einblicke in die Intimsphäre des kranken und leidenden Körpers ermöglichen uns die Ärzte Ludwigs XIV. in ihrem medizinischen Tagebuch, das uns als Originalmanuskript überliefert ist. Dieser Text strahlt keinerlei Glanz aus, sondern offenbart das Elend des von Krankheit befallenen Leibes, die Pflegedienste, die man ihm leistete, und ihre abstoßenden Begleitumstände, deren Schilderung wir dem Leser ersparen wollen – hier dringt man wahrhaftig in die physische Intimsphäre eines Menschen ein.

Beschrieben werden die schweren Krankheiten, an denen der König im Laufe seines Lebens litt: 1647 die Pocken, 1658 die Krankheit in Calais (möglicherweise Scharlachfieber oder Typhus), 1663 die Masern, 1684 Zahnschmerzen und 1686 die schwere Operation an einer Darmfistel. Diese Krankheiten erregten öffentliches Aufsehen, aber er litt auch an weniger spektakulären Unpäßlichkeiten: Hitzewallungen, Bauchfluß, Erkältungen, Magenbeschwerden. In der Darstellung durch den Arzt erblicken wir den König nicht auf öffentlicher Bühne, sondern zurückgezogen in seinem Privatbereich, das Arzneibuch in der Hand. Das Tagebuch zeigt den kranken Körper des Herrschers, wie es kein anderer Text gewagt hätte. Betrachten wir einige der Beispiele, die Fagon überliefert hat.

Die schmerzhafte Gicht war oft Ursache für Schlaflosigkeit: »Die Gicht im linken Fuß hat ihn teilweise am Schlafen gehindert« (21. November 1688); »Der Schmerz [...] in der Nacht störte einige Stunden lang seinen Schlaf«; »Die Nächte waren sehr schlimm, fast ohne Schlaf« (26. September 1694); »Der Schmerz [...] wurde zwischen elf Uhr und Mitternacht sehr heftig, fast unerträglich« (3. Oktober 1694).

Schlaflose Nächte aufgrund eines Furunkels am Nacken: »Als der König am Morgen seine Perücke aufsetzte, spürte er einen Schmerz im Nacken, [...] der König schloß in der Nacht von Samstag auf Sonntag kein Auge.« Diese Schmerzen und Leiden entbanden ihn nicht von der

Die Autoren von Tagebüchern und »livres de raison« entstammten unterschiedlichen Milieus: Adlige, Amtsadlige, Notabeln und sogar Leute aus dem Volk. Bei diesem Tagebuch, das Alain Lottin untersucht hat, führte der einfache Sayettweber aus Lille, Pierre Ignace Chavatte, die Feder. (*Chronique générale des choses mémorables copiée du livre de M. Marteau, augmentée de plusieurs choses par moi, Pierre Ignace Chavatte*. Paris, Bibliothèque Nationale, ms. fr. n. a. 24089, fol. 304)

1684
Le 3 de Janvier furent mis des soldats ... sur le cheval de bois
Le 6 jour de Janvier fut fait un feu de joie
La dauphine accouchée d'un fils
Le 14 de Janvier

korrekten Erfüllung seiner Pflichten. Fagon vermerkt, daß es dem König nicht möglich war, seine Schuhe anzuziehen: »Die Gicht hindert den König [...], seine gewohnten Schuhe zu tragen« (Mai 1696); auf dem Ausflug nach Marly vom 6. Mai 1699, bei sehr kaltem Regenwetter, mußte er »Pantoffeln« anziehen oder sich in der Sänfte tragen lassen. Wurde der Schmerz unerträglich, hütete Ludwig XIV. das Bett und widmete sich dort den Staatsgeschäften. Im Januar 1705 plagten den König Gichtanfälle: »Die Qual, die der König morgens beim Aufstehen verspürte, verschlimmerte seine Schmerzen derartig [...], daß er das Bett nicht verlassen konnte [...], er hörte im Bett die Messe und so geht es Tag für Tag fort, er hält im Bett seinen Rat ab, da er sich aufgrund der Schmerzen nicht aufrecht halten kann.«

Lassen sich im Jahr 1685 Auswirkungen der Krankheiten auf die Führung der Staatsgeschäfte feststellen, ist hier ein Nachhall des privaten und intimen Lebens auf die öffentlichen Angelegenheiten zu vernehmen? 1685, das Jahr der Aufhebung des Edikts von Nantes, und 1686 waren geprägt von den unsäglichen Schmerzen des Königs bei der Extraktion aller Zähne des linken Oberkiefers sowie durch die Operation an der Darmfistel, zu der er sich mutig entschlossen hatte. Dieses Zusammentreffen von Erkrankung und politischen Fehlentscheidungen legt einen Vergleich mit anderen dramatischen Situationen nahe, die unserer Zeit näher sind.[39] Aber politische Ereignisse hatten auch Folgen für die Gesundheit des Königs, die Strapazen bei den Feldzügen etwa. »Weder tags noch nachts scheute der König in Mardick die Mühen und Strapazen der Belagerungen von Dünkirchen und Bergue«, notiert Vallot 1658, als der König zwanzig Jahre alt war. Jahre später, 1691, schreibt Fagon: »Nach der langen und mühseligen Anstrengung, der er sich bei der Belagerung von Mons unterzogen hatte [...], bekam er die Gicht im Fuß.«

Private Schicksalsschläge lösten unausweichlich gesundheitliche Störungen aus, »trotz seiner unerschütterlichen Tapferkeit in allen Schmerzen und Gefahren«, wie Fagon betont, trotz aller Selbstbeherrschung. Ich will hier nur ein Beispiel, das ausführlichste in diesem Text, zitieren. 1711 traf ihn »der Tod Monseigneurs«, des Thronfolgers, wie ein »Blitzschlag«, der gesamte Gesundheitszustand des Königs war erschüttert: »Als Seine Majestät heute abend in Marly ankam, fiel er in ein allgemeines heftiges Zittern und bekam Hitzewallungen, verursacht durch die Ergriffenheit seines Herzens [...], und seit diesem Tage kehrt dieser traurige Zustand des Kummers immer wieder, genährt von all den Befehlen, die der König in dieser betrüblichen Angelegenheit zu erteilen gezwungen war und die ihn den Schmerz nie vergessen lassen und so seine schlimmen Wirkungen begünstigen.« Fagons Tagebuch ist ein unersetzliches Dokument. Aus Gründen, die wir nicht kennen, bricht es einige Tage nach dieser Eintragung endgültig ab. Was hätte er wohl über die Schicksalsschläge von 1712 geschrieben, über den plötzlichen Tod des Herzogs und der Herzogin von Burgund, der den Fortbestand der Krone in Gefahr brachte?

Schlußbemerkung

Das private Leben als wesentliches Element des Alltagslebens und das Intime als wesentliches Element des Privatlebens in dem Sinne, wie wir es heute verstehen (»der Bereich, zu dem die Öffentlichkeit keinen Zutritt hat«), waren vor der zweiten Hälfte des 17. Jahrhunderts kein Gegenstand des Schreibens. Die seltenen Beispiele, die wir besitzen, sollten darüber nicht hinwegtäuschen. So erklärt sich auch die Dichte der Informationen über die Privatsphäre im Tagebuch Goubervilles. Diese Mitteilungen bereiteten dem Autor kein Vergnügen, durchaus gleichgültig dem Thema gegenüber nennt er die Tatsachen. Charakteristisch sind sein trockener Stil, sein Schamgefühl in bestimmten Situationen, das Verschweigen mancher Vorfälle, die äußerste Zurückhaltung. Diese besonderen Merkmale der französischen Tagebücher, der ausführlichsten ebenso wie der kürzesten, treten im Vergleich mit den englischen »Diaries« ganz deutlich hervor. In Frankreich boten oft Persönlichkeiten des öffentlichen Lebens den Anlaß für Texte, die uns reichhaltige Informationen über das private Leben vermitteln, nicht als Memoiren aus eigener Feder (später war das nicht mehr ausgeschlossen, man denke an Ludwig II. von Bayern), sondern verfaßt von einem Nahestehenden, sei es ein Arzt oder ein Diener. Nicht übertriebene Indiskretion, sondern ihre soziale oder berufliche Stellung veranlaßte sie, das Leben, die Gesten, das körperliche Befinden und das intime Wesen des Herrschers zu enthüllen. Schriftliche Dokumente des Privaten wie von Héroard, Fagon, Dubois oder Madame de Motteville sind im 17. Jahrhundert überaus selten.

Muß man daraus den Schluß ziehen, im 17. Jahrhundert habe es kein intimes Leben gegeben? Wenn auch nicht als Gegenstand von Memoiren, war das Seelenleben doch Gegenstand des Schreibens. Bücher zur Gewissenserforschung und religiöse Tagebücher spielten im 17. Jahrhundert durchaus eine Rolle. Diese Themen fanden jedoch keinen Eingang in das private Schreiben.

Anmerkungen

1 Furetière, *Dictionnaire universel*, 1690. Dieses Werk, 1690 veröffentlicht, ist das beste Nachschlagewerk über die französische Sprache und die Definitionen des 17. Jahrhunderts.

2 Zu diesem Thema sollte man noch einmal die Protokolle des Colloquiums vom 18.–20. Mai 1978 in Straßburg nachlesen: *Les Valeurs chez les mémorialistes français du XVIIe siècle avant la Fronde*; vgl. auch M. Fumaroli, *Mémoires et Histoire: le dilemme de l'historiographie humaniste au XVIe siècle*, S. 21–45.

3 M. Mac Gowan, *Gloire et Recherche de soi*, Paris 1984, S. 221 ff.

4 Y. Coirault, *Mémoires de Saint-Simon*, Paris 1983, Vorwort.

5 Emile Bourgeois et Louis André, *Sources historiques, 1610–1715*, 8 Bände, Bd. II, *Mémoires et Lettres*, Paris 1913.

6 A. Cioranescu, *Bibliographie de la littérature française du XVIIe siècle*, CNRS, Paris 1969, 3 Bände.

7 H. de Campion, *Mémoires*, 1967; vgl. die Protokolle des Colloquiums in Straßburg, a. a. O.; B. Beugnot, *Livre de raison, livre de retraite*.

8 M. de Marolles, *Mémoires*, Paris 1656–1657, 2 Bände.

9 Fontenay-Mareuil, *Mémoires*, Paris 1837.

10 P. Lejeune, *L'Autobiographie en France*, Paris 1971.

11 M., *Le Sire de Gouberville, un gentilhomme normand au XVIe siècle*, Paris 1981.

12 C. Jouhaud, *Mazarinades, la Fronde des mots*, Paris 1985. Eine bemerkenswerte Untersuchung, die im Hinblick auf die Methodologie der Lektüre sehr überzeugend ist.

13 Die untersuchten Texte sind Gegenstand einiger spezieller Arbeiten:
S. Fontaine, *Le Livre de raison de Paul de Vendée d'après le Journal de Messire Paul de Vendée, seigneur de Vendée et de Bois-Chapelau, publié par l'abbé Drochon, Société de statistique des Deux-Sèvres, 1879*, Magisterarbeit, vorgelegt an der Sorbonne, Paris 1981.
V. Boyenval, *Le livre de raison de Charles Demaillasson, 1643–1694, publié par V. Baldet, Archives historiques du Poitou, Bd. XXXV–XXXVI, 1907–1908*, Magisterarbeit, vorgelegt an der Sorbonne, Paris 1981.
Pierre Bourut, *Sieur des Pascauds, papier de raison publié par A. Mazière, Bulletin de la société archéologique de la Charente*, 1902–1903, Bd. III, 1–177.
S. N. Fabarez, *Les Livres de raison de Trophime Mandon d'après les manuscrits conservés aux Archives nationales*, Magisterarbeit, vorgelegt an der Sorbonne, Paris 1983–1984.
C. Bouquin, *Beauchamp, vie d'une seigneurie du comtat Venaissin au XVIIe siècle, d'après le livre de raison de François de Merles, seigneur de Beauchamp*, Magisterarbeit, vorgelegt an der Sorbonne, Paris 1983–1984.
P. Moutet, *Le Vécu quotidien professionnel, familial et social du XVIIe siècle, d'après les livres de raison d'Eusèbe Renaudot, médecin parisien, 1646–1679, et de Mathieu François Geoffroy, maître apothicaire parisien*, Magisterarbeit, vorgelegt an der Sorbonne, Paris 1984.
C. Wautier, *Le Foyer et la Sociabilité au XVIIe siècle, d'après le livre de raison de Marguerite Mercier conservé à la Bibliothèque d'histoire du protestantisme français*, Magisterarbeit, vorgelegt an der Sorbonne, Paris 1981.
F. Terrien-Duquesne, *Mémoires, Œuvres morales et Journal de Jean Maillefer d'après les Mémoires de Jean Maillefer, marchand bourgeois de Reims (1611–1684), publiés par Jadart, Reims*, Magisterarbeit, 1979–1980.
N. Meaupoux, *Etude structurelle thématique de journeaux et Mémoires protestants: le foyer et la famille*, Paris 1981, en particulier d'après le *Journal* de Jean Migault publié d'après le texte original par N. Weiss, 1978, 307 S., Magisterarbeit, 1982.

14 Dumont de Bostaquet, *Mémoires*, Paris 1968.

15 J. Héroard, *Journal de Louis XIII*, Bibliothèque nationale, ms. fr. 4022–4027. Die einzige gedruckte Ausgabe des Textes, von sehr unbefriedigender Qualität, vermittelt einen falschen Eindruck. Vgl. dazu Soulié et Barthélemy, *Le Journal de J. Héroard*, Paris 1868, 2 Bände.

16 Vallot, Daquin, Fagon, *Journal de la santé du roi Louis XIV de l'année 1647 à l'année 1711*, veröffentlicht von J. A. Le Roi, Paris 1862, in-8°, 441 S.

17 D. de Lestourmière, *Mémoires publiés par L. de Grandmaison*, Bulletin de la Société archéologique, scientifique et littéraire du Vendômois, 1932–1935.

18 Madame de Motteville, *Mémoires*, Paris 1838.

19 M. Foisil, »Le Journal d'Héroard, médecin de Louis XIII«, in: *Etudes sur*

l'Hérault 15, 1984, Nr. 5–6, S. 47–51; »Et soudain Louis, neuf ans, devint roi«, in: *Historama*, April 1985.
Diese Artikel sind die Synthese zahlreicher Arbeiten, Doktor- und Magisterarbeiten, die bei der Erstellung der kritischen Ausgabe durch das Centre de recherche sur la civilisation de l'Europe moderne entstanden sind. Danken möchte ich Monique Beynes-Jauffret, Sylvain Bihoreau, Thierry Bornet, Pascal Busson, Marie-Christine Cecillon, Patrick Coville, Valérie Desnoyers, Catherine Dufils, Christian Dupin, Michel Flament, Isabelle Flandrois, Didier Lamy, Laurence Leport, Francis Montécot, Bruno Nguyen, Marie-Christine Varachaud.

20 P. Chaunu, A. Pardailhé-Galabrun, *La Chaleur du foyer, étude du foyer parisien d'après les inventaires après décès, XVIIe–XVIIIe siècle*; Daniel Roche, *Le Peuple de Paris*, Paris 1981.

21 E. Bourcier, *Les journaux privés en Angleterre*, Paris 1976.

22 M. Foisil, *Le Sire de Gouberville [. . .]*, a. a. O., »Bâtir et réparer«, S. 128–135.

23 Siehe dazu J.-M. Constant, *La Vie quotidienne de la noblesse française au XVIIe siècle*, Paris 1985, S. 222 f.

24 G. Houdard, *Les Châteaux royaux de Saint-Germain-en-Laye*, Paris 1911.

25 E. Bourcier, a. a. O., S. 221 ff.

26 S. Pepys, *The Diary of Samuel Pepys*, Berkeley 1985. Die Zitate mit Datumsangabe sind der deutschen Ausgabe entnommen: S. Pepys, *Das geheime Tagebuch*, Übs. J. Schlösser, Leipzig 1980.

27 L. Clare, »Les triomphes du corps ou la noblesse dans la paix, XVIIe siècle«, in: *Histoire, Economie, Société*, 1984, Nr. 3.

28 M. Foisil, *Le Sire de Gouberville [. . .]*, a. a. O., Bd. IV, Teil II, »Krankheit und Tod«, S. 209–218.

29 J. Maillefer, a. a. O., S. 270 ff.

30 X. Azema, »Un prélat valétudinaire, Monseigneur de Saint-Simon, évêque d'Agde«, in: *Etudes sur l'Hérault*, 1985.

31 E. Bourcier, a. a. O., Teil II, Kap. IV.

32 Ebd. Die folgenden Beispiele stammen aus dem vierten Kapitel des genannten Werkes.

33 Diese Untersuchung stützt sich auf unveröffentlichte Arbeiten, die am Centre de recherche sur la civilisation de l'Europe moderne über Héroards *Journal* angefertigt wurden.

34 J. Gélis, M. Laget, M.-F. Morel, *Entrer dans la vie: naissance et enfance dans la France traditionelle*, Paris 1978. Héroards Tagebuch bestätigt exemplarisch die Beobachtungen, die diese Autoren, ausgehend von weit theoretischeren Texten, über Kleinkinder formuliert haben.

35 P. Ariès, *Geschichte der Kindheit*, Übs. C. Neubaur und K. Kersten, München 1978.

36 H. Himmelfarb, »Un journal peu ordinaire«, in: *Nouvelle Revue de psychanalyse*, ›L'Enfant‹, Nr. 19, Frühjahr 1979.

37 P. Debray-Ritzen, *La Sexualité infantile*, Paris 1982.

38 Ergebnis einer Untersuchung von I. Flandrois im Rahmen der Einführung zur textkritischen Ausgabe des *Journal* von Jean Héroard.

39 Diese Anregung stammt von P. Chaunu, Sitzung des Forschungsseminars am 26. März 1985.

Defrance de Liège, *Unter der Ägide Minervas.* Der Triumph des Buches. Das Buch wurde zum bevorzugten Mittel des kulturellen Austauschs, während zugleich die Lektüre zu einem privaten Akt wurde. (Dijon, Musée des Beaux-Arts)

Jean Marie Goulemot

Neue literarische Formen. Die Veröffentlichung des Privaten

Zu Beginn möchte ich, angeregt von Philippe Ariès' überzeugenden Thesen zum privaten Leben, kurz die Leitfragen meiner Analyse darlegen, obschon ich mir der Gefahr bewußt bin, Offenkundiges zu explizieren. Ich nehme eine Unterscheidung auf, die auf einen historischen Kontrast zu verweisen scheint. Diesen Kontrast vermutet man in Struktureigentümlichkeiten zweier Epochen: *einerseits* dem Gemeinschaftsleben des Mittelalters, das Privatheit in unserem Verstande und infolgedessen auch seine Gepflogenheiten nicht kannte – man denke an die Großfamilie, an die Bräuche, die vielfältigen Verflechtungen und Verpflichtungen, welche die Menschen in öffentliche Beziehungen zueinander brachten, aber auch an die Zurschaustellung von Körperfunktionen, das gemeinschaftliche Beten, die öffentlich ausgeübte Religion, ja, sogar den klösterlichen Tanz der Nonnen und Mönche, der uns staunen macht; *andererseits* dem Lebensstil des klassischen Zeitalters, der die Transparenz von Seele und Körper fordert und jedermanns Verhalten öffentlicher Kontrolle unterwirft – in dieser Periode tiefgreifenden gesellschaftlichen Wandels konstituierte sich der moderne Staat, der sich das Gewaltmonopol zu sichern und die Menschen (samt ihrem Körper) ebenso zu beherrschen trachtete wie die Produktion von Gütern und den Aufbau kultureller Symbole. Gleichzeitig mit einer besonderen öffentlichen Sphäre entstand ein privater Raum, in dem sich, abgespalten von der Reglementierung durch die Gemeinschaft und unbehelligt von der politischen Macht, neue Lebensformen durchsetzten. Neben dem öffentlichen Ritual der Kirche gab es nun das stille Gebet und die Gewissenserforschung, der Protestantismus privilegierte die individuelle Lektüre der Heiligen Schrift. Im städtischen Milieu konstituierte sich das abgeschlossene, eindeutig der Person zugeordnete »Zuhause«, der Privatbereich, der deutlich unterschieden war vom städtischen Raum mit seinen öffentlichen Plätzen, der das Leben des Einzelnen, der zum Untertan geworden war, dem Zugriff der Obrigkeit und der Gemeinschaft preisgab. Körperliche Vorgänge wurden nun zunehmend verborgen. Neue Regeln bestimmten die Gewohnheiten bei Tisch, neue Verhaltensvorschriften verbannten die Sexualität in die Verschwiegenheit des Alkovens und die Dunkelkammern des Bewußtseins. Anstandsbücher propagierten bislang ungewohnte Praktiken des Betragens. Der Wunsch nach Individualisierung, der sich im neuen Höflichkeitskodex manifestierte, die Ächtung derber oder für archaisch erachteter Sitten diskreditierten »natürliches« Verhalten in der Gesellschaft.

Man lebte nicht enthaltsamer als zuvor, sondern tat nun heimlich, was zuvor vor aller Augen getan worden war.

Nimmt man diesen Kontrast zweier Epochen ernst, so ließe sich vermuten, es habe ein »Vorher« gegeben, eine Zeit, in der alle Handlungen des Individuums in der Öffentlichkeit stattfanden, und ein »Nachher«, in dem alle Tätigkeit entweder von der öffentlichen Gewalt überwacht wurde oder in einer privaten Zone sich abspielte, die als Zuflucht oder geschützter Bezirk erschien. Die Privatsphäre, die sich im klassischen Zeitalter herausbildete, war wohl, ebenso wie die Ideologien zu seiner Rechtfertigung, einerseits von den neuartigen Strukturen des gesellschaftlichen Austauschs erzwungen, andererseits ein Mittel, sich gegen eine Vielzahl neuer Normen und Kontrollen zu wappnen. Darin ist, wie mir scheint, eine Dialektik von Verweigerung und Zwang am Werk.

Literatur des Gemeinwesens im Mittelalter

Eine solche Interpretation der Entwicklung allgemeiner Vorstellungen, neuer Formen der gesellschaftlichen Interaktion und kultureller Gepflogenheiten setzt freilich voraus, daß man Fortschritte und Rückschritte, beschleunigende und bremsende Faktoren gegeneinander abwägt, und zwar zunächst diesseits der Frage, warum bestimmte Phänomene sich veränderten oder fortbestanden. Auch sollte man klären, auf welches Referenzsystem die Literatur einer Epoche sich stützen konnte, die keinen privaten Bereich, keine Intimität, ja, vielleicht nicht einmal eine persönliche Sphäre in unserem heutigen Verständnis kannte. Festzuhalten ist jedenfalls der im wesentlichen mündliche und öffentliche Charakter der mittelalterlichen Literatur: Heldenlieder, Romanzen, Fabliaux und Theaterstücke, um nur diese Gattungen zu nennen, belegen, daß die Rezeption von Literatur (noch) nicht als individueller Akt begriffen wurde. Zweifellos entsprach dies den zeitgenössischen Bedingungen der literarischen Produktion und der Lektüre. Auch in der Thematik der Werke standen Erfahrungen des Zusammenhangs und Gemeinschaftsbilder im Vordergrund, ob es sich nun um die Verteidigung der Christenheit oder Ritterkämpfe in der Welt des Feudalismus handelte, oder um die Gelehrten, die sich in der Symbolik des *Rosen-Romans* wiedererkannten. Die berühmte »Tafelrunde« des bretonischen *Artus-Romans* und die innere Verbindung zwischen den einzelnen Helden bezeugen die kollektive Struktur dieser Epik. Ein zusätzlicher Beweis für diese These liegt in der fundamental religiösen Tendenz der meisten mittelalterlichen Werke, die das Besondere im Allgemeinen aufgehen läßt. Selbst die Gedichte François Villons, den ein literaturwissenschaftliches Vor-Urteil seit dem 19. Jahrhundert beharrlich zum Begründer der modernen Lyrik ausruft, beschwören weniger die Individualität der Person als vielmehr das unglückliche Bewußtsein, das die Abkehr von der Gemeinschaft entzündet. Unglück entsteht aus Absonderung, und sogar die parodistische Schreibweise des *Testament* verweist auf eine Gesellschaft, die den Einzelnen in einem Netz von Verbindungen und Beziehungen auffing. Den lebhaft empfundenen Schmerz über die Vergänglichkeit des Daseins drückt Villon in der Sprache von Erfahrungen aus, die jedermann geläufig waren; aus seinen Gedichten schreit der Wunsch, den Anblick und die Nähe der anderen wiederzufinden: »Ihr Menschenbrüder, die ihr nach uns lebt ...«, oder: »Sagt mir, wo sind sie alle hin ...« Der rhetorische Auftakt der Balladen ist ein angstvoller Appell: der Sehnsuchtsruf nach Verbrüderung.

Noch ein weiterer Sachverhalt ist zu beachten: Viele mittelalterliche Werke sind anonym, und das Verhältnis der Autoren zur mittelalterlichen Gemeinschaft war überaus eng – Spielleute, Kleriker, Verfasser von Mysterienspielen oder weltlichen Theaterstücken waren eingebettet in das Gemeinwesen, das sie »finanzierte«: Universität, klösterliche Welt, Zunft, Stadt. Das Gemeinwesen war Ort und Resonanzboden der Kultur; es legitimierte die einzelnen Werke, die seinen Ruhm zu mehren gehalten waren.

Privatsphäre und Literatur im Zeitalter der Klassik

Eine Untersuchung wie diese, die in den literarischen Werken der klassischen Epoche in Frankreich Verschiebungen, Spannungen und Konflikte ermitteln will, bleibt freilich risikovoll. Zu meiden ist insbesondere ein verbreitetes literatur-soziologisches Konzept, das allein auf den »Inhalt« der Werke starrt. Das hieße, in den Abenteuern dieses oder jenes Helden, im Wechselspiel der Intrige oder in diesem oder jenem Fingerzeig auf Sitten und Gebräuche den Beweis für die Existenz einer Privatsphäre zu suchen. Dies käme jedoch der Degradierung literarischer Texte zum historischen Auskunftsmaterial gleich. Gewiß ist es von Interesse festzustellen, daß in den libertinistischen Romanen Crébillons oder Nerciats die Intrige in der Regel im Schlafzimmer, Boudoir oder Alkoven angezettelt wird. Doch genügt dies, um für eine Epoche, in der weiträumige Romanhandlungen und Reisen der Helden durch Kontinente oder Städte keineswegs die Ausnahme sind, die Kategorie des Privaten zu reklamieren? Den Romanen *Das Sofa*, *Irrwege des Herzens und des Verstandes* und *La Nuit et le Moment* von Crébillon dem Jüngeren kann man die Irrfahrten von Diderots *Jacques, der Fatalist* oder der Helden von Abbé Prévosts *Manon Lescaut* gegenüberstellen. Doch der quantitative Vergleich von weiträumigen Romanhandlungen mit Romanen intimer Struktur könnte allenfalls eine Tendenz anzeigen, die ihrerseits interpretiert werden müßte. Obschon der libertinistische Roman sich auf private Orte der Lust (die berühmten »kleinen Häuser«, die »Lustschlößchen«, wo die städtischen Eliten ihre Liebesnächte verbrachten) beruft, steckt das Paradoxon wohl gerade in ihrer Zurschaustellung im Roman. Die neuen Formen des gesellschaftlichen Austauschs beförderten die Privatisierung und Verschleierung der Liebe; der libertinistische Roman erhob Einspruch dagegen, indem er von Erlebnissen handelte, die eigentlich verschwiegen werden mußten, und sie – zumindest für den aufmerksamen Leser – in einen öffentlichen Vorgang verwandelte. Wir wollen nicht so weit gehen, die Beleuchtung von Handlungen, die

»Dies sind hier meine Einfälle, durch die ich nicht Sachkenntnis zu geben suche, sondern Kenntnis von mir.« (Montaigne) (Französische Schule des 16. Jahrhunderts. Chantilly, Musée Condé)

im Dunkel bleiben sollten, zum Zeichen der Nostalgie oder der Verweigerung zu erklären. Hier herrscht Doppeldeutigkeit. Die Aufdeckung des Privaten als bewußten Verstoß gegen die neuen sozialen Normen zu deuten, wäre leichtfertig. Man darf nicht übersehen, daß die Position des Voyeurs, in die der libertinistische Roman den Leser drängt, seinerseits die Beobachtung des Privaten durch einen Dritten privatisiert. Bei Interpretationen ist daher Vorsicht geboten; man sollte ein Gespür für Illusionen bewahren, die eine bestimmte Leserperspektive erzeugt.

Stärker als auf die narrativen »Inhalte« (romaneske Darstellungen oder Zeugnisse der Herausbildung eines privaten Bereichs mittels des literarischen Textes) zielt meine Analyse also auf die Entschlüsselung privater Haltungen, die durch neue Erzählformen, neue Ideologien und literarische Verfahren vermittelt wurden. Ich konzentriere mich dabei vornehmlich auf Tagebücher, Memoiren, Romane in der Ichform und auf utopische Erzählungen, die sich allmählich zu einem eigenständigen Genre entwickelten. Auch befasse ich mich mit dem Wandel in der Legitimation literarischer Aussagen. Die Schriftsteller beriefen sich nun auf ihre eigene moralische Autorität, um die Wahrheit ihres Werkes zu begründen, so etwa Jean-Jacques Rousseau in *Rousseau richtet über Jean-Jacques*. Die Literatur eroberte neue Themen: Selbsterkenntnis in Gestalt der Autobiographie (ein Beispiel sind die *Bekenntnisse* Rousseaus) oder der Pornographie, die in der zweiten Hälfte des 18. Jahrhunderts einen beträchtlichen Teil der literarischen Produktion bildete. Neue Themen, neue Erzählformen, eine neue Legitimation des Schreibens (das heißt, eine neue Ideologie des Schriftstellers und der Literatur) sind Elemente eines hochkomplexen kulturellen Entwurfs.

Doch selbst wenn man in diesen Entwicklungen einen Einfluß der Privatsphäre auf jene kulturelle Praxis vermutet, die von Beginn der Aufklärung an Literatur genannt wurde, muß man sich auch hier wieder vor einer reduktionistischen soziologischen Argumentation und allzu augenfälligen, allzu flinken Folgerungen in acht nehmen, um widersprüchliche Tendenzen ermessen zu können. Das Intime, bei Strafe seines Untergangs zum Schweigen verurteilt, markiert eine notwendige Grenze zur Außenwelt und zugleich einen gesellschaftlich akzeptierten Zufluchtsort. Es wäre jedoch ein Irrtum anzunehmen, dieser besondere Status des Intimen sei der Schlüssel zu einer Neuinterpretation der Literatur im klassischen Zeitalter. Aber man sollte die Frage stellen, welche neuen Themen und Formen für die Schriftsteller ebenso wie für ihre Leser brisant wurden.

Spannungen und Widersprüche in der Renaissance

Montaigne: eine neue Einstellung zum Wissen

Das 16. Jahrhundert war eine Periode des Übergangs, die Veränderungen und Brechungen in der Literatur des ausgehenden Mittelalters vielfältig fortsetzte. Ohne hier den immensen Reichtum der Renaissanceliteratur auch nur andeuten zu wollen, möchte ich drei ihrer wichtigsten

Repräsentanten vorstellen, deren Werke die Auswirkungen des neu entstehenden privaten Raums auf kulturelle Gebräuche besonders deutlich illustrieren: Montaigne, Rabelais und Ronsard.

In Montaignes *Essais* kommt eine neue Auffassung des menschlichen Wissens zum Vorschein, und sie verleihen ihm einen bislang ungekannten Status. Sie sind weder mit der mittelalterlichen Summa noch mit dem scholastischen Kommentar verwandt. Der systematischen Summa setzen sie eine fragmentarische Schreibweise entgegen, und im Unterschied zum Kommentar, der auf ein einziges Werk gerichtet ist, präsentieren sie eine reiche Auswahl verschiedener Quellen und eine Zusammenfassung ausgedehnter Lektüre. Montaigne allein verleiht den *Essais* ihre Kohärenz, er ist Herr seiner Quellen und seiner Fragen, kurz, er ist der Schöpfer seiner Bibliothek. Montaignes Definition der Kunst des Lesens ist berühmt geworden: Lesen sei der Wunsch, zu sammeln und sein Denken am Geist anderer Schriftsteller zu schulen. Eine Passage aus dem Essai *Über den Müßiggang* (I, VIII) charakterisiert diese Methode sehr gut: »Als ich mich unlängst in mein Hauswesen zurückzog, fest entschlossen, mich hinfort so viel wie möglich mit nichts mehr abzugeben, als das Wenige, was mir noch an Leben bleibt, in Ruhe und für mich hinzubringen: da meinte ich, ich könnte meinem Geiste mit nichts gefälliger sein, als daß ich ihn in aller Muße sich selbst unterhalten, mit sich selber beschäftigen und verweilen ließe. [...] Aber ich finde [...], daß er im Gegenteil wie ein entlaufener Hengst sich selber hundertmal mehr Plackereien macht, als er je für andere auf sich nahm; und heckt mir so viele Fabelwesen und phantastische Ungeheuer aus, eins übers andere, ohne alle Ordnung und Zusammenhang, daß ich, um sie in ihrer Verschrobenheit und Wunderlichkeit in aller Ruhe betrachten zu können, über sie Register zu führen begonnen habe und hoffe, ihn mit der Zeit dahin zu bringen, daß er sich des Unfugs selber schämen soll.«[1]

Hinter aller Koketterie der Formulierung erkennt man den entschlossenen Willen zu unbeschränkter Freiheit, eine Bestätigung der Fähigkeiten des Ichs und der Aufmerksamkeit, die man ihm schuldet. Unablässig betont Montaigne in den *Essais*, Wissen und Weisheit gründeten nicht außerhalb des auswählenden und ordnenden Subjekts, und dieses Subjekt allein konstituiere Wissen. Damit ist die Priorität des Zweifels vor dem Kanon der Kenntnisbestände bezeichnet. Die Existenz von Wissen setzt nach Montaigne eine Denkweise voraus, die alle augenscheinlichen Gewißheiten, jedes anerkannte Wissen und jegliche institutionelle oder geoffenbarte Weisheit in Frage stellt. Nichts steht jemals endgültig fest. Montaigne geht allerdings noch weiter und macht aus seinem lesenden und denkenden Ich nicht nur das Fundament allen Wissens, er verwandelt es zudem in ein bevorzugtes Objekt seiner Reflexionen. Auch hierfür mangelt es nicht an Belegen: »Dies sind hier meine Einfälle, durch die ich nicht Sachkenntnis zu geben suche, sondern Kenntnis von mir« (II, X, *Über die Bücher*, S. 385), aber auch: »Nicht nur wage ich es, von mir selbst zu sprechen, ich spreche sogar ausschließlich über mich selbst« (III, VIII, *Von der Kunst des Gesprächs*). Diese häufig wiederholte Behauptung gleicht einer Provokation: nicht weil es etwa verboten gewesen wäre, von sich selbst zu sprechen, son-

In der Gestalt des Riesen mit seinem ungeheuren Körper, seinem immensen Appetit und Wissensdurst, in der Mischung von Trivialem und Geistigem stellt Rabelais das Groteske als dualistisches und barockes Menschen- und Weltbild dar.

dern weil die Ansicht vorherrschte, das Ich sei weder die Quelle von Wissen noch von Weisheit. Existierte es denn überhaupt? Das Interesse, das man ihm entgegenbrachte, galt für lächerlich und oberflächlich, ja, sogar für sündig. Man erinnere sich an Augustinus. Montaigne war sich wohl bewußt, daß er den Zweck des Schreibens tiefgreifend veränderte. »Dies hier ist ein aufrichtiges Buch, Leser. Es warnt dich schon beim Eintritt, daß ich mir darin kein anderes Ende vorgesetzt habe als ein häusliches und privates. Ich habe darin gar keine Achtung auf deinen Nutzen noch auf meinen Ruhm genommen« (*An den Leser*, S. 51). Der Hinweis »an den Leser« ist aufschlußreich, da er sowohl den privaten Charakter des *Schreibens* als auch der *Rezeption* von Literatur proklamiert.

Rabelais: Widersprüche und Spaltungen

Wenden wir uns nun Rabelais zu. Michail Bachtins bekannte Analyse hat die besondere Stellung, die François Rabelais und sein Werk in der Renaissance einnehmen, verdeutlicht. Ihm zufolge ist Rabelais der Erbe der burlesken Dichtung, die für die volkstümliche Kultur des Mittelalters bestimmend war. Die Romane *Gargantua* und *Pantagruel*, teilweise in die Auseinandersetzungen um den Humanismus verwickelt, versammeln laut Bachtin die Ausdrucksformen der gesamten Volkskultur des Mittelalters. Vor allem seine Sprache, von Bachtin als die der »Marktplätze« bezeichnet, eine Mischung aus Wortschöpfungen und überlieferten Redewendungen, sei dafür kennzeichnend, aber auch die Formen und Bilder der mittelalterlichen Feste mit ihren Umkehrungen der gewohnten Ordnung, ihren Riesen und Narren. Kurz, Rabelais erhebe die groteske Konzeption des Körpers zu einer Philosophie der Existenz und werte das Materielle und Physische gegenüber dem gleichermaßen aristokratischen, christlichen, humanistischen und höfischen Menschenbild auf. Nach Bachtins Meinung ist Rabelais daher nicht der Renaissancemensch par excellence, als den ihn die traditionelle Literaturhistorie darstellt. In *Rabelais und seine Welt: Volkskultur als Gegenkultur* heißt es, Rabelais, der sich in kein Schema füge und dessen Werk häufig als bewußte Abweichung von dem »Kanon und den Regeln der Literatur« gedeutet werde, sei der Nachfahre der karnevalesken Volkskultur des Mittelalters, obwohl er in den Kontroversen der Renaissance eine Rolle spielte.

Die Reichhaltigkeit von Bachtins Analyse kann hier nicht gewürdigt werden; es geht mir nur um den Versuch, Rabelais' Werk anders zu interpretieren. Was Bachtin für den exakten Ausdruck der karnevalesken Kultur hält, kann meiner Meinung nach durchaus auch einen Gesellschaftszustand anzeigen, der die Möglichkeit eines privaten Bereichs ausschließt. Alles, was bei Rabelais auf die Körpersphäre verweist: das Kapitel über den »Arschwisch« (*Gargantua*, 13. Kapitel: »Wie Grandgousier den wundersamen Witz Gargantuas an der Erfindung eines Arschwischs erkannte«), oder das Kapitel, in dem Gargantua die Pariser, die gekommen sind, um ihn zu bewundern, mit einer Taufe aus

Hier wird das Organische zur Schau gestellt. Freß- und Saufgelage auf der Insel Crévepance führen zu Erbrechen und Trunkenheit. *Familière description du tres vinoporrati mal-voisé et tres enuitaillegoulementé Royaume Panigonnois* [...]. (Paris, Bibliothèque Nationale)

seinem Hosenlatz bedenkt (*Gargantua*, 17. Kapitel: »Wie Gargantua den Parisern den Willkomm bot, und wie er die großen Glocken der Notre-Dame-Kirche mit sich nahm«), wäre dann nur die verbale Umsetzung akzeptierter gesellschaftlicher Bräuche. Diese wirken in der zweiten Hälfte des 16. Jahrhunderts deshalb schockierend, weil neue Verkehrsformen galten, welche das Zurschaustellen von Körperfunktionen unter Tabu stellten. Ähnlich anachronistisch erscheinen die ausufernde Fabulierkunst, die Anspielungen auf Riesen, auf die Niederkunft Gargamelles und unzählige andere Episoden in der Tetralogie.

Rabelais' Werk ist von widersprüchlichen Spannungen gezeichnet: einerseits Feste und Karneval, Phänomene, die in der Tat die offene Sozialität des mittelalterlichen Gemeinwesens bezeugen; andererseits Kritik an religiösen und politischen Autoritäten und die Befürwortung von Praktiken des gesellschaftlichen Austausches, die jede Autorität untergraben. Selbst Rabelais' Begriff vom Wissen ist widersprüchlich. Wie bei Montaigne gründet dieses Wissen in subjektiver Wahl, in der Bejahung der Freiheit, sich außerhalb herkömmlicher Auffassungen und anerkannter Glaubenssätze Kenntnisse zu erwerben, aber in mancher Hinsicht ähnelt der implizite Wille zur Totalität des Wissens sehr wohl einer mittelalterlichen Summa unter verändertem Vorzeichen.

Ronsard: Lyrischer Ausdruck persönlicher Empfindungen

Ronsard und der Dichtergruppe der Plejade verdanken wir die Schöpfung der lyrischen Poetik in dem später von den Romantikern definierten Sinne: als Ausdruck individueller Gefühle und Erfahrungen. Ronsards Poesie gehörte in weiten Teilen zum Genre des Lieds, viele seiner Gedichte wurden zu seiner Zeit vertont. Zwar blieb er nicht unberührt von kollektiven (jedoch nicht mehr gemeinschaftlichen) Praktiken des sozialen und kulturellen Austausches, vor allem bei der *Franciade* und beim *Discours des misères de ce temps*, doch litt er nicht mehr wie François Villon unter seiner Absonderung von der Glaubensgemeinschaft, seine Inspiration wurde nicht durch das unglückliche Bewußtsein der Distanz bestimmt. Ronsard entwickelte nicht nur neue Formen wie Sonett und Ode, seine Lyrik befaßte sich ausschließlich mit dem Schicksal des Einzelnen, sie glorifiziert das Individuum mit all seinen Sehnsüchten, Ängsten und Liebesaffären. Die Verse, die Ronsard am Vorabend seines Todes geschrieben hat, veranschaulichen das sehr gut:

»Je n'ay plus que les os, un squelette je semble
Decharné, denervé, demusclé, depoulpé,
Que le trait de la Mort sans pardon a frappé:
Je n'ose voir mes bras de peur que je ne tremble.
Apollon et son filz, deux grans maistres ensemble,
Ne me sçauroient guerir; leur mestier m'a trompé,
Adieu, plaisant Soleil! mon oeil est estoupé,
Mon corps s'en va descendre où tout se desassemble.
Quel amy me voyant en ce point despouillé
Ne remporte au logis un oeil triste et mouillé,
Me consolant au lict et me baisant la face,
En essuiant mes yeux par la Mort endormis?
Adieu, chers compaignons, adieu, mes chers amis!
Je m'en vay le premier vous préparer la place.«

[»Ich bin nur noch Haut und Bein, sehe aus wie ein Skelett/ ohne Fleisch, Nerven oder Muskeln/ unbarmherzig hat mich der Tod gezeichnet/ Ich wage nicht mehr, meine zitternden Arme zu betrachten./ Apollon und sein Sohn, die großen Meister/ könnten mich nicht mehr heilen, die Doktorenweisheit nützt nichts mehr./ Adieu, du liebe Sonne, mein Augenlicht verlischt,/ Mein Körper geht dahin und wird zu Staub./ Welchem Freund, der mich so sieht/ wird nicht das Auge feucht/ der mich tröstet und mich küßt/ der mir die Augen wischt, wo der Schlaf des Todes liegt?/ Adieu, Gefährten, adieu, meine lieben Freunde!/ Ich gehe voraus, um euch den Platz zu bereiten.«]

Im Unterschied zu den Versen Villons fehlen in diesem Gedicht alle Hinweise auf die christliche Gemeinschaft; die Art, wie der Leser angeredet wird, ist radikal verändert. Einsamkeit wird als Unglück erlebt, das Nahen des Todes als körperlicher Verfall. Doch gleichzeitig stellt sich das Besondere, das Persönliche und Intime offen zur Schau. Die realistische Beschreibung des Leidens, des physischen Zusammen-

Die drei Parzen, Stich von Boyvin nach Rosso.
(Paris, Bibliothèque Nationale)

bruchs stand im Mittelalter im Blickfeld der Öffentlichkeit, wie an der Bildhauerkunst in den Kirchen und an der Metaphorik der Beinhäuser deutlich wird. Das Leiden wird zwar im Kontext eines Einzelschicksals, in der Ich-Form ausgedrückt, aber die Literatur macht es öffentlich – eine paradoxe Situation insofern, als der Verhaltenskodex nun die Verbergung und Verschweigung solcher Regungen geradezu gebietet.

Ich fasse zusammen: Die Betrachtung dreier Hauptwerke des 16. Jahrhunderts läßt uns eine Zone des Übergangs erkennen, in der manche Faktoren konstant blieben, während sich gleichzeitig neue Tendenzen abzeichneten: Rabelais bleibt widersprüchlich, Ronsard steht am Anfang einer Veränderung der Lyrik, die von der Literatur der Klassik wieder verschüttet wurde. Mit Montaigne und den Dichtern der Plejade beginnt eine neue Beziehung des Subjekts zur Literatur. Die Subjektivität des Autors begründet und legitimiert den literarischen Text, gleichgültig, ob es sich nun um Lyrik oder um die Darstellung der Genese von Wissen wie in Montaignes *Essais* handelt. Entscheidend ist, daß das Ich, seine Freiheit und seine Geschichte, in dieser Literatur den Akt des Schreibens begründet und rechtfertigt. Dies signalisiert indirekt die Herausbildung eines privaten Raums, der noch nicht das Siegel der Verschwiegenheit trug und in dieser Übergangsepoche noch nicht mit einem Tabu belegt war.

Das Zeitalter der Klassik: Verborgenheit und Wahrheit des Privaten

Der Vorrang des Universellen

Es wäre zu erwarten, daß sich in der Klassik jene Tendenzen fortsetzten und vertieften, die sich während der Renaissance abzuzeichnen begannen. Das ist jedoch nicht der Fall. Zwar wurde in den barocken Romanen Scarrons, Sorels oder Furetières eine Tradition aufrechterhalten, die – mit Einschränkungen – an Rabelais anknüpfte. Doch im übrigen

Die Schändlichkeiten und Possen Tabarins, die man auf dem Pont-Neuf oder den Bühnen der Pariser Märkte vor einem volkstümlichen Publikum vorführte, erscheinen als nostalgisches Relikt einer gemeinschaftlichen Form des Theaters.

war die Literatur der Klassik, ob Lyrik oder Drama, durch zunehmende Verschleierung alles Privaten und Intimen bestimmt. Die leidenschaftliche Vorliebe der Klassik für das Theater ist daher kein Beweis für die Kontinuität eines gemeinschaftlichen sozialen Austauschs. Das Theater, wie es im 17. Jahrhundert entstand, erfüllte nicht dieselbe Funktion wie das Theater im Mittelalter. Sie unterscheiden sich insbesondere in der Art und Weise, wie sie sich in das Leben der Stadt einordneten. Anders als die mittelalterlichen Mysterienspiele oder Komödien war das klassische Theater nicht Bestandteil eines religiösen oder weltlichen Rituals. Es bezog weder die Gemeinschaft der Christen noch die Gruppe, an die es sich wandte, ein, obschon es das bevorzugte Vergnügen der städtischen Elite und der schöngeistigen Höflinge bildete. Es wurde als Kunst verstanden, die, an bestimmte ästhetische Normen gebunden, vom Alltag der gelebten Zeit klar geschieden war. Im Theater ging es zuallererst um Ästhetik und, trotz der Erklärungen der Gelehrten, nur beiläufig um Moral oder Religion. Das biblische Drama wurde zu einem eigenen Genre, die Autoren sind Boyer (*Judith*, 1696), Duché (*Jonathan*, 1699, *Absalom*, 1702) und Nadal (*Saül*, 1705, *Hérode*, 1709); in Racines Laufbahn unterschied man sorgfältig zwischen religiösen und weltlichen Stücken. Das Theater, auch das religiöse, gefiel oder gefiel nicht, und die Beziehung zwischen Bühne und Publikum gehorchte diesem Primat des Vergnügens. Gewiß gab es damals auch noch das »Théâtre de la foire«, sehr lebendige Stücke, die bei den großen Märkten in Paris im italienischen Stil aufgeführt wurden. Lesage und d'Orneval publizierten zwischen 1721 und 1737 ein Gesamtverzeichnis: *Le Théâtre de la foire ou l'Opéra comique, contenant les meilleures pièces qui ont été représentées aux foires Saint Germain et Saint Laurent* (zehn Bände). Zwischen 1719 und 1730 verfaßte Piron seine derben Wortspielereien; die Possen, obszöne Stücke im Argot, waren das heimliche Vergnügen der Mächtigen aus der Finanzwelt oder dem Parlament. Doch sollten uns diese nostalgischen Spuren einer anderen Funktion des Theaters nicht zu trügerischen Analogien verleiten.

Hält man sich an die Schauspiele der Klassik, so erkennt man, daß ihr Regelgebäude dazu diente, die Benennung des Privaten von der Bühne zu verbannen. Liest man die gelehrten Theoretiker des Theaters – etwa die *Poétique* La Mesnardières (1639), die *Pratique du théâtre* D'Aubignacs (1657), Pellissons *Discours sur Sarrazin* (1656) oder Rapins *Réflexions sur la poétique* –, wird vollends klar, daß in diesem Theater, selbst wenn individuelle Schicksale dargestellt werden, stets von »dem« Menschen und »der« vielzitierten menschlichen Natur die Rede ist, wobei das Besondere nur das Mittel ist, das Allgemeine zu erhellen. Kein Autor, der in seinem Vorwort nicht diese Absicht bekundete. Ein solches Verfahren ist möglich, weil diese Epoche an allgemeingültige und zeitlose Leidenschaften glaubte. Aber täuschen wir uns nicht über die Bedeutung dieser Enthüllung intimer Begebenheiten: Sie fungieren als Exempel. Der Rückgriff auf antike oder orientalische Stoffe, etwa Racines *Bajazet*, bestätigt den Vorsatz zur exemplarischen Verfremdung. Die entblößten Seelenzustände stehen im Dienste der Explikation einer allgemeinen, abstrakten Wahrheit. Eine ganze Reihe sprachlicher Tabus (die Ableh-

Les Gelosi, Französische Schule des 17. Jahrhunderts. Die italienischen Komödianten und die Gaukler des Pont-Neuf zeigten nach wie vor den aktiven, gestikulierenden Körper, eine geräuschvolle »Maschine«, die ihre organische Dimension nicht leugnet.
(Paris, Musée Carnavalet)

nung niederer Ausdrucksweise und derber oder vulgärer Worte), die gesamten Regeln der »Schicklichkeit auf dem Theater« verstärkten diese Tendenz noch. Es ging um Würde und Funktion des Theaters. Keinesfalls durfte der Zuschauer sich in die indiskrete und wollüstige Rolle eines Voyeurs begeben. Keinesfalls durfte er sich mit diesen Schicksalen, inneren Konflikten und Verfehlungen identifizieren. Ein unpersönliches Modell des Spiels wurde propagiert. Entgegen dem äußeren Anschein wählte auch die Komödie keinen anderen Weg. Die Laster, die Molière und Regnard anprangern, werden im wesentlichen in ihren sozialen Folgen vorgestellt: Religiöse Heuchelei, Geiz, gesellschaftlicher Ehrgeiz, Spielleidenschaft und Misanthropie sind die Keimzellen widernatürlicher, gar perverser gesellschaftlicher Verhältnisse.

Abgesehen von einigen Versen La Fontaines, wohlverborgenen Herzensergüssen Racines oder diesem oder jenem Vers, der eher in den Bereich der reinen Musikalität im Sinne Abbé Bremonds gehört, sucht man vergebens nach einer eigenständigen Lyrik der Klassik. Es gibt sie nicht. Hier herrscht Mangel, ein Ergebnis des Bruchs mit der Poesie der Plejade. Man muß nur Ronsards Verse zum Tod Hélènes oder zu seiner eigenen Todeserwartung mit der *Consolation à M. Du Perier, gentilhomme d'Aix en Provence, sur la mort de sa fille* Malherbes vergleichen, um sich über den Unterschied klarzuwerden. Auf eine Lyrik, die sich auf gelebte Erfahrung gründete und ihren Ausdruck in der Sprache einer neuentdeckten subjektiven Intimität des Dichters fand, folgte eine unmittelbar auf das Universelle zielende Poetik. Daß jetzt Privates, Schmerz und Kummer mit einem Mantel von Würde und Schicksalsergebenheit umhüllt wurden, zeugt sowohl von der Weigerung, offen zu zeigen, was nach Auffassung der Zeit nicht mehr die Gemeinschaft, sondern das Individuum auf sich nehmen sollte, wie auch von der Glorifizierung des Allgemeinen.

Es war kein Zufall, daß der Dichter nicht länger als Verdammter oder als Erleuchteter, sondern als lächerliche Figur eingeschätzt wurde. »Er nützt dem Staat ebenso viel wie ein Kegelspieler«, spottete Malherbe. Der Dichter galt nun, wie bei Molière, als ein grotesker Pedant oder als ein ungalanter Flegel, der unfähig war, sich an die sozialen Regeln und die Umgangsformen zu halten. Mathurin Régnier schildert ihn als »stark im Mund- und Kauwerk« (*Satire* II), Boileau und mit ihm zahlreiche andere spinnen die Karikatur weiter. Das Ansehen des Dichters wurde derart beschädigt, daß Lyrik nicht länger durch die Person und die Lebensgeschichte ihres Urhebers legitimiert werden konnte. Und es lag keineswegs an einigen Skandalen des Barock oder den erotischen Gedichten Malherbes (»Ach Liebchen, zum Nachtisch heb' mir dein Röckchen hoch [. . .]«), daß sich die Poesie im Zeitalter der Klassik veränderte.

Widerstände: die ostentative Zurschaustellung des Körpers

In verschiedenen Versionen setzte sich Pascals vehementer Vorwurf gegen Montaignes *Essais*, das Ich sei »hassenswert« und es sei »ein närrisches Vorhaben, sich selbst darstellen zu wollen«, durch. Das bedeutet, daß auch die Literatur auf die neuen zivilisierten Verhaltensweisen vereidigt wurde, die auf Diskretion, Zurückgezogenheit und Normenkonformität bauten. Es wäre jedoch falsch zu glauben, diese Verhaltensweisen hätten in der Literatur triumphiert, ohne Widerstand hervorzu-

rufen. Die persönlich gestimmte Lyrik hatte zwar keine unmittelbare Nachfolgerin, doch das Fortleben der Farce, ihr Erfolg bis hin zu Molières Anfängen (*Die Eifersucht des Angeschmierten*, *Der Wirrkopf oder die Querstreiche*, *Der Liebesverdruß*, *Der verliebte Arzt*), sowie die Obszönitäten im Barockroman, der Anspielungen auf das Organische oder auf Exkremente nicht scheute, zeigen deutlich die Grenzen dieser scheinbar obsiegenden neuen Sozialität. Scarrons *Roman comique*, zwischen 1651 und 1657 veröffentlicht, setzte sich mit seiner heterogenen Erzählstruktur und seiner Fäkalkomik, die im Gegensatz zu den Anstandsvorschriften stand, über die sittlichen und sprachlichen Tabus der damaligen französischen Gesellschaft hinweg, die das Unbotmäßige und Unfeine ins Private verdrängte, es versteckte und schamhaft verschwieg. Die Hartnäkkigkeit, mit der Scarron vulgäre Wörter verwendet und den Körper in all seinen organischen Funktionen, beim Urinieren, beim Stuhlgang und beim Kauen darstellt, seine Vorliebe für Nachttöpfe, Abtritte und den Schweiß von Ballspielern, für die Freuden des Beischlafs, für Freßgelage, Trunkenheit und Speien, die er den ästhetischen Raffinessen des Salongeplänkels vorzog, war eine Provokation, in der seine nostalgische Sehnsucht nach dem Vergangenen explodierte. Sein Vokabular entsprach den Situationen (»betrunkener Hahnrei«, »Hurensohn«); man beschimpfte einander mit der ganzen Kreativität einer Sprache, die sich der Fuchtel des Sprachpuristen Vaugelas entwunden hatte. Die derbe Benennung von Körperteilen, die lächerliche Figur des Dichters, die gebetsmühlenhafte Wiederholung von Freß- und Sauf-

Dem spontanen Theater Tabarins oder der italienischen Komödianten stellte das klassische Theater eine neue Form der Aufführung gegenüber, ein distanziertes, steifes Ritual. (Gegenüberliegende Seite: Antoine Watteau, *Französische Komödianten*, Privatsammlung. Oben: *Divertissements de Versailles. Dritter Tag, Der eingebildete Kranke.* Stich von Sylvestre nach Jean Le Pautre. Paris, Bibliothèque Nationale)

In den *illustrierten Sprichwörtern*, Relikten einer archaischen Volkskultur, die Don Quichotte Sancho Pansa vorwirft, kommt eine Kultur des Organischen und des Erbrechens zum Ausdruck. (Lagniet, Paris, Bibliothèque Nationale)

orgien, die freche Rede von Erbrochenem und andere makabre Details ordnen den *Roman comique* in die Randbezirke der herrschenden literarischen Praxis ein. Der Wortschatz offenbart das Werk Scarrons ebenso wie die Romane Sorels (*Francion*, 1623) und, eingeschränkt, den *Roman bourgeois* Furetières als Belege für den Fortbestand alter Formen der Sozialität, die nun zwar für archaisch galten, aber immer noch wirksam waren. Da das Verbergen des Körpers, einer Maschine, die Sekrete, Geräusche und Dünste absondert und Ort der Lust ist, einhergeht mit dem Verbergen des Intimen, das nun eben dadurch privat geworden ist, erweist sich der Barockroman als Monument historischer Erinnerung.

Widerstände: Sehnsucht nach gemeinschaftlichem Austausch

Während des gesamten 18. Jahrhunderts gab es Tendenzen, das alte Gemeinschaftsleben und seine fröhliche Gestik des sozialen Austausches zu rekonstituieren. Rousseau brachte diese Tendenz zum Ausdruck, wenn er in fiktionalen Werken wie *Julie oder die neue Héloïse* oder in philosophischen Texten wie dem *Brief an d'Alembert* den Zauber volkstümlicher Feste beschwor: »Zu welchen Völkern paßt es mehr, sich oft zu versammeln und untereinander die sanften Bande des Vergnügens und der Freude zu knüpfen, als zu denen, die so viele Gründe haben, sich zu lieben und für immer vereint zu bleiben? [. . .] Aber laßt uns nicht diese sich abschließenden Schauspiele übernehmen, bei denen eine kleine Zahl von Leuten in einer dunklen Höhle trübselig eingesperrt ist [. . .]. Nein, glückliche Völker, nicht dies sind eure Feste! In frischer Luft und unter freiem Himmel sollt ihr euch versammeln und dem Gefühl eures Glücks euch überlassen. [. . .] Was werden aber schließlich die Gegenstände dieses Schauspiels sein? Was wird es zeigen? Nichts, wenn man will. Mit der Freiheit herrscht überall, wo viele Menschen zusammenkommen, auch die Freude. Pflanzt in der Mitte eines Platzes einen mit Blumen bekränzten Baum auf, versammelt dort das Volk, und ihr werdet ein Fest haben. Oder noch besser: stellt die Zuschauer zur Schau, macht sie selbst zu Darstellern, sorgt dafür, daß ein jeder sich im andern erkennt und liebt, daß alle besser miteinander verbunden sind.« (*Brief an d'Alembert über seinen Artikel »Genf« [. . .] und insbesondere über den Plan, ein Schauspielhaus in dieser Stadt zu errichten*, 1758.[2])

Mehr als seine philosophischen oder politischen Vorhaben beschäftigte Rousseau in der Angst seiner letzten einsamen Jahre die Idee der Transparenz des Gemeinschaftslebens (*Die Träumereien des einsamen Spaziergängers*, fünfzigster Spaziergang). Auch wenn es überaus verführerisch erscheint, kann man diese Idee nicht auf ein Begehren nach »Einfachheit«, gar Primitivität reduzieren. Und nicht allein Rousseau verfocht diese Idee, die in seinem *Discours über die Wissenschaften und Künste* und der Abhandlung *Über den Ursprung und die Grundlagen der Ungleichheit unter den Menschen* besonders klar hervortritt. Rousseau beharrte in seiner Analyse darauf, daß der Mensch im Naturzustand keine gesellschaftlichen Leidenschaften kannte, und bewies, daß die Familiengemeinschaft im Urzustand den Austausch förderte. Der »Mythos vom edlen Wilden« war nicht nur ein probates literarisches oder philosophisches Verfahren, um die zeitgenössische Gesellschaft dem fremden Blick, dem Blick von außen auszusetzen. Oft war er der nostalgische Topos eines Gemeinschaftslebens, das alles Geheime, den Rückzug auf sich selbst und die Herausbildung einer Privatsphäre ausschloß. Der Dialog zweier Europäer über die Vorzüge der tahitianischen Gesellschaft am Schluß von Diderots *Nachtrag zu Bougainvilles Reise* ist in diesem Punkt eindeutig. Diderot zeigt in dieser Schrift, daß Schamhaftigkeit und Heimlichkeit in der Sexualität keine natürlichen Eigenschaften sind, sondern gesellschaftliche Erfindungen: »Der Mensch will bei seinen Genüssen weder gestört noch abgelenkt werden. Dem Liebesgenuß folgt eine Ermattung, die ihn der Willkür seines Feindes ausliefern könnte. Das ist alles, was an Schamhaftigkeit vielleicht natürlich ist; der Rest ist künstlich. [. . .] Sobald das Weib Eigentum des Mannes wurde und der heimliche Besitz eines Mädchens als Raub betrachtet wurde, entstanden die Begriffe ›Schamhaftigkeit‹, ›Zurückhaltung‹, ›Anstand‹ – imaginäre Tugenden und Laster. Mit einem Wort: man wollte zwischen den zwei Geschlechtern Schranken errichten, die verhindern,

Mayer, *Jean-Jacques Rousseau beim Botanisieren*. Als Jean-Jacques Rousseau sich von der feindlichen Welt löste, suchte er nicht Volksfeste und Transparenz der Herzen, sondern gab sich den Freuden einsamer Spaziergänge und Träumereien über sich selbst hin.
(Paris, Musée Carnavalet)

Der edle Wilde als Gegenbild zur weißen Rasse steht noch am Beginn seiner Geschichte, bald nackt, bald König. Er verkörperte die Versöhnung der Sehnsucht nach der Vergangenheit mit den Zwängen der Gegenwart.
(*Le Nègre comme il y a peu de Blancs*, Paris, im Jahre III der Revolution.)

daß sie sich gegenseitig zur Übertretung der ihnen auferlegten Gesetze verlocken, und die oft das Gegenteil bewirken, weil sie die Phantasie entflammen und die Begierden reizen. Wenn ich sehe, wie man Bäume in der Umgebung unserer Schlösser gepflanzt hat und wie ein Halstuch den Busen einer Frau verhüllt und zugleich hervorhebt, so ist mir, als bemerkte ich einen heimlichen Drang zur Rückkehr in den Urwald und einen Ruf nach der ursprünglichen Freiheit unserer alten Erde.«[3]

Der Hinweis auf den Urwald sollte uns nicht in die Irre führen; hier geht es tatsächlich um die Transparenz des Gemeinschaftslebens. Dasselbe gilt für Diderots *Jacques der Fatalist*, in dem der Herr Jacques hartnäckig über seine Liebesaffären ausfragt, ohne den nötigen Respekt vor der Privatsphäre des anderen zu beweisen. Der Erzähler empört sich in einer langen Tirade über die Scheinheiligkeit der Sprache und der Liebe: »Was haben Sie gegen den so natürlichen, so notwendigen und so legitimen Geschlechtsakt, daß Sie die Bezeichnung dafür aus Ihren Unterhaltungen ausschließen und sich einbilden, Ihr Mund, Ihre Augen und Ohren würden dadurch beschmutzt?«[4] Und erst recht gilt dies für Diderots *Brief über die Blinden*, in dem er eine materialistische Erklärung der Scham entwickelt. Die Konventionen des Sexualverhaltens sind in den Schriften der Aufklärung immer wieder in Zweifel gezogen worden. Insofern ist ihre paradiesische Darstellung primitiver Gesellschaften – Voltaire ausgenommen – die Kehrseite einer skeptischen Reflexion über die Formen des sozialen Austauschs.

Auch die damals bedeutsame pädagogische Debatte griff die Problematik von Scham und Zurückhaltung auf, Rousseaus *Emile* etwa. Doch sollte man nicht vergessen, daß sich Rousseau in den *Bekenntnissen* selbst eines gewissen Exhibitionismus bezichtigt. Theoretische oder auch praktische Erziehungsexperimente waren in dieser Zeit beliebt; sie erlaubten, die Möglichkeit einer »natürlichen Intimität« zu erproben. Auf der einen Seite standen Werke wie *Imirce, Tochter der Natur* von Du Laurens (1766), auf der anderen Seite zum Beispiel die *Geschichte eines wilden Mädchens, im Alter von zehn Jahren im Wald gefunden, veröffentlicht von Madame H. . .t* (1765), die man La Condamine zugeschrieben hat. Man stritt endlos darüber, wie begründet manche Rituale der Liebe waren.

Die Utopie oder Die Transparenz des Öffentlichen

Aus einer ganz anderen Perspektive artikulierte die Utopie, die im 18. Jahrhundert bekanntlich sehr erfolgreich war (vom Beginn des Jahrhunderts bis zur Revolution erschienen etwa 80 Titel), reale Sehnsüchte. Sie war eine fiktionale Antwort auf die in der Klassik herrschende Angst vor einer Zeit, die althergebrachte politische Formen zerschlug. Diese These mag schockierend sein, doch die Utopie war ein Widerhall des Absolutismus, den sie illustrierte und festigte. Schon der Gründungsakt siedelte den utopischen Staat außerhalb von Zeit und Geschichte an. Versagt man es sich, den Messianismus der Sozialisten des 19. Jahrhunderts oder die abendländischen Träume von einem Land der Verheißung auf die Utopie zu projizieren, so gibt sie sich als Diskurs über die Vergangenheit und die Ursprünge zu erkennen: über die Zukunft der Vergangenheit. Und eben in diesem Gründungsakt – durch Utopus in der *Utopia* von Thomas Morus (1516), durch Sévarius in der *Geschichte der Sevaramben* von Vairasse d'Alais (1702) oder durch Victorin in der *Entdeckung des Südens* von Rétif de la Bretonne (1781) –, der sie in einen Zeitablauf ohne Geschichte stellt, wurzelt die Eigenart der Utopie. Die utopische Gesellschaft gestaltet – ein weiteres Zeichen ihrer Vollkommenheit – die Beziehungen ihrer Mitglieder nach den Regeln kollektiver Assoziation: gemeinsame Mahlzeiten, gemeinschaftliche Erziehung, gemeinschaftliche Feste. Hier ist man niemals allein, jeder lebt unter den Augen aller anderen. Im *Nachtrag zu Bougainvilles Reise* gehen die jungen Tahitianer sogar zum Geschlechtsverkehr an die Öffentlichkeit und werden von den Zuschauern lebhaft in ihren Liebesspielen angefeuert. Die Häuser in *Utopia* haben weder Fenster noch Türen, damit keiner der Bürger sich vor den anderen verbergen kann. Auf der *Unbekannten Insel* Grivels (1783) ist es ein ursprünglicher und fortgesetzter Inzest, der die erwünschte Nähe zwischen den Bewohnern der neuen Welt symbolisiert: Ein Geschwisterpaar hat Schiffbruch erlitten, und ihre Nachkommen bevölkern die utopische

Die Utopie ist auch der Raum der Träume. Hier der einsame Flug des Helden von Rétif de La Bretonne, der das gemeinschaftliche Leben seiner Gefährten organisiert und die Völkerschaften, die er entdeckt, kolonisiert.
(Auszug aus der *Entdeckung des Südens durch einen fliegenden Menschen*, Paris, 1791, mit Illustrationen von Binet)

Gesellschaft, die sie gegründet haben. Man könnte zahlreiche weitere Beispiele anführen, manche ganz deutlich, manche metaphorisch verschlüsselt. Sie alle zeigen, daß die Utopie von einem seltsamen Paradox geprägt ist. Der Staat selbst, der in der Mehrzahl der Utopien außerordentlich mächtig, ja, allgegenwärtig ist – in solchem Grade, daß ihnen Totalitarismus vorgeworfen wurde –, organisiert die Formen des sozialen Austauschs. Der Bewohner der Utopien lebt unter Vormundschaft, und die Transparenz der Herzen verwirklicht sich im öffentlichen Raum, der vom Staat markiert und kontrolliert wird. Fast scheint es so, als versuche die gesellschaftliche Imagination, in der Utopie das Unvereinbare zu versöhnen: Träume von der Freiheit und dem gesellschaftlichen Austausch einer vergangenen Zeit mit den institutionellen Zwängen der Gegenwart. Ein privater Raum fehlt in der Utopie nicht deshalb, weil das vielmaschige Beziehungsnetz der Gemeinschaft jede persönliche Sphäre erfaßt, sondern weil der Staat alles organisiert – darin liegt vielleicht der einzige Beleg für den totalitären Charakter der utopischen Gesellschaft. Der private Raum gilt nicht als Ort einer eroberten oder bewahrten Freiheit (so wie etwa die heimliche Liebesaffäre in Orwells *1984*), sondern als Ort, an dem sich das Individuum von seinen Mitmenschen abgrenzt. Vielleicht dachte Diderot an Rousseau, der zu seinem Gegner geworden war, als er schrieb: »Der Bösewicht ist immer allein.« In dem Wunsch nach Zurückgezogenheit erkannte man daher nicht Opposition gegen die allgegenwärtige Kontrolle durch die Obrigkeit, sondern eine moralische Verirrung. Seltsames Paradox einer Epoche, welche die politischen Rechte des Individuums begründete, es aber moralisch und gesellschaftlich an seiner Öffnung gegenüber den anderen maß.

Anschaulich wird dies in der neuen Dramentheorie, die Diderot in *De la poésie dramatique* (1758) und *Entretiens sur le fils naturel* (1757) vorgetragen hat. Das bürgerliche Drama (Stücke von Diderot, aber auch von Sedaine, Mercier oder sogar Beaumarchais) wollte ein Theater der gesellschaftlichen Stände und nicht länger ein Theater der Charaktere, also der Individuen sein. Der Mensch wurde in diesem Theater nicht bestimmt durch seine jeweilige Natur, sondern durch die Einordnung in gesellschaftliche Rollen, Funktionen und Verhaltensweisen. Stärker noch als das klassische Theater, wenn auch in anderer Weise, lehnte das bürgerliche Drama es ab, Intimität und Geheimnis des Ich auf die Bühne zu bringen. Der Held war durch ganz und gar äußerliche Attribute gekennzeichnet. In gewissem Sinne gemahnt das an Pascal, der die Funktion der Kleidung, des Amtes und des äußeren Scheins dechiffriert hatte, allerdings um deren Nichtigkeit zu enthüllen. Doch hier ist nichts Ironisches mehr im Spiel. Die Kutte macht tatsächlich den Mönch. Der gesellschaftliche Stand, und nur er, prägt Moral und Lebensstil. In dieser Debatte der Klassik, einer tauben Konfrontation, diente das Theater – in Theorie und Praxis – als Experimentierfeld. Bekanntlich kritisierte Jean-Jacques Rousseau in seinem *Brief an d'Alembert* von 1758 das Theater als höchst verderblich. Frauen stellten sich dort zur Schau, die Tugend werde lächerlich gemacht. In seinen Augen symbolisierte es den Verfall der Familiensitten und

Diese Szene der Gattenwahl erzählt mit erstaunlicher Schamlosigkeit von der reglementierten Lenkung des Gemeinschaftlichen und Intimen. Man wußte übrigens sehr gut, daß diese Lenkung die ersten Formen des sozialen Austausches zerstört hatte.
(Auszug aus Thomas Morus, *Utopia*, Ausgabe Paris 1730)

des gemeinschaftlichen Austauschs. Das Theater sei eine (vielleicht nostalgische) Karikatur des verlorenen Paradieses, da man dort zusammenkomme und dennoch getrennt sei. Rousseau setzte ihm volkstümliche Feste entgegen, bei denen das Volk gleichzeitig Akteur und Zuschauer ist. Bei genauer Betrachtung erweist sich also, daß die Entstehung eines privaten Raums nicht von Anbeginn an als Fortschritt empfunden wurde.

Memoiren und Tagebücher: Literatur der Mehrdeutigkeit

Die Beliebtheit von Memoiren seit dem 16. Jahrhundert ist bekannt. Ereignisse, die mit Unruhen und Umbrüchen verbunden waren, wie etwa die Religionskriege, die Regentschaft Annas von Österreich, die Fronde oder die Kriege unter Ludwig XIV., brachten eine Vielzahl von Memoiren hervor. Wie in einer aristokratischen Gesellschaft nicht anders zu erwarten, wurden sie zumeist von herausragenden Repräsentanten der sozialen Elite verfaßt: von Marschällen, Anführern politischer Gruppen oder hohen Juristen. Selten schrieben Menschen von niederem oder mittlerem Stand Memoiren, selbst wenn sie aufgrund ihrer

Bildung dazu in der Lage gewesen wären. Mit Erstaunen liest man in einer beeindruckenden Liste von Würdenträgern und Honoratioren den Namen Madame de La Guettes, der Frau eines niederen Adligen im Heer, oder die *Memoiren eines Protestanten, aufgrund seiner Religion als Galeerensträfling verurteilt, verfaßt von ihm selbst* von Jean Marteilhe (1757), den erheblicher missionarischer Eifer beflügelt hat.

Die plötzliche Beliebtheit von Memoiren ist aufschlußreich. Die wenigen Randerscheinungen ausgenommen, bildeten sie ein streng kodifiziertes Genre. Die Memoirenschreiber, allesamt Persönlichkeiten des öffentlichen Lebens, schilderten und rechtfertigten ihre Rolle als Zeitzeugen oder Akteure. Sie beschränkten sich auf ihre öffentlichen Handlungen. Alles, was nicht zum Bereich des öffentlichen Lebens zählte, wurde ausgeklammert. Privates und Intimes war nicht existent oder aber tabu. Der Leser erfährt nichts über die Kindheit des Kardinals Paul Gondi de Retz oder des Herzogs Saint-Simon, der seine Memoiren – nach einer Genealogie seines Hauses – mit seinem Eintritt in die Gesellschaft beginnt. Saint-Simons Memoiren sind überaus diskret und zugleich äußerst weitschweifig. Diese Tatsache ist um so interessanter, als er mit vertraulichen Mitteilungen über die Schandtaten anderer nicht geizt. Das heißt, die Memoiren selbst verstärkten die Tendenz, nur mitzuteilen, was öffentlich geschah. Anders formuliert: Alles bleibt mehrdeutig. Die Memoiren geben entweder zu verstehen, es gebe über das Öffentliche hinaus nichts zu sagen, oder es existiere zwar eine Intimität, über die man aber nicht spreche oder schreibe. Bereits eine erste Annäherung an die Memoirenliteratur läßt dies deutlich werden. Dennoch wird der Begriff des öffentlichen Lebens in den meisten Fällen arg strapaziert. Hinter den bekannten Fakten enthüllte man die verborgenen – zumindest den meisten Lesern unbekannten – Motive und Kalküle, Dinge, die man im allgemeinen verschwieg. Dieses Mehr an Information kann man entweder als Ausdehnung der öffentlichen Sphäre oder als Beweis für ihre Grenzen interpretieren. Zwischen Memoirenschreiber und Lesern entstand eine problematische Beziehung. Da Memoiren zumeist ein Plädoyer für die eigenen Leistungen sind, bezeugen sie einerseits die Bedeutung der Öffentlichkeit für die Aufwertung und Entfaltung des Individuums – niemand existiert außerhalb des öffentlichen Lichtkegels –, andererseits die gewachsene Bedeutung des Individuums auf Kosten der Gemeinschaft. Die Herrschaft des Helden, wie sie in der Memoirenliteratur gespiegelt ist, hat unterschiedliche Konsequenzen. Auch hier ist die Literatur gesättigt mit Widersprüchen und Spannungen.

Die Hervorhebung des Individuums zu Lasten der Gemeinschaft wird noch deutlicher im Tagebuch, da der Autor hier im allgemeinen nicht beabsichtigte, sich selbst zu verklären oder zu verteidigen. Der Tagebuchschreiber weiß, daß er etwas mitteilt, das den Hauptakteuren in der Regel entgeht. Er registriert die Ereignisse aus der Distanz und will vor dem Vergessen bewahren, was er selbst gehört und gesehen hat oder was andere ihm erzählt haben. Er argumentiert aus dem Blickwinkel des Beobachters. Diese Position ist weniger widersprüchlich, als es zunächst scheint, denn man darf unterstellen, daß Tagebücher norma-

In der Gesellschaft des Ancien Régime waren Memoiren einer aristokratischen Elite vorbehalten.

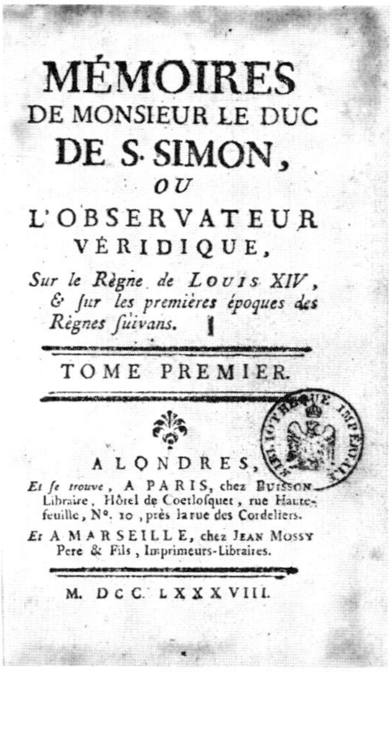
MÉMOIRES
DE MONSIEUR LE DUC
DE S. SIMON,
OU
L'OBSERVATEUR VÉRIDIQUE,
Sur le Règne de Louis XIV, & sur les premières époques des Règnes suivans.

TOME PREMIER.

A LONDRES,
Et se trouve, A PARIS, chez BUISSON, Libraire, Hôtel de Coetlosquet, rue Haute-feuille, N°. 10, près la rue des Cordeliers.
Et A MARSEILLE, chez JEAN MOSSY Pere & Fils, Imprimeurs-Libraires.

M. DCC. LXXXVIII.

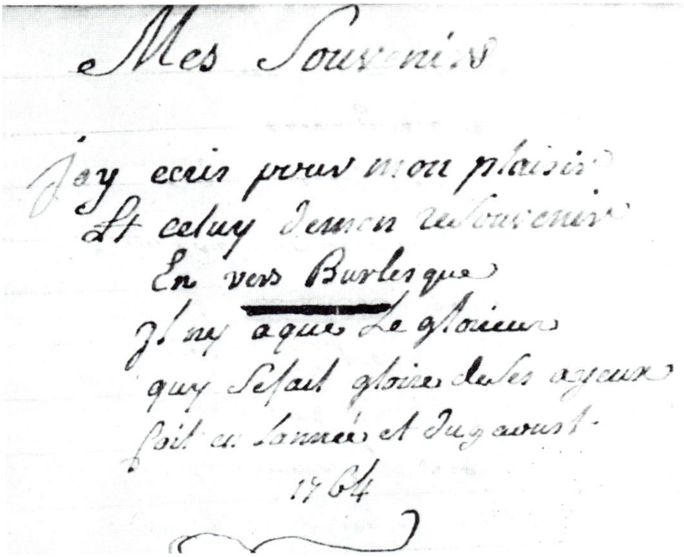
Mes Souvenirs

Jay ecris pour mon plaisir
Et celuy de mon souvenir
En vers Burlesque
Il ny a que Le glorieux
quy Se fait gloire de ses ayeux
fait en Lannee et du mois daoust
1764

Die Erinnerungen Ménétras und die *Mémoires* Jamerey-Duvals signalisieren den Beginn einer neuen Praxis: Autodidakten und gesellschaftliche Außenseiter, die ihre Existenz durch das Schreiben rechtfertigen.

lerweise nicht zur Publikation bestimmt waren. Wurden sie dennoch veröffentlicht, so geschah dies meist spät und eher zufällig.

Tagebuch zu führen wurde im Zeitalter der Klassik mehr und mehr üblich; es gab Reisetagebücher, erweiterte »livres de raison«, Tagebücher von Städtern usw. zuhauf. Diese Entwicklung zeigt an, welche Bedeutung nun den Anschauungen und dem Urteil des Einzelnen beigemessen wurde, die – auch gegen die öffentliche Meinung – die Wahrheit des Mitgeteilten verbürgten. Doch genaugenommen ist die Entfaltung intimen Schreibens (Texte eines Individuums, die nicht zur Veröffentlichung gedacht sind) noch kein unmittelbarer Indikator der Herausbildung eines privaten Raumes. Hier handelt es sich noch nicht um das intime Tagebuch, in dem das schreibende Individuum sich selbst zum Gegenstand des Schreibens nimmt, wie im 19. Jahrhundert Benjamin Constant oder Amiel. Doch entscheidend für unsere Fragestellung ist etwas anderes: Das Individuum macht sich, indem es schreibt, zur Quelle und zum Prüfstein der Wahrheit des Geschriebenen. Paradoxerweise garantiert gerade das Nicht-Öffentliche, das Private und Intime, den Wahrheitsgehalt der Tagebuchaufzeichnungen. Die Wahrheit muß nicht bewiesen werden, sie ist nicht abhängig von den öffentlichen Handlungen des Individuums. Sie ist auch nicht Sache der Mehrheitsmeinung, sondern gänzlich der individuellen, fast heimlichen Randperspektive vorbehalten, aus der Welt und Dinge betrachtet werden. Dieses Privileg ist dem Autor des Tagebuchs von dem Augenblick an bewußt, da er zu schreiben beginnt.

Die neue Legitimität des Schreibens

Die Glaubwürdigkeit des Romans

Das Tagebuch muß im Zusammenhang mit der Entwicklung neuer Verfahren, die Glaubwürdigkeit der Romane zu erhöhen, gesehen werden. Mit einer ganzen Reihe von Kunstgriffen suchten Romanautoren des 18. Jahrhunderts, die »Illusion« der Wirklichkeit des literarischen Textes zu erzeugen. Man wies auf ein Manuskript hin, das in einem Verschlag oder einer Truhe gefunden worden sei (*Robinson Crusoe*, *Das Leben der Marianne*), auf Briefe, die übermittelt oder entdeckt worden seien (*Julie oder die neue Héloïse*, *Gefährliche Liebschaften*), um den Verdacht der Täuschung abzuwehren. Kurz, der Roman soll als wahr gelten, weil er sich als ungekünstelte Äußerung seiner Protagonisten darbietet, nicht von einem Schriftsteller erdacht und nicht zur Veröffentlichung bestimmt. Das ganze Jahrhundert hindurch spiegelten Vorreden und Hinweise für den Leser den privaten und intimen Charakter der Werke vor. Das macht die Vorwürfe verständlich, die gegen den Roman erhoben wurden, so wenn ihn etwa Lenglet Dufresnoy an der Geschichtsschreibung maß, oder wenn sein verderblicher Einfluß auf schwache Gemüter, die den Roman wortwörtlich nahmen, angeprangert wurde.

Auch die wachsende Zahl von Ich-Romanen seit dem 17. Jahrhundert, die René Démoris nachgewiesen hat, belegt das Verlangen nach Illusion der Wirklichkeit. Man kann das politisch-ideologisch interpretieren: Wie ordnet sich die Hervorhebung des Ich-Erzählers in die ideologischen Auseinandersetzungen des 18. Jahrhunderts ein? Uns interessiert hier die narrative Aneignung der Romanform durch ein Subjekt, das eine Illusion der Wirklichkeit erzeugt. Weil sich ein Ich-Erzähler direkt an uns wendet, empfinden wir das erzählte Schicksal als wahr. Die Wahrheit des Ausgedrückten gründet sich auf das Intime und Private, das dem Blick der Öffentlichkeit verborgen bleibt. Im Ich-Roman bestätigt sich das Individuum, das teilhat an der neuen Ideologie der persönlichen Verdienste; zugleich besteht die Tendenz, die Wahrheit an individuelle Botschaften zu binden. Die Illusion der Wirklichkeit entsteht also, weil ein lesendes Individuum sich im schreibenden Individuum wiedererkennt. Dies erklärt den Erfolg des pikaresken Romans, sowohl in Übersetzungen (aus dem Spanischen wurden *Guzmán von Alfarache*, *Pícara Justina* und *Vida del Buscón* übertragen, in der »Bibliothèque bleue« von Troyes erschien eine »volkstümliche« Version des *Buscón el gran tacaño*, die von Roger Chartier analysiert wurde) wie auch in französischen Imitationen und Bearbeitungen, die sich dank Lesage und seines *Gil Blas de Santillane* großer Beliebtheit erfreuten. Man kann sich sogar fragen, ob die populären Bearbeitungen nicht deshalb so gerne gelesen wurden, weil der Ich-Roman formal mündlichen Literaturgattungen nahesteht und die Ich-Erzählung die Illusion einer unmittelbaren Kommunikation, ohne Zuhilfenahme der gewöhnlichen kulturellen Vermittlungspraktiken, erwecken kann.

Joseph Highmore, *Pamela.* Man kann den außergewöhnlichen Erfolg des Romans im 18. Jahrhundert und die Rolle, die er bei der Veröffentlichung des Privaten gespielt hat, gar nicht genug betonen. (London, Tate Gallery)

Die gesamte Literatur an der Wende vom 17. zum 18. Jahrhundert war geprägt von der Bekräftigung des Privaten. Das Prestige der »geheimen Geschichten«, wie man sie damals nannte, hing eben damit zusammen. Sie unterstellten, es gebe eine verborgene Wahrheitsseite der öffentlichen Ereignisse. Jede Revolution habe über die politischen Ursachen hinaus, die sie scheinbar erklären, ihre rein privaten Gründe: Eifersucht, Liebe, unkontrollierte und unkontrollierbare Leidenschaften. Beispiele findet man bei Madame Caumont de La Force, in der *Geheimen Geschichte der Maria von Burgund* (1694) oder der *Geheimen Geschichte Heinrichs IV. von Kastilien* (1695), aber auch in Eustache Lenobles *Idelgerte, Königin von Norwegen oder die edelmütige Liebe* oder *Abra Mulé, die Geschichte der Entthronung Mohammeds V.*, oder in Lesconvels *Sire d'Aubigny* (1698). Lenoble hat die Absicht offen bekannt: »Man behandelt die Dinge, die man anderen, die sich darüber unterrichten wollen, zur Kenntnis bringen will, auf zwei verschiedene Weisen. Die einfachste und gewöhnlichste Methode ist, das Wissen auf bestimmte Prinzipien zu beschränken, die man auf belehrende Weise gliedert [. . .]. Aber weit erhabener ist es, sich der Feinheiten der Kunst zu bedienen, um diese Prinzipien in Erzählungen von Geschichten oder Ereignissen zu kleiden, die belehren, ohne belehrend zu wirken, und die den Geist durch vergnügliche Unterhaltung unmerklich zu dem Wissen führen, das man ihm mitteilen will.« (Lenoble, *Geheime Geschichte der berühmtesten Ver-*

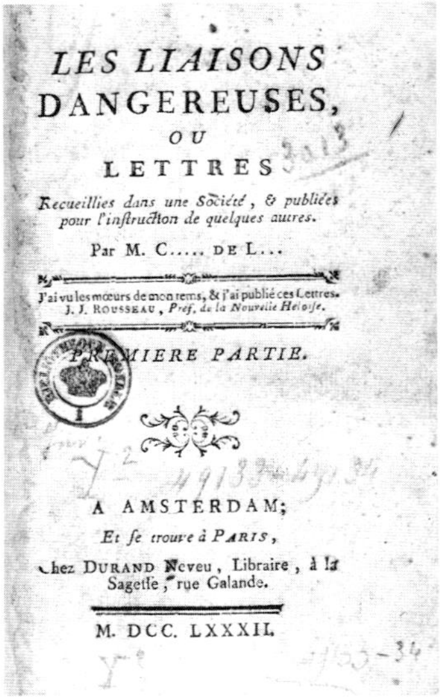
LES LIAISONS DANGEREUSES,
OU
LETTRES
Recueillies dans une Société, & publiées pour l'instruction de quelques autres.
Par M. C..... DE L...
J'ai vu les mœurs de mon tems, & j'ai publié ces Lettres.
J. J. ROUSSEAU, Préf. de la Nouvelle Héloïse.
PREMIERE PARTIE.
A AMSTERDAM;
Et se trouve à PARIS,
chez DURAND Neveu, Libraire, à la Sagesse, rue Galande.
M. DCC. LXXXII.

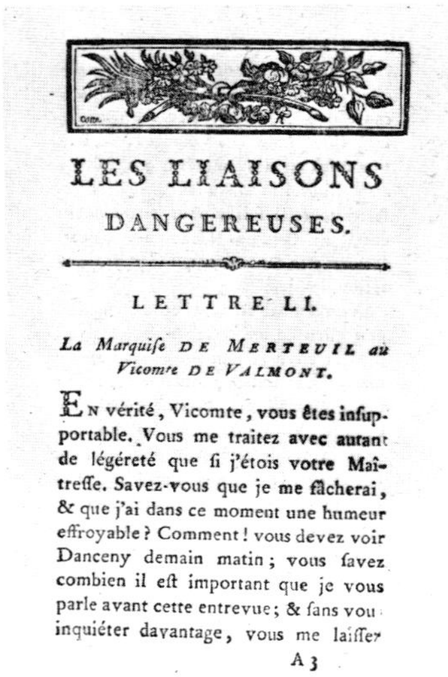
LES LIAISONS DANGEREUSES.
LETTRE LI.
La Marquise DE MERTEUIL au Vicomte DE VALMONT.
En vérité, Vicomte, vous êtes insupportable. Vous me traitez avec autant de légéreté que si j'étois votre Maîtresse. Savez-vous que je me fâcherai, & que j'ai dans ce moment une humeur effroyable? Comment! vous devez voir Danceny demain matin; vous savez combien il est important que je vous parle avant cette entrevue; & sans vous inquiéter davantage, vous me laissez
A 3

schwörungen, der Verschwörung der Pazzi gegen die Medici) Zweifellos wird moralisiert, doch man führt dabei die Gründe des Herzens, von denen die Vernunft nichts wissen will, in die Geschichte ein. Am Ende des 17. Jahrhunderts war jedenfalls das Private ein zentrales Element der Romanliteratur, das die Wahrheit des Erzählten begründete oder die Kausalität der Geschichte erklärte.

Man könnte nun meinen, es habe sich um eine klar konturierte Entwicklung gehandelt: die Entstehung eines privaten Raums, der die Abwehr des Öffentlichen ermöglichte und dem zugleich neue Wertvorstellungen zugeordnet wurden. Doch dieser Prozeß war überaus vielschichtig, denn die Genese eines privaten Raums und die Aufwertung des Intimen waren nicht zu trennen von der Begeisterung für den »öffentlichen Menschen« und für den sozialen Raum der Kommunikation. Pascal war nicht der einzige, der den Zeitgenossen vorhielt, sich durch Vergnügungen von der inneren Wahrheit zu entfernen, aber gleichzeitig die Introspektion Montaignes verurteilte. Pascals doppelte Kritik scheint in sich nicht ganz schlüssig. Aus der Ablehnung des äußeren Scheins, der sozialen Kennzeichen der Macht und der ständigen Suche nach Geselligkeit folgt bei ihm keine pauschale Bejahung des Intimen. Wenn er von einem gläubigen Menschen fordert, sich auf sich selbst zu besinnen, wenn er ihn rügt, der Konfrontation mit sich selbst auszuweichen und sich statt dessen durch gesellige Zerstreuungen abzulenken, dann will er keine Literatur legitimieren, die das Ich zum Gegenstand nimmt. Aus Furcht vor narzißtischer Selbstgefälligkeit, die den Menschen von Gott entfernt, kreidet er Montaigne »das närrische Vorhaben, sich selbst zu schildern«, an. Man stößt hier auf ähnliche Widersprüche wie in der Aufklärung, die den Einzelnen als Subjekt konstituierte, Absonderung und Innenschau aber verwarf.

Der Briefroman, der im 18. Jahrhundert auf seinem Höhepunkt angelangt war, steht im Zusammenhang mit dieser Entwicklung des Romans, der die Illusion der Wirklichkeit auf das Intime stützte. So wie der Ich-Roman als wahr erscheint, weil ein Individuum den Roman erzählt und das Ich zum Garanten der Wahrheit erhoben wird, so wirkt der Briefroman durch seinen intimen Charakter authentisch. Seine Wahrheit (oder vielmehr seine Illusion der Wirklichkeit) hängt nicht nur davon ab, daß er sich als nicht-fiktional ausgibt (die Briefschreiber hatten nicht die Absicht, einen Roman zu schreiben), sondern auch von dem privaten und intimen Charakter des Briefwechsels. Jean-Jacques Rousseau in der *Neuen Héloïse*, Rétif de la Bretonne in der *Paysanne pervertie*, Crebillon der Jüngere in den *Lettres de la marquise de M. au comte de R.*, Choderlos de Laclos in den *Gefährlichen Liebschaften* beteuern nachdrücklich die Authentizität der Briefe, die sie lediglich verwahrt und später herausgegeben hätten. Nicht einer bekennt sich als Autor, obwohl Rousseau dem »Gespräch über die Romane« ein langes Vorwort widmet. Offenkundig ermöglicht die Struktur des Briefromans nicht nur, mit der erzählten Zeit zu spielen, ein Echo zu konstruieren und die Allwissenheit und Allgegenwart des Autors an den Leser zu delegieren, sie verleiht der Gattung Roman auch eine neue Glaubwürdigkeit. In seinem »Vorwort des Herausgebers« schreibt Laclos: »Dieses Werk

Der Leser soll das Liebespaar im Moment der Leidenschaft überraschen. Dieser Stich Moreaus des Jüngeren für die *Neue Héloïse* wurde von Rousseau abgelehnt.

oder vielmehr diese Briefsammlung, die dem Publikum vielleicht noch zu umfangreich erscheint, enthält doch nur den kleineren Teil der Korrespondenz, der sie entnommen ist.« Die Illusion von Wirklichkeit beruht zweifellos auf der Darstellung privater Handlungen. Doch die Anwendung dieses Verfahrens bringt die Erzählweise auch hier wieder in eine paradoxe Situation. Das Intime erzeugt die Illusion der Wirklichkeit, aber um sie zu bewerkstelligen, muß das Intime veröffentlicht werden. Die Literatur gibt sich als Einbruch in die Privatsphäre zu erkennen. Weil es öffentlich gemacht wird, kann das Private als Garant der Wahrheit fungieren. Im Gegensatz zum öffentlichen Auftreten des Vicomte de Valmont oder der Marquise de Merteuil enthüllt uns ihre Korrespondenz das Geheimnis ihres Wesens. Die Korrespondenz sagt die Wahrheit – im Brief läßt man sich gehen und liefert sich aus. Selbst wenn der Briefschreiber lügt, um den Empfänger zu täuschen, weiß der Leser, woran er ist. Er ist nicht der Getäuschte, allenfalls ein Komplize. Die Lektüre versetzt ihn in die Lage eines Voyeurs, der in intime Geschehnisse eindringt. Durch die Verletzung des privaten Raumes weiß der Leser stets mehr als jeder der Protagonisten, der sich in seinen Briefen mitteilt. Eben hierin liegt das Paradox: Das Geheimnis des privaten Raums entfaltet seine Wirkung erst dann, wenn es aufhört, ein Geheimnis zu sein. Hier stößt man erneut auf die Antagonismen und plötzlichen Umschwünge, die für das ganze Jahrhundert typisch sind.

In gewissem Sinne könnte man die Aufklärung mit ihrem pädagogischen Einfallsreichtum identifizieren. Sie hat neue Formen erfunden, um das Publikum zu erreichen und zu belehren: Briefe, Wörterbücher, philosophische Erzählungen usw. Das war vielleicht der dominierende Wesenszug der Epoche. Diese erzählerische Erfindungsgabe war eng verbunden mit der Suche nach Legitimation. Die Aufklärer zogen immer wieder ihr Recht, sich zu äußern, und ihr Verhältnis zur Wahrheit in Zweifel. Bekanntlich erlagen sie durchaus der Versuchung, sich an

Dieser Stich Gravelots, den Rousseau akzeptierte, zeigt die Grenzen der Illustrierung: Es geht nicht mehr darum, das Liebespaar zu überraschen; hier wird Leidenschaft lediglich angedeutet.

die Stelle des Priesters zu setzen – Voltaires Anspielungen auf die »neue Kirche« waren nicht ohne Hintersinnigkeit. Doch uns geht es um die Frage, in welchem Grade kursierende Leitbilder und herrschende Vorstellungen die Ideologie der Aufklärung beeinflußten und das Bild prägten, das sie von sich selbst zeichnete, um ihren Kampf zu rechtfertigen. Die Definition, die ein aufklärerischer Philosoph von sich selbst gab, ist in diesem Punkt aufschlußreich: Er habe seinen Platz *in* der Welt. »Die bürgerliche Gesellschaft ist für ihn sozusagen eine Gottheit auf der Erde«, betont die *Enzyklopädie* in dem Artikel »Philosoph«. Er stellt die Wahrheit seiner Lehre auf Vernunft, logische Beweisführung und Beobachtung. Laut *Enzyklopädie* vereinigt er in sich natürliche Begabung, Methode und Fleiß. Zwei Dinge sollen hier festgehalten werden: Einerseits soll der Philosoph in die Gesellschaft eingebunden sein (»Unser Philosoph glaubt nicht, sich in dieser Welt im Exil oder in einem feindlichen Land zu befinden; er will genießen [...]«, und: »Die Vernunft fordert von ihm, daß er weiß, was Gemeinschaftsfähigkeit heißt, und sich bemüht, diese Eigenschaft zu erwerben«, *Enzyklopädie*) und sich an politischen Debatten beteiligen – man denke an den Erfolg des Wortes von Marc Aurel über das Glück der Völker, wenn die Philosophen herrschten. Andererseits fällt auf, welch beschränkte Rolle der Philosoph als Individuum bei der Wahrheitsfindung spielte (»eine natürliche Begabung«). Die Philosophie der Aufklärung blieb in vielerlei Hinsicht – wie sie es übrigens selbst ausdrückte – in einem religiösen Verständnis der Wahrheit befangen. Ungeachtet ungezählter Beteuerungen gewinnt man den Eindruck, daß der Philosoph der Aufklärung sich für »erleuchtet« hielt – erinnert sei an die Parallele, die Diderot in seinem *Essai de M. S. ... sur le mérite et la vertu* zwischen seinem Bruder, einem Kanonikus, und sich, dem Philosophen, zog, die seiner Meinung nach beide ähnliche Aufgaben haben.

Das Ich als Begründer der Wahrheit

Erst Jean-Jacques Rousseau veränderte mit seinem radikalen Protest das Verhältnis der Philosophie zur Wahrheit. Er verwarf die Ansicht, die Wahrheit sei durch den Verstand zu erschließen oder göttlich inspiriert, und versuchte, den Wert philosophischer Argumente moralisch zu begründen. Er stellte den Philosophen in Gegensatz zu den »Bücherwürmern«, »gelehrten Leuten« oder den »kleinen Intriganten«, wie er sie nannte. Der Philosoph schreibt, weil eine innere Notwendigkeit ihn dazu drängt – man lese noch einmal die von Rousseau häufig beschworene »Erleuchtung« von Vincennes, die ihm das philosophische, moralische und politische System enthüllte, das er in den *Discours* und im *Gesellschaftsvertrag* darlegte (»Auf einmal fühle ich, daß mein Geist von tausend Lichtern geblendet wird, ganze Massen lebhafter Gedanken stellen sich ihm mit einer Gewalt und in einer Unordnung dar, die mich in eine unaussprechliche Verwirrung versetzt«; Brief an Monsieur de Malesherbes vom 12. Januar 1762)[5]. Die »Schreiberlinge« dagegen strebten nach gesellschaftlichem Erfolg. Sie handelten aus Eitelkeit und

Ruhmsucht, ließen sich von der Mode beeinflussen und schmeichelten der öffentlichen Meinung. Sie machten sich zu servilen Bütteln der Mächtigen. Sie lebten und agierten nur für die Welt. Der öffentliche Raum bestimme ihr Verhalten und entfremde sie sich selbst. Der Philosoph im Sinne Rousseaus war dagegen ein freies, unabhängiges Individuum. Seine Freiheit war die Bedingung seines Zugangs zur Wahrheit. Da er frei war, stand er außerhalb der gesellschaftlichen Interessen – vor allem der Mächtigen und Reichen – und konnte so selbst seinen Standort bestimmen. Man muß Rousseaus Lebensweise (er verzichtete auf Kniestrümpfe, Perücke und Degen, wollte sich seinen Lebensunterhalt als Notenkopist verdienen, zog sich aus der Pariser Gesellschaft zurück und brach fast vollständig mit dem Kreis der Enzyklopädisten) als bewußte Wahl erkennen, die sein philosophisches Engagement begründete. Der Weg zur Wahrheit führte über gesellschaftliche und moralische Askese. Die Verweigerung sozialer Bindungen ist daher die notwendige Voraussetzung dafür, die Wahrheit zu finden. Man mag darüber lächeln, wenn Rousseau im Wald von Saint-Germain spazierengeht, um den Naturzustand wiederzuentdecken. Dennoch ist diese Methode bezeichnend für sein Philosophieren. Bekanntlich sonderte sich der Genfer Misanthrop von allen ab und zog so den Zorn der übrigen Aufklärer auf sich. Es wäre zu einfach, die hochmütige Einsamkeit Rousseaus als Beweis für seine Neurose zu deuten. Man muß in ihr die Glorifizierung des Privaten als Grundlage der philosophischen Wahrheitsfindung sehen. Um der Welt die Wahrheit sagen zu können, muß man sich von ihr lösen.

Man hat die »Erleuchtung« von Vincennes oft mit einer mystischen Ekstase verglichen. Dafür sprechen Rousseaus Wortwahl bei der Beschreibung und die plötzliche, unerwartete und blendende Enthüllung der Wahrheit. Das Individuum erkennt die Wahrheit aufgrund einer tiefen inneren Überzeugung. Zwischen dieser intimen Wahrnehmung der Wahrheit und der Erkenntnis Gottes aus dem Herzen, wie sie im *Glaubensbekenntnis des savoyischen Vikars* entwickelt wird, besteht keine qualitative Differenz. Die Philosophie spricht zuerst zum Herzen und danach zum Verstand. Dies erklärt auch Rousseaus eigentümlichen Stil, der – mit Ausnahme des *Gesellschaftsvertrags* – stärker das Gefühl des Lesers als seine Intelligenz affiziert.

Rousseau hielt seinen Kritikern immer wieder die Moralität seines Verhaltens entgegen. Er beteuerte schließlich, diese Moralität begründe die Wahrheit seines philosophischen Systems. In *Rousseau richtet über Jean-Jacques* inszenierte er Dialoge, die die Wahrheit seiner Philosophie aufgrund seiner moralischen Aufrichtigkeit beweisen sollten. Die Moral bedeutet daher für die philosophische Wahrheit dasselbe wie die logische Argumentation für die philosophische Richtigkeit. Dies ist der Übergang vom Privaten zum Intimen. Die Fragen der Dialoge betreffen das private Leben des Philosophen, sein Verhalten, aber auch seine Gedanken. Zeugen und Fragesteller legen in diesen Dialogen das Wesen des Philosophen bloß. Unter Moral wird weniger ein Verhaltenskodex zwischen Individuen als vielmehr die Überzeugung von der eigenen Unschuld verstanden.

Äußere Normen wie Stichhaltigkeit und Argumentation und Übereinstimmung mit der Vernunft wurden als Kriterien der Wahrheit abgelöst von inneren Überzeugungen und der Intuition des Einzelnen. Während sich diese Auffassung im 19. Jahrhundert durchsetzte, blieb sie im 18. Jahrhundert, einzig mit dem Namen Jean-Jacques Rousseaus verbunden, schwach und angefochten. Dennoch markierte sie einen bedeutsamen Bruch mit der Denkwelt der Aufklärung und mit den ideologischen Vorstellungen vom Schriftsteller und vom Schreiben, wie sie im 17. und 18. Jahrhundert üblich waren. Die Aufwertung des Individuums zum Maßstab der Wahrheit begründete ein neues Bild des Schriftstellers und Philosophen, das im Widerspruch zum klassischen Ideal stand.

Die notwendige Autobiographie

Unter Beachtung dieser Legitimation des Schreibens und der Wahrheit durch das intime und private Ich, die dem philosophischen Werk Rousseaus von Anfang an zugrunde lag, lassen sich seine autobiographischen Schriften besser verstehen. Über die Rolle hinaus, welche die *Bekenntnisse* im Kampf des Genfer Bürgers gegen seine Widersacher spielten, verweist diese Selbstanalyse auf seine philosophischen Anschauungen. Rousseaus Autobiographie ist nicht das Geschöpf lebensgeschichtlicher Zufälle, sie entstand logisch aus seiner philosophischen Methode. Von den *Bekenntnissen* bis zu den *Träumereien eines einsamen Spaziergängers* spürt man, daß Selbsterforschung für ihn zwingend war: nicht nur Ausdruck seines schwermütigen Wesens, sondern konzeptioneller Impuls seiner Philosophie. Man erinnere sich an Rousseaus Anspruch bei der Niederschrift der *Bekenntnisse*: »Ich plane ein Unternehmen, das kein Vorbild hat und dessen Ausführung auch niemals einen Nachahmer finden wird. Ich will vor meinesgleichen einen Menschen in aller Wahrheit der Natur zeigen, und dieser Mensch werde ich sein.«[6] Ungeschminkte und ehrliche Selbstanalyse also, die nichts verschweigt, weder edle Handlungen noch schändliche Triebe: »Ich habe mich so gezeigt, wie ich gewesen bin: verächtlich und niedrig, wo ich es war, und ebenso edelmütig und groß, wo ich es war: ich habe mein Inneres so enthüllt, wie du selber es geschaut hast, ewiger Geist.«[7] Er entschließt sich, alles auszusprechen. Er gesteht seine masochistische Lust an Züchtigungen, seine Liebesaffäre mit Madame de Warens, seine vielfältigen Versuchungen. Die Barriere zwischen öffentlichem und privatem Leben ist hier niedergelegt, das Private stellt sich zur Schau. Rousseau will den tiefsten Grund seines Ichs verstehen, über den gesellschaftlichen Schein und alle Konventionen hinaus; er begibt sich auf die Suche nach den Schlüsselerlebnissen, die das »Warum« einer Persönlichkeit erklären. Die Maske wird gelüftet, die Lügen werden enttarnt. »Bereits damals« und »noch heute« sind die zentralen Begriffe autobiographischen Schreibens, wie Philippe Lejeune bemerkt hat. Rousseau vergleicht Vergangenes und Gegenwärtiges, um sich selbst kennenzulernen und sich wiederzuerkennen. Eine diskontinuierliche, immer

»Ich habe mein Inneres enthüllt ...«
(Stich von N. Cochin für die *Bekenntnisse*; 1793)

wieder auseinandergerissene Chronologie ist der Preis der Selbsterkenntnis.

Man muß sich klarmachen, welch tiefen Einschnitt die Autobiographie in der Literatur bezeichnet. Die schwierige gesellschaftliche Situation der Autoren, die im 18. Jahrhundert autobiographisch schreiben – ob es sich nun um Rousseau handelt oder, vor ihm, um Valentin Jamerey-Duval, einen Landwirt, der zum kaiserlichen Bibliothekar in Wien aufstieg und uns die Erinnerungen an sein bäuerliches Dasein hinterlassen hat –, soll hier nicht näher untersucht werden. Man muß jedoch feststellen, daß die Autobiographie sich gegen die traditionelle Memoirenliteratur, die aristokratisch geprägt war, konstituierte. Die Memoiren sind dem öffentlichen Raum, die Autobiographie ist dem intimen und privaten Raum zuzuordnen. Auf der einen Seite steht das Reich des Habens, auf der anderen das Reich des Seins.

Halten wir abschließend fest: Memoiren sind ein in sich stimmiges Genre, öffentliches Dokument eines Individuums, das sich in der Öffentlichkeit verwirklicht und in ihrem Licht seine Handlungen nachzeichnet. Die Autobiographie dagegen ist paradox, da sie das Intime enthüllt, das Private veröffentlicht. Der Leser wird zum Zeugen gemacht und negiert so das Geheimnis, in dem Wert und Wesen des Privaten und Intimen verankert sind. Ein »autobiographischer Pakt«, wie Philippe Lejeune treffend gesagt hat, verpflichtet den Leser, der Autobiographie buchstäblich zu glauben; andernfalls stellte er den autobiographischen Charakter des Textes in Abrede. Hier ist der Leser nicht nur die hinreichende, sondern die notwendige Bedingung. Weil er auf Beweise verzichtet und sich auf die Ehrlichkeit des Schreibenden verläßt, entsteht ein Vertrauensverhältnis zwischen Leser und Autor, in dem man vielleicht das blasse, aber gleichwohl reale Spiegelbild jener »Transparenz der Herzen« erblicken mag, die laut Rousseau das Merkmal ursprünglicher, noch nicht korrumpierter Gesellschaften ist. Die Autobiographie erheischt einen Lesehabitus, der in der extremen Privatisierung der Lektüre wurzelt. Dies ist wohl der ausschlaggebende Grund für ihre Entstehung.

Erotische Literatur oder Die Öffentlichkeit des Intimen

Neben dem Ich-Roman und neben dem Briefroman, der den Leser in die Rolle eines Voyeurs drängt, zählt auch der pornographische Roman zu den neuen Erzählformen, die den privaten Raum in der Literatur etablieren. Dies mag für den überraschend klingen, der Moral und Literatur verwechselt und nach wie vor meint, allein der »hohen Literatur« gebühre ein Platz in der Geschichte der Mentalitäten und Vorstellungen. Pornographische Literatur war damals außergewöhnlich erfolgreich, wie ungenau auch immer sie definiert war: Den Ausdruck »obszön« gebrauchte man selten, »pornographisch« nannte man Texte über Prostitution, die Begriffe »galant«, »erotisch« und »frivol« waren nicht deutlich voneinander geschieden. In der Zeit der Klassik wurden auch die »Klassiker« dieses Genres publiziert: die *Histoire de Dom Bougre, portier des Chartreux, écrite par lui-même* von Gervaise de La Touche (1718), die *Thérèse philosophe* des Marquis d'Argens (1748), *L'Erotica Biblion* von Mirabeau (1783), die *Anti-Justine* von Rétif de La Bretonne (1793). Alle bedeutenden Autoren des 18. Jahrhunderts haben auch erotische Texte verfaßt. Diderot schrieb *Die geschwätzigen Kleinode*, Montesquieu den *Temple de Gnide*, Voltaires Erzählungen sind gespickt mit erotischen Anekdoten, zum Beispiel die Geschichte der Alten im *Candide*, und selbst der tugendhafte Rousseau schilderte die fieberhaften Stunden in seiner Jugend, wenn er »nur mit einer Hand« las. Ob man sie nun akzeptiert oder nicht, ob man ihre Qualität bestreitet oder sie rühmt, die erotische Literatur spielte im 18. Jahrhundert eine größere Rolle als revolutionäre Pamphlete und war ein beredter Faktor der Zivilisation. Die Ikonographie wurde in weiten Bereichen von der Galanterie beherrscht. Schenkt man Louis Sébastien Mercier Glauben, so war pornographische Literatur überall zu finden: auf öffentlichen Plätzen ebenso wie in den Ateliers, Boudoirs und Salons.

Durch ihren Gegenstand bereits ist sie Darstellung des Privaten. Während sexuelle Praktiken verheimlicht wurden, während man den Körper unter Bändern und weiten Kleidern verhüllte und sprachliche Tabus den Geselligkeitsdiskurs überwucherten, stellte die pornogra-

Durch eine faszinierende Spiegelung finden sich Autor (Rétif, der hier abgebildet ist) und Leser in der Position des Voyeurs vereint.
(Auszug aus dem *Paysan perverti*, Paris 1776, mit Illustrationen von Binet)

phische Literatur intime Gesten offen zur Schau. Sie versetzte den Leser nicht nur, wie andere Romane auch, in die Position eines Voyeurs, sondern schrieb ihm bewußt die Attitüde des Eindringlings auf den Leib.

Natürlich erkennt man in der erotischen Literatur die spezifischen Formen des zeitgenössischen Romans mit seinen neuen Techniken der Glaubwürdigkeit: Briefromane, Ich-Romane, als Dialog verfaßte Romane, Formen, die de Sade ausgiebig inszenierte. Im pornographischen Roman verdichtet sich das Paradox der Öffentlichkeit privater und intimer Handlungen nachdrücklicher als in der Autobiographie, da die Lektüre eines pornographischen Textes extrem individualisiert und ganz und gar auf Heimlichkeit gestellt ist.

Im übrigen wäre es fahrlässig, die Romane de Sades auf das Pornographische oder Obszöne zu reduzieren; er überschreitet diese Kategorien. Ganz offenkundig kann sein Werk nicht mit der erotischen Literatur des 18. Jahrhunderts gleichgesetzt werden. Schon die gegen es verhängten Verbote markieren die Differenz. Der Marquis de Sade stieß mit seinen Schilderungen der Sexualität bis an die Grenze des Zumutbaren, in die Zone der Organe und Eingeweide, vor. Die Darstellung des Orgasmus in seinen Hauptwerken brachte die innere Anatomie ins Spiel. Zweifellos verletzte er damit ein Tabu.

Auch die großen Männer werden von der Erotik nicht verschont. Hier erkennt man Voltaire, umgeben von seinen Werken. Pornographie und Philosophie vermengen sich in dieser schamlosen Zurschaustellung des Intimen. (Paris, Bibliothèque Nationale)

Schreibprozeß und Lesepraktiken

Es erscheint mir nicht sinnvoll, am Ende meiner Überlegungen einen Katalog offenkundiger Übertragungen, Äquivalenzen und Spannungen aufzustellen, die mit dem durch die Literatur neukonstituierten privaten Raum verknüpft sein können. Ich habe weder eine soziologische Studie beabsichtigt noch der Entwicklungsgeschichte des Romans historische Nachrichten abzulisten versucht. Literarische Formen und Verfahren wurden hier unter die Lupe genommen. Man wird mir vielleicht vorwerfen, die Begriffe privat und intim, öffentlich und gemeinschaftlich vermengt und sie den Begriffen des Individuellen und des Kollektiven angenähert zu haben. Bei näherer Betrachtung stellt sich freilich heraus, daß diese Ungenauigkeiten dem besonderen Status von Literatur Rechnung tragen. Obwohl die Literatur von sozialen Prozessen nicht unberührt bleibt – und wer wollte dies bestreiten? –, ist sie niemals Spiegelung der Realität. Die für die Literatur so typischen Verzerrungen und Überschneidungen erlauben es nicht, sie direkt gesellschaftlichen Tendenzen zuzuordnen und sie zur bloßen Illustration oder zum Beweismittel herabzustufen.

Zu fragen bleibt noch, wie die Texte selbst unterschiedliche Lesepraktiken erzeugen. Jeder Autor hat, während er schreibt, einen fiktiven Leser vor Augen, an den er sich wendet und den er als Zeugen anruft. Es ist offenkundig, daß dieses Element des Lesens, das in den Büchern selbst angelegt ist, in Zusammenhang mit dem Konflikt zwischen »privat« und »öffentlich« in den literarischen Verfahren steht. Dieses Problem verdiente eine systematische Untersuchung, wobei die literarische Entwicklung Rousseaus als exemplarisch gelten könnte. Zunächst, in den beiden *Discours* und im *Gesellschaftsvertrag*, ist der Schreibakt noch gesellschaftlich und öffentlich orientiert, der Blick des

Autors richtet sich gleichzeitig auf Thema und Publikum. Später treten Thema (die intime Persönlichkeit Rousseaus) und Publikum (alle französischen Leser) auseinander. In den *Träumereien des einsamen Spaziergängers* schließlich findet Rousseau wieder zu einer Einheit, da er nun mit dem Schreiben kein anderes Ziel verfolgt als die Erkenntnis des Selbst und den Genuß der Erinnerung: »Ich unternehme dasselbe wie Montaigne, aber mit einem ganz entgegengesetzten Ziel: Denn dieser schrieb seine ›Essais‹ nur für die anderen, und ich schreibe meine Träumereien nur für mich nieder. Wenn ich mich in meinen alten Tagen, gegen das Ende meines Lebens, noch in derselben Verfassung wie jetzt befinde, werde ich, wenn ich diese Blätter lese, dasselbe Vergnügen empfinden, das ich bei ihrer Niederschrift empfinde, und indem ich mir solchermaßen die Vergangenheit zurückrufe, werde ich sozusagen mein Leben verdoppeln.«[8] Doch auch hier ist die Ausbildung einer Schreibweise, die jede Kommunikation zwischen Autor und Leser aufhebt, trügerisch. Die *Träumereien*, in denen der Wunsch nach Einsamkeit und Rache rumort, bezeichnen nicht den Endpunkt einer Entwicklung, sondern die Spur einer Person. Die späteren Entwicklungen folgen nicht ihrem Bild, wiewohl private und intime Themen – im Sog Rousseaus – die Literatur des 19. Jahrhunderts bestimmen. Sie signalisieren indes eine mögliche Form, über das intime und private Ich zu schreiben. Dieses Erbe tritt das intime Tagebuch an, das nach der Französischen Revolution weite Verbreitung fand. Was zunächst dominiert, ist der Diskurs des Individuums, das vorgibt, sich an einen einzigen, privilegierten Leser zu wenden, und so die Illusion eines persönlichen und vertraulichen Austauschs schafft. Sozialer und ideologischer Wandel und ihre eigene Dynamik lassen die Literatur dann zu den Widersprüchen und dem differenzierten Status zurückfinden, dessen außergewöhnliche und prekäre Vielseitigkeit die Klassik vorweggenommen hat.

Anmerkungen

1 M. de Montaigne, *Essais*, Übs. H. Lüthy, Zürich 1953, S. 78. [Die Montaigne-Zitate mit Angabe der Seitenzahl sind dieser Ausgabe entnommen; alle anderen Textstellen wurden von mir selbst aus dem Französischen übersetzt. *A.d.Ü.*]

2 Zitiert nach: J.-J. Rousseau, *Schriften*, hrsg. von H. Ritter, München 1978, Bd. I, S. 462 f.

3 D. Diderot, *Nachtrag zu ›Bougainvilles Reise‹ oder Gespräch zwischen A. und B. über die Unsitte, moralische Ideen an gewisse physische Handlungen zu knüpfen, zu denen sie nicht passen*. Übs. T. Lücke, Frankfurt/Main 1965, S. 59 f.

4 D. Diderot, *Jacques der Fatalist und sein Herr*, in: *Sämtliche Romane und Erzählungen*, Bd. II, Übs. J. Ihwe, München 1982, S. 307.

5 J.-J. Rousseau, *Schriften*, a. a. O., Bd. 1, S. 483.

6 J.-J. Rousseau, *Bekenntnisse*, Übs. E. Hardt, Frankfurt/Main 1985, S. 37.

7 Ebd., S. 37.

8 J.-J. Rousseau, *Die Träumereien des einsamen Spaziergängers*, Übs. D. Leube, Zürich/München 1985, S. 15.

Französische Schule des 17. Jahrhunderts, *Platz und Brunnen der Saints-Innocents* (Ausschnitt). (Paris, Musée Carnavalet)

Nicole Castan, Maurice Aymard, Alain Collomp,
Daniel Fabre, Arlette Farge

III. Gesellschaft, Staat, Familie: Bewegung und Spannung

Vorbemerkung von Roger Chartier

Zwischen dem 16. und dem 18. Jahrhundert begann man, auf neue Weise privates Leben zu entfalten und zu schützen. Dieser Prozeß war jedoch keineswegs geradlinig, regelmäßig oder eindeutig. Philippe Ariès hat eine mögliche Periodisierung vorgeschlagen, ohne jedoch eine strenge zeitliche Abfolge festzulegen, denn manche Entwicklungen verschränkten sich, manche verliefen unabhängig voneinander, die einen sehr früh, die anderen sehr spät. Man kann drei Phasen unterscheiden: zuerst wachsender Individualismus, als Individuum und Gemeinschaft sich stärker gegeneinander zu differenzieren suchten; daraus entstanden neue Gruppen, die sowohl der Isolation des Einzelnen wie seiner Entwürdigung in der Masse entgegenwirken sollten: kleiner als etwa die Dorfgemeinschaft, die Standes- oder Berufsvereinigungen, jedoch größer als die Familie; schließlich die Verdichtung des Privatbereichs in der Kleinfamilie, die zum bevorzugten, wenn nicht sogar einzigen Ort des Gefühlsaustauschs und der Intimität wurde. Die folgenden Beiträge stützen sich auf diese Einteilung, um einige der zentralen Spannungs- und Konfliktherde des privaten Lebens in der Neuzeit zu markieren. Dazu war es manchmal notwendig, die bewegliche und vergleichende Perspektive zugunsten von Fallstudien aufzugeben. Doch mit welcher Methode wir auch immer gearbeitet haben, das Ziel blieb dasselbe: der Versuch, die Sphäre des privaten Lebens in ihrer vielschichtigen Entwicklung durch Brüche oder Kompromisse, in der Familie oder außerhalb von ihr, gegen die öffentliche Macht oder dank ihrer Unterstützung, zu erhellen.

Die Herausbildung privaten Lebens ist eng mit Entfesselungsakten verknüpft. Insbesondere mußte eine klare Trennungslinie zwischen den Funktionen öffentlicher Repräsentation und dem Rückzug in die Intimität gezogen werden. Für die vielen Menschen, die im Ancien Régime über Ämter und Macht verfügten, einschließlich des Königs, bedeutete dies eine Zweiteilung von Zeit und Räumen, von Rollen und Handlungsweisen. Möglich wurde sie im Zuge der Veränderung des Staates selbst, der nun seine Gesetze und Kontrollen auf Bereiche ausdehnte, die bisher (durch stillschweigende Übereinkunft oder offenen Konflikt) von Individuen, Familien oder einzelnen Gruppen beherrscht worden waren. Gleichzeitig mündete die Sorgfalt, mit der man nun zwischen öffentlichem Amt und der geschützten und geheimen Privatsphäre unterschied, in eine eklatante Entprivatisierung der öffentlich ausgeübten Macht. Die Staatsdiener führten gewissermaßen ein »Doppelleben«, eine Tendenz, die sich nach der Revolution noch verstärkte, da sie jeden zwang, sich nach außen laut als Bürger zu bekennen, ohne daß man privat stets wirklich so empfand. Diese Differenzierung nahm die strikte Scheidung von Arbeits- und Privatbereich, von beruflichem und familiärem Verhalten im 19. Jahrhundert vorweg. Sie galt nicht nur für die Inhaber öffentlicher Ämter, sondern für jedermann in einer Gesellschaft, die forderte, sozialen Status durch angemessenes Betragen und ein reglementiertes Erscheinungsbild zu kennzeichnen.

Der Gegensatz zwischen Intimität und Repräsentation war vielleicht am stärksten ausgeprägt zu dem Zeitpunkt, als der Staat – jedenfalls in manchen Ländern – das gesamte soziale Existenznetz nicht nur seiner Untertanen, sondern auch seiner Verwaltungsbeamten und Regenten zu flechten beanspruchte. Frankreich von der Mitte des 17. Jahrhunderts an ist sicherlich das beste Beispiel dafür.

Ein längerfristiges Projekt war, Privatheit gegen Familienzwänge durchzusetzen. Bevor die Familie im 19. Jahrhundert fast zu einem Synonym für das Private wurde, war sie ein Hindernis für Individuen gewesen, die ihr eigenes Leben inmitten von selbstgewählten Freunden führen wollten. Daher rührt das Paradox, daß es möglich war, individuelle Neigungen inmitten eingeschränkter Sozialität privater zu gestalten. Treue Freundschaften, regelmäßige Treffen, freiwillige oder erzwungene Mitgliedschaft in Vereinigungen, die mehr oder weniger kräftig geregelt waren, boten Gelegenheit, die ersehnten engen Bande zu knüpfen. Der Umgang war frei und spontan, anders als die formellen Beziehungen, die das öffentliche Amt verlangte, oder die familiäre Disziplin. Das Eigenschaftswort »privé«, auf Personen bezogen, bedeutete auch »vertraut«, obschon es minder gebräuchlich war. Richelet definierte 1679 die Bedeutung des Wortes »privé« unter anderem als »vertraut«, aber auch als »wie zu Hause«: »Il est fort privé ici« [»Er ist hier wie zu Hause«], »Il est fort privé avec Monsieur Untel« [»Er steht auf vertrautem Fuße mit Herrn Soundso«] sind die Beispiele, die er nennt. Zwischen der Vertrautheit häufiger Besuche, dem gemeinsamen Vergnügen am Zusammensein, das von den Ordnungsgeboten des Staates oder Standes entlastet war, und den Vorstellungen vom privaten Leben bestand ein enger Zusammenhang. Nicht der Rückzug in die Einsamkeit, in gehegte, abgeschlossene Bezirke prägte die Privatsphäre, sondern die freie Wahl der Freunde, mit denen man die Zeit, die nicht den beruflichen Aufgaben gewidmet war, verbringen wollte. Ob sich in diesen frei gewählten Gesellschaften Frauen oder Gelehrte, Freunde oder Jugendliche insgeheim oder offen zusammenschlossen, spielte keine Rolle; gemeinsam war ihnen, daß sie im Rahmen der Geselligkeit eine Intimität erlaubten, die im Familienalltag untersagt zu sein schien.

Das moderne private Leben ist durch Distanz nicht nur zum Staat oder zur Familie, sondern auch zu den kollektiven Verabredungen des Brauchtums bestimmt. Das Brauchtum hatte in der Tat die »anonyme Sozialität« geformt, die, Philippe Ariès zufolge, von dem Privatisierungsprozeß zwischen dem 16. und dem 18. Jahrhundert allmählich zerstört wurde. »Anonym« bedeutet hier nicht, daß im Dorf oder Stadtviertel jeder mit jedem in Berührung kam, ohne daß man einander gekannt hätte, sondern daß der Brauch Kontrollinstanzen, Riten und Strafen festlegte, die dafür sorgen sollten, daß das individuelle Verhalten den akzeptierten Normen gehorchte. Man lernte und verinnerlichte soziale Regeln und Rollen, Abweichungen wurden geahndet. Jede persönliche Entscheidung war strenger sozialer Kontrolle unterworfen, die von bestimmten Gruppen (etwa den »Jugendabteien«) im Namen der gesamten Gemeinschaft mittels spektakulärer Rituale ausgeübt wurde. Doch diese kollektive Überwachung geriet zunehmend in Mißkredit. Sie wurde als unerträgliche Verletzung der individuellen Entscheidungsfreiheit oder der Familiensouveränität empfunden, als Einmischung in einen Lebensbereich, der sich dem Zugriff und dem Urteil der Gemeinschaft zu entziehen begann. In Südfrankreich wurde die Einschränkung individuellen Handelns im 18. Jahrhundert heftig zurückgewiesen; in anderen Gegenden, vor allem im bürgerlichen Milieu der Großstädte, wo sich der Individualismus zuerst entwickelte, hatte dieser Prozeß sicherlich früher eingesetzt.

Zu den Angelegenheiten, die früher der öffentlichen Aufsicht unterworfen gewesen waren, gehörten Heiraten, das Verhältnis von Mann und Frau in der Ehe und das Familienleben. Jetzt wurde die Familie zur Privatsache par excellence. Sie lebte in abgetrennten Räumen, die ihr vorbehalten waren, zumeist handelte es sich im Ancien Régime um ein Haus, in dem das Ehepaar mit seinen Kindern wohnte; doch auch wenn mehrere Familien sich die Unterkunft teilten, besaß jede einen geschützten persönlichen Bereich. Selbst in den engen Mietshäusern der Stadt dienten Wohnungen, möblierte Zimmer oder Speicher als abgeschlossener Privatraum eines Einzelnen, eines Ehepaares oder einer Familie. Im übrigen war die Familie nun zum Mittelpunkt des Gefühlsaustauschs geworden. Die Gleichsetzung der persönlichen Ehre mit der Familienehre ist im 18. Jahrhundert gewiß nicht neu, wie zahlreiche Komödien aus dem 17. Jahrhundert belegen. Und fraglos rivalisierten mitunter Freundschaften, die man mit Kollegen, Kameraden oder einfach aus Zufall schloß, mit der ehelichen oder familiären Zuneigung. Aber wie die neue Einstellung zum Kind und ein neuer Kult um die verstorbenen Familienmitglieder zeigen, verlagerte sich im Laufe des 18. Jahrhunderts das private Leben in die Familie.

Die familiäre Privatheit war stets labil und bedroht, sei es durch die Intervention der Umgebung, sei es durch Unbesonnenheit der eigenen Angehörigen. Diese Sphäre vor Skandal zu schützen, war daher eine komplizierte Aufgabe, die verläßliche und mächtige Bundesgenossen erforderte. In derlei Fällen wandte man sich an die Obrigkeit, häufig an den König selbst. Nur so konnte das Geheimnis gewahrt und die Familienehre gerettet werden, während zugleich die Bedrohung der Familie abgewendet wurde. Die Hilfe, die Justiz oder Kirche bedrängten Familien gewährten, konnte verschiedene Formen annehmen, doch das Prinzip war identisch: Man enthüllte dem höchsten Vertreter der Obrigkeit seine familiären Kümmernisse und sorgte so dafür, daß sie diskret und ohne Einschaltung der Organe der Strafjustiz behoben wurden. Der Staat zog somit nicht nur eine Grenze zwischen öffentlichem und privatem Bereich, er half auch mit, den privaten Bereich, der das Familienleben immer stärker bestimmte, zu bewahren und zu schützen.

Jacobus Vrel, *Straßenecke.* Tür und Fenster, bevorzugte Beobachtungsposten, bildeten die Grenze des Raumes, der für die Familie bestimmt, aber nach der Straße hin offen war, ein halb privatisierter Grenzbereich zur Erledigung der alltäglichen Aufgaben. Die Straße ist ein Treffpunkt, an dem Neuigkeiten und Bemerkungen ausgetauscht werden. (Amsterdam, Privatsammlung)

Nicole Castan

Öffentlich und privat

Aufteilung der Lebensräume

Die Einteilung öffentlich – privat stößt zwangsläufig an eine Schranke. Bereits Talleyrand sagte: »Das Leben des Bürgers muß von einer Mauer umschlossen sein« – von der Mauer des privaten Lebens offenkundig.[1] Aber welche Bereiche grenzt diese Mauer voneinander ab? Für uns heute ist die Antwort eindeutig: Innerhalb der Mauer befindet sich ein Hafen des Friedens, das Refugium der Familie, aber auch der Ort der Freundschaften und Freizeit; jenseits der Mauer herrschen die Zwänge öffentlicher Tätigkeit, die Disziplin einer hierarchisierten Arbeit, die Unerbittlichkeit von Verpflichtungen. Zweifellos wertet eine solche Zweiteilung die Vorzüge der Privatsphäre, die durch das verhängnisvolle Vordringen öffentlicher Ansprüche bedroht ist, auf.

Dieses Interpretationsschema paßt jedoch nicht für die Neuzeit (17.–18. Jahrhundert). Hier läßt sich eher eine beständige wechselseitige Durchdringung der Lebensräume, eine Ambivalenz der Rollen beobachten, freilich auch beide Jahrhunderte hindurch ein hartnäckiges Streben, die beiden Sphären deutlich gegeneinander abzuschirmen. Wohl scheint das Leben der Menschen auf den ersten Blick entweder ganz und gar öffentlich oder ausschließlich häuslich zu sein. Wer verkörpert besser als Ludwig XIV. eine Existenzweise, die vollständig von den königlichen Pflichten (hoheitsvoll und angenehm in einem) gelenkt war? Das Amt hatte die Person aufgesogen und sie sogar noch im Tode der Privatheit beraubt: Wie leicht ist es, öffentlich zu sterben! Dasselbe gilt für den gesamten Hochadel bis zum 17. Jahrhundert: »Nichts im Leben der Großen ist privat«, bemerkte Therese von Avila; ihre Freundin Señora de La Cerda, eine hochgestellte Dame, »lebt nach ihrem Rang und nicht nach ihren Neigungen, in einem Zustand der Knechtschaft, der sie zur Sklavin von tausenderlei Dingen macht«.[2] Gleichzeitig scheint das Private in einem bescheideneren Rahmen ungeteilt zu herrschen. Bürgerliche Privatiers oder Provinzadlige mit geringem Vermögen bekennen, sich fast ausschließlich dem Jagdvergnügen und den Freuden der Tafel zu widmen, ohne eine andere Beschäftigung, wie ein Landjunker aus der Gascogne schreibt, »als hier und da eine unbedeutende Schwärmerei für irgendein Mädchen, die ebenso rasch befriedigt ist, wie sie entstand«. Daraus könnte man schließen, daß der Wechsel von Rollen und Lebensräumen den gesellschaftlichen Rang signalisiert. Doch was wäre dann von der Be-

Louis Le Nain, *Die kleinen Kartenspieler*. Sein Glück versuchen und auf ein Wunder hoffen: So erklärt sich die Leidenschaft für das Glücksspiel in Gesellschaften, die nur langsame Vermögensbildung gestatten und nur eintönige Vergnügungen bieten. Das Vorbild kommt von ganz oben und verdirbt sogar die Kinder. Das »Gänsespiel« sollte die Spiele um Geld verdrängen, die manche Familie ruinierten: »Ich wünschte mir so sehr, daß Sie immer nur dieses Spiel gespielt und nicht statt dessen so viel Geld verloren hätten«, legt Madame de Sévigné ihrer Tochter nahe. (Privatsammlung)

völkerung Neapels zu halten, die der Präsident de Brosses ziemlich unfreundlich so beschrieb: »Diese Leute haben keine Wohnung, sie verbringen ihr ganzes Leben mitten auf der Straße.«[3] Vom König bis zum Bettler scheint das Leben entweder nur öffentlich oder nur privat gewesen zu sein. Eine genauere Betrachtung von Einzelfällen ergibt jedoch ein nuancenreiches Bild: Funktionen überschnitten sich und eröffneten so freie Zeiten und Räume.

Die gezähmte Familie

Zuerst wurden Freiheit und Unabhängigkeit der Familie abgetrotzt. Die Familie im Ancien Régime war keineswegs ein Zufluchtsort voll Geborgenheit; für ihre Angehörigen – unabhängig von ihrem Rang – war sie der Schauplatz von Herrschaft und autoritärer Aufgabenverteilung. Die strenge Disziplin des Familienoberhauptes garantierte den Zusammenhalt, der zur Wahrung des Besitztums und der Familienehre unabdingbar war. Die Gemeinschaftsinteressen schnürten das Individuum jedoch nicht gänzlich ein; es konnte der Gruppe unschwer und ohne Revolte entkommen.

Die Kindheit

Ein Beweis dafür ist die Kindheit. Sobald sie nicht mehr am Schürzenzipfel der Frauen hingen, konnten die Knaben zwischen vier und vierzehn oder fünfzehn Jahren die Lücken in der Zeit, die man ihnen widmete, für ihre Zwecke nutzen und dabei auf ihre Kosten kommen. Auf den ersten Blick scheint das Gegenteil plausibel, da die Kinder auf dem

Feld, beim Erlernen eines Handwerks oder in der Schule streng in Zucht genommen wurden. So erklärte ein Adliger aus dem unteren Languedoc den Tod seiner drei Söhne mit deren vorzeitigem Eintritt ins Internat in La Flèche; auch Balzac kam sehr jung ins Collège von Vendôme. Doch dank dem Externensystem, ergänzt durch Privatstunden zu Hause, konnten viele dem Internat entgehen. Der Weg in die Schule bot erhebliche Spielräume. Dies geht aus den Memoiren des *Page disgracié*[4] hervor – der Autobiographie des Dichters Tristan L'Hermite, der am Hofe Heinrichs IV. aufgezogen wurde –, aber auch aus den Kindheitsberichten des Chevalier de Fonvielle, 1760 in einer Familie geadelter Bürger in Toulouse geboren, oder Guillaume Hérails, Enkel eines reichen Kaufmanns, der sich auf dem Gut Sérignac im Agenais niedergelassen hatte.[5] Alles unterscheidet sie, die Epoche, das Milieu und die Erziehung, doch alle drei haben die kindischen, wiewohl nicht sonderlich ehrenhaften Abenteuer des Jungenalters gemeinsam, da alle drei ein Doppelleben führten: ein nach außen gekehrtes, das dem erwünschten Bild des guten Schülers und frommen Kindes entsprach, und ein verborgenes, das in einer Welt stattfand, die nur ihnen gehörte. Der Page Tristan L'Hermite wurde mit einem kleinen Prinzen seines Alters (fünf Jahre) großgezogen; er nahm teil an seinem Unterricht, seinen Spielen und Übungen, reiste mit ihm von Schloß zu Schloß. Dafür mußte er ihm, »sobald er die Augen öffnete und bis er sie wieder schloß«, zu Diensten sein, ihn unterhalten und während seiner Erkrankungen aufheitern; er bot seine ganze Erzählergabe, seine übersprudelnde Phantasie auf und gewann den kleinen Prinzen rasch für sich: »Ach! Kleiner Page, ich weiß schon, daß Sie sagen werden, der Wolf hat das Lamm gefressen, bitte, sagen Sie doch, daß er es nicht gefressen hat!« Zwischen den beiden Knaben entwickelte sich eine dauerhafte Zuneigung, bei immerwährendem Dienst eine Garantie der Freiheit. Fonvielle und Hérail wuchsen beide daheim auf; als älteste Söhne der Familie wurden sie achtsam umsorgt, sie genossen eine anspruchsvolle und peinlich beaufsichtigte Erziehung, zuerst im Hause der Eltern unter der Aufsicht von privaten Erziehern, später von Privatlehrern, die den Schulunterricht ergänzten. Beide waren froh, als sie ein Alter erreichten (fünf oder sechs Jahre), in dem sie nicht mehr beharrlich überwacht wurden, gelegentlich um den Preis von Unstimmigkeiten zwischen den Eltern: der Vater auf der Jagd und geschäftlich aktiv, die Mutter im »Trubel der feinen Gesellschaft«.[6] Gewiß war Verstellung nötig. Hérail und Fonvielle gaben sich im Beichtstuhl fromm, zu Hause hatten sie immer ein Gebetbuch in der Tasche. Sie prahlten mit ihrem Wissen in Latein, Arithmetik und Literatur, vor den ungebildeten Frauen konnten sie ungehemmt schwadronieren. Geschickt brachten sie es fertig, ihre Lektionen und Übungen in aller Eile abzuschreiben. Aus Vorsicht waren sie bei Klassenarbeiten und der Notenvergabe stets anwesend. So getarnt konnten sie zu bestimmten Stunden so »ausschweifend« sein, wie es mit zehn Jahren möglich ist: bei vergnügten Spielen und gutem Essen.

Um der familiären Disziplin zu entweichen, galt es, die Zeitspanne des Übergangs von der einen Autorität zur nächsten auszuschöpfen. Der Page nutzte bisweilen seine Dienstpflichten, um sich in den Korri-

Naive Illustration eines Güterverzeichnisses von Esparros in der Gascogne (1773). Das Kind greift in gespannter Begierde nach einer zahmen Elster. Das Bild zeugt von der vertrauten Beziehung, vor allem in der Kinderwelt, zwischen Mensch und Tier; ein Grund dafür war auch der Mangel an anderem Spielzeug. (*Les Terriers illustrés de Sadournin et d'Esparros*. Tarbes, CDDP des Hautes-Pyrénées)

Die Gegenreformation förderte durch die private Andacht vor dem Jesuskind oder dem Heiligsten Herzen Jesu die Entwicklung des Privaten selbst bei der Bauernschaft, jedoch ohne die Zeiten der gemeinsamen Andacht, etwa bei Wallfahrten, zu beschneiden. (*Les Terriers illustrés de Sadournin et d'Esparros*. Tarbes, CDDP des Hautes-Pyrénées)

doren des Palastes herumzutreiben. Er mischte sich unter Besucher des Hauses, Diener, Wachen und junge Adlige, sogar unter die Komödianten, die zu einer Aufführung gekommen waren. Da er seinen Herrn unterhalten sollte, hatte er einen guten Vorwand, auf der Suche nach einem zahmen Hänfling, einem jungen Bären oder anderen Tieren der Arche Noah in Paris umherzustreifen, eine günstige Gelegenheit, sich umzutun, Bekanntschaften zu schließen und sich an Spielen zu beteiligen. Ende des 18. Jahrhunderts machten Fonvielle und Hérail von den nämlichen Chancen Gebrauch – zwischen Schule und Zuhause trieben sie sich mit anderen Jugendlichen, die sie kennengelernt hatten, in der Stadt oder auf dem Lande herum. Übrigens widmeten alle drei die unterschlagene Zeit ihren »Leidenschaften«: dem Lesen (Ritterromane, Theaterstücke, Possen), den Tieren (Vögel und Katzen), Blumen und, häufiger noch, dem Karten- und Würfelspiel. Vor allem waren sie naschhaft, mit fünf Jahren hatten es ihnen kleine Kuchen angetan, mit elf Jahren probierte Hérail »allein« seine erste Flasche Wein. Solcherlei Genüsse waren nicht gratis; das private Leben begann offensichtlich mit der freien Verfügung über Geld. Unsere drei Helden berichten, daran keinen Mangel gelitten zu haben, und machen aus der Herkunft des Geldes kein Hehl. Der Page verschaffte sich das nötige Geld, indem er seinem Herrn höhere Preise nannte, als die Vogelfänger oder andere Händler verlangt hatten. Hérail und Fonvielle verlegten sich aufs Stehlen, zuerst entwendeten sie Korn, das sie unter Wert verkauften, später klingende Münze. »An seinen Händen blieb alles kleben«, meint Hérail, der sich einredete, das Geld sei nicht gestohlen, »solange es in der Familie blieb«. Indem er täglich kleine Summen von zwölf bis fünfzehn Sous an sich brachte, füllte er seine Börse, über die er frei verfügte, obwohl es ihm eigentlich nicht an Geld mangelte: Vater und Großvater versorgten ihn mit »neuen und glänzenden« Louisdors, damit er in der Öffentlichkeit auftrumpfen konnte, doch über diese Summen mußte er Rechenschaft ablegen; es kam darauf an, das Familienvermögen zu zeigen, nicht, es zu verschwenden.

Derartig sorglos sein eigenes Leben zu führen, zudem in so jungem Alter (zwischen zehn und zwanzig Jahren), müßte die Lockerung der Familienbande, gar die Isolierung zur Folge haben – allerdings nicht, wenn man sich ein Netz von Beschützern und Komplizen geflochten hatte. Junge Adlige oder Schauspieler versteckten den Pagen und bewahrten ihn vor der Fuchtel des Erziehers; in der Not fand er in den Armen des Prinzen sichere Zuflucht: »Ein oder zwei Tränchen genügten, um seine Gnade zu erlangen.« Die Schüler Fonvielle und Hérail profitierten schamlos von der Neigung der Mütter zu ihren Erstgeborenen. Am besten war es, Komplizen unter den Dienern zu haben; die Magd Fanchon, mit der Fonvielle das Bett teilte, gab ihm ein Alibi, wenn er sich unerlaubt entfernt hatte, ja, sie half sogar, gestohlenes Getreide zu verkaufen oder gestohlene Ecus mit Verlust zu wechseln. Mit Gründen erklärt Hérail deshalb, er habe die Gesellschaft der Diener der seiner Eltern vorgezogen. Er fand sie besonders liebenswert, weil sie bereit waren, seine Streiche zu begünstigen und sich auch noch boshaft darüber zu amüsieren.

Die drei Beispiele, die hier zitiert worden sind, rechtfertigen indes nicht die Annahme, Freizügigkeit sei Kindern wohlhabender Eltern vorbehalten gewesen. Augenzeugenberichte aus niederem Milieu beweisen zur Genüge, daß auch Handwerkerssöhne, schlichte Dorfjungen oder die Söhne eines Notars im Rouerge einen großen Teil ihres Lebens selbst gestalten konnten. Zwangsläufig war ihre vordringliche Pflicht der Familienbetrieb, doch das hinderte sie nicht, aus Arbeitsunterbrechungen Nutzen zu ziehen und von der engen Beziehung zu Dienstmädchen, Lehrlingen und Schreibern, ja sogar Kunden zu profitieren, kurz, trotz der üblichen Reglementierungen mehr oder weniger unbehelligt ein eigenes Leben zu führen.[7]

Das private Leben der Frauen

Die Formulierung »privates Leben der Frauen« erscheint vielleicht paradox, da die Frauen in der damaligen Gesellschaft anscheinend ganz an das Haus gebunden waren. Sie waren von öffentlichen Aufgaben und Verantwortlichkeiten, etwa Funktionen in Politik, Verwaltung, Gemeinde oder Zunft, ausgeschlossen.[8] Das Beispiel Lyons im 16. Jahrhundert, das Natalie Zemon Davis untersucht hat, ist ein Beweis dafür. Der Frau kam lediglich eine inoffizielle Rolle zu, und selbst diese wurde höchst widerwillig anerkannt.[9]

Ihre Pflichten waren vornehmlich hauswirtschaftlicher Art; ihr Tätigkeitsfeld war das Haus, ihre Bestimmung, das von Kirche und bürgerlicher Gesellschaft sanktionierte Bild der Gattin und Mutter zu verkörpern. Dieses Bild gebot die Wahrung der Ehre, das heißt Anstand nach außen, Treue zum guten Ruf und zur Familie. Man erwartete von den Frauen Aufopferung für jeden, der unter ihrem Dach lebte, sie sollten dienen und hegen: Sorge um das leibliche Wohl, Aufzucht der Kinder, Hilfe im Krankheitsfalle, Beistand am Sterbebett waren die Forderungen, denen sie unentgeltlich nachkamen. Obwohl sie häufig an der Produktion teilhatten, war es nicht üblich, sie zur Anerkennung ihrer Tätigkeit im Testament besonders zu bedenken. Madame Acarie etwa, die spätere Gründerin des Karmeliterordens in Frankreich, kümmerte sich hingebungsvoll um ihren Haushalt und ihre Töchter, die sie mit fester Hand leitete und zu denen sie »eine freundliche Beziehung, die sie belehrt und ihre Herzen gewinnt«, herzustellen suchte. Jeden Augenblick zu dienen, das war die anerkannte Rolle der Frauen.[10] Diese Rolle erfüllte auch Madame d'Ayne, Schwiegermutter des Barons d'Holbach, die in ihrem Schloß Grandval jeden Sommer außer ihren Kindern zahlreiche Besucher aufnahm; das Haus war ansehnlich groß. Diderot, zwischen 1760 und 1770 häufiger Gast, schrieb ihr sämtliche Tugenden einer perfekten Hausfrau zu, da sie stets um das Wohl und das Vergnügen der anderen besorgt war. »Zeigte man Interesse an einem bestimmten Gericht, bekam man es am nächsten Tag aufgetischt, und so war es in allen übrigen Belangen.«[11]

Doch die Frau war nicht nur Dienerin, sondern auch Herrin; der Hausherr verlieh ihr die Autorität, deren sie zur Wahrnehmung ihrer

Das Unterzeichnen des Ehevertrags, zelebriert vom Notar, war das Vorspiel der kirchlichen Zeremonie, zelebriert vom Priester, und vor allem in Südfrankreich sehr verbreitet. Der Vertrag verzeichnete, welche Güter die Ehefrau einbrachte, und garantierte Mitgift, Vorbehaltsgut der Ehefrau und ihr Recht auf das Vermögen des Gatten, wenn dieser starb. So verlieh er den Ehefrauen unbestreitbar einen gewissen Handlungsspielraum bei den finanziellen Strategien der Familien. (Toulouse, Musée Paul-Dupuy)

Pflichten bedurfte; dafür verlangte er von ihr Bescheidenheit, Opferbereitschaft und Sparsamkeit. Man muß also die Vorstellung einer strikten Unterordnung unter das Familienoberhaupt revidieren; es handelte sich eher um eine Aufteilung der Macht und der Aufgaben. Madame Phlipon, die Mutter Madame Rolands, war die Frau eines bekannten Pariser Graveurs. Als Ehefrau regierte sie über das Haus, der Vater über die Werkstatt, in der sich Gesellen und Kunden aufhielten. Madame Phlipon war nicht nur für die Haushaltsführung und die Anleitung der Magd verantwortlich, sie lenkte auch die Erziehung ihrer Tochter; der Tradition gemäß sollte ihre Tochter eine gepflegte, vollendete Dame werden; sie wählte die Privatlehrer aus, die das Kind unterrichteten, und überwachte sie. Sie unterwies sie in allen Künsten für höhere Töchter und kleidete sie hübsch, über ihren Stand. Selbstverständlich bestimmte sie auch, ob das Mädchen ausgehen durfte, etwa zum Markt, zu Verwandten oder zur Kirche; am Sonntag ging die Familie nachmittags im Garten des Königs spazieren, im Sommer in Soucy oder Meudon.[12] Im Schoß der Familie erlebte sie häufig Augenblicke liebevoller Vertrautheit mit ihrer Tochter, ohne deshalb die Führung des Haushalts zu vernachlässigen.

Das Problem bei der Untersuchung der häuslichen Sphäre besteht darin, zu erkennen, welches Maß an Distanzierung und Selbstbestimmung möglich war. Frauen jenseiSs der Armutsgrenze hatten durchaus solche Möglichkeiten; ihr Schutz waren die Freiheit, ein Testament zu machen, und der Ehevertrag. Dieser Vertrag, ebenso grundlegend wie das Ehesakrament, war bei den Reichen unerläßlich, in den südlichen Provinzen jedoch in allen Schichten häufig. Durch die Garantie ihrer Mitgift und die freie Verfügung über ihr Eigentum eröffnete dieser Vertrag der Ehefrau eine eigene Handlungsstrategie, die freilich meist der Familienpolitik entsprach: Selbst eine bescheidene Hausfrau aus Nîmes konnte mit einer Mitgift von 36 Livres und einigen Kleidungsstücken die Heirat ihrer Tochter bewerkstelligen. Die Marquise de Lacapelle, verwandt mit den Losse-Valence, konnte durch ein Legat in ihrem Testament ein anderes Institut für ihre Enkelin bestimmen, die sie nun bei Malteser-Nonnen in Toulouse erziehen ließ; sie erwartete dafür von ihr, daß »sie der Großmutter ihre Aufwartung macht«. Die Verfügungsgewalt der Frau über ihr Eigentum hatte in jedem Falle Geltung, selbst auf die Gefahr eines Skandals hin. Madame de Pollastron, Gattin eines Adligen in der Gascogne und nicht sonderlich reich, erbte Familienvermögen. Teils aus Vorliebe, teils aus Eitelkeit, eine schmeichelhafte Verbindung zustande zu bringen, erhöhte sie die Mitgift einer jüngeren Cousine um 3000 Ecus, obwohl 200 Ecus Kleidergeld genügt hätten[13]; damit betrog sie sowohl ihren Mann, dem sie das verheimlichte, als auch ihre Kinder, die so einen Teil ihres Erbes verloren. Juristisch war ihr Vorgehen jedoch unangreifbar.

Zonen der Privatheit

Liest man zeitgenössische Korrespondenzen oder Gerichtsakten, so gewinnt man den Eindruck, daß die Frauen einen beträchtlichen Handlungsspielraum hatten. Gelegentlich konnten sie die Masken und Zwänge der Rolle abstreifen, die man ihnen vorgab. So wurden weibliche Dienstboten in der Regel von den Frauen ausgewählt. Eine wohlhabende Bürgerin, die 1770 im Languedoc ein luxuriöses Leben führte, suchte nicht nur ihre Zofen, sondern auch ihren persönlichen Lakaien selbst aus, die allesamt »wohlgestaltet und unverheiratet« sein mußten, dennoch kontrollierte sie ihre Ausgaben genau. Sie besaß natürlich auch das Recht der individuellen Bestrafung – ihrer unehrlichen Dienerin »nachzuspionieren«, um sie zu einem Geständnis und zur Rückgabe einer gestohlenen Haube zu zwingen, war für die Frau eines Staatsanwalts in Velay offenbar selbstverständlich. Die Frau teilte den Dienstboten ihre Arbeit zu und lebte mit ihnen in einer Vertrautheit, die sich

Jacques Gamelin, *Interieur*. Der Triumph der Frau, Gattin und Mutter. Bei dieser typischen Darstellung des häuslichen Lebens fällt auf, daß die Frauen um die Kinder herum die hervortretenden Figuren sind. Zwar wird der Mann am Tisch bedient, aber er ist hier nicht in seinem eigenen Bereich, der außerhalb des Hauses liegt (Arbeit, Markt, Beziehungen zur Öffentlichkeit). (Carcassonne, Musée des Beaux-Arts)

bis zur Komplizenschaft steigern konnte. Sophie Volland konnte durch die Vermittlung ihrer ergebenen Dienerin ohne Wissen ihrer Mutter mit Diderot in Verbindung bleiben (zu dieser Zeit war sie ca. vierzig Jahre alt). Madame de Pollastron, die auf ihrem Landsitz und in ihrem Haus in Auch zusammen mit mehreren Zofen ihr eigenes Leben führte (nach Meinung ihres Beichtvaters in einem allzu vertrauten Verhältnis), war keine Ausnahme; sie zog ihre Zofen der Familie vor; Herrin und Dienerinnen machten sich über die bäurischen Manieren des Gatten lustig und schimpften über die Schwiegereltern.

Die Verwaltung des Haushalts

Tatsächlich bot die Haushaltsführung Gelegenheit zu offenkundig privaten Aktivitäten der Frauen. Gewiß hatten nur Frauen aus den oberen Klassen oder Witwen Anteil an Geschäften außer Haus; sie tätigten in der Regel keine Einkäufe auf dem Markt; die Verwaltung des Erbguts, der Umgang mit Geld oder die Aufnahme von Krediten gehörten normalerweise nicht in ihre Kompetenz. Dennoch beobachtet man in der häuslichen Welt der Frauen eine Zirkulation von Geld, Lebensmitteln, Kleidung oder Dienstleistungen, die sozusagen unter der Hand stattfand, oft ohne Kenntnis der Männer. Die Möglichkeiten der Frauen zu privater Initiative waren zwar gering, aber bezeichnend. Eine Arbeiterfrau in Montauban etwa borgte sich ein paar Sous von ihrer Nachbarin, um Haarbänder für ihre Tochter zu kaufen, die versuchen sollte, mit ein wenig Koketterie einen Mann für sich zu gewinnen. Häufig brachen Bäuerinnen zu dritt oder viert um drei Uhr morgens zum benachbarten Markt auf, sie verkauften dort Eier oder Gartengemüse, um sich einen Spargroschen anzulegen. Einer auserwählten Nachbarin diesen Spargroschen zu zeigen (es handelte sich um fünf 12-Sou-Stücke in einem Säckchen, versteckt in einem Kaminloch), war für eine arme Frau in Lavaur ein schöner Vertrauensbeweis; bei dieser Gelegenheit schworen sie einander, das Geld für Leichentücher zu verwenden. Wie in der Kindheit ging das eigene Geld nicht immer auf die Familie über, es konnte auch Grund und Bedingung der Freiheit sein. So etwa bei einem Dienstmädchen aus Montpellier, das einer Freundin den Lohn von drei Jahren anvertraute. Sie hatte das Geld gespart, um einen eigenen Haushalt zu gründen, doch vor allem wollte sie verhindern, daß ihr Schatz der Familie zufiel.

Lebenskreise

Die Frauen lebten also in einer Welt für sich, die allerdings nach draußen offen war. In einem reichen Haus und bei einem Bauernhof war die offene oder geschlossene Tür gleichzeitig Symbol und Realität. Auf dem Lande galt es als unmoralisch, wenn ein Mann ein Haus betrat, in dem sich nur die Frauen aufhielten. Im allgemeinen hörten Besuche auf, wenn während des Tages die Tür geschlossen wurde, eine erstaunliche

Pieter de Hooch, *Der Hinterhof*. Dieses Diptychon konfrontiert zwei verschiedene Frauenrollen: rechts die gute Hausfrau »in ihrem Privatbereich«, die zärtlich ihre kleine Tochter an der Hand führt; links eine Frau im Flur, halb schon auf der Straße, gebannt vor Neugier, sie horcht und spioniert. (London, National Gallery)

Pieter de Hooch, *Am Wäscheschrank*. Wäsche, reichverzierte Schränke, glänzende Bodenfliesen: eine Darstellung der Welt des Familienlebens, nützlich, wertvoll, harmonisch. (Amsterdam, Rijksmuseum)

Tatsache, die durchaus bemerkt und kommentiert worden ist. Der häusliche Bereich war kein Gefängnis, sondern bot Gelegenheit, unabhängige Beziehungen zu knüpfen.[14] Freundschaftliche Geselligkeit war kein leeres Wort. Von Schloß Grandval aus schrieb Diderot in ironischem Tonfall an seine geliebte Freundin Sophie Volland, die nach Grimms Formulierung Mann und Frau in einem war: »Nach dem Diner sind die Frauen zurückgekommen, wir haben sie allein gelassen, damit sie ihre kleinen Vertraulichkeiten austauschen konnten; wenn sie sich einige Zeit lang nicht gesehen haben, ist dies bei ihnen ein dringendes Bedürfnis [ebenso wie] die Zärtlichkeiten, die sie einander gewöhnlich erweisen.«

Frauen, die keinen Zutritt zur vornehmen Gesellschaft hatten, konnten Verbindungen innerhalb der Verwandtschaft oder in der Nachbarschaft knüpfen. Gelegenheit dazu gaben die Wohnverhältnisse in manchen Stadtvierteln; so beherbergte zum Beispiel ein dreistöckiges Mietshaus in einem Vorort von Toulouse sechzehn Handwerkerfamilien, jede in einem Zimmer. Räumliche Enge und das Fehlen von Komfort zwangen dazu, die Wohnung zu verlassen, um Wasser, Feuer oder Licht zu holen. Die Frauen gingen zum Waschhaus, zum Brunnen, zum Backofen und zur Mühle; im Süden machten sie sich zu zweit oder dritt auf den Weg, plauderten oft stundenlang mit den Nachbarinnen. Viele Tätigkeiten, die später fest zwischen den vier Wänden lokalisiert wurden, erstreckten sich damals noch weit in die Außenwelt.[15] Die Frauen annektierten das Terrain vor dem Haus, die Straße, ja sogar öffentliche Plätze. Im 18. Jahrhundert versammelten sie sich in Toulouse dort, um Kräuter zu verlesen und ihre Kinder zu stillen; eine Schankwirtin wusch täglich ihre Gläser im Brunnen. Kurz gesagt, ihre Welt war nicht im eigentlichen Sinne häuslich, freilich auch noch nicht der öffentlichen Macht unterstellt. So wurden denn immer wieder Verordnungen erlassen und das Innere der Gebäude umgestaltet, um diese privaten Tätigkeiten wieder zurück ins Haus und seine Nebenräume (Hof, Garten, Treppe) zu verlagern. Hier verliefen im 17. und 18. Jahrhundert die fließenden Grenzen zwischen privat und öffentlich. Die Privatisierung von öffentlichem Raum bekundete sich in bezeichnenden Gesten: Als in Bigorre die Frau eines Arbeiters von ihrem Mann geschlagen wurde, brachten zwei Nachbarinnen ihr das Essen auf die Straße, »aus guter Freundschaft«, wie sie sagten; noch beredter ist die Reaktion einer Mutter, die vom plötzlichen Tod ihres Sohnes erfahren hatte – anstatt im Schoß der Familie Trost zu suchen, stürzte sie auf die Straße hinaus und warf sich weinend in die Arme der Nachbarin.

Überschwang der Feste

Feste und Feiertage boten Gelegenheit, der Familienbastion zu entschlüpfen. Die Mädchen, vornehmlich im Süden, waren zwar von den Bräuchen der männlichen Jugend (dem Charivari zum Beispiel) ausgeschlossen, aber man erlaubte ihnen gewisse Freiheiten, und sei es nur, um ihnen die Eroberung eines Ehemannes zu erleichtern. Um Risiken zu vermeiden, durften sie allerdings niemals ohne Begleitung in der Öffentlichkeit erscheinen. In Saint-Antonin im Quercy promenierten katholische und protestantische Mädchen am Sonntag mit ihren Freundinnen auf dem Dorfplatz, im Sommer tanzten sie unter einer alten Ulme, »in hübschen, lebhaften und beschwingten Grüppchen«, die je-

Junge Frau am Brunnen (Privatsammlung). Gegenüberliegende Seite unten: Jean-Honoré Fragonard, *Die Wasserfälle von Tivoli* (Paris, Louvre). Diese beiden Studien von Fragonard zeugen von einer weiblichen Welt, die nicht abgeschieden, sondern nach außen hin offen war. Da Backofen, Waschplatz und Kramladen zum weiblichen Tätigkeitsbereich gehörten, hatten die Frauen notwendigerweise allein von diesen Orten Besitz ergriffen. Hier begründete oder ruinierte der »Chor« der Hausfrauen den Ruf eines Menschen, hier entstanden Gerüchte. Das Wirtshaus, den klassische Ort männlicher Geselligkeit, zu betreten war ihnen jedoch untersagt, jedenfalls in südlichen Landstrichen.

doch schwer zugänglich waren, wie Fonvielle klagte, der damals Kommis beim königlichen Salzmonopol war. Unbestreitbar begeisterten Feste und Riten der Gemeinschaft vor allem die Jugendlichen, und die Mädchen profitierten davon, jedenfalls bis zur Heirat, die eine entscheidende Zäsur im Leben der Frauen darstellte und sie in ein neues Ordnungssystem verwickelte. Die großen Feste taugten nun nicht mehr für sie. Doch die Religion entschädigte dafür. Ähnlich wie die Erfüllung der hausfraulichen Obliegenheiten bot sie den Frauen willkommene Anlässe, das Haus zu verlassen und sich unter den beifälligen Blicken von Familie und Gemeinde mit Freundinnen zu treffen: während der Meßgottesdienste, bei Missionspredigten und Wallfahrten. Die Religion bestimmte den Lebensrhythmus, und sie legitimierte kleine »Ausflüge«, die überaus beliebt waren. In Bout-du-Pont, einem Vorort von Albi, bekannten die Frauen von Wollkämmern im Mai 1790, um nichts in der Welt wollten sie die Predigten der Franziskanermönche nach dem Abendessen versäumen (die Männer hockten unterdessen im Wirtshaus zusammen).

Neue Signale der Intimität

Die Gegenreformation hatte unbeabsichtigt eine erweiterte Privatsphäre für Frauen geschaffen. Franz von Sales war es gelungen, für die Frauen der Oberschicht die Erfordernisse des Seelenheils und der Gesellschaft miteinander zu versöhnen.[16] Seine *Anleitung zum religiösen Leben* hatte großen Einfluß, in ihrem Zeichen entwickelte sich, hauptsächlich durch die Vermittlung der Missionen, im 17. und 18. Jahrhundert in der vornehmen Gesellschaft, aber auch in den Volksschichten ein neues Modell weiblicher Frömmigkeit. Die Frauen wurden ermutigt, die Wahrheiten der christlichen Religion intensiver zu erfahren, und durch eine Mission oder ihren Beichtvater dazu veranlaßt, sich mindestens einmal täglich zu diesem Zweck aus dem Familienverband zurückzuziehen. Um 1750 beachtete die Frau eines Toulouser Wundarztes bei ihrer Tageseinteilung sorgfältig diese Empfehlung: Sie erfüllte ihre Hausfrauenpflichten sehr gewissenhaft und ging nur aus, um mit Nachbarinnen oder, häufiger, allein an der Messe teilzunehmen, manchmal besuchte sie auch nachmittags die Kirche ihrer Pfarrei, um dort zu beten und das Jesuskind zu grüßen.

Die Erziehung, die in dieser Zeit nicht mehr streng auf die Familie beschränkt war, hat diese Entwicklungen fraglos begünstigt. Entscheidend waren hierbei die zwei oder drei Jahre Erziehung im Kloster, die nun im städtischen Kleinbürgertum zunehmend üblich wurde und den Mädchen neue Perspektiven eröffnete. Im 18. Jahrhundert schloß Madame Hérail im Kloster von Auch Freundschaft mit einer lebenslustigen Juristentochter, ihrer »lieben Vavarette«. Die Freundschaft überdauerte die Verheiratung, sie luden sich gegenseitig zu langen Landaufenthalten ein. Vertraulichkeiten, Intrigen und ein inniger Briefwechsel beschäftigten sie jahrelang so sehr, daß die Familienaufgaben darüber vernachlässigt wurden und ihre Ehemänner sich empörten. Manon

Antoine Watteau, *Ländliches Fest*. Ein sandiger Uferstreifen mit historischen Bauwerken im Hintergrund; an solchen Orten der Muße trafen sich alle Klassen, Geschlechter und Altersgruppen beim vergnüglichen Volksfest. (Agen, Musée municipal)

Phlipon machte eine ähnliche Erfahrung; mit zwölf Jahren bat sie ihre Eltern um einen zweijährigen Aufenthalt im Kloster des Faubourg Saint-Marcel, um sich in einem gedeihlichen geistigen Klima auf die Kommunion vorzubereiten. Unversehens lernte sie dort mehrere Freundinnen kennen: zuerst zwei Nonnen, die ihr anboten, sie regelmäßig in ihren Zellen aufzusuchen, wo sie in Ruhe lesen und offen ihre Meinung sagen konnte. Doch besonders eng freundete sie sich mit ihrer Mitschülerin Sophie Cannet an, der sie bis zum Tode treu blieb: »Meine Sophie und ich teilten alles miteinander«, Vorlieben, Bücher, Gedanken. Alles in allem erschloß das Kloster den Mädchen, ebenso wie das Collège den Jungen, die Möglichkeit, außerhalb der Familien Erfahrungen zu sammeln und ihren Charakter zu erproben.[17]

Gemeinsamkeiten und Widersprüche im Alltag der Menschen werden nun deutlicher erkennbar. Die Selbstvergewisserung in Einsamkeit und Intimität blieb wenigen vorbehalten; sie setzte einen Grad von Freiheit und Bildung voraus, der einem Privileg gleichkam: Manon (deren Beispiel oft beschworen wird) hatte sich von Kindheit an ein Refugium sichern können, »ihren Alkoven«, in dem sie abends heimlich Bücher las, die sie von den Gesellen ihres Vaters geliehen hatte; die Mutter sah es, verlor kein Wort darüber, überwachte die Lektüre jedoch insgeheim. Doch das war und blieb eine Vergünstigung, die nur wenige Frauen erlangten, selbst wenn sie sich eine gewisse Bildung angeeignet hatten.

Constantin, *Landschaft*. Die Türschwelle spielte auf dem Lande dieselbe Rolle wie der Hausflur in der Stadt: Das häusliche Leben dehnte sich nach außen hin aus; privates und gemeinschaftliches Leben durchdrangen sich gegenseitig; die Haustür schloß keinen ausschließlich familiären Privatbereich ab, auf den die Frauen beschränkt gewesen wären.

Vom Gerücht zum öffentlichen Skandal

Im Grunde hatte sich das Leben der Frauen kaum gewandelt. Widersprüchlich blieb die Rolle, die ihnen zugedacht war. Sie waren Herrinnen im Hause, gleichwohl nahmen sie Einfluß auf die öffentliche Meinung. Zumindest standen sie in diesem Ruf. Frauen waren geschwätzig, und ihre Gespräche auf der Türschwelle oder im Waschhaus waren Informationsbörsen ersten Ranges. Die Frauen aus dem Volk gaben ihre Neugier ganz ungeniert zu. Man war »gezwungen«, einen Passanten zu beobachten, eine Unterhaltung mitanzuhören oder einen Nachbarn zu belauern; so wurden Nachrichten zusammengetragen und Neuigkeiten kolportiert. Gar nichts, nicht einmal Diebstähle oder heimliche Geburten konnten in einer solchen Gesellschaft unentdeckt bleiben. Kaum zeigte ein Ladengehilfe in Pézenas Interesse an einem Mädchen, schon bildete sich auf der Straße ein Grüppchen von Frauen, die unverzüglich die Mutter unterrichteten, nicht ohne die Wahrscheinlichkeit einer Heirat erwogen zu haben und das Mädchen anzüglich zu fragen: »Wann gibt es Zuckermandeln?« Ungleich folgenreicher war es, wenn aus dem Gerücht ein öffentlicher Skandal wurde, denn dann wurden Familiengeheimnisse offen auf der Straße ausgebreitet. In diesem Fall war das Opfer verpflichtet, sich Genugtuung zu verschaffen, sollte nicht sein Ruf Schaden nehmen. Der Chor der Frauenstimmen gab den Ausschlag, wenn es im Falle schwerer Verfehlungen gegen die Normen des privaten Lebens zum Skandal kam. 1780 lebte in Bedarieux eine Frau, die als Dirne bekannt war, mit dem Arzt des Ortes in einem einzigen Zimmer zusammen. Geburten und Fehlgeburten folgten aufeinander, doch solange die Frau während der Schwangerschaft im Zimmer eingeschlossen blieb, wurde nur getuschelt. Als dieses »leichte Frauenzimmer« samt Dienerin jedoch *öffentlich* ein Haus bezog, brach der Skandal los: »Es gibt keine Sitten, keinen Anstand und keine Scham mehr!«

Tatsächlich übten die Frauen soziale Kontrolle aus, oft zu ihrem eigenen Nachteil, denn sie waren auch die bevorzugten Opfer. Im Grunde machten sie nur von ihrem Privileg als Wächterinnen des Hauses und der Familienmoral Gebrauch. Dazu verfügten sie über wirkungsvolle Waffen: Sie enthüllten skandalöses Verhalten in der Privatsphäre und wiegelten die öffentliche Meinung auf; sie brachen das Gesetz des Schweigens, das über den häuslichen Angelegenheiten lag. In ihrer stets gefährdeten und fluktuierenden Domäne wollten sie für Recht und Ordnung sorgen.

Das Bild der Frau war doppeldeutig, wie zwei entgegengesetzte Vorstellungen verraten. Die Frau ohne Kopf entspricht klerikalen und volkstümlichen Anschauungen: »Abgrund der Dummheit, Brutstätte des Unglücks, plappernder Mund, Quelle von Streit und Feuer der Hölle.« Darunter liest eine ältere Frau eine Heiligenvita, ein Beleg dafür, wie allgemein verbreitet das Lesen, vor allem in der Stadt, geworden war. Lesen und Schreiben erweiterten die häusliche Autorität der Frau und begünstigten neue Formen der persönlichen Andacht.
(Toulouse, Musée Paul-Dupuy)

Eine Neubestimmung der Rollen

Der »Sonnenkönig« war von 1643 bis 1715 an der Macht, 54 Jahre lang regierte er. 1683 hielt Ludwig XIV. seinen glanzvollen Einzug in Versailles. Eine schwierige Zeit begann, das europäische Selbstverständnis steckte in einer Krise, Weltbild und Lebenseinstellung wandelten sich. Zwei Tendenzen zeichneten sich ab: einerseits die Ausdehnung des Staates in Justiz, Polizei und Steuerwesen, andererseits das Verlangen aufgeklärter Bürger, an politischen Entscheidungen teilzuhaben. Daher rührte das Bedürfnis, die verschiedenen Lebensräume – öffentlich, familiär, privat – deutlicher voneinander zu trennen. Abgeschieden zu leben bedeutete nicht länger, sich aus der Gesellschaft zurückzuziehen und »die verbleibende Zeit zwischen Leben und Tod heilig und weise zu verbringen«, wie Saint-Simon über den ehemaligen Kanzler Pontchartrain schrieb. Pontchartrain hatte sein Leben dem König, dem Land und seiner Familie gewidmet; im Alter, nach dem Tod seiner Frau, verließ er den Hof für immer.[18] Im 18. Jahrhundert zog man sich zurück, um »die Freuden des privaten Lebens« zu genießen, wie es der Graf von Brienne formulierte.

Zeremoniell und Zeit für sich selbst

Bereits während der Herrschaft Ludwigs XIV. setzte der Wandel ein. Auf der offenen Bühne von Versailles ergänzten sich regierender Fürst und Höflinge in den Funktionen von Herrscher und Dienern im Kult der Monarchie. Im prunkvollen Rahmen der Staatsgemächer, der Salons und des Schloßparks, an Orten, die allen offenstanden, lebte der König in der Öffentlichkeit, unerforschlicher Herr seiner selbst und Herrscher über das Königreich. Zonen der Intimität gab es kaum, noch

Der König nimmt die Huldigungen des Herzogs von Lothringen entgegen. Wie bei allen öffentlichen Handlungen des Königs schreibt die Etikette auch hier eine genaue Zeremonie vor; sie unterstreicht die Majestät des Herrschers. (Paris, Bibliothèque Nationale)

weniger ein Familienleben. Jede Regung, jede Handlung gehorchte dem Gebot der Repräsentation. Dasselbe wurde vom Hochadel gefordert, den Ludwig XIV. nach dem antiabsolutistischen Aufstand der Fronde an den Hof gefesselt hatte. Mit seiner politischen Macht hatte der Adel auch sein privates Leben verloren, im Austausch dafür gewann er die Gunst eines allgegenwärtigen Herrn, der sämtliche Familiengeheimnisse kannte. Hofdamen, die »zur Unzeit« schwanger geworden waren, suchten um eine Privataudienz bei ihm nach, und der König schickte den Ehemann in den Krieg, um ihre Ehre zu retten.[19]

Fortan hing für diese Aristokraten, die in übelriechenden Zwischen- oder Dachgeschossen des Palastes zusammengepfercht waren, alles von der königlichen Gnade ab. Familienleben oder Freundschaft ersterben, wenn jeder damit rechnen muß, daß er von anderen beobachtet oder belauscht wird. Ein Jahrhundert später empörte sich Manon Phlipon, weil der Erzbischof von Paris in der Nähe von Versailles residierte, »damit er sich jeden Morgen zu den Levers dieser Majestäten schleichen kann«. Es war obligatorisch, bei diesen »Levers« zu erscheinen. Hinter den Kulissen indes gönnten sich die Akteure hin und wieder eine Ruhepause. Der Monarch selbst hatte die Gewohnheit, sich jeden Tag für eine gewisse Zeit in die Privatgemächer hinter den Prunkzimmern zurückzuziehen. Nur wenige Auserwählte wurden dorthin eingeladen, denn obschon sich in der Öffentlichkeit jedermann an den König wenden konnte, war eine Privataudienz ein ganz besonderer Gunstbeweis. In diesen verschlossenen Zimmern ließ der König die Maske fallen – Primo Visconti, der Botschafter Venedigs, hat das beschrieben. Hier lebte er mit seinen Vertrauten und seinen heftig beneideten persönlichen Dienern, hier besuchten ihn seine Kinder, hier empfing er die Architekten, deren Pläne er gründlich studierte. Gewiß ging es auch hier nicht ganz ohne Rivalität und Intrigenspiel ab, ebensowenig wie in den Gemächern Madame de Maintenons, wo der König im Laufe der

Vor dem Schloß in Marly war der Trianon für den König ein Ort relativer Zurückgezogenheit. Zuerst war der Trianon nur als Haus gedacht, in dem ein Imbiß eingenommen werden konnte, später wurde er erweitert, um dem König mit seinen Gästen einen kurzen Aufenthalt zu ermöglichen. (Paris, Bibliothèque Nationale)

Jahre ein fast häusliches Eheleben genoß, zum Zorn Saint-Simons, den bereits das Privileg privater Audienzen erboste. Wenn der König mit ein oder zwei Ministern arbeitete oder Audienzen gab, war Madame de Maintenon stets zugegen, eine aufmerksame Vertraute, »meine zuverlässigste Stütze«, wie der König sie nannte. Sie hatte es verstanden, ihm eine Welt einzuräumen, in der er sich entspannen und bei Theateraufführungen oder Konzerten in kleinem Kreise, abseits vom Hof, sich unterhalten konnte. Ähnlich war es auf den Reisen nach Marly, das Ludwig als »kleinen Ort der Einsamkeit« vorgesehen hatte und wo Etikette und Rangordnung minder streng beachtet wurden, zur Entrüstung der Prinzessin Liselotte von der Pfalz: »Man sieht den König nur wenig, alles ist in Unordnung, der Hof läuft auseinander.«

Tatsächlich schlich sich eine Neigung zur Muße in die Unterbrechungen des Zeremoniells. Doch die Höflinge konnten nicht wieder dasselbe Leben wie zu Beginn des Jahrhunderts aufnehmen; sie waren und blieben entwurzelt. Sie mußten sich selbst eine neue Rolle und eine neue Freiheit schaffen.[20]

Der Höhepunkt feiner Lebensart

Im 18. Jahrhundert entwickelte sich in der Aristokratie eine neue »Lebenskunst«. Ihr Höhepunkt lag in den Jahren zwischen 1750 und 1760. Tonangebend war der Hof, der König war bei der Ausübung der Macht ebenso wie in seinem Willen, sich nicht gänzlich von seinem Amt bestimmen zu lassen, mit gutem Beispiel vorangegangen.

Anders als sein Vorgänger genoß Ludwig XV. seine königliche Macht nicht in vollen Zügen, er distanzierte sich vom überlieferten Handlungsmuster und sprach von Staatsangelegenheiten so, als sei nicht er der Herrscher: »Sie dachten, es sei besser, dies oder jenes zu tun.« In der administrativen Monarchie veränderte sich die Rolle des Königs, sie wurde vermittelter. Gewiß unterwarf sich der König weiterhin dem Zeremoniell und der Etikette, beanspruchte aber im Gegenzug einen eigenen Bereich, wo er befreit von den erdrückenden Regeln in seinen Privatgemächern oder später in Räumen, die versteckt unter dem Speicher lagen, leben konnte. Dieses Privatheiligtum umfaßte Salons, Galerien, eine Bibliothek und auf einer Terrasse sogar einen Garten. Für die Vertrauten, die das unschätzbare Privileg genossen, den König dort besuchen zu dürfen, war es ein entzückender Ort der Zurückgezogenheit, die anderen bezeichneten es als Rattennest. Im Familienkreis langweilte sich der König, das 18. Jahrhundert predigte nicht die Wonnen des heimischen Herdes. Er verbrachte viel Zeit mit seiner Mätresse und seinen Ratgebern oder in der Einsamkeit seiner Bibliothek. Die kleinen Soupers, die er für etwa ein Dutzend vertrauter Gäste gab, waren berühmt. Hier herrschte ein freier Umgangston; der König, in der Öffentlichkeit griesgrämig und schweigsam, zeigte sich freundlich, liebenswürdig und schlicht. In einer Umgebung nach seinem Geschmack entledigte er sich der Bürde seines Amtes: kleine, luxuriöse Salons in dezenten Farben, Grün und Grau, sorgsam mit allem Komfort ausgestattet. Hier führte er das Leben eines Grandseigneurs, freigeistig, aber auch häuslich, eines Menschen, der Karten und Stiche, Katzen, Konfitüre und Kaffee schätzte.

Pierre Mignard, *Porträt des Dauphin und seiner Familie* (Ausschnitt). Ein offizielles Porträt des Königskindes, dessen Erziehung Bossuet anvertraut war. Der Prunk dieser Szene wird gemildert durch das Hündchen im Vordergrund, den vertrauten Spielgefährten, ein Kontrast zu den riesigen Jagdhunden, mit denen Velazquez die Infanten darstellte. (Paris, Louvre)

Grevenbrock, *Das Schloß Muette*. Dieses Schloß, eine ehemalige königliche Jagdhütte, wurde 1764 unter Ludwig XV. wiedererbaut. Am Rand des Bois de Bologne gelegen, harmonisch eingefügt in die Landschaft und von einem hübschen Park umgeben, war es eines der »Lustschlößchen«, die in ihrer raffinierten und komfortablen Schlichtheit die ländlichen Träumereien der Aristokratie andeuten; Ludwig XVI. residierte hier sehr gerne, weitab von den Feierlichkeiten des Hofes.
(Paris, Musée Carnavalet)

Seinem Beispiel folgend, emanzipierte sich der Hofadel mehr und mehr von den Zwängen der Etikette. Mit einem Bein stand man in Versailles, wo die Intrigen der Cliquen um Macht und Gunst ausgefochten wurden, mit dem anderen in Paris; erst unter Ludwig XV. war eine solche Veränderung möglich geworden. Die Adligen hielten sich in den renovierten Stadtpalais, in Häusern in Passy oder Auteuil auf, oder tauchten in die erwünschte Anonymität ein, die nur Paris bieten konnte. Die Stadt hatte sich dem Hof gegenüber Genugtuung verschafft, sie formte nun die öffentliche Meinung, modifizierte den Lebensstil und verbreitete neue Sitten.[21] Eine Vielzahl von Tendenzen wird erkennbar: die wachsende Intimität etwa, unerläßlich zur Beobachtung und Analyse des Selbst, die nicht länger als verdammungswürdig galt. Schon vor Rousseaus *Bekenntnissen* erforschten Briefschreiber scharfsichtig ihr eigenes Ich. Doch das Zeitalter der Aufklärung hatte auch seine Dunkelzonen, nicht zuletzt die Wollust. Die raffinierte Jagd nach Lust fand meist in verborgenen Gärten statt. Bekannt dafür ist das Kloster, das de Sade bevorzugte, ein geheimes Reich für die Eingeweihten, verriegelt gegen die Außenwelt. Nach seinem Muster beschrieb die erotische Literatur – die sich in der zweiten Hälfte des 18. Jahrhunderts rasch vermehrte – ebenso flott wie detailliert eine neue Topographie des Geheimen. In *Félicia ou mes fredaines* von Andréa de Nerciat, einem Zeitgenossen von Choderlos de Laclos[22], der Schilderung der Laufbahn eines Libertins, verbürgt die Architektur die Heimlichkeit der Lust – ein wahres galantes Labyrinth verbindet die beiden Etagen der vornehmen Wohnung; mit einem Aufzug in einem gepolsterten Schacht erreicht man versteckte Zwischenstockwerke. Die Herren, die den Schlüssel besitzen, fahren durch den Schacht nach unten und gelangen durch eine bewegliche Wandtäfelung in das auserkorene Zimmer, dessen normale Ausgänge versperrt sind. Doch Sir Sydney, der dieses Labyrinth in

Auftrag gegeben hatte, zieht sein Vergnügen aus der teilnehmenden Beobachtung. Der Architekt errichtet ihm deshalb eine kleine Geheimkammer, die, durch unsichtbare Rohre und Löcher in den Pfeilern, der Hör- und Schaulust die Bahn bereitet. Verborgen im Dunkeln, garantiert der Voyeur den Akteuren die illusorische Sicherheit ihres heimlichen Treibens – eine Extremform von Privatisierung, gewiß nicht die häufigste in Pariser Kreisen, die mehr oder weniger stark den Adel imitierten und eher geneigt waren, die Lebensbereiche aufzuteilen: Ein Teil gehörte der Familie, ein zweiter den Geschäften, ein dritter der ersehnten Freiheit.

Das triumphierende Vorbild der Aristokratie

Ein Repräsentant dieser Kreise ist Diderot. Aus einer kleinbürgerlichen Familie in der Provinz stammend (sein Vater war Messerschmied in Langres), gehörte er mit fünfzig Jahren, nach 1760, zu den Auserwählten in der Gelehrtenrepublik und wurde in den bekannten Salons (die Aufklärer wurden durchaus vom Adel protegiert), vor allem bei Baron d'Holbach, empfangen.[23] In gewisser Weise war er ein »Aufsteiger«, der noch den nötigen Scharfblick besaß, um den Wandel der Lebensführung zu registrieren. »Früher lebte man innerhalb der Familie, hatte seinen Freundeskreis und ging ins Wirtshaus, in guter Gesellschaft wurden junge Leute noch nicht empfangen, junge Mädchen lebten beinahe eingesperrt, die Mütter bemerkte man kaum. Auf der einen Seite waren die Männer, auf der anderen die Frauen. Heute lebt alles bunt durcheinander, man empfängt junge Leute von achtzehn Jahren. Man spielt aus Langeweile, man lebt getrennt, die kleinen Leute haben Ehebetten, die Vornehmen getrennte Appartements. Das Leben teilt sich auf in zwei Beschäftigungen, man ist in seinem Arbeitszimmer oder in seinem ›petite maison‹, zusammen mit Kunden, oder bei der Geliebten.«

Menschen verschiedenen Alters, Geschlechts oder Standes lebten »bunt durcheinander«, aber die Rollenteilung hatte sich vertieft. Diderot entsprach diesem Bild. Eine unglückliche Heirat (mit einer Wäscherin), mit der er sich nicht abfinden mochte, band ihn an eine zänkische Gattin; Geschrei und Gekeife vergällten ihm das Zuhause. Freilich war da auch Angélique, seine etwa zehnjährige Tochter, die der Megäre schutzlos ausgeliefert war: »Welche Gesundheit könnte dem standhalten?« So kam er wieder heim, um sich um die Erziehung des Mädchens zu kümmern und es zu trösten. Doch seine wahre Existenz gründete anderswo, zuallererst in seinem Werk, und in den Jahren während der Veröffentlichung der *Enzyklopädie* vergingen die Vormittage in den Verhandlungen mit Autoren, Druckern, Buchhändlern und Graveuren: »Ich schreibe und arbeite, bis ich schier kaputt bin [...]. Ich verderbe mir die Augen über Tafeln voller Zahlen und Buchstaben.« Das Ende des Tages war den Freunden, seinem Vergnügen oder der Unterrichtung Angéliques gewidmet. Gelegentlich dinierte er mit Grimm in den Tuilerien, dann spazierten sie in Paris umher (»Wir haben uns un-

Französische Schule des 18. Jahrhunderts, *Aufbruch zur Jagd.* Eine Interieur-Szene, wie sie in der Malerei des 18. Jahrhunderts häufig zu finden ist. Sie zeugt von einer Lebenskunst, die steife äußere Haltung verschmähte und die Annehmlichkeiten der Natur und der Gesellschaft zu genießen erlaubte. (Orléans, Musée des Beaux-Arts)

terhalten«). Manchmal ging er ins Theater, und oft verbrachte er den Abend in einem Salon.

Zu den schönsten Zeiten in Diderots Leben zählten die langen Herbstaufenthalte in Grandval (von dort aus schrieb er täglich an Sophie Volland). Glücklich war er, wenn er seine Koffer packte und allein zu Baron d'Holbach fuhr, wo er all das genoß, was die Tage angenehm machte: Komfort und Freiheit. Er bekam ein ruhiges Zimmer, hell und warm, das hübscheste im ganzen Haus, da er die Bequemlichkeit liebte, auf dem Lande ganz besonders. Und seine Gastgeber behelligten ihn nicht; es stand ihm jederzeit frei, sich zurückzuziehen, um zu lesen, zu schreiben oder zu ruhen, normalerweise am Vormittag, bisweilen auch nachmittags. Doch Grandval war keine Einsiedelei, uneingeschränkt huldigte man dort den geistigen Freuden wie den Freuden der Tafel: »Eis, meine Freunde, ah, welches Eis! Sie müßten hier sein, um gutes Eis zu kosten, Sie, die es so gerne essen. [. . .] Unmöglich, hier maßvoll zu leben, ich werde kugelrund, den Bauch am Tisch, den Rücken am Feuer«, schrieb er an Sophie Volland. Weitab von allen äußeren Zwängen verbrachte man die Zeit zwischen Schreiben und Geselligkeit, nachmittags oder abends beim Souper traf sich eine fröhliche Gesellschaft von Freunden, die vertrauten Gäste des Barons aus Paris oder aus der Nachbarschaft, wie etwa Madame d'Epinay, um halb scherzhaft, halb ernst Neuigkeiten über den Hund Pouf auszutauschen oder wissenschaftliche Probleme zu debattieren. Über alles konnte gesprochen werden, sofern es mit Geist und Anstand vorgebracht wurde; nachdem

Ein Abend in ruhiger bürgerlicher Intimität beim Brettspiel. Die Hausherrin (Madame d'Epinays Mutter) verbrachte ihn in Gesellschaft ihrer treuen Dienerin und des Hauslehrers. (Carmontelle. Chantilly, Musée Condé)

Diderots und Grimms Gastgeber in Grandval um 1760. Die Gastfreundschaft des Barons d'Holbach, selbst ein Aufklärer, der seinen Gästen große Freiheit ließ, brachte ihm den Spitznamen »Maître d'hôtel der Philosophen« ein. (Chantilly, Musée Condé)

die Besucher aufgebrochen waren, setzte man die Unterhaltung im intimen Zirkel fort. Diderot schätzte Spaziergänge mit dem Père d'Hoop über die Hügel an der Marne oder gemütliche Gespräche am Kaminfeuer, an manchen Abenden, wenn die Frauen im Salon soupierten, sogar in Nachthaube und Morgenmantel. Diese ländlichen Szenerien zeugen von einer Epoche, in der privates Leben nicht länger nur als Exil, fromme Abgeschiedenheit oder Domäne des Alters galt.

Vielfältigkeit der Rollen: die Provinz

Der Hof und die Stadt gaben also den Ton an. Den veränderten Lebensstil des Provinzadels spiegelt in den Jahren nach 1750 das Beispiel des Präsidenten de Maniban, 1686 in Toulouse geboren.[24] Auf den ersten Blick scheint es, als habe er sein ganzes Leben dem Dienste des Königs gewidmet, denn er war Präsident des Parlaments von Toulouse, des zweitwichtigsten im Königreich; die Pflichten seines Amtes und seines Standes regulierten seine Privatsphäre. Seine Familie, die dem hohen Amtsadel angehörte, galt als die erste in der Provinz. Sein Vermögen, angewachsen durch kluge Verwaltung des Erbes, belief sich um die Mitte des Jahrhunderts auf etwa eine Million Livres. Er war prädestiniert für eine hohe Funktion, um so mehr, als er zehn Jahre in Paris verbracht hatte. Er heiratete keine Frau aus dem Toulouser Adel, sondern schloß 1707 eine glanzvolle Ehe mit einer Tochter der Pariser Familie Lamoignon, was ihm eine Mitgift von 240 000 Livres einbrachte, ganz zu schweigen von den Beziehungen dieser Familie. So wurde er zum Schwager des Kanzlers de Lamoignon und zum Onkel Monsieur de Malesherbes, der an der Spitze der staatlichen Zensur stand. Häufige Aufenthalte in Paris festigten die Familienbande, mit dem Kanzler begann er eine lebhafte Korrespondenz. Diesen Briefen, »nur für Sie allein« geschrieben, vertraute er seine Meinungen, Stimmungen und Enttäuschungen an. 1722 ernannte der Regent ihn zum Ersten Präsidenten des Parlaments von Toulouse; er blieb es bis zu seinem Tode im Jahre 1762. Er war ein ergebener Sachwalter des Königs, beflügelt von Gerechtigkeitssinn und dem Willen zum Frieden, wahrte jedoch auch die Interessen des Parlaments, das durch religiöse und politische Zwiste gespalten war. Seine verantwortungsvolle Tätigkeit verhinderte Freundschaften oder Geschäftsbeziehungen, wie er in seinen Briefen bekannte, er ließ es nicht zu, daß Vergnügungen ihn von der Disziplin seines Amtes ablenkten. Ein vorbildlicher Präsident, verfocht er in Versailles die Ansprüche der Stadt Toulouse, während er gleichzeitig dafür Sorge trug, daß in seinem Amtsbereich die Autorität des Königs respektiert wurde. Im September 1727 erfuhr er in Paris von einer Überschwemmung des Toulouser Vorortes Saint-Cyprien; sofort begab er sich an Ort und Stelle; mit Hilfe einer Schenkung des Königs von 95 000 Livres organisierte er eilends die Versorgung der Menschen und den Transport von Hilfsgütern. Die öffentliche Ordnung war gesichert, der König wurde pflichtgemäß informiert.

Manibans Leben war vom Zwang zur Repräsentation geprägt. Als hoher königlicher Beamter mußte er das Zeremoniell wahren; unnachsichtig, mit starrem Gesicht führte er den jungen Beamten die Beachtung der Regeln vor: »Er zählte seine Schritte und wußte ganz genau,

Clubs, Cafés und Debattierzirkel: neue Orte der Geselligkeit, wo aufgeklärte Geister sich treffen, sich informieren und außerhalb der häuslichen vier Wände miteinander reden konnten und das Denken der Öffentlichkeit in einem halb privaten Rahmen prägten. (Paris, Bibliothèque Nationale)

Die Szene ist das Dekor eines ländlichen Schauspiels, aber auch die Darstellung eines der Landschlösser, wo die Angehörigen des Toulouser Parlaments, allesamt reiche Grundbesitzer, in beschaulicher Bequemlichkeit, doch ohne übertriebenen Luxus, die Gerichtsferien verbrachten.
(*Les Terriers illustrés de Sadournin et d'Esparros*. Tarbes, CDDP des Hautes-Pyrénées)

wie weit er vortreten oder zurückgehen mußte [...]. Er war der Ansicht, die Lachmuskeln im Gesicht eines königlichen Magistrats dürften sich niemals verziehen.« Trotz dieser Hölzernheit war sein Scharfblick beträchtlich. Die Mitwirkung in einer aristokratischen Bruderschaft, den »Pénitents bleus«, und die Patenschaft bei einem konvertierten Juden gehörten ebenfalls zu seinen Obliegenheiten als Erster Präsident[25] (seine Nachfolger waren Mitglieder der »Loge der vollkommenen Freundschaft«). Er war ein Mäzen der Gelehrten und unterstützte die Akademie der Wissenschaften; Freigebigkeit gegenüber den Armen, die ihn »Vater des Volkes« nannten, den freundlichen Empfang, der jedermann in seinem Palais zuteil wurde, verstand er als Dienste an seiner Majestät. Dafür erwartete er Respekt, ja sogar Verehrung, die ihm auch reichlich zuteil wurden, wenn er in der Öffentlichkeit erschien. Ein glanzvoller Lebensstil war in seiner Stellung obligatorisch, und Monsieur de Maniban entfaltete unvergleichlichen Luxus. Er hielt Tafel für die Honoratioren der Provinz, jeden Abend wurde im Hôtel de Pins zum Souper geladen. Besondere Gäste wurden mit glanzvollen Empfängen geehrt; 1754 nahm der Marschall de Richelieu, Oberkommandierender im Languedoc, den Ehrenplatz bei einem Festessen ein, zu dem vier Tafeln mit je fünfundzwanzig Gedecken aufgebaut waren. Freudige Anlässe im Königshaus wurden mit Feuerwerken, Festbeleuchtung und Strömen von Wein gefeiert, wie 1725 die Hochzeit des Königs, 1744 seine Genesung, später die Hochzeit des Kronprinzen.

All dies entsprach der Regel; ein aufwendiger Lebensstil war unerläßlich für einen Grandseigneur, erst recht, wenn er den König repräsentierte. Die Einnahmen seines Amtes, ungefähr 15 000 Livres pro Jahr, hätten dazu nicht ausgereicht. Sein privates Einkommen, geschätzt auf 60 000 Livres jährlich, mußte dafür herhalten. Die Ausgaben wogen um so schwerer, als sie nicht durch Selbstversorgung aus den eigenen Landgütern, wie es beim Provinzadel üblich war, aufgewogen werden konnten. Ein repräsentatives Haus mußte seine Waren in Paris kaufen: Prunkgewänder, Livreen für die Domestiken, Lampen und Kerzen, Feuerwerke, eine viersitzige Reisekutsche mit Gespann (1751 ließ Maniban sechs teure Pferde kommen); es brauchte einen Küchenchef, dem 120 Livres im Jahr gezahlt wurden; aus Bordeaux bezog man Fässer voll Zucker und Gewürzen (331 Livres im November 1741); aus Burgund kamen per Schiff zweijährige Weine zur Probe, eine Auswahl, wie man sie nicht einmal in Paris hatte: 1730 betrug die Rechnung 525 Livres, dabei war Maniban selbst Besitzer von Weinbergen im Armagnac. Hinzu kam eine zahlreiche Dienerschaft: 17 Diener (andere Parlamentsangehörige beschäftigten im Durchschnitt sechs), drei Equipagen, während seine Amtsbrüder sich mit einer Karosse und einer Sänfte begnügten. Auch beschäftigte er einen Privatsekretär, der Bittschriften und Glückwunschschreiben beantwortete. Bei der Abrechnung 1752 zeigte sich denn auch, daß von seinen 60 000 Livres Einnahmen nicht viel übrigblieb: »Es gibt kein großes Vermögen, das nicht öffentlich ist.« Alles in allem kam Joseph Gaspard de Maniban das Amt als Erster Parlamentspräsident teuer zu stehen, der Dienst für den König verschlang den Rest. Maniban erhoffte sich wohl handfeste Gunstbezeigungen vom König, doch er wurde enttäuscht und klagte darüber bitterlich in den Briefen an seinen Schwager, den Kanzler.

Ein repräsentatives Stadtpalais im klassischen Stil aus einer Epoche, die sich für eine Architektur der klaren Linien begeisterte; es belegt die allgemeine Verbreitung des französischen Stils in einer Stadt (Toulouse), deren alte Bauweise völlig anders war.
(Toulouse, Musée Paul-Dupuy)

Maniban wohnte allein in seinem Palais, das für alle offenstand; er hatte kein Familienleben, wahrscheinlich eine Folge seiner glanzvollen Pariser Heirat. Trotz einer Klausel im Ehevertrag weigerte sich Mademoiselle de Lamoignon, in die Provinz zu übersiedeln, sie mochte den Hof und Paris nicht entbehren, wo das Leben überaus kostspielig war, wie der Marquis vergrämt bemerkte. Enttäuschung bereiteten ihm auch seine Kinder. Er hatte zwei Töchter, Erbe seines Amtes und seines Vermögens war daher sein Cousin Campistron. Die beiden Mädchen wurden natürlich in Paris erzogen und machten schließlich gute Partien am Hof; die Eheverträge wurden vom König unterzeichnet, allerdings gegen Mitgiften von 450 000 und 500 000 Livres, wovon 50 000 Livres bar gezahlt werden mußten. Lamoignon mußte sich dafür bei seinen Freunden verschulden, da seine Frau sich geweigert hatte, eine angemessene Summe beizusteuern: »Manchmal ist eine Menge Geduld vonnöten«, rief er schließlich erleichtert aus, als die Verhandlungen abgeschlossen waren. Dennoch verband ihn tiefe Zuneigung mit seinen Töchtern.

Manibans Amt bedeutete ununterbrochene Verantwortung, sein Familienleben war unregelmäßig. Zum Ausgleich gönnte er sich einen Ort der Ruhe und des Vergnügens, jedoch erst 1748. Er mußte teures Geld dafür bezahlen: 48 000 Livres Kaufpreis und 23 000 Livres, um den Besitz nach seinem Geschmack umzubauen. Doch in Augenblicken der Niedergeschlagenheit konnte er sich in sein Refugium begeben, um »sich zu entspannen und das Landleben zu genießen«. Den Besitz Blagnac, eine Meile von Toulouse entfernt, hatte Maniban, der bereits das Schloß Busca und mehrere Landschlößchen besaß, ausschließlich zu seinem persönlichen Vergnügen erworben. Alles darin war neu, bis hin zu den Litzen am Bett, und ohne unnötigen Luxus; Gobelins oder anderen Wandbehängen zog er weißgekalkte Wände vor, die Möbel mußten vor allem solide sein. Der Haushalt wurde maßvoll, wiewohl ohne Verzicht auf Komfort geführt. Im Gegensatz zum Hôtel de Pins konnte er sich hier den Repräsentationspflichten entwinden. Nur wenige ergebene

Palais Royal in Paris: ein vertikaler Monumentalbau, ideal für Immobilienspekulation. Der Herzog von Orléans machte diesen Palast zu einem Treffpunkt mitten in Paris, wo Menschen und Ideen zirkulierten. Zwischen Gärten und Galerien kursierten Gerüchte und Klatsch. (Paris, Musée Carnavalet)

Diener lebten hier, dazu ein Privatsekretär und zwei Gärtner, denn obschon das Gut nicht rentabel sein sollte, legte Maniban doch Wert auf einen Gemüsegarten und einen Park. Der Gemüsegarten, etwa einen Hektar groß, versorgte die Küche mit Obst und Gemüse der Saison wie Spargel, Artischocken oder Erdbeeren; hier herrschte das Prinzip der Selbstversorgung. Der zehn Hektar große Park wurde auf seinen ausdrücklichen Wunsch hin mit einer Mauer umgeben, doch wollte er keine streng geometrische Anlage und keine Statuen; in diesem Park genoß er die Stille und die frische Luft, die von den Ufern der Garonne heraufwehte.

Alles in allem führte er also ein Leben, das für seinen Stand und seine Zeit typisch war: beständige Pflichterfüllung, die man durch den Rückzug in die Familie oder, wie Maniban, innerhalb eines auserwählten Freundeskreises kompensierte. Als Maniban krank wurde, sorgte die Familie Lamoignon dafür, daß der berühmte Arzt Fizes, dem sich schon Rousseau anvertraut hatte, seine Behandlung übernahm; seine Tochter, die Marquise de Livry, kam zu ihm und blieb während seiner letzten drei Lebensjahre sogar in Toulouse. Im Tode jedoch trug der königliche Beamte den Sieg über die Person Joseph Gaspard de Maniban davon. In seinem Testament hatte er verfügt: »Ich will ohne prunkvolle Bestattungszeremonie und ohne Grabrede, die ich ausdrücklich verbiete, auf dem Friedhof der Pfarrei, in der ich sterbe, begraben werden.« Trotz dieser Klausel hielt man sich an das Ritual der Bestattungsfeierlichkeiten für einen Parlamentspräsidenten, den er vorzüglich verkörpert hatte. Sein Nachfolger, Präsident de Puyvert, wurde zwanzig Jahre später übrigens genauso schlicht bestattet, wie er es in seinem Testament angeordnet hatte. Die Anschauungen hatten sich geändert.

Adlige Männer und Frauen in einem frischen, frühlinghaften Rahmen achten aufmerksam auf den Spielverlauf, ohne darüber die heiteren Zerstreuungen zu vernachlässigen. Im Hintergrund erhabene Architektur und üppiges Laubwerk; mit der beängstigenden Heimlichkeit einer Spielhölle hat diese Szene keinerlei Ähnlichkeit. Zu dieser Zeit beklagte das Parlament von Paris die Beliebtheit des Spiels in der feinen Gesellschaft. In diesen Kreisen konnte der Gerichtshof natürlich nicht einschreiten, obwohl das Spiel die Ursache für manchen familiären Ruin war.
(Paris, Bibliothèque Nationale)

Das Ende einer angenehmen Lebensweise[26]

Am Ende des Jahrhunderts war man offensichtlich des geistvoll-bissigen Stils und des trockenen Rationalismus überdrüssig, der das spontane Empfinden erstarren ließ; nun war Überschwang der Herzen gefragt: »Kehr zurück, verlorenes Kind, kehr zurück zur Natur« (Baron d'Holbach). Nach Bougainville verhießen Reiseberichte aus dem Pazifik und Beschreibungen primitiver Gesellschaften auf der paradiesischen Insel Tahiti oder anderswo den Menschen Glück und Unschuld, sofern sie zurückkehrten in den Schoß der Natur. Der Adel brachte die »Lustschlößchen« in Mode, liebliche Orte außerhalb von Paris, inmitten der Illusion einer unberührten Natur, so wie das Schlößchen »Bagatelle« des Grafen von Artois. Die schönsten Beispiele sind die verzauberte Einsamkeit des kleinen Trianon und von Saint-Cloud, Privatbesitz im wahrsten Sinn des Wortes, Geschenke des Königs, errichtet als Zufluchtsort für eine zwanzigjährige Königin.[27] Selbst der König wurde nur auf Einladung vorgelassen. Ein Landhaus von bescheidener Größe, Proportionen und Dekor sind jedoch auserlesen. Dazu gehört auch das Bauerndorf, in dem die Königin in einem raffiniert angelegten Park Bäuerin spielen konnte. Alles zeugte von dem Wunsch selbst der gekrönten Häupter, anders zu leben als unter der erdrückend starren Ordnung des Hofes: »Hier halte ich nicht hof, hier lebe ich privat.« Ein

Leben im Zeichen der Freiheit, im Genuß von Freundschaft und gleichen Vorlieben; Rangordnung und Pflichten waren auf ein Minimum reduziert. Jeder tat, was ihm gefiel, die Königin ging ohne Gefolge in einem weißen Musselinkleid spazieren. »Das ist keine Königin mehr, nur eine Modedame!« mäkelten ihre Gegner in Paris. Auch in Versailles hielt die Königin nicht immer die Regeln ein, denn sooft es ihr nur möglich war, zog sie sich mit ihren Zofen und Freunden in ihre Privatgemächer zurück. Sie verlangte, daß ihre Schneiderin Bertin und ihr Friseur Leonard private Kunden behielten, damit sie nicht aus der Übung kämen. So isolierte sie die Monarchie in ihrem eigenen Milieu. Die alten Herzoginnen kamen nicht länger, da sie nie sicher waren, ob sie der Königin ihre Aufwartung machen konnten. Es kam so weit, daß die Königin zur Gefangenen ihres eigenen bevorzugten Kreises wurde, bei dem sie erstaunliche Freizügigkeiten tolerierte, vor allem von ihrer Freundin de Polignac: »Ich glaube, wenn Ihre Majestät gerne in meinen Salon kommen möchte, ist dies kein Grund, meine Freunde auszuschließen.« Die Königin fügte sich und erkannte damit bereits eine Grenze der souveränen Macht an: die Privatsphäre der anderen, die ebenso respektiert werden mußte wie ihre eigene. Der öffentlichen Meinung erschien diese exzessive Privatisierung als skandalös in einer Zeit, in der die aufgeklärten Untertanen den Beschränkungen des bürgerlichen Daseins zu entkommen und endlich an politischen Entscheidungen teilzuhaben begehrten.

Das Bauerndörfchen der Königin machte Schule. Gefühlvolle Seelen fanden Gefallen an einsamen Träumereien und den Freuden ländlicher Tätigkeit. In Wirklichkeit war die einsame Natur einer strengen Ordnung unterworfen, die den Konventionen des Adels, der nach Freiheit und scheinbarer Schlichtheit suchte, entgegenkommen sollte. (Paris, Bibliothèque Nationale)

Revolutionäre Umgestaltungen

Es nahte das Jahr 1789, die Zeit der letzten Generation der Aufklärer brach an, eine Zeit der Zukunftspläne und Gesellschaftskritik. Dem Beispiel Madame Rolands folgend, hatten viele es sich zur Gewohnheit gemacht, »die Beziehung zwischen Mensch und Gesellschaft zu überdenken«. In einer Epoche, die das politische System umwälzte und die Menschenrechte ausrief, verdichteten sich in dieser Beziehung die entzündlichen Probleme. Das hieß nicht von vornherein, zugleich mit den Rechtsbestimmungen der alten Ordnung auch die Privatinitiative anzutasten; viele setzten eher auf die Erweiterung der Bürgerrechte als auf den Ausbau des Staates.[28] Anhand privater Dokumente können wir den Weg der Gounons, einer Familie von Provinznotabeln, nachverfolgen. 1789 war Joseph Gounon Oberhaupt des Familienverbandes. Geboren 1725 in Toulouse, erwarb er sich ein Vermögen im Handel; durch das Amt eines Magistrats und den Kauf eines Herrensitzes erlangte er den Adelstitel. Aufgrund der Heirat mit einer Tochter aus dem Toulouser Amtsadel erwarb er das Recht, sich Monsieur de Gounon, Seigneur de Loubens, zu nennen: in der Gesellschaft des Ancien Régime eine klassische Karriere. In einer Stadt, in der das Parlament und der Reichtum durch Landbesitz bestimmend waren, ist seine kaufmännische Herkunft jedoch bemerkenswert; gewöhnlich gelangte man durch ein Amt oder durch Grundbesitz zu Rang und Würden.[29]

Zwei Interessen standen im Mittelpunkt dieses insgesamt reibungslosen Aufstiegs: die Familie und die Verwaltung der Stadt. Nicht sehr originell, könnte man sagen; in der Tat behielten die Gounons ihre Lebensweise ohne große Änderungen bei, der Älteste ebenso wie seine Brüder. Der Jüngste ging mit Vollmacht der Stadt nach Paris, um dort gegen arrogante Verwaltungsbeamte die Interessen von Toulouse zu behaupten. Die Brüder machten sich das aufklärerische Gedankenensemble zu eigen, das in den städtischen Eliten populär war; das aristokratische Modell der Aufklärung blieb ihnen fremd. Ihre Briefe, die sie Monat für Monat austauschten, manche mit dem Siegel »vertraulich«, haben weder den Tonfall ungezwungener Freiheit, den wir von Julie de Lespinasse oder Diderot kennen, noch sind sie sonderlich intim. Sie zeugen von unverbrüchlicher Zuneigung und familiärem Zusammenhalt in allen Schwierigkeiten, selbst bei Prozessen, wie eine Bemerkung von Joseph unterstreicht: »Ich stehe immer für unseren Namen ein.« Wie Philippe Ariès betont hat, waren die Gounons ihren Kindern sehr zugetan, die sie aufmerksam umsorgten und zärtlich liebten. Joseph de Gounon, der früh Witwer geworden war und nicht wieder heiratete, widmete einen großen Teil seiner freien Zeit der Erziehung seiner drei Kinder. Das Individuum trat hinter dem Familienoberhaupt und aufmerksamen Vater zurück; dennoch erkennt man persönliche Züge. So hegte er eine aufklärerische Vorliebe für die Naturwissenschaft, die er mit seinen Brüdern und Freunden teilte. Er ließ sich Buffons *Histoire naturelle* aus Paris schicken und abonnierte verschiedene Zeitungen; auch bekundete er wissenschaftliches Interesse an Agronomie, Meteo-

rologie und Ökonomie, Gegenständen, die mit der sorgfältigen Verwaltung seines Erbes oder seiner offiziellen Funktion zu tun hatten. Angesichts seiner intellektuellen Aufgeschlossenheit und erwiesenen Kompetenz in Verwaltungsbelangen überrascht es nicht, daß Gounon aufmerksam die Staatsgeschäfte beobachtete, die in Versailles verhandelt wurden. Durch seinen Bruder war er gut informiert. Zudem hatte er einige Zeit seine Stadt bei der Ständeversammlung des Languedoc in Narbonne vertreten; er wußte daher besser als jeder andere, daß die Verwaltung einer Provinzhauptstadt wie Toulouse entscheidend von Maßnahmen des Intendanten in Montpellier, von einem Erlaß des königlichen Rats oder dem Brief eines Ministers abhing, wie er verärgert konstatierte. Jedoch traten beide Brüder keineswegs als Reformer mit einem fertigen Programm hervor, das Beamten wie ihnen Partizipation an politischen Entscheidungen verschaffen sollte. Sie formulierten vielmehr ein konventionelles Repertoire von Beschwerden, die bald in anderen Eingaben an den König bis zum Überdruß wiederholt wurden. Ihre Kritik an der Verschwendungssucht des Hofes war nicht origineller als ihre Forderung nach der Rückkehr Neckers. Gehässig äußerten sie sich über die Parlamentsmitglieder, »diese Perückenbonzen«, und bissig über die despotische Bürokratie hochdotierter Beamter, die 1000 Ecus im Jahr verdienten und deren Hauptarbeit darin bestand, ihre Vergütung zu kassieren. Zu radikalen Argumenten mochten sie sich nicht verstehen. Wenn sie das Steuersystem, das die Armen niederdrückte, anprangerten und ihre Loyalität zur Monarchie oder die Unterstützung Neckers und seiner Reformen beteuerten, redeten sie einem gemäßigten Reformismus das Wort, der auf Selbstbestimmung des Einzelnen setzte. Weder mit übertriebenem Optimismus noch in lyrischem Überschwang riefen sie nach einer neuen Gesellschaft.

Immerhin war Joseph de Gounon ein ehemaliger Magistrat und stol-

Familienporträts; auf dem einen Bild ist auf klassische Weise der Magistrat mit den Insignien seines Amtes dargestellt; im privaten Leben war er ein gewissenhafter Familienvater, der nach dem frühen Tod seiner jungen Frau nicht wieder heiratete. Sie ist in würdevoller Haltung nach der Mode der Zeit gemalt.
(Privatsammlung)

zer Grundherr, der erst vor kurzem einen Kenner des Feudalrechts beauftragt hatte, sein Güterverzeichnis aufzustellen, und der sein Jagdrecht in Prozessen verteidigt hatte. So betrachtete er den Verlauf der Revolution zunächst in neugieriger Erwartung, aber auch mit dem Wunsch, sein bisheriges Dasein möge verschont werden. Die Familie rückte zusammen, wie es in unsicheren Zeiten unerläßlich war. Auch Besorgnis kam auf. Wie alle Landbesitzer waren die Gounons an verschiedenen Fronten bedroht: durch die Abschaffung der Feudalrechte, die Einführung von Papiergeld und die Umgestaltung des Steuersystems. Da sie keinen Zugang zu der neuen, durch Wahlen bestimmten Macht hatten, versuchten sie so weit wie möglich, ihre Politik der guten Beziehungen und Eingaben an die Nationalversammlung fortzuführen. Wie immer informierten sie sich in Paris und gaben die Informationen nach Toulouse weiter; man mußte ja auf die sich überstürzenden Ereignisse reagieren. 1790 zum Beispiel unterschrieben sie eine Loyalitätsadresse an den König *und* die Nationalversammlung, die durch »Volksfeinde« gefährdet waren. Tatsächlich aber zogen sie sich mehr und mehr aus dem öffentlichen Leben zurück. Auch so blieben sie aufmerksame Beobachter, doch vor allem wünschten sie einen baldigen Abschluß der Revolution.

Der Bruch mit der Vergangenheit: der Bürger in den Fängen der Republik

Das Jahr 1792 veränderte alles. Die Revolution radikalisierte sich im Laufe des Krieges, die Monarchie wurde gestürzt. Die neu ausgerufene Republik beabsichtigte, auf den Grundlagen von Rousseaus *Gesellschaftsvertrag* eine neue Ordnung zu errichten, eine Gemeinschaft aller Bürger, in der jeder Einzelne das Gemeinwohl beherzigte. Eine transparente und harmonische Welt, gegründet auf das Gesetz und die einmütige Zustimmung aller Bürger, sollte entstehen.[30] Doch zunächst einmal befand sich die Republik in Gefahr, sie wurde angegriffen von äußeren Feinden und bedroht von Verrätern im Innern. An den Bürgern, an allen Bürgern war es nun, der einen und unteilbaren Nation in diesem Kampf zu Hilfe zu eilen.

Für die Gounons und ihre Standesgenossen, denen Rousseaus politische Gedanken fremd geblieben waren, bedeutete diese Entwicklung das jähe Ende ihres früheren Lebens. Sie wurden als potentielle Aufrührer suspekt: »Drei unauslöschliche Makel haften an uns: Wir sind ehemalige Adlige, unser Reichtum wird weit übertrieben dargestellt, und wegen unseres Alters gelten wir als gemäßigt [. .]. Das Volk verspürt blinden Haß allein schon beim Wort ex-adelig oder sogar ex-geadelt.« Sie mußten sich die Staatsbürgerschaft verdienen und sich wieder in den Schoß der Nation zurückbegeben, das heißt, ihren Bürgersinn unter Beweis stellen, indem sie ein Staatsangehörigkeitszeugnis erwarben. So wie sich früher Bürgerliche durch den Kauf eines Amtes mit Titel vom Stigma ihrer geringen Herkunft gelöst hatten (»savonnette à vilain«), benötigten die so Nobilitierten nun erneut eine Art

»Persilschein«, um von verdächtigen Subjekten zu Patrioten zu werden. Tatsächlich war das Gleichgewicht im Leben der Gounons zerstört; bisher daran gewöhnt, dem Kaiser zu geben, was des Kaisers ist, waren sie nun gezwungen, sich mit den überhandnehmenden Forderungen eines Staates auseinanderzusetzen, der »selbst im Frieden revolutionär« war. Nun mußten sie mit Versorgungsausschüssen und anderen Institutionen um Bescheinigungen ihres Bürgersinns und um Anmeldebestätigungen feilschen, mußten peinlich genau die geforderten Mengen von Getreide und Heu abliefern (1794 hätte ihnen sonst die Todesstrafe gedroht), ganz zu schweigen von den Abgaben und Zwangsanleihen, während die Pächter nicht mehr zahlten. Der Bürger Gounon, der sich auf sein Landgut von Fourquevaux in der Nähe von Toulouse geflüchtet hatte, verbrachte viel Zeit damit, seinen Bürgerpflichten zu genügen. Dies wurde zu einem regelrechten Beruf, um so komplizierter, als das, was den Aufstieg der Familie unter der alten Regierung befördert hatte, nun den Argwohn der neuen auf sich zog. In den Briefen an einen Cousin, der in Toulouse geblieben war, spiegeln sich Bitterkeit und Verblüffung eines Mannes von guter Herkunft, der plötzlich mit einer egalitären Gesellschaft konfrontiert war. Die Notwendigkeit, stets Ausweispapiere oder Dokumente bei sich zu tragen – »Man braucht Papiere, die absolut vorschriftsmäßig sind« –, reduzierten den früheren Adligen auf den Stand eines obdachlosen Vagabunden oder Bettlers unter dem Ancien Régime. Noch härter wurde 1793 die allgemeine Truppenaushebung empfunden, die der »Dienst an der Nation« und die »Liebe zum Vaterland« geboten. Jean Mathias Gounon, der älteste Sohn, wurde sogleich zur Armee in den östlichen Pyrenäen geschickt, wo er sich über die Brutalität der Generale und das Darben im Kriege entsetzte (verschimmelte Lebensmittel, Winternächte unter freiem Himmel, tagelang Gräben ausheben, Epidemien). Einzig die Bauern hielten das aus, schrieb er voll Bewunderung für ihre Widerstandsfähigkeit. »Aber für unsereinen ist es zuviel [...]. Wie schön wird es sein, wieder nach Hause zu kommen!« – auch wenn er bei der Rückkehr Auskunft über seine politische Tätigkeit geben mußte.[31]

Angesichts solch unvorhersehbarer Situationen genügte es nicht, Vorschriften und Verordnungen peinlich genau zu befolgen; Loyalitätsbeweise waren unabdingbar. Aus Erfahrung zogen die Gounons ihre Moral aus der Geschichte: »Die christlichen Tugenden sind schön und gut, aber im Augenblick nicht recht passend.« Man mußte sich einen Ruf als Patriot erwerben, also ostentativ Zustimmung bekunden, was jedoch nur dann etwas nützte, wenn es von den Behörden auch registriert wurde. Man solle spenden, spenden und nochmals spenden, riet der Cousin aus Toulouse, der eine Schenkung an den Stadtrat empfahl (1794 Assignaten im Wert von 400 Livres), um dafür eine Entlastungsbescheinigung oder, besser noch, eine schriftliche Erklärung der Gemeinde zu erhalten, man sei »ein wahrer, guter und nützlicher Bürger der Republik«. Er selbst hatte dem Republikanerklub im Winter 1793 »durch einen unbekannten Träger inkognito Bettlaken und Tischdecken im Gewicht von 130 Pfund, zusammen mit einem Grußschreiben« übermittelt, wobei er übrigens sicherstellte, daß man ihn am Wäschezeichen und an den wissenschaftlichen Ausdrücken seines Briefes erkennen würde. (Diese Grußadresse schickte er Joseph als Modell, mit der Bitte um unverzügliche Rückgabe, für alle Fälle.)

1794 verstärkte sich der revolutionäre Druck, die Ermahnungen des Cousins wurden noch häufiger: Man solle sich im ›Tempel der Vernunft‹ zeigen, die beiden noch geöffneten Kirchen jedoch meiden, da man munkelte, der Stadtrat habe beschlossen, »die angeblichen Patrioten registrieren zu lassen, die zur Messe gehen [...]; ich meinerseits werde es halten, als sei ich in China, ich werde meine persönliche Messe halten und die öffentliche Ordnung nicht deshalb stören, weil ich den Pfarrer am Altar sehen will«. Man solle an den Volksfesten teilnehmen, die in den verschiedenen Stadtvierteln organisiert wurden: Jeder stellte seinen Abendbrottisch mitten auf die Straße und brachte sein Essen mit, man sang patriotische Lieder und tanzte auf dem Platz der Freiheit die Farandole: »Du kannst dir vorstellen, welches Vergnügen es für uns sein wird, die ganze Familie wird da sein, auch die Kinder, trotz der Kälte – wir wollen sie nicht um dieses schöne, strahlende Fest bringen.«

Der private Schlupfwinkel

Offenkundig waren die Gounons keine überzeugten Anhänger der Revolution, trotz allen öffentlichen Bekenntnissen, welche die neuen Machthaber günstig stimmen sollten. Im Gegenteil, noch nie hatten sie sich so entschieden auf sich selbst oder in den Schoß der Familie zurückgezogen: Der eine blieb auf seinem Landsitz in Fourquevaux, der andere verkroch sich in seinem Zimmer in Toulouse. Das einzige Vergnügen des letzteren waren die seltenen Besuche von einigen treuen Freunden und die Messung der jährlichen Niederschläge; die Freude, mit befreundeten Wissenschaftlern diskutieren zu können, war ihm nun jedoch versagt. Tatsächlich lebte er häuslich und abgeschieden, nichts blieb ihm mehr, außer mit dem Fernrohr aus dem Fenster zu sehen: »Was für ein trauriges Leben!«

In Wirklichkeit war es ein Doppelleben: Ein Leben gemäß der vorgeschriebenen Rituale verschaffte Sicherheit, doch der Warenumlauf im Untergrund sorgte für das Überleben. Man verließ sich auf den bewährten Zusammenhalt der Familie und auf die Beziehungen, die man hatte. Ein Verantwortlicher des Versorgungsausschusses – »mit dem wir sehr gut bekannt sind« – wurde eingeschaltet, um Beschlagnahmen zu entgehen oder um Jean Mathias aufgrund einer Sehschwäche vom Militärdienst freistellen zu lassen – immerhin erwirkte die Familie, daß er im Roussillon in einem Privatquartier wohnen und im Wirtshaus essen konnte. Schulter an Schulter schloß man sich enger zusammen als je zuvor und überlebte so. Die Lebensmittelversorgung war in dieser Hinsicht ein guter Test; in den Städten war sie aus verschiedenen Gründen schwierig geworden (über Inflation, Festsetzungen von Getreidehöchstpreisen, Requirierungen für die Armee klagen die Gounons). In Toulouse herrschte Lebensmittelknappheit; im Winter 1793 standen die Leute ab sechs Uhr morgens vor den Metzgereien Schlange, häufig

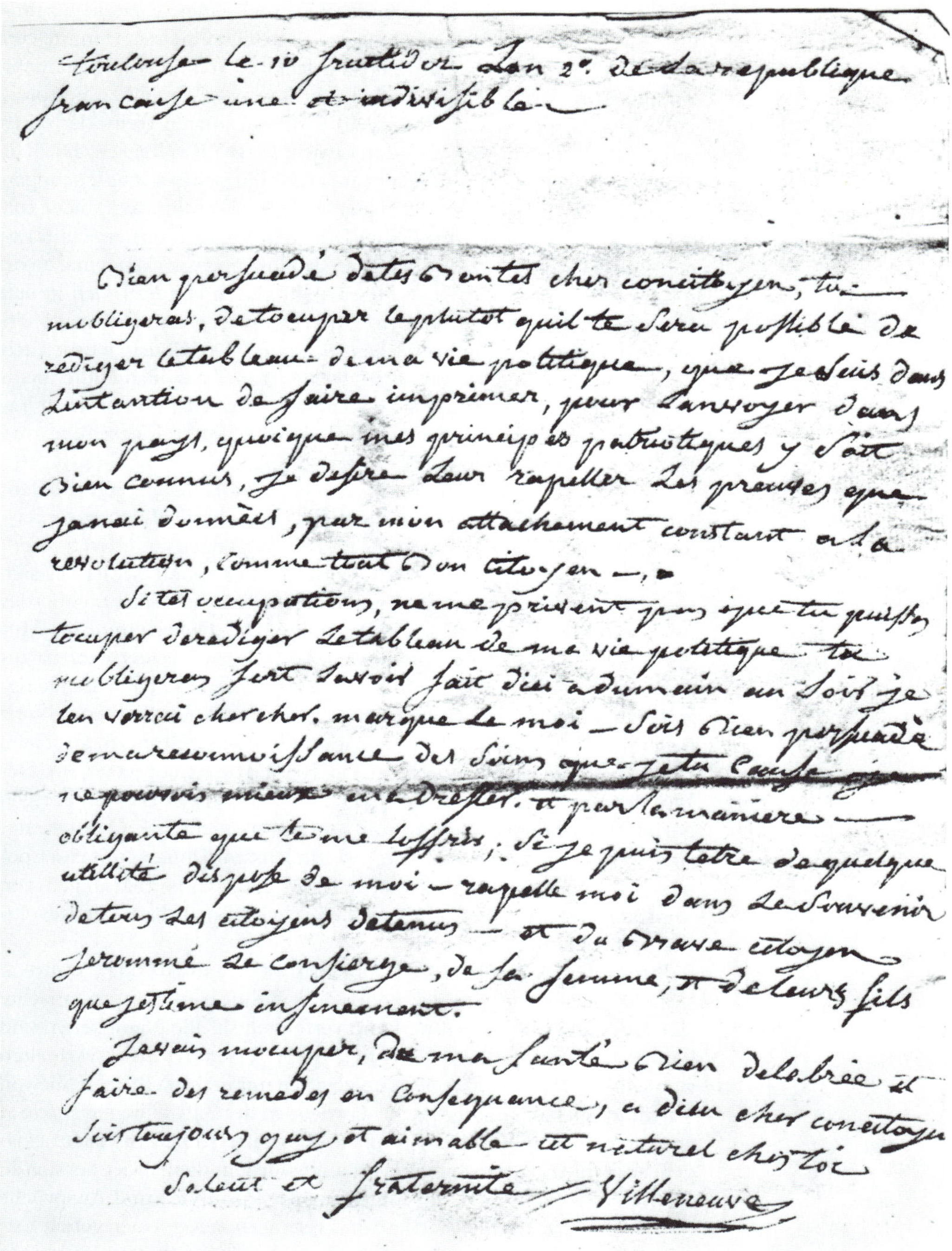

Toulouse le 10 fructidor lan 2e de la republique francaise une et indivisible

bien persuadé de tes bontés cher concitoyen, tu mobligeras, de toccuper le plutot quil te sera possible de rediger le tableau de ma vie politique, que je suis dans lintention de faire imprimer, pour lenvoyer dans mon pays, quoique mes principes patriotiques y soit bien connus, je desire leur rappeller les preuves que jenai données, par mon attachement constant a la revolution, comme tout bon citoyen —,

si tes occupations, ne me privent pas que tu puisse toccuper de rediger le tableau de ma vie politique tu mobligeras fort davoir fait dici a demain au soir je len verrai chercher. marque le moi — sois bien persuadé de ma reconnoissance des soins que je te cause je ne pourrois mieux m'adresser. et par la maniere obligeante que tu me loffrés; si je puis tetre de quelque utilité dispose de moi — rappelle moi dans le souvenir de tous les citoyens detenus — et du brave citoyen Jeromme le consierge, de sa femme, et de leurs fils que jestime infinement.

Je vais moccuper, de ma santé bien delabrée et faire des remedes en consequence, a dieu cher concitoyen soit toujours gay et aimable cet naturel chez toi

Salut et fraternite — Villeneuve

Das Bemühen um Konformität bedeutete nicht länger, ein »guter Katholik« zu sein, der seinen religiösen Pflichten nachkam und sich als Bürger anständig benahm. In Revolutionszeiten war das politische Leben die Fortsetzung der Bürgertugenden, die man vom Privatmenschen erwartete. Anstatt des Beichtzettels, der die Sünden tilgte, mußte man seinen Bürgersinn nun öffentlich beweisen, um den Bürgerausweis zu erhalten. (Privatsammlung) vergebens. Der Cousin der Gounons war trotz seines Alters kein zahnloser Greis, sondern ein Feinschmecker und Schlemmer; er träumte von fettem Fleisch, zarten Bohnen und abgelagerten Weinen, die nicht mehr aufzutreiben waren, seit das Volk den krugweisen Verkauf zu Festpreisen durchgesetzt hatte. Er murrte über den zu jungen Wein, der sauer war, über das Schwarzbrot und das magere, zähe Rindfleisch. Doch er schlug sich durch: mit Hilfe seines außergewöhnlich gewitzigten jungen Dieners und dank der Zusendungen vom Gut Fourquevaux, da er von den Fuhren der Pächter profitierte, die dem Versorgungsausschuß Lebensmittel lieferten. Dadurch bekam er Holz und Trockengemüse von Joseph, Genüsse, die er begeistert annahm: »Du versetzt mich in den Himmel!« Über all diese Gaben wurde übrigens genau Buch geführt, um die Rechnung später begleichen zu können. Der Cousin wurde auch selbst aktiv; wie viele andere betätigte er sich als Zwischenhändler beim Austausch von Produkten, die anders nicht zu bekommen waren: Tabak (nur vom Besten) oder Schokolade, die gegen Tanzschuhe und Kapaune direkt aus Bayonne geliefert wurde.

Es ist nicht nötig, weitere Beispiele dieses Doppellebens aufzuzählen. Hinzugefügt sei nur, daß die Gounons, weil Verdächtige par excellence, auf diese Weise ihre Familie und ihr Vermögen zu retten hofften. Im hellen Tageslicht verhielten sie sich konform und bedienten sich einer patriotischen Sprache, zum Beispiel bei der Bekanntgabe des 9. Thermidor: »Die schreckliche Neuigkeit, die die berühmtesten Mitglieder des Wohlfahrtsausschusses abgesetzt hat, [. . .] jedermann ist zutiefst erstaunt und voll Erwartung.« Die Gounons begrüßten die Neuigkeit mit republikanischen Floskeln, die zu nichts verpflichten: »Noch nie brauchte das Vaterland Einigkeit und Frieden im Innern, an seinen Grenzen dagegen einen unerbittlichen Krieg so nötig wie jetzt [. . .]. Der Weg der Sansculotten muß beharrlich fortgesetzt werden.« Im übrigen hörten ihre Sorgen mit dem Ende des Terrors nicht auf. Dies bezeugt ein Brief Gounons vom August 1797. Im Zusammenhang mit einer politischen und geldwirtschaftlichen Krise und den Verhaftungen von Verdächtigen schrieb er: »In Wahrheit scheint es, als hätte die Revolution erst begonnen.«

Ihre Strategie, nach außen betont patriotisch aufzutreten, während sie sich gleichzeitig von der politischen Bühne zurückzogen, machte sich letztlich bezahlt. Aufmerksam verfolgten sie alle Neuigkeiten und natürlich auch sämtliche Gerüchte, die in Umlauf waren, verhielten sich selbst aber still und äußerten sich offen nur in ihren Briefen, die von Vertrauenspersonen überbracht wurden. In der Tat stellte ein Stadtrat aus ihrem Bekanntenkreis 1794 fest: »Worüber wollen Sie sich beklagen, alle früheren Adligen sind verhaftet worden, bleiben Sie bei sich zu Hause!« Für Menschen, die aufgrund ihrer Positionen und Ansprüche die Hoffnung auf gerechtfertigte und vernünftige Reformen geteilt hatten, war dies sicher kein Idealzustand, es sei denn, sie hätten Rousseaus asketische Ideen vertreten. Die neue Aufteilung von Macht und Freiheit kam sie hart an; die Errichtung eines idealen Staates auf den Grundlagen der Gleichheit und der Verpflichtung, ja sogar des Opfers aller Bürger war für sie schwer begreiflich. Im Spiel zwischen Individuum,

Die Porträts von Personen oder Symbolen im Zusammenhang mit den Gesetzestafeln sind hierarchisch nuanciert. Der Baum der Freiheit, irdische Grundlage des höchsten Guts der Freiheit wie des Gesetzesapparats, den das souveräne Volk errichtet hatte, wächst aus dem Sockel selber hervor. (Toulouse, Musée Paul-Dupuy)

Gesellschaft und Staat waren die Karten endgültig neu gemischt, doch sie ängstigte vor allem die Gefahr, daß die Grenzen des privaten Lebens verwischt würden.

Welche Schlüsse können wir aus unserer Betrachtung ziehen? Zunächst erkennt man eine tiefe Kluft; die traditionelle Gesellschaft war weder in ihrem Wesen noch in ihren Zielen homogen oder einheitlich. An der Spitze stand eine privilegierte Minderheit, der es nun, da man sich weit weniger als früher um das Seelenheil sorgte, möglich war, die Abwägung zwischen öffentlichem und privatem Bereich (mit allen Widersprüchen und Problemen im Alltag) neu vorzunehmen. Für diese Begünstigten, die vom Gesetz und den Institutionen geschützt wurden, war die Chance eines privaten Lebens das Zeichen der Freiheit. Doch für die einfachen Leute, vor allem für die Masse der Bauern, gab es diese Freiheit zunächst nicht. Die Belastungen und Zwänge der Familie und Arbeit verschlossen ihnen den Weg in eine andere Lebensweise, außer sie nahmen es auf sich, mit allem Überkommenen zu brechen und das Risiko der Entwurzelung einzugehen. Hatte es sich nicht fast immer bestätigt, daß außerhalb der althergebrachten Sicherheiten kein Heil zu erwarten war? Nun sollten sie die gelockerten Strukturen nutzen, um bei der gemeinschaftlichen Arbeit, beim Tanz, beim Spiel oder bei der Jagd eine freigewählte Gemeinsamkeit zu erfahren und zu genießen. In einer Gesellschaft, die es verstand, auf den rechten Augenblick zu warten und die Not zu überwinden, mangelte es nicht an solchen Gelegenheiten. Doch offenbar hatte man damals keinen individuellen Begriff vom privaten Leben. Das privateste Interesse des Individuums war damals vielleicht tatsächlich die Verwaltung des kleineren oder größeren Privat*besitzes*: einer Geldsumme, die nach langem Überlegen gehortet, versteckt, investiert oder vererbt wurde.

In seiner Untersuchung über bäuerliche Lebensformen, *Change in Village*, erörtert Georges Sturt die Frage, ob ein privates Leben in traditionellen Gesellschaften, die seiner Ansicht nach im wesentlichen durch feste und kontinuierliche Nachbarschaftsbeziehungen geprägt waren, überhaupt möglich gewesen sei. Das Denken der Menschen, ihre Bräuche, der Austausch von Waren und Dienstleistungen – alles war so ritualisiert, daß das individuelle Leben ein Spiegel des Gemeinschaftslebens war, das alle Tätigkeiten erfaßte und jeden unablässig forderte. Dennoch hatte jeder seine eigentümliche Aufgabe, seine besonderen Verantwortlichkeiten und privaten Gefühle. Persönliche Bindungen waren wohl für alle deutlich erkennbar und unterschieden sich wenig, aber Einverständnis erzeugte bisweilen eine gewisse Vertraulichkeit: Eine Privatsphäre existierte, allerdings nicht abgespalten von der unentbehrlichen Gemeinschaft.[32]

Anmerkungen

1 Stendhal griff diese Formulierung in einem Brief von 1823 wieder auf; vgl. hierzu die Definitionen in den *Dictionnaires* von Furetière und Trévoux, in der *Enzyklopädie* und im *Larousse*.
2 T. von Avila, *Autobiographie*, in: *Œuvres complètes*, Bibliothèque européenne, Paris 1964.
3 Brief des Präsidenten de Brosses an Monsieur de Neuilly, in: *Epistoliers du XVIIIe siècle*, La Renaissance du Livre.
4 T. L'Hermite, *Le Page disgracié*, Grenoble 1980.
5 Chevalier de Fonvielle, *Mémoires historiques*, Paris 1820.
6 G. Hérail, *Mémoires*, Handschrift in der Stadtbibliothek von Toulouse. Fonvielle und er haben ihre Jugend in den letzten zwanzig Jahren des Ancien Régime verlebt, der eine schrieb seine Erinnerungen zu Beginn der Restauration nieder, der andere 1793, inspiriert von Rousseaus *Bekenntnissen* und einer durch die Revolution bedingten Veränderung der Werte.
7 Siehe dazu die Abenteuer des jungen Comte de Losse-Valence, der 1778 im Alter von zwölf Jahren am Arm eines Straßenmädchens in Paris angetroffen wurde; er hatte die Ferien des Collège de Juilly ausgenutzt, um seine Familie zu täuschen und sich Freiheiten herauszunehmen. Archives Départementales, Haute-Garonne, Serie E, 182.
8 Nicht klassifizierte Gerichtsakten.
9 N. Z. Davis, *Humanismus, Narrenherrschaft und die Riten der Gewalt: Gesellschaft und Kultur im frühneuzeitlichen Frankreich*, Übs. N. Löw Beer, Frankfurt/Main 1987. Für das Languedoc vgl. N. Castan, *Justice et Répression en Languedoc à l'époque des Lumières*, Paris 1980.
10 Mme de Maintenon, *Lettres, Avis et Entretiens sur l'éducation*, Paris 1885.
11 D. Diderot, *Lettres à Sophie Volland*, Paris 1938; Madame de Charrière, *Caliste, lettres écrites de Lausanne*, Paris 1979.
12 Mme Roland, *Mémoires*, Paris 1821.
13 Fonds Pollastron, Archives Départementales, Haute-Garonne, Serie E.
14 G. Hérail, a. a. O.: »Meine Mutter war sehr froh, eine Freundin zu haben, mit der sie manchmal ausgehen konnte, um sich zu amüsieren.«
15 A. Farge, *Vivre dans la rue à Paris au XVIIIe siècle*, Paris 1979.
16 F. de Sales, *Anleitung zum religiösen Leben*, Übs. O. Karrer, Würzburg 1988.
17 Madame Roland, a. a. O.; vgl. dazu auch George Sand, die in der *Geschichte meines Lebens* von denselben Freuden der Freundschaft im Kloster der Englischen Fräulein zu Beginn des 19. Jahrhunderts berichtet, wenn sie auch bedauert, daß die sozialen Schranken nicht durchlässig waren.

18 So handelte auch Madame Louvois, zitiert von A. Corvisier, *Louvois*, Paris 1983.

19 Vgl. Herzog von Saint-Simon, *Mémoires*, Paris 1983–1985; Louis XIV, *Mémoires et Lettres*, Paris 1927, ebenso G. Mongrédien, *Louis XIV*, Paris 1962.

20 N. Elias, *Die höfische Gesellschaft. Untersuchungen zur Soziologie des Königtums und der höfischen Aristokratie*, Neuwied/Berlin 1969.

21 D. Roche, *Le Peuple de Paris*, Paris 1981.

22 Vgl. dazu auch die Werke von Mirabeau.

23 In der Verbreitung von Möbeln mit geheimen Fächern sah er ein Zeichen für die Verderbtheit des Jahrhunderts, zweifellos auch in der Privatisierung ihres Gebrauchs. Diderot, a. a. O.

24 Archives Départementales, Haute-Garonne, Unterabteilung J, Stiftung Maniban; S. Clair, *Joseph Gaspard de Maniban, premier président du parlement de Toulouse*, Dissertation an der Ecole des Chartes, niedergelegt bei den Archives Départementales, Manuskript 306.

25 M. Taillefer, *La Franc-Maçonnerie toulousaine, 1741–1799*, commission d'histoire économique de la Révolution française, 1984; R. Forster, *The Nobility of Toulouse in the Eighteenth Century. A Social and Economic History*, Baltimore 1960.

26 Vgl. J.-F. Marmontel, *Mémoires d'un père pour servir à l'instruction de ses enfants*, Paris 1807, 4 Bände: »Ich kann gar nicht in Worte fassen, wie vergnüglich und reizvoll Leben und Gesellschaft bis zur Epoche der Revolution für uns waren.«

27 Mme Campan, *Mémoires*, J. Chalon (Hrsg.), 1979; Prince de Ligne, *Mémoires et Lettres*, Paris 1923; Comte de Tilly, *Mémoires*, 1965.

28 »Bald ergriffen die Interessen der Republik und die Sorge um das Los des Staates Besitz von mir, mein Privatleben veränderte sich zwangsläufig [. . .].« Marmontel, a. a. O.

29 An dieser Stelle möchte ich Monsieur Charles-Louis d'Orgeix für die freundliche Erlaubnis danken, sein Privatarchiv zu konsultieren: Haushaltsbuch und Korrespondenz der Familie de Gounon-Loubens.

30 J.-J. Rousseau, *Gesellschaftsvertrag*, Übs. H. Brockard, Stuttgart 1983; Saint-Just, *L'Esprit de la Révolution*, Paris 1963.

31 Die Briefe Jean Mathias de Gounons aus seiner Zeit bei der Armee in den östlichen Pyrenäen sind voll von persönlichen Bemerkungen über den Verlauf des revolutionären Krieges; seine Äußerungen sind alles andere als enthusiastisch.

32 E. Goffman, *Wir alle spielen Theater. Die Selbstdarstellung im Alltag*, Übs. P. Weber-Schäfer, München 1969.

Robert de Tournières, *Frühstück mit Schinken.* An einem gedeckten Tisch im Vorzimmer empfängt der Herr des Hauses ganz unzeremoniell seine Gäste. Eine gewisse Unordnung, ungezwungene Haltungen und Gesten, Besucher, die unbekümmert eintreten: Alles erweckt den Eindruck einer neuen Vertraulichkeit in der Geselligkeit der Männer. (Versailles, Musée Lambinet)

Maurice Aymard

Freundschaft und Geselligkeit

Dem Beispiel der Anthropologen folgend, haben die Historiker, die sich mit der Neuzeit befassen, im Laufe der letzten zwanzig oder dreißig Jahre der Familie große, manchmal zu große Aufmerksamkeit gewidmet. Die Fülle der Quellen lud dazu ein. In vielen Dokumenten erscheint das gesamte Alltagsleben im Brennspiegel der Familie: die Architektur der Wohnhäuser, sozialer Austausch, rechtliche Bestimmungen, wirtschaftliche Zwänge und Entscheidungschancen. Fast könnte man die Geschichte des privaten Lebens auf die Geschichte der Familie reduzieren, die sich nach drei Hauptgesichtspunkten gliedern ließe: die Einbindung der Familie in den übergreifenden Zusammenhang der eigenen oder angeheirateten Verwandtschaft; ihre oftmals gespannten Beziehungen zu anderen Familien oder zur dörflichen Gemeinschaft, mit denen sie stets konkurrierte oder Kompromisse schloß; ihr Verhältnis zu den machtgierigen Institutionen Kirche und Staat, die keine Mühe scheuten, um die Familie zu reglementieren und zu kontrollieren. Ganz allmählich trat dann das Individuum in den Vordergrund, das neue Rechte auf mehr Unabhängigkeit zum Teil mit der Familie, zum Teil gegen sie durchsetzen konnte. Etymologisch bedeutet »privatus« begrenzt. Man könnte das Private daher als ein Gefüge aus konzentrischen Schutzwällen beschreiben. Manche von ihnen haben die Zeit überdauert, manche haben sich allmählich verschoben oder eine größere Bedeutung gewonnen als andere. Dieser Wandel war das Ergebnis einer Reihe bezeichnender und recht genau datierbarer Konflikte, bis die Menschen schließlich gezwungen waren, ihre Privatsphäre »mit einer Mauer zu umgeben«, wie Stendhal, der diese Formulierung Talleyrand zuschrieb, in einem Brief vom 31. Oktober 1823 bekannte.[1]

Die Interpretation der Geschichte als Stufenfolge, die zunächst zu einer Verfestigung und später zu einer Auflösung des »Familienmonopols« geführt habe, ist freilich trügerisch. Bei Konflikten zwischen der Familie und der übrigen Gesellschaft oder zwischen dem Einzelnen und der Familie gab es zu allen Zeiten Vermittler und mögliche Auswege. Seit der Neuzeit, und zweifellos auch schon früher, wurden diese Schlupfwinkel zahlreicher und veränderten sich rasch. Die Familie besetzte nicht die gesamte Privatsphäre und war auch nicht der einzige Hort der Empfindsamkeit oder der Persönlichkeitsbildung. Das Individuum verbrachte jedenfalls nicht die gesamte Zeit von der Geburt bis zum Erwachsenenalter in der Familie, die rasch gelernt hatte, Aufgaben

Die betonte Gefühlsseligkeit der Mutter und der Amme vor einem bukolischen Hintergrund kaschiert nur schwach die Realität. In den Großstädten des 18. Jahrhunderts wurde es zum Brauch, Kinder zu einer Amme zu geben. Manche glaubten dadurch die Existenz affektiver Bindungen zwischen Eltern und kleinen Kindern in Frage gestellt.
(Paris, Bibliothèque Nationale)

zu delegieren. Das begann bereits damit, daß die Kinder zu einer Amme gegeben wurden. Diese alte urbane Praktik eroberte zwischen dem 17. und dem 18. Jahrhundert in den Großstädten alle Schichten der Bevölkerung. Für die »einfachen Leute« war es eine billige Lösung, sich zeitweilig oder endgültig von Kindern zu trennen; die Kosten mußten wohltätige Institutionen tragen.[2] Man schickte die Jugendlichen in eine Lehre, zur Schule oder »in Stellung« (Besucher aus Italien waren höchst verblüfft darüber, wie »normal« dies im England des 17. Jahrhunderts empfunden wurde) oder vertraute sie einem Tutor an, der nicht unbedingt ein Verwandter war: Erziehung, Berufsausbildung und Sozialisation des Kindes oder Jugendlichen schlossen Personen außerhalb der Familie und andere Orte als das Elternhaus mit ein. Und dies galt nicht nur für die Jungen, so wie etwa Rousseau in den *Bekenntnissen* von seinem Fall berichtet. In England war um 1600 »eine gewisse Dienstzeit die gängige Methode, um die Töchter des Adels auf die einzige Berufung vorzubereiten, die ihnen offenstand: die Ehe«, und manche Häuser, wie das der Gräfin von Huntingdon, »deren Geschick, [sie] zu unterweisen [. . .] ebenso breite Anerkennung genoß wie Lord Burghleys Fähigkeit, die Brüder der jungen Mädchen anzuleiten«, erwarben sich dadurch einen beachtlichen Ruf.[3] Der Einzelne konnte so Erfahrungen sammeln, von denen er sicherlich manche wieder vergaß, die eine oder andere Verbindung löste sich wieder, wenn er erwachsen war, aber manche bestand lange fort und formte oder belebte sein persönliches und soziales Verhalten. Obwohl diese Verbindungen im verborgenen blieben und sich noch nicht in Briefwechseln, Erinnerungen und Schriften bekundeten, waren sie deshalb nicht weniger real. Freundschaften und Familienbande bildeten um jedes Individuum ein Netz vertikaler und horizontaler Interaktionen (je nachdem, ob es sich um Menschen gleichen Alters, gleichen Geschlechts und gleichen Standes handelte oder nicht) oder, anders ausgedrückt, symmetrischer und asymmetrischer Beziehungen, von denen manche harmonisch, andere dagegen konfliktreich waren. Jede dieser Beziehungen begründete ein System von Rechten und Pflichten, das eine zunehmend subtilere Kasuistik in eine hierarchische Ordnung faßte, die für alle denkbaren Fälle eine vernünftige und zweckmäßige Lösung anbot. Der Artikel »Freundschaft« des Chevalier de Jaucourt in der *Enzyklopädie* ist dafür ein Beispiel. Im Unterschied zur stoischen Tradition, die solchen Problemen vorzugsweise mit dem Motto »Alles oder nichts« begegnete, wird hier nicht eine einzige Definition oder ein einziger Kodex vorgegeben, sondern es werden »Pflichten der Freundschaft« aufgezählt, die »je nach ihrer Tiefe und ihrem Charakter« variieren, »also auch ebenso viele unterschiedliche Arten der Verpflichtung«.

Dabei unterschied man sorgfältig »den Freund, mit dem man nur das Vergnügen an Literatur teilt«, oder die Freundschaft, »die man lediglich der angenehmen Unterhaltung willen pflegt«, von dem »Freund, der gute Ratschläge erteilt«, der wiederum keinen Anspruch auf »dieses Vertrauen [hat], das nur Freunden aus der Familie oder Verwandtschaft zukommt«. Einerseits wird an die fundamentale Ungleichheit von Beziehungen erinnert, die sich auf gegenseitige Dienste gründen – man sollte »immer weniger als mehr« erwarten oder fordern und »immer mehr als weniger« geben. Andererseits bestand der Wunsch nach Gleichheit, die in der Freundschaft »entweder gefunden oder geschaffen« werden müßte, doch konnte Freundschaft »nicht mehr bedeuten [...] als Bande des Blutes«, denn zwischen Personen »von sehr unterschiedlichem Rang« berechtigte Freundschaft ebensowenig wie Verwandtschaft dazu, vom »Respekt« zur »Vertraulichkeit« überzugehen. Allerdings sollte Freundschaft eine Quelle der »gegenseitigen Genugtuung« und der »Annehmlichkeit« sein, einander seine Gedanken, Vorlieben, Zweifel und Kümmernisse mitzuteilen, indes stets in den Grenzen der jeweiligen »Art« von Freundschaft. Diese modifiziert sich also nach dem gleichen System elementarer Einstellungen, die A. R. Radcliffe-Brown für die Verwandtschaft analysiert hat – Respekt, Vergnügen, Meidung und Vertrautheit[4] – und die Claude Lévi-Strauss in den Begriffen freiwillige Gegenseitigkeit, zwangsläufige Gegenseitigkeit, Recht und Verpflichtung beschrieben hat.[5]

Trotz dieser ausgeklügelten Kasuistik haben die Historiker, wie übrigens auch die meisten Anthropologen vor Robert Brain[6], die Freundschaft kaum untersucht, während die Liebe aus offensichtlichen Gründen, die mit zeitgenössischen Interessen zusammenhängen, lebhafte Neugierde weckte. Sie lenkte freilich oft auf eine falsche Fährte, da sie sich des Vokabulars der Freundschaft bediente – die Kirche zog den Begriff der »fleischlichen« Freundschaft vor, andere sprachen aus Schamgefühl von »zärtlicher« Freundschaft, um das Wort »Liebe« für den Gefühlshaushalt der Frömmigkeit zu reservieren. Wie reglementiert und kodifiziert sie auch immer sein mochte, so wurde die Freundschaft doch mit keiner stabilen und »sichtbaren« Institution in den Gesellschaften des neuzeitlichen Europa identifiziert, bis – zuerst diskret, später im Lichte der Öffentlichkeit – »Gesellschaften« gegründet wur-

Bevor Café und Club entstanden, waren Buchhandlungen oder Kunsthandlungen im 17. Jahrhundert bevorzugte Ziele von Spaziergängen, Treffpunkte und Orte vertraulicher Gespräche. (S. de Bray, Amsterdam, Rijksmuseum)

den, die auf individueller, »freiwilliger, frei gewählter und flexibler« Zustimmung beruhten.[7] Vorbild solcher Gesellschaften waren lange Zeit die Freimaurer. Dennoch beeinflußte Freundschaft heimlich oder öffentlich das Funktionieren vieler, wenn nicht gar sämtlicher gesellschaftlicher Institutionen, bisweilen in einem Grade, daß diese Institutionen sich gegen sich selbst kehrten. So etwa, wenn eine Familie oder eine Gemeinde in zwei gegnerische Gruppen gespalten war, die jeweils durch Freundschaftsbande zusammengehalten wurden. Oder sie hatte zur Folge, daß diese Institutionen ihren Sinn verloren, wie es in allen Gesellschaften, heute ebenso wie früher, der Fall ist, wenn in Gewerkschaften oder Parteien, in der Verwaltung oder sogar in der Regierung ein großer Teil der Posten nach dem Prinzip der »Vetternwirtschaft« vergeben wird.[8]

Der Begriff »Freundschaft« ist schwierig zu bestimmen, da er zwischen zwei entgegengesetzten und widersprüchlichen Konnotationen schwankt. Einerseits wird Freundschaft leicht mit Geselligkeit gleichgesetzt, in die ebenso Gruppen wie Individuen einbezogen sind. Andererseits wird sie, schwärmerisch überhöht, als universelle Konstante aufgefaßt, die wie die Liebe eine explizit individuelle Geschichte habe und mit der Liebe den hohen Anspruch und die Vergänglichkeit des Gefühls teile. Die Quellentexte wechseln jedoch scheinbar umstandslos zwischen beiden Definitionen hin und her.

Verwandte, Nachbarn und Freunde

In gewisser Hinsicht ähnelte die Freundschaft der »vollkommenen« Ehe der Neuzeit, der Vernunftehe, deren Erfolg nicht durch die Empfindungen der beiden Partner, sondern »von außen« garantiert war: durch die Übereinstimmung von Rang und Vermögen, die Entscheidung der Eltern und das Interesse der beiden Familienverbände. Als Lorenzo Alberti, Leon Battistas Vater, krank wurde und sich um die Zukunft seiner Kinder sorgte, versicherten seine beiden Cousins Adovardo und Lionardo, die keineswegs mit seinem Bruder Ricciardo konkurrieren wollten: »Wir wollen, daß uns jedermann als deine guten und treuen Verwandten anerkennt, und wenn Freundschaft stärker ist als Verwandtschaft, werden wir als wahre und rechtschaffene Freunde ebenso handeln.« Sogleich schwor Lorenzo, er schätze sie als »liebe Verwandte und wahre Freunde«, als Menschen, die ihm »durch Blutsverwandtschaft verbunden sind und die ich mein ganzes Leben lang durch Wohlwollen und Zuneigung noch stärker an mich zu binden suchte«.[9]

Vielleicht hängt diese Verquickung von Verwandtschaft und Freundschaft mit einer Lebensform zusammen, die in den vom Römischen Recht geprägten Regionen Frankreichs und in einigen Gegenden Italiens gesetzlich gesichert war: das Zusammenleben von Menschen in einem Haus – »ostal« oder »casa« – unter der fast absoluten Herrschaft eines Familienoberhauptes, wie es etwa bei der »mezzadria« in der Toskana der Fall war. Diese Lebensform gab es auch in Montaillou, wo die »domus«, wie Le Roy Ladurie gezeigt hat, »im Mittelpunkt eines Geflechts von Beziehungen« stand, »solchen der Blutsverwandtschaft, der Verschwägerung, von Freundschaftsbanden auch, die aus gemeinsamen Feindschaften entstanden sein mochten und bis zur Patenschaft gehen konnten; schließlich auch von Beziehungen der Nachbarschaft«.[10] Dieses Netz wurde durch praktische Solidarität gefestigt: Hilfe in finanziellen Belangen, Sorge und Vormundschaft für Waisen, Berufsausbildung, Schlichtung von Interessenkonflikten und, selbstverständlich, die unvermeidliche Vendetta.[11]

Doch auch im Gewohnheitsrecht der Normandie sind die Begriffe Verwandte und Freunde eng assoziiert. So überrascht es nicht, um 1770 in einem Ehevertrag zwischen zwei Brautleuten zu lesen, er sei »im Beisein und mit Zustimmung ihrer Verwandten und Freunde« geschlossen worden.[12] Oft folgt ein dritter Begriff: die Nachbarn. »Parenti, vicini e amici« heißt es in italienischen Quellen immer wieder. Dies verweist fraglos auf die Häufigkeit der Endogamie in den jeweiligen Pfarreien, die in manchen Regionen Frankreichs noch heute zur Folge hat, daß die Einwohner desselben Dorfes sich als verwandt betrachten.[13] Doch hat es damit noch mehr auf sich, wie ein Bittbrief von Bauern aus den Alpentälern der Diözese Como nahelegt, in dem sie die kirchliche Autorität um Befreiung von dem Verbot der Verwandtenehe ersuchen.[14] Die Intention dabei ist, eine lange zurückliegende Allianz, die für nachbarschaftliche und freundschaftliche Beziehungen erforderlich schien, neu zu besiegeln. Denn Freundschaft war weder »Ergänzung« noch »Luxus«, sondern eine der Komponenten des notwendigen sozialen Verkehrs der einzelnen Familien. Diese Freundschaft war unbeständig, »sie muß in bestimmten Zeitabständen immer neu bestätigt werden, und diese Bestätigung drückt sich im Austausch von Frauen aus«. Stärker als Einzelne band sie ganze Familien aneinander, genauer, die Verbindung zwischen Personen wurzelte in Familienbeziehungen. Gegründet auf Berechnung und Eigennutz, bestätigte und festigte solche Freundschaft die Verwandtschaft oder Verschwägerung und übersetzte sie in die Praxis, das heißt in wechselseitige Verpflichtungen, die über zwei oder drei Generationen andauerten. Daher regte sie zu einer regelrechten »Flucht nach vorn« an, um dieses bedeutsame Kapital zu erneuern und zu mehren: Eine Ehe zwischen Verwandten ermöglichte nicht nur, »sich durch Verwandtschaft noch enger zusammenzuschließen«, sondern auch, die Freundschaft zwischen »guten alten Freunden zu erneuern und zu vertiefen«. Außerdem konnte eine solche Ehe helfen, alten Feindschaften ein Ende zu bereiten oder, wie beispielsweise in der Normandie, einen Konflikt zu verhüten.[15] Denn die stets drohende Gefahr von Streitigkeiten mußte gebannt werden, und so galt es in Dörfern mit allenfalls einigen Dutzend Haushalten als ideale Lösung, Ehen »unter einander« zu schließen: »Wir suchen unsere Frauen nicht anderswo, und die Leute aus den Nachbardörfern kommen nicht zu uns, um eine Frau zu nehmen.«[16] Doch diese Endogamie war ihrerseits

Pieter de Hooch, *Familie im Hofraum ihres Hauses*. Zwischen der Privatheit des Hauses und der Öffentlichkeit der Straßen und Plätze markierte ein Netz von Höfen und Gassen einen Übergangsbereich, den jede Familie ohne erkennbares Bedürfnis nach größerer Isolation mit Nachbarn und Freunden teilte. (Wien, Kunsthistorisches Museum)

David Téniers, *Bauernfest*. Eine ländliche Version derselben Realität, vom Maler aus der Stadt idealisiert: In der schönen Jahreszeit, sobald die großen Arbeiten beendet sind, versammelt man sich ebenfalls vor dem Haus und nicht in dunklen verrußten Zimmern. Hier trifft sich der Kreis der Verwandten und Freunde, vielleicht auch das gesamte Dorf, um zu essen und zu trinken, um zu tanzen, sich zu unterhalten und sich unter seinesgleichen zu fühlen.
(Madrid, Museo del Prado)

wiederum ein Herd möglicher Konflikte, die allein mittels enger Freundschaftsverhältnisse behoben werden konnten. Wie für den Chevalier de Jaucourt gab es auch hier unterschiedliche Grade der Freundschaft, die von der »Grußfreundschaft« bis zur »innigen Vertrautheit« reichten.

Freundschaft und Freundschaften

Freundschaft gab es überall, sie war notwendig und gehörte zum Alltag. In ihren verschiedenen Versionen war sie ein Teil des Geflechts sozialer Interaktionen der Familie, das sie mitgestaltete oder dessen Kohärenz sie verstärkte. Aber die Freundschaft zwischen zwei Menschen, die sich aus freien Stücken füreinander entschieden und lediglich ihre Beziehung im Sinne hatten, war außergewöhnlich und einzigartig; sie hob diese Menschen aus der übrigen Gesellschaft heraus. Eine solche Freundschaft war so selten, daß Montaigne, stolz auf seine innige Verbindung mit La Boétie, sagen konnte, es sei schon viel, »wenn das Schicksal sie einmal in drei Jahrhunderten zustande bringt«. Denn persönliche Freundschaft wurde von den herkömmlichen gesellschaftlichen Freundschaften deutlich unterschieden. Ihr Modell stammte aus der Tradition der Stoa, die durch die lateinische Literatur bekannt geworden war und sich den Realitäten der Zeit anpaßte, die das Verhältnis zwischen Männern sowie zwischen Männern und Frauen bestimmten.[17]

War die Familie ein Ort »natürlicher Freundschaft«? »Zwischen Kindern und Vätern ist es vielmehr Ehrerbietung«, schreibt Montaigne, denn die »allzu große Ungleichheit« zwischen ihnen verbiete es den Vätern, den Kindern »alle geheimen Gedanken« zu gestehen, um keine »unziemliche Vertraulichkeit« zuzulassen, während es den Kindern nicht anstehe, »Ermahnungen und Verweisungen, die zu den ersten Pflichten der Freundschaft gehören«, zu äußern (S. 222). Die Beziehung zwischen Brüdern – obwohl der schöne Name Bruder »voll Innigkeit« sei – halte der Atmosphäre von Konkurrenz und Konflikt, erzeugt durch »diese Vermengung von Gütern, diese Erbschaftsteilungen, und weil der Reichtum des einen die Armut der andern bedeutet« (S. 222), nur selten stand. Die Hierarchie der Familie beruhte auf Ungleichheit, die sie unablässig reproduzierte. Ja, die Familie verschärfte diese Ungleichheit, gerade indem sie Ungerechtigkeiten zu mildern versuchte.

Zu Frauen waren zwei Formen der Beziehung möglich: Liebe und Ehe. Die Liebe zu einer Frau entspringe »aus unserer Wahl« (S. 223), schreibt Montaigne, und habe daher gegenüber anderen Familienbanden einen entscheidenden Vorteil, denn eine Beziehung etwa zwischen Vater und Sohn oder unter Brüdern könne Menschen von »ganz verschiedener Gemütsart« (S. 222) vereinen. Doch sei die Liebe zu sehr dem Rhythmus der Begierde unterworfen, ein »aufflackerndes und flüchtiges Feuer« (S. 223), anders als die Freundschaft zerstöre der Genuß sie, »weil seine Absicht körperlich und der Sättigung unterworfen ist«. Wird aus Liebe Freundschaft, »verraucht sie und erlahmt« (S. 224), sofern sie nicht geradezu zur Rache anstiftet, wie Madame de La Pommerayes Rache an Monsieur des Arcis in Diderots *Jacques der Fatalist*. Und die Ehe sei ein »Handel, der nur bis zum Eingehen frei ist, denn seine Dauer [. . .] hängt [. . .] von andern Rücksichten als von unserem Willen ab« (S. 224) und leide unter zu vielen äußeren Einflüssen; »[. . .] und wäre es möglich, eine solche freie und zwanglose Gemeinschaft zu schließen, in der nicht nur die Seelen diesen völligen Genuß fänden, sondern auch die Körper ihren Teil an der Vereinigung hätten, und welcher der ganze Mensch sich hingeben würde: es ist gewiß, daß diese Freundschaft vollkommener und erfüllter wäre« (S. 224). Doch für Montaigne, der nicht an die Gleichheit der Geschlechter glaubte, waren Frauen außerstande zu einer solchen Beziehung: »die geistigen Gaben der Frauen« reichen nicht aus, »noch scheint ihre Seele stark genug, um die Spannung eines so fest geknüpften und so dauerhaften Bandes zu ertragen« (S. 224).

Alles in allem erschien Montaigne das »Laster der Griechen«, selbst wenn »unsere Sitten es berechtigterweise verabscheuen«, verheißungsvoller als die Liebe zwischen Mann und Frau, trotz der »Ungleichheit in Alter und Beruf der beiden Liebhaber«. Allerdings mußte sie fähig sein, die anfänglichen Unterschiede zu überwinden und von der »äußeren Schönheit« zur »inneren Schönheit« und »zwischen edelmütigeren Herzen« zu einem wahren Verhältnis der Erziehung, Nachahmung und gegenseitigen Vervollkommnung zu gelangen. Dann könne sie sogar zu einer »Liebe, die am Ende zu Freundschaft führt«, werden.

Freundschaft wird hier als höchste Gestalt einer emotionalen Bindung, die dem »freien Willen« entspringt, begriffen, da sie selbst die Sprache der Liebe gebraucht. Sie entsteht spontan, wie die Freundschaft Montaignes und La Boéties, die sich bereits bei der ersten Begegnung, als »beide schon im Mannesalter« (S. 226) waren, zueinander hin-

Jan Vermeer, *Die Unterrichtsstunde.* Ob der Vater es den Sohn oder der Hauslehrer es den Schüler lehrte, Lesen und Schreiben war Männersache, die die Hierarchie der Autorität und des Wissens hervorhob und auf den Beruf und die Verantwortlichkeiten des Erwachsenen vorbereitete. (London, National Gallery)

François Chauveau, *Die Freuden des Geistes*. Ein veränderter Stil und eine neue Feinfühligkeit. Die römisch inspirierte Kleidung paßt perfekt zu einer Konversation, die sich als rein und uneigennützig behauptet und in einem stillen, ländlichen Rahmen stattfindet: Stoische Tugenden sind Kennzeichen schöner Seelen. (Paris, Bibliothèque Nationale)

gezogen fühlten. Sie sollte sich nicht »nach dem Vorbild der lauen und landläufigen Freundschaften richten, zu denen es so vieler Behutsamkeit langer vorgängiger Bekanntschaft bedarf« (S. 226). Sie genügt sich selbst und läßt aus der intimen und vollständigen Verschmelzung zweier Willen – »denn wir enthielten uns nichts vor, das uns gesondert geblieben, oder das entweder sein oder mein gewesen wäre« – die Übereinstimmung zweier Wesen entstehen. Sie ist ausschließlich und unteilbar, da sie über allen anderen Verpflichtungen steht: unmöglich, eine Freundschaft zu »übertragen«, denn dann müßte man zwischen zwei Dingen wählen. Warum man Freundschaft für einen Menschen empfindet, ist unerklärlich, als einzige Begründung bleibt das klassische »weil er er war; weil ich ich war« (S. 225). Und schließlich noch ein Satz, der an die Liebe erinnert: »Wir suchten uns, noch ehe wir uns gesehen hatten« (S. 225).

Man könnte versucht sein, Montaignes »Modernität« den »traditionellen« Formen von Freundschaft gegenüberzustellen, die eng an Verwandtschaft und Nachbarschaft geknüpft und durch Interessen und Entscheidungen des Familienverbandes bestimmt waren. Zunächst scheint es plausibel, eine direkte Entwicklungslinie von der traditionellen zur persönlichen Freundschaft anzunehmen: von den Zwängen der Gruppe, denen sich das Individuum beugen mußte und die es möglichst zu seinem eigenen Vorteil zu nutzen versuchte, zu einer neuen Form der Freundschaft, die zuerst von einer gebildeten Elite gefordert und praktiziert wurde und die in der freien und uneigennützigen Wahl des Einzelnen gründete. Früher als in der Liebe wäre eine solche Freiheit also in der Freundschaft möglich gewesen, da die Wahl von Freunden nicht automatisch zum Konflikt führen mußte und sogar mühelos mit den Verpflichtungen der Familie gegenüber zu vereinbaren war. Minder gefährlich für die Familie, hätte die freie Wahl von Freunden so den Weg zur freien Gattenwahl geebnet.

Doch eine solche Interpretation müßte in die Irre führen. Montaignes Freundschaft mit La Boétie bewegte sich in der ältesten und reinsten Tradition der Stoa, und die üblichen »Bekanntschaften und Vertraulichkeiten, die durch irgendwelche Anlässe und Bequemlichkeiten angeknüpft sind«, die Montaigne in Gegensatz zu ihr stellt und die »Bedächtigkeit und Vorsicht« erfordern, denn »das Band ist nicht derart fest geknüpft, daß es keinerlei Mißtrauens bedürfte«, hatten nichts mit seiner Familie zu tun. Auch die Bekanntschaften ergaben sich aus den Vorlieben und der Entscheidung des reifen Mannes, der Anteil am politischen Leben seiner Zeit nahm. Sie zeugen von einer bestimmten Gemütsart: »Ich bin sehr wohl imstande, seltene und erlesene Freundschaften zu erwerben und zu bewahren. Zumal ich mit Heißhunger nach den Bekanntschaften greife, die nach meinem Geschmack sind.« In gewöhnlichen Bekanntschaften blieb Montaigne »dürr und kalt«.[18] Doch sein Modell einer »Seele mit verschiedenen Stockwerken [...], die sich überall wohlfühlte, wo das Schicksal sie hinstellt« (S. 646 f.), die zu korrektem gesellschaftlichen Umgang mit jedermann fähig ist, nimmt in vielen Punkten die Auflösung der Freundschaft in diffuse und undifferenzierte soziale Kontakte vorweg, die nach Meinung der Anthropologen charakteristisch für die heutige Gesellschaft ist, in der die egoistischen Ziele einer »Unzahl von Individuen«[19] miteinander konkurrieren.

Man sollte daher versuchen, die Fallen zu meiden, die in den Theorien über die Freundschaft, ob modernistisch oder pessimistisch, literarisch oder wissenschaftlich, lauern. Jede Epoche und jede Gesellschaft hatte ihre eigenen Theorien, und zweifellos würde man in jeder auf die Spannung zwischen Freundschaft im Singular und Freundschaften im Plural stoßen. Veränderungen und Brüche entdeckt man wohl vornehmlich im Kontext konkreter und präziser sozialer Gebräuche, die Ort und Alter, Riten und Regeln, Rechte und Pflichten der Freundschaft festlegten und Verhalten und mögliche Strategien von Personen und Gruppen prägten. Zwischen dem 16. und dem 18. Jahrhundert entwickelten sich diese Gebräuche nur sehr langsam, der große Bruch hatte viel früher stattgefunden: Längst hatte die Familie die Oberhand gewonnen. Durch Überredung, Unterwerfung oder Zwang formte sie ihre Mitglieder für die Rollen und Aufgaben, die ihren Fortbestand und ihre Beziehungen zu anderen Familien oder zum Gemeinwesen oder Staat gewährleisteten. Sowohl die ländliche wie die städtische Gesellschaft in Europa gab vor, Freundschaften zwischen gleichberechtigten Individuen, die unabhängig von ihr entstanden waren, nicht zu kennen oder sie allenfalls zu tolerieren. Freundschaft als Zweierbeziehung, die vollkommene Gegenseitigkeit zur Bedingung hatte, war etwas »Zusätzliches« und konnte nur außerhalb der Familie entstehen, bisweilen innerhalb von Institutionen, die eine befristete oder dauerhafte Trennung von der Familie markierten: Schule, Jugendgruppen, Militär. Solche Freundschaften setzten einen Freiraum voraus; sie wurden nicht bei der Geburt von Eltern oder Verwandten beschlossen (wie in einigen außereuropäischen Gesellschaften, die von Ethnologen beschrieben worden sind) oder durch den Zufall be-

Welche Faszination strahlt zur selben Zeit die Doppeldeutigkeit (ist sie denn wirklich neu?) der Beziehungen zwischen Männern aus, die, vom Geist des 18. Jahrhunderts ermutigt, verurteilt und überall vermutet wird!
(Auszug aus Rétif de La Bretonne, *Le Paysan perverti*)

stimmt, am selben Tage wie ein anderes Kind geboren zu sein. Doch selbst für Kleinkinder konnten ihre Väter eine spätere Heirat beschließen, um die eigene Freundschaft zu besiegeln. Die beiden Mitglieder des Pariser Parlaments Dreux und Chamillart, die zwanzig Jahre zuvor, als ihre Frauen »zur gleichen Zeit einen Sohn und eine Tochter« geboren hatten, »intime Freunde« gewesen waren, beharrten 1698 auf ihrer früheren Entscheidung, obwohl die Situation sich geändert hatte. Doch über die Gefühle ihrer Kinder zueinander konnten sie nicht verfügen. Der Sohn des Marquis de Dreux entwickelte sich zu einem »sehr mutigen Mann, aber dumm, finster und roh [. . .], und seine Frau war weder mit ihm noch durch ihn glücklich, obwohl sie es so sehr verdiente«.[20]

Saint-Simon, polyglotter Stratege und Held der Freundschaft

Das beste Porträt der Freundschaft in ihren verschiedenen Gestalten und Ausdrucksweisen verdanken wir den Memoiren Saint-Simons. Man darf dieses Porträt keinesfalls auf die Episode der fehlgeschlagenen Heirat mit einer der Töchter des Herzogs von Beauvillier reduzieren, die ihm den schmerzlichen Aufschrei entlockte: »[. . .] daß ich nicht wegen des Vermögens zu ihm käme, nicht einmal seiner Tochter wegen, die ich ja nie gesehen hätte; daß vielmehr er es sei, der mich bezaubere, den ich heiraten wolle, ihn und Madame de Beauvillier.« (Bd. 1, S. 57) Man muß sich Beginn und Folgen dieser Geschichte vor Augen führen: Beauvillier »hatte stets im Gedächtnis behalten, daß mein Vater und der seine Freunde gewesen waren, und daß er selbst mit meinem Vater auf so freundschaftlichem Fuße verkehrt hatte, wie es der Altersunterschied, die Entfernung und ihre unterschiedliche Lebensweise nur erlaubte, und er hatte mir bereits zahlreiche Aufmerksamkeiten erwiesen«. (1, S. 114 f.) Beauvillier, verheiratet mit einer Tochter Colberts, war Minister, Vorsteher des Finanzrates und erster Kammerherr. Das Resultat war für Saint-Simon dasselbe, als hätte er tatsächlich Beauvilliers Tochter geheiratet: »Die Unterredung endete mit herzlichen Freundschaftsversicherungen, er versprach, mir in allen Dingen Beistand zu leisten; von nun an wollten wir uns als Schwiegervater und Schwiegersohn betrachten und in der engsten Verbindung miteinander bleiben.« (1, S. 61) Die geistige Verbindung verschaffte Saint-Simon obendrein eine – diesmal reale – vorteilhafte Ehe mit der Tochter des Marschalls de Lorge, die freilich nicht den Konflikt mit seiner verwitweten Schwiegermutter, die ihm nicht zur Freundschaft mit seinem Schwager verhelfen wollte, zu verhindern vermochte.

Gleich zu Anfang seiner Laufbahn, mit achtzehn Jahren und kurz nach dem Tode seines Vaters, errang Saint-Simon so einen doppelten Sieg. Er war lange auf diesen Augenblick vorbereitet worden. Geboren 1675 als Sohn eines beinahe siebzigjährigen Vaters, der eine knapp Dreißigjährige geheiratet hatte, hörte er seine Mutter »unablässig wiederholen«, daß er selbst etwas taugen müsse: »Sohn eines Günstlings Ludwigs XIII. und einer Mutter, die nicht mehr ganz jung war, als sie

»Ohne Versöhnung kein Heil«: Der öffentliche Kuß unter Männern besiegelte vor den Augen Gottes und in »christlicher Moral« die eingegangene Freundschaft oder den neugefundenen Frieden. Ein Ritual und zugleich ein oft vergessener Aspekt der Gefühlswelt des 17. Jahrhunderts. (Paris, Bibliothèque des Arts décoratifs)

mein Vater geheiratet und die einzig und allein für ihn gelebt hatte, besaß ich weder Onkel noch Tanten noch Vettern, noch hatte ich nützliche Freunde von seiten meiner Eltern, da sie beide durch ihr Alter völlig abseits standen, und so war ich vollkommen allein.« (1, S. 55) Überdies besaß seine Mutter keine nahen Verwandten mehr, außer »zwei Brüdern von niederem Rang, der ältere von ihnen verarmt«. (1, S. 16) Ein großes Familienerbe allein reichte nicht aus, um Karriere zu machen, um so weniger, als man es mit vollen Händen ausgeben mußte, um etwas zu scheinen. Neben Verwandtschaftsbeziehungen und vorteilhaften Ehen spielte deshalb die Freundschaft eine bedeutende Rolle. Der Freundeskreis bildete eine Ergänzung zur Verwandtschaft; in einem System, das auf gegenseitigen Diensten beruhte, war es wichtig, darauf zählen zu können. Freundschaft wurde vererbt wie Güter, die Freunde des Vaters und der Mutter mußten den Sohn auch nach dem Tode der Eltern protegieren. Dieses Kapital, das man im Laufe des Lebens durch planmäßiges Verhalten und zufällige Gelegenheiten anhäufte (und keineswegs im voraus erhielt), wurde sorgfältig verwaltet und weitervererbt.

Hyacinthe Rigaud, *Triumphbogen*. Im geordneten Dekor des französischen Gartens steigerten Vergnügungen und Feste die Spannung zwischen streng kodifizierter Höflichkeit und sorgfältig verteidigten persönlichen Geheimnissen. Man war gezwungen, öffentlich zu leben, unter den Augen der anderen und des Königs, aber maskiert: »Larvatus prodeo.«
(Paris, Bibliothèque des Arts décoratifs)

Wie jedes Kapital ist auch dieses verschieden angelegt worden. Man benötigte nicht nur gleichgestellte oder höherstehende Freunde, sondern auch sozial nachgeordnete. Diese waren sogar die besten Freunde, denn vorausgesetzt, sie waren gebührend dankbar, hatte man in ihnen ewige Schuldner. Saint-Simons Großvater, der praktisch ruiniert war, hatte seine beiden Söhne bei Hofe als Pagen Ludwigs XIII. untergebracht, »wo man damals lauter Leute von Rang und Namen antraf«. (1, S. 37) Dank seiner Reitkunst wurde der jüngere »zum Günstling«

Ein Jahrhundert früher war der Schloßgarten das zeitlose Dekor galanter Stelldicheins, die nur in Ausnahmefällen oder durch ein Wunder zur Heirat führten. (*Junge Leute beim Spaziergang*, Stich von Saint-Igny nach Abraham Bosse. Paris, Bibliothèque Nationale)

und erwarb so sein Vermögen, ohne jedoch die Pflichten gegenüber seinem älteren Bruder zu vernachlässigen. Aber er hatte auch »Glück mit verschiedenen Untergebenen, die beträchtliche Vermögen erwarben« (1, S. 63): Tourville, der Vater des künftigen Marschalls und Seemanns, war »einer seiner Edelleute«; der Sohn seines Sekretärs, Du Fresnoy, avancierte unter Louvois zu einem hohen Beamten; zwei »bedienstete Wundärzte« machten eine glänzende Karriere, und zwei Kammerdiener, darunter der Vater des berühmten Bontemps, »verdankten ihm ihr Vermögen«. So kam es, daß Saint-Simon am Morgen nach dem Tode seines Vaters zu Bontemps und Beauvillier eilte und mit ihrer Hilfe erreichte, nachmittags vom König empfangen zu werden, von dem er sich als Nachfolger seines Vaters in der Gouverneurswürde von Blaye, nach der es den Bruder Madame de Maintenons gelüstete, und Senlis, die der Fürst von Condé für sich haben wollte, bestätigen zu lassen. Eile war geboten.

Fünf Jahre später, 1698, bemühte Saint-Simon sich erneut um einen Minister, um Pontchartrain diesmal, der im folgenden Jahr Kanzler wurde. Obschon ihm das Ergebnis »soviel Ehre macht, daß es mir peinlich ist, [davon] zu berichten«, war er dieses Mal bemerkenswert passiv: Im Unterschied zu Beauvillier war Pontchartrain kein direkter Freund von Saint-Simons Vater gewesen, jede Initiative hätte ihn daher als intrigant erscheinen lassen. Die ersten Schritte mußte also Pontchartrain tun. Erste Etappe: 1697 heiratete sein Sohn eine Cousine ersten Grades von Madame de Saint-Simon. Diese Heirat hatten die Saint-Simons »nur wegen der Verbindung« gewünscht, »und sie taten alles, um ihren Nutzen daraus zu ziehen«. Zweite Etappe: Die beiden Cousinen mußten Freundschaft schließen. »Die gegenseitige Sympathie in Tugend, Geschmack und Geist führte bald zur Freundschaft [zwischen den beiden Frauen], die sich schließlich zur innigsten und rückhaltlosesten Vertraulichkeit entwickelte, wie sie etwa zwischen Schwestern besteht.« Ebenfalls zur Festigung verwandtschaftlicher Bande kommt es zwischen Madame de Saint-Simon und der Herzogin von Lesdiguières, die »weniger wie Cousinen als wie Schwestern zusammenlebten«. (2, S. 374) Dritte Etappe: Pontchartrain bat Saint-Simon »inständig um die Ehre [seiner] Freundschaft«. Nach der ersten Überraschung, angesichts »der Diskrepanz in Alter und Stellung«, erkannte Saint-Simon klar, daß er sich entscheiden mußte: »Ich sagte ihm, daß [...] ich ihm eine Freundschaft gestehen müsse, die stets vor allen anderen käme, die innige Freundschaft zu Monsieur de Beauvillier, der nicht zu seinen Freunden gehörte, doch wenn er meine Freundschaft auch unter dieser Bedingung wünsche, sei ich entzückt, sie ihm zu gewähren, und überglücklich, die seine zu erlangen.« Dieser Erklärung folgten gefühlvolle Beteuerungen und Versprechungen: »Wir versprachen uns unsere Freundschaft. Und wir haben unser Wort gehalten, unsere Freundschaft dauerte in innigster und vollkommenster Vertrautheit bis zu seinem Tode.« Beauvillier, der sofort informiert wurde, umarmte Saint-Simon »zärtlich« und gab seine Zustimmung. Das Geheimnis wurde niemandem anvertraut: »Außergewöhnlich war, daß Pontchartrain weder seinem Sohn noch seiner Schwiegertochter etwas davon sagte, noch

ließ ich etwas verlauten, und lange Zeit ahnte niemand bei Hofe etwas von einer so außerordentlichen Sache, nämlich der intimen Freundschaft zweier Männer, die in allem so ungleich waren.« (1, S. 559 f.)

Bei Montaigne drückte sich Freundschaft in der Sprache der Leidenschaft aus; bei Saint-Simon entsprang sie einer sorgfältig kalkulierten Eheschließung, die, wie in seinem eigenen Fall, ein tiefes und dauerhaftes Einvernehmen schuf. Sie begann mit der Suche nach verwandtschaftlicher Verbindung, wurde fortgesetzt durch die »intime Freundschaft« zweier Frauen – Cousinen, die fast wie Schwestern wurden – und führte schließlich zu einem nicht schriftlich festgelegten, jedoch gewissenhaft eingehaltenen Kontrakt zwischen zwei Männern. Die eklatante Ungleichheit der Partner spielte in diesem Kontrakt keine Rolle, sie hinderte die beiden Männer nicht, einander Vertrauen zu schenken und sogar Geheimnisse zu teilen.

Dasselbe Schema wiederholte sich 1702 bei dem Minister Chamillart (damals seit drei Jahren Contrôleur général des Finances), der mit seiner Geschicklichkeit im Billardspiel die Freundschaft des Königs errungen hatte. (So wie Saint-Simons Vater zum Günstling Ludwigs XIII. geworden war, weil er ihm bei der Jagd stets flink ein frisches Pferd zuführte, auf das der König aufspringen konnte, ohne absitzen zu müssen.) Aufgrund seiner Unterstützung beim Verkauf verschiedener Besitztümer stand Chamillart auch mit dem Herzog von Chevreuse und

Joseph Vernet, *Bordeaux II*; 1759.
Die Esplanade zu beiden Seiten der Befestigungsanlagen büßte im Laufe des 18. Jahrhunderts allmählich ihren militärischen Zweck ein und wurde zur modischen Promenade. Vorausgeplante »Zufälle« ermöglichten Grüße und Augenzwinkern, Reverenzen und gesellschaftliches Leben; hier konnte man aber auch intime Gespräche führen.
(Paris, Musée de la Marine)

seinem Schwager Beauvillier auf freundschaftlichem Fuße. Auch hier war eine geplante Eheschließung der erste Schritt: Saint-Simons Schwager sollte Chamillarts dritte Tochter heiraten. Saint-Simons Schwiegermutter suchte diese Heirat ohne sein Wissen auf Drängen ihres zweiten Schwiegersohns Lauzun zu arrangieren, während er selbst offen zu einer anderen Verbindung riet. Saint-Simon jedoch wußte vom Widerwillen Chamillarts gegen diese Heirat und kannte ihn ansonsten nur, »wie man Leute in öffentlichen Positionen eben kennt«, besuchte ihn aber, um ihn zu beglückwünschen. »Es gibt wohl kaum ein anderes Beispiel für eine erste Unterhaltung zweier Männer, einander so unbekannt und so verschieden in Alter und Stellung, die von solchem gegenseitigen Vertrauen, das zuerst von Chamillart angeregt wurde, erfüllt war«, beschreibt Saint-Simon die Begegnung. Schließlich bat Chamillart ihn um seine Freundschaft. »Ich benahm mich ihm gegenüber, wie ich es im selben Falle dem Kanzler [Pontchartrain] gegenüber getan hatte: Ich gestand ihm natürlich mein vertrautes Verhältnis zu dem Vater, meine Verbindung mit dem Sohn, die Freundschaft von Madame de Saint-Simon und Madame de Pontchartrain, die Cousinen ersten Grades sind, aber enger miteinander verbunden als zwei Schwestern es sein könnten, und ich sagte ihm, wenn er unter dieser Bedingung meine Freundschaft wünsche, so würde ich sie ihm von ganzem Herzen gewähren. Diese Offenheit rührte ihn [...]; wir versprachen uns gegenseitig unsere Freundschaft und haben sie seither bis zu seinem Tode zärtlich und treu gehalten.« Nun informierte er Pontchartrain und seinen Sohn, die ihn ähnlich wohlwollend empfingen wie Beauvillier vier Jahre zuvor. Das Ergebnis entsprach den Erwartungen: Heirat und Karriere seines Schwagers scheiterten, seine Schwiegermutter, die Marschallin de Lorge, zog sich enttäuscht von der Welt zurück, doch für sich hatte Saint-Simon »das Vergnügen« gewonnen, »Chamillarts Vertrauen zu genießen, und so meinen Freunden und mir selbst wertvolle Dienste erweisen zu können«, ganz zu schweigen von den Informationen »über Hof und Staat«: Saint-Simon, stets von unverhohlener, leidenschaftlicher Neugier, befand sich inmitten eines beachtlichen Nachrichtennetzes, das er geschickt durch Freundschaften mit Frauen ergänzte: zu den Töchtern Chamillarts, zu Hofdamen, zu der Herzogin von Villeroy und vielen anderen, die ihn »über tausend weibliche Kleinigkeiten auf dem laufenden hielten, die oft wichtiger waren, als sie selbst vermuteten«. (2, S. 146 ff.) Einzig die Zuneigung des vierten Ministers Torcy, eines Neffen von Colbert, besaß er nicht – obwohl sie gemeinsame Freunde hatten, die Castries, kamen sie sich erst 1721 näher, als die Auseinandersetzung zwischen Torcy und dem Kardinal Dubois Saint-Simon die Chance eröffnete, zwischen beiden zu vermitteln und so seine frühere Feindseligkeit gegen die Staatssekretäre wettzumachen. »Torcy war sehr empfänglich für meinen Dienst, und bis zu seinem Tode lebten wir stets in größter Vertrautheit.« (6, S. 714 ff.) Saint-Simon zog daraus den Nutzen, die Memoiren Torcys und Kopien von Briefen, die auf Torcys Befehl von der Post geöffnet worden waren, lesen zu dürfen: eine hervorragende Informationsquelle.

Die erstaunliche Wirksamkeit der Methode, Ungleichheiten in Alter,

Status und Macht durch Freimütigkeit und Vertrauen aufzuheben oder zu überwinden, könnte an Saint-Simons »Ehrlichkeit« zweifeln lassen. Doch sie deckt im Gegenteil die Regeln des gesellschaftlichen Spiels in der abgeschlossenen und streng hierarchisch gegliederten Welt des Hofes und der Familien mit ihrer jeweiligen Klientel auf, die in ihrem Bannkreis standen. Berechnung war in dieser Welt der Schlüssel zum Erfolg, manchmal allerdings riet die Klugheit dazu, alles aufs Spiel zu setzen, um einen großen Gewinn zu erzielen – und hierin liegt der Sinn der Freimütigkeit. Man mußte jedoch auch wissen, wann ein Nein geboten war, so wie Saint-Simon die Avancen des Herzogs von Maine zurückwies. Saint-Simon blieb sich stets bemerkenswert treu, und das minutiöse Ritual der leidenschaftlichen Erklärungen, der Bitten und Artigkeiten, der Verpflichtungen, die ein Leben lang beachtet wurden, ist durchaus wörtlich zu nehmen – es war das Ritual der Freundschaft.

Man könnte zusätzliche Beweise anführen: Das geduldig geknüpfte Netz, das Saint-Simons Stellung am Hof bestimmte, umfaßte nicht alle seine Freundschaften. Mehr oder weniger verheimlicht, auf jeden Fall abseits der Gerüchteküche von Versailles, pflegte er weitere persönliche Beziehungen. Ein vertrauter Freund seines Vaters war sein Freund geblieben: Rancé, der berühmte Reformer des Trappistenordens, in den sich Saint-Simon, dessen eigener Besitz La Ferté-Vidame nur etwa fünf Meilen entfernt lag, von Zeit zu Zeit zurückzog. Der Bischof von Chartres, sein »Diözesan«, besuchte ihn ebenfalls »mit einem alten Freund meines Vaters«: »Nach und nach entstand Freundschaft und Vertrauen zwischen uns.« Ein weiterer Freund war der Graf von Charmel, der um seines Seelenheiles willen die Welt hinter sich gelassen hatte und den Saint-Simon im Trappistenkloster kennenlernte. (1, S. 560 f.)

Im anderen Extrem angesiedelt, hat Saint-Simons Verhältnis zum Herzog von Chartres, dem späteren Herzog von Orléans und zukünftigen Regenten, offenkundig einen gesonderten Platz. Beide hatten gemeinsam im Palais Royal gespielt und waren durch eine Kinderfreundschaft verbunden: »Acht Monate jünger als er, war ich sozusagen mit ihm aufgewachsen, und wenn das Alter diesen Ausdruck bei jungen Menschen so verschiedenen Ranges erlaubt, waren wir durch Freundschaft vereint.« Nachdem beide geheiratet hatten, wurde die Freundschaft jedoch durch die Ausschweifungen des jungen Herzogs getrübt (»Mein Leben gefiel ihm nicht besser als mir das seine, die Trennung wurde so endgültig«, 2, S. 77): Erst die Vermittlung gemeinsamer Freunde, auf ausdrückliches Bitten des jungen Herzogs, und seine Beharrlichkeit ließen die »alte Jugendfreundschaft« wiederaufleben. »Von meiner Seite aus war die Wiederkehr der alten Freundschaft die Frucht der vielen Gefälligkeiten, mit denen er mich ehrte, bald wurde sie durch vollkommenes Vertrauen besiegelt, das bis zum Ende seines Lebens unumschränkt galt« (2, S. 78), trotz einer Abkühlung ihrer Beziehungen, als Kardinal Dubois auf dem Höhepunkt seiner Macht stand. Mit einer symbolischen Geste der Freundschaft reagierte Saint-Simon 1712, als sein »Freund«, den die öffentliche Meinung anklagte, den Dauphin und seine Frau vergiftet zu haben, vom ganzen Hof geächtet wurde: »Ich war damals der einzige, wahrhaft der einzige, der den Herzog von Orléans weiterhin zur gewöhnlichen Stunde in seinen Gemächern oder den Gemächern des Königs aufsuchte, ihn ansprach und sich mit ihm in eine Ecke des Salons setzte.« Gegen die Ratschläge Beauvilliers, Pontchartrains und anderer »Freunde und Freundinnen«, die ihn warnten, »durch ein Verhalten, das dem allgemeinen Urteil so entgegengesetzt war«, beschwöre er sein Verderben herauf, blieb er dabei: »Ich blieb fest: Ich war der Meinung, in einem solchen Unglück dürfe man seine Freunde, wenn man sie nicht für schuldig hielt, nicht nur nicht im Stich lassen, sondern müsse sich ihnen nur um so enger anschließen.« (3, S. 1224)

So wie Montaigne wich auch Saint-Simon auf seine Weise ab vom familiären Modell der Freundschaft, dem Schema Verwandte – Nachbarn – Freunde, das weit verbreitet war. Gewiß stützte er sich auf das »väterliche Erbe« an Freundschaften, doch er erweiterte und bereicherte es beträchtlich durch persönlich errungene Verbindungen, die alle einem bestimmten Zweck dienen sollten. Freundschaft, Verwandtschaft und Verschwägerung überschnitten sich, ohne jedoch identisch zu sein. Ausgeschlossen aus dem Kreis von Saint-Simons Freunden – aus Gründen, die man leicht erraten kann – war Louise de Crussol, die Frau seines Onkels väterlicherseits: »Hochmütig und boshaft hatte sie es meinem Vater nie verziehen, daß er wieder geheiratet hatte« – und einen männlichen Erben zeugte. »Sie versuchte, ihn mit seinem Bruder zu entzweien, so gut sie nur konnte« (1, S. 232), und es war ihr gelungen, »den größten Teil der Besitztümer meines Onkels den Herzögen von Uzès [ihrem Bruder und ihrem Neffen] zukommen zu lassen, während mein Vater und ich einen großen Teil der Schulden zahlten und der Rest unbezahlt blieb«. (1, S. 56) Ausgeschlossen war auch sein Schwager, der Herzog von Brissac, der seines »italienischen Lasters« wegen bald von Saint-Simons Halbschwester getrennt wurde, die 1684 kinderlos starb und ihren Neffen zum Universalerben einsetzte. Ausgeschlossen wurden ferner sein Schwager de Lorge und seine verwitwete Schwiegermutter. Sein angeheirateter Schwager Lauzun hatte nie recht dazugehört. Und seine Kontakte mit den beiden Schwiegersöhnen Colberts, Beauvillier und Chevreuse, verschafften ihm nicht den Zugang zum Neffen des Ministers, Torcy, der doch ihr Cousin ersten Grades war. Selbst die Freundschaft zu Pontchartrain scheint nicht durch die Vermittlung Jérôme Bignons, Mitglied des Staatsrates und ein enger »Freund seines Vaters«, gestiftet worden zu sein; Bignon hatte die Schwester des Kanzlers geheiratet und sich, »obwohl er nicht verwandt war«, einverstanden erklärt, als Saint-Simons Vormund in der Angelegenheit des Brissacschen Erbes zu fungieren. Freundschaft konnte sich auf Eheschließungen gründen oder aus ihnen hervorgehen, aber sie verknüpfte Individuen miteinander, die aus eigenem Willen nach den Vorteilen dieser Freundschaft strebten und deren Zwänge und Verpflichtungen auf sich nahmen.

Familie und Freundschaft: spirituelle Verwandtschaft

Das Verhalten Saint-Simons, der sich einerseits ostentativ uneigennützig zeigte, andererseits Vorteile von seinen Freundschaften erwartete und in Anspruch nahm, stempelte ihn am Hof von Versailles nicht zum Außenseiter. Dort war jeder gezwungen, sich persönliche Bindungen auf der Grundlage von Vertraulichkeit und Intimität zu schaffen. Denn wie in einem wissenschaftlichen Experiment kombinierte das Hofleben eine Anzahl von Konstanten – die Hierarchie von Rang, Vermögen, Verbindungen und Titeln, deren Stabilität lediglich den Zufällen von Tod und Geburt unterworfen war – mit einer Variable, dem König, unumschränkter Herr des Spiels, dem man sich nur durch die Vermittlung seiner Kinder, legitim oder nicht, seiner Minister, seiner »Domestiken« und seiner Favoriten und Favoritinnen nähern konnte. Der Einzelne war gezwungen, das Spiel der Freundschaft für sich und die Seinen in allen Varianten mitzuspielen, hatte jedoch keinerlei Einfluß auf die Regeln, die seit langem fixiert waren. Es lag am Einzelnen, seine Karten vorteilhaft zu gebrauchen.

Man ändere die Variable – die künstliche, beherrschende Präsenz eines einzigen Machtzentrums –, und man stößt dennoch wieder auf dieselben Regeln. Die Logik des Spiels verlangte eine tunlichst umfassende Kontrolle über einen möglichst großen Bereich der Gesellschaft. Natürlich gruppierte sich die Gesellschaft weniger um das Individuum als um die Familie. Im 11. und 12. Jahrhundert versuchte die Familie (in ihrer erweiterten Gestalt als Adelsgeschlecht), diese Kontrolle allein auszuüben. Wahre Freunde, sogenannte »blutsverwandte Freunde«[21], konnte man sich damals bloß durch Verwandtschaft oder Eheschließung erwerben. Sehr rasch mußte man deshalb Kompromisse schließen, und die dauerhafteste und häufigste Lösung war eine Kombination von Verwandtschaft, Nachbarschaft und Freundschaft. Ein zweifellos älterer Versuch, das Netz der Verbindungen auszudehnen, war die systematische Entwicklung »spiritueller Verwandtschaften«. Genueser Familien schlossen sich vom 14. bis zum 16. Jahrhundert zu Verbänden, den »alberghi«, zusammen, deren Namen sie trugen und deren gegenseitige Verpflichtungen zu nachbarschaftlichem Zusammenhalt vor dem Notar festgelegt wurden.

Unter »spiritueller Verwandtschaft« verstehen Anthropologen einen Komplex von Institutionen und formalisierten Bräuchen, die sich in ihrem Vokabular und ihrem Kodex der Rechte und Verpflichtungen am Muster der Familie orientieren. Als Ergänzung oder Konkurrenz zur Familie schloß die spirituelle Verwandtschaft jedoch Personen oder Gruppen außerhalb der Familie ein. Adoption, Patenschaft, Blutsbrüderschaft oder Wahlbrüderschaft wiesen viele gemeinsame Züge auf. Einzelne oder Gruppen gingen eine »freiwillige« Verpflichtung ein, oder zumindest wurde sie rituell bekräftigt, als sei sie tatsächlich freiwillig zustande gekommen (wie bei einer Eheschließung, die von einem bestimmten Zeitpunkt an auf dem Einverständnis der beiden Gatten beruhte). Man vereinbarte ein System wechselseitiger Ansprüche, die jedoch nicht immer gleichwertig waren und Unterschiede in Alter, sozialem Status oder persönlichem Ansehen berücksichtigen konnten. Die Funktion der spirituellen Verwandtschaft bestand darin, all das zu regeln, was die Familie möglicherweise nicht gewährleisten konnte – die Sorge um die Kinder, verwaist oder nicht, ihre religiöse Erziehung oder berufliche Ausbildung, ihre Eingliederung in das Erwachsenenleben –; sie bildete aber zugleich ein schützendes Bollwerk nach außen. Schließlich legte sie reale oder symbolische Sanktionen fest, falls die eingegangenen Verpflichtungen nicht respektiert wurden. Um ihren umfassenden Charakter – »auf Leben oder Tod« – zu unterstreichen, rangierten sie in der Skala zwischenmenschlicher Beziehungen ganz oben; bisweilen wurden sie vom Staat toleriert, doch niemals übernahm er sie selbst.

Obschon die Formen spiritueller Verwandtschaft sich oft ähnelten, dienten sie unterschiedlichen Zwecken. Manchmal waren sie genau fixiert, manchmal nur vage. Sie konnten im Einklang mit den Interessen der Familie stehen oder im Widerstreit mit ihr liegen, da keine Familie es gerne akzeptierte, daß Leben oder Besitztum eines ihrer Mitglieder einer anderen Familie zur Verfügung stehen sollte. Ihr Erscheinungsbild variierte je nach Gleichheit oder Ungleichheit der jeweiligen Partner. Obwohl Formen spiritueller Verwandtschaft bislang vornehmlich außerhalb Europas erschlossen wurden, lassen sich ihre Institutionen und Gebräuche hier in der Antike oder im Mittelalter nachweisen. Ab dem 16. Jahrhundert verschwanden sie zwar nicht, hatten aber ihre institutionelle Struktur eingebüßt, rechneten nun zur Privatsphäre und wurden nur mündlich überliefert. Mehr und mehr schienen sie verquere Spuren einer weit zurückliegenden Vergangenheit zu sein, erklärbar einzig durch Isolation und Tradition, dazu verurteilt, entweder zu verschwinden oder sich der Logik neuer gesellschaftlicher und politischer Arrangements zu beugen. Tatsächlich unterlagen sie dem doppelten Druck der Familien einerseits, die sie für sich reklamierten, und der Institutionen Staat und Kirche andererseits, die sie unter ihre Kontrolle bringen wollten, um sie leichter zurückdrängen zu können. Dennoch prägten sie unverändert Form und Substanz individueller und kollektiver Verhaltensweisen. Unter solchen Bedingungen verstärkte sich ihr symbolischer Gehalt, bis ihr sprachlicher Ausdruck – »Blutsbrüderschaft« etwa, oder »Freundschaft auf Leben und Tod« – kaum noch mit einer unmittelbaren Zielsetzung oder einem praktischen Zweck verbunden war. Die Bräuche, die der Banalisierung entgehen konnten, wurden jedoch gelegentlich mit einer persönlichen emotionalen Konnotation versehen – das Individuum begriff sie als Vehikel freier Selbstverwirklichung. Die Adoption war aus dem französischen Recht verschwunden und wurde erst wieder nach der Revolution aufgenommen, diesmal im Interesse des Adoptierten und nur, wenn beide Eltern gesetzlich als tot galten: Ein Vormund kümmerte sich in diesem Fall um die Waise. Doch es kam weiterhin häufig vor, daß Pflege und Erziehung eines Kindes einem anderen als den Eltern anvertraut wurden, normalerweise einem Verwandten – Großmutter, Onkel, Tante oder Cousin –, bisweilen aber auch einer Person oder einem Paar außerhalb der Familie. Emotionale Bindungen an diese »Adoptiv«- oder

Die Schülerin. Die Kirche hatte die Adoption verboten, die erst nach der Revolution in das französische Recht Eingang fand. Doch der Vormund hatte alle Rechte, Pflichten und Verantwortlichkeiten eines Vaters.
(Paris, Bibliothèque Nationale)

»Pflegeeltern« kamen ohne die gesetzliche Sanktionierung eines neuen Status aus.

Blutsbrüderschaft besiegelte man durch einen »Blutpakt«: Man trank Blut aus einer absichtlich zugefügten Wunde oder einem Glas. Ein solcher Pakt vereinte die Blutsbrüder »weit enger als die Blutsverwandtschaft selbst«; er ist in germanischen, skandinavischen und irischen Legenden des frühen Mittelalters belegt und wurde in den Ritterromanen aufgenommen.[22] Danach scheint der Brauch erloschen zu sein, trotz oder wegen der Bezüge zum christlichen Abendmahl, man stößt nur noch hier und da auf vereinzelte Spuren, etwa im schottischen Hochland im 17. Jahrhundert.[23] Erst Ende des 19. Jahrhunderts entdeckte man die Blutsbrüderschaft in den Balkanländern: in Bulgarien, wo der Blutsbruder »nicht nur ein Bruder, sondern mehr«[24] ist, in Albanien, Serbien oder Montenegro, wo man in vollkommener Gütergemeinschaft lebte und sogar gemeinsame Frauen hatte.[25]

Andere Bräuche hielten sich dagegen länger. Die »Wahlbruderschaft«, traditionelle Basis der Zusammengehörigkeit des Familienstamms, wurde durch die demographische Krise zwischen dem 14. und 15. Jahrhundert begünstigt: »Im 15. Jahrhundert wurde die Bruderschaft in den Cevennen [. . .] zu einem wesentlichen Faktor des sozialen Lebens.«[26] Nahe Verwandte, Ehegatten oder Freunde schlossen Verträge zur gegenseitigen Unterstützung. Nur langsam bildeten sich diese Bräuche unter dem Druck der Kernfamilie zurück. Auch die Vendetta,

Von Kindern bis zu den Alten, im Arbeitsraum der Werkstatt waren die Lebensalter vereint. Doch herrschte hier keine Gleichheit, die Unterschiede in Wissen, Alter und Status sorgten für vielfältige Hierarchien.
(Stich von Galle, nach Stradan. Paris, Bibliothèque Nationale)

der private Krieg, der im 13. und 14. Jahrhundert durchaus legal, mitunter geradezu obligatorisch war[27], widerstand lange dem neuen Anspruch des Staates auf das Gewaltmonopol. Wohl noch hartnäckiger hielt sich die Patenschaft, die eine geistige Verwandtschaft begründete und mit einem Heiratsverbot zwischen den Familien des Kindes, der Paten und Patinnen und sogar der Familie des Priesters gekoppelt war, der die Taufe zelebriert hatte. Dieser Brauch kam in ganz Europa vor – vom spanischen »compadrazgo« zum englischen »godsibling« (von dem das Wort »gossip« herstammt), vom italienischen »compare« und »commare«, vom französischen »compère« und »commère« zum slawischen »Kum, Kuma« und zum deutschen »Gevatter« und »Gevatterin«. Aufschlußreich sind die historischen Hoch- und Tiefpunkte solcher Patenschaften.[28]

Eine erste Zäsur setzte die Reformation. Luther lehnte »geistliche Verwandtniß« als »Narrenwerk« ab. »Denn mit der Weise durft ein Christ den andern nicht nehmen [. . .]. Es ist des Papstes Geldnetze.«[29] Die katholische Kirche zog nach: Das tridentinische Dogma ging zwar nicht ganz so weit, beschränkte die spirituelle Verwandtschaft aber auf Eltern, Kind, Patin und Paten. Die politischen Machthaber in Mitteleuropa, von den deutschen Fürsten bis hin zu Joseph II., sorgten nach dem Beispiel der Gesetze gegen Luxus für – je nach Rang abgestufte – weitere Begrenzungen der Anzahl von Paten und Patinnen sowie ihrer geographischen und sozialen Herkunft. Zur selben Zeit erlebte die Patenschaft einen ungewöhnlichen Aufschwung in Lateinamerika, während sie sich in Europa nur im Süden aufrechterhielt: in Spanien, Italien und in den Balkanländern. Jesuitische Missionare bekamen es 1890 in Albanien mit einer extremen Version zu tun: Eine spirituelle Verwandtschaftsbeziehung wurde bei der Taufe eingegangen und erstreckte sich bis ins Unendliche, während die Kirche nie mehr als vier Grade der Verwandtschaft gefordert hatte und sich künftig mit weniger begnügte. Zudem durften die Paten keinesfalls aus der Verwandtschaft stammen. Bei »Volksstämmen«, die eine systematische Exogamie prak-

Die Arbeit, offen zum Haus und zur Straße hin, die zum Teil ebenfalls als Arbeitsbereich genutzt wurde, schuf Beziehungen der Zusammengehörigkeit, die sich nur schwer von den Familienbanden freimachen konnten. (Zimmerdecke von Poccetti; Florenz, Uffizien)

tizierten, dienten anscheinend viele Gelegenheiten als Vorwand für spirituelle Verwandtschaftsverhältnisse: Blutpakte, Taufe, aber auch ein Ritus beim ersten Haarschnitt eines Kindes, für den die Eltern »die Person auswählten, mit der sie am freundschaftlichsten verbunden waren, oder zu der sie eine engere Verbindung wünschten; zu dieser Person und ihren Verwandten bestand von da an ein vollkommenes Vertrauensverhältnis, als gehörten sie zur Familie«. Auch Trauzeugen »gehörten zu der großen Gruppe der ›kumar‹ [›spirituellen Verwandten‹], mit denen man durch eine besondere Brüderschaft und Freundschaft verbunden war, und die in einem Fall von ›sangue‹ [›vendetta‹] oder bei anderen Gelegenheiten zu Hilfe kamen«. Wenig überraschend ist, daß die Freunde, deren Hilfe man bei einer »vendetta« in Anspruch nahm, niemals die Initiative zu einer gütlichen Einigung oder zu finanzieller Kompensation ergreifen durften. Enttäuscht zogen die Jesuiten daraus den Schluß, daß »diese falschen Verwandtschaften [. . .] sehr viel höher geschätzt werden, als die Kirche es zuläßt«, und man könne »solche Vorurteile noch so sehr verdammen, es wird trotzdem eine Zeitlang dauern, bis sie verschwinden«[30].

Damals betrachteten Missionare und Ethnologen diese Realität, die ihnen selbst bereits fremd geworden war, mit distanziertem Blick. Gewiß, sie verstanden und erklärten die »Notwendigkeit« oder »Nützlichkeit« solcher Bräuche, selbst in ihren überspitzten Variationen. Doch sie wichen der Frage aus, warum in den untersuchten Gesellschaften die Rolle des Paten als Erzieher in religiösen Angelegenheiten zugunsten anderer Funktionen, vor allem als Beschützer oder Versorger, ersichtlich schwand, während später kriminelle Vereinigungen, die ebenfalls Initiation, Unterweisung, Respekt und Gehorsam verlangten, die Patenschaft als Organisationsmodell für ihre Zwecke nutzten.

Das besondere Verhältnis des Patenkindes zu seinen Paten wurde davon jedoch nicht berührt. Durch eine Tendenz, die Eltern des Kindes auszuschließen, wurde sie eher stärker und persönlicher. Noch 1845 bildeten die Einwohner von Broye in der Franche-Comté »durch die Taufe der Kinder eine Art religiöse Verwandtschaft. Jeder war Pate oder Patin«.[31] Seit dem 15. und 16. Jahrhundert begann die Bedeutung dieses Zusammenhalts, der den sozialen Raum durch vielfältige Bindungen zwischen Familien und Individuen so umfassend wie möglich strukturieren sollte, zu zerfallen. Das stand im Zusammenhang mit der Entwertung des Familienverbands zugunsten einer eingeschränkten Definition der Familie, gefördert von der Kirche, aber auch durch die wachsende Macht des Staates. So entstand allmählich ein neues Bild vom Individuum, das an Autonomie und Innerlichkeit gewann. Zurück blieben ein bestimmtes Vokabular, manche Verhaltensmuster und Sehnsüchte: Jetzt war Platz, sie mit neuen Inhalten zu füllen, und vor allem Platz für neue Formen der Freundschaft.

Formen des Zusammenschlusses: von der Bruderschaft zur freundschaftlichen Geselligkeit

Zuerst wurden die neu entstandenen Freiräume von Verbänden besetzt. Gegründet auf freiwillige Mitgliedschaft, planten sie das Modell einer Gemeinschaft, so wie die Familie sein sollte, aber zumeist nicht war. Manche jedoch fanden sich ähnlichen Zwängen gegenüber und liefen Gefahr, auf ähnliche Weise zu scheitern.

Ein frühes Beispiel sind die Gesellenbruderschaften. Ihre Terminologie (eine »Mutter« stand jeder Bruderschaft vor, die Mitglieder waren zum Zusammenhalt gegen die Meister und gegen andere Berufsgruppen verpflichtet) entlehnten sie der Familie, ihre Initiationsriten und Geheimschwüre der Freundschaft. Ihr Ziel war es, den entscheidenden Abschnitt von der Lehrzeit bis zur Meisterschaft zu organisieren, die nicht immer vererbt wurde, so daß zu ihrer Erlangung zahlreiche Hürden genommen werden mußten. Die Bruderschaft sorgte aber auch für die Wahrung des untergeordneten Status der qualifizierten Handwerksgesellen, denen der Zugang zur Meisterwürde oft für eine Frist oder endgültig verwehrt blieb. Getrennt von ihrer ursprünglichen Familie, ohne die Möglichkeit, eine eigene zu gründen, waren die Gesellen im günstigen Falle integriert in die Familie des Meisters, bei dem sie wohnten und aßen und der die väterliche Autorität ausübte. Die Bruderschaft sollte nun eine Familie anderer Art sein, die auf vollkommener Gleichheit beruhte. In einer Denkschrift, veröffentlicht 1752 in Lyon, die »mehrere Sätze aus Einwänden von Gesellen in Lyon von 1539 bis 1540« übernommen hatte, argumentierten Druckergesellen, daß in ihrem Gewerbe »mehr als in allen anderen Künsten Meister und Geselle eins sind oder sein sollten, wie eine Familie und Bruderschaft«[32].

Der Hinweis auf »Brüderlichkeit« oder »Bruderschaft«, der in der Sprache der Vereinigungen (ob religiös oder nicht, beruflich oder nicht, manchmal beides zugleich) fortwährend wiederkehrt, hat sich bis in die Programme der Gewerkschaften und Parteien im 20. Jahrhundert erhalten, so wie der Traum, auf dem Fundament umfassender Brüderlichkeit eine neue Gesellschaft zu errichten. Die freiwilligen Zusammenschlüsse bevorzugten die egalitären Momente der Familienterminologie. Ihre Wortwahl entpuppt sich jedoch als brüchig und künstlich zugleich, wenn sie die Konkurrenz innerhalb der hierarchischen Gruppe (Meister und Gesellen) oder zwischen Individuen (»mein lieber Mitbruder und gleichwohl Freund«) verschleiert, ob es nun um die Ziele der Vereinigung (wie die Regelung von Lohnfragen und des Kundenanteils) oder um den Zugang zu Ämtern und Posten in der Organisation geht. Gleichwohl bezeugen die Bruderschaften das reale Bedürfnis der unverheirateten Gesellen, die ein ausgeprägtes Bewußtsein ihrer Würde und Kompetenz besaßen, nach persönlicher und beruflicher Identität. Geradezu exemplarisch war dieses Bewußtsein bei den Druckergesellen von Lyon – obwohl ihre Meister behaupteten, sie seien »levissime literis tinti«, »leicht eingefärbt mit Bildung«, charakterisierten sie sich selbst aufgrund ihrer Beherrschung der Schrift als »freie

Männer, die freiwillig in einem großartigen und edlen Beruf arbeiten«[33], und jedes Wort dieser Definition ist wichtig. Auch in dieser Hinsicht weckten die Bruderschaften Erwartungen, die sie nicht zu erfüllen vermochten.

Die zahlreichen Freimaurerlogen, die zwei Jahrhunderte später gegründet wurden, werden oft als neuartige Zusammenschlüsse betrachtet, die auf der Grundlage freiwilliger Zugehörigkeit und abseits staatlicher Kontrolle eine zivile Gesellschaft verfochten. Die »Geheimhaltung«, auf der die Freimaurer beharrten, gehörte zu nicht-offiziellen und daher »privaten Versammlungen« – privat als Gegensatz zu öffentlich. Die Freimaurerlogen brachen mit »der Umklammerung durch jahrhundertealte und unveränderliche Gemeinschaften wie Familie, Pfarrei, Zunft oder Orden«[34]. Sie beruhten auf dem Prinzip sozialer Gleichheit, allein »wahres persönliches Verdienst« – eine Mischung aus »Tugend« und »Talent« – sollte über Rang und Aufstieg in der Hierarchie bestimmen. Die Freimaurerlogen markieren zwar eine neue Entwicklung, aber keine radikale Abkehr von alten Kooperationsmustern; sie verfolgten religiöse und moralische Ziele, und ihre Ansprüche hatten universelle Gültigkeit. Tatsächlich waren sie weit eher der Schauplatz kultureller Empfindsamkeit als ein Instrument privater Interessen. Daran lag es wohl auch, daß ein so wachsamer Staat wie die französische Monarchie in ihnen keine »Körperschaft« erblickte, die gelenkt oder verboten werden mußte. Schon sehr viel früher übte der Staat dagegen eine spürbare Kontrolle über Institutionen wie Familie, Dorfgemeinschaft oder Zunft aus; sie waren tatsächlich eine Bedrohung für ihn, da sie in die Struktur der Gesellschaft integriert waren, die sie durch die Verfolgung ihrer Privatinteressen reproduzierten.

Einführung des Freimaurerlehrlings in den Tempel der Tugend. Die Initiation war auch der Vorwand für den Bruch mit der bisherigen Moral. Dem neuen Wissen entsprachen neue Pflichten und ein neuer Verhaltenscode. (Paris, Bibliothèque Nationale)

Solange die Freimaurerlogen sich nicht in »politische Akademien« verwandelten, waren sie neutrale Zusammenschlüsse und rechtfertigten keinerlei Einmischung des Staates. Sie schlossen sowohl Junggesellen – Soldaten und sogar Geistliche – als auch verheiratete Männer ein. Die bedeutende Rolle von Kaufleuten und Beamten bei der Gründung von Logen läßt vermuten, daß sie dem Wunsch nach ausgreifender Solidarität ebenso entgegenkamen wie den Bedürfnissen einer mobilen sozialen Gruppe, die aus beruflichen Gründen häufig zu einem Ortswechsel gezwungen war. Freimaurerlogen wollten die Familien weder ersetzen noch sie im Dienste ihrer Interessen ergänzen; sie existierten außerhalb der Familie und standen ihr fremd oder gleichgültig gegenüber. Sie erzwangen auch keinen Bruch mit Loyalitäten außerhalb der Logen. Ihre faserige Ideologie beförderte vernünftige und maßvolle soziale Beziehungen zwischen Individuen, die sich aus freien Stücken zusammengefunden hatten; sie wiederholte die Terminologie und manche Bräuche und Verpflichtungen der Freundschaft. Die »Brüderlichkeit«, welche die Logenmitglieder miteinander verband – bis eines Tages der Wunsch »alle Menschen werden Brüder« in Erfüllung ginge –, war funktional und wurde statuarisch festgelegt. Die Organisation gewann stärker an Identität als die Mitglieder selbst; so konnte sie sich ohne große Konflikte allmählich mit ihnen entwickeln.

Wie originell die Freimaurerei auch gewesen sein mag, wie sehr sie

Eine Loge in Paris um 1740. Die Initiation in die Geheimnisse der Freimaurer bot die erträumte Gelegenheit zu einem Übergangsritus, der den Zutritt zu einer Gesellschaft von Gleichen ermöglichte, die durch gemeinsames Wissen und gemeinsame Anschauungen verbunden waren.
(Paris, Bibliothèque Nationale)

auch mit der Aufklärung verwoben ist, sie gehört zu einer längerfristigen Bewegung, die ein zunehmender Wandel in den Formen der Geselligkeit – zumindest der männlichen – kennzeichnet. Denn die Frauen waren ausgeschlossen, nach den Worten von Ramsays *Discours* (1736–1737) »im Interesse der Reinheit unserer Maximen und Sitten«[35]. Neu waren die Häufigkeit, das offene Auftreten und in manchen Fällen auch die Institutionalisierung regelmäßiger Zusammenkünfte von Freunden, die ein wissenschaftliches oder intellektuelles, religiöses oder weltliches oder politisches Interesse teilten oder die schlicht das Vergnügen »ehrenwerter Gesellschaft« oder des Gesprächs suchten.

Renaissancefürsten wie die Medici oder Farnese hatten das Modell der Zusammenkünfte einer bevorzugten kleinen Gruppe von Humanisten, Künstlern, Schmeichlern oder Freunden geschaffen, die so vor den übrigen ausgezeichnet wurden, da sie Zutritt zur Privatsphäre hatten. Ludwig XIV. benutzte Einladungen nach Marly als Herrschaftsinstrument gegen den Adel am Versailler Hof. Doch die vermehrten öffentlichen Treffpunkte, wie Weinschenken, »Kaffeehäuser« oder »Schokoladenhäuser« in den Städten des 17. und 18. Jahrhunderts, veränderten die Situation. Sie erregten das Mißtrauen der Obrigkeit. Die Kirche behielt die Entwicklung im Auge und gründete neue »Klostergenossenschaften von der Buße«, die sie überwachen konnte.[36] Der Staat zeigte sich stets zur Unterstützung bereit, sofern man sich seiner Kontrolle unterwarf. So gründete Richelieu aus dem Gelehrtenkreis, der sich 1629 gewöhnlich einmal pro Woche bei Conrart traf, die Académie française, während Napoleon die Société d'Arcueil um Berthollet und Laplace[37] diskret in Beschlag nahm.

Richelieu verknüpfte mit seinem Projekt zwei Traditionslinien: einerseits die Kontrolle der Monarchie über »Versammlungen« und »Körperschaften«, die nur durch königliche Privilegien autorisiert wur-

Kaffeehaus in London am Ende des 17. Jahrhunderts: Kaffee war das neue Getränk, das eine neue Form männlicher Sozialität in guter Gesellschaft repräsentierte, die sich von der Vulgarität des Wirtshauses abhob.
(London, British Museum)

den, damit die Krone sie besser überwachen und für ihre Zwecke nutzen konnte (nach Richelieu betrieb Colbert eine systematische Kulturförderung zum höheren Ruhme des Königs[38]), andererseits die Tradition aristokratischer Schirmherrschaft, für die Federico Cesi zu Beginn des 17. Jahrhunderts ein gutes Beispiel ist. Obwohl Cesi noch sehr jung war, übte er seit der Gründung der Akademie der Lincei in Rom eine Art Vormundschaft über sie aus: »Verwandtschaftsbeziehungen und diplomatische Rücksichten wiegen bei der Rekrutierung der Mitglieder schwerer als streng wissenschaftliche Kriterien.«[39] Und die städtische Obrigkeit wachte über private Theateraufführungen in der Provence ähnlich argwöhnisch wie Mütter über junge Mädchen und Männer, die sich die Dunkelheit der Abendstunden zunutze machten.

Doch das eigentliche Vorbild freier Zusammenschlüsse stammte nicht aus Italien, sondern aus England: die Clubs. Ihr Ursprung geht auf das 15. und 16. Jahrhundert zurück (der Club der »Friday Street« oder der »Bread Street-Club«, der von Sir Walter Raleigh gegründet worden war und sich in der »Mermaid Tavern« traf), im 17. und 18. Jahrhundert vermehrten sie sich rasch. Samuel Pepys und seine Freunde versammelten sich im »Wood's« oder im »Pall Mall«. In der Aufklärung wurde dieser Brauch in Frankreich nachgeahmt, doch nach den Erfahrungen der Revolution installierte man um 1815 als Ersatz den

Stätte der neuen Philosophie. Unsere Wiege war ein Kaffeehaus. Das Dekor wurde keineswegs volkstümlicher, sondern verfeinerte sich, um die Salons der Aristokratie nachzuahmen. Die Besucher des Kaffeehauses glichen sich in Kleidung und Verhalten dem Adel an, doch hatten sie zum Ziel, die Welt zu reformieren.
(Paris, Bibliothèque Nationale)

»Zirkel«. Die außerordentlich simplen Regeln der Zusammenkünfte waren schnell festgelegt. Mittels sozialer und kultureller Kriterien entschieden die ausschließlich männlichen Mitglieder, wer zugelassen wurde. Im Gegensatz zu den Salons tagten die Clubs stets außerhalb privater Wohnhäuser, zunächst an einem öffentlichen Ort, beispielsweise in einer Wirtschaft oder einem Café, seit Anfang des 19. Jahrhunderts in eigenen Gebäuden, die für Clubmitglieder reserviert waren. Clubs sollten der Geselligkeit dienen; manche spezialisierten sich im Laufe der Zeit auf politische und literarische Diskussionen, die meisten waren ganz einfach Stätten des Austauschs und der Freizeitbeschäftigung der vermögenden Klassen. Ohne familiären Bindungen Beachtung zu schenken oder den geringsten Zwang auszuüben, schufen die Clubs ein neues Modell privater Geselligkeit, ohne Geheimniskrämerei, Initiation oder Programm: kein Streben mehr nach Bruderschaft, keine Verpflichtung den anderen gegenüber. Man wahrte einen gewissen Verhaltenskodex, der für alle Mitglieder gleichermaßen galt und bevorzugte Beziehungen zu einzelnen von ihnen weder untersagte noch vorschrieb. Die Geselligkeit hatte sich von den Zwängen der Freundschaft und bei dieser Gelegenheit auch von den Zwängen der Familie befreit: »[...] das Leben im englischen Stil, – dieser Tod des Herzens – das Leben der Clubs und Zirkel«, schrieb Baudelaire.[40]

Männer und Frauen

Ein Punkt jedoch kennzeichnet diese neuen Formen der Geselligkeit von Anbeginn: Ihr nahezu ausschließlich männlicher Charakter, die strenge Trennung der Geschlechter, weist darauf hin, daß sie, anders als etwa die Salons, kein Abbild der Gesellschaft im kleinen waren. Sie setzten in zweifacher Hinsicht den Willen zu Isolierung und Absonderung voraus: von der Familie, aber auch von der Gemeinschaft der Generationen und Geschlechter. Ebenso wie Frauen waren Kinder und Jugendliche ausgeschlossen; die Aufnahme in den Club oder der Zutritt zu Gasthäusern bedeutete, als erwachsener Mann anerkannt zu werden, der Herr seiner Entscheidungen und seiner finanziellen Mittel war. Die Bezeichnung »Zirkel« hatten die Männer den Frauen abgelauscht, denn die Anregung dazu war von ihnen ausgegangen, von Maria von Medici bis hin zu »Madame Bonaparte«. Ludwig XIII. vermißte »die erlauchten Zirkel seiner Mutter, der Königin, zwischen denen er aufgewachsen war«, schreibt Saint-Simon (2, S. 412); unter Ludwig XIV. bildeten sich neue Zirkel um die »Dauphine«, später um die Herzogin von Burgund.[41] Sicherlich gründeten die Frauen im Laufe der Zeit eigene Logen und Clubs, jedoch stets sorgfältig von den Männern abgesondert. Dieser systematische Ausschluß von Frauen läßt auf eine weitere Bedeutung der Clubs schließen.

Es mangelt nicht an Gründen, um den Sachverhalt zu erklären oder zu rechtfertigen: die Wahrung der guten Sitten, da weibliche Mitglieder eine Versuchung darstellten (diesen Grund nannten die Freimaurer, bei denen damals viele Junggesellen oder alleinreisende Männer organisiert waren[42]); die strikte Teilung der Aufgaben und Lebensräume, die Frauen ins Haus verbannte und ihnen den Besuch »öffentlicher Orte« verwehrte, an denen sich die Männer versammelten; die geringere Freiheit der Frauen, da sie der Autorität und Vormundschaft des Vaters oder Gatten unterstanden; schließlich ihre berufliche Minderqualifizierung, die auch arbeitenden Frauen den Zugang zu Handwerken versperrte, die in Gesellenbruderschaften organisiert waren. Aber gelten all diese guten Gründe tatsächlich auch für die begüterten Klassen, wo die Frauen, bedient von zahlreichen Domestiken, beträchtliche Bewegungsfreiheit genossen und, zumindest im 18. Jahrhundert, sogar eine relative Freiheit der Sitten? Madame de Saint-Simon wurde oft ohne ihren pedantischen Gatten nach Marly eingeladen, der nicht im Traume daran dachte, sich darüber zu beschweren. Der Spott, mit dem der Ausschluß von Frauen aus den neuen Männerclubs bedacht wurde, bestätigt nur, daß er tatsächlich ein Prinzip war und auch so empfunden wurde. Genau dies hatte der Präsident de Maniban begriffen, als er am 18. April 1742 aus Toulouse an Kardinal Fleury schrieb: »[...] am 8. dieses Monats wurde anläßlich eines Soupers, bei dem einige Damen und Herren reifen Alters anwesend waren, ein Orden gegründet, der zuerst Orden der Freien Freundschaft genannt werden sollte, aber schließlich doch Orden der Tapferen Ritter heißt, [...] ein Scherz [...] gegen den Orden der Freimaurer, dessen Geheimnis ungelüftet bleibt

Empfang der Frauen in der Loge der Möpse. Von der Mitte des 18. Jahrhunderts an befaßten sich Parodien auf das Freimaurerritual mit dem Thema der Geschlechtermischung. Auch der Abbé G.-L. Calabre Pérau, der *Le Secret des francs-maçons* (s. l. 1744 [*Das Geheimnis der Freimaurer*]), *Les Francs-Maçons écrasés* (Amsterdam, 1747 [*Die zugrunde gerichteten Freimaurer*]) und *L'Ordre des francs-maçons trahi et le Secret des Mopses révélé* (Amsterdam, 1758 [*Der verratene Freimaurerorden und die Enthüllung des Geheimnisses der Möpse*]) verfaßte, wich nicht von dieser Regel ab. »Die Freuden der Liebe« und »das Band der Lust, das die Herzen verknüpft«, stehen neben dem »Gefäß der Vernunft« und den »verschiedenen Symbolen der Freundschaft« – eine Prise Erotik konnte nicht schaden. Doch indem er die strikte Geschlechtertrennung in den Logen rechtfertigte, banalisierte er sie auch.
(Paris, Bibliothèque Nationale)

und der keine Frauen aufnimmt.«[43] Die Hauptgefahr drohte also weniger von parallelen – und selbst widerständigen – Formen weiblicher Geselligkeit denn von der Vermischung der Geschlechter. Offensichtlich wollten die Männer »unter sich« sein, in der Freizeit (schließt man politische, literarische und wissenschaftliche Diskussionen mit ein, so waren Freizeitaktivitäten, vor allem als das Spiel aufkam, der Hauptzweck dieser Zusammenschlüsse) wie in der Arbeit. Bei der Arbeit blieben die Geschlechter nach wie vor geschieden, doch die wachsende Freizeit hätte sie einander näherbringen können. Der Wunsch nach Geschlechtertrennung, eine konstante Erscheinung in der Geschichte, war auch von Anbeginn ein Impuls der meisten Jugendvereinigungen – »Königreiche«, »Jugendabteien« oder Jugendkorps genannt –, die bereits im 12. und 13. Jahrhundert außerhalb der Kirche, aber geprägt von ihrem Vorbild, entstanden. Diese Jugendvereinigungen scheinen die allgemeinsten und ältesten Versionen des Zusammenschlusses zu sein, obschon für England und Spanien noch Unsicherheiten bestehen.[44] In allen anderen Punkten unterschieden sich die Jugendvereinigungen jedoch deutlich von den Clubs der Erwachsenen: im Alter der Mitglieder, in der Freiwilligkeit der Mitgliedschaft, der Dauer der Zugehörigkeit und in der geographischen Ausdehnung des Einzugsbereichs. Jugendvereinigungen wurden jeweils für ein Dorf oder ein Viertel gebildet, die Zugehörigkeit war »zeitlich begrenzt«[45] und obligatorisch zugleich. Sie blieben ausschließlich männlich, Mädchen waren nur zu Aktivitäten zugelassen, die ihre Anwesenheit erforderten; ihre Teilnahme war jedenfalls zweitrangig.

Nach altem Brauch wurden den Jugendvereinigungen vier Handlungskompetenzen eingeräumt. Durch das »Charivari« oder »Haberfeldtreiben« erfüllten sie die Funktion einer »Sittenpolizei«, vornehmlich bei Heiraten. Ihre Opfer waren Ehebrecher beiderlei Geschlechts, geschlagene Ehemänner und Ehefrauen, Witwer und Witwen, die einen jüngeren Partner heiraten wollten. Ihre zweite Aufgabe lag im Grenzbereich von Polizei und Militär: Die Koppelung von »Jugendabtei« und städtischer Miliz wurde im 18. Jahrhundert in der Provence zu einem folkloristischen Relikt, da besser bewaffnete königliche Soldaten die militärischen Funktionen der Jugendlichen überflüssig machten.[46] Aber in Nivelles im Brabant des 17. Jahrhunderts, das immer wieder von Truppen aller Lager durchzogen wurde, befehdeten sich Jugendgruppen und Bürgervereine oder »Schwüre« oft untereinander oder gerieten in Konflikt mit der Obrigkeit. Am Michaelstag paradierten sie Seite an Seite auf dem großen Platz. Als im Oktober 1695 betrunkene Männer ihre Gewehre gegen Bürger richteten, rief man die Jugendmiliz herbei, die zwei der Männer verhaftete.[47] Daran ist nichts Überraschendes; es gab zahlreiche Jugendliche – manchmal fast ebenso viele wie erwachsene Familienväter –, sie waren bereits straff organisiert, daran gewöhnt, sich zu schlagen, und stets gern bereit dazu.

Eine weitere Kompetenz der Jugendlichen war die Organisation von Festen, die im 18. Jahrhundert häufiger und weltlicher wurden. Seltener dagegen scheint ihre vierte Funktion, der Ausdruck von politischem Protest beim Karneval oder bei anderen Bräuchen gesellschaftlicher Verkehrung, zum Zuge zu kommen, da diese Bräuche seit dem 16. Jahrhundert scharf überwacht wurden. In allen vier Fällen agierten die »Jugendabteien« als Stimme und Arm der gesamten Gemeinschaft.[48] Sie besaßen die äußeren Zeichen einer Institution, wenn auch nicht deren Macht. Sie interessieren uns hier nur indirekt, da ihnen aufgrund ihrer altersabhängigen Struktur eine wesentliche Aufgabe bei der Herausbildung und Festigung der Persönlichkeit zukam.

Die Jugendvereinigungen umfaßten die zweifache Übergangsetappe von der Kindheit zum Erwachsenenalter. Die jungen Männer hatten die Pubertät hinter sich, wenn sie in die Vereine aufgenommen wurden, vor ihnen lag die Ehe (die »Emigration«) und damit das Ende ihrer Mitgliedschaft. Späte Eheschließungen gab es bei jungen Männern noch häufiger als bei Frauen, die Jugendzeit konnte sich über gut zehn Jahre erstrecken, von fünfzehn bis fünfundzwanzig Jahren etwa. Die Jugendvereinigungen organisierten die Periode der allmählichen Ablösung von der Elternfamilie und bereiteten die Einbindung in die Erwachsenengesellschaft vor, sobald man selbst einer Familie vorstand. Auf eine Lockerung der Bindungen folgte die Reintegration – die zwei klassischen Phasen jedes Übergangsritus.[49] Bis zu dieser Reintegration bot die Jugendgruppe Aufnahme; der Übergangsstatus wurde von den »Gleichen«, d. h. den jungen Leuten, anerkannt und von den »Höheren«, d. h. den Erwachsenen, toleriert.

Diese Rolle der Jugendgruppen war an den geläufigen Erziehungspraktiken ausgerichtet. Kinder beiderlei Geschlechts wurden bis zum Alter von neun oder zehn Jahren gemeinsam von den Frauen erzogen. Danach kamen die Jungen »aus den Händen der Frauen« in die der Männer – zum Vater oder zu einem anderen Erwachsenen, an den die väterliche Autorität delegiert wurde –, während die Mädchen zu Hause oder in einem anderen Haushalt die häuslichen Pflichten und Verantwortlichkeiten einübten. Für die Dauer dieser langen Übergangsperiode zwischen zehn und zwanzig oder fünfundzwanzig Jahren blieben beide Geschlechter tunlichst getrennt.

Jean-Baptiste Chardin, *Die fleißige Mutter.*
(Paris, Louvre)

Welche Funktionen der »Jugendvereinigung« von der Gemeinschaft auch anerkannt oder toleriert wurden, sie mußte auf jeden Fall in zwei bedeutsamen Bereichen Einfluß auf das Verhalten ihrer Mitglieder nehmen und es sozialisieren. Junge Männer, die weder Macht noch eine eigene Familie oder eigene Mittel besaßen, gerieten oft in Konflikt mit ihren Vätern, die die Herren waren – in den Teilen Frankreichs mit geschriebenem Recht die absoluten Herren: Sie bestimmten, wann ein Sohn sich selbst niederlassen durfte, wie seine materielle Lage aussah und wen er heiraten mußte. Die Funktionen, die man der organisierten Jugend zugestand, legen den Gedanken nahe, daß die Väter sie eher am Leben der Gemeinschaft teilhaben ließen, als in den genannten Punkten auch nur einen Schritt zurückzuweichen. Im zweiten Konfliktfall stehen sich verschiedene Familien gegenüber. In diesem Fall konnten die »Jungen« als potentielle Vermittler fungieren: in einer Zweierbeziehung (Liebe oder Freundschaft), der ein bevorzugter Stoff der Literatur und klassischerweise zum Scheitern verurteilt war (von *Romeo und Julia* bis zur gemeinsamen Flucht von Jacques und Daniel in Roger Martin du Gards Roman *Les Thibault*), oder aber im entgegengesetzten Fall, der bisher kaum untersucht wurde: der kollektiven Vermittlung.

Schließlich und endlich erfüllte die Jugendvereinigung mit der – zumindest stillschweigenden – Zustimmung der Erwachsenen noch eine weitere Aufgabe: die Unterweisung der jungen Männer im Sexualverhalten, gemäß den Normen der Gesellschaft, die ihnen »einen genau definierten und institutionalisierten männlichen Status«[50] zuwies. Daher die Betonung des Geschlechtsunterschieds oder, im äußersten Fall, die Aggressivität gegenüber Frauen. Diese Aggressivität konnte auch ein Einzelner bekunden. So forderte etwa der fünfzehnjährige Valentin Jamerey-Duval von seinen jeweiligen Meistern (Bauern, Schäfer, Müller), daß er nur ihnen selbst, niemals jedoch ihren Frauen gehorchen müsse. Selbstverständlich vergebens, so daß er regelmäßig gezwungen war, seine Stelle aufzugeben: »Ohne es zu kennen [das andere Geschlecht], hatte ich mir vorgestellt, daß ein Männerbündnis zur Verteidigung mich vor seinen Angriffen schützen würde.«[51] Aber die Gruppe, die diese Aggressivität kanalisierte und manchmal entfesselte, verfügte über weitreichende und wirksame Mittel, sie übte auch Druck auf Mitglieder aus, die sonst vielleicht gezögert hätten. Die Wahl der Opfer bei »Charivaris« ist bezeichnend für die insgeheimen Absichten. Warum hielt man sich gleichermaßen an der Witwe schadlos wie am Witwer, wenn sie wieder heiraten wollten, obwohl die Heirat mit einer reichen Witwe für die meisten jungen Leute der begehrteste Schritt zum sozialen Aufstieg war? Besonders galt dies für Handwerksgesellen, die eventuell die Witwe ihres Meisters heiraten konnten. Warum attackierte man unterschiedslos jeden Ehebruch, obwohl der eines Mannes die »Jugend« nur betraf, wenn es sich um eine ledige Frau handelte, und der Ehebruch einer Frau zu ihrem Vorteil sein konnte? Warum diese besondere Aufmerksamkeit für Ehemänner, die von ihren Frauen geprügelt wurden? Daß man den weiblichen Anspruch, »die Hosen anzuhaben«, verurteilte, ist plausibel[52], aber diese Mahnung an die Hierarchie der Geschlechter und der ihnen zugemessenen Rollen schloß auch die Anprangerung des männlichen »Versagens« ein, vielleicht sogar der perversen Lust, die man dabei womöglich empfand. Die Stiche, auf denen man Männer, die gerade ausgepeitscht werden, mit heruntergelassenen Hosen sieht, erinnern durchaus an die Prügel, die Jean-Jacques Rousseau als Kind von Mademoiselle Lambercier empfing: »[. . .] aber nach dem Vollzug fand ich sie in der Tatsache weit weniger peinvoll, als sie es mir in der Erwartung gewesen war; und was das wunderlichste ist, diese Strafe steigerte sogar meine Zuneigung zu der, die sie mir verabreicht hatte. [. . .] denn ich hatte in dem Schmerz und sogar in der Scham eine Art Wollust empfunden, die mehr Lust als Furcht in mir zurückgelassen hatte, sie noch einmal, von derselben Hand bewirkt, zu verspüren [. . .], denn Fräulein Lambercier, die zweifelsohne an irgendeinem Zeichen wahrgenommen hatte, daß die Züchtigungsart ihren Zweck nicht erreichte, erklärte, sie würde in Zukunft auf sie verzichten. [. . .] Wir hatten bis dahin in ihrem Zimmer [. . .] geschlafen. Zwei Tage später stellte man unsere Betten in ein anderes Zimmer, und mir ward außerdem die Ehre, auf die ich gern verzichtet hätte, fortan von ihr als erwachsener Knabe behandelt zu werden. Wer möchte glauben, daß diese im achten Lebensjahre von der Hand eines dreißigjährigen Mädchens empfangene Kinderstrafe für den ganzen Rest meines Lebens meine Neigungen, meine Begierden, meine Leidenschaften bestimmt hat?«[53]

»Hosen 'runter, die Peitsche gibt es!« . . . »Genug, mein Hintern blutet schon!« Die Frau, die ihren Mann auspeitscht, war das *nec plus ultra* dieser Stiche. Doch sie suggeriert bei dem geschlagenen Mann auch eine seltsame Mischung aus Lust und der Annahme eines Status, der eher der eines Kindes als der einer Frau ist. (Paris, Bibliothèque Nationale)

»Der Ehemann hält den Spinnrokken in der Hand«: Während der gesamten Neuzeit war die Umkehrung der Aufgaben von Mann und Frau obligates Thema einer Vielzahl von Stichen aller Art. Die Belehrung durch Lächerlichkeit verwies die Frauen wieder auf ihren untergeordneten Platz, zwang aber auch die Männer, ihre Rolle auszufüllen. (Paris, Musée Carnavalet)

Jamerey-Duval und Rousseau: Zwei außergewöhnliche Individuen, die auf ihrem Status als »soziale Außenseiter«[54] beharren, lernten im 18. Jahrhundert, laut auszusprechen (oder vielmehr zu schreiben, was gleichzeitig mehr und weniger bedeutet), was bisher unsagbar gewesen war oder allenfalls durch Gesten ausgedrückt werden konnte. Insbesondere galt dieses Schweigen für Gruppen, die per definitionem eher konservativ waren. »Jugendabteien« lösten sich auf, wenn die Mitglieder ihren eigenen Hausstand gründeten. Ob es ihnen gelungen war, dauerhafte Bindungen zwischen den jungen Leuten zu erzeugen, und ob dies überhaupt ihr Vorsatz gewesen war, weiß man nicht. Ihre Art der Organisation, ihre Hierarchie, ihre mangelhafte Kontinuität und die gelegentliche Brutalität ihrer Handlungsweise waren sicher kein sonderlich günstiger Rahmen für die Ausbildung enger emotionaler Beziehungen zwischen einzelnen Mitgliedern. Diese Vereine fungierten als Instrument der Sozialisation, und als solche wurden sie von den Erwachsenen angegriffen, an den Rand gedrängt oder auf ihr folkloristisches Element verwiesen. Die Obrigkeit, nun ausgestattet mit einer eigenen Polizeimacht, war im Notfall nicht länger auf den Beistand der Jugendvereine angewiesen. Von der Miliz unter Ludwig XIV. bis zur allgemeinen Truppenaushebung riß der Staat die ausschließliche Kontrolle über den militärischen Dienst der jungen Männer an sich und zwang ihnen seine

Art der Rekrutierung, Organisation und Disziplin auf, jedoch nicht ohne den Widerstand der Betroffenen und ihrer Familien zu wecken. Städtische und kirchliche Autoritäten tolerierten »Charivaris« und »andere Maskeraden«, die sie als »Ruhestörungen« bezeichneten, immer weniger. So blieb die Organisation von Festen übrig. Neue Gruppen auf beruflicher, gesellschaftlicher oder nachbarschaftlicher Basis imitierten in der Stadt die Struktur von Jugendvereinigungen und nahmen schließlich sogar verheiratete Männer auf. Weit nachhaltiger wirkte der Verlust ihrer erzieherischen Funktionen, die nun in Konkurrenz zu neuen Institutionen mit dem erklärten Ziel der »Disziplin« standen: sei es (in der Reihenfolge ihrer Entstehung) die Lehrzeit, das Collège oder die Armee. Die Spontaneität und Autonomie der Jugendgruppen wurde durch die wachsende Kontrolle der Erwachsenen über die Ausbildung von Kindern und Jugendlichen zusehends eingeschränkt. Diese Kontrolle besaß nicht nur alle Vorteile von Macht und Zwang, sie war auch effektiv und fachlich qualifiziert. Man schloß Freundschaft nicht mehr im selben Alter und an denselben Orten wie zuvor, ihre Bräuche und selbst ihre Ziele wurden von diesen Entwicklungen tiefgreifend verändert.

Die Jugendzeit

Die Jugendzeit – nach Meinung von Philippe Ariès eine Erfindung des 18. Jahrhunderts – war vor allem eine lange Zeit des Wartens, die nicht nur durch den Erwerb von Wissen gerechtfertigt werden kann. Der Tod des Vaters beendete das Warten; in der Zwischenzeit konnte man das Erwachsensein nur spielen und nachahmen. (Stich von Engelbrecht, Paris, Bibliothèque Nationale)

In seiner Antwort auf die Kritik von Natalie Zemon Davis an seiner Ansicht, der Gedanke einer »Jugendzeit« sei eine Entdeckung oder Neuschöpfung des 18. Jahrhunderts, betonte Philippe Ariès den Wandel, der sich seit dem Mittelalter durch das Lehrverhältnis vollzogen hatte: »Er betrifft die Erziehung, d. h. die Weitergabe des Wissens und der Werte. Diese leistet nunmehr, d. h. seit dem Eintritt in das Mittelalter, das Lehrverhältnis. Nun ist die Praktik des Lehrverhältnisses aber unvereinbar mit dem System der Altersklassen oder tendiert jedenfalls dazu, es durch seine Ausbreitung zu zerstören, [. . .] zwingt es doch die Kinder, in der Umgebung von Erwachsenen zu leben, die ihnen die technischen und sozialen Fertigkeiten beibringen, die sie zum Leben brauchen.«[55] Alan MacFarlane erklärte den seiner Meinung nach schwach entwickelten Sinn für die Kontinuität der Familie und die emotionalen Beziehungen zwischen Eltern und Kindern im mittelalterlichen und neuzeitlichen England mit dem Brauch (der in allen Schichten der Gesellschaft verbreitet war), bereits Kinder als Diener, Landarbeiter, Lehrlinge, Schüler oder Pagen in andere Familien zu geben.[56]

In England wie in Frankreich spielte sich die »Erziehung« nach wie vor im Rahmen der Familie ab; ihr hierarchischer Charakter, d. h. die Autorität des Vaters, wog schwerer als »gleichberechtigte« Beziehungen zu Familienmitgliedern derselben Generation. Dennoch bestand eine gewisse Freiheit, Freundschaften mit anderen Jungen im selben Alter zu schließen, vor allem, wenn sie sich in einer ähnlichen Situation befanden. Getrennt von der Elternfamilie, verspürte man eher das Bedürfnis dazu: Die Freundschaft zwischen Jean-Jacques Rousseau und seinem Cousin Bernard (»der die Vorliebe, die man ihm als dem Sohn

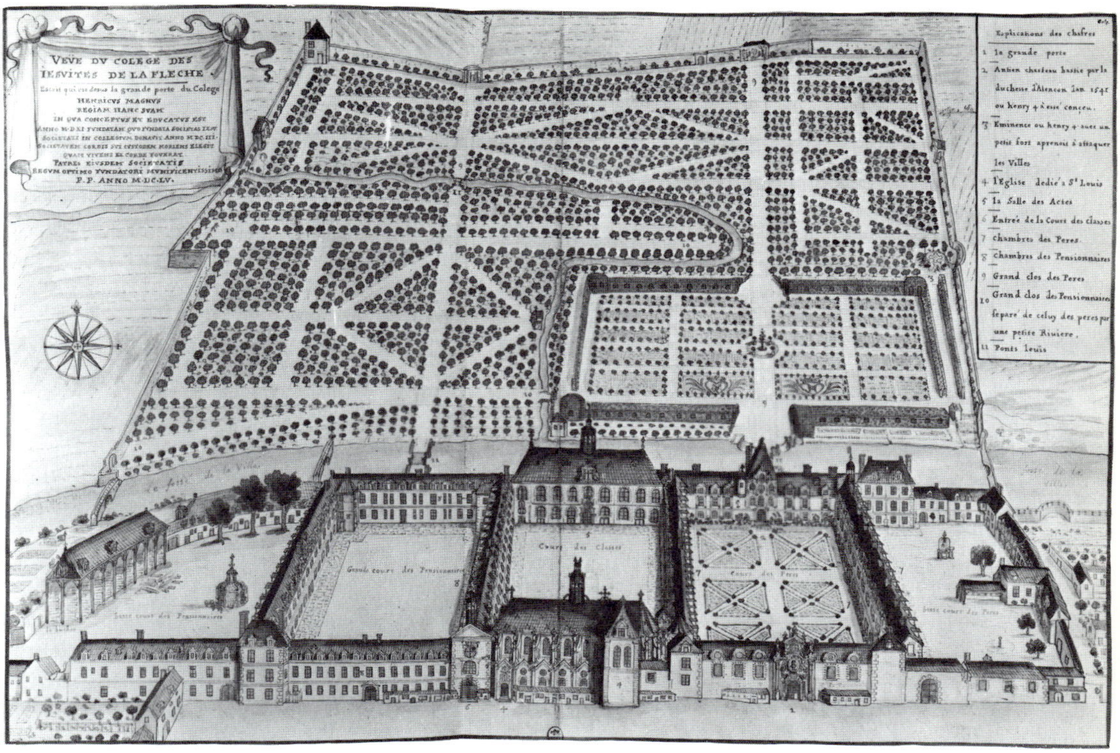

meines Vormundes im Hause entgegenbrachte, nicht allzusehr mißbrauchte«) datiert von ihrem gemeinsamen Aufenthalt bei der Familie Lambercier: »In kurzer Zeit liebte ich ihn weit herzlicher als je meinen Bruder, und diese Empfindung ist nie verflogen.«[57]

Die Schule markierte einen noch tieferen Riß zwischen Eltern und Kindern. In den letzten dreißig Jahren wurde die Geschichte der Pädagogik in der frühen Neuzeit eingehend erforscht: von der Entstehung der Schule – oder vielmehr ihrer schrittweisen Entwicklung seit den ersten Neuerungen – in einem Klima nachdrücklicher Forderungen der Eltern und scharfer Konkurrenz zwischen verschiedenen Städten, Staaten, Konfessionen, religiösen und Laien-Orden bis hin zu ihrer allgemeinen Verbreitung in Europa. Man gewann zahlreiche Erkenntnisse über die Art der Schülerrekrutierung, die Organisation und geographische Verteilung von Schulen, die Ziele des Unterrichts und die Nachahmung der Schule durch andere spezialisierte pädagogische Institutionen.[58] Hier interessiert mich vor allem die neue Disziplinierung von Kindheit und Jugendzeit an abgesonderten und bisweilen gar abgeschlossenen Orten. Die Jugendlichen standen unter der ausschließlichen Autorität einer kleinen, aufeinander abgestimmten Gruppe erwachsener Spezialisten: ein pädagogisches Modell, das auf die Familie gleichzeitig beruhigend und faszinierend wirkte. Die Schüler waren in einer einzigen Institution zusammengefaßt, in der sie den gesamten Zyklus unseres heutigen höheren Schulwesens durchlaufen konnten,

Das Collège La Flèche. Eine vorbildliche Einrichtung aus der Mitte des 17. Jahrhunderts, imitierte La Flèche auf dem Land das Modell der aristokratischen Klöster, um aus dem Collège den Ort der Vorbereitung auf das Erwachsenenleben zu machen. Strenge Tagesordnung und Disziplin begleiteten und unterstützten die Verinnerlichung von notwendigen Kenntnissen, die den »perfekten Kavalier« ausmachten.
(Paris, Bibliothèque Nationale)

von der ersten Klasse Gymnasium bis hin zu Logik und Physik. Gemäß den Anforderungen des Lernstoffs, der vermittelt werden sollte, waren sie in verschiedene Klassen unterteilt. Tag und Nacht waren sie strenger Disziplin unterworfen, das Internat diente dabei als Beispiel für die »Zimmerwirte« oder andere »Pädagogen«, bei denen die externen Schüler untergebracht waren. Diese Pädagogik setzte den Akzent auf die Modernität der Lehrinhalte, die Wirksamkeit der Methoden und ein in jeder Hinsicht hervorragendes Resultat, sei es religiös, moralisch oder intellektuell. Die jungen Absolventen waren befähigt, in der Welt »ihren Mann zu stehen« und die Ämter und Berufe auszufüllen, die ihre Familien wünschten und zu denen ihr Rang, ihr Vermögen, ihre Kontakte oder einfach der Zufall den Zugang sicherten.

Zweifellos bestand zwischen Prinzip und Realität eine beträchtliche Distanz, vor allem, wenn man von den renommiertesten Einrichtungen absieht. Nur die größten Schulen boten den gesamten Fächerkanon durchgängig in ausreichender Qualität an; verschiedene Altersgruppen in einer Klasse waren bis zum 18. Jahrhundert weit verbreitet, und die Disziplin wurde erst allmählich der Gewalttätigkeiten Herr, die von täglichen Prügeleien – in England häufiger als in Frankreich – bis zur Revolte reichten, gegen die man die Armee einsetzen mußte.[59]

Doch gerade die eigenen Bestrebungen der Schule waren widersprüchlich und führten zu erheblichen Spannungen. Einerseits richtete man gleichaltrige Klassen ein und versuchte durch die Ausgrenzung familiärer Bindungen und sozialer Ungleichheiten, innerhalb der Altersgruppe einen Zusammenhalt zu erwirken, der stärker als im alltäglichen Leben war. In dieser Hinsicht setzte die Schule die Erfahrungswelt der kriegerischen Ausbildung im Rittertum fort, obschon die Skala der sozialen Gruppen und der späteren Berufe viel weiter reichte. Aber durch Wettbewerb, pausenlose Überwachung, Ermutigung zu Denunziationen und körperliche Züchtigungen (die stets von einem Schüler besorgt wurden) versuchte man gleichzeitig, den Zusammenhalt der Schüler zu brechen, um ein einziges vertikales Band zu schaffen: das Band zwischen Schüler und Lehrer. An der Wende vom 18. zum 19. Jahrhundert übernahm das neue und »moderne« System des Strafvollzugs genau dieses Verfahren und erzielte dieselben Wirkungen.

Die Familien der Schüler, zunächst einmal ängstlich und auf lange Sicht eigennützig, wollten es mit keinem verderben. Sie unterstützten die schulische Disziplin, die in ihren Augen die Rentabilität ihrer Investition in die Bildung garantierte. Aber sie erwarteten auch, daß ihre Kinder im Kolleg vorteilhafte Verbindungen knüpften, die über die Schulzeit hinaus währten. In Frankreich schlossen die Kinder in der Schule »nützliche Bekanntschaften und Freundschaften, die oft bis an ihr Lebensende fortbestehen«, schreibt P. Coustel 1687.[60] Dies gilt auch für Italien, doch in diesem politisch zerstückelten Land war die Gleichgültigkeit gegenüber Ort oder Art der künftigen Karriere größer, wie ein Brief des Senators Vincenzo Ferdinando Ranuzzi Cospi aus Bologna beweist, der am 7. Oktober 1705 an seinen Sohn Marco Antonio, den er in das Kolleg von Parma geschickt hat, schreibt: »Denken Sie daran, mein Sohn, wenn Sie in diesem Kolleg mit Kameraden Freund-

Die reichsten Schüler hatten noch im 17. Jahrhundert ihr eigenes Zimmer und ihre Diener. Doch in diesem Schlafsaal des Collège von Navarra, das später zur polytechnischen Schule wurde, dokumentiert der Schlafsaal mit seinen aneinandergereihten Zellen den Wunsch, die Schüler Tag und Nacht zu isolieren und zu überwachen. (Paris, Bibliothèque Nationale)

schaft schließen, die zur selben Zeit wie Sie von der Schule abgehen, wenn Gott Ihnen so ein langes Leben gibt, wie ich es mir für Sie wünsche [...], wenn Ihre Kameraden, sage ich, Prälaten, Kardinäle, Botschafter oder Generäle und so bedeutende Männer werden, können sie dank der Freundschaft, die Sie zu ihnen geknüpft haben, das Glück des Hauses machen, in dem Gott Sie hat zur Welt kommen lassen.«[61]

Der Kompromiß zwischen dem rebellischen Zusammenhalt der Jugendlichen und dem Gehorsam gegenüber den Lehrern, den dieser Vater (der die Werbebotschaft der Schulverantwortlichen verinnerlicht hatte) andeutet, läßt bereits das spätere Phänomen der »Jahrgänge« erahnen, das heißt, enge Beziehungen zwischen den Angehörigen einer Altersklasse, die den Einzelnen sein ganzes Leben hindurch begleiteten, obwohl sie nicht institutionell verankert waren. Noch deutlicher wurde dies, als immer mehr religiöse und weltliche Anstalten nach dem Collège die weitere Ausbildung für einen bestimmten Beruf übernahmen: Novizenhäuser und Priesterseminare (vom Ende des 16. Jahrhunderts an), Marineschulen und Kadettenanstalten (ab dem Ende des 17. Jahrhunderts) und ab der Mitte des 18. Jahrhunderts Militärakademien: Die École militaire in Paris wurde 1751 nach dem Vorbild der Petersburger und Berliner Akademie gegründet, ein paar Jahre nach der Pionierschule in Mézières (1748) und vor der Artillerieschule in La Fère (1756). Diese Militärakademien kombinierten die schulische und technische Ausbildung mit einer gemeinsamen Disziplin für junge Leute, die so trotz des unterschiedlichen Milieus, aus dem sie kamen, in gleicher Weise geprägt wurden; sie waren die Vorreiter eines allgemeinen und zugleich selektiven Ausbildungsprogramms für Staatsbeamte.

Bisher war davon nur eine Elite betroffen. Denn selbst in den wohlhabenden Schichten behielten die traditionellen oder im 18. Jahrhundert erneuerten Methoden, etwa die Erziehung durch Hauslehrer oder das Lernen am Arbeitsplatz, ihre Anhänger. Doch die Zahlen, über die wir verfügen – 1789 besuchten 48 000 Schüler verschiedene Arten von

Kollegien, 1627–1629 hatten Jesuitenschulen insgesamt 40 000 Schüler –, sollten uns nicht täuschen. Denn wie die englischen Universitäten zu Beginn des 17. Jahrhunderts[62] nahmen diese Kollegien zwei Kategorien von Schülern auf: ältere und jüngere Söhne. Die älteren besuchten oft nur einen Teil des Unterrichts, beendeten ihr Studium nicht oder gaben sich mit einer humanistischen Allgemeinbildung zufrieden; ihre Karriere als künftige Familienoberhäupter war, wenn nichts Außergewöhnliches eintrat, gesichert. Die jüngeren Söhne konnten in Frankreich nur auf ihren beruflichen Erfolg in Kirche, Armee, Verwaltung oder anderen Ämtern zählen, in England auch in freien Berufen oder im Handel. Häufig blieben sie Junggesellen und erhielten während ihrer Laufbahn die Jugendfreundschaften mit ihren früheren Schulkameraden aufrecht. Hatten sie Glück, so profitierten sie auch von früheren Beziehungen mit »älteren Söhnen« oder den jüngeren Söhnen von Familien, die reicher waren als die ihre.

Gerade durch diese Zwänge wurde das Collège zu einem günstigen Ort für die Entfaltung inniger und leidenschaftlicher Freundschaften. Da die Schule Jugendliche von der Außenwelt isolierte, wurde die Jugendzeit zum Alter der Freundschaft schlechthin. Die Natur und das Vokabular der Freundschaft mögen gleich geblieben sein (es ist unmöglich, das genau festzustellen), doch die soziale Umgebung und der räumliche und zeitliche Rahmen veränderten sich gründlich – die Freundschaft verdankte nichts mehr der Familie, zumindest nicht zu Beginn; sie konnte vollkommen uneigennützig sein und es auch bleiben, maskierte manchmal aber auch eine gegenseitige Anziehung, die die Lehrer besorgniserregend fanden. Sie besaß keine Garantie, aber doch die Chance der Dauer; da sie zeitlich vor der ersten Liebe lag, war sie die erste Entdeckung des »anderen« und konnte so ein zentraler Faktor in der Entwicklung der persönlichen Identität werden.

Eine weitere Neuheit war die weitverbreitete Erziehung höherer Töchter in Klöstern oder neuen Schulorden wie Ursulinerinnen, Salesianerinnen, Saint-Louis oder Saint-Cyr, die im 16. und 17. Jahrhundert gegründet wurden. Zum ersten Mal konnten Mädchen und Jungen dieselben Erfahrungen machen: »Die Comtesse de La Marck [...], Tochter des Herzogs von Rohan [...], war die Busenfreundin Madame de Saint-Simons und ihrer Schwester Madame de Lauzun, ihrer ehemaligen Klostergefährtinnen.« Die Tränen der beiden Schwestern beim Tod der Komtesse 1706, ein gutes Dutzend Jahre nach ihrer Klosterschulzeit, mißfielen dem König, »der wenig von den Gesetzen der Natur und den Regungen des Herzens wußte«, während Saint-Simon selbst von den Tränen seiner Gattin »tief gerührt« war. (2, S. 554 f.)

All diese Veränderungen hatten jedoch erst begonnen – das 19. Jahrhundert zeigte sich, was Schul- und Klosterfreundschaften anlangt, weitaus redseliger als das 18. Jahrhundert. Aber sie wiesen bereits in eine bestimmte Richtung, auf einen weiteren Horizont des gesellschaftlichen Lebens. Durch Freundschaften, die man aus freien Stücken einging – »spontan entstanden« wie bei Montaigne und La Boétie, systematisch gesucht und gegenseitig versprochen wie bei Saint-Simon und seinen Freunden am Hof –, festigte der Erwachsene seine Autonomie

Durch die Einrichtung von Spezialschulen übernahm der monarchische Staat die Verantwortung für die Bildung von Kadern für die Armee, die er aus den Familien holte. Diese Schüler lernten ohne Rangunterschiede, da sie sich unter Gleichen befanden, zu gehorchen und Gefechtsbewegungen auszuführen wie die Soldaten, die sie später kommandieren sollten.
(Paris, Bibliothèque Nationale)

gegenüber dem geduldig geknüpften Beziehungsnetz der Familie und den oberflächlichen Bekanntschaften im täglichen gesellschaftlichen Verkehr. Genau diesen gesellschaftlichen Verkehr versuchten erwachsene Männer ab dem 17. Jahrhundert in England, ab dem 18. in Frankreich und im übrigen Europa zu organisieren und nach bestimmten Normen zu institutionalisieren; angenehm und friedfertig sollte er sein. Anders formuliert, sie versuchten, sich einen Rahmen außerhalb der Familie zu schaffen, in dem sie gleichgestellt mit anderen sie selbst sein konnten – ungezwungene Geselligkeit also.

Familiäre Beziehungsnetze lösten sich deshalb nicht etwa auf. Für die Mehrheit der Bevölkerung, insbesondere auf dem Lande, blieben sie die notwendige Norm. Doch Kreativität und Ausstrahlung spiritueller Verwandtschaftsbeziehungen scheinen zu dieser Zeit zu schwinden; Mäßigung und Vorsicht waren das Gebot der Stunde. Denn nun hatte es die Familie nicht mehr hauptsächlich mit anderen Familien, sondern mit dem Staat zu tun, der sie im Austausch für seinen Schutz dazu nötigte, sich auf sich selbst zu beschränken und die vielfältigen Beziehungen, in die sie eingebunden war, zu beschneiden. Der neue Freiraum zwischen Kindheit und Erwachsenenalter wurde zur Stätte der Freundschaft und einer verlängerten Jugend: eine Zeit des Wartens und des Lernens, freilich auch der Wahlfreiheit und möglicher persönlicher

Saint-Cyr. Wie ihre Brüder auf der Militärakademie lernten die Mädchen in Saint-Cyr, alles selbst zu machen, um später, wenn sie verheiratet waren, sämtliche häuslichen Aufgaben zu beherrschen. Sie mußten selbst können, was sie später von ihren Dienern verlangen sollten.
(Paris, Musée Carnavalet)

Bindungen. Diese Bindungen erwiesen sich bisweilen als dauerhaft, darüber zu entscheiden war die Sache des Individuums selbst.

Kaum zwei Männer konnten in Charakter, Moral und Lebensstil unterschiedlicher sein als Boswell und Reverend William Johnson Temple. Sie hatten einander an der Universität von Edinburgh kennengelernt; dreißig Jahre lang schrieben sie sich regelmäßig Briefe und vertrauten sich einander an. Boswell machte Temple zu seinem Testamentsvollstrecker, und Temple schrieb ihm am 24. Juni 1767: »Ihre Freundschaft ist, glaube ich, das einzige Glück meines Lebens. Denn meine Familie ist in Wirklichkeit mein ärgster Feind: ein grausamer Vater, ein undankbarer Bruder. [...] Oh! Boswell, glauben Sie mir, ich liebe Sie wie mich selbst, und in der Stunde meines Todes werde ich Gott vor allem anderen dafür danken, daß er mir Ihre Freundschaft geschenkt hat.«[63]

Anmerkungen

1 E. Littré, *Dictionnaire de la langue française*, Artikel »Privat«.

2 V. Hünecke, »Les enfants trouvés: contexte européen et cas milanais, XVIIIe–XIXe siècle«, in: *Revue d'histoire moderne et contemporaine*, XXXII, 1/1985, S. 3–29. Vgl. zu dieser Unterscheidung von Familienaufgaben und ihrer Delegierung E. Goody, *Parenthood and Social Reproduction. Fostering and Occupational roles in West Africa*, Cambridge 1982.

3 I. Pinchbeck und M. Hewitt, *Children in English Society*, Bd. I, *From Tudor Times to the Eighteenth Century*, London/Toronto 1948, S. 28.

4 A. R. Radcliffe Brown, »La parenté à plaisanterie« (1940) und »Note conjointe sur les parentés à plaisanterie« (1949), in: *Structure et Fonction dans la société primitive*, Paris 1968, französische Übersetzung von *Structure and Function in Primitive Society*, London 1952.

5 C. Lévi-Strauss, »Die Strukturanalyse in der Sprachwissenschaft und in der Anthropologie« (1945), in: *Strukturale Anthropologie*, Übs. H. Naumann, Frankfurt/Main 1967, S. 43–67.

6 R. Brain, *Amis et Amants, Paris 1980*, französische Übersetzung von *Friends and Lovers*, London 1976.

7 M. Fortes, *Kinship and the Social Order*, London 1969, S. 63, zitiert nach N. Sindzingre, »Amis, parents et alliés: les formes de l'amitié chez les Senufo« (Elfenbeinküste), Beitrag zum Colloquium *L'Amicizia e le Amicizie*, Palermo, S. 24–26, November 1983, Protokolle des Colloquiums.

8 J. Boissevin, *Friends of Friends. Networks, Manipulations and Coalitions*, Oxford 1974.

9 L. B. Alberti, *I Libri della famiglia*, hrsg. von R. Romano und A. Tenenti, Turin 1969.

10 E. Le Roy Ladurie, *Montaillou. Ein Dorf vor dem Inquisitor 1294 bis 1324*, Übs. P. Hahlbrock, Berlin 1980, S. 80.

11 Ebd., S. 80 ff., und Ch. de La Roncière, »Une famille florentine au XIVe siècle: les Velluti«, in: *Famille et Parenté dans l'Occident médiéval*, Rom 1977, S. 228–248.

12 J.-M. Gouesse, »Parenté, famille et mariage en Normandie aux XVIIe et XVIIIe siècles. Présentation d'une source et d'une enquête«, in: *Annales ESC*, XXVII, 4–5, Juli–Oktober 1972, S. 1145.

13 J.-L. Flandrin, *Familles, Parenté, Maison, Sexualité dans l'ancienne société*, Paris 1984, zweite Auflage, S. 40.

14 R. Merzario, *Il Paese stretto. Strategie matrimoniali nella diocesi di Como. Secoli XVI–XVIII*, Turin, »Microstorie«, 3, 1981, S. 23 ff.

15 J.-M. Gouesse, a. a. O., S. 1146.

16 R. Merzario, a. a. O., S. 105.

17 M. de Montaigne, *Essais*, Übs. H. Lüthi, Zürich 1953, »Über die Freundschaft«, S. 221; die folgenden Zitate mit Seitenangabe sind ebenfalls dieser Ausgabe entnommen.

18 Ebd., »Von dreierlei Umgang«, S. 646.

19 R. Brain, a. a. O., S. 301 f.

20 Saint-Simon, *Mémoires*, hrsg. von G. Truc, Paris, 1953–1958, Bd. 1, S. 659 f. Die weiteren Zitate im Text stammen aus dieser Ausgabe. Deutsche Auswahlübersetzung: *Die Memoiren des Herzogs von Saint-Simon*, Übs. u. Hrsg. S. von Massenbach, Frankfurt/Main 1977.

21 M. Bloch, *Die Feudalgesellschaft*, Übs. E. Bohm u. a., Berlin 1982, S. 157.

22 L. Hellmuth, *Die germanische Blutsbrüderschaft*, Wiener Arbeiten zur germanischen Altertumskunde und Philologie, 7, Wien 1975.

23 H. Tegnaeus, *La Fraternité de sang. Etude ethno-sociologique des rites de la fraternité de sang, notamment en Afrique*, Paris 1954, S. 25.

24 S. Ciszewski, *Künstliche Verwandtschaft bei den Südslawen*, Leipzig 1981, S. 47.

25 L. Hellmuth, a. a. O.

26 E. Le Roy Ladurie, *Les paysans de Languedoc*, Service d'Edition et de Vente des Publications de l'Education Nationale (SEVPEN), Paris 1966, Bd. 1, S. 166. Von der gekürzten französischen Buchhandelsausgabe (Paris 1969) liegt eine deutsche Übersetzung vor: E. Le Roy Ladurie, *Die Bauern des Languedoc*, Übs. C. Roland, Stuttgart 1983.

27 Marc Bloch, a. a. O., Bd. 1, S. 215.

28 S. W. Mintz und E. R. Wolf, »An analysis of ritual co-parenthood (compadrazgo)«, in: *Southwestern Journal of Anthropology*, VI, 4, 1950, S. 341 ff., und S. N. Eisenstadt, »Ritualized personal relations. Blood brotherhood, best friends, compadre, etc.: some comparative hypotheses and suggestions«, in: *Man*, 96, Juli 1958, S. 90–95.

29 Anton Lauterbachs Tagebuch aufs Jahr 1539, *D. Martin Luthers Werke*, Kritische Gesamtausgabe; Tischreden 1531–1546, Bd. 4, Weimar 1916, S. 301.

30 G. Valentini, *La Legge delle montagne albanesi nelle relazioni della missione volante, 1880–1932*, Florenz, »Studi Albanesi, Studi e testi, 3", 1969, S. 25.

31 A. Van Gennep, *Manuel de folklore français contemporain*, Bd. I, *Du berceau à la tombe*, Paris 1943, S. 233.

32 N. Z. Davis, *Humanismus, Narrenherrschaft und die Riten der Gewalt: Gesellschaft und Kultur im frühneuzeitlichen Frankreich*, Übs. N. Löw Beer, Frankfurt/Main 1987, S. 16.

33 Ebd., S. 19.

34 R. Halevi, *Les Loges maçonniques dans la France d'Ancien Régime. Aux origines de la sociabilité démocratique*, Paris, ›Cahiers des Annales‹, 40, 1984, S. 11.

35 G. Gayot, *La Franc-Maçonnerie française. Textes et Pratiques*, Paris, 1980, S. 69.

36 M. Agulhon, *Pénitents et Francs-Maçons de l'ancienne Provence*, Paris, 1968.

37 M. Agulhon, *Le Cercle dans la France bourgeoise, 1810–1848. Etude d'une mutation de sociabilité*, Paris, »Cahiers des Annales«, 36, 1977, S. 19 f.

38 Daniel Roche, *Le Siècle des Lumières en province. Académies et Académiciens provinciaux, 1680–1789*, Paris/Den Haag, »Civilisations et sociétés«, 62, 1978, S. 18.

39 J.-M. Gardair, »I Lincei: i soggetti, i luoghi, le attività«, in: *Quaderni storici*, XVI (48), III, Dezember 1981, S. 768.

40 C. Baudelaire, *Die Tänzerin Fanfarlo*, Übs. W. Küchler, Heidelberg 1977, S. 34.

41 M. Agulhon, a. a. O., S. 52.

42 G. Gayot, a. a. O., S. 69.

43 Ebd., S. 123.

44 N. Z. Davis, a. a. O., S. 114 ff.

45 R. Mandrou, *Introduction à la France moderne. Essai de psychologie historique, 1500–1640*, Paris 1961, S. 184–187.

46 M. Agulhon, a. a. O., S. 947–950.

47 X. Rousseaux, »Criminalité et répression en milieu rural et urbain. Le cas de Brabant wallon au XVIIième siècle«, Beitrag zur Tagung der Internationalen Forschungsgruppe über die Geschichte der Justiz und der Kriminalität, 11. und 12. Januar 1985, Paris, S. 13.

48 N. Z. Davis, a. a. O.

49 B. Bernardi, *I Sistemi delle classi di età. Ordinamenti sociali et politici fondati sull'età*, Turin, 1984, S. 20.

50 F. Young, *Initiation Ceremonies: A Cross-Cultured Society of Status Dramatization*, Indianapolis, 1965, S. 30.

51 V. Jamerey-Duval, *Mémoires. Enfance et Education d'un paysan au XVIIIième siècle*, hrsg. v. J. M. Goulemot, Paris 1981, S. 150.

52 O. Nicoli, »Lotte per le brache. La Donna indisciplinata nelle stampe popolari d'*Ancien Régime*«, in: *Memoria*, 2. Oktober 1981, S. 49–63.

53 J.-J. Rousseau, *Bekenntnisse*, Übs. E. Hardt, Frankfurt/Main 1985, S. 49 f.

54 V. Jamerey-Duval, a. a. O.

55 P. Ariès, *Geschichte der Kindheit*, Übs. C. Neubaur und K. Kersten, München 1975, S. 53.

56 A. MacFarlane, *The Origin of English Individualism; the family, property and social transition*, Oxford 1978.
57 J.-J. Rousseau, *Bekenntnisse*, a. a. O., S. 47.
58 P. Ariès, a. a. O.; G. P. Brizzi, *La Formazione della classe dirigente nel Sei-Settecento. I seminaria nobilium nell'Italia centro-settentrionale*, Bologna, *Population*, XII, 3, Juli–September 1957, S. 467–494.
59 P. Ariès, a. a. O., S. 165.
60 P. Coustel, *Règles de l'éducation des enfants*, Paris, 1687, zitiert nach Ariès, a. a. O., S. 524.
61 G. P. Brizzi, a. a. O., S. 165.
62 L. Stone, *The Crisis of the Aristocracy, 1558–1641*, Oxford 1965, S. 689.
63 J. Boswell, *Boswell veut se marier, 1766–1769*, Paris 1959.

Michel-François Dandré Bardon, *Der Kamin*. Das schmale Fenster spendet weniger Licht als das Kaminfeuer; die sechs kleinen Kinder und die beiden jungen Frauen, die hier zusammensitzen, sind eher ein volkstümliches Genrebild (Schmutz und Unordnung herrschen) als die exakte Wiedergabe einer Familiengruppe im 18. Jahrhundert. (Marseille, Musée des Beaux-Arts)

Alain Collomp

Wohnverhältnisse und Zusammenleben

Wir besitzen eine Anzahl von Zeichnungen und Aquarellen Albrecht Dürers vom Ende des 15. oder aus den ersten Jahren des 16. Jahrhunderts, die Bauernhäuser oder Stadtviertel in Deutschland, Österreich und Italien darstellen. Nicht nur ihre künstlerische Qualität macht sie wertvoll, sondern auch Dürers scharfer Blick und die minutiöse Beobachtung von Details, ob es sich nun um Häuser, Baumgruppen, Feldhasen oder zwei welkende Pfingstrosen handelt. Die Zeichnungen von Gebäuden lassen uns erkennen, welche Baumaterialien verwendet wurden. Die schönen Fachwerkhäuser im Johannisviertel von Nürnberg mit ihren schrägen Ziegeldächern sind aus verputzten oder unverputzten Ziegeln erbaut.[1] Die quadratischen Häuser im Dorf Kalchreuth, groß und weit auseinander gelegen, ducken sich mit ihren tief heruntergezogenen Strohdächern ins Tal, im Schatten hundertjähriger Bäume.[2] In dem befestigten Dorf Arco in Italien kauern die Steinhäuser mit ihren leicht geschrägten Ziegeldächern dicht zusammengedrängt innerhalb der Stadtmauern.[3] Dieses letzte Aquarell läßt uns die Faszination des Künstlers erahnen, der hier eine Vegetation in neuen Farben, wie das bläuliche Laub der Olivenbäume, und das Licht über dieser südlichen Landschaft entdeckte und malte. Dürer nutzte diese naturgetreuen Häuserskizzen manchmal für Stiche, beispielsweise für den Kupferstich *Der verlorene Sohn* (um 1498). Die biblische Szene diente als Vorwand, um einen deutschen Bauernhof darzustellen: Die Gebäude haben nur wenige Fenster, manchmal bloß Luken, die niedrigen Türen führen in winzige Erdgeschoßräume, und alles ist überdacht mit tief herabgezogenen, gewaltigen Strohdächern.

Bildliche Repräsentationen. Vom Haus zur häuslichen Einrichtung

Bilder sind ein wertvolles Zeugnis für die Bauweise der Häuser von Bürgern oder Kleinbauern zu Beginn des 16. Jahrhunderts. Die Bauten aus der Gegend von Nürnberg ähneln in Form, Größe und Baumaterial den Häusern in deutschen und elsässischen Dörfern, die zwei- oder dreihundert Jahre später errichtet wurden. Die italienischen Bauernhäuser, die Dürer auf seiner ersten Reise nach Venedig skizzierte, zeigen bereits die charakteristischen Merkmale italienischer oder südfranzösischer Häuser, wie man sie im 18. Jahrhundert kannte. Die wichtigsten regionalen Typen von Wohnhäusern, die heute anhand der noch existierenden, zumeist später entstandenen Gebäude für Italien, Frankreich[4] und England katalogisiert werden, findet man also bereits zu Beginn des 16. Jahrhunderts in der deutschen und flämischen Malerei. Die Techniken des Häuserbaus überdauerten Jahrhunderte, und trotz der Veränderungen und Verbesserungen zwischen dem 16. und dem 18. Jahrhundert bestanden kulturelle ebenso wie materielle Charakteristika einer Region fort. Doch die Häuserzeichnungen und Aquarelle von Dürer erschließen uns leider nicht das Interieur, der Zutritt bleibt versperrt.

Pieter Bruegel und der flämische Bauernhof

Ein wenig später als Dürer malte Pieter Bruegel der Ältere detailgetreue Bilder von flämischen Dörfern, Fachwerkgebäuden mit Mauern aus Strohlehm und ausladenden Strohdächern. Einige wenige große Häuser sind ganz aus Ziegeln, mit einem Treppengiebel. Und glücklicherweise gewährt Bruegel uns Eintritt. Der *Besuch auf dem Bauernhof* ist uns durch zwei Kopien der Söhne Pieter Bruegels des Älteren bekannt, eine mehrfarbige Zeichnung auf Holz von Pieter Bruegel dem Jüngeren und eine zweite Kopie von Jan Bruegel.[5] Das Original, wahrscheinlich ein Grau-in-Grau-Gemälde, ist nicht überliefert. Auf beiden Versionen, die einander sehr ähneln, ist eine große Bauernstube dargestellt. Hier sehen wir ein Inventar bäuerlichen Mobiliars in der zweiten Hälfte des 16. Jahrhunderts: eine große Sitztruhe mit Rückenlehne und Armstützen, ein niedriger Kinderstuhl und ein niedriger Kindersessel, im Vordergrund eine Wiege, in der gerade ein Hündchen schläft, ein runder Tisch mit einer weißen Tischdecke (weiße Tischdecken gibt es auch in den bäuerlichen Interieurs der Brüder Le Nain), auf der Schüsseln mit einer Milchsuppe stehen (auf diesem Bauernhof werden offenbar Kühe gehalten, denn ein Mann und eine Frau stehen am Butterfaß). Am erstaunlichsten ist die Feuerstelle in der Mitte des Raumes, direkt am Boden, über der an einem kräftigen Haken ein riesiger Kessel siedet. Die junge Mutter, die den Säugling stillt, streckt die Hand aus und wärmt sich am Feuer, ebenso wie das zweite Kind, das mit nackten Beinen und Füßen auf dem niedrigen Sessel hockt. Der Vater, anscheinend der Hausherr (er ist deutlich älter als die Mutter), empfängt drei Besucher. Im Hintergrund dieser Figuren, wohl ein Paar mit Kindern, sind noch fünf weitere Personen zu sehen, die ebenfalls zum Haushalt zu gehören scheinen: Ein Mann sitzt auf der Bank, ein zweiter, der einzige am Tisch, trinkt gerade seine Suppe, der junge Mann und die junge Frau am Butterfaß und schließlich noch eine junge Frau auf der Schwelle einer Holztür, über der ein Fenster mit Butzenscheiben eingelassen ist; ob sie kommt oder geht, ist ungewiß.

Wir befinden uns zur Essenszeit in einer flämischen Bauernstube. Die Erwachsenen sind vertieft in ihre jeweilige Beschäftigung, ausgenommen der Hausherr, der sich wie das barfüßige älteste Kind zweien der Besucher zuwendet. Wir wissen nicht, welche Verbindungen zwi-

Jan Bruegel d. Ä., *Besuch auf dem Bauernhof.* Drei Bürger, Ende des 16. Jahrhunderts, zu Besuch bei flämischen Bauern: eine Gelegenheit, das große Wohnzimmer einer ländlichen Familie im Norden darzustellen. Auf dem gedeckten Tisch stehen die sieben Schüsseln der Familienmitglieder. Im Vordergrund sind die drei Kinder zu sehen, das kleinste im Arm der Mutter, die sich an der seltsamen Feuerstelle wärmt, über der ein riesiger Kessel hängt. (Wien, Kunsthistorisches Museum)

schen den Protagonisten dieser ländlichen Szene bestehen. Sind sie miteinander verwandt? Es ist jedoch wahrscheinlich, daß das Bild nicht als dokumentarisches oder pittoreskes Inventar eines bäuerlichen Interieurs gedacht war, sondern wohl als moralisierende Allegorie, die ein Sprichwort oder eine biblische Szene illustrieren sollte, wie häufig in der flämischen Malerei des 16. Jahrhunderts. Ihrer Kleidung nach zu schließen sind die Besucher wohlhabende Bürger. Statten sie einer Wöchnerin einen Besuch ab oder kommen sie, wie man auch vermutet hat, um das älteste Kind zu sehen, das mit der Dame im Vordergrund zu sprechen scheint und vielleicht ihr Sohn oder ein verwandtes Kind ist, das man zu einer Amme aufs Land gegeben hat?

Bei den Genrebildern der flämischen Maler im 16. und 17. Jahrhundert, die damals auf die Gunst der Käufer zählen konnten, war dokumentarisches Interesse im allgemeinen zweitrangig. Hinter der naturgetreuen Darstellung alltäglicher Aspekte des bäuerlichen oder bürgerlichen Lebens, in den Interieurs von Vermeer wie in dem *Besuch auf dem Bauernhof* von Bruegel, verbirgt sich meist eine lehrhafte Bedeutung, ausgedrückt in einer mehr oder minder verschlüsselten Bildsprache, die jeder Kunstliebhaber versteht. Die Gebrauchsgegenstände in diesen Interieurs dienen einem ganz bestimmten symbolischen Zweck, ebenso wie in den Stilleben dieser Epoche, die häufig Vanitas-Darstellungen sind. Es wäre trügerisch, sich auf den dokumentarischen Nutzen dieser Gegenstände zu verlassen und die Bilder dieser bäuerlichen und bürgerlichen Interieurs engsinnig als »naturgetreue« authentische Zeugnisse zu lesen, die exakt den Alltag flämischer Bauern oder Kaufleute zu rekonstruieren erlaubten.

Die bäuerlichen Interieurs der Brüder Le Nain

Die Gemälde der Brüder Le Nain, die »bäuerliche Interieurs« im Frankreich des 17. Jahrhunderts darstellen, können zu denselben Fehlinterpretationen verleiten. Die berühmte *Bauernmahlzeit* von 1642 oder die *Bauernfamilie*, beide im Louvre ausgestellt[6], sind keine realistischen Abbildungen von Familiengruppen. Die Brüder Le Nain waren geniale Maler und zu geschäftstüchtige Kunsthändler, um bei der Darstellung der Bauern eine Spiegelung der gesellschaftlichen Realität oder sozialgeschichtliche Detailgenauigkeit ins Auge zu fassen. Das Gemälde *Bauernfamilie*, das eine magere alte Frau mit zusammengekniffenem Mund und Männer in den besten Jahren zusammen mit einem jüngeren Mann und ernsten Kindern, die Geige und Flageolett spielen, zeigt, repräsentiert eher das Motiv der Lebensalter – ein vorrangiges Sujet italienischer Maler von Tizian bis zu den Nachahmern Caravaggios – als eine Familie, die unter demselben Dach lebt.

Der Ablauf der Mahlzeit wird kaum angezeigt. Die Brüder Le Nain vermieden es, ihre Bilder mit trivialen kulinarischen Details zu befrachten, und bevorzugten eine lockere Komposition, der sie einen symbolischen, fast irrealen und zeitlosen Sinn zugrunde legten. Die *Bauernmahlzeit* zeigt eine Tischdecke, keinen vollständig gedeckten Tisch. Die Tischdecke ist zu groß für die Bank, auf der sie liegt, gedeckt nur mit einem Weinkrug, einem Brotlaib und dem Messer, mit dem das Brot geschnitten wird. Auf dem anderen Bild sieht man nur eine Zinnschüssel auf einem Teller und einen Löffel.

Die bäuerlichen Interieurs der Brüder Le Nain haben allesamt die nämlichen Kennzeichen: Die Zimmerdecke ist außergewöhnlich hoch, der Kamin hat gewaltige Ausmaße. Das Zimmer wirkt geräumig, eher wie ein Bühnenbild als wie eine realistische Darstellung armseliger, verrußter Bauernhütten. Das Mobiliar ist karg: ein oder zwei Bänke, ein paar Stühle und Schemel. Betten, wie sie in den Wohnstuben der Bauernhäuser standen, kommen auf den Bildern kaum jemals vor, allerdings erkennt man in einer Ecke der *Bauernmahlzeit* einen Betthimmel mit Samtvorhängen.

In der Stadt

Die flämischen und niederländischen Interieurs derselben Epoche bilden Mobiliar und Architektur der Häuser genauer ab. Pieter de Hooch zeigt uns Wohnzimmer städtischer Familien, bei den wohlhabenden Schichten sogar ganze Zimmerfluchten. Durch hohe Fenster fällt nördliches Licht ein, das sich auf dem Schachbrettmuster des Fußbodens spiegelt und die Patina der Möbel hervorhebt. Der geschlossene Alko-

ven steht abseits in der dunklen Ecke. Die Atmosphäre strahlt Wohlstand, friedliche Ordnung und einen gewissen Sinn für Komfort und Bequemlichkeit aus. Andere flämische Maler wie Adriaen Brouwer und David Téniers bevorzugten das volkstümliche und pittoreske Genre. Die Interieurs auf ihren Gemälden sind schmutzig und unordentlich, das Mobiliar beschränkt sich auf eine Art Tonne als Tisch und einige grobe Hackklötze, die als Stühle dienen.

Brouwers volkstümliche Genreszenen, Dürers Reiseskizzen, Bruegels gemalte Sprichwörter, die beschaulichen Kompositionen der Brüder Le Nain, die ebenso wie Vermeers *Küchenmagd* oder *Die kleine Straße* den Augenblick für die Ewigkeit festhalten – all diese Gemälde sind für den Historiker faszinierende Dokumente. Doch diese Bildquellen genügen nicht, um die Lebensweise flämischer oder deutscher Bauern im 16. und 17. Jahrhundert oder die Realität der Bauern im Laonnois, die wir auf den Bildern der Brüder Le Nain sehen, kennenzulernen. Um etwas über die Zusammensetzung der Personengruppen zu erfahren, die zwischen dem 16. und 18. Jahrhundert in den Dörfern und Marktflecken Westeuropas und insbesondere Frankreichs unter einem Dach lebten, um herauszufinden, welche Art von Häusern diese Bauernfamilien je nach Zeit oder Region bewohnten, müssen wir auf andere, vornehmlich schriftliche Quellen zurückgreifen.

Brüder Le Nain, *Bauernmahlzeit*. Die Brüder Le Nain haben mehrmals am Tisch sitzende Bauerngruppen gemalt, die sich aus mehreren Generationen von Erwachsenen und Kindern zusammensetzen. Hier steht die Frau, während die Männer in dem Zimmer, das als Eß- und Schlafraum dient, in symbolischer Manier Brot und Wein teilen.
(Paris, Louvre)

Wohnformen

Wie viele Personen lebten in den niedrigen Bauernhäusern aus Holz, Lehm und Stroh in den Provinzen Auge und Sologne? Wie viele Menschen beherbergten die großen Fachwerkhäuser im Elsaß, wie viele bewohnten die schmalen hohen Steinhäuser, die in den Dörfern der Provence zusammengepfercht standen? Es geht nicht nur um die Zahl der Personen, die eine Hausgemeinschaft bildeten – diese Zahl variierte je nach Geburten, Todesfällen und Heiraten –, sondern auch um die Verwandtschaftsbeziehungen zwischen ihnen. War die Struktur bäuerlicher Familien vom 16. bis zum 18. Jahrhundert in Frankreich, England oder Deutschland überall dieselbe? Waren sie auf den einfachen Haushalt, die sogenannte Kernfamilie, »reduziert«, die nur aus Vater, Mutter und Kindern bestand, oder lebten diese Familien in größeren, patriarchalisch organisierten Hausgemeinschaften?

Doch zu wissen, wie die Angehörigen eines Familienverbandes die Räume der Häuser untereinander aufteilten, um zu schlafen, zu essen und zu arbeiten, genügt nicht, will man die Funktionsweise der Familienformen begreifen. So wie Gestalt und Struktur der Gebäude je nach Zeit und Ort variieren können, so unterscheiden sich bisweilen auch die Familienformen von Region zu Region. Sie sind nicht nur an ökonomische, sondern auch an juristische Bedingungen gebunden. Größe und Struktur der Haushalte wurden vom Familienrecht und seinem Wandel, von der »Geographie des Brauchtums«, die Jean Yver[7] untersucht hat, und von den Modalitäten des Erbrechts beeinflußt.

Pieter Elinga Janssens, *Magd beim Fegen* (Ausschnitt). Man sieht den Rücken einer Dienerin (ihr Gesicht spiegelt sich im Wandspiegel), die damit beschäftigt ist, den glänzenden Marmorboden in Schachbrettmuster dieses flämischen Interieurs wohlhabender städtischer Bürger zu kehren. (Paris, Louvre)

Das Bauernhaus war nicht nur Wohngebäude für eine Familie, oft war auch das Vieh darin untergebracht; Lebensmittelvorräte, die eingebrachte Ernte und Arbeitsgeräte wurden dort gelagert. Die »domus«, die Emmanuel Le Roy Ladurie am Beispiel des Dorfes Montaillou beschreibt[8], das »ousta« oder »ostal« in Südfrankreich, der »Hof« im Elsaß oder in Deutschland waren gleichzeitig Wohn- und Produktionsstätte. Sie umfaßten neben den Gebäuden das bewirtschaftete Land, das Patronym, das zum Besitz gehörte, und manchmal auch, im Elsaß etwa, das Familienwappen. »Domus«, »ousta« oder »Hof« bezeichneten den gesamten Privatbesitz einer Familie, im Gegensatz zum kollektiven Besitz der Dorfbewohner, zum Beispiel Durchgangswege oder gemeinsame Viehweiden; wenn der Platz sehr begrenzt war, etwa in der Provence oder im Languedoc, zählten dazu sogar gemeinsame Dreschböden.

Wohnverhältnisse im Wandel

Die Wohngebäude einer Familie waren nicht unveränderlich. Im Laufe der Generationen wurden die Räume je nach den Bedürfnissen unterschiedlich gebraucht. Im 17. Jahrhundert hat man gelegentlich einen Teil der Scheune als Wohnraum genutzt. Oder man teilte ein Haus in zwei Wohnungen, damit Eltern und Kinder oder zwei Brüder für sich

Pieter de Hooch, *Die Morgentoilette.* Dieses flämische Interieur ist schlicht. Der Boden ist mit Backsteinfliesen belegt. Die Mutter laust die Tochter vor einem Bett, das mit Vorhängen geschlossen werden kann. Pieter de Hooch hat dasselbe Interieur für verschiedene Genreszenen verwendet. (Amsterdam, Rijksmuseum)

sein konnten. Man errichtete zusätzliche Häuser im selben Hof, um Wohnraum für die Eltern zu schaffen, die übergeben hatten, oder um einen frisch verheirateten Sohn unterzubringen. Nachdem die Jargots, Landarbeiter in dem burgundischen Dorf Courcelles im Auxois, 1788 ihren ältesten Sohn verheirateten, blieb er im selben Haus mit ihnen. Im Ehevertrag wurde festgelegt, daß der zweite Sohn, Jean, »ein neu gebautes Haus« erhalten würde. Für den jüngsten Sohn, Simon, bestimmten die Eltern »einen kleinen Platz für eine Scheune, neben einem anderen Platz im besagten Courcelles gelegen, den er als Heiratsgut erhält und auf dem er sich ein Haus bauen kann«.[9] Zum Haus der Eltern kamen so zwei weitere Wohngebäude hinzu, die drei Söhne der Jargots lebten offensichtlich in unmittelbarer Nachbarschaft. Für Azereix, ein Dorf in den Pyrenäen mit großen Häusern, die auf dem umfriedeten Land der Familien standen, hat Anne Zinck ganz ähnlich eine steigende Zahl der Haushalte (von 116 im Jahre 1636 auf 171 im Jahre 1792) festgestellt, ohne daß in der Umgebung des Dorfes mehr Bauland erschlossen worden wäre: »Söhne, Brüder und Schwiegersöhne bauten ihre neuen Häuser auf den Familiengrundstücken.«[10]

Die Wohnstrukturen auf dem Lande waren in Frankreich oder Deutschland keineswegs starr. Es gibt mehrere Ursachen für die ständigen Veränderungen innerhalb der Dörfer, wo immer wieder alte Häuser aufgegeben und neue gebaut wurden: manche sind ökonomischer oder demographischer Natur. Je nach Perioden der Expansion oder Stagnation (hier spielten meteorologische Bedingungen ebenso eine Rolle wie politische Ereignisse, in Lothringen beispielsweise die Kriege zu Beginn des 17. Jahrhunderts) hat man intensiv gebaut, Privathäuser verlassen oder verlassene wieder in Gebrauch genommen. Auch minder offensichtliche Gründe, die nicht mit der allgemeinen oder regionalen

Wirtschaftslage, sondern mit Entwicklungen innerhalb der Familien zusammenhingen, wirkten an dem fortwährenden Wandel der Wohnbauten mit. Dazu zählen die Modalitäten bei der Verteilung des Familienerbes von Generation zu Generation sowie die Vereinbarungen zur Versorgung der Kinder. So kam es zur Aufteilung von Häusern und zu Neubauten: Kinder, die das Elternhaus verlassen hatten, sollten in der Nähe, im Schoß der Dorfgemeinschaft gehalten werden. Die Betrachtung der Wohnverhältnisse muß deshalb neben den materiellen Aspekten (typische Bauformen, Gestaltung der Innenräume, Mobiliar und seine Verwendung) stets auch berücksichtigen, welche miteinander verwandten Personen in einem Haus zusammenlebten. Die Wahl der Baumaterialien war abhängig von lokalen Bodenschätzen, doch vom Beginn des 16. bis zum Ende des 18. Jahrhunderts gab es beträchtliche Veränderungen: Kaufleute und wohlhabende Bauern wohnten anders als Landarbeiter. Die Kenntnis der geographischen, historischen und sozialen Gegebenheiten genügt jedoch nicht, um den Zusammenhang zwischen Wohnform und Familiengruppe zu rekonstruieren. Beides ist von Bedeutung: sowohl die vielfältigen Verschiebungen in der Familienstruktur wie die Herausbildung verschiedener Wohnformen auf dem Lande in Frankreich und den Nachbarländern.

Die Unterkünfte der Armen

Natürlich waren nicht alle Bauernhäuser im 17. und erst recht im 18. Jahrhundert verrußte Holzhütten mit Wänden aus Lehm, vermischt mit Stroh oder Heidekraut, und Dächern aus Stroh oder Reet, je nach der Vegetation der Gegend. Kaum isoliert und ungeschützt, waren diese Behausungen Wind und Wetter ausgesetzt oder konnten in wenigen Stunden durch einen Brand zerstört werden. »Da die Mauern dieser Häuser nur aus Strohlehm waren, mußte jedes Jahr daran gearbeitet werden; eine neue Hütte war bereits ein Jahr später reparaturbedürftig.«[11] Durch die kleinen Fensterluken drang nur spärliches Licht in das einzige Zimmer. Der Dorfpfarrer von Sennely in der Sologne beschrieb in den letzten Jahren der Regierungszeit Ludwigs XIV. den schlechten Zustand der Unterkünfte seiner Pfarrkinder, »die keine hohen Zimmerdecken mögen. Sie wollen mit dem Kopf die Balken berühren können.« Und er fügt hinzu: »Die Häuser sollten große Fenster haben, um Luft hereinzulassen, statt dessen sind sie dunkel und eher geeignet als Kerker für Verbrecher denn als Wohnungen freier Menschen.«[12]

In solchen Hütten mit nur einem Zimmer konnte nur eine sehr kleine Familie unterschlüpfen, eine Witwe oder ein Ehepaar mit den kleinsten Kindern, die größeren mußten sich verdingen oder fortziehen, um ihren Lebensunterhalt zu verdienen. Eine Großfamilie aus drei Generationen oder auch nur eine große Kinderschar war in diesen Hütten nicht zu beherbergen; man hätte sie nicht ernähren können, denn kärglicher Wohnraum signalisierte und bedeutete Armut. Derlei erbärmliche Behausungen waren nicht typisch für eine einzelne Region, sie fanden sich vom 16. bis zum 18. Jahrhundert in vielen Dörfern Frankreichs

Albrecht Dürer, *Der verlorene Sohn*. Die biblische Szene, die Dürer zu Beginn des 16. Jahrhundert schuf, gab Gelegenheit, einen süddeutschen Vorort mit der Kirche, den tief herabgezogenen Strohdächern, den Mauern aus Strohlehm oder Ziegeln und den winzigen Öffnungen der Häuser darzustellen. (Paris, Bibliothèque Nationale)

und anderer Länder; in Kriegszeiten oder während Hungersnöten und Plünderungen nahm ihre Zahl zu. Sie standen neben größeren und geräumigen Häusern im selben Dorf, ein materieller Ausdruck der gesellschaftlichen und wirtschaftlichen Ungleichheit in ein und derselben Dorfgemeinschaft. Die Hütten lagen manchmal vereinzelt, manchmal konzentrierten sie sich an bestimmten Orten. Im 18. Jahrhundert gab es in der Auvergne »Elendsquartiere« von aneinandergereihten Arbeiterhütten, die vorne eine Tür und ein kleines Fenster, hinten eine Speicherluke hatten.[13] In Korsika besaßen Ende des 18. Jahrhunderts »manche Bauern als Wohnraum nur eine Hütte aus Trockenmauerung mit einem einzigen Zimmer«[14].

Archäologische Forschungen in dem sizilianischen Dorf Brucato bei Palermo haben ergeben, daß arme Landarbeiterfamilien, die »bracciante« – und das heißt, die große Mehrheit der sizilianischen Dorfbewohner –, vom 14. bis zum 19. Jahrhundert in Unterkünften mit nur einem Zimmer hausten. Ähnlich wie in den »Elendsquartieren« der Auvergne war der einzige Raum in zwei Bereiche geteilt – der dunklere, von der Straßenseite weiter entfernte Teil diente als Schlafraum, manchmal auch als Standplatz für das Vieh; der hellere Teil, der näher zur Straße lag, als Küche und Eßraum. Aus archäologischen Untersuchungen ebenso wie aus schriftlichen Quellen wissen wir, daß sogar der Platz vor dem Haus und auf der Straße für häusliche Tätigkeiten genutzt wurde.[15] Die Familien der armen Landarbeiter in der Auvergne, der Tagelöhner auf Korsika, der »bracciante« in Sizilien und der Landarbeiter im Languedoc oder der Sologne kannten über Generationen hin nichts anderes als solche Hütten mit nur einem Wohnraum.

Am unteren Ende der Armutsskala stößt man vom 16. bis zum 18. Jahrhundert in England und Frankreich (hier vor allem im Westen) auf noch jämmerlichere Wohnbedingungen. 1649 richteten die Einwohner von Saint-Christophe-en-Roc im Poitou eine Eingabe an die Generalstände, um auf ihre Not und ihr Elend aufmerksam zu machen: »Es gibt nur noch ungefähr 90 Haushalte, und die meisten davon betteln und finden kaum Brot [. . .]. So daß man nur noch Heere von Armen sieht [. . .], die alle auf dem Stroh schlafen oder gezwungen sind, sich kleine Verschläge mitten auf dem Feld zu bauen, da sie sonst kein Unterkommen finden.«[16] Die Einwohner von Saint-Christoph formulierten ihre Eingabe, als die Fronde das Land erschütterte, doch überlieferte Steuererhebungen zeigen, daß Bettelei aus Not in vielen Regionen noch bis zum Ende des 18. Jahrhunderts auch in ruhigeren Zeiten häufig war. Verkrüppelte Männer, kränkliche Frauen, ein blinder Vater, der bei seinem als Landarbeiter beschäftigten Sohn lebte – auch sie lebten, oft angewiesen auf die Wohltätigkeit der Gemeinde, in ihren Hütten und Verschlägen im Dorf. Wurde der Hunger allzu drückend, suchten viele von ihnen ihr Heil in der Flucht, allein oder in Gruppen, mit oder ohne ihre Familien; sie zogen in andere Landesteile und vor allem in die Städte, wo man sie dann oft hinter Schloß und Riegel setzte.

Will man trotz aller Differenzierung und Komplexität erkennen, auf welche Weise Familien je nach ihrer Struktur unter einem Dach zusammenlebten, sich am selben Feuer wärmten und die Speise teilten,

Eine Gruppe von Bauernhäusern in Mittelfrankreich, ähnlich wie die »Elendshütten« in der Auvergne. In diesen Weilern lebten häufig Familiengruppen, die miteinander verwandt waren.
(Auszug aus Barthélemy Faujas de Saint-Fond, *Recherche sur les volcans éteints du Vivarais et du Velay*, Paris 1778)

kommt man nicht umhin, die soziale Stufenleiter hinaufzusteigen und auch den Bessergestellten Beachtung zu schenken, zum Beispiel den Landwirten auf den Ebenen der Ile-de-France, in Flandern oder in Lothringen, den landbesitzenden Bauern im Languedoc oder in der Provence, die ihren eigenen Besitz bewirtschafteten, den Handwerksmeistern auf dem Land oder den Weinbauern in Burgund oder im Loiretal. Sie lebten im allgemeinen in geräumigen Häusern mit mehreren Zimmern und hatten Nebengebäude wie Scheunen, Ställe oder Vorratsräume zu ihrer Verfügung.

Die Häuser der Reichen

Ein Inventar aus dem Jahre 1647 verrät uns, wie das Haus eines Landwirts in Villejuif, nahe bei Paris, gegliedert war. Es bestand aus »einer niedrigen Küche zur Straße hin, daneben auf der einen Seite eine Treppe, auf der anderen eine breite Remisentür, oben zwei große und ein kleines Zimmer, darüber noch ein Speicher, unten noch ein weiterer großer Raum, angrenzend an die Küche«[17]. Es war ein zweistöckiges Haus mit Speicher, wie häufig auf der Ile-de-France aus Stein erbaut, und Haus wie Nebengebäude trugen Ziegeldächer, offensichtliches Zeichen eines gewissen Wohlstands, denn im 17. Jahrhundert waren in den meisten Dörfern Nordfrankreichs Strohdächer üblich.

Im großen und ganzen gilt, daß in nördlichen Ländern (Nordfrankreich, Flandern, England und Deutschland) vor allem mit Lehm und Holz gebaut wurde, während die Häuser im Süden (Südfrankreich, Spanien, Italien) in der Regel aus Stein waren. Dieses Schema muß jedoch nuanciert werden. In der Bretagne oder in Cornwall waren die Häuser aus Granitstein, in Burgund aus Kalkstein, in der Region der Ile-de-France aus Bruchstein. Die vorhandenen natürlichen Materialien, Stein oder Holz, diktierten die Wahl des Baustoffs. Nicht alle Bauernhäuser aus Stein waren komfortabel, wie die erwähnten Steinhütten

In den Dörfern und Märkten im östlichen Frankreich ebenso wie in manchen Regionen am Mittelmeer, wo der Ausgang des Wohnhauses direkt auf die Straße führt, sind die Häuserschwellen der »Exponiertesten« reich mit Wappen, Initialen der Eigentümer, Wappensprüchen und frommen Bildern verziert.

auf Korsika oder Sizilien bezeugen; die Fachwerkhäuser mit Strohlehmmauern im elsässischen Kochersberg oder manche Gutshöfe in der Normandie waren dagegen geräumig, ja geradezu luxuriös und boten reichlich Platz für die Familie samt Gesinde eines reichen Bauern oder eines Landadligen.

Wie lebten die Pächter oder ländlichen Handwerker in ihren Häusern? Guy Cabourdin hat drei Bauernhäuser aus dem Dorf Anthelupt in der Nähe von Lunéville rekonstruiert. Die Häuser in lothringischen Dörfern standen dicht aneinander zu beiden Seiten der Straße, die durch die Siedlung führte. Die drei Bauernhäuser, um die es hier geht, bestanden aus zwei durch einen Balken getrennten Teilen (die Häuser der Landarbeiter hatten nur einen Teil), doch der Wohnraum, Scheune und Stall befanden sich unter demselben Dach, innerhalb derselben Mauern. Sie hatten um die Mitte des 18. Jahrhunderts zwei Wohnräume: »Nach vorne lag ein Zimmer, das auf die Straße hinausblickte, ›la belle chambre, la grande chambre‹ oder ›poêle‹ [›Ofen‹] genannt, nach hinten lag die Küche.«[18] Die französische Bezeichnung »poêle« in Lothringen entspricht der »Stube« im Elsaß und in den übrigen deutschsprachigen Ländern. In seinem *Tagebuch einer Badereise* (1580) gerät Montaigne, der durch Lothringen, einen Teil des Elsaß, Deutschlands und der Schweizer Kantone reiste, in Entzücken über das Heizsystem der Häuser in diesen Gegenden, das dem strengen Winter ange-

Anonymes Gemälde aus dem 18. Jahrhundert, *Bauernhof im Herbst* (Ausschnitt). Der ansehnliche Bauernhof aus dem 18. Jahrhundert umfaßt mehrere Gebäude, eines davon zweistöckig. Sie sind zueinander passend gestaltet, die Dächer sind mit Ziegeln gedeckt. (Reims, Musée Saint-Denis)

In den kalten Gegenden Ostfrankreichs, in deutschen Ländern und Schweizer Kantonen heizte man mit Kachelöfen, die nach der »Stube« benannt waren, in der sie standen. (Paris, Bibliothèque Nationale)

paßt war: »[. . .] und es gibt nichts Reizenderes als die Öfen, die aus Ton gebrannt sind.«[19] Dieses System war tatsächlich wohlbedacht, da der Herd zwischen den beiden Zimmern des Hauses stand, so daß beide von ihm beheizt wurden und man obendrein auf ihm kochen konnte. Man konnte auch beide Zimmer zum Schlafen nutzen, während sich in anderen Gegenden, wo der einzige Kamin im Wohnraum angebracht war, die Menschen im Winter zum Schlafen dort zusammendrängten.

In den drei elsässischen Bauernhäusern standen die Betten in der Stube und in der Küche, manchmal im Alkoven. Im Elsaß paßte ein Doppelbett in den Alkoven, der nahezu einen eigenen Raum innerhalb der Stube bildete, in dem das Familienoberhaupt und seine Frau schliefen. Anderswo standen die Betten in der dunklen Zimmerecke, selten in der Mitte des Raums. So wie Tische und Stühle hatte man auch die Betten zwischen dem 16. und dem 18. Jahrhundert weiterentwickelt. Aus primitiven Formen, einfachen Holzbrettern mit einem Strohsack, oft »Châlit« genannt, wurden allmählich die kunstvollen und teuren Betten, wie sie Ende des 18. Jahrhunderts häufig anzutreffen sind: Betten mit gedrechselten Bettpfosten, mit Vorhängen aus Bergamer Stoff oder Serge in lebhaften Farben, zumeist in Grün, mit Betthimmeln und Bettzeug, das nun aus einer oder mehreren Wollmatratzen, Federkissen, Leintüchern und Decken bestand.

Wie wichtig für die Menschen auf dem Lande in der zweiten Hälfte des 18. Jahrhunderts die Qualität des Bettes war, zeigt eine Analyse des Hausinventars nach Todesfällen. Gérard Bouchard, der eine Anzahl armer Dörfer in der Sologne untersucht hat, staunt zu Recht über den relativ hohen Wert der Betten armer Leute: »Bei einer Auswahl von fünfzig Tagelöhnern stellt das Bett immer zumindest 40 Prozent des Werts ihrer gesamten Besitztümer dar.«[20] In den unterschiedlichen Bettenformen in einzelnen Ländern bekunden sich unterschiedliche Bedürfnisse und Vorlieben. Schlafgewohnheiten, ein charakteristisches Merkmal jeder Kultur, erhielten sich jahrhundertelang unverändert. Montaigne bereits notierte kurz und scherzhaft: »Man macht einen Deutschen krank, wenn man ihn auf einer Matratze schlafen legt, wie einen Italiener auf Federbetten und einen Franzosen ohne Vorhänge und Kaminfeuer.«[21]

Schlafgewohnheiten

Wie verteilten sich die Betten in einem Bauernhaus? In den Häusern mit lediglich einem Raum ist die Antwort einfach: Das Bett oder die Betten standen in diesem einzigen Raum, in dem alle Familienmitglieder schliefen, aßen und lebten. Bei armen Bauern kam es häufig vor, daß die ganze Familie nur ein Bett besaß. Der Comte de Forbin, ein hoher Adliger aus der Provence, reiste im Jahre 1683 in der Postkutsche von Blois nach Poitiers. In den Sümpfen des Poitou »bei Nacht und Nebel vom Wege abgekommen«, gelangte er zu einem Bauernhaus: »Ich ging hinein und fragte den Bauern, ob er uns nicht ein Feuer machen und uns für diese Nacht beherbergen könne. ›Ach, Herr, Sie sehen ja selbst‹, antwortete er, ›ich habe nur dieses eine schäbige Bett für mich, meine Frau und meine Kinder.‹«[22] Selbst in größeren Bauern- oder Bürgerhäusern mit mehreren Wohnräumen standen im ländlichen und sicher auch im städtischen Milieu das Bett oder die Betten noch bis ins 18. Jahrhundert in dem Zimmer, das man bewohnte, wo man Feuer machte, kochte und danach aß. So verhielt es sich in Lothringen, in der Provence und in Burgund, so selbst in den großen Häusern des Béarn oder im 19. Jahrhundert in den Tälern der Pyrenäen, wie Frédéric Le Play 1850 bei der Familie Mélouga beobachtete.[23] Es ist sogar verbürgt, daß es in Häusern mit mehreren Zimmern ein Privileg des Hausherrn und seiner Frau war, in der geheizten Stube zu schlafen. Dies gilt für die wohlhabenden Besitzer der großen Häuser im elsässischen Kochersberg ebenso wie in den 4-Zimmer-Häusern in den Provence-Alpen. Die Nachlaßinventare im burgundischen Varzy aus dem 17. Jahrhundert belegen es: »Die Gerätschaften zum Vorbereiten des Essens und zum Kochen gehören laut Inventar in das Zimmer, in dem der Tote verschieden ist. Anscheinend hielt man sich gewöhnlich in diesem Allzweckzimmer auf, das etwa der warmen Stube armer Leute entspricht.«[24] Ein Salzsteuer-Eintreiber aus Paris schildert in seinen Erinnerungen an die Reisen ins Elsaß, mit welchem Abscheu ihn die elsässischen Stuben der armen Leute erfüllten: »Man kann es unmöglich dort aushalten, denn sie schlafen darin, sie essen darin, sie trocknen ihre Wäsche und lagern Obst, das alles ist der Grund für den abscheulichen Gestank.«[25]

Wie viele Betten in einem oder mehreren Wohnräumen untergebracht werden mußten, hing selbstverständlich von der Zahl der Bewohner ab. Die erste der drei lothringischen Bauernfamilien in Anthe-

Adriaen van Ostade, *Bauernfamilie zu Hause mit apfelschälender Frau.* Mit rascher Feder hat der Maler Skizzen hingeworfen, die das Alltagsleben zeigen, wie in diesem Interieur mit der Familie, die um den Kamin sitzt. Das Bett mit seinen Stoffvorhängen und die Stange, auf der die Wäsche zum Trocknen hängt, stehen nahe am Feuer. (Paris, Musée de l'Ecole supérieure des Beaux-Arts)

lupt zählte um 1750 drei Personen (die Eltern und ein kleines Kind), die zweite sechs Personen (die Eltern und vier Kinder im Alter von acht bis zweiundzwanzig Jahren), die dritte zehn Personen (die Eltern und acht Kinder im Alter von zehn Monaten bis 20 Jahren). Da jedes der drei Häuser nur zwei Zimmer hatte, kann man sich leicht vorstellen, wie eng es bei Jean Homand und seiner Frau Anne Damien zuging: Die kleinen Kinder mußten mit den Eltern in einem Zimmer schlafen, die übrigen im zweiten Raum, und zwar nicht in Himmelbetten, sondern auf groben Holzgestellen und Strohsäcken.

War das einzige Zimmer geräumig (was häufig der Fall war), so stellte man es mit Möbeln voll. In einem Dorf im Maçonnais verzeichnete der Notar nach dem Tod eines Schäfflers im Inventar für das Hauptzimmer (den einzigen Wohnraum) einen Kamin, vier Betten mit Vorhängen, fünf Truhen mit Schlössern und zwei Backtröge.[26] Wir wissen freilich nichts über Größe und Zusammensetzung der Familie, die einst in dem einzigen Zimmer des Schäfflerhauses in diesen vier Betten geschlafen hatte.

Das Inventar der Möbel, das nach dem Tod der Witwe eines Contrôleur des guerres in derselben Region des Maçonnais, aber viel später, 1780, und im sozialen Milieu des Bürgertums angelegt wurde, beweist, daß die Frau in einem Himmelbett mit vier Pfosten schlief und daß im selben Zimmer ein weiteres Bett »für die Schäferin« stand. Vielleicht war diese Witwe sehr alt, und die Anwesenheit einer Dienerin, die mit ihr das Zimmer teilte, hatte nur den Grund, daß die Kranke nachts nicht allein sein sollte. Die beiden unverheirateten Töchter schliefen in einem

Nach Baudoin, *Die eingeschlafene Schildwache.* Die enge Nachbarschaft der Betten bildet hier den Vorwand für eine frivole Szene, ein Genre, das im 18. Jahrhundert sehr beliebt war.
(Paris, Bibliothèque Nationale)

anderen Zimmer, jede in einem Bett mit vier Pfosten. In diesem Haus stand in der Küche und im Wohnzimmer kein Bett: ein Merkmal bürgerlichen Wohlstands. Allerdings hatten mehrere erwachsene Kinder bereits das Elternhaus verlassen. Selbst am Ende des 18. Jahrhunderts war es noch nicht üblich, nachts allein in einem Zimmer zu schlafen. Ein gewisser symbolischer Individualismus artikuliert sich bei den Bürgern im Maçonnais freilich beim Gebrauch anderer Möbel. Der Notar, der das Inventar anfertigte, vermerkte genau, daß einer der Schränke der Mutter, einer der älteren und der dritte der jüngsten Tochter gehörte. Verschließbare Schränke ersetzten im Lauf des 17., teilweise erst im 18. Jahrhundert Truhen mit Schlössern. Beides waren Möbelstücke, in denen man persönliche Habseligkeiten, Kleider, Leibwäsche und Bettwäsche aufbewahrte; sie gehörten zur Aussteuer der Töchter, und am Tage der Eheschließung wurde die Truhe oder der Schrank des Mädchens als wichtiger Bestandteil der Mitgift in das Haus des Ehegatten gebracht.

Häufig wird bestätigt, daß in Gasthäusern oder Herbergen mehrere Betten in einem Zimmer untergebracht waren (in kleinen Hotels in der Provinz kommt es heute noch vor). Montaigne lobte in seinem *Tagebuch einer Badereise* den Komfort der alemannischen Gasthäuser, in denen oft ein einziges Bett in einer Stube stand und die Flure so angelegt waren, daß man seine Zimmer aufsuchen konnte, ohne andere durchqueren zu müssen. Der Comte de Forbin berichtet in seinen *Erinnerungen* (1677) von einer Nacht, die er in einem Gasthaus in Montargis verbracht hatte: »Es kam die Zeit zum Schlafengehen. Man gab uns allen vieren ein Zimmer mit drei Betten.« Alle vier, das hieß der Comte de Forbin und drei Reisegefährten, die er unterwegs kennengelernt hatte: ein Stiftsherr aus Chartres, der aus der Provence stammte, und zwei unbekannte »Herren« in Offiziersuniform, die sich später als Straßenräuber entpuppten; einer der beiden wurde bald darauf in Paris auf der Place de Grève hingerichtet.

Wenn man in Bauernhäusern zwangsläufig zu mehreren in einem einzigen Zimmer wohnte, war man jedenfalls unter nahen Angehörigen. In der Stadt war das enge Zusammenleben von Menschen, die einander kaum kannten, oft eine Folge von Armut und der Schwierigkeit, eine Unterkunft zu finden. Im 18. Jahrhundert mußte eine »Dame« in Rouen ihr Bett in einem Zimmer aufstellen, in dem schon ein Paar lebte.[27]

Hausgemeinschaften und Familienstrukturen

Die drei Bauernfamilien im Dorf Anthelupt mit drei, sechs oder zehn Personen hatten die einfache Struktur der »Kernfamilie«; der Haushalt setzte sich aus dem Elternpaar und seinen Kindern zusammen. In anderen Regionen Frankreichs, Italiens oder Deutschlands trifft man auf familiäre Hausgemeinschaften mit komplexerer Struktur. Im Hause Joseph Barets, im Dorf Saint-Léger im Var-Tal (Provence-Alpen), lebten ebenso wie bei dem Lothringer Jean Homand etwa zur gleichen Zeit

zehn Personen zusammen. Aber die Zusammensetzung der Hausgemeinschaft in Lothringen und in den Provence-Alpen war unterschiedlich. Joseph Baret war 1782 dreiundfünfzig Jahre alt, seine Frau nur wenig älter; von ihren fünf Kindern, ausnahmslos Söhnen, war der jüngste vierzehn, der älteste dreißig Jahre alt: Diese sieben Personen bildeten den Kern der Familie. Im Haushalt lebten noch Joseph Barets Mutter, Marianne Genesy, die junge Frau des ältesten Sohnes Claude Baret, und das Kind dieser beiden, der einjährige Joseph Baret, der den Namen seines Großvaters trug und als ältester Sohn des Erben, so Gott ihn lange genug am Leben ließ, dazu bestimmt war, einmal das Oberhaupt der Familie zu werden.

Die Brüder Le Nain haben häufig solche Kindergruppen gemalt, die unter den nachdenklichen Augen einer Großmutter zum Klang des Flageoletts tanzen.
(*Vorbereitungen zum Tanz*, Privatsammlung)

Zwei unterschiedliche Familienformen

Die Zusammensetzung der Hausbewohner bei Jean Homand in Lothringen und bei Joseph Baret in den Provence-Alpen repräsentiert zwei von Grund auf verschiedene Familienformen. Um zu begreifen, wie diese beiden Systeme funktionierten und in welchen Punkten sie voneinander abwichen oder sogar gegensätzlich waren, sind mehrere Sachverhalte zu berücksichtigen. Der Unterschied in der Familienstruktur – »Kernfamilie« im ersten Fall, komplexere Familie im zweiten – wirkt

Le Nain, *Porträts in einem Interieur*. Hier tanzen die Kinder nicht mehr, obwohl ein Musiker anwesend ist, sondern posieren für ein Familienporträt. Die Gruppe umfaßt zwei Paare, eines ist älter als das andere. Handelt es sich vielleicht um ein Elternpaar mit ihrer jüngeren Tochter und der verheirateten Tochter mit Ehemann und Kindern? (Paris, Louvre)

sich zunächst in der Verteilung und Nutzung des Wohnraums aus. Wenn in der komplexeren Hausgemeinschaft ein verheirateter Sohn mit den Eltern zusammenlebte, war eine kompliziertere Rollenverteilung unvermeidlich, die sozialen Beziehungen waren stärker ritualisiert und deutlich hierarchisch ausgeprägt. Zwischen Sohn und Vater, zwischen Schwiegertochter und Schwiegermutter bestand ein Verhältnis der Unterordnung, und nicht nur zwischen Mann und Frau, wie es in der Kernfamilie die Regel ist.

Die beiden Familienformen unterschieden sich freilich nicht nur in der Art und Weise, wie man zusammenlebte, sondern auch durch die Aufteilung des Erbes. Gesetze und Familienrecht in Regionen, in denen die Kernfamilie vorherrschte, waren anders als dort, wo überwiegend komplexere Haushalte bestanden, die drei Generationen umschlossen. Im ersten Fall mußte der Besitz laut Gesetz zu gleichen Teilen unter den Kindern, zumindest den Söhnen, aufgeteilt werden; im letzteren Fall wurde das System, einen Erben auszuwählen, der bei den Eltern blieb und ihnen nachfolgte, durch gesetzliche Verfügungen unterstützt, die es erlaubten, den Erben auf Kosten seiner Geschwister zu bevorzugen. Die justitiellen Unterschiede von einer Provinz oder einer Gruppe von Provinzen zur anderen waren beträchtlich, wobei zu bedenken ist, daß es unter dem Ancien Régime kein einheitliches Recht gab (die Einführung des *Code Civil* in Frankreich versuchte eben dies); sie waren so groß, daß wir die regionalen Charakteristika der »Geographie des Brauchtums«[28] in den Belangen der Erbaufteilung nicht genau ermitteln und verläßlich gegeneinander abwägen können. In Frankreich dominierte offenbar eine relativ klare Zweiteilung: In den Provinzen südlich der Loire wurde mehrheitlich die ungleiche Aufteilung zugunsten eines Erben praktiziert, während in den nördlichen und westlichen Provinzen ein eher egalitäres Recht galt. Die Realität war jedoch komplizierter als diese grobe geographische Einteilung. In den Provinzen der Landesmitte gab es Zonen des Übergangs, in den nördlichen und westlichen Landesteilen Gebiete, in denen das Erbsystem zugunsten eines Haupterben gebräuchlich war. Noch ein weiterer Vorbehalt ist bei der Interpretation dieser »Karte« geboten: Die »Geographie des Erbrechts« stützt sich auf eine Analyse gewohnheitsrechtlicher Texte aus den verschiedenen Regionen Frankreichs; sie skizziert nur die verschiedenen Merkmale des Familienrechts, die nicht unbedingt mit den tatsächlichen familiären Gepflogenheiten übereinstimmen, von denen die Struktur der Hausgemeinschaft abhängt. In den verschiedenen Teilen Deutschlands, Italiens oder Spaniens war das Familienrecht ähnlich komplex und wirft daher die gleichen Interpretationsprobleme auf.

Die Familienstrategien zur Steuerung der sozialen und biologischen Reproduktion in den alten ländlichen Gemeinschaften sind vielschichtige Antworten auf ökonomische und materielle sowie auf kulturelle und ideologische Verhältnisse. Seit dem 16. Jahrhundert verließen in einzelnen Regionen Frankreichs und in England (oft noch früher in der Normandie, im Anjou und in den Dörfern mit offener Feldmark im Pariser Becken) sämtliche Kinder das Elternhaus, in dem sie geboren und aufgewachsen waren; manche waren zu diesem Zeitpunkt noch sehr jung an Jahren, sie kamen zu anderen Familien oder suchten ihr Glück in der Ferne; andere blieben in der Nähe der Eltern und wohnten in Häusern auf dem Grund und Boden der Familie, sie halfen den Eltern und arbeiteten mit ihnen zusammen. Doch galt es nicht als schicklich, daß der Sohn seine junge Frau in das Haus des Vaters brachte. Lieber schob man das Heiratsalter so lange hinaus, bis er einen eigenen Hausstand zu gründen in der Lage war. Schwiegermutter und Schwiegertochter sollten ihre Suppe auf getrennten Herden kochen.

In weitaus mehr Gegenden Italiens, Frankreichs oder Deutschlands als früher angenommen war es üblich, daß eines der Kinder bei entsprechend günstigen wirtschaftlichen Bedingungen das Elternhaus bei der Heirat nicht verließ, sondern bis zum Tode des Vaters und der Mutter mit ihnen zusammenblieb. Auf diese Weise sollte vom Vater zum Sohn die Kontinuität der Verwaltung des jeweiligen Erbgutes gesichert werden, ob es sich nun um ein altes Lehen, ein Amt im Parlament, einen Bauernhof oder einen Handwerksbetrieb handelte. Familien, die so zusammenlebten und das Erbe übergaben, werden gemeinhin als »Stammfamilien« bezeichnet.

Die Stammfamilie: Räume und Rollen

Kam eine Schwiegertochter oder ein Schwiegersohn, der eine Erbin heiratete, in das Haus und die Familie, so entstand unvermeidlich das Problem, wie die Familiengemeinschaft ihre Lebensführung gestalten sollte. Wo sollte das Ehebett des Erben und seiner Frau aufgestellt werden? Sicherlich nicht im Raum der Eltern, auch nicht im Zimmer oder den Zimmern der Geschwister. Die Heirat eines Sohnes, der weiterhin im Elternhaus wohnte, hatte zur Bedingung, daß ein Raum für die junge Schwiegertochter frei war, in dem sie Platz für ihr Bett und den Schrank oder die Truhe mit ihrer Aussteuer fand. Die Mindestvoraussetzung für

Das gemeinsame Mahl der großen Familiengruppe, die Rétif in *La Vie de mon père* beschreibt, ist auf diesem berühmten Stich in naiver und idealisierender Weise dargestellt. Das Porträt des Ahnen dominiert die Szene.
(Auszug aus Rétif de La Bretonne, *Le Paysan pervertie*, La Hayç 1784, mit Illustrationen von Binet)

die Gemeinschaft der Eltern mit den jungen Eheleuten war ein Haus mit zwei bewohnbaren Zimmern, sofern der verheiratete Sohn als einziger noch daheim war. In den meisten Gegenden, wo die Stammfamilie vorherrschte, waren die Häuser jedoch groß genug für drei oder vier Wohnräume.

In dem Dorf Saint-André-les-Alpes im Verdon-Tal der Provence-Alpen (oberhalb von Castellane) besaß mehr als die Hälfte der etwa hundert Häuser in der Mitte des 18. Jahrhunderts vier Zimmer.[29] Die hohen, schmalen, eng beieinanderstehenden Gebäude hatten meistens drei Stockwerke. Unten befanden sich Stall und Vorratsräume, darüber lagen zwei Wohnetagen, »Wohn- und Schlafzimmer im ersten Stock, Wohn- und Schlafzimmer darüber«, wie die Notare schrieben, und ganz oben war der Heuboden. Vier Zimmer zum Wohnen – für Kleinbauern oder Dorfhandwerker war das viel, zu den Zeiten, da die Familie nur aus Eltern und Kindern bestand, geradezu ein Luxus. Doch man benötigte sie dringend, wenn der Familienvater und seine Frau im Alkoven des Zimmers im ersten Stock schliefen, wo geheizt wurde, und im angrenzenden Raum die unverheirateten Kinder (manchmal Töchter und Großmutter zusammen) hausten, während der älteste Sohn mit seiner Frau das Zimmer über dem der Eltern bewohnte und die Kinder des jungen Ehepaars daneben untergebracht waren. Nachlaßinventare aus dem 18. Jahrhundert zeigen ebenso wie mündliche Berichte aus späterer Zeit, daß Elternpaare in der Provence ungern größere Kinder im eigenen Schlafzimmer behielten. Doch solange das kleinste Kind gestillt wurde, schlief es offensichtlich bei den Eltern, denn oft ist in diesen Inventaren – zumindest in der Provence – die Rede davon, daß im Elternzimmer eine Wiege mit Kinderbettzeug stand.

Das Zusammenleben von drei, manchmal sogar vier Generationen hatte in den aneinandergebauten Häusern der Provence-Alpen ebenso wie in den Einzelgehöften der Pyrenäentäler zur Folge, daß der Einzelne oder jedes Paar seinen Platz nach einem streng hierarchischen Kriterium zugewiesen bekam. Der Familienvater und seine Frau teilten sich ein Bett in dem Zimmer, das als das beste galt, in Saint-André-les-Alpes also im ersten Stock, wo im Kamin stets Feuer brannte und wo man freien Blick auf die Straße hatte. In den großen Häusern im Elsaß wurde es genauso gehalten wie in den Dörfern der Provence oder des Languedoc.

Der begehrte Platz im Alkoven des Wohnzimmers oder der Stube ging in der Abfolge der Generationen beim Tod des Vaters an den Erben und seine Frau über. Innerhalb des Hauses wurden sozusagen die Plätze getauscht. Wenn die Mutter der Familie ihren Mann überlebte und Witwe wurde, mußte sie ihr Bett der Schwiegertochter und dem ältesten Sohn überlassen und in ein anderes Zimmer ziehen, allein oder zusammen mit ihren unverheirateten Töchtern oder ihren Enkelinnen. Beim Tod des Vaters folgte der Sohn ihm nicht nur als Familienoberhaupt nach, er erbte auch den besten Schlafplatz.

Das System der Stammfamilie (ob in der Provence, in Italien oder Japan) gebot die Rollenteilung zweier Erwachsenengenerationen: zwischen Vater und Sohn, aber auch zwischen Tochter und Schwiegermutter. Die Aufteilung im Haus, auf dem Feld oder in der Kirche gehorchte einer streng festgelegten Ordnung, die half, konfliktträchtige Situationen zu vermeiden. In jedem Haus waren die weiblichen Aufgaben hierarchisch gestaffelt: Die Schwiegermutter blieb zuständig für die Küche, die Schwiegertochter kümmerte sich um die Kleinkinder und arbeitete auf dem Feld. In der Wohnstube, wo der Familienvater und seine Frau ihr Bett hatten, wurde auch gegessen. Die Sitzordnung bei Tisch und der Verlauf der Mahlzeiten gehorchten ebenfalls einem genauen Ritual. Für die Bauernhöfe im elsässischen Kochersberg wird die Sitzordnung folgendermaßen beschrieben: »Der Hausherr hat den besten Platz, der unbesetzt bleibt, wenn er außer Haus ist. Er sitzt an der Bankecke, von wo aus er die Straße, den Hof und die Familiendokumente überwachen kann, die im Herrgottswinkel versperrt aufbewahrt wurden.« Während des Essens »sitzt der Hausherr am Kopfende des Tisches, rechts von ihm seine Frau, links die Söhne, die Töchter neben der Mutter, dann kommen die Dienstboten«.[30] Eine fast identische Beschreibung der Häuser in Nordburgund findet sich in *Le paysan pervertie* von Rétif de La Bretonne, einem Werk, das in den ersten Ausgaben am Ende des 18. Jahrhunderts mit einem Stich illustriert war, der eine Familie beim Essen darstellt. Das Bild, wie es von Rétif de La Bretonne und den Ethnographen des Elsaß am Ende des 19. Jahrhunderts gezeichnet wurde, ist zweifellos idealisiert. Es beruft sich auf ein Modell großer bäuerlicher Familienbetriebe, die es in der Wirklichkeit kaum gab. Zahlreiche Dokumente bezeugen, daß die Frauen in der Realität selbst in vermögenden Bauernfamilien selten mit den Männern am Tisch saßen, denn sie bedienten sie. So schreibt Lazare de La Salle de L'Hermine in den Erinnerungen an seine Reise ins Elsaß: »Bei jedem Festessen nimmt die Hausfrau erst am Tisch Platz, wenn der Nachtisch kommt, das heißt, wenn sie sich zu der Runde gesellt, weiß man, daß es in der Küche nichts mehr zu beaufsichtigen gibt und nichts mehr gebracht wird.« Der Hausherr schnitt das Brot, schenkte den Wein ein, bediente sich als erster – mit den besten Stücken – und verteilte dann die Speise an die Gäste.

Das Haus des Vaters

Jedem im Haus war sein Platz zugewiesen, das Essen verlief nach einem festen Ritual, und die Kinder lernten von klein auf, wie sie sich im Haus und draußen benehmen sollten, welche Gesten und welche Form der Rede angemessen waren (in vielen Regionen siezten Kinder ihre Eltern): ein ausgeklügeltes pädagogisches System, das den jungen Generationen den Respekt vor den älteren einschärfen sollte. Wer sich unterordnen mußte, wie etwa die jüngeren Söhne und die Schwiegertöchter, wurde dazu angehalten, die Bevorzugung des älteren Sohnes und die Ehrerbietung, die man den Eltern schuldig war, zu akzeptieren. Private Korrespondenzen kleiner Dorfkaufleute oder Hofbesitzer aus der Provence sind voll von Bekundungen der Ehrfurcht der Kinder vor ihren Eltern und der jüngeren Brüder vor den älteren. Bei Volkszählungen in Dörfern wie Saint-Léger wurden die Angehörigen eines Haushalts genau in der Reihenfolge ihrer Rangordnung aufgeführt, zuerst wurde der Vater und Familienvorstand genannt, der bis zu seinem Tode an erster Stelle stand, dann seine Frau, danach der älteste Sohn. War dieser bereits verheiratet, folgte die Schwiegertochter, die nun zur Familie ihres Mannes gehörte, nach den jüngeren Brüdern des Erben, nach ihr die Schwestern des Erben und schließlich die Enkel.

In der Provence, im Languedoc und in Aquitanien bildeten die Vorschriften des Erbrechts ein solides Fundament zur Aufrechterhaltung der väterlichen Autorität. Der Vater konnte frei über den Familienbesitz verfügen. Er besaß nicht nur das Recht, eines seiner Kinder im Testament oder durch eine Schenkung zu Lebzeiten gegenüber den anderen zu bevorzugen, er konnte vor allem das Nutzungsrecht an den Gütern behalten, die er dem Sohn, der im Hause blieb, in dessen Ehekontrakt als bei der Erbteilung im voraus wegzunehmenden Teil zugesprochen hatte – ein kluger Brauch, der ihn davor bewahrte, plötzlich ohne Hab und Gut dazustehen. So behielt er die Zügel in der Hand und sorgte für den nötigen Respekt. Warum sollte der Erbe, dem Vater und Mutter »versprochen haben, ihn zu nähren und zu versorgen«, darüber klagen, daß er »zum Nutzen des Erbes« arbeiten mußte, da der Fami-

Der junge Dürer aquarellierte vor seiner Italienreise mehrere Ansichten seiner Vaterstadt Nürnberg. Die Häuser des Johannisviertels mit ihren Ziegeldächern und Fachwerkmauern sind minutiös wiedergegeben.
(Bremen, Kunsthalle)

lienbesitz ihm ja zufallen würde, wiewohl erst nach dem Tode des Vaters? »Beklage dich nicht, alles wird einmal dir gehören«, sagte der Vater, wenn sein Erbe aufmuckte. Als mündig erklärte der Vater nur diejenigen Söhne, die nicht mehr in der väterlichen »domus« wohnten und einen eigenen Hausstand gegründet hatten. Der »Sohn des Hauses«, wie man den Erben oft nannte, hatte selbst als verheirateter Mann in den Vierzigern noch nicht das Recht, einen Handel abzuschließen oder ein Testament zu machen. Er mußte sich seinem Vater fügen.

Eine Analyse der Bräuche macht deutlich, daß die »Söhne des Hauses« noch im 18. Jahrhundert die Autorität hinnahmen, die der Vater über sie, ihre Frau und ihre Kinder ausübte. Der Gemeinschaftsvertrag, der bei der Heirat des Erben geschlossen wurde, enthielt stets eine Aufhebungsklausel: »für den Fall, daß die Parteien nicht miteinander auskommen können«, wenn sie »sich nicht vertragen«, oder »im Falle der Unverträglichkeit«, wie die Notare es formulierten. In Saint-André-les-Alpes in den Provence-Alpen geschah es zwar höchst selten, daß der Erbe und seine Frau die Gemeinschaft mit den Eltern auflösten. Wenn es aber dennoch zur Trennung kam, dann fast immer in den ersten Monaten nach der Eheschließung. Man wurde sich schnell klar darüber, ob Schwiegermutter und Schwiegertochter in einem Haus zusammenzuleben vermochten. War das nicht möglich, trennte sich der

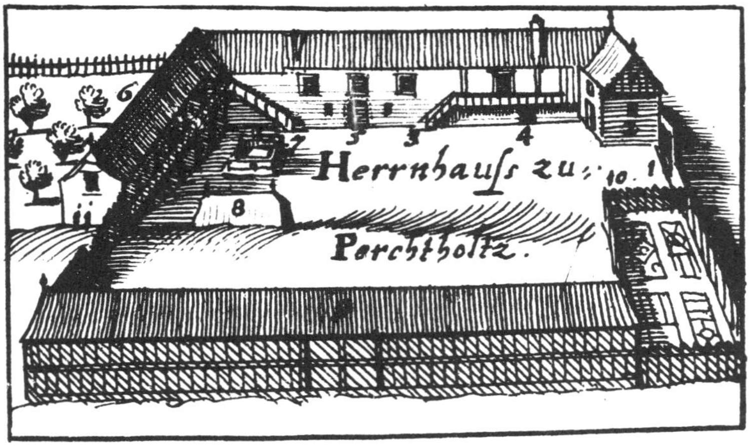

Diese Ansicht eines bäuerlichen Betriebs steht im oberen Winkel eines Stichs, der ein österreichisches Dorf aus der Mitte des 17. Jahrhunderts darstellt. Der Zweck der verschiedenen Bauwerke ist genau vermerkt. (Auszug aus Merian, *Topographia provinciarum austriacarum*)

geliebte Sohn von seinen Eltern. Er bewirtschaftete das Land, das ihm sein Vater im Falle einer Auflösung der Gemeinschaft sofort zu überlassen versprochen hatte. Entweder bezogen er und seine Frau eine eigene Wohnung des zweistöckigen Hauses, das man nun aufteilte, oder in einem benachbarten Haus, das ebenfalls zum Familienbesitz gehörte. Wenn es die ökonomischen Verhältnisse nach der Abtrennung des Erbteils für den älteren Sohn erlaubten, versuchte der Vater meist, einen jüngeren Sohn und seine Frau bei sich im Haus zu behalten und so auf den Bruchstücken der mißlungenen abermals eine Hausgemeinschaft von Eltern und Kindern zu errichten.

Gewisse ökonomische Mindestvoraussetzungen mußten erfüllt sein, wenn die autoritäre Stammfamilie funktionieren sollte. Die »domus« mußte nicht nur über eine ausreichende Zahl von Zimmern verfügen, damit die erweiterte Familiengruppe untergebracht werden konnte, man benötigte auch genügend Produktionsmittel zur Bestreitung des Lebensunterhalts. Die Erbmasse, die »force de l'héritage«, wie die Notare es nannten, mußte solide sein, damit der landwirtschaftliche Betrieb (oder der Laden des Handwerkers) auch nach Zahlung der Mitgift für die Töchter und Abtrennung der Erbteile für die jüngeren Söhne noch fünf bis zehn Personen ernähren konnte. Das System der Stammfamilie florierte deshalb in Regionen, wo die Bauern Eigentümer ihres Landes waren (Ausnahmen sind die Großfamilien im Limousin oder im Berry, wo die Teilpacht üblich war), dort, wo die Handwerksmeister und Dorfkaufleute genügend Ressourcen an Geld, Land und Vieh besaßen. Der Engländer Arthur Young, der Ende des 18. Jahrhunderts durch Frankreich reiste, bemerkte dazu: »Überall in Frankreich findet man sehr viel mehr kleine Höfe, die Eigentum der Bauern sind, als bei uns in England. In Flandern, im Elsaß, an den Ufern der Garonne oder im Béarn scheinen die kleinen Landeigentümer so wohlhabend, daß man sie als gutsituierte Bauern bezeichnen kann, nicht als Pächter.« Gerade die Regionen, auf die Arthur Young hinweist, gehörten zu den Teilen Frankreichs, in denen die Stammfamilie am weitesten verbreitet war.

An einem Haus im Elsaß sieht man die Initialen und das Emblem des Bäckerhandwerks.

Eine Variante der Stammfamilie

Bei einer Variante der Stammfamilie wurde nicht nur ein einziger Erbe bestimmt, sondern war es auch üblich, daß die Eltern bei seiner Heirat oder bald danach auf die Herrschaft im Haus verzichteten. In Deutschland, in Österreich und wahrscheinlich auch in Irland endete die Autorität der Eltern über den Nachfolger mit dessen Heirat: sie »übergaben«. Wenn sie die Leitung des Hofes (das deutsche Äquivalent zur »domus« im Süden) niederlegten, bildeten sie zugleich einen von den Kindern getrennten Haushalt in der Nähe. Mitunter wurde neben dem großen Haus ein kleines »Austragshaus« errichtet, wie im 18. Jahrhundert in einigen österreichischen Dörfern, manchmal bewohnten die Eltern ein Zimmer für sich: die »Stube« oder »Kleinstube« in den großen elsässischen Bauernhäusern oder den »west-room«, wie es in Irland hieß.

Kinder und Eltern wohnten getrennt und führten getrennte Kassen. Um den Unterhalt für ihre alten Tage zu sichern, ließen die Eltern bei der Übergabe vertraglich festlegen, welche Felder sie zurückbehielten und woraus ihre jährliche Lebensrente bestehen sollte: Getreide und andere Lebensmittel, Kleidung, Brennmaterial und Geld, das der Erbe ihnen zahlen mußte.

Diese modifizierte Form der Stammfamilie in Deutschland, Österreich oder Irland markiert einen Kompromiß der beiden großen Typen von Familiensystemen: der Kernfamilie einerseits, die in Lothringen, der Normandie oder England die Regel war (jedes Kind gründet bei der Heirat einen von den Eltern unabhängigen Haushalt, das Erbe wird gleichmäßig aufgeteilt, zumindest unter den Söhnen), und der Stammfamilie andererseits, die in den Provence-Alpen oder den Tälern der Pyrenäen vorherrschte (Ausschluß aller Kinder vom Erbe durch Schenkungen, ausgenommen den designierten Erben, der im Elternhaus bleibt und weiterhin der elterlichen Autorität unterworfen ist). Auch diese Lösung beruhte auf dem ungleichen System der Stammfamilie, die zum Nachteil der übrigen Geschwister den Hauptteil des Familienbesitzes in der Hand eines einzigen Erben beließ; aber Alt und Jung lebten getrennt, und die Eltern verloren ihre Autorität ebenso wie bei der stärker egalitären Realteilung.

Realteilung und der Zusammenhalt des Familienverbandes

Die Existenz von Mischformen zwischen der autoritären Stammfamilie und der Realteilung bei der Kernfamilie gebietet Vorsicht gegenüber jeder schematischen Interpretation, die eine elementare Gegensätzlichkeit beider Systeme unterstellt. Eine weitere Gefahr liegt darin, auf frühere bäuerliche Gesellschaften Kriterien anzuwenden, in denen sich unsere eigenen Erfahrungen in einer industriellen oder postindustriellen Gesellschaft am Ende des 20. Jahrhunderts verkörpern. Die Trennung von den Eltern nach der Heirat der Kinder (in

Jean-Baptiste Greuze, *Die Dorfbraut*. »Seid vereint, meine Kinder, die Liebe möge euch verbinden.« Die Szene einer Verlobung auf dem Dorf illustriert diese Verse La Fontaines mit dem ganzen Pathos des Malers und dieser Zeit. (Paris, Louvre)

den ärmsten ländlichen Schichten sogar noch früher), wie es in den Regionen mit gleicher Erbteilung meist der Fall war, entsprang wohl nur selten dem Wunsch nach Individualität und Unabhängigkeit. Oft verlangten wirtschaftliche Zwänge diese Trennung. Die unterschiedliche Erbteilung und Struktur von Hausgemeinschaften stehen für unterschiedliche Antworten auf dieselbe Frage: Wie gewährleistet eine Gesellschaft, die ihre Einnahmen und ihren Unterhalt vornehmlich aus der Bearbeitung des Bodens zieht, von Generation zu Generation ihre Reproduktion?

In allen Fällen, gleichgültig, auf welche Weise der Boden bewirtschaftet wurde, gliederten sich die Territorialgruppen eines Dorfes – ehemalige kleine Landgüter, Pfarreien oder Lehen – in eine bestimmte Anzahl von Familieneinheiten, die Landparzellen besaßen oder pachteten und die in einem Haus zusammenwohnten. So verschieden die Modalitäten der Erbfolge innerhalb dieser dörflichen Territorialeinheiten von Region zu Region (und von Epoche zu Epoche) auch waren, sie gründeten doch in einem gemeinsamen Prinzip. Das System des Präzipuums (d. h. bei der Übertragung des Erbes war ein Sonderteil im voraus abzutreten), das einen einzigen Haupterben bevorzugte, zielte auf die vertikale Vererbung innerhalb eines Hauses (»maison«, »oustal«, »domus«). Das egalitäre System der Realteilung bewirkte, daß der Besitz oder das Nutzungsrecht in jeder Generation aufgeteilt wurde; diese

Teilung war jedoch nur schwer mit dem ökonomischen Erfordernis der Erhaltung eines landwirtschaftlichen Familienbetriebs vereinbar. Andererseits kompensierte eine Flurbereinigung durch Kauf oder Tausch die Aufsplitterung des Landbesitzes. In den Regionen der offenen Feldmark, wo die Realteilung praktiziert wurde, gab es ein ganzes Bündel juristischer Vorschriften und auch Bräuche, die Zusammenhalt innerhalb der Familienverbände erzeugten. Gesetzliche und moralische Zwänge wie der »retrait lignager«, eine Art Vorkaufsrecht für Familienmitglieder, hemmten die Zerstückelung des Landes. Gemeinschaftliche Agrarbräuche, die im Flachland besonders stark entwickelt waren, trugen ebenfalls zur Festigung des Zusammenhalts bei.

Die Solidarität im Familienverband blieb jedoch nicht auf den wirtschaftlichen Sektor beschränkt, sie prägte auch das soziale und emotionale Verhalten. Selbst wenn die Familie in den Gebieten mit Realteilung getrennt voneinander in kleinen Haushalten lebte, mangelte es dank Verschwägerung, enger Nachbarschaft und Zusammengehörigkeitsgefühl nicht an Kontakten in größeren Verwandtengruppen. Die kleinen Wohneinheiten waren in ein Netz von Verbindungen zwischen Eltern und Kindern, Geschwistern und Schwägern eingebunden, die ihre Anteile an der Landwirtschaft und am Wohnhaus der Familie teilten oder untereinander tauschten. Im Gebiet der Ile-de-France gruppierten sich die Häuser miteinander verwandter Kernfamilien um einen Hof, in der Normandie standen sie auf dem eingezäunten Grund der Bauernhöfe, in den Straßendörfern Lothringens reihten sie sich aneinander. Eheschließungen wurden bei den Weinbauern im Pariser Becken oder bei Handwerkern in normannischen Dörfern ebenso vom Prinzip der Endogamie bestimmt wie in den Regionen, in denen ein einziger Erbe bevorzugt wurde. Im 18. Jahrhundert waren bei Töpfern des Pays d'Auge »die Familienstrukturen eingeschnürt in einen sehr geschlossenen und endogamischen Kreis. Die Kinder dieser Töpfer, selbst wiederum Töpfer, teilen sich den zentralen Hof: die Erbteilungen bildeten das Fundament für zahlreiche Zwänge und Rechte.«[31]

Wie sah das Schicksal des alten Vaters oder der verwitweten Mutter aus, wenn der Besitz unter den Kindern aufgeteilt war? Mußten sie von Almosen leben und ihren Lebensabend einsam verbringen, wenn die Kinder nicht gewillt waren, ihnen eine Lebensrente zu zahlen? Bisweilen flehten Eltern ihre Kinder um Hilfe an, wie die Witwe eines Tagelöhners im Dorf Avenières bei Laval, die 1730 »in Anbetracht ihres hohen Alters und ihrer Schwäche den Bauern Jean Heaume, ihren Sohn, bittet, sie freundlich mit ihrem wenigen Hab und Gut in sein Haus aufzunehmen, damit sie dort mit Wohnung, Essen, Schlafplatz und Wäsche versorgt werde, da sie nicht mehr in der Lage ist, ihren Lebensunterhalt zu verdienen«.[32] Man kann nur vermuten, daß andere Witwen nicht ebenfalls öffentlich mit solchen Bitten an die Gefühle ihrer Söhne appellieren mußten. Anhand von Volkszählungen im 18. Jahrhundert läßt sich feststellen, daß Ein-Personen-Haushalte in den Gebieten mit Realteilung selten waren. 1778 kam in Longuenesse in der Provinz Artois auf 66 Haushalte ein einziger Ein-Personen-Haushalt, während in elf Häusern das verheiratete Paar mit einem Elternteil oder beiden zusammenwohnte. Zwei demographische Faktoren ließen die Zahl der Kernfamilien anwachsen: Die Eltern starben relativ jung, und die Kinder heirateten spät.

Wahrscheinlich wurde in den Gebieten mit Realteilung die Autorität der Eltern in Fragen der Eheschließung oder der Aufteilung des Erbes ebensowenig in Zweifel gezogen wie in den Regionen, in denen die Stammfamilie vorherrschte. Selbst dort, wo eine Heirat zugleich die Gründung eines eigenen Hausstands bedeutete, hing sie durchaus vom guten Willen der Eltern ab. Wenn die Eltern die Aufteilung des Besitzes hinauszögerten, mußte der Sohn manchmal bis zum Alter von dreißig Jahren warten, bis er heiraten und sich selbständig niederlassen konnte. In Bauern- oder Winzerfamilien wohnten Söhne bis zu diesem Alter bei ihren Eltern und arbeiteten mit ihnen zusammen.

Ähnlichkeiten der Familienformen

Trotz der unbestreitbaren regionalen Unterschiede der Bauweise, der Wohnraumaufteilung sowie der justitiellen Rahmenbedingungen von Wohnformen und Erbteilung glich der Alltag der Pächter der Ile-de-France in wesentlichen Zügen dem der Bauern in der Provence. Die Vielfalt in der regionalen Typologie von Bauernhäusern ist in erster Linie ein Ausdruck des Versuchs, sich an die unterschiedlichen Umweltbedingungen wie Boden, Klima oder an die lokalen Methoden der Bodenbewirtschaftung anzupassen. Auch die mannigfaltigen Formen des Zusammenlebens und der Erbteilung sind – über einige große und sehr alte Rechtsprinzipien hinaus – in der Tat den natürlichen und sozioökonomischen Verhältnissen der jeweiligen Bevölkerungsgruppen geschuldet. Nur so erklärt sich das Nebeneinander unterschiedlicher familiärer Wohnformen und Erbmodalitäten innerhalb ein und derselben Provinz oder in zwei eng benachbarten Regionen. In Galicien etwa, einer Provinz im Nordwesten Spaniens, stößt man auf drei Familientypen. Auf den Bergen war die Stammfamilie gebräuchlich; in den Ebenen am Meer und in den Fischergemeinden an der Küste herrschte eine Variante der ungleichen Erbteilung, bei der eine Tochter als Nachfolgerin im Elternhaus bestimmt wurde – in Südwesteuropa kam es relativ häufig vor, daß ein nichtmännlicher Erbe vorgezogen wurde; im südlichen Flachland Galiciens schließlich wurde das Familienerbe gleichmäßig unter allen Kindern geteilt, Eltern und verheiratete Kinder lebten nur in Ausnahmefällen zusammen.[33]

Ein weiteres Merkmal hatten die Bauernhäuser sowohl in den Gebieten der Stammfamilie wie in den Gebieten mit Realteilung gemeinsam: Trotz der Unterschiede in der Struktur der Haushalte gewährleisteten die Regeln des Zusammenlebens eine relativ bescheidene Größe der häuslichen Gruppe. Im Frankreich, England oder Italien des 17. und 18. Jahrhunderts war die Zahl der verwandten Personen, die gemeinsam auf einem Bauernhof lebten, nie sehr hoch. Das ist offenkundig in Gebieten mit Realteilung, wo die Familie sich auf das Elternpaar, seine Kinder und manchmal einen Großelternteil beschränkte. Hierin unter-

Die langen Häuserreihen des Straßendorfs in Lothringen erstrecken sich weit ins flache Land.
(Nach Jacques Callot, *Markt in Gondreville*, Paris, Bibliothèque Nationale)

schied sich die »domus« der Stammfamilie jedoch nicht wesentlich, da die ökonomischen Bedingungen es nicht gestatteten, eine bestimmte numerische Größenordnung in einem Haus zu überschreiten, wenn die Gruppe überleben wollte. Die Heirat des ältesten Sohnes wurde verzögert, damit erst dann eine Schwiegertochter ins Haus kam, wenn Geschwister des Erben bereits das Elternhaus verlassen hatten. In manchen Regionen zog man es vor, die älteren Kinder außerhalb des Hauses unterzubringen und den jüngsten Sohn als Erben, der den Eltern eine Stütze im Alter sein sollte, im Hause zu behalten.

In den Gebieten der Stammfamilie war es ganz und gar außergewöhnlich, wenn zwei verheiratete Brüder im selben Haus wohnten, selbst nach dem Tode der Eltern. Gemeinsame Haushalte von Brüdern, die »frérèches«, existierten im 17. und 18. Jahrhundert weder in der Provence, den Pyrenäentälern noch im Elsaß. Sie standen in hartem Gegensatz zur Ideologie der Stammfamilie, die einen einzigen Erben bevorzugte, und gefährdeten das ökonomische und emotionale Gleichgewicht der Hausgemeinschaft. Jüngere Geschwister blieben so gut wie nie bis ans Ende ihrer Tage im Elternhaus. Lebenslange Ehelosigkeit war im Ancien Régime auf dem Lande die Ausnahme, bei Männern noch mehr als bei Frauen.

Ein Relikt aus alter Zeit: die Großfamilie

Diese Faktoren erklären, warum die Größe von Hausgemeinschaften auch in den Regionen der Stammfamilie relativ begrenzt blieb. Viele Historiker haben es immer wieder betont: Die »patriarchalische Großfamilie«, die eine erhebliche Mitgliederzahl unter einem Dach zusammenschloß, von Großeltern, Großtanten, Großonkeln über mehrere verheiratete Söhne bis hin zu den Enkelkindern, sei ein Mythos, dem in Westeuropa ab dem 16. Jahrhundert keine greifbare Realität mehr entspreche. Oft verwies man auf das einzige bekannte Beispiel einer patriarchalischen Familie, die jugoslawische »zadruga«, als ein Kuriosum aus vorsintflutlicher Zeit. Tatsächlich jedoch waren Großfamilien in vielen Gegenden Mittel- und Osteuropas, in Ungarn, Rumänien und vor allem in Rußland, im 18. und 19. Jahrhundert noch weit verbreitet. Schaut man genauer hin, so stößt man sogar mitten in Frankreich noch im 18. Jahrhundert auf große Familiengemeinschaften: in der Auvergne, im Berry, in manchen Bereichen Burgunds oder des Jura, im Bourbonnais. Französische Reiseberichte aus dem 16. und bis zum 19. Jahrhundert erwähnen jedenfalls solche bäuerlichen Großfamilien. François de Belleforest, der in seiner *Cosmographie* auch dem Limousin einige Seiten widmet, notiert 1575: »Die Einwohner [...] sind gesund, fröhlich, geschickt und stark, und im übrigen sind sie so auf ihren Haushalt bedacht, daß man in diesen Dörfern Familien sieht, wo der alte Vater aus Angst, sein Haus könne ruiniert werden, die Nachkommen bis zur vierten Generation bei sich im Haushalt behält. Ohne Ausnahmebewilligung der Kirche heiraten sie untereinander, ohne je ihren Besitz aufzuteilen. Ich habe Familien gesehen, in denen mehr als hundert verwandte Personen zusammenlebten wie in einem Collège.«[34] Der Bretone Le Quinio beschreibt zwei Jahrhunderte später in seiner *Voyage dans le Jura* in ähnlichen Worten große Familiengemeinschaften: »Vater, Mutter, Kinder, Enkel, Großenkel, Cousins und Großcousins, alle wohnen zusammen. Die Äste dieses Stammbaums verzweigen sich erst nach langer Zeit, und der ehrwürdige Patriarch, der dank der reinen Luft und seiner einfachen, genügsamen Lebensweise fast immer bis zum Ende seines langen Lebens gesund bleibt, hat schon lange Zeit über seine zahlreichen Nachkommen regiert.«[35]

Bäuerliche Hausgemeinschaften im Ancien Régime waren definiert als mehr oder weniger große Gruppen von in der Regel verwandten oder verschwägerten Personen, die »gemeinsam wohnen und leben und denselben Topf, Salznapf und dieselbe Börse teilen«. In zeitgenössischen Texten werden sie als »communs«, »communes«, »parsonniers« oder »coparsonniers« bezeichnet. Gemeinschaften nach »stillschweigender Übereinkunft«, »communautés tacites« oder »communauté taisible«, heißt es in Textsammlungen von Gewohnheitsrechten in Mittelfrankreich und teilweise auch Westfrankreich, ebenso in juristischen Kommentaren aus dem 16. und 17. Jahrhundert, vor allem dem des berühmten Guy Coquille aus Nevers. Der Begriff »stillschweigende Übereinkunft« spielt darauf an, daß diese Familiengesellschaften volle Rechtsgültigkeit besaßen, selbst ohne schriftlichen Vertrag, sofern man nur »ein Jahr und einen Tag lang gemeinsam gewohnt und gelebt« hatte. In der Realität mochte diese Art der Konstituierung von Gemeinschaften bis zur Mitte des 12. Jahrhunderts genügt haben, doch später, unter dem Druck königlicher Edikte, welche die Registrierung von Rechtshandlungen und Rechtsgeschäften verlangten, regelten notarielle Urkunden die Gründung solcher Familiengesellschaften ebenso

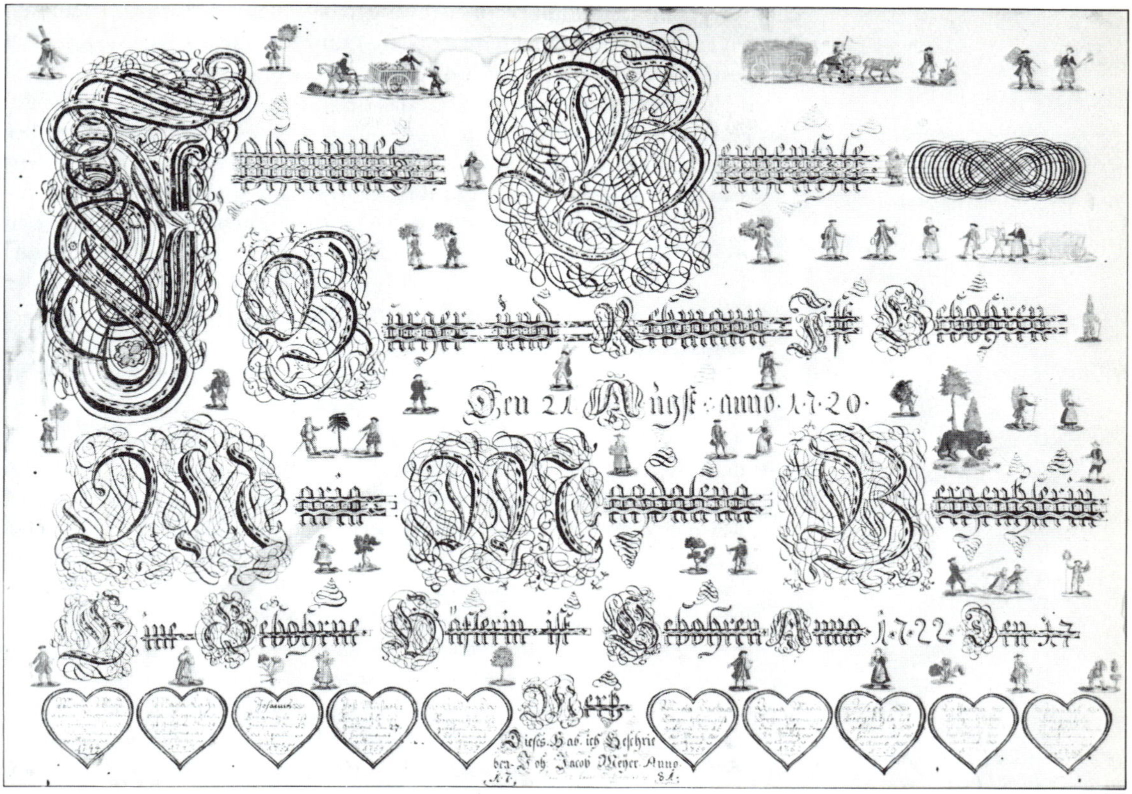

Der Stammbaum der elsässischen Familie Bergentzle ist reich an Zierbuchstaben mit archaisierenden barocken Arabesken. (Straßburg, Musée alsacien)

wie eventuelle Veränderungen (Neueintritt oder Austritt von Mitgliedern) oder ihre Auflösung.

Je nach Zeit und Region haben bäuerliche Großgemeinschaften vielfältige Formen angenommen. Ihre Größe schwankte von vier oder fünf Personen bis zu vierzig. Manche wurden von Landeigentümern, manche von Teilpächtern gebildet. Sehr gebräuchlich waren Gemeinschaften von Landeigentümern, die den Familiennamen des Vorfahren trugen, der sie gegründet hatte, so die Gemeinschaft Jault im Nivernais oder die Gemeinschaft Quittard-Pinon in der Gegend von Thiers in der Auvergne (die in der zweiten Hälfte des 18. Jahrhunderts durch das Interesse der aufgeklärten Philosophen an ihr bekannt wurde), oder die Zusammenschlüsse der Familien Garnier, Pradel, Anglade-Tarenteix und vieler anderer.

Das gemeinsame Haus

Symbol und materieller Ausdruck des gemeinschaftlichen Lebens ist eine besondere Form des Wohnens. Ohne ein »gemeinsames Haus«, das »große Gemeinschaftshaus« oder »hostel« der Familien Quittard oder Pradel hätte die Familiengemeinschaft nicht funktionieren können, ebensowenig wie eine Klostergemeinschaft ohne Refektorium oder

Schlafsäle auskommt. Zumeist war es ein großes Blockhaus, in dem sich ein mitunter riesiger Gemeinschaftsraum befand: 24 auf 8 Meter bei den Jault im Nivernais; 25 auf 10 Meter bei der Gemeinschaft der Familie Légaré in derselben Region, das heißt, zehnmal so groß wie das gemeinsame Zimmer in einem Bauernhaus der Ile-de-France. Ein großer Kamin stand in der Mitte, oder es gab mehrere Kamine an den Seitenwänden. In der »geheizten Stube« nahmen die Mitglieder der Gemeinschaft das Essen ein, hier spielte sich im wesentlichen das soziale Leben ab. Üblicherweise standen hier jedoch auch Betten für das Oberhaupt, den gewählten Vorsteher der Gruppe und seine Familie; denn wie der Hausherr in der Stammfamilie hatte auch er seinen Schlafplatz im Gemeinschaftsraum. Dieser »Herr der Gemeinschaft«, der »mouistre«, wie man in der Auvergne sagte, verfügte über beträchtliche Macht, seine Entscheidungen duldeten keinen Widerspruch. In großen Gruppen gab es auch eine »Herrin der Gemeinschaft«, die im allgemeinen nicht die Gattin des »Herrn« war; ihre Aufgabe bestand überwiegend darin, sich um die kleinen Kinder der Mitglieder zu kümmern.

Außer dem großen Saal mit den riesigen Kaminen gab es im Haus noch kleinere Räume, in denen die Angehörigen der Gemeinschaft mit ihren Frauen und kleinen Kindern schliefen. In sehr großen Verbänden wohnten manche Familien in Nachbargebäuden. Grundrißpläne dieser großen Häuser zeigen, daß sie unterschiedlich gegliedert waren: Manchmal lief ein Korridor um das ganze Gebäude, von dem aus man in die einzelnen Zimmer gelangte, manchmal gingen die Zimmer direkt nach draußen, zum Hof. Diese Blockhäuser der Familiengemeinschaften in Mittel- oder Westfrankreich, aus Stein oder aus Fachwerk errichtet, gemahnen in Architektur und Funktionen an die großen Holzhäuser der Großfamilien in Osteuropa, etwa der Familienverbände der Palots oder der Matyos in Ungarn, die Ende des 19. Jahrhunderts beschrieben worden sind.[36]

Die Häuserformen französischer Familienverbände waren unterschiedlich. Große Blockhäuser, nach dem Plan einer Basilika angelegt, waren typisch im Nivernais, anderswo baute man Langhäuser mit zahlreichen Abteilungen, die vielleicht auf einen Zusammenschluß mehrerer Kernfamilien hindeuten, manchmal, etwa im Quercy, stieß man sogar auf ›Hochhäuser‹. Wie bei den Bauernfamilien der Ile-de-France oder der Provence veränderten sich die Wohnformen der bäuerlichen Gemeinschaften im Laufe der Zeit durch Anbauten, Unterteilungen, Auflassung und Neubauten.

Nicht alle bäuerlichen Großfamilien lebten gemeinsam unter demselben Dach eines großen Hauses. Daneben existierten andere Wohnformen, die zweifellos ein Hinweis auf minder rigorose Zwänge und Regeln der Gemeinschaft sind. So wohnten die Mitglieder manchmal in mehreren benachbarten, voneinander getrennten Gebäuden. »Das ist zu Beginn des 17. Jahrhunderts in Boischaut der Fall, in Chippaudière, wo der Familienverband der Chippault mit seinen 33 Mitgliedern lebt, 24 davon Kinder. Zwei Familien wohnen in den alten Gebäuden, eine weitere in einem ›Neubau‹ und die vierte in einem Haus mit Scheune, gebaut, ›um darin zu wohnen‹.«[37]

Gründung und Auflösung der Gemeinschaften »nach stillschweigender Übereinkunft«

Waren diese minder kohärenten Gemeinschaften stabil, oder kündigten sie bereits den bevorstehenden Zerfall der Familiengesellschaft an? Möglicherweise. Die Analyse der Güter- und Zinsleute-Verzeichnisse in den Provinzen Mittelfrankreichs erlaubt eine Statistik über die Häufigkeit von Familiengemeinschaften im Vergleich mit anderen Formen. Die Ergebnisse zeigen, daß mehr oder weniger große landwirtschaftliche Einheiten zwischen Brüdern, Schwagern oder Eltern und mehreren Kindern in manchen Regionen, etwa der Auvergne, die Regel waren. Im Laufe des 15. Jahrhunderts, als die »frérèches« sich zunehmender Beliebtheit erfreuten, lebten hier manchmal 60 bis 90 Prozent der Einwohner in solchen Brudergemeinschaften. Auch im 16. Jahrhundert sind sie noch zu beobachten. Doch dann brachen zahlreiche Gemeinschaften auseinander, vor allem aus materiellen Gründen (Armut, Pfändungen), während neue sich gründeten. Man kann annehmen, daß die berühmte Gemeinschaft der Familie Quittard-Pinon, von der eine mythische Tradition am Ende des 18. Jahrhunderts behauptete, sie reiche in »uralte Zeiten« zurück (fünf Jahrhunderte, sagte man), in Wirklichkeit erst Ende des 16. Jahrhunderts von drei Brüdern, den Söhnen Jean Quittards, Bauer im Dorf Pinon, gegründet wurde.

Im 16. Jahrhundert oder später entstanden Weiler aus zerstreuten Familiengemeinschaften. J. Chiffre nennt Beispiele: »Im Autunois führte der Zerfall der Familiengemeinschaft der Chèze zwischen 1500 und 1514 zur Gründung von zwei Weilern, nämlich ›Bas de la Chèze‹ und ›Haut de la Chèze‹, die einige Jahre später die Namen der Bonnards und der Pelletiers annahmen, die sich bis heute erhalten haben.« In Gegenden, wo die bäuerlichen Familiengemeinschaften sehr verbreitet waren, hinterließ ihre Auflösung Spuren in der Wohnform von kleinen Weilern, deren Namen Patronyme sind. Oft wurden diese Weiler mit dem Familiennamen des Gründers bezeichnet, davor das Wörtchen »chez« gesetzt: Chez-Fiataud oder Chez-Blanchet im Limousin; Chez-Piffetaud und Chez-Gentet in Charente; Chez-Gagnat und Chez-Bariou in der Gegend von Thiers. In anderen Fällen, oft in derselben Gegend, steht vor dem Patronym einfach das Pluralpronomen »Les«: Les Mondaniaux, Les Ferriers, Les Garniers heißen drei noch heute bewohnte Weiler in der Nähe von Thiers. Die Gemeinschaft der Garniers lebte in der Nähe der Quittards, beide Familien heirateten im 18. Jahrhundert gern untereinander. Weiler, die nach dem Patronym eines Gründers benannt sind, was in manchen Tälern der Provence-Alpen besonders häufig vorkommt, verraten zwar einen familiären Ursprung, beweisen aber keineswegs, daß die Einwohner in großen Gemeinschaften organisiert waren. Denn in den Provence-Alpen ebenso wie in anderen südlichen Regionen haben weder kleine »frérèches« noch große Familiengemeinschaften jemals existiert. In den provenzalischen Weilern, deren Namen Patronyme sind, lebten Verwandte als Nachbarn, allerdings getrennt voneinander.

Es wäre verführerisch, die Existenz oder Nicht-Existenz von Gemeinschaften »nach stillschweigender Übereinkunft« auf die unterschiedliche rechtliche Situation von Bauern in Mittelfrankreich und Südfrankreich zurückzuführen. Die Bauern im Süden hatten sich frühzeitig von einigen feudalistischen Zwängen befreien können, die selbst noch im 18. Jahrhundert auf der Landbevölkerung in Teilen der Auvergne, des Bourbonnais oder Burgunds lasteten. In diesen Regionen war das Anrecht der Bauern auf ihr bewirtschaftetes Land eingeschränkt. War kein direkter männlicher Erbe vorhanden, bestand die Gefahr, daß das Land beim Tode des Vaters an den Grundherrn zurückfiel. Diese Gefahr des »droit de mainmorte«, wie man dieses Feudalrecht bezeichnete, konnte durch »gemeinschaftliches Leben ein Jahr und einen Tag lang« umgangen werden, selbst wenn es entfernte Verwandte waren, die eine solche Gemeinschaft bildeten. Deshalb entstanden »Gemeinschaften nach stillschweigender Übereinkunft« häufig in Regionen, in denen das »droit de mainmorte« galt. Doch wahrscheinlich war dieses Feudalrecht neben ökonomischen, sozialen und emotionalen Faktoren nur ein Grund unter vielen für die Gründung oder Aufrechterhaltung solcher Gemeinschaften.

Die bäuerlichen Großfamilien bildeten wie die Stammfamilie und die Kernfamilie ein eigenständiges soziales Modell. In mancher Hinsicht glichen sie dem System der Stammfamilie, in anderer waren sie von den stärker egalitären Prinzipien der Kernfamilie inspiriert. Aus ökonomischen und demographischen Gründen vermochten selbst die großen Gemeinschaften nicht sämtliche Kinder jedes Familienzweigs in ihrem Gehäuse zu behalten. Damit die Mitgliederzahl einen bestimmten Standard nicht überstieg, mußten in jeder Generation einige der Kinder ausgeschlossen werden. So schreibt Joachim Faiguet in seinem Artikel »Böhmische oder vereinigte Brüder« (*Enzyklopädie*, Bd. 10) über die Gemeinschaften in der Nähe von Thiers: »Jede dieser Familien besteht aus verschiedenen Zweigen, die ein gemeinsames Haus bewohnen und deren Kinder untereinander heiraten, aber so, daß jedes Mitglied nur einen Sohn in der Gemeinschaft unterbringt, damit dieser Sohn nach dem Tode des Vaters den Familienzweig repräsentiert.« Die Kinder, die nicht in der Gemeinschaft blieben, waren vom Gemeineigentum »gesetzlich ausgeschlossen« und erhielten eine festgesetzte Geldsumme. Diese Praxis erinnert stark an das System der Stammfamilie in Südfrankreich, wo die jüngeren Söhne das Elternhaus verlassen mußten.

Doch im Gegensatz zur Stammfamilie, deren Organisation gänzlich darauf beruhte, daß der Erbe nach der Heirat im Elternhaus und unter der Autorität des Vaters blieb, waren die Familiengemeinschaften »nach stillschweigender Übereinkunft« Zusammenschlüsse verschiedener Mitglieder: Jedes Mitglied verfügte über bestimmte Anteile der Gesellschaft, die es beim Eintritt eingebracht oder aber von seinen Vorfahren geerbt hatte. Die Einheirat eines neuen Mitglieds bedeutete für die Gesellschaft neue Einlagen, die indes an der generellen Funktionsweise der Gemeinschaft wenig änderten. Zumindest formal scheint dieses System egalitär zu sein. In der Realität war die Sachlage komplizierter: Im Falle der Einheirat gab es eine gemeinschaftliche und zugleich eine persönliche Mitgift.

Die Autorität in der großen Gemeinschaft wurde nicht patriarchalisch ausgeübt. Das Oberhaupt hatte sein Amt zwar lebenslang inne, wurde jedoch gewählt. Aufgrund einer Analyse notarieller Dokumente wissen wir, wer in der Gemeinschaft Quittard-Pinon im 18. Jahrhundert zum Oberhaupt gekürt wurde. 1705 bekam Annet Quittard das Amt, der erst siebenunddreißig Jahre alt war und nicht seinem Vater, sondern seinem Onkel Blaise Quittard nachfolgte, obwohl ein gleichaltriger Sohn dieses Onkels in der Gemeinschaft lebte. Zumindest bei den Quittard-Pinon wurde die oberste Autorität weder nur den ältesten Mitgliedern verliehen noch wurde sie vom Vater auf den ältesten Sohn vererbt.

Mythos und Utopie

Joachim Faiguet de Villeneuve war einer der ersten, der die großen Familiengemeinschaften bei Thiers entdeckte. Er schilderte 1755 die Gemeinschaft Quittard-Pinon im *Journal économique*, später verfaßte er den Artikel »Böhmische oder vereinigte Brüder« für die *Enzyklopädie*. Beeinflußt von dem Schweizer Arzt H. C. Hirzel verbreiteten der Marquis de Mirabeau und andere Physiokraten diese Entdeckung, die dazu beitrug, daß aus dieser sozialen und familiären Organisationsform das Vorbild der Gemeinschaftsprojekte wurde, für die damals französische Ökonomen und Agrarwissenschaftler nachdrücklich plädierten. In den letzten Jahren des 18. Jahrhunderts wurde in Frankreich ein mythisches Bild des bäuerlichen Familienbetriebs als einer zugleich patriarchalischen und demokratischen Organisation populär, das die Revolution überdauerte.

Die »Statuten des Marktes Oudun, in dem die Familie R. gemeinschaftlich lebt« sind Teil des Romans *Le paysan perverti* von Nicolas Rétif de La Bretonne, erschienen 1776. Er erfindet darin eine utopische bäuerliche Großfamilie, die sich explizit auf das Vorbild der »vereinigten Familien in der Auvergne« bezieht. In dieser Utopie verfocht Rétif die »vollkommene Gleichheit unter unseren Kindern«, die allerdings »den ältesten Söhnen des Familienältesten untergeordnet sein sollten«. Der Autor von *Das Leben meines Vaters* träumt vom Bau eines Hauses, in dem der gemeinsame Herd stehen sollte, daneben ein »großer Saal, in dem tausend Menschen Platz finden können: der gemeinsame Speisesaal«. Zwanzig Jahre später gab Legrand d'Aussy in seiner *Voyage fait en 1787 et 1788 dans la ci-devant Haute et Basse Auvergne*, erschienen 1795, eine lyrische Beschreibung der Familie Quittard-Pinon, die er zu direkten Nachkommen der blonden keltischen Arverner erklärt. In einer Zeit des Fortschritts und des zunehmenden Individualismus verliehen Ökonomen, Philosophen und Publizisten den beengenden und archaischen Strukturen dieser Familiengemeinschaften, die bereits im Niedergang begriffen waren, einen künstlichen Glanz.

Die Stammfamilie, fest verwurzelt in einigen Regionen Frankreichs,

Deutschlands, Italiens und Spaniens, hielt den individualistischen und egalitären Tendenzen im 19. Jahrhundert besser stand. Häufig finden wir diese Struktur bei kleinen bäuerlichen »Familienbetrieben«, die man über einige Generationen bewahren konnte, wenn der Besitz nicht gleichmäßig unter die Kinder aufgeteilt wurde. Also arrangierte man sich in den Gebieten, wo es üblich war, einen einzigen Erben zu bestimmen, mit den nivellierenden Bestimmungen des *Code civil*, so gut es ging. Die Jüngeren verzichteten auf ihr Erbteil und begnügten sich damit, vom Erben »ausbezahlt« zu werden. Die Familienbande zwischen den Generationen innerhalb des Hauses und der Zusammenhalt des Familienverbandes in den Dörfern, wo eine gleiche Erbteilung immer schon üblich war, blieben länger intakt. Die Veränderung der Familienstrukturen im Laufe des 19. Jahrhunderts gründet ebenso in sozioökonomischen Umwälzungen wie in kulturellem Wertewandel.

Anmerkungen

1 Albrecht Dürer, *Die Häusergruppe von Sankt Johann bei Nürnberg*, um 1490, Bremen, Kunsthalle.
2 Dürer, *Das Dorf Kalchreuth*, um 1512, Bremen, Kunsthalle.
3 Dürer, *Arco*, 1495, Wasser- und Deckfarben, Paris, Louvre.
4 Eine Reihe von Bänden über ländliche Architektur in Frankreich, gegliedert nach Regionen, wird gegenwärtig vom *Musée National des Arts et Traditions populaires* veröffentlicht (Paris, Berger-Levrault).
5 Jan Bruegel, *Besuch auf dem Bauernhof*.
6 Le Nain, Die *Bauernmahlzeit* und die *Bauernfamilie*, Louvre, Paris.
7 J. Yver, *Essai de géographie coutumière*, Paris 1966.
8 E. Le Roy Ladurie, *Montaillou. Ein Dorf vor dem Inquisitor, 1294 bis 1324*, Übs. P. Hahlbrock, Frankfurt/Main, Berlin, Wien 1980.
9 G. Gudin de Vallerin, »Habitat et communautés de famille en Bourgogne (XVIIe–XIXe siècle)«, in: *Etudes rurales*, Januar–März 1982, 85, S. 33–47.
10 A. Zinck, *Azereix, une communauté rurale en basse Auvergne au XVIIIe siècle*, Paris, 1969.
11 G. Bouchard, *Le Village immobile: Sennely-en-Sologne au XVIIIe siècle*, Paris 1972, S. 95, Eingaben der Einwohner von Vouzon 1789.
12 Ebd., S. 94, Fußnote 32.
13 A. Poitrineau, *La Vie rurale en basse Auvergne au XVIIIe siècle*, Paris 1972.
14 P. Arrighi, *La Vie quotidienne en Corse au XVIIIe siècle*, Paris 1970.
15 J.-M. Poisson, »La maison paysanne dans les bourgs siciliens (XIVe–XIXe siècle). Permanence d'un type?«, in: *Archeologia medievale*, VII, Genua 1980, S. 83–94.
16 L. Merle, *La Métairie et l'Evolution de la Gâtine poitevine, de la fin du Moyen Age à la Révolution*, Paris 1959.
17 J. Jacquart, »L'habitat rural en Ile-de-France au XVIe siècle«, Berichte des Colloquiums über die Lebensqualität im 16. Jahrhundert, in: *Marseille* 1977, Nr. 109, S. 69–73.
18 G. Cabourdin, *Quand Stanislas régnait en Lorraine*, Paris 1980, S. 317.
19 M. de Montaigne, *Tagebuch einer Badereise*, Übs. O. Flake, Stuttgart 1963, S. 56.

20 G. Bouchard, a. a. O., S. 98.
21 M. de Montaigne, *Essais*, Übs. H. Lüthi, Zürich 1953, »Von der Erfahrung« (III; VIII), S. 858.
22 Comte de Forbin, *Mémoires*, 1729, 2 Bände.
23 F. Le Play, *L'Organisation de la famille selon le vrai modèle*, Tours 1871; 5. Auflage 1907, S. 143.
24 R. Baron, »La bourgeoisie de Varzy au XVIIe siècle«, in: *Annales de Bourgogne*, Juni–September 1964, S. 161–208.
25 L. de La Salle de L'Hermine, *Mémoires de deux voyages et séjours en Alsace, 1674–1676 et 1681*, Mulhouse 1886.
26 S. Tardieu, *La Vie domestique dans le Maçonnais rural préindustriel*, Paris 1978.
27 J.-P. Bardet, *Rouen aux XVIIe et XVIIIe siècles*, Paris 1983.
28 J. Yver, a. a. O.
29 A. Collomp, *La Maison du père. Famille et village en haute Provence aux XVIIe et XVIIIe siècles*, Paris 1983.
30 M. N. Denis und M.-Cl. Grohens, *L'Architecture rurale française, Alsace*, Paris 1978.
31 F. Colin-Goguel, »Les potiers et tuiliers de manerbe et du Pré d'Auge au XVIIIe siècle«, in: *Annales de Normandie*, Juni 1975, XXV, 2, S. 99–111.
32 F. Lebrun, *La Vie conjugale sous L'Ancien Régime*, Paris 1975, S. 64.
33 C. Lison-Tolosana, »The ethics of inheritance«, in: *Mediterranean Familiy Structure*, J. G. Peristiany (Hrsg.), Cambridge 1976.
34 F. de Belleforest, *Cosmographie universelle de tout le Monde*, 1575.
35 J. Le Quinio de Kerblay, *Voyage dans le Jura*, Paris, an IX (1800), 2 Bde.
36 B. Gunda, »The ethnosociological structure of the Hungarian extended family«, in: *Journal of Family History*, Spring 1982, S. 40–52.
37 J. Chiffre, »La maison commune et les différents bâtiments de la communauté familiale«, Sondernummer ›Avec les Parsonniers‹, Colloquium in Clermont-Ferrand, 1981, in: *Revue d'Auvergne*, 1981, Bd. 95, Nr. 486, S. 273.

Der Abschluß des Ehevertrags war ein bedeutender Augenblick. Auf diesem Bild – Quentin Matsys zugeschrieben – bringt die zukünftige Ehefrau anscheinend nur ihr »Gold« in die Ehe ein, ein Schmuckkästchen mit einigen Juwelen, die ihr persönliches Eigentum bleiben, während sie vom klingenden Vermögen ihres Gatten profitieren wird. Der Narr im Hintergrund begrüßt mit weit aufgerissenem Mund ein neues Mitglied in der Bruderschaft der gefoppten Ehemänner. (São Paulo, Museu de Arte)

Daniel Fabre

Die Familie. Privates Leben und Brauchtum im Widerstreit

Verlobung, Heirat, Ehe – was dieses Thema berührte, wurde vornehmlich auf dem Dorf, aber auch im Stadtviertel lange Zeit mit Argusaugen beobachtet. Die Gründung eines Haushalts ging in der Tat nicht nur die nahen Verwandten etwas an, sondern auch die Nachbarn und insbesondere die anderen jungen Leute als künftige Brautpaare. Die Kontrolle machte sich nicht nur bei der Heirat, sondern das gesamte Eheleben hindurch bemerkbar. Verletzten die Eheleute die strengen Regeln dessen, »was man nicht tut«, dann ging man mit ihnen ins Gericht. Gerüchte und üble Nachrede waren ebenso gang und gäbe wie die mehr oder weniger laute Kritik an Abweichungen vom Erlaubten. Die gebräuchlichste Art, einen Verstoß gegen die Sitten öffentlich zu machen und zu bestrafen, war jedoch bis ins 18. Jahrhundert und in unterschiedlichen Milieus Bestandteil der Rituale selbst, die jedes Individuum beim Übertritt in einen neuen sozialen Status begleiteten. In diesen einschneidenden Situationen hing die eigene Identität tatsächlich von der Anerkennung durch die Allgemeinheit ab. Die Übergangsriten (oder vielmehr ihre Akteure) wiesen dem Einzelnen eine neue Rolle zu und beurteilten zugleich seine Konformität; das ist die Kehrseite ihrer integrativen Funktion. Wer den Schritt in einen neuen Lebensabschnitt tat, verspürte also nicht nur die Angst des Neulings, sondern erwartete ängstlich das Urteil der öffentlichen Meinung, denn das Charivari umhüllte die Hochzeit wie ein Schatten . . .

Zwischen dem 13. und dem 18. Jahrhundert waren derlei Bräuche der doppelten Zensur religiöser und ziviler Obrigkeiten unterworfen, die sich von der Mitte des 17. Jahrhunderts an auf die Werte von »Ruhe und Ordnung« und »Schicklichkeit« einigten, um die »beleidigenden Spektakel« zu unterbinden, die Hochzeiten oder Ehezwistigkeiten bisweilen auslösten. Noch bedeutsamer ist, daß in Frankreich ab 1740 die Zahl der Klagen und Streitfälle im Zusammenhang mit Charivaris zu steigen begann: Die Adressaten des Spottes wehrten sich. Eine bestimmte soziale Kontrolle wurde nun abgelehnt. Doch rief diese Ablehnung nicht selbst wiederum Widerstände und neue Kontrollen hervor? Um die kritischen und strafenden Komponenten von Übergangsriten entwickelte sich eine Debatte, die noch nicht beendet ist. Bevor wir auf Begriffe und Akteure der Debatte eingehen, wollen wir skizzieren, um welche Sachverhalte sie sich dreht.

Riten zur Enthüllung der Wahrheit

Die Maibäume

Sobald ein junges Mädchen das heiratsfähige Alter erreichte, wurde dies in einer oder mehreren Zeremonien, die zu genau festgelegten Zeiten stattfanden, gefeiert. Stellten die Burschen in der »Freinacht« vom 30. April einen Maibaum vor dem Haus eines »heiratsfähigen« Mädchens auf, so war das eine gemeinschaftliche Huldigung an das Mädchen, aber auch ein Urteilsspruch über sein Betragen. Die Pflanzensymbolik war jedermann bekannt: Nadelbäume symbolisierten die doppeldeutige Eigenschaft des »Stolzes«; Holunder, der stank und leicht zu »durchbohren« war, signalisierte einen liederlichen Lebenswandel. Und wenn sich die Gemüter regelrecht erhitzten, kam das gesamte Ensemble entehrender Symbole ins Spiel: übelriechender Wacholderteer, Jauche, Mist. Ja, es konnte sogar noch schlimmer kommen. So fand ein Haushaltswarenhändler aus Carcassonne in den ersten Mainächten des Jahres 1717 vor seinem Laden »Knochen und Gerippe von Pferden und anderen Tieren« und an die Hauswand genagelte »Stierhörner« vor; seine Nachbarn gerieten morgens in helle Aufregung, weil die Straße »verpestet [war] von diesen Kadaverhaufen«. Fünf Burschen aus dem Viertel und demselben Milieu – es waren Handwerkerssöhne – rächten sich auf diese Weise an Catin, der Tochter des Händlers. Jeden Abend nach neun Uhr kramten sie in dem Müllhaufen des Abdeckers außerhalb der Mauern der Unterstadt und schleppten ihre Beute vor das Fenster des Mädchens. Sie brächten ihm eine »ramade« dar, sagten sie, wie das »Maibaum-Aufstellen« auf okzitanisch bezeichnet wurde, sangen Lieder mit »beleidigenden und entehrenden Texten« und prangerten so einen Skandal an, über den wir im übrigen nichts weiter wissen.[1]

Papillon, *Festlichkeiten*. Außerhalb der Stadt, auf einer Promenade, wo sicher auch »Mail« (eine Art Krokket) gespielt wurde, stellt man den Maibaum auf, der von der Obrigkeit und der Milizkapelle begrüßt wird. Im Hintergrund tanzt das »einfache Volk« die Farandole. (Paris, Bibliothèque Nationale)

Jedes Jahr zu Beginn des Monats Mai wurden die heiratsfähigen Mädchen mit Hilfe der »Duftsprache« verschiedener Blumen und Pflanzen geschätzt. Während des Karnevals war das Repertoire der Strafen breiter und markanter, vornehmlich im Süden. In Carcassonne zum Beispiel (in der Stadtmitte diesmal) war die »närrische Jungfrau« des Jahres, dargestellt durch eine groteske Puppe, die ihren Namen trug, die Heldin eines Liedes, das unverblümt und derb ihre Abenteuer öffentlich ausbreitete. Die Männer, vom kleinen Jungen bis zum Erwachsenen, übten das Lied in einer abgelegenen Hütte, wo sie gewöhnlich im Winter zusammenkamen, und stimmten es am Faschingssonntag nach der Messe auf dem Kirchplatz an.

Im Jugendalter war die Ehre der Mädchen die bevorzugte Zielscheibe des Tadels. Es ging nicht nur um die Jungfernschaft, vielmehr wurde ein Gesamturteil über ihr Wesen gefällt: Kleidung, Sprache und vor allem, wie sie den Bitten der Männer widerstanden, wie taktvoll sie Zeichen der Liebe gewährten, wie beständig ihre Neigung war. Der Akzent verschob sich, wenn es um eine Heirat ging, nun war es ausschlaggebend, eine gute Partie zu machen, wobei eine Vielzahl von Regeln zu beachten war.

Mariette, *Der Frühling*. Möglicherweise ist dieser Maibaum, Symbol der Jahreszeit, für einen ganz bestimmten Adressaten gedacht. Zwei junge Frauen beobachten aufmerksam die Burschen, die den belaubten und bändergeschmückten Baum aufstellen. Die Kinder im Vordergrund tragen den Korb, in dem man dem Brauch gemäß Eier und Lebensmittel einsammelte. (Paris, Bibliothèque Nationale)

Charivari

Zunächst einmal mußten die beiden Partner natürlich frei sein für eine Eheschließung. Trotz den Empfehlungen der Kirche war es offensichtlich umstritten, ob Witwer und Witwen wieder heiraten durften. Hielt man die Heirat für unpassend, erscholl Geschrei und Katzenmusik von Glocken, Hörnern, Trommeln, Zangen und Kochtöpfen: die Charivaris. Man hat die plausible These vertreten, daß dieses rituelle Spektakel die Trennung des überlebenden Partners von seinem toten Ehegefährten gewährleisten sollte[2]; demzufolge wäre die neue eheliche Vereinigung erst möglich geworden durch diesen wüsten Lärm, eine Persiflage der harmonischen Hochzeitsmusik, verstärkt durch die mißtönenden Schwüre der männlichen Jugendlichen. Dennoch sollten Charivaris bei Hochzeiten von Witwern das künftige Paar an den Pranger stellen. Die Heirat eines Witwers und einer ledigen Frau verstieß tatsächlich gegen eine Regel, die der Infanteriehauptmann Deville 1818 am Beispiel der Riten in Bigorra so zusammenfaßte: »Bei der Suche nach Ursachen für die Entstehung dieses Brauches bin ich auf folgendes gestoßen: Zu einer Zeit, da es zweifellos weniger Frauen gab als heute, konnten es die Männer, angestachelt von dem Wunsch nach einer eigenen Frau, wohl sicher nur schwer mitansehen, wenn ein anderer, der bereits seinen Tribut vom weiblichen Geschlecht beansprucht hatte, sich auf Kosten der übrigen noch einmal schadlos halten wollte. Da sie seine Pläne nicht verhindern konnten, ohne gegen das Gesetz zu verstoßen, wollten sie zumindest andere davon abhalten, es ihm gleichzutun, indem sie ihn dem Gelächter der Öffentlichkeit auslieferten.« (*Annales de la Bigorre*, Tarbes 1818) Die möglichen Partnerinnen im gleichen Alter waren also gewissermaßen »Gemeineigentum« jeder männlichen Generation, und jede Wiederverheiratung bedeutete den ungerechtfertigten Raub einer potentiellen Ehefrau.[3] Daneben gab es noch weitere »Abweichungen«, die ebenfalls als Gründe für ein Charivari in Betracht kamen; manchmal genügte ein eklatanter Altersunterschied zwischen den Brautleuten oder ein krasses Mißverhältnis im gesellschaftlichen Rang. Oder der Ehegatte gehörte in die Kategorie der »Fremden« (als solcher konnte auch jemand aus einem Nachbardorf oder Nachbarviertel, mit dem man verfeindet war, gelten). Charivaris prangerten also Hochzeiten an, bei denen der als »schicklich« empfundene Abstand zwischen Braut und Bräutigam oder ihren Familien überschritten wurde.

Indem Charivaris das Unpassende einer Verbindung öffentlich aufdeckten, stellten sie gleichsam die Harmonie wieder her. Das Hochzeitspaar erhielt aber auch die Chance, guten Willen zu beweisen und selbst Einfluß auf die Lautstärke des Krawalls zu nehmen. Man konnte sich nämlich vom Charivari freikaufen. Wie hoch der Preis war, wurde manchmal vom Brauchtum festgelegt, im 18. Jahrhundert hat man jedoch meist darüber verhandelt. Ausmaß, Dauer und Aggressivität des Spektakels hingen von diesem Handel ab. Reagierten die Betroffenen mit Ausflüchten, waren sie knauserig oder lehnten sie eine Vereinba-

Hochzeit von Mopsus und Nisa. Stich nach einer Zeichnung von Bruegel d. Ä. Dieses Thema taucht bereits im *Kampf zwischen Karneval und Fasten* auf, wo die Hochzeit zum Gefolge des Königs Karneval gehört. Die beiden Helden haben ihren Namen aus der achten Ekloge Vergils, in Wirklichkeit jedoch verkörpern sie die burleske Hochzeit der wilden Frau, die von einem jungen Burschen mit groben Gesichtszügen dargestellt wird, der ein Sieb als Hochzeitskranz trägt. Der Zug zieht von Ort zu Ort, ein junger Bursche sammelt beim Publikum.

Wie bei der burlesken Hochzeit Bruegels stellt die Karnevalsparade, der *Skimmington* von Hogarth, einen Ritt der betrogenen Ehemänner dar: sie tragen Hörner, Spinnrocken oder Haushaltsgegenstände und defilieren zum Klang von Blasmusik – Dudelsack und Horn –, im Takt von laut geschlagenen Kochkesseln. (Paris, Bibliothèque Nationale)

rung ab, so konnte das Charivari leicht in offene Gewalt umschlagen. Zunächst häuften sich symbolische Aggressionen. Eine kleine Gruppe junger Handwerker aus Varages, einer Töpferstadt in der Basse-Provence, bedrängte Anfang Februar 1787 den gleichaltrigen Weber Jean Eissautier und seine Verlobte Victoire Roux, eine sechzigjährige Witwe. Nachdem das Aufgebot verkündet worden war, liefen die jungen Männer durch die Straßen und läuteten mit Kuhglocken. Sie packten die Witwe und führten sie auf einem Karren vor. Eine Woche später lauerten sie dem Paar vor dem Haus des Notars, bei dem es den Ehevertrag geschlossen hatte, auf und warfen es in den Schlamm. Am Tag der kirchlichen Trauung schließlich sangen sie Spottlieder vor der Kirche.[4] In anderen Fällen steigerte sich der Hohn zu einem derart unerhörten Spektakel, daß die gesamte Gemeinde aktiv oder als Zuschauer miteinbezogen war. Prion, Gerichtsschreiber des kleinen Ortes Aubais im Languedoc, berichtet in seiner *Chronologiette* von einem denkwürdigen Charivari: »Am Donnerstag, dem 4. Februar 1745, heiratete ein gewisser Baudran, Gerber aus Sommières und 64 Jahre alt, in Aubais die Demoiselle Thérèse Batifort, 44 Jahre alt, was zusammengezählt 109 Jahre [sic] ergibt. Die Demoiselle gab an, 22 Backen- und Eckzähne zu haben, der Zukünftige hatte nur noch 14, das Alter hatte ihm die geraubt, die vielleicht halbwegs gut gewesen waren. Der Bräutigam ist Witwer, und daher hat ihm die Jugend von Aubais ein ganz außerordentliches Charivari zugedacht. Der zukünftige Gatte war nicht so freigebig gewesen, wie er es hätte sein sollen. Gekränkt von dieser schäbigen Kleinlichkeit, rotteten sich die jungen Leute, 117 an der Zahl, zusammen und bauten Absperrungen, so daß die Vermählten nicht aus dem Dorf hinausfahren konnten; sie montierten die Räder [. . .] vom

Dieser »Verkäufer von Hörnern« aus der ersten Hälfte des 18. Jahrhunderts reiht sich in die scherzhaften Darstellungen des »Hahnreitums« ein, die damals überaus zahlreich waren. Die jungen Bürger, die lesen und schreiben konnten, waren aktiv an den schriftlichen und bildlichen Formen des Karnevals beteiligt. 1746 ließ man in Toulouse ein »Hahnreidiplom« drucken; in Bordeaux schrieb der spätere Briefpartner des Abbé Grégoire, Bernadau, eine »Dissertation über die Hörner«, was die ambivalente Funktion dieser Rituale veranschaulicht: Das symbolische Schicksal der Männer wurde bekräftigt, während man die realen Exzesse scharf tadelte. (Paris, Bibliothèque Nationale)

Hochzeitswagen ab. Der Richter höchstpersönlich mühte sich an der Spitze seiner Schäfer, die Sperren abzubauen, die man auf dem Weg des Hochzeitszuges aufgestellt hatte. Die ältesten Einwohner von Aubais versicherten, noch nie hätte man in diesem Ort eine solche Schmach gesehen, wie dieses alte Brautpaar sie erdulden mußte. Alle Bewohner von Aubais kamen aus ihren Häusern, um das beleidigende Spektakel zu genießen. Als die Hochzeitsgesellschaft auf ihre Lasttiere stieg, warnte man sie, daß die Durchfahrten blockiert seien. Das verliebte Paar und sein Gefolge nahm einen anderen Weg, aber die jungen Burschen und die Kinder, die den Radau veranstalteten, fingen die Neuvermählten auf ihrem Umweg ab. Die Katzenmusik ließ die Pferde scheuen, und die Reiter wurden mit Schmutz beworfen. Die Braut saß zusammen mit einem Mädchen oder einer Frau im Wagen, der geschmacklos als Kutsche aufgeputzt war. Zehn oder zwölf der Unzufriedenen sprangen hinten auf den Wagen, durch dieses Übergewicht wurde die Deichselstange nach oben gedrückt und so verlor das wild stampfende Pferd den Boden unter den Hufen. [. . .] Am Weg von Aubais nach Sommières liegen [. . .] die beiden Schlösser Gavernes und Grestin. Auch hier hatten Fuhrknechte mit ihren Karren den Weg verbarrikadiert, und Hirten waren mit Kuhglocken herbeigekommen. Mit diesen Instrumenten vollführten sie einen Radau, den man bis Aubais hörte. Die Leute schrien aus vollem Halse Beschimpfungen. Als der Hochzeitszug in die Nähe von Sommières kam, wurde er von dem ganzen Pöbelhaufen mit fürchterlichem Geschrei und lauter Katzenmusik begrüßt. Am Wege liegende Gräber hatte man mit brennenden Kerzen geschmückt. Noch nie hatte man in dieser Stadt einen so ungestümen Tumult erlebt. Die Soldaten der Garnison feuerten auf die Rädelsführer des Charivari, aber man gab ihnen Unrecht und sie wurden sofort eingesperrt, um ihr Verbrechen zu büßen [. . .]. Die Anführer des Charivari fesselten die Arme des Bräutigams Baudran, zerrten ihn an die Spitze des Zuges und führten ihn so in die Stadt, wo das Volk ihn auslachte und lauthals verhöhnte.«[5]

Die »Asouade«

Kam es bei einem Charivari zu solchen Exzessen, so büßte es seinen Charakter als heimliche, maskierte nächtliche Aktion ein. Indem man in den Hochzeitszug eindrang, ihn auseinandertrieb und aus dem künftigen Gatten den grotesken Helden einer wüsten Farce machte, übernahm man das Zeremoniell einer anderen symbolischen Sanktion, die nach der Hochzeit häufig zerstrittene Ehepaare traf. Der unterdrückte Ehemann, der von seiner Frau geschlagen wurde (sehr viel seltener war der umgekehrte Fall), löste die demonstrativste öffentliche Bestrafung aus: die »asouade«, den unfreiwilligen Ritt auf einem Esel. Voraussetzung war, daß der eheliche Zwist über das Haus hinausdrang. Wurde der Streit zu einer Angelegenheit des Marktplatzes und der Straße, war der Weg frei für die Inszenierung des öffentlichen Tadels. Verfolgen wir die entscheidenden Wendepunkte eines typischen Vorfalls im Bé-

Das Charivari auf diesem Stich von Hogarth richtet sich gegen einen Schneider. Offensichtlich wurde er von seiner Frau geschlagen, da die Akteure des Charivari Schläge mit Stöcken, Knochen oder Hackbeilen mimen. Schneider, die im Haus arbeiteten und daher als »weibisch« galten, hatten den Ruf, schwach zu sein und von ihren Frauen beherrscht zu werden.
(Paris, Bibliothèque Nationale)

arn: Am 19. April 1762 betrat Raymond Blasy, »verantwortlich dafür, Stoffe auszuzeichnen«, die in der Textilstadt Coarraze hergestellt wurden, ein Wirtshaus, um etwas zu trinken. Mit drei Freunden, darunter dem Wirt, begann er ein Kartenspiel. Kurz darauf kam Ménine, seine Frau, und versuchte ihn unter dem Vorwand, jemand verlange ihn zu sprechen, vom Spiel loszureißen. Als sie bemerkte, daß die Ausrede nichts nützte, stürzte sie sich auf die Spieler, zerriß die Karten und schleifte ihren Mann nach Hause. Die Zuschauer, empört über Raymond Blasys Passivität, drohten ihm, er müsse »auf dem Esel reiten«, und tatsächlich wurde kurz darauf der Beschluß gefaßt. Zwei Tage später kündigte der öffentliche Ausrufer von Coarraze im ganzen Ort an, daß man »am 24., dem nächsten Sonntag, den Esel nach Labadie de Maugoubert [›Abtei der Mißregierung‹] treiben wird, und daß jeder, der dem Spektakel beiwohnen will, eingeladen ist«. Am folgenden Tag wurde die Ankündigung wiederholt, und am Sonntagabend begann der Umzug. Zwei Trommler und eine Gruppe junger Burschen gingen einem zweirädrigen Kippkarren voran, auf dem Sänger in gereimten Strophen die Ereignisse kommentierten. Ihnen folgten die Darsteller des Melodrams, »verkleidet mit Umhängen und Schlapphüten, einer auf einem Esel, der andere auf einem Pferd«. Die Pantomime, die bis in die Nacht hinein wiederholt wurde, war genau festgelegt: Die Frau – die natürlich von einem jungen Burschen gespielt wurde – packte ihren Partner bei den Haaren, zerrte ihn von seinem Esel und prügelte ihn mit einem Spinnrocken, den sie herausfordernd schwang. Weiter hinten wurde eine zweite Episode dargestellt: Man spielte Karten auf dem Rücken des Esels, doch die Ehefrau kam dazwischen, warf das Spiel mit ihrem Spinnrocken durcheinander, packte die Karten und zerriß sie.[6]

Abgesehen von den Masken und der Aufführung von Farcenszenen bezeugt ein wichtiges Detail den zeremoniellen Charakter dieses Ritus

Georges Bruin, *Theater der Weltkarten* (Ausschnitt). Die *Martern der gehörnten Ehemänner*, am Rande eines Ausblicks auf Sevilla (1574), zeigen eine Gerichtsszene, die bereits in *La Celestina* (1494) dargestellt wurde. Drei Personen werden vor dem Richter hergejagt und von den Zuschauern verhöhnt, die Hörner in den Händen tragen. Man erkennt das unzüchtige Liebespaar, unter einem falschen Bart ist wahrscheinlich die Kupplerin verborgen. Der Mann trägt ein blumengeschmücktes Hirschgeweih – die Blüten sind vermutlich gelber Ginster –, außerdem hängen Glöckchen daran: Zeichen des Hahnreis. Die junge Frau reitet voraus, sie scheint in Honig gewälzt und von einem Bienenschwarm umgeben zu sein. (Brüssel, 1594)

Dieser florentinische Holzschnitt zeigt synoptisch beide Seiten des Schicksals, das der König im Karneval erleidet: Gerichtszug und Prozedur des Hängens. Doch der zuvor abgehaltene Prozeß – der sich vor allem vom 18. Jahrhundert an zu verbreiten scheint – hatte bereits alle Verstöße gegen die eheliche und sexuelle Moral verurteilt, da alle vorbeiziehen mußten, die gegen die herrschende Norm verstoßen hatten.
(Florenz, Biblioteca, Nazionale)

in Béarn. Zwar entsprach die »Abbaye de Maugoubert« (Abtei der »Mißregierung« oder Narrenherrschaft), auf die der Stadtschreier anspielte, zu dieser Zeit und an diesem Ort keiner realen Institution mehr, aber sie stellt zwischen der »asouade« und den Narrenbruderschaften, die in manchen Städten – Dijon, Mâcon, Lyon und Rouen etwa – vor allem im 16. Jahrhundert den Karneval organisierten, einen Zusammenhang her. Nach 1750 kulminierte in der Gegend von Toulouse und im nördlichen Katalonien das Karnevalspiel am Aschermittwoch im Spottritual über den Hahnrei, das von Narrengruppen wie den »cours cornuelles«, »sociétés asiniennes« oder »tribunaux carnivores« inszeniert wurde.

Todesrituale

Der Chronologie des Lebens folgend, sind wir nun am letzten und bedeutsamsten Übergang angelangt: dem Übergang vom Diesseits ins Jenseits. Seit dem Hochmittelalter war die Kirche bestrebt, die Kontrolle über diese Riten zu erlangen. Streitgegenstände waren vor allem die Totenwache, die Totenklage und der Leichenschmaus. Gewisse Indikatoren weisen jedoch darauf hin, daß in diesen Riten ein öffentliches Urteil seinen Ausdruck fand. Die Totenklagen in Südeuropa, wie etwa der »aurost« in Béarn oder der »vocero« auf Korsika, boten Gelegenheit zu einem regelrechten posthumen Prozeß, betrieben von Frauen, die auf Deklamationen solcher Art spezialisiert waren.[7] Hier und da, vornehmlich in Westfrankreich, sind mündliche Augenzeugenberichte überliefert, die bestätigen, daß Totenwachen und Leichenzüge bisweilen von Charivaris unterbrochen wurden. In diesen zweifellos extremen Fällen kam die allgemeine Ablehnung des Verstorbenen zum Ausdruck.

Regeln und Absichten

Nach 1640 verboten die Behörden nicht nur Charivaris bei Hochzeiten, sondern alle »nächtlichen Versammlungen«, »anstößigen Lieder« und »unanständigen Handlungen« anläßlich von Übergangsriten. Dabei spielte bereits die, freilich noch undeutliche, Vorstellung eine Rolle, daß die Zeremonien, die hier kurz aufgezählt wurden, in gewisser Weise eine Einheit bilden. Was verbindet diese Bräuche in heutiger Sicht miteinander?

Zunächst einmal hatten sie eine gemeinsame Sprache. Ein ähnlicher Code – Musik, Theater, Gerüche – verschlüsselte eine Vielzahl von Ritualen. Zwar unterschieden sie sich in manchen Punkten – das Charivari fand bei Nacht statt, die »asouade« am hellichten Tage, die Blumen- und Pflanzensprache war stumm, während bei anderen Zeremonien ein Heidenlärm veranstaltet wurde –, doch bei manchen Gelegenheiten wurde das gesamte Arsenal eingesetzt. Zweifellos gehörte diese Sprache zum Fest, sie markierte Übergangsriten, den Karneval und die Ankunft des Mai. Da Urteile über Privatpersonen und immer wiederkehrende jahreszeitliche Rituale in einem Zusammenhang standen, verknüpfte diese Sprache die lineare Zeit des menschlichen Lebens mit dem jahreszeitlichen Kreislauf der Natur.

Intention und Dynamik der Rituale waren stets ähnlich. Sie prangerten eine Schändlichkeit an, die von den Einwohnern eines Ortes einmütig mißbilligt wurde, auch wenn sich nicht alle aktiv beteiligten. Dieses wesentliche Einverständnis, erkennbar daran, daß es kaum jemals von internen Konflikten angetastet wurde, beruhte auf der Transparenz sozialer Beziehungen in der damaligen Zeit. Der Ritus machte nur offenkundig, was jeder bereits wußte. Er verwandelte ein stillschweigendes, diskretes Wissen in ein Spektakel, das zwar den Lauf der Dinge nicht direkt veränderte, den Ruf eines Menschen aber dauerhaft schädigen konnte. Formen und Mittel des Spottes waren subtil gestaffelt: Die verschiedenen Pflanzensymbole im Mai, die Lautstärke des Charivari, Dauer und Wiederholung der »asouade« oder die mögliche Häufung dieser Rituale hingen vom Ausmaß des Skandals und der unmittelbaren Aufnahme des Rituals ab. Jeder Fall, der uns überliefert ist, stellt ein Ereignis für sich dar; ausgehend von bestimmten Regeln, nahm jedes Charivari in einem teilweise unvorhersehbaren Kampf seinen besonderen Lauf. Die Entscheidung, ob überhaupt ein Charivari stattfand, erfolgte keinesfalls automatisch. Bei weitem nicht alle »leichtsinnigen« Mädchen, Pantoffelhelden oder Wiederverheiratungen lösten diese Strafzeremonie aus. Erst wenn verschiedene Beschwerden gegen einen Menschen oder seine Familie zusammentrafen, wurde ein Urteil gefällt. Daher rührt das offensichtliche Mißverhältnis zwischen offiziellem Grund – die Heirat mit einem Fremden etwa – und den Anklagen, die in den Beschimpfungen oder Liedern vorgebracht wurden und die weitaus aggressivere Anschuldigungen aktualisierten als nur den Verstoß gegen den allgemeinen Brauch. Bei einem äußerst gewalttätigen Charivari in Montréal im Departement Aude wurde 1769 die Tür ei-

Der »Totenkarren« auf diesem italienischen Holzstich (im Volksglauben seit dem 14. Jahrhundert nachweisbar) gewinnt hier eine makabre Bedeutung, die an ein Charivari erinnert. Die Toten holen den Neuankömmling unter großem Tumult ab. Untersuchungen des Charivari bestätigen, daß manchmal eine Gruppe maskierter Burschen sozusagen in Vertretung des verstorbenen Ehegatten mit mißtönendem Geschrei auftrat.
(Florenz, Biblioteca Nazionale)

nes Landarbeiters mit Steinen eingeworfen und seine Hecke in Brand gesteckt, zunächst scheinbar nur, um die bevorstehende Heirat seiner Tochter mit einem »Fremden« aus dem etwa 15 Meilen entfernten Dorf Lézignan zu verhöhnen. Doch die Teilnehmer des Charivari schrien sich die Lunge aus dem Halse, um eine andere Geschichte bekanntzumachen: Der fremde Bräutigam hatte in seinem Heimatdorf ein Mädchen geschwängert und sich von einer Frau die Summe von 80 Livres ergaunert. Allein seine Anwesenheit in Montréal hatte das Haus seines Schwiegervaters in spe in ein »öffentliches Bordell« verwandelt.[8]

Das Charivari bei einer Hochzeit war also in erster Linie ein anklagendes »Porträt« des Missetäters, das die Intervention der Jugendlichen rechtfertigte. War ein Charivari geplant, so wurde das Opfer davon in Kenntnis gesetzt, manchmal sogar von einer offiziellen Abordnung der Akteure. Zu diesem Zeitpunkt war es noch möglich, das Charivari abzuschwächen – das Opfer konnte sich freikaufen, die Spötter zum Trinken einladen oder sogar mitspielen, um triumphierender Held eines burlesken Spektakels zu werden. »Man hat mir nicht berichtet, daß der frischgebackene Ehemann sich beklagt hätte«, oder: »Die Jugend veranstaltete ein Charivari, das die Brautleute wohlwollend über sich ergehen ließen«, liest man in offiziellen Berichten aus der Zeit um 1740. Wer aber den Akteuren des Charivaris überheblich begegnete, so wie das alte Brautpaar in Aubais, forderte das Äußerste heraus. Diese Nuancierungen, über die man verhandeln konnte – typisch für Charivaris, aber auch bei anderen Riten möglich –, kamen zu der Furcht vor den Enthüllungsriten hinzu und stärkten ihre Autorität. Nach altem Brauch gaben sich die Sittenrichter in der Regel versöhnlich, daher entschied das Opfer selbst und in Kenntnis der Sachlage über das Ausmaß des Spottes, wenn es den angebotenen Kompromiß ausschlug. So debattierten manche Gerichte, die wußten und billigten, daß geschicktes Verhandeln möglich war, noch im 18. Jahrhundert weniger über die Legitimität solcher Riten als über den angemessenen Preis für deren Abschwächung.

Die Akteure des Spottes

Alle diese Rituale, deren vielfältige Ausdrucksformen ein breites Aktionsfeld umschlossen und wirksame Zwangsmaßnahmen entfesselten, können als Teile eines Mechanismus der sozialen Kontrolle interpretiert werden. Von der Mädchenehre bis hin zur Autorität des Ehemannes wurde so vorgeschrieben, welche Ordnung in dem weiten und wichtigen Bereich sanktionierter Sexualität galt. Doch was wissen wir über die Reichweite dieser Bräuche in der Gesellschaft des Ancien Régime? Nimmt man die Verbote von Kirche und Polizei wörtlich, so betrafen sie nur das »niedere Volk« in der Stadt und auf dem Lande. Manche Hinweise regen jedoch zu einer differenzierteren Betrachtung an. Der sogenannte »bal des ardents«, ein Charivari, bei dem als Wilde verkleidete Höflinge vor den entsetzten Augen des späteren Karl VI. in Flammen aufgingen, war ein so eindrucksvolles Schauspiel, daß wir heute noch davon wissen. Zwei Jahrhunderte später berichtet Bassompierre, daß am Hofe Ludwigs XIII. unter den Augen Gastons von Orléans ein Charivari gegen einen Offizier aufgeführt wurde, der eine Witwe geheiratet hatte. Ohne strafende Absichten dienten Zeremonien dieser Art der Unterhaltung bei der Hochzeit. Auch die Vornehmen in der Stadt feierten lange Zeit auf diese Weise, mitunter gestört vom Übereifer der Polizei. In der Nacht des 27. Juni 1750 brachten in Toulouse einige junge Leute und zwei Offiziere einem Witwer, der wieder heiratete, ein lärmendes »Ständchen« mit geliehenen Instrumenten. Ein Leutnant der Wache ging mit drohender Miene vorbei, kehrte um und packte schließlich einen der Rädelsführer am Kragen. Das Ganze spielte sich in einem »feinen Viertel« ab. Der Radau lockte einen Beamten, mehrere Offiziere und einige Damen aus dem Nachbarhaus auf die Straße, die den Leutnant verhöhnten. Die Ereignisse drohten eine schlimme Wendung zu nehmen, doch der Militärkommandant erstickte den Aufruhr sofort: »Ich hatte Gelegenheit [...], mit dem Generalstaatsanwalt zu sprechen, der sagte, die hier verwendeten Instrumente seien nach dem Wortlaut des Gesetzes kein Charivari, und der versicherte, daß der Wachtleutnant sich geirrt und durch seine Unklugheit diesen Tumult verursacht habe. Mir wurde nicht berichtet, daß der Bräutigam sich beklagt oder ihn gerufen hätte, was deutlich die Unbesonnenheit dieses Offiziers zeigt.«[9]

In der Stadt und auf dem Dorf

In der Stadt des 18. Jahrhunderts war Charivari nicht gleich Charivari. Obwohl der Ritus und seine Ursachen allgemein bekannt waren, wurde er doch auf sehr unterschiedliche Weise in Szene gesetzt, und einzig das »einfache Volk« vollzog ihn auf Straßen oder öffentlichen Plätzen. Ein gewichtiger Unterschied bestand auch zwischen Charivaris in der Stadt und auf dem Lande. Zahlreiche Beispiele aus dem 19. Jahrhundert belegen zwar dieselben Formen der sozialen Kontrolle auf dem Dorf, Charivaris und »Leichenreden« waren gang und gäbe, aber andere Riten waren hier in ihrem Ausdruck vorsichtiger und auf jeden Fall seltener. Das Urteil, das alljährlich beim Karneval über junge Mädchen gefällt wurde, war in Städten oder größeren Orten hoch aggressiv. Hier war es leichter, mit dem Finger auf eine Dienstmagd zu zeigen, die der sexuellen, die für ihre relative Unabhängigkeit den Preis gesteigerter Überwachung in Kauf nehmen mußte. Auf dem Dorf dagegen standen der rituellen Bestrafung soziale Beziehungen gegenüber, die zugleich egalitärer, beständiger und vielschichtiger waren. Es kam selten vor, daß ein unverheiratetes Mädchen ohne Verwandte war, die es verteidigen konnten, und so wurde Mißbilligung verstohlener ausgedrückt. Das gesamte Arsenal der Bestrafungsrituale einzusetzen, sie auf die Spitze zu treiben und sie wie alle anderen Feste regelmäßig begehen zu können, scheint im 18. Jahrhundert den städtischen Handwerkern, Krämern und kleinen Angestellten vorbehalten gewesen zu sein.

Nach diesen Unterscheidungen können nun auch die sozialen Träger der Riten genauer erfaßt werden. Wenngleich stets die stillschweigende Zustimmung großer Gemeinschaften erforderlich war, kamen die Teilnehmer an rituellen Handlungen doch aus eng umrissenen Gruppen. Wer waren sie? Welche Beziehung bestand zwischen ihrer Rolle als Wächter über konformes Verhalten und ihrer Stellung in der örtlichen Gesellschaft?

Eine Ausnahme: Frauengruppen

Eine Gruppe von etwa fünfzehn Frauen klagte 1735 in Castelnaudary eine Frau namens Mélix an, sie verkupple ihre Tochter, während ihr Schwiegersohn bei den Husaren diente: »Sie sangen Lieder im Viertel und verteilten Abschriften davon, in denen sie besagte Mélix als Hure und Säuferin bezeichneten, die so betrunken gewesen sei, daß sie ihren Wein wieder erbrochen habe [. . .]. Sie stachelten die Kinder des Wirtes Bourrel auf, sie zu beschimpfen.« Die Couplets, deren Abschriften bei der gerichtlichen Untersuchung herangezogen wurden, schilderten auf okzitanisch die Liebe der Dame zum Wein und stellten ihren Ehemann als notorischen Wirtshaushocker und Pantoffelhelden bloß, der nur zaghaft das Wort an sie zu richten wage. Die sechs namentlich angeklagten Frauen waren relativ jung – zwischen 25 und 40 Jahren –, manche führten ein Geschäft, und mit einer Ausnahme konnten alle mit ihrem Namen unterschreiben. Als man die Rädelsführerin über die Lieder befragte, behauptete sie höchst vornehm, kein Patois zu verstehen.[10] Ganz ähnliche Fälle sind uns vom Beginn des 19. Jahrhunderts aus dem Waadtland überliefert: Frauen schlugen, oft gemeinsam mit Kindern, Lärm, befestigten Hörner an Türen und beschrieben Mauern mit Schmähungen, etwa gegen einen Ladengehilfen, der die Verlobte eines anderen geschwängert hatte, oder gegen die Witwe und die Tochter eines Arztes, dem ein liederlicher Lebenswandel nachgesagt wurde, oder gegen die Ehefrau eines alten Mannes, die sich mit jungen Liebhabern tröstete. Zwar ist es außergewöhnlich, daß Frauengruppen die symbolische Bestrafung selbst in die Hand nahmen, aber die Beispiele sind gerade wegen ihrer Seltenheit aufschlußreich. Zunächst einmal verraten sie, daß Frauen in den Gemeinden des Waadtlandes oder in den Geschäftsstraßen einer Stadt im Languedoc wirtschaftlich und kulturell so unabhängig waren, diese Rituale eigenständig zu vollziehen, anstatt bloß auf Vorfälle hinzuweisen und potentielle Adressaten des Tadels zu denunzieren. Der Springpunkt freilich liegt anderswo. In allen diesen Fällen herrscht eine auffällige Übereinstimmung zwischen den beteiligten Frauen, ihren Prinzipien und ihren Bestrafungsabsichten. Ob sie ein schwangeres Mädchen verteidigten oder das liederliche Leben eines anderen tadelten, sie handelten stets so, als müßten sie die Ehre aller Frauen verteidigen, um ihre eigene Unbescholtenheit zu beweisen. Der Ritus bestätigte daher nicht nur die Sittenwidrigkeit des angeprangerten Skandals, sondern auch die Moral der Frauen, die ihn in Szene setzten. Dieses Werturteil wurde so einmütig akzeptiert, daß ein Pfarrer aus Mézières im Waadtland, der solchen Ritualen im Grunde ablehnend gegenüberstand, 1817 in einem Brief an das Gericht schrieb, er sei Charivaris von Frauen sehr wohlgesonnen.[11]

Die Regel: Jugendliche

In der Regel spielten im 18. Jahrhundert die jungen Männer die Hauptrolle beim Charivari. Der Kontrast zu dem genannten Beispiel der Frauen ist augenfällig. Einmütigkeit war hier undenkbar, da die jungen Männer mit ihren Verhaltensweisen häufig der offiziellen Moral opponierten. Sie waren die Agenten eines aufsehenerregenden Rituals sozialer Kontrolle, das sie als ihr Privileg beanspruchten. Deshalb ist es wichtig, genau zu prüfen, worin denn die Besonderheit im Verhalten dieser Altersgruppe bestand.

Betrachten wir die Jugend der Kleinstadt Limoux im Languedoc am Ausgang des Aude-Tales, ein Textilzentrum, das im Jahre 1786 ca. 6500 Einwohner zählte; es war umgeben von Bauernland, auf dem Feldfrüchte angebaut wurden. Die Bevölkerung setzte sich aus ganz unterschiedlichen Schichten zusammen, war hierarchisch gegliedert und überwiegend in Gewerbe und Handel tätig. Das läßt vermuten, daß hier auch eine übermütige Jugend lebte. Und tatsächlich verweisen zwischen 1740 bis 1789 Strafverfügungen der Stadtverordneten (der »con-

suls«, wie man sie in Südfrankreich nannte), Beschlüsse des politischen Rates, Anweisungen an den Verwalter des Gerichtsbezirks und private Klagen vor dem Provinzkommandanten in Montpellier auf mehr als hundert zum Teil harmlose, zum Teil schwere Vergehen oder wiederholte Straftaten, an denen junge Leute beteiligt waren.[12] Ein gewisser Monsieur Terrier, Salzsteuer-Einnehmer, vermittelt uns in seinem *Mémoire en plainte contre la Jeunesse de Limoux* von 1746, in dem er im herkömmlichen Stil die ganze Partitur der Beschwerden entfaltet, eine Vorstellung davon, in welchem Tenor die Klagen zumeist gehalten waren: »Die Jugend der Stadt Limoux ist derart liederlich und ungezogen, daß Frauen und Männer Tag und Nacht auf der Straße belästigt werden. Im Laufe der acht Jahre, die ich hier lebe, habe ich alle Arten von Tumult erlebt, an dem normalerweise etwa ein Dutzend junger Leute beteiligt sind, die sich in einem Privathaus treffen, um dort ihre nächtlichen Ruhestörungen auszuhecken. Sie sind gar nicht mehr so jung, die meisten haben weder Vater noch Mutter und bereits ihr ganzes Erbe durchgebracht, so daß es gefährlich ist, ihnen zu begegnen. Abgesehen von den Beleidigungen, mit denen man von ihnen überhäuft wird, poltern sie so heftig gegen Türen, bis sie eingeschlagen sind, und verschonen dabei nicht einmal Mönchs- oder Nonnenklöster; es ist noch nicht lange her, daß sie die Tür der Pflegeschwestern eingetreten und zertrümmert haben. Sie reißen Türklopfer ab, verstopfen die Leitungen

Mariette, *März. Fest der Papegays.* Die Jagd auf den »Papegai«, einen bunten Vogel, symbolisiert hier den Monat März; noch häufiger kennzeichnet diese Jagd aber den Beginn des Mai, Himmelfahrt oder Pfingsten. Bei dieser Gelegenheit versammelten sich im 18. Jahrhundert die Männer, die im Besitz einer Waffe waren, zu einer Art militärischer Übung. Dieses Spiel zeugte zugleich von Männlichkeit und von Jugend; im Namen alter Vorrechte der Jugend vor allem wurde in den Städten das Recht verteidigt, auf Vögel zu schießen und einen »Jahreskönig« zu bestimmen.
(Paris, Bibliothèque Nationale)

des Brunnens, der die Stadt mit Wasser versorgt, so daß alle Rohre platzen, klettern über Mauern in Höfe und Gärten und stehlen dort das Geflügel und alles, was ihnen sonst noch in die Hände fällt, sie zerstören die Steinbänke neben den Häusern und am Rand des Platzes, zerschlagen Fensterscheiben und frönen jeder Art von Gewalttätigkeit. Seit ungefähr zwei Jahren bin ich das Opfer ihrer Launen, ohne daß ich je etwas mit ihnen zu tun gehabt hätte. Es gibt keine Beleidigung, die sie mir, meiner Frau oder meinen Töchtern mit ihrem Hohngeschrei nicht zugefügt hätten. Sie werfen mir mit Steinen die Fenster ein, haben eine Bank neben meiner Tür zerstört und nageln das Schloß meiner Haustür mit kleinen Eisennägeln zu. Fortgesetzt schlagen sie lärmend an meine Tür und schreien, in der Stadt sei Feuer ausgebrochen.«

Diese jungen Leute, der Schrecken der Ortschaft, wurden durch keine Jugendorganisation diszipliniert, wie es zur selben Zeit im Einflußbereich eines Grundherrn oder einer Stadtregierung in der Provence oder im Poitou noch üblich war.[13] Die Identität der Jugend als eigene, hierarchische Bevölkerungsgruppe lebte in Limoux nur bei feierlichen Umzügen auf, wenn die Einwohner sich zu einer Prozession formierten. Daher sprach man selten von »der Jugend«, sondern meist von »jungen Leuten«, einer »Bande junger Leute« oder »ausschweifenden Jugendlichen«, im allgemeinen sehr gemischter sozialer Herkunft. Die Bande, die den Salzsteuer-Einnehmer mit einem Charivari belästigte, dessen Grund wir nicht kennen, wurde seiner Aussage nach von jungen Leuten »ohne Heim und Herd« angeführt. Doch einer von ihnen, ein gewisser Poulhariez, beteuerte in einer langen Bittschrift, er sei ein achtbarer Kaufmann. Zugegeben, er sei an ein paar schlimmen Ausschreitungen beteiligt gewesen, doch sei er kein »Bösewicht«. Manche seiner Kameraden, mit denen er gerne »einen Spaß machte«, stammten aus »den vornehmsten Familien der Stadt«. Ein zweiter Kaufmann unterstützte ihn und protestierte ebenfalls gegen die Verleumdung. 1757 erhob sich eine wahre Revolte gegen die Stadtväter, die zwei junge Prostituierte ins Gefängnis werfen lassen wollten; die Rädelsführer waren »angesehene junge Männer der Stadt«. Ein Beamter, zuständig für öffentliche Bauarbeiten in der Diözese, der 1772 während des Karnevals in Spottliedern als Hahnrei verunglimpft wurde, erkannte eines Nachts »die Stimmen [...] junger Leute aus guter Familie«.

In der Tat gab es kaum eine Jugendbande ohne einige Bürgersöhne in ihren Reihen. Ledige und wohlhabende junge Männer scharten eine Gruppe junger Leute um sich, deren Zusammensetzung die soziale Struktur der vertrauten städtischen Welt spiegelte, mitsamt dem Geflecht aus Leder- und Textilherstellung, Gewerbe und Handel. Als die Jugend in den ersten Jahren nach 1770 erbittert ihre karnevalesken Freiheiten verteidigte, verstärkten gelegentlich verwegene junge Lastträger die Banden im Kleinkrieg gegen die Stadtväter, die verhöhnt, beschimpft und ausgepfiffen wurden. Gewiß wurden die sozialen Unterschiede von Zeit zu Zeit offenkundig, etwa wenn beim Karneval junge Männer aus niederen Schichten, die in volkstümlichen Masken hinter Trommeln und Oboen herliefen, und die »Jeunesse dorée«, die zu Violinklängen tanzte, aneinandergerieten. Doch nachbarschaftliche Verbindungen oder Geschäftsbeziehungen dämpften die sozialen Spannungen. Nach Meinung der Gesellschaft gab es freilich ein bestimmtes Verhalten und bestimmte »Sitten«, die kennzeichnend für »die Jugend« waren.

Die Verletzung zivilisierter Räume

Der »Jugend« wurden bestimmte geographische Zonen zugeordnet. Ihr gehörte der Stadtrand von Limoux, die Esplanade vor der Stadtmauer, wo »Mail«, eine Art Krocket, gespielt wurde; 1765 und 1767 wurde das Spiel verboten, weil es häufig in Prügeleien endete. Im Stadtgraben gingen Prostituierte am hellichten Tage ihrem Gewerbe nach. Innerhalb der Stadtmauern, in der Nähe der Tore, zählten die Straßen, die am Augustiner- und am Franziskanerkloster entlangführten, zum Revier der jungen Leute. Kaum zu erfassen sind die verschiedenen »Spielhöllen« und Treffpunkte in »Privathäusern«, die von einem Viertel ins nächste umzogen und hier neu eröffneten, wenn sie dort geschlossen worden waren. Brach die Nacht herein, wurde die ganze Stadt zum Schauplatz der heimlichen Aktivitäten. Ein Bäcker, eine Hebamme und ein Bürger, die von einem Empfang nach Hause gingen, berichteten von nächtlichen Versammlungen, die sie von weitem bemerkt, aber sorgfältig gemieden hätten, denn nachts gehörte die Stadt der Jugend. Diese nächtliche Herrschaft ermöglichte es den Jugendlichen, die Stadtordnung zu umgehen, die seit dem 13. Jahrhundert selbst in kleinen Orten eingeführt worden war.

Allmählich waren die Straßen zum öffentlichen Eigentum geworden. Die »consuls« von Limoux verboten, das Federvieh frei herumlaufen zu lassen oder mit Heuwagen die Durchgänge zu versperren. Schweine wurden fortan außerhalb der Stadtmauern gehalten, man durfte seinen häuslichen Unrat nicht länger vor die Tür kippen. Zugleich wurde das Zentrum städtisch gestaltet. In Limoux lag den Stadtvätern vor allem der Marktplatz am Herzen. Auf drei Seiten umgeben von Arkaden mit Balkonen, war er Mittelpunkt des geschäftigen Treibens, das sich je nach Jahreszeit an einer bestimmten Stelle konzentrierte: Im Sommer spielte sich alles im wechselnden Schatten des Brunnens ab, im Winter boten die überdachten Arkaden Schutz vor schlechtem Wetter. Geschäfte säumten den Platz, und wöchentlich fand Markt statt. In der schönen Jahreszeit versammelten sich hier jeden Morgen die Tagelöhner, die eine Beschäftigung suchten; die sonntäglichen Kirchgänger plauderten nach der Messe in der Martinskirche nebenan noch ein wenig auf dem Platz. Nach dem furchtbaren Brand von 1693 hatte man die hölzernen Pfeiler, Dielen und Fassaden nach und nach durch Stein ersetzt, der Marktbrunnen war renoviert und vergrößert worden. An dieser Stätte expliziter städtischer Ordnung verbreiteten nun die jungen Leute bei ihren Ritualen jedes Jahr Angst und Schrecken. Die Nacht des 28. Januar 1771 war der offizielle Karnevalsbeginn. Eine gründlich verängstigte Frau berichtet von diesem Ereignis: »Der große Marktplatz der Stadt wurde von Flammen erhellt, die [...] aus den Arkaden am

Van Nieulant, *Karnevalsszene unter den Mauern von Anvers.* Jenseits der Wälle, Gräben und Kampfplätze fanden die winterlichen Spiele und der Karneval statt. In den Städten war dies das übel beleumdete Terrain der Strolche und jungen Leute. Hier in Anvers schauen Bürger und Bürgerinnen, die in Kutschen gekommen sind, einer Parade von Maskierten zu, die auf vereistem Boden nebeneinander herschreiten. (Brüssel, Musée d'Art ancien)

Rand emporstiegen. Als sie sich dem Platz näherte, habe sie Feuer und Glut unter zwei Arkaden gesehen, die halb aus Stein und halb aus Holz sind und größtenteils von den Holzböden der Wohnungen darüber überdacht werden.« Im August 1748 entrüstete sich ein Kaufmann über eine andere Jugendbande, die Wasser umleitete: »In der Mitte unseres Marktplatzes steht ein großer, schöner Brunnen mit einem ansehnlich tiefen Becken, in dem sich das Wasser sammelt. Es bleibt immer voll für den Fall, daß ein Brand ausbricht. Das Wasser fließt durch einen Rinnstein ab und läuft auch manchmal über, ohne daß es jemanden stört. Die zügellosen jungen Leute leiteten diesen Abfluß zu ihrer Belustigung um, vorbei an einem kleinen Grundstück neben den Arkaden des Platzes, und führten ihn über ein steiles Gefälle bis zu meiner Haustür, wo ein Eisengitter Licht in den Hof dringen läßt. Durch dieses Gitter leiteten sie einen breiten Wasserstrahl aus dem erwähnten Brunnen, nachdem sie zwischen zwei Steine des Beckens ein großes Loch geschlagen hatten.«

Bei den nächtlichen Umtrieben der Jugendlichen galt als ungeschriebenes Gesetz, daß ihnen alles auf der Straße gehörte. Sie zerlegten die Holz- oder Steinbänke entlang der Fassaden, zertrümmerten die geschlossenen Marktstände der Händler, warfen die Tische der Metzger um und stiegen auf Leitern, um eine Vase mit Nelken von einer Fensterbank herunterzustoßen oder einen Vogelkäfig vom Haken zu nehmen, der dann in ein hastig angefachtes Feuer geworfen wurde.

Die ständigen wilden Streiche führten dazu, daß die Bürger ihre

Häuser noch fester verschlossen; dies wiederum provozierte neue Zerstörungswut. Haustüren, ebenso symbolische wie konkrete Barrieren, wurden bei den nächtlichen Streifzügen aufgebrochen (ein Barbier beschwerte sich über junge Burschen, die immer wieder seine Tür aufrissen und den Wasserkrug zerschlugen, der daneben stand), mit Steinen beworfen oder systematisch eingetreten: »Monsieur Bernard Reverdy, Schneidermeister, sagte aus, daß eine Bande von Jugendlichen, die gegen elf Uhr abends, als er noch in seinem Laden arbeitete, mit den Füßen gegen alle Türen der Straße traten, schließlich an seine Haustür kam, die sie einschlugen, nachdem sie Schloß, Haken und Angeln zerbrochen hatten [...], und als er auf die Straße laufen wollte, um die Missetäter ausfindig zu machen, stürzte sich der jüngere Sohn der Roques auf ihn und sagte: ›Wie kannst du Jammerlappen es wagen, dich gegen eine so große Bande zu stellen! Ich schere mich einen Dreck um dich und die ganze Stadt.‹ Dann warf er mehrere große Steine nach ihm, denen der Schneider nur ausweichen konnte, weil er sich schnell wieder in seinem Laden einschloß.« (1747)

Gemüsegärten, Hühnerhöfe und Kaninchenställe am Stadtrand, auf dem Dorf oder auf Herrensitzen wurden regelmäßig heimgesucht: »Man verdächtigt sie, während des Karnevals im Schloß von Tourzelle und mehreren anderen Schlössern der Umgebung alle Hühner, Puten und sonstiges Geflügel gestohlen zu haben.« (1760)

Verschwenderische Ausgaben

Zu der permanenten Verhöhnung von Recht und Ordnung kam noch die maßlose Verschwendungssucht sowohl der Bürgersöhne wie der jungen Arbeiter hinzu. Die hauptsächlichen Gelegenheiten dazu boten die Feste, vor allem der lange Karneval. Er begann am 1. Januar mit einer Runde durch den Ort und endete am Abend des Aschermittwoch. Man benötigte damals zwar noch keine prunkvollen Kostüme, doch mußte immerhin die Musik bezahlt werden, die beim Tanz auf der Straße aufspielte. Rivalisierende Banden stritten sich um das Spiel der Musiker, die man von weit herholte: 1763 verdienten drei Oboenspieler aus Villardebelle, Saint-Hilaire und Espéraza am Abend des Faschingsdienstags zuammen 27 Livres, am Aschermittwoch 19 Livres. Die besser angesehenen Violinspieler kassierten wohl das Doppelte. Im Laufe des Jahrhunderts waren Ausgaben für Musik bei Festen von Jugendlichen obligatorisch geworden. Zu jeder Jahreszeit und bei jedem Anlaß – sei es ein Ständchen für Prostituierte, ein Charivari, ein maskierter Angriff auf wohlhabende Fremde, die auf der Straße spazierengingen, oder ein Silvesterabend im städtischen Gefängnis – wurden Musiker engagiert, die Oboe oder Geige spielten.

An den langen Wintermonaten boten Glücksspiele Gelegenheit zur Geldverschwendung. Man verbot sie stets von neuem, doch unablässig schossen sie in Privathäusern oder abgelegenen Gärten heimlich wieder aus dem Boden. An den Spieltischen der Wirtshäuser und manchmal auch in Bordellen verpraßten junge Handwerker und Bürgersöhne abends ihr Geld bei den Kartenspielen »brelan« und »lansquenet«. Während des Karnevals 1769 machte ein anonymer Brief an die Stadtväter auf diesen Sachverhalt aufmerksam: »Für einen ehrenwerten Bürger ist es schändlich, einen anonymen Brief zu schreiben, aber ich bin gegen meinen Willen dazu gezwungen, da ich sonst ein Unglück für meine Familie befürchte. Als Vater habe ich die Ehre, mich an Sie zu wenden: Ich möchte Sie ersuchen, ein Glücksspiel zu unterbinden, das bereits seit langem in unserer Stadt betrieben wird. Meine Kinder ruinieren mich, ganz zu schweigen von anderen Familien, die bereits ruiniert sind. Monsieur Balada, ein Fremder, den man aus ebendiesem Grunde aus Pamiers fortgejagt hat, betreibt das Spiel nun in unserer Stadt. Er hat ein Haus in der Nähe der Franziskaner, das nur dem Spiel dient. Ich weiß, daß Monsieur Andrieu [der ›consul‹] ihn bereits verwarnt hat, dennoch gibt er weiterhin bei Tag und bei Nacht Karten aus. Dies ist ein unerhörtes Betragen neben einer Kirche [. . .], von der aus man hören kann, wie sie plärren und raufen.«

Übrigens beschuldigte man die Betreiber von Spielsalons häufig, ihre Stammgäste zum Diebstahl zu verleiten: »Die jungen Leute bedekken sich mit Schande, um ihre hohen Spielverluste zu bezahlen.« Polizeirazzien waren fruchtlos: Sobald die Ordnungshüter an die Tür klopften, wurden die Lampen gelöscht. Im Dunkel zerschlug man die Laternen der »consuls« und ihrer Diener, die Spieler schlichen an ihnen vorbei und liefen auseinander. Nach den Angaben von Nachbarn, die

Mariette, *Februar. Maskerade.* Während des Karnevals mußte man das Haus öffnen, wenn die Masken herbeikamen. Begleitet von Violinen und Oboen spielten sie Szenen und sammelten für die Fastnacht: An den Balken hier hängen Schinken und frischer Speck. Die jungen Mädchen, mit denen man bei dieser Gelegenheit schäkerte, offenbaren Furcht *und* Gefallen. (Paris, Bibliothèque Nationale)

Flämische Schule des 17. Jahrhunderts, *Karnevalsszene*. Auf diesem Bild findet das nächtliche Fest draußen statt. Die maskierten Schlittschuhläufer gleiten in Gruppen über den zugefrorenen Kanal. Vor den Musikern in der Bildmitte geht ein kleiner Junge mit einer Krone auf dem Kopf; er spielt Trommel, ein typisches Instrument der Jugend, das die Verbindung zwischen Karneval und Charivari herstellt.
(Evreux, Musée municipal)

bei der gerichtlichen Untersuchung schließlich aussagten, schmiedeten die Jugendlichen an diesen verbotenen Orten »Komplotte, um Häuser zu verwüsten«, und streiften von dort aus »mit fürchterlichem Lärm« durch die Stadt.[14]

Ebenso verschwenderisch waren junge Männer im Umgang mit Prostituierten. Im Limoux des 18. Jahrhunderts wurde kein offizielles Bordell toleriert, Prostitution war daher das Geschäft einiger Familien: einer Witwe und ihrer Tochter sowie zweier Schwestern, der Töchter eines bankrotten Müllers. Gutsituierte Bürger und verheiratete Männer suchten sie nur verstohlen auf; wie Nachbarn erzählten, konnte man sie in der Abenddämmerung mit verdecktem Gesicht an der Mauer entlangschleichen sehen. Die jungen Männer dagegen hofierten sie in aller Öffentlichkeit. Sie küßten sie mitten auf der Straße, brachten ihnen Ständchen dar, tanzten beim Karneval, an dem sie als einzige Frauen teilnahmen, mit ihnen die Farandole, und vor allem gaben sie ihnen Geschenke, die dann stolz zur Schau getragen wurden. Die Schwestern Anne und Marguerite Pascal etwa, die zwischen 1752 und 1758 im Mittelpunkt des Klatsches standen, »sind sehr adrett gekleidet und frisiert, sogar mit Spitzen; ihr Putz ist teurer, als die vornehmen Damen und Demoiselles der Stadt es sich leisten könnten«, auch trugen sie »Silberschleifen an den Schuhen«, denn ihre jungen Verehrer ließen sich ihre Verliebtheit etwas kosten. Ein Goldschmiede-Lehrling stahl 1754 Silber und eine spanische Goldmünze von seinem Meister, um sie Anne, der älteren der beiden Schwestern, zu schenken; auf Kosten seines Vaters kaufte er ihr sogar ein Stück feines Musselin, aus dem sie sich eine Schürze anfertigen ließ. Andere leichte Mädchen empfingen Silberbestecke oder goldene Ringe als galante Liebesgaben.

Gesellschaftliche Konformität und geordnete Unordnung

Nächtliche Umkehrung von Recht und Ordnung und Lust an der Verschwendung – so lauteten nach den Schilderungen von Nachbarn und Opfern die Lebensregeln der jungen Leute. Und dennoch beharrten diese jungen Leute darauf, das Leben anderer zu kontrollieren. Ohne daß wir heute immer die Gründe dafür kennen, wurden Privatpersonen, auswärtige Bürger und junge Frauen mit Hohngeschrei, Spottliedern, Tierkadavern und Steinwürfen heimgesucht. Die Opfer nahmen in der Dunkelheit nur schemenhaft Masken, Feuerschein und Violinklänge wahr, in deren Schutz die Täter agierten. 1773 wurde das Charivari gegen eine Witwe aus guter Familie inszeniert, die auf ihrem Hochzeitstermin bestand, obwohl sie in Trauer um ihren Vater war. Da der Bräutigam nicht zahlen wollte, kam der übliche Mechanismus von Geschrei, Gestank und Steinwürfen in Gang.

Doch etwa von 1770 an scheinen die Jugendrituale eine stärker theatralische Funktion gewonnen zu haben; sie erstreckten sich über das ganze Jahr und kulminierten im Karneval. Einem Fall, der 1772 vor Gericht verhandelt wurde, verdanken wir interessante Details. Vom August 1771 an war Jean-Pierre Amans Dufour, Inspektor für öffentliche Bauarbeiten, der Held eines Spottliedes, das von mehr als hundert jungen Leuten gesungen wurde. Bei Einbruch der Nacht stimmten sie es unter seinem Fenster an und versuchten mindestens einmal, ins Haus zu gelangen, wahrscheinlich um das Opfer zu erpressen oder um es in ihre Gewalt zu bringen. Als der Karneval näherrückte, gesellten sich zwei Opfer bescheidenerer Herkunft zu dem Inspektor: die Bäcker Fregoli und L'Auzino. Die Jugendlichen tanzten von Haus zu Haus und »sangen besagte Lieder, von Zeit zu Zeit riefen sie: ›Couïoul! Couïoul!‹«, den Dialektausdruck für Hahnrei. Dieses Unglück sollte den Figuren der Farce widerfahren sein, die in fünfzehn Couplets auf fünfzehn populäre Melodien gesungen wurde und den Titel »Noubel Opera de Cournanel« [»Die neue Oper von Cournanel«] trug. Der Hahnrei, betrogen von seiner Frau, die junge Männer vorzog, und impotent (nach fünf Ehejahren hatte er noch keine Kinder gezeugt), sollte sich mit seinem Los abfinden und sich selbst mit goldenen Buchstaben in das »Archiv von Cournanel« eintragen.

Die parodistischen Anspielungen des deklamierten Textes wechselten anscheinend von Jahr zu Jahr: Aus der »Oper« von 1772 wurde 1775, dem Titel nach zu schließen, der überliefert ist, eine »politische Verfassung«: »Las Leis del Grand Cornelius, ame le discours dal general das couïouls« [»Die Gesetze des Großen Cornelius, mit der Rede des Generals aller Gehörnten«]. Eine ganze Schar von Jugendlichen erarbeitete und probte den Text und führte die Zeremonie auf, von Neujahr an mit besonderem Nachdruck. Die satirische Wirkung hing zu einem großen Teil von dem Text ab. Die gebildetsten der jungen Männer verfaßten ihn und schrieben ihn ab; federführend waren daher einige Studenten oder Kanzleigehilfen – ein weiterer Beleg, wie gemischt die soziale Zusammensetzung der »Jugend« war. Dieses Stück wurde in Ok-

zitanisch verfaßt, einer Sprache, die seit zweihundert Jahren kaum noch geschrieben wurde und so in ihrer mündlichen Tradition auch die derbsten Ausdrücke erlaubte. Die jungen Leute machten diese Sprache zu der ihren, verbreitet durch Schrift und Musik wurde sie zu ihrer am meisten gefürchteten Waffe.

Diese Schilderung der Lebensweise von jungen Leuten in einer Kleinstadt am Ende des Ancien Régime offenbart ein Paradox. Einerseits erscheint die Jugend als der weltliche Arm der allgemeinen Moral, da ihre Mißbilligung gegenüber unpassenden Eheschließungen, schamlosen Mädchen oder allzu nachsichtigen Ehemännern anscheinend auf breite Zustimmung stieß. Andererseits wurden die jungen Leute selbst wiederum von der Obrigkeit und von der Gemeinde als liederliche Unruhestifter bezichtigt, die allzeit bereit seien, für Tumult zu sorgen. Die belehrende Absicht ihrer Rituale wäre so gesehen zum Vorwand für zügelloses Verhalten verkommen. Doch dieser Kritik sollte man mit Vorbehalt begegnen und besser die Logik der Rolle untersuchen, die die Jugend spielte.

Konformes Verhalten wurde anscheinend lange Zeit ausgerechnet von den Gruppen durchgesetzt, die zeitweilig am Rande der Ordnung standen, deren Regeln sie vertraten. In unserem Fall war die Heirat mit all ihren Implikationen dieser sozialen Kontrolle unterworfen. Gerade die Unverheirateten, die noch keine Verantwortung für eine Familie

William Hogarth, *Lebensweg eines Wüstlings.* Am Spieltisch lösen sich die Hoffnungen auf Vermögen in Rauch auf, Haß wird entfesselt, die Jugend verdorben, die Familien treiben dem Ruin zu. Dieses konstante Thema von Predigten stieß auf die Zustimmung der Verfechter der bürgerlichen Ordnung, obwohl die Staatsmacht verschiedener Länder Westeuropas im 18. Jahrhundert die Spielleidenschaft, die der Wirtschaft nützlich sein konnte, durch staatliche Lotterien zu kanalisieren versuchte.
(Paris, Bibliothèque Nationale)

Die Stadt und die Nacht – hier das Paris von Louis Sébastien Mercier »um neun Uhr abends« – sind die Stätten der Verwilderung der öffentlichen Ordnung oder vielmehr Ausdruck einer umgekehrten Ordnung. Die Bemühungen der städtischen Obrigkeit, in der zweiten Hälfte des 18. Jahrhunderts in Frankreich so gut wie überall eine nächtliche Straßenbeleuchtung durchzusetzen, waren stets gerechtfertigt durch die Notwendigkeit, den nächtlichen Raum zu »zivilisieren«.
(Paris, Bibliothèque Nationale)

trugen, hatten das Recht und die Pflicht, unangemessenes Betragen ins Licht der Öffentlichkeit zu rücken und dadurch die Ordnung wiederherzustellen. Dazu gebrauchten sie eine Sprache, die sich selbst aus Dissonanzen zusammensetzte: disharmonische »Katzenmusik«, obszöne Wörter und Ausdrücke, Gegenstände, die nicht zueinander paßten. Im Grunde war es die Aufgabe der Jugendlichen, Dissonanzen in der sozialen Ordnung zu bezeichnen, indem sie immer wieder die Grenzen des Tolerierten testeten. In den Dörfern fanden solche Unternehmungen leicht den passenden Ort, die Wälder und Heiden, wo das wilde Treiben in einiger Distanz vor sich gehen konnte. In der Stadt dagegen mußten sie sich auf ein Terrain beschränken, das im 18. Jahrhundert streng reglementiert war, wo jedoch die Dunkelheit der Nacht eine Umkehrung der Ordnung ermöglichte. Im übrigen steuerte jeder Haushalt auf dem Lande wie in der Stadt durch Spenden, erpreßte Abgaben oder tolerierte Diebstähle einen Teil zu den Ausgaben der jungen Leute beim Spiel oder für Wetten und Feste bei, bei denen Maßlosigkeit, Risikofreudigkeit und die Verachtung von Sparsamkeit als oberste Werte galten. Das Leben dieser jungen Männer ist ein hervorragendes Beispiel dafür, daß aus zeitlich begrenzter und reglementierter Unordnung schließlich dauerhafte Ordnung entstehen konnte, denn wenn sie sich »unter das Joch« der Ehe begaben und vor allem, wenn sie Vater wurden, streiften sie den Oppositionshabitus ab. Im Languedoc des 18. Jahrhunderts ließen die verheirateten Männer es sich nicht nehmen, das frischgebackene Familienoberhaupt, den »Grünschnabel«, für seine Unerfahrenheit büßen zu lassen.

Aufgrund dieser inneren Logik der sozialen Kontrolle durch die Jugend duldeten die erwachsenen Männer zwar schimpfend, aber ohne sonderliche Gegenwehr den Brauch, den sie einst selbst praktiziert hatten und den sogar die Behörden des Ancien Régime bisweilen guthießen, denn »die Jugend muß sich die Hörner abstoßen«. Doch allmählich wurde das Paradoxe dieses Verhaltens immer offenkundiger; der Versuch, »Ordnung durch Unordnung« herzustellen, wurde zu einem unerträglichen Antagonismus. Die Riten der Verhöhnung bezeugten nur noch das ungehobelte Benehmen derjenigen, die sie vollzogen.

Öffentliche Ordnung und Privatsphäre

Wie ist die zunehmende Vehemenz eines Verbotes zu verstehen, das über die gemeinsame Repression durch die weltliche und kirchliche Obrigkeit hinaus die wirksame Unterstützung von aktiven Minderheiten der örtlichen Gesellschaft voraussetzte? Nur eine lange Entwicklung, die wir im folgenden nachzuzeichnen versuchen, konnte zu einer solchen Übereinstimmung verschiedener Gruppen führen.

Verbote durch Kirche und Parlament

Als erste Institution verurteilte die Kirche aus Gründen der liturgischen Disziplin Charivaris gegen Witwen und Witwer. Eine zweite Heirat war nicht weniger heilig als die erste. Charivaris, die mit ihrem exzessiven Spektakel Wiederverheiratungen ins Lächerliche zogen, stimmten daher nicht mit der Religion überein. Das Konzil von Compiègne von 1329 bis 1330 hatte diese Argumentation vorgetragen, die bis ins 18. Jahrhundert von Dutzenden Synoden und Bischöfen insbesondere in Frankreich und Italien wörtlich wiederholt wurde.[15] Allerdings hatte die Kirche selbst zweiten Eheschließungen lange Zeit die feierliche Zeremonie verweigert. Denn die Verwandtschaft zur Familie des ersten Ehepartners blieb bestehen, so daß bis zum vierten kanonischen Verwandtschaftsgrad viele Verbindungen ausgeschlossen waren. Zudem hatten die Moralisten ein ziemlich negatives Bild der Witwe entworfen und den Umgang mit ihr verpönt. Doch der wesentliche Grund war, daß die Theologie des Ehesakraments in zahlreichen Diözesen, deren geographische Verteilung noch ungeklärt ist, eine zweite kirchliche Trauung ausschloß. Vehement, aber wirkungslos widersetzte sich die Kirche allen parallelen und rivalisierenden Ritualen, die aus ihrem eigenen Beharren auf einem Sakrament ohne Ritual folgten.

Die Intentionen der weltlichen Macht waren andere, obwohl sie zu Beginn das kirchliche Vokabular aufgriff. Im 14. und 15. Jahrhundert befaßten sich Polizei und Gerichte niemals mit Charivaris oder ähnlichen Ritualen an und für sich, sondern nur dann, wenn sie zu blutigen Zwischenfällen geführt hatten: zu einer Schlägerei oder dem Mord an einem jungen Mann etwa. Dies galt erst recht, seit die Kontrolle von Eheschließungen durch die ledigen jungen Männer in manchen lokalen Bräuchen auf dem Land oder in der Stadt ihren legitimen Platz hatte. Mitunter beanspruchte die Obrigkeit sogar einen Teil des symbolischen Bußgeldes. Doch als die Ordnung, nicht zuletzt aufgrund religiöser und sozialer Antagonismen, selber zum Angriffsziel wurde, kamen explizite Verbote auf. Das erzkatholische Parlament von Toulouse untersagte Charivaris 1538 und bekräftigte dies im Laufe des 16. Jahrhunderts viermal. Allmählich wurden solche Urteile zur alltäglichen Praxis: 1606 in Burgund, 1639 in Bordeaux, 1640 in Aix-en-Provence – Beispiele für die Regel, die im ganzen Königreich galt. Die Verordnungen verteidigten indes kein Sakrament, sondern die »öffentliche Ruhe«. Um so erstaunlicher scheint es, daß ausdrücklich nur von Charivaris die Rede ist. Welchen Grund hatte das lange Schweigen über all die anderen Riten der Verhöhnung, die Ruhe und Ordnung auf der Straße nicht minder störten, im Falle der »asouade« sogar nachhaltiger?

Rituelle Strafen und gerichtliche Urteile

Das diskrete Schweigen der Erlasse verweist auf eine insgeheime Spannung zwischen örtlichem Gewohnheitsrecht und dem Strafrecht der Gerichtshöfe. Aus einem königlichen Gnadenerlaß erfahren wir, daß 1375 in Senlis folgendes Gewohnheitsrecht galt: »Die Ehemänner, die sich von ihren Frauen schlagen lassen, werden gezwungen und verurteilt, verkehrt herum auf einem Esel zu reiten, so daß ihr Gesicht zum Schwanz des besagten Esels blickt.« 1404 findet sich im Gewohnheitsrecht von Saintonge eine ähnliche Vorschrift, und noch 1593 entschied der Verwalter des Gerichtsbezirks von Homburg, daß eine Frau, die ihren Ehemann geprügelt hatte, »nach altem Brauch« rückwärts auf einem Esel reiten mußte, den ihr schwacher Ehemann am Zügel führte. Im England der Tudors und Stuarts verurteilten die Gerichte Männer wie Frauen dazu, verkehrt herum und in der Kleidung des jeweils anderen Geschlechts auf dem Esel zu reiten, manchmal begleitet von »garstiger Musik«.[16] Drei Dekrete in Paris, zwischen 1729 und 1756 erlassen, und ein Brauch in Toulouse, der bis 1775 bezeugt ist, legten fest, daß stadtbekannte Kupplerinnen rückwärts auf einer Eselin reiten mußten und, sofern sie verheiratet waren, ihre Ehemänner auf einem Esel hinterdrein; in Toulouse wurde der ganze Zug überdies mit Glöckchen behängt. »Du wirst noch mit Federn und einem Korb durch die Stadt gejagt«, war im Languedoc das ganze 18. Jahrhundert hindurch eine gebräuchliche Drohung – dreimal sind wir in Prozeßakten darauf gestoßen –, die an die Sitte erinnerte, Prostituierte und untreue Ehefrauen mit Federn zu stigmatisieren. Die Frauen wurden zuerst mit Honig bestrichen, dann in Federn gewälzt und mußten schließlich mit einem Korb als Kopfschmuck auf einem Esel durch die Straßen reiten; die

Celestina von Fernando de Rojas mußte diese Schande über sich ergehen lassen. Andere symbolische Strafen – Dächer abdecken, Türen und Fenster einschlagen, Karren zerlegen, Brunnen verseuchen, ins Wasser tauchen –, die in zahlreichen romanischen und germanischen Regionen Europas zu den »volkstümlichen« Ritualen rechneten, waren bis zur Zeit der Klassik ebenso Bestandteil des offiziellen Strafenkatalogs.[17]

Derlei Strafen setzten ein Publikum voraus, das sich nicht nur passiv durch ein erbauliches Exempel belehren ließ, sondern aktiv teilnahm. In der Tat war die Schwere der Strafe mit dem Gelächter der Zuschauer, ihrem Spott und ihren satirischen Improvisationen korreliert. Zudem teilten Richter und Volksmenge die Überzeugung, daß die Strafe der Verfehlung entsprechen mußte. Doch in der weiteren Entwicklung des Strafwesens wurden solche Szenen zunehmend eingeschränkt und kontrolliert, das Schauspiel der öffentlichen Sanktion erforderte nun die steife Feierlichkeit der Gerichtsbühne. Zugleich wurde das symbolische Band zwischen Verfehlung und Strafe zerrissen und durch abstrakte Strafsätze ersetzt, die mit dem Strafgesetzbuch in Frankreich und den anderen europäischen Ländern Einzug hielten. In zäher Anstrengung hatte die Aufklärung erwirkt, daß vom Ende des 17. Jahrhunderts an niemand mehr auf dem Scheiterhaufen verbrannt wurde; rituelle Bestrafungen wurden nach und nach ungebräuchlich. Richter, die mit Spottriten befaßt wurden, konnten daher unmißverständlich erklären, daß diese Praktiken illegal seien.

Die Prostitution gliederte sich fast überall in zwei Systeme: einerseits die Ausübung »in der Familie«, in diskreten Wohnungen, andererseits der öffentliche Kundenfang zu offiziellen Tarifen. Im ersten Fall war die Vermittlung durch eine Kupplerin unerläßlich; wurde sie denunziert, mußte sie in Paris oder Toulouse noch im 18. Jahrhundert rückwärts auf einem Esel reiten. Die »öffentlichen Dirnen« wurden regelmäßig von Parlamentserlassen betroffen; sie wurden öffentlich kahlgeschoren, auf entehrende Weise ins Gefängnis gekarrt und manchmal zwangsweise nach amerikanischen Kolonien eingeschifft – zu diesem Thema kann man den Roman *Manon Lescaut* des Abbé Prévost (1731) nachlesen.
(*Der Jammer der Freudenmädchen* und *Der Ritt der Kupplerinnen*. Paris, Bibliothèque Nationale)

Nach einem denkwürdigen Prozeß, in dem der Verteidiger hartnäkkig auf die moralische und juristische Legitimität des Ritus gepocht hatte, verurteilte das Parlament von Bordeaux im Jahre 1610 die Rädelsführer einer »Zeremonie, die man Ritt auf dem Esel nennt, gegen einen Mann [. . .], der sich von seiner Frau schlagen ließ«.[18] 1655 erließen die Stadträte von Bayonne eine Verfügung gegen mehrere Privatpersonen, die »damit prahlen, ein Tier, das sie Esel oder Eselin nennen, durch die Straßen zu treiben«. Weitere verbotene Riten waren »verleumderische Verse« (Bayonne 1655) und »obszöne und beleidigende Lieder« (Toulouse 1762). Die Richter stellten sie in einen Zusammenhang mit »unerlaubten nächtlichen Versammlungen«, »Erpressungen«, »Schmähschriften« und ähnlichen Vergehen. In einigen Provinzen und Städten beschrieben Verordnungen hin und wieder konkrete Vorkommnisse und waren adressiert an »die jungen Leute aus verschiedenen Städten und Orten, die [. . .] sich häufig zusammenrotten und vor allem an Sonn- und Festtagen nachts durch die Straßen laufen, schmutzige Lieder singen und für Lärm und Ruhestörung sorgen« (Montpellier 1737). Das Netz der Repressalien dehnte sich aus und ließ weniger Fälle ungeahndet. Da die Repression weniger ein einzelnes Delikt als vielmehr das Gesamtverhalten verfolgte, ging sie mit den Bemühungen der Gegenreformation konform, die sich auf ähnliche Weise ausdrückte. Doch es dauerte das ganze 18. Jahrhundert, bis die niedere Gerichtsbarkeit, vor allem auf dem Dorf, von den Veränderungen überzeugt war. Die Dorfobrigkeit war in den Augen der gesellschaftlichen Eliten allzu leicht bereit, entweder Kompromisse mit dem Brauchtum zu schließen oder aber ihre persönlichen Feinde am Ort zu kujonieren.

Die Klagen der Opfer

Die neuen gesetzlichen Handlungskompetenzen waren die Antwort auf gewachsene Bedürfnisse und Erwartungen. Im 18. Jahrhundert wurden alle möglichen Formen und Bräuche des rituellen Spotts gerichtlich verfolgt, die Prozesse häuften sich. Zwischen 1700 und 1790 fällte die Strafkammer des Parlaments von Navarra 47 Urteile über Charivaris. Diese Zahl ist bezeichnend für die plötzliche Konfrontation des Hohen Gerichtshofs des Béarn mit derlei Rechtsstreitigkeiten. Allein in der zweiten Hälfte des Jahrhunderts kamen im weiträumigen Gerichtsbezirk von Toulouse vor den verschiedensten gerichtlichen Instanzen mehr als 500 solcher Fälle zur Verhandlung. In der Provence war die Situation ähnlich; Untersuchungen in anderen Regionen werden wahrscheinlich vergleichbare Zahlen ergeben.[19] Obschon die Behörden bisweilen von selbst eingriffen, beruht die überwältigende Mehrheit dieser Streitfälle auf Privatklagen. Auf der Höhe seiner Macht hatte der Brauch ein nicht immer gleich großes, aber notwendiges Einverständnis zwischen allen Partnern des Ritus begründet. Doch als er nun nicht länger einhellig akzeptiert wurde, widersetzten sich manche Opfer, auch auf die Gefahr hin, die Feindschaft noch zu vertiefen. Worum ging es bei diesen Auseinandersetzungen? Welche sozialen

Gründe hatte die neue Haltung, die man wohl »die Revolte der Opfer« nennen muß?

Zunächst spürt man wachsenden Widerstand gegen die finanzielle Erpressung durch die Jugend, für die Spottrituale eine einträgliche Geldquelle darstellten. Bei jeder Hochzeit wurde eine »Gebühr« erhoben – in Südfrankreich die »pelote«, im Waadtland der sogenannte »vin des mariés« –, die bei exogamen Verbindungen und insbesondere beim Freikauf von einem Charivari entsprechend höher ausfiel. Selbst wer den Tribut mühelos hätte entrichten können, widersetzte sich nun. Man empörte sich gegen die Forderungen der Jugendlichen, die desto unersättlicher wurden, je reicher das Opfer war. Ein Bürger aus Saint-Victor im Uzège entschloß sich nach zwei Monaten zu einer Eingabe an den Militärkommandanten und beschwerte sich über einen »fürchterlichen Radau« und »schmutzige Lieder«; dabei habe er zunächst »mit den anständigsten Mitteln versucht, den Verfolgungen ein Ende zu bereiten, sie [die jungen Leute] zum Essen und Trinken eingeladen und eine beträchtliche Geldsumme unter ihnen verteilt«. Da er den geforderten hohen Betrag nicht zahlen wollte, beschloß der erste »consul« von Paulhan 1780 heroisch, sich taub zu stellen, als in der Nacht zum 1. Mai die »toutoures« [›Hörner aus Ton‹] erschollen: »Da ich vor kurzem zum zweiten Mal geheiratet hatte und die üblen Absichten mancher Personen gegen mich kannte, begriff ich gleich, daß man ein Charivari veranstaltete, und war klug genug, mich nicht zu erheben.«

Häufiger jedoch kam es zur offenen Konfrontation. Als die Jugendlichen von Saint-Hippolyte-du-Fort bei der Verlobungsfeier eines Witwers, der ein vermögender Kaufmann war, ihre Forderungen erhoben, entrüsteten sich die Verwandten der Braut und wiesen sie ab. Das Resultat war ein Riesenspektakel, doch angesichts der Forderung von mittlerweile 50 Livres verweigerte die Familie einen Freikauf.[20] »Erinnern Sie sich daran, wie sie mich angegriffen haben, dabei schulde ich ihnen nichts!« rief ein junger Witwer, der wieder geheiratet hatte, vor den Zeugen aus, die mitangesehen hatten, wie eine Gruppe Jugendlicher ihn am hellichten Tage auf der Dorfstraße attackiert hatte. Gegen den Ritus nahm er das Gesetz in Anspruch, das seine Weigerung zu zahlen rechtfertigte und so sein Geld schützte. Als Reaktion auf diese Situation, für die es zahlreiche Beispiele gibt, ahndeten Charivaris zu Beginn des 19. Jahrhunderts in den Tälern des Waadtlandes vornehmlich diese Kränkung der Jugendlichen durch nicht zahlungswillige Ehemänner und ihre Familien.

Die Verteidigung des Eigentums

Im Laufe des 18. Jahrhunderts reagierten die Besitzenden zunehmend aggressiv auf die Geldforderungen. Finanzielle Beiträge zu den Festen der Jugend, ob freiwillig geleistet oder mehr oder weniger erzwungen, wurden in den Kleinstädten des Languedoc – Limoux zum Beispiel – von 1750 an immer seltener. Wer ein Fest feiern wollte, mußte es aus eigener Tasche finanzieren. Zwangsläufig erlangten so die Jugendlichen aus »besseren Kreisen« allmählich die Führung bei Ritualen und Spielen, die Musik erforderten.

Also suchte man nach anderen Möglichkeiten, zu Geld zu kommen. Manche Jugendbanden nutzten Rundgänge am Neujahrstag zu regelrechten Raubzügen. Sie schlugen die Türen einsam lebender Handwerker ein, überfielen ihre Häuser, plünderten Speisekammern und Keller und traktierten sie überdies mit Ohrfeigen und Drohungen. Nächtliche Diebereien junger Burschen, die nach altem Brauch toleriert wurden, solange sie sich in bestimmten Grenzen hielten, häuften sich. Wer in Gärten oder Hühnerhöfe einbrach, wurde nun bestraft; in Pézenas schimpfte man auf »die jungen Handwerker, Landarbeiter und Gärtnerburschen, die nachts unerlaubterweise Weintrauben pflücken und, damit nicht zufrieden, beträchtlichen Schaden anrichten, indem sie Weinstöcke niedertreten«. Ebenso wurde jedes Spottritual, sei es nun das Lärmen vor der Tür eines Streithahns oder ein ausgewachsenes Charivari, für ein schweres Vergehen erachtet, wenn es mit »Plünderungen« einherging. Sobald etwas zerstört, zerlegt oder an einen anderen Ort verbracht wurde, bestrafte man die Tat; Übertretungen dieser Art wurden nun zur häufigsten Herausforderung der Ordnungsmacht. Um die Bürger eines Stadtviertels von Castelnaudary zu »ärgern«, schlugen Jugendliche im Oktober 1729 in einer Straße systematisch alle Haustüren ein. Eine geradezu »physische Verbundenheit« mit ihrem Eigentum (in der Stadt häufig beschränkt auf das Haus) und das Gefühl, sich im Recht zu befinden, veranlaßten die Bürger, sich gleichermaßen gegen symbolische Aggressionen und gegen Nötigung zum Spenden anläßlich eines Übergangsritus zur Wehr zu setzen. In dem Bestreben, sich kollektiven Zwängen – einem traditionellen Vorrecht der Jugend, die von deren Ausübung profitierte – zu entziehen, verschärften die vermögenden Bürger nicht nur die Gewaltanwendung, sondern trugen auch dazu bei, diese Rituale in Straftaten zu verwandeln. Diesen Eindruck erweckt jedenfalls die Fülle von Anzeigen und Strafverfügungen, die in der Zeit vor der Revolution, besonders in Marktflecken und Kleinstädten, von einem unablässigen Kleinkrieg zwischen Jugend und Erwachsenenwelt zeugen. Das Wort »zügellos«, das die braven Bürger gerne im Munde führten, wurde auf alle äußeren und inneren Angriffe auf die Ordnung der Familie angewandt: Müßiggang, schlechte Gesellschaft, Vergeudung des Erbes beim Spiel oder mit Prostituierten, verschwenderische Straßenfeste und Mißachtung der Autorität.[21]

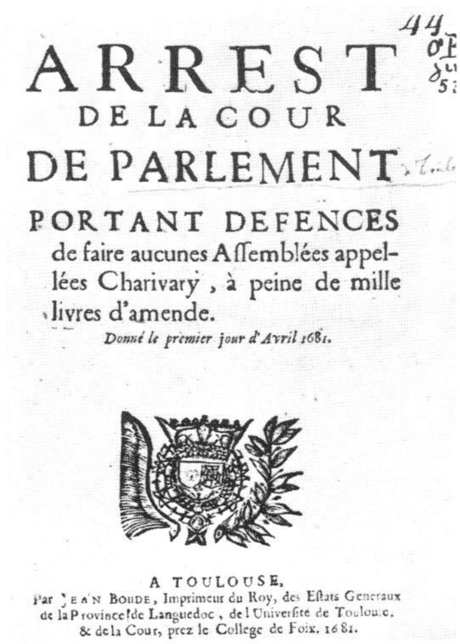
ARREST
DE LA COUR
DE PARLEMENT
PORTANT DEFENCES de faire aucunes Assemblées appellées Charivary, à peine de mille livres d'amende.
Donné le premier jour d'Avril 1681.
A TOULOUSE,
Par JEAN BOUDE, Imprimeur du Roy, des Estats Generaux de la Province de Languedoc, de l'Université de Toulouse, & de la Cour, prez le College de Foix. 1681.

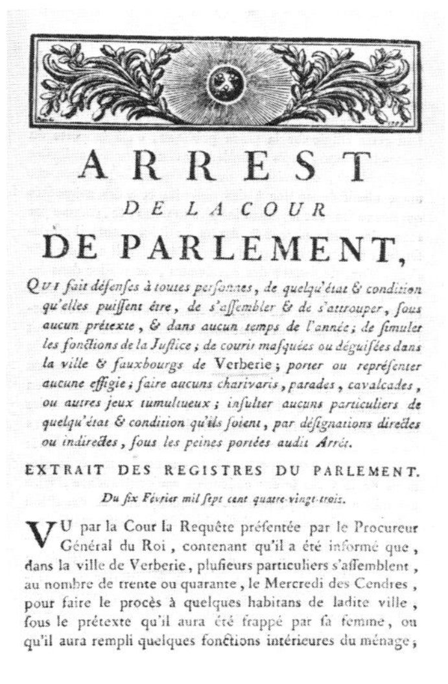
ARREST
DE LA COUR
DE PARLEMENT,
Qui fait défenses à toutes personnes, de quelqu'état & condition qu'elles puissent être, de s'assembler & de s'attrouper, sous aucun prétexte, & dans aucun temps de l'année; de simuler les fonctions de la Justice; de courir masquées ou déguisées dans la ville & fauxbourgs de Verberie; *porter ou représenter aucune effigie; faire aucuns charivaris, parades, cavalcades, ou autres jeux tumultueux; insulter aucuns particuliers de quelqu'état & condition qu'ils soient, par désignations directes ou indirectes, sous les peines portées audit Arrêt.*
EXTRAIT DES REGISTRES DU PARLEMENT.
Du six Février mil sept cent quatre-vingt-trois.
VU par la Cour la Requête présentée par le Procureur Général du Roi, contenant qu'il a été informé que, dans la ville de Verberie, plusieurs particuliers s'assemblent, au nombre de trente ou quarante, le Mercredi des Cendres, pour faire le procès à quelques habitans de ladite ville, sous le prétexte qu'il aura été frappé par sa femme, ou qu'il aura rempli quelques fonctions intérieures du ménage;

Die Freiheit der Familie

Eine schwerwiegende Bedrohung der Ordnung stellte die Waffe des Spottes in der Hand der Jugend dar. Auch ohne Verletzung des Besitzrechtes oder Störung des öffentlichen Friedens hätten Jugendliche Anstoß erregt, da sie mit ihrer Einmischung in Ehe und Heirat, Kernstück jeder Familiengeschichte, in eine Sphäre eindrangen, die sich immer mehr abkapselte. Ihr Hauptvergehen bestand daher nicht im Angriff auf das »Sakrament der Ehe« oder die »öffentliche Ordnung«, sondern auf »die Freiheit innerhalb der Familie«, wie das Parlament von Navarra erklärte, als es 1769 Charivaris verbot. Angesichts der wachsenden Zahl protestierender Opfer begannen die Gerichte wohl ab Mitte des 18. Jahrhunderts, die Legitimität der Spottrituale grundsätzlich zu bestreiten. Als Relikte eines Systems der sozialen Kontrolle – »angemessen für die Wilden, die früher in diesem Lande lebten«, schrieb der Präfekt der Hautes Pyrénées im Jahr XII der Revolution –, erzwangen die Charivaris gesellschaftliche Transparenz. Anders formuliert, sie enthüllten und bestraften unpassende Verbindungen und Verhaltensweisen in der Familie. Das Besitzbürgertum, aus dem sich die Richter oder die Kläger rekrutierten, schien jedoch mehr und mehr der Ansicht zuzuneigen, hier habe die Familie ohne jede Einmischung von außen zu entscheiden. Das Recht auf eine abgeschirmte Privatsphäre wurde vom Gesetz uneingeschränkt gebilligt.

Zahlreiche Fakten ebenso wie die Sprache, die wachsendes Bewußtsein von der neugewonnenen »inneren Freiheit« ausdrückt, stützen diese Interpretation. Dennoch fallen in den überlieferten Fällen einige weitere interessante Erscheinungen auf. Betrachten wir einmal die bevorzugten Adressaten des Spottes zwischen 1740 und 1790 in Limoux: Es sind ein Salzsteuer-Einnehmer, ein Experte für Feudalrecht, ein Staatsanwalt des Gerichtsbezirks, ein Inspektor für öffentliche Bauarbeiten. Sie alle verwahrten sich heftig dagegen, in ihrem Status als Ehemänner oder Väter kritisiert zu werden. Jeder von ihnen verfügte über Privatbesitz, und sie konnten mit Feder und Papier umgehen. Vertreter staatlicher Legalität und daher versiert in juristischen Angelegenheiten, scheuten sie die Auseinandersetzung nicht und provozierten den Widerstreit zwischen alten Riten und moderner Verwaltungs- und Rechtsprechungspraxis. So wie einst jede Familie früher oder später mit einem Charivari hatte rechnen müssen, so geriet man nun in Konflikt mit der Staatsmacht.

Die Macht des Priesters

Auf dem Land verlagerte sich die Auseinandersetzung auf eine andere wichtige Gestalt: den Pfarrer. Ausgebildet in den Seminaren der Gegenreformation, die einheitliche Anschauungen von Religiosität und Sitten lehrten, waren die Priester natürlich gegen alle traditionellen Formen der Verhöhnung eingestellt. Der Pfarrer wetterte im Namen des »Familienfriedens« gegen Charivaris, gegen die Verhöhnung im Karneval und – im Vivarais zum Beispiel – gegen das Aufstellen von Maibäumen mit phallischen Symbolen vor der Tür der Mädchen. 1780 schützte der Pfarrer von Burzet sogar ein Brautpaar vor einem drohenden Charivari, indem er auf die dreimalige Verlesung des Aufgebots verzichtete und die Trauung heimlich in der Nacht vollzog. Die Bräuche der Jugend wurden insgesamt verworfen, so auch alle Formen von Abgaben, die etwa bei einer Hochzeit erhoben wurden: »Sobald jemand heiratet, fordern sie [die jungen Leute], daß man ihnen Essen und Trinken bezahlt. Weigert sich das Brautpaar, lassen sie sich in einer

Wirtschaft nieder und zechen und schmausen dort fröhlich auf seine Kosten. Sie belästigen und beleidigen die Eheleute so lange, bis sie schließlich bezahlen.« (Saint-André, Lodève, 1749)

Manche Pfarrer legten ein detailliertes Verzeichnis der »Geldforderungen«, »Skandale«, »Tumulte« und »Gottlosigkeiten« der Jugend an: »Sie äffen feierliche Zeremonien nach und kümmern sich keinen Deut um Zurechtweisungen. Sie tanzen verkleidet durch das Dorf und feiern Karneval am Aschermittwoch. Während der Messe dringen sie in den Altarraum ein und drängen sich bei Prozessionen zwischen Kreuz und Priester, als gehörten sie selbst zum Klerus; sie stellen sich mit dem Rücken zum Altar, lachen und schwatzen während der Messe und klopfen auf die Bänke. An Feiertagen oder bei Hochzeiten feuern sie Pistolenschüsse ab, tanzen vor dem Kirchportal auf dem Sockel des Kreuzes und singen obszöne Lieder, sogar vor dem Religionsunterricht oder im Advent.« (Neffiès, Béziers, 1769) Fraglos handelte ein Dorfpfarrer, der aus innerer Überzeugung gegen unorthodoxe Bräuche auftrat, in Übereinstimmung mit seinem religiösen Ideal. Doch auch sein gesellschaftlicher Ehrgeiz und die soziale Stellung, die er tatsächlich innehatte, veranlaßten ihn wohl, den Anspruch der Jugendlichen, im Namen der Gemeinde über »die Moral zu wachen«, zu bekämpfen.

Vom Ende des 17. Jahrhunderts an nahm der Pfarrer auf dem Dorf zwei gleichermaßen wichtige Funktionen wahr. Neben seinem Priesteramt, das er nun dank seiner höheren Bildung kompetent versah und zu dem mehr und mehr auch die Aufsicht über die Volksschule gehörte, wurde er Repräsentant der Monarchie im Dorf.[22] Ab 1667 führte er Tauf-, Heirats- und Sterberegister, und mit der Bestimmung von 1737, die Eintragungen doppelt anzufertigen, wurde die generelle Verbreitung dieser Register erwirkt. Auch sonstige Daten wurden von ihm verlangt. In protestantischen Regionen überwachte der Pfarrer die Konvertierten, manchmal denunzierte er sie auch. Anstelle der »consuls«, in Südfrankreich häufig Analphabeten, setzte er die Höhe der Steuern fest. Am Ende der Messe verlas er Dekrete und Verordnungen des Provinzgouverneurs von der Kanzel. Dank dieser doppelten Mission – politisch und religiös – konnte er die Ordnung in der Familie, deren Normen er festlegte, aus nächster Nähe beobachten. Er prangerte Ehebruch, wilde Ehen und außereheliche Schwangerschaften an, gelegentlich bahnte er sogar Ehen an, auf jeden Fall tat er seine Meinung dazu kund. Sein Urteil konnte Schande bedeuten – lasterhaften Gemeindemitgliedern verweigerte er die Kommunion, »Freigeister« durften nicht auf dem Friedhof beerdigt werden, jungen Mädchen, die gerne tanzten und flirteten, nahm er persönlich die Beichte ab. Die meisten Pfarrer hatten den Ehrgeiz, zum Beichtvater der Dorffrauen zu werden, vor allem derer aus gutem Hause. Manchmal forschte der Pfarrer sogar die Intimsphäre aus, zum Beispiel, indem er nach den »verderblichen Geheimnissen« der Empfängnisverhütung fragte oder »die Tochter des Schloßherrn, sein achtzehnjähriges Beichtkind (sie verbrachte drei Stunden im Beichtstuhl und klagte ihre Familie an), mitten in der Nacht ins Kloster schickte, da er sie durch die maßlose Zuneigung ihres alten und eifersüchtigen Vaters bedroht glaubte«. (N. Castan)

Was die auffällig große Zahl von Intellektuellen und Vertretern der »staatlichen Kontrolle« unter den Opfern von Charivaris in der Stadt bereits vermuten ließ, wird durch die Spannung im Dorf bestätigt und erklärt. Die rituelle Bestrafung richtete sich im 18. Jahrhundert mehr und mehr gegen ihre hartnäckigsten Widersacher, in erster Linie den Priester. Meist seit langem in seiner Pfarrei verwurzelt, war der Dorfpfarrer Oberhaupt einer großen Familie von Schwestern, Brüdern, Nichten und Neffen, deren Erziehung er überwachte und die er in vorteilhaften Stellungen unterbringen wollte. Erbittert verteidigte er die Ruhe und Beschaulichkeit seines Lebens, die er dem öffentlichen Trubel, vor allem der jungen Männer, entgegensetzte: »Am letzten Montag, es war das Pfingstfest, kamen sie auf ihre übliche Art und Weise herbei, trommelschlagend und Farandone [sic] tanzend. Ich las gerade im Erdgeschoß meines Hauses im Brevier, aber ich konnte mich nicht mehr darauf konzentrieren: ich gehe hinaus, um sie auf die Heiligkeit meiner Beschäftigung hinzuweisen, und als einzige Antwort auf meine Bitten und Ermahnungen sagen sie, ich sollte mich an ihren Hintern wenden, und sie unterstrichen ihre Worte mit den entsprechenden Gesten.« (Estesargues, Uzès, 1774)

Aufgrund seines Engagements für die öffentliche Ordnung und die Freiheit der Familie gewann der Pfarrer freilich selbst eine diskrete Kontrollmacht. Dabei gebrauchte er seine administrative Gewalt ebenso wie seine geistliche Überzeugungskraft; er steckte eine »Privatsphäre« ab, die jedoch seinem Blick offenstand.

Die Autorität des Dorfpfarrers über seine Schäflein setzte außer seiner steten neugierigen Anwesenheit die regelmäßige Erneuerung seiner Legitimität voraus. Gelegenheit dazu boten die pfarramtlichen Besuche des Bischofs, der die Ordnung in der Pfarrei und die Strenge seines Pfarrverwesers kontrollierte. Dabei firmte der Bischof auch die Erstkommunikanten.
(Wandmalerei auf Holz, 1705. Chapelle de Saint-Tugen-en-Primelin, Finistère)

Die Rache des Brauchtums

Diese Entwicklung ging nicht ohne Reibungen und Konflikte vonstatten. Zunächst schienen die Familien ihre Bedeutung mißverstanden zu haben. Das Streben nach Autonomie ging im bürgerlichen und verbürgerlichten Milieu in der Tat Hand in Hand mit der Sehnsucht nach der Wiederherstellung väterlicher Autorität. Insbesondere in Südfrankreich behielt der Vater lange die absolute Autorität über die Familie, die ihren Ausdruck in verschiedener Weise finden konnte: in der autokratischen Leitung der Geschäfte, in der Wahl des Erben oder im feierlichen Ritual der Mündigsprechung, das Notare im Lodévois noch im 18. Jahrhundert protokollierten. Der Kampf gegen Zügellosigkeit, in dem manche Väter mißratene Söhne sogar mittels einer »lettre de cachet«[23] einsperren ließen, knüpfte zweifellos an die moralischen Bestrebungen der Kirche an, ohne daß man sich deshalb der Herrschaft des Pfarrers gebeugt hätte. Seine Macht löste daher heftige Reaktionen aus, die zu Faktionszwisten (deren treibende Kraft er war) oder hinterhältigen Denunzierungen führten; im 18. Jahrhundert standen Pfarrer wiederholt unter der Anklage sexueller Vergehen vor dem Diözesangericht.

Weitaus spektakulärer reagierte die Jugend, deren Rituale nun auf dem Index standen. Pfarrer wurden mit sämtlichen Mitteln des Spottes verfolgt – man hämmerte nachts gegen ihre Tür, plünderte die Pfarrgärten, sang beleidigende Lieder, bewarf Pfarrhäuser mit Steinen und stieß bisweilen höchst ernsthafte Drohungen aus. In Aramon am rechten Rhôneufer waren die Jugendlichen in den Jahren nach 1780 besonders wild. Im Karneval inszenierten sie ein Charivari gegen ein jungverheiratetes Paar und drohten dem Ehemann in einem Lied, ihn rückwärts auf einem Esel reiten zu lassen; der Pfarrer predigte von der Kanzel herab gegen die Tumulte. Angesichts der Reaktionen gab er jedoch klein bei. Das Mißgeschick eines seiner Vorgänger bewog ihn zur Vorsicht. Der Amtsbruder hatte die Jugendlichen mit seinem Tadel bis ins Wirtshaus verfolgt, dieser unausrottbaren Lasterhöhle: »Drei oder vier junge Leute packten ihn, fesselten ihn und trugen ihn auf den Schultern zur Rhône, um ihn hineinzuwerfen: einer von ihnen ließ sich durch sein Schreien rühren, und sie banden ihn los [. . .], sie ließen ihn schwören, ihre Namen nie zu verraten, was er auch hielt.«

Diese Kampfansage an die Tradition blieb indes nicht ohne Auswirkungen auf Ursachen und Formen der Rituale, die durch ihre Veränderung die Schärfe der Auseinandersetzung bestätigten. Das überkommene »Kontrollrecht« hatte sich strikt auf das Verhältnis der Geschlechter in der Ehe beschränkt. Vor der Ehe, in der Ehe und nach der Ehe wurden die Geschlechterbeziehungen überwacht, beurteilt, ausposaunt und notfalls bestraft. Eine Verletzung der Normen konnte natürlich nur dann mit Sanktionen belegt werden, wenn sie publik wurde. Verstöße vor oder nach der Heirat blieben ungeahndet, wenn sie diskret begangen wurden; nur die Hochzeit selbst bot Angriffsflächen für den kritischen Blick der Öffentlichkeit. Die Kontrolle der Kirche freilich reichte weiter, und da sie nicht nur gegen die überlieferten Sanktionsformen auftrat, sondern zugleich mit ihnen konkurrierte, erweiterten auch die Volksbräuche ihren Einflußbereich und prangerten Lebensweisen an, die sich ihrer Kritik im Prinzip entzogen. Ein Charivari in Aramon, das 1781 auf den vereinten erbitterten Widerstand von Ehemann und Pfarrer traf, führte zu überaus detaillierten Enthüllungen. Der Ehemann habe »versucht, mehrere Frauen zu entehren, die sich darüber beklagt haben«; ein Lied schilderte haarklein die mißlichen Erlebnisse seiner Nachbarin und einer Wäscherin; seine Frau, eine Dienstmagd, die »ihr Geld nicht damit verdient hat, die Beine zusammenzupressen«, habe ein Kind von ihrem verstorbenen Herrn gehabt, das bei der Geburt gestorben sei, außerdem habe sie seinen Nachlaß unterschlagen ... Im selben Jahr sangen in Limoux mehr als hundert Menschen, angeführt von »acht oder neun jungen Leuten, Kanzleigehilfen, Manufakturlehrlingen und Ladenjungen im Alter von fünfzehn bis zwanzig Jahren«, vom Karneval bis in den Sommer hinein Spottlieder über die Tochter eines Notars, weil die junge Dame allzu häufig ihre Freundin, die Tochter eines Viehfutterhändlers, besuchte.

So wie die Kirche drang nun auch die öffentliche Moral immer tiefer in die Geheimnisse des privaten Lebens ein, im 19. Jahrhundert erreichte dieser Prozeß seinen Höhepunkt. Auch das deutsche Gegenstück zum Charivari, das Haberfeldtreiben, mischte sich zunehmend in die Lebensverhältnisse der Menschen ein: »Zu den dominierenden Vorwürfen von Unmoral, Ehebruch und verbotenen Liebesbeziehungen kommen nun auch Homosexualität, Inzest und Polygamie; nach 1870 erweitert sich der Katalog noch um die Sodomie.« (E. Hinrichs) In der Gascogne ebenso wie in Deutschland spionierte man das Sexualleben des Pfarrers und des Lehrers aus, der beiden Repräsentanten politischer und moralischer Macht im Dorf.[24] Man erfand sogar ein neues Ritual, das sich unmittelbar gegen sie richtete: Man streute nachts Efeu, Federn, Sägemehl oder käferzerfressene Bohnen zwischen den Haustüren des verbotenen Liebespaars aus – eine Variante der entehrenden Maibräuche, die das Blumenstreuen zu Ehren von Brautpaaren oder anderen Jubilaren umkehrte. Diese anonym geübte Kritik, ein Delikt, mit dem die Gesetzeshüter nicht gerechnet hatten, enthüllte die Geheimnisse derer, die selbst alle Geheimnisse der anderen kannten und überwachten.

Anmerkungen

1 Archives cantonales, im folgenden abgekürzt als A. C., Carcassonne, FF1.

2 C. Karnoouh, »Le charivari et l'hypothèse de la monogamie«, in: *Le Charivari*, J. Le Goff und J.-C. Schmitt (Hrsg.), Paris 1981, S. 33–44.

3 Diese »Ökonomie der Ehe« ist ein Aspekt der Untersuchung über Charivaris von C. Lévi-Strauss, *Mythologica I. Das Rohe und das Gekochte*, Übs. E. Moldenhauer, Frankfurt/Main 1971.

4 Archives départementales, im folgenden abgekürzt als A. D., Var, Justice seigneuriale de Varages, Mai 1788.

5 Privatarchive; Auszüge aus der *Chronologiette* sind veröffentlicht bei E. G. Léonard, *Mon village sous Louis XV*, Paris 1940.

6 C. Daugé, »Une azoade à Coarraze en 1762«, in: *Bulletin de la société de Borda*, Bd. XLV, 1921, S. 107–115.

7 Von Marie Blanque, einer »aurostèra« im Béarn des ausgehenden 18. Jahrhunderts, sind uns eine Reihe von »Leichenpredigten« überliefert. Vgl. M.-C. Salles, *La Poésie populaire en vallée d'Aspe*, Orthez 1980, S. 96–106; zu Grabreden vgl. E. de Martino, *Morte e Pianto rituale*, Boringhieri 1975.

8 A. D., Aude, B 1210.

9 A. D., Hérault, C 6851.

10 A. D., Aude, B 2641.

11 L. Junod, »Le charivari au pays de Vaud dans le premier tiers du XIXe siècle«, in: *Schweizerisches Archiv für Volkskunde*, Bd. XLVII, Basel 1951, S. 114–129.

12 Die folgenden Fälle werden aus den kommunalen Archiven in Limoux zitiert, die ich für den Zeitraum von 1740 bis 1790 vollständig ausgewertet habe, sowie aus Klagen und Eingaben an die Militärkommandantur der Provinz (A. D., Hérault) und einer umfassenden Untersuchung nicht-klassifizierter Gerichtsdokumente (A. D., Aude).

13 M. Agulhon hat diese Diskrepanz zwischen der Jugend als städtischer Institution und dem tatsächlichen Benehmen von Jugendlichen in seiner Untersuchung der Polizeiarchive von Toulon (1774–1779) festgestellt; siehe *Pénitents et Francs-Maçons de l'ancienne Provence*, Paris 1968, S. 62. Zur Jugend im Poitou vgl. N. Pellegrin, *Les Bacchelleries dans le Centre-Ouest*, Poitiers 1983.

14 Vgl. *Le Jeu au XVIIIe siècle*, Aix-en-Provence 1976.

15 Vgl. A. Burguière, »Pratique du charivari et répression religieuse [...]«, in: *Le Charivari*, a. a. O., S. 179–196. Eine Bestandsaufnahme ziviler Urteile fehlt bisher, für einige rückblickende Bemerkungen siehe J.-L. Sourioux, »Le charivari. Etude de sociologie criminelle«, in: *L'Année sociologique*, Paris 1962, S. 401–414.

16 M. Ingram, *Le Charivari*, a. a. O., S. 253.

17 Vgl. zu diesen Strafritualen P. Saintyves, »Le Charivari de l'adultère et les courses à corps nus«, in: *L'Ethnographie*, Paris 1935, S. 7–36, sowie R. Pinon, »Qu'est-ce qu'un charivari?«, in: *Kontakte und Grenzen*. Festschrift für G. Heilfurth zum 60. Geburtstag, Göttingen 1969, S. 393–405.

18 Das Plädoyer ist abgedruckt in *Plaidoyers et Actions graves et éloquentes de plusieurs fameux avocats du parlement de Bordeaux* [...], Bordeaux 1646, S. 197–208.

19 Für Béarn vgl. C. Desplat, *Charivaris en Gascogne*, Paris 1982, S. 103. In *Le Charivari*, a. a. O., S. 197–206, hat N. Castan etwa 50 Fälle im Languedoc untersucht.

20 Vgl. zu diesen drei Fällen die Archives Départementales des Hérault, C6864 und 6666, 1778.

21 Zu dieser »Zügellosigkeit« vgl. C. Nicod, »Les ›séditieux‹ en Languedoc à la fin du XVIIIe siècle«, in: *Droit pénal et Société méridionale. Mémoires et Travaux publiés par la Société d'histoire du droit* [...], Montpellier 1971, S. 145–165. Bemerkenswerte Porträts junger Missetäter, die aufgrund eines »lettre de cachet« in der Festung Brescou bei Agde inhaftiert waren, finden sich bei G. Sarret de Coussuergues, *Une prison d'Etat au milieu du XVIIIe siècle*, Paris 1950. Das literarische Porträt eines ländlichen Lebemannes, der *Jean l'an prés* des Abbé Fabre, wird zitiert bei E. Le Roy Ladurie, *L'Argent, l'Amour, la Mort en pays d'oc*, Paris 1980.

22 Zur Rolle des Pfarrers am Ende des Ancien Régime vgl. N. Castan, *Les Cri-*

minels de Languedoc, Publications de l'université de Toulouse-Le Mirrail, Toulouse 1980, S. 127 f. und S. 146–158; ferner die laufenden Forschungen von A. Molinier, dargelegt in »En Languedoc: le curé de village (XVIIe–XVIIIe siècle)«, in: *Etudes sur Pézenas et l'Hérault*, XI, 1980-3, S. 59–65.

23 Eine »lettre de cachet« war »ein auf Anweisung des Königs ausgefertigtes Schreiben, das von einem Staatssekretär gegengezeichnet und mit dem königlichen Siegel versehen ist«. Zitiert nach A. Farge, M. Foucault, *Familiäre Konflikte: Die »Lettres de cachet«*, Übs. C. Paschold u. A. Gier, Frankfurt/Main 1989, S. 9.

24 Zu dieser neuen Festlegung der Grenzen von sozialer Kontrolle vgl. für Deutschland E. Hinrichs in: *Le Charivari*, a. a. O., S. 297–306, für die Gascogne D. Fabre und B. Traimond, ebd., S. 23–32.

Jan van Hoogstraten, *Die Pantoffeln*. Die Tür steht offen, die Schlüssel stecken im Schloß; drinnen und draußen waren in den Pariser Mietshäusern des 18. Jahrhunderts kaum getrennt. Auf der Schwelle wurden Neuigkeiten weitergegeben oder Gerüchte aufgebauscht.
(Paris, Louvre)

Arlette Farge

Familienehre und Familiengeheimnisse

Paris war wie eine Fata Morgana – diese Stadt zog ein Heer von Menschen an, die auf dem Land nicht mehr ihren Lebensunterhalt fanden, und drängte zugleich jene zurück, die nicht in der Lage gewesen waren, sich einzufügen, die ihre Illusionen verloren hatten. Ein endloses Kommen und Gehen herrschte zwischen Stadt und Land, da manche im Sommer zeitweilig aufs Land zurückkehrten, um auf dem Feld zu arbeiten. Die Einwohnerschaft fluktuierte daher in beständiger Migration, erhebliche Bevölkerungsteile waren mobil, weder durch feste Arbeit noch durch festen Wohnsitz gebunden. Paris war eine brodelnde Stadt, fasziniert geschildert von zeitgenössischen Chronisten und Memoirenschreibern, die sich genau bewußt waren, im Mittelpunkt des Trubels der Welt zu leben. »Muß man etwa die Hauptstadt zerstören, um das Land wieder zu bevölkern?« fragt sich Louis Sébastien Mercier in seinem berühmten *Tableau de Paris*[1], in dem er enthusiastisch die lebhafte, geschwätzige Bevölkerung »mit ihrem unversiegbaren Redestrom« preist.

Heute weiß man, daß die Zuwanderer aus den ärmsten sozialen Schichten kamen, ohne Geld und Obdach. Nicht die wohlhabenden Bauern gingen nach Paris, sondern Landarbeiter, Tagelöhner oder Jugendliche aus Savoyen und anderen Regionen, menschliche »Wanderherden«, wie Abel Poitrineau sie nannte.[2] Familien wurden auseinandergerissen, die einen gingen, die anderen blieben; manche kehrten wieder aufs Land zurück, doch die meisten beabsichtigten, ihre Familie später nachkommen zu lassen. Unterdessen hauste man in der Stadt und lernte andere Leute kennen. Manche lebten in wilder Ehe zusammen, da das Dasein so leichter zu meistern war. Die Rate der Kindesaussetzungen war bemerkenswert hoch[3], doch das Findlingsheim war eine höchst fragwürdige Bewahranstalt, wo Krankheiten und Kindersterblichkeit immer wieder furchtbare Verheerungen anrichteten. Säuglinge zu einer Amme aufs Land zu geben, war ganz einfach notwendig[4] – von 21 000 Kindern, die jedes Jahr geboren wurden, schickte man 20 000 auf eine befremdliche und gefährliche Reise; bezahlte Fuhrleute brachten sie auf Karren zu Ammen, die keinerlei elterlicher Kontrolle unterlagen.

Angesichts der Unsicherheit und Härte der Lebensbedingungen in der Stadt ist vermutet worden, in den unteren Volksschichten habe es kein Familienleben gegeben. Doch die Realität sieht anders aus. Schon

Ausgesetzte Kinder waren keine Seltenheit. Wohl lachte man manchmal über den, der ein Kind vor seiner Tür entdeckte, doch mußte es schnell dem Findlingsheim anvertraut werden. Von Zeit zu Zeit fanden sich bei dem Kind auch ein Taufname und einige Empfehlungen: Kindesaussetzung entsprang nicht immer freier Wahl. (Paris, Bibliothèque Nationale)

ein kurzer Blick in Polizeiarchive zeigt, daß die Lebensformen komplexer waren als gemeinhin dargestellt. Zwangsläufig entstand so eine ungewöhnliche Beziehung zwischen privater und öffentlicher Sphäre.

Die städtische Familie

Die Familie existierte in der Tat, obwohl zumeist nicht mehrere Generationen von den Großeltern bis zu den Enkelkindern unter einem Dach lebten.[5] Sie mochte zersplittert sein, doch aus Zeugenaussagen und Vernehmungen bei der Polizei geht hervor, daß die Familie im Bewußtsein stets gegenwärtig war. Selbst unter den Ärmsten gab es wenige, die keine Familienangehörigen in der Nähe hatten. Einige bedeutsame Ereignisse im 18. Jahrhundert liefern Belege dafür. Am 30. Mai 1770 wurde in Paris mit königlichem Prunk und Volksfesten die Hochzeit des Dauphin gefeiert.[6] Dem Aufruf des Königs folgend, ging das Volk auf die Straßen, um das Feuerwerk auf der Place Louis XV. zu beobachten, das beeindruckender als das vor dem Rathaus sein sollte. Doch einige Kutscher suchten sich rücksichtslos einen Weg durch das ungeheure Gedränge zu bahnen. Eine Katastrophe war die Folge. Hundertzweiunddreißig Menschen erstickten in der Menge oder wurden bei der

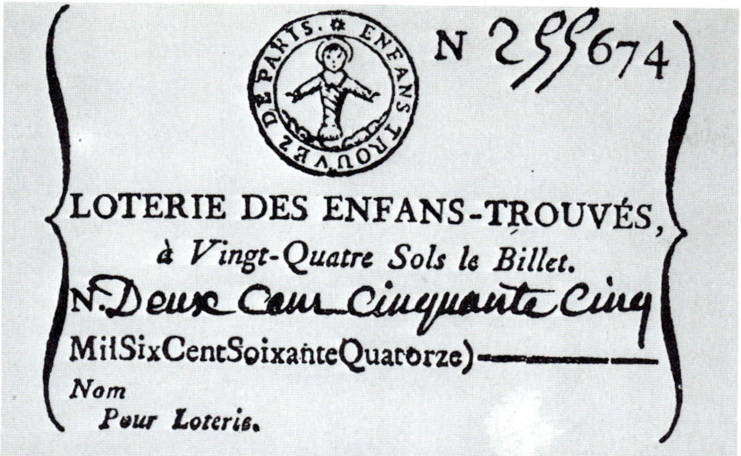
N 255674
LOTERIE DES ENFANS-TROUVÉS,
à Vingt-Quatre Sols le Billet.
N. Deux Cent Cinquante Cinq
MilSixCentSoixanteQuatorze)
Nom
Pour Loterie.

BILLET DE LOTERIE POUR LES ENFANTS TROUVÉS

panischen Flucht niedergetrampelt. Man bahrte die Leichname auf dem Friedhof von La Madeleine La Ville-l'Evêque auf, wo sie von Nachbarn, Freunden oder Verwandten identifiziert werden sollten. Drei Viertel der Toten wurden von Familienmitgliedern erkannt; wenige Menschen in Paris waren ganz und gar allein.

Noch ein anderes historisches Ereignis, in der Geschichtsschreibung besser bekannt, bestätigt die Kraft des Familienlebens. Die Verurteilten des Revolutionstribunals schrieben vor dem Tag ihrer Hinrichtung Abschiedsbriefe. Diese Briefe wurden vom Öffentlichen Ankläger Fouquier-Tinville für seine Akten in den *Archives nationales* beschlagnahmt[7]; manche stammten von einfachen Leuten, die lediglich durch krumme Geschäfte mit der Revolution in Konflikt geraten waren. Fast immer waren diese Briefe an ein Familienmitglied gerichtet: an die Ehefrau, den Bruder, die Schwester oder das Kind. Offenkundig gab es die Familie, obschon sie nicht immer unserem heutigen Bild von der Gemeinschaft eines Ehepaars mit Kindern entsprach.

Die Familie lebte jedoch nicht auf sich selbst zurückgezogen. Manchmal auseinandergerissen, aber dennoch in engem Kontakt, war sie ständig fremden Blicken ausgesetzt. Sie kannte keine »Intimität« in unserem heutigen Verstande. Da sie nicht auf sich allein gestellt bestehen konnte, war sie zwangsläufig nach außen offen. Familienstamm, Erbfolge, Grundbesitz, Erbschaften, Erstgeburtsrecht und Geblüt waren Probleme des Adels oder der durch Ämter nobilitierten Großbourgeoisie. Das Volk lebte anders, stets der Kontrolle von außen ausgesetzt. Die Familie war ein Teil des vielmaschigen Beziehungsnetzes, das allein die gegenwärtige wie die zukünftige Existenz sichern konnte.

Die einfache Familie war von einem System äußerer Abhängigkeiten durchdrungen, ja, geradezu auf es gegründet. Sie war gekennzeichnet durch die tägliche Konfrontation mit anderen in einem Geflecht aus solidarischen und feindlichen Beziehungen, die sich aus dem jeweiligen sozialen Kontext ergaben.

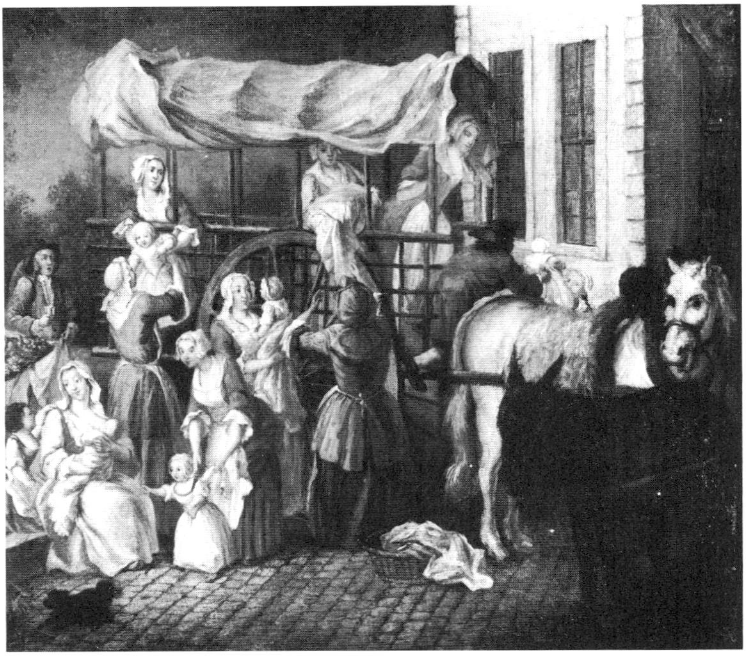

Etienne Jeaurat, *Die Ankunft der Ammen*. Wenn die Ammen zurückkehrten, kam es vor, daß die Eltern, die den Transport erwarteten, ihre Kinder nur an der Wäsche erkannten. (Laon, Musée municipal)

Das Mietshaus, eine öffentliche Bühne

Die Wohn- und Lebensbedingungen übten nicht nur erheblichen Zwang aus, sie erzeugten auch eine spezifische Pariser Lebensweise. Im allgemeinen lagen die großen Mietshäuser in engen, schmutzigen, stikkigen Straßen. Sie waren vollgestopft vom Keller bis zum Dach, denn die Besitzer wollten noch aus der kleinsten Nische Profit schlagen. Überall waren Durchgänge, Speicherräume, Gänge von der Werkstatt zum Hof, »quarrés«, das heißt Balkone, die um den Innenhof liefen. Manchmal gab es dort Wasseranschlüsse, und jedes Stockwerk hatte seine Latrinen, kurz, die Hausbewohner befanden sich fast ständig auf dem Präsentierteller. Im 18. Jahrhundert lebten die bessergestellten Bürger noch nicht im Westen der Stadt oder in repräsentativen Privathäusern, sondern häufig in enger Nachbarschaft mit den unteren Volksschichten: Die Reichen bewohnten die vornehmen Etagen, normalerweise vom ersten bis zum vierten Stock; darunter und darüber hausten Arbeiter und Lohnabhängige in abgeteilten kleinen Wohneinheiten; im Erdgeschoß war oft eine Werkstatt oder ein Laden untergebracht, vielleicht mit Auslagen auf der Straße. Im Zwischengeschoß direkt über den Arbeitsräumen befand sich ein Abstellraum, der zugleich als Schlafzimmer für Lehrburschen und Gesellen diente und direkt über eine Leiter zugänglich war. Am Laden entlang verlief ein Korridor, durch den die Bewohner auf den Hof und zu den höheren Stockwerken gelangten, der aber auch Passanten Zugang zu Hinterhof-Gebäuden bot; nachts wurde dieser Gang verschlossen. Ein Treppenhaus (manchmal auch mehrere) mit Fenstern führte hinauf zu den oberen Etagen;

von jedem Treppenabsatz aus erreichte man abgeteilte Wohnungen und Zimmer, die zu unterschiedlichen Preisen vermietet wurden. Manche Räume waren untereinander verbunden; zudem war es Brauch, daß die Türen, die zu anderen Wohnungen oder hinaus auf den Gang führten, offenstanden. Man konnte von Zimmer zu Zimmer gehen oder von dort auf eine andere Treppe, einen anderen Korridor gelangen. Ganz oben lagen Speicher und Dachkammern, in denen es im Winter kalt und im Sommer heiß war. Dort hausten zahlreiche Arbeiter, die häufig wechselten. War der Kaufmann oder Handwerker im Erdgeschoß wohlhabend genug, gehörten ihm diese Räume, die er an seine Angestellten untervermietete; ansonsten wurden diese Verschläge oder möblierten Kammern für zwei oder drei Sous pro Nacht feilgeboten. Meist teilten sich mehrere Personen einen Raum, schliefen auf Matratzen oder Strohsäcken auf dem Boden und versteckten ihre wenigen Spargroschen unter dem Bettzeug.[8] Solche Mietshäuser waren eine öffentliche Bühne, auf der manche posierten und andere sich zankten – nichts blieb verborgen. Ehekrach, heimliche Liebesaffären, laute Mieter, unruhige Kinder – jeder wußte und hörte alles. Verhalten und Gewohnheiten waren davon geprägt.

Straße und Werkstatt

Das Arbeitsleben war ähnlich transparent; unzählige Berufe wurden auf der Straße ausgeübt und prägten auf originelle Art das Stadtbild von Paris. Kesselflicker, Kuchenbäcker, Zahnärzte, Blumenbinder oder Haushaltswaren-Händler trugen ihre Arbeitsutensilien auf dem Rük-

30. Mai 1770: Hochzeit des Dauphin mit Marie-Antoinette. Mitten in den Festlichkeiten geschah die Katastrophe. In der Rue Royale erstickten 132 Personen im Gedränge, das die Polizei wohl hätte verhindern können.
(Paris, Bibliothèque Nationale)

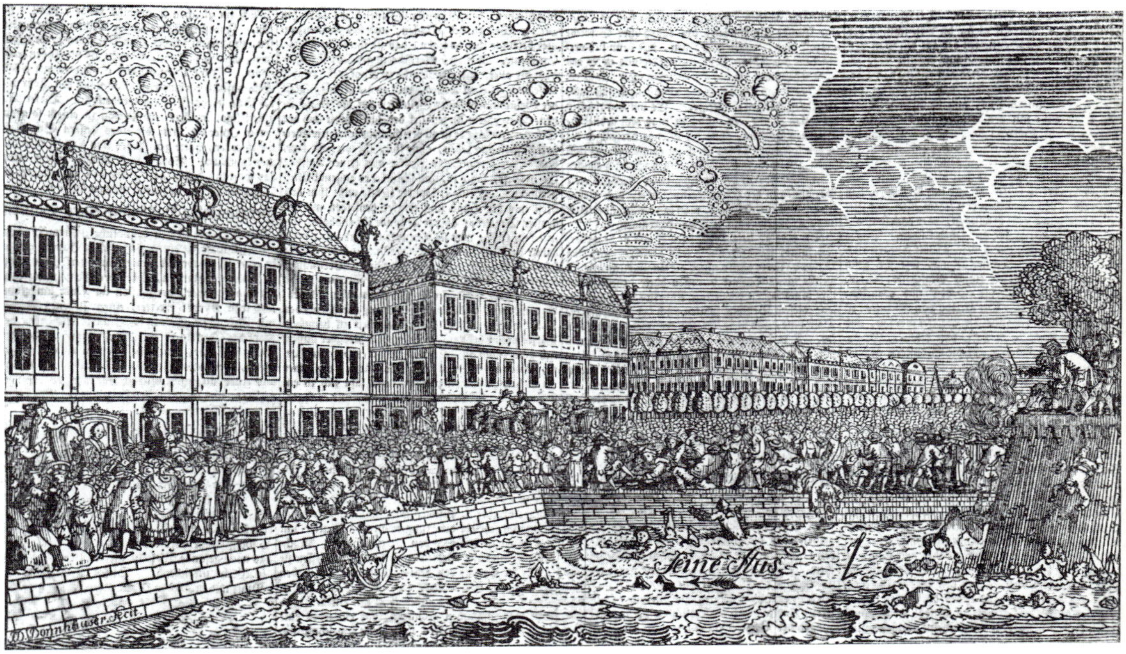

Pieter Bruegel, *Markt*. Die Straße ist voll von Verkaufsbuden und Werkstätten, die nach außen offen sind. Um gute Geschäfte zu gewährleisten, war es wichtig, einen guten Platz, etwa an einer Kreuzung, zu haben. (Aix-en-Provence, Musée des Beaux-Arts)

ken und wanderten von Viertel zu Viertel. Für sie war es entscheidend, stets sichtbar und leicht erkennbar zu sein (jeder trug die Tracht seines Berufes), damit man sie rasch herbeirufen konnte. Man suchte sie nicht, sie machten mit schrillem Geschrei auf sich aufmerksam. Bekannt im ganzen Viertel, fanden sie ihre Kundschaft auf der Straße. Manche hatten einen festen Platz an einer Kreuzung oder unter einem Portal. Auch Laufburschen, Lastträger oder Kaminkehrer verdienten ihr Geld häufig auf diese Weise.

Die Werkstatt, der traditionelle Arbeitsraum der Handwerker und ihrer Gesellen und Lehrlinge, nahm eine mittlere Position zwischen drinnen und draußen ein. Auslagen und Werkbänke erstreckten sich bis hinaus auf die Straße. Kundschaft und Gesellen konnten sich den ganzen Tag lang unterhalten. Die Angestellten, alles andere als abgeschnitten von der Welt, waren rasch auf dem laufenden über Ereignisse im Stadtviertel, was dem geselligen Verkehr mit Passanten ebenso wie dem Zusammengehörigkeitsgefühl förderlich war. Jeder erfuhr von Streitigkeiten zwischen Meister und Gesellen, und Passanten erkannten auf den ersten Blick, welche Werkstätten gut oder minder gut geführt waren. In einer solch engen Nachbarschaft spielte die Konkurrenz natürlich eine große Rolle. Viele Meister beauftragten sogar ihre Lehrlinge, vom Fenster aus die Kunden des Nachbarn auszuspionieren, damit man sie leichter in den eigenen Laden locken konnte, wenn sie vorbeikamen.

Zwischen Familienleben, Mietshaus und Arbeitswelt zeichnet sich eine vertraute Gestalt ab, die eine überaus wichtige Rolle spielte: das

Kind. Im Alter von zehn bis sechzehn Jahren führte es bereits ein relativ eigenständiges Leben, ohne die Spiele und Vergnügungen der Kindheit ganz aufzugeben. Da Kinder frühzeitig in die Lehre gegeben wurden oder den Eltern bei der täglichen Arbeit halfen, kannten sie den Rhythmus der Arbeit, ihre Härte und ihre Zwänge. Noch nicht völlig unabhängig von der Familie, waren sie ein zusätzliches soziales Bindeglied zwischen den verschiedenen Lebensbereichen. In gewisser Weise gehörten Kinder der ganzen Nachbarschaft. Man schickte sie auf Botengänge und ließ sich die vielfältigsten Dienste von ihnen erweisen. Andere Kinder lernten unter der Aufsicht des Meisters die unliebsamen Wechselfälle der Lehrzeit kennen. Sie alle bewegten sich mit erstaunlicher Leichtigkeit zwischen den einzelnen Bereichen und Gemeinschaften hin und her und nahmen sowohl am öffentlichen wie am privaten Leben teil. Nachbarn, Handwerker, Kaufleute, Pfarrer und Diakone – sie alle behielten das heranwachsende Kind im Auge.

Das Stadtviertel war allerdings nicht nur ein geographischer Raum. Es war ein autonomes Milieu mit eigentümlichen Regeln und Gesetzen, ein Ort, an dem jeder jeden beobachtete. Verschiedene Vertreter der Obrigkeit wachten über ihm: der Hauptkommissar und seine Helfer[9], der Gemeindepfarrer und seine Meßdiener und Diakone. Bedeutsame Repräsentanten der Moral, standen sie für Ordnung und Wohltätigkeit ein; bei ihnen suchte man Autorität oder Verständnis, Strenge oder Nachsicht. Gut informiert über alle Vorgänge im Viertel, waren sie stets gegenwärtig und Partner für alle Bürger. In manchen Angelegenheiten kooperierten sie sogar; der Kommissar konnte sich etwa beim Pfarrer nach einem verdächtigen Bewohner erkundigen. Jeder im Volk wußte das, und in Polizeiakten findet man zahlreiche Leumundszeugnisse, die vom Pfarrer ausgestellt worden sind. Die Kommissare waren die Augen und Ohren des Stadtviertels, und der Generalleutnant der

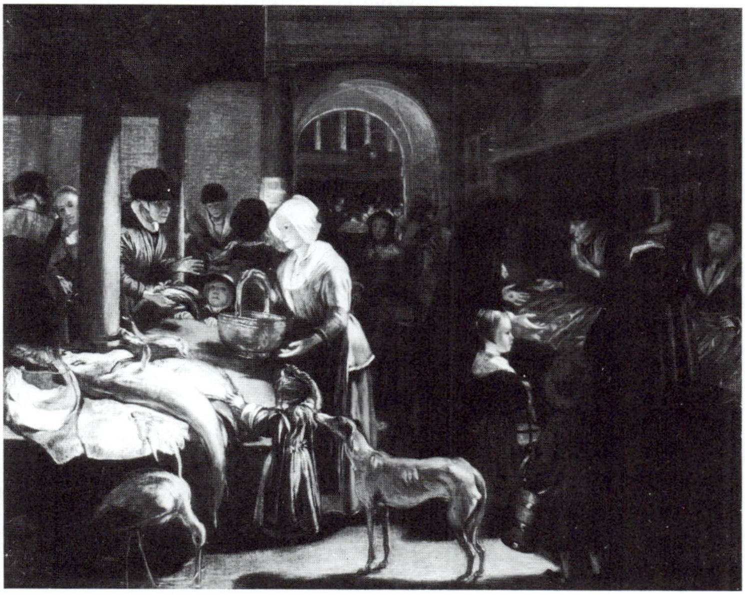

Emmanuel de Witte, *Fischmarkt*. Am Marktstand wurde nicht nur gekauft, sondern auch diskutiert: Der städtische Raum beförderte Austausch, Zusammenhalt und Konflikt.
(Lugano, Sammlung Thyssen-Bornemisza)

Das Leben im Stadtviertel war bestimmt von der Kontrolle, die jeder über jeden ausübte. (Paris, Bibliothèque Nationale)

Polizei achtete darauf, daß sie überall zugegen waren und Bescheid wußten. Beim geringsten Zwischenfall eilten sie herbei; Inspektoren und Spitzel trugen ihnen alle Gerüchte und üblen Absichten zu, die in Straßen, Herbergen, Wirtshäusern und am Brunnen laut wurden.

Vor einem derartig bewegten Hintergrund, wo öffentliches und privates Leben miteinander verschmolzen waren, wo man ebenso draußen wie drinnen lebte und ständig unter der Kontrolle der Mitmenschen stand, war die Ehre ein entscheidendes Gut und unverzichtbar.

Die Ehre: ein privates und öffentliches Gebot

Die Ehre der Armen

Seit langem wurde die Ehre als wesentliches Gut betrachtet, das fast ebenso kostbar war wie das Leben selbst. Sie mußte um jeden Preis geschützt werden. Zu Beginn des 16. Jahrhunderts verfaßte der königliche Richter Jean de Mille, eine der wichtigsten Persönlichkeiten der Justiz unter Franz I., einen langen Text mit dem Titel *Pratique criminelle*, der sich an seine Amtskollegen richtete. In der Widmung an den König schreibt er: »Vor einiger Zeit habe ich es mit einer Reihe von

Fällen zu tun gehabt, die mir gelegentlich zufielen, Fälle sowohl in der Stadt [. . .] wie in den Provinzen. Nach Hause zurückgekehrt, habe ich versucht, sie in einem Korpus zu sammeln und zu ordnen. Vor allem habe ich mich mit Verbrechen gegen Personen befaßt; der Verlust eines Guts, eines Vermögens kann immer auf die eine oder andere Weise wiedergutgemacht werden, der Verlust der *Ehre* oder des *Lebens* niemals.«[10]

Ehrverlust, vergleichbar mit dem Tod, ist ein vertrautes Thema in Schriften über weltmännisches Betragen aus dem 12. und 13. Jahrhundert. In seinem *Traité du point d'honneur* schreibt Courtin über die Ehre: »Sie verleiht dem Menschen Wert und Ansehen; sie liegt Treu und Glauben zugrunde, auf sie schwört man; sie triumphiert über alle Schmähungen des Schicksals und alle Angriffe der Welt; sie allein macht glücklich; sie schließlich ist es, die man sogar dem Leben vorzieht, das teuerste, wertvollste und heiligste Gut der Menschen.«[11]

Die Ehre war nicht den Großen vorbehalten, sondern ein Wert, auf den sich Menschen aus dem Volk mit Nachdruck beriefen: »Fragen Sie den ersten besten, was es heißt, Ehre zu besitzen, und er wird antworten, daß es heißt, ein gutes Herz zu haben. Fragen Sie, was es heißt, ein gutes Herz zu haben, und er wird sagen, ein gutes Herz bedeute, daß man eher bereit sei zu sterben, als eine Beleidigung hinzunehmen«, schreibt ebenfalls Courtin. Eine tödliche Beleidigung war nicht eine abstrakte Vorstellung oder ein Begriff, sie war ein Gefühl und eine Überzeugung. Im 18. Jahrhundert schilderte der Generalleutnant der Polizei Lenoir in seinen Memoiren, wie eifersüchtig das Volk auf seine Ehre bedacht war: »Die Leitung der Polizei einer Großstadt, in der alle Kreise der Gesellschaft leben, wo sich Männer und Frauen fast immer unter der Kontrolle aller befinden [. . .], vermittelt eine Vorstellung davon, welche Macht üble Nachreden und Verleumdungen ausüben. Beleidigungs- und Verleumdungsklagen waren in Paris sehr häufig. Manche Leute suchten Genugtuung bei den gewöhnlichen Gerichten. Die meisten Pariser behelligten die Polizei mit ihren häuslichen Streitigkeiten und Ehrenhändeln.«[12]

Die Schreie von Paris. Hausierer und kleine Händler riefen auf der Straße laut ihre Waren aus, um von der Kundschaft wahrgenommen zu werden.
(Paris, Musée Carnavalet)

In diesen Zeilen spürt man die Verärgerung der Polizei über die steigende Zahl von Klagen, in denen es um Ehre und guten Ruf ging. Dennoch hatte Lenoir die Ursache des Problems begriffen: Wenn Männer und Frauen wie in der Stadt des 18. Jahrhunderts stets »unter Kontrolle« lebten, spielte das *Wort* eine allmächtige Rolle. Üble Nachreden und Verleumdungen riefen Kränkungen hervor und konnten schwerwiegende Konflikte auslösen.

Ein Ansatzpunkt für die Ehre war die Wechselbeziehung von Familie und Gemeinschaft, da kaum zwischen privater und öffentlicher Sphäre unterschieden wurde. Dank der allgegenwärtigen Kontrolle wußte man Bescheid über den anderen und hatte das Recht, über ihn zu sprechen. In Polizeivernehmungen stößt man immer wieder auf eine bezeichnende Formulierung: »Ich weiß, daß er . . .« Wissen und Strategien der Menschen stützten sich auf zwei weitere wichtige soziale Triebkräfte: die Kenntnis des Risikos und das Bewußtsein einer relativen Gleichheit angesichts der Unsicherheit, der jeder ausgeliefert war.

Die friedliche Familie besaß wenig außer ihrer Ehre, die von Verleumdungen und übler Nachrede der Nachbarn nicht beschmutzt werden durfte.
(Paris, Bibliothèque Nationale)

Gefahren gehörten zum Alltag in der Stadt. Stets drohten Krankheit, Unfälle, Verlust des Arbeitsplatzes, der Tod des Ehepartners oder der eigene Tod, und jeder war sich dessen bewußt. Real vorhandene oder im Bewußtsein gegenwärtige Risiken beeinflußten das Verhalten, sie erzeugten Trotz oder Resignation. Man konnte sich von der Gefahr überwältigen lassen oder mit ihr umgehen lernen, ihr die Stirn bieten oder die Last auf andere abwälzen, um sie von sich selbst abzulenken. Andere zu Fall zu bringen, konnte unter den Bedingungen allgemeiner Ungewißheit eine Chance und ein Mittel sein, selbst vorwärtszukommen.

Die niederen sozialen Schichten waren fest darauf bedacht, daß angesichts der allgemeinen ökonomischen und materiellen Unsicherheit die Gleichheit unter ihnen gewahrt blieb. Da es keine Möglichkeit zum heiß begehrten sozialen Aufstieg gab, kämpfte jeder darum, nicht unter einen Status zu sinken, den er für sich als angemessen erachtete. In diesem zerbrechlichen Gleichgewicht, stets unter der Aufsicht der anderen, reagierte jeder empfindlich auf die Kritik von Nachbarn oder anderen Beobachtern. Um jeden Preis mußte man kontrollieren, was gesagt oder gesehen wurde, um nicht Gefahr zu laufen, selbst zum Opfer zu werden. In einer Gesellschaft von »Gleichen« war es unerläßlich, sich der Achtung der anderen zu versichern.

Gleichzeitig besaßen die einfachen Leute ein ausgeprägtes Bewußtsein dafür, als Untertanen des Königs Teil einer indifferenten Masse zu sein: »das Volk«, »der Pöbel«, auf dem die unantastbare Macht des Königs beruhte. Doch in diesem Bewußtsein existierte ein Reservat der eigenen Ehre und des guten Rufs, das es ermöglichte, sich von der Masse abzuheben und individuelle Kontur zu erlangen. Der Status war stets gefährdet, da er von der Meinung der Nachbarn, der Kollegen, der Vorgesetzten, der Bekannten abhängig war, die sich ebenfalls den anderen gegenüber profilieren wollten. Ehre und Schande innerhalb der Gemeinschaft bestimmten das Schicksal des Individuums, wiewohl es deutlich sichtbare Zeichen des Zusammenhalts gab. Die Logik der Ehre begründete gemeinsames Handeln zur Verteidigung gegen die Obrigkeit ebenso wie persönliche Herausforderungen, die sich gegen einen Nachbarn richteten und den eigenen Platz und die eigene Existenz sichern sollten.[13]

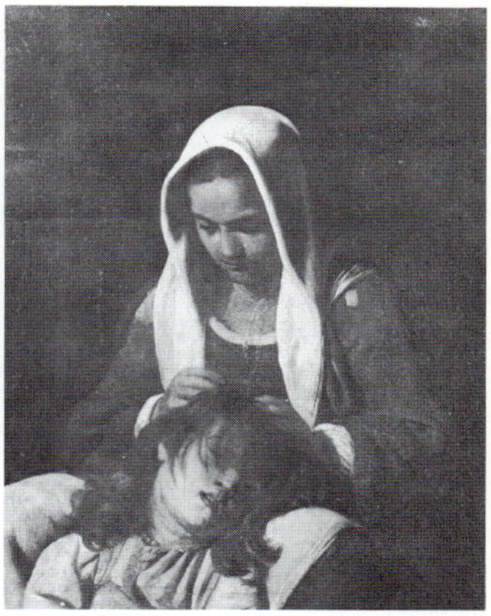

Michael Sweerts, *Frau beim Lausen*. Alltägliche Gesten: das Lausen, das Essen, Almosen an einen Armen. (Straßburg, Musée des Beaux-Arts; Paris, Bibliothèque Nationale)

Worte und Beleidigungen

»Worte sind gefährliche Eindringlinge, die sichere Schutzwälle verletzen«[14]: Im Stadtviertel, wo das private Zuhause kaum eine Rolle spielte und die Geselligkeit im wesentlichen mündlicher Austausch war, stiftete das Wort die individuelle Identität innerhalb der Gemeinschaft. Die Sprache wirkte gemeinschaftsbildend, sogar dann, wenn sie ein Mitglied der Gemeinschaft in Gefahr brachte. Louis Sébastien Mercier hat uns eine großartige Schilderung des nie versiegenden Redestroms in der Stadt hinterlassen: »Beim geringsten Kauf, den man in einem Laden tätigt, unterhält man sich über eine Unmenge von Dingen, die mit dem Gegenstand gar nichts zu tun haben; ein endloses Geschwätz ist nötig, um den kleinsten Handel abzuschließen, und Käufer und Verkäufer reden sich heiser um den Nachlaß von einigen Sous. Hat man im Laden schon lange geredet, ist es damit noch nicht genug: es ist Brauch, daß man an der Tür, auf dem Treppenabsatz, die Treppe hinunter von

Richard Brakenburgh, *Inneres einer Herberge.* Die Herberge: Ort der Entspannung, des Gesprächs, aber auch der Arbeit (hier stellte man Burschen und Lehrlinge ein und zahlte den Gesellen ihren Lohn aus). Frauen hatten dort keinen Platz. (Paris, Louvre)

neuem beginnt. [. . .] In den Cafés hört man nur Geschrei, Klatsch und Dummheiten. Diese überschwengliche Redseligkeit ist bei den Parisern so verbreitet, daß jeder Tisch in einem Café seinen Alleinunterhalter hat. Ist er allein, so unterhält er den emsigen Kellner oder die Inhaberin, die Geld wechselt; sind sie nicht da, sieht er sich suchend nach einem Zuhörer um. Die Kutscher und Fuhrknechte beginnen eine Wortschlacht derber Ausdrücke, wenn sie die gebräuchlichen Flüche bereits ausgestoßen haben. Sie prügeln sich erst nach vielem Gezeter, und nach der Schlägerei ist gleich das Mundwerk wieder in Gang. Auf den Fähren versteht man sein eigenes Wort nicht, so laut ist das allgemeine Stimmengewirr. Die Fährleute haben Mühe, sich ihre Kommandos zuzurufen. Wenn zwei Fähren einander begegnen, ertönt auf jedem Deck eine laut schimpfende Stimme, die alle Passagiere in Aufregung versetzt. Eine Breitseite an Beleidigungen wird abgefeuert, jeder versucht den anderen zu übertönen. Dröhnende und schrille Stimmen antworten sich gegenseitig. Selbst wenn die Fähren zweihundert Klafter unter Wasser lägen, hörte man noch immer das Echo des Geschreis und den besonderen Tonfall irgendeiner törichten Beleidigung.«[15]

Das Gespräch mit anderen war ein bevorzugtes Mittel, den eigenen Platz innerhalb der Gesellschaft zu bestimmen und die Position der anderen im Verhältnis zu sich selbst einzuordnen. Die feinen Nuancen in der sozialen Hierarchie erforderten, daß man sich stets um die Achtung der anderen sorgte, die ausschlaggebend für die eigene Position war. Wo das Wort eine so beherrschende Rolle spielte, bestand große Gefahr, eines Tages sein Opfer zu werden. Um so mehr, als eine Sozialität, die in mündlicher Kommunikation gründete, zwangsläufig auch bedeutete, daß man eng zusammenlebte, daß jeder die Gewohnheiten des

Nachbarn kannte. Darauf beruhte alles Gerede, das in Umlauf kam, seine Macht belebte sich immer wieder aufs neue. Jede Anspielung, jedes provozierende oder auch nur ausweichende Wort über den Ruf eines Menschen löste einen Wirbel unmittelbarer Folgen aus. Zweifel über eine Person veränderten die Beziehungen zwischen Menschen, die sich zuvor in ihrem Ansehen oder doch ihrer Billigung mehr oder weniger als gleich betrachtet hatten. Statt egalitärer Beziehungen bildete sich eine augenfällige Hierarchie heraus: Ein Mitglied der Gemeinschaft wurde plötzlich ins Abseits gedrängt. Dieser Bruch oder diese Modifizierung der Beziehung zu einer Person zerstörte jedoch nicht die allgemeinen sozialen Mechanismen oder Strukturen, die auf rivalisierenden Bündnissen beruhten.

Beleidigende Worte bedrohten eine Gesellschaftsordnung, die sich auf Vernunft und Natur stützte. Soziale Eliten und Polizei wollten eine Gesellschaft aufrechterhalten, die von Abhängigkeiten zehrte: »Diese Gesellschaft kann nur durch Unterordnung fortbestehen, die natürliche Seele aller Gesellschaftsordnungen«, schreibt Courtin, der klären wollte, »was genau eine Beleidigung ausmacht.« Erkennt man dieses Prinzip einmal an, so folgt daraus, daß man die Eltern, den Landessouverän, kurz, jede hierarchische Institution respektieren muß. Im Zeichen eines solchen Gesellschaftsbilds ist leicht zu definieren, was eine Beleidigung ist. Laut Courtin sind Leben und Bett eines Menschen unantastbar, denn »die Ehre der Schamhaftigkeit [zu verlieren], ist ein ebenso unersetzlicher Verlust wie der des Lebens«. Die Ehe ist das Fundament der Gesellschaft, ein heiliges und natürliches Institut. Jemandes Besitz oder Ruf anzugreifen, galt ebenfalls als unverzeihliche Beleidigung. Auch durfte man Wohl und Ruhe der bürgerlichen Gesellschaft nicht antasten.

Diese Definition von Beleidigung und die folgende Aufzählung machen deutlich, wo die verwundbaren Stellen von Familie und Gemein-

Da man draußen lebte, mangelte es bei einem Streit nicht an Publikum, das bereit war, sich einzumischen und Partei zu ergreifen.
(Paris, Bibliothèque des Arts décoratifs)

Tanzio da Varallo und Giovanni d'Errico, *Jesus wird Herodes vorgeführt* (Ausschnitt). Ein ins Ohr geflüstertes Wort begründete den guten oder schlechten Ruf. Im gesellschaftlichen Spiel der Andeutungen war das Wort König. (Varallo, Sacro Monte, Kapelle XXVIII)

schaft liegen, wo eine Beleidigung daher am schärfsten und verheerendsten wirken kann. Beleidigungen zerstörten das Wertesystem, da sie durch Diffamierung, Verleumdung oder Spott den gegenseitigen natürlichen Konsens untergruben, der durch die gegenseitigen Abhängigkeiten zwischen den Einzelnen entstanden war. Die Beleidigungsklagen in den Gerichtsarchiven belegen, daß Konflikte in den Übergangsbereichen der Gesellschaft ausgetragen wurden, dort, wo ein wie immer geartetes Verhältnis der Unterordnung herrschte.

Es überrascht auch nicht, daß die gebräuchlichste Weise, ein Individuum oder eine Familie zu beleidigen, auf die Aggressivität der Männer gegen die Frauen und jahrhundertealte reale oder mythische Konflikte zwischen männlicher und weiblicher Welt setzte. Es genügte, die Tugend der Frauen in Zweifel zu ziehen. Obwohl dies ein Allerweltsverdacht war, verfehlte er niemals seine Wirkung. Der Generalleutnant der Polizei Lenoir geht in einem Kapitel seiner Memoiren mit dem Titel »Über die Schwierigkeit, falsche Gerüchte zu widerlegen, sobald sie sich festgesetzt haben« auf dieses Problem ein: »Nichts war alltäglicher in Paris, als Zweifel über die Tugend der Frauen zu verbreiten, der Vorwurf traf selbst jene, deren Betragen keinen wirklichen oder scheinbaren Grund dafür bot.« Die Verleumdung der weiblichen Tugend war eine Waffe, mit der man mehrere Ziele treffen konnte; sie konnte sich gegen die Frau selbst richten, aber auch gegen ihren Mann. Diese Waffe wurde häufig in Konflikten eingesetzt, die mit Gefühl oder Eheleben gar nichts zu tun hatten. Wollte ein Geselle den Leumund seines Meisters ruinieren, brachte er zunächst das Betragen seiner Gattin in Verruf. Weit hinter Beleidigungen sexueller Natur rangierten die traditionellen Themen der Ehrbarkeit: Nüchternheit, Arbeitseifer, Sparsamkeit, gute Kameradschaft und ähnliches.

Auf jeden Fall konnten Worte gravierende Auswirkungen haben, da ein schlechter Ruf in der Regel wirtschaftliche Einbußen nach sich zog. Zum gesellschaftlichen Mißkredit kam dann der Verlust von Einnahmen, Beschäftigung oder Wohnung hinzu. Angesichts der Existenzunsicherheit der Bevölkerung konnte man das nicht auf die leichte Schulter nehmen. Ein Handwerker, den man wegen seiner Trunksucht, Faulheit und Prahlerei oder wegen angeblich mangelnder Tugend seiner Frau hänselte, verlor einen Teil seiner Kundschaft. Ein Lehrling, über den die Nachbarn klatschten, fand kaum einen neuen Meister. Eheleute, die von der Nachbarschaft diffamiert wurden, mußten um Arbeit oder Wohnung bangen; eine sitzengelassene Frau fand schwerlich eine Unterkunft, wo sie ihr Kind aufziehen konnte.

Die Ehre besaß also einen ökonomischen Wert. Eine Beleidigung, die sie in Frage stellte, richtete sich genau gegen die wunden Punkte der Betroffenen. Jeder Handwerker konnte durch entsprechende Anschuldigungen gesellschaftlich und ökonomisch geschädigt werden. Jedes Ehepaar, selbst wenn es in gesicherten Verhältnissen lebte, war angreifbar, wenn der Ruf der Gattin durch vage Gerüchte erschüttert wurde. Jede Frau bot Angriffsflächen, da beleidigende Anspielungen auf ihr sexuelles Verhalten gang und gäbe waren, und sei es nur, um einem »Männergespräch« im Wirtshaus die Würze zu verleihen.

Auf welche Weise die Ehre auch angezweifelt wurde, die Kläger waren sich der ökonomischen Risiken jedenfalls bewußt. Sie wandten sich an den Kommissar und benannten Zeugen, um »ihre Ehre, von der ihr Brot abhängt«, wiederherzustellen, wie einer der Betroffenen es formulierte.

Die verlorene Ehre wiedergewinnen

Es war unabdingbar, sich an die Behörden zu wenden. Die Familie, deren Ehre beargwöhnt wurde, mußte rehabilitiert werden und ihre Unschuld beweisen. Hatte ein Familienmitglied tatsächlich gegen die geltenden Normen verstoßen, mußte man einen Weg finden, die Schuld zu tilgen oder in Vergessenheit geraten zu lassen, um wieder harmonische Beziehungen zur Gemeinschaft der Nachbarn herzustellen.[16]

Der Kommissar, Vertreter des Generalleutnants der Polizei, war eine äußerst wichtige Persönlichkeit im Stadtviertel. Seit 1738 gab es insgesamt 48 Kommissare in Paris. Sie führten den Titel »conseiller du roi«, waren von der Steuer befreit und genossen zahlreiche Privilegien. Ihre Amtsbefugnise waren beträchtlich, ähnlich wie bei ihrem direkten Vorgesetzten, dem Generalleutnant. Zunächst einmal hatten sie zivilrechtliche Aufgaben, da sie bei Pfändungen und amtlichen Versiegelungen anwesend sein mußten: Hauptquelle ihres legalen Einkommens; sie zogen auch die notwendigen Erkundigungen für die Teilung eines Besitzes oder bei Benachrichtigungen der Eltern ein. Doch genauso wichtig waren ihre Aufgaben im strafrechtlichen Sektor. Sie nahmen Klagen und Anzeigen entgegen, setzten Strafverfügungen auf und luden Zeugen vor Gericht. Wurde ein Verbrecher auf frischer Tat ertappt, war rasches Handeln vonnöten: den Täter verhaften, vernehmen und einsperren, gegen ihn ermitteln und die Untersuchung durchführen. Dazu kam noch die alltägliche Polizeiarbeit; der Kommissar mußte jeden anhören, der ihn wegen eines Streitfalls aufsuchte. Das Amtsgebäude des Kommissars, in dem er normalerweise auch wohnte, war schon von weitem zu erkennen, da gedruckte Aushänge, Polizeiverfügungen, königliche Erlasse, Gerichtsurteile und Ankündigungen öffentlicher Bestrafungen an den Mauern klebten, aber auch Verlustanzeigen. Privatpersonen hängten manchmal anonyme Anzeigen aus, hastig und ungeschickt zusammengekritzelt. Das Haus des Kommissars war ein Treffpunkt, wo man Neuigkeiten erfuhr und Informationen bekam: ein Refugium, wenn etwas passiert war, und manchmal der Ort, an dem man seinen Zorn abreagieren konnte.

Der Kommissar mußte den Generalleutnant über alles unterrichten, was in seinem Bezirk vor sich ging. Über jedes ungewöhnliche Ereignis verfaßte er einen Bericht: den Unfall einer Kutsche, eine Schlägerei auf dem Marktplatz, einen Brand, einen Menschenauflauf oder einen Selbstmord. Er war regelmäßig in seinem Bezirk unterwegs. Der Generalleutnant saß ihm ständig im Nacken, um jeder Schlamperei, jeder Vernachlässigung der Dienstpflichten vorzubeugen. Und schließlich war der Kommissar in seinem Viertel für die notwendigen öffentlichen

Arbeiten wie Reinigung, Sanierung und Instandhaltung der Straßen verantwortlich. Er war also zwangsläufig »volksnah«; er kannte die Hoffnungen und Sorgen der Menschen und wußte, was sie erzürnte oder wann sie seinen Schutz erwarteten. Eben weil seine Aufgaben so vielfältig waren, spielte er eine ganz spezifische Rolle in seinem Viertel. Er wußte eine Menge und konnte jedem gegenüber als Garant der königlichen Autorität auftreten. Zugleich sah man ihn als eine Art Vaterfigur, bald vorwurfsvoll, bald versöhnlich, was er durchaus für seine eigenen Zwecke nutzte. Er war eine geliebte und verhaßte Gestalt, er löste sowohl Ablehnung wie Faszination aus. Auch die Autoren von Polizeilehrbüchern oder Nachschlagewerken pflegten dieses Bild und ergingen sich über dessen reale und symbolische Funktion: »Das Haus eines Kommissars ist für mich eine Art weltliche Kirche, wo man Hilfe gegen das Unglück sucht.« Das freundliche Vokabular (Haus, Hilfe) paßt zur gesellschaftlichen Rolle (weltliche Kirche). Obwohl seine Autorität öffentlich war, erkannte doch jeder, daß er eine Zwischenposition einnahm, wo private und öffentliche Sphäre einander berührten; daß er der Adressat für alle Bitten der Menschen war, die bei ihm Rat oder Sicherheit suchten. Ihm vertraute man auch an, daß man üble Nachreden über sich gehört habe; bei ihm suchte man sich von Verdächten reinzuwaschen. Manche brachten Zeugen zu ihrer Rechtfertigung mit. Rasch und ohne langwierige Formalitäten beruhigte der Kommissar die Gemüter und ermahnte diesen oder jenen, Beleidigungen oder Klatsch zu unterlassen. Die wenigen und lückenhaften Notizen von Polizeikommissaren hielten bisweilen fest, welche Ratschläge erteilt wurden, damit der Ruf oder die Ehre eines Bewohners nicht tatsächlich befleckt wurde.

Häufig nahm die Polizei ohne Schonung Verhaftungen vor, tags wie nachts. In der Eile kamen bisweilen Irrtümer vor. (Paris, Musée de Police)

War die Familienehre ernsthaft bedroht, weil ein Mitglied offenkundige Verfehlungen beging (etwa ein verschwenderischer Sohn, eine liederliche Ehefrau, ein Ehemann, der trank und regelmäßig fremdging, die wilde Ehe eines der Kinder) und die Ermahnungen des Kommissars nichts fruchteten, konnte man ordnungsgemäß Klage gegen den Übeltäter einreichen und seine Verurteilung und öffentliche Bestrafung fordern. Das Schauspiel der Strafe schloß ihn von der Familie aus und sollte ihn dazu bekehren, seinen anrüchigen Lebenswandel aufzugeben.

Besonders häufig kam es vor, daß eine Ehefrau die Festsetzung ihres Mannes verlangte, wenn die gesamte Nachbarschaft sein Betragen einmütig verurteilte. Der Ehemann verschwendete etwa das Haushaltsgeld, saß zu oft im Wirtshaus und kümmerte sich nicht um seine schreienden und unerzogenen Kinder oder hatte liederlichen Umgang mit anderen Frauen. Im allgemeinen wurde der Bitte der Frau stattgegeben. Sie wurde unterstützt von den Nachbarn, die bei häuslichen Problemen anderer gerne solidarisch waren; man verhörte den Ehemann und steckte ihn ins Gefängnis, doch meist nicht für lange, denn viele Frauen waren auf die ökonomische Unterstützung durch den Ehemann angewiesen und zogen bald ihre Klage zurück – bis zum nächsten Zwischenfall.

Solche Ereignisse waren alltäglich. Es kam jedoch auch vor, daß eine Familie das öffentliche Handeln der Justiz als besonders entehrend

Nichts in der Umgebung entging dem Auge des Polizeikommissars. Stets wohlinformiert, war er eine der wichtigsten Personen im Stadtviertel.
(Paris, Bibliothèque Nationale)

empfand. In einem solchen Fall war die Ehre doppelt verloren: durch die Verfehlung selbst und durch die öffentliche Bestrafung. Das Urteil wurde öffentlich ausgehängt, die Täter kamen in ein Halseisen oder wurden an den Pranger gestellt, Jugendliche wurden ausgepeitscht – dieses öffentliche Eingreifen der Justiz verhinderte eine wirkliche Wiederherstellung der Ehre. Die Brandmarkung durch die Justiz war ein bleibender, unauslöschlicher Makel. Die verlorene Ehre eines Familienangehörigen gerichtlich zu verfolgen, war eine zweischneidige Sache, denn die Strafe bedeckte den Übeltäter, der es gewagt hatte, die Normen zu verletzen und den Namen der ganzen Familie zu beflecken, ein weiteres Mal mit Schande.

Die »lettres de cachet«[17]

In der Mitte des 18. Jahrhunderts gab es eine Form der königlichen Autorität, die zwar willkürlich war, aber einen wahren Glücksfall für manche Familien darstellte, wenn sie sich mit dem entehrenden Lebenswandel eines Familienangehörigen auseinandersetzen mußten, die Schande eines Eingriffs der Justiz jedoch vermeiden wollten. Die Familie konnte darum ersuchen, daß der Delinquent auf Anordnung einer

Der öffentliche Schreiber verfaßte den Brief an den König. Bevor er zur Feder griff, hörte er sich die Klagen einer Frau an, die einen Familienangehörigen durch eine »lettre de cachet« einsperren lassen wollte. (Louis Sébastien Mercier, *Le Tableau de Paris*. Paris, Bibliothèque Nationale)

»lettre de cachet« eingesperrt wurde; auf diese Weise konnte man die Ehre wiederherstellen und gleichzeitig das Familiengeheimnis wahren.

Ein merkwürdiges Berufungsverfahren auf Befehl des Kanzlers Philipeaux, Graf von Pontchartrain, vom Beginn des 18. Jahrhunderts gibt uns Aufschluß über Prinzip, Modalitäten und Ziel der »lettres de cachet«. 1709 machte eine heikle Affäre Pontchartrain und den Ersten Parlamentspräsidenten von Rennes, Monsieur de Brilhac, zu erbitterten Gegnern. Eine junge Frau, die Demoiselle du Colombier, war auf Befehl des Ersten Präsidenten am hellichten Tage von Soldaten entführt worden, als sie gerade aus der Messe kam. Man brachte sie in ein Kloster für Frauen mit schlechtem Leumund; der einzige Grund für die Inhaftierung war ihr Verhältnis mit dem Präsidenten de Martiny. Wie die Festsetzung durch eine »lettre de cachet« fand diese Entführung ohne jedes Gerichtsverfahren statt. Als Pontchartrain davon erfuhr, schrieb er zwei rüde Briefe an den Generalpräsidenten des Parlaments, Monsieur de La Bédoyère, und an den Ersten Präsidenten, Monsieur de Brilhac, der den Befehl erteilt hatte.[18] In diesen Briefen legte er dar, wie ein Haftbefehl auszusehen hatte und wie der König mit den »lettres de cachet« verfuhr.

Zuerst empörte er sich darüber, daß Brilhac auf eigene Initiative gehandelt hatte: »Sie können keinen Befehl erteilen, der nur auf Ihrer Autorität allein beruht, denn sonst wäre die Justiz willkürlich und bestünde einzig in Ihrer Person. So zu handeln ist dem König vorbehalten, und er macht von diesem Recht nur sehr zurückhaltend in außergewöhnlichen Fällen durch die Lettres de cachet Gebrauch.« Niemand außer dem König durfte sich dieses Recht zur direkten Justiz anmaßen, nicht einmal ein Parlamentspräsident. Es kam nicht in Betracht, daß hohe Justizbeamte sich über die reguläre juristische Verfahrensweise hinwegsetzten: Wenn die Demoiselle de Colombier für Unfrieden sorgte, war ein Antrag des Generalprokurators nötig, und der Parlamentspräsident sollte von der Sache erst erfahren, wenn gegen ein erstes Gerichtsurteil Berufung eingelegt wurde. Es kommt klar zum Ausdruck, daß die »lettres de cachet« nicht mißbraucht werden durften, auch nicht von jemandem, der wie ein Erster Parlamentspräsident große Macht ausübte.

In seinem zweiten Brief, diesmal an den Generalpräsidenten, legt Pontchartrain großen Wert auf die Geheimhaltung, die bei solchen Angelegenheiten zwingend war. Einer der Hauptgründe für die »lettres de cachet« war ihre Heimlichkeit: Eine »lettre de cachet« »wird erst dann ausgestellt, wenn alle Vorkehrungen getroffen sind, um Aufsehen und Skandal zu vermeiden«. Doch im Falle der entführten jungen Frau hatte sich alles derart öffentlich abgespielt (Verhaftung durch eine Schützentruppe am hellichten Tage nach der Messe), daß ganz Rennes und die gesamte Bretagne auf dem laufenden waren: »Könnte man sich ein Vorgehen vorstellen, das mehr Aufsehen erregt und diesen Beamten in den Augen der Welt noch stärker entehrt hätte?« Und Pontchartrain fügt hinzu: »Selbst wenn der Erste Präsident geglaubt hätte, sich dieses Recht anmaßen zu dürfen, so hätte er zumindest dafür sorgen müssen, daß ein Skandal vermieden worden wäre, aber er hat das Gegenteil getan.«

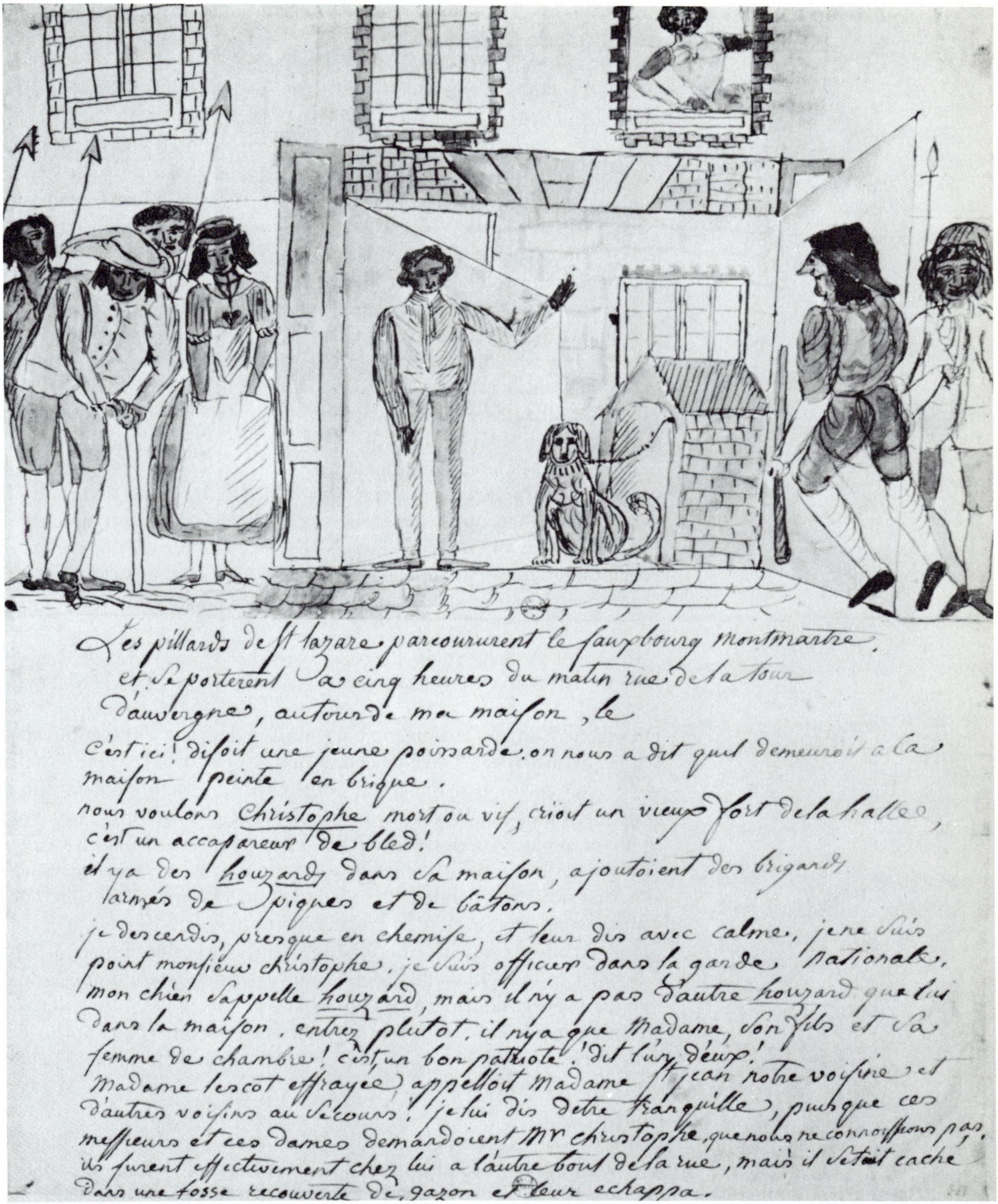

Auf Order des Königs eingesperrt zu werden, schützte vor Schande, da in diesem Fall keine Verhaftung stattfand, die »das Geschrei der Öffentlichkeit« erregte. (Paris, Bibliothèque Nationale)

Diese Worte sind wohl ein verstecktes Zugeständnis. Pontchartrain hätte den ersten »Irrtum« vielleicht verziehen, wenn wenigstens das Geheimnis gewahrt worden wäre. Geheimhaltung war die Grundlage und die höchste Rechtfertigung für die »lettres de cachet«. Einzig durch einen königlichen Akt konnte man einen Schuldigen ohne Aufsehen verhaften, Skandal vermeiden und so die Verfehlung ebenso wie den Täter der öffentlichen Aufmerksamkeit entziehen – darin lag das Wesen der »lettres de cachet«. Monsieur de Brilhac hatte alles verpfuscht. Nicht nur hatte er sich ein Recht herausgenommen, das ihm nicht zukam, er hatte auch ein solches Aufsehen erregt, daß auf die Entführung der Demoiselle du Colombier Skandal und Schande folgten.

Die Briefe von Pontchartrain zeigen uns die strenge Interpretation der »lettres de cachet«, doch man darf nicht vergessen, daß sie von 1709, vom Beginn des Jahrhunderts stammen. In der Mitte des Jahrhunderts beschleunigte sich das Verfahren der königlichen Order, zugleich war es vermutlich leichter geworden, sie zu erlangen. Der Generalleutnant der Polizei von Paris hatte das Privileg, die königliche Order auszuführen und davon Gebrauch zu machen, wenn es um die Aufrechterhaltung der öffentlichen Ordnung ging. Die »lettres de cachet« wurden ein Mittel zur Säuberung der Stadt. Berryer, Sartine und Lenoir hatten den Ruf, häufig davon Gebrauch zu machen. Die Familien, die dieses Vorgehen billigten und es auf eigene Initiative zu erwirken suchten, profitierten von diesen raschen und außergewöhnlichen Maßnahmen.

Das gewahrte Geheimnis

Die eigene Ehre in Konflikten zu wahren, in denen es um Gewalttätigkeiten, Schlägereien, Diebstähle und Betrug ging, war für eine Familie ohne Titel und hohen Rang eine Möglichkeit, Verleumdungen durch andere zu vereiteln. War ein Familienmakel bereits öffentlich bekannt, so konnten eine Anzeige bei der Polizei, die Untersuchung des Falles und die schließliche Verhaftung des Schuldigen dem unerträglichen Gerede und der Schande ein Ende bereiten. Doch die Ehre blieb gewahrt, wenn der König den Unruhestifter heimlich durch einen privaten Akt einsperren ließ – die Schande wurde dann zusammen mit dem Übeltäter in der Dunkelheit des Kerkers vergraben; die Familie war reingewaschen und nach außen hin makellos.

Mit diesem Vorgehen ließ die Familie verschwinden, was normalerweise nicht versteckt werden konnte, da privates und öffentliches Leben nicht klar getrennt waren. Um die Geheimhaltung und eine gewisse Intimität zu gewährleisten, griffen sie auf die willkürlichste aller königlichen Institutionen zurück, die der Monarchie ihren absoluten Charakter verlieh: ein interessantes Paradox. Doch man muß betonen, daß die »lettres de cachet« in zweierlei Hinsicht den Interessen von Familien aus dem Volke dienten: Erstens gaben sie ihnen das Bewußtsein, ebenso königliche Untertanen zu sein wie Bürger und Adlige; zweitens konnten sie Schande verhindern und ihre Ehre wiedergewinnen, indem sie die Erniedrigung durch einen öffentlichen Prozeß vermieden.

Eine erfolgreiche Eheschließung mußte den Eltern zusagen; Heirat war zugleich ein emotionales, soziales und wirtschaftliches Abkommen.

Die Eingaben der Familien

Die Familien hatten diese Entwicklung ganz und gar verinnerlicht. Der Gedanke, die Anrufung dieser Institution königlicher Macht könnte angesichts ihrer lächerlich geringfügigen Ehrangelegenheiten eine übertriebene Reaktion sein, lag ihnen fern. Man findet zahlreiche Beispiele für Verwandte, die keineswegs darauf erpicht waren, den Häftling wieder in Freiheit zu sehen, da sie befürchteten, ihre Ehre könnte durch dessen erneute Dummheiten abermals Schaden nehmen. Gefängnisakten sind in diesem Punkt sehr aufschlußreich – auf Bittgesuche der Häftlinge an die Familie kamen strenge Antworten, die dem Delinquenten die Freiheit verweigerten.

Auch die Briefe des Gouverneurs der Insel La Désirade sind interessant. Zwischen 1763 und 1789 führte er Listen von »Untertanen, die seiner Meinung nach soweit waren, in die Gesellschaft zurückzukehren«. Fast jedesmal notierte er, daß die Familie nichts davon wissen wolle, und erläuterte, der junge Mann sei jedoch bereit, sich den Entscheidungen der Familie zu beugen. Einer sagte, er werde die Heirat akzeptieren, die sein Vater wünschte, ein anderer meinte, da er »sehr

Soldat der Miliz 1736.
(Paris, Bibliothèque Nationale)

häßlich« sei, werde er sich nicht mehr weigern, Mönch zu werden, wie seine Familie es verlangte. Die befremdenden Namenslisten offenbaren das traurige Los von Häftlingen, die von Krankheit, Elend und Erschöpfung geschwächt waren. Der Brief, den ein junger Mann namens Alliot 1765 an seinen Vater schrieb, ist herzzerreißend: »Haben Sie doch zumindest die Güte, mein Los etwas zu erleichtern. Bin ich nicht schon gestraft genug mit meinem Beinleiden, getrennt von meiner Frau und meinem Sohn, 2000 Meilen von meinem Vaterland entfernt und elender als die Neger, die in diesen Breiten leben?«[19]

Die Männer und Frauen, die in Pariser Gefängnissen einsaßen, unterhielten ebenfalls seltsame Beziehungen zu ihren Verwandten. Die Familie wurde ständig über ihr Betragen informiert und teilte regelmäßig mit, ob die Übeltäter inhaftiert bleiben sollten oder nicht. Es kam sogar recht häufig vor, daß Häftlinge, die sich gut betrugen, selbst darum baten, im Gefängnis bleiben zu dürfen. Die Berichte sind jedoch so knapp, daß es unmöglich ist, die Gründe für solche Entscheidungen zu erkennen.[20] Ein triftiger Grund könnte gewesen sein, daß manche Leute lieber bei ordentlicher Verpflegung in der Geborgenheit des Gefängnisses lebten, als sich dem harten Existenzkampf, dem Familiengezänk und der Diffamierung durch andere auszusetzen.

Jedenfalls ist bemerkenswert, wie häufig Familien diese Methode der Inhaftierung für sich in Anspruch nahmen, um ihre Ehre, ihre Geheimnisse und ihre Intimität zu wahren und eines ihrer Mitglieder unter eine Autorität zu stellen, die ihnen selbst fehlte.

Die Antwort der Behörden: die öffentliche Ordnung

Anfangs gaben die Behörden solchen Eingaben fast immer statt und unterstützten sie. Doch waren für sie weniger die Familienehre als die öffentliche Ruhe und Ordnung von Bedeutung. Aus diesem Grunde wurde 1665 der Posten des Generalleutnants der Polizei eingeführt. Abhandlungen über Polizeiarbeit betonten jedoch, daß die öffentliche Ordnung sich auf den Frieden innerhalb der Familien und das Glück der Allgemeinheit stütze. »Polizei ist die Wissenschaft, die Menschen zu lenken und ihnen Gutes zu tun, die Kunst, sie so glücklich zu machen, wie es möglich und für das allgemeine Interesse der Gesellschaft nötig ist«, schreibt des N. T. Essarts.[21] Diese Vorstellung von der Polizei ähnelt einer umfassenden »Philosophie« ihrer Aufgabe: das Wohl und Glück der Allgemeinheit fördern oder, anders formuliert, das öffentliche Wohl durch das Glück der Menschen garantieren. Diese Überzeugung beschleunigte die Herausbildung des Begriffs »Polizei«, da sie ihm den Status einer »Wissenschaft des allgemeinen Glücks« verlieh. So definiert, war die Aufgabe zweifellos immens. Diese Konzeption des öffentlichen Wohls macht begreiflich, daß schwerwiegende Konflikte, die zu einem stets aufsehenerregenden gerichtlichen Einschreiten führen konnten, aus der Gesellschaft ausgeschlossen werden mußten.

Gefängnisstrafen konnten daher die Familienehre schützen und gleichzeitig für die Aufrechterhaltung der öffentlichen Ordnung sorgen. Durch diese Ausübung von Zwang entwickelte sich eine »staatsbürgerliche« Auffassung der Ehre, die zunehmend vom Respekt vor der allgemeinen Ordnung bestimmt wurde. Mit einem Ehrbegriff, der die Überlegenheit einer Kaste artikulierte, hat diese Auffassung nichts mehr gemein.

Angesichts dieser Philosophie des Glücks und der Ordnung ist es nicht erstaunlich, daß die Polizei Interesse am Wohlergehen der Familie nahm. Alles oder doch fast alles fiel in ihren Aufgabenbereich. Genau dies brachte Duchesne in seinem *Code de la police* von 1775, nach seinen Worten eine Kurzfassung des großen *Traité* von Delamare, zum Ausdruck: »Das allgemeine Ziel der Polizei ist das öffentliche Interesse, ihre Aufgaben sind daher in gewisser Weise unbegrenzt.« Das öffentliche Interesse tritt hier mit dem Gedanken der »Zivilisation« zusammen, dem Leben einer Nation gemäß zivilisierter und vernunftbegründeter Sitten. Der Gedanke der Zivilisation war damals Begriffen wie Höflichkeit, Milde, korrektes Benehmen eng benachbart. Norbert Elias hat die Bedeutung dieser Worte präzisiert: »zivilisiert« war gleichbedeutend mit »kultiviert« »höflich« und »gesittet«. Diese fast synonymen Begriffe wurden von den Menschen bei Hofe gebraucht, um ihr spezifisches Verhalten zu bezeichnen und das hohe Niveau ihrer Sitten und ihrer Lebensweise von den Gebräuchen der einfachen und sozial nachgeordneten Menschen abzugrenzen.[22] Mirabeau der Ältere täuschte sich nicht, als er schrieb: »Wenn ich fragte: ›Worin besteht für Sie die Zivilisation?‹, würde man mir antworten: ›Die Zivilisation eines Volkes liegt in der Verfeinerung seiner Sitten, in seiner Weltläufigkeit und Höflichkeit‹.«

Adel und Großbürgertum glaubten stets, Höflichkeit und Weltläufigkeit für sich gepachtet zu haben und sich dadurch eindrucksvoll von den niederen Ständen zu unterscheiden. Ein neues Element entstand durch die Notwendigkeit, die Vorstellung von »gesellschaftsfähigem Verhalten« über die traditionellen Bräuche des Hof- und Amtsadels hinaus zu einer allgemeinen Norm weiterzuentwickeln. Es war nicht länger nur eine Klasse oder soziale Gruppe, die es ihrem Stand schuldete, »gesellschaftsfähiges Verhalten« zu verkörpern, sondern der Staat selbst, die *gesamte* Gesellschaft. Ein Zivilisationsprozeß kam in Gang, der darauf zielte, alles, was barbarisch, gewaltsam oder unvernünftig erschien, zu kultivieren oder zu eliminieren. Die Polizei wurde zu einem Instrument, dort, wo konfuses Durcheinander herrschte, ein Minimum an Zivilisiertheit herzustellen – um so mehr, als sie rivalisierende soziale Gruppen gegeneinander ausspielen konnte. Die Macht von Adel und Bürgertum hob sich gegenseitig auf. Beide Stände hatten genügend gemeinsame Interessen, um das Gesellschaftssystem nicht zu zerstören, doch ihre Interessenkonflikte waren hinreichend brisant, um gemeinsames Handeln gegen den König zu verhindern. Das Volk war noch nicht stark genug, um die Macht zu übernehmen; so wurde es zum Objekt einer Politik der Befriedung und Zivilisierung. Ein weites Feld eröffnete sich; höfliche Umgangsformen und Harmonie sollten die gesamte Gesellschaft erfassen, die Beziehungen zwischen den Individuen ebenso wie zwischen Individuum, Familie und Gemeinschaft. Die königliche Polizei in Paris verkörperte einen Traum des 18. Jahrhunderts: das Glück der Allgemeinheit durch eine Verbesserung der Sitten zu erreichen, ohne die bestehende Ordnung umzustürzen. König und Volk sollten durch persönlich ausgeübte Autoritätspraktiken für immer vereint sein. Die Aufgabe der Polizei war es, das Volk und seine Welt zu kennen, um in den Alltag und in Familienbelange eingreifen zu können und für ordnungsgemäßes Verhalten zu sorgen. Als getreues Abbild der persönlich ausgeübten Macht des Königs war sie ein Werkzeug sowohl der Kontrolle wie der Ordnung. Die Polizei drang in das Familienleben ein, und die Familie billigte die Einmischung. Beide Momente waren Teile *einer* Utopie: Volk und König sollten eins sein.

Autorität und Geheimhaltung

In den Augen des Volkes verkörperte der Generalleutnant der Polizei am deutlichsten die persönliche Macht und die Allgegenwart des Königs. Durch die angeordnete Verhaftung sprach der König in Gestalt seines Repräsentanten das Unaussprechliche aus und heilte mit diesem zugleich realen und symbolischen Akt alle Familientragödien. In dieser Wechselwirkung von Schuld, Skandal und Geheimhaltung konnte durch den Generalleutnant in gewisser Weise ein persönliches Verhältnis zum König begründet werden. Wenn er sich dazu herabließ, einer Familie seine Aufmerksamkeit zu schenken, dann bestätigte er ihre Existenz und gewährte Verzeihung. Daher akzeptierte die Familie, ihre intimsten Geheimnisse bloßlegen zu müssen. Im Gegenzug erwartete sie vom König, daß er die Schuld für immer tilge.

Pieter de Hooch, *Kartenspieler* (Ausschnitt). Worum könnte es sich handeln, wenn nicht um die Familienschande, die man geheimzuhalten hoffte, indem man sie dem König anvertraute? (Paris, Louvre)

Diese königliche Willkür, die das Volk für sich ausnutzte, um seine Ehre zu schützen und geregelte Beziehungen zur Umwelt aufrechtzuerhalten, stellte ein befristetes Gleichgewicht her. Je nach Charakter gebrauchte oder mißbrauchte der Generalleutnant diese Macht: Berryer, Sartine oder Lenoir (um nur einige zu nennen) stellten häufig voller Genugtuung fest, diese oder jene Familie vor Schande bewahrt zu haben. Das Amt eines Generalleutnants der Polizei, 1665 eingeführt, war so konzipiert, daß der jeweilige Amtsinhaber über vollständige Handlungsfreiheit verfügte. Er verkörperte nicht nur die strafrechtliche Macht, sondern mußte über alle Vorgänge und Gerüchte in der Hauptstadt genau informiert sein: »Berichterstatter des Königs« nannte ihn Marc Chassaigne.[23] Der König vertraute auf seine Beobachtungsgabe. Neugier und Schlauheit waren in diesem Amt wichtiger als gründliche Rechtskenntnis. Des Essarts schreibt zutreffend, es erfordere »beständige Aufmerksamkeit, sorgfältigste Wachsamkeit, häufig besondere Energie und immer großen Scharfblick«[24]. Der Aufgabenbereich eines Generalleutnants war nicht präzise festgelegt, da er (königliche Erlasse ausgenommen) sowohl auf die Respektierung der bestehenden Gesetze achten als auch, wenn es not tat, bestimmte Regeln, Sitten, Verfügungen und Anordnungen durchsetzen mußte.

Bisweilen jedoch versuchte das Volk, diese ausufernde Macht einzudämmen. Im allgemeinen wurden Inhaftierungen auf Antrag der Familie akzeptiert, doch mußten sie dem Prinzip des »do ut des« – königliche Gnade gegen Unterwerfung unter königliche Kontrolle – gehorchen. Ein Beispiel für Auflehnung ist die blutige Pariser Revolte im Mai 1750, als mehrere Handwerkerkinder auf offener Straße verhaftet wurden.[25] Spielende Jugendliche, die man »ausschweifend« schalt, wurden auf Befehl des Generalleutnants der Polizei am hellichten Tage von Spitzeln und Inspektoren (manche verkleidet) festgenommen und in fensterlosen Polizeiwagen fortgebracht. Daraufhin entstand ein Massenauflauf; Polizisten wurden verfolgt und umgebracht. Sobald bekannt wurde, wohin man die Gefangenen gebracht hatte, setzte die empörte Menschenmenge ihre Freilassung durch. Das Parlament untersuchte den Fall und verhörte zahlreiche Zeugen. Nun saßen die Polizisten auf der Anklagebank. Befragt über ihre Handlungsweise und ihre Befehle, äußerten sie Erstaunen darüber, daß sie in dieser Situation geächtet und angeklagt wurden. Erhielten sie nicht täglich Beschwerden von Eltern, die mit ihren Kindern nicht mehr fertig wurden und mit ihren Gesuchen um sofortige Internierung der Schuldigen den Polizeiämtern in den Ohren lagen? Weshalb sollte die Verhaftung dieser Früchtchen und Nichtsnutze ein Skandal sein? Warum regten sich die Eltern nun so auf, wenn sie ihre Kinder doch zuvor selbst bezichtigt hatten?

Diese Ereignisse sind äußerst aufschlußreich. Die Bitte einer Familie um die Festsetzung eines ihrer Mitglieder war eine private Handlung, die eine private Bestrafung zur Folge hatte. Nur die Intervention des Königs auf Bitten der Eltern konnte den Ausschluß der Öffentlichkeit bewirken. Doch sobald der Staat, repräsentiert durch den Generalleutnant der Polizei, auf eigene Initiative eingriff, geriet alles aus den Fugen: Die Verhaftung wurde öffentlich und stellte daher nicht länger eine königliche Gunst dar, »lettre de cachet« und Haftbefehl wurden zu einem Instrument despotischer Willkür.

Die merkwürdige Entwicklung der Familiengesuche zur Verhaftung eines ihrer Mitglieder versteht man nur, wenn man den entscheidenden Unterschied zwischen privater und öffentlicher Initiative im Auge behält: Der König reagierte auf eine private Initiative und bestätigte den privaten Charakter der Verfehlung und der Strafe (oder Erziehungsmaßnahme); doch sobald die Polizei den ersten Schritt unternahm, geriet das Gleichgewicht ins Wanken. »Die lettres de cachet waren eine Bestätigung der väterlichen Autorität durch die Macht des Königs. [...] Hier erscheint die Macht des Königs nur als Hintergrund für die häusliche Autorität.«[26] König und Vater sind vereint in dem Bemühen um harmonische Gemeinsamkeit der Familie mit ihrer Umwelt und um öffentliche Ruhe und Ordnung.

Spannungen und Konflikte

Ein solches Gleichgewicht bleibt niemals lange stabil. Immer lautere Forderungen nach Gedankenfreiheit, wachsender Individualismus und Groll gegen Despotie ließen die zeitweilige Allianz zwischen Familienordnung und öffentlicher Ordnung brüchig werden.

Kritik an der Willkür

Die Aufgaben der Kommissare erstreckten sich auf so viele Gegenstände (Straßenverwaltung, Verkehr, Versorgung, Kriminalität und anderes), daß die Befassung mit Familienstreitigkeiten etwa ab 1760 zunehmend als Belastung empfunden wurde, deren Notwendigkeit immer weniger plausibel schien. War die Polizei denn wirklich zuständig für den Verdruß zwischen Ehepartnern oder zwischen Eltern und Kindern? Es stellte sich die Frage, ob das private Leben wirklich Objekt polizeilicher Maßnahmen sein sollte. Gleichzeitig wurde die königliche Order mit liberalen Argumenten kritisiert. Man warf dem König vor, elterliche Tyrannei zu unterstützen und ein heiliges Recht zur Lösung lächerlicher und belangloser Konflikte einzusetzen. Man debattierte über die Notwendigkeit von Gesetzen und Eingriffen in die persönliche Freiheit. Manche wollten die Macht der Richter wiederherstellen, die bei diesen Verfahren autoritärer Machtausübung übergangen wurden. Zudem löste es Befremden aus, wie Malesherbes betonte, daß subalterne Polizeibeamte zu den wahren Herren über diese königliche Order geworden waren. Dem König wurden in dieser Angelegenheit immer wieder Vorhaltungen gemacht, doch wies der Monarch (z. B. Ludwig XV. 1759) auf den engen Zusammenhang zwischen Familienfrieden und öffentlicher Ruhe hin. Aber dieser Hinweis überzeugte nicht länger. Selbst der Generalleutnant der Polizei zweifelte schließlich am Nutzen der »lettres de cachet«. Lenoirs Argumente in einem Brief an die Syndici der Kommissare vom Oktober 1774 über die Festsetzungen von Jugendlichen muten bereits recht modern an: »Es ist gefährlich, über Jugendliche, für die das Zuchthaus noch nicht zulässig ist, eine Strafe [Gefängnis] zu verhängen, die sie mit älteren Leuten zusammenbringt, die ihnen nur ein verderbliches Beispiel geben können [. . .]. Gefängnisstrafen, die eine Erziehungsmaßnahme sein sollen, heilen sie nicht von ihren Lastern, sondern lehren sie nur neue Arten der Lasterhaftigkeit [. . .]. Wenn es sich nicht um ein schweres Delikt handelt, sollte man sie besser zu ihren Eltern zurückbringen als sie in die Schule des Lasters zu schicken.«[27]

Dieser Brief spielt auf drei Konfliktstoffe an: das Gefängnis als Schule des Lasters, Jugendliche als anfällige Altersgruppe, die man nicht als Erwachsene behandeln sollte, und die Eltern als Hauptverantwortliche für die Erziehung ihrer Kinder. Der letzte Punkt ist von großer Bedeutung: Die Sorgeverpflichtung des Staates für die Familie wird auf die Eltern übertragen, denen nun allein die private Verantwortung

Die unhygienischen Gefängnisse waren entschieden keine geeigneten Orte zur Erziehung von Kindern und Jugendlichen. Kam man aus dem Gefängnis heraus, war man krank und lasterhaft, empörte sich 1774 der Generalleutnant der Polizei Lenoir.
(Louis Sébastien Mercier, *Le Tableau de Paris*. Paris, Bibliothèque Nationale)

für ihre Kinder zukommen soll. Der Staat delegierte seine Macht an die Eltern; öffentliche Ordnung und Familienfrieden wurden allmählich voneinander getrennt.

Dieser Gedanke entsprach dem Zeitgeist. Man fragte sich, wie legitim die Familienersuchen um Inhaftierung waren, welche privaten Intrigen oder Streitigkeiten um die Erbfolge dahinterstecken mochten oder welcher Machtmißbrauch häufig damit verbunden war. Man verstand immer weniger, wie die Familienehre durch einen »Verfahrenstrick« gerettet werden konnte. Lag der Grund der Entehrung denn in der Strafe und nicht vielmehr in der Verfehlung? So argumentierte Mirabeau 1782 in seiner Schrift *Des lettres de cachet et des prisons d'Etat*. Zudem waren die »lettres de cachet« zu einem alltäglichen Verfahren geworden, das weit über Familienangelegenheiten hinausging. Die Opfer wurden immer zahlreicher, vom Dieb bis hin zum Priester, vom Freigeist bis hin zur Prostituierten. Es wurde zunehmend unklar, welche Vergehen denn in die Kompetenz der regulären Justiz fielen. Die Haftregister der Polizeiinspektoren bezeugen, wie viele Personen auf eine königliche Order hin, ohne Prozeß, festgesetzt wurden. Kurz, die »lettres de cachet« gerieten in den Mittelpunkt der Kritik. Sie offenbarten die verabscheuungswürdigsten und unerträglichsten Aspekte der königlichen Macht. Man protestierte gegen die private Justiz des Königs und forderte immer lauter, daß die Rechtsprechung öffentlich sein müsse. Der Staat sollte sich nicht länger in das Familienleben einmischen.

Malesherbes und Mirabeau liefen Sturm gegen die »lettres de cachet«. Ein wichtiges Dokument ist das Rundschreiben des königlichen Ministers Breteuil vom März 1784, in dem er versuchte, Regeln aufzustellen, wo blanke Willkür herrschte.[28] Es war dringend geboten, allzu offensichtliche Mißbräuche sofort abzustellen – in der Familie spielten Emotionen eine große Rolle, Konflikte und Übertreibungen waren also ganz natürlich. Der elterlichen Willkür mußten daher Grenzen gezogen werden: »Man kann die meisten Fälle auf einige Regeln zurückführen.« Geistesgestörte oder Schwachsinnige waren das geringste Problem, denn die Gesellschaft mußte vor ihnen geschützt werden, ebenso wie man sie vor sich selbst schützen mußte. Wer einen schlechten Lebenswandel pflegte, die öffentliche Ordnung aber nicht störte, sollte durch eine zeitweilige »Erziehungsmaßnahme« eingeschüchtert werden, die nicht länger als ein oder zwei Jahre dauern durfte. Jugendlicher Überschwang entschuldigte zudem vieles. Natürlich mußte man auch den »Schwächen von Frauen und jungen Mädchen« Einhalt gebieten. Bei Klagen gegen Ehepartner war Wachsamkeit geboten – in diesen Fällen waren die Gemütsbewegungen besonders heftig und Mißbrauch am häufigsten. Auf jeden Fall mußten die Familien wissen, daß nicht sie getroffen wurden, sondern das schuldige Individuum, und daß eine Einmischung der Behörden nicht immer nötig war.

Dieser Text ist von Bedeutung, weil er recht betreten wirkt. Breteuil denkt in keinem Augenblick daran, die Familienersuchen um Inhaftierung abzuschaffen, er bemüht sich nur, genauere Regeln zu formulieren. Doch stellt er die Frage, ob eine Familie entehrt wird, wenn eines ihrer Mitglieder unsolide oder ausschweifend lebt, und ob solche Dinge wirklich die Angelegenheit des Staates sind. Zudem weist er in seinem Schreiben auf Probleme hin, die auch nach der Abschaffung der »lettres de cachet« im März 1790 nicht gelöst waren und in Debatten der Nationalversammlung nach der Revolution ausgiebig erörtert wurden.

Das Pariser Parlament legte in Eingaben wiederholt Beschwerde gegen die königliche Autorität ein. Doch Ludwig XVI. blieb fest; für ihn gehörten Familienfrieden und öffentliche Ordnung nach wie vor zusammen. Am 21. November 1787 antwortete er dem Parlament: »Ich werde nicht dulden, daß mein Parlament sich gegen eine Gewalt erklärt, deren Ausübung im Interesse der Familien und der Ruhe im Staat häufig erforderlich ist.«[29] Am 11. März 1788 trat das Parlament erneut entschieden gegen den »verhängnisvollen Irrtum«[30] auf, den die »lettres de cachet« darstellten. Die Berater des Königs waren geteilter Meinung; Maupéou etwa erklärte, die königlichen Ordern seien gewiß nötig, doch müsse man ihren Mißbrauch durch die Familien mäßigen. Die Beschwerdeschriften dagegen vertraten eine einhellige Ansicht: die »lettres de cachet« seien ein Symbol der Tyrannei.

Selbst die Architektur der Bastille spiegelt die Tyrannei der »lettres de cachet«: Die tiefen Räume, die schweren Gitter, die starken Eisenringe, Gitterstäbe und Ketten sprechen für sich. Sie prangern das »entehrende Privileg an, vom König und nicht vom Gesetz gerichtet zu werden«.
(Paris, Musée Carnavalet)

Revolutionäre Debatten: Gesetz gegen König

Die Deklaration der Menschenrechte setzte fest, daß die Freiheit einem Menschen nur durch das Gesetz entzogen werden könne. Die »lettres de cachet« waren nun ohne jede Grundlage. Dennoch erklärte Ludwig XVI. im Juni 1789 ausdrücklich, es müsse ein Weg gefunden werden, die Abschaffung der königlichen Order mit »der Aufrechterhaltung der öffentlichen Sicherheit« zu vereinbaren. Erneut bekräftigte er, die öffentliche Sicherheit beruhe auf drei Komponenten: Es dürfe keine Revolten geben, man dürfe keine verbrecherischen Verbindungen zu auswärtigen Staaten haben *und* die Ehre der Familie müsse gewährleistet sein.

Ein Komitee wurde gegründet, um diese Frage zu untersuchen; Mirabeau gehörte dazu. Die Nationalversammlung debattierte lange über dieses Problem, bevor im März 1790 die »lettres de cachet« abgeschafft wurden. Doch im August 1790 wurde die Einsetzung von Familiengerichten beschlossen. Man muß daher auf die erneuten Debatten eingehen und prüfen, weshalb der Staat die Sorge um die Ehre nicht der Familie überlassen mochte.

Die Diskussionen im Parlament spiegeln wider, wie klar und wie unklar zugleich diese Frage war und warum die Nation das Problem nicht als Privatangelegenheit der Familie abtun konnte. Zu Beginn der Debatte erkennt man klare Überzeugungen, die sich auf ideologische und philosophische Gewißheiten stützen – das Volk ist nicht mehr Eigentum des Königs, der Wille der Nation bestimmt das Gesetz. Dem Willen des Königs unterworfen zu sein, war entehrend, die Herrschaft des Gesetzes daher eine Befreiung: eine totale Umwälzung, sowohl real wie symbolisch. Man hatte nicht mehr das Gefühl, vom König wahrgenommen und von seiner Gnade »berührt« zu werden, während die öffentliche Strafe durch die herkömmliche Justiz »besudelte«; denn die heilige Einheit zwischen König und Volk bestand nicht länger. Der Beweis der despotischen Herrschaft des Königs zerstörte ein Einvernehmen von alters her: »Welch entehrendes Privileg, vom König und nicht vom Gesetz gerichtet zu werden!« rief der Graf de Castellane, Abgeordneter der Nationalversammlung, im Oktober 1789 aus und verkehrte damit das frühere Verhältnis von König und Untertanen ins Gegenteil.[31] »Man wird nicht länger die Familienehre anführen, die angeblich nur durch willkürliche Order gewahrt werden könne. Diese abgedroschene Phrase soll den heimlichen Befürwortern der Sklaverei nicht länger als Maske dienen!« fuhr Castellane fort. Daß der König die Familienehre zu seiner Sache gemacht hatte, war nun ein Merkmal barbarischer Sklavengesellschaften, ebenso wie das hartnäckige Vorurteil, auch die Angehörigen eines Verbrechers seien mit Schande bedeckt. Von dieser Vorstellung einer kollektiven Ehre müsse man sich entschieden lösen. Jedes Vergehen sei eine persönliche Sache, eine individuelle Schande, die nicht auf die Umgebung zurückfallen dürfe. Das Individuum war für sich selbst verantwortlich, die Schmach des Verbrechens durfte nicht mehr die Angehörigen treffen. Am 21. Januar 1790 erklärte Abbé Papin in scharfen Worten: »Hören Sie auf den Ruf der Vernunft; mißbilligen Sie, was die heilige Vernunft verurteilt: eine vernunftgeleitete Nation sollte jede Verfehlung als persönliche Schuld betrachten [...]. Es ist ein barbarisches Vorurteil, daß eine unschuldige Familie bis hin zu den jüngsten Generationen unter der Schande eines Schuldigen leiden sollte.«[32]

Um dieses Vorurteil zu bekämpfen, mußte man das Bewußtsein verändern und den Irrtum dort beheben, wo er seit Jahrhunderten verwurzelt war. Am selben Tag wie Papin erklärte Guillotin, die Aufgabe sei um so komplizierter, als diese Auffassung im Volk verankert sei, das zu blindem Glauben an alles Althergebrachte neige. Ob unter dem Ancien Régime oder inmitten der Revolution, das Volk sei im Irrtum befangen. »Vor allem im Volk hat er [der Irrtum] sich festgesetzt, denn der Adel hatte sein Joch bereits abgeschüttelt. Doch ein fehlgeleitetes Volk, das aus Gewohnheit alles respektiert, was ihm von den Vätern überkommen ist, das selbst die Lüge für wahr hält und anbetet, weil man sie ihm bereits an der Wiege gesungen hat, begreift moralische Wahrheiten nur schwer. Man kann nur hoffen, daß die einfachen Leute sich eifrig bilden.«

Die Gesetze hatten natürlich zum Ziel, dem Volk die Wahrheit zu vermitteln. Also galt es, möglichst schnell durch eine Gesetzesänderung klarzustellen, daß künftig der Besitz des Verurteilten nicht mehr konfisziert werde: »Es ist eine gute Sache, die öffentliche Meinung zu beeinflussen« und zugleich althergebrachte Vorstellungen zu entkräften. In dieser Debatte wurden zwei Vorschläge gemacht: der Richter sollte am

Hinrichtungsort das Andenken des Verurteilten rehabilitieren; wer Vorwürfe gegen die Eltern des Verurteilten erhob, sollte bestraft werden. »Keiner soll einem Bürger die Hinrichtung oder entehrende Strafe eines Verwandten vorwerfen können. Wer dies wagt, soll öffentlich vom Richter gerügt werden. Zweifeln Sie keinen Augenblick daran, daß dieses Vorurteil ausgeräumt wird. Diese Revolution braucht Zeit; nichts ist schwerer, als eine Dummheit auszulöschen, die sich an den beeindruckenden Vorwand geheftet hat, der Ehre zu dienen.« (Guillotin)

In der ersten Zeit nach der Revolution wurde die Familienehre gleichgesetzt mit Dummheit, Barbarei, Rückständigkeit und der Leichtgläubigkeit des Volkes: Gesetze sollten genaue Bestimmungen festlegen und die Ehre aus der Verwirrung befreien, die von der Tyrannei systematisch angestiftet und aufrechterhalten worden war. Die Äußerungen zu diesem Thema sind scharf und entschieden. Man warf dem Volk Verstocktheit und mangelnde Bildung vor, verschwendete aber keinen Gedanken an das Gleichgewicht, das die Familien zwischen sich und der Obrigkeit geschaffen hatten. Das Volk hatte auf eigene Initiative, manchmal sogar ungerechtfertigt, eine Form der königlichen Willkür für seine Zwecke ausgenutzt. Die Souveränität der Nation gründete sich auf den Willen des Volkes, doch zugleich wurden Gesetze gefordert, um das Volk zu bilden, das von Natur aus »fehlgeleitet« sei. »Die Revolution umfaßt alles, daher wird sie ihren Schlag auch gegen diesen moralischen Irrtum führen, der die Unschuldigen die Strafe für ein Verbrechen oder eine Straftat teilen läßt!« (Guillotin)

Familiengerichte und väterliche Autorität

Während man über die Individualität der Schuld und das Ausmaß der feudalen Barbarei diskutierte, kamen weitere Fragen auf, die um drei Problemfelder kreisten. Es schien absolut unmöglich, Familienauseinandersetzungen und die Sicherheit des Staates voneinander zu trennen. Da es unabdingbar blieb, im Notfall eine Vorbeugehaft zu verhängen, Familiengeheimnisse zu wahren, die väterliche Autorität zu schützen, wurde schließlich die Einrichtung eines Familiengerichts vorgeschlagen. Die »lettres de cachet« wurden im März 1790 unter dieser Voraussetzung aufgehoben; drei Monate später wurde der Vorschlag Realität: Im August 1790 wurde das Familiengericht geschaffen.

Der Abgeordnete von Saargmünd warf am 7. Februar 1790 anhand eines konkreten Falles das Problem der Vorbeugehaft auf: Der vierundzwanzigjährige Sohn eines Parlamentsbeamten in Nancy war liederlich und labil, außerdem steckte er tief in Schulden. Nach all seinen anderen Delikten täuschte er eines Abends einen Selbstmord vor, und als die Nationalgarde seine Tür einschlug, verletzte er einen der Gardisten mit drei Pistolenschüssen. Er wurde verhaftet, doch der Staatsanwalt von Nancy beabsichtigte, ihn wieder freizulassen, obwohl der junge Mann ankündigte, er werde seine Freiheit dazu nutzen, seinen Vater umzubringen. Das Problem war folgendes: Um einen Vatermord zu verhin-

4. August 1789: die Abschaffung der Privilegien. Sieben Monate später wurden auch die »lettres de cachet« abgeschafft. Doch sofort begannen die Debatten im Parlament, wie man künftig die Familienehre schützen könne. (Paris, Bibliothèque Nationale)

dern, mußte der Sohn unbedingt durch eine Order des Staatsanwalts auf Ersuchen der Familie im Gefängnis gehalten werden. Die Abgeordneten zögerten nicht mit ihrer Antwort: Die Order des Staatsanwalts wäre dasselbe wie eine »lettre de cachet«. »Wir müssen möglichst schnell ein Familiengericht einführen. Verbrechen muß man durch die Justiz vorbeugen, nicht durch Willkür«, antwortete Mirabeau dem Abgeordneten aus Saargmünd.[33]

Über diesen Einzelfall hinaus machten sich die Abgeordneten Gedanken über alle Häftlinge, die aufgrund einer »lettre de cachet« eingesperrt worden waren. Sie einfach freizulassen, weil man die Abschaffung dieser Order beschlossen hatte, wäre gefährlich für die Gesellschaft. Die Diskussion verlief hitzig, und Robespierre, der sich über die Artikel des zukünftigen Gesetzes äußerte, erklärte plötzlich erstaunt: »Sie werden die Unglücklichen doch nicht aus den Kerkern des Despotismus befreien, nur um sie in die Gefängnisse der Justiz zu überstellen!« Trotz solcher Bedenken betrachtete man die Einrichtung eines Familiengerichts als zwingend; man mochte sich nicht dazu entschließen, die Waffe der Strafverfolgung auf einem so heiklen und unübersichtlichen Terrain, wie die Familie es darstellte, aus der Hand zu legen.

In dieser Zeit, in der alles in Zweifel gezogen wurde, konnte man freilich der festen Überzeugung sein, die Familienehre sei ein rückständiges Konzept und das Individuum sei für sich selbst verantwortlich. Dennoch bestand weiterhin eine reale Besorgnis angesichts dieses Mikrokosmos, der stets Gegenstand eines Skandals werden konnte. Man wollte sich vor Skandal schützen, doch wie im Ancien Régime ging es auch darum, das Geheimnis der Familie zu wahren und jede »Öffentlichkeit« zu vermeiden. Familienehre und Familiengeheimnis blieben heikle Zonen, die man nicht ganz und gar privat nennen konnte. Die

Meinungen dazu waren widersprüchlich: Einerseits mußte die Privatsphäre gewahrt werden, andererseits sollten private Skandale geheim bleiben und vertuscht werden. Die Sitzung der Nationalversammlung am 5. August 1790 klärte das Problem: »Es ist Zweck des Familiengerichts, mit legalen Mitteln auf junge Leute einzuwirken, die noch unter der Gewalt ihres Vaters oder Vormunds stehen, diese Autorität aber nicht anerkennen und so berechtigten Anlaß zur Sorge geben, daß sie ihre Freiheit mißbrauchen könnten. Außerdem ist es notwendig, ohne Skandal Streitigkeiten zwischen Eheleuten oder nahen Verwandten beizulegen, die nicht nur öffentliches Ärgernis erregen, sondern manchmal eine ganze Familie ruinieren.«[34]

Da ein Familiengericht eingesetzt werden sollte, kam natürlicherweise die väterliche Autorität mit ins Spiel. Der Abgeordnete Gossin meinte: »Nach der Erklärung der Menschen- und Bürgerrechte müßte man sozusagen auch die Rechte der Ehegatten, Väter, Söhne und Eltern erklären.«[35] Am 16. August 1790 wurde das Gesetz über die Einrichtung von Familiengerichten verabschiedet: Jede der streitenden Parteien sollte zwei Schlichter bekommen, die bei Stimmengleichheit einen dritten berufen konnten, der die Entscheidung traf. Die Partei, die mit dem Urteil nicht zufrieden war, konnte jedoch beim Bezirksgericht Berufung einlegen.

Wie vorauszusehen war, begannen die Schwierigkeiten nun erst recht. Es stellte sich heraus, daß nicht jede Familie Angehörige in ihrer Mitte fand, die unvoreingenommen genug waren, um als Richter fungieren zu können. Daher befand man, die Schlichter müßten nicht unbedingt zur Familie gehören, und bald war das Familiengericht kein Familiengericht mehr, sondern eine zivilrechtliche Institution. Die Verfassung des Jahres III schaffte das Familiengericht in der bisherigen Form wieder ab. Die Familien waren nicht mehr verpflichtet, Streitigkeiten durch einige ihrer Angehörigen zu schlichten.

Damit war die Diskussion über Familiengerichte indes nicht abgeschlossen. Bei der Sitzung am 29. Pluviôse 1796 debattierte der Rat der Fünfhundert lebhaft über dieses Thema. Man warf die Frage auf, ob die Verfassung des Jahres III diese Form des Gerichts tatsächlich abgeschafft habe. Manche Abgeordnete waren der Ansicht, es sei implizit abgeschafft, andere forderten ein Gesetz, wieder andere lehnten es ab, diese Form der Rechtsprechung preiszugeben. Renaud, Abgeordneter für das Département Orne, gab die wesentlichen Argumente dieser Debatte in lyrischen Formulierungen wieder und erklärte, Familiengerichte seien notwendig, um die öffentliche Moral aufrechtzuerhalten und den Frieden und die Geheimnisse der Familie zu wahren: »Wie sollte es möglich sein, daß die Verfassunggebende Versammlung eine so schöne, so ergreifende und so nützliche Einrichtung hätte abschaffen wollen? Eine Einrichtung, die vor allem dazu da ist, die Sitten und den Frieden in der Familie aufrechtzuerhalten; eine Einrichtung, die den Sohn mit dem Vater, die Frau mit dem Mann, den Bruder mit dem Bruder versöhnen will? Nichts auf der Welt könnte lohnender und für die Republik wichtiger sein als diese Familiengerichte, die Haß und Feindseligkeit unter Angehörigen ausräumen und Glück und Frieden

Jeaurat de Bertry, *Allegorie der Revolution*. (Paris, Musée Carnavalet)

der Familie wiederherstellen sollen. Diese Gerichte ersparen der Öffentlichkeit das abstoßende und skandalöse Schauspiel eines Sohnes, der gegen den Vater klagt, des Vaters, der aufgrund hartnäckiger Verfolgung durch sein eigen Fleisch und Blut seine Laufbahn aufgeben muß, einer Frau, die ihren Mann vor der ganzen Nation entehrt, ihn mit Erniedrigungen überhäuft und sich schamlos bemüht, ihn mit Schande zu bedecken. Und diese Gerichte will man abschaffen!«[36]

Als später der *Code civil* ausgearbeitet wurde, klangen die Kontroversen über die Autorität des Vaters und des Ehemannes ganz ähnlich. »Die Verfehlungen der Kinder soll man innerhalb der Familie im Keim ersticken, ohne gerichtliche Formalitäten und schriftliche Unterlagen«, sagten die einen; »Der Vater hat das Recht, ein Kind von zwölf Jahren einsperren zu lassen, doch bei Kindern, die über sechzehn sind, braucht er die Zustimmung eines Kommissars«, schlugen andere vor. Wieder andere waren der Ansicht, zu große Macht habe Barbarei zur Folge, das Gesetz der Natur verlange Schutz von den Eltern und den »schicklichen Respekt« der Kinder. Wie dem auch sei, die Artikel 375 bis 383 des *Code civil* von 1803 lösten das Problem durch Gesetze über väterliche (nicht elterliche) Erziehungsmaßnahmen. Inhaftierungen auf Familienantrag wurden untersagt, an ihre Stelle traten die Rechte des Vaters über seine minderjährigen Kinder und die Autorität des Ehemannes. Das Strafrecht räumte die Möglichkeit von Freiheitsstrafen gegen unbotmäßige Ehefrauen ein. 1838 legte ein Gesetz fest, daß in jedem Département eine Anstalt für Geistesgestörte eingerichtet werden mußte, und löste so das traditionelle Problem der »Irren und Verrückten«.

Das Gesetz verlieh dem Mann das Recht, Familienmitglieder zu bestrafen, die häuslichen Unfrieden stifteten. Die Autorität des Vaters und Ehemannes war als privates Recht öffentlich anerkannt. Rechte der Frauen existierten in dieser autoritären Familie nicht. Geheimnisse konnten jedoch auch unter den neuen juristischen Bedingungen gewahrt werden.

Da sie nun sogar im Gesetz »benannt« waren, begannen private und öffentliche Sphäre sich zu verselbständigen. Einzig der Mann gewährleistete das autoritäre und zivilrechtliche Band zwischen beiden Sphären. Stadtviertel und Nachbarn hatten nicht länger die Macht, die Familienehre wiederherzustellen.

Anmerkungen

1 L. M. Mercier, *Tableau de Paris*, Amsterdam 1781–1788.

2 A. Poitrineau, *Remues d'hommes. Les migrations montagnardes en France, XVIIe–XVIIIe siècle*, Paris 1983.

3 P. Lenoir, *Mémoires*. Manuskript in der Stadtbibliothek von Orléans, ms. 1422.

4 G. Duby (Hrsg.), *Histoire de la France urbaine*, Paris 1981, Bd. III, S. 316.

5 D. Roche, *Le Peuple de Paris au XVIIIe siècle*, Paris 1981.

6 A. Farge, *Vivre dans la rue à Paris au XVIIIe siècle*, Paris 1979, S. 82.

7 O. Blanc, *La Dernière Lettre. Prisons et condamnés de la Révolution 1793–1794*, Paris 1984.

8 In diesen möblierten Zimmern wurden häufig Geld, Taschentücher, Tabakdosen oder Uhren gestohlen. Den Anzeigen bei der Polizei kann man entnehmen, wieviel Raum jedem zustand und wie man in diesen Gemeinschaftsunterkünften persönliche Dinge verbarg.

9 In Paris gab es 20 Bezirke und 48 Kommissare.

10 Jean de Mille, *Pratique criminelle*, mit einer Einführung von A. Lebigre, Paris 1983, S. 37.

11 A. de Courtin, *Traité du point d'honneur et des règles pour converser et se conduire sagement avec les civils et les facheux*, Paris 1675.

12 P. Lenoir, a. a. O., S. 302.

13 J. Pitt-Rivers, *The Fate of Shechem or the Politics of Sex*, Cambridge 1977, frz. Übersetzung, Paris 1983.

14 M. Maffesoli u. A. Pessin, *La Violence fondatrice*, Paris 1978, Kapitel IV, »La parole et l'orgie«, S. 69.

15 L. S. Mercier, *Tableau de Paris*, Neudruck, Paris 1979, S. 37.

16 Dieser Frage wird ausführlich nachgegangen in A. Farge/M. Foucault, *Familiäre Konflikte: Die »Lettres de cachet«. Aus den Archiven der Bastille im 18. Jahrhundert*, Übs. C. Paschold u. A. Gier, Frankfurt/Main 1989.

17 Eine »lettre de cachet« war »ein auf Anweisung des Königs ausgefertigtes Schreiben, das von einem Staatssekretär gegengezeichnet und mit dem königlichen Siegel versehen ist«. Zitiert nach A. Farge/M. Foucault, *Familiäre Konflikte*, a. a. O., S. 9.

18 Paris, Bibliothèque Nationale, ms. fr. 21129, ff 174 à 178. Gesammelte Briefe von Pontchartrain, 1699–1714 (D. Julia hat uns auf diese Belegstelle aufmerksam gemacht).

19 Archives nationales, C10D2, Archives des colonies, La Désirade, Juli 1765.

20 Archives de la Bastille, ms. 12690, Jahrgang 1740, Familienstand der auf königliche Order Inhaftierten im Gefängnis Sainte-Pélagie.

21 N. T. des Essarts, *Dictionnaire de police*, Bd. 7, 1786–1789, S. 343.

22 N. Elias, *Über den Prozeß der Zivilisation*, Bern/München 1969.

23 M. Chassaigne, *La Lieutenance générale de police à Paris*, Paris 1906.

24 N. T. des Essarts, a. a. O., Bd. VII, S. 343.

25 J. Nicolas, »La rumeur de Paris: rapts d'enfants en 1750«, in: *L'Histoire*, Nr. 40, 1981, S. 48–57; Ch. Romon, »L'affaire des enlèvements d'enfants dans les archives du Châtelet, 1749–1750«, in: *Revue historique*, CCLXX, 3, 1983, S. 55–95; A. Farge und J. Revel, »Les règles de l'émeute: l'affaire des enlèvements d'enfants, Paris, mai 1750«, in: *Mouvements populaires et Conscience sociale, XVIe–XIXe siècle*, 1985, S. 635–646.

26 F. Funck Brentano, »Origines du pouvoir royal en France«, in: *Revue du foyer*, 1. Februar 1912.

27 Archives nationales, Y 11262, 4. Oktober 1774, Brief an die Syndici aus dem Archiv des Polizeikommissars Thierry.

28 Rundschreiben des Ministers Breteuil an die Intendanten des Königreichs und den Generalleutnant der Polizei in Paris über die durch Befehl einer »lettre de cachet« Inhaftierten, März 1784, veröffentlicht in F. Funck Brentano, *Les Lettres de cachet à Paris*, 1926, S. XLII.

29 Flammermont, *Remontrances au parlement de Paris*, 1787, Bd. III, S. 713.

30 Archives nationales, X1B8979, zitiert bei Monin, *L'Etat de Paris en 1789*, Paris 1889.
31 Archives parlementaires, 1790, Bd. IX, S. 413–414.
32 Ebd., Bd. XI, S. 279.
33 Ebd., S. 488.
34 Ebd., Bd. XVII, S. 617.
35 Ebd.
36 *Le Moniteur universel*, Bd. XXVII, S. 523 f.

Roger Chartier

Kleiner Epilog

Abschließende Worte? Keineswegs, denn das Material und die Analysen in diesem Band sind erste Fragmente einer neuen Art von Geschichte, die noch geschrieben werden muß. Doch am Ende dieses Gemeinschaftswerks möchte ich kurz auf Auswahl, Kriterien und Grenzen der Beiträge eingehen, vor allem, was Zeit, Ort und Gegenstände der Untersuchungen betrifft. Die Geschichte des privaten Lebens, ebenso wie die Geschichte der Einstellungen zur Kindheit oder zum Tod, ist nicht auf den Rahmen einer Nation beschränkt: Ihr natürlicher Raum ist eine ganze Zivilisation, in unserem Fall die europäische Welt. Selbstverständlich konnte nicht jedes der Themen in diesem Band unter einem so weiten Blickwinkel betrachtet werden, wenn man nicht Gefahr laufen wollte, ihn auf eine Sammlung beliebiger Beispiele zu reduzieren oder die Argumente mit der dünnen Luft der Abstraktion zu füllen. Daher entschieden wir uns bewußt, die Fragestellungen auf verschiedenen Ebenen anzusiedeln. Je nach Thema oder Autor wurde entweder in vergleichender Betrachtung der europäische Kontext berücksichtigt, oder die Aufmerksamkeit konzentrierte sich auf bestimmte einheitliche Gesellschaften, eine Provinz, eine Stadt oder eine Nation. Im letzteren Fall haben wir das Königreich Frankreich bevorzugt – naheliegend bei einem Buch, das von französischen Historikern oder von Spezialisten für die französische Geschichte geschrieben wurde. Doch auch diese willkürlich erscheinende Wahl hat ihre triftigen Gründe. Frankreich unter dem Ancien Régime war in der Tat tief geprägt von den drei grundlegenden Entwicklungen, die in der Neuzeit die Grenzlinien zwischen dem Öffentlichen und dem Privaten neu bestimmten. Von allen europäischen Staaten verkörpert die französische Monarchie die kompakteste und reinste Version eines absolutistischen Staates, der das Monopol der Rechtsprechung und des Steuerwesens für sich beanspruchte und nach dem Modell der höfischen Zivilisation die gesamte Gesellschaft mit seinem Ordnungsprojekt und seinen Normen zu durchdringen strebte. Zudem war Frankreich ein Land der Glaubensspaltung und erfuhr, wenn auch zu ungleichen Teilen, die Wirkungen sowohl der Reformation wie der Gegenreformation, die jeweils auf ihre Art eine neue Lebens- und Glaubenspraxis zu installieren suchten. Und schließlich lernte die französische Gesellschaft zwischen dem 16. und 18. Jahrhundert mit dem geschriebenen Wort umzugehen. Frankreich spiegelte die kulturelle Zweiteilung des Abendlandes, in dem sich die früh und umfassend alphabetisierten nördlichen und nordwestlichen

Gebiete – England, Holland, Flandern, Rheinland, Nordfrankreich – und die südeuropäischen Regionen, die noch lange analphabetisch blieben, gegenüberstanden. Es ist daher legitim, die Geschichte des privaten Lebens in der Neuzeit vorrangig am Beispiel Frankreichs zu untersuchen, da sich dort die wesentlichen Faktoren, die das private Leben umwälzten, herausgebildet haben.

Die »französische Färbung« dieses Bandes hat auch chronologische Konsequenzen. Einerseits erstrecken sich die Studien manchmal bis 1789 (diese Zeit wird in Band 4 ausführlich dargestellt), da die Französische Revolution in manchen Belangen, etwa der Spannung zwischen öffentlichem Verhalten und privater Selbstvergewisserung oder dem Verhältnis von Familiengeheimnis und Zuständigkeit des Staates, die Interventionsstrategien und Ausgleichsbestrebungen der Monarchie lediglich fortsetzte und verstärkte. Andererseits läßt die Hervorhebung Frankreichs die zweite Hälfte des 17. Jahrhunderts, genauer gesagt: die Herrschaft Ludwigs XIV., besonders zur Geltung kommen. Dieser Zeitabschnitt ist in der Tat ein Wendepunkt. Er wurde bestimmt durch die erste Einschränkung der neu entstandenen Privatsphäre in einer Gesellschaft des Prunks und des Luxus, die unter dem Zwang zur Repräsentation stand und von den neuen Ansprüchen des Staates gefesselt war. Gleichzeitig suchte man, beflügelt von einer individuell verstandenen Frömmigkeit, nach Entfaltungschancen der Privatheit. Die Menschen konnten lesen und schreiben, entdeckten ihr Selbst und zogen sich häufiger in den Schoß der Familie und die häusliche Intimität zurück.

Der begrenzte Umfang des Bandes gebot eine Reihe bewußter Entscheidungen. Wir wollten die Räume, die Wohnverhältnisse oder Gegenstände der Intimität nicht von den Gefühlen trennen, mit denen sie besetzt werden konnten. Den Vorrang hatten daher Einstellungen, Haltungen, Empfindungsweisen und Werte, nicht die Geschichte der materiellen Kultur, des Hauses und seines Dekors, der Möbel oder der Kleidung. Diese Kultur spielt hier nur im Kontext gesellschaftlichen und individuellen Verhaltens eine Rolle. Ferner haben wir uns bemüht, drei ineinandergreifende oder konkurrierende Formen der Privatisierung in ihrer vielschichtigen Entwicklung zu verknüpfen: freundschaftliche Geselligkeit, familiäre Intimität und individuelle Selbstbesinnung. Denn es gibt keine einhellige und allgemeingültige Definition des Privaten. Das Verhältnis dieser drei Momente privaten Lebens verändert sich beständig, und dieselbe soziale Struktur kann sowohl ein Refugium wie eine Fessel sein. Verwandtschaft und Familienstamm, Kernfamilie oder Freundeskreise: Je nach Zeit, Ort und Umständen kann das Individuum in diesen Formen ein sicheres Gehege für seine geheimsten und kostbarsten Gefühle finden oder aber unter unerträglichen Zwängen verpflichtender Gemeinschaft leiden. Daher war es unerläßlich, die Konflikte zwischen Freundschaft und Ehe, den Rechten der Familie und den Rechten der Gemeinschaft, der Freiheit des Individuums und der familiären Disziplin ins Auge zu fassen. Und daraus ergab sich eine weitere Absicht: Die Geschichte des privaten Lebens sollte auch als Folie der verschiedenen und vielleicht zeitlich aufeinander folgenden

Bedeutungen des öffentlichen Raumes dienen, der entweder als Existenzgemeinschaft definiert war (etwa im Dorf oder Stadtviertel) oder als Handlungsfeld der absolutistischen Macht, oder schließlich als ein Ort, über den die (vermeintlich) öffentliche Meinung gebot.

In all diesen Punkten erfordert das Buch zusätzliche oder ergänzende Untersuchungen und die Befragung anderer Zeitzeugen als der hier vielfach zitierten: Montaigne und Pepys, Henri de Campion und Saint-Simon, Jamerey-Duval und Ménétra. Schwer zu beantworten ist insbesondere die Frage, in welchem Maße der Privatisierungsprozeß, den wir am Beispiel Frankreichs beschrieben haben, auch für andere Länder gilt, die nicht von Glaubensauseinandersetzungen zerrissen waren, die keine absolutistische Herrschaft entwickelten und ihre schriftliche Kultur vielleicht minder entschieden forcierten. Sicherlich verlief die Entwicklung des privaten Lebens in der westlichen Welt sehr unterschiedlich und keineswegs nach dem Gesetz der Gleichzeitigkeit. Sie wurde beeinflußt von der Staatsform und ihrer Leistungsfähigkeit, den Glaubenspraktiken, der Macht des Brauchtums, den Familienstrukturen und den Fortschritten der Alphabetisierung. Um diese Stränge zu entflechten, schlägt dieses Buch Hypothesen, Interpretationen und chronologische Kriterien vor. Damit haben wir den Absichten dessen gerecht zu werden gesucht, der das Werk geplant hat: Philippe Ariès.

Anhang

Bibliographie

I. Privatisierung und Zivilisation: Gesamtdarstellungen

Aries, Ph., *Geschichte der Kindheit*, München 1978.
– *Geschichte des Todes*, München 1982.
– *Images de l'homme devant la mort*, Paris 1983.
Elias, N., *Über den Prozeß der Zivilisation. Soziogenetische und Psychogenetische Untersuchungen*, Basel 1939; 2., erweiterte Auflage Bern–München 1969.
– *Die höfische Gesellschaft. Untersuchungen zur Soziologie des Königtums und der höfischen Aristokratie*, Neuwied–Berlin 1969.
Groethuysen, B., *Die Entstehung der bürgerlichen Welt- und Lebensanschauung in Frankreich*, Halle 1927, Nachdruck Frankfurt/Main 1978.
Habermas, J., *Strukturwandel der Öffentlichkeit*, Neuwied–Berlin 1962.
Starobinski, J., *Die Erfindung der Freiheit 1700–1789*, Genf 1964, Neuauflage Frankfurt/Main 1988.

II. Das Paar, die Familie, das Haus

A. Familienstrukturen und Heiratsstrategien

›Avec les parsonniers‹, *Revue d'Auvergne*, 1981, Nr. 486.
Berkner, L. K., ›The stem-family and the development of the peasant household: an eighteenth-century Austrian example‹, *The American Historical Review*, 1972, S. 398–418.
Claverie, E. und Lamaison, P., *L'Impossible Mariage. Violence et Parenté en Gévaudan, XVIIe, XVIIIe et XIXe siècles*, Paris 1982.
Collomp, A., *La Maison du père. Famille et Village en haute Provence aux XVIIe et XVIIIe siècles*, Paris 1983.
Dellile, G., ›Dot des filles et circulation des biens dans les Pouilles aux XVIe et XVIIe siècles‹, *Mélanges de L'Ecole française de Rome*, 96, 1983, 1.
›Famiglia e comunità. Storia sociale della famiglia nell'Europa moderna‹, *Quaderna Storici*, 38, 1976.
Family and Inheritance. Rural Society in Western Europe, 1200–1800, J. Goody, J. Thirsk und E. P. Thompson (Hrsg.), Cambridge 1976.
Family Forms in Historical Europe, R. Wall, J. Robin und P. Laslett (Hrsg.), Cambridge 1983.
Farge, A. und Foucault, M., *Familiäre Konflikte. Die »Lettres de cachet«*, Frankfurt/Main 1989.
Flandrin, J.-L., *Familles. Parenté, Maison, Sexualité dans l'ancienne France*, Paris 1976; korrigierte Auflage Paris 1984.
Goody, J., *Die Entwicklung von Ehe und Familie in Europa*, Berlin 1986.
Gunda, B., ›The ethnosociological structure of the Hungarian extended family‹, *Journal of Family History*, 1982, S. 40–52.
Lafon, J., *Régimes matrimoniaux et Mutations sociales. Les Epoux bordelais (1450–1550)*, Paris–La Haye 1973.
Lebrun, F., *La Vie conjugale sous l'Ancien Régime*, Paris 1975.
Lottin, A. u. a., *La Désunion du couple sous l'Ancien Régime. L'Exemple du Nord*, Lille 1975.
MacFarlane, A., *The Origins of English Individualism. The Family Property and Social Transition*, Oxford 1978.
Mediterranean Family Structure, J. G. Peristany (Hrsg.), Cambridge 1976.
Merzario, R., *Il Paese stretto. Strategie matrimoniali nello diocesi di Como, secoli XVI–XVIII*, Turin 1981.
Morgan, E. S., *The Puritan Family. Religion Domestic Relations in Seventeenth-Century New England*, New York 1966.
Shorter, E., *Die Geburt der modernen Familie*, Hamburg 1977.
Stone, L., *Family, Sex and Marriage in England, 1500–1800*, New York 1977.

B. Häusliche Rollen

Asmussen, S. D., ›Féminin/masculin. Le genre dans l'Angleterre de l'époque moderne‹, *Annales ESC*, S. 269–287.

Davis, N. Z., *Die wahrhaftige Geschichte von der Wiederkehr des Martin Guerre*, München 1984.

Fairchilds, C., *Domestic Enemies. Servants and their Masters in Old Regime France*, Baltimore 1984.

Frigo, D., *Il Padre di famiglia. Amministrazione privata e Pubblico Governo nell'Italia moderna*, Rom 1985.

Gutton, J.-P., *Domestiques et Serviteurs dans la France de l'Ancien Régime*, Paris 1981.

Klapisch-Zuber, C., *Women, Family and Ritual in Renaissance Italy*, Chicago 1985.

Kniebiehler, Y. und Fouquet, C., *L'Histoire des mères du Moyen Age à nos jours*, Paris 1980.

Maza, S., *Servants and Masters in Eighteenth-Century France. The Uses of Loyalty*, Princeton 1983.

Segalen, M., *Mari et Femme dans la société paysanne*, Paris 1980.

Zapperi, R., *Der schwangere Mann. Männer, Frauen und die Macht*, München 1984.

C. Liebe, Freundschaft, Sexualität

Aimer en France, Université de Clermont-II, 1980.

Flandrin, J.-L., *Les Amours paysannes. Amour et Sexualité dans les campagnes de l'ancienne France (XVIe–XIXe siècle)*, Paris 1975.

– *Le Sexe et l'Occident. Evolution des attitudes et des comportements*, Paris 1981.

Grimmer, C., *La Femme et le Bâtard. Amours illégitimes et secrètes dans l'ancienne France*, Paris 1983.

Laslett, P., Oosterven, K., Smith, R. M., *Bastardy and its Comparative History*, London 1980.

Solé, J., *Liebe in der westlichen Kultur*, Frankfurt/Main 1979.

Todd, J., *Women's Friendship in Literature*, New York 1980.

D. Kinder und Erziehung

Brizzi, G. P., *La Formazione della classe dirigente nel Sei-Settecento. I Seminaria nobilium nell'Italia centro-settentrionale*, Bologna 1976.

Chartier, R., Julia, D., Compère, M.-M., *L'Education en France du XVIe au XVIIIe siècle*, Paris 1976.

Compère, M.-M., *Du collège au lycée (1500–1900). Généalogie de l'enseignement secondaire français*, Paris 1985.

Frijhoff, W., *La Société néerlandaise et ses gradués, 1575–1814. Une recherche sérielle sur le statut des intellectuels*, Amsterdam 1981.

Gélis, J., Laget, M., Morel, M.-F., *Der Weg ins Leben. Geburt und Kindheit in früherer Zeit*, München 1980.

Gélis, J., *L'Arbre et le Fruit. La Naissance dans l'Occident moderne, XVIe–XIXe siècle*, Paris 1981.

Gillis, J. R., *Geschichte der Jugend. Tradition und Wandel im Verhältnis der Altersgruppen und Generationen in Europa von der 2. Hälfte des 18. Jahrhunderts bis zur Gegenwart*, Weinheim–Basel 1980.

Hewitt, M., und Pinchebeck, I., *Children in English Society. From Tudor Times to the Eighteenth Century* (1. Bd.), London 1969.

Kagan, R., *Students and Society in Early Modern Spain*, Baltimore 1974.

Laget, M., *Naissances. L'Accouchement avant l'âge de la clinique*, Paris 1982.

Plumb, J.-H., ›The new world of children in eighteenth-century England‹, *Past and Present*, 67, 1975, S. 64–95.

Les Rites de passage, Völkerkundliches Museum Neuchâtel, 1981.

Smith, S. R., ›The London apprentices as seventeenth-century adolescents‹, *Past and Present*, 61, 1973, S. 149–161.

Strauss, G., *Luther's House of Learning. Introduction of the Young in German Reformation*, Baltimore 1978.

III. Soziale Kontrolle und Formen der Sozialität

A. Zusammenhalt und Zwang

Bouchard, G., *Le Village immobile, Sennely-en-Sologne au XVIIIe siècle*, Paris 1972.

Castan, N., *Justice et Répression en Languedoc à l'époque des Lumières*, Paris 1980.

– *Les Criminels de Languedoc. Les Exigences d'ordre et les Voies du ressentiment dans une société prérévolutionnaire (1750–1790)*, Toulouse 1980.

Castan, Y., *Honnêteté et Relations sociales en Languedoc*, 1750–1780, Paris 1974.

Davis, N. Z., *Humanismus, Narrenherrschaft und die Riten der Gewalt: Gesellschaft und Kultur im frühneuzeitlichen Frankreich*, Frankfurt/Main 1987.

Farge, A., *Vivre dans la rue à Paris au XVIIIe siècle*, Paris 1979.

– *La Vie fragile. Violence, Pouvoir et Solidarités à Paris au XVIIIe siècle*, Paris 1986.

Forestier, H., ›Le »droit des garçons« dans la communauté villageoise aux XVIIe et XVIIIe siècles‹, *Annales de Bourgogne*, 1941, S. 109–114.

Foucault, M., *Überwachen und Strafen. Die Geburt des Gefängnisses*, Frankfurt/Main 1976.

Gough, R., *The History of Myddle*, 1834, Nachdruck London 1981.

Gutton, J.-P., *La Sociabilité villageoise dans l'ancienne France. Solidarités et Voisinages du XVIe au XVIIIe siècle*, Paris 1971.

Le Roy Ladurie, E., *L'Argent, l'Amour et la Mort en pays d'Oc*, Paris 1980.

Levi, G., *Das immaterielle Erbe: eine bäuerliche Welt an der Schwelle zur Moderne*, Berlin 1985.

Pellegrin, N., *Les Bacchelleries. Organisation et Fêtes de la Jeunesse dans le Centre-Ouest, XVe–XVIIIe siècle*, Poitiers 1982.

Rossiaud, J., ›Prostitution, jeunesse et société dans les villes du Sud-Est au XVe siècle‹, *Annales ESC*, 1976, S. 289–325.

– ›Les fraternités de jeunesse dans les villes du Sud-Est au XVe siècle‹, *Cahiers d'histoire*, 1976, S. 67–102.

Weissmann, R. F. E., *Ritual Brotherhood in Renaissance Florence*, New York 1982.

Yver, J., *Essai de géographie coutumière*, Paris 1966.

B. Intellektuelle Geselligkeit

Agulhon, M., *Pénitents et Francs-Maçons de l'ancienne Provence*, Paris 1968.

Darnton, R., *Der Mesmerismus und das Ende der Aufklärung in Frankreich*, München 1983.

– *Literaten im Untergrund: Lesen, Schreiben und Publizieren im vorrevolutionären Frankreich*, München 1985.

Gayot, G., *La Franc-Maçonnerie française. Textes et Pratiques*, Paris 1980.

Halévi, R., *Les Loges maçonniques dans la France d'Ancien Régime. Aux origines de la sociabilité démocratique*, Paris 1984.

Lesegesellschaften und bürgerliche Emanzipation, O. Dann (Hrsg.), München 1981.

Lougee, C., *Le Paradis des Femmes. Women, Salons and Social Stratification in Seventeenth-Century France*, Princeton 1976.

Milstein, B. M., *Eight eighteenth-century Reading Societies. A Sociological Contribution to the History of German Literature*, Bern–Frankfurt/Main 1972.

Prüsener, M., ›Lesegesellschaften im 18. Jahrhundert. Ein Beitrag zur Lesegeschichte‹, *Archiv für Geschichte des Buchwesens*, 13, 1973, S. 369–594.

Roche, D., *Le Siècle des Lumières en province. Académies et Académiciens provinciaux, 1680–1789*, Paris–La Haye 1981.

C. Feste und Rituale

Bercé, Y.-M., *Fête et Révolte. Des mentalités populaires du XVIe au XVIIIe siècle*, Paris 1976.

Le Goff, J. und Schmitt, J.-Cl. (Hrsg.), *Le Charivari*, Paris–La Haye 1981.

Le Roy Ladurie, E., *Karneval in Romans: von Lichtmeß bis Aschermittwoch 1579–1580*, Stuttgart 1982.

Muir, E., *Civic Ritual in Renaissance Venice*, Princeton 1981.

Trexler, R. C., *Public Life in Renaissance Florence*, New York 1980.

IV. Verhaltensweisen

A. Lesen

Chartier, R., ›Stratégies éditoriales et lectures populaires‹, *Histoire de l'édition française*, H.-J. Martin und R. Chartier (Hrsg.), Paris, Bd. 1, *Le Livre conquérant. Du Moyen Age au milieu du XVIIe siècle*, 1982, S. 585–608.

Chartier, R. und Roche, D., ›Les pratiques urbaines de l'imprimé‹, ebd., Bd. 2, *Le Livre triomphant. 1660–1830*, 1984, S. 402–429.

Engelsing, R., *Analphabetentum und Lektüre. Zur Sozialgeschichte des Lesens in Deutschland zwischen feudaler und industrieller Gesellschaft*, Stuttgart 1973.

– *Der Bürger als Leser. Lesergeschichte in Deutschland 1500–1800*, Stuttgart 1974.

– ›Die Perioden der Lesergeschichte in der Neuzeit‹, 1969, *Zur Sozialgeschichte deutscher Mittel- und Unterschichten*, Göttingen 1978.

Livre et Lecture en Espagne et en France sous l'Ancien Régime, Paris, ADPF, 1981.

Pratiques de la lecture, R. Chartier (Hrsg.), Marseille 1985.

Printing and Society in Early America, W. Joyce, D. Hall, R. Brown und J. Hench (Hrsg.), Worcester 1983.

Saenger, P., ›Silent reading: its impact on Late Medieval script and society‹, *Viator. Medieval and Renaissance Studies*, XIII, 1982, S. 367–414.

B. Spiel

Grussi, O., *La Vie quotidienne des joueurs sous l'Ancien Régime, à Paris et à la cour*, Paris 1985.
Le Jeu au XVIIIe siècle, Aix-en-Provence 1971.

C. Essen

Camporesi, P., *Il Paese della fame*, Bologna 1980.
– *Alimentazione, Folclore e Società*, Parma 1980.
Gillet, P., *Par mets et par vins. Voyages et Gastronomie en Europe, XVIe–XVIIIe siècle*, Paris 1985.
Heal, F., ›The idea of hospitality in Early Modern England‹, *Past and Present*, 102, 1984, S. 66–93.
Flandrin, J.-L., ›La diversité des goûts et des pratiques alimentaires en Europe du XVIe au XVIIIe siècle‹, *Revue d'histoire moderne et contemporaine*, 1983, S. 66–83.
Manger et Boire au Moyen Age, Paris 1984.
Wheaton, B. K., *Savouring the Past: the French kitchen and table from 1300 to 1789*, Philadelphia 1983.

D. Natur und Tiere

Adams, W. H., *Les Jardins en France. Le Rêve et le Pouvoir*, Paris 1980.
Strong, R., *The Renaissance Garden in England*, London 1979.
Thomas, K., *Man and the Natural World, a history of the modern sensibility*, New York 1983.

E. Wohnen

Babelon, J.-P., *Demeures parisiennes sous Henri IV et Louis XIII*, Paris 1965.
– ›Du Grand Ferrare à Carnavalet. Naissance de l'hôtel classique‹, *Revue de l'Art*, 40–41, 1978.
Bardet, J.-P., Chaunu, P., Desert, G., Gouhier, P., und Neveux, H., *Le Bâtiment. Enquête d'histoire économique, XIVe–XIXe siècle*, Bd. I, *Maisons rurales et urbaines dans la France traditionnelle*, Paris–La Haye 1971.
Bardet, J.-P., *Rouen aux XVIIe et XVIIIe siècles*, Paris 1983.
Corpus de l'architecture rurale française, Paris 1977.
Gloton, J., *Renaissance et Baroque à Aix-en-Provence. Essai sur la culture architecturale dans le midi de la France*, Paris 1979.
Jurgens, M. und Couperie, P., ›Le logement à Paris aux XVIe et XVIIe siècles: une source, les inventaires après décès‹, *Annales ESC*, 1962, S. 488–500.
Lehoux, F., *Le cadre de vie des médecins parisiens au XVIe et au XVIIe siècle*, Paris 1978.
Liebenwein, W., *Studiolo: Die Entstehung eines Raumtyps und seine Entwicklung bis zum 16. Jahrhundert*, Berlin 1977.
La maison de ville à la Renaissance, Paris 1984.
Poisson, J.-M., ›La maison paysanne dans les bourgs siciliens (XIVe–XIXe siècle). Permanence d'un type?, *Archeologia medievale*, VII, 1980, S. 83–94.
Ranum, O., ›Inventing private space. Samuel and Mrs. Pepys at home 1660–1669, Wissenschaftskolleg zu Berlin, *Jahrbuch 1982/83*, S. 259–276.
Roux, S., *La Maison dans l'histoire*, Paris 1976.
Tardieu, S., *La Vie domestique dans le Maçonnais rural préindustriel*, Paris 1964.
Thornton, P., *Seventeenth-Century Interior Decoration in England, France and Holland*, New Haven 1978.

F. Konsum

Franklin, A., *La Vie privée d'autrefois. Arts et Métiers, Modes, Mœurs, Usages des Parisiens du XIIe au XVIIIe siècle*, Paris 1888–1901.
McKendrick, N., Brewer, J. und Plumb, J. H., *The Birth of a Consumer Society. The Commercialization of Eighteenth-Century England*, Bloomington 1985.
›La qualité de la vie au XVIIe siècle‹, *Marseille*, Nr. 109, 1977.
Roche, D., *Le Peuple de Paris. Essai sur la culture populaire*, Paris 1981.

G. Höflichkeit, weltläufige Umgangsformen, Etikette

Aragon, H., *Les Lois somptuaires en France*, Perpignan 1921.
Chartier, R., ›Civilité‹, *Handbuch politisch-sozialer Grundbegriffe in Frankreich 1680–1820*, hrsg. v. R. Reichardt und E. Schmitt, München 1985, Heft 4.
La Corte e il »Cortegiano«, A. Prosperi (Hrsg.), Rom 1980.
The Courts of Europe: Politics, Patronage and Royalty 1400–1800, A. G. Dickens (Hrsg.), New York 1977.
Curtin, M., ›A question of manners: status and gender in etiquette and courtesy‹, *Journal of Modern History*, 57, 1985, S. 395–423.
La Fontaine-Verwey, H., ›The first »book of etiquette« for children: Erasmus' *De civilitate morum puerilium*‹, *Quaerendo*, I, 1971, S. 19–30.
Magendie, M., *La Politesse mondaine et les Théories de l'honnêteté en France au XVIIe siècle, de 1600 à 1650*, Paris 1925.
Ranum, O., ›Courtesy, absolutism and the rise of the French state, 1630–1660‹, *Journal of Modern History*, 52, 1980, S. 426–451.
Rituale, Ceremoniale, Etichetta, S. Bertelli und G. Grifo (Hrsg.), Mailand 1985.
Vigarello, G., *Le Corps redressé. Histoire d'un pouvoir pédagogique*, Paris 1978.
– *Wasser und Seife, Puder und Parfüm: Geschichte der Körperhygiene seit dem Mittelalter*, Frankfurt/Main 1988.

V. Religiöses Denken und religiöse Bräuche

Caro Baroja, J., *Las Formas complejas de la vida religiosa. Religión, Sociedad y Carácter en la España de los siglos XVI y XVII*, Madrid 1979.

Certeau, M. de, ›La formalité des pratiques. Du système religieux à l'éthique des Lumières (XVIIe–XVIIIe siècle)‹, *L'Ecriture de l'histoire*, Paris 1975, S. 152–214.

– *La Fable mystique XVIe–XVIIe siècle*, Paris 1982.

Chaunu, P., *Le Temps des Réformes. Histoire religieuse et Système de civilisation*, Paris 1975.

Delumeau, J., *La Peur en Occident (XIVe–XVIIIe siècle). Une cité assiégée*, Paris 1978.

– *Le Péché et la Peur. La Culpabilisation en Occident (XIIIe–XVIIIe siècle)*, Paris 1983.

Dupront, A., ›Réformes et »modernité«‹, *Annales ESC*, 1984, S. 747–767.

Ginzburg, C., *Die Benandanti. Feldkulte und Hexenwesen im 16. und 17. Jahrhundert*, Frankfurt/Main 1980.

– *Der Käse und die Würmer. Die Welt eines Müllers um 1600*, Frankfurt/Main 1979.

Kolakowski, L., *Chrétiens sans Eglise. La Conscience religieuse et le Lien confessionnel au XVIIe siècle*, Paris 1966.

La Società religiosa nell'età moderna, C. Russo und F. Malgeri (Hrsg.), Neapel 1973.

Pratiques de la confession. Des pères du désert à Vatican II. Quinze Etudes d'histoire, Paris 1983.

Scala, G., *Illuminismo e Reforme nell'Italia dell Settecento*, Bologna 1970.

Thomas, K., *Religion and the Decline of Magic. Studies in Popular Beliefs in Sixteenth and Seventeenth-Century England*, London 1973.

Vogler, B., *Vie religieuse en pays rhénan dans la seconde moitié du XVI siècle (1556–1619)*, Lille 1974.

Vovelle, M., *La Mort et l'Occident de 1300 à nos jours*, Paris 1983.

VI. Schreiben und privates Leben

A. Tagebücher und Memoiren: einige Beispiele

Campion, H. de, *Mémoires*, Paris, Neudruck 1967.

Dumont de Bostaquet, *Mémoires*, Paris, Neudruck 1968.

Fillon, A., *Louis Simon, étaminier 1741–1820 dans son village du haut Maine au siècle des Lumières*, Université du Maine 1982.

Foisil, M., *Le Sire de Gouberville. Un gentilhomme normand au XVIe siècle*, Paris 1981.

Jamerey-Duval, V., *Mémoires. Enfance et Education d'un paysan au XVIIIe siècle*, mit einer Einführung von J. M. Goulemot, Paris 1981.

Le Roy Ladurie, E., und Ranum, O., *Pierre Prion, scribe. Mémoires d'un écrivain de campagne au XVIIIe siècle*, Paris 1985.

Lottin, A., *Chavatte, ouvrier lillois. Un contemporain de Louis XIV*, Paris 1979.

MacFarlane, A., *The Family Life of Ralph Josselin, a Seventeenth-Century Clergyman. An Essay in Historical Anthropology*, Cambridge 1970.

Ménétra, J.-L., *Journal de ma vie. Jacques-Louis Ménétra, compagnon vitrier parisien au XVIIIe siècle*, hrsg. von D. Roche, Paris 1982.

Pepys, S., *Das geheime Tagbuch*, hrsg. von A. Schlösser, Leipzig 1980.

Saever, P. S., *Wallington's World. A Puritan Artisan in Seventeenth-Century London*, Stanford University Press 1985.

Saint-Simon, *Die Memoiren des Herzogs von Saint-Simon*, hrsg. von S. von Massenbach, Frankfurt/Main 1987.

B. Tagebücher, Memoiren, Autobiographien: Untersuchungen

Bourcier, E., *Les Journaux privés en Angleterre de 1600 à 1660*, Paris 1976.

Delany, P., *British Autobiography in the Seventeenth Century*, New York 1969.

Ebner, D., *Autobiography in Seventeenth-Century England*, La Haye 1971.

Lejeune, P., *L'Autobiographie en France*, Paris 1973.

– *Le Pacte autobiographique*, Paris 1975.

Les Valeurs chez les mémorialistes français du XVIIe siècle, N. Hepp und J. Hennequin (Hrsg.), Paris 1979.

Watkins, O. C., *The Puritan Experience: Studies in Spiritual Autobiography*, New York 1972.

C. Literatur

Baczko, B., *Rousseau. Einsamkeit und Gemeinschaft*, Wien–Frankfurt/Main 1976.

– *Lumières de l'Utopie*, Paris 1978.

Bachtin, M., *Rabelais und seine Welt: Volkskultur als Gegenkultur*, Frankfurt/Main 1987.

Bénichou, P., *Le Sacre de l'écrivain*, Paris 1973.

Compagnon, A., *Nous, Michel de Montaigne*, Paris 1980.

Demoris, R., *Le Roman à la première personne*, Paris 1975.

Goulemot, J. M., ›Pourquoi écrire? Devoir et plaisir dans l'écriture de Jean-Jacques Rousseau‹, *Romanistische Zeitschrift für Literaturgeschichte*, IV, 1980.

– ›Démons, merveilles et philosophie à l'âge classique‹, *Annales ESC*, 1980, S. 1223–1250.

– ›Le lecteur-voyeur et la mise en scène de l'imaginaire viril‹, *Laclos et le Libertinage*, Paris 1982.

Versini, L., *Le Roman épistolaire*, Paris 1979.

Watt, I., *Der bürgerliche Roman. Aufstieg einer Gattung*, Frankfurt/Main 1974.

Bildnachweise

Die in diesem Band enthaltenen Abbildungen haben uns die folgenden Personen, Archive und Institutionen zur Verfügung gestellt: ACL, Brüssel 320, 325 u, 336; Anderson-Giraudon 223; Archives photographiques 459, 578; J. Bernard, Aix-en-Provence 424, 496; Bridgeman Art Library, London 254 o, 254 u, 255 o; Bridgeman-Giraudon 191, 324, 479; Bruckmann-Giraudon 90, 317; Bulloz 34, 40, 71, 95, 107, 109, 114, 139, 199, 209, 236, 263, 268, 271, 277, 316 u, 346, 381, 383, 385, 404, 412, 421, 423, 427, 450, 456, 463, 492, 513, 555, 581, 601, 604, 606; J. L. Charmet 44, 59, 68, 104, 159, 161, 175, 196, 204, 206, 356, 357, 391, 462, 477, 485, 540, 542, 575, 585, 588; Coll. Fabre 538; Coll. Goulemot 386, 389; Priv. Samml. 41; Priv. Samml. (Photo A. Kurt) 151; G. Dagli Orti 57, 166, 188, 250, 325 o, 332, 350, 457, 465, 473, 534, 586; M. Feronato 74, 89; H. Fillipetti 508 o, 520 o; Fotografia Chomon-Perino 83; Frequin-Photos 64; J. Gélis 319, 330; Giraudon 20, 28, 35, 47, 48, 50, 51, 92/93, 120, 128, 131, 145, 156, 172, 245, 248, 251, 275, 280, 281, 292, 305, 312, 322, 344, 374, 410, 428, 432 o, 432 u, 505, 508 u, 511; Hanfstaengl-Giraudon 552; Kunstfoto Speltdoorn, Brüssel 106; Lauros-Giraudon 39, 52, 65, 82, 103, 118, 235, 244, 249, 279, 370, 429, 483, 522, 576; Mary Evans Picture Library, London 252; Roger-Viollet 181, 185, 217, 230, 254 r, 255 u, 286, 316 o, 593; Roger-Viollet (Photo Anderson-Viollet) 214; Scala, Florenz 92; Yan 417, 447; Bibliothèque municipale, Lille 76; Bibliothèque municipale, Metz 241; Bibliothèque du Musée national d'histoire naturelle, Paris 276; Bibliothèque nationale, Paris 31, 32, 33, 36, 37, 38 o, 38 u, 46, 56, 61, 79, 80, 81, 84, 85, 87, 88, 91, 94, 96, 97, 98, 100, 110, 113, 122, 129, 130, 138, 142, 143, 148, 152, 176, 177, 180, 182, 183, 189, 194, 197, 200, 201, 204, 207, 208, 216, 218, 220, 221, 224, 225, 234, 237 u, 238, 239, 246, 264, 271, 274, 282, 284, 294, 295, 297, 307, 315, 339, 343, 349, 364, 375, 377, 379, 383, 387, 394 u, 395 u, 395 o, 399, 401, 402, 426, 433, 438, 439, 452, 460, 461, 464, 471, 472, 478, 484, 486, 487, 489, 491, 507, 509, 512 ,516, 525, 536, 537, 549, 554, 558, 561, 574, 577, 580, 582, 590, 591, 592, 594, 599; Bibliothèque nationale, Paris (Photo J.-L. Charmet/ L'Histoire) 340 o, 340 u, 341, 361; Bibliothèque nationale, Paris/Seuil 105, 108 o, 108 u, 119, 156 u, 184, 186, 192, 202, 203, 205, 298, 299, 300, 301, 326, 327, 345, 358, 384, 390, 394 o, 476, 481, 520 u, 539, 541, 557, 583 u; Carmel de Beaune 328; CDDP des Hautes-Pyrénées, Tarbes 413, 414, 434; Coll. carmélitaine 329; Priv. Samml. 441, 445; Inventaire général-SPADEM-1978 567; Cl. Inventaire-Centre/ J. C. Jacques et R. Malnoury 431; Musée Carnavalet, Paris 436, 437; Musée de Dijon 337; Musée des Arts décoratifs Sully-Jaulmes, Paris 140, 149, 273 o, 273 u, 306; Musée des Arts et Traditions populaires, Paris 99, 102, 112; Musée des Arts et Traditions populaires, Paris/Seuil 564; Musée des Beaux-Arts, Dijon 293; Musée des Beaux-Arts, Lille 352; Musée Paul-Dupuy, Toulouse 416, 425, 435; Musées de la ville, Strasbourg 527, 583 o; Réunion des Musées nationaux, Paris 49, 125, 135, 227, 265, 501, 502, 514, 572, 584, 596; Biblioteca nazionale, Florenz 543, 545; British Museum, London 229, 231; Samml. Thyssen-Bornemisza, Lugano 579; Fogg Art Museum (Mass.) 314; Gemäldegalerie Staatliche Museen Preussischer Kulturbesitz, Berlin (Photo J. P. Anders) 222, 321, 348, 355; Germanisches Nationalmuseum, Nürnberg 347; High Museum of Art, Atlanta (Ga.) 257; Kunsthalle, Bremen 519; Kunsthistorisches Museum, Wien 499; Mittelrheinisches Landesmuseum, Mainz 155; Museo del Prado, Madrid 302; Museum and Art Gallery, Bristol 154; Museum of Fine Arts, Boston 111; National Gallery of Art, Washington 193; National Gallery Photograph, London 215, 228, 237 o, 243, 419; National Portrait Gallery, London 219, 261; Rijksmuseum-Stichting, Amsterdam 420, 454, 503; Statens Konstmuseer, Stockholm 148; Wallace Collection, London 226; Worcester Art Museum (Mass.) 160, 212, 260; Yale University Art Gallery (Conn.) 133, 134;

Farbige Abbildungen zwischen den Seiten 320–321 (in dieser Reihenfolge): Musée de la Marine, Paris (G. Dagli Orti), Chapelle de Saint-Tugen-en-Primelin, Finistère (Inventaire général-SPADEM-1978), Musée des Augustins, Toulouse (Yan), Statens Konstmuseer, Stockholm, Ungarisches Kunstmuseum, Budapest (Lauros-Giraudon), Museo Correr, Venedig (G. Dagli Orti), Musée des Beaux-Arts, Lille (G. Dagli Orti), Louvre, Paris (Lauros-Giraudon), Musée Carnavalet, Paris (Lauros-Giraudon), Musée des Beaux-Arts, Dijon (G. Dagli Orti), Christies, London (Bridgeman-Giraudon), Schloß Versailles (G. Dagli Orti), Musée Carnavalet, Paris (G. Dagli Orti), Musée des Beaux-Arts, Lille (Lauros-Giraudon), Musée de la Marine, Paris (G. Dagli Orti), Musée Carnavalet, Paris (G. Dagli Orti).

Register

Sachregister

Abendgebet 101 f., 107
Abendmahl 108 f., 471
Aberglauben 111, 472
Abgaben 48, 53
Absolution 82, 86
Académie française 477
Adoleszenz 67, 486–492
Adoption 469 f.
Aggressivität 483, 547, 586
Aggression 539, 564
Alkoven 168, 224–229, 373, 423, 501 f., 509, 516 f.
Almosen 100, 523
Alphabetisierung 10, 23, 115–119, 121–123, 124 f.
Analphabetentum 80, 123
Andacht 26, 77–81, 92–94, 97, 107 f., 240, 245
Andachtsbücher 80, 327
Andenken 213–216, 237 f., 238 f., 243, 245 f., 248–251
Anmut siehe Grazie
Anstand, Höflichkeit 54, 168 f., 173–211, 175, 178, 179–187, 190, 195, 196–198, 201, 203–209, 309 f., 371, 415, 595
Anstandsbücher 10 f., 56, 168, 174 f., 182, 187–189, 192, 194 f., 196, 201, 208 f., 269, 271 f., 274, 371
Arbeit 156 f., 344, 577 f.
Arbeit der Frau 353, 517
–, geistige 130
Arbeitszimmer 140, 143 f., 222, 230 f., 235
Argwohn 55
Armee 151 f., 486, 488
Asouade 540–543
Aufgebot 539
Aufklärung 63, 192, 374, 386 f., 394–396, 398, 429, 440, 476 f., 561
Ausbildung, militärische 488 f.
Ausgaben 9, 18
Aussetzen (von Kindern) 573
Auswendiglernen 123
Außenseiter 485
Autobiographie 11, 159–162, 171, 249, 262 f., 335, 374, 398–400
Autorität 40 f., 45, 47, 65, 374, 415 f., 475, 483, 487, 518 f., 521, 524, 531, 568, 588 f., 596 f., 603–607

Bäder, öffentliche 227
Bankett siehe Festessen
Barockroman 379, 383 f.
Bauernhaus 418, 497–500, 502–512
Baumaterialien 504, 507 f.
Beerdigung siehe Begräbnis
Begräbnis 91 f., 110 f., 436
Beichte 10, 26, 82–87, 99
Beichtvater 83 f., 86, 242–246, 422, 566
Beistand, gegenseitiger 60
Beleidigung 549 f., 581, 583–587
Berufe 119 f., 124 f., 132, 134, 577 f.
Bescheidenheit 188
Besuch 54 f., 344, 418 f.
Bett 191, 221, 222 f., 224 f., 229, 509–512, 517
Bibel 26 f., 105, 107 f., 123 f., 134 f., 156
Bibliothek 132, 134, 137–144, 154, 216
Bibliothèque bleue siehe *Livres bleus*
Bilder, religiöse 239–242
Bildnis 215, 218–220, 223, 228 f., 255, 258 f.
Blockhaus 528
Blutrache 455, 471 f., 474
Blutsbrüderschaft 469–472
Blutschande siehe Inzest
Blutsverwandtschaft 455 f., 471
Böswilligkeit 49
Bräuche 156–159, 407 f., 461, 470–472, 519, 535–571
Briefroman 394 f., 401
Briefwechsel 244, 261 f.
Broschuren 148
Bruderschaft 63, 92–94, 103, 158 f., 239–241, 260, 475–479
Brüderschaft 91 f.
Buchdruck 127 f., 130, 326 f.
Bücher 131–134, 141–147, 186
–, erbauliche 130, 134, 156
–, erotische 130, 161, 220
–, religiöse 79 f., 134–137, 156, 239 f.
Buchführung 159
Bürgersinn 442–444
Bürokratie 441
Buße 82, 85 f.

Charivari 482 f., 486, 535, 537–540, 544–551, 553, 556, 559, 562 f., 565 f., 567, 568 f.
Christliche Brüder 183
Club 15, 479 f.
Collège 67, 182, 208, 325, 413, 423, 486, 488–490
Contenance siehe Haltung
Courtoisie siehe auch Anstand 175 f., 188, 195
Curé siehe Pfarrer

Despotismus 70, 597 f., 602
Devotio moderna 130
Diätetik 296–299
Diebstahl 59 f.
Dienst 30 f., 432–437
– bei Hofe 462–468
– im Kriege 36–39, 485
Dienstboten 52, 66, 67, 108, 121, 156, 227, 258, 274, 357, 363, 415, 417 f., 435
Diffamierung 535, 581, 586, 588, 592
Differenzierung, soziale 203, 205, 271 f., 274 f., 277, 307, 309
Diskretion 49, 55, 56, 60, 188, 353, 382
Disziplin 37, 55, 66, 182 f., 188 f., 192, 412 f., 487 f.
Domestiken siehe Dienstboten
Duell 34

Ehe 87, 90, 255–259, 347–350, 456, 458, 537
Ehebruch 484
Ehevertrag 416, 436, 503, 518 f.
Ehre 9, 32, 58, 60, 66, 408, 412, 415, 548, 573–609
Ehre der Töchter 536
Ehrenmann 31
Ehrgeiz 32–35, 38, 58
Einsamkeit 11 f., 121, 130, 168, 171, 215, 218, 245, 397, 423
Einsiedler (Klausner, Eremit) 11, 76, 221
Einwanderung 119

Eitelkeit 207, 499
Emotionen 213
Empfindsamkeit 192, 221, 252, 438 f.
Endogamie 455 f.
Entwöhnen 315
Entwurzelung, soziale 447
Erbe, Erbschaft 100, 463, 504, 514 f., 518–520, 522–525, 530
Erbgut 418, 530
Eremiten siehe Einsiedler
Erinnerungen 160–162, 214 f., 246, 333, 334 f., 342, 351, 367, 389–391, 399, 413
Ernährungslehre siehe Diätetik
Erotik 148 f., 227 f., 233, 253 f.
Erscheinung, äußere 247
Etikette 193, 198, 202, 428 f., 439
Evangelium 105
Ewige Anbetung 102
Exhibitionismus 387
Exogamie 474
Exzeß siehe Übermaß

Familie siehe auch Kern-, Stammfamilie 14 f., 18, 25, 43, 61 f., 63–67, 70 f., 88, 101, 137, 155 f., 180, 314, 316 f., 318 f., 328, 346–353, 407 f., 412–425, 440, 451 f., 456, 458, 486 f., 491, 504, 512–531, 573–609
–, bäuerliche 512–531
–, patriarchalische 328, 502, 525–527, 530
Familientribunal 601, 603–607
Familienvater 107 f., 156, 517
Farben 289–292
Feinschmeckerei 282, 292–295
Fest 81, 98, 377, 385, 389, 421 f., 482, 553, 563 f., 574
Festessen, Bankett 274 f., 282–285, 286, 303
Frau 67–69, 116–119, 121 f., 147–150, 196 f., 224, 225–229, 233, 242, 247 f., 262, 264 f., 323, 347–350, 353, 415–425, 458, 480–486, 540, 547 f., 586
Freiheit 47, 71 f., 139, 397, 431, 439, 460, 601 f.
–, bürgerliche 47
Freimaurerei 63, 454, 476 f., 480 f.
Fremde 50, 538
Frérèche 525, 529 f.
Freund, Freundschaft 9, 12, 69, 150–153, 168, 236, 255–259, 260–265, 407, 439, 451–495
Frömmigkeit 10, 23, 26, 75–113, 238–246, 327, 367
Fruchtbarkeit 90
Funktion, öffentliche 17
Funktionen, natürliche 221
Fürstenspiegel 175

Gastfreundschaft 344–346, 435
Gastronomie 282–285, 291, 298 f., 308
Gebet siehe auch Abend-, Gemeinde-, Sterbegebet 10, 26, 75, 78 f., 101–104
–, stilles 79
Geburt, fürstliche 360–364
Gefahr, öffentliche 442, 582
Gefängnis 593–607
Gefühlsbindung 15, 54, 349, 470, 491 f.
Gegenreformation 23, 75–113, 182, 192, 422, 562
Geheimnis, Geheimes 48 f., 146, 187, 192, 244, 260, 356 f., 395, 424, 426, 430, 465, 569, 573–609
Gehorsam 41, 184
Geld 414, 418, 564
Gemeindegebet 75
Gemeindegesang 105, 107 f., 134, 153
Gemeinschaft 7, 41–45, 60, 61 f., 70, 75, 153, 315, 325 f., 344, 371, 384–387, 448, 475, 502, 581
– im Dorf 316, 341, 451, 515
– in der Ehe 354–356
– in der Familie 63–65, 101, 107 f., 155 f., 325 f., 527–531
– in der Kirche 75–113
– in der Pfarrgemeinde 86 f., 92
Geschlechter, Hierarchie der 484
–, Trennung der 178, 480 f., 483
Geschmack 12 f., 168, 170, 269–311
Geselligkeit 11, 14 f., 25, 150–153, 156, 344, 407, 420, 430–432, 451–495, 454, 475–479, 583, 611
Gesellschaft 9, 16 f., 57, 71, 127, 169 f., 174, 179, 275, 309 f., 422, 447 f., 469, 521, 595
Gesellschaftsvertrag 442
Gesetz 71
Gesinde siehe Dienstboten
Gevatterschaft 472
Gewalt, souveräne 23, 29, 47, 170
Gewalttätigkeit 539
Gewissenserforschung 10, 82 f., 85 f., 101, 367, 371
Gewohnheiten 455, 510–512
Gewürze 276
Glaube 105 f.
Glück 39
Glücksspiel 17, 32, 414, 553 f.
Gourmandise 292 f.
Grazie, Anmut 195, 362
Great Awakening 137
Großzügigkeit 434
Gründung, Stiftung 99, 100 f., 240
Gunst 32, 200, 426, 435

Haltung, Contenance 24, 56–58, 66, 148 f., 169, 173, 175 f., 177, 180, 188, 328, 374, 402 f.
Haus 12 f., 221, 408, 415, 418–421, 500 f., 502 f., 507, 518, 527 f., 611
Hausdurchsuchung 48
Haushaltsbücher, livres de raison 170, 333, 335–338, 341 f., 344, 346, 348, 350–353, 357, 359
Hausierer 158
Heiligenbildchen 103 f.
Heiratsbündnis 110
Heiratsurkunde 158 f.
Herberge 512, 580
Herz 208, 235 f., 237, 242, 246, 248, 259, 260, 388, 397, 400, 438
Herzlichkeit 63
Hexenwesen 62, 126, 321
Hilfsbereitschaft 63
Höchstes Wesen 208
Hof 9, 24, 168 f., 169 f., 189, 195–202, 272, 340, 425–430, 467
Höflichkeit 173–211, 309 f., 371, 595
Höfling 24, 195 f., 198, 200 f., 272, 425, 427
Hofmann siehe Höfling
Hökerer siehe Hausierer
Homosexualität 458, 569
Hospital 99, 244
Hugenotten 62, 349
Humanismus 176 f., 178 f., 186, 231, 376
Hygiene 192–194, 227, 270, 360, 362

Ich, das 11, 141, 170 f., 190, 213, 235, 334, 375 f., 378 f., 388, 392, 394, 396–400, 403, 429
Individualismus 13 f., 70, 113, 209, 259, 270, 325, 328, 406, 408, 512, 522, 532, 598
Intellektuelle 128, 567
Interieur, häusliches 12 f., 148 f., 498–501
Intimität 66, 115, 121, 128, 131, 137, 140, 143, 146, 156, 168 f., 171, 187, 192, 203–209, 213–265, 359, 367, 395, 400 f., 403, 406 f., 422 f., 429, 469, 575, 594, 611
– im Haushalt 140
– in der Ehe 144
– in der Familie 66, 131, 171
– individuelle 13, 128, 143, 429
Inzest 387 f., 569

Jansenisten 80, 86, 225
Jesuiten 62, 83, 182, 294
Jugend 67, 421 f., 452, 461, 481–486, 486–492, 545, 548–553, 556–558, 564 f., 565 f., 568, 597
Justiz 45–49, 52 f., 61–63, 126, 408 f., 560–562, 565, 580, 589, 598

Kabinett (kleines Zimmer) 141, 216, 232 f., 235, 251, 255
Kaffee 478 f., 584
Karneval 376 f., 482, 536, 547, 550 f., 553, 555 f., 565, 568 f.
Kasteiung 76
Katechismus 82, 101, 107, 122 f.
Kernfamilie 321, 325 f., 328, 471, 502, 512 f., 521, 523, 530

Kinder 88, 176, 179 f., 314 f., 350–353, 354, 486 f., 515, 579
Kindererziehung 67, 175, 179–187, 205 f., 208, 315 f., 318, 323–328, 416, 422 f., 440, 486 f.
–, Bücher über 318
Kindheit 15, 313–331, 351, 362, 364, 412–415
– als Erfahrung 318 f., 319–323, 351
–, Heiligkeit der 327
Kirchenlieder 81, 134
Kirchenvorstand 108
Kleidung 148 f., 190, 192 f., 234 f., 247 f., 304, 499
Klientel 17 f., 30–32, 34, 61
Kloster 422 f., 490 f.
Knechtschaft, freiwillige 29, 52
Kochbücher 274, 276, 278, 287, 289, 296, 300 f., 304
Kochkunst 281, 285–292, 300–303, 306 f.
Koketterie 228 f.
Komfort 70, 168, 431
Kommunion 81, 82–87, 88 f., 99
Konkubinat 569, 573
Kontemplation 104 f., 221
Kontrolle, soziale 24 f., 108, 121, 173 f., 180, 193, 325, 371, 408, 425, 476 f., 486, 535, 546 f., 548, 557 f., 559, 565 f., 568 f., 575, 581 f.
Konversation 67, 69, 196 f., 275
Körper 10 f., 24, 148 f., 168 f., 173 f., 175 f., 180, 184, 188 f., 190–194, 198, 228, 235, 238 f., 247 f., 255, 260, 316, 318 f., 327, 356–366, 371, 382–384
–, heilige 239–242
Körperbewußtsein 10 f., 168, 314, 318 f., 376 f.
Körperfunktionen 24, 190, 192, 359 f., 366, 371, 377, 383
Körperpflege siehe Hygiene
Korpsgeist 34, 60 f.
Korruption 70
Krankenhaus siehe Hospital
Krankheit 41–45, 97, 298 f., 317 f., 346, 354, 356–360, 364–366, 582
Küche 276–281
Küchengeräte 221
Kult 97, 103

Lachen 561
Landhaus 438 f.
Laster 108
Lebenskunst 427–432
Legalität 41, 60
Legitimität, öffentliche 41
Lehrzeit 181 f., 201 f.
Leidenschaft 169, 235 f., 239, 242–246, 247 f., 255, 258, 380, 465
Leinen, Leinzeug 192, 258
Lektüre siehe auch Lesen 26 f., 123, 128–131, 134–137, 147–150, 155 f., 162, 265, 402 f., 423
Lesen, Lesenkönnen 10, 23, 119–123, 124 f., 414
–, stilles 121, 128–131, 146
Lettre de cachet 9, 568, 589–592
Libertinage 373 f., 429 f.
Liebe 215, 218 f., 247 f., 248–251, 255–259, 349, 453 f., 458
Literatur 170 f., 301 f., 333, 371–403, 457–462
–, autographische 11, 159–162, 170 f., 333–338, 354–356
–, erotische 146, 373 f., 400 f., 429 f.
–, höfische 195 f., 248
–, mittelalterliche 175, 248, 272, 372 f., 374 f., 471
Livres bleus 119, 158, 162, 186, 392
Loyalität 31, 39 f., 61, 442 f.
Ludwig XIV., Kriege 36, 389
Luxus siehe Prunk
Luxussteuern 303, 472
Lyrik 372 f., 378 f., 381 f., 383

Magie 126, 315
Mahlzeit siehe auch Tafel 107, 264, 274 f., 500, 517
–, mittelalterliche 282 f.
Maibaum 536, 565
Manieren 174, 180, 182, 184 f., 186 f., 189, 192, 198, 202, 204 f., 269, 270–272, 275
Mäzenatentum 434
Meditation 10, 81, 101, 137 f., 153
Memoiren siehe Erinnerungen
Menschenrechte, Erklärung der 440, 601
Messe 77–81
Mietshäuser 576 f.
Miniaturmalerei 251–255
Mitgift 416, 512, 515, 520
Mitleid 45
Möbel 12 f., 216, 229, 230, 232 f., 258, 498, 500, 511 f.
Monarchie 25, 425–430, 439, 476 f., 566, 592 f., 596 f., 601–603, 610 f.
Mönchtum 76, 177
Moral 374
Moralisten 190, 322, 559
Moraltheologie 40
Musik 217
Musterbücher 158
Muße 70, 156 f.
Mut 239
Mystik, Mystiker 77, 104 f., 242–246, 327

Nachbarn 42–45, 49 f., 420 f., 448, 455–457, 578, 585, 588, 607
Nachkommenschaft 313–317
Nachlaßverzeichnisse 131–133, 134, 143 f., 341, 517
Nachrede, üble siehe Diffamierung
Nächstenliebe 99–101, 207
Nacktheit 190
Nähramme siehe Ziehmutter
Natürliche, das 205
Neugier 55, 128, 424 f., 596
Norm 174, 177, 187, 325, 491, 568, 595
Noviziat 489

Öffentlichkeit 16 f., 25 f., 140, 169, 171, 189, 315, 328, 334, 367, 372, 387 f., 390, 400 f., 424 f., 425 f., 558–567, 597, 607, 612
Ordnung 55, 558–567, 594–596, 598–600
Orthographie siehe Rechtschreibung
Ostern 82, 86, 88, 109

Pädagogik 318
Parfüm 192
Passion siehe Leidenschaft
Patente 477
Patriotismus 446
Patronyme 502
Pest 251, 264
Pfarrer 41–45, 79, 81, 84 f., 98, 108 f., 565–567, 579
Pfarrgemeinde, Pfarrei 41–45, 63, 81, 86 f., 88, 92, 94, 98, 108
Pflicht, Pflichtgefühl 29, 31 f., 34 f., 38 f., 60, 66, 104, 323, 415 f., 436 f., 443, 468
Philosophen, »philosophes« 234, 396 f., 430–432
Physiognomie 175
Physiokraten 531
Pietismus, Pietisten 123 f., 242
Pilgerfahrten 97, 159
Platz, öffentlicher 551–559
Pléiade 378, 381
Polizei 546, 559, 579 f., 581, 587 f., 592, 594–597, 598
Polygamie 569
Pornographie 228, 374, 400 f.
Porträt siehe Bildnis
Predigt 78, 99, 108 f., 123
Priestertum, universales 105
Privatgärten 216, 217–221, 242, 429
Privatheit 9, 14 f., 39, 47, 50, 54 f., 58, 60, 69, 77, 131, 140, 147, 155, 159, 171, 225, 229, 371, 408, 417 f., 611
Privatsphäre 13 f., 23, 25, 52, 54, 66, 328, 337, 340, 344–346, 367, 371 f., 373 f., 395, 406, 422, 432, 448, 451, 558–567, 605 f.
Privileg 35
Promiskuität 420, 460, 520 f., 512, 576 f., 585
Prostitution 551, 555
Prozession 94, 99
Prozeß der Zivilisation 24 f., 174, 205, 595
Prunk (Prachtentfaltung) 9, 91 f., 170, 303–310, 435 f., 441, 553, 574, 611

Psalmen 107
Psalter 107, 134
Puritaner 136 f., 221

Quietismus 105

Raub 564
Raum, öffentlicher 50 f., 390, 411 f., 424 f., 611 f.
–, privater 341–344, 371, 378 f., 388 f., 391, 394 f., 411 f.
Räume, weibliche 417–423
Recht 45–48, 59–61, 455, 470, 523, 527, 560–562, 587
Rechtschaffenheit 32
Rechtschreibung 184
Reformation 23, 26, 75–113, 123 f., 179, 192, 472
Reformation, Zweite 123 f.
Reinlichkeit 192 f., 269–273
Reisen 153, 264
Reliquien 97, 238 f., 240, 243
Rente 33, 521, 523
Repräsentation 406 f., 426, 433–437, 611
Reserviertheit 58, 66
Resignation 66, 582
Respektabilität 53–55
Respublica literatorum 128
Revolution 70, 72, 81, 208, 403, 440–447, 601–607, 611
Riegel siehe Schloß
Rite de passage 87, 90, 110 f., 482 f., 535, 564
Ritterroman 158, 471
Ritual 87–92, 188 f., 202, 315, 448, 469–474, 475, 518, 536–546, 551, 556 f., 559, 561, 564, 568 f.
Roman siehe auch Barock-, Brief-, Ritter-, Schelmenroman 147–149, 197, 249 f., 372, 392–396, 400
–, erotischer 161, 373 f.
–, pornographischer 400 f.
Rosenkranz 78, 81, 103, 216
Royal writs 126
Ruelle 14, 168, 224–229, 255
Ruinen 215, 221

Sakramente 43, 87–92, 102, 109, 559
Salons 168, 196 f., 198, 303, 308, 479 f.
Sammlungen 231
Sauberkeit siehe Reinlichkeit
Scham (Schamgefühl, Schamhaftigkeit) siehe auch Anstand 10, 190, 367, 385–387
Schein, äußerer 9, 55, 188 f., 196, 198, 201, 207, 394
Schelmenroman 56–58, 249, 308 f., 392
Schicklichkeit 54, 57, 190, 205, 325, 381, 538
Schikane 59–61, 63
Schlafzimmer 143 f., 221–229, 258, 373, 517 f.
Schlemmerei, Völlerei 285, 292–295
Schloß, Schlüssel 221, 223, 230
Schmerz 238, 484
Schmuck 251–255
Schönheit 247 f., 255, 307 f.
Schreiben, Schrift 23, 115–165, 333–369, 402 f., 610 f.
Schreiber 126
Schreibfertigkeit 27, 123, 124 f., 159–162
Schuldbekenntnis 10, 42, 82–87, 91, 99, 109
Schulden 52
Schule 67, 119, 124 f., 180–185, 325, 413, 461, 487 f.
Schweigen 188, 192, 356 f., 425, 485
Seele 260, 371
Seelenheil 77, 87, 91, 94, 101, 110, 111–113, 422
Seelenhirte siehe Beichtvater
Selbstbeherrschung 24, 34, 139, 184, 366
Selbstbestätigung 159, 170 f.
Sensibilität 173, 184, 188, 194, 208, 221, 228, 246, 346, 351
Sexualität 260, 295, 356 f., 363, 371, 385 f., 400 f., 483, 546 f., 569, 586
Sicherheit 53–55
Sicherheit, öffentliche 42
Siebenjähriger Krieg 36
Sinnlichkeit 149, 191
Sitten und Gebräuche 14, 90, 176, 187, 192, 309, 344, 371, 373 f., 429, 461, 480, 535, 595 f.
Sittenreinheit 53
Sitzmöbel siehe Möbel
Skandal 408, 424 f., 536, 544, 590, 592, 596 f., 604 f.
Skapulier 103, 245
Sodomie 569
Sohn des Hauses 519
Solidarität 7, 43, 45, 60, 61 f., 70, 111–113, 440 f., 444 f., 455, 469, 476, 521–524
– der Ahnenreihe 313–315, 317–319, 321, 326
– im Dorf 43, 346
–, private 45, 62
Sozialität 8, 14, 15 f., 16 f., 18 f., 51 f., 131, 137, 150–153, 168, 177, 184, 187, 203, 217, 264, 344 f., 373, 377, 383 f., 407 f., 584
Sparziergang 144 f., 264, 432
Spiel 34, 50, 196, 414, 551
Spielhölle 554, 568
Spielzeug 351
Spontaneität 180, 191 f., 209
Spottlieder 536, 539, 544, 550, 556, 562, 568 f.
Staat 8 f., 14, 17 f., 23 f., 32–35, 62, 71, 140, 326, 371, 388, 406 f., 425, 476 f., 491, 598–600, 601 f., 603
Staatsbürgerschaft 442
Staatsdienst 432–437, 440–442
Stadt 9, 121 f., 140, 321, 323, 429, 452, 477, 486, 500 f., 547, 551, 573–609
Stadtviertel 420, 578 f., 583, 587 f., 607
Stammfamilie 515–518, 520 f., 524 f., 530 f.
Sterbegebet 91
Sterbesakramente 43, 87, 90 f.
Sterilität siehe Unfruchtbarkeit
Stiftung 100
Stille 138
Stoizismus 221, 457
Straße 14 f., 420, 424, 551 f., 577–580
Streit 51, 535, 540, 587
studiolo siehe Arbeitszimmer
Sünde 82, 85, 180, 190, 327

Tafel, Tisch 188 f., 270–272, 274 f., 308
Tagebuch 10, 170, 214, 248, 333, 335–338, 338–341, 347, 353–356, 358–360, 360–366, 389–391, 403
Tanz 196, 198, 371, 421
Taufpaten 88, 110, 316, 472–474
Testament 100 f., 261 f., 416, 518
Theater 161 f., 380 f., 388 f.
Tiere 214
Tischgerät 189, 269–273
Tischsitten 169, 176, 188 f., 269–275
Tod 110, 317 f., 346, 543, 581, 582
Toilette 224, 225 f., 247
Toponymie 529
Totenbett 86, 91, 94
Tränen 192
Transparenz 175–179, 190, 195, 208, 371, 384–389, 400, 442, 544, 565
Treue 32, 42, 253, 415
Tür 54, 418 f., 424 f., 577
Tugend 29, 35, 53, 56, 66, 69, 197, 201 f., 206, 310, 586

Übermaß 169, 176, 188, 198, 236, 247, 558
Unanständigkeit 191, 227, 383
Unfruchtbarkeit 313, 321
Unhöflichkeit 208
Unmoral 559, 569
Unsicherheit 581 f.
Unterschrift 115–119, 121 f., 124 f.
Untertänigkeit 66
Unterwerfung 66, 187
Utopie 387–389, 531 f., 596

Vater und Sohn 155 f., 261–264
Vendetta siehe Blutrache
Verachtung 49
Verbote 67, 188, 559
Verdienst 36 f.

Vereinigungen 63, 152 f., 260, 407, 454, 475–486
Vergnügen 197, 215, 222
Verinnerlichung 10, 77, 84, 87–92, 113, 128, 174, 214
Verkleinerungsformen 351
Verleumdung siehe Diffamierung
Verlobung 110
Vernunft 25 f., 208, 221, 236, 255, 260
Verspotten, rituelles 544, 546, 558, 561 f., 562 f., 565, 568
Vertrautheit, Vertraulichkeit 60, 63, 65, 67, 216, 353, 357, 416, 417 f., 448, 453, 464–467, 469, 474
Verwandtschaft 18, 451, 453, 455–457, 463, 468, 523
–, spirituelle 469–472, 491
Völlerei siehe Schlemmerei
Vorlesen 107 f., 128 f., 136, 150–154, 155 f., 156 f., 158
Vornamen 88, 110, 313
Votivgaben 99
Waffenbrüderschaft 36
Wagnis 60, 558, 581 f.
Wahrheit 374, 391, 393, 394 f., 396–398, 536–546
Wald 215, 248
Wallfahrten 94–98
Wäsche siehe Leinen
Werkstatt 264, 577–580
Wiederverheiratung 544, 546, 559
Willkür 52, 72, 598–600, 603
Wirtshaus 50, 512, 580
Wissen 374–376, 377
Witwentum 59 f., 483 f., 523, 537, 539, 559
Wohl, öffentliches 29, 34, 67–69, 442, 594
Wohlanständigkeit 190, 325, 381, 385
Wohngruppe 512–531
Wohnräume siehe Haus
Wort 27, 583–587
Wucher 318
Wunder 95, 98, 243
Würde 35
Wüste 218, 221

Zärtlichkeit 348
Zauberbücher 141
Zensur, Tadel 536, 547, 565
Zeremoniell 425–430, 433 f., 439
Ziehmutter 322 f., 351 f., 452, 573
Zivilisation 307, 427–432, 438 f., 595, 610
Zivilität siehe Anstand
Zucht siehe Disziplin
Züchtigung 71, 488, 561
Zudringlichkeit 52, 258, 325
Zuneigung 260, 264, 323–328, 348 f., 352, 440
Zusammenleben 209, 260, 497–533
Zwang 66, 72, 174, 191, 198, 322, 407, 468, 523
Zweikampf siehe Duell

Namenregister

Aesop 144
Alacoque, Marguerite-Marie 103, 246
Alberti, Leon Battista 221 ff., 455
Aldebrandino von Siena 298
Amelot, Jacques 308
Amerika 133, 472
Amsterdam 117
Amyraut, Moïse 110
Andilly, Arnauld d' 261 f.
Angers (Kathedrale Saint-Maurice) 79
Anyès, Jean-Baptiste 242
Aretino 146
Argens, Marquis von 400
Arnauld, Henri 91
Art de biens traiter 276, 280, 282, 287, 296, 300, 304
Aumont, Herzog von 283
Avis donnés aux confesseurs 85
Ayne, Madame d' 415

Balinghem, Antoine d' 83
Bartas, Herr von 144
Bary 200, 283
Bassompierre 334, 546
Baudoin, Pierre-Antoine 149, 512
Beaufort, Herzog von 30 f.
Beaumarchais 388
Beauregard (Château) 232
Beauvau, Madame de 243
Beauvillier, Herzog von 462, 464, 466
Béchameil, Louis de 308
Belleforest, François de 526
Bérulle, Pierre de 102, 104 f., 327
Bèze, Theodore de 107
Boileau 152, 382
Bonald, Vicomte de 35 f.
Bonne-Nouvelle (Frauenkloster in Rennes) 94
Bonnefons, Nicolas de 278, 291, 299, 302
Borromäus, Karl 85
Bosse, Abraham 99, 100, 108, 109, 225, 235, 282 f., 302
Boucher, François 140, 218, 225, 228 f.
Bougeant, Guillaume-Hyacinthe 300
Bouhours, Dominique 301 f.
Bourut, Pierre 337, 347, 350
Bouys, André 306
Boyer, Claude 380
Boyle 146
Brakenburg, Richard 584
Brasilien 242
Brienne, Graf von 425
Bronzino 188
Brosses, Präsident de 412
Brossette, Claude 152
Brouwer, Adriaen 501
Bruegel 106, 217, 498 f., 501, 538, 578
Brumoy, Pierre 300
Brunfels, Otto 180
Buckingham, Joseph T. 136
Budé, Guillaume 175
Buisson, Ferdinand 185
Burton, Robert 232
Bussy d'Amboise 304
Callières, François de 204 f.
Calviac, Claude 184, 186, 188, 190
Calvin 106, 107 f., 110, 113
Campion, Henri de 10, 17 f., 29 ff., 36 ff., 46, 151, 335, 337, 352, 612
Castiglione, Baldassare 195 f., 200 f.
Catéchisme d'Agen 82
Catéchisme de Nantes 86, 90, 101
Celestina, La 150, 542, 561
Cellini, Benvenuto 262, 264
Cervantes 150, 158
Chapelain, Jean 196
Chardin, Jean-Baptiste 147 ff., 209
Chartres 95
Chauveau, François 460
Chenu, Jean 247
Chodowiecki, Daniel 152
Christus, Petrus 253
Ciron 243 ff.
Civilitate morum puerilium, De 175–179, 184
Civilité nouvelle, La 274
Clermont, Fräulein von 238
Clouet, François 212, 255
Cochin, Nicolas 234, 399
Colbert, Jean-Baptiste 462, 466, 478
Compostela 95
Condé, Fürst von 207, 464
Constant, Benjamin 70, 72, 391
Cooper, Samuel 252, 254
Coquille, Guy 526
Coste, Pierre 318
Cotgrave 295, 301
Courtin, Antoine de 189, 191, 201 f., 206 f., 274, 581, 585

Courtrai (Domschule) 182
Coustel, Pater 488
Cowley 146
Crébillion d. Ä. 373
Crébillion d. J. 373, 394
Crespi, Giuseppe Maria 83, 90
Crosswell, Joseph 137
Cuisinier français, Le 281, 287, 304
Cuisinière française, La 278, 287 f.

Dampmartin 200
Dandré Bardon, Michel-François 496
Dänemark 123
Dangeau, Marquis de 334
Davis, Stanislas 209
De Gheyn d. J. 133
De Launay 218
Decamerone 264
Defoe, Daniel 259, 392
Delamare 595
Délices de la campagne, Les 278, 287 f., 302
Demaillasson, Charles 337, 341, 347 f., 351, 354
Descartes 144
Desportes, François Alexandre 281, 305
Deutschland 123 f., 133, 215, 252, 497, 502 f., 507 f., 512, 515, 521, 531
Devis, Arthur 191
Dictionnaire de l'Académie 186, 292, 294 ff., 301, 303, 307
Dictionnaire de Richelet 292, 294 f., 301, 307, 407
Dictionnaire de Trévoux 270, 293 ff., 301, 307
Diderot 234, 373, 385 f., 387 f., 396, 400, 418, 420, 430 ff., 440, 458
Discipline des Églises réformées de France 108, 110
Dou, Gerrit 125, 128, 279
Dubois, Kardinal 466 f.
Duché 380
Duchesne 595
Dugas, Laurent 152, 155
Dupont de Nemours 262, 264
Durand, Guillaume 272
Dürer, Albrecht 215, 227, 497 f., 501, 504, 519
Duval, Jacques 325
Dyck, Anthonis van 263

Elias, Norbert 7, 10, 23 f., 70, 169, 174, 179, 187, 191, 201, 238, 595
Encyclopédie 207, 293, 307, 430, 453, 530
Engelbrecht 286, 486
England 116, 118, 121 f., 132, 216, 219, 232, 252, 283, 285, 321, 353, 452, 478, 481, 486, 490, 497, 502, 506 f., 515, 521, 524, 560
Épinay, Madame d' 431

Erasmus von Rotterdam 175 ff., 179 ff., 188 ff., 192, 195, 202, 208, 327
Exercices pour la sainte messe 80
Eyck, Jan van 214 f., 223, 240

Fabre, Abt 56
Faret, Nicolas 201 f.
Filangieri 70
Flandern 124 f., 186, 312, 507
Flèche, La 159, 413, 487
Fleury, Kardinal de 480
Fontainebleau, Schule von 228, 253, 257
Fonvielle, Chevalier de 413 f., 422
Fouquet, Nicolas 232, 308
Fourier, Pierre 182
Fragonard, Jean-Honoré 199, 218, 224, 421
Franz von Sales 78, 86, 104 f., 422
Furetière, Antoine 101, 141, 294 f., 301, 303, 333, 379, 384

Gallifet, Joseph de 246
Gallus, Evaldus 184
Gamelin, Jacques 417
Gérard, Marguerite 314
Gévaudan 41
Giovanni della Casa 195
Godeau, Antoine 102
Goez, G. F. 295, 301
Goodhue, Sarah 259
Goodrich, Samuel 137
Gouberville, Gilles de 336 f., 338, 341 f., 344 f., 353 ff., 356 f., 367
Gounon, J. de 440 ff.
Gracián, Baltasar 56
Grandval (Château) 415, 420, 431
Gravelot 395
Greco, El 240
Grenaille 200
Greuze, Jean-Baptiste 156, 225, 325, 522
Grevenbrock 57, 429
Grignan, Herr von 18
Grignion de Montfort, Louis-Marie 99, 103
Grimm 420, 430, 432
Grimoux 204
Grivel 387
Guazzo, Stefano 195
Guillotin, Joseph 602 f.
Guizot, Francois 185

Hadamarius 178, 184
Hals, Dirck 51
Hals, Frans 193, 243
Hardy, Claude 190
Harlay de Champvallon, François de 78
Harpin 138
Hawkins, Henry 217
Heinrich IV (frz. König) 247 ff., 255, 334, 413

Hemme, François 182
Hérail, Guillaume 413 f.
Hérail, Madame 422
Héroard, Jean 327, 338 ff., 342, 360, 362 ff., 367
Heures catholiques 79
Highmore, Joseph 393
Hilliard, Nicolas 249, 252 f.
Hogarth 539, 541, 557
Holbach, Baron d' 415, 430, 432, 438
Holbein 249, 255
Holland 218, 500
Hooch, Pieter de 20, 224, 419 f., 456, 500, 503, 596
Hoogstraten 218, 572
Hoop, Pater d' 432
Huchon, Jean 77, 79
Hugo von Sankt Victor 177, 292

Italien 120, 122, 132, 195 f., 321, 455, 469, 472, 478, 497 f., 506 f., 512, 515, 517, 524

Jamerey-Duval, Valentin 10, 14, 158, 399, 483, 485, 612
Jean l'an prés 56
Jeaurat de Bertry 606
Jeaurat, Étienne 576
Jerusalem 95
Jongh, Ludolph de 155
Jounal (Fagon) 364 f.
Journal (Gilles de Gouberville) 356 ff.
Journal (Héroard) 338 ff., 360 ff.
Jugoslawien 526

Kant, Immanuel 25 f.
Katharina von Siena 242, 327
Keayne, Robert 137
King, Peter 143
Korsika 506

L'Hermite, Tristan 224, 249, 251, 413
La Boétie 29, 137, 457 f., 461, 490
La Bruyère 84, 102, 198, 307
La Calprenède, Gautier de Costes de 197
La Cerda, Señora de 411
La Chapelle, Vincent de 306
La Condamine, Charles Marie de 387
La Fontaine 381
La Force, Madame Caumont de 393
La Guette, Madame de 238, 255 f., 338, 390
La Hoguette, Fortin de 15, 153
La Marche, Graf de 238
La Reynière 308
La Roche, Alain de 241
La Rochefoucauld, Herzog de 207
La Salle, Jean-Baptiste de 183, 186, 188 ff., 194 f., 203, 205 f., 208
La Salle de l'Hermine, Lazar de 518

La Touche, Gervaise de 400
La Tour, Georges de 50, 114, 322
La Varenne, Pierre François de 300
Labiche, Eugène 129
Lacapelle, Marquise de 416
Laclos, Pierre Choderlos de 394, 429
Lafont de Saint-Yenne 147
Lallemand, Jean-Baptiste 293
Lamoignon, Mademoiselle de 433, 436 f.
Lancret, Nicolas 268
Largillière, Nicolas de 35
Le Brun, Charles 28, 177, 232, 346
Le Grand d'Aussy 269, 531
Le Maistre de Sacy 102
Le Motte, Jean-François de 120
Le Nain, Gebrüder 498 f., 501, 513 f.
Le Nain de Tillemont, Louis 225
Le Pautre, Jean 79
Le Vau, Louis 232
Lefebvre d'Ormesson, Olivier 261 f.
Legaré, Gilles 253, 255
Lenoble, Eustache 393
Léonard, Émile G. 106
Lesage, Alain 380, 392
Lespinasse, Julie de 440
Lobineau, Dom 97
Locke, John 142 f., 318, 324
London Art of Cookery 306
Longhi, Pietro 74, 89, 92
Longolius, Gisbertus 178
Lope de Vega 127
Lorge, Maréchal de 462, 466, 468
Lotto, Lorenzo 231, 236
Louvois, Marquis de 18, 464
Löwen (Louvain) 182
Ludwig XIII. (frz. König) 9, 283, 328, 334, 338 f., 360, 362, 462 f., 465, 480, 546
Ludwig XIV. (frz. König) 18, 23, 36, 79, 198, 201, 232, 283, 308, 334, 338, 364, 366, 389, 411, 425 f., 477, 480, 485, 504
Ludwig XV. (frz. König) 59, 427, 598
Ludwig XVI. (frz. König) 600 f., 611
Luise Ulrike von Schweden 147
Lune, Pierre de 280, 290, 308
Luther 105, 107 f., 110, 123, 472

Mably, Gabriel Bonnot de 70 f.
Machiavelli 18, 234
Maillefer, Jean 337, 356, 358 f.
Maine de Biran 11
Maintenon, Madame de 65 f., 186, 426 f.
Malesherbes 433, 598, 600
Malherbe, François de 381 ff.
Maniban, Präsident de 432 ff., 480
Mansion (J.-A. Larue, genannt) 166
Marchand, Elisabeth 355
Marcou, Pierre 42 ff.
Margarete vom Hl. Sakrament 102
Margarete von Valois 224
Maria de'Medici 323, 360, 480
Mariette, Pierre Jean 138, 537, 549, 554
Marivaux 154, 392
Marly (Château) 427, 477, 480
Marmontel, Jean François 15
Marot, Clément 107
Marteilhe, Jean 390
Martino 299
Masham, Damaris 143
Masham, Francis 142 f.
Massialot 281, 283, 298, 300
Maupeou, René Nicolas de 600
Mazarin 31
Meckenem, Israhel van 223 f.
Meister von Erfurt 241
Ménagier de Paris, Le 277, 283, 287
Ménétra, Jacques-Louis 14, 159 ff., 162, 262, 264 f., 612
Menon 276, 278, 280 f., 298
Mercier, Nicolas 182
Mercier, Louis Sébastien 204, 207, 388, 400, 558, 573, 583, 592, 599
Mercier, Marguerite 337, 351 f., 358
Méré, Chevalier de 302
Metsu, Gabriel 49, 317
Metsys, Quentin 325, 534
Michelangelo 12
Migault, Jean 337, 349, 351, 354
Mignard, Pierre 428
Mirabeau 400, 531, 595, 598, 600 f.
Missel latin-français 79
Mitteleuropa 13, 472
Molière 119, 202, 303, 318, 381 ff.
Molinet, Jean 242
Mondeville, Madame de 243 ff.
Mont-Saint-Michel 95
Montaigne 10, 137 ff., 173, 187, 206, 234, 243, 269, 358, 374 f., 379, 382, 394, 403, 457 f., 460 f., 465, 468, 490, 508, 510, 512, 612
Montaillou 455, 502
Montesquieu 400
Montglat, Madame de 341 f.
Moreau d. J. 395
Mornay, Anne de 107
Morus, Thomas 387
Morvan de Bellegarde, Jean-Baptiste 186, 205
Motteville, Madame de 334, 338

Nadal, Augustin 380
Nanteuil, Robert 214
Navarre (Collège) 182
Necker 441
Nerciat, Andréa de 373, 429
Nervèze, Antoine de 200
Neu-England 117, 156
Niederlande 178, 239
Niederlande (österr.) 122
Nouveau cuisinier royal et bourgeois, Le 280, 296
Österreich 497, 521
Oliver, Isaac 251 f., 254
Oratorianer 78, 327
Ordinaire de la messe en français 79
Orléans, Herzog von 30, 40, 278, 467 f.
Orneval, d' 380
Ostade, Adriaen van 511

Pascal 208, 382, 388, 394
Pater, Jean-Baptiste 39, 226, 249
Pellisson, Paul 380
Penn, William 136
Pepys, Mrs. 256 ff.
Pepys, Samuel 12 f., 142, 144, 146, 153, 155, 214 f., 220, 231, 233 f., 248, 256 ff., 261, 354 f., 360, 478, 612
Peterskirche (Rom) 79
Petit Albert, Le 161
Petrus von Luxemburg 327
Phlipon, Madame 416, 423, 426
Pibrac, Herr von 186, 208
Picart, Bernard 84, 87, 91, 110, 113, 122
Piron, Alexis 380
Plancoët (Notre-Dame de) 95
Platine en françoys 298
Platter, Felix 156
Plessis-Mornay, Philippe du 107
Pompadour, Madame de 308
Pontchartrain, Herr von 425, 464, 466, 468, 590 f.
Poussin, Nicolas 312
Prévost, Abbé 373, 561
Puy, Le 95, 255

Quinze Joies de Notre-Dame, Les 242
Quittard-Pinon 527, 529, 531

Rabelais 247, 376 f., 379
Racine 380 f.
Rambouillet (Hôtel de) 196, 200
Refuge 200
Regnard, Jean-François 381
Régnier, Mathurin 382
Rembrandt 150, 214 f., 222, 224, 229
Renaudot, Eusèbe 351
Rétif de la Bretonne 387, 394, 400 f., 461, 517 f., 531
Retz, Kardinal de 207, 390
Reynolds, Joshua 154, 321
Richelet, César 295, 301, 307, 407
Richelieu, Kardinal de 9, 214, 477 f.
Richelieu, Maréchal de 434
Rigaud, Hyacinthe 463
Robert, Hubert 145
Robespierre 604
Rojas, Fernando de 150, 561
Roland, Madame 67 ff., 440
Rom 76, 79, 95
Roman des deduis 247
Ronsard 378 f., 381

Rousseau 70, 162, 192, 207 f., 233, 374, 384 f., 387 ff., 392, 394, 396 ff., 402 f., 429, 442, 452, 484, 486
Rumänien 526
Russel, John 176

Sade, Marquis de 401, 429
Saint-Amans-d'Escoudournac 240
Saint-Chartres 196
Saint-Cyr 65, 67, 490, 492
Saint-Évremond, Charles de 207, 302, 307
Saint-Germain (Château) 340, 342
Saint-Just 69
Saint-Méen 97
Saint-Simon, Herzog von 334, 390, 425, 427, 462 ff., 468 f., 480, 490, 612
Saint-Tugen-en-Primelin 567
Saint-Yves (Hospital, Rennes) 97
Sainte-Baume 95
Saliat, Pierre 180, 185
Scarron, Paul 379, 383 f.
Schongauer, Martin 218, 220
Schottland 116, 121, 123
Schweden 122 f.
Schweiz 156, 508
Scudéry, Fräulein von 144, 197, 302
Sedaine, Michel 388
Senancour, Étienne de 192
Serres, Olivier de 108, 274
Sévigné, Charles de 10
Sévigné, Madame de 12 f., 18, 214, 238, 262, 317, 412
Shakespeare 12, 126 f., 140, 233, 240, 483
Simon, Louis 159 ff.
Soissons, Comte de 29
Sorel, Charles 303, 308 f., 379, 384
Spanien 158, 472, 481, 507, 524, 531
Steen, Jan 219, 224, 245, 316, 324
Suffren, Pater 78
Sulpice, Jean 272
Sweerts, Michael 583

Tallemant des Réaux 33
Tanlay (Château) 231
Tartuffe 67
Tasse 217 f.
Teniers, David 457, 501
Terborch, Gerard 220, 265
Teresa von Avila 26, 242, 411
Thomas, Arthus 272
Thureau, Pierre 327
Tintoretto 227
Tizian 228
Todeschini (G. F. Cipper, genannt) 185
Tours (Saint-Martin) 95
Trappe, La 467
Trianon 438
Troy, Jean-François de 151, 153 f., 156
Turenne 214
Turgot 67
Turin 117

Ungarn 122, 526, 528
Unigenitus (Bulle) 80
Urfé, Honoré d' 197

Vacherolles, Madame de 255, 259
Vallambert, Simon de 322
Vaugelas, Claude Favre de 383
Vaughan, Henry 218
Vaux-le-Vicomte 232
Velázquez 228
Vendôme, Herzog von 29, 33
Vermeer 251, 459, 499
Vernet, Joseph 465
Versailles 36, 232, 425, 439, 441, 467, 469
Viandier de Taillevent 287, 289 f.
Villars, Herzog von 334
Villeroy, Herzogin von 466
Villon, François 373, 378
Visconti, Primo 426
Volland, Sophie 418, 420, 431
Voltaire 153, 208, 229, 301 ff., 387, 396, 400
Vos, Cornelis de 181, 320
Voyage dans le Jura 526

Watteau, Antoine 199, 218, 225, 423
Weyden, Rogier van der 237
Witte, Emanuel de 64, 579
Witz, Konrad 241

Geschichte des privaten Lebens

Herausgegeben
von Philippe Ariès
und Georges Duby

S. Fischer

Grundriß der deutschen Ausgabe

1. Band:
Vom Römischen Imperium
zum Byzantinischen Reich

Herausgegeben
von Paul Veyne

Einleitung von Paul Veyne
I. Paul Veyne, Das Römische Reich
II. Peter Brown, Spätantike
III. Yvon Thébert, Privates Leben und Hausarchitektur in Nordafrika
IV. Michel Rouche, Abendländisches Frühmittelalter
V. Evelyne Patlagean, Byzanz im 10. und 11. Jahrhundert

2. Band: Vom Feudalzeitalter zur Renaissance

Herausgegeben
von Georges Duby

Einleitung von Georges Duby
I. Georges Duby, Private Macht, öffentliche Macht
II. Georges Duby, Dominique Barthélemy, Charles de La Roncière, Porträts: *Französische Adelshaushalte im Feudalzeitalter; Gemeinschaftsleben; Verwandtschaftsverhältnisse und Großfamilie; Gesellschaftliche Eliten an der Schwelle zur Renaissance. Das Beispiel Toskana*
III. Danielle Régnier-Bohler, Fiktionen: *Die Erfindung des Selbst; Auskünfte der Literatur*
IV. Dominique Barthélemy, Philippe Contamine, Interieur und privates Gehäuse: *Domestizierte Festung – 11. bis 13. Jhdt., Bäuerlicher Herd und päpstlicher Palast – 14. und 15. Jhdt.*
V. Georges Duby, Philippe Braunstein, Der Auftritt des Individuums: *Situationen der Einsamkeit – 11. bis 13. Jhdt., Annäherungen an die Intimität – 14. und 15. Jhdt.*

3. Band: Von der Renaissance zur Aufklärung

Herausgegeben
von Philippe Ariès
und Roger Chartier

Einleitung von Philippe Ariès
I. Yves Castan, François Lebrun, Roger Chartier, Figuren der Modernität
II. Jacques Revel, Orest Ranum, Jean-Louis Flandrin, Jacques Gélis, Madeleine Foisil, Jean Marie Goulemot, Formen der Privatisierung
III. Nicole Castan, Maurice Aymard, Alain Collomp, Daniel Fabre, Arlette Farge, Gesellschaft, Staat, Familie: *Bewegung und Spannung*
Epilog von Roger Chartier

4. Band: Von der Revolution zum Großen Krieg

Herausgegeben
von Michelle Perrot

Einleitung von Michelle Perrot
I. Michelle Perrot, Lynn Hunt, Catherine Hall, Der Vorhang hebt sich: *Die Französische Revolution und das private Leben; Sweet Home*
II. Michelle Perrot, Anne Martin-Fugier, Die Akteure: *Die Familie triumphiert; Riten der Bürgerlichkeit*
III. Michelle Perrot, Roger-Henri Guerrand, Szenen und Orte: *Modelle des Verhaltens; Private Lebenswelten*
IV. Alain Corbin, Kulissen: *Das Geheimnis des Individuums; Intimität und Vergnügungen im Wandel; Krise und Geflüster*
Resümee von Michelle Perrot

5. Band: Der Erste Weltkrieg und die Gegenwart

Herausgegeben
von Antoine Prost
und Gérard Vincent

Einleitung von Gérard Vincent
I. Antoine Prost, Grenzen und Zonen des Privaten
II. Gérard Vincent, Geheimnisse der Geschichte und Geschichte des Geheimen
III. Gérard Vincent, Perrine Simon-Nahum, Rémi Leveau, Dominique Schnapper, Die Vielstimmigkeit der Kultur
IV. Sophie Body-Gendrot, Kristina Orfali, Einverleibung oder Öffnung: die fremden Muster